LAROUSSE

DICTIONARY

SPANISH-ENGLISH • ENGLISH-SPANISH
ESPAÑOL-INGLÉS • INGLÉS-ESPAÑOL

DICCIONARIO

LAROUSSE

Concept
Valérie Katzaros, Frances illingworth

Direction éditoriale / *Managing Editor*
Valérie Katzaros

Responsables de la rédaction / *Senior Editors*
Frances illingworth, Laurence Larroche

Rédaction / *Editors*
Michael Janes, Lola Busuttil,
Peter Weisman,
Gearoid Cronin, Marie Ollivier, Christian Salzedo

Secrétariat d'édition / *Copy preparation*
Paloma Cabot, Marianne Ebersbertg, Mercedes Escudero

Correction / *Proofreading*
Anne Landelle

Informatique éditoriale / *Data Management*
Dalila Abdelkader

Direction artistique / *Design*
Sophie Compagne

Illustrations / *Illustrations*
Jean-Pierre Lamerand, Laurent Blondel, Agathe Bouton

Remerciements / *Special thanks to*
Geneviève Whitmann, Marc Chabrier

Fabrication / *Production Manager*
Nicolas Perrier

Composition / *Typesetter*
IGS

First Indian Edition 2007

ISBN 81-8307-184-8
Published by Ashwani Goyal for GOYALSaaB, an imprint of
Goyal Publishers & Distributors (P) LTD.
86 U.B. Jawahar Nagar, Delhi - 110 007, India
Tel: 011 - 23852986, 23858362, Fax: 23850961
E-mail: goyal@vsnl.com
www.goyalsaab.com

Printed in India by Yash Printographics Noida

Project Management/*Dirección de la Obra*
Sharon J. Hunter

Editors/*Redacción*
Dileri Borunda Johnston, Claudia Brovetto, Clio E. Bugel
Talia Bugel, Magdalena Coll, Antonio Fortin
José A. Galvez, Rebecca K. Phillips
Carol Styles Carvajal

Publishing Manager/*Dirección General*
Janice McNeillie

Design/*Diseño*
Sophie Compagne

Illustrations/*Illustraciones*
Jean-Pierre Lamerand, Laurent Blondel, Agathe Bouton

Typesetting/*Composición*
IGS

Preface

This dictionary is a completely new reference book for students in their first years of learning Spanish. The concept is simple: each word and each different sense of a word has a translation and an example. The layout ensures that entries, as well as the different senses and translations, stand out clearly. Words and senses have been carefully selected to meet the needs of young learners. The wordlist is complemented by instructive notes containing lots of useful information on false cognates, language usage and essential grammar points. As learning a language involves not only learning words but also learning about a different way of life, the dictionary includes boxed notes on Latin American culture.

Prefacio

Este diccionario es una obra totalmente nueva, dirigida a los jóvenes de los últimos años de enseñanza primaria y los primeros de enseñanza secundaria, que empiezan a aprender inglés. Está basado en un concepto pedagógico simple: a cada palabra o a cada uno de los significados de una palabra se asocian una traducción y un ejemplo. Este concepto se refleja en una presentación clara, en donde las palabras, los sentidos y las traducciones aparecen claramente identificados. Además, esas palabras y sus sentidos fueron cuidadosamente seleccionados, para atender a las necesidades de los jóvenes aprendices. Para completar el léxico, también damos, en formato de notas pedagógicas, una cantidad de información acerca de los falsos amigos, el uso de las palabras y los aspectos gramaticales más difíciles. Finalmente, porque creemos que el aprendizaje de una lengua no se limita a las palabras, sino que pasa también por el conocimiento de una cultura, hemos dedicado recuadros especiales a las particularidades culturales de los Estados Unidos.

transcription — fonética

English vowels

[ɪ] pit, big, rid
[e] pet, tend
[æ] pat, bag, mad
[ʌ] run, cut
[ɒ] pot, log
[ʊ] put, full
[ə] mother, suppose
[iː] bean, weed
[ɑː] barn, car, laugh
[ɔː] born, lawn
[uː] loop, loose
[ɜː] burn, learn, bird

Vocales españolas

[i] piso, imagen
[e] tela, eso
[a] pata, amigo
[o] bola, otro
[u] luz, una

English diphthongs

[eɪ] bay, late, great
[aɪ] buy, light, aisle
[ɔɪ] boy, foil
[əʊ] no, road, blow
[aʊ] now, shout, town
[ɪə] peer, fierce, idea
[eə] pair, bear, share
[ʊə] poor, sure, tour

Diptongos españoles

[ei] ley, peine
[ai] aire, caiga
[oi] soy, boina
[au] causa, aula
[eu] Europa, deuda

Semi-vowels / Semivocales

Semi-vowels		Semivocales
you, spaniel	[j]	hierba, miedo
wet, why, twin	[w]	agua, hueso

English consonants

[p] pop, people
[b] bottle, bib
[t] train, tip
[d] dog, did
[k] come, kitchen
[g] gag, great
[tʃ] chain, wretched
[dʒ] jet, fridge
[f] fib, physical
[v] vine, livid

Consonantes españolas

[p] papá, campo
[b] vaca, bomba
[β] curvo, caballo
[t] toro, pato
[d] donde, caldo
[k] que, cosa
[g] grande, guerra
[ɣ] aguijón, iglesia
[tʃ] ocho, chusma
[f] fui, afán

phonetic transcription		transcripción fonética	
[θ]	think, fifth	[θ]	cera, paz
[ð]	this, with	[ð]	cada, pardo
[s]	seal, peace	[s]	solo, paso
[z]	zip, his	[z]	andinismo
[ʃ]	sheep, machine	[x]	gemir, jamón
[ʒ]	usual, measure	[m]	madre, cama
[h]	how, perhaps	[n]	no, pena
[m]	metal, comb	[ŋ]	banca, encanto
[n]	night, dinner	[ɲ]	caña
[ŋ]	sung, parking	[l]	ala, luz
[l]	little, help	[ɾ]	atar, paro
[r]	right, carry	[r]	perro, rosa
[ʎ]	llave, collar		

The symbol [ˈ] indicates that the following syllable carries primary stress and the symbol [ˌ] that the following syllable carries secondary stress.

Los símbolos [ˈ] et [ˌ] indican que la sílaba siguiente lleva un acento primario o secundario respectivamente.

The symbol [ʳ] in English phonetics indicates that the final **r** is pronounced only when followed by a word beginning with a vowel. Note that it is nearly always pronounced in American English.

El símbolo [ʳ] en fonética inglesa indica que la **r** final de palabra se pronuncia sólo cuando precede a una palabra que comienza por vocal. Adviértase que casdi siempre se pronuncia en inglés americano.

Words considered to be trademarks have been designated in this dictionary by the symbol ®. However, neither the presence nor the absence of such designation should be regarded as affecting the legal status of any trademark.

Los nombres de marca aparecen señalados en este diccionario con el símbolo ®. Sin embargo, ni este símbolo ni su ausencia son representativos de la situación legal de la marca.

How to use this dictionary

Entries

The entries in this dictionary are given in alphabetical order and are highlighted in green.

astuto *adjetivo* ■ **shrewd: eres muy astuto para los negocios** you're a very shrewd businessman.

Parts of Speech

The part of speech is shown after the phonetics (in this case adjetivo).

Some words have more than one part of speech which are shown at the beginning of the entry and are then developed fully one after the other.

diferente *(adjetivo & adverbio)*
■ *adjetivo*
different: sus hijos son muy diferentes his children are very different
■ *adverbio*
differently: Ana come diferente porque está a dieta Ana is eating differently because she's on a diet.

Regional variants

In this dictionary we have marked the words which are used in specific Latin American countries only (in this case *Mexico*).

el **betabel** *Mexico* ■ **beet**.

Translations

Each translation is given on a new line and is usually followed by an example showing how the word is used.

Senses

When a word has more than one sense and can be translated in different ways, the translations are numbered.

el **lavabo**
1. **sink: el lavabo tiene una gotera** the sink has a leak
2. **restroom: en la planta baja hay un lavabo** there's a restroom on the ground floor.

How to use this dictionary

Phrases

Phrases, compounds and constructions are grouped at the end of each part of speech and are preceded by a green arrow.

la **profundidad** ■ **depth: a una profundidad de tres metros** at a depth of three meters
➤ **tiene tres metros de profundidad** it's three meters deep
➤ **en profundidad** in depth: **lo estudié en profundidad** I studied it in depth.

If the plural of a word is irregular it is shown within brackets.

The green boxes you see in this dictionary preceded by a warning symbol point out false cognates. These are words that look alike in Spanish and English but have, in fact, different meanings.

el **balón** (*plural* los balones) ■ **ball**

> ⚠ **Balón** is a false cognate, it does not mean "balloon".

Grammatical difficulties are explained in the green boxes.

tercero *numeral*

> Tercero becomes **tercer** when it comes before a singular masculine noun:

third: me resultó a la tercera vez I got it the third time around; **vive en el tercer piso** he lives on the third floor; **llegó tercero** he came in third; **soy el tercero de la lista** I'm the third on the list.

On the Spanish-English side of this dictionary you will find green boxes preceded by an open book symbol. These boxes explain certain aspects of Latin American life and culture.

el **puente**

1. **bridge: cruzaron el puente** they crossed the bridge
2. **long weekend: el puente del primero de noviembre** the long weekend for the November first holiday

> HACER PUENTE
>
> When a national or religious holiday falls on a Tuesday or a Thursday, it is common practice to **hacer puente**, that is, to have a long weekend by missing work and school on the preceding Monday or the following Friday. While this is not always condoned by the government or employers, people still do it to make the most of their holidays.

Cómo usar este diccionario

Entradas
Las entradas de este diccionario aparecen en orden alfabético, sobre un fondo verde.

Pronunciación
Entre paréntesis rectos aparece la fonética de cada lema en inglés, mostrando cómo pronunciar correctamente cada palabra.

Plurales
Cuando el plural de una palabra es irregular, lo mostramos entre paréntesis.

berry ['berɪ] *(plural* berries*)* *noun* ■ la **baya: holly has red berries** el acebo tiene bayas rojas.

Algunas palabras tienen más de una categoría gramatical y esta información aparece al comienzo de la entrada. Después, cada categoría aparece elaborada por completo, una después de la otra.

cure [kjʊəʳ] *(noun & verb)*
■ *noun*
el **remedio: it's a cure for the flu** es un remedio para la gripe
■ *verb*
curar: the doctor cured him el doctor lo curó.

Traducciones
Cada traducción aparece en una línea diferente y generalmente va seguida de un ejemplo que muestra cómo se usa la palabra.

Sentidos
Cuando una palabra tiene más de un sentido y puede traducirse de diferentes maneras, las traducciones aparecen numeradas.

lane [leɪn] *noun*
1. el **camino: a country lane** un camino campestre
2. el **carril: this highway has four lanes** esta autopista tiene cuatro carriles.

Locuciones
Las locuciones, los compuestos y las frases hechas aparecen agrupadas al final de cada categoría gramatical, precedidas por una flecha verde.

old [əʊld] *adjective*
1. **viejo: it's an old house** es una casa vieja; **he's an old man** es un hombre viejo
2. **antiguo: that's my old school** ése es mi antiguo colegio
➢ **how old are you?** ¿qué edad tienes?
➢ **I'm 13 years old** tengo trece años
➢ **old age** la vejez.

Cómo usar este diccionario

Verbos en inglés con partícula (phrasal verbs)

Los verbos en inglés con partícula, o sea, los verbos seguidos de una preposición como down, in, out, to, up, etc, aparecen en orden alfabético, al final de la entrada.

add [æd] *verb*
1. **agregar: add some sugar to the mixture** agregar un poco de azúcar a la mezcla
2. **sumar: she added the numbers together** sumó los números

add up *phrasal verb* ■ **sumar: add the numbers up** sumar los números.

Las dificultades gramaticales aparecen explicadas en recuadros verdes.

everywhere ['evrɪweə^{r}] *adverb*
1. **en todas partes: I've looked for it everywhere** lo busqué en todas partes
2. **dondequiera que: she follows me everywhere I go** ella me sigue dondequiera que vaya

> **Dondequiera que** is followed by a verb in the subjunctive.

Las recuadros verdes precedidas por un signo de advertencia señalan falsos cognatos. Son palabras que aunque son parecidas en español y en inglés, tienen significados diferentes.

exit ['eksɪt] *noun* ■ la **salida**

> ⚠ **Exit** es un falso amigo, no significa "éxito".

En el lado inglés-español de este diccionario aparecen recuadros verdes precedidas por el dibujo de un libro abierto. Estas cajas explican algunos aspectos de la vida y la cultura de Estados Unidos.

Thanksgiving ['θæŋksˌgɪvɪŋ] *noun* ■ la **Acción de Gracias**

> THANKSGIVING
>
> La fiesta de **Thanksgiving**, el cuarto jueves de noviembre, conmemora el establecimiento de los primeros colonos en lo que hoy son los Estados Unidos. La cena en familia que generalmente se celebra ese día consiste en un pavo con salsa de arándanos, acompañado por camotes (batatas) al horno, y el tradicional pay de calabaza (zapallo) como postre.

English-Spanish
Inglés-Español

a [eɪ, ə] *indefinite article* ■ **(an,** ən *antes de una vocal)* **un** *(masculine)*, **una** *(feminine)*: **is it a bird or a plane?** ¿es un pájaro o un avión?; **it's an ostrich** es una avestruz

The indefinite article is not translated in Spanish when you say what somebody's profession or trade is:

he's an architect es arquitecto; **she's a doctor** es doctora

➤ **it costs 2 dollars a pound** cuesta 2 dólares la libra
➤ **50 miles an hour** 50 millas por hora
➤ **$10 an hour** $10 por hora
➤ **$7 a head** $7 por persona
➤ **twice a week** dos veces a la semana.

abbreviation [ə,briːvɪ'eɪʃn] *noun* ■ la **abreviatura**.

abdomen ['æbdəmən] *noun* ■ el **abdomen** *(plural* los **abdómenes**).

ability [ə'bɪlətɪ] *(plural* **abilities**) *noun* ■ la **habilidad: children of different abilities** niños con diferentes habilidades.

able ['eɪbl] *adjective*
➤ **to be able to do something**
1. **poder hacer algo: I'm sure I'll be able to come estoy seguro de que voy a poder venir**
2. **saber hacer algo: I'd like to be able to swim me gustaría saber nadar**.

aboard [ə'bɔːrd] *(preposition & adverb)*
■ *preposition*
abordo de: there are 42 passengers aboard the tren hay 42 pasajeros abordo del tren
■ *adverb*
abordo: is everyone aboard? ¿están todos abordo?

about [ə'baʊt] *(preposition & adverb)*
■ *preposition*
1. **por: his parents worry about him** sus padres se preocupan por él
2. **sobre: I'm reading a book about magic** estoy leyendo un libro sobre magia
■ *adverb*
1. **alrededor de: there were about 50 people** había alrededor de 50 personas; **they'll get here about 5 o'clock** van a llegar aquí alrededor de las 5
2. **de: what are you talking about?** ¿de qué estás hablando?
➤ **just about** casi: **I'm just about ready** estoy casi listo
➤ **to be about to do something** estar por hacer algo: **he was about to leave when the phone rang** estaba por irse cuando sonó el teléfono
➤ **how about ...? or what about ...?** ¿qué tal si...?
➤ **how about going to the beach?** ¿qué tal si vamos a la playa?

above [ə'bʌv] *(preposition & adverb)*
■ *preposition*
1. **encima de: the bathroom is above the kitchen** el baño está encima de la cocina
2. **por encima de: we flew above the clouds** volamos por encima de las nubes
➤ **temperatures above 90 degrees** temperaturas de más de 90 grados
■ *adverb*
1. **de arriba: put it on the shelf above** ponlo en el estante de arriba
2. **más: you can win with a score of 70 or above** puedes ganar con un puntaje de 70 o más
➤ **above all** sobre todo: **above all, remember to drive on the right!** ¡sobre todo, recuerda manejar por la derecha!

abroad [ə'brɔːd] *adverb* ■ **en el extranjero: Mary spent a year abroad** Mary pasó un año en el extranjero
➤ **to go abroad** irse al extranjero: **she went abroad** se fue al extranjero.

absent ['æbsənt] *adjective*
➤ **to be absent from something** faltar a algo: **Fred was absent from school** Federico faltó a clase.

absolutely ['æbsə'luːtlɪ] *adverb* ■ **absolutamente: it's absolutely forbidden** está absolutamente prohibido
➤ **she's absolutely right** tiene toda la razón.

accelerate [ək'seləreɪt] *verb* ■ **acelerar: the train is accelerating** el tren está acelerando.

accent ['æksent] *noun* ■ **el acento: she has an English accent** tiene acento inglés.

accept [ək'sept] *verb* ■ **aceptar: I accept your offer** acepto tu oferta.

access ['ækses] *noun* ■ **el acceso**
➤ **to have access to something** tener acceso a algo: **the bedroom has access to a balcony** el cuarto tiene acceso a un balcón.

accessory [ək'sesərɪ] *(plural* **accessories***)* *noun* ■ **el accesorio**
➤ **fashion accessories** accesorios.

accident ['æksɪdənt] *noun* ■ **el accidente: he had an accident** tuvo un accidente
➤ **by accident**
1. **por casualidad: I met her by accident la conocí por casualidad**
2. **sin querer: I broke the cup by accident rompí la taza sin querer**.

accommodations [əˌkɒmə'deɪʃns] *plural noun* ■ **el alojamiento: our travel agent found us accommodations for our trip** nuestro agente de viajes nos encontró alojamiento para el viaje.

according to [ə'kɔːdɪŋtuː] *preposition* ■ **según: according to her** según ella
➤ **everything went according to plan** todo salió según lo planeado.

accordion [ə'kɔːrdiən] *noun* ■ **el acordeón** *(plural* **los acordeones***)*.

account [ə'kaʊnt] *noun*
1. **la cuenta: a bank account** una cuenta bancaria
2. **el relato: he gave us an account of his adventures** nos hizo un relato de sus aventuras
➤ **to take something into account** tener en cuenta algo.

accountant [ə'kaʊntənt] *noun* ■ **el contador, la contadora: Tanya's father is an accountant** el padre de Tanya es contador.

accurate ['ækjʊrət] *adjective* ■ **exacto: it's an accurate description** es una descripción exacta.

accuse [ə'kjuːz] *verb* ■ **acusar: she accused him of lying** lo acusó de mentir.

ace [eɪs] *noun* ■ **el as: the ace of clubs** el as de trébol.

ache [eɪk] *(noun & verb)*
■ *noun*
el dolor: aches and pains dolores
■ *verb*
my head aches me duele la cabeza.

achieve [ə'tʃɪːv] *verb* ■ **lograr: he achieved his objectives** logró sus objetivos.

achievement [ə'tʃɪːvmənt] *noun* ■ **el logro: it's a real achievement** es un verdadero logro.

acid ['æsɪd] *noun* ■ **el ácido**.

acne ['æknɪ] *uncountable noun* ■ **el acné: Mona has acne** Mona tiene acné.

acorn ['eɪkɔːn] *noun* ■ **la bellota**.

acquainted [ə'kweɪntɪd] *adjective* ■
➤ **to be acquainted with somebody** conocer a alguien: **are you acquainted with Bob?** ¿conoces a Bob?

acrobat ['ækrəbæt] *noun* ■ **el/la acróbata**.

across [ə'krɒs] *(preposition & adverb)*

■ *preposition*

there's a bridge across the river hay un puente que atraviesa el río

When **across** is used with a verb of movement (to walk across, to run across), you can use a verb alone in Spanish to translate it:

I walked across the street crucé la calle; **don't run across the road** no cruces la calle corriendo

■ *adverb*

the river is 1 mile across el río tiene una milla de ancho.

act [ækt] *(noun & verb)*

■ *noun*

1. el **acto: the ghost appears in the second act** el fantasma aparece en el segundo acto
2. el **número: a circus act** un número de circo

■ *verb*

actuar: we must act quickly debemos actuar rápidamente; **have you ever acted in a play?** ¿has actuado alguna vez en una obra de teatro?

action ['ækʃn] *noun* ■ la **acción** *(plural* las **acciones***)*: **the movie has a lot of action** la película tiene mucha acción

➤ **we must take action** debemos actuar

➤ **an action movie** una película de acción.

active ['æktɪv] *adjective* ■ **activo: he's very active** es muy activo

➤ **an active volcano** un volcán en actividad.

activity [æk'tɪvətɪ] *(plural* activities*)* *noun* ■ la **actividad: the club offers many outdoor activities** el club ofrece muchas actividades al aire libre.

actor ['æktəʳ] *noun* ■ el **actor: he's an actor** es actor.

actress ['æktrɪs] *noun* ■ la **actriz** *(plural* las **actrices***)*: **she's an actress** es actriz.

actual ['æktʃʊəl] *adjective* ■ **verdadero: what are your actual reasons?** ¿cuáles son tus verdaderas razones?

➤ **the actual ceremony starts at ten** la ceremonia misma comienza a las 10

⚠ La palabra inglesa **actual** es un falso amigo, no significa "actual".

actually ['æktʃʊəlɪ] *adverb*

1. **en realidad: it's not actually raining** en realidad no está lloviendo
2. **de hecho: actually, I do know the answer** de hecho, conozco la respuesta

⚠ La palabra inglesa **actually** es un falso amigo, no significa "actualmente".

acute [ə'kjuːt] *adjective* ■ **agudo: an acute pain** un dolor agudo.

ad [æd] *(abbreviation of* advertisement*)* *noun* ■ *informal* el **anuncio: I'm calling about the ad in the paper** llamo por el anuncio en el diario

➤ **the want ads** los anuncios por palabras, los avisos clasificados.

A.D. [eɪdiː] *(abbreviation of* Anno Domini*)* **d. de C.** *(abbreviation of* después de Cristo*)* **in 2000 A.D.** en el 2000 d. de C.

adapt [ə'dæpt] *verb* ■ **adaptarse: he has adapted well to his new school** se adaptó bien a su escuela nueva.

add [æd] *verb*

1. **agregar: add some sugar to the mixture** agregar un poco de azúcar a la mezcla
2. **sumar: she added the numbers together** sumó los números

add up *phrasal verb* ■ **sumar: add the numbers up** sumar los números.

addict ['ædɪkt] *noun* ■ el **adicto,** la **adicta: a therapy for all sorts of addicts** una terapia para toda clase de adictos

➤ **he's a drug addict** es drogadicto

➤ **I'm a TV addict** soy fanático de la tele.

addicted [ə'dɪktɪd] *adjective* ■ **adicto**

➤ **to be addicted to something** ser adicto a algo: **she's addicted to cigarettes** es adicta al tabaco.

addition [ə'dɪʃn] *noun* ■ la **suma**
➤ **in addition** además: **in addition, they offer an English course** además, ofrecen un curso en inglés
➤ **in addition to** además de: **there will be a disco in addition to the band** habrá una discoteca además de la banda.

address [ə'dres] *noun* ■ la **dirección** (*plural* las **direcciones**): **what's your address?** ¿cuál es tu dirección?
➤ **an address book** una libreta de direcciones.

adjective ['æ, dʒɪktɪv] *noun* ■ **el adjetivo: "happy" and "sad" are adjectives** "alegre" y "triste" son adjetivos.

adjust [ə'dʒʌst] *verb*
1. **regular: he adjusted the volume** reguló el volumen
2. **ajustar: he adjusted the mirror** ajustó el retrovisor
3. **adaptarse: I adjusted to the new situation** me adapté a la nueva situación.

administration [əd,mɪnɪ'streɪʃn] *noun* ■ la **administración** (*plural* las **administraciones**): **the administration of a company** la administración de una compañía; **the Clinton administration** la administración de Clinton.

admire [əd'maɪəʳ] *verb* ■ **admirar: he admires his teacher** admira a su profesora.

admission [əd'mɪʃn] *noun* ■ **la entrada: admission to the museum is free** la entrada al museo es libre.

admit [əd'mɪt] *verb* ■ **reconocer: I admit that I'm wrong** reconozco que estoy equivocada
➤ **to admit to doing something** admitir haber hecho algo: **he admitted to stealing the car** admitió haber robado el auto
➤ **he was admitted to the hospital** lo ingresaron en el hospital, lo internaron en el hospital *Mexico, Southern Cone*.

adopt [ə'dɒpt] *verb* ■ **adoptar: Ed was adopted as a baby** Ed fue adoptado cuando era bebé.

adore [ə'dɔːʳ] *verb* ■ **adorar: she adores her cat** adora a su gasto
➤ **I just adore chocolate** me encanta el chocolate.

adult ['ædʌlt] *noun* ■ **el adulto, la adulta: he's 21 — he's an adult** tiene 21 años — es un adulto.

advance [əd'væns] (*noun & verb*)
■ *noun*
el adelanto: there have been great advances in technology ha habido grandes adelantos en la tecnología
➤ **the enemy's advance** el avance del enemigo
➤ **in advance** con anterioridad: **we reserved our seats in advance** reservamos nuestros asientos con anterioridad
■ *verb*
avanzar: the soldiers are advancing los soldados están avanzando.

advanced [əd'vænst] *adjective*
■ **avanzado: she's in the advanced math class** está en la clase de matemática avanzada.

advantage [əd'væntɪdʒ] *noun* ■ **la ventaja: what are the advantages of this method?** ¿cuáles son las ventajas de este método?
➤ **to take advantage of something**
1. **aprovechar algo: she took advantage of the opportunity aprovechó la oportunidad**
2. *pejorative* **aprovecharse de algo: he took advantage of her ignorance se aprovechó de su ignorancia**.

adventure [əd'ventʃəʳ] *noun* ■ **la aventura: they had an adventure in Africa** tuvieron una aventura en Africa.

adverb ['ædvɜːb] *noun* ■ **el adverbio: "quickly" is an adverb** "rápidamente" es un adverbio

Los adverbios en inglés terminan por lo general en "ly", lo que facilita su reconocimiento.

advertise ['ædvətaɪz] *verb* ■ **anunciar: a lot of companies advertise their products on the Internet** muchas empresas anuncian sus productos en Internet.

advertisement [ædvər'taizmənt] *noun* ■ el **aviso: an advertisement for a new brand of make-up** un aviso para una nueva marca de cosméticos.

advice [əd'vaɪs] *uncountable noun* ■ **a piece of advice** un consejo; **it was a good piece of advice** fue un buen consejo
➤ **I asked him for advice** le pedí consejo
➤ **can you give me some advice?** ¿me puedes aconsejar?

advise [əd'vaɪz] *verb* ■ **aconsejar: he advised me to wait a while** me aconsejó que esperara un rato

> When using **aconsejar que** remember to put the following verb in the subjunctive.

aerobics [eə'rəʊbɪks] *noun* ■ el **aerobic,** los **aerobics** *Mexico*: **I'm going to my aerobics class** voy a la clase de aerobic.

aerosol ['eərəsɒl] *noun* ■ el **aerosol: an aerosol spray** un aerosol.

affect [ə'fekt] *verb* ■ **afectar: this problem affects a lot of people** este problema afecta a mucha gente.

affectionate [ə'fekʃənət] *adjective* ■ **cariñoso**.

afford [ə'fɔːd] *verb*
➤ **I can't afford a new car** no tengo dinero para comprarme un coche nuevo
➤ **we can't afford to go on vacation** no podemos permitirnos el lujo de ir de vacaciones.

afraid [ə'freɪd] *adjective*
➤ **to be afraid of something** tenerle miedo a algo: **she's afraid of the dark** le tiene miedo a la oscuridad
➤ **I'm afraid I can't come to your party** me temo que no puedo ir a tu fiesta
➤ **I'm afraid so** me temo que sí.

Africa [æfrɪkə] *noun* ■ **el África** *(feminine)*

> Feminine noun that takes **el** or **un**.

African ['æfrɪkən] *(adjective & noun)*
■ *adjective*
africano

> Remember not to use a capital letter for the adjective in Spanish.

■ *noun*
el **africano,** la **africana**

> In Spanish, a capital letter is not used for the inhabitants of a country or region.

after ['æftəʳ] *(preposition, conjunction & adverb)*
■ *preposition*
después de: after you! ¡después de usted!; **we'll leave after breakfast** nos iremos después del desayuno
➤ **it's twenty after three** son las tres y veinte
■ *conjunction*
después de: after I had spoken to him I left me fuí después de hablar con él
■ *adverb*
después: the day after el día después
➤ **after all** después de todo: **it doesn't really matter after all** la verdad es que después de todo no tiene importancia.

afternoon [ˌæftə'nuːn] *noun* ■ **la tarde: I have lessons in the afternoon** tengo clases en la tarde
➤ **I'll see you on Tuesday afternoon** te veo el martes en la tarde
➤ **good afternoon!** ¡buenas tardes!

afterward, afterwards ['æftərwərd, 'æftərwərdz] *adverb* ■ **después: they went home afterward** se fueron a su casa después.

again [ə'gen] *adverb* ■ **otra vez: try calling him again** prueba a llamarlo otra vez; **I'd like to see you again** me gustaría verte otra vez
➤ **again and again** una y otra vez: **he tried again and again** probó una y otra vez.

against [ə'genst] *preposition & adverb*

1. **contra: she was leaning against the wall** estaba apoyada contra la pared
2. **en contra: they voted against** votaron en contra

➤ **we're against animal testing** estamos en contra de los experimentos con animales.

age [eɪdʒ] *noun* ■ la **edad: we are the same age** tenemos la misma edad; **he started school at the age of 5** empezó la escuela a los 5 años de edad

➤ **it took ages to download** tardó muchísimo en descargar

➤ **I haven't seen him for ages** hace siglos que no lo veo

> AGE
>
> En Estados Unidos uno puede votar a partir de los 18 años. Las personas pueden conducir a los 16, pero para beber bebidas alcohólicas en un bar o comprarlas en una tienda hay que esperar hasta los 21.

agency [ˈeɪdʒənsɪ] (*plural* agencies) *noun* ■ la **agencia**

➤ **a travel agency** una agencia de viajes

➤ **an employment agency** una agencia de empleos.

aggressive [ə'gresɪv] *adjective* ■ **agresivo: city dwellers tend to be very aggressive** la gente que vive en ciudades tiende a ser muy agresiva.

ago [ə'gəʊ] *adverb*

➤ **a long time ago** hace mucho tiempo

➤ **she left three years ago** se fue hace tres años

➤ **how long ago did he die?** ¿cuánto hace que murió?

agree [ə'griː] *verb*

1. **estar de acuerdo: Jim agrees with me** Juan está de acuerdo conmigo
2. **aceptar: Gabriel agreed to go with them** Gabriel aceptó ir con ellos
3. **acordar: they agreed on a date** acordaron una fecha

➤ **to agree to do something** quedar en hacer algo: **I agreed to meet him at the cinema** quedé en encontrarme con él en el cine

agreement [ə'griːmənt] *noun* ■ el **acuerdo: we've reached an agreement** llegamos a un acuerdo.

ahead [ə'hed] *adverb*

1. **adelante: look straight ahead** mira hacia adelante; **they sent him on ahead to buy the tickets** lo mandaron adelante a comprar las entradas
2. **adelantado: the work is ahead of schedule** el trabajo está adelantado respecto de lo previsto.

aid [eɪd] *noun* ■ la **ayuda: the refugees received aid from the government** los refugiados recibieron ayuda del gobierno.

AIDS, Aids [eɪdz] (*abbreviation of* acquired immune deficiency syndrome) *noun* ■ el **sida**.

aim [eɪm] (*noun & verb*)

■ *noun*

el **propósito: I did it with the aim of saving him** lo hice con el propósito de salvarlo

➤ **to take aim** apuntar

■ *verb*

1. **apuntar: she aimed her gun at the tiger** apuntó al tigre con su pistola
2. **proponerse: I aim to help him** me propongo ayudarlo.

air [eəʳ] *noun* ■ el **aire: he threw the ball into the air** tiró la pelota al aire; **I'm going outside for some fresh air** voy a salir a tomar el aire

➤ **traveling by air is the fastest way** viajar en avión es más rápido

➤ **the air force** la Fuerza Aérea

➤ **an air raid** un ataque aéreo

➤ **an air terminal** una terminal aérea.

air conditioning [eəʳkən'dɪʃnɪŋ] *noun* ■ el **aire acondicionado**.

airline ['eəlaɪn] *noun* ■ la **línea aérea: I've never flown this airline before** nunca había viajado en esta línea aérea.

airmail ['eəmeɪl] *noun* ■ el **correo aéreo: she sent the package by airmail** mandó el paquete por correo aéreo.

airplane ['eəpleɪn] *noun* ■ el **avión** (*plural* **los aviones**).

airport ['eəpɔːt] *noun* ■ el **aeropuerto: they met me at the airport** me fueron a buscar al aeropuerto.

aisle [aɪl] *noun* ■ el **pasillo: the cereal is located in aisle 5** el cereal está en el pasillo 5.

alarm [ə'laːm] *noun* ■ la **alarma: the fire alarm went off** sonó la alarma contra incendios
➤ **an alarm clock** un despertador: **I'll set the alarm for 7 a.m.** voy a poner el despertador para las 7 de la mañana.

album ['ælbəm] *noun* ■ el **álbum: Garbage's new album** el nuevo álbum de Garbage.

alcohol ['ælkəhɒl] *noun* ■ el **alcohol**.

alike [ə'laɪk] *adverb*
➤ **to be alike** ser parecidos: **they're very much alike** son muy parecidos
➤ **to look alike** parecerse: **they really look alike** de verdad se parecen.

alive [ə'laɪv] *adjective* ■ **vivo: is he still alive?** ¿aún está vivo?

all [ɔːl] *(adjective, pronoun & adverb)*
■ *adjective & pronoun*
todo: she laughs all the time se ríe todo el tiempo; **they danced all night** bailaron toda la noche; **he lost all his money** perdió todo su dinero; **all of the girls were laughing** todas las chicas se reían; **I've invited all of them** los invité a todos; **tell me all about it** cuéntame todo
■ *adverb*
todo: he was all wet estaba todo mojado
➤ **all alone** completamente solo: **the boys are all alone** los chicos están completamente solos
➤ **not at all** nada: **I didn't like the play at all** no me gustó nada el juego
➤ **all over** por todas partes: **we looked all over for the perfect dress** buscamos por todas partes el vestido perfecto
➤ **the score is two all** van empatados a dos.

allergic [ə'lɜːdʒɪk] *adjective* ■ **alérgico: he's allergic to cat hair** es alérgico a los pelos de gato.

allergy ['ælədʒɪ] *noun* ■ la **alergia**.

alley ['ælɪ] *noun* ■ el **callejón** *(plural* los **callejones***)*.

alligator ['ælɪgeɪtəʳ] *noun* ■ el **caimán** *(plural* los **caimanes***)*.

allow [ə'laʊ] *verb* ■ **permitir**
➤ **to allow someone to do something** permitirle a alguien hacer algo: **are you allowed to go out alone?** ¿te permiten salir sola?

allowance [ə'laʊəns] *noun* ■ el **dinero de bolsillo,** el **domingo** *Mexico*: **I get five dollars a week for my allowance** me dan cinco dólares de dinero de bosillo a la semana.

all right ['ɔːlraɪt] *adverb*
1. **bien: it's working all right** está funcionando bien; **are you all right?** ¿estás bien?; **she had an accident but she's all right** tuvo un accidente, pero está bien
2. **okey: do you want to go? — all right!** ¿quieres ir? ¡okey!
3. **no estar mal: did you like the movie? — it was all right** ¿te gustó la película? no estuvo mal

> Aunque mucha gente usa en el lenguage escrito **alright**, se considera más correcto **all right**.

almond ['aːmənd] *noun* ■ la **almendra**.

almost ['ɔːlməʊst] *adverb* ■ **casi: I've almost finished this book** casi he terminado este libro; **I almost missed the train** casi pierdo el tren.

alone [ə'ləʊn] *adjective & adverb* ■ **solo: he's all alone** está completamente solo; **she went out alone** salió sola
➤ **leave me alone!** ¡dejame en paz!
➤ **leave my computer alone!** ¡no toques mi computadora!

along [ə'lɒŋ] *(adverb & preposition)*
■ *adverb*
please move along por favor, córranse; **can I come along with you?** ¿puedo ir contigo?
➤ **all along** todo el tiempo: **he was in his room all along** se pasaba todo el tiempo en su habitación

■ *preposition*
por: I walked along the beach caminé por la playa.

aloud [ə'laʊd] *adverb* ■ **en voz alta: he was reading aloud** estaba leyendo en voz alta.

alphabet ['ælfəbet] *noun* ■ **el alfabeto**.

alphabetical [,ælfə'betɪkl] *adjective* ■ **alfabético: they're in alphabetical order** están en orden alfabético.

already [ɔːl'redɪ] *adverb* ■ **ya: he has already left** ya se fue.

also ['ɔːlsəʊ] *adverb* ■ **también: he also speaks French** también habla francés.

alternate ['ɔːltərnət] *adjective* ■ **they come on alternate days** vienen un día sí y otro no.

alternative [ɔːl'tɜːnətɪv] *(adjective & noun)*

■ *adjective*
otro: there's an alternative route hay otra ruta

➤ **alternative medicine** la medicina alternativa

■ *noun*
la **alternativa: I have no alternative** no me queda otra alternativa.

although [ɔːl'ðəʊ] *conjunction* ■ **aunque: she went to school although she was sick** fue a la escuela aunque estaba enferma.

altogether [,ɔːltə'geðər] *adverb*

1. **del todo: that's not altogether true** eso no es del todo cierto
2. **en total: we spent eighty dollars altogether** gastamos ochenta dólares en total.

aluminum [ə'luːmɪnəm] *noun* ■ **el aluminio**

➤ **aluminum foil** el papel de aluminio.

always ['ɔːlweɪz] *adverb* ■ **siempre: she's always late** siempre llega tarde.

am [æm] ➤ be.

a.m. [eɪem] **de la mañana**

➤ **at 8 a.m.** a las 8 de la mañana.

amazed [ə'meɪzd] *adjective* ■ **asombrado: I was amazed to see her** quedé asombrado al verla.

amazing [ə'meɪzɪŋ] *adjective* ■ **increíble: it's an amazing story** es una historia increíble.

ambition [æm'bɪʃn] *noun* ■ la **ambición** *(plural* las **ambiciones**)**: her ambition is to be an astronaut** su ambición es ser astronauta.

ambitious [æm'bɪʃəs] *adjective* ■ **ambicioso: John is very ambitious** Juan es muy ambicioso.

ambulance ['æmbjʊləns] *noun* ■ la **ambulancia**.

America [ə'merɪkə] *noun*

1. **América** *(feminine)***: America is a continent** América es un continente
2. los **Estados Unidos: I'm going to America** voy a los Estados Unidos

> AMERICA
>
> Muchas veces se habla de **America** al referirse a los Estados Unidos de América (**the United States of America**), a pesar de que el término **America** se refiere también al continente americano que incluye Norteamérica (o sea, los Estados Unidos, Canadá, y México) y toda la América Latina. La palabra **America** proviene del nombre del explorador Amerigo Vespucci quien llegara a este continente en 1499.

American [ə'merɪkn] *(adjective & noun)*

■ *adjective*

> Remember not to use a capital letter for the adjective in Spanish:

estadounidense: he has an American accent tiene acento estadounidense

➤ **The American Revolution** la revolución americana

■ *noun*

> In Spanish, a capital letter is not used for the inhabitants of a country or region:

el/la **estadounidense: a group of Americans** un grupo de estadounidenses

AMERICAN FOOTBALL

La versión estadounidense del fútbol es más bien una adaptación del rugby. Generalmente se le llama sólo **football**, y es uno de los deportes más populares en los Estados Unidos. Todas las escuelas secundarias y universidades tienen equipo de fútbol, y los partidos son eventos muy concurridos.

THE AMERICAN REVOLUTION

Así se le llama a la guerra en que los habitantes de lo que serían los Estados Unidos se enfrentaron a los ingleses entre 1775 y 1783. Los americanos querían independizarse, sobre todo para no tener que seguir pagando impuestos a Inglaterra. El 4 de julio de 1776, el futuro presidente Thomas Jefferson, firmó la Declaración de Independencia, la cual Inglaterra se negó a reconocer y la guerra continuó. George Washington, con la ayuda de soldados franceses, encabezó las tropas rebeldes y en 1783 se firmó el convenio de paz: los Estados Unidos habían nacido.

among [ə'mʌŋ] *preposition* ■ **entre: there are children among the crowd** hay niños entre la multitud.

amount [ə'maʊnt] *noun* ■ la **cantidad: there was a large amount of cream in the dessert** el postre tenía una gran cantidad de crema.

amp [æmp] *noun*

1. el **amplificador: unplug the amp!** ¡desenchufa el amplificador!
2. el **amperio: a fifteen-amp fuse** un fusible de quince amperios.

amuse [ə'mjuːz] *verb*

1. **hacerle gracia a: the joke amused Peter** el chiste le hizo gracia a Peter
2. **entretener: the children were very amused by the clown** el payaso entretuvo mucho a los niños; **she knows how to keep them amused** sabe entretenerlos

➤ **she amused herself by reading** se entretuvo leyendo.

amusement park [ə'mjuːzmənt-paːk] *noun* ■ el **parque de diversiones**.

an [ən] *article* ➤ a.

analyze ['ænəlaɪz] *verb* ■ **analizar**.

ancestor ['ænsestəʳ] *noun* ■ el **antepasado,** la **antepasada: my ancestors came from Spain** mis antepasados eran de España.

anchor ['æŋkəʳ] *noun* ■ el **ancla** *(feminine)*: **they dropped anchor** echaron el ancla

Feminine noun that takes **un** or **el** in the singular.

ancient ['eɪnʃənt] *adjective* ■ **antigüo: it's an ancient monument** es un monumento antigüo.

and [ænd, ənd] *conjunction* ■ **y: your father and mother** tu padre y tu madre; **six and a half years** seis años y medio

➤ **come and see who's here!** ¡ven a ver quién está aquí!

➤ **he's getting taller and taller** está cada vez más alto.

angel ['eɪndʒəl] *noun* ■ el **ángel**.

anger ['æŋgəʳ] *noun* ■ la **rabia,** el **coraje** *Mexico*: **he was shaking with anger** temblaba de rabia.

angle ['æŋgl] *noun* ■ el **ángulo: a triangle has three angles** un triángulo tiene tres ángulos.

angry ['æŋgrɪ] *adjective* ■ **enojado**

➤ **to be angry at somebody** estar enojado con alguien: **Peggy is angry at me** Peggy está enojada conmigo

➤ **to get angry** enojarse: **Mrs. Smith got very angry** La señora López se enojó mucho.

animal ['ænɪml] *noun* ■ el **animal: wild animals** animales salvajes.

ankle ['æŋkl] *noun* ■ el **tobillo: he twisted his ankle** se torció un tobillo.

anniversary [ˌænɪ'vɜːsərɪ] *(plural anniversaries) noun* ■ **el aniversario**
➤ **wedding anniversary** el aniversario de bodas.

announce [ə'naʊns] *verb* ■ **anunciar: they announced the news** anunciaron la noticia.

announcement [ə'naʊnsmənt] *noun* ■ **el anuncio: the president made an announcement** el presidente hizo un anuncio.

annoy [ə'nɔɪ] *verb* ■ **molestar: you're annoying me!** me estás molestando.

annoyed [ə'nɔɪd] *adjective* ■ **molesto: he's annoyed with me** está molesto conmigo; **I got annoyed with her** me molesté con ella.

annoying [ə'nɔɪɪŋ] *adjective* ■ **molesto: trying to park here is so annoying** tratar de estacionar aquí es tan molesto.

annual ['ænjʊəl] *adjective* ■ **anual: the group is having its annual dinner** el grupo tiene su cena anual.

anonymous [ə'nɒnɪməs] *adjective* ■ **anónimo: she got an anonymous letter** recibió una carta anónima.

another [ə'nʌðəʳ] *adjective & pronoun* ■ **otro: would you like another drink?** ¿quieres otra bebida?; **he's looking for another job** está buscando otro trabajo
➤ **one another** el uno a al otro: **they love one another** se aman el uno a al otro.

answer ['ænsəʳ] *(noun & verb)*

■ *noun*

1. la **respuesta: I'm waiting for an answer** estoy esperando una respuesta
2. la **solución** *(plural* las **soluciones***)*: **there's no easy answer to this problem** no existe una solución fácil para este problema

■ *verb*

contestar: she didn't answer no contestó
➤ **to answer the phone** contestar el teléfono, atender el teléfono
➤ **to answer the door** abrir la puerta.

answering machine ['ænsərɪŋ mə'ʃiːn] *noun* ■ **el contestador automático**.

ant [ænt] *noun* ■ **la hormiga**.

anthem ['ænθəm] *noun* ■ **el himno: please rise for the national anthem** por favor, pónganse de pie para escuchar el himno nacional.

antibiotic [ˌæntɪbaɪ'ɒtɪk] *noun* ■ **el antibiótico: the doctor gave me an antibiotic for my ear infection** el médico me dio un antibiótico para la infección de oído.

antique [æn'tiːk] *adjective* ■ **la antigüedad: the house is full of antiques** la casa está llena de antigüedades.

anxious ['æŋkʃəs] *adjective* ■ **preocupado: she was very anxious about her Spanish test** estaba muy preocupada por su prueba de español
➤ **to be anxious to do something** estar ansioso por hacer algo: **I'm anxious to meet him** estoy ansiosa por encontrarme con él.

any ['enɪ] *(adjective, pronoun & adverb)*

■ *adjective*

1.

> In questions, negative and conditional sentences **any** is usually not translated:

are there any famous people here? ¿hay gente famosa aquí?; **I don't have any money** no tengo dinero; **call me if you need any help** llámame si necesitas ayuda

2.

> In questions and negative sentences **any** can be translated as **algún/alguna** or **ningún/ninguna**:

do you have any friends called Peter? ¿tienes algún amigo que se llama Pedro?; **do you have any questions?** tienes alguna pregunta?; **I don't have any friends** no tengo ningún amigo; **there aren't any bananas left** no queda ninguna banana

3.

> In affirmative sentences when **any** means **whichever** it's translated by **cualquier**:

you can listen to any station you like puedes escuchar cualquier estación de radio que quieras

■ *pronoun*

1.

> In questions when **any** refers to a countable noun, it's translated by **alguno/alguna**, when it refers to an uncountable noun, it's not translated:

I need a clip, are there any left? necesito un clip ¿queda alguno?; **we're short of bread, did you buy any** nos falta pan ¿compraste?

2.

> In negative sentences, when **any** refers to a countable noun, it's translated by **ninguno/ninguna**, when it refers to an uncountable noun, it's not translated:

I don't want any of them no quiero ninguno; **there isn't any milk** no hay leche

■ *adverb*

> **Any** is not always translated in Spanish:

is he any better? ¿está mejor?; **I can't go any faster** no puedo ir más rápido

➤ **any more** más: **do you want any more?** ¿quieres más?: **I don't want any more** no quiero más.

anybody, anyone ['enɪˌbɒdɪ, 'enɪwʌn] *pronoun*

1. **alguien: is anybody home?** ¿hay alguien en casa?
2. **nadie: I can't see anybody** no veo a nadie
3. **cualquiera: anybody can do it** cualquiera puede hacerlo.

anyhow *adverb* ➤ anyway.

anymore ['enɪmɔːʳ] *adverb* ■ **she doesn't live here anymore** ya no vive aquí.

anyone *pronoun* ➤ anybody.

anything ['enɪθɪŋ] *pronoun*

1. **algo: can I do anything?** ¿puedo hacer algo?
2. **nada: I can't see anything** no veo nada
3. **cualquier cosa: anything can happen** cualquier cosa puede suceder.

anyway, anyhow ['enɪweɪ, 'enɪhaʊ] *adverb* ■ **de todos modos: I don't want to go, and anyway it's too late** no quiero ir y de todos modos ya es demasiado tarde.

anywhere ['enɪweəʳ] *adverb*

1. **en alguna parte: have you seen John anywhere?** ¿has visto a Juan en alguna parte?
2. **en ninguna parte: I can't find him anywhere** no lo encuentro en ninguna parte
3. **en cualquier parte: put it down anywhere** déjalo en cualquier parte.

apart [ə'pɑːt] *adverb* ■ **they are two feet apart** hay 67 centímetros entre los dos

➤ **apart from** aparte de: **apart from that, you're right** aparte de eso, tienes razón.

apartment [ə'pɑtmənt] *noun* ■ **el departamento: she lives in an apartment** vive en un departamento

➤ **an apartment building** un edificio de departamentos.

apologize [ə'pɒlədʒaɪz] *verb* ■ **disculparse: she apologized for being late** se disculpó por llegar tarde.

apology [ə'pɒlədʒɪ] *noun* ■ **la disculpa: she owes me an apology** me debe una disculpa.

apostrophe [ə'pɒstrəfɪ] *noun* ■ **el apóstrofo**.

apparently [ə'pærəntlɪ] *adverb* ■ **por lo visto: apparently she doesn't live here anymore** por lo visto, ya no vive aquí.

appeal [ə'piːl] *verb*

1. **atraer: to appeal to somebody** atraerle a alguien; **this color appeals to me** este color me atrae
2. **hacer un llamamiento, hacer un llamado: they appealed for help** hicieron un llamamiento pidiendo ayuda.

appear [ə'pɪəʳ] *verb*

1. **aparecer: he suddenly appeared** apareció de repente

2. **parecer: she appears to be sleeping** parece que está durmiendo.

appearance [ə'pɪərəns] *noun* ■ la **apariencia: don't judge by appearances** no juzgues por las apariencias.

appetite ['æpɪtaɪt] *noun* ■ el **apetito: David has a big appetite** David tiene mucho apetito.

applaud [ə'plɔːd] *verb* ■ **aplaudir: everyone applauded** todos aplaudieron.

applause [ə'plɔːz] *uncountable noun* ■ los **aplausos: the singer was greeted by loud applause** recibieron al cantante con fuertes aplausos.

apple ['æpl] *noun* ■ la **manzana**
➤ **an apple pie** un pay de manzana
➤ **an apple tree** un manzano.

appliance [ə'plaɪəns] *noun* ■ el **aparato**
➤ **domestic appliances** los electrodomésticos.

application [,æplɪ'keɪʃn] *noun* ■ la **solicitud: you have to fill out a job application** tiene que llenar una solicitud de empleo.

apply [ə'plaɪ] *verb*
1. **solicitar: I applied for a job** solicité un empleo
2. **aplicarse: this rule applies to everybody** esta norma se aplica a todo el mundo
3. **aplicar: apply the cream with your fingers** aplicar la crema con los dedos.

appointment [ə'pɔɪntmənt] *noun* ■ la **cita: he has an appointment with the dentist** tiene cita con el dentista.

approach [ə'prəʊtʃ] *verb*
1. **acercarse: the enemy is approaching** el enemigo se acerca; **we approached the summit** nos acercamos a la cumbre
2. **abordar: we must approach the problem in a different way** tenemos que abordar el problema de otra manera.

appropriate [ə'prəʊprɪət] *adjective* ■ **apropiado: those shoes aren't appropriate for hiking** estos zapatos no son apropiados para el excursionismo.

approve [ə'pruːv] *verb* ■ **aprobar: our project was approved** aprobaron nuestro proyecto
➤ **I don't approve of his ideas** no estoy de acuerdo con sus ideas
➤ **they don't approve of me going out with him** no les parece bien que yo salga con él.

approximately [ə'prɒksɪmətlɪ] *adverb* ■ **aproximadamente: it costs approximately twenty dollars** cuesta aproximadamente veinte dólares.

apricot ['eɪprɪkɒt] *noun* ■ el **albaricoque,** el **chabacano** *Mexico,* el **damasco** *Southern Cone.*

April ['eɪprəl] *noun*

> In Spanish the months of the year do not start with a capital letter:

abril *(masculine)*: **in April** en abril; **on April 17th** el 17 de abril; **next April** el próximo abril; **last April** el pasado abril
➤ **April Fools' Day** el Día de los Inocentes.

apron ['eɪprən] *noun* ■ el **delantal: the cook is wearing an apron** el cocinero tiene puesto un delantal.

aquarium [ə'kweərɪəm] *noun* ■ el **acuario**.

archeologist [,aːkɪ'ɒlədʒɪst] *noun* ■ el **arqueólogo,** la **arqueóloga: Paul is an archeologist** Pablo es arqueólogo.

archeology [,aːkɪ'ɒlədʒɪ] *noun* ■ la **arqueología**.

architect ['ɑkɪtekt] *noun* ■ el **arquitecto,** la **arquitecta: Sandra is an architect** Sandra es arquitecta.

architecture ['ɑkɪtektʃə^r] *noun* ■ la **arquitectura**.

are [ə^r, ɑ^r] ➤ be.

area ['eərɪə] *noun*
1. la **zona: he lives in the Chicago area** vive en la zona de Chicago
2. la **superficie: the room has an area of 200 square feet** la habitación tiene una superficie de 200 pies cuadrados

➤ **area code** código de área, clave LADA *Mexico:* **the area code for New York is 212** el código de área de Nueva York es 212.

aren't [ɑnt] ➤ are not.

Argentina [ˌaːdʒən'tiːnə] *noun* ■ **Argentina** *(feminine)*.

Argentinean [ˌaːdʒən'tiːnɪən] *(adjective & noun)*

■ *adjective*

Remember not to use a capital letter for the adjective in Spanish:

argentino: I like Argentinean beef me gusta la carne argentina

■ *noun*

In Spanish, a capital letter is not used for the inhabitants of a country or region:

el **argentino,** la **argentina: he married an Argentinean** se casó con una argentina.

argue ['ɑgjuː] *verb* ■ **discutir: they're always arguing** siempre están discutiendo.

argument ['ɑgjʊmənt] *noun* ■ la **discusión** *(plural* las **discusiones***)*: **they had an argument** tuvieron una discusión.

arm [ɑm] *noun* ■ el **brazo: he put his arm around her shoulders** le puso el brazo alrededor de los hombros.

armchair ['ɑmtʃeəʳ] *noun* ■ el **sillón** *(plural* los **sillones***)*.

armor ['ɑməʳ] *noun* ■ la **armadura: a knight in armor** un caballero con armadura.

army ['ɑmɪ] *noun* ■ el **ejército: he's in the army** está en el ejército.

around [ə'raʊnd] *(preposition & adverb)*

■ *preposition*

1. **alrededor de: they walked around the lake** caminaron alrededor del lago
2. **por: we were driving around town all afternoon** anduvimos en coche por la ciudad toda la tarde

■ *adverb*

1. **alrededor de: I'll see you around 9 o'clock** te veré alrededor de las 9
2. **alrededor: a yard with a fence all around it** un jardín con una valla a su alrededor
3. **por: he lives around here** vive por aquí
4. **por ahí: she left her clothes laying around everywhere** dejó su ropa tirada por todas partes.

arrange [ə'reɪndʒ] *verb*

1. **arreglar: she arranged the chairs around the table** arregló las sillas alrededor de la mesa
2. **organizar: they've arranged a meeting for Monday** organizaron una reunión para el lunes

➤ **to arrange to do something** quedar en hacer algo: **we've arranged to meet at the park** quedamos en encontrarnos en el parque.

arrangements [ə'reɪndʒmənts] *plural noun*

1. los **planes: we made arrangements to get a babysitter** hicimos planes para conseguir una babysitter
2. los **arreglos: they made the arrangements for me to travel** hicieron los arreglos para que yo viajara.

arrest [ə'rest] *(noun & verb)*

■ *noun*

el **arresto: they made several arrests** hicieron varios arrestos

➤ **you're under arrest** queda arrestado

■ *verb*

arrestar: the police arrested the thief la policía arrestó al ladrón.

arrival [ə'raɪvl] *noun* ■ la **llegada: what's the arrival time?** ¿cuál es la hora de llegada?

arrive [ə'raɪv] *verb* ■ **llegar: Uncle Tony just arrived** el tío Tony acaba de llegar.

arrow ['ærəʊ] *noun* ■ la **flecha: a bow and arrow** un arco y flecha.

art [aːt] *noun* ■ el **arte: modern art** el arte moderno; **a work of art** una obra de arte.

artichoke ['aːtɪtʃəʊk] *noun* ■ la **alcachofa,** el **alcaucil** *River Plate.*

article ['aːtɪkl] *noun* ■ el **artículo**.

artificial [,aːtɪ'fɪʃl] *adjective* ■ **artificial: it's an artificial lake** es un lago artificial.

artist ['aːtɪst] *noun* ■ el/la **artista: Teresa is an artist** Teresa es artista.

as [əz, æz] *conjunction & adverb*
1. **cuándo: as he walked into the room everyone started clapping** cuándo entró en la habitación, todos empezaron a aplaudir
2. **como: as you can see I'm very busy** como puedes ver, estoy muy ocupada; **he's late as usual** llega tarde, como siempre
➤ **as ... as** tan ... como: **he's as tall as his father** es tan alto como su padre
➤ **as much as** tanto como: **she doesn't earn as much as I do** ella no gana tanto como yo
➤ **you can have as many as you like** puedes tener tantos como quieras
➤ **as soon as possible** lo antes posible: **I'll come as soon as possible** vendré lo antes posible
➤ **as if** or **as though** como si: **he acted as if nothing had happened** él actuó como si nada hubiera sucedido.

a.s.a.p. [eɪeseɪpiː] *(abbreviation of* **as soon as possible***)* **lo antes posible**.

ash [æʃ] *noun* ■ la **ceniza**.

ashamed [ə'ʃeɪmd] *adjective*
➤ **to be ashamed of something** estar avergonzado de algo, estar apenado de algo *Latin America except Southern Cone:* **he was ashamed of being afraid** estaba avergonzado de tener miedo
➤ **you should be ashamed of yourself!** ¡debería darte vergüenza!

ashtray ['æʃtreɪ] *noun* ■ el **cenicero**.

Asia ['eɪʒə] *noun* ■ **Asia** *(feminine)*: **Asia is a continent** Asia es un continente; **Indonesia is in Asia** Indonesia está en Asia.

Asian ['eɪʒn] *(adjective & noun)*
■ *adjective*

> Remember not to use a capital letter for the adjective in Spanish:

asiático: an Asian country un país asiático
■ *noun*
1.

> In Spanish, a capital letter is not used for the inhabitants of a country or region:

el **asiático,** la **asiática**.

aside [ə'saɪd] *adverb* ■ **a un lado: I'll put the book aside for you** te dejaré el libro a un lado.

ask [æsk] *verb*
1. **preguntar: I'd like to ask something** quisiera preguntar algo
2. **invitar: he asked me to the party** me invitó a la fiesta
3. **pedir: Fran asked her teacher for help** Fran le pidió ayuda a su profesor
➤ **to ask somebody to do something** pedirle a alguien que haga algo: **I asked her to wait** le pedí que esperara.

asleep [ə'sliːp] *adjective* ■ **dormido: he's already asleep** ya está dormido
➤ **to fall asleep** quedarse dormido: **she fell asleep** se quedó dormida.

asparagus [ə'spærəgəs] *uncountable noun* ■ los **espárragos**.

aspirin ['æsprɪn] *noun* ■ la **aspirina**.

asset ['æset] *noun*
➤ **Fred is an asset to the team** Fred es muy valioso para el equipo.

assignment [ə'saɪnmənt] *noun* ■ la **tarea: he handed in his assignment** entregó su tarea.

assistant [ə'sɪstənt] *noun* ■ el/la **asistente: my assistant will call you tomorrow** mi asistente lo llamará mañana.

assume [ə'suːm] *verb* ■ **suponer: I assume you're coming too** supongo que tú también vienes.

assure [əˈʃʊəʳ] *verb* ■ **asegurar: I assure you I'm not lying** te aseguro que no estoy mintiendo.

asterisk [ˈæstərɪsk] *noun* ■ el **asterisco**.

asthma [ˈæzmə] *noun* ■ el **asma** *(feminine)*

Feminine noun that takes **un** or **el** in the singular.

astonished [əˈstɒnɪʃt] *adjective* ■ **pasmado: I was astonished to hear the news** me quedé pasmado al escuchar las noticias.

astrology [əˈstrɒlədʒɪ] *noun* ■ la **astrología**.

astronaut [ˈæstrənɔːt] *noun* ■ el/la **astronauta**.

astronomy [əˈstrɒnəmɪ] *noun* ■ la **astronomía**.

at [ət, æt] *preposition*

1. *Indicating a place* **en: the kids are at school** los niños están en la escuela; **he's at the office** está en la oficina; **I was at home last night** anoche estaba en casa
2. *Indicating a time or a speed* **a: the movie starts at 8 o'clock** la película empieza a las 8; **she was driving at 100 miles an hour** iba manejando a 130 kilómetros por hora

➤ **at night** de noche: **owls hunt at night** los búhos cazan de noche

➤ **we saw her at Christmas** la vimos para Navidad.

ate [eɪt] *past tense* ➤ eat.

athlete [ˈæθliːt] *noun* ■ el/la **atleta**.

atlas [ˈætləs] *noun* ■ el **atlas** *(plural* los **atlas**): **a world atlas** un atlas del mundo.

ATM *(abbreviation of* Automated Teller Machine) [eɪtiːˈem] *noun* ■ el **cajero automático: I'll get some money from the ATM** voy a sacar dinero del cajero automático.

atmosphere [ˈætməˌsfɪəʳ] *noun*

1. la **atmósfera: the earth's atmosphere** la atmósfera de la Tierra
2. el **ambiente: there's a good atmosphere in this class** hay un buen ambiente en esta clase.

atom [ˈætəm] *noun* ■ el **átomo**.

atomic [əˈtɒmɪk] *adjective* ■ **atómico**

➤ **atomic energy** energía atómica.

attach [əˈtætʃ] *verb*

1. **poner: he attached the label to his suitcase** le puso la etiqueta a la maleta; **a notice was attached to the window** habían puesto un aviso en la ventana
2. **adjuntar: I've attached a file to this email** he adjuntado un archivo a este email

➤ **to be attached to someone or something** tenerle cariño a alguien o a algo: **she's very attached to her aunt** le tiene mucho cariño a su tía.

attack [əˈtæk] *(noun & verb)*

■ *noun*

el **ataque: the enemy attack came at dawn** el ataque enemigo ocurrió al amanecer

■ *verb*

atacar: the army attacked the fort el ejército atacó el fuerte; **her letter attacks the mayor's plan** su carta ataca el plan del alcalde.

attempt [əˈtempt] *(noun & verb)*

■ *noun*

el **intento: her last attempt was successful** su último intento tuvo éxito

■ *verb*

tratar

➤ **to attempt to do something** tratar de hacer algo: **they attempted to steal the diamond** trataron de robar el diamante.

attend [əˈtend] *verb* ■ **asistir a: over 100 people attended the meeting** unas 100 personas asistieron a la reunión.

attention [əˈtenʃn] *noun* ■ la **atención** *(plural* las **atenciones**): **I was trying to catch her attention** estaba tratando de atraer su atención

➤ **pay attention!** ¡presten atención!

attic ['ætɪk] *noun* ■ **el desván** (*plural* **los desvanes**): **the attic is full of old junk** el desván está lleno de cachivaches viejos.

attitude ['ætɪtu:d] *noun* ■ **la actitud: I don't like her attitude** no me gusta su actitud.

attorney [ə'tɜ:nɪ] *noun* ■ **el abogado, la abogada: my attorney will contact you** mi abogado se pondrá en contacto con usted.

attract [ə'trækt] *verb* ■ **atraer: magnets attract iron** los imanes atraen el hierro
➤ **he's attracted to brunettes** le atraen las morena.

attraction [ə'trækʃn] *noun* ■ **la atracción** (*plural* **las atracciones**): **a tourist attraction** una atracción turística
➤ **I don't see the attraction of video games** no le veo el atractivo a los videojuegos.

attractive [ə'træktɪv] *adjective* ■ **atractivo: she's a very attractive girl** es una chica muy atractiva.

audience ['ɔ:djəns] *uncountable noun* ■ **el público: the audience started clapping** el público empezó a aplaudir.

August ['ɔ:gəst] *noun*

In Spanish the months of the year do not start with a capital letter:

agosto (*masculine*): **in August** en agosto; **on August 17th** el 17 de agosto; **next August** el próximo agosto; **last August** el pasado agosto.

aunt ['ænt] *noun* ■ **la tía: aunt Elena** la tía Elena.

Australia [ɒ'streɪljə] *noun* ■ **Australia** (*feminine*).

Australian [ɒ'streɪljən] *(adjective & noun)*

■ *adjective*

Remember not to use a capital letter for the adjective in Spanish:

australiano: the Australian bush el bosque australiano

■ *noun*

In Spanish, a capital letter is not used for the inhabitants of a country or region:

el **australiano,** la **australiana: the singer is an Australian** el cantante es australiano.

author ['ɔ:θəʳ] *noun* ■ **el autor, la autora: J.K. Rowling is my favorite author** J.K. Rowling es mi autor favorito.

autograph ['ɔ:təgra:f] *noun* ■ **el autógrafo: she collects movie stars' autographs** colecciona autógrafos de estrellas de cine.

automatic [ˌɔ:tə'mætɪk] *adjective* ■ **automático.**

automatically [ˌɔ:tə'mætɪklɪ] *adverb* ■ **automáticamente: the door opens automatically** la puerta se abre automáticamente.

automobile ['ɔ:təməbɪ:l] *noun* ■ **el coche,** el **carro** *Latin America except Southern Cone,* el **auto** *Southern Cone.*

autumn ['ɔ:təm] *noun* ■ **el otoño.**

available [ə'veɪləbl] *adjective* ■ **disponible: he's available on Mondays and Wednesdays** está disponible los lunes y los miércoles.

avalanche ['ævəlɑnʃ] *noun* ■ **la avalancha.**

avenue ['ævənu:] *noun* ■ **la avenida.**

average ['ævərɪdʒ] *(adjective & noun)*

■ *adjective*
promedio: that's the average price ése es el precio promedio

■ *noun*
el **promedio: they studied an average eight hours per week** estudian un promedio de ocho horas por semana
➤ **on average** como promedio: **on average, how much TV do you watch every day?** como promedio, ¿cuántas horas al día ves la tele?

avocado [ˌævə'ka:dəʊ] *noun* ■ **el aguacate,** la **palta** *Bolivia, Peru, Southern Cone.*

avoid [ə'vɔɪd] *verb* ■ **evitar: let's try to avoid rush hour traffic** tratemos de evitar el tráfico de la hora pico.

awake [ə'weɪk] *adjective* ■ **despierto: he's wide awake** está completamente despierto.

award [ə'wɔːd] *noun* ■ el **premio: her film won an award** su película ganó un premio.

aware [ə'weə^{r}] *adjective*
➤ **to be aware of something** ser conciente de algo, estar conciente de algo *Chile, Mexico:* **he wasn't aware of the danger** no era conciente del peligro.

away [ə'weɪ] *adverb* ■ **fuera: I'll be away for two weeks** voy a estar fuera dos semanas
➤ **is the beach far away** ¿queda muy lejos la playa?
➤ **it's two miles away** queda a dos millas
➤ **tell him to go away** dile que se vaya.

awful ['ɔːfʊl] *adjective* ■ **espantoso: the weather has been awful** el clima ha estado espantoso.

awfully ['ɔːflɪ] *adverb*
➤ **it's awfully cold today** hoy hace un frío espantoso
➤ **the book is awfully boring** el libro es aburridísimo.

awkward ['ɔːkwəd] *adjective*
1. **torpe: he's a slightly awkward child** es un niño un tanto torpe
2. **incómodo: the handle is awkward to hold** el mango es incómodo de tomar; **there was an awkward pause in the conversation** hubo una pausa incómoda en la conversación.

ax, axe [æks] *noun* ■ el **hacha** *(feminine)*

Feminine noun that takes **un** or **el** in the singular.

b

baby ['beɪbɪ] *noun* ■ **el/la bebé, el bebe, la beba** *River Plate,* la **guagua** *Chile*
➤ **a baby boy** un niño
➤ **a baby girl** una niña.

babysit ['beɪbɪsɪt] *verb* ■ **cuidar niños: I'll get my neighbor to babysit** llamaré a mi vecina para cuide a los niños.

babysitter ['beɪbɪˌsɪtə^{r}] *noun* ■ **el/la babysitter** *(plural* **los/las babysitters***).*

bachelor ['bætʃələ^{r}] *noun* ■ **el soltero: he's a bachelor** es soltero.

back [bæk] *(noun, adjective, adverb & verb)*
■ *noun*
la espalda: my back hurts me duele la espalda
➤ **the back of the car** la parte de atrás del auto
➤ **he's lying on his back** está tendido de espaldas
➤ **the sweater was at the back of the closet** el suéter estaba en el fondo del closet
➤ **the back of a chair** el respaldo de una silla
■ *adjective*
de atrás: the map is on the back seat el mapa está en el asiento de atrás; **the back door was locked** la puerta de atrás estaba con llave
■ *adverb*
➤ **she took a step back** dio un paso hacia atrás
➤ **I'll be back at 8** voy a estar de vuelta a las 8

➤ **to get back** volver: **we got back very late** volvimos muy tarde
➤ **to go back** volver: **I went back to the store** volví a la tienda
➤ **to give back** devolver, regresar *Latin America except Southern Cone*: **I have to give this book back** tengo que devolver este libro
➤ **to put back** volver a poner: **she put the bottle back in the fridge** volvió a poner la botella en el refrigerador
➤ **back and forth** para atrás y para adelante

back up *phrasal verb*
1. **respaldar: I'll back you up** yo te voy a respaldar
2. **hacer un respaldo de: it's a good idea to back up your files** sería bueno que hicieras un respaldo de tus archivos.

backbone ['bækbəʊn] *noun* ■ la **columna vertebral**.

background ['bækgraʊnd] *noun*
1. el **fondo: you can see the mountains in the background** puedes ver las montañas al fondo
2. el **entorno: the family background is very important** el entorno familiar es muy importante
➤ **he comes from a modest background** es de origen modesto.

backpack ['bækpæk] *noun* ■ la **mochila**.

backward, backwards ['bækwərd, 'bækwərdz] *adverb*
1. **atrás: I took a step backward** di un paso atrás
2. **hacia atrás: move backward** muévanse hacia atrás
3. **al revés: you've got your sweater on backward** tienes puesto el sueter al revés
➤ **can you count backward?** ¿puedes contar de atrás para adelante?

backyard [ˌbæk'jaːd] *noun* ■ el **jardín de atrás**, el **fondo** *River Plate*: **we had a barbecue in the backyard** hicimos un asado en el jardín de atrás.

bacon ['beɪkən] *noun* ■ el **tocino**, la **panceta** *River Plate*: **bacon and eggs** huevos con tocino.

bacteria [bæk'tɪərɪə] *plural noun* ■ las **bacterias**.

bad [bæd] *(comparative* **worse**, *superlative* **worst**) *adjective*
1. **malo**

> **Malo** changes to **mal** before a masculine noun:

he's a very bad driver es muy mal conductor; **he's a bad boy** es un niño malo; **did you hear the bad news?** ¿te enteraste de las malas noticias?; **I'm bad at math** soy malo para las matemáticas
2. **fuerte: I was home with a bad cold** estaba en la casa con un fuerte resfriado
3. **echarse a perder: the meat will go bad if it's not in the fridge** la carne se va echar a perder si no está en el refrigerador
➤ **not bad** no está mal: **new car? — not bad!** ¿auto nuevo? —¡no está mal!

badge [bædʒ] *noun*
1. *of a school* la **insignia**
2. *of metal* la **chapa**, el **botón**, el **pin** *River Plate*
3. *of a policeman* la **placa**.

badly ['bædlɪ] *(comparative* **worse**, *superlative* **worst**) *adverb*
1. **mal: he plays very badly** toca muy mal
2. **gravemente: he was badly wounded** resultó gravemente herido.

badminton ['bædmɪntən] *noun* ■ el **bádminton: to play badminton** jugar bádminton.

bag [bæg] *noun*
1. la **bolsa: a paper bag** una bolsa de papel
2. la **maleta: I'm packing my bags** estoy haciendo las maletas.

baggage ['bægɪdʒ] *noun* ■ el **equipaje: do you have a lot of baggage?** ¿tienes mucho equipaje?

baggy ['bægɪ] *adjective* ■ **ancho, guango** *Mexico informal*: **she wore a baggy old sweatshirt** llevaba una sudadera ancha y vieja.

bake [beɪk] *verb* ■ **hacer al horno: are you going to bake it?** ¿lo vas a hacer al horno?
➤ **I'm baking a cake** estoy haciendo un pastel
➤ **a baked potato** una papa asada.

baker ['beɪkə^r] *noun* ■ el **panadero,** la **panadera**.

bakery ['beɪkərɪ] (*plural* bakeries) *noun* ■ la **panadería**.

balance ['bæləns] (*noun & verb*)
■ *noun*
el **equilibrio: I lost my balance** perdí el equilibrio
■ *verb*
hacer equilibrio: he is balancing on one foot está haciendo equilibrio en un pie.

balcony ['bælkənɪ] (*plural* balconies) *noun* ■ el **balcón** (*plural* los **balcones**).

bald [bɔːld] *adjective* ■ **calvo: he's going bald** se está quedando calvo.

ball [bɔːl] *noun*
1. la **pelota: a tennis ball** una pelota de tenis
2. el **ovillo: a ball of yarn** un ovillo de hilo
3. el **baile: Cinderella went to the ball** Cenicienta fue al baile.

ballerina [ˌbæləˈriːnə] *noun* ■ la **bailarina: she's a ballerina** es bailarina.

ballet ['bæleɪ] *noun* ■ el **ballet** (*plural* los **ballets**): **we went to a ballet** fue a ver un ballet
➤ **a ballet dancer** un bailarín de ballet (*femenine* una bailarina de ballet).

balloon [bə'luːn] *noun* ■ el **globo: the children are blowing up the balloons** los niños están inflando los globos

> La palabra inglesa **balloon** es un falso amigo, no significa "balón".

ballpoint pen ['bɔːlpɔɪntpen] *noun* ■ el **bolígrafo,** la **pluma atómica** *Mexico* la **birome** *River Plate*.

ban [bænt] *verb* ■ **prohibir: they want to ban smoking in restaurants** quieren prohibir que se fume en los restaurantes.

banana [bənænə] *noun* ■ el **plátano,** la **banana** *River Plate*: **a bunch of bananas** un racimo de plátanos.

band [bænd] *noun*
1. la **banda: I used to play in a rock band** yo tocaba en una banda de rock
2. la **cinta: there was a band of paper around the flowers** había una cinta de papel alrededor de las flores.

bandage ['bændɪdʒ] *noun* ■ la **venda: he has a bandage on his head** tiene una venda en la cabeza.

Band-Aid® ['bændeɪd] *noun* ■ la **curita**.

bang [bæŋ] (*noun & verb*)
■ *noun*
1. la **explosión** (*plural* las **explosiones**): **I heard a bang** oí una explosión
2. el **golpe: she got a bang on her head** recibió un golpe en la cabeza
■ *verb*
1. **golpear: somebody's banging on the door** alguien está golpeando la puerta
2. **golpearse: I banged my head** me golpée la cabeza.

bangs [bæŋz] *plural noun* ■ el **cerquillo,** el **fleco** *Mexico,* la **chasquilla** *Chile*: **her bangs almost covered her eyes** el cerquillo casi le tapaba los ojos.

bank [bæŋk] (*noun & verb*)
■ *noun*
1. el **banco: she has money in the bank** tiene dinero en el banco
2. la **orilla: we walked on the bank of the river** caminamos por la orilla del río
➤ **a bank account** una cuenta bancaria
■ *verb*
tener una cuenta: I've been banking here for years tengo una cuenta aquí desde hace años.

banker ['bæŋkə^r] *noun* ■ el **banquero,** la **banquera: he's a banker** es banquero.

banner ['bænəʳ] *noun* ■ la **pancarta: the demonstrators were carrying banners** los manifestantes llevaban pancartas
➤ **the banner said "Happy Birthday!"** el cartel decía "¡Feliz cumpleaños!".

baptize ['bæptaɪz] *verb* ■ **bautizar: she was baptized at St. Peter's** la bautizaron en la iglesia de San Pedro.

bar [bɑʳ] *noun*
1. el **barrote: there were bars on the windows** había barrotes en las ventanas
2. el **bar: we'll meet in the bar at 5** nos encontramos en el bar a las 5
3. la **barra: they sat at the bar** se sentaron en la barra
➤ **a candy bar** una golosina en barra
➤ **a bar of soap** una barra de jabón
➤ **a bar of chocolate** una barra de chocolate, una tableta de chocolate *Mexico*.

barbecue ['bɑbɪkjuː] *noun* ■ la **parrillada,** el **asado: we're having a barbecue** estamos haciendo una parrillada.

barbwire ['bɑːʳbwaɪəʳ] *noun* ■ el **alambre de púas.**

barber ['bɑbəʳ] *noun* ■ el **peluquero**
➤ **a barber shop** una barbería.

bare [beəʳ] *adjective*
1. **descalzo: his feet were bare** tenía los pies descalzos
2. **desnudo: all the walls were bare and white** todas las paredes eran blancas y estaban desnudas.

barefoot [ˌbeə'fʊt] *(adjective & adverb)*
■ *adjective*
descalzo: she was barefoot estaba descalza
■ *adverb*
I love to go barefoot me encanta andar descalzo.

barely ['beəlɪ] *adverb* ■ **apenas: I barely had time to eat** apenas tuve tiempo para comer.

bargain ['bɑgɪn] *noun* ■ la **ganga: it's a real bargain** es una verdadera ganga.

bark [bɑk] *(noun & verb)*
■ *noun*
la **corteza: the bark of a tree** la corteza de un árbol
■ *verb*
ladrar: the dog barked at the boy el perro le ladró al niño.

barn [bɑːn] *noun* ■ el **granero.**

bartender ['bɑːtendəʳ] *noun* ■ el **barman** *(plural* los **barmans***),* la **cantinera: she's a bartender** es cantinera.

base [beɪs] *(noun & verb)*
■ *noun*
la **base: the base of the pyramid** la base de la pirámide; **they have their base in L.A.** tienen su base en Los Angeles
■ *verb*
basar: I base my opinions on hards facts baso mis opiniones en datos concretos
➤ **the book is based on his life** el libro se basa en su vida
➤ **the company is based in Detroit** la compañía tiene su sede en Detroit.

baseball ['beɪsbɔːl] *noun* ■ el **béisbol,** el **beisbol** *Mexico*: **he plays baseball** juega béisbol
➤ **a baseball cap** una gorra de béisbol.

basement ['beɪsmənt] *noun* ■ el **sótano: she went down to the basement** bajó al sótano.

basic ['beɪsɪk] *adjective*
1. **básico: I have a basic knowledge of French** tengo un conocimiento básico de francés
2. **sencillo: the food is quite basic** la comida es bastante sencilla.

basically ['beɪsɪklɪ] *adverb* ■ **básicamente: basically, he's a good guy** es básicamente un buen muchacho.

basil ['beɪzl] *noun* ■ la **albahaca.**

basis ['beɪsɪs] *(plural* **bases** ['beɪsiːz]*)* *noun*
1. la **base: on the basis of the student performance** sobre la base del rendimiento del estudiante

2. el **fundamento: what is the basis of your theory?** ¿cuál es el fundamento de tu teoría?
➤ **on a monthly basis** mensualmente
➤ **on a regular basis** regularmente.

basket ['ba:skɪt] *noun* ■ la **canasta: a shopping basket** la canasta de las compras
➤ **he scored a basket** metió una canasta.

basketball ['ba:skɪtbɔ:l] *noun* ■ el **básquetbol,** el **basquetbol** *Mexico*: **they're playing basketball** están jugando básquetbol.

bass [beɪs] *noun* ■ el **bajo: a bass guitar** un bajo eléctrico.

bat [bæt] *(noun & verb)*
■ *noun*
1. el **bate: a baseball bat** un bate de béisbol
2. el **murciélago: bats come out at night** los murciélagos salen de noche
■ *verb*
batear: dad is teaching me to bat mi papá me está enseñando a batear.

bath [ba:θ] *noun* ■ el **baño: to take a bath** darse un baño; **I'm going to take a bath** voy a darme un baño
➤ **a bath towel** una toalla de baño.

bathing suit ['beɪðɪŋsu:t] *noun* ■ el **traje de baño,** la **malla** *River Plate*.

bathrobe ['ba:θrəʊb] *noun* ■ la **bata de baño**.

bathroom ['ba:θrʊm] *noun* ■ el **baño: where's the bathroom?** ¿dónde está el baño?

bathtub ['ba:θtʌb] *noun* ■ la **tina,** la **bañera** *River Plate*.

battery ['bætərɪ] *(plural* **batteries**) *noun*
1. la **pila: these batteries are dead** estas pilas están descargadas
2. la **batería: a car battery** una batería de coche.

battle ['bætl] *noun*
1. la **batalla: a bloody battle** una batalla sangrienta
2. la **lucha: the battle against cancer** la lucha contra el cáncer.

bay [beɪ] *noun* ■ la **bahía: San Francisco bay** la bahía de San Francisco.

B.C. [bi:'si:] *(abbreviation of* **before Christ**) **a. de C.: in 200 B.C.** en el año 200 a. de C.

be [bɪ:] *(past tense* **was**, *past tense* **were**, *past participle* **been**) *verb*
1.

As a general rule, when **be** is followed by an adjective, it can be translated into Spanish by **ser** when it's used to decribe permanent or inherent states or by **estar** when it's used to describe temporary states:

they're happy children son niños felices; **I'm very happy in my new school** estoy muy contento en mi nuevo colegio; **he's fat** es gordo; **he's so fat I didn't regognize him** está tan gordo que no lo reconocí; **Anne is French** Anne es francesa; **the soup is cold** la sopa está fría; **we are alone** estamos solos
2.

Use **ser** when talking about dates and time:

it's April first today hoy es el primero de abril; **it's one o'clock** es la una
3.

Use **estar** when describing where something or someone is:

my school is near the church mi colegio está cerca de la iglesia; **where is Alice?** ¿dónde está Alice?; **they are in Seattle** están en Seattle
4.

With certain adjectives that describe how you feel, like "cold", "hot", hungry" or "thirsty", use the verb **tener:**

I'm cold tengo frío; **my hands are cold** tengo las manos frías; **I'm too hot** tengo mucho calor; **are you hungry?** ¿tienes hambre?
5.

Use **tener** to say how old somebody is:

how old are you? ¿cuántos años tienes?; **I'm thirteen years old** tengo trece años

6.

Use **hacer** to talk about the weather:

it's cold today hace frío hoy; **it was very hot** hacía mucho calor

7.

Use **estar** to talk about health and to say how somebody is:

how are you? ¿cómo estás?; **I'm very well, thank you** estoy muy bien, gracias; **Sam is much better** Sam está mucho mejor; **she's ill** está enferma

8.

Use **estar** in the continuous tense:

I'm working estoy trabajando; **what are you doing?** ¿qué estás haciendo; **it's raining** está lloviendo; **I was reading when you phoned** estaba leyendo cuando llamaste

The present continuous can also be translated by the simple present tense in Spanish, especially with verbs of movement:

where are you going? ¿adónde vas?; **she's leaving** se va

9.

The passive is formed in the same way in Spanish and in English: **ser + past participle**. Remember that in Spanish the past participle must agree in gender (masculine & feminine) and number (singular & plural) with the subject of the verb and is not as common as it is in English. The active construction or a verb with **se** is preferred:

this woman was murdered esta mujer fue asesinada; **this method is used by many people** muchas personas utilizan este método; **I was told to leave** me dijeron que me fuera; **this is produced in the States** esto se produce en los Estados Unidos ➤ been.

beach [biːtʃ] *noun* ■ la **playa: they're playing on the beach** están jugando en la playa.

bead [biːd] *noun* ■ la **cuenta: a necklace made of glass beads** un collar de cuentas de vidrio.

beak [biːk] *noun* ■ el **pico: the pelican has a big beak** el pelícano tiene un pico grande.

beam [biːm] *noun*

1. el **rayo: a laser beam** un rayo láser
2. la **viga: wooden beams** vigas de madera.

bean [biːn] *noun* ■ el **frijol** *Latin America except Southern Cone*, el **poroto** *Southern Cone*
➤ **green beans** las habichuelas verdes, los ejotes *Mexico*, las chauchas *River Plate*, las vaínitas *Venezuela*, los porotos verdes *Chile*.

bear [beəʳ] *(noun & verb)*

■ *noun*
el **oso: a polar bear** un oso polar

■ *verb*
(past tense **bore**, *past participle* **borne***)* **soportar: I can't bear her** no la soporto; **I can't bear to see him go** no puedo soportar que se vaya.

beard [bɪəd] *noun* ■ la **barba: my uncle has a beard** mi tío tiene barba.

beat [biːt] *(noun & verb)*

■ *noun*
el **ritmo: this music has a strong beat** esta música tiene un ritmo marcado

■ *verb*
(past tense **beat**, *past participle* **beaten***)* **ganarle a: we beat the third grade** les ganamos a los de tercero; **our team beat them 4-2** nuestro equipo les ganó 4 a 2
➤ **she beat the world record** batió el record mundial

beat up *phrasal verb* ■ **darle una paliza a: he was beaten up** le dieron una paliza.

beautiful ['bjuːtɪfʊl] *adjective* ■ **precioso: he has beautiful eyes** tiene unos ojos preciosos
➤ **a beautiful woman** una mujer lindísima.

beauty ['bjuːtɪ] *noun* ■ la **belleza**
➤ **a beauty parlor** un salón de belleza.

became [bɪ'keɪm] *past tense* ➤ become.

because [bɪ'kɒz] *conjunction* ■ **porque: he went to bed early because he has to get up at 6** se acostó temprano porque tiene que levantarse a las 6
➤ **because of** por: **I can't sleep because of the noise** no puedo dormir por el ruido.

become [bɪ'kʌm] *(past tense* became, *past participle* become*) verb* ■ **hacerse: we've become great friends** nos hemos hecho muy amigos
➤ **it's become fashionable** se ha puesto de moda
➤ **he's becoming more like his father** se parece cada vez más a su padre.

bed [bed] *noun* ■ **la cama: he's in bed** está en cama
➤ **to go to bed** acostarse: **I'm going to bed** me voy a acostar
➤ **to get out of bed** levantarse: **I got out of bed very early today** hoy me levanté muy temprano.

bedroom ['bedrʊm] *noun* ■ **el dormitorio,** la **recámara** *Mexico*: **the house has three bedrooms** la casa tiene tres dormitorios.

bee [biː] *noun* ■ **la abeja**.

beef [biːf] *noun* ■ **la carne de vaca,** la **carne de res** *Central America, Mexico*.

been [bɪn] *past participle* ➤ **be! have been in this country for three years** he estado tres años en este país; **he has always been clever** siempre ha sido inteligente

When "has been" or "have been" is used as a past participle of **go**, use a conjugated form of **estar** to translate it:

have you ever been to Boston? ¿has estado alguna vez en Boston?

beer [bɪəʳ] *noun* ■ **la cerveza**.

beet [biːt] *noun* ■ **la remolacha, el betabel** *Mexico*, la **betarraga** *Chile*.

beetle ['biːtl] *noun* ■ **el escarabajo**.

before [bɪ'fɔːʳ] *(preposition, adverb & conjunction)*

■ *preposition*
1. **antes de: I'll be back before midnight** voy a volver antes de la medianoche
2. **antes que: I arrived before him** llegué antes que él; **i comes before e in "believe"** la i viene antes que la e en "believe"
3. **ante: he was brought before the judge** lo llevaron ante el juez

■ *adverb*
antes: it has never happened to me before no me había pasado nunca antes; **I think I've met him before** creo que ya lo conocía de antes

■ *conjunction*
antes de que: I'll cook dinner before they arrive prepararé la cena antes de que llegaran.

beg [beg] *(past tense & past participle* begged*) verb* ■ **mendigar: he was begging in the street** estaba mendigando en la calle
➤ **to beg somebody to do something** rogarle a alguien que haga algo
➤ **I beg you not to tell him** te ruego que no se lo digas
➤ **I beg your pardon?** ¿perdón?

began [bɪ'gæn] *past tense* ➤ begin.

beggar ['begəʳ] *noun* ■ **el mendigo,** la **mendiga**.

begin [bɪ'gɪn] *(past tense* began, *past participle* begun*) verb* ■ **empezar: my next class begins at noon** mi próxima clase empieza al mediodía
➤ **to begin to do something** empezar a hacer algo: **the band began to play** la banda empezó a tocar.

beginner [bɪ'gɪnəʳ] *noun* ■ **el/la principiante**.

beginning [bɪ'gɪnɪŋ] *noun* ■ **el principio: in the beginning** al principio.

begun [bɪ'gʌn] *past participle* ➤ begin.

behalf [bɪ'hæf] *noun*
➤ **on behalf of somebody** en nombre de alguien: **I'm speaking on behalf of the class** hablo en nombre de toda la clase

➤ **he called on behalf of a friend** llamó de parte de un amigo.

behave [bɪ'heɪv] *verb* ■ **portarse: he behaves badly** se porta mal; **the children are behaving themselves** los niños se están portando bien.

behavior [bɪ'heɪvjəʳ] *noun* ■ **el comportamiento: his behavior has improved in the new school** su comportamiento en la nueva escuela ha mejorado.

behind [bɪ'haɪnd] *(preposition & adverb)*
■ *preposition*
detrás de: he's behind you está detrás de ti; **the switch is behind the door** la llave de la luz está detrás de la puerta
■ *adverb*
➤ **he's behind with his work** está atrasado con su trabajo
➤ **to leave something behind** olvidársele algo: **I left my umbrella behind** se me olvidó el paraguas.

being ['bɪ:ɪŋ] *noun* ■ **el ser: we are human beings** somos seres humanos.

believe [bɪ'lɪ:v] *verb* ■ **creer: I believe you** te creo
➤ **to believe in something** creer en algo: **do you believe in ghosts?** ¿crees en fantasmas?

bell [bel] *noun*
1. **el timbre: somebody rang the bell** alguién tocó el timbre
2. **la campana: the church bells are ringing** las campanas de la iglesia están sonando.

belly ['belɪ] *(plural* **bellies***) noun* ■ **la barriga**
➤ **belly button** el ombligo.

belong [bɪ'lɒŋ] *verb*
➤ **to belong to someone** pertenecer a alguien: **all this belonged to the same family** todo esto pertenecía a una misma familia
➤ **does this pen belong to you?** ¿esta lapicera es tuya?
➤ **he belongs to the tennis club** es socio del club de tenis
➤ **put it back where it belongs** vuélvelo a poner en su lugar.

belongings [bɪ'lɒŋɪŋz] *plural noun* ■ **las pertenencias: I'll just get my belongings together** voy a juntar mis pertenencias.

below [bɪ'ləʊ] *(preposition & adverb)*
■ *preposition*
1. **debajo de: her dress came to below the knee** el vestido le llegaba debajo de la rodilla
2. **bajo: it's 10 below zero** hace 10 grados bajo cero
■ *adverb*
de abajo: they live on the floor below viven en el piso de abajo.

belt [belt] *noun* ■ **el cinturón** *(plural* **los cinturones***)*: **he's wearing a belt** lleva puesto un cinturón
➤ **fasten your seat belt** ajusten sus cinturones de seguridad.

bench [bentʃ] *noun* ■ **el banco: she sat on a bench in the park** se sentó en un banco del parque.

bend [bend] *(noun & verb)*
■ *noun*
la curva: there's a bend in the road la calle tiene una curva
■ *verb*
(past tense & past participle **bent***)* **doblar: I can't bend my arm** no puedo doblar el brazo; **I bent the wire** doblé el cable

bend down *phrasal verb* ■ **agacharse: he bent down to pick up his book** se agachó para recoger el libro.

bend over *phrasal verb* ■ **inclinarse: she bent over to have a closer look** se inclinó para mirar más de cerca.

bent [bent] *(adjective & verb form)*
■ *adjective*
doblado: a bent nail una uña doblada
■ *past tense & past participle*
➤ bend.

berry ['berɪ] *(plural* **berries***) noun* ■ **la baya: holly has red berries** el acebo tiene bayas rojas.

beside [bɪ'saɪd] *preposition* ■ **al lado de: come and sit beside Bob** ven a sentarte al lado de Bob

➤ **she's beside herself with joy** está fuera de sí de alegría.

besides [bɪ'saɪdz] *(adverb & preposition)*

■ *adverb*
además: besides, I think you're wrong además, creo que estás equivocado

■ *preposition*
además de: besides this book I bought two others además de este libro, me compré dos más.

best [best] *(adjective, adverb & noun)*

■ *adjective (superlative of* **good***)*
mejor: he's the best student in the class es el mejor estudiante de la clase; **she's my best friend** ella es mi mejor amiga

■ *adverb (superlative of* **well***)*
➤ **which one do you like best?** ¿cuál es el que más te gusta

■ *noun*
➤ **the best** el mejor, la mejor: **of all the players I know, you're the best** de todos los jugadores que conozco, tu eres el mejor
➤ **to do one's best** hacer todo lo posible: **I'll do my best** voy a hacer todo lo posible.

bet [bet] *(noun & verb)*

■ *noun*
la **apuesta: let's make a bet** hagamos una apuesta

■ *verb*
(past tense & past participle **bet***, present participle* **betting***)* **apostar: I bet you can't do it** apuesto a que no puedes hacerlo.

better ['betə^r] *(adjective & adverb)*

■ *adjective (comparative of* **good***)*
mejor: this method is better than the other este método es mejor que el otro

■ *adverb (comparative of* **well***)*
mejor: she sings better than I do ella canta mejor que yo; **I feel much better now** ahora me siento mucho mejor
➤ **to get better**
1. **mejorar: the weather is getting better el clima está mejorando**
2. **mejorarse: I hope you get better soon espero que te mejores pronto**
➤ **I'd better go home** me tengo que ir a casa.

between [bɪ'twiːn] *(preposition & adverb)*

■ *preposition*
entre: he's sitting between Greg and Anne está sentado entre Pablo y Mariana; **we can split the work between us** podemos dividirnos el trabajo entre los dos

■ *adverb*
➤ **in between** entre medio: **John's sitting in between** Juan se sentó entre medio.

beware [bɪ'weə^r] *verb* ■ **tener cuidado: beware of pickpockets on the subway** tengan cuidado con los carteristas en el metro; **"beware of the dog!"** ¡cuidado con el perro!

beyond [bɪ'jɒnd] *preposition* ■ **más allá de: don't go beyond the gate** no vayan más allá de la puerta
➤ **it's beyond me!** ¡no lo puedo entender!

bicycle ['baɪsɪkl] *noun* ■ la **bicicleta: can you ride a bicycle?** ¿sabes andar en bicicleta?
➤ **a bicycle path** una ciclovía, una bicisenda *Southern Cone*
➤ **a bicycle pump** una bomba de bicicleta.

big [bɪg] *(comparative* **bigger***, superlative* **biggest***) adjective*
1. **mayor: my big brother** mi hermano mayor
2. **grande: a big book** un libro grande

> **Grande** changes to **gran** before singular nouns:

there was a big fire hubo un gran incendio
➤ **the Big Apple** la Gran Manzana

> BIG APPLE
>
> **The Big Apple**, que significa La Gran Manzana, es el apodo de la ciudad de Nueva York. Este nombre lo utilizaron originalmente los músicos de jazz de los años veinte, refiriéndose al éxito que podrían obtener en esta ciudad. Otras ciudades estadounidenses, como Chicago y Detroit, también tienen apodos: **the Windy City**, apodo de la primera, por los fuertes vientos que soplan ahí, y **Motown**, de la segunda, por ser la ciudad del automóvil.

bike [baɪk] *noun* ■ la **bici: she rides her bike to work** va en bici a trabajar.

bikini [bɪ'kiːnɪ] *noun* ■ el **bikini** *(feminine)*, la **bikini** *River Plate*: **she's wearing a bikini** tiene puesto un bikini.

bilingual [baɪ'lɪŋgwəl] *adjective* ■ **bilingüe: a bilingual dictionary** un diccionario bilingüe.

bill [bɪl] *noun*
1. la **cuenta: I have a stack of bills to pay** tengo una cantidad de cuentas que pagar
2. el **billete: a ten-dollar bill** un billete de diez dólares.

billboard ['bɪlbɔːd] *noun* ■ la **valla publicitaria,** el **espectacular** *Mexico*.

billion ['bɪljən] *noun* ■ los **mil millones: three billion dollars** tres mil millones de dólares.

binoculars [bɪ'nɒkjʊləz] *plural noun* ■ los **binoculares: a pair of binoculars** unos binoculares.

biology [baɪ'ɒlədʒɪ] *noun* ■ la **biología**.

bird [bɜːd] *noun* ■ el **pájaro: the birds sing at dawn** los pájaros cantan al amanecer
➤ **a bird of prey** un ave de rapiña.

birth [bɜːθ] *noun* ■ el **nacimiento: what's your date of birth?** ¿cuál es tu fecha de nacimiento?
➤ **to give birth to** dar a luz a: **she gave birth to a girl** dio a luz a una niña
➤ **a birth certificate** una partida de nacimiento, un acta de nacimiento *Mexico*.

birthday ['bɜːθdeɪ] *noun* ■ el **cumpleaños** *(plural* los **cumpleaños**): **Gary's birthday is on February 6** el cumpleaños de Gary es el 6 de febrero
➤ **happy birthday!** ¡feliz cumpleaños!

bishop ['bɪʃəp] *noun* ■ el **obispo**.

bison ['baɪsn] *noun* ■ el **bisonte**.

bit [bɪt] *(noun & verb form)*
■ *noun*
el **pedazo: a bit of cheese** un pedazo de queso
➤ **a bit** un poco: **I'm a bit tired** estoy un poco cansada
➤ **a bit of** un poco de
➤ **bit by bit** poco a poco
➤ **for a bit** por un momento
■ *past tense*
➤ bite.

bite [baɪt] *(noun & verb)*
■ *noun*
1. la **picadura: an insect bite** una picadura de insecto, un piquete de insecto *Mexico*
2. el **mordisco: he took a bite of my apple** le dio un mordisco a mi manzana
■ *verb*
(past tense **bit**, *past participle* **bitten***)*
1. **morder: the dog bit me** el perro me mordió
2. **picar: I've been bitten by mosquitoes** me picaron los mosquitos
➤ **to bite one's nails** comerse las uñas: **he bites his nails** se come las uñas.

bitten ['bɪtn] *past participle* ➤ bite.

bitter ['bɪtəʳ] *adjective*
1. **amargo: it has a bitter taste** tiene un gusto amargo
2. **penetrante: there's a bitter wind blowing** sopla un viento penetrante.

black [blæk] *adjective* ■ **negro: he wore a black hat** llevaba puesto un sombrero negro; **a black man** un hombre negro
➤ **I drink my coffee black** tomo el café negro
➤ **a black eye** un ojo morado, un ojo en tinta *Southern Cone*
➤ **black and white** blanco y negro: **a black and white photo** una foto en blanco y negro.

blackberry ['blækbərɪ] *(plural* **blackberries***) noun* ■ la **mora**.

blackbird ['blækbɜːd] *noun* ■ el **mirlo**.

blackboard ['blækbɔːd] *noun* ■ el **pizarrón** *(plural* los **pizarrones**): **the teacher is writing on the blackboard** el profesor está escribiendo en el pizarrón.

blade [bleɪd] *noun* ■ la **hoja: a razor blade** una hoja de afeitar, una navaja de rasurar *Mexico*.

blame [bleɪm] *verb*
➤ **to blame somebody for something** culpar a alguien de algo: **he blames me for his problems** me culpa a mí de sus problemas
➤ **who's to blame?** ¿quién tiene la culpa?: **he's to blame** él tiene la culpa.

blank [blæŋk] *adjective* ■ **en blanco: a blank sheet of paper** una hoja de papel en blanco
➤ **a blank tape** una cinta virgen
➤ **my mind went blank** me quedé en blanco.

blanket ['blæŋkɪt] *noun* ■ **la cobija, la frazada: she put a blanket on the bed** puso una cobija en la cama.

blast [blɑst] *noun* ■ **el estallido: a bomb blast** el estallido de una bomba.

bleach [bliːtʃ] *noun* ■ **la lejía, el blanqueador** *Colombia, Mexico,* **la lavandina** *Argentina,* **el agua Jane®** *Uruguay.*

bleed [bliːd] *(past tense & past participle* bled [bled]*) verb* ■ **sangrar: my nose is bleeding** me sangra la nariz.

blender ['blendəʳ] *noun* ■ **la licuadora: mix the sauce in the blender** mezcle la salsa en la licuadora.

bless [bles] *(past tense & past participle* blessed*) verb* ■ **bendecir: the priest blessed him** el sacerdote lo bendijo
➤ **bless you!** ¡salud!

blew [bluː] *past tense* ➤ blow.

blind [blaɪnd] *(adjective & noun)*

■ *adjective*
ciego: he's been blind since birth es ciego de nacimiento

■ *noun*
la persiana: pull down the blind baja la persiana.

blindfold ['blaɪndfəʊld] *(noun & verb)*

■ *noun*
la venda sobre los ojos: they put a blindfold on me me pusieron una venda sobre los ojos

■ *verb*
vendarle los ojos a: they blindfolded the man le vendaron los ojos al hombre.

blink [blɪŋk] *verb* ■ **parpadear: she blinked when the light came on** parpadeó cuando se prendió la luz.

blister ['blɪstəʳ] *noun* ■ **la ampolla: I have a blister on my heel** tengo una ampolla en el talón.

block [blɒk] *(noun & verb)*

■ *noun*
1. **el bloque: a block of ice** un bloque de hielo
2. **la manzana: I'll walk around the block** voy a dar la vuelta a la manzana

➤ **it's five blocks from here** queda a cinco cuadras de aquí

■ *verb*
1. **bloquear: a fallen tree was blocking the road** un árbol caído bloqueaba el camino
2. **atascar: something is blocking the sink** algo está atascando el fregadero

➤ **the pipe is blocked** la cañería está tapada.

blond [blɒnd] *adjective* ■ **rubio, güero** *Mexico informal* **he has blond hair** tiene el pelo rubio.

blonde [blɒnd] *noun* ■ **la rubia, la güera** *Mexico informal* **a stunning blonde** una rubia despampanante
➤ **Anne is a blonde** Ana es rubia.

blood [blʌd] *noun* ■ **la sangre: he was covered in blood** estaba cubierto de sangre
➤ **blood type** el tipo sanguíneo
➤ **blood pressure** la presión sanguínea.

blouse [blaʊs] *noun* ■ **la blusa: she's wearing a pretty blouse** llevaba puesta una blusa muy linda.

blow [bləʊ] *(past tense* blew, *past participle* blown*) verb* ■ **soplar: the wind was blowing** soplaba el viento
➤ **to blow a whistle** tocar un silbato: **the referee blew his whistle** el árbitro tocó el silbato
➤ **to blow one's nose** sonarse la nariz

blow out *phrasal verb* ■ **apagar: she blew out the candles on the cake** apagó las velitas del pastel.

blow up *phrasal verb*
1. **inflar: I'm going to blow up some balloons for the party** voy a inflar unos globos para la fiesta

2. **explotar: two bombs exploded** explotaron dos bombas
3. **hacer volar: they blew up the bridge** hicieron volar el puente
➤ **the whole building blew up** todo el edificio voló.

blown [bləʊn] *past participle* ➤ blow.

blue [bluː] *adjective* ■ **azul: Cathy has blue eyes** Catalina tiene los ojos azules; **she's wearing a blue dress** lleva puesto un vestido azul.

blueberry ['bluːbərɪ] *(plural* blueberries*)* *noun* ■ **el arándano: a blueberry pie** un pay de arándano.

blunt [blʌnt] *adjective*
1. **desafilado: the knife is blunt** el cuchillo está desafilado
2. **franco: he's very blunt** es muy franco.

blurred [blɜːʳd] *adjective* ■ **borroso: the photo is blurred** la foto está borrosa.

blush [blʌʃ] *verb* ■ **ponerse colorado: you're blushing** te estás poniendo colorado; **she blushed when I said his name** se puso colorada cuando dije su nombre.

board [bɔːd] *(noun & verb)*

■ *noun*
1. la **tabla: a bread board** una tabla de cortar el pan
2. el **pizarrón** *(plural* los **pizarrones***)*: **write the sentence on the board** escriba la oración en el pizarrón
3. el **tablero de anuncios: there are a lot of notices on the board** hay muchos avisos en el tablero de anuncios
4. el **tablero: put the pieces on the board** coloca las piezas en el tablero
5. la **junta: Mr. Owen is on the board of directors** el señor Owen está en la junta directiva
➤ **board games** juegos de mesa
➤ **on board** a bordo: **how many passengers are on board?** ¿cuántos pasajeros hay a bordo?

■ *verb*
embarcar, abordar *Mexico*: **we'll start boarding in five minutes** empezaremos a embarcar en cinco minutos.

boarding school ['bɔːdɪŋskuːl] *noun* ■ el **internado: he goes to boarding school** va a un internado.

boast [bəʊst] *verb* ■ **alardear: she's boasting about being in the play** alardea porque participa en la obra.

boat [bəʊt] *noun*
1. el **barco: we went to Europe by boat** fuimos a Europa en barco
2. *smaller* la **lancha: we're taking the boat out on the lake today** vamos a llevar la lancha al lago.

body ['bɒdɪ] *(plural* bodies*)* *noun* ■ el **cuerpo: the human body** el cuerpo humano.

bodyguard ['bɒdɪgɑd] *noun* ■ **el/la guardaespaldas** *(plural* **los/las guardaespaldas***)*, **el/la guarura** *Mexico*: **he's the president's bodyguard** es el guardaespaldas del presidente.

boil [bɔɪl] *verb* ■ **hervir: the water is boiling** el agua está hirviendo
➤ **I boiled some potatoes** cocí unas papas.

boiler ['bɔɪləʳ] *noun* ■ **la caldera, el boiler** *Mexico* .

boiling ['bɔɪlɪŋ] *adjective* ■ **it's boiling hot today** hoy hace un calor espantoso.

bold [bəʊld] *adjective* ■ **osado: it was a bold move for her to change jobs** fue muy osado de su parte al cambiar de trabajo
➤ **bold type** la negrita.

bolt [bəʊlt] *(noun & verb)*

■ *noun*
1. el **tornillo: nuts and bolts** tuercas y tornillos
2. el **cerrojo: there's a bolt on the door** hay un cerrojo en la puerta

■ *verb*
echarle el cerrojo a: did you bolt the door? ¿le echaste el cerrojo a la puerta?

bomb [bɒm] *(noun & verb)*

■ *noun*
la **bomba: a bomb scare** una amenaza de bomba

■ *verb*
bombardear: the city was bombed continuously bombardearon continuamente la ciudad.

bone [bəʊn] *noun* ■ el **hueso: he gave the dog a bone** le dio un hueso al perro.

bonfire ['bɒn,faɪəʳ] *noun* ■ la **fogata: we sat around the bonfire** nos sentamos alrededor de la fogata.

boo [buː] *(noun & verb)*
■ *noun*
el **abucheo: a chorus of boos came from the audience** hubo un coro de abucheos del público; **they yelled "boo!" to scare us** gritaron "¡bu!" para asustarnos
➤ **boo!** ¡bu!
■ *verb*
abuchear: the audience booed el público abucheó.

book [bʊk] *(noun & verb)*
■ *noun*
el **libro: Brian is reading a book** Brian está leyendo un libro
➤ **a book of tickets** un talonario
■ *verb*
reservar: I booked two tickets to Buenos Aires reservé dos pasajes para Buenos Aires.

bookcase ['bʊkkeɪs] *noun* ■ la **estantería,** el **librero** *Mexico*: **there's a bookcase in the office** hay una estantería en la oficina.

booklet ['bʊklɪt] *noun* ■ el **folleto: an instruction booklet** el folleto de instrucciones.

bookmark ['bʊkmɑk] *noun* ■ el **marcador de libros,** el **marcalibros** *Colombia, Southern Cone, Venezuela.*

bookshelf ['bʊkʃelf] *(plural* bookshelves ['bʊkʃelvz]*) noun* ■ la **repisa.**

bookstore ['bʊkstɔːʳ] *noun* ■ la **librería: this is my favorite bookstore** esta es mi librería favorita.

boot [buːt] *noun* ■ la **bota: she was wearing red boots** llevaba puestas botas rojas.

booth [buːð] *noun* ■ la **cabina: a telephone booth** una cabina telefónica.

border ['bɔːdəʳ] *noun* ■ la **frontera: the border between the USA and Mexico** la frontera entre Estados Unidos y México.

bore [bɔːʳ] *verb* ■ **aburrir: this really bores me** esto me aburre muchísimo
➤ **the movie bored me to death** me aburrí como ostra con la película.

bored [bɔːd] *adjective*
➤ **to be bored** estar aburrido: **I was so bored in that class** estaba tan aburrido en esa clase.

boring ['bɔːrɪŋ] *adjective*
➤ **to be boring** ser aburrido: **this is such a boring book** este libro es muy aburrido.

born [bɔːn] *adjective*
➤ **to be born** nacer: **where were you born?** ¿dónde naciste?: **I was born in 1990** nací en 1990.

borrow ['bɒrəʊ] *verb* ■ **pedir prestado: he borrowed some money from a friend** le pidió prestado dinero a su amigo
➤ **can I borrow your pen?** ¿me prestas tu lapicera?
➤ **I had to borrow the book from the library** tuve que sacar el libro de la biblioteca.

boss [bɒs] *noun* ■ el **jefe,** la **jefa: she's my boss** es mi jefa.

bossy ['bɒsɪ] *adjective* ■ **mandón** (*feminine* **mandona** *plural* **mandones**)**: his sister is very bossy** su hermana es muy mandona.

both [bəʊθ] *adjective & pronoun* ■ **los/las dos: both of the girls are Chilean** las dos chicas son chilenas; **both of them are coming** los dos vienen; **the girls were both hungry** las dos chicas tenían hambre.

bother ['bɒðəʳ] *verb*
1. **molestar: I'm sorry to bother you** siento molestarte; **something is bothering her** algo la está molestando
2. **molestarse**
➤ **to bother to do something** molestarse en hacer algo: **he didn't bother to get up** no se molestó en ponerse de pie
➤ **why bother?** ¿para qué molestarse?

bottle ['bɒtl] *noun* ■ la **botella: a bottle of milk** una botella de leche.

bottle-opener ['bɒtl'əʊpnəʳ] *noun*
■ el **destapador**.

bottom ['bɒtəm] *(noun & adjective)*

■ *noun*
1. el **final: at the bottom of the page** al final de la página
2. el **fondo: it was in the bottom of the box** estaba en el fondo de la caja
3. el **pie: at the bottom of the hill** al pie de la colina
4. el **trasero: she patted his bottom** le dio una palmadita en el trasero
➤ **she's at the bottom of her class** es la última de su clase

■ *adjective*
de más abajo: it's on the bottom shelf está en el estante de más abajo
➤ **he got the bottom grade** se sacó la nota más baja.

bought [bɔːt] *past tense & past participle*
➤ buy.

bounce [baʊns] *verb*
1. **rebotar, botar** *Mexico*: **the ball bounced twice** la pelota rebotó dos veces
2. **hacer rebotar, hacer botar** *Mexico*: **she bounced the ball against the wall** hizo rebotar la pelota contra la pared.

bound [baʊnd] *adjective* ■ **seguro: he's bound to win** seguro que gana.

bow *(noun & verb)*

■ *noun*
[bəʊ]
1. el **arco: a bow and arrows** un arco y flechas
2. el **moño: she tied the ribbon in a bow** hizo un moño con la cinta
➤ **a bow tie** una corbata de moño

■ *verb*
[baʊ] **hacer una reverencia, hacer una caravana** *Mexico*: **the actors bowed** los actores hicieron una reverencia.

bowl [bəʊl] *noun* ■ el **tazón** *(plural* los **tazones**): **a bowl of milk** un tazón de leche
➤ **a salad bowl** un bol para ensalada.

bowling ['bəʊlɪŋ] *uncountable noun*
■ los **bolos,** el **boliche** *Mexico*: **bowling is an interesting sport** los bolos es un deporte interesante
➤ **to go bowling** jugar bolos: **he goes bowling with his friends often** juega bolos con sus amigos a menudo
➤ **a bowling alley** un bowling, un boliche *Mexico*.

box [bɒks] *noun* ■ la **caja**.

boxer ['bɒksəʳ] *noun* ■ el **boxeador,** la **boxeadora: he's a boxer** es boxeador.

boxer shorts ['bɒksəʳʃɔːts] *plural noun* ■ los **calzoncillos,** los **calzones** *Mexico*: **a pair of boxer shorts** unos calzoncillos.

boxing ['bɒksɪŋ] *uncountable noun* ■ el **boxeo: he likes to watch boxing** le gusta ver boxeo
➤ **a boxing match** un combate de boxeo
➤ **a boxing ring** un cuadrilátero.

boy [bɔɪ] *noun* ■ el **niño: a good boy** un niño bueno.

boyfriend ['bɔɪfrend] *noun* ■ el **novio**.

bra [brɑː] *noun* ■ el **sostén** *(plural* los **sostenes**), el **brasier** *Colombia, Mexico,* el **corpiño** *River Plate*.

braces [breɪsɪz] *noun*
1. los **tirantes: he wears braces** usa tirantes
2. el **aparato,** los **brackets** *Mexico*: **he has braces on his teeth** tiene un aparato en los dientes.

bracelet ['breɪslɪt] *noun* ■ la **pulsera**.

brag [bræg] *verb* ■ **presumir: stop bragging!** ¡deja de presumir!
➤ **he's always bragging about his rich father** siempre está presumiendo de tener un padre rico.

brain [breɪn] *noun* ■ el **cerebro**
➤ **he's got brains** es inteligente.

brainy ['breɪnɪ] *adjective* ■ **inteligente**.

brake [breɪk] *(noun & verb)*

■ *noun*
el **freno: the brakes failed** fallaron los frenos

■ *verb*
frenar: he braked suddenly frenó de repente.

branch [braːntʃ] *noun*

1. **la rama: the boy was hanging from a branch** el niño estaba colgado de una rama
2. **la sucursal: the bank has a branch in New York** el banco tiene una sucursal en Nueva York.

brand [brænd] *noun* ■ **la marca: it's a well-known brand of clothing** es una marca de ropa muy conocida.

brand-new [brændnjuː] *adjective* ■ **flamante: I've bought a brand-new computer** me compré una computadora flamante.

brass [braːs] *noun* ■ **el latón: a brass plate** una placa de latón.

brave [breɪv] *adjective* ■ **valiente**.

Brazil [brəˈzɪl] *noun* ■ **Brasil** *(masculine)*.

Brazilian [brəˈzɪljən] *(adjective & noun)*

■ *adjective*

> Remember not to use a capital letter for the adjective in Spanish:

brasileño: I like Brazilian music me gusta la música brasileña

■ *noun*

> In Spanish, a capital letter is not used for the inhabitants of a country or region:

el brasileño, la brasileña: a Brazilian sings that song un brasileño canta esa canción.

bread [bred] *uncountable noun* ■ **el pan**

➤ **a loaf of bread** un pan.

break [breɪk] *(noun & verb)*

■ *noun*

el descanso: they took a break se tomaron un descanso

■ *verb*

(past tense **broke**, *past participle* **broken***)*

1. **romper: I've broken the radio** rompí la radio
2. **romperse: she has broken her leg** se rompió la pierna; **the glass broke** se rompió el vidrio

➤ **to break the law** violar la ley: **she broke the law** violó la ley

➤ **the TV broke** se descompuso la tele

➤ **to break a promise** romper una promesa: **Tom broke his promise** Tomás rompió su promesa

➤ **to break a record** batir un récord: **he broke the world record** batió el récord mundial

break down *phrasal verb*

1. **descomponerse: their car broke down** se les descompuso el coche
2. **tirar abajo: the police broke the door down** la policía tiró la puerta abajo.

break in *phrasal verb* ■ **meterse: a burglar broke in through the window** se metió un ladrón por la ventana.

break up *phrasal verb*

1. **partir: they broke it up into five pieces** lo partieron en cinco pedazos
2. **romper: he broke up with his girlfriend** rompió con su novia
3. **terminar: the meeting broke up at three** la reunión terminó a las tres.

breakdown [ˈbreɪkdaʊn] *noun* ■ **la avería, la descompostura** *Mexico*: **we had a breakdown on the highway** tuvimos una avería en la carretera

➤ **a nervous breakdown** una crisis nerviosa.

breakfast [ˈbrekfəst] *noun* ■ **el desayuno**

➤ **to have breakfast** desayunar.

breast [brest] *noun* ■ **el pecho**

➤ **a chicken breast** una pechuga de pollo.

breaststroke [ˈbreststrəʊk] *noun* ■ **el estilo pecho, el nado de pecho** *Mexico*: **she's learning the breaststroke** está aprendiendo el estilo pecho

➤ **he's swimming breaststroke** está nadando pecho.

breath [breθ] *noun* ■ **el aliento: I need to get my breath back** necesito recuperar el aliento

➤ **he took a deep breath** respiró hondo

➤ **hold your breath** contén la respiración

➤ **out of breath** sin aliento: **I'm out of breath** me quedé sin aliento.

breathe [briːð] *verb* ■ **respirar: breathe deeply** respira hondo

breathe in *phrasal verb* ■ **inhalar**.

breathe out *phrasal verb* ■ **exhalar**.

breed [briːd] *(verb & noun)*

■ *verb*
(past tense & past participle **bred***)*
1. **criar: he breeds ostriches** cría avestruces
2. **reproducirse: rabbits breed very fast** los conejos se reproducen muy rápido

■ *noun*
la **raza: what breed is that dog?** ¿de qué raza es ese perro?

breeze [briːz] *noun* ■ la **brisa**.

brick [brɪk] *noun* ■ el **ladrillo**.

bride [braɪd] *noun* ■ la **novia: the bride looked really beautiful** la novia se veía muy linda
➤ **the bride and groom** los novios.

bridegroom ['braɪdgrʊm] *noun* ■ el **novio**.

bridesmaid ['braɪdzmeɪd] *noun* ■ la **dama de honor**.

bridge [brɪdʒ] *noun* ■ el **puente: she walked across the bridge** atravesó el puente.

brief [briːf] *adjective* ■ **breve: his speech was very brief** su discurso fue muy breve.

briefcase ['briːfkeɪs] *noun* ■ el **maletín** *(plural* los **maletines***)*, el **portafolios** *(plural* los **portafolios***)*.

bright [braɪt] *adjective*
1. **brillante: I like bright colors** me gustan los colores bril antes
2. **luminoso: the room is very bright** la habitación es muy luminosa
3. **inteligente: she's very bright** es muy inteligente.

brilliant ['brɪljənt] *adjective* ■ **brillante: he's a brilliant student** es un estudiante brillante.

bring [brɪŋ] *verb* ■ *(past tense & past participle* **brought***)* **traer: I've brought you some flowers** te traje flores

bring back *phrasal verb*
1. **regresar** *Latin America excluding Southern Cone,* **devolver: I'll bring your things back tomorrow** te voy a regresar tus cosas mañana
2. **traer: he brought a T-shirt back from Buenos Aires** trajo una camiseta de Buenos Aires
3. **llevar: she brought him back home** lo llevó de vuelta a su casa.

bring up *phrasal verb*
1. **criar: he was brought up by his grandparents** lo criaron sus abuelos
2. **plantear: he brought the matter up at the meeting** planteó la cuestión en la reunión.

Britain ['brɪtn] *noun* ■ **Gran Bretaña** *(feminine)*: **I'm going to Britain** voy a Gran Bretaña; **she lives in Britain** vive en Gran Bretaña ➤ Great Britain.

British ['brɪtɪʃ] *(adjective & noun)*

■ *adjective*

> The Spanish adjective does not start with a capital letter:

británico: he's a British actor es un actor británico

■ *noun*

> In Spanish, a capital letter is not used for the inhabitants of a country or region:

➤ **the British** los británicos
➤ **the British Isles** las Islas Británicas.

broad [brɔːd] *adjective* ■ **ancho: he has broad shoulders** tiene la espalda ancha
➤ **in broad daylight** a plena luz del día.

broadcast ['brɔːdkaːst] *(past tense & past participle* broadcast*)* *(noun & verb)*

■ *noun*
el **programa: a live TV broadcast** un programa de televisión en vivo

■ *verb*
transmitir: the program is broadcast on the radio transmiten el programa por radio.

Broadway ['brɔːdweɪ] *noun* ■ *nombre de una calle de Nueva York*

BROADWAY

Broadway es el nombre de una calle de Nueva York, en Manhattan, donde se encuentran muchos teatros. Centro de la cultura teatral estadounidense, Broadway se destaca sobre todo por sus obras musicales.

broccoli ['brɒkəlɪ] *uncountable noun* ■ el **brócoli**.

broke [brəʊk] *(adjective & verb form)*

■ *adjective*
informal **quebrado: he's broke** está quebrado

■ *past tense*
➤ break.

broken ['brəʊkn] *(adjective & verb form)*

■ *adjective*
roto: the cup is broken la copa está rota
➤ **he has a broken bone in his foot** tiene un hueso del pié roto

■ *past participle*
➤ break.

bronze [brɒnz] *noun* ■ el **bronce: bronze has many different uses** el bronce tiene usos muy variados
➤ **the Bronze Age** la Edad de bronce
➤ **he won the bronze medal** ganó la medalla de bronce.

broom [bruːm] *noun* ■ la **escoba**.

brother ['brʌðəʳ] *noun* ■ el **hermano: she has two brothers** tiene dos hermanos.

brother-in-law ['brʌðəʳɪnlɔː] *(plural* brothers-in-law*) noun* ■ el **cuñado**.

brought [brɔːt] *past tense & past participle* ➤ bring.

brown [braʊn] *adjective*
1. **marrón** (*feminine* **marrón** *plural* **marrones), café** *Central America, Chile, Mexico*: **brown shoes** zapatos marrones
2. **castaño: he has brown hair** tiene el pelo castaño
3. **bronceado: he was very brown after his vacation** estaba muy bronceado después de sus vacaciones

➤ **brown sugar** el azúcar morena.

brownie ['braʊnɪ] *noun* ■ el **brownie: he had a brownie for lunch** se comió un brownie de almuerzo.

browse [braʊz] *verb*
1. **mirar: he likes browsing that shop** le gusta mirar en esa tienda
2. **hojear: he's browsing through a magazine** está hojeando una revista
3. **navegar: she's browsing the Internet** está navegando en Internet.

browser ['braʊzəʳ] *noun* ■ el **navegador: an Internet browser** un navegador de Internet.

bruise [bruːz] *(noun & verb)*

■ *noun*
el **moretón** *(plural* los **moretones**): **he's covered in bruises** está lleno de moretones

■ *verb*
he bruised his knee se hizo una magulladura en la rodilla.

brush [brʌʃ] *(noun & verb)*

■ *noun*
1. el **cepillo: pass me the brush please, my hair's a mess** pásame el cepillo por favor, que tengo el pelo hecho un desastre; **worn-out brushes don't clean teeth properly** los cepillos gastados no limpian bien los dientes
2. el **pincel: the brush was stiff with dry paint** el pincel estaba duro con la pintura seca

➤ **a hairbrush** un cepillo de pelo
➤ **a paintbrush** un pincel
➤ **a toothbrush** un cepillo de dientes

■ *verb*
1. **cepillar: she brushed the girl's hair** le cepilló el pelo a la niña; **she's brushing her hair** se está cepillando el pelo; **don't forget to brush your teeth!** no olvides de cepillarte los dientes
2. **pasar rozando: she brushed against the table** paso rozando la mesa.

bubble ['bʌbl] *(noun & verb)*

■ *noun*
1. la **burbuja: that laundry soap doesn't make enough bubbles** ese detergente no hace suficientes burbujas

2. la **pompa**
➤ **she was blowing bubbles through her fingers** estaba haciendo pompas con los dedos
■ *verb*
bullir: the water is beginning to bubble el agua está empezando a bullir.

buck [bʌk] *noun* ■ *informal* el **dólar: it costs ten bucks** cuesta diez dólares.

bucket ['bʌkɪt] *noun* ■ el **balde,** la **cubeta** *Mexico*.

buckle ['bʌkl] *noun* ■ la **hebilla: my belt buckle is broken** la hebilla de mi cinturón está rota.

buddy ['bʌdɪ] *(plural* **buddies***) noun* ■ *informal* el **amigo,** la **amiga,** el/la **cuate** *Mexico*.

buffalo ['bʌfələʊ] *noun* ■ el **búfalo**.

bug [bʌg] *(noun & verb)*
■ *noun*
1. el **bicho: a bug flew in through the window** entró un bicho volando por la ventana
2. el **virus: he caught a bug** se agarró un virus
3. el **error: there's a bug in the program** hay un error el programa
■ *verb*
informal **fastidiar: stop bugging me!** ¡deja de fastidiarme!

build [bɪld] *(past tense & past participle* **built***) verb* ■ **construir: they're building houses near the school** están construyendo casas cerca de la escuela.

building ['bɪldɪŋ] *noun* ■ el **edificio**
➤ **a building site** una obra.

built [bɪlt] *past tense & past participle* ➤ build.

bulb [bʌlb] *noun* ■ la **bombilla,** el **foco** *Mexico*, el **bombito** *Colombia, Venezuela*.

bull [bʊl] *noun* ■ el **toro**.

bullet ['bʊlɪt] *noun* ■ la **bala**.

bullseye ['bʊlzaɪ] *noun* ■ el **blanco: she hit the bullseye!** ¡dio en el blanco!

bully ['bʊlɪ] *(noun & verb)*
■ *noun (plural* **bullies***)*
el **matón** *(plural* los **matones***)*: **he's a real bully** es un verdadero matón
■ *verb*
amedrentar: she bullies the whole class ella amedrenta a toda la clase.

bump [bʌmp] *(noun & verb)*
■ *noun*
1. el **golpe: they felt a bump as the car went over the pothole** sintieron un golpe cuando el coche pasó por bache
2. el **chichón** *(plural* los **chichones***)*: **I have a bump on my forehead** tengo un chichón en la frente
■ *verb*
golpear: I bumped my head me golpeé la cabeza

bump into *phrasal verb*
1. **darse contra: they bumped into the wall** me di contra la pared
2. **encontrarse: I bumped into my old teacher** me encontré con una profesora antigua.

bumpy ['bʌmpɪ] *adjective*
1. **desigual: it has a bumpy surface** tiene una superficie desigual
2. **lleno de baches: the road is bumpy** la calle está llena de baches
3. **agitado: we had a bumpy flight** tuvimos un vuelo agitado.

bun [bʌn] *noun*
1. el **bollo: those buns are too sweet for me** esos bollos son demasiado dulces para mí
2. el **panecillo,** el **bolillo** *Mexico*, el **pancito** *Chile*: **I'm going to heat up the buns for dinner** voy a calentar los panecillos para la cena
3. el **moño: Susie wears her hair in a bun** Susie lleva el pelo en un moño.

bunch [bʌntʃ] *noun*
1. el **ramo,** el **bonche** *Mexico*: **a bunch of flowers** un ramo de flores
2. el **racimo: a bunch of bananas** un racimo de bananas
3. el **manojo: a bunch of keys** un manojo de llaves.

burger ['bɜːgəʳ] *noun* ■ la **hamburguesa**.

burglar ['bɜːgləʳ] *noun* ■ **el ladrón** (*plural* los **ladrones**), **la ladrona**
➤ **a burglar alarm** una alarma antirrobo.

buried ['berɪd] *past tense & past participle* ➤ bury.

burn [bɜːn] (*past tense & past participle* burnt o burned) *(verb & noun)*
■ *noun*
la quemadura: she has a burn on her arm tiene una quemadura en el brazo
■ *verb*
1. **arder: the house is burning** la casa está ardiendo
2. **quemar: I burned myself** me quemé; **I've burned my hand** me quemé la mano.

burnt [bɜːnt] *past tense & past participle* ➤ burn.

burp [bɜːp] *verb* ■ *informal* **eructar**.

burst [bɜːst] (*past tense & past participle* burst) *verb*
1. **estallar: the bubble burst** la burbuja estalló
2. **reventarse: the balloon burst** se reventó el globo
3. **reventar: he burst the balloon** reventó el globo
➤ **to burst into tears** ponerse a llorar: **the little boy burst into tears** el niño se puso a llorar
➤ **to burst out laughing** echarse a reír: **they all burst out laughing** se echaron a reír.

bury ['berɪ] (*past tense & past participle* buried) *verb* ■ **enterrar: my grandmother is buried in Memphis** mi abuela está enterrada en Memphis.

bus [bʌs] *noun* ■ **el autobús, el camión** *Central America, Mexico*, **el colectivo** *Argentina*: **we took the bus into town** tomamos el autobús al centro
➤ **a bus stop** una parada de autobús.

bush [bʊʃ] *noun* ■ **el arbusto**.

business ['bɪznɪs] (*plural* businesses) *noun*
1. **los negocios: she's good at business** es buena para los negocios
2. **la empresa: he has a small business** tiene una pequeña empresa
➤ **mind your own business!** ¡no te metas!

businessman ['bɪznɪsmæn] (*plural* businessmen ['bɪznɪsmen]) *noun* ■ **el empresario**.

businesswoman ['bɪznɪsˌwʊmən] (*plural* businesswomen ['bɪznɪsˌwɪmɪn]) *noun* ■ **la empresaria**.

busy ['bɪzɪ] *adjective*
1. **ocupado: I'm very busy** estoy muy ocupado
2. **ajetreado: I have a busy week** tengo una semana ajetreada
3. **de mucho movimiento: New York is a busy city** Nueva York es una ciudad de mucho movimiento
➤ **I got a busy signal** el teléfono me dio ocupado.

but [bʌt] *conjunction*
1. **pero: I called him but he wasn't there** lo llamé, pero no estaba
2. **sino: she wasn't sad but angry** no estaba triste sino enojada

> **Sino** is used to express a contradiction of a previous negative statement.

butcher ['bʊtʃəʳ] *noun* ■ **el carnicero, la carnicera: the butcher sold me some good meat** el carnicero me vendió buena carne
➤ **the butcher's shop** la carnicería.

butter ['bʌtəʳ] *noun* ■ **la mantequilla, la manteca** *River Plate*.

butterfly ['bʌtəflaɪ] (*plural* butterflies) *noun* ■ **la mariposa**.

buttocks ['bʌtəks] *plural noun* ■ **las nalgas**.

button ['bʌtn] *noun* ■ **el botón: he lost a button off his shirt** perdió un botón de la camisa; **click on the left mouse button** presiona el botón izquierdo del ratón; **he's wearing a button with a big smiley face on it** lleva puesto un botón con una cara sonriente.

buy [baɪ] (*past tense & past participle* bought) *verb* ■ **comprar: I'm going to**

buy some bread voy a comprar pan; **she bought him a present** le compró un regalo.

buzz [bʌz] *verb* ■ **zumbar: the bees were buzzing** las abejas zumbaban.

by [baɪ] *preposition*

1. **por: this temple was built by the Romans** este templo fue construido por los romanos
2. **de: a book by Mark Twain** un libro de Mark Twain
3. **en: we went by bus** fuimos en autobús
4. **junto a: he was sitting by the fire** estaba sentado junto al fuego
5. **a más tardar: I'll be there by eight** llegaré a las ocho a más tardar

➤ **by oneself** solo: **I did it all by myself** lo hice yo solo

➤ **by the way** a propósito: **by the way, are you coming tonight?** a propósito, ¿vienes esta noche?

bye, bye-bye [baɪ, bə'baɪ] *exclamation* ■ **adiós**.

C

cab [kæb] *noun* ■ el **taxi: I'll take a cab** tomaré un taxi.

cabbage ['kæbɪdʒ] *noun* ■ el **repollo**.

cabin ['kæbɪn] *noun*

1. el **camarote: her cabin is on the top deck** su camarote está en la cubierta de arriba
2. la **cabaña: he lives in a log cabin** vive en una cabaña de madera.

cabinet ['kæbɪnɪt] *noun*

1. el **armario: a bathroom cabinet** un armario de baño
2. el **gabinete: he was in the president's cabinet** estuvo en el gabinete del presidente

➤ **a medicine cabinet** un botiquín.

cable ['keɪbl] *noun* ■ el **cable**

➤ **cable television** or **cable TV** televisión por cable: **we have cable television** tenemos televisión por cable.

cafe, café ['kæfeɪ] *noun* ■ el **café: we had ice-cream in a café** tomamos helado en un café.

cafeteria [ˌkæfɪ'tɪərɪə] *noun* ■ la **cafetería**.

cage [keɪdʒ] *noun* ■ la **jaula**.

cake [keɪk] *noun* ■ el **pastel**, la **tarta** *River Plate*: **she's making a chocolate cake** está haciendo un pastel de chocolate

➤ **a cake shop** una pastelería, una confitería *River Plate*.

calculator ['kælkjʊleɪtəʳ] *noun* ■ la **calculadora**.

calendar ['kælɪndəʳ] *noun* ■ el **calendario**.

calf [kɑf] (*plural* **calves** [kɑvz]) *noun*

1. el **ternero: a cow and her calf** una vaca y su ternero
2. la **pantorrilla: I've got a pain in my calf** tengo un dolor en la pantorrilla.

call [kɔːl] (*noun & verb*)

■ *noun*

la **llamada: I have to make a call** tengo que hacer una llamada

➤ **I'll give you a call** te voy a llamar

■ *verb*

llamar: we called the police llamamos a la policía; **everyone calls her Sassy** todos la llaman Sassy; **he called me a liar** me llamó mentiroso

➤ **to be called** llamarse: **what is he called?** ¿cómo se llama?

➤ **what's this called?** ¿cómo se llama esto?

➤ **who's calling?** ¿quién llama?

call back *phrasal verb* ■ **volver a llamar: I'll call back later** volveré a llamar más tarde.

call off *phrasal verb* ■ **cancelar: they called off the meeting** cancelaron la reunión.

call on *phrasal verb* ■ **pasar a ver: they called on us yesterday** nos pasaron a ver ayer.

calm [kɑm] *adjective & verb* ■ **tranquilo**

calm down *phrasal verb* ■ **calmarse: calm down!** ¡calmate!

calves *plural* ➤ calf.

camcorder ['kæm,kɔːdəʳ] *noun* ■ **la videocámara**.

came [keɪm] *past tense* ➤ come.

camel ['kæml] *noun* ■ **el camello**.

camera ['kæmərə] *noun* ■ **la cámara**.

camp [kæmp] *(noun & verb)*

■ *noun*

el campamento: we set up camp near the river armamos campamento cerca del río

➤ **a camp site** un camping

■ *verb*

acampar: we camped on the beach acampamos en la playa.

camper ['kæmpəʳ] *noun* ■ **el/la campista: there are campers near the river** hay campistas cerca del río.

camping ['kæmpɪŋ] *uncountable noun*

➤ **to go camping** ir de campamento: **we go camping every spring** nos vamos de campamento cada primavera

➤ **camping is not allowed in that park** no está permitido acampar en ese parque.

campus [campus] *noun* ■ **el campus**.

can *(verb & noun)*

■ *verb*

[kən, kæn]

1. *(negative* **can't** *OR* **cannot***)* **poder: can I help you with anything?** ¿puedo ayudarte en algo?; **Peter can't come on Friday** Peter no puede venir el viernes; **can I speak to Rachel, please?** ¿puedo hablar con Rachel, por favor?

> When **can** is used with a verb of perception (like **see, hear, feel, understand**) it is not translated at all:

I can't see no veo; **can you hear me?** ¿me oyes?; **I can't feel anything** no siento nada; **he can't understand what you are saying** no entiende lo que dices

2.

> When **can** means "know how to":

saber: can you swim? ¿sabes nadar?; **I can't drive** no sé manejar

■ *noun*

[kæn] **la lata: a can of beer** una lata de cerveza

➤ **a can opener** un abrelatas.

Canada ['kænədə] *noun* ■ **el Canadá**.

Canadian [kə'neɪdjən] *(adjective & noun)*

■ *adjective*

> Remember not to use a capital letter for the adjective in Spanish:

canadiense: there is a maple leaf on the Canadian flag la bandera canadiense tiene una hoja de arce

■ *noun*

> In Spanish, a capital letter is not used for the inhabitants of a country or region:

el/la canadiense: many Canadians are bilingual muchos canadienses son bilingües.

canal [kə'næl] *noun* ■ **el canal**.

cancel ['kænsl] *verb* ■ **cancelar: they canceled the meeting** cancelaron la reunión.

cancer ['kænsəʳ] *noun* ■ **el cáncer**.

candidate ['kændɪdeɪt] *noun* ■ **el candidato, la candidata**.

candle ['kændl] *noun* ■ **la vela**.

candy ['kændɪ] *uncountable noun* ■ **el dulce, la golosina** *River Plate*: **he wants a piece of candy** quiere un dulce
➤ **a candy store** una tienda de dulces.

canned [kænd] *adjective* ■ **enlatado: canned sardines** sardinas enlatadas.

cannot ['kænɒt] *negative* ➤ can.

canoe [kə'nuː] *noun* ■ la **canoa**.

canoeing [kə'nuːɪŋ] *uncountable noun* ■ el **piragüismo: she enjoys canoeing** le gusta el piragüismo
➤ **to go canoeing** hacer piragüismo: **he goes canoeing every weekend** hace piragüismo todos los fines de semana.

can't [kɑnt] ➤ cannot.

cap [kæp] *noun*
1. la **gorra: he wears his cap backwards** usa su gorra con la visera hacia atrás
2. la **tapa: take the cap off the bottle** sácale la tapa a la botella.

capable ['keɪpəbl] *adjective* ■ **capaz**.

capital ['kæpɪtl] *noun*
1. la **capital: Washington is the capital of the United States** Washington es la capital de los Estados Unidos
2. la **mayúscula: write your name in capitals** escriba su nombre en mayúscula
➤ **a capital city** una ciudad capital.

captain ['kæptɪn] *noun* ■ el **capitán** (*plural* los **capitanes**), la **capitana**.

car [kɑʳ] *noun*
1. el **coche**, el **auto** *Southern Cone*: **he bought a red car** se compró un coche rojo; **we're going by car** vamos en coche
2. el **vagón** (*plural* los **vagones**): **this train has ten cars** este tren tiene diez vagones
➤ **a car crash** un choque.

card [kɑd] *noun*
1. la **tarjeta: a birthday card** una tarjeta de cumpleaños
2. la **carta**, la **baraja** *Central America, Colombia, Mexico, Argentina*: **they're playing cards** están jugando a las cartas.

cardboard ['kɑdbɔːd] *noun* ■ el **cartón** (*plural* los **cartones**): **it's made of cardboard** es de cartón.

care [keəʳ] *(noun & verb)*
■ *uncountable noun*
el **cuidado: skin care** cuidado de la piel
➤ **to take care of** cuidar: **Jack takes care of the children** Jack cuida a los niños
➤ **take care!** ¡cuídate!
■ *verb*
I don't care no me importa
➤ **who cares?** ¿y a mí qué?

care about *phrasal verb* ■ **importar: she doesn't care about her appearance** no le importa su aspecto.

care for *phrasal verb*
1. **cuidar: she cares for her elderly parents** ella cuida a sus padres ancianos
2. **gustar: I don't care for his new friends** no me gustan sus nuevos amigos.

career [kə'rɪəʳ] *noun* ■ la **carrera**.

careful ['keəfʊl] *adjective* ■ **cuidadoso: he's always very careful** siempre es muy cuidadoso
➤ **be careful!** ¡ten cuidado!

carefully ['keəfəlɪ] *adverb*
1. **con cuidado: he drives carefully** maneja con cuidado
2. **con esmero: she did the work carefully** hizo el trabajo con esmero.

careless ['keəlɪs] *adjective*
1. **descuidado: Mary is very careless** Mary es muy descuidada
2. **poco cuidado: his work is careless** su trabajo es poco cuidado
➤ **a careless mistake** un descuido.

Caribbean [kə'rɪbɪən] *(noun & adjective)*
■ *noun*
the Caribbean el Caribe
■ *adjective*

Remember not to use a capital letter for the adjective in Spanish:

caribeño: I like Caribbean music me gusta la música caribeña
➤ **the Caribbean Sea** el mar Caribe.

carnival ['kɑnɪvl] *noun* ■ el **carnaval**.

carol ['kærəl] *noun*

➤ **a Christmas carol** un villancico.

carpet ['kɑpɪt] *noun* ■ la **alfombra: a Persian carpet** una alfombra persa, un tapete persa *Colombia, Mexico;* **a wall-to-wall carpet** una alfombra.

carried ['kærɪd] *past tense & past participle* ➤ carry.

carrot ['kærət] *noun* ■ la **zanahoria**.

carry ['kærɪ] *verb*

1. **cargar: she's carrying a large bag** está cargando una bolsa grande
2. **llevar: the bus can carry up to fifty passengers** el autobús puede llevar hasta cincuenta pasajeros

carry on *phrasal verb* ■ **seguir: he carried on working** siguió trabajando.

cart ['kɑt] *noun* ■ el **carro: the horse was pulling the cart** el caballo estaba tirando el carro

➤ **a shopping cart** un carrito de compras.

carton ['kɑtn] *noun* ■ el **cartón: a carton of eggs** un cartón de huevos.

cartoon [kɑ'tuːn] *noun*

1. la **caricatura: she likes the cartoons in the newspapers** le gustan las caricaturas de los diarios
2. el **dibujo animado,** las **caricaturas** *Mexico:* **he likes to watch cartoons in the afternoon** le gusta ver dibujos animados en la tarde

➤ **a cartoon strip** una tira cómica, unos monitos *Chile, Mexico.*

carve [kɑv] *verb*

1. **tallar: he carved a statue out of wood** talló una estatua de madera
2. **grabar: Kevin carved his name on the bench** Kevin grabó su nombre en el banco
3. **cortar: she's carving the chicken** está cortando el pollo.

case [keɪs] *noun*

1. el **caso: in that case I'm not coming** en ese caso, no voy; **a case of smallpox** un caso de viruela
2. el **cajón** (*plural* los **cajones**): **they bought a case of wine** compraron un cajón de vino
3. el **estuche: she put the camera in its case** guardó la cámara en su estuche

➤ **in any case** en todo caso

➤ **in case** por si

➤ **take your coat in case it rains** lléva tu abrigo por si llueve.

cash [kæʃ] *uncountable noun* ■ el **dinero en efectivo: I have no cash on me** no tengo dinero en efectivo

➤ **to pay cash** pagar al contado

➤ **a cash machine** un cajero automático.

cashier [kæ'ʃɪə^{r}] *noun* ■ el **cajero,** la **cajera**.

cash register ['kæʃˌredʒɪstə^{r}] *noun* ■ la **caja registradora**.

cassette [kæ'set] *noun* ■ el **cassette**

➤ **a cassette player** un pasacintas, una casetera *Chile, Mexico.*

castle ['kɑsl] *noun* ■ el **castillo**.

casual ['kæʒʊəl] *adjective*

1. **informal: they were wearing casual clothes** llevaban ropa informal
2. **descuidado: he's very casual about things** es muy descuidado con las cosas

> ⚠ La palabra inglesa **casual** es un falso amigo, no significa "casual".

casualty ['kæʒjʊəltɪ] (*plural* casualties) *noun* ■ la **víctima**.

cat [kæt] *noun* ■ el **gato**.

catalog ['kætəlɒg] *noun* ■ el **catálogo**.

catch [kætʃ] (*past tense & past participle* caught) *verb*

1. **atrapar: he caught a fish** atrapó un pescado
2. **agarrar: she caught the flu the other day** se agarró una gripe el otro día, se agarró una gripa el otro día *Mexico*
3. **tomar: Fred is catching the six o'clock bus** Fred va a tomar el autobús de las seis
4. **agarrar: I caught him smoking** lo agarré fumando

5. **oír: I didn't catch what you said** no oí lo que dijiste
6. **pillar: I caught my finger in the door** me pillé el dedo en la puerta

catch up *phrasal verb*

1. **ponerse al día: I was away yesterday so I'll have to catch up** ayer no estuve, así que tendré que ponerme al día
2. **alcanzar: you go ahead, I'll catch you up** vé adelante, yo te alcanzo.

category ['kætəgərɪ] (*plural* categories) *noun* ■ la **categoría**.

caterpillar ['kætəpɪləʳ] *noun* ■ la **oruga**.

cathedral [kə'θɪ:drəl] *noun* ■ la **catedral**.

Catholic ['kæθəlɪk] *adjective & noun* ■ **católico**.

cattle ['kætl] *plural noun* ■ el **ganado**.

caught [kɔ:t] *past tense & past participle* ➤ catch.

cauliflower ['kɒlɪˌflaʊəʳ] *noun* ■ el **coliflor**.

cause [kɔ:z] (*noun & verb*)

■ *noun*
la causa: we don't know the cause of the accident no conocemos la causa del accidente

■ *verb*
causar: the storm caused a lot of damage la tormenta causó muchos daños.

cautious ['kɔ:ʃəs] *adjective* ■ **cauteloso**.

cave [keɪv] *noun* ■ la **cueva**.

CD [ˌsi:'di:] (*abbreviation of* compact disc) *noun* ■ el **CD**
➤ **a CD player** un reproductor de CD.

CD-ROM [ˌsi:di:'rɒm] (*abbreviation of* compact disc read only memory) *noun* ■ el **CD-ROM**.

ceiling ['sɪ:lɪŋ] *noun* ■ el **techo**.

celebrate ['selɪbreɪt] *verb* ■ **celebrar: we're going to celebrate my birthday** vamos a celebrar mi cumpleaños; **people are celebrating in the streets** la gente está celebrando en las calles.

celebrity [sɪ'lebrətɪ] (*plural* celebrities) *noun* ■ la **celebridad**.

celery ['selərɪ] *noun* ■ el **apio**.

cell [sel] *noun*

1. **la celda: the prisoner is in the cell** el prisionero está en su celda
2. **la célula: we have many cells in our bodies** tenemos muchas células en el cuerpo.

cellar ['seləʳ] *noun* ■ el **sótano**.

cello ['tʃeləʊ] *noun* ■ el **violonchelo**.

cemetery ['semɪtrɪ] (*plural* cemeteries) *noun* ■ el **cementerio**.

cent [sent] *noun* ■ el **centavo: that's five dollars and twenty cents** son cinco dólares y veinte centavos.

center [sentr] *noun* ■ el **centro**
➤ **in the center of town** en el centro.

centigrade ['sentɪgreɪd] *adjective* ■ **centígrado: it's 20 degrees centigrade** hace 20 grados centígrados.

centimeter ['sentɪˌmɪ:təʳ] *noun* ■ el **centímetro**.

central ['sentrəl] *adjective* ■ **central**.

century ['sentʃʊrɪ] (*plural* centuries) *noun* ■ el **siglo: in the twentieth century** en el siglo XX.

cereal ['sɪərɪəl] *noun* ■ el **cereal**.

ceremony ['serɪmənɪ] (*plural* ceremonies) *noun* ■ la **ceremonia**.

certain ['sɜ:tn] *adjective*

1. **seguro: I'm certain that it's her** estoy seguro de que es ella
2. **cierto: certain people think he's guilty** ciertas personas creen que es culpable

➤ **to make certain of something** asegurarse de algo: **he made certain the window was closed** se aseguró de que la ventana estuviera cerrada.

certainly ['sɜːtnlɪ] *adverb* ■ **por supuesto: certainly not!** ¡por supuesto que no!; **I will certainly come** vendré, por supuesto.

certificate [sə'tɪfɪkət] *noun* ■ **el certificado**.

chain [tʃeɪn] *noun* ■ **la cadena**.

chair [tʃeəʳ] *noun* ■ **la silla: a table and chairs** una mesa y sillas.

chairman ['tʃeəmən] (*plural* chairmen ['tʃeəmən]) *noun* ■ **el presidente**.

chairperson ['tʃeə,pɜːsn] (*plural* chairpersons) *noun* ■ **el presidente, la presidenta**.

chairwoman ['tʃeə,wʊmən] (*plural* chairwomen ['tʃeə,wɪmɪn]) *noun* ■ **la presidenta**.

chalk [tʃɔːk] *uncountable noun* ■ **la tiza, el gis** *Mexico*: **a piece of chalk** una tiza.

challenge ['tʃælɪndʒ] *(noun & verb)*

■ *noun*
el reto

■ *verb*
retar: he challenged me to a game of tennis me retó a jugar un partido de tenis.

champagne [,ʃæm'peɪn] *noun* ■ **el champán**.

champion ['tʃæmpjən] *noun* ■ **el campeón, la campeona**.

championship ['tʃæmpjənʃɪp] *noun* ■ **el campeonato**.

chance [tʃɑːns] *noun*

1. **la posibilidad: he has a good chance of winning** hay buenas posibilidades de que gane
2. **la oportunidad: it gave me a chance to explore the city** me dio la oportunidad de explorar la ciudad
3. **la casualidad: I met him by chance** lo encontré por casualidad

➤ **to take a chance** arriesgarse: **he took a chance and succeeded** se arriesgó y tuvo éxito.

change [tʃeɪndʒ] *(noun & verb)*

■ *noun*
el cambio: there's been a change of plan ha habido un cambio de planes; **do you have any change?** ¿tienes algo de cambio?

➤ **a change of clothes** un cambio de ropa

➤ **for a change** para variar: **he's watching TV, for a change** está viendo tele, para variar

■ *verb*

1. **cambiar: he really has changed** ha cambiado muchísimo; **I want to change 200 dollars into euros** quiero cambiar 200 dólares a euros; **she changed before going out** se cambió antes de salir
2. **cambiar de: we have to change buses** tenemos que cambiar de autobús; **he changed into another pair of pants** se cambió los pantalones

➤ **to change one's mind** cambiar de idea: **Richard changed his mind** Richard cambió de idea

➤ **to get changed** cambiarse: **I'm going to get changed** me voy a cambiar.

channel ['tʃænl] *noun* ■ **el canal: could you change the channel?** ¿podrías cambiar de canal?

chapter ['tʃæptəʳ] *noun* ■ **el capítulo: the hero dies in chapter three** el héroe muere en el capítulo tres.

character ['kærəktəʳ] *noun*

1. **el carácter: Jennifer has a very gentle character** Jennifer tiene un carácter muy suave
2. **el personaje: I like the character played by Johnny Depp** me gusta el personaje que hace Johnny Depp.

charge [tʃɑːdʒ] *(noun & verb)*

■ *noun*

1. **el costo: there's a delivery charge** hay un costo de transporte
2. **el cargo: he denies the charges** niega los cargos

➤ **it's free of charge** es gratis

➤ **to be in charge** estar a cargo
➤ **I'm in charge of the department** estoy a cargo de la sección
■ *verb*
1. **cobrar: they charged me five dollars** me cobraron cinco dólares
2. **acusar: he has been charged with murder** ha sido acusado de asesinato.

charity ['tʃærətɪ] *(plural* charities*)* *noun*
1. la **organización benéfica** *(plural* las **organizaciones benéficas***)*: **it's good to donate money to charity** es bueno donar dinero a las organizaciones benéficas
2. la **caridad: I helped him out of charity** lo ayudé por caridad
➤ **for charity** para un fin benéfico: **we raised $100 for charity** recaudamos $100 para un fin benéfico.

charm [tʃa:m] *noun* ■ el **encanto: he has a lot of charm** tiene mucho encanto.

charming ['tʃa:mɪŋ] *adjective* ■ **encantador**.

chart [tʃa:t] *noun* ■ el **gráfico: the chart shows average temperatures** el gráfico muestra las temperaturas promedio
➤ **the charts** la lista de éxitos: **her new song is number two on the charts** su nueva canción es la número dos en la lista de éxitos.

chase [tʃeɪs] *(noun & verb)*
■ *noun*
la **persecución** *(plural* las **persecuciones***)*: **a car chase** una persecución en coche
■ *verb*
perseguir: somebody is chasing me alguien me está persiguiendo

chase after *phrasal verb* ■ **perseguir: the dog was chasing after me** el perro me perseguía.

chat [tʃæt] *(noun & verb)*
■ *noun*
la **conversación,** la **plática** *Mexico*: **we had a long chat** tuvimos una conversación larga
➤ **a chat room** sala de chat
■ *verb*
1. **conversar, platicar** *Mexico*: **he was chatting with a friend** estaba conversando con un amigo
2. **chatear: he likes to chat on the Internet** le gusta chatear en Internet.

cheap [tʃi:p] *adjective* ■ **barato: it's a cheap dress** es un vestido barato.

cheat [tʃi:t] *(noun & verb)*
■ *noun*
el **tramposo,** la **tramposa: he's a cheat** es un tramposo
■ *verb*
hacer trampa: he cheats at sports hace trampa en el deporte.

cheater ['tʃi:tər] *noun* ➤ cheat.

check [tʃek] *(noun & verb)*
■ *noun*
1. el **control: an identity check** un control de identidad
2. la **cuenta: can I have the check, please?** la cuenta, por favor
3. el **cheque: he paid by check** pagó con un cheque
■ *verb*
1. **verificar, checar** *Mexico*: **the accountant checked the figures** el contador verificó los números
2. **revisar, checar** *Mexico*: **they checked our passports** revisaron nuestros pasaportes

check in *phrasal verb*
1. **chequear el equipaje, hacer el check-in** *River Plate*: **they checked in for their flight** chequearon su equipaje para el vuelo
2. **registrarse: we checked in at the hotel** nos registramos en el hotel.

check out *phrasal verb*
1. **dejar: they checked out from the hotel** dejaron el hotel
2. *informal* **mirar, checar** *Mexico*: **check this out!** ¡mira esto!, ¡checa esto! *Mexico*.

checkbook ['tʃekbʊk] *noun* ■ la **chequera**.

checked [tʃekt] *adjective* ■ **a cuadros: a checked shirt** una camisa a cuadros.

checkers ['tʃekəz] *noun* ■ las **damas: they're playing checkers** están jugando a las damas.

check-in ['tʃekɪn] *noun* ■ el **chequeo de equipajes,** el **registro** *Mexico,* el **check-in** *River Plate*: **check-in is at six o'clock** el chequeo de equipajes es a las seis.

checkout ['tʃekaʊt] *noun* ■ la **caja: a supermarket checkout** una caja de supermercado.

checkup ['tʃekʌp] *noun* ■ el **chequeo: he's going to the dentist for a checkup** va al dentista para un chequeo.

cheek [tʃiːk] *noun* ■ la **mejilla: she kissed him on the cheek** lo besó en la mejilla.

cheer [tʃɪəʳ] *(noun & verb)*

■ *noun*
la **ovación** *(plural* las **ovaciones)**: **there were cheers when he came on stage** hubo una ovación cuando subió al escenario
➤ **three cheers for Donald!** ¡viva Donald!

■ *verb*
gritar entusiasmadamente: everyone was cheering todos estaban gritando entusiasmadamente

cheer up *phrasal verb*
1. **levantar el ánimo: I tried to cheer him up** traté de levantarle el ánimo
2. **animarse: he cheered up when his friends came to see him** se animó cuando sus amigos vinieron a verlo; **cheer up!** ¡anímate!

cheerful ['tʃɪəfʊl] *adjective* ■ **alegre**.

cheerleading ['tʃɪə,liːdɪŋ] *noun* ■ *grupo de jóvenes que animan a un equipo deportivo*

CHEERLEADING

En muchas escuelas preparatorias y universidades existe la tradición de las cheerleaders o porristas, grupos de jóvenes que visten atractivos y coloridos trajes que se dedican a animar a los equipos deportivos durante sus partidos y competencias. También los equipos profesionales de fútbol americano y básquetbol suelen tener porristas.

cheese [tʃiːz] *noun* ■ el **queso**.

cheeseburger ['tʃiːz,bɜːgəʳ] *noun* ■ la **hamburguesa con queso**.

chef [ʃef] *noun* ■ el **chef**.

chemical ['kemɪkl] *noun* ■ la **sustancia química**.

chemistry ['kemɪstrɪ] *noun* ■ la **química: a chemistry lesson** una clase de química.

cherry ['tʃerɪ] *(plural* **cherries)** *noun* ■ la **cereza**
➤ **a cherry tree** un cerezo.

chess [tʃes] *noun* ■ el **ajedrez: they're playing chess** están jugando al ajedrez.

chest [tʃest] *noun*
1. el **pecho: he has a pain in his chest** tiene un dolor en el pecho
2. el **baúl: there's a big chest under the bed** hay un baúl grande debajo de la cama
➤ **a chest of drawers** una cómoda.

chew [tʃuː] *verb* ■ **masticar**.

chewing gum ['tʃuːɪŋgʌm] *noun* ■ el **chicle**.

chicken ['tʃɪkɪn] *noun* ■ el **pollo: a roast chicken** un pollo asado, un pollo rostizado *Mexico*.

chickenpox ['tʃɪkɪnpɒks] *noun* ■ la **varicela: he has chickenpox** tiene varicela.

chief [tʃiːf] *(noun & adjective)*

■ *noun*
el **jefe,** la **jefa: he's the chief of an African tribe** es el jefe de una tribu africana

■ *adjective*
principal: that's the chief problem ése es el problema principal.

child [tʃaɪld] *(plural* **children** ['tʃɪldrən]*)* *noun* ■ el **niño,** la **niña: she acts like a child** se comporta como una niña.

childhood ['tʃaɪldhʊd] *noun* ■ la **infancia**.

children *plural* ➤ child.

Chile ['tʃɪlɪ] *noun* ■ **Chile** *(masculine)*.

Chilean ['tʃɪlɪən] *(adjective & noun)*
■ *adjective*

Remember not to use a capital letter for the adjective in Spanish:

chileno: Isabel Allende is a famous Chilean writer Isabel Allende es una famosa escritora chilena
■ *noun*

In Spanish, a capital letter is not used for the inhabitants of a country or region:

el **chileno,** la **chilena: the Chileans export various agricultural products** los chilenos exportan varios productos agrícolas.

chili ['tʃɪlɪ] *(plural* **chilies***) noun* ■ el **chile,** el **ají** *Andes*.

chill [tʃɪl] *(noun & verb)*
■ *noun*
1. el **resfriado: she caught a chill** pescó un resfriado
2. **fresco: there's a chill in the air** está fresco
■ *verb*
enfriar: you should chill the champagne deberías enfriar el champán.

chilly ['tʃɪlɪ] *adjective* ■ **frío: I feel chilly** me siento frío; **it's chilly** hace frío.

chimney ['tʃɪmnɪ] *noun* ■ la **chimenea**.

chimpanzee [tʃɪmpən'zɪː] *noun* ■ el/la **chimpancé**.

chin [tʃɪn] *noun* ■ la **barbilla,** la **pera** *Southern Cone*.

china ['tʃaɪnə] *uncountable noun* ■ la **porcelana: a china cup** una taza de porcelana.

chip [tʃɪp] *noun*
1. la **papa frita: a packet of chips** un paquete de papas fritas
2. el **chip** *(plural* los **chips***)***: a computer chip** un chip de computadora.

chocolate ['tʃɒkələt] *noun* ■ el **chocolate**
➤ **a chocolate bar** una barra de chocolate
➤ **a chocolate cake** una torta de chocolate.

choice [tʃɔɪs] *noun* ■ la **elección** *(plural* las **elecciones***)***: it was a good choice** fue una buena elección.

choir ['kwaɪəʳ] *noun* ■ el **coro**.

choke [tʃəʊk] *verb*
1. **ahogarse: he's choking** se está ahogando
2. **ahogar: you're choking me!** ¡me estás ahogando!

choose [tʃuːz] *(past tense* **chose***) verb*
■ **elegir: she will choose between the two** va a elegir entre los dos.

chop [tʃɒp] *(noun & verb)*
■ *noun*
la **chuleta,** la **costilla** *River Plate*: **a pork chop** una chuleta de cerdo
■ *verb*
1. **cortar: he's chopping wood** está cortando madera
2. **picar: you have to chop the vegetables** tienes que picar las verduras

chop down *phrasal verb* ■ **talar: they chopped the tree down** talaron el árbol.

chose [tʃəʊz] *past tense* ➤ choose.

chosen ['tʃəʊzn] *past participle* ➤ choose.

christening ['krɪsnɪŋ] *noun* ■ el **bautismo**.

Christian ['krɪstʃən] *adjective & noun*
■ **cristiano: she's a Christian** es cristiana.

Christmas ['krɪsməs] *noun* ■ la **Navidad,** la **Pascua** *Chile, Peru*: **what are you doing at Christmas?** ¿qué vas a hacer para la Navidad?
➤ **Merry Christmas!** ¡Feliz Navidad!
➤ **a Christmas card** una tarjeta de Navidad
➤ **Christmas Day** el día de Navidad
➤ **Christmas Eve** la Nochebuena

➤ **a Christmas tree** un árbol de Navidad

CHRISTMAS

El 25 de diciembre en Estados Unidos la tradicional comida de Navidad incluye pavo al horno acompañado con relleno (**stuffing**) y verduras, junto con **cranberry sauce** o jalea de arándano. Durante la temporada navideña la gente manda **Christmas cards** (tarjetas de Navidad) a todos sus conocidos.

chunk [tʃʌŋk] *noun* ■ el **pedazo: a chunk of cheese** un pedazo de queso.

church [tʃɜːtʃ] *noun* ■ la **iglesia: we go to church on Sundays** los domingos vamos a la iglesia.

cigar [sɪ'gɑːʳ] *noun* ■ el **cigarro**.

cigarette [ˌsɪgə'ret] *noun* ■ el **cigarrillo: she's smoking a cigarette** está fumando un cigarrillo.

cinnamon ['sɪnəmən] *noun* ■ la **canela**.

circle ['sɜːkl] *noun* ■ el **círculo**.

circulate ['sɜːkjʊleɪt] *verb* ■ **circular: blood circulates around the body** la sangre circula por el cuerpo.

circumstances ['sɜːkəmstənsɪz] *plural noun* ■ las **circunstancias: under the circumstances** dadas las circunstancias.

circus ['sɜːkəs] *noun* ■ el **circo**.

citizen ['sɪtɪzn] *noun* ■ el **ciudadano**, la **ciudadana: he's a US citizen** es ciudadano estadounidense.

city ['sɪtɪ] *(plural* cities*) noun* ■ la **ciudad**

➤ **city hall** el ayuntamiento.

civil war ['sɪvl'wɔːʳ] *noun* ■ la **guerra civil**

➤ **the American Civil War** la Guerra de Secesión

THE AMERICAN CIVIL WAR

En la guerra civil o de secesión, que tuvo lugar entre 1861 y 1865, se enfrentaron los estados del sur, con su economía agrícola basada en gran parte en la esclavitud, y los estados industriales del norte, donde se oponían a la esclavitud. Los estados del norte, con más soldados y armas, ganaron finalmente y se abolió la esclavitud.

claim [kleɪm] *(verb & noun)*

■ *verb*

1. **afirmar: he claims to be famous** afirma que es famoso
2. **exigir: he claimed compensation** exigió una indemnización
3. **cobrar: she claims unemployment benefits** cobra subsidio de desempleo

■ *noun*

la **demanda: a wage claim** una demanda de aumento salarial.

clap [klæp] *verb* ■ **aplaudir: everyone clapped** todos aplaudieron.

clapping ['klæpɪŋ] *uncountable noun* ■ los **aplausos: the clapping was loud** los aplausos eran fuertes.

clarinet [ˌklærə'net] *noun* ■ el **clarinete**.

clash [klæʃ] *verb*

1. **enfrentarse: the boss often clashed with his employees** el jefe a menudo se enfrentaba con sus empleados
2. **desentonar: those pink shoes clash with the yellow trousers** esos zapatos rosados desentonan con los pantalones amarillos.

class [klɑːs] *noun* ■ la **clase: we traveled first class** viajamos en primera clase; **I have a Spanish class at 11 o'clock** tengo una clase de español a las 11.

classic ['klæsɪk] *(adjective & noun)*

■ *adjective*

clásico: it's a classic design es un diseño clásico

■ *noun*

el **clásico: this film is a classic** esta película es un clásico.

classical ['klæsɪkl] *adjective* ■ **clásico: classical music** la música clásica.

classroom ['klɑːsrʊm] *noun* ■ **la clase, el salón de clases** *Mexico,* **la sala de clases** *Southern Cone*.

claw [klɔː] *noun*
1. **la garra: cats have sharp claws** los gatos tienen garras afiladas
2. **la pinza: crab claws** las pinzas del cangrejo.

clean [kliːn] *(adjective & verb)*
■ *adjective*
limpio: my hands are clean tengo las manos limpias
■ *verb*
limpiar: clean the table before you set the places limpia la mesa antes de poner los cubiertos

clean up *phrasal verb* ■ **limpiar: don't forget to clean up before you go** no te olvides de limpiar antes de irte.

cleaner ['kliːnəʳ] *noun* ■ **el hombre de la limpieza, la mujer de la limpieza: the cleaner comes twice a week** la mujer de la limpieza viene dos veces a la semana
➤ **she's a cleaner** trabaja haciendo limpieza.

cleaning ['kliːnɪŋ] *uncountable noun* ■ **la limpieza: she's doing the cleaning** está haciendo la limpieza.

clear [klɪəʳ] *(adjective & verb)*
■ *adjective*
1. **claro: the instructions are clear** las instrucciones son claras; **it's clear he has made a mistake** está claro que cometió un error
2. **transparente: it's clear glass** es vidrio transparente
3. **despejado: the road is clear** la calle está despejada
■ *verb*
1. **despejar: they're clearing the road** están despejando la calle; **can you clear the table?** ¿puedes despejar la mesa?
2. **disiparse: the fog is beginning to clear** la niebla está empezando a disiparse

clear out *phrasal verb* ■ **ordenar: I'm going to clear out the cupboards** voy a ordenar los armarios.

clear up *phrasal verb*
1. **resolver: he cleared up the problem** resolvió el problema
2. **despejar: it's clearing up outside** está despejando.

clearly ['klɪəlɪ] *adverb* ■ **claramente: you've explained it clearly** lo has explicado claramente
➤ **he's clearly wrong** está claro que está equivocado.

clerk [klɜːrk] *noun*
1. **el empleado, la empleada: he's a clerk in the toy department** es empleado en una tienda de juguetes
2. **el/la oficinista: he's an office clerk** es oficinista.

clever ['klevəʳ] *adjective*
1. **inteligente: Stephen's a clever boy** Stephen es un chico inteligente
2. **hábil: he's clever with his hands** es hábil con las manos.

click [klɪk] *verb* ■ **hacer click: click on the icon** haz click en el icono.

client ['klaɪənt] *noun* ■ **el cliente, la clienta**.

cliff [klɪf] *noun* ■ **el acantilado**.

climate ['klaɪmɪt] *noun* ■ **el clima**.

climb [klaɪm] *verb*
1. **subir: she climbed the stairs** subió las escaleras
2. **escalar: they climbed Everest** escalaron el Everest
3. **treparse a: the boy climbed the tree** el chico se trepó al árbol

climb down *phrasal verb* ■ **bajarse de: he climbed down the ladder** se bajó de la escalera.

climb over *phrasal verb* ■ **trepar por: he climbed over the fence** trepó por la valla.

climbing ['klaɪmɪŋ] *uncountable noun* ■ **el montañismo: climbing in the Rockies is challenging** el montañismo en las Rocallosas supone un desafío

➤ **to go climbing** hacer montañismo: **they went climbing in the Alps** fuimos a hacer montañismo en los Alpes.

cling [klɪŋ] *(past tense & past participle* clung*) verb* ■ **agarrarse a: she was clinging to the rope** se agarraba a la soga.

clip [klɪp] *noun*
1. el **clip: I need a clip for these papers** necesito un clip para estos papeles
2. el **pasador,** el **broche** *Mexico, Uruguay*: **she's looking for a clip for her hair** está buscando un pasador para el pelo.

clock [klɒk] *noun*
1. el **reloj: the clock on my desk is fast** el reloj de mi escritorio está adelantado
➤ **an alarm clock** un despertador
➤ **around the clock** las veinticuatro horas: **this supermarket is open around the clock** este supermercado está abierto las veinticuatro horas.

clockwise ['klɒkwaɪz] *adverb* ■ **en el sentido de las manecillas del reloj**.

close *(verb, adjective & adverb)*
■ *verb*
[kləʊz]
1. **cerrar: he closed his eyes** cerró los ojos; **the shops close at six o'clock** las tiendas cierran a las seis
2. **cerrarse: the door closed behind him** la puerta se cerró detrás de él
■ *adjective*
[kləʊs]
1. **cerca: the school's close to the station** la escuela queda cerca de la estación
2. **unido: she's very close to her brother** es muy unida a su hermano
3. **reñido: it's a close contest** es una competencia muy reñida
■ *adverb*
[kləʊs] **de cerca: I looked at it close up** lo miré de cerca
➤ **close by** cerca: **they live close by** viven cerca.

closed [kləʊzd] *adjective* ■ **cerrado**.

closely ['kləʊslɪ] *adverb* ■ **detenidamente: he looked at it closely** lo miró detenidamente.

closet ['klɒzɪt] *noun* ■ el **armario,** el **clóset** *(plural* los **clósets***)*.

cloth [klɒθ] *noun*
1. el **trapo: she wiped the table with a cloth** limpió la mesa con un trapo
2. la **tela: I like this cloth** me gusta esta tela.

clothes [kləʊðz] *plural noun* ■ la **ropa**.

clothespin ['kləʊðzpɪn] *noun* ■ la **pinza**.

cloud [klaʊd] *noun* ■ la **nube**.

cloudy ['klaʊdɪ] *adjective* ■ **nublado: it's cloudy today** hoy está nublado.

clown [klaʊn] *noun* ■ el **payaso**.

club [klʌb] *noun*
1. el **club: she's a member of the chess club** es socia del club de ajedrez
2. la **discoteca: we went to a club last night** anoche fuimos a la discoteca
3. el **garrote: he hit him with a club** le pegó con un garrote
➤ **a golf club** un palo de golf.

clue [kluː] *noun* ■ la **pista: the police are looking for clues** la policía está buscando pistas
➤ **give me a clue!** dame una pista
➤ **I don't have a clue** no tengo ni la menor idea.

clumsy ['klʌmzɪ] *adjective* ■ **torpe**.

clung [klʌŋ] *past tense & past participle* ➤ cling.

cm *(abbreviation of* centimeter*) noun* ■ el **cm**.

coach [kəʊtʃ] *noun* ■ el **entrenador,** la **entrenadora: the team needs a new coach** el equipo necesita un nuevo entrenador.

coast [kəʊst] *noun* ■ la **costa: San Diego is on the coast** San Diego está en la costa.

coat [kəʊt] *noun*
1. el **abrigo: put your coat on** pónte el abrigo
2. la **capa: a coat of paint** una capa de pintura

➤ **a coat hanger** una percha: **your jacket's on the coat hanger** tu chaqueta está en la percha.

cobweb ['kɒbweb] *noun* ■ la **telaraña**.

Coca-Cola®, Coke® [kəʊkə'kəʊlə, kəʊk] *noun* ■ la **Coca-Cola®**: **a can of Coke®** una lata de Coca-Cola® .

cocoa ['kəʊkəʊ] *noun* ■ la **cocoa**
➤ **a cup of cocoa** una taza de cocoa.

coconut ['kəʊkənʌt] *noun* ■ el **coco**.

code [kəʊd] *noun* ■ el **código: a secret code** un código secreto; **the message is in code** el mensaje está en código.

coffee ['kɒfɪ] *noun* ■ el **café: a cup of coffee** una taza de café
➤ **a coffee pot** una cafetera
➤ **a coffee shop** una cafetería.

coffin ['kɒfɪn] *noun* ■ el **ataúd**.

coin [kɔɪn] *noun* ■ la **moneda**.

cold [kəʊld] *(adjective & noun)*

■ *adjective*
frío
➤ **to be cold** tener frío: **I'm cold** tengo frío: **my hands are cold** tengo las manos frías
➤ **it's cold outside** afuera hace frío

■ *noun*
1. el **resfriado: he caught a cold** pescó un resfriado
2. el **frío: I don't like the cold** no me gusta el frío.

collapse [kə'læps] *verb* ■ **derrumbarse: the whole building collapsed** todo el edificio se derrumbó.

collar ['kɒlə^r] *noun*
1. el **cuello: his shirt collar is dirty** tiene el cuello de la camisa sucio
2. el **collar: the dog is wearing a collar** el perro tiene puesto un collar.

collect [kə'lekt] *verb*
1. **recoger: she collected the children from school** recogió a los niños de la escuela; **they're collecting seashells** están recogiendo conchas de mar
2. **coleccionar: he collects stamps** colecciona sellos
➤ **a collect call** una llamada de cobro revertido, una llamada por cobrar *Chile, Mexico:* **I'd like to make a collect call** quisiera hacer una llamada de cobro revertido.

collection [kə'lekʃn] *noun*
1. la **colección** *(plural* las **colecciones**): **his stamp collection** su colección de estampillas
2. la **colecta: they took up a collection for the refugees** hicieron una colecta para los refugiados.

college ['kɒlɪdʒ] *noun* ■ la **universidad: she's in college** está en la universidad
➤ school.

collide [kə'laɪd] *verb* ■ **chocar: the cab collided with a truck** el taxi chocó con un camión.

Colombia [kə'lɒmbɪə] *noun* ■ **Colombia** *(feminine)*.

Colombian [kə'lɒmbɪən] *(adjective & noun)*

■ *adjective*

Remember not to use a capital letter for the adjective in Spanish:

colombiano: I like Colombian coffee me gusta el café colombiano

■ *noun*

In Spanish, a capital letter is not used for the inhabitants of a country or region:

el **colombiano,** la **colombiana: many Colombians live in the capital** muchos colombianos viven en la capital.

colon ['kəʊlən] *noun* ■ los **dos puntos: you use a colon to introduce a list** para introducir una lista, hay que usar dos puntos.

colonel ['kɜːnl] *noun* ■ el/la **coronel**.

color ['kʌlə^r] *noun* ■ el **color: what color is it?** ¿de qué color es?
➤ **a color photo** una foto en colores
➤ **a color television** una televisión en colores.

colorful ['kʌləfʊl] *adjective* ■ **de colores muy vivos: a very colorful sweater** un suéter de colores muy vivo.

column ['kɒləm] *noun* ■ la **columna: the columns of a Greek temple** las columnas de un templo griego; **the sports column in the newspaper** la columna de deportes del diario.

comb [kəʊm] *(noun & verb)*

■ *noun*
el **peine**

■ *verb*
peinarse: he combed his hair se peinó.

come [kʌm] *(past tense* came, *past participle* come*) verb*

1. **venir: he's coming to the game with us** viene al partido con nosotros; **the bus is coming** viene el autobús
2.

> To say in Spanish what place a person comes from, use **ser de** followed by the name of the place:

ser de: where do you come from? ¿de dónde eres?; **I come from Atlanta** soy de Atlanta

➤ **come on!** ¡vamos!, ¡ándale! *Mexico*
➤ **to come true** hacerse realidad: **her dream came true** su sueño se hizo realidad
➤ **I'm coming** ya voy

come back *phrasal verb* ■ **volver: I'll come back later** voy a volver más tarde.

come down *phrasal verb* ■ **bajar: prices have come down** bajaron los precios
➤ **come down from there!** ¡bájate de ahí!

come in *phrasal verb* ■ **entrar: come in!** ¡entre!; **she came in through the kitchen window** entró por la ventana de la cocina.

come off *phrasal verb* ■ **caerse: one of my buttons has come off** se me cayó un botón.

come out *phrasal verb* ■ **salir: come out with your hands up!** ¡salga con las manos en alto!; **their new album is coming out in May** su nuevo álbum va a salir en mayo; **this stain won't come out** esta mancha no va a salir.

come over *phrasal verb* ■ **venir: come over this evening** ven esta noche.

come up *phrasal verb*

1. **acercarse: come up here!** ¡acércate!
2. **salir: the sun has come up** salió el sol
3. **surgir: the problem came up in class** el problema surgió en la clase.

come up to *phrasal verb*

1. **llegar a: the mud came up to our knees** el barro le llegaba a las rodillas
2. **acercarse: he came up to me and shook my hand** se me acercó y me dio la mano.

comedian [kə'miːdjən] *noun* ■ el/la **humorista**.

comedy ['kɒmədɪ] *(plural* comedies*)* *noun* ■ la **comedia**.

comfort ['kʌmfət] *(noun & verb)*

■ *noun*

1. la **comodidad: he likes comfort** le gusta la comodidad
2. el **consuelo: you've been a great comfort to me** has sido un gran consuelo para mí

■ *verb*
consolar: the policeman comforted the crying girl el policía consoló a la niña que lloraba.

comfortable ['kʌmftəbl] *adjective* ■ **cómodo: it's a very comfortable bed** es una cama muy cómoda; **are you comfortable?** ¿estás cómodo?; **make yourself comfortable** ponte cómodo.

comic book ['kɒmɪkbuk] *noun* ■ el **cómic** *(plural* los **cómics***)*.

comic strip ['kɒmɪkstrɪp] *noun* ■ la **tira cómica**.

comma ['kɒmə] *noun* ■ la **coma**.

command [kə'maːnd] *(noun & verb)*

■ *noun*
la **orden** *(plural* las **órdenes***)*: **the captain gave a command** el capitán dio una orden

■ *verb*
ordenar: the king commanded him to leave el rey le ordenó marcharse.

comment ['kɒment] *(noun & verb)*

■ *noun*
el **comentario: he made some comments on my work** hizo algunos comentarios sobre mi trabajo

■ *verb*
hacer comentarios: she commented on the news hizo comentarios sobre la noticia.

commercial [kə'mɜːʃl] *(adjective & noun)*

■ *adjective*
comercial: the film is a commercial success la película es un éxito comercial

■ *noun*
el **anuncio,** el **aviso: he doesn't like TV commercials** no le gustan los anuncios de la tele.

commit [kə'mɪt] *verb* ■ **cometer: he has committed many crimes** ha cometido muchos crímenes

➤ **to commit suicide** suicidarse.

committee [kə'mɪtɪ] *noun* ■ el **comité**.

common ['kɒmən] *adjective* ■ **común** (*plural* **comunes**): **it's a common expression** es una expresión común; **the English and the Americans share a common language** los ingleses y los americanos tienen un idioma común

➤ **in common** en común: **we have a lot in common** tenemos mucho en común

➤ **common sense** el sentido común: **she has a lot of common sense** tiene mucho sentido común.

communicate [kə'mjuːnɪkeɪt] *verb* ■ **comunicarse: we communicate by e-mail** nos comunicamos por correo electrónico.

communication [kəˌmjuːnɪ'keɪʃn] *noun* ■ la **comunicación** (*plural* las **comunicaciones**).

community [kə'mjuːnətɪ] (*plural* communities) *noun* ■ la **comunidad: there is a large Hispanic community in Texas** hay una gran comunidad hispana en Texas.

compact disc [ˌkɒmpækt'dɪsk] *noun* ■ el **disco compacto**.

companion [kəm'pænjən] *noun* ■ el **acompañante,** la **acompañante**.

company ['kʌmpənɪ] (*plural* companies) *noun* ■ la **compañía: she works for a Mexican company** trabaja para una compañía mejicana

➤ **an insurance company** una compañía de seguros

➤ **to keep somebody company** hacerle compañía a alguien: **her dog keeps her company** su perro le hace compañía.

compare [kəm'peəʳ] *verb* ■ **comparar**

➤ **you can't compare them, they're too different** no puedes compararlos, son demasiado diferentes

➤ **compared with** or **compared to** comparado con: **she's very smart compared to her brother** comparada con su hermano, ella es muy inteligente.

comparison [kəm'pærɪsn] *noun* ■ la **comparación** (*plural* las **comparaciones**): **Spain is small in comparison with Australia** España es pequeña en comparación con Australia.

compass ['kʌmpəs] *noun* ■ la **brújula**.

compete [kəm'piːt] *verb* ■ **competir: there are ten runners competing in the race** hay diez corredores compitiendo en la carrera

➤ **to compete against somebody** competir contra alguien: **she will compete against her brother** va a competir contra su hermano

➤ **to compete for something** competir por algo: **they're competing for the gold medal** están compitiendo por la medalla de oro.

competition [ˌkɒmpɪ'tɪʃn] *noun*

1. el **concurso: she entered a beauty competition** se presentó en un concurso de belleza
2. la **competencia: a sporting competition** una competencia deportiva.

competitor [kəm'petɪtəʳ] *noun* ■ el **competidor,** la **competidora**.

complain [kəm'pleɪn] *verb*
1. **quejarse: he complained about the cold** se quejó del frío
2. **reclamar: if you don't like it you can complain** si no te gusta puedes reclamar; **I'll complain to the manager** voy a reclamarle al gerente.

complaint [kəm'pleɪnt] *noun* ■ la **queja: they received a lot of complaints** recibieron muchas quejas
➤ **to make a complaint** quejarse: **she made a complaint** se quejó.

complete [kəm'pliːt] *(adjective & verb)*
■ *adjective*
1. **completo: the complete works of Shakespeare** las obras completas de Shakespeare
2. **total: there's been a complete change** ha habido un cambio total
3. **terminado: work on the building is complete** el trabajo en el edificio está terminado
➤ **I feel like a complete idiot** me siento como un verdadero idiota
■ *verb*
1. **completar: can you complete this sentence?** ¿puedes completar esta oración?
2. **terminar: I've completed my work** terminé mi trabajo.

completely [kəm'pliːtlɪ] *adverb* ■ **completamente**.

complexion [kəm'plekʃn] *noun* ■ el **cutis: she has a very good complexion** tiene muy buen cutis
➤ **he has a very light complexion** tiene la tez muy clara.

complicated ['kɒmplɪkeɪtɪd] *adjective* ■ **complicado**.

compliment ['kɒmplɪmənt] *noun* ■ el **cumplido: she paid me a compliment** me hizo un cumplido.

composer [kəm'pəʊzəʳ] *noun* ■ el **compositor,** la **compositora: Gershwin is a famous American composer** Gershwin es un famoso compositor estadounidense.

compulsory [kəm'pʌlsərɪ] *adjective* ■ **obligatorio**.

computer [kəm'pjuːtəʳ] *noun* ■ la **computadora**
➤ **a laptop computer** una computadora portátil
➤ **computer games** los juegos de computadora
➤ **computer science** la informática.

computing [kəm'pjuːtɪŋ] *uncountable noun* ■ la **computación,** la **informática: he works in computing** trabaja en computación.

concentrate ['kɒnsəntreɪt] *verb* ■ **concentrarse: I can't concentrate** no me puedo concentrar.

concentration [ˌkɒnsən'treɪʃn] *noun* ■ la **concentración: it requires a lot of concentration** requiere mucha concentración.

concern [kən'sɜːn] *verb* ■ **concernir: this concerns us all** esto nos concierne a todos
➤ **as far as I'm concerned** en lo que a mí respecta
➤ **to be concerned** estar preocupado: **I'm concerned about him** estoy preocupado por él.

concert ['kɒnsət] *noun* ■ el **concierto**.

concrete ['kɒŋkriːt] *noun* ■ el **hormigón,** el **concreto**.

condition [kən'dɪʃn] *noun*
1. la **condición** *(plural* las **condiciones***)*: **he will come with us, but on one condition** vendrá con nosotros, pero con una condición
2. el **estado: it's in good condition** está en buen estado.

conditioner [kən'dɪʃnəʳ] *noun* ■ el **acondicionador**.

condom ['kɒndəm] *noun* ■ el **condón** *(plural* los **condones***)*.

conductor [kən'dʌktəʳ] *noun*
1. el **director,** la **directora: an orchestra conductor** un director de orquesta

2. el **cobrador,** la **cobradora:** a conductor of a train un cobrador de un tren

> ⚠ La palabra inglesa **conductor** es un falso amigo, no significa "conductor".

cone [kəʊn] *noun* ■ *shape* el **cono:** an ice-cream cone un cucurucho, un barquillo *Chile, Mexico.*

confess [kən'fes] *verb* ■ **confesar:** he confessed to the murder confesó haber cometido el asesinato.

confidence ['kɒnfɪdəns] *noun* ■ la **confianza:** he has no confidence no tiene confianza; I have confidence in you tengo confianza en ti.

confident ['kɒnfɪdənt] *adjective*
➤ I'm confident you'll win confío en que vas a ganar
➤ she's very confident es muy segura de sí misma.

confirm [kən'fɜːm] *verb* ■ **confirmar:** you must confirm your flight debe confirmar su vuelo.

confuse [kən'fjuːz] *verb* ■ **confundir:** don't confuse me! ¡no me confundas!; he confused me with my brother me confundió con mi hermano.

confused [kən'fjuːzd] *adjective* ■ **confundido:** I'm confused, can you say all that again? estoy confundido, ¿puedes decir todo eso de nuevo?

confusing [kən'fjuːzɪŋ] *adjective* ■ **poco claro:** it's very confusing es muy poco claro.

confusion [kən'fjuːʒn] *noun* ■ la **confusión**.

congratulate [kən'grætʃʊleɪt] *verb* ■ **felicitar:** they congratulated me on winning the prize me felicitaron por ganar el premio.

congratulations [kən,grætʃʊ'leɪʃənz] *plural noun* ■ las **felicitaciones:** congratulations on your success! ¡felicitaciones por tu éxito!

Congress ['kɒŋgres] *noun* ■ el **Congreso**.

connect [kə'nekt] *verb*
1. **conectar:** the bridge connects the two parts of the town el puente conecta las dos partes del pueblo
2. **conectarse:** I can't connect to the Internet no puedo conectarme a internet.

connection [kə'nekʃn] *noun*
1. la **conexión** (*plural* las **conexiones**)**:** I don't want to miss my connection no quiero perder mi conexión; an Internet connection una conexión a internet
2. la **relación** (*plural* las **relaciones**)**:** there's no connection between the two events no hay ninguna relación entre ambos acontecimientos.

conscience ['kɒnʃəns] *noun* ■ la **conciencia:** he has a guilty conscience le remuerde la conciencia.

conscious ['kɒnʃəs] *adjective* ■ **consciente:** I wasn't conscious of what I was doing no era consciente de lo que estaba haciendo, no estaba consciente de lo que estaba haciendo *Chile, Mexico*.

consciousness ['kɒnʃəsnɪs] *noun* ■ el **conocimiento:** he lost consciousness perdió el conocimiento.

consider [kən'sɪdəʳ] *verb*
1. **considerar:** I consider him my friend lo considero mi amigo
2. **tener en cuenta:** you must consider the risks debes tener en cuenta los riesgos
➤ she's considering leaving her job está pensando dejar su trabajo.

considerate [kən'sɪdərət] *adjective* ■ **considerado**.

consideration [kən,sɪdə'reɪʃn] *noun* ■ la **consideración** (*plural* las **consideraciones**)**:** he has no consideration for others no tiene ninguna consideración por los demás

➤ **to take something into consideration** tener algo en cuenta: **I'll take that into consideration** lo tendré en cuenta.

consist [kən'sɪst] *verb* ■ **consistir**

➤ **to consist of** consistir en: **her baggage consisted of a bag and a guitar** su equipaje consistía en una bolsa y una guitarra.

consonant ['kɒnsənənt] *noun* ■ la **consonante**.

constant ['kɒnstənt] *adjective* ■ **constante**.

constantly ['kɒnstəntlɪ] *adverb* ■ **constantemente**.

constipated ['kɒnstɪpeɪtɪd] *adjective* ■ **estreñido: he's constipated** está estreñido.

constitution [ˌkɒnstɪ'tjuːʃn] *noun* ■ la **constitución** *(plural* las **constituciones**): **the United States Constitution** la Constitución de los Estados Unidos.

consumer [kən'sjuːməʳ] *noun* ■ el **consumidor,** la **consumidora**.

contact ['kɒntækt] *(noun & verb)*

■ *noun*

el **contacto: we've lost contact with her** perdimos contacto con ella

➤ **contact lenses** lentes de contacto

■ *verb*

contactar: I couldn't contact him no pude contactarme con él.

contain [kən'teɪn] *verb* ■ **contener: milk contains calcium** la leche contiene calcio.

container [kən'teɪnəʳ] *noun* ■ el **recipiente: I need a bigger container** necesito un recipiente más grande.

contents ['kɒntents] *plural noun*

1. el **contenido: he emptied the contents of the box onto the floor** vació el contenido de la caja en el suelo
2. el **índice: the contents are at the front of the book** el índice está en la parte de adelante del libro.

contest ['kɒntest] *noun* ■ el **concurso: a beauty contest** un concurso de belleza.

continent ['kɒntɪnənt] *noun* ■ el **continente**.

continue [kən'tɪnjuː] *verb* ■ **continuar: they continued playing** continuaron jugando.

contraceptive [ˌkɒntrə'septɪv] *noun* ■ el **anticonceptivo**.

contract ['kɒntrækt] *noun* ■ el **contrato**.

contrary ['kɒntrərɪ] *noun*

➤ **on the contrary** al contrario.

contrast ['kɒntrɑːst] *noun* ■ el **contraste**.

contribute [kən'trɪbjuːt] *verb*

1. **contribuir: he contributed to the success of the project** contribuyó al éxito del proyecto
2. **contribuir con: he contributed a lot of money** contribuyó con mucho dinero.

control [kən'trəʊl] *(noun & verb)*

■ *noun*

el **control: she lost control of her car** or **her car went out of control** perdió el control del coche

➤ **we're in control of the situation** controlamos la situación

➤ **everything's under control** todo está bajo control

■ *verb*

controlar: who controls the company? ¿quién controla la compañía?; **the police can't control the crowd** la policía es incapaz de controlar a la muchadumbre

➤ **to control oneself** controlarse: **control yourself!** ¡contrólate!

convenient [kən'viːnjənt] *adjective* ■ **conveniente: it's a convenient place to meet** es un lugar conveniente para encontrarse

➤ **the hotel is convenient to the shops** el hotel esta bien ubicado respecto a las tiendas

➤ **is Monday convenient for you?** ¿te viene bien el lunes?

conversation [ˌkɒnvəˈseɪʃn] *noun* ■ la **conversación** *(plural* las **conversaciones***)*.

convince [kənˈvɪns] *verb* ■ **convencer: he convinced me to wait** me convenció para que esperáramos.

cook [kʊk] *(noun & verb)*

■ *noun*
el **cocinero,** la **cocinera: he's a good cook** es buen cocinero

■ *verb*
1. **cocinar: ¿can you cook?** ¿sabes cocinar?
2. **preparar: I'm cooking breakfast** estoy preparando el desayuno
3. **cocer: cook the potatoes for fifteen minutes** cueza las papas durante quince minutos

➤ **the vegetables are cooked** las verduras están cocidas.

cookbook [ˈkʊkˌbʊk] *noun* ■ el **libro de cocina**.

cookie [ˈkʊkɪ] *noun* ■ la **galleta**.

cooking [ˈkʊkɪŋ] *uncountable noun* ■ la **cocina: I like Mexican cooking** me gusta la cocina mejicana

➤ **I do the cooking** yo cocino.

cool [kuːl] *(adjective & verb)*

■ *adjective*
1. **fresco: the water's cool** el agua está fresca; **it's cool tonight** hace fresco esta noche
2. *informal* **buena onda: my Spanish teacher is really cool** mi profesora de español es muy buena onda

➤ **what a cool computer!** ¡qué computadora más genial!

➤ **he stayed cool** no perdió la calma

■ *verb*
enfriar: leave it to cool déjelo enfriar

cool down *phrasal verb*
1. **enfriarse: the water has cooled down** el agua se enfrió
2. **refrescar: this drink will cool you down** esta bebida te refrescará.

cope [kəʊp] *verb* ■ **arreglárselas: I can cope on my own** puedo arreglármelas solo

➤ **I can't cope with so much work** no puedo con tanto trabajo

➤ **he has to cope with lots of problems** tiene que hacer frente a muchos problemas.

copied [ˈkɒpɪd] *past tense & past participle* ➤ copy.

copper [ˈkɒpəʳ] *noun* ■ el **cobre**.

copy [ˈkɒpɪ] *(noun & verb)*

■ *noun*
(plural **copies***)*
1. **la copia: make a copy of the disk** haz una copia del disco
2. **el ejemplar: they've sold a thousand copies of the book** han vendido mil ejemplares del libro

■ *verb*
copiar: he copied the poem from the book copió el poema del libro

➤ **to copy and paste** copiar y pegar: **he copied and pasted the text** copió y pegó el texto.

corn [kɔːn] *uncountable noun* ■ el **maíz**

➤ **corn on the cob** la mazorca de maíz, el elote *Mexico*.

corner [ˈkɔːnəʳ] *noun*
1. el **rincón** *(plural* los **rincones***)*: **Ron is sitting in a corner** Ron está sentado en un rincón
2. la **esquina: there is a store on the corner** hay una tienda en la esquina

➤ **around the corner** a la vuelta de la esquina: **the store's just around the corner** la tienda está justo a la vuelta de la esquina

➤ **the car took the corner too quickly** el coche tomó la curva muy rápido.

corpse [kɔːps] *noun* ■ el **cadáver**.

correct [kəˈrekt] *(adjective & verb)*

■ *adjective*
correcto: that's the correct answer esa es la respuesta correcta; **you've made the correct decision** tomaste la decisión correcta

➤ **you're completely correct** tienes toda la razón

■ *verb*
corregir: I corrected the mistake corregí el error.

correction [kə'rekʃn] *noun* ■ la **corrección** (*plural* las **correcciones**).

cosmetics [kɒz'metɪks] *plural noun* ■ los **cosméticos**.

cost [kɒst] (*past tense & past participle* cost) (*verb & noun*)
■ *verb*
costar: how much does it cost? ¿cuánto cuesta?; **it costs twenty dollars** cuesta veinte dólares
■ *noun*
el **costo: the cost of living** el costo de vida.

Costa Rica ['kɒstəri:kə] *noun* ■ **Costa Rica** (*feminine*).

Costa Rican ['kɒstə'ri:kən] (*adjective & noun*)
■ *adjective*

> Remember not to use a capital letter for the adjective in Spanish:

costarricense: the Costa Rican landscape is beautiful el paisaje costarricense es precioso
■ *noun*

> In Spanish, a capital letter is not used for the inhabitants of a country or region:

el/la **costarricense: the Costa Ricans are relatively prosperous** los costarricenses son relativamente prósperos.

costume ['kɒstju:m] *noun* ■ el **disfraz** (*plural* los **disfraces**).

cottage ['kɒtɪdʒ] *noun* ■ *casa pequeña, generalmente en el campo*.

cotton ['kɒtn] *uncountable noun* ■ el **algodón**
➤ **cotton candy** algodón de azúcar.

couch [kaʊtʃ] *noun* ■ el **sofá**.

cough [kɒf] (*noun & verb*)
■ *noun*
la **tos**
➤ **to have a cough** tener tos: **I have a cough** tengo tos
■ *verb*
toser: she's coughing because of the smoke tose por el humo.

could [kʊd] *verb* (*negative* **couldn't**)
1. **poder: they couldn't stay for dinner** no pudieron quedarse a cenar

> When you make a polite request, an offer or a suggestion, "could" is translated by the Spanish verb **poder** in the conditional tense:

could I speak to Scott please? ¿podría hablar con Scott, por favor?; **you could wait for him** podría esperarlo; **don't touch it, it could be dangerous** no lo toque, podría ser peligroso

> When "could" is used with a verb of perception (see, hear, feel, understand) it is not translated at all:

I couldn't see anything no vi nada; **she couldn't hear me** no me oyó; **we could understand what they were saying** entendimos lo que estaban diciendo
2. *When "could" means "knew how to"* **saber: she couldn't swim** no sabía nadar; **they couldn't speak English** no sabían hablar inglés.

couldn't ['kʊdnt] ➤ could not.

could've ['kʊdəv] ➤ could have.

council ['kaʊnsl] *noun* ■ el **consejo**.

count [kaʊnt] *verb* ■ **contar: he counted sheep to get to sleep** contó ovejas para quedarse dormido
➤ **to count on somebody** contar con alguien: **you can count on me** puedes contar conmigo.

counter ['kaʊntə^r] *noun*
1. el **mostrador: the bartender is behind the counter** el barman está detrás del mostrador
2. la **ficha: each player has ten counters** cada jugador tiene diez fichas.

counterclockwise [,kaʊntə'klɒkwaɪz] *adverb* ■ **en sentido contrario a las agujas del reloj**.

country ['kʌntrɪ] *(plural* countries*)* *noun*
1. el **país:** **it's interesting to visit foreign countries** es interesante visitar países extranjeros
2. el **campo:** **we live in the country** vivimos en el campo.

county ['kaʊntɪ] *(plural* counties*)* *noun* ■ el **condado**.

couple ['kʌpl] *noun* ■ la **pareja:** **a young couple** una pareja joven
➤ **a couple of** un par de: **I waited a couple of hours** esperé un par de horas.

courage ['kʌrɪdʒ] *noun* ■ el **valor:** **he got up the courage to go in** se armó de valor para entrar.

course [kɔːs] *noun*
1. el **curso:** **he's taking a Spanish course** está haciendo un curso de español
2. el **plato:** **the main course of the meal** el plato principal de la comida; **a five-course meal** una comida de cinco platos
3. el **campo,** la **cancha** *Southern Cone*: **a golf course** un campo de golf
➤ **of course** por supuesto
➤ **of course not** por supuesto que no.

court [kɔːt] *noun*
1. el **tribunal:** **he appeared in court** compareció ante el tribunal
2. la **cancha:** **a tennis court** una cancha de tenis.

courthouse ['kɔːthaʊs] *noun* ■ el **juzgado**.

courtyard ['kɔːtjaːd] *noun* ■ el **patio**.

cousin ['kʌzn] *noun* ■ el **primo,** la **prima**.

cover ['kʌvəʳ] *(noun & verb)*
■ *noun*
1. la **tapa:** **put the cover on the saucepan** ponle la tapa a la olla; **there's a dragon on the cover of the book** hay un dragón en la tapa del libro
2. la **cobija,** la **frazada:** **she put two covers on the bed** puso dos cobijas en la cama
➤ **to take cover** ponerse a cubierto: **they're coming, let's take cover** ya vienen, pongámonos a cubierto
■ *verb*
cubrir: **she covered the chair with a sheet** cubrió la silla con una sábana
➤ **Tom was covered with bruises** Tom estaba lleno de moretones.

cow [kaʊ] *noun* ■ la **vaca**.

coward ['kaʊəd] *noun* ■ el/la **cobarde**.

cowboy ['kaʊbɔɪ] *noun* ■ el **vaquero**.

cozy ['kəʊzɪ] *adjective* ■ **acogedor:** **a cozy bedroom** un dormitorio acogedor
➤ **it's cozy in here** qué bien se está aquí adentro.

crab [kræb] *noun* ■ el **cangrejo,** la **jaiba**.

crack [kræk] *(noun & verb)*
■ *noun*
1. la **rajadura:** **there's a crack in the glass** hay una rajadura en el vaso
2. la **grieta:** **there are cracks in the wall** hay grietas en la pared
■ *verb*
1. **rajar:** **I've cracked the glass** rajé el vaso
2. **romper:** **you have to crack the egg first** tienes que romper el huevo primero
3. **rajarse:** **the mirror cracked** el espejo se rajó
➤ **to crack a joke** contar un chiste: **Lynn cracked a joke** Lynn contó un chiste.

cracked [krækt] *adjective* ■ **rajado:** **the glass is cracked but not broken** el vaso está rajado pero no está quebrado.

cracker ['krækəʳ] *noun* ■ la **galleta salada:** **he's eating a cracker** él está comiendo una galleta salada.

craftsman ['kraːftsmən] *(plural* craftsmen ['kraːftsmən]*)* *noun* ■ el **artesano**.

cranberry ['krænbərɪ] *(plural* cranberries*)* *adjective* ■ el **arándano rojo:** **cranberry sauce** salsa de arándano rojo
➤ Thanksgiving.

crane [kreɪn] *noun* ■ la **grúa: there's a crane on the building site** hay una grúa en la obra.

crash [kræʃ] *(noun & verb)*
■ *noun*
1. el **accidente: he was injured in a car crash** resultó herido en un accidente automovilístico
2. el **estruendo: I heard a loud crash** escuché un gran estruendo
■ *verb*
1. **chocar: I'm driving carefully, I don't want to crash** estoy manejando con cuidado, no quiero chocar
2. **estrellarse: the plane crashed** el avión se estrelló
➤ **to crash into something** estrellarse contra algo: **they crashed into a wall** se estrellaron contra la pared.

crawl [krɔːl] *(verb & noun)*
■ *verb*
gatear: the baby is crawling el bebé está gateando
■ *noun*
el **crol: he's doing the crawl** está nadando crol, está nadando de crol *Mexico*.

crayon ['kreɪɒn] *noun* ■ la **crayola**.

crazy ['kreɪzɪ] *adjective* ■ *informal* **loco: you're completely crazy!** ¡estás completamente loco!; **that noise is driving me crazy** ese ruido me está volviendo loco.

cream [krɪːm] *noun* ■ la **crema: strawberries and cream** fresas con crema.

crease [krɪːs] *(noun & verb)*
■ *noun*
la **arruga: there's a crease in the paper** hay una arruga en el papel
■ *verb*
arrugar: try not to crease my dress trata de no arrugarme el vestido.

create [krɪː'eɪt] *verb* ■ **crear: he created a new company** creó una nueva compañía.

creature ['krɪːtʃəʳ] *noun* ■ el **ser: creatures from outer space** seres del espacio exterior.

credit ['kredɪt] *noun* ■ el **crédito**
➤ **a credit card** una tarjeta de crédito.

creep [krɪːp] *(past tense & past participle* crept*) verb* ■ **entrar sigilosamente: he crept into the room** entró sigilosamente al cuarto.

creeps [krɪːps] *plural noun*
➤ **to give somebody the creeps** darle escalofríos a alguien: **the graveyard gives me the creeps** el cementerio me da escalofríos.

crept [krept] *past tense & past participle*
➤ creep.

crew [kruː] *noun*
1. la **tripulación** *(plural* las **tripulaciones***)*: **the ship's crew** la tripulación del barco
2. el **equipo: a film crew** el equipo de rodaje.

cricket ['krɪkɪt] *noun* ■ el **grillo: I can hear the crickets** puedo oír a los grillos.

cried [kraɪd] *past tense & past participle*
➤ cry.

crime [kraɪm] *noun* ■ el **delito: theft is a crime** el robo es un delito.

criminal ['krɪmɪnl] *noun* ■ el/la **delincuente**
➤ **to have a criminal record** tener antecedentes penales.

crisis ['kraɪsɪs] *(plural* crises ['kraɪsɪːz]*) noun* ■ la **crisis** *(plural* las **crisis***)*.

critic ['krɪtɪk] *noun* ■ el **crítico,** la **crítica: he's a movie critic** es crítico de cine.

criticism ['krɪtɪsɪzm] *noun* ■ la **crítica**.

criticize ['krɪtɪsaɪz] *verb* ■ **criticar: she's always criticizing me** siempre me está criticando.

crocodile ['krɒkədaɪl] *noun* ■ el **cocodrilo**.

crook [krʊk] *noun* ■ el/la **sinvergüenza**.

crooked ['krʊkɪd] *adjective* ■ **torcido, chueco: the picture's crooked** el cuadro está torcido; **he has a crooked nose** tiene la nariz torcida.

crop [krɒp] *noun*

1. el **cultivo**: **they grow many different crops in this region** producen una gran variedad de cultivos en esta región
2. la **cosecha**: **we had a good crop of cherries this year** tuvimos una buena cosecha de cerezas este año.

cross [krɒs] *(adjective, noun & verb)*

■ *adjective*
enojado: he's very cross with you está muy enojado contigo

■ *noun*
la **cruz: there is a cross by the altar** hay una cruz junto al altar

■ *verb*
cruzar: he crossed the road cruzó la calle; **she crossed her legs** cruzó las piernas

➤ **let's keep our fingers crossed** crucemos los dedos

cross off *phrasal verb* ■ **tachar: he crossed my name off the list** tachó mi nombre de la lista.

cross out *phrasal verb* ■ **tachar: she crossed out the word** tachó la palabra.

cross over *phrasal verb* ■ **cruzar: I crossed over the road** crucé la calle.

crossroads ['krɒsrəʊdz] *(plural* crossroads*) noun* ■ el **cruce**, el **crucero** *Mexico*: **turn left at the crossroads** doble a la izquierda en el cruce.

crosswalk ['krɒswɔːk] *noun* ■ el **paso de peatones**.

crossword puzzle ['krɒswɜːd'pʌzl] *noun* ■ el **crucigrama: he's doing a crossword puzzle** está haciendo un crucigrama.

crow [krəʊ] *noun* ■ el **cuervo**.

crowd [kraʊd] *noun* ■ la **muchedumbre: there's a huge crowd** hay una muchedumbre enorme.

crowded ['kraʊdɪd] *adjective* ■ **abarrotado de gente: the train is crowded** el tren está abarrotado de gente.

crown [kraʊn] *noun* ■ la **corona**.

cruel [krʊəl] *adjective* ■ **cruel**.

cruise [kruːz] *noun* ■ el **crucero: she's going on a Caribbean cruise** va a hacer un crucero por el Caribe.

crumb [krʌm] *noun* ■ la **miga**.

crush [krʌʃ] *(verb & noun)*

■ *verb*
aplastar: he crushed a fly aplastó una mosca

■ *noun*
informal

➤ **to have a crush on somebody** estar chiflado por alguien: **he's got a crush on my sister** está chiflado por mi hermana.

cry [kraɪ] *(past tense & past participle* cried*) verb*

1. **llorar: don't cry!** ¡no llores!
2. **gritar: "help!" she cried** "¡socorro!", gritó

cry out *phrasal verb* ■ **gritar: he cried out in pain** gritaba de dolor.

Cuba [kuba] *noun* ■ **Cuba** *(feminine)*.

Cuban [kuban] *(adjective & noun)*

■ *adjective*

> Remember not to use a capital letter for the adjective in Spanish:

cubano: I enjoy Cuban music me gusta la música cubana

■ *noun*

> In Spanish, a capital letter is not used for the inhabitants of a country or region:

el **cubano**, la **cubana: there are many Cubans in Miami** hay muchos cubanos en Miami.

cube [kjuːb] *noun* ■ el **cubo: a dice is a cube** un dado es un cubo.

cuckoo ['kʊkuː] *noun* ■ el **cucú**.

cucumber ['kjuːkʌmbəʳ] *noun* ■ el **pepino**.

culprit [ˈkʌlprɪt] *noun* ■ **el/la culpable**.

culture [ˈkʌltʃəʳ] *noun* ■ **la cultura**.

cup [kʌp] *noun*
1. la **taza: she's drinking a cup of coffee** está tomando una taza de café
2. la **copa: Brazil won the cup last year** Brasil ganó la copa el año pasado.

curb [kɜːb] *noun* ■ el **bordillo de la acera**, el **borde de la banqueta** *Mexico*, el **cordón de la vereda** *River Plate*, la **cuneta** *Chile*, el **sardinel** *Colombia*.

cure [kjʊəʳ] *(noun & verb)*
■ *noun*
el **remedio: it's a cure for the flu** es un remedio para la gripe
■ *verb*
curar: the doctor cured him el doctor lo curó.

curious [ˈkjʊərɪəs] *adjective* ■ **curioso: he's curious to know what happened** está curioso por saber qué pasó
➤ **to be curious about something** tener curiosidad por algo: **he's very curious about what's in the box** tiene mucha curiosidad por lo que hay en la caja.

curly [ˈkɜːlɪ] *adjective* ■ **rizado, chino** *Mexico*, **crespo** *Southern Cone*: **she has long curly hair** tiene el pelo largo y rizado.

currency [ˈkʌrənsɪ] *(plural* **currencies***) noun* ■ la **moneda: the dollar is the currency of the United States** el dólar es la moneda de Estados Unidos.

current [ˈkʌrənt] *(adjective & noun)*
■ *adjective*
actual: the current fashion la moda actual
➤ **current affairs** asuntos de actualidad: **he is interested in current affairs** está interesado en asuntos de actualidad
■ *noun*
la **corriente: an electric current** una corriente eléctrica; **he was swimming against the current** estaba nadando contra la corriente.

cursor [ˈkɜːsəʳ] *noun* ■ el **cursor: move the cursor down** mueve el cursor hacia abajo.

curtain [ˈkɜːtn] *noun* ■ la **cortina: draw the curtains, it's getting dark** corre las cortinas, está oscureciendo.

curve [kɜːv] *noun* ■ la **curva: there's a curve in the river** el río hace una curva.

cushion [ˈkʊʃn] *noun* ■ el **cojín** *(plural* los **cojines***)*.

custom [ˈkʌstəm] *noun* ■ la **costumbre: it's an old Mexican custom** es una vieja costumbre mejicana.

customer [ˈkʌstəməʳ] *noun* ■ el **cliente**, la **clienta**.

customs [ˈkʌstəmz] *plural noun* ■ la **aduana: we went through customs** pasamos por la aduana.

cut [kʌt] *(noun & verb)*
■ *noun*
1. el **corte**, la **cortada** *Colombia, Mexico*: **I've got a cut on my arm** tengo un corte en el brazo
2. el **corte de pelo: a cut and blow-dry** un corte de pelo y brushing
3. la **reducción** *(plural* las **reducciones***)*: **a cut in prices** una reducción en los precios
■ *verb*
(past tense & past participle **cut***)* **cortar: he cut the cake into four slices** cortó la torta en cuatro trozos
➤ **he cut his finger** se cortó el dedo

cut off *phrasal verb* ■ **cortar: he cut off another slice** cortó otro trozo; **his phone has been cut off** le cortaron el teléfono
➤ **we were cut off** se cortó la comunicación.

cut out *phrasal verb* ■ **recortar: I cut out the article** recorté el artículo.

cute [kjuːt] *adjective* ■ **mono: the baby's really cute** el bebé es realmente mono.

cyberspace [ˈsaɪbəspeɪs] *noun* ■ el **ciberespacio**.

cycle ['saɪkl] *noun* ■ el **ciclo: the cycle of the seasons** el ciclo de las estaciones.

cymbals ['sɪmblz] *plural noun* ■ los **platillos: she plays the cymbals** toca los platillos.

d

dad, daddy [dæd, 'dædɪ] *noun* ■ el **papá**.

daffodil ['dæfədɪl] *noun* ■ el **narciso**.

daily ['deɪlɪ] *(adjective & adverb)*

■ *adjective*
diario: it's her daily walk es su paseo diario
➤ **a daily newspaper** un diario
■ *adverb*
diariamente: open daily from 8 till 6 abierto diariamente de 8 a 6.

dairy ['deərɪ] *adjective* ■ **lácteo: dairy products** productos lácteos.

daisy ['deɪzɪ] *(plural* **daisies***) noun* ■ la **margarita**.

dam [dæm] *noun* ■ la **presa: there's a dam across the river** hay una presa en el río.

damage ['dæmɪdʒ] *(uncountable noun & verb)*

■ *uncountable noun*
el **daño: the rain caused a lot of damage** la lluvia causó muchos daños
■ *verb*
dañar: you'll damage the car vas a dañar el coche.

damp [dæmp] *adjective* ■ **húmedo**.

dance [daːns] *(noun & verb)*

■ *noun*
el **baile: the rumba is a Cuban dance** la rumba es un baile cubano; **he invited her to the dance** la invitó al baile
■ *verb*
bailar: can you dance? ¿sabes bailar?

dancer ['daːnsə^{r}] *noun* ■ el **bailarín** *(plural* los **bailarines***)*, la **bailarina**.

dancing ['daːnsɪŋ] *uncountable noun* ■ el **baile: he has dancing lessons** tiene clases de baile
➤ **to go dancing** ir a bailar: **he goes dancing every Tuesday** va a bailar todos los martes.

dandruff ['dændrʌf] *uncountable noun* ■ la **caspa: she has dandruff** tiene caspa.

danger ['deɪndʒə^{r}] *noun* ■ el **peligro: we're in danger** estamos en peligro; **you're out of danger now** estás fuera de peligro ahora
➤ **to be in danger of doing something** correr el riesgo de hacer algo: **he's in danger of losing all his money** corre el riesgo de perder todo su dinero.

dangerous ['deɪndʒərəs] *adjective* ■ **peligroso**.

dare [deə^{r}] *verb*

1. **atreverse: I daren't tell him** no me atrevo a decírselo; **I didn't dare to do it** or **I didn't dare do it** no me atreví a hacerlo
2. **desafiar: I dare you to jump** te desafío a saltar.

daring ['deərɪŋ] *adjective* ■ **audaz** *(plural* **audaces***)*.

dark [daːk] *(adjective & noun)*

■ *adjective*
oscuro: it's dark in here está oscuro aquí adentro; **he has dark hair** tiene pelo oscuro; **dark blue pants** pantalones azul oscuro

■ *noun*
the dark la oscuridad; **she is afraid of the dark** le tiene miedo a la oscuridad
➤ **it's getting dark** está oscureciendo
➤ **it's dark outside** está oscuro afuera
➤ **after dark** de noche: **he never goes out after dark** nunca sale de noche.

darling ['da:lɪŋ] *noun* ■ **querido: hello, darling!** ¡hola querido!

dart [da:t] *noun* ■ el **dardo: he's playing darts** está jugando a los dardos.

dash [dæʃ] *verb*
➤ **he dashed into the room** entró corriendo al cuarto.

data ['deɪtə] *uncountable noun* ■ **los datos: the data is stored on computer** los datos están almacenados en la computadora.

database ['deɪtəbeɪs] *noun* ■ la **base de datos**.

date [deɪt] *noun*
1. la **fecha: what's your date of birth?** ¿cuál es tu fecha de nacimiento?; **what's the date today?** ¿qué fecha es hoy?
2. la **cita: let's make a date for lunch** hagámos una cita para almorzar
3. el **dátil: I like dates** me gustan los dátiles
➤ **to have a date with somebody** salir con alguien: **she has a date with Ken tonight** va a salir con Ken esta noche.

daughter ['dɔ:təʳ] *noun* ■ la **hija**.

daughter-in-law ['dɔ:təʳɪnlɔ:] *(plural* daughters-in-law*) noun* ■ la **nuera**.

dawn [dɔ:n] *noun* ■ el **amanecer: I got up at dawn** me levanté al amanecer.

day [deɪ] *noun* ■ el **día: he took two days off** se tomó dos días libres; **she comes to see him every day** viene a verlo todos los días
➤ **the day before** el día anterior
➤ **the day after** el día después
➤ **the day before yesterday** anteayer
➤ **the day after tomorrow** pasado mañana.

daylight ['deɪlaɪt] *noun*
➤ **it's daylight** es de día.

dead [ded] *(adjective & adverb)*
■ *adjective*
muerto: he's dead está muerto
■ *adverb*
➤ **I'm dead set against it** estoy totalmente en contra de eso
➤ **to stop dead** pararse en seco: **she stopped dead** se paró en seco.

deaf [def] *adjective* ■ **sordo**.

deal [dɪ:l] *(noun & verb)*
■ *noun*
el **trato: I'll make a deal with you** haré un trato contigo; **it's a deal!** ¡trato hecho!
➤ **a good deal or a great deal** mucho: **I don't have a great deal of time** no tengo mucho tiempo
■ *verb*
(past tense & past participle **dealt***)* **repartir: he deals the cards** reparte las cartas

deal with *phrasal verb*
1. **ocuparse de: I'll deal with it** me ocuparé de eso
2. **tratar: we'll deal with that subject in the next chapter** trataremos ese tema en el próximo capítulo.

dealt [delt] *past tense & past participle*
➤ deal.

dear [dɪəʳ] *(adjective & exclamation)*
■ *adjective*
querido: he's a very dear friend es un amigo muy querido; **Dear Mr Jones** Querido señor Jones
■ *exclamation*
oh dear! I've left my homework at home ¡ay, Dios! dejé mi tarea en la casa.

death [deθ] *noun* ■ la **muerte: it's the tenth anniversary of his death** es el décimo aniversario de su muerte
➤ **I was bored to death** me aburrí como una ostra
➤ **I'm scared to death** casi me muero del susto.

debate [dɪ'beɪt] *noun* ■ el **debate**.

debt [det] *noun* ■ la **deuda: to pay a debt** pagar una deuda
➤ **they are in debt** están endeudados.

decade ['dekeɪd] *noun* ■ la **década**.

deceive [dɪ'sɪːv] *verb* ■ **engañar: he deceived his family** engañó a su familia.

December [dɪ'sembəʳ] *noun* ■

In Spanish the months of the year do not start with a capital letter:

diciembre *(masculine)*: **in December** en diciembre; **next December** el próximo diciembre; **last December** el pasado diciembre.

decent ['dɪːsnt] *adjective*

1. **decente: they gave us a decent meal** nos dieron una comida decente; **put on something more decent** ponte algo más decente
2. **bueno: he's a decent man** es un hombre bueno.

deception [dɪ'sepʃən] *noun* ■ el **engaño**

⚠ La palabra inglesa **deception** es un falso amigo, no significa "decepción".

decide [dɪ'saɪd] *verb*

1. **decidir: she decided not to go** decidió no ir
2. **decidirse: I can't decide** no me puedo decidir.

decimal ['desɪml] *adjective* ■ **decimal: the decimal system** el sistema decimal

➤ **a decimal point** la coma decimal: **don't forget the decimal point when you write the sum** no te olvides de la coma decimal cuando escribas el total.

decision [dɪ'sɪʒn] *noun* ■ la **decisión** *(plural* las **decisiones***)*: **I've made a decision** tomé una decisión.

deck [dek] *noun*

1. la **cubierta: they were on the deck of the ship** estaban en la cubierta del barco
2. la **baraja: he bought a deck of cards** compró una baraja.

declare [dɪ'kleəʳ] *verb* ■ **declarar: do you have anything to declare?** ¿tiene algo que declarar?

decorate ['dekəreɪt] *verb* ■ **decorar: they decorated the Christmas tree** decoraron el árbol de Navidad.

decoration [,dekə'reɪʃn] *noun* ■ el **adorno: they are putting up the Christmas decorations** están colocando los adornos de Navidad.

decrease *(noun & verb)*

■ *noun*

['dɪːkrɪːs] la **disminución** *(plural* las **disminuciones***)*: **there's been a decrease in sales** ha habido una disminución de las ventas

■ *verb*

[dɪ'krɪːs] **disminuir: the number of students has decreased** el número de estudiantes ha disminuido.

deep [dɪːp] *adjective*

1. **profundo: the hole is deep** el agujero es profundo
2. **grave: he has a deep voice** tiene una voz grave

➤ **how deep is the river?** ¿qué profundidad tiene el río?

deeply ['dɪːplɪ] *adverb* ■ **profundamente**.

deer [dɪəʳ] *(plural* deer*)* *noun* ■ el **ciervo**.

defeat [dɪ'fɪːt] *(noun & verb)*

■ *noun*

la **derrota**

■ *verb*

derrotar: our team was defeated by two to nothing nuestro equipo fue derrotado dos a cero.

defend [dɪ'fend] *verb* ■ **defender: she tried to defend herself** trató de defenderse.

defense [dɪ'fens] *noun* ■ la **defensa: he came to my defense** salió en mi defensa.

definite ['defɪnɪt] *adjective*

1. **seguro: is it definite that he's coming?** ¿es seguro que viene?; **she was quite definite about it** estaba bastante segura de eso
2. **definitivo: we want a definite answer** queremos una respuesta definitiva

3. **concreto: I haven't made any definite plans** no tengo planes concretos
4. **claro: there's a definite improvement** hay una clara mejoría.

definitely ['defɪnɪtlɪ] *adverb* ■ **sin duda: he's definitely the smartest** es sin duda el más inteligente
➤ **I will definitely come** es seguro que voy
➤ **definitely not!** ¡de ninguna manera!

degree [dɪ'griː] *noun*
1. el **grado: it was 90 degrees Fahrenheit in the shade** hacía 90 grados Fahrenheit a la sombra
2. el **título: she wants to get a college degree** quiere tener un título universitario
➤ **she has a degree in English** es licenciada en filología inglesa
➤ **to a certain degree** hasta cierto punto.

delay [dɪ'leɪ] *(noun & verb)*
■ *noun*
el **retraso,** la **demora: there's a two-hour delay** hay un retraso de dos horas
➤ **without delay** inmediatamente, sin demora
■ *verb*
retrasar: he delayed his departure retrasó su partida.

delete [dɪ'liːt] *verb* ■ **borrar: I deleted the file** borré el archivo.

deliberate [dɪ'lɪbərət] *adjective* ■ **intencionado: that was deliberate!** ¡eso fue intencionado!

deliberately [dɪ'lɪbərətlɪ] *adverb* ■ **adrede: he did it deliberately** lo hizo adrede
➤ **the fire was started deliberately** el fuego fue intencionado.

delicate ['delɪkət] *adjective* ■ **delicado.**

delicious [dɪ'lɪʃəs] *adjective* ■ **delicioso.**

delighted [dɪ'laɪtɪd] *adjective* ■ **encantado: I'm delighted to see you** estoy encantada de verte.

deliver [dɪ'lɪvə[r]] *verb* ■ **entregar: when can you deliver the order?** ¿cuándo puede entregar el pedido?
➤ **to deliver a speech** pronunciar un discurso.

delivery [dɪ'lɪvərɪ] *(plural* **deliveries)** *noun* ■ la **entrega: you pay on delivery** usted paga a la entrega
➤ **they do free deliveries** hacen entregas a domicilio gratis.

demand [dɪ'mɑːnd] *(verb & noun)*
■ *verb*
exigir: I demand an explanation exijo una explicación
■ *noun*
1. la **exigencia: they won't meet their demands** no van a satisfacer sus exigencias
2. la **demanda: there's a lot of demand for organic produce** hay mucha demanda de productos orgánicos.

democracy [dɪ'mɒkrəsɪ] *(plural* **democracies)** *noun* ■ la **democracia: the United States is a democracy** Estados Unidos es una democracia.

Democrat ['deməkræt] *noun* ■ **el/la demócrata** ➤ Political parties.

democratic [ˌdemə'krætɪk] *adjective* ■ **democrático** ➤ Political parties
➤ **the Democratic Party** el Partido Demócrata.

demonstrate ['demənstreɪt] *verb*
1. **manifestarse: students are demonstrating in the street** los estudiantes se están manifestando en la calle
2. **hacer una demostración de: he demonstrated how to use the vacuum cleaner** hizo una demostración de cómo usar la aspiradora.

demonstration [demən'streɪʃn] *noun*
1. la **manifestación** *(plural* las **manifestaciones): she went on an anti-war demonstration** participó en una manifestación contra la guerra
2. la **demostración** *(plural* las **demostraciones): he gave us a demonstration of the computer's functions** nos hicieron una demostración de las funciones de la computadora.

denied [dɪ'naɪd] *past tense & past participle* ➤ deny.

dense [dens] *adjective* ■ **denso: a dense forest** un bosque denso; **a dense fog** una niebla densa.

dentist ['dentɪst] *noun* ■ **el/la dentista**.

deny [dɪ'naɪ] *(past tense & past participle* denied*) verb* ■ **negar: don't deny it!** no lo niegues; **he denied taking the money** negó haber tomado el dinero.

deodorant [diː'əʊdərənt] *noun* ■ **el desodorante**.

depart [dɪ'pɑːt] *verb* ■ **salir: the train is now departing** el tren está saliendo ahora.

department [dɪ'pɑːtmənt] *noun*
1. la **sección** *(plural* las **secciones***)*: **the toy department** la sección juguetería
2. el **departamento: the Spanish department at the university** el departamento de español de la universidad

➤ **a department store** unos grandes almacenes, una tienda de departamentos *Mexico*.

departure [dɪ'pɑːtʃər] *noun* ■ **la salida: the train's departure was delayed** se retrasó la salida del tren.

depend [dɪ'pend] *verb* ■ **depender: it depends on you** depende de ti; **it all depends** todo depende.

deposit [dɪ'pɒzɪt] *noun* ■ el **depósito: you will get your deposit back when you return the keys** recuperarás tu depósito cuando devuelvas las llaves; **you pay a deposit now and the rest later** deje ahora un depósito y el resto lo paga después

➤ **to make a deposit** hacer un depósito: **he made a deposit at the bank** hizo un depósito en el banco.

depressed [dɪ'prest] *adjective* ■ **deprimido**.

depression [dɪ'preʃn] *noun* ■ la **depresión** *(plural* las **depresiones***)*.

depth [depθ] *noun* ■ la **profundidad: what is the depth of the river?** ¿qué profundidad tiene el río?

➤ **when it comes to programming, I'm out of my depth** tratándose de programación, es muy poco lo que sé.

describe [dɪ'skraɪb] *verb* ■ **describir: describe your room** describe tu habitación.

description [dɪ'skrɪpʃn] *noun* ■ la **descripción** *(plural* las **descripciones***)*.

desert ['dezət] *noun* ■ el **desierto**

➤ **a desert island** una isla desierta.

deserve [dɪ'zɜːv] *verb* ■ **merecer: they didn't deserve to win** no merecían ganar

➤ **he got what he deserved** se llevó su merecido.

design [dɪ'zaɪn] *(noun & verb)*

■ *noun*
1. el **diseño: it's a car with a completely new design** es un coche con un diseño completamente nuevo
2. el **plano: I like the designs for the new house** me gustan los planos de la nueva casa
3. el **motivo: a carpet with a floral design** una alfombra con un motivo floral

■ *verb*
diseñar: he designed this bicycle for young children diseñó esta bicicleta para niños pequeños; **she designs jewelery** diseña joyas.

designer [dɪ'zaɪnər] *noun* ■ el **diseñador,** la **diseñadora: he's a big fashion designer** es un gran diseñador de modas

➤ **designer clothes** la ropa de diseño.

desk [desk] *noun*
1. el **escritorio: he's sitting at his desk** está sentado en su escritorio
2. el **mostrador: leave your key at the desk in the lobby** deje su llave en el mostrador del vestíbulo.

desktop [desktɒp] *noun* ■ el **escritorio: the icon is on the desktop of the computer** el icono está en el escritorio de la computadora

➤ **a desktop computer** una computadora de escritorio.

desperate ['desprət] *adjective* ■ **desesperado**
➤ **the situation is desperate** la situación es deseperada
➤ **to be desperate to do something** no ver la hora de hacer algo: **I was desperate to leave** no veía la hora de irme.

despite [dɪ'spaɪt] *preposition* ■ **a pesar de: despite the rain he went out** salió a pesar de la lluvia.

dessert [dɪ'zɜːt] *noun* ■ **el postre: what's for dessert?** ¿qué hay de postre?

destroy [dɪ'strɔɪ] *verb* ■ **destruir: the bomb destroyed the village** la bomba destruyó el pueblo.

detail ['diːteɪl] *noun* ■ **el detalle: the details aren't important** los detalles no son importantes
➤ **in detail** en detalle: **he described the island in detail** describió la isla en detalle.

detective [dɪ'tektɪv] *noun* ■ **el/la detective: the detective in charge of the investigation** el detective a cargo de la investigación
➤ **a detective story** una novela policíaca
➤ **a private detective** un detective privado.

determined [dɪ'tɜːmɪnd] *adjective* ■ **decidido: he's determined to go back to Peru** está decidido a volver a Perú.

develop [dɪ'veləp] *verb*
1. **ampliar: they're trying to develop the business** están tratando de ampliar el negocio
2. **revelar: they developed my photos quickly** revelaron mis fotos rápidamente
3. **desarrollarse: babies develop very fast** los bebés se desarrollan muy rápido
➤ **to develop into** convertirse en: **he developed into a charming young man** se convirtió en un joven encantador.

devil ['devl] *noun* ■ **el diablo**.

devote [dɪ'vəʊt] *verb* ■ **dedicar: he devoted himself to his studies** se dedicó a sus estudios.

diagram ['daɪəgræm] *noun* ■ **el diagrama**.

dial ['daɪəl] *(verb & noun)*
■ *verb*
marcar: she dialed the number marcó el número
■ *noun*
la esfera, la carátula *Mexico*: **a watch with a luminous dial** un reloj con una esfera luminosa.

dial tone ['daɪəltəʊn] *noun* ■ **el tono de marcar: there's no dial tone** no hay tono de marcar.

dialog ['daɪəlɒg] *noun* ■ **el diálogo**.

diamond ['daɪəmənd] *noun* ■ **el diamante: a diamond ring** un anillo de diamantes; **the ace of diamonds** el as de diamantes.

diaper ['daɪəpə^r] *noun* ■ **el pañal**.

diary ['daɪərɪ] *(plural* diaries*) noun*
1. **el diario: she keeps a diary** lleva un diario
2. **la agenda: he wrote down my birthday in his diary** anotó mi cumpleaños en su agenda.

dice [daɪs] *(plural* dice*) noun* ■ **el dado: he rolled the dice** tiró los dados.

dictation [dɪk'teɪʃn] *noun* ■ **el dictado**.

dictionary ['dɪkʃənrɪ] *(plural* dictionaries*) noun* ■ **el diccionario: look it up in the dictionary** búscalo en el diccionario.

did [dɪd] *past tense* ➤ do.

didn't ['dɪdnt] ➤ did not.

die [daɪ] *(present participle* dying*) verb* ■ **morir: he died last year** murió el año pasado
➤ **to be dying to do something** morirse de ganas de hacer algo
➤ **I'm dying to see you** me muero de ganas de verte
➤ **to be dying for something** morirse por algo: **I'm dying for a drink** me muero por una bebida.

diet ['daɪət] *noun* ■ la **dieta: it is important to have a balanced diet** es importante tener una dieta equilibrada
➤ **on a diet** a dieta: **she's on a diet** está a dieta: **he went on a diet** se puso a dieta.

difference ['dɪfrəns] *noun* ■ la **diferencia: there's a big difference between the two of them** hay una gran diferencia entre los dos
➤ **it makes no difference** da lo mismo.

different ['dɪfrənt] *adjective* ■ **diferente: London is different from New York** Londres es diferente de Nueva York
➤ **you look different** te ves diferente.

difficult ['dɪfɪkəlt] *adjective* ■ **difícil**.

difficulty ['dɪfɪkəltɪ] (*plural* **difficulties**) *noun* ■ la **dificultad: she did it without any difficulty** lo hizo sin ninguna dificultad
➤ **to have difficulty doing something** tener problemas para hacer algo
➤ **I had difficulty persuading him** tuve problemas para convencerlo.

dig [dɪg] (*past tense & past participle* **dug**) *verb* ■ **cavar: he's digging a hole** está cavando un hoyo
➤ **he accidentally dug his nails into her** le clavó las uñas sin querer

dig up *phrasal verb* ■ **desenterrar: the dog dug some bones up** el perro desenterró unos huesos.

digital ['dɪdʒɪtl] *adjective* ■ **digital**
➤ **a digital camera** una cámara digital
➤ **digital television** la televisión digital
➤ **a digital watch** un reloj digital.

dim [dɪm] *adjective* ■ **débil: the light's a little dim** la luz está un poco débil.

dime [daɪm] *noun* ■ la **moneda de diez centavos: he put a dime in the machine** puso una moneda de diez centavos en la máquina.

diner ['daɪnəʳ] *noun* ■ el **restaurante**.

dining room ['daɪnɪŋru:m] *noun* ■ el **comedor**.

dinner ['dɪnəʳ] *noun* ■ la **cena** *Mexico, River Plate,* la **comida: he's cooking dinner** está preparando la cena
➤ **Christmas dinner** la cena de Navidad.

dinosaur ['daɪnəsɔ:ʳ] *noun* ■ el **dinosaurio**.

dip [dɪp] (*past tense & past participle* **dipped**) *verb* ■ **mojar: she dipped her bread into the soup** mojó el pan en la sopa.

diploma [dɪ'pləʊmə] *noun* ■ el **diploma: he has a diploma in computing** tiene un diploma en computación.

direct [dɪ'rekt] (*adjective & verb*)

■ *adjective*

directo: a direct flight between Paris and Athens un vuelo directo entre París y Atenas

■ *verb*

1. **dirigir: he directs the company** dirige la compañía; **Spielberg directed the film** Spielberg dirigió esta película
2. **indicarle el camino a: he directed me to the station** me indicó el camino para llegar a la estación.

direction [dɪ'rekʃn] *noun* ■ la **dirección** (*plural* las **direcciones**): **we're going in the wrong direction** vamos en la dirección equivocada
➤ **to ask for directions** preguntar cómo llegar: **she asked me for directions** me preguntó cómo llegar
➤ **directions for use** modo de empleo: **read the directions** lea el modo de empleo.

directly [dɪ'rektlɪ] *adverb*

1. **directamente: I went directly to the station** fui directamente a la estación
2. **justo: he was directly behind me** estaba justo detrás de mí.

director [dɪ'rektəʳ] *noun* ■ el **director,** la **directora: he's the director of a big firm** es director de una gran compañía; **who's the director of this film?** ¿quién es el director de esta película?

directory [dɪ'rektərɪ] (*plural* **directories**) *noun*

1. la **guía: the telephone directory** la guía telefónica
2. el **directorio: save it in that directory** guárdalo en ese directorio.

dirt [dɜːt] *uncountable noun*
1. la **suciedad: it's covered in dirt** está cubierto de suciedad
2. la **tierra: put some dirt in the flower pot** coloque un poco de tierra en la maceta.

dirty ['dɜːtɪ] *adjective* ■ **sucio: my jeans are dirty** mis jeans están sucios
➤ **to get something dirty** ensuciar algo: **I got my shoes dirty** me ensucié los zapatos.

disabled [dɪs'eɪbld] *adjective* ■ **discapacitado: she's disabled** es discapacitada.

disadvantage [ˌdɪsəd'vaːntɪdʒ] *noun* ■ el **inconveniente: its main disadvantage is the price** su mayor inconveniente es el precio.

disagree [ˌdɪsə'grɪː] *verb* ■ **no estar de acuerdo: I disagree with you** no estoy de acuerdo contigo.

disappear [ˌdɪsə'pɪəʳ] *verb* ■ **desaparecer: the fox disappeared** el zorro desapareció.

disappoint [ˌdɪsə'pɔɪnt] *verb* ■ **decepcionar: he really disappointed me** realmente, me decepcionó.

disappointed [ˌdɪsə'pɔɪntɪd] *adjective* ■ **decepcionado: I was disappointed with the film** quedé decepcionado con la película.

disappointment [ˌdɪsə'pɔɪntmənt] *noun* ■ la **decepción** *(plural* las **decepciones***)*: **what a disappointment!** ¡qué decepción!

disapprove [ˌdɪsə'pruːv] *verb*
➤ **she disapproves of smoking** está en contra del tabaco
➤ **they disapprove of my friends** a ellos no les gustan mis amigos.

disaster [dɪ'zaːstəʳ] *noun* ■ el **desastre: a natural disaster** un desastre natural; **the meeting was a disaster** la reunión fue un desastre.

discipline ['dɪsɪplɪn] *noun* ■ la **disciplina**.

disco ['dɪskəʊ] *(abbreviation of* discotheque*) noun* ■ la **disco: they go to a disco on Saturdays** van a una disco todos los sábados.

discount ['dɪskaʊnt] *noun* ■ el **descuento: I got a 20% discount on it** me hicieron un 20 por ciento de descuento.

discover [dɪ'skʌvəʳ] *verb* ■ **descubrir: she discovered a new chemical element** descubrió un nuevo elemento químico.

discovery [dɪ'skʌvərɪ] *(plural* discoveries*) noun* ■ el **descubrimiento**.

discrimination [dɪˌskrɪmɪ'neɪʃn] *noun* ■ la **discriminación: racial discrimination** la discriminación racial.

discuss [dɪ'skʌs] *verb*
1. **discutir: she discussed the problem with him** discutió el problema con él
2. **hablar de: we discussed the book in class** hablamos del libro en clase.

discussion [dɪ'skʌʃn] *noun* ■ la **discusión** *(plural* las **discusiones***)*: **they had a long discussion on the subject** tuvieron una larga discusión sobre el tema
➤ **we had a discussion about the book in class** hablamos del libro en clase.

disease [dɪ'zɪːz] *noun* ■ la **enfermedad: she caught a rare disease** se contagió de una enfermedad poco común.

disguise [dɪs'gaɪz] *(verb & noun)*
■ *verb*
disfrazar: she disguised herself by dyeing her hair se disfrazó tiñéndose el pelo
■ *noun*
el **disfraz** *(plural* los **disfraces***)*
➤ **in disguise** disfrazado: **everyone was in disguise** todos estaban disfrazados.

disgusted [dɪs'gʌstɪd] *adjective* ■ **indignado: she was disgusted because of her boyfriend's behavior** estaba indignada por el comportamiento de su novio

> ⚠ La palabra inglesa **disgusted** es un falso amigo, no significa "disgustado".

disgusting [dɪs'gʌstɪŋ] *adjective* ■ **repugnante: that smell is disgusting** ese olor es repugnante.

dish [dɪʃ] *noun* ■ el **plato: paella is a Spanish dish** la paella es un plato español
➤ **the dishes** los platos, los trates *Mexico:* **he's doing the dishes** or **he's washing the dishes** está lavando los platos.

dishonest [dɪs'ɒnɪst] *adjective* ■ **deshonesto**.

dishwasher ['dɪʃ,wɒʃəʳ] *noun* ■ el **lavavajillas** *(plural* los **lavavajillas**), la **lavadora de platos**.

disk [dɪsk] *noun* ■ el **disco: the hard disk is full** el disco duro está lleno
➤ **save the file on a floppy disk** guarda el archivo en un disquete.

diskette [dɪs'ket] *noun* ■ el **disquete**.

dismiss [dɪs'mɪs] *verb* ■ **despedir: they dismissed her from her job** la despidieron de su trabajo.

disorganized [dɪs'ɔːgənaɪzd] *adjective* ■ **desorganizado: they are very disorganized** son muy desorganizados.

display [dɪ'spleɪ] *(noun & verb)*

■ *noun*
1. la **exposición** *(plural* las **exposiciones**): **an art display** una exposición de arte
2. la **exhibición** *(plural* las **exhibiciones**): **an acrobatic display** una exhibición de acrobacias
➤ **on display** en exhibición: **his paintings are on display** sus pinturas están en exhibición

■ *verb*
1. **demostrar: he displayed great courage** demostró un gran coraje
2. **aparecer: the information is displayed on the screen** la información aparece en la pantalla.

disposable [dɪ'spəʊzəbl] *adjective* ■ **desechable, descartable** *River Plate*.

distance ['dɪstəns] *noun* ■ la **distancia: what's the distance between the two towns?** ¿qué distancia hay entre las dos ciudades?
➤ **in the distance** a la distancia: **I could see her in the distance** la veía a la distancia
➤ **it's within walking distance** se puede ir caminando.

distant ['dɪstənt] *adjective* ■ **lejano: in the distant future** en un futuro lejano.

distinguish [dɪ'stɪŋgwɪʃ] *verb* ■ **distinguir: he can't distinguish between red and green** no distingue entre el verde y el rojo.

distort [dɪ'stɔːt] *verb* ■ **distorsionar: this mirror distorts your face** este espejo distorsiona la cara.

distract [dɪ'strakt] *verb* ■ **distraer: you're distracting me from work** me distraes de mi trabajo.

distribute [dɪ'strɪbjuːt] *verb* ■ **distribuir: students were distributing flyers** los estudiantes estaban distribuyendo volantes.

district ['dɪstrɪkt] *noun* ■ el **distrito**.

disturb [dɪ'stɜːb] *verb* ■ **molestar: sorry to disturb you** perdone que lo moleste.

dive [daɪv] *(past tense* **dove**, *past participle* **dived**) *verb* ■ **zambullirse, echarse un clavado** *Mexico*: **he dove into the water** se zambulló en el agua.

divide [dɪ'vaɪd] *verb*
1. **dividir: she divided the cake into three equal parts** dividió el pastel en tres partes iguales; **14 divided by 2 is 7** 14 dividido entre 2 es igual a 7
2. **repartir: they divided the money between them** se repartieron el dinero entre ellos.

diving ['daɪvɪŋ] *noun* ■ el **buceo: he goes diving near the coral reef** hace buceo cerca del arrecife de coral
➤ **a diving board** un trampolín.

divorced [dɪ'vɔːst] *adjective* ■ **divorciado: his parents are divorced** sus padres están divorciados

➤ **they're getting divorced** se van a divorciar.

dizzy ['dɪzɪ] *adjective*

➤ **to feel dizzy** sentirse mareado: **I'm feeling a bit dizzy** me siento un poco mareado.

DJ ['diːdʒeɪ] *(abbreviation of* disc jockey*) noun* ■ el/la **disc jockey** *(plural* los/las **disc jockeys***)*.

do [duː] *(past tense* did*, past participle* done*) verb*

1. **hacer: what are you doing?** ¿qué estás haciendo?; **I'm doing my homework** estoy haciendo las tareas; **I've got a lot to do** tengo mucho que hacer; **do as you're told!** ¡haz lo que te digan!
2. **bastar: will 10 dollars do?** ¿bastará con 10 dólares?; **that'll do now!** ¡ya basta!
3. **servir: what does this switch do?** ¿para qué sirve este interruptor?; **this box is too small, the other one will do** esta caja es muy chica, la otra sirve
4. Followed by **well** or **badly**:

   I'm doing well me va bien; **he's doing well at school** le va bien en el colegio; **she did badly in the exam** le fue mal en el examen
5. **Do** is not translated when it is used to form a question:

   how did you meet Isabela? ¿cómo conociste a Isabela?; **does your mother have the keys?** ¿tiene las llaves tu mamá?; **did Tom call?** ¿llamó Tom?
6. In negative constructions **do** is not translated, just put **no** before the verb:

   I don't want to come no quiero ir; **we didn't go out last night** no salimos anoche
7. In short answers **do** is not translated when it is used to take the place of another verb:

   I like reggae — so do I me gusta el reggae — a mí también; **do you know how to ski? — no, I don't** ¿sabes esquiar? — no, no sé
8. In question tags use **¿no?** or **¿verdad?** as a translation:

   you know Fran, don't you? conoces a Fran, ¿no?; **he doesn't like garlic, does he?** no le gusta el ajo, ¿verdad?
9. *In emphatic sentences* **I DO like him, but I don't want to marry him** me gusta, sí, pero no quiero casarme con él; **I DO want to go** sí que quiero ir
10. *In polite requests* **do sit down** siéntese, por favor; **do help yourselves** sírvanse, por favor

➤ **how are you doing?** ¿cómo te va?
➤ **how do you do?** mucho gusto
➤ **what does your father do?** ¿a qué se dedica tu papá?
➤ **to do one's hair** arreglarse el pelo

do without *phrasal verb* ■ **arreglárselas sin: they did without bread** se las arreglaron sin pan.

doctor ['dɒktəʳ] *noun* ■ el **médico**, la **médica: I went to the doctor** fui al médico; **she's a doctor** es médica.

document ['dɒkjʊmənt] *noun* ■ el **documento**.

does [dəz, dʌz] ➤ do.

doesn't ['dʌznt] ➤ does not.

dog [dɒg] *noun* ■ el **perro**, la **perra: my dog's name is Lassie** mi perra se llama Lassie.

doll [dɒl] *noun* ■ la **muñeca**.

dollar ['dɒləʳ] *noun* ■ el **dólar: it costs twenty dollars** cuesta veinte dólares

➤ **a dollar bill** un billete de un dólar.

dolphin ['dɒlfɪn] *noun* ■ el **delfín** *(plural* los **delfines***)*.

Dominican Republic [də'mɪnɪkən rɪ'pʌblɪk] *noun* ■ la **República Dominicana**.

Dominican [də'mɪnɪkən] *(adjective & noun)*

■ *adjective*

Remember not to use a capital letter for the adjective in Spanish:

dominicano: Dominican cuisine is different from Mexican cuisine la cocina dominicana es diferente de la mexicana

■ *noun*

In Spanish, a capital letter is not used for the inhabitants of a country or region:

el **dominicano,** la **dominicana: the Dominicans are usually friendly to tourists** los dominicanos suelen ser amables con los turistas.

dominoes ['dɒmɪnəʊz] *noun* ■ **el dominó: they're playing dominoes** están jugando dominó.

donate [də'neɪt] *verb* ■ **donar: he donated a thousand dollars to charity** donó mil dólares para obras de caridad

➤ **to donate blood** donar sangre.

done [dʌn] *(adjective & verb form)*

■ *adjective*

cocido: the potatoes aren't done las papas no están cocidas

➤ **are you done with this** ¿terminaste con esto?

➤ **I'm nearly done** ya casi terminé

■ *past participle*

➤ do.

donkey ['dɒŋkɪ] *noun* ■ el **burro**.

don't [dəʊnt] ➤ do not.

donut ['dəʊnʌt] *noun* ■ el **donut** *(plural* los **donuts***)*, la **dona** *Mexico*.

door [dɔːʳ] *noun* ■ la **puerta: close the door** cierra la puerta; **the car door is dented** la puerta del coche está abollada.

doorbell ['dɔːbel] *noun* ■ el **timbre**

➤ **to ring the doorbell** tocar el timbre: **somebody rang the doorbell** alguien tocó el timbre.

dormitory ['dɔːmətrɪ] *(plural* **dormitories***) noun* ■ la **residencia de estudiantes**.

dot [dɒt] *noun* ■ el **punto: don't forget the dot on the "i"** no olvides ponerle el punto a la "i"

➤ **on the dot** en punto: **at 6 o'clock on the dot** a las seis en punto.

double ['dʌbl] *(adjective, adverb, noun & verb)*

■ *adjective*

1. **doble: she had a double helping of ice cream** se sirvió una porción doble de helado
2. *In phone numbers* **double two three five** dos, dos tres cinco

➤ **"address" is spelt with a double "d"** "address" se escribe con dos des

➤ **a double bed** una cama de matrimonio

➤ **a double room** una habitación doble

■ *adverb*

1. **el doble: those tickets cost double** estas entradas cuestan el doble
2. **doble: he was seeing double** estaba viendo doble

■ *noun*

1. el **doble: the men's doubles** el doble caballeros
2. el/la **doble: she's my double** es mi doble

■ *verb*

duplicarse: prices have doubled los precios se han duplicado.

double-click ['dʌbl'klɪk] *verb* ■ **hacer doble clic: double-click on the icon** haz doble clic en el icono.

doubt [daʊt] *(noun & verb)*

■ *noun*

la **duda: there is no doubt about it** no hay duda acerca de eso

➤ **without doubt** sin duda: **he's without doubt the champion** es, sin duda, el campeón

➤ **to be in doubt** dudar: **if you're in doubt ask your parents** si dudas, pregúntale a tus papás

■ *verb*

dudar: I doubt it lo dudo; **I doubt he'll come** dudo que venga

Use the subjunctive after **dudar que**.

dough [dəʊ] *uncountable noun* ■ **la masa: bread is made from dough** el pan se hace con masa.

dove *(noun & verb form)*

■ *noun*
[dʌv] la **paloma: the dove is a symbol of peace** la paloma es un símbolo de paz

■ *past tense*
[dəʊv] ➤ dive.

down [daʊn] *(adverb, preposition & adjective)*

■ *adverb*

1. *With a verb of movement*

When "down" is used with a verb of movement in English (to come down, to go down, etc.), you often use a verb alone in Spanish to translate it:

are you coming down? ¿bajas?; **I'm going down to the shops** voy a las tiendas; **prices have come down** bajaron los precios

2. **abajo: down below** abajo; **she's down in the street** está abajo en la calle; **she cycled all the way down** llegó hasta abajo en bicicleta

➤ **he threw the book down** tiró el libro al suelo

➤ **down there** allá abajo

➤ **can you see that man down there?** ¿ves al hombre allá abajo?

➤ **to fall down** caerse: **I fell down the stairs** me caí por las escaleras

➤ **down there** allá abajo: **can you see that man down there?** ¿ves al hombre allá abajo?

■ *preposition*

1. *In a prepositional phrase*

When 'down' is used with a verb of movement in English, even when being used in a prepositional phrase, you often use a verb alone in Spanish to translate it:

we walked down the street caminamos por la calle; **they ran down the hill** bajó la colina corriendo

2. **abajo: the bathroom is down the stairs** el baño está abajo

➤ **further down** más abajo: **they live further down the street** viven más abajo, en esta calle

■ *adjective*
informal **deprimido: I feel a bit down** estoy un poco deprimido.

download [ˌdaʊn'ləʊd] *verb* ■ **descargar: he downloaded the attached file** descargó el archivo adjunto.

downstairs [ˌdaʊn'steəz] *(adjective & adverb)*

■ *adjective*
de abajo: our downstairs neighbors nuestros vecinos de abajo

■ *adverb*
abajo: wait for me downstairs espérame abajo

➤ **to come downstairs or to go downstairs** bajar: **he went downstairs to answer the phone** bajó a contestar el teléfono

➤ **she ran downstairs** bajó corriendo las escaleras.

downtown [ˌdaʊn'taʊn] *adverb* ■ **al centro: tomorrow we're going downtown** mañana vamos al centro

➤ **they live in downtown Chicago** viven en el centro de Chicago.

dozen ['dʌzn] *noun* ■ la **docena: they cost 50 cents a dozen** cuestan 50 centavos la docena; **she bought a dozen eggs** compró una docena de huevos.

Dr *(abbreviation of* Doctor*)* **el Dr., la Dra.**

draft [drɑːft] *noun* ■ la **corriente: there's a draft from the window** entra corriente por la ventana.

drafty ['drɑːftɪ] *adjective*

➤ **this room is drafty** hay mucha corriente en este cuarto.

drag [dræg] *(past tense & past participle* dragged*) verb* ■ **arrastrar: he dragged his bag along the ground** arrastró la bolsa por el suelo.

dragon ['drægən] *noun* ■ el **dragón** *(plural* los **dragones***)*.

drain [dreɪn] *(noun & verb)*

■ *noun*
el **desagüe: the drains are blocked** los desagües están tapados

■ *verb*
escurrir: you have to drain the vegetables first tienes que escurrir las verduras primero.

drama ['drɑːmə] *noun*

1. el **teatro: he teaches drama** enseña teatro
2. el **drama: the play is a drama** la obra es un drama.

dramatic [drə'mætɪk] *adjective* ■ **espectacular: the end of the film is very dramatic** el final de la película es muy espectacular.

drank [dræŋk] *past tense* ➤ drink.

draw [drɔː] *(verb & noun)*

■ *verb*
(past tense **drew**, *past participle* **drawn***)*
1. **dibujar: she drew a tree** dibujó un árbol
2. **correr: she drew the curtains** corrió las cortinas
3. **atraer: we tried to draw his attention** tratamos de atraer su atención

■ *noun*
1. el **empate: the game ended in a draw** el partido terminó en un empate
2. el **sorteo: the lottery draw is tonight** el sorteo de la lotería es esta noche.

drawer [drɔːʳ] *noun* ■ el **cajón** *(plural* los **cajones***)*, la **gaveta** *Central America, Mexico*: **she took the knife out of the drawer** sacó el cuchillo del cajón.

drawing ['drɔːɪŋ] *noun* ■ el **dibujo: she did a drawing of a whale** hizo un dibujo de una ballena.

drawn [drɔːn] *past participle* ➤ draw.

dreadful ['dredfʊl] *adjective* ■ **espantoso: the weather is dreadful** el tiempo está espantoso
➤ **to feel dreadful** sentirse fatal: **I feel dreadful** me siento fatal
➤ **to look dreadful** verse horrible: **you look dreadful in that hat** te ves horrible con ese sombrero
➤ **you look dreadful, you should go and lie down** tienes muy mala cara, deberías ir a acostarte.

dream [drɪːm] *(noun & verb)*

■ *noun*
el **sueño: I had a strange dream** tuve un sueño raro

■ *verb*
(past tense & past participle **dreamed** *or* **dreamt***)* **soñar: I dreamt about you last night** anoche soñé contigo; **he dreamed he was a prince** soñó que era un príncipe.

dreamt [dremt] *past tense & past participle* ➤ dream.

drenched [drentʃt] *adjective* ■ **estar empapado, estar ensopado** *Colombia, River Plate, Venezuela informal* : **I'm completely drenched** estoy completamente empapado.

dress [dres] *(noun & verb)*

■ *noun*
el **vestido**

■ *verb*
1. **vestirse: she dresses very elegantly** se viste con elegancia
2. **vestir: she's dressing the children** está vistiendo a los niños
➤ **they were dressed in black** estaban vestidos de negro
➤ **to get dressed** vestirse: **I got dressed and went out** me vestí y salí

dress up *phrasal verb*

1. **disfrazarse: she dressed up as a witch** se disfrazó de bruja
2. **ponerse elegante: she always dresses up to go out** siempre se pone elegante para salir.

dresser ['dresəʳ] *noun* ■ la **cómoda**.

drew [druː] *past tense* ➤ draw.

dried [draɪd] *(adjective & verb form)*

■ *adjective*
seco: dried flowers flores secas

■ *past tense & past participle*
➤ dry.

drill [drɪl] *(noun & verb)*

■ *noun*
el **taladro**

■ *verb*
➤ **he's drilling a hole** está haciendo un agujero con un taladro.

drink [drɪŋk] *(noun & verb)*

■ *noun*
la **bebida: a cold drink** una bebida fría

➤ **we went out for a drink** salimos a tomar algo
➤ **would you like a drink?** ¿quieres tomar algo?
■ *verb*
(past tense **drank**, *past participle* **drunk***)* **tomar: he's drinking coffee** está tomando café; **they've been drinking** han estado tomando.

drinking water ['drɪŋkɪŋ'wɔːtəʳ] *noun* ■ el **agua potable**

Feminine noun that takes **un** and **el** in the singular.

drive [draɪv] *(noun & verb)*
■ *noun*
1. el **paseo en coche: we went for a drive** fuimos a dar un paseo en coche
2. el **viaje en coche: it's a long drive** es un viaje largo en coche
3. el **camino de entrada: we walked up the drive to the house** fuimos caminado por el camino de entrada a la casa
➤ **the disk drive** la unidad de disco
■ *verb*
1. *(past tense* **drove**, *past participle* **driven***)* **manejar: can you drive?** ¿sabes manejar?; **he was driving a sports car** manejaba un auto deportivo; **I don't want to drive, I'll take the train** no quiero manejar, voy a tomar el tren
2. **llevar en coche: she drives me to school every day** me lleva en coche al colegio todos los días
➤ **to drive somebody crazy** volver loco a alguien: **you're driving me crazy!** ¡me estás volviendo loca!

driven ['drɪvn] *past participle* ➤ drive.

driver ['draɪvəʳ] *noun* ■ el/la **chofer: he's a bus driver** es chofer de autobús
➤ **she's a good driver** maneja muy bien
➤ **he's a taxi driver** es taxista
➤ **a driver's license** una licencia de conducir, un registro de conducir *Argentina,* un pase de manejar *Colombia,* un carné de manejar *Chile,* una licencia de manejar *Mexico,* un brevete *Peru,* una libreta de manejar *Uruguay*
➤ **he has a driver's license** tiene licencia de conducir.

driving ['draɪvɪŋ] *noun*
➤ **what do you think about Ross' driving?** ¿cómo crees que maneja Ross?
➤ **a driving lesson** una clase de manejar
➤ **a driving test** un examen de manejar, un examen de manejo *Mexico:* **he passed his driving test** aprobó el examen de conducción.

drop [drɒp] *(noun & verb)*
■ *noun*
1. la **gota: a few drops of water** unas pocas gotas de agua
2. el **descenso: there's been a drop in the temperature** ha habido un descenso de la temperatura
■ *verb*
(past tense & past participle **dropped***)*
1. **dejar: can you drop me off at school?** ¿puedes dejarme en el colegio?
2. **bajar: temperatures have dropped** han bajado las temperaturas
➤ **I dropped the plate** se me cayó el plato

drop by *phrasal verb* ■ **pasar: can you drop by tomorrow?** ¿por qué no pasas mañana?

drought [draʊt] *noun* ■ la **sequía**.

drove [drəʊv] *past tense* ➤ drive.

drown [draʊn] *verb* ■ **ahogarse: he drowned in the lake** se ahogó en el lago.

drug [drʌg] *noun*
1. el **medicamento: the doctor prescribed drugs** el médico le recetó medicamentos
2. la **droga: opium is a drug** el opio es una droga
➤ **a drug addict** un drogadicto.

druggist ['drʌgɪst] *noun* ■ el **farmacéutico,** la **farmacéutica**.

drugstore ['drʌgstɔːʳ] *noun* ■ *tienda que vende una gran variedad de artículos como medicamentos, cosméticos, periódicos, comida rápida, etc.*

drum [drʌm] *noun* ■ el **tambor: he's beating a drum** está golpeando un tambor
➤ **the drums** la batería: **she plays the drums** toca la batería.

drummer ['drʌməʳ] *noun* ■ **el/la baterista**.

drunk [drʌŋk] *(adjective & verb form)*

■ *adjective*
borracho: you're drunk estás borracho
➤ **to get drunk** emborracharse: **he got drunk** se emborrachó
■ *past participle*
➤ drink.

dry [draɪ] *(adjective & verb)*

■ *adjective*
seco: the ink is dry la tinta está seca
➤ **it'll be dry tomorrow** no va a llover mañana
➤ **the dry cleaner's** la tintorería
■ *verb*
(past tense & past participle **dried***)*
1. **secarse: dry yourself** sécate; **she dried her hair** se secó el pelo
2. **secar: he's drying the dishes** está secando los platos; **we need to dry the clothes** tenemos que secar la ropa.

dryer ['draɪəʳ] *noun* ■ **la secadora: put the clothes in the dryer** pon la ropa en la secadora.

duck [dʌk] *(noun & verb)*

■ *noun*
el pato: there are some ducks on the river hay algunos patos en el río
■ *verb*
agacharse: he ducked as he went through the door al pasar por a la puerta, se agachó.

due [dju:] *adjective*
➤ **what time is the train due?** ¿a qué hora llega el tren?
➤ **she's due back soon** va a regresar pronto
➤ **due to** debido a: **he arrived late due to the bad weather** llegó tarde debido al mal tiempo.

dug [dʌg] *past tense & past participle* ➤ dig.

dull [dʌl] *adjective*
1. **aburrido: the film is very dull** la película es muy aburrida
2. **gris: it's a dull day** hace un día gris.

dumb [dʌm] *adjective* ■ **mudo: he was struck dumb** se quedó mudo
➤ **that was a dumb thing to do** eso fue una tontería.

dump [dʌmp] *noun* ■ el **basural,** el **tiradero** *Mexico*: **we took the trash to the dump** llevamos la basura al basurero.

during ['djʊərɪŋ] *preposition* ■ **durante**.

dusk [dʌsk] *noun* ■ el **atardecer: we went home at dusk** volvimos a casa al atardecer.

dust [dʌst] *(noun & verb)*

■ *noun*
el **polvo: there's a layer of dust on the table** hay una capa de polvo en la mesa
■ *verb*
quitarle el polvo a, sacudir *Mexico, Southern Cone*: **he dusted the shelf** le quitó el polvo a la repisa.

dusty ['dʌstɪ] *adjective*
1. **polvoriento: a dusty road** un camino polvoriento
2. **lleno de polvo: the furniture is all dusty** los muebles están todos llenos de polvo.

duty ['dju:tɪ] *(plural* duties*) noun* ■ el **deber: he's doing his duty** cumple con su deber
➤ on duty
1. **de guardia: Dr Jones is on duty el doctor Jones está de guardia**
2. **de servicio: go and get the police officer on duty ve a buscar al policía que está de servicio**.

DVD [di:vi:'di:] *(abbreviation of* Digital Video Disc *or* Digital Versatile Disc*) noun* ■ el **DVD: I watched the movie on DVD** vi la película en DVD.

dwarf [dwɔ:f] *(plural* dwarfs *o* dwarves [dwɔ:vz]*) noun* ■ el **enano,** la **enana**.

dye [daɪ] *(noun & verb)*

■ *noun*
la **tintura**

■ *verb*
teñir: I'm going to dye my jeans voy a teñir mis jeans
➤ **to dye one's hair** teñirse el pelo: **she dyed her hair pink** se tiñó el pelo de rosado.

dying ['daɪɪŋ] *present participle* ➤ die.

e

each [iːtʃ] *(adjective & pronoun)*
■ *adjective*
cada: each time I see that film, I cry cada vez que veo esa película, lloro
■ *pronoun*
cada uno (*feminine* **cada una): they each have their own room** cada uno tiene su propio cuarto; **each of us had a dessert** cada uno de nosotros comió un postre; **melons cost 90 cents each** los melones cuestan 90 centavos cada uno
➤ **each other**

> A reflexive pronoun **se** or **nos** is normally used in Spanish to translate "each other":

they love each other se quieren: **do you know each other?** ¿se conocen?: **we write to each other** nos escribimos.

eager ['iːgəʳ] *adjective*
➤ **to be eager to do something** estar impaciente por hacer algo
➤ **she's eager to learn Spanish** está impaciente por aprender español.

eagle ['iːgl] *noun* ■ el **águila** *(feminine)*

> Feminine noun that takes **un** and **el** in the singular.

ear [ɪəʳ] *noun* ■ la **oreja**.

earache ['ɪəreɪk] *noun* ■ el **dolor de oídos**
➤ **to have an earache** tener dolor de oídos.

early ['ɜːlɪ] *(adverb & adjective)*
■ *adverb*
temprano: I got up early me levanté temprano; **you're early** llegas temprano
➤ **he's ten minutes early** llega con 10 minutos de antelación
■ *adjective*
➤ **he had an early night** nos acostamos temprano
➤ **she made an early start** salió temprano
➤ **in early spring** a principios de la primavera.

earn [ɜːn] *verb* ■ **ganar: she earns 40 dollars an hour** gana 40 dólares por hora.

earphones ['ɪəfəʊnz] *plural noun* ■ los **audífonos**.

earring ['ɪərɪŋ] *noun* ■ el **arete, el aro** *Southern Cone,* la **caravana** *Uruguay*.

earth [ɜːθ] *noun*
1. la **Tierra: the moon goes around the earth** la luna gira alrededor de la Tierra

> In Spanish, **Tierra** is written with a capital when it means the planet earth.

2. la **tierra: the box was covered with earth** la caja estaba cubierta de tierra
➤ **what on earth is that?** ¿qué diablos es eso?

earthquake ['ɜːθkweɪk] *noun* ■ el **terremoto**.

ease [iːz] *(noun & verb)*
■ *uncountable noun*
la **facilidad**
➤ **with ease** con facilidad: **he passed the exam with ease** aprobó el examen con facilidad
➤ **at ease** a gusto: **she felt at ease with them** se sintió a gusto con ellos

■ *verb*
aliviar: this ointment will ease the pain esta pomada te aliviará el dolor.

easily [ˈiːzɪlɪ] *adverb*
1. **fácilmente: I'll easily finish it tonight** lo terminaré fácilmente esta noche
2. **con mucho: that's easily the best film I've ever seen** ésa es con mucho la mejor película que he visto.

east [iːst] *(noun, adjective & adverb)*
■ *noun*
el este: the sun rises in the east el sol sale por el este
■ *adjective*
este: Boston is on the east coast of America Boston está en la costa este de Estados Unidos
■ *adverb*
hacia el este: we went east fuimos hacia el este
➤ **east of** al este de: **Louisiana is east of Texas** Louisiana está al este de Texas.

Easter [ˈiːstəʳ] *noun* ■ la **Semana Santa: I went to see her at Easter** fui a visitarla en Semana Santa
➤ **an Easter egg** un huevo de Pascua.

eastern [ˈiːstən] *adjective* ■ **oriental: Eastern Europe** Europa Oriental.

easy [ˈiːzɪ] *adjective* ■ **fácil: an easy job** un trabajo fácil; **it's easy to install this software** es fácil instalar este software
➤ **as easy as pie** pan comido.

eat [iːt] *(past tense* **ate**, *past participle* **eaten**) *verb* ■ **comer: she's eating a sandwich** está comiendo un sandwich.

eaten [ˈiːtn] *past participle* ➤ **eat**.

echo [ˈekəʊ] *(plural* **echoes**) *noun* ■ el **eco**.

eclipse [ɪˈklɪps] *noun* ■ el **eclipse: there was an eclipse of the sun** hubo un eclipse de sol.

ecological [ˌiːkəˈlɒdʒɪkl] *adjective* ■ **ecológico**.

ecology [ɪˈkɒlədʒɪ] *noun* ■ la **ecología**.

economic [ˌiːkəˈnɒmɪk] *adjective* ■ **económico: an economic crisis** una crisis económica.

economical [ˌiːkəˈnɒmɪkl] *adjective* ■ **económico: this car is very economical** este coche es muy económico.

economics [ˌiːkəˈnɒmɪks] *uncountable noun* ■ la **economía: she's studying economics** estudia economía.

economy [ɪˈkɒnəmɪ] *(plural* **economies**) *noun* ■ la **economía: the country's economy is strong** la economía del país es fuerte.

Ecuador [ˈekwədɔːʳ] *noun* ■ **Ecuador** *(masculine)*.

Ecuadorian [ˌekwəˈdɔːrɪən] *(adjective & noun)*
■ *adjective*

> Remember not to use a capital letter for the adjective in Spanish:

ecuatoriano: the Ecuadorian landscape is beautiful el paisaje ecuatoriano es precioso
■ *noun*

> In Spanish, a capital letter is not used for the inhabitants of a country or region:

el ecuatoriano, la ecuatoriana: some Ecuadorians live in jungle areas algunos ecuatorianos viven en regiones selváticas.

edge [edʒ] *noun* ■ el **borde: he's standing on the edge of the cliff** está parado al borde del acantilado.

edition [ɪˈdɪʃn] *noun* ■ la **edición** *(plural* las **ediciones**): **a new edition of the dictionary** una nueva edición del diccionario.

educated [ˈedʒʊˌkeɪtɪd] *adjective* ■ **culto: he's not very well educated** no es muy culto.

education [ˌedʒʊˈkeɪʃn] *noun* ■ la **educación: education is important in early childhood development** la educación es importante durante la primera infancia; **she works in education** trabaja en educación.

effect [ɪ'fekt] *noun* ■ el **efecto: the drug had no effect on him** el medicamento no le hizo ningún efecto
➤ **special effects** los efectos especiales.

effective [ɪ'fektɪv] *adjective* ■ **eficaz** (*plural* **eficaces**): **the treatment is very effective** el tratamiento es muy eficaz.

efficient [ɪ'fɪʃənt] *adjective* ■ **eficiente: our secretary is very efficient** nuestra secretaria es muy eficiente.

effort ['efət] *noun* ■ el **esfuerzo: make an effort!** ¡haz un esfuerzo!

egg [eg] *noun* ■ el **huevo: fried eggs** huevos fritos, huevos estrellados *Mexico;* **a boiled egg** un huevo duro, un huevo cocido *Mexico;* **egg yolk** yema de huevo.

eggplant ['egplɑːnt] *noun* ■ la **berenjena**.

eight [eɪt] *number* ■ **ocho: there are eight boys in the group** hay ocho muchachos en el grupo; **she's eight** tiene ocho años; **the film starts at eight** la película empieza a las ocho.

eighteen [ˌeɪ'tɪːn] *number* ■ **dieciocho: she's eighteen** tiene dieciocho años.

eighteenth [ˌeɪ'tɪːnθ] *number* ■ **décimoctavo**
➤ **it's her eighteenth birthday** cumple dieciocho años
➤ **it's May eighteenth** es el dieciocho de mayo.

eighth [eɪtθ] *number* ■ **octavo: on the eighth floor** en el octavo piso
➤ **it's November eighth** es el ocho de noviembre.

eighty ['eɪtɪ] *number* ■ **ochenta: she's eighty** tiene ochenta años
➤ **eighty-one** ochenta y uno
➤ **eighty-two** ochenta y dos.

either ['aɪðəʳ, 'iːðəʳ] *(adverb, adjective & pronoun)*

■ *adverb*
tampoco: I don't want to go and he doesn't either yo no quiero ir y él tampoco; **I haven't had anything to eat – I haven't either** no he comido nada – yo tampoco

■ *adjective*
cualquiera de los dos: either team could win cualquiera de los dos equipos podría ganar
➤ **there are trees on either side of the road** hay árboles a cada lado de la calle

■ *pronoun*
cualquiera de los dos, ninguno: you can have either, but not both puedes quedarte con cualquiera de los dos, pero no con ambos; **I don't like either** no me gusta ninguna
➤ **does either of them play the guitar** ¿alguno de los dos toca la guitarra?
➤ **either ... or ...** o ... o ...: **you can pay in either euros or dollars** puede pagar o en euros o en dólares
either you be quiet, or I'll go home o te quedas callado, o me voy a casa.

elastic [ɪ'læstɪk] *adjective* ■ el **elástico**.

elbow ['elbəʊ] *noun* ■ el **codo**.

elder ['eldəʳ] *adjective* ■ **mayor: he's my elder brother** es mi hermano mayor.

elderly ['eldəlɪ] *adjective* ■ **anciano: she looks after her elderly parents** cuida a sus padres ancianos.

eldest ['eldɪst] *adjective* ■ **mayor: she's my eldest sister** es mi hermana mayor.

elect [ɪ'lekt] *verb* ■ **elegir: he was elected president** lo eligieron presidente.

election [ɪ'lekʃn] *noun* ■ la **elección** (*plural* las **elecciones**): **he won the election** ganó la elección

ELECTIONS

Las elecciones presidenciales estadounidenses tienen lugar cada cuatro años. Por ley, el presidente no puede mantenerse en el cargo más de dos periodos consecutivos. Las elecciones se celebran el día después del primer lunes de noviembre.

electric [ɪ'lektrɪk] *adjective* ■ **eléctrico: an electric light** una luz eléctrica

➤ **an electric blanket** una cobija eléctrica, una frazada eléctrica

➤ **an electric shock** una descarga eléctrica, un toque eléctrico *Mexico:* **I got an electric shock** me dio una descarga eléctrica.

electrical [ɪ'lektrɪkl] *adjective* ■ **eléctrico: an electrical appliance** un aparato eléctrico.

electrician [ˌɪlek'trɪʃn] *noun* ■ **el/la electricista: he's an electrician** es electricista.

electricity [ˌɪlek'trɪsətɪ] *noun* ■ **la electricidad**.

electronic [ˌɪlek'trɒnɪk] *adjective* ■ **electrónico: electronic mail** correo electrónico.

elegant ['elɪgənt] *adjective* ■ **elegante**.

elementary school [ˌelɪ'mentərɪ-sku:l] *noun* ■ **la escuela primaria**.

elephant ['elɪfənt] *noun* ■ **el elefante**.

elevator ['elɪveɪtə^r] *noun* ■ **el ascensor, el elevador** *Mexico*.

eleven [ɪ'levn] *number* ■ **once: there are eleven glasses** hay once vasos; **he's eleven** tiene once años; **I went out at eleven** salí a las once.

eleventh [ɪ'levnθ] *number* ■ **onceavo**

➤ **it's his eleventh birthday** cumple once años

➤ **it's January eleventh** es el once de enero.

El Salvador [ˌel'sælvədɔ:^r] *noun* ■ **El Salvador**.

else [els] *adverb* ■ **más: what else?** ¿qué más?; **anyone else?** ¿alguien más?; **nothing else** nada más; **nobody else** nadie más; **I don't want anything else** no quiero nada más

➤ **everyone else** todos los demás: **everyone else had left** todos los demás se habían ido

➤ **someone else** otra persona

➤ **something else** otra cosa

➤ **or else** de lo contrario: **hurry up or else we'll be late** apúrate o de lo contrario vamos a llegar tarde.

e-mail, email ['i:meɪl] *(noun & verb)*

■ *noun*

1. **el correo electrónico: what's your e-mail address** ¿cuál es la dirección de tu correo electrónico?
2. **el e-mail: I'll send you an e-mail** te voy a mandar un e-mail

■ *verb*

➤ **to e-mail somebody** mandarle un e-mail a alguien: **he e-mailed me** me mandó un e-mail

➤ **to e-mail something** mandar algo por correo electrónico

➤ **he e-mailed the file to me** me mandó el archivo por correo electrónico.

embarrassed [ɪm'bærəst] *adjective* ■ **avergonzado, apenado** *Latin America except Southern Cone*: **Laura's very embarrassed** Laura está muy avergonzada

⚠ La palabra inglesa **embarrassed** es un falso amigo, no significa "embarazada".

embarrassing [ɪm'bærəsɪŋ] *adjective* ■ **embarazoso, penoso** *Latin America except Southern Cone*: **it's very embarrassing** es muy embarazoso.

embassy ['embəsɪ] *(plural* **embassies***)* *noun* ■ **la embajada: the United States embassy** la embajada de Estados Unidos.

emerald ['emərəld] *noun* ■ **la esmeralda**.

emergency [ɪ'mɜ:dʒənsɪ] *(plural* **emergencies***)* *(noun & adjective)*

■ *noun*

la emergencia: this is an emergency! ¡es una emergencia!

➤ **in an emergency** en caso de emergencia: **in an emergency call the police** en caso de emergencia, llame a la policía

■ *adjective*

emergencia: the emergency services los servicios de emergencia

➤ **an emergency exit** una salida de emergencia.

emotion [ɪ'məʊʃn] *noun* ■ la **emoción** (*plural* las **emociones**).

emotional [ɪ'məʊʃənl] *adjective* ■ **emotivo: she tends to be an emotional person** tiende a ser emotiva.

emperor ['empərəʳ] *noun* ■ el **emperador**.

emphasize ['emfəsaɪz] *verb* ■ **hacer hincapié en: he emphasized the importance of physical exercise** hizo hincapié en la importancia del ejercicio físico.

empire ['empaɪəʳ] *noun* ■ el **imperio: the Roman empire** el imperio romano.

employ [ɪm'plɔɪ] *verb* ■ **emplear: the firm employs 100 people** la empresa emplea a 100 personas.

employee [ɪm'plɔɪiː] *noun* ■ el **empleado,** la **empleada**.

employer [ɪm'plɔɪəʳ] *noun* ■ el **empleador,** la **empleadora**.

employment [ɪm'plɔɪmənt] *noun* ■ el **empleo**.

empty ['emptɪ] (*adjective & verb*)

■ *adjective*
vacío

■ *verb*
(*past tense & past participle* **emptied**) **vaciar: she emptied the drawers** vació los cajones

➤ **he emptied his pockets** se vació los bolsillos.

encourage [ɪn'kʌrɪdʒ] *verb* ■ **animar**

➤ **to encourage somebody to do something** animar a alguien a hacer algo: **he encouraged me to work harder** me animó a trabajar más duro.

encyclopedia [ɪnˌsaɪklə'piːdjə] *noun* ■ la **enciclopedia**.

end [end] (*noun & verb*)

■ *noun*
el **final: she dies at the end of the film** se muere al final de la película; **the shop's at the end of the street** la tienda está al final de la calle

➤ **in the end** al final: **in the end she said yes** al final dijo que sí

■ *verb*
1. **terminar: the show ends at 11 o'clock** el espectáculo termina a las once; **how does the story end?** ¿cómo termina la historia?
2. **terminar con: this ended our friendship** eso terminó con nuestra amistad

end up *phrasal verb* ■ **terminar: he ended up doing all the work himself** terminó haciendo todo el trabajo; **he ended up in Spain** terminó en España.

ending ['endɪŋ] *noun* ■ el **final: the film has a happy ending** la película tiene un final feliz.

enemy ['enɪmɪ] (*plural* **enemies**) *noun* ■ el **enemigo,** la **enemiga**.

energetic [ˌenə'dʒetɪk] *adjective*
1. **lleno de energía: a very energetic person** una persona llena de energía
2. **enérgico: a very energetic exercise** un ejercicio muy enérgico.

energy ['enədʒɪ] *uncountable noun* ■ la **energía**.

engaged [ɪn'geɪdʒd] *adjective* ■ **comprometido: they are engaged** están comprometidos

➤ **to get engaged** comprometerse: **they have just got engaged** acaban de comprometerse.

engagement [ɪn'geɪdʒmənt] *noun* ■ el **compromiso**

➤ **engagement ring** anillo de compromiso.

engine ['endʒɪn] *noun*
1. el **motor: their car has a powerful engine** su coche tiene un motor poderoso
2. la **locomotora: a steam engine** una locomotora a vapor.

engineer [ˌendʒɪ'nɪəʳ] *noun* ■ el **ingeniero,** la **ingeniera: the engineer that designed the bridge** el ingeniero que diseñó el puente.

England ['ɪŋglənd] *noun* ■ **Inglaterra** (*feminine*).

English ['ɪŋglɪʃ] *(adjective & noun)*

■ *adjective*

Remember not to use a capital letter for the adjective or the language in Spanish:

inglés: the English countryside la campiña inglesa

■ *noun*

el **inglés: do you speak English?** ¿hablas inglés?

In Spanish, a capital letter is not used for the inhabitants of a country or region:

➤ **the English** los ingleses.

Englishman ['ɪŋglɪʃmən] *(plural* Englishmen ['ɪŋglɪʃmən]*) noun* ■ el **inglés** *(plural* los **ingleses***)*.

Englishwoman ['ɪŋglɪʃ,wʊmən] *(plural* Englishwomen ['ɪŋglɪʃ,wɪmɪn]*) noun* ■ la **inglesa**.

enjoy [ɪn'dʒɔɪ] *verb* ■ **disfrutar: she enjoyed the book** disfrutó el libro; **I enjoy listening to music** disfruto escuchando música

➤ **to enjoy oneself** divertirse: **I really enjoyed myself at the party** realmente me divertí en la fiesta.

enormous [ɪ'nɔːməs] *adjective* ■ **enorme**.

enough [ɪ'nʌf] *(adjective, adverb & pronoun)*

■ *adjective*

suficiente: do you have enough money? ¿tienes suficiente dinero?

■ *adverb & pronoun*

suficiente: would you like some more or do you have enough? ¿quieres más o tienes suficiente?

➤ **that's enough!** ¡basta ya!

enter ['entəʳ] *verb*

1. **entrar: he knocked on the door and entered** golpeó en la puerta y entró
2. **entrar a: everyone looked at her when she entered the room** todos la miraron cuando entró a la habitación
3. **presentarse a: I entered a competition** me presenté a un concurso
4. **introducir: enter your password and click on OK** introduzca su clave y haga clic en OK

➤ **the enter key** la tecla enter.

entertainment [,entə'teɪnmənt] *noun* ■ el **entretenimiento: this film is good family entertainment** la película es un buen entretenimiento para toda la familia

➤ **the entertainment business** la industria del espectáculo.

enthusiasm [ɪn'θjuːzɪæzm] *noun* ■ el **entusiasmo**.

enthusiastic [ɪn,θjuːzɪ'æstɪk] *adjective* ■ **entusiasta**.

entire [ɪn'taɪəʳ] *adjective* ■ **entero: he ate an entire chicken** se comió un pollo entero.

entirely [ɪn'taɪəlɪ] *adverb* ■ **completamente: it's entirely my fault** el error es completamente mío.

entrance ['entrəns] *noun* ■ la **entrada: wait for me at the school entrance** espérame en la entrada del colegio

➤ **an entrance exam** un examen de admisión.

entry ['entrɪ] *noun* ■ la **entrada**

➤ **no entry** prohibida la entrada.

envelope ['envələʊp] *noun* ■ el **sobre**.

environment [ɪn'vaɪərənmənt] *noun*

➤ **the environment** el medio ambiente: **we must protect the environment** debemos proteger el medio ambiente.

episode ['epɪsəʊd] *noun* ■ el **episodio**.

equal ['iːkwəl] *(adjective & verb)*

■ *adjective*

igual: I divided the cake into two equal parts corté el pastel en dos partes iguales

➤ **equal opportunities** igualdad de oportunidades

■ *verb*

ser igual a: 4 plus 5 equals 9 4 más 5 es igual a 9.

equator [ɪ'kweɪtəʳ] *noun* ■ **el ecuador**.

equipment [ɪ'kwɪpmənt] *uncountable noun* ■ **el equipo: camping equipment** equipo de campamento.

equivalent [ɪ'kwɪvələnt] *(adjective & noun)*
■ *adjective*
equivalente
➤ **to be equivalent to something** equivaler a algo: **this is equivalent to 5 dollars** esto equivale a 5 dólares
■ *noun*
el equivalente: it costs the equivalent of $50 cuesta el equivalente a 50 dólares.

eraser [ɪ'reɪzəʳ] *noun* ■ **la goma: have you seen my eraser?** ¿has visto mi goma?

error ['erəʳ] *noun* ■ **el error**
➤ **a printing error** un error de imprenta.

erupt [ɪ'rʌpt] *verb* ■ **entrar en erupción: the volcano erupted** el volcán entró en erupción.

escalator ['eskəleɪtəʳ] *noun* ■ **la escalera mecánica, la escalera eléctrica** *Mexico*.

escape [ɪ'skeɪp] *(noun & verb)*
■ *noun*
la fuga: the escape of the prisoners la fuga de los prisioneros
➤ **I had a narrow escape** me salvé por un pelo
■ *verb*
1. **escaparse: a monkey escaped from the zoo** un mono se escapó del zoológico
2. **fugarse: he escaped from prison** se fugó de la cárcel.

especially [ɪ'speʃəlɪ] *adverb* ■ **especialmente: I like all animals, especially horses** me gustan todos los animales, especialmente los caballos.

essay ['eseɪ] *noun* ■ **la redacción** *(plural* **las redacciones***)*: **an essay on the environment** una redacción sobre el medio ambiente.

estimate ['estɪmeɪt] *verb* ■ **calcular: he estimated the price at 500 dollars** calculó el precio en 500 dólares.

EU ['iːjuː] *(abbreviation of* European Union*) noun* ■ **la Unión Europea**.

euro ['jʊərəʊ] *(plural* euro o euros*)* *noun* ■ **el euro: it costs 50 euros** cuesta 50 euros.

Europe ['jʊərəp] *noun* ■ **Europa** *(feminine)*.

European [ˌjʊərə'pɪːən] *(adjective & noun)*
■ *adjective*

> Remember not to use a capital letter for the adjective in Spanish:

europeo: the European continent el continente europeo
➤ **the European Union** la Unión Europea
■ *noun*

> In Spanish, a capital letter is not used for the inhabitants of a country or region:

el europeo, la europea: many Europeans travel frequently muchos europeos viajan con frecuencia.

eve [ɪːv] *noun* ■ **la víspera**
➤ **Christmas Eve** Noche Buena
➤ **New Year's Eve** Noche vieja.

even ['ɪːvn] *(adjective & adverb)*
■ *adjective*
1. **parejo: the surface is even** la superficie es pareja
2. **par: four is an even number** el cuatro es un número par
➤ **their chances are about even** tienen casi las mismas posibilidades
➤ **to get even with somebody** vengarse de alguien
■ *adverb*
1. **incluso: it has everything, even a tennis court** tiene de todo, incluso una cancha de tenis
2. **aún: it's even better now** ahora está aún mejor; **it's even more difficult** es aún más difícil

➤ **not even** ni siquiera: **he can't even sing** ni siquiera sabe cantar

Aunque is followed by a verb in the subjunctive in Spanish when it means "even if".

➤ **even if** aunque: **even if he comes it won't make any difference** aunque venga, no habrá ninguna diferencia
➤ **even though** a pesar de que: **he went to school even though he wasn't well** fue al colegio a pesar de que no se sentía bien.

evening ['iːvnɪŋ] *noun*
1. *before dark* la **tarde: at six in the evening** a las seis de la tarde; **I'm staying at home this evening** esta tarde me quedo en casa; **yesterday evening** ayer en la tarde
2. *after dark* la **noche: at ten o'clock in the evening** a las diez de la noche
➤ **good evening!** ¡buenas noches!
➤ **evening classes** clases nocturnas.

event [ɪ'vent] *noun*
1. el **acontecimiento: it's an important event** es un acontecimiento importante
2. la **prueba: he participated in three events at the track meet** participó en tres pruebas en el encuentro de atletismo.

eventual [ɪ'ventʃʊəl] *adjective* ■ **final: the eventual results will be published** los resultados finales serán publicados.

eventually [ɪ'ventʃʊəlɪ] *adverb* ■ **finalmente: he left eventually** finalmente, se fue.

ever ['evəʳ] *adverb*
1. **nunca: nothing ever happens** nunca pasa nada; **I hardly ever watch television** casi nunca veo televisión
2. **alguna vez: have you ever been to China?** ¿has estado alguna vez en China?
➤ **as ever** como siempre: **she's as cheerful as ever** está tan alegre como siempre
➤ **for ever** para siempre: **he left for ever** se fue para siempre
➤ **ever since** desde que: **it's been raining ever since I arrived** ha estado lloviendo desde que llegué.

every ['evrɪ] *adjective* ■ **todos**

"Every" + a singular noun is usually translated by **todos los** or **todas las** + a plural noun in Spanish. You can also use **cada** + singular noun, if you want to emphasize that you mean "every single one":

every student in the class passed the exam todos los estudiantes de la clase salvaron el examen; **every house in the street has a garden** todas las casas de esta calle tienen un jardín; **every student recited a different poem** cada estudiante recitó un poema diferente
➤ **every day** todos los días
➤ **every other day** un día sí y otro no
➤ **every time** cada vez: **he wins every time** cada vez gana
➤ **every time that** cada vez que: **every time that I go to California, I visit my uncle** cada vez que voy a California, visito a mi tío.

everybody, everyone ['evrɪˌbɒdɪ, 'evrɪwʌn] *pronoun* ■ **todos: everybody knows him** todos lo conocen; **everyone was enjoying themselves** todos se estaban divirtiendo.

everything ['evrɪθɪŋ] *pronoun* ■ **todo: do you have everything?** ¿tienes todo?

everywhere ['evrɪweəʳ] *adverb*
1. **en todas partes: I've looked for it everywhere** lo busqué en todas partes
2. **dondequiera que: she follows me everywhere I go** ella me sigue dondequiera que vaya

Dondequiera que is followed by a verb in the subjunctive.

evidence ['evɪdəns] *uncountable noun*
1. las **pruebas: there's no evidence that he killed her** no hay pruebas de que él la haya matado
2. el **testimonio: his evidence was very important in the case** su testimonio era muy importante para el caso.

evil [ˈiːvl] *(adjective & noun)*
■ *adjective*
malvado: he's an evil man es un hombre malvado
■ *noun*
el **mal: to tell good from evil** distinguir el bien del mal.

exact [ɪgˈzækt] *adjective* ■ **exacto**.

exactly [ɪgˈzæktlɪ] *adverb* ■ **exactamente: that's exactly what I mean** eso es exactamente lo que quiero decir
➤ **it's exactly 6 o'clock** son las seis en punto.

exaggerate [ɪgˈzædʒəreɪt] *verb* ■ **exagerar: don't exaggerate!** ¡no exageres!

exam, examination [ɪgˈzæm, ɪgˌzæmɪˈneɪʃn] *noun* ■ el **examen** *(plural* los **exámenes***)*: **I passed my English exam** aprobé el examen de inglés.

examine [ɪgˈzæmɪn] *verb* ■ **examinar: he examined the fly through the microscope** examinó la mosca por el microscopio.

example [ɪgˈzaːmpl] *noun* ■ el **ejemplo**
➤ **for example** por ejemplo.

excellent [ˈeksələnt] *adjective* ■ **excelente**.

except [ɪkˈsept] *preposition & conjunction* ■ **excepto: everyone can swim except me** todos saben nadar excepto yo
➤ **except that** salvo que: **I don't remember anything except that I was scared** no recuerdo nada salvo que tenía miedo.

exception [ɪkˈsepʃn] *noun* ■ la **excepción** *(plural* las **excepciones***)*: **it's an exception to the rule** es una excepción a la regla
➤ **to make an exception** hacer una excepción: **I'll make an exception for you** haré una excepción contigo.

exchange [ɪksˈtʃeɪndʒ] *(verb & noun)*
■ *verb*
cambiar: she exchanged the CD for a book cambió el CD por un libro
■ *noun*
I gave him a camera in exchange for a watch le di una cámara a cambio de un reloj
➤ **the exchange rate** la tasa de cambio.

excited [ɪkˈsaɪtɪd] *adjective* ■ **entusiasmado**.

exciting [ɪkˈsaɪtɪŋ] *adjective* ■ **emocionante**.

exclamation point [ˌekskləˈmeɪʃn-pɔɪnt] *noun* ■ el **signo de exclamación**.

excuse *(noun & verb)*
■ *noun*
[ɪkˈskjuːs] la **excusa: that's just an excuse!** ¡eso no es más que una excusa!
■ *verb*
[ɪkˈskjuːz] **disculpar: excuse me!** ¡discúlpeme!

exercise [ˈeksəsaɪz] *noun* ■ el **ejercicio: he doesn't get enough exercise** no hace suficiente ejercicio.

exhausted [ɪgˈzɔːstɪd] *adjective* ■ **agotado**.

exhibit [ɪgˈzɪbɪt] *noun* ■ la **exposición** *(plural* las **exposiciones***)*: **there's a big exhibit in New York** hay una gran exposición en Nueva York.

exist [ɪgˈzɪst] *verb* ■ **existir: that company doesn't exist anymore** esa compañía ya no existe.

exit [ˈeksɪt] *noun* ■ la **salida**

> ⚠ **Exit** es un falso amigo, no significa "éxito".

exotic [ɪgˈzɒtɪk] *adjective* ■ **exótico**.

expect [ɪkˈspekt] *verb*
1. **esperar: I wasn't expecting his visit** no esperaba su visita; **she's expecting a baby** está esperando un bebé

> The verb **esperar** is followed by a verb in the subjunctive in Spanish:

I was expecting him to be here esperaba que él estuviera aquí
2. **suponer que: I expect he has left the country** supongo que ha salido del país; **I expect so** supongo que sí.

expel [ɪk'spel] *(past tense & past participle* expelled*) verb* ■ **expulsar: they expelled Fred from school** expulsaron a Fred del colegio.

expenses [ɪk'spensəz] *plural noun* ■ los **gastos**.

expensive [ɪk'spensɪv] *adjective* ■ **caro**.

experience [ɪk'spɪərɪəns] *noun* ■ la **experiencia: he has a lot of experience** tiene mucha experiencia.

experiment [ɪk'sperɪmənt] *(noun & verb)*
■ *noun*
el **experimento: they did an experiment in the laboratory** hicieron un experimento en el laboratorio
■ *verb*
experimentar: she experimented with drugs experimentó con las drogas.

expert ['ekspɜːt] *noun* ■ el **experto: he's a computer expert** es experto en computadoras.

explain [ɪk'spleɪn] *verb* ■ **explicar: can you explain what happened?** ¿puedes explicar lo que ocurrió?

explanation [ˌeksplə'neɪʃn] *noun* ■ la **explicación** *(plural* las **explicaciones***)*.

explode [ɪk'spləʊd] *verb*
1. **estallar: the bomb exploded** la bomba estalló
2. **hacer estallar: the police exploded the bomb** la policía hizo estallar la bomba.

explore [ɪk'splɔːʳ] *verb* ■ **explorar: they explored the ruins** exploraron las ruinas.

explorer [ɪk'splɔːrəʳ] *noun* ■ el **explorador,** la **exploradora**.

explosion [ɪk'spləʊʒn] *noun* ■ la **explosión** *(plural* las **explosiones***)*.

export [ɪk'spɔːt] *verb* ■ **exportar: Brazil exports coffee** Brasil exporta café.

express [ɪk'spres] *(adjective & verb)*
■ *adjective*
expreso: an express train un tren expreso
■ *verb*
expresar: she expressed her feelings expresó sus sentimientos
➤ **to express oneself** expresarse: **he expresses himself well in Spanish** se expresa bien en castellano.

expression [ɪk'spreʃn] *noun* ■ la **expresión** *(plural* las **expresiones***)*: **it's a common expression** es una expresión común; **her expression changed** le cambió la expresión.

extend [ɪk'stend] *verb*
1. **prolongar: I'm going to extend my stay** voy a prolongar mi estadía
2. **tender: he extended his hand** tendió su mano
3. **extenderse: the plain extends to the mountain** la llanura se extiende hasta la montaña.

extension [ɪk'stenʃn] *noun*
1. la **ampliación** *(plural* las **ampliaciones***)*: **we've built an extension** hicimos una ampliación
2. la **extensión,** el **anexo** *Chile,* el **interno** *River Plate*: **you can call me on extension 429** me puedes llamar a la extensión 429.

extent [ɪk'stent] *noun*
➤ **to a certain extent** hasta cierto punto: **to a certain extent you're right** hasta cierto punto tienes razón.

exterior [ɪk'stɪərɪəʳ] *adjective* ■ **exterior: an exterior wall** un muro exterior.

extinct [ɪk'stɪŋkt] *adjective* ■ **extinct: dinosaurs are extinct** los dinosaurios están extintos
➤ **to become extinct** extinguirse: **that type of whale is becoming extinct** ese tipo de ballenas se está extinguiendo.

extra ['ekstrə] *(adjective, adverb & noun)*
■ *adjective*
1. **suplementario: he's taking extra lessons** está tomando clases suplementarias
2. **de más: I have an extra pencil** tengo un lápiz de más

■ *adverb*
más: it's worth paying extra for quality vale la pena pagar más para obtener mayor calidad
■ *noun*
1. el **extra: the price is fixed and there are no extras** el precio es fijo y no hay extras
2. el/la **extra: he's an extra in the film** es un extra en la película.

extraordinary [ɪk'strɔːdnrɪ] *adjective* ■ **extraordinario**.

extravagant [ɪk'strævəgənt] *adjective*
1. **derrochador: he's very extravagant with his money** es muy derrochador con su dinero
2. **extravagante: he wears very extravagant outfits** usa ropas muy extravagantes.

extreme [ɪk'strɪːm] *(adjective & noun)*
■ *adjective*
extremo: extreme sports deportes extremos
■ *noun*
el **extremo: she goes from one extreme to another** va de un extremo a otro.

extremely [ɪk'strɪːmlɪ] *adverb* ■ **sumamente: it's an extremely interesting book** es un libro sumamente interesante.

eye [aɪ] *noun* ■ el **ojo: she has green eyes** tiene ojos verdes
➤ **to keep an eye on something** vigilar algo: **can you keep an eye on my luggage?** ¿puedes vigilar mi equipaje?

eyebrow ['aɪbraʊ] *noun* ■ la **ceja**.

eyedrops ['aɪdrɒps] *plural noun* ■ las **gotas para los ojos**.

eyelash ['aɪlæʃ] *noun* ■ la **pestaña: she has long eyelashes** tiene las pestañas largas.

eyelid ['aɪlɪd] *noun* ■ el **párpado**.

eyesight ['aɪsaɪt] *noun* ■ la **vista: he has good eyesight** tiene buena vista.

fabric ['fæbrɪk] *noun* ■ el **tela: cotton fabric** tela de algodón

⚠ **Fabric** es un falso amigo, no significa "fábrica".

fabulous ['fæbjʊləs] *adjective* ■ **fabuloso**.

face [feɪs] *(noun & verb)*
■ *noun*
1. la **cara: she has a beautiful face** tiene una cara hermosa
2. la **mueca: he made a face** hizo muecas
3. la **esfera**, la **carátula** *Mexico*: **the clock face is broken** la esfera del reloj está rota
■ *verb*
1. **enfrentar: we must face these problems** tenemos que enfrentar estos problemas
2. **dar a: our house faces the sea** nuestra casa da al mar
➤ **face to face** cara a cara
➤ **to face somebody or something** volverse hacia alguien or algo, voltearse hacia alguien or algo *Mexico*

face up to *phrasal verb* ■ **enfrontar: he faced up to the problem** enfrontó el problema.

facilities [fə'sɪlətɪz] *plural noun* ■ las **instalaciones: the school has good sports facilities** el colegio tiene buenas instalaciones deportivas.

fact [fækt] *noun*
1. el **hecho: that's a fact** es un hecho
2. *(uncountable noun)* la **realidad: fact and fiction** realidad y ficción
➤ **in fact** de hecho.

factory ['fæktərɪ] *(plural* **factories***)* *noun* ■ la **fábrica**.

fade [feɪd] *verb*
1. **desteñirse: your pants have faded** se destiñieron tus pantalones
2. **apagarse: the color has faded with time** el color se ha apagado con el tiempo; **the light is fading** la luz se está apagando.

fail [feɪl] *verb*
1. **reprobar: he failed the exam** reprobó el examen
2. **fracasar: I tried to persuade him but I failed** traté de convencerlo, pero fracasé
3. **fallar: the brakes failed** los frenos fallaron
➤ **the letter failed to arrive** la carta no llegó
➤ **to fail to do something** no lograr hacer algo: **I failed to convince him** no logré convencerlo.

failure ['feɪljəʳ] *noun* ■ el **fracaso: it ended in failure** terminó en fracaso; **she's a failure** es una fracaso
➤ **a power failure** un apagón.

faint [feɪnt] *(adjective & verb)*
■ *adjective*
1. **leve: there's a faint smell of smoke** hay un leve olor a humo
2. **poco visible: the text is too faint to read** el texto es muy poco visible para poder leerlo
3. **débil: your voice is a bit faint** tu voz es un poco débil
4. **tenue: a faint light** una luz tenue
➤ **to feel faint** sentirse mareado: **he suddenly felt faint** de pronto, se sintió mareado
■ *verb*
desmayarse: she fainted se desmayó.

fair [feəʳ] *adjective*
1. **justo: it's not fair!** ¡no es justo!
2. **bastante: she has a fair chance of winning** tiene bastantes posibilidades de ganar
3. **rubio, güero** *Mexico*: **Donald has fair hair** Donald tiene el pelo rubio
4. **blanco: Carol has fair skin** Carol tiene la piel blanca
5. **buen: the weather is fair** hace buen tiempo.

fairly ['feəlɪ] *adverb*
1. **bastante: it's fairly late** es bastante tarde
2. **justamente: they divided the money fairly** repartieron el dinero justamente.

fairy ['feərɪ] *(plural* **fairies***)* *noun* ■ el **hada** *(feminine)*
➤ **a fairy tale** un cuento de hadas.

faith [feɪθ] *noun*
1. la **confianza: I've lost faith in him** le perdí la confianza
2. la **fe: the Christian faith** la fe cristiana.

faithful ['feɪθfʊl] *adjective* ■ **fiel**.

fake [feɪk] *(adjective & noun)*
■ *adjective*
falso: these pearls are fake estas perlas son falsas
■ *noun*
la **falsificación** *(plural* las **falsificaciones***)*: **this painting is a fake** esta pintura es una falsificación.

fall [fɔːl] *(noun & verb)*
■ *noun*
1. la **caída: a hard fall** una caída dura
2. el **otoño: in the fall** en otoño
■ *verb*
(past tense **fell**, *past participle* **fallen***)*
1. **caerse: I slipped and fell** me resbalé y me caí
2. **bajar: the temperature has fallen** bajó la temperatura
➤ **to fall asleep** dormirse: **she fell asleep** se durmió
➤ **to fall in love** enamorarse: **he fell in love with Britney** se enamoró de Britney

fall down *phrasal verb* ■ **caerse: the little girl fell down** la niña se cayó.

fall off *phrasal verb* ■ **caerse: he fell off his bicycle** se cayó de la bicicleta.

fall out *phrasal verb*
1. **caerse: the keys fell out of my pocket** se me cayeron las llaves del bolsillo
2. **pelearse: he's fallen out with his best friend** se peleó con su mejor amigo.

fall over *phrasal verb*

1. **caerse: the vase fell over** se cayó el jarrón
2. **tropezarse: he fell over a log** se tropezó con un tronco.

fallen ['fɔːln] *past participle* ➤ fall.

false [fɔːls] *adjective*

1. **falso: what he said is false** lo que dijo es falso
2. **postizo: he has false teeth** tiene la dentadura postiza.

fame [feɪm] *noun* ■ la **fama**.

familiar [fə'mɪljəʳ] *adjective* ■ **familiar: she has a familiar face** tiene una cara familiar.

family ['fæmlɪ] *(plural* families*) noun* ■ la **familia: the Smith family** la familia Smith.

famous ['feɪməs] *adjective* ■ **famoso**.

fan [fæn] *noun*

1. el **abanico: she was holding a fan** llevaba un abanico
2. el **ventilador: an electric fan** un ventilador eléctrico
3. el **admirador,** la **admiradora: she's a fan of the Beatles** es admiradora de los Beatles
4. **el/la hincha: soccer fans** hinchas de fútbol.

fantastic [fæn'tæstɪk] *adjective* ■ **fantástico**.

far [faːʳ] *(comparative* farther, further, *superlative* farthest, furthest*) (adverb & adjective)*

■ *adverb*

1. **lejos: it's not far** or **it's not far away** no queda lejos; **Boston isn't far from New York** Boston no queda lejos de Nueva York
2. **mucho: I feel far better** me siento mucho mejor

➤ **how far is it?** ¿a qué distancia estamos?: **how far is it to Miami?** ¿a qué distancia estamos de Miami?

➤ **as far as I know** que yo sepa: **she's not coming, as far as I know** no va a venir, que yo sepa

➤ **so far** hasta ahora: **so far so good** hasta ahora, todo bien

➤ **that's far too much** es demasiado

■ *adjective*

extremo: the far right la extrema derecha

➤ **at the far end of the road** al otro extremo de la calle

➤ **the Far East** el Extremo Oriente

➤ **in the far north** en el extremo norte.

fare [feəʳ] *noun* ■ la **tarifa: the bus fare to Chicago** la tarifa de autobus a Chicago.

farm [faːm] *noun* ■ la **granja,** el **rancho** *Mexico*.

farmer ['faːməʳ] *noun* ■ el **agricultor,** la **agricultora,** el **ranchero** *Mexico,* la **ranchera** *Mexico*.

farming ['faːmɪŋ] *noun* ■ la **agricultura**.

farther ['faːðəʳ] *(comparative of* **far***) (adverb & adjective)*

■ *adverb*

más lejos: we have to walk a bit farther tenemos que caminar un poco más lejos

■ *adjective*

más alejado: on the farther side of the room en la parte más alejada de la habitación.

farthest ['faːðəst] *(superlative of* **far***) (adverb & adjective)*

■ *adverb*

lo más lejos: he went the farthest él fue lo más lejos

■ *adjective*

el más alejado: the farthest tree from the house el árbol más alejado de la casa.

fascinating ['fæsɪneɪtɪŋ] *adjective* ■ **fascinante**.

fashion ['fæʃn] *noun* ■ la **moda: it's the latest fashion** es la última moda

➤ **in fashion** de moda: **this coat is in fashion** este abrigo está de moda

➤ **it has gone out of fashion** pasó de moda: **that hairstyle has gone out of fashion** este corte de pelo pasó de moda

➤ **a fashion show** un desfile de modas.

fashionable ['fæʃnəbl] *adjective* ■ **a la moda: she likes to buy fashionable clothes** le gusta comprar ropa a la moda.

fast [fɑ:st] *(adjective & adverb)*

■ *adjective*
rápido: this train is very fast este tren es muy rápido
➤ **my watch is fast** mi reloj está adelantado; **the clock is ten minutes fast** el reloj está adelantado por diez minutos
➤ **fast food** comida rápida
➤ **a fast-food restaurant** un restaurante de comida rápida
■ *adverb*
rápido: he works fast trabaja rápido
➤ **to be fast asleep** estar profundamente dormido: **the baby is fast asleep** el bebé está profundamente dormido.

fasten ['fɑ:sn] *verb*

1. **abrocharse: fasten your seat belts** abróchense el cinturón de seguridad
2. **cerrar: she fastened her bag** cerró su cartera.

fat [fæt] *(adjective & noun)*

■ *adjective*
gordo: he's very fat es muy gordo
➤ **to get fat** engordar: **she doesn't want to get fat** no quiere engordar
■ *noun*
la **grasa: there's too much fat on this ham** este jamón tiene mucha grasa; **this yogurt has no fat in it** este yogurt no contiene grasa.

fatal ['feɪtl] *adjective*

1. **mortal: he had a fatal accident** tuvo un accidente mortal
2. **fatídico: it was a fatal mistake** fue un error fatídico.

father ['fɑ:ðəʳ] *noun* ■ el **padre**
➤ **Father's Day** el Día del Padre.

father-in-law ['fɑ:ðəʳɪnlɔ:] *(plural* fathers-in-law*) noun* ■ el **suegro**.

fault [fɔ:lt] *noun*

1. la **culpa: whose fault is it?** ¿de quién es la culpa?; **it's my fault** yo tengo la culpa
2. el **defecto: he has many faults** tiene muchos defectos.

favor ['feɪvəʳ] *noun* ■ el **favor**
➤ **to do somebody a favor** hacerle un favor a alguien: **can you do me a favor?** ¿puedes hacerme un favor?
➤ **to be in favor of something** estar a favor de algo: **we're all in favor of world peace** todos estamos a favor de la paz mundial.

favorite ['feɪvrɪt] *(adjective & noun)*

■ *adjective*
favorito: purple is my favorite color el violeta es mi color favorito
■ *noun*
el **favorito**, la **favorita: let's listen to this CD, it's my favorite** eschuchémos este CD, es mi favorito.

fax [fæks] *(noun & verb)*

■ *noun*
el **fax: he sent me a fax** me mandó un fax
➤ **a fax machine** un fax
■ *verb*
enviar por fax: I faxed the letter to Eric le envié la carta a Eric por fax.

fear [fɪəʳ] *(noun & verb)*

■ *noun*
el **miedo: have no fear!** ¡no tengas miedo!
■ *verb*
temer: she fears nothing no le teme a nada.

feather ['feðəʳ] *noun* ■ la **pluma**.

feature ['fi:tʃəʳ] *noun*

1. la **característica: an interesting feature of the landscape** una característica interesante del paisaje
2. el **rasgo: she has fine features** tiene rasgos finos.

February ['februərɪ] *noun* ■

In Spanish the months of the year do not start with a capital letter:

febrero *(masculine)*: **in February** en febrero; **next February** el próximo febrero; **last February** el pasado febrero.

fed [fed] *past tense & past participle* ➤ feed.

fed up [ˌfed'ʌp] *adjective* ■ *informal*
➤ **to be fed up** estar harto: **I'm fed up!** ¡estoy harta!
➤ **to be fed up with something** estar harto de algo: **I'm fed up with waiting** estoy harto de esperar.

feed [fiːd] *(past tense & past participle* fed*) verb* ■ **alimentar: she's feeding the dogs** está alimentando a los perros.

feel [fiːl] *(past tense & past participle* felt*) verb*

1. **sentirse: how do you feel?** ¿cómo te sientes?; **I don't feel very well** no me siento muy bien; **he felt very stupid** se sintió muy estúpido

> When "feel" is used with certain adjectives (cold, hot, hungry or thirsty), you should translate it with the Spanish verb **tener**:

I feel cold tengo frío; **my hands feel cold** tengo las manos frías; **do you feel hungry?** ¿tienes hambre?

2.

> When you are describing how something feels to the touch, you should use the verb **ser** or **estar**:

this bed feels very hard esta cama es muy dura; **the water feels cold** el agua está fría

3. **sentir: I felt the ground shake** sentí la sacudida del suelo
4. **tantear: he felt his pockets** tanteó sus bolsillos

➤ **to feel as if** or **to feel as though** tener la sensación de que: **I feel as if I'm going to faint** tengo la sensación de que me voy a desmayar

➤ **to feel like doing something** tener ganas de hacer algo: **I feel like going to bed** tengo ganas de irme a la cama.

feeling [ˈfiːlɪŋ] *noun*

1. el **sentimiento: a feeling of sadness** un sentimiento de tristeza
2. la **sensación** *(plural* las **sensaciones***)*: **I have a funny feeling in my leg** tengo una sensación extraña en la pierna.

feet *plural* ➤ foot.

fell [fel] *past tense* ➤ fall.

fellow [ˈfeləʊ] *(adjective & noun)*

■ *adjective*

➤ **a fellow countryman** un compatriota

➤ **a fellow student** un compañero de estudios

➤ **a fellow worker** un compañero de trabajo

■ *noun*

hombre: he's a fine fellow es un hombre bueno.

felt [felt] *past tense & past participle* ➤ feel.

female [ˈfiːmeɪl] *(noun & adjective)*

■ *noun*

la **hembra**

■ *adjective*

1. **hembra: a female kangaroo** un canguro hembra
2. **femenino: I heard a female voice** oí una voz femenina

➤ **a female student** una estudiante.

feminine [ˈfemɪnɪn] *adjective* ■ **femenino**.

fence [fens] *noun* ■ el **cerco**.

ferris wheel [ˈferɪswiːl] *noun* ■ la **rueda gigante**, la **rueda de la fortuna** *Mexico*, la **rueda de Chicago** *Chile, Colombia*.

ferry [ˈferɪ] *(plural* ferries*) noun* ■ el **ferry** *(plural* los **ferrys***)*.

festival [ˈfestəvl] *noun* ■ el **festival**.

fever [ˈfiːvəʳ] *noun* ■ la **fiebre**.

few [fjuː] *(adjective & pronoun)*

■ *adjective*

pocos: few people come here pocas personas vienen acá

➤ **a few** unos cuantos: **a few people came** unas cuantas personas vinieron

➤ **I need a few books** necesito unos cuantos libros

■ *pronoun*

pocos: few of them agree pocos están de acuerdo

➤ **a few** unos pocos: **a few stayed till the end** unos pocos se quedaron hasta el final.

fewer [ˈfjuːəʳ] *(adjective & pronoun)*

■ *adjective*

menos: we have fewer problems than last year tenemos menos problemas que el año pasado

■ *pronoun*

menos: I have a lot fewer than you tengo mucho menos que tú.

fewest ['fjuːəst] *(adjective & pronoun)*

■ *adjective*

➤ **the fewest mistakes possible** el menor número de faltas posibles

■ *pronoun*

menos: I have the fewest soy la que menos tengo.

fiancé [fɪ'ɒnseɪ] *noun* ■ el **prometido**.

fiancée [fɪ'ɒnseɪ] *noun* ■ la **prometida**.

fiction ['fɪkʃn] *uncountable noun* ■ la **ficción: he can't distinguish between fact and fiction** no puede distinguir la realidad de la ficción; **he reads a lot of fiction** lee mucha ficción.

field [fiːld] *noun*

1. el **campo: they grow corn in that field** cultivan maíz en ese campo; **she's an expert in that field** es experta en ese campo
2. el **potrero: there are cows in that field** hay vacas en ese potrero
3. la **cancha: they're playing on the baseball field** están jugando en la cancha de béisbol.

fierce [fɪəs] *adjective*

1. **fiero: a fierce animal** un animal fiero
2. **violento: it was a fierce battle** fue una batalla violenta.

fifteen [fɪf'tiːn] *number* ■ **quince: fifteen people came to the party** quince personas vinieron a la fiesta

➤ **she's fifteen** tiene quince años.

fifteenth [fɪf'tiːnθ] *number* ■ **decimoquinto: he was the fifteenth person to arrive** fue la decimoquinta persona en llegar

➤ **it's May fifteenth** es el quince de mayo

fifth [fɪfθ] *number* ■ **quinto: he came fifth** llegó quinto

➤ **it's November fifth** es el 5 de noviembre.

fifty ['fɪftɪ] *number* ■ **cincuenta: there were fifty people in the classroom** había cincuenta personas en la clase

➤ **she's fifty** tiene cincuenta años

➤ **fifty-one** cincuenta y uno

➤ **fifty-two** cincuenta y dos.

fight [faɪt] *(noun & verb)*

■ *noun*

1. la **lucha: the fight against disease** la lucha contra la enfermedad
2. la **pelea: there was a fight in the street** hubo una pelea en la calle

➤ **to have a fight** tener una pelea: **he had a fight with his wife** tuve una pelea con su esposa

■ *verb*

(past tense & past participle **fought***)*

1. **pelear: they were fighting in the street** estaban peleando en la calle
2. **luchar: we must fight against apathy** debemos luchar contra la apatía.

figure ['fɪgjər] *(noun & verb)*

■ *noun*

1. la **cifra: I added up the figures you gave me** sumé las cifras que me diste
2. la **figura: he's a well-known figure in politics** es una figura muy conocida en política; **she's got a great figure** tiene una estupenda figura

■ *verb*

figurarse: I figure he'll be late me figuro que llegará tarde

figure out *phrasal verb*

1. **entender: I can't figure out why** no entiendo por qué
2. **calcular: I tried to figure out the total** intenté calcular el total.

file [faɪl] *(noun & verb)*

■ *noun*

1. el **archivo: there are twenty files on the disk** hay veinte archivos en el disco
2. el **expediente: the police have a file on him** la policía tiene un expediente sobre él
3. la **carpeta: I put my notes in a red file** puse mis notas en una carpeta roja

➤ **a nail file** una lima de uñas

➤ **in single file** en fila india: **we walked in single file** caminamos en fila india

■ *verb*

1. **archivar: she's filing her papers** está archivando sus papeles
2. **limarse: she's filing her nails** se está limando las uñas.

fill [fɪl] *verb* ■ **llenar: I filled the bottle with water** llené la botella con agua

fill in *phrasal verb* ■ **rellenar: he filled in the hole** rellenó el agujero.

fill out *phrasal verb* ■ **rellenar: she filled out the form** rellenó el formulario.

fill up *phrasal verb* ■ **llenar: he filled the tank up with water** llenó el tanque con agua.

filling ['fɪlɪŋ] *(adjective & noun)*

■ *adjective*

➤ **the meal was very filling** la comida llenaba mucho

■ *noun*

1. el **empaste,** la **tapadura** *Chile, Mexico*: **the dentist gave me a filling** el dentista me puso un empaste
2. el **relleno: this filling is very tasty** este relleno es muy sabroso.

film [fɪlm] *noun*

1. la **película: there's a good film on television** están dando una buena película en la televisión
2. el **rollo: I need some more film for my camera** necesito otro rollo para mi cámara.

filthy ['fɪlθɪ] *adjective* ■ **mugriento**.

final ['faɪnl] *(adjective & noun)*

■ *adjective*

1. **último: this is my final lesson** esta es mi última clase
2. **final: that's my final decision** es mi decisión final

■ *noun*

la final: the United States is in the finals los Estados Unidos están en la final.

finally ['faɪnəlɪ] *adverb*

1. **finalmente: he has finally arrived** finalmente llegó
2. **por último: finally you add the vanilla** por último agregas la vainilla.

financial [fɪ'nænʃl] *adjective* ■ **financiero: they have financial problems** tienen problemas financieros.

find [faɪnd] *(past tense & past participle* **found***) verb* ■ **encontrar: I can't find my address book** no puedo encontrar mi libreta de direcciones

find out *phrasal verb*

1. **averiguar: I'm going to find out about the concert** voy a averiguar sobre el concierto
2. **descubrir: he found out the truth** descubrió la verdad.

fine [faɪn] *(adjective, adverb, noun & verb)*

■ *adjective*

1. **excelente: he did a fine job** hizo un trabajo excelente
2. **bien: how are you? — I'm fine!** ¿cómo estás? — ¡bien!
3. **delicado: she has fine features** tiene rasgos delicados
4. **de buen tiempo: it's a fine day** es un día de buen tiempo

➤ **the fine arts** las bellas artes

■ *adverb*

bien: he feels fine se siente bien

■ *noun*

la **multa: he got a twenty dollar fine** le aplicaron una multa de veinte dólares

■ *verb*

ponerle una multa a: they fined Peter twenty dollars le pusieron una multa de veinte dólares a Peter.

finger ['fɪŋgə^r] *noun* ■ **el dedo**.

fingernail ['fɪŋgəneɪl] *noun* ■ **la uña**.

fingerprint ['fɪŋgəprɪnt] *noun* ■ **la huella dactilar**.

finish ['fɪnɪʃ] *(verb & noun)*

■ *verb*

terminar: she has finished her homework ha terminado su tarea; **the movie finishes at 11 o'clock** la película termina a las 11 en punto

➤ **to finish doing something** terminar de hacer algo: **I've finished eating** he terminado de comer

■ *noun*

1. el **fin: from start to finish** de principio a fin
2. el **final: we watched the finish of the race** vimos el final de la carrera.

fire ['faɪə^r] *(noun & verb)*

■ *noun*

1. el **fuego: he lit a fire** prendió el fuego
2. el **incendio: they are trying to put out the fire** están tratando de apagar el incendio

➤ **on fire** en llamas: **the house is on fire** la casa está en llamas
➤ **to catch fire** prender fuego: **my papers caught fire** mis papeles prendieron fuego
➤ **to set fire to something** prenderle fuego a algo: **they set fire to the house** le prendieron fuego a la casa
➤ **a fire alarm** el alarma contra incendios
➤ **the fire department** el cuerpo de bomberos
➤ **a fire engine** un coche de bomberos
➤ **a fire escape** una escalera de incendios
➤ **the fire exit** la salida de incendios
➤ **a fire extinguisher** un extintor de incendios
➤ **the fire station** la estación de bomberos, el cuartel de bomberos *River Plate*

■ *verb*
1. **disparar: they fired at him** le dispararon; **she fired the gun** disparó la pistola
2. **despedir: he fired the secretary** despidió a la secretaria.

firefighter ['faɪə,faɪtəʳ] *noun* ■ el **bombero,** la **bombera.**

fireplace ['faɪəpleɪs] *noun* ■ la **chimenea.**

fireworks ['faɪəwɜːks] *plural noun* ■ los **fuegos artificiales.**

firm [fɜːm] *(adjective & noun)*

■ *adjective*
1. **firme: the cushion is firm** el almohadón es firme
2. **estricto: he was firm with me** fue estricto conmigo

■ *noun*
la **empresa: she works for a firm in Seattle** trabaja para una empresa en Seattle.

first [fɜːst] *(adjective, adverb & noun)*

■ *adjective*
primero: it's the first time I've seen him es la primera vez que lo veo

> **Primer** is used before a masculine singular noun:

he was the first man to arrive fue el primer hombre en llegar

■ *adverb*
primero: I saw it first yo lo vi primero; **he came first in the race** llegó primero en la carrera; **I want to have something to eat first** me gustaría comer algo primero

■ *noun*
el **primero,** la **primera: she was the first to leave** fue la primera en irse; **it's May first** es el primero de mayo
➤ **first of all** antes que nada: **first of all tell me your name** antes que nada, dime tu nombre
➤ **at first** al principio: **at first I thought he was mad** al principio pensé que estaba loco
➤ **first aid** los primeros auxilios: **a first-aid kit** un botiquín de primeros auxilios
➤ **first name** el nombre de pila.

first-class ['fɜːst,klɑːs] *adjective*
1. **de primera clase: I bought a first-class ticket** compré un boleto de primera clase
2. **de primera: the food in this restaurant is first class** la comida en este restaurante es de primera.

fish [fɪʃ] *(noun & verb)*

■ *noun*
(plural **fish***)*
1. el **pez** *(plural* los **peces***)*: **there are lots of fish in the lake** hay muchos peces en el lago
2. el **pescado: he doesn't like fish** no le gusta el pescado

■ *verb*
pescar: he was fishing in the river estaba pescando en el río.

fishing ['fɪʃɪŋ] *uncountable noun* ■ la **pesca: to go fishing** irse de pesca
➤ **a fishing boat** un bote de pesca
➤ **a fishing rod** una caña de pescar.

fist [fɪst] *noun* ■ el **puño.**

fit [fɪt] *(adjective, noun & verb)*

■ *adjective*
en forma: he tries to keep fit trata de mantenerse en forma

■ *noun*
1. el **ataque: an epileptic fit** un ataque de epilepsia
2. el **arrebato: a fit of anger** un arrebato de ira
➤ **my mother had a fit when she saw the mess** a mi madre le dio un infarto cuando vio el desorden

■ *verb*
(past tense, past participle **fitted***)*
1. **quedar bien: these pants don't fit** estos pantalones no me quedan bien
2. **caber: the pillow doesn't fit in the case** la almohada no cabe en la funda
3. **encajar: he fitted the key into the lock** encajó la llave en la cerradura
4. **instalar: he fitted a radio in his car** instaló un radio en su coche.

fitting room ['fɪtɪŋruːm] *noun* ■ **el probador**.

five [faɪv] *number* ■ **cinco: there are five pieces of cake** hay cinco pedazos de torta
➤ **she's five** tiene cinco años
➤ **I went out at five** salí a las cinco.

fix [fɪks] *verb*
1. **fijar: I fixed the mirror to the wall** fijé el espejo a la pared; **can we fix a date?** ¿podemos fijar una fecha?
2. **arreglar: he's trying to fix the TV** está tratando de arreglar el televisor
3. **preparar: she's fixing us something to eat** nos está preparando algo de comer.

flag [flæg] *noun* ■ **la bandera**.

flame [fleɪm] *noun* ■ **la llama: ¡cuidado con la llama!** careful with the flame!; **the house was in flames** la casa estaba en llamas.

flan [flæn] *noun* ■ **la tarta**.

flap [flæp] *(past tense & past participle* flapped*) verb*
1. **batir: the eagle flapped its wings** el águila batió sus alas
2. **agitarse: the flag flapped in the wind** la bandera se sacudía con el viento.

flash [flæʃ] *(noun & verb)*
■ *noun*
1. el **destello: the flash blinded me for a few seconds** el destello me deslumbró por unos segundos
2. el **flash: this camera has a flash** esta cámara fotográfica tiene flash
➤ **a flash of lightning** un relámpago
■ *verb*
prenderse y apagarse: all the lights are flashing todas las luces se están prendiendo y apagando
➤ **to flash one's headlights** hacer una señal con los faros.

flashlight ['flæʃlaɪt] *noun* ■ **la linterna**.

flat [flæt] *(adjective & noun) adjective*
1. **plano: a flat surface** una superficie plana
2. **llano: the countryside is flat around our town** el paisaje es llano alrededor del pueblo
➤ **a flat tire** un neumático desinflado, una llanta ponchada *Mexico*.

flavor ['fleɪvəʳ] *noun* ■ **el sabor: this soup doesn't have much flavor** este sopa no tiene mucho sabor; **which flavor ice cream do you want?** ¿de qué sabor quieres el helado?

flea [fliː] *noun* ■ **la pulga**
➤ **the flea market** el mercado de las pulgas.

flew [fluː] *past tense* ➤ fly.

flight [flaɪt] *noun* ■ **el vuelo: the flight to Rome is at two o'clock** el vuelo a Roma es a las dos en punto
➤ **a flight of stairs** un tramo de las escaleras.

fling [flɪŋ] *(past tense & past participle* flung*) verb* ■ **arrojar, aventar** *Mexico***: he flung his things on the floor** arrojó sus cosas al piso.

flipper ['flɪpəʳ] *noun* ■ **la aleta: seals have flippers** las focas tienen aletas; **the diver's wearing flippers** el buzo está usando aletas.

float [fləʊt] *verb* ■ **flotar: a bottle is floating in the water** una botella está flotando en el agua.

flock [flɒk] *noun*
1. la **bandada: a flock of birds** una bandada de pájaros
2. el **rebaño: a flock of sheep** un rebaño de ovejas.

flood [flʌd] *(noun & verb)*
■ *noun*
1. la **inundación** *(plural* **las inundaciones***)***: there have been floods in this area** ha habido inundaciones en esta zona

2. la **avalancha: we got a flood of letters** tuvimos una avalancha de cartas

■ *verb*

inundarse: the fields flooded se inundaron los campos.

floor [flɔː^{r}] *noun* ■ el **piso: the floor's wet** el piso está mojado; **which floor do you live on?** ¿en qué piso vives?

➤ **on the first floor** en el primer piso

Floor es un falso amigo, no significa "flor".

floppy disk ['flɒpɪdɪsk] *noun* ■ el **disquete: put the floppy disk into the drive** pon el disquete en la disquetera.

florist ['flɒrɪst] *noun* ■ **el/la florista**

➤ **at the florist's** en la florería.

flour ['flaʊə^{r}] *noun* ■ la **harina**.

flow [fləʊ] *verb* ■ **correr: the water flows through the pipe** el agua corre por la cañería.

flower ['flaʊə^{r}] *(noun & verb)*

■ *noun*

la **flor: a bunch of flowers** un ramo de flores

■ *verb*

florecer: these roses are about to flower estas rosas están por florecer.

flowerpot ['flaʊəpɒt] *noun* ■ la **maceta**.

flown [fləʊn] *past participle* ➤ fly.

flu [fluː] *uncountable noun* ■ la **gripe,** la **gripa** *Colombia, Mexico*: **she has the flu** tiene gripe.

fluent ['fluːənt] *adjective* ■ **she's fluent in Spanish** or **she speaks fluent Spanish** habla español con fluidez.

flung [flʌŋ] *past tense & past participle* ➤ fling.

flush [flʌʃ] *verb* ■ **jalarle, tirar la cadena** *Southern Cone*: **you didn't flush the toilet!** ¡no le jalaste!

flute [fluːt] *noun* ■ la **flauta: he plays the flute** toca la flauta.

fly [flaɪ] *(noun & verb)*

■ *noun*

(plural **flies***)*

1. la **mosca: there's a fly in my soup** hay una mosca en mi sopa
2. la **bragueta: your fly is undone** tienes la bragueta abierta

■ *verb*

(past tense **flew**, *past participle* **flown***)*

1. **volar: thousands of birds flew over us** miles de pájaros volaron por encima nuestro
2. **hacer volar, remontar** *River Plate*: **he's flying a kite** está haciendo volar una cometa
3. **viajar en avión: he flies often** viaja en avión frecuentemente; **I'm afraid of flying** me da miedo viajar en avión
4. **pilotear: can you fly a plane?** ¿sabes pilotar un avión?

fly away *phrasal verb* ■ **salir volando: the bird flew away** el pájaro salió volando.

focus ['fəʊkəs] *(noun & verb)*

■ *noun*

el **foco: you have to adjust the focus** tienes que ajustar el foco

➤ **in focus** enfocado: **the picture is in focus** la foto está enfocada

➤ **out of focus** fuera de foco: **the picture is out of focus** la foto está fuera de foco

■ *verb*

enfocar: she focused the camera enfocó la cámara fotográfica

➤ **to focus on something** centrarse en algo: **he focused on the importance of education** se centró en la importancia de la educación.

fog [fɒg] *noun* ■ la **niebla**.

foggy ['fɒgɪ] *adjective* ■ **it's foggy** hay niebla; **it was a foggy day** era un día de niebla.

fold [fəʊld] *verb* ■ **doblar: I folded the paper in half** doblé el papel por la mitad

➤ **to fold one's arms** cruzarse de brazos: **she folded her arms** se cruzó de brazos.

folder ['fəʊldə^{r}] *noun* ■ la **carpeta: I put my papers in the folder** puse mis papeles en la carpeta.

folding ['fəʊldɪŋ] *adjective* ■ **plegable: a folding chair** una silla plegable.

follow ['fɒləʊ] *verb* ■ **seguir: she was following me** me estaba siguiendo; **follow me!** ¡síganme!

following ['fɒləʊɪŋ] *adjective* ■ **siguiente: it happened the following month** sucedió al mes siguiente
➤ **the following day** al día siguiente.

fond [fɒnd] *adjective*
➤ **to be fond of somebody or something** gustarle alguien o algo: **he's very fond of chocolate** le gusta mucho el chocolate.

food [fu:d] *uncountable noun* ■ **la comida: there's enough food for everyone** hay comida suficiente para todos.

fool [fu:l] *noun* ■ **el/la idiota: what a fool!** ¡qué idiota!

foolish ['fu:lɪʃ] *adjective* ■ **estúpido: it was a foolish decision** fue una decisión estúpida.

foot [fʊt] (*plural* **feet** [fi:t]) *noun* ■ **el pie: I hurt my foot** me lastimé el pie; **let's go on foot** vayamos a pie; **he's six feet tall** mide seis pies.

football ['fʊtbɔ:l] *noun*
1. **el fútbol americano, el futbol americano** *Mexico*: **we went to a football game** fuimos a un partido de fútbol americano
2. **la pelota de fútbol americano: he kicked the football** pateó la pelota de fútbol americano
➤ **a football team** un equipo de fútbol americano.

footprint ['fʊtprɪnt] *noun* ■ **la huella: we saw footprints in the snow** vimos huellas en la nieve.

footstep ['fʊtstep] *noun* ■ **el paso: I heard footsteps on the stairs** oí pasos en las escaleras.

for [fɔ:ʳ] *preposition*
1. **para: this is for you** esto es para ti; **a knife for cutting bread** un cuchillo para cortar pan
2. **por: he paid 200 dollars for the car** pagó 200 dólares por el coche; **thanks for helping me** gracias por ayudarme; **I'm going to California for two weeks** me voy a California por dos semanas; **we are going away for the weekend** vamos a estar fuera por el fin de semana
3. **hace: he has lived in France for five years** vive en Francia desde hace cinco años; **I've been waiting for two hours** hace dos horas que estoy esperando

> When you are talking about completed actions in the past, you should use a verb in the past tense + **durante**:

she lived in Spain for two years vivió en España durante dos años
➤ **for sale** en venta
➤ **T for Tony** la T de Tony
➤ **we walked for miles** caminamos varias millas
➤ **what for?** ¿para qué?: **I need some money — what for?** necesito un poco de dinero — ¿para qué?

forbid [fə'bɪd] (*past tense* **forbade**, *past participle* **forbidden**) *verb* ■ **prohibir: I forbid you to go to that party** te prohibo que vayas a esa fiesta.

forbidden [fə'bɪdn] *adjective* ■ **prohibido: smoking is forbidden** prohibido fumar.

force [fɔ:s] (*noun & verb*)

■ *noun*
la fuerza: the ball hit me with great force la pelota me pegó con mucha fuerza
➤ **by force** a la fuerza: **they took him away by force** se lo llevaron a la fuerza

■ *verb*
obligar: he forced me to tell the truth me obligó a decir la verdad
➤ **to force one's way into something** entrar a la fuerza: **he forced his way into the office** entró a la oficina a la fuerza.

forecast ['fɔ:ka:st] *noun* ■ **el pronóstico**
➤ **the weather forecast** el pronóstico del tiempo: **what's the weather forecast for tomorrow?** ¿cuál es el pronóstico del tiempo para mañana?

forehead ['fɔ:hed] *noun* ■ **la frente**.

foreign ['fɒrən] *adjective* ■ **extranjero: foreign languages** lenguas extranjeras; **she lives in a foreign country** vive en un país extranjero.

foreigner ['fɒrənə^{r}] *noun* ■ **el extranjero, la extranjera: he's a foreigner** es un extranjero.

forest ['fɒrɪst] *noun* ■ **el bosque: she got lost in the forest** se perdió en el bosque.

forever [fə'revə^{r}] *adverb* ■ **para siempre: he's gone forever** se ha ido para siempre; **it won't last forever** no va a durar para siempre.

forgave [fə'geɪv] *past tense* ➤ forgive.

forge [fɔːdʒ] *verb* ■ **falsificar: she forged her mother's signature** falsificó la firma de su madre.

forgery ['fɔːdʒərɪ] *(plural* forgeries*)* *noun* ■ **la falsificación** *(plural* **las falsificaciones***)*: **she was arrested for forgery** fue arrestada por falsificación
➤ **this passport is a forgery** este pasaparte es falso.

forget [fə'get] *(past tense* forgot, *past participle* forgotten*)* *verb* ■ **olvidarse: I've forgotten your address** se me ha olvidado tu dirección; **don't forget to call!** ¡no te olvides de llamar!; **she forgot her purse** se le olvidó el monedero.

forgive [fə'gɪv] *(past tense* forgave, *past participle* forgiven*)* *verb* ■ **perdonar: I forgive you** te perdono; **I forgave him for not telling the truth** lo perdoné por no haber dicho la verdad.

forgot [fə'gɒt] *past tense* ➤ forget.

forgotten [fə'gɒtn] *past participle* ➤ forget.

fork [fɔːk] *noun*

1. **el tenedor: a knife and fork** un cuchillo y un tenedor
2. **la bifurcación** *(plural* **las bifurcaciones***)*: **we came to a fork in the road** llegamos a una bifurcación en el camino.

form [fɔːm] *(noun & verb)*

■ *noun*

1. **la forma: there are different forms of life on the planet** hay diferentes formas de vida en el planeta
2. **el formulario: I filled in the form** rellené el formulario

■ *verb*

formar: the children formed a circle los niños formaron una ronda.

formal ['fɔːml] *adjective* ■ **formal: they made a formal announcement** hicieron un anuncio formal.

former ['fɔːmə^{r}] *adjective*

1. **antiguo: he's a former student of mine** es un antiguo alumno mío
2. **primero: do you mean the former or the latter?** te refieres al primero o al último?

> **Primer is used before a masculine singular noun:**

I'm referring to the former case me refiero al primer caso.

formula ['fɔːmjʊlə] *noun* ■ **la fórmula: they stole the secret formula** se robaron la fórmula secreta.

fort [fɔːt] *noun* ■ **el fuerte.**

fortunately ['fɔːtʃnətlɪ] *adverb* ■ **afortunadamente: fortunately, everyone is safe** afortunadamente, todos están a salvo.

fortune ['fɔːtʃuːn] *noun* ■ **la fortuna: he made his fortune before he was 30** hizo la fortuna antes de cumplir los treinta; **he had the good fortune to get an excellent education** tuvo la buena fortuna de recibir una excelente educación
➤ **to tell somebody's fortune** leerle la suerte a alguien.

forty ['fɔːtɪ] *number* ■ **cuarenta: he's forty** tiene cuarenta años; **forty-one** cuarenta y uno; **forty-two** cuarenta y dos.

forward, forwards ['fɔːwəd, 'fɔːwədz] *adverb* ■ **hacia adelante: he leaned forward** se inclinó hacia adelante
➤ **to move forward** avanzar: **the army is moving forward** el ejército está avanzando

➤ **to put the clocks forward** adelantar los relojes.

fought [fɔːt] *past tense & past participle* ➤ fight.

foul [faʊl] *adjective* ■ **asqueroso: what a foul smell!** ¡qué asqueroso olor!

found [faʊnd] *past tense & past participle* ➤ find.

fountain ['faʊntɪn] *noun* ■ **la fuente: I'll see you at the fountain at eight** nos vemos en la fuente a las ocho
➤ **a fountain pen** una pluma fuente.

four [fɔːʳ] *number* ■ **cuatro: they have four children** tienen cuatro hijos; **she's four** tiene cuatro años; **we went out at four** salimos a las cuatro.

fourteen [ˌfɔː'tiːn] *number* ■ **catorce: he's fourteen** tiene catorce años.

fourth [fɔːθ] *number* ■ **cuarto: he came fourth** llegó cuarto
➤ **it's March fourth** es el cuatro de marzo
➤ **the Fourth of July** el 4 de julio

THE FOURTH OF JULY

El 4 de julio o **Fourth of July,** también llamado **Independence Day,** es una de las fiestas nacionales de mayor importancia en los Estados Unidos; conmemora el momento en que los Estados Unidos declaró su independencia de Inglaterra en el año 1776. Como parte de los festejos se organizan desfiles por las calles, y por la noche se encienden castillos de fuegos artificiales en los que predominan los colores rojo, blanco y azul. Los edificios se decoran con adornos de estos mismos colores o con banderas estadounidenses.

fox [fɒks] *(plural* foxes [fɒksɪz]*) noun* ■ **el zorro**.

fraction ['frækʃn] *noun* ■ **la fracción** *(plural* **las fracciones**).

fragile ['frædʒaɪl] *adjective* ■ **frágil**.

frame [freɪm] *noun* ■ **el marco: I put the photo in a frame** puse la foto en un marco.

fraternity [frə'tɜːrnəti] *noun* ■ *asociación estudiantil*

FRATERNITY

Los clubes de estudiantes masculinos (**fraternities**) son un elemento sobresaliente de la vida social universitaria estadounidense. Cada club posee su propio nombre, constituido por letras del alfabeto griego y tiene su sede en el edificio donde reside la mayoría de sus miembros. Estos clubes realizan trabajos para instituciones de asistencia social, pero también son famosas sus juergas con alcohol y sus ceremonias secretas. Algunas universidades han decidido prohibirlos porque sus ceremonias de iniciación incluían novatadas crueles y peligrosas.

freckle ['frekl] *noun* ■ **la peca: Rachel has freckles** Raquel tiene pecas.

free [friː] *(adjective & verb)*

■ *adjective*

1. **libre: are you free tonight?** ¿estás libre esta noche?; **is this seat free?** ¿está libre este asiento?
2. **gratis: the tickets are free** los boletos son gratis; **it's free of charge** es gratis

➤ **you're free to go** puedes irte

■ *verb*

liberar: they freed the prisoners liberaron a los prisioneros.

freedom ['friːdəm] *noun* ■ **la libertad: freedom of speech** libertad de expresión.

freeway ['friːweɪ] *noun* ■ **la autopista**.

freeze [friːz] *(past tense* froze*, past participle* frozen*) verb*

1. **congelarse: the lake had frozen overnight** el lago se congeló durante la noche
2. **congelar: I froze the chicken** congelé el pollo.

freezer ['friːzəʳ] *noun* ■ **el congelador: she put the ice cream in the freezer** puso el helado en el congelador.

freezing ['friːzɪŋ] *adjective* ■ **helado: your hands are freezing** tienes las manos heladas
➤ **I'm freezing** me estoy helando de frío
➤ **it's freezing today** hoy hace un frío espantoso.

French [frentʃ] *(adjective & noun)*
■ *adjective*

Remember not to use a capital letter for the adjective in Spanish:

francés (*feminine* **francesa**)**: I like French cooking** me gusta la cocina francesa
➤ **French fries** papas fritas, papas a la francesa *Colombia, Mexico*
■ *noun*

In Spanish, a capital letter is not used for the language or the inhabitants of a country or region:

el francés: he speaks French habla francés
➤ **the French** los franceses.

frequent ['friːkwənt] *adjective* ■ **frecuente: accidents are frequent here** los accidentes son frecuentes aquí.

frequently ['friːkwəntlɪ] *adverb* ■ **frecuentemente**.

fresh [freʃ] *adjective*
1. **fresco: fresh bread** pan fresco
2. **nuevo: start a fresh page** comienza una página nueva
➤ **he wants to make a fresh start** quiere empezar de nuevo
➤ **fresh air** aire fresco: **let's go and get some fresh air** vamos a salir a tomar un poco de aire fresco.

freshen up ['freʃnʌp] *phrasal verb* ■ **refrescarse: I'm just going to freshen up** sólo voy a refrescarme.

Friday ['fraɪdɪ] *noun* ■ **el viernes** *(plural* **los viernes***)*: **it's Friday today** hoy es viernes; **next Friday** el próximo viernes; **last Friday** el viernes pasado
➤ **on Friday** el viernes: **I'll see you on Friday** te veo el viernes
➤ **on Fridays** los viernes: **Sam goes swimming on Fridays** Sam va a nadar los viernes

In Spanish the days of the week do not start with a capital letter.

fried [fraɪd] *(adjective & verb form)*
■ *adjective*
frito: fried chicken pollo frito
➤ **a fried egg** un huevo frito, un huevo estrellado *Mexico*
■ *past participle*
➤ **fry**.

friend [frend] *noun* ■ **el amigo, la amiga: we're friends** somos amigos; **Sally is my best friend** Sally es mi mejor amiga
➤ **to make friends** hacer amigos: **she has trouble making friends** tiene problemas para hacer amigos.

friendly ['frendlɪ] *adjective* ■ **simpático: he's very friendly** es muy simpático
➤ **they gave her a friendly welcome** le dieron una cordial bienvenida.

friendship ['frendʃɪp] *noun* ■ **la amistad**.

fries [fraɪz] *plural noun* ■ **las papas fritas,** las **papas a la francesa** *Colombia, Mexico*: **she ordered a burger with fries** pidió una hamburguesa con papas fritas.

fright [fraɪt] *noun* ■ **el miedo: she was pale with fright** estaba pálida de miedo
➤ **to give someone a fright** darle un susto a alguien: **she gave me a fright** me dio un susto.

frighten ['fraɪtn] *verb* ■ **asustar: you frightened me** me asustaste.

frightened ['fraɪtnd] *adjective*
➤ **to be frightened** estar asustado: **we were cold, frightened and tired** teníamos frío y estábamos asustados y cansados.

frightening ['fraɪtnɪŋ] *adjective* ■ **aterrador** (*feminine* **aterradora**)**: she told us a frightening story** nos contó un cuento aterrador.

frog [frɒg] *noun* ■ **la rana**.

from [frəm, frɒm] *preposition*

1. **de: I got a letter from my brother** recibí una carta de mi hermano; **I come from Chicago** soy de Chicago; **the house is 5 miles from the sea** la casa queda a 5 millas del mar

> Remember that **de + el = del**.

2.

> When you say what country a person is from, you should use an adjective to give the person's nationality in Spanish:

Andy is from Canada Andy es canadiense

3. **desde: from the bridge you can see the quay** desde el puente puedes ver el muelle

➤ **from now on** a partir de ahora: **from now on I'll be working at the other store** a partir de ahora trabajaré en la otra tienda

➤ **from ... to ...** desde ... hasta ...: **the bank is open from 9 a.m. to 4 p.m.** el banco abre desde las 9 de la mañana hasta las 4 de la tarde.

front [frʌnt] *(adjective & noun)*

■ *adjective*

1. **de adelante: they are playing in the front yard** están jugando en el jardín de adelante
2. **primero: we sat in the front row** nos sentamos en la primera fila

➤ **the front door** la puerta principal

■ *noun*

la **parte delantera: the front of your shirt is dirty** la parte delantera de la camisa está sucia

➤ **in front of** delante de: **George is standing in front of the house** George está parado delante de la casa

➤ **in front** adelante: **Bob was walking in front** Bob iba caminando adelante.

frontier ['frʌn,tɪəʳ] *noun* ■ **la frontera**.

frost [frɒst] *noun* ■ **la escarcha: there was frost on the windows** había escarcha en las ventanas.

frosting ['frɒstɪŋ] *noun* ■ **el glaseado, el betún** *Chile, Mexico*: **chocolate frosting** glaseado de chocolate.

frown [fraʊn] *verb* ■ **fruncir el ceño**

➤ **to frown at someone** mirar a alguien con el ceño fruncido: **she frowned at me** me miró con el ceño fruncido.

froze [frəʊz] *past tense* ➤ freeze.

frozen [frəʊzn] *(adjective & verb form)*

■ *adjective*

congelado: she bought some frozen vegetables compró verduras congelados; **my hands are frozen** tengo las manos congeladas

■ *past participle*

➤ freeze.

fruit [fruːt] *uncountable noun* ■ **la fruta: a piece of fruit** una fruta

➤ **fruit juice** jugo de fruta

➤ **fruit salad** ensalada de frutas.

fry [fraɪ] *(past tense & past participle* fried*) verb* ■ **freír: he's frying some fish** está friendo pescado.

frying pan ['fraɪɪŋ,pæn] *noun* ■ **el/la sartén**.

ft. *(abbreviation of* foot *or* feet*)* **he's 6 ft. tall** mide 6 pies de alto.

fuel [fjʊəl] *noun* ■ **el combustible: our fuel supplies are running low** nos queda poco combustible.

full [fʊl] *adjective*

1. **lleno: the hotel is full** el hotel está lleno; **the glass is full of water** el vaso está lleno de agua
2. **completo: please state your full name** escriba su nombre completo, por favor

➤ **a full moon** luna llena: **there's a full moon tonight** hay luna llena esta noche

➤ **at full speed** a toda velocidad.

full-time ['fʊltaɪm] *(adjective & adverb)*

■ *adjective*

de tiempo completo: he has a full-time job tiene un trabajo de tiempo completo

■ *adverb*

tiempo completo: he works full-time trabaja tiempo completo.

fully ['fʊlɪ] *adverb* ■ **totalmente: she never fully recovered** nunca se recuperó totalmente.

fun [fʌn] *(adjective & noun)*

■ *adjective*
divertido: Steve is such a fun guy Steve es un tipo muy divertido

■ *noun*
➤ **to have fun** divertirse: **we had so much fun today** nos divertimos mucho hoy
➤ **have fun!** ¡que te divertas!
➤ **to be fun** ser divertido: **this game is a lot of fun** este juego es muy divertido
➤ **to make fun of somebody** reírse de alguien: **don't make fun of your brother** no te rías de tu hermano.

funeral ['fjuːnərəl] *noun* ■ el **funeral**.

funny ['fʌnɪ] *adjective*
1. **divertido: the movie is very funny** la película es muy divertida
2. **raro: what a funny smell!** ¡qué olor tan raro!

fur [fɜːʳ] *noun* ■ el **pelo: he was stroking the cat's fur** estaba acariciando el pelo del gato
➤ **a fur coat** un abrigo de piel.

furious ['fjʊərɪəs] *adjective* ■ **furioso: he's furious with me** está furioso conmigo.

furniture ['fɜːnɪtʃəʳ] *uncountable noun* ■ los **muebles: the furniture is very modern** los muebles son muy modernos; **a piece of furniture** un mueble.

further ['fɜːðəʳ] *(comparative of* **far***) (adverb & adjective)*

■ *adverb*
más lejos: they went a little further fueron un poco más lejos
➤ **is it much further?** ¿cuánto falta?

■ *adjective*
do you have any further questions? ¿tienen más preguntas?
➤ **until further notice** hasta nuevo aviso: **the concert is postponed until further notice** el concierto se posterga hasta nuevo aviso.

furthest ['fɜːðɪst] *(superlative of* **far***) (adverb & adjective)*

■ *adverb*
más lejos: he walked furthest fue el que más lejos caminó

■ *adjective*
más alejado: the furthest house la casa más alejada.

fuse [fjuːz] *noun* ■ el **fusible: one of the fuses blew** se fundió uno de los fusibles.

fuss [fʌs] *noun* ■ el **alboroto: what's all the fuss about?** ¿a qué viene tanto alboroto?
➤ **to make a fuss** armar un escándalo: **please don't make a fuss** por favor, no armen un escándalo.

fussy ['fʌsɪ] *adjective* ■ **quisquilloso: he's such a fussy eater** es tan quisquilloso con la comida.

future ['fjuːtʃəʳ] *noun* ■ el **futuro: we can't predict the future** no podemos predecir el futuro; **I won't help you in future** no te ayudaré en el futuro
➤ **the future tense** el futuro.

g

gadget ['gædʒɪt] *noun* ■ el **aparato**.

gain [geɪn] *verb* ■ **conseguir: what do you hope to gain by behaving like this?** ¿qué esperas conseguir comportándote así?
➤ **to gain weight** engordar: **he gained a lot of weight** engordó mucho
➤ **he managed to gain my respect** consiguió ganarse mi respeto
➤ **what did you gain from your experience?** ¿qué provecho sacaste de tu experiencia?

gallery ['gæləri] *(plural* galleries*) noun* ■ la **galería: we visited an art gallery** fuimos a una galería de arte; **he bought a painting from a gallery** compré un cuadro en una galería.

gallon ['gælən] *noun* ■ el **galón** *(plural* los **galones***)*.

gallop ['gæləp] *(noun & verb)*

■ *noun*
el **galope**

■ *verb*
galopar: the horses galloped along the beach los caballos galopaban por la playa.

gamble ['gæmbl] *verb* ■ **jugar: she gambled 100 dollars** jugó 100 dólares.

gambling ['gæmblɪŋ] *noun* ■ el **juego: gambling is banned in this state** el juego está prohibido en este estado.

game [geɪm] *noun*

1. el **juego: a computer game** un juego de computadora
2. el **partido: what time is the football game?** ¿a qué hora es el partido de fútbol?

gang [gæŋ] *noun* ■ la **pandilla**.

gap [gæp] *noun*

1. la **abertura: they went through a gap in the fence** pasaron por una abertura en la valla
2. la **laguna: there are big gaps in his knowledge** tiene grandes lagunas en sus conocimientos
3. la **brecha: the gap between rich and poor** la brecha entre ricos y pobres; **there's a large age gap between us** hay una gran brecha generacional entre nosotros

➤ **she has a gap in her teeth** tiene los dientes separados.

garage ['gæra:ʒ, 'gærɪdʒ] *noun* ■ el **garage: the house has a two-car garage** la casa tiene un garage para dos coches.

garbage ['ga:bɪdʒ] *noun* ■ la **basura**

➤ **a garbage can** un cubo de la basura, un basurero *Chile, Mexico,* un tacho de la basura *Peru, Southern Cone,* un bote de la basura *Mexico,* una caneca *Colombia,* un tobo de la basura *Venezuela*

➤ **a garbage truck** el camión de la basura.

garden ['ga:dn] *noun* ■ el **jardín** *(plural* los **jardines***)*.

gardener ['ga:dnəʳ] *noun* ■ el **jardinero,** la **jardinera**.

gardening ['ga:dnɪŋ] *noun* ■ la **jardinería: she loves gardening** le encanta la jardinería.

garlic ['ga:lɪk] *noun* ■ el **ajo**

➤ **garlic bread** pan de ajo.

gas [gæs] *noun*

1. el **gas: a gas stove** una cocina a gas, una estufa de gas *Colombia, Mexico*
2. la **gasolina,** la **nafta** *River Plate*: **my car is almost out of gas** casi no le queda gasolina al coche

➤ **a gas station** una estación de servicio, una estación de nafta *River Plate,* una bomba *Andes, Venezuela*.

gasoline ['gæsəli:n] *noun* ■ la **gasolina,** la **nafta: it takes unleaded gasoline** consume gasolina sin plomo.

gate [geɪt] *noun*

1. el **portón** *(plural* los **portones***)*: **I opened the gate and walked up the path** abrí el portón y caminé por el sendero
2. la **puerta: we'll be boarding at gate 4** vamos a embarcar por la puerta 4.

gather ['gæðəʳ] *verb*

1. **juntarse: people are gathering in front of the embassy** la gente se está juntando delante de la embajada
2. **recoger: she's gathering blackberries** está recogiendo moras

➤ **to gather speed** adquirir velocidad: **the train was gathering speed** el tren iba adquiriendo velocidad.

gave [geɪv] *past tense* ➤ give.

gaze [geɪz] *verb* ■ **mirar: she's gazing out of the window** está mirando por la ventana.

gear [gɪəʳ] *noun*

1. el **cambio: my bike has ten gears** mi bici tiene diez cambios; **he changed gear** hizo un cambio

2. el **equipo**: **he had all his fishing gear** tenía todo su equipo de pesca.

geese *plural* ➤ goose.

gel [dʒel] *noun* ■ el **gel**
➤ **hair gel** gel para el pelo.

gem [dʒem] *noun* ■ la **gema**.

gene [dʒiːn] *noun* ■ el **gen**.

general ['dʒenərəl] *(adjective & noun)*
■ *adjective*
general: **it's a general question** es una pregunta general
➤ **general knowledge** cultura general
➤ **the general public** el público en general
➤ **in general** en general
■ *noun*
el/la **general**: **he's a general in the army** es general del ejército.

generally ['dʒenərəlɪ] *adverb* ■ **generalmente**: **they generally go to bed at 10 o'clock** generalmente se acuestan a las diez.

generation [ˌdʒenə'reɪʃn] *noun* ■ la **generación** *(plural* las **generaciones**): **the younger generation** la generación más joven.

generous ['dʒenərəs] *adjective* ■ **generoso**: **he's very generous** es muy generoso.

genius ['dʒiːnjəs] *noun* ■ el **genio**: **she's a genius** es un genio.

gentle ['dʒentl] *adjective*
1. **dulce**: **he's very gentle with the baby** es muy dulce con el bebé
2. **suave**: **there's a gentle breeze** hay una brisa suave.

gentleman ['dʒentlmən] *(plural* gentlemen ['dʒentlmən]*) noun* ■ el **caballero**: **come in, gentlemen!** ¡entren, caballeros!

genuine ['dʒenjʊɪn] *adjective*
1. **auténtico**: **it's genuine gold** es oro auténtico
2. **sincero**: **she's very genuine** es muy sincera.

geography [dʒɪ'ɒgrəfɪ] *noun* ■ la **geografía**.

germ [dʒɜːm] *noun* ■ el **germen** *(plural* los **gérmenes**).

gesture ['dʒestʃə^r] *noun* ■ el **gesto**.

get [get] *(past tense* got*, past participle* gotten*) verb*
1. *When get means "receive"* **recibir**: **I got a letter from my brother** recibí una carta de mi hermano
2. *When get means "achieve"* **sacar**: **she gets good grades** saca buenas notas
3. *When get means "find"* **conseguir**: **where did you get that book?** ¿dónde conseguiste ese libro?
4. *When get means "buy"* **comprar**: **I'm going to the store to get some milk** voy a la tienda a comprar leche; **I don't know what to get Harry for his birthday** no sé qué comprarle a Harry para su cumpleaños
5. *When get means "bring"* **traer**: **go and get the doctor** ve y trae al doctor; **can you get my slippers?** ¿me puedes traer las zapatillas?
6. *When get means "catch"* **agarrar**: **he got a cold** agarré un resfriado; **did they get the thief?** ¿agarraron al ladrón?
7. *When get means "take"* **tomar**: **let's get a cab to the station** tomemos un taxi hasta la estación
8. *When get means "become"*

> When **get** means "become" and is followed by an adjective, it can sometimes be translated by **hacerse** + adjective. You will often find there is a single verb in Spanish that can replace **hacerse** + adjective (to get angry = **enojarse**):

she's getting old se está haciendo vieja; **he got angry** se enojó; **he got married last June** se casó en junio pasado; **it's getting dark** está oscureciendo
9. *When get means "arrive" or "go"* **llegar**: **when did you get here?** ¿cuándo llegaron aquí?; **how do you get to the station?** ¿cómo llegas a la estación?
10. *When get means "understand"* **entender**: **I didn't get the joke** no entendí el chiste ➤ have

➤ **to get something ready** preparar algo: **he's getting dinner ready** está preparando la cena

get along *phrasal verb* ■ **llevarse bien: my brother and I don't get along** mi hermano y yo no nos llevamos bien; **I don't get along with Sam** no me llevo bien con Sam.

get away *phrasal verb* ■ **escaparse: the thief got away** el ladrón se escapó.

get back *phrasal verb*
1. **regresar: I got back late** regresé tarde
2. **devolver: did you get your money back?** ¿te devolvieron el dinero?

get in *phrasal verb*
1. **entrar: they got in through the window** entraron por la ventana
2. **entrar a: get in the car!** ¡entren al coche!

get off *phrasal verb*
1. **bajarse de: he got off the bus** se bajó del autobús
2. **bajarse: where do we get off?** ¿dónde tenemos que bajarnos?

get on *phrasal verb* ■ **subirse a: they got on the train** se subieron al tren.

get out *phrasal verb* ■ **salir por: I got out the window** salí por la ventana
➤ **she got out of the taxi** se bajó del taxi
➤ **get out!** ¡fuera!

get up *phrasal verb* ■ **levantarse: what time did you get up?** ¿a qué hora te levantaste?; **Sam gets up at dawn** Sam se levanta al amanecer.

ghost [gəʊst] *noun* ■ el **fantasma: do you believe in ghosts?** ¿crees en fantasmas?

giant ['dʒaɪənt] *noun* ■ el **gigante,** la **giganta.**

gift [gɪft] *noun*
1. el **regalo: I gave her a gift** le di un regalo; **a gift shop** una tienda de regalos
2. el **don: she has a gift for languages** tiene un don para los idiomas.

gifted ['gɪftɪd] *adjective* ■ **talentoso: his son is gifted** su hijo es talentoso.

gigantic [dʒaɪ'gæntɪk] *adjective* ■ **gigantesco: they live in a gigantic house** viven en una casa gigantesca.

giggle ['gɪgl] *verb* ■ **reírse tontamente: the girls were giggling** las niñas se estaban riendo tontamente.

ginger ['dʒɪndʒəʳ] *noun* ■ el **jengibre: there's a bit of ginger in the sauce** la salsa tiene un poco de jengibre.

giraffe [dʒɪ'rɑːf] *noun* ■ la **jirafa.**

girl [gɜːl] *noun* ■ la **niña: a little girl** una niña pequeña
➤ **a Girl Scout** una scout.

girlfriend ['gɜːlfrend] *noun*
1. la **novia: Bob has a new girlfriend** Bob tiene una novia nueva
2. la **amiga: she went out with her girlfriends** salió con sus amigas.

give [gɪv] *(past tense* gave*, past participle* given*) verb*
1. **dar: to give something to somebody** darle algo a alguien; **give me the book** dame el libro; **give it to me!** ¡dámelo!; **he gave them some money** les dio algo de dinero
2. **regalar: she gave him a CD for his birthday** le regaló un CD para su cumpleaños
➤ **to give somebody a present** hacerle un regalo a alguien
➤ **to give something back to somebody** devolverle algo a alguien, regresarle algo a alguien *Latin America except Southern Cone:* **he gave the book back to me** me devolvió el libro

give up *phrasal verb*
1. **rendirse: it's too hard, I give up** es muy difícil, me rindo
2. **dejar de: he gave up smoking** dejó de fumar.

given ['gɪvn] *past participle* ➤ give.

glad [glæd] *adjective* ■

Alegrarse de que is followed by a verb in the subjunctive:

➤ **to be glad** alegrarse: **I'm glad you came** me alegro de que hayas venido.

glamor ['glæmə^r] *noun* ■ el **glamour: the glamor of Hollywood** el glamour de Hollywood.

glamorous ['glæmərəs] *adjective*
1. **glamoroso: she's very glamorous** es muy glamorosa
2. **atractivo: she has a glamorous job** tiene un trabajo atractivo.

glance [glɑːns] *(noun & verb)*
■ *noun*
la **mirada: have a quick glance at this** échale una mirada rápida a esto
➤ **at first glance** a primera vista
■ *verb*
➤ **to glance at something** echarle una mirada a algo: **he glanced at his watch** le echó una mirada a su reloj.

glass [glɑːs] *noun*
1. el **vaso: can I have a glass of water?** ¿me podrías dar un vaso de agua?
2. el **vidrio: it's made of glass** es de vidrio.

glasses ['glɑːsɪz] *plural noun* ■ los **anteojos: I can't see without my glasses** no veo sin mis anteojos.

glide [glaɪd] *verb* ■ **deslizarse: they glided around the dance floor** se deslizaban por la pista de baile.

glitter ['glɪtə^r] *(verb & noun)*
■ *noun*
la **diamantina,** los **brillantes** *Argentina*, la **brillantina** *Uruguay*
■ *verb*
brillar: the diamond glittered in the light el diamante brillaba en la luz.

global ['gləʊbl] *adjective* ■ **global**
➤ **global warming** calentamiento global.

globe [gləʊb] *noun* ■ el **globo terráqueo**.

gloomy ['gluːmɪ] *adjective*
1. **lúgubre: this is such a gloomy house** ésta es una casa tan lúgubre
2. **triste: you look gloomy today** te ves triste hoy.

glorious ['glɔːrɪəs] *adjective* ■ **espléndido: what a glorious day!** ¡qué día tan espléndido!

glove [glʌv] *noun* ■ el **guante: he was wearing black gloves** usaba guantes negros.

glow [gləʊ] *(noun & verb)*
■ *uncountable noun*
la **luz: the fire gave off a warm glow** el fuego daba una luz cálida
■ *verb*
brillar: the fire was glowing el fuego brillaba.

glue [gluː] *(noun & verb)*
■ *noun*
la **goma: use some glue to stick the pieces back together** usa un poco de goma para pegar los pedazos
■ *verb*
pegar: he glued the two pieces together pegó los dos pedazos
➤ **to be glued to something** estar pegado a algo: **we were glued to the TV all day** estuvimos pegados a la tele todo el día.

go [gəʊ] *verb (past tense* **went**, *past participle* **gone***)*
1. **ir: I'm going to Australia** voy a Australia; **we went for a walk** fuimos a dar un paseo; **how's it going?** ¿cómo va todo?
2. **salir: the train has already gone** el tren ya salió; **we're going on vacation** vamos a salir de vacaciones
3. **irse: she left home** se fue de la casa; **I must be going now** ya tengo que irme; **let's go!** ¡vámonos!
4. **pasar: time goes quickly** el tiempo pasa rápido
5. **resultar: the party went well** la fiesta resultó bien
6. **andar: the car won't go** el coche no anda
➤ **to be going to** ir a: **it's going to rain** va a llover
what are you going to do? ¿qué vas a hacer?
I'm going to call my parents voy a llamar a mis papás
➤ **he went crazy** se volvió loco
➤ **her hair has gone white** se la ha puesto el pelo blanco

➤ **ready, set, go!** ¡preparados, listos, ya!

go away *phrasal verb* ■ **irse: she went away** se fue
➤ **go away!** ¡vete!

go back *phrasal verb* ■ **volver: I went back to the store** volví a la tienda
➤ **to go back to sleep** volverse a dormir: **I couldn't go back to sleep** no pude volverme a dormir.

go down *phrasal verb* ■ **bajar: she has gone down to the cellar** bajó al sótano; **we went down the hill** bajamos el cerro; **prices have gone down** bajaron los precios.

go in *phrasal verb* ■ **entrar: Sam knocked on the door and went in** Sam golpeó en la puerta y entró.

go off *phrasal verb*
1. **explotar: the bomb went off** la bomba explotó
2. **sonar: the alarm clock went off at 6 a.m.** el despertador sonó a las 6 de la mañana
3. **irse: she went off without me** se fue sin mí
4. **apagarse: the heating went off** se apagó la calefacción.

go on *phrasal verb*
1. **seguir: they went on talking** siguieron hablando
2. **pasar: what's going on?** ¿qué pasa?

go out *phrasal verb* ■ **salir: I'm going out tonight** voy a salir esta noche; **he's going out with Tina** está saliendo con Tina.

go up *phrasal verb* ■ **subir: they went up the hill** subieron el cerro; **prices have gone up** subieron los precios.

goal [gəʊl] *noun*
1. el **objetivo: our goal is to succeed** nuestro objetivo es triunfar
2. el **gol: he scored the winning goal** marcó el gol de la victoria.

goalkeeper, goalie ['gəʊl,kiːpəʳ, gəʊli] *noun* ■ el **arquero,** la **arquera.**

goat [gəʊt] *noun* ■ la **cabra.**

god [gɒd] *noun* ■ el **dios: she believes in God** cree en Dios
➤ **oh my God!** ¡Dios mío!

goddess ['gɒdɪs] *noun* ■ la **diosa.**

godfather ['gɒd,faːðəʳ] *noun* ■ el **padrino.**

godmother ['gɒd,mʌðəʳ] *noun* ■ la **madrina.**

goes [gəʊz] ➤ **go.**

goggles ['gɒglz] *plural noun* ■ los **anteojos**
➤ **safety goggles** anteojos protectores
➤ **swimming goggles** anteojos de natación.

gold [gəʊld] *uncountable noun* ■ el **oro: it's made of gold** es de oro; **he gave her a gold ring** le regaló un anillo de oro
➤ **a gold medal** una medalla de oro.

golden ['gəʊldən] *adjective* ■ **dorado.**

goldfish ['gəʊldfɪʃ] *(plural* **goldfish***)* *noun* ■ el **pez de colores** *(plural* los **peces de colores***)*.

goldmine ['gəʊldmaɪn] *noun* ■ la **mina de oro.**

golf [gɒlf] *noun* ■ el **golf: he plays golf** juega golf
➤ **a golf ball** una pelota de golf
➤ **a golf club** un club de golf
➤ **a golf course** un campo de golf.

gone [gɒn] *past participle* ➤ **go.**

good [gʊd] *(adjective & noun)*

■ *adjective*
bueno

> **Bueno** becomes **buen** before a masculine noun:

it's a really good book es un libro realmente bueno; **did you have a good vacation?** ¿tuvieron unas buenas vacaciones?; **have a good day!** ¡que tengas un buen día!; **that cake looks good** la pastel parece bueno; **exercise is good for you** el ejercicio es muy bueno
➤ **be good!** ¡portarte bien!
➤ **they were very good to me** se portaron muy bien conmigo

➤ **to have a good time** pasarlo bien, pasarla bien *Mexico:* **did you have a good time?** ¿lo pasaste bien?
➤ **good morning!** ¡buenos días!
➤ **good afternoon!** ¡buenas tardes!
➤ **good evening!** ¡buenas tardes!
➤ **good night!** ¡buenas noches!
■ *noun*
el **bien: good and evil** el bien y el mal
➤ **it'll do you good** te va a hacer bien
➤ **it's no good crying** de nada sirve llorar
➤ **for good** para siempre: **she left for good** se fue para siempre.

goodbye [ˌgʊd'baɪ] *exclamation* ■ **¡adiós!**

good-looking [gʊd'lʊkɪŋ] *adjective* ■ **buenmozo, guapo** *Mexico*: **he's very good-looking** es muy buenmozo.

goose [guːs] (*plural* **geese** [giːs]) *noun* ■ **el ganso**.

gorgeous ['gɔːdʒəs] *adjective*
1. **precioso: what a gorgeous hat!** ¡qué sombrero tan precioso!
2. **guapísimo: she's gorgeous** es guapísima.

gorilla [gə'rɪlə] *noun* ■ **el/la gorila**.

gossip ['gɒsɪp] *(noun & verb)*
■ *noun*
1. los **chismes: that's just gossip** son sólo chismes
2. el **chismoso,** la **chismosa: she's a real gossip** es muy chismosa
➤ **a piece of gossip** un chisme
■ *verb*
chismear
➤ **to gossip about somebody** chismear sobre alguien.

got [gɒt] *past tense & past participle* ➤ get.

gotten ['gɒtn] *past participle* ➤ get.

government ['gʌvnmənt] *noun* ■ **el gobierno**.

grab [græb] (*past tense & past participle* **grabbed**) *verb* ■ **agarrar: he grabbed the rope** agarró la cuerda.

graceful ['greɪsfʊl] *adjective* ■ **lleno de gracia: the dancer's movements are graceful** los movimientos de la bailarina son llenos de gracia.

grade [greɪd] *noun*
1. la **nota: she always gets good grades** siempre saca buenas notas
2. el **año: what grade are you in?** ¿en qué año estás?
➤ **grade school** escuela primaria.

gradually ['grædʒʊəlɪ] *adverb* ■ **poco a poco: things gradually got better** las cosas mejoraron poco a poco.

graduate ['grædʒʊət] *(noun & verb)*
■ *noun*
el **licenciado,** la **licenciada: she's a university graduate** es licenciada universitaria
■ *verb*
recibirse: I graduated in 1997 me recibí en 1997

GRADUATE SCHOOL

Muchos estudiantes universitarios en Estados Unidos continúan sus estudios en una **graduate school** tras alcanzar la licenciatura. Allí pueden obtener primero la maestría y después el doctorado. Para ingresar a la graduate school hay que presentar el GRE, un examen que requieren las universidades para admisión a los programas de posgrado. Aunque continuar los estudios puede resultar muy caro, el título de posgrado casi se ha convertido en requerimiento para trabajar en ciertos campos.

graffiti [grə'fiːtɪ] *noun* ■ **las pintadas: there's some graffiti on the wall** hay unas pintadas en la pared.

grain [greɪn] *noun*
1. el **grano: a grain of sand** un grano de arena
2. el **cereal: this bread contains several grains** este pan contiene varios cereales.

gram [græm] *noun* ■ **el gramo: there are 1000 grams in a kilo** un kilo tiene 1000 gramos.

grammar ['græməʳ] *noun* ■ la **gramática**.

grandchild ['græntʃaɪld] *(plural* grandchildren ['græntʃɪldrən]*) noun* ■ el **nieto,** la **nieta: Mrs. Evans has four grandchildren** la señora Evans tiene cuatro nietos.

granddaughter ['græn,dɔːtəʳ] *noun* ■ la **nieta**.

grandfather ['græn,faːðəʳ] *noun* ■ el **abuelo**.

grandma ['grænmaː] *noun* ■ *informal* la **abuelita**.

grandmother ['græn,mʌðəʳ] *noun* ■ la **abuela**.

grandpa ['grænpaː] *noun* ■ *informal* el **abuelito**.

grandparents ['græn,peərənts] *plural noun* ■ los **abuelos**.

grandson ['grænsʌn] *noun* ■ el **nieto**.

granny ['grænɪ] *(plural* grannies [græniːz]*) noun* ■ *informal* la **abuelita**.

grant [graːnt] *(noun & verb)*

■ *noun*
la **beca: they have a research grant** tienen una beca de investigación

■ *verb*
conceder: he granted us permission to enter nos concedió permiso para entrar.

grape [greɪp] *noun* ■ la **uva**
➤ **a bunch of grapes** un racimo de uvas.

grapefruit ['greɪpfruːt] *noun* ■ la **toronja** *Latin America except Southern Cone,* el **pomelo** *Southern Cone*.

graph [graːf] *noun* ■ el **gráfico: the graph shows the company's profits** el gráfico muestra las ganancias de la empresa.

grasp [graːsp] *verb* ■ **agarrar: he grasped my hand** me agarró la mano.

grass [graːs] *noun* ■ el **pasto**.

grasshopper ['graːs,hɒpəʳ] *noun* ■ el **saltamontes** *(plural* los **saltamontes***),* el **chapulín** *(plural* los **chapulines** *Mexico)*.

grate [greɪt] *verb* ■ **rallar: can you grate some cheese on the pasta?** ¿podrías rallar un poco de queso en la pasta?

grateful ['greɪtfʊl] *adjective* ■ **agradecido: I'm very grateful to you** estoy muy agradecido de ti.

grave [greɪv] *noun* ■ la **tumba: I placed some flowers on the grave** puse unas flores en la tumba.

graveyard ['greɪvjaːd] *noun* ■ el **cementerio**.

gravity ['grævətɪ] *noun* ■ la **gravedad: the force of gravity** la fuerza de la gravedad.

gravy ['greɪvɪ] *noun* ■ la **salsa**.

gray [greɪ] *adjective* ■ **gris: the sky is gray** el cielo está gris
➤ **she has gray hair** tiene el pelo canoso.

grease [griːs] *noun* ■ la **grasa: the mechanic's hands are covered in grease** las manos del mecánico están llenas de grasa.

greasy ['griːzɪ] *adjective*
1. **graso: her hair was greasy** tenía pelo graso
2. **grasiento: a greasy rag** un trapo grasiento.

great [greɪt] *adjective*
1. **grande**

> **Grande** becomes **gran** before a masculine singular noun:

it's a great success es un gran éxito
2. *informal* **sensacional: he's a great guy** es un tipo sensacional; **what a great view!** ¡que vista tan sensacional!
➤ **I feel great** me siento estupendo
➤ **a great deal of** mucho: **he has a great deal of money** tiene mucho dinero.

Great Britain ['greɪt'brɪtn] *noun* ■ **Gran Bretaña** *(feminine)*.

greedy ['griːdɪ] *adjective*
1. **glotón** *(plural* **glotones***),* **glotona: I want some more cake – don't be greedy!** quiero un poco más de pastel – ¡no seas glotón!

2. **codicioso: a greedy businessman** un hombre de negocios codicioso.

green [griːn] *adjective* ■ **verde: she has green eyes** tiene los ojos verdes
➤ **a green light** una luz verde
➤ **a green salad** una ensalada verde.

greenhouse ['griːnhaʊs] *noun* ■ el **invernadero**.

greet [griːt] *verb* ■ **saludar: I greeted him with a wave** lo saludé con la mano.

greeting card ['griːtiŋkɑːd] *noun* ■ la **tarjeta de felicitación**.

grew [gruː] *past tense* ➤ grow.

grief [griːf] *noun* ■ el **dolor**.

grill [gril] *(noun & verb)*

■ *noun*
la **parrilla: he cooked the fish on the grill** hizo el pescado en la parrilla

■ *verb*
asar a la parrilla: I grilled the chicken asé el pollo a la parrilla.

grin [grin] *(noun & verb)*

■ *noun*
la **sonrisa: he had a big grin on his face** tenía una gran sonrisa en la cara

■ *verb*
sonreír: she was grinning at me me estaba sonriendo.

grind [graind] *(past tense & past participle* ground*)* *verb* ■ **moler: it's for grinding spices** sirve para moler especias.

grip [grip] *(past tense & past participle* gripped*)* *verb* ■ **agarrar: I gripped his arm** le agarré el brazo; **she was gripping my hand tightly** me agarraba la mano con fuerza.

groan [grəʊn] *(noun & verb)*

■ *noun*
el **gemido: I could hear the patient's groans** oía los gemidos del paciente

■ *verb*
gemir: he groaned with pain gemía de dolor.

groceries ['grəʊsəriz] *noun* ■ los **comestibles: she's gone to get groceries** fue a comprar comestibles.

grocery store ['grəʊsəri,stɔːʳ] *noun* ■ la **tienda de comestibles**, la **tienda de abarrotes** *Andes, Central America, Mexico*, el **almacén** *(plural* los **almacenes***)* *Southern Cone*: **I'm going to the grocery store** voy a la tienda de comestibles.

groom [gruːm] *noun* ■ el **novio**
➤ **the bride and groom** la novia y el novio.

gross [grəʊs] *adjective*

1. **grosero: his behavior is really gross** su comportamiento es realmente grosero
2. **bruto: his gross income** su ingreso bruto.

ground [graʊnd] *(adjective & noun)*

■ *adjective*
molido: ground coffee café molido
➤ **ground beef** carne molida, carne picada *River Plate*

■ *noun*
1. el **suelo: I dug a hole in the ground** hice un hoyo en el suelo
2. el **terreno: a camping ground** un terreno de camping

➤ **on the ground** en el suelo: **I was sitting on the ground** estaba sentada en el suelo
➤ **the ground floor** la planta baja: **I took the elevator to the ground floor** tomé el ascensor hasta la planta baja.

group [gruːp] *noun* ■ el **grupo: a large group of tourists** un grupo grande de turistas.

grow [grəʊ] *(past tense* grew, *past participle* grown*)* *verb*

1. **crecer: these plants grow quickly** estas plantas crecen rápido; **she has really grown** ha crecido mucho
2. **aumentar: the number of net users has grown** ha aumentado el número de usuarios de la red
3. **cultivar: we grow a lot of vegetables** cultivamos muchas verduras
4. **dejarse crecer: she's growing her hair** se está dejando crecer el pelo

➤ **to grow bigger** crecer
➤ **to grow old** envejecer: **he's growing old** está envejeciendo

grow up *phrasal verb* ■ **criarse: I grew up in Kansas** me crié en Kansas
➤ **I want to be a pilot when I grow up** cuando sea grande, quiero ser piloto.

growl [graʊl] *verb* ■ **gruñir: the dog growled** el perro gruñió.

grown [grəʊn] *past participle* ➤ grow.

grown-up ['grəʊnʌp] *(adjective & noun)*
■ *adjective*
adulto: my little girl is all grown-up mi pequeña ya es toda una adulta
■ *noun*
la **persona mayor: you're a grown-up now** ya eres una persona mayor.

growth [grəʊθ] *noun* ■ el **crecimiento: economic growth** crecimiento económico.

grumble ['grʌmbl] *verb* ■ **quejarse: she's always grumbling about something** siempre está quejándose de algo.

grumpy ['grʌmpɪ] *adjective* ■ **gruñón** *(plural* **gruñones***)*, **gruñona: a grumpy old man** un viejo gruñón.

grunt [grʌnt] *verb* ■ **gruñir: the pigs were grunting** los cerdos estaban gruñendo.

guarantee [,gærən'tiː] *(noun & verb)*
■ *noun*
la **garantía: it has a five-year guarantee** tiene garantía por cinco años
■ *verb*
garantizar: I can't guarantee I'll come no puedo garantizar que vaya a venir
➤ **my watch is guaranteed** mi reloj tiene garantía.

guard [gaːd] *(noun & verb)*
■ *noun*
el/la **guardia: he's a prison guard** es guardia de prisión
➤ **to be on guard** estar de guardia
➤ **a guard dog** un perro guardián
■ *verb*
vigilar: the soldiers are guarding the building los soldados están vigilando el edificio.

guava ['gwaːvə] *noun* ■ la **guayaba**.

guess [ges] *(noun & verb)*
■ *noun*
la **suposición** *(plural* las **suposiciones***)*: **it's just a guess** es solo una suposición
➤ **to take a guess** adivinar
■ *verb*
1. **adivinar: I couldn't guess the answer** no pude adivinar la respuesta; **guess what I did!** ¡adivina qué hice!
2. **suponer: I guess so** supongo que sí.

guest [gest] *noun*
1. el **invitado**, la **invitada: we're having guests for dinner** tenemos invitados a cenar
2. el/la **huésped: the hotel has over 100 guests** el hotel tiene más de cien huéspedes.

guide [gaɪd] *(noun & verb)*
■ *noun*
el/la **guía: he's a tour guide** es guía de turismo
➤ **a guide book** una guía
➤ **a guide dog** un perro lazarillo
■ *verb*
guiar: he guided us to the castle nos guió hasta el castillo.

guilty ['gɪltɪ] *adjective* ■ **culpable: he's not guilty of murder** no es culpable de asesinato; **I feel guilty about lying to her** me siento culpable por haberle mentido.

guinea pig ['gɪnɪpɪg] *noun* ■ el **conejillo de Indias**.

guitar [gɪ'taːʳ] *noun* ■ la **guitarra: I'm learning to play guitar** estoy aprendiendo a tocar guitarra.

gum [gʌm] *noun* ■ el **chicle: a stick of gum** un chicle.

gums [gʌmz] *plural noun* ■ la **encía**.

gun [gʌn] *noun*
1. el **revólver: he has a gun in his hand** tiene un revólver en la mano
2. el **fusil: he bought a gun for hunting** compró un fusil para cazar.

gunfire ['gʌnfaɪəʳ] *uncountable noun* ■ los **disparos: we could hear gunfire** escuchábamos disparos.

gutter ['gʌtəʳ] *noun* ■ la **canaleta**.

guy [gaɪ] *noun* ■ el **tipo: he's a nice guy** es un tipo simpático.

gym [dʒɪm] *noun*
1. el **gimnasio: I go to the gym on Mondays** voy al gimnasio los lunes
2. la **gimnasia: we have gym class after lunch** tenemos clase de gimnasia después de almuerzo.

gypsy ['dʒɪpsɪ] *(plural* gypsies ['dʒɪpsiːz]*) noun* ■ el **gitano,** la **gitana**.

h

habit ['hæbɪt] *noun* ■ la **costumbre: she has some bad habits** tiene algunas malas costumbres
➤ **I've gotten into the habit of exercising** me he acostumbrado a hacer ejercicio.

hacker ['hækəʳ] *noun* ■ el **pirata informático,** la **pirata informática**.

had [hæd] *past tense & past participle* ➤ have.

hadn't ['hædnt] ➤ had not.

hail [heɪl] *(noun & verb)*
■ *noun*
el **granizo**
■ *verb*
1. **granizar: it's hailing** está granizando
2. **hacerle señas a: he hailed a cab** le hizo señas a un taxi.

hair [heəʳ] *noun* ■ el **pelo: she has black hair** tiene el pelo negro; **there's dog hair everywhere** hay pelos del perro por todas partes; **there's a hair in my soup** hay un pelo en la sopa
➤ **to do one's hair** peinarse: **she's doing her hair** se está peinando.

hairbrush ['heəbrʌʃ] *noun* ■ el **cepillo**.

haircut ['heəkʌt] *noun* ■ el **corte de pelo: she has a great haircut** tiene un corte de pelo sensacional.

hairdresser ['heəˌdresəʳ] *noun* ■ el **peluquero,** la **peluquera: she's a hairdresser** es peluquera
➤ **we're going to the hairdresser** vamos a la peluquería.

hairdryer ['heəˌdraɪəʳ] *noun* ■ el **secador de pelo,** la **secadora de pelo** *Mexico*.

hairspray ['heəspreɪ] *noun* ■ la **laca**.

hairstyle ['heəstaɪl] *noun* ■ el **peinado: she hasn't changed her hairstyle in years** hace años que no cambia de peinado.

hairy ['heərɪ] *adjective* ■ **peludo: he has hairy arms** tiene los brazos peludos.

half [hæf] *(noun & adverb)*
■ *noun*
1. la **mitad: he ate half the cake** se comió la mitad del pastel
2. *In time expressions* **an hour and a half** una hora y media; **half an hour** media hora; **it's half past three** son las tres y media; **two and a half years** dos años y medio
3. el **tiempo: the first half of the game** el primer tiempo del partido
➤ **to cut something in half** partir algo por la mitad
■ *adverb*
medio: she's half asleep está medio dormida
➤ **he's half Spanish, half English** es mitad español, mitad inglés.

halftime ['haːfˌtaɪm] *noun* ■ el **descanso,** el **medio tiempo: he came back after halftime** volvió después del descanso.

halfway [haːf'weɪ] *adverb* ■ **a mitad de camino: halfway between San Francisco and Seattle** a mitad de camino entre San Francisco y Seattle
➤ **halfway through the movie** en la mitad de la película.

hall [hɔːl] *noun*
1. el **vestíbulo: he hung his coat up in the hall** colgó el abrigo en el vestíbulo
2. la **sala: there's a large hall where meetings take place** hay una amplia sala donde tienen lugar las reuniones.

Halloween [ˌhæləʊ'iːn] *noun* ■ **Halloween** *(masculine)*

HALLOWEEN

Se pensaba que el 31 de octubre, víspera del Día de Todos los Santos, los espíritus de los muertos venían a visitar a los vivos. Hoy en día, los niños se disfrazan de brujas y fantasmas y van de puerta en puerta, llamando "trick or treat!" para pedir golosinas.

hallway ['hɔːlweɪ] *noun* ■ el **vestíbulo.**

halt [hɔːlt] *noun*
➤ **to come to a halt** detenerse: **the car came to a halt** el coche se detuvo.

ham [hæm] *noun* ■ el **jamón** *(plural* los **jamones*)*: a ham sandwich** un sandwich de jamón.

hamburger ['hæmbɜːgəʳ] *noun*
1. la **hamburguesa: Mom's making hamburgers for dinner** mamá está preparando hamburguesas para la cena
2. la **carne molida,** la **carne picada** *River Plate*: **the recipe calls for a pound of hamburger** la receta lleva una libra de carne molida.

hammer ['hæməʳ] *noun* ■ el **martillo.**

hamster ['hæmstəʳ] *noun* ■ el **hámster** *(plural* los **hámsters**).

hand [hænd] *(noun & verb)*
■ *noun*
1. la **mano: he writes with his left hand** escribe con la mano izquierda
2. la **manecilla: the hands of a clock** las manecillas de un reloj
➤ **to hold hands** ir de la mano: **they were holding hands** iban de la mano
➤ **to give somebody a hand** echarle una mano a alguien: **he gave me a hand with my suitcases** me echó una mano con las maletas
■ *verb*
pasar: can you hand me a pencil? ¿pudes pasarme un lápiz?

hand in *phrasal verb* ■ **entregar: they handed in their homework** entregaron las tareas.

hand out *phrasal verb* ■ **repartir: the teacher handed out the papers** la profesora repartió los trabajos.

hand over *phrasal verb* ■ **entregar: I handed the money over to her** le entregué el dinero.

handcuffs ['hændkʌfs] *plural noun* ■ las **esposas.**

handkerchief ['hæŋkətʃɪf] *noun* ■ el **pañuelo.**

handle ['hændl] *(noun & verb)*
■ *noun*
1. la **manija: he turned the door handle** giró la manija de la puerta
2. el **asa** *(feminine)*

Although **asa** is a feminine noun, it takes **un** or **el** in the singular.

hold the cup by the handle agarra la taza del asa
3. el **mango: the handle of the broom is broken** el mango de la escoba está roto
■ *verb*
1. **manejar: he handled the crisis well** manejó bien la crisis
2. **tratar: he knows how to handle people** sabe tratar a las personas.

handlebars ['hændlbaːz] *plural noun* ■ el **manubrio.**

handmade [ˌhænd'meɪd] *adjective* ■ **hecho a mano**.

handrail ['hændreɪl] *noun* ■ **el pasamanos** (*plural* **los pasamanos**): **hold on to the handrail** agárrense del pasamanos.

handsome ['hænsəm] *adjective* ■ **buen mozo, guapo** *Mexico*: **he's very handsome** es muy buen mozo.

handy ['hændɪ] *adjective*

1. **práctico: it's a handy little tool** es una pequeña herramienta muy útil
2. **a mano: I always have extra batteries handy** siempre tengo pilas de más a mano.

hang [hæŋ] (*past tense & past participle* **hung**) *verb*

1. **colgar: he hung the picture on the wall** colgó el cuadro en la pared
2. (*past tense & past participle* **hanged**) **ahorcar: they hanged the murderer** ahorcaron al asesino

➤ **the picture is hanging on the wall** el cuadro está colgado en la pared

hang on *phrasal verb* ■ *informal* **esperar: can you hang on a minute?** ¿puedes esperar un minuto?

hang up *phrasal verb* ■ **colgar: hang up your coat** cuelga tu abrigo; **they hung the decorations up** colgaron los adornos; **after the phone call he hung up** después de la llamada telefónica, colgó.

hanger ['hæŋəʳ] *noun* ■ **la percha, el gancho: put your jacket on the hanger** cuelga tu chaqueta en la percha.

happen ['hæpən] *verb* ■ **pasar: what happened?** ¿qué pasó?; **it happened last week** pasó la semana pasada; **guess what happened to me!** ¡adivina lo que me pasó!; **what's happening?** ¿qué pasa?

happier ['hæpɪəʳ] *comparative* ➤ happy.

happiest ['hæpɪəst] *superlative* ➤ happy.

happiness ['hæpɪnɪs] *uncountable noun* ■ **la felicidad**.

happy ['hæpɪ] *adjective* ■ **contento: I'm very happy to see you** estoy muy contento de verte; **Karen looks happier today** Karen se ve más contenta hoy

➤ **Happy birthday!** ¡Feliz cumpleaños!

➤ **Happy New Year!** ¡Feliz Año Nuevo!

harbor ['hɑːbəʳ] *noun* ■ **el puerto: the ships are in the harbor** los barcos están en el puerto.

hard [hɑːd] (*adjective & adverb*)

■ *adjective*

1. **duro: the bed is very hard** la cama es muy dura
2. **difícil: that's a hard question** ésa es una pregunta difícil

➤ **she's very hard on him** es muy dura con él

➤ **the hard disk** el disco duro

■ *adverb*

duro: she works hard trabaja duro

➤ **to try hard** esforzarse: **I tried very hard to succeed** me esforcé mucho para lograrlo.

hard-boiled [hɑːd'bɔɪld] *adjective*

➤ **a hard-boiled egg** un huevo duro.

hardly ['hɑːdlɪ] *adverb* ■ **apenas: I hardly know him** apenas lo conozco

➤ **hardly ever** casi nunca: **he hardly ever phones** casi nunca llama por teléfono.

hardware ['hɑːdweəʳ] *noun* ■ **el hardware: we're getting all new hardware for the office** estamos consiguiendo todo el hardware nuevo para la oficina

➤ **a hardware store** una ferretería.

hare [heəʳ] *noun* ■ **la liebre**.

harm [hɑːm] (*noun & verb*)

■ *noun*

el daño: it won't do him any harm no le hará ningún daño

■ *verb*

1. **hacerle daño a: he wouldn't harm a fly** no le haría daño ni a una mosca
2. **dañar: the gases could harm the environment** los gases podrían dañar el medio ambiente.

harmful ['hɑːmfʊl] *adjective* ■ **perjudicial: the harmful effects of smoking** los efectos perjudiciales de fumar.

harmless [ˈhaːmlɪs] *adjective* ■ **inofensivo: these animals are harmless** estos animales son inofensivos.

harmonica [haːˈmonɪkə] *noun* ■ la **armónica: he plays the harmonica** toca la armónica.

harsh [haːʃ] *adjective* ■ **severo: it's a harsh punishment** es un castigo severo.

harvest [ˈhaːvɪst] *noun* ■ la **cosecha: there's a lot of work at harvest time** hay mucho trabajo en la época de la cosecha.

has [həz, hæz] ➤ have.

hasn't [ˈhæznt] ➤ has not.

hat [hæt] *noun* ■ el **sombrero: she's wearing a big hat** lleva puesto un sombrero grande.

hate [heɪt] *verb* ■ **odiar: I hate liver** odio el hígado

➤ **to hate doing something** odiar hacer algo: **he hates getting up early** odia levantarse temprano.

hatred [ˈheɪtrɪd] *noun* ■ el **odio**.

haunted [hɔːntɪd] *adjective* ■ **embrujado: this house is haunted** esta casa está embrujada.

have [hæv] *(past tense & past participle* had*) verb*

1. **tener: I have a dog called Sammy or I've got a dog called Sammy** tengo un perro que se llama Sammy; **do you have any brothers? or have you got any brothers?** ¿tienes hermanos?; **Rosie has blue eyes or Rosie has got blue eyes** Rosie tiene los ojos azules; **they didn't have time** no tenían tiempo
2.

> When "have" is used with certain nouns, you can use a single verb in Spanish to translate "have" + noun:

I'm going to have a shower voy a ducharme; **I'll have some coffee** tomaré café; **we had sandwiches for lunch** almorzamos sandwiches; **let's have dinner** cenemos

3. **pasar: we had a nice evening** pasamos una tarde agradable; **I hope you have a good time** espero que la pases bien
4. *In the perfect tenses* **haber: have you seen my glasses?** ¿has visto mis anteojos?; **she had forgotten to phone** se había olvidado de llamar; **he has become very rich** se ha hecho muy rico
5.

> "Have to" and "have got to" are translated by **tener que** + infinitive:

I have to leave or I've got to leave tengo que irme; **he had to go to the dentist** tuvo que ir al dentista

> To say you "don't have to", use the construction **no tener que** + infinitive:

you don't have to come no tienes que venir

➤ **to have something done** hacer hacer algo: **I'm going to have the rugs cleaned** voy a hacer limpiar las alfombras

➤ **to have a party** tener una fiesta

➤ **I'm having a party on Friday** tengo una fiesta el viernes.

haven't [ˈhævnt] ➤ have not.

hay [heɪ] *uncountable noun* ■ el **heno: the cows are eating hay** las vacas están comiendo heno

➤ **hay fever** fiebre del heno: **she has hay fever** tiene fiebre del heno.

hazardous [ˈhæzədəs] *adjective* ■ **peligroso**.

hazelnut [ˈheɪzlˌnʌt] *noun* ■ la **avellana**.

he [hiː] *personal pronoun* ■ **él**

> In Spanish, **he** is not usually translated:

he's named John se llama John; **he came to see me** vino a verme

> Use **él** for emphasis or to avoid ambiguity:

he did it él lo hizo; **he doesn't know it but she does** él no lo sabe pero ella sí

➤ **there he is!** ¡ahí está!

head [hed] *noun*
1. la **cabeza: my head hurts** me duele la cabeza
2. el **jefe,** la **jefa: he's the head of state** es el jefe de Estado
➤ **heads or tails?** ¿cara o cruz?, ¿águila o sol? *Mexico*

head for *phrasal verb* ■ **dirigirse hacia: they're heading for the exit** se dirigen hacia la salida

headache ['hedeɪk] *noun* ■ el **dolor de cabeza: she has a headache** tiene dolor de cabeza.

headlight ['hedlaɪt] *noun* ■ el **faro: the driver put the headlights on** el chofer encendió los faros.

headline ['hedlaɪn] *noun* ■ el **titular: to read the headlines** leer los titulares.

headphones ['hedfəʊnz] *plural noun* ■ el **auricular: she put on her headphones to listen to the music** se puso los auriculares para escuchar música.

heal [hi:l] *verb*
1. **cicatrizar: the wound is healing** la herida está cicatrizando
2. **curar: this will heal your wounds** esto curará tus heridas.

health [helθ] *uncountable noun* ■ la **salud: he's in good health** tiene buena salud.

healthy ['helθɪ] *adjective*
1. **sano: she's very healthy** es muy sana; **he leads a healthy life** lleva una vida sana
2. **saludable: a healthy diet** una alimentación saludable.

heap [hɪ:p] *noun* ■ el **montón** *(plural* los **montones*)*: **a heap of leaves** un montón de hojas; **his clothes are lying in a heap** su ropa está tirada en un montón.

hear [hɪəʳ] *(past tense & past participle* **heard** [hɜ:d]*) verb*
1. **oír: she heard a noise** oyó un ruido; **I heard him laughing** lo oí reírse
2. **saber: have you heard the news?** ¿supiste lo que pasó?; **I heard he was sick** supe que estaba enfermo

hear from *phrasal verb* ■ **tener noticias de: I haven't heard from her for ages** hace años que no tengo noticias de ella.

hear of *phrasal verb* ■ **oír hablar de: I've never heard of him** nunca he oído hablar de él.

heart [hɑ:t] *noun* ■ el **corazón** *(plural* los **corazones*)*: **my heart missed a beat** me dio un vuelco el corazón
➤ **by heart** de memoria: **I know the poem by heart** me sé el poema de memoria
➤ **a heart attack** un ataque al corazón
➤ **the ace of hearts** el as de corazones.

heat [hɪ:t] *(noun & verb)*
■ *noun*
el **calor: I don't like the heat** no me gusta el calor
■ *verb*
calentar: heat the water for ten minutes caliente el agua durante diez minutos

heat up *phrasal verb*
1. **calentar: I heated the pizza up in the oven** calenté la pizza en el horno; **I heated up the milk** calenté la leche
2. **calentarse: the water is heating up** el agua se está calentando.

heater ['hɪ:təʳ] *noun* ■ el **calentador: he turned the heater on** prendió el calentador.

heating ['hɪ:tɪŋ] *noun* ■ la **calefacción: he put the heating on** prendió la calefacción.

heaven ['hevn] *noun* ■ el **cielo: will he go to heaven?** ¿se irá al cielo?

heavy ['hevɪ] *(comparative* **heavier***, superlative* **heaviest***) adjective*
1. **pesado: my luggage is very heavy** mi equipaje está muy pesado
2. **grueso: a heavy coat** un abrigo grueso
➤ **the traffic is heavy at weekends** los fines de semana hay mucho tráfico
➤ **I had a heavy week** tuve una semana muy ocupada.

he'd [hɪ:d] ➤ he had; he would.

hedge [hedʒ] *noun* ■ el **seto: there's a hedge around the yard** hay un seto alrededor del jardín.

hedgehog ['hedʒhɒg] *noun* ■ el **erizo**.

heel [hi:l] *noun*
1. el **talón** *(plural* los **talones***)*: **these socks have a hole on the heel** estas medias tienen un agujero en el talón
2. el **tacón** *(plural* los **tacones***)*, el **taco** *Southern Cone*: **her shoes have very high heels** sus zapatos tienen los tacones muy altos.

height [haɪt] *noun*
1. la **altura: what is the height of the wall?** ¿qué altura tiene la pared?
2. la **estatura: she's of average height** es de estatura mediana.

heir [eəʳ] *noun* ■ el **heredero,** la **heredera**.

held [held] *past tense & past participle* ➤ hold.

helicopter ['helɪkɒptəʳ] *noun* ■ el **helicóptero**.

hell [hel] *noun* ■ el **infierno: heaven and hell** el paraíso y el infierno.

he'll [hi:l] ➤ he will.

hello [hə'ləʊ] *exclamation*
1. **hola: hello, how are you?** hola, ¿cómo estás?
2. **¿aló?, ¿bueno?** *Mexico,* **¿hola?** *River Plate*: **hello, this is Paul speaking** ¿aló?, habla Paul.

helmet ['helmɪt] *noun* ■ el **casco: you should wear a helmet when you ride your bike** deberías usar un casco cuando andas en bicicleta.

help [help] *(noun, exclamation & verb)*

■ *noun*
la **ayuda: do you need any help?** ¿necesitas ayuda?; **he asked for help** pidió ayuda

■ *exclamation*
socorro: help, I'm drowning! ¡socorro! ¡que me ahogo!

■ *verb*
ayudar: can I help you? ¿te ayudo?; **can you help me with my homework?** ¿me ayudas con mis tareas?; **I helped her wash the car** la ayudé a lavar el coche
➤ **I can't help it** no puedo evitarlo
➤ **help yourself!** ¡sírvete!: **can I have some water? — help yourself!** ¿puedo tomar agua? — ¡sírvete!
➤ **I helped myself to some cheese** me serví un poco de queso.

helpful ['helpfʊl] *adjective*
1. **servicial: he's always very helpful** siempre es muy servicial
2. **útil: your advice was helpful** tu consejo fue útil.

helping ['helpɪŋ] *noun* ■ la **porción** *(plural* las **porciones***)*: **I had a big helping of rice** me serví una buena porción de arroz
➤ **to have a second helping** servirse otra porción: **would you like to have a second helping of cake?** ¿quieres servirte otra porción de torta?

hen [hen] *noun* ■ la **gallina**.

her [hɜ:ʳ] *(pronoun & adjective)*

■ *personal pronoun*
1. *Direct object* **la: can you see her?** ¿la ves?; **call her!** ¡llámala!; **I didn't see her** no la vi; **he had always loved her** siempre la ha amado
2. *Indirect object* **le: I gave her the flowers** le dí flores

> Use **se** instead of **le** when **her** is used with a direct object pronoun:

give them to her! ¡dáselas!
3. *After a preposition* **ella: these chocolates are for her** estos chocolates son para ella; **I'm taller than her** soy más alto que ella

■ *possessiveadjective*
su

> In Spanish the possessive adjective agrees in number (singular or plural) with the noun that follows:

her father is a doctor su padre es médico; **her car won't start** su coche no arranca; **she lent me her books** me prestó sus libros

Use the definite article (**el, la, los** or **las**), not the possessive adjective, with parts of the body:

she raised her hand levantó la mano; **I'm brushing my teeth** me estoy cepillando los dientes.

herb [ɜːrb] *noun* ■ la **hierba**.

herd [hɜːd] *noun* ■ el **rebaño: a herd of sheep** un rebaño de ovejas.

here [hɪəʳ] *adverb* ■ **aquí: come here!** ¡ven aquí

➤ **here is** or **here's** aquí está: **here's Jenny** aquí está Jenny

➤ **here are** aquí están: **here are your keys** aquí están tus llaves.

hero ['hɪərəʊ] (*plural* heroes) *noun* ■ el **héroe: he's my hero** es mi héroe.

heroin ['herəʊɪn] *noun* ■ la **heroína: heroin is a dangerous drug** la heroína es una droga peligrosa.

heroine ['herəʊɪn] *noun*

1. la **heroína: she's my heroine** es mi heroína
2. la **protagonista: who is the heroine of the book?** ¿quién es la protagonista del libro?

herring ['herɪŋ] *noun* ■ el **arenque**.

hers [hɜːz] *possessive pronoun*

1. **el suyo**

In Spanish the possessive pronoun agrees in gender (masculine or feminine) and number (singular or plural) with the noun it replaces:

my blouse is blue, hers is red mi blusa es azul, la suya es roja

2. **suyo: that book's not hers** ese libro no es suyo; **she's a friend of hers** es una amiga suya.

herself [hɜː'self] *pronoun*

1. **se: she's washing herself** se está lavando; **she enjoyed herself** se divirtió
2. **ella misma: she made it herself** ella misma lo hizo

➤ **she's pleased with herself** está satisfecha consigo misma

➤ **by herself** sola: **Amy is all by herself** Amy está completamente sola.

he's [hiːz]

1. ➤ he is; ➤ he has.

hesitate ['hezɪteɪt] *verb* ■ **dudar: I hesitated for a moment** dudé por un momento; **don't hesitate to call me!** ¡no dudes en llamarme!

hi [haɪ] *exclamation* ■ *informal* **hola: hi, how are you?** hola, ¿qué tal?

hiccup ['hɪkʌp] *noun* ■ el **hipo: I've got the hiccups** tengo hipo.

hid [hɪd] *past tense* ➤ hide.

hidden ['hɪdn] *past participle* ➤ hide.

hide [haɪd] (*past tense* hid, *past participle* hidden) *verb*

1. **esconder: hide the presents!** ¡esconde los regalos!
2. **esconderse: she hid behind the sofa** se escondió detrás del sofá.

hide-and-seek [haɪdənd'siːk] *noun* ■ las **escondidas: they're playing hide-and-seek** están jugando a las escondidas.

high [haɪ] *adjective*

1. **alto: this fence is very high** esta valla es muy alta; **prices are high in New York** los precios son altos en Nueva York
2. **agudo: she has a high voice** tiene una voz aguda

➤ **how high is the tower?** ¿qué altura tiene la torre?

➤ **it's 6 feet high** tiene 6 pies de alto

➤ **the high jump** el salto alto

➤ **at high speed** a alta velocidad: **the train travels at high speed** el tren anda a alta velocidad.

higher ['haɪəʳ] (*comparative* high) **más alto: Harry can jump higher than me** Harry salta más alto que yo; **a higher number** un número más alto.

highlight ['haɪlaɪt] (*noun & verb*)

■ *noun*

lo más destacado: the speech was the highlight of the evening el discurso fue lo más destacado de la noche

■ *verb*

1. **marcar con rotulador, marcar con plumón** *Chile, Mexico*: **I've highlighted the important words in the book** marqué con rotulador las palabras importantes del libro
2. **destacar: double-click on a word to highlight it** haga doble clic sobre una palabra para destacarla.

highlighter ['haɪlaɪtəʳ] *noun* ■ el **rotulador,** el **plumón** *(plural* los **plumones** *Chile, Mexico)*.

high school ['haɪskuːl] *noun* ■ la **secundaria,** la **preparatoria** *Mexico,* el **liceo** *Southern Cone, Venezuela*: **he's still in high school** todavía está en la secundaria.

high-tech, hi-tech [haɪ'tek] *adjective* ■ **de alta tecnología: it's a high-tech computer** es una computadora de alta tecnología

➤ **a high-tech industry** una industria de alta tecnología.

highway ['haɪweɪ] *noun* ■ la **autopista**.

hijack ['haɪdʒæk] *verb* ■ **secuestrar: a plane has been hijacked** secuestraron un avión.

hike [haɪk] *noun* ■ la **caminata: we went on a hike in the morning** hizo una caminata en la mañana.

hiking ['haɪkɪŋ] *noun* ■ el **excursionismo: do you want to go hiking?** ¿quieres hacer excursionismo?

hilarious [hɪ'leərɪəs] *adjective* ■ **divertidísimo: the show was hilarious** el programa fue divertidísimo.

hill [hɪl] *noun* ■ la **colina: there's a house on the top of the hill** hay una casa en la cumbre de la colina; **they walked up the hill** subieron la colina caminando.

him [hɪm] *personal pronoun*

1. *Direct object* **lo: I can't see him** no lo veo; **find him!** ¡encuéntralo!; **I saw him** lo vi
2. *Indirect object* **le: she gave him a kiss** le dio un beso; **tell him to come** dile que venga

> Use **se** instead of **le** when **him** is used with a direct object pronoun:

give them to him! dáselos

3. *After preposition* **él: these CDs are for him** estos CDs son para él; **I'm taller than him** soy más alta que él.

himself [hɪm'self] *pronoun*

1. **se: he's washing himself** se está lavando; **he cut himself** se cortó
2. **él mismo: he made it himself** lo hizo él mismo

➤ **Jack's very pleased with himself** Jack está muy satisfecho consigo mismo

➤ **by himself** solo: **he's all by himself** está completamente solo
he did it by himself él solo lo hizo.

hip [hɪp] *noun* ■ la **cadera**.

hippopotamus, hippo [ˌhɪpə'pɒtəməs, 'hɪpəʊ] *noun* ■ el **hipopótamo**.

hire ['haɪəʳ] *verb* ■ **contratar: the factory hired 20 new workers** la fábrica contrató a 20 nuevos trabajadores.

his [hɪz] *(adjective & pronoun)*

■ *possessiveadjective*
su

> In Spanish the possessive adjective agrees in number (singular or plural) with the noun that follows:

his brother is named Dan su hermano se llama Dan; **his car won't start** su coche no arranca; **his parents are away** sus padres salieron

> Use the definite article (**el, la, los** or **las**), not the possessive adjective, with parts of the body:

he raised his hand levantó la mano; **he's washing his face** se está lavando la cara

■ *possessive pronoun*
1. **el suyo**

> In Spanish the possessive pronoun agrees in gender (masculine or feminine) and number (singular or plural) with the noun it replaces:

my shirt is green, his is blue mi camisa es verde, la suya es azul
2. **suyo: it's his** es suyo; **he's a friend of his** es un amigo suyo.

hiss [hɪs] *verb* ■ **silbar: the snake hissed** la serpiente silbó.

history ['hɪstərɪ] *noun* ■ la **historia: they're studying American history** están estudiando la historia de Estados Unidos.

hit [hɪt] *(noun & verb)*
■ *noun*
el éxito: her book was a big hit su libro fue un gran éxito
■ *verb*
(past tense & past participle **hit***)*
1. **golpear: she hit him** lo golpeó
2. **chocar: the car hit a tree** el coche chocó contra un árbol
3. **atropellar: she was hit by a car** la atropelló un coche
4. **golpearse: I hit my knee on the table** me golpeé la rodilla en la mesa
5. **dar en: the bullet hit the target** la bala dio en el blanco.

hitchhike ['hɪtʃhaɪk] *verb* ■ **hacer dedo, ir de aventón** *Mexico*: **she hitchhiked to Denver** hizo dedo hasta Denver

hi-tech *adjective* ➤ high-tech.

hoarse [hɔːs] *adjective* ■ **ronco: my voice is hoarse** tengo la voz ronca.

hobby ['hɒbɪ] *(plural* hobbies ['hɒbɪz]*)* *noun* ■ el **hobby** *(plural* los **hobbies***)*: **do you have any hobbies?** ¿tienes algún hobby?

hockey ['hɒkɪ] *noun* ■ **el hockey sobre hielo: they're playing hockey** están jugando hockey sobre hielo.

hold [həʊld] *(past tense & past participle* held*)* *verb*
1. **tener: I was holding the key in my hand** tenía la llave en la mano
2. **tener capacidad de: the bottle holds a quart of water** la botella tiene una capacidad de un cuarto de galón de agua
3. **celebrar: we're holding a meeting tomorrow** vamos a celebrar una reunión mañana
➤ **to hold your breath** contener la respiración: **how long can you hold your breath?** ¿cuánto tiempo puedes contener la respiración?
➤ **please hold the line!** no cuelgue, por favor
➤ **hold it!** ¡espera!
➤ **to get hold of something** conseguir algo: **I couldn't get hold of his address** no pude conseguir su dirección

hold on *phrasal verb*
1. **esperar: hold on a minute!** ¡espera un minuto!
2. **agarrarse: hold on tight!** ¡agárrate fuerte!
➤ **to hold onto something** agarrarse a algo: **hold onto the strap** agárrate a la correa.

hold out *phrasal verb* ■ **tender: he held out his hand** le tendió la mano.

hold up *phrasal verb*
1. **levantar: she held up her hand** levantó la mano
2. **retrasarse: we were held up in a traffic jam** nos retrasamos debido a un embotellamiento
3. **atracar: three men held up the bank** tres hombres atracaron el banco.

holdup ['həʊldʌp] *noun*
1. el **atraco: there was a holdup at the bank** hubo un atraco en el banco
2. el **retraso: what's the holdup?** ¿cuánto es el retraso?

hole [həʊl] *noun* ■ el **agujero: the puppy was digging a hole** el cachorro estaba haciendo un agujero.

holiday ['hɒlɪdeɪ] *noun* ■ el **día feriado: July 4th is a holiday** el 4 de julio es un día feriado
➤ **the holidays** las vacaciones: **what are you doing for the holidays** ¿qué vas a hacer para las vacaciones?

hollow ['hɒləʊ] *adjective* ■ **hueco: the tree trunk is hollow** el tronco del árbol está hueco.

Hollywood ['hɒlɪwʊd] *noun* ■ **Hollywood** *(masculine)*

HOLLYWOOD

Hollywood es una zona de Los Angeles, California, donde se produce la mayor parte de las películas estadounidenses desde hace casi un siglo, y donde viven muchas celebridades. Las primeras productoras cinematográficas se establecieron allí en 1908, donde el clima privilegiado permitía rodar en exteriores todo el año. Los años 30s y 40s fueron la edad dorada de Hollywood.

holy ['həʊlɪ] *adjective* ■ **santo**.

home [həʊm] *(noun & adverb)*

■ *noun*
la **casa: you have a lovely home** tienes una casa preciosa
➤ **a home page** una página de inicio

■ *adverb*
casa: she took me home me llevó a mi casa
➤ **at home** en la casa: **I stayed at home today** hoy me quedé en la casa
➤ **make yourself at home!** ¡siéntete como en tu casa!
➤ **to go home** irse a casa: **I want to go home** quiero irme a casa
➤ **James got home late** James llegó a casa tarde.

homeless ['həʊmlɪs] *noun*
➤ **to be homeless** estar sin hogar
➤ **the homeless** los sin techo.

homemade [ˌhəʊm'meɪd] *adjective* ■ **casero: they served homemade bread** sirvieron pan casero.

homesick ['həʊmsɪk] *adjective*
➤ **she was homesick for most of the trip** extrañó a su familia durante la mayor parte del viaje.

homework ['həʊmwɜːk] *uncountable noun* ■ las **tareas: do you have any homework?** ¿tienes tareas?; **have you done your homework** ¿hiciste las tareas?

honest ['ɒnɪst] *adjective*
1. **honrado: she's a very honest person** es una persona muy honrada
2. **sincero: be honest with me** sé sincero conmigo.

honesty ['ɒnɪstɪ] *noun* ■ la **honradez: honesty is the best policy** la honradez es la mejor política.

honey ['hʌnɪ] *noun* ■ la **miel: she put some honey in her tea** le puso un poco de miel a su té.

honeymoon ['hʌnɪmuːn] *noun* ■ la **luna de miel: they spent their honeymoon in Cancún** pasaron su luna de miel en Cancún.

honor ['ɒnə^{r}] *noun* ■ el **honor**.

hood [hʊd] *noun*
1. la **capucha: put the hood of your coat up** súbete la capucha del abrigo
2. el **capó**, el **cofre** *Mexico*: **the hood of the car** el capó del coche.

hoof [huːf, hʊf] *(plural* hoofs o hooves [huːvz]*) noun*
1. el **casco: horses have hooves** los caballos tienen cascos
2. la **pezuña: cows and sheep have hooves** las vacas y las ovejas tienen pezuñas.

hook [hʊk] *noun*
1. el **gancho: the picture is hanging on a hook** la foto está colgada de un gancho
2. el **anzuelo: he caught the fish on a hook** pescó el pescado con un anzuelo
➤ **the phone is off the hook** el teléfono está descolgado.

hooray ➤ hurray.

hop [hɒp] *(past tense & past participle* hopped*) verb*
1. **brincar: he hopped over the ditch** brincó por encima de la zanja
2. **subirse: she hopped in the car and drove off** se subió al coche y se fue.

hope [həʊp] *(noun & verb)*

■ *noun*
la **esperanza: the news gave me hope** la noticia me dio esperanzas

■ *verb*
esperar: I hope she succeeds espero que lo logre; **he was hoping for an answer tonight** esperaba tener una respuesta esta noche; **I hope to see you soon** espero verte pronto
➤ **I hope so** espero que sí
➤ **I hope not** espero que no.

hopeful ['həʊpfʊl] *adjective*
1. **esperanzado: everybody is hopeful** todos están esperanzados
2. **alentador: the news is hopeful** la noticia es alentadora.

hopefully ['həʊpfəlɪ] *adverb* ■ **es de esperar que: hopefully, it will be sunny tomorrow** es de esperar que mañana haga sol

> Es de esperar que is followed by a verb in the subjunctive.

hopeless ['həʊplɪs] *adjective*
1. **desesperado: the situation is hopeless** la situación es desesperada
2. **negado: he's hopeless at sports** es negado para los deportes.

horizon [hə'raɪzn] *noun* ■ **el horizonte: I can see a ship on the horizon** veo un barco en el horizonte.

horn [hɔːn] *noun*
1. el **cuerno: bulls have horns** los toros tienen cuernos
2. la **claxon: he honked the horn** tocó el claxon.

horoscope ['hɒrəskəʊp] *noun* ■ **el horóscopo**.

horrible ['hɒrəbl] *adjective* ■ **horrible: what a horrible place!** ¡qué lugar tan horrible!

horror ['hɒrə^r] *noun* ■ **el horror**
➤ **a horror film** una película de terror.

horse [hɔːs] *noun* ■ **el caballo: can you ride a horse?** ¿sabes andar a caballo?
➤ **horse racing** carreras de caballos.

horseback ['hɔːsbæk] *noun*
➤ **on horseback** a caballo
➤ **horseback riding** la equitación: **she loves to go horseback riding** le encanta hacer equitación.

horseshoe ['hɔːsʃuː] *noun* ■ **la herradura: horseshoes bring good luck** las herraduras traen buena suerte.

hose [həʊz] *noun* ■ **la manguera: a garden hose** una manguera de jardín.

hospital ['hɒspɪtl] *noun* ■ **el hospital: they took him to the hospital** lo llevaron al hospital
➤ **in the hospital** en el hospital: **she's in the hospital** está en el hospital.

host [həʊst] *noun* ■ **el anfitrión** *(plural* los **anfitriones***)*: **Gary is a very gracious host** Gary es un anfitrión muy amable.

hostage ['hɒstɪdʒ] *noun* ■ **el rehén** *(plural* los **rehenes***)*: **they have 12 hostages in there** tienen 12 rehenes allí dentro; **she was taken hostage** fue tomada como rehén.

hostess ['həʊstes] *noun* ■ **la anfitriona**.

hot [hɒt] *adjective*
1. **caliente: the water's hot** el agua está caliente
2. **picante, picoso** *Mexico*: **he likes hot food** le gusta la comida picante
➤ **a hot sauce** una salsa picante, una salsa picosa *Mexico*
➤ **I'm hot** tengo calor
➤ **it's hot today** hoy hace calor
➤ **a hot dog** un hot dog, un pancho *River Plate*.

hotel [həʊ'tel] *noun* ■ **el hotel**.

hour ['aʊə^r] *noun* ■ **la hora: I waited for two hours** esperé dos horas
➤ **an hour and a half** una hora y media
➤ **half an hour** media hora
➤ **a quarter of an hour** un cuarto de hora.

house [haʊs] *noun* ■ **la casa: he lives in a small house** vive en una casa pequeña; **you can stay at my house** puedes quedarte en mi casa; **I went to her house** fui a su casa
➤ Senate, Congress, Political Parties
➤ **the House of Representatives** la Cámara de Representantes

THE HOUSE OF REPRESENTATIVES

La Cámara de Representantes (**House of Representatives**) constituye, junto con el Senado, el organismo legislativo estadounidense. Cada dos años se elige a sus 435 miembros, cuyo número es proporcional con la población de cada estado. De esta manera, el estado de Delaware tiene sólo 2 representantes mientras que California tiene 52. Todas las leyes nuevas deben ser ratificadas por ambas cámaras del Congreso.

housewife ['haʊswaɪf] *(plural* **housewives** ['haʊswaɪvz]*) noun* ■ el **ama de casa** *(plural* las **amas de casa***)*

Feminine noun that takes **un** or **el** in the singular.

housework ['haʊswɜːk] *uncountable noun* ■ los **quehaceres domésticos: he hates doing the housework** odia los quehaceres domésticos.

how [haʊ] *adverb*

1. **cómo: how are you?** ¿cómo estás?; **how was the test?** ¿cómo estuvo la prueba?; **tell me how you did it** cuéntame cómo lo hiciste
2. *With "much" and "many"* **how much is it?** ¿cuánto es?; **how much money do you have?** ¿cuánto dinero tienes?; **how many continents are there?** ¿cuántos continentes hay?
3. *In exclamations* **qué: how pretty you look!** ¡qué linda te ves!; **how kind!** ¡qué amable!

➤ **to know how to do something** saber hacer algo: **I don't know how to drive** no sé manejar: **do you know how to ski?** ¿sabes esquiar?
➤ **how long will it take?** ¿cuánto tiempo va a tardar?
➤ **how long is the rope?** ¿qué largo tiene la cuerda?
➤ **how old are you?** ¿cuántos años tienes?

however [haʊ'evə^{r}] *adverb* ■ **sin embargo: she worked hard; however, she failed the final exam** trabajó duro, sin embargo, no aprobó el examen final.

howl [haʊl] *verb* ■ **aullar**.

hug [hʌg] *(noun & verb)*

■ *noun*
el **abrazo: she gave me a big hug** me dio un gran abrazo

■ *verb*
abrazar: I hugged him lo abracé.

huge [hjuːdʒ] *adjective* ■ **enorme: elephants are huge animals** los elefantes son animales enormes; **a huge building** un edificio enorme.

hum [hʌm] *verb*

1. **tararear: he was humming a tune** estaba tarareando una melodía
2. **zumbar: we could hear the bees humming** oíamos zumbar las abejas.

human ['hjuːmən] *adjective* ■ **humano: we're all human** todos somos humanos

➤ **a human being** un ser humano.

humid ['hjuːmɪd] *adjective* ■ **húmedo: it's very humid** está muy húmedo.

humor ['hjuːmə^{r}] *noun* ■ el **humor: Suzanne has a good sense of humor** Suzanne tiene un buen sentido del humor.

hump [hʌmp] *noun* ■ la **joroba: a camel with two humps** un camello con dos jorobas.

hundred ['hʌndrəd] *number* ■

Use **cien** before a noun:

a hundred dollars cien dólares; **a hundred people** cien personas; **she's a hundred years old** tiene cien años

When **hundred** is preceded by another number, use the compound form **doscientos, trescientos etc**, which must agree with the noun:

three hundred trescientos; **two hundred people** doscientas personas; **three hundred and one** trescientos uno

But use **cien** when **hundred** is followed by **thousand** or **million:**

one hundred thousand dollars cien mil dólares; **one hundred million euros** cien millones de euros

➤ **there were hundreds of people at the party** había cientos de personas en la fiesta.

hung [hʌŋ] *past tense & past participle* ➤ hang.

hunger ['hʌŋgəʳ] *noun* ■ el **hambre**

Feminine noun that takes **un** or **el** in the singular.

hungry ['hʌŋgrɪ] *adjective*

➤ **to be hungry** tener hambre: **I'm hungry** tengo hambre: **are you very hungry?** ¿tienes mucha hambre?

hunt [hʌnt] *verb*

1. **cazar: they hunt deer** cazan ciervos
2. **buscar: the police are hunting the murderer** la policía está buscando al asesino

➤ **to hunt for something** buscar algo: **he's hunting for his keys** está buscando sus llaves.

hunter ['hʌntəʳ] *noun* ■ **el cazador,** la **cazadora: he's a hunter** es cazador.

hunting ['hʌntɪŋ] *noun* ■ la **caza**.

hurl [hɜːl] *verb* ■ **tirar, aventar** *Colombia, Mexico, Peru*: **she hurled the ball through the window** tiró la pelota por la ventana.

hurray, hooray [hʊ'reɪ] *exclamation* ■ **hurra**.

hurricane ['hʌrɪkən] *noun* ■ el **huracán** *(plural* los **huracanes**).

hurry ['hʌrɪ] *(noun & verb)*

■ *noun*

➤ **to be in a hurry** tener prisa, estar apurado: **she's always in a hurry** siempre tiene prisa **take your time, I'm not in a hurry** tómate tu tiempo, no tengo prisa

➤ **to do something in a hurry** hacer algo a toda prisa, hacer algo a las apuradas *River Plate:* **she did her homework in a hurry** hizo las tareas a toda prisa

■ *verb*

(past tense & past participle **hurried**) **apurarse: she hurried to catch the bus** se apuró para tomar el autobús

hurry up *phrasal verb* ■ **apurarse: hurry up!** ¡apúrate!

hurt [hɜːt] *(adjective & verb)*

■ *adjective*

1. **herido: he's badly hurt** está gravemente herido
2. **dolido: she's hurt that you didn't invite her** está dolida porque no la invitaste

■ *verb*

(past tense & past participle **hurt**)

1. **doler: ouch, that hurts!** ¡ay! eso duele; **my head hurts** me duele la cabeza
2. **hacer daño: stop it, you're hurting me** basta ya, me estás haciendo daño
3. **herir: what he said hurt me** me hirió lo que dijo

➤ **to hurt someone's feelings** herir los sentimientos de alguien: **I didn't mean to hurt your feelings** no quise herir tus sentimientos

➤ **I hurt her leg** me hice daño en la pierna

➤ **to hurt yourself** lastimarse: **did you hurt yourself?** ¿te lastimaste?

husband ['hʌzbənd] *noun* ■ **el marido: she met her husband in college** conoció a su marido en la universidad.

hut [hʌt] *noun* ■ la **choza,** el **jacal** *Mexico*: **the tribes live in huts** las tribus viven en chozas.

hymn [hɪm] *noun* ■ el **himno**.

hyphen ['haɪfn] *noun* ■ el **guión** *(plural* los **guiones**): **"e-mail" is written with a hyphen** "e-mail" se escribe con un guión.

I [aɪ] *pronoun* ■ **yo: she and I went dancing** ella y yo fuimos a bailar

> I is usually not translated:

I live in Mexico vivo en México; **I went to see him** fui a verlo

> Use **yo** for emphasis or to avoid ambiguity:

I did it yo lo hice; **he doesn't know it but I do** él no lo sabe pero yo sí
➤ **here I am!** ¡aquí estoy!

ice [aɪs] *noun* ■ el **hielo: the children are skating on the ice** los niños están patinando sobre el hielo; **there's ice on the road** hay hielo en la calle; **do you want ice in your drink?** ¿quieres hielo en la bebida?
➤ **an ice cube** un cubo de hielo
➤ **ice hockey** hockey sobre hielo.

iceberg ['aɪsbɜːg] *noun* ■ el **iceberg** (*plural* los **icebergs**).

ice cream [ˌaɪs'kriːm] *noun* ■ el **helado: do you want some ice cream?** ¿quieres helado?

ice skate [aɪsskeɪt] *noun* ■ el **patín para el hielo** (*plural* los **patines para el hielo**).

ice skating [aɪs'skeɪtɪŋ] *noun* ■ el **patinaje sobre hielo**
➤ **we're going ice skating in the park** vamos a patinar sobre hielo en el parque.

icicle ['aɪsɪkl] *noun* ■ el **carámbano: there are icicles hanging from the trees** hay carámbanos colgando de los árboles.

icing ['aɪsɪŋ] *noun* ■ el **glaseado: a cake with pink icing** un pastel con glaseado rosado.

icon ['aɪkɒn] *noun* ■ el **icono,** el **ícono: click on the icon to open the program** haga clic sobre el icono para abrir el programa.

icy ['aɪsɪ] *adjective*
1. **helado: an icy wind** un viento helado
2. **cubierto de hielo: be careful, the road is icy** ten cuidado, la calle está cubierta de hielo.

I'd [aɪd]
➤ I had; ➤ I would.

ID [aɪdiː] (*abbreviation of* identification) *noun* ■ el **documento de identidad: do you have any ID?** ¿tienes algún documento de identidad?

idea [aɪ'dɪə] *noun* ■ la **idea: that's a good idea** es una buena idea; **where is he? — I have no idea** ¿dónde está? — no tengo idea.

ideal [aɪ'dɪəl] *adjective* ■ **ideal: it's an ideal place for a party** es un lugar ideal para hacer una fiesta.

identical [aɪ'dentɪkl] *adjective* ■ **idéntico**
➤ **identical twins** gemelos idénticos.

identification [aɪˌdentɪfɪ'keɪʃn] *noun* ■ la **identificación** (*plural* las **identificaciones**): **do you have any identification?** ¿tienes alguna identificación?

identify [aɪ'dentɪfaɪ] (*past tense & past participle* identified) *verb* ■ **identificar: they've identified the body** han identificado el cuerpo.

identity [aɪ'dentətɪ] (*plural* identities) *noun* ■ la **identidad: he revealed the murderer's identity** reveló la identidad del asesino.

idiom ['ɪdɪəm] *noun* ■ el **modismo**

> ⚠ La palabra inglesa **idiom** es un falso amigo, no significa "idioma".

idiot ['ɪdɪət] *noun* ■ el/la **idiota: what an idiot!** ¡qué idiota!

if [ɪf] *conjunction* ■ **si: you can come if you want** puedes venir si quieres; **if I knew the answer I'd tell you** si supiera la respuesta, te la diría; **I dont' know if she's back** no sé si ha vuelto

➤ **if not** si no: **I must go, if not, I'll be late** tengo que irme, si no, llegaré tarde

➤ **if only** ojalá: **if only I could go!** ¡ojalá pudiera ir!

> Ojalá is followed by a verb in the subjunctive.

ignore [ɪg'nɔːʳ] *verb* ■ **ignorar: he ignored my advice** ignoró mi consejo; **I saw her in the street but she ignored me** la vi en la calle, pero me ignoró.

ill [ɪl] *adjective* ■ **enfermo: he's very ill** está muy enfermo.

I'll [aɪl] ➤ I will or I shall.

illegal [ɪ'liːgl] *adjective* ■ **ilegal: it's illegal to drive through a red light** es ilegal pasarse un semáforo en rojo.

illness ['ɪlnɪs] *noun* ■ la **enfermedad: leukemia is a serious illness** la leucemia es una enfermedad grave.

illustration [ˌɪlə'streɪʃn] *noun* ■ la **ilustración** (*plural* las **ilustraciones**): **there are many illustrations in the book** hay muchas ilustraciones en el libro.

I'm [aɪm] ➤ I am.

image ['ɪmɪdʒ] *noun* ■ la **imagen** (*plural* las **imágenes**): **the company has changed its image** la compañía ha cambiado de imagen.

imaginary [ɪ'mædʒɪnrɪ] *adjective* ■ **imaginario: she has an imaginary playmate** tiene un compañero de juegos imaginario.

imagination [ɪˌmædʒɪ'neɪʃn] *noun* ■ la **imaginación** (*plural* las **imaginaciones**): **the boy had a great imagination** el niño tenía mucha imaginación.

imagine [ɪ'mædʒɪn] *verb* ■ **imaginar: imagine a princess beside a lake** imagina a una princesa junto a un lago; **I imagine he's happy** me imagino que es feliz.

imitation [ˌɪmɪ'teɪʃn] *noun* ■ la **imitación** (*plural* las **imitaciones**).

immediate [ɪ'miːdjət] *adjective* ■ **inmediato: I need an immediate answer** necesito una respuesta inmediata.

immediately [ɪ'miːdjətlɪ] *adverb* ■ **inmediatamente: tell him to see me immediately** dígale que me venga a ver inmediatamente.

immigrant ['ɪmɪgrənt] *noun* ■ el/la **inmigrante**.

impatient [ɪm'peɪʃnt] *adjective* ■ **impaciente: he's impatient to leave** está impaciente por irse

➤ **to get impatient** impacientarse: **she's beginning to get impatient** está empezando a impacientarse.

import [ɪm'pɔːt] *verb* ■ **importar: they import goods from China** importan mercancías de China.

importance [ɪm'pɔːtns] *noun* ■ la **importancia: it's a matter of great importance** es un asunto de gran importancia.

important [ɪm'pɔːtnt] *adjective* ■ **importante**.

impossible [ɪm'pɒsəbl] *adjective* ■ **imposible: this word is impossible to pronounce** esta palabra es imposible de pronunciar; **it's impossible to get tickets for the concert** es imposible conseguir entradas para el concierto.

impression [ɪm'preʃn] *noun* ■ la **impresión** (*plural* las **impresiones**): **she made a good impression on them** les causó una buena impresión.

improve [ɪm'pruːv] *verb* ■ **mejorar: she wants to improve her Spanish** quiere mejorar su español; **the weather's improving** el tiempo está mejorando.

improvement [ɪm'pruːvmənt] *noun* ■ la **mejora: this model is an improvement on the previous one** este modelo es una mejora con respecto al anterior
➤ **there's been an improvement in his work** su trabajo ha mejorado.

in [ɪn] *(preposition & adverb)*
■ *preposition*
1. **en: there's a desk in my room** hay un escritorio en mi cuarto; **put this photo in an envelope** mete esta foto en un sobre; **Lisa lives in Ireland** Lisa vive en Irlanda; **it's written in Spanish** está escrito en español
2. **a: they arrived in Mexico this morning** llegaron a México esta mañana; **they sat in the sun** se sentaron al sol
3. **dentro de: in two weeks** dentro de dos semanas; **she'll be back in an hour** va estar de vuelta dentro de una hora
4. *In time expressions, seasons* **en: my birthday's in May** mi cumpleaños es en mayo; **he was born in 1932** nació en 1932; **I woke up in the night** me levanté en la noche; **the film starts in 10 minutes** la película empieza en 10 minutos; **in the nineties** en los noventa; **in winter** en invierno
5. *With morning, afternoon, evening* **I went for a walk in the afternoon** salí a caminar en la tarde; **I'll call you in the morning** te voy a llamar en la mañana; **it's three o'clock in the morning** son las tres de la mañana
6. *With superlatives* **de: Everest is the tallest mountain in the world** el Everest es la montaña más alta del mundo; **she's the best student in the class** es la mejor alumna de la clase
➤ **we were caught in the rain** nos agarró la lluvia
➤ **she's dressed in black** está vestida de negro
➤ **he spent all day in his pajamas** pasó todo el día en piyama
■ *adverb*
1. **en la casa: we had a night in** pasamos la noche en la casa
2. *informal* **de moda: are hats in?** ¿están de moda los sombreros?
➤ **is Dan in?** ¿está Dan?
➤ **he's not in today** hoy no está
➤ **nobody was in** no había nadie
➤ **the tide's in** la marea está alta
➤ **in writing** por escrito.

inch [ɪntʃ] *noun* ■ la **pulgada**.

include [ɪn'kluːd] *verb* ■ **incluir: I wasn't included in the team** no me incluyeron en el equipo
➤ **service is included** el servicio está incluido.

including [ɪn'kluːdɪŋ] *preposition*
➤ **everyone's coming, including Thomas** vienen todos, incluyendo Thomas
➤ **that's twenty dollars including service** son veinte dólares con el servicio incluido.

income ['ɪŋkʌm] *uncountable noun* ■ los **ingresos: a source of income** una fuente de ingresos
➤ **income tax** impuesto sobre la renta.

increase *(noun & verb)*
■ *noun*
['ɪnkrɪːs] el **aumento: there's been an increase in the price** ha habido un aumento del precio
■ *verb*
[ɪn'krɪːs] **aumentar: the number of users is increasing** está aumentando el número de usuarios; **they've increased the price** aumentaron el precio.

incredible [ɪn'kredəbl] *adjective* ■ **increíble**.

indecisive [,ɪndɪ'saɪsɪv] *adjective* ■ **indeciso**.

indeed [ɪn'dɪːd] *adverb*
1. **realmente: I'm very tired indeed** estoy realmente cansado
2. **efectivamente: indeed there is a problem** efectivamente, hay un problema
➤ **thank you very much indeed** muchísimas gracias.

independence [,ɪndɪ'pendəns] *noun* ■ la **independencia**

➤ **Independence Day** el Día de la Independencia.

independent [ˌɪndɪˈpendənt] *adjective* ■ **independiente**.

index [ˈɪndeks] *noun* ■ **el índice: look it up in the index** búscalo en el índice
➤ **the index finger** el dedo índice.

indicate [ˈɪndɪkeɪt] *verb* ■ **indicar: he indicated the quickest route** nos indicó el camino más rápido.

indigestion [ˌɪndɪˈdʒestʃn] *uncountable noun* ■ **la indigestión: he has indigestion** tiene indigestión.

individual [ˌɪndɪˈvɪdʒʊəl] *(adjective & noun)*
■ *adjective*
individual: an individual room una habitación individual
■ *noun*
el individuo.

indoor [ˈɪndɔːʳ] *adjective*
1. **de interior: indoor plants** plantas de interior
2. **bajo techo: indoor sports** deportes bajo techo
➤ **an indoor pool** una piscina cubierta, una alberca cubierta *Mexico*.

indoors [ˌɪnˈdɔːz] *adverb* ■ **adentro: they're indoors** están adentro
➤ **to go indoors or to come indoors** entrar: **come indoors, it's raining** entra, está lloviendo.

industrial [ɪnˈdʌstrɪəl] *adjective* ■ **industrial: an industrial zone** una zona industrial.

industry [ˈɪndəstrɪ] *(plural* **industries***)* *noun* ■ **la industria: he works in the film industry** trabaja en la industria cinematográfica.

infection [ɪnˈfekʃn] *noun* ■ **la infección** *(plural* **las infecciones***)*
➤ **a throat infection** una infección de garganta.

infinitive [ɪnˈfɪnɪtɪv] *noun* ■ **el infinitivo**.

inflatable [ɪnˈfleɪtəbl] *adjective* ■ **inflable: an inflatable toy** un juguete inflable.

influence [ˈɪnflʊəns] *(noun & verb)*
■ *noun*
la influencia: she has a lot of influence on her brother tiene mucha influencia sobre su hermano
■ *verb*
influir: don't let him influence you no dejes que te influya.

inform [ɪnˈfɔːm] *verb* ■ **informar: I informed him I was leaving** le informé que me iba.

informal [ɪnˈfɔːml] *adjective*
1. **informal: an informal atmosphere** una ambiente informal; **wear informal clothes** usen ropa informal
2. **familiar: an informal expression** una expresión familiar.

information [ˌɪnfəˈmeɪʃn] *uncountable noun* ■ **la información** *(plural* **las informaciones***)*: **I'd like some information about train times** quisiera información sobre horarios de trenes
➤ **the information desk** el mostrador de información
➤ **the information superhighway** la autopista de la información
➤ **information technology** la informática.

ingredient [ɪnˈɡriːdjənt] *noun* ■ **el ingrediente: mix the ingredients together in a bowl** mezcle los ingredientes en un tazón.

inhabitant [ɪnˈhæbɪtənt] *noun* ■ **el/la habitante: our town has 100,000 inhabitants** nuestra ciudad tiene 100.000 habitantes.

inherit [ɪnˈherɪt] *verb* ■ **heredar: he inherited some money from his great-aunt** heredó dinero de su tía abuela.

initials [ɪˈnɪʃlz] *plural noun* ■ **la inicial: his initials are GWS** sus iniciales son GWS.

injection [ɪn'dʒekʃn] *noun* ■ **la inyección** *(plural* las **inyecciones***)*: **the doctor gave him an injection** el médico le puso una inyección.

injure ['ɪndʒəʳ] *verb* ■ **lesionar: he has injured his leg** se lesionó la pierna.

injured [ɪn'dʒəd] *adjective* ■ **lesionado**.

injury ['ɪndʒərɪ] *(plural* injuries*)* *noun* ■ la **lesión** *(plural* las **lesiones***)*: **he has serious injuries** tiene lesiones graves.

ink [ɪŋk] *noun* ■ la **tinta**.

innocent ['ɪnəsənt] *adjective* ■ **inocente: he was found innocent** fue declarado inocente.

inquire [ɪn'kwaɪəʳ] *verb* ■ **pedir información**
➤ **to inquire about something** pedir información sobre algo: **he inquired about the departure times** pidió información sobre los horarios de partida.

inquiry [ɪn'kwaɪərɪ] *(plural* inquiries*)* *noun* ■ la **investigación** *(plural* las **investigaciones***)*.

insane [ɪn'seɪn] *adjective* ■ **loco: she is insane** está loca
➤ **to go insane** volverse loco: **he has gone insane** se ha vuelto loco.

insect ['ɪnsekt] *noun* ■ el **insecto**.

inside [ɪn'saɪd] *(preposition, adverb, adjective & noun)*
■ *preposition*
dentro: the keys are inside the car las llaves están dentro del auto
■ *adverb*
adentro: I've put them inside las puse adentro
➤ **to come inside** or **to go inside** entrar: **come inside!** ¡entra!; **let's go inside** entremos
■ *adjective*
interior: the inside pages of the book las páginas interiores del libro
■ *noun*
el **interior: the inside of the box** el interior de la caja
➤ **inside out** al revés: **your shirt is inside out** tienes la camisa al revés.

insist [ɪn'sɪst] *verb* ■ **insistir: Ann insisted on coming** Ann insistió en venir.

inspect [ɪn'spekt] *verb* ■ **examinar: they want to inspect our passports** quieren examinar nuestros pasaportes.

inspector [ɪn'spektəʳ] *noun* ■ el **inspector**, la **inspectora: he's a police inspector** es inspector de policía.

inspire [ɪn'spaɪəʳ] *verb* ■ **inspirar: the music inspired me** la música me inspiró.

install [ɪn'stɔːl] *verb* ■ **instalar: click on the icon to install the program** haga clic en el ícono para instalar el programa.

instance ['ɪnstəns] *noun*
➤ **for instance** por ejemplo.

instant ['ɪnstənt] *adjective*
1. **inmediato: the album was an instant success** el disco fue un éxito inmediato
2. **instantáneo: I don't like instant coffee** no me gusta el café instantáneo.

instead [ɪn'sted] *adverb* ■ **en vez: I don't eat meat, I'll have vegetables instead** no como carne, pero voy a comer verduras en vez
➤ **instead of** en lugar de: **instead of helping us, he got in the way** en lugar de ayudarnos, se nos puso en el camino
➤ **instead of somebody** en lugar de alguien: **Jenny's going to the meeting instead of me** Jenny va a ir a la fiesta en mi lugar.

instructions [ɪn'strʌkʃnz] *plural noun* ■ las **instrucciones: follow my instructions** sigan mis instrucciones; **read the instructions before you use the camera** lea las instrucciones antes de usar la cámara.

instructor [ɪn'strʌktəʳ] *noun* ■ el **instructor**, la **instructora: he's a driving instructor** es instructor de manejo.

instrument ['ɪnstrʊmənt] *noun* ■ **el instrumento: she plays an instrument** toca un instrumento.

insult *(verb & noun)*

■ *verb*
['ɪn'sʌlt] **insultar: he insulted his teacher** insultó a su profesor

■ *noun*
['ɪnsʌlt] **el insulto: the crowd was shouting insults** la multitud estaba gritando insultos.

insurance [ɪn'ʃʊərəns] *noun* ■ **el seguro: I took out some fire insurance** saqué un seguro contra incendio
➤ **an insurance policy** una póliza de seguros.

insure [ɪn'ʃʊəʳ] *verb* ■ **asegurar: she insured her car against theft** aseguró su automóvil contra robos.

intelligent [ɪn'telɪdʒənt] *adjective* ■ **inteligente**.

intend [ɪn'tend] *verb* ■ **tener la intención de: I intend to go to Australia** tengo la intención de ir a Australia.

intensive [ɪn'tensɪv] *adjective* ■ **intensivo**
➤ **in intensive care** en cuidado intensivo.

interest ['ɪntrəst] *(noun & verb)*

■ *noun*
el interés *(plural* **los intereses***)*: **what are your interests?** ¿cuáles son tus intereses?; **they charge 10% interest** cobran un 10% de interés
➤ **to take an interest in something** interesarse por algo: **she takes an interest in other people** se interesa por las personas
➤ **to lose interest in something** perder interés en algo
➤ **to be in one's best interest** convenir: **it's in your best interest to finish your degree** te conviene terminar tus estudios de grado

■ *verb*
interesar: archeology interests me la arqueología me interesa.

interested ['ɪntrəstɪd] *adjective* ■ **interesado: he seems interested** parece estar interesado
➤ **to be interested in** tener interés por: **Toby is interested in motorbikes** Toby tiene interés por las motos
➤ **I'm not interested in that** eso no me interesa.

interesting ['ɪntrəstɪŋ] *adjective* ■ **interesante**.

interfere [ˌɪntə'fɪəʳ] *verb* ■ **entrometerse: to interfere in somebody's business** entrometerse en los asuntos de alguien
➤ **don't interfere!** ¡no te metas!

intermediate [ˌɪntə'mi:djət] *adjective* ■ **de nivel intermedio: he's in the intermediate class** está en la clase de nivel intermedio.

internal [ɪn'tɜ:nl] *adjective* ■ **interno: an internal modem** un módem interno.

international [ˌɪntə'næʃənl] *adjective* ■ **internacional**.

Internet, internet ['ɪntənet] *noun* ■ **el/la Internet: you'll find the information on the Internet** encontrarás la información en Internet
➤ **an Internet café** un cibercafé
➤ **an Internet Service Provider** un proveedor de servicios de Internet.

interpreter [ɪn'tɜ:prɪtəʳ] *noun* ■ **el/la intérprete: she's an interpreter** es intérprete.

interrupt [ˌɪntə'rʌpt] *verb* ■ **interrumpir: she interrupted the teacher** interrumpió a la profesora.

interruption [ˌɪntə'rʌpʃn] *noun* ■ **la interrupción** *(plural* **las interrupciones***)*.

intersection [ˌɪntə'sekʃn] *noun* ■ **el cruce: turn left at the intersection** dobla a la izquierda en cruce.

interview ['ɪntəvju:] *(noun & verb)*

■ *noun*
la entrevista: he has a job interview tiene una entrevista de trabajo

■ *verb*
entrevistar: he interviewed the President entrevistó al presidente.

into ['ɪntʊ] *preposition*
1. **en: he put the book into his bag** puso el libro en su bolso; **he cut the cake into three pieces** cortó la torta en tres pedazos
2. **a: she translated the letter into Spanish** tradujo la carta al español; **he got into bed** se metió a la cama.

introduce [ˌɪntrə'djuːs] *verb*
1. **presentar: she introduced me to her mother** me presentó a su madre; **let me introduce you to Brian** déjame presentarte a Brian
2. **introducir: he introduced a new fashion** introdujo una nueva moda.

introduction [ˌɪntrə'dʌkʃn] *noun* ■ la **introducción** (*plural* las **introducciones**): **the book has a good introduction** el libro tiene una buena introducción.

invade [ɪn'veɪd] *verb* ■ **invadir: tourists invaded the town** los turistas invadieron la ciudad.

invasion [ɪn'veɪʒn] *noun* ■ la **invasión** (*plural* las **invasiones**).

invent [ɪn'vent] *verb* ■ **inventar: who invented the telephone?** ¿quién inventó el teléfono?

invention [ɪn'venʃn] *noun* ■ el **invento**.

inventor [ɪn'ventəʳ] *noun* ■ el **inventor**, la **inventora**.

investigate [ɪn'vestɪgeɪt] *verb* ■ **investigar: they're investigating the accident** están investigando el accidente.

investigation [ɪnˌvestɪ'geɪʃn] *noun* ■ la **investigación** (*plural* las **investigaciones**): **a police investigation** una investigación policial.

invisible [ɪn'vɪzɪbl] *adjective* ■ **invisible**.

invitation [ˌɪnvɪ'teɪʃn] *noun* ■ la **invitación** (*plural* las **invitaciones**): **an invitation to a party** una invitación a una fiesta.

invite [ɪn'vaɪt] *verb* ■ **invitar: I invited Tara to my party** invité a Tara a mi fiesta.

involve [ɪn'vɒlv] *verb*
1. **significar: it involves a lot of work** significa mucho trabajo
2. **involucrar: he's involved in some nasty business** está involucrado en asuntos desagradables
3. **envolver: I'm not involved in the project** no estoy envuelto en el proyecto
4. **afectar: it involves us all** nos afecta a todos.

Ireland ['aɪələnd] *noun* ■ **Irlanda** (*feminine*).

Irish ['aɪrɪʃ] (*adjective & noun*)
■ *adjective*

> Remember not to use a capital letter for the adjective or the language in Spanish:

irlandés: Sinéad is an Irish name Sinéad es un nombre irlandés
■ *noun*
el **irlandés: he speaks Irish** habla irlandés

> In Spanish, a capital letter is not used for the inhabitants of a country or region:

➤ **the Irish** los irlandeses.

iron ['aɪən] (*noun & verb*)
■ *noun*
1. (*uncountable*) el **hierro: it's made of iron** es de hierro
2. la **plancha: the iron is too hot** la plancha está demasiado caliente
■ *verb*
planchar: he's ironing his shirt está planchando su camisa.

ironing ['aɪənɪŋ] *noun* ■ el **planchado: she's doing the ironing** está haciendo el planchado
➤ **an ironing board** una tabla de planchar, un burro de planchar *Mexico*.

irregular [ɪ'regjʊləʳ] *adjective* ■ **irregular**.

irritating ['ɪrɪteɪtɪŋ] *adjective* ■ **irritante**.

is [ɪz] ➤ be.

island ['aɪlənd] *noun* ■ la **isla**.

Islamic [ɪz'læmɪk] *adjective* ■ **islámico**.

isle [aɪl] *noun* ■ la **isla**.

isn't ['ɪznt] ➤ is not.

issue ['ɪʃuː] *noun*
1. el **número**: **it's the first issue of the magazine** es el primer número de la revista
2. el **asunto**: **it's an important issue** es un asunto importante.

it [ɪt] *pronoun*
1. *Subject pronoun*

In Spanish, **it** is not usually translated:

where's my book? — it's over there ¿dónde está mi libro? — está ahí; **do you like my dress? — yes, it's lovely** ¿te gusta mi vestido? — sí, es precioso
2. *Direct object pronoun*

Use **lo** when "it" stands for a masculine noun and **la** for a feminine noun:

I've got an extra ticket, do you want it? tengo una entrada de más, ¿la quieres?; **I've lost my dog, have you seen it?** perdí mi perro, ¿lo has visto?
3. *Indirect object pronoun*

Use **le** when "it" represents an indirect object:

give it a push dale un empujón
➤ **it's raining** está lloviendo
➤ **it's hot today** hoy hace calor
➤ **what time is it?** ¿qué hora es?
➤ **it's ten o'clock** son las diez
➤ **it's me!** ¡soy yo!

IT (*abbreviation of* information technology) *noun* ■ la **informática**: **she works in IT** trabaja en informática.

Italian [ɪ'tæljən] *(adjective & noun)*
■ *adjective*

Remember not to use a capital letter for the adjective or the language in Spanish:

italiano: **I like Italian ice cream** me gusta el helado italiano
■ *noun*
1. el **italiano**: **she speaks Italian** habla italiano

In Spanish, a capital letter is not used for the inhabitants of a country or region:

2. el **italiano**, la **italiana**: **Italians are known for their good food** los italianos son famosos por su buena comida.

italic [ɪ'tælɪk] *noun* ■ la **cursiva**: **in italics** en cursiva.

itch [ɪtʃ] *verb* ■ **picar**: **my arm itches** me pica el brazo; **I itch all over** me pica todo.

itchy ['ɪtʃɪ] *adjective*
➤ **my nose is itchy** me pica la nariz
➤ **this hat is itchy** este sombrero pica.

it'd ['ɪtəd]
➤ it had; ➤ it would.

it'll [ɪtl] ➤ it will.

its [ɪts] *possessive adjective* ■ **su**

In Spanish the possessive adjective agrees in number (singular or plural) with the noun that follows:

put the camera back in its case guarda la cámara en su estuche; **the woman handed me her shoes** la mujer me alcanzó sus zapatos.

it's [ɪts]
➤ it is; ➤ it has.

itself [ɪt'self] *pronoun*
1. **a sí mismo**: **the cat is washing itself** el gato se está lavando a sí mismo
2. **en sí**: **the town itself is not very big** la ciudad en sí no es muy grande
➤ **by itself** solo: **the door closed by itself** la puerta se cerró sola.

I've [aɪv] ➤ I have.

ivory ['aɪvərɪ] *noun* ■ el **marfil**.

ivy ['aɪvɪ] *noun* ■ la **hiedra**

IVY LEAGUE

El término **Ivy League** se utiliza en Estados Unidos para referirse al colegio universitario de Dartmouth y a las universidades de Brown, Columbia, Cornell, Harvard, Pensilvania, Princeton y Yale, que son algunos de los centros académicos más antiguos del país. El nombre de la liga alude a la hiedra, **ivy**, que suele trepar por las paredes de los añosos edificios que albergan estas universidades. Un título de la Ivy League es un aval para el éxito profesional.

j

jacket ['dʒækɪt] *noun* ■ la **chaqueta**.

jail [dʒeɪl] *(noun & verb)*

■ *noun*
la cárcel: they sent him to jail lo mandaron a la cárcel

■ *verb*
encarcelar: they jailed the suspect immediately encarcelaron al sospechoso inmediatamente.

jam [dʒæm] *noun*

1. la **mermelada: raspberry jam** mermelada de frambuesa
2. el **embotellamiento: a traffic jam** un embotellamiento

➤ **to be in a jam** estar en apuros.

jammed [dʒæmd] *adjective* ■ **atascado: the drawer's jammed** el cajón está atascado.

janitor ['dʒænɪtə^r] *noun* ■ **el/la conserje: Mr Freeman is a janitor** el señor Freeman es conserje.

January ['dʒænjʊərɪ] *noun*

In Spanish the months of the year do not start with a capital letter:

enero *(masculine)*: **in January** en enero; **next January** el enero próximo; **last January** el enero pasado.

Japanese [,dʒæpə'niːz] *(adjective & noun)*

■ *adjective*

Remember not to use a capital letter for the adjective or the language in Spanish:

japonés (*feminine* **japonesa**): **I like Japanese cooking** me gusta la comida japonesa

■ *noun*
el **japonés: they speak Japanese** hablan japonés

In Spanish, a capital letter is not used for the inhabitants of a country or region:

➤ **the Japanese** los japoneses.

jar [dʒaː^r] *noun* ■ el **tarro: a jar of jam** un tarro de mermelada.

jaw [dʒɔː] *noun* ■ la **mandíbula: Dan has a square jaw** Dan tiene la mandíbula angular.

jazz [dʒæz] *noun* ■ el **jazz**.

jealous ['dʒeləs] *adjective* ■ **celoso**.

jeans [dʒiːnz] *plural noun* ■ los **vaqueros: a pair of jeans** un par de vaqueros; **he's wearing jeans** lleva puestos unos vaqueros.

Jell-O® ['dʒeləʊ] *noun* ■ la **gelatina: the children had Jell-O® for dessert** los niños comieron gelatina de postre.

jellyfish ['dʒelɪfɪʃ] *(plural* jellyfish*)* *noun* ■ la **medusa,** el **aguamala** *Mexico,* el **aguaviva** *River Plate.*

jet [dʒet] *noun*
1. **chorro: a water jet** un chorro de agua
2. el **avión** *(plural* los **aviones***)*: **she took a jet to America** tomó un avión a los Estados Unidos
➤ **jet lag** jet lag: **he's suffering from jet lag** está padeciendo de jet lag.

Jew [dʒu:] *noun* ■ el **judío,** la **judía.**

jewel ['dʒu:əl] *noun* ■ la **joya.**

jeweler ['dʒu:ələʳ] *noun* ■ el **joyero,** la **joyera**
➤ **the jeweler's** la joyería.

jewelry ['dʒu:əlrɪ] *noun* ■ las **alhajas: that actress has a lot of jewelry** esa actriz tiene muchas alhajas; **gold jewelry** alhajas de oro.

Jewish ['dʒu:ɪʃ] *adjective*

> The Spanish adjective does not start with a capital letter:

judío: a Jewish tradition una tradición judía
➤ **a Jewish man** un judío.

jigsaw, jigsaw puzzle ['dʒɪgsɔ:, 'dʒɪgsɔ:'pʌzl] *noun* ■ el **rompecabezas** *(plural* los **rompecabezas***)*: **he's doing a jigsaw puzzle** está armando un rompecabezas.

job [dʒɒb] *noun* ■ el **trabajo: he has a job in a bookstore** tiene un trabajo en una librería; **you've done a good job** has hecho un buen trabajo.

jobless ['dʒɒblɪs] *adjective* ■ **desempleado: he's jobless** está desempleado.

jog [dʒɒg] *(past tense & past participle* jogged*)* *verb* ■ **correr: I jog once a week** corro una vez por semana.

jogging ['dʒɒgɪŋ] *noun* ■ **hacer jogging: I go jogging every day** hago jogging todos los días.

join [dʒɔɪn] *verb*
1. **unir: you have to join the two ends together** tienes que unir las dos puntas
2. **sentarse con: can I join you?** ¿puedo sentarme contigo?
3. **hacerse socio de: Sally joined the judo club** Sally se hizo socia del club de judo
➤ **to join the army** alistarse en el ejército

join in *phrasal verb*
1. **participar: Charlie wanted to join in** Charlie quería participar
2. **participar: everyone joined in the conversation** todos participaron en la conversación.

joint [dʒɔɪnt] *(noun & adjective)*
■ *noun*
la **articulación** *(plural* las **articulaciones***)*: **my joints ache in the winter** en invierno, me duelen las articulaciones
■ *adjective*
conjunto: they have a joint account tienen una cuenta conjunta.

joke [dʒəʊk] *(noun & verb)*
■ *noun*
1. el **chiste: he told us a joke** nos contó un chiste
2. la **broma: they played a joke on Simon** le hicieron una broma a Simón
■ *verb*
bromear: are you joking? ¿estás bromeando?

journalist ['dʒɜ:nəlɪst] *noun* ■ **el/la periodista: she's a journalist** es periodista.

journey ['dʒɜ:nɪ] *noun*
1. el **viaje: they went on a long journey** hicieron un viaje largo; **it's an hour's journey on the bus** es un viaje de una hora en autobús
2. el **camino: the journey to school** el camino a la escuela.

joy [dʒɔɪ] *noun* ■ la **alegría: the children are jumping for joy** los niños están saltando de alegría.

joystick ['dʒɔɪstɪk] *noun* ■ el **joystick.**

judge [dʒʌdʒ] *(noun & verb)*
■ *noun*
el/la juez *(plural* **los/las jueces***)*: **he's a judge** es juez

■ *verb*
juzgar: they will judge the defendant tomorrow van a juzgar al acusado mañana.

judo ['dʒuːdəʊ] *noun* ■ **el judo: he does judo** hace judo.

juggle ['dʒʌgl] *verb* ■ **hacer malabarismo: do you know how to juggle?** ¿sabes hacer malabarismo?

juice [dʒuːs] *noun* ■ **el jugo: orange juice** jugo de naranja.

juicy ['dʒuːsɪ] *adjective* ■ **jugoso**.

July [dʒuː'laɪ] *noun*

> In Spanish the months of the year do not start with a capital letter:

julio *(masculine)*: **in July** en julio; **next July** el julio próximo; **last July** el julio pasado.

jump [dʒʌmp] *(noun & verb)*
■ *noun*
el **salto: the high jump** el salto alto
■ *verb*
saltar: she jumped out of the window saltó por la ventana
➤ **you made me jump** me asustaste.

June [dʒuːn] *noun*

> In Spanish the months of the year do not start with a capital letter:

junio: in June en junio; **next June** el junio próximo; **last June** el junio pasado.

jungle ['dʒʌŋgl] *noun* ■ **la selva**.

junior ['dʒuːnjəʳ] *(adjective & noun)*
■ *adjective*
1. **subalterno: he's a junior employee** es un empleado subalterno
2. **menor: the junior tennis championship** el campeonato de tenis de menores
■ *noun*
➤ **a junior** un estudiante de tercer año
➤ **junior high school** escuela secundaria.

junk [dʒʌŋk] *uncountable noun*
1. los **trastos: the house is full of junk** la casa está llena de trastos
2. *informal* la **basura: it's a piece of junk!** ¡es basura!
➤ **junk food** la comida chatarra.

jury ['dʒʊərɪ] *(plural* **juries***)* *noun* ■ **el jurado: Mrs Davies is on the jury** la señora Davies está en el jurado.

just [dʒʌst] *adverb*
1. **justo: it happened just after midnight** ocurrió justo después de la medianoche; **we have just enough time** tenemos el tiempo justo; **you're just in time!** ¡estamos justo a tiempo!; **that's just what I need** eso es justo lo que necesito
2. **sólo: she's just seven** sólo tiene siete años; **just add water** sólo agregue agua
➤ **I was just about to leave** estaba a punto de irme
➤ **it's just about ready** está casi pronto
➤ **just a minute!** ¡espere un minuto!

justice ['dʒʌstɪs] *noun* ■ **la justicia**.

k

kangaroo [ˌkæŋgə'ruː] *noun* ■ **el canguro**.

karate [kə'raːtɪ] *noun* ■ **el karate: he does karate** hace karate.

keep [kiːp] *(past tense & past participle* **kept***)* *verb*
1. **quedarse con: keep the change** quédese con el vuelto
2. **guardar: can you keep a secret?** ¿puedes guardar un secreto?

3. **mantener: we must keep calm** debemos mantener a calma; **he kept his promise** mantuvo su promesa
4. **tener: they keep chickens** tienen pollos

➤ **to keep doing** or **to keep on doing** seguir: **I kept on working** seguí trabajando **she keeps calling me** me sigue llamando

➤ **to keep somebody from doing something** impedir que alguien haga algo: **nothing will keep me from going** nada impedirá que me vaya

➤ **to keep somebody waiting** hacer esperar a alguien: **I'm sorry to keep you waiting** lamento hacerte esperar

➤ **to keep fit** estar en forma

➤ **to keep quiet** callarse la boca: **they kept quiet** se callaron la boca

➤ **keep quiet!** ¡quédate callado!

keep off *phrasal verb* ■ **keep off the grass** prohibido pisar el pasto.

keep out *phrasal verb* ■ **keep out!** prohibido entrar.

keep up *phrasal verb* ■ **seguir el ritmo: don't go so fast, I can't keep up** no vayas tan rápido, no puedo seguirte el ritmo.

kept [kept] *past tense & past participle* ➤ keep.

ketchup ['ketʃəp] *uncountable noun* ■ el **ketchup: do you want some ketchup?** ¿quieres ketchup?

key [kiː] *noun*

1. la **llave: I've lost my keys** perdí mis llaves
2. la **tecla: the computer keys are dirty** las teclas de la computadora están sucias

➤ **a key ring** un llavero.

keyboard ['kiːbɔːd] *noun* ■ el **teclado: we need a new keyboard for the computer** necesitamos un nuevo teclado para la computadora.

keyhole ['kiːhəʊl] *noun* ■ la **cerradura**.

khaki ['kaːkɪ] *adjective* ■ el **caqui**.

kick [kɪk] *(noun & verb)*

■ *noun*

la **patada: he gave me a kick** me dio una patada

■ *verb*

1. **patear: he kicked me** me pateó; **she kicked the ball** pateó la pelota
2. **patalear: stop kicking!** ¡deja de patalear!

kid [kɪd] *informal (noun & verb)*

■ *noun*

1. el **niño**, el **chavo** *Mexico*, el **pibe** *Argentina*: **there are twenty kids in the class** hay veinte niños en la clase
2. el **hijo: they have four kids** tienen cuatro hijos

➤ **he's my kid brother** es mi hermano pequeño

■ *verb*

bromear: I'm only kidding! ¡sólo estoy bromeando!

kidnap ['kɪdnæp] *(past tense & past participle* kidnapped*) verb* ■ **secuestrar: they kidnapped the rich man for his money** secuestraron al hombre rico por su dinero.

kidney ['kɪdnɪ] *noun* ■ el **riñón** *(plural* los **riñones***)*.

kill [kɪl] *verb* ■ **matar: he killed a bear** mató un oso.

kilo ['kiːləʊ] *(abbreviation of* kilogram*)* *noun* ■ el **kilo**.

kilogram ['kɪləgræm] *noun* ■ el **kilogramo**.

kilometer [kɪ'lɒmɪtər] *noun* ■ el **kilómetro**.

kind [kaɪnd] *(adjective & noun)*

■ *adjective*

amable: that's very kind of you es muy amable de tu parte

■ *noun*

el **tipo: it's a kind of bird** es un tipo de pájaro; **I like all kinds of music** me gusta todo tipo de música

➤ **what kind of plant is it?** ¿qué especie de planta es?

kindergarten ['kɪndə,gaːtn] *noun* ■ el **kindergarten: she goes to kindergarten** va al kindergarten.

kindness ['kaɪndnɪs] *noun* ■ **la amabilidad**.

king [kɪŋ] *noun* ■ **el rey: King Harold** el rey Harold.

kingdom ['kɪŋdəm] *noun* ■ **el reino: the United Kingdom** el Reino Unido; **the animal kingdom** el reino animal.

kiss [kɪs] *(noun & verb)*

■ *noun*
el beso: she gave her father a kiss le dio un beso a su padre
➤ **love and kisses** besos y cariños

■ *verb*
1. **besar: she kissed me on the cheek** me besó en la mejilla
2. **besarse: they kissed and said goodbye** se besaron y se despidieron.

kit [kɪt] *noun*
➤ **a first-aid kit** un botiquín de primeros auxilios
➤ **a tool kit** una caja de herramientas.

kitchen ['kɪtʃɪn] *noun* ■ **la cocina**.

kite [kaɪt] *noun* ■ **la cometa**.

kitten ['kɪtn] *noun* ■ **el gatito**.

knee [niː] *noun* ■ **la rodilla: he was on his knees** estaba de rodillas.

kneel [niːl] *(past tense & past participle* knelt [nelt] *past tense & past participle* kneeled [niːld]*) verb* ■ **arrodillarse: he knelt down** se arrodilló.

knelt *past tense & past participle* ➤ kneel.

knew [njuː] *past tense* ➤ know.

knife [naɪf] *(plural* knives [naɪvz]*) noun* ■ **el cuchillo: a bread knife** un cuchillo para cortar pan.

knight [naɪt] *noun* ■ **el caballo: the knight is a piece used in a game of chess** el caballo es una pieza del ajedrez.

knit [nɪt] *(past tense & past participle* knitted*) verb* ■ **tejer: I knitted a scarf** tejí una bufanda.

knives *plural* ➤ knife.

knob [nɒb] *noun*
1. **la perilla: turn the knob to the right** gira la perilla hacia la derecha
2. **el pomo: a door knob** el pomo de una puerta.

knock [nɒk] *(noun & verb)*

■ *noun*
el golpe: I heard a knock at the door oí un golpe en la puerta

■ *verb*
1. **golpear: somebody's knocking at the door** alguien está golpeando en la puerta
2. **golpearse: I knocked my head on the shelf** me golpeé la cabeza con el estante
3. **clavar: he knocked the nail into the wall** clavó el clavo en la pared

knock down *phrasal verb*
1. **derribar: they knocked that building down** derribaron ese edificio
2. **atropellar: he was knocked down by a car** lo atropelló un coche.

knock out *phrasal verb*
1. **dejar sin sentido: the thief knocked the guard out** el ladrón dejó sin sentido al guardia
2. **eliminar: México knocked Argentina out of the tournament** Mexico eliminó a Argentina del torneo.

knock over *phrasal verb* ■ **tirar: I knocked the glass over** tiré el vaso.

knot [nɒt] *noun* ■ **el nudo: he tied a knot in the string** hizo un nudo en la cuerda.

know [nəʊ] *(past tense* knew, *past participle* known*) verb*

> Use the verb **saber** for knowing facts. Use the verb **conocer** for knowing people or places:

1. **saber: I know you're right** sé que tienes razón; **he's Italian — yes, I know** es italiano — sí, lo sé; **I don't know where he is** no sé dónde está; **she doesn't know any English** no sabe nada de inglés
2. **conocer: do you know Vanessa?** ¿conoces a Vanessa?; **I'm slowly getting to know**

him lo estoy conociendo de a poco; **I don't know London very well** no conozco muy bien Londres

➤ **how should I know?** ¿cómo quieres que sepa?

➤ **to know how to do something** saber hacer algo: **do you know how to swim?** ¿sabes nadar?

know about *phrasal verb*

1. **saber de: do you know about the accident?** ¿sabes del accidente?
2. **saber sobre: he knows all about computers** sabe todo sobre las computadoras.

know-how [nəʊhaʊ] *noun* ■ los **conocimientos y experiencia: he doesn't have the know-how** no tiene los conocimientos y experiencia.

knowledge ['nɒlɪdʒ] *uncountable noun* ■ el **conocimiento: she has a good knowledge of English** tiene un buen conocimiento del inglés.

known [nəʊn] *past participle* ➤ know.

l

lab [læb] *(abbreviation of* laboratory*)* *noun* ■ *informal* el **laboratorio: a chemistry lab** un laboratorio de química.

label ['leɪbl] *noun* ■ la **etiqueta**.

labor ['leɪbəʳ] *noun* ■ la **mano de obra: skilled labor** mano de obra especializada

➤ **Labor Day** el Día de los Trabajadores

➤ **a labor union** un sindicato de trabajadores

LABOR DAY

El día del trabajo en Estados Unidos, **Labor Day**, se celebra el primer lunes de septiembre. Es un día feriado que permite a los estadounidenses un último puente antes del fin del verano y el regreso a la escuela.

laboratory ['læbrəˌtɔːrɪ] *(plural* laboratories*)* *noun* ■ el **laboratorio**.

lace [leɪs] *noun*

1. el **cordón** *(plural* los **cordones***)*, la **agujeta** *Mexico*: **he tied his laces** se amarró los cordones
2. el **encaje: a lace tablecloth** un mantel de encaje.

lack [læk] *(noun & verb)*

■ *noun*

la **falta: through lack of experience** por falta de experiencia

■ *verb*

carecer de: she lacks confidence carece de confianza.

ladder ['lædəʳ] *noun* ■ la **escalera**.

lady ['leɪdɪ] *(plural* ladies*)* *noun* ■ la **señora: there's a lady waiting to see you** hay una señora esperando para verte

➤ **ladies' clothes** ropa de mujer

➤ **Ladies and Gentlemen!** ¡señoras y señores!

➤ **the ladies' room** el baño de señoras: **where is the ladies' room?** ¿dónde está el baño de señoras?

laid [leɪd] *past tense & past participle* ➤ lay.

laid-back [leɪdbæk] *adjective* ■ *informal* **tranquilo: people are very laid-back in California** la gente de California es muy tranquila.

lain [leɪn] *past participle* ➤ lie.

lake [leɪk] *noun* ■ el **lago**.

lamb [læm] *noun* ■ el **cordero**.

lame [leɪm] *adjective* ■ **cojo: his horse is lame** su caballo está cojo.

lamp [læmp] *noun* ■ la **lámpara**.

land [lænd] *(noun & verb)*

■ *noun*
la **tierra: this land is very fertile** esta tierra es muy fértil
➤ **a piece of land** un terreno
■ *verb*
aterrizar: the plane lands at 6 o'clock el avión aterriza a las seis.

landing ['lændɪŋ] *noun*

1. el **aterrizaje: the pilot made an emergency landing** el piloto hizo un aterrizaje forzoso
2. el **rellano,** el **descanso** *Southern Cone*: **the bathroom is on the landing** el baño está en el rellano.

landscape ['lændskeɪp] *noun* ■ el **paisaje: the fields and woods of the American landscape** los prados y bosques del paisaje estadounidense.

lane [leɪn] *noun*

1. el **camino: a country lane** un camino campestre
2. el **carril: this highway has four lanes** esta autopista tiene cuatro carriles.

language ['læŋgwɪdʒ] *noun*

1. la **lengua: can you speak a foreign language?** ¿sabes alguna lengua extranjera?
2. el **lenguaje: legal language** el lenguaje legal.

lap [læp] *noun*

1. la **falda: the baby is sitting on her lap** el bebé está sentado en su falda
2. la **vuelta: the runners did two laps** los corredores dieron dos vueltas.

laptop [læptɒp] *noun* ■ el/la **laptop: he wants a laptop** quiere un laptop.

large [lɑːdʒ] *adjective*

1. **grande: Houston is a very large city** Houston es una ciudad muy grande
2. **importante: a large sum** una cantidad importante.

laser ['leɪzəʳ] *noun* ■ el **láser: a laser beam** un rayo láser.

last [lɑːst] *(adjective, adverb, noun & verb)*

■ *adjective*
1. **último: that's the last time I listen to you!** ¡es la última vez que te hago caso!
2. **pasado: it happened last week** ocurrió la semana pasada; **Greg arrived last Tuesday** Greg llegó el martes pasado
➤ **last name** apellido: **what is your last name?** ¿cuál es tu apellido?
■ *adverb*
1. **último: she came last** fue la última en venir
2. **la última vez: I last saw her in Boston** la última vez que la ví fue en Boston
■ *noun*
el **último,** la **última: he's the last in the class** es el último de la clase
■ *verb*
durar: the movie lasted two hours la película duró dos horas
➤ **last night** anoche: **I saw him last night** lo vi anoche
➤ **the year before last** hace dos años
➤ **the next to last** penúltimo
➤ **at last** por fin: **we're home at last** ¡por fin llegamos a casa!

late [leɪt] *adjective & adverb* ■ **tarde: I'm sorry I'm late** perdón por llegar tarde; **he arrived late** llegó tarde; **it's too late** es demasiado tarde; **I went to bed late** me acosté tarde; **he arrived two hours late** llegó dos horas tarde
➤ **in late June** a fines de junio.

lately ['leɪtlɪ] *adverb* ■ **últimamente: have you seen him lately?** ¿lo has visto últimamente?

later ['leɪtəʳ] *(comparative of* **late***) adverb* ■ **después: I'll do it later** lo haré después
➤ **see you later!** ¡hasta luego!

latest ['leɪtɪst] *(superlative of* **late***) adjective* ■ **último: here are the latest news** esta son las últimas noticias
➤ **at the latest** a más tardar: **it will be ready by tomorrow at the latest** estará listo mañana, a más tardar.

Latin ['lætɪn] *(adjective & noun)*

■ *adjective*

Remember not to use a capital letter for the adjective or the language in Spanish:

latino
➤ **Latin America** América Latina: **Peru is in Latin America** Perú está en América Latina
➤ **Latin American** latinoamericano
■ *noun*
el **latín: he's studying Latin** está estudiando latín.

laugh [lɑːf] *(noun & verb)*
■ *noun*
la **risa**
➤ **for a laugh** para divertirse: **we did it for a laugh** lo hicimos para divertirnos
➤ **to have a good laugh** divertirse mucho
■ *verb*
reírse: the audience was laughing el público se estaba riendo; **she burst out laughing** se echó a reír

laugh at *phrasal verb* ■ **reírse de: he was laughing at me** se estaba riendo de mí.

laughter [ˈlɑːftəʳ] *uncountable noun* ■ la **risa: I can hear laughter** oigo risas.

Laundromat® [ˈlɔːndrəmæt] *noun* ■ la **lavandería**.

laundry [ˈlɔːndrɪ] *uncountable noun* ■ la **ropa sucia: put the laundry in the basket** coloca la ropa sucia en la canasta
➤ **to do the laundry** lavar la ropa sucia.

lavatory [ˈlævətrɪ] *(plural* lavatories*)* *noun* ■ el **baño: where is the lavatory?** ¿dónde está el baño?

law [lɔː] *noun*
1. la **ley: we must obey the law** debemos obedecer la ley; **to break the law** violar la ley
2. el **derecho: he's studying law** estudia derecho
➤ **it's against the law** va contra la ley
➤ **law and order** la ley y el orden.

lawn [lɔːn] *noun* ■ el **pasto: she's mowing the lawn** está cortando el pasto.

lawnmower [ˈlɔːnˌməʊəʳ] *noun* ■ la **máquina de cortar pasto**.

lawyer [ˈlɔːjəʳ] *noun* ■ el **abogado,** la **abogada: Cheryl's a lawyer** Cheryl es abogada.

lay [leɪ] *(verb & verb form)*
■ *verb*
(past tense & past participle **laid***)* **poner: he laid his hand on my shoulder** me puso la mano sobre el hombro
➤ **to lay an egg** poner un huevo: **the hen laid an egg** la gallina puso un huevo
■ *past tense*
➤ lie.

layer [ˈleɪəʳ] *noun* ■ la **capa: there's a thick layer of snow on the roof** hay una gruesa capa de nieve sobre el techo.

lazy [ˈleɪzɪ] *adjective* ■ **perezoso**.

lead[1] [liːd] *(verb, noun & adjective)*
■ *verb*
(past tense & past participle led)
1. **llevar: this path leads to the village** este sendero lleva al pueblo; **he leads a busy life** lleva una vida muy ajetreada
2. **ir ganando por: Brazil is leading 3 goals to 2** Brasil va ganando por 3 goles a 2
➤ **to lead the way** mostrar el camino
■ *noun*
➤ **to be in the lead** llevar la delantera: **Shadowfax is in the lead** Shadowfax lleva la delantera
■ *adjective*
principal: he's the lead trumpet of the orchestra es el trompetista principal de la orquesta.

lead[2] [led] *noun*
1. el **plomo: the pipes are made of lead** las cañerías son de plomo
2. la **mina: the lead in a pencil** la mina de un lápiz.

leader [ˈliːdəʳ] *noun*
1. el/la **líder: the leader of our party** el líder de nuestro partido; **the leader of the gang** el líder de la pandilla
2. el **presidente: the leader of the country** el presidente del país.

leaf [liːf] *(plural* leaves [liːvz]*)* *noun* ■ la **hoja: the trees are losing their leaves** los árboles están perdiendo sus hojas.

league [lɪːg] *noun* ■ la **liga: our team is at the top of the league** nuestro equipo encabeza la liga.

leak [lɪːk] *(noun & verb)*

■ *noun*
el **escape: there has been a gas leak** ha habido un escape de gas
■ *verb*
1. **gotear: the bucket is leaking** el balde está goteando
2. **dejar pasar el agua: the boat's leaking** el barco está dejando pasar el agua.

lean [lɪːn] *verb*
1. **apoyar: I leaned the ladder against the wall** apoyé la escalera contra la pared; **my bike is leaning against the wall** mi bicicleta está apoyada contra la pared
2. **apoyarse: she leaned on the door** se apoyó en la puerta
3. **inclinarse: he leaned forward** se inclinó hacia delante

lean out *phrasal verb* ■ **asomarse: she leaned out the window** se asomó por la ventana.

lean over *phrasal verb* ■ **inclinarse: he leaned over to speak to me** se inclinó para hablarme.

leap [lɪːp] *(past tense & past participle* leapt o leaped*) verb* ■ **saltar, brincar** *Mexico*: **the cat leaped on the mouse** el gato saltó sobre el ratón; **she leapt out of bed** saltó de la cama
➤ **to leap to one's feet** ponerse de pie de un salto.

leapt [lept] *past tense & past participle* ➤ leap.

leap year [lɪːpjɪəʳ] *noun* ■ **el año bisiesto: there's a leap year every four years** hay un año bisiesto cada cuatro años.

learn [lɜːn] *verb* ■ **aprender: we're learning English** estamos aprendiendo inglés; **she's learning to swim** or **she's learning how to swim** está aprendiendo a nadar.

learner ['lɜːnəʳ] *noun* ■ **el/la estudiante.**

least [lɪːst] *(superlative of* **little***) (adjective, adverb & pronoun)*

■ *adjective*
➤ **the least: he has the least money** es el que menos dinero tiene
I don't have the least idea no tengo la menor idea
■ *adverb*
➤ **the least** *With verbs* el que menos: **I like those ones the least** esos son los que menos me gustan
➤ **the least** *With adjectives and nouns* menos: **the least expensive restaurant** el restaurante menos caro: **the least funny joke** la broma menos graciosa
■ *pronoun*
➤ **the least** menos: **Sarah ate the least** Sarah es la que menos comió
➤ **at least** al menos: **it'll cost at least $100** costará al menos 100 dólares
➤ **at least** por lo menos: **she's never met him, at least that's what she says** no lo conoce, por lo menos eso es lo que dice
➤ **it's the least I can do** es lo menos que puedo hacer.

leather ['leðəʳ] *noun* ■ **el cuero.**

leave [lɪːv] *(noun & verb)*

■ *noun*
la **licencia: the secretary has two days' leave** la secretaria tiene dos días de licencia
■ *verb*
(past tense & past participle **left***)*
1. **irse: I'm leaving tomorrow** me voy mañana; **she has already left** ya se fue
2. **dejar: she left the country this morning** dejó el país esta mañana; **I left the door open** dejé la puerta abierta; **leave me alone!** ¡déjame en paz!; **leave the book at home** deja el libro en casa

leave out *phrasal verb* ■ **omitir: you've left a word out** omitiste una palabra.

leaves *plural* ➤ leaf.

lecture ['lektʃəʳ] *noun*
1. la **charla: he gave a lecture on rock-climbing** dio una charla sobre la escalada en roca

2. la **clase: he missed his history lecture** se perdió la clase de historia

> ⚠ **Lecture** es un falso amigo, no significa "lectura".

led [led] *past tense & past participle* ➤ lead.

left [left] *(adjective, adverb, noun & verb form)*

■ *adjective*
izquierdo: he took it with his left hand lo tomó con su mano izquierda

■ *adverb*
izquierdo: turn left at the end of the road dobla a la izquierda al final de la calle

■ *noun*
la **izquierda: look to the left** mira hacia la izquierda; **you drive on the left in Britain** en Gran Bretaña, se maneja por la izquierda

■ *past tense & past participle*
➤ leave

➤ **to be left** quedar: **do you have any money left?** ¿te queda algo de dinero? **there's none left** no queda nada.

left-hand ['lefthænd] *adjective* ■ **de la izquierda: the left-hand drawer** el cajón de la izquierda

➤ **on the left-hand side** del lado izquierdo.

left-handed [,left'hændɪd] *adjective* ■ **zurdo: he's left-handed** es zurdo.

leftovers ['leftəʊvəʳz] *plural noun* ■ las **sobras: I threw away the leftovers** tiré las sobras.

leg [leg] *noun* ■ la **pierna: Colin has broken his leg** Colin se quebró una pierna

➤ **to pull somebody's leg** tomarle el pelo a alguien: **he's pulling your leg** te está tomando el pelo

➤ **a leg of lamb** una pierna de cordero

➤ **a chicken leg** un muslo de pollo.

legal ['lɪ:gl] *adjective* ■ **legal**.

legend ['ledʒənd] *noun* ■ la **leyenda: he became a legend** se convirtió en una leyenda.

leisure ['lɪ:ʒər] *uncountable noun* ■ el **ocio**

➤ **leisure time** tiempo libre: **what do you do in your leisure time?** ¿qué haces en tu tiempo libre?

lemon ['lemən] *noun* ■ **el limón** *(plural* **los limones***)*: **a slice of lemon** una rodaja de limón

➤ **lemon juice** jugo de limón.

lemonade [,lemə'neɪd] *noun* ■ **la limonada**.

lend [lend] *(past tense & past participle* lent*) verb* ■ **prestar**

➤ **to lend something to somebody** prestarle algo a alguien: **can you lend me your pencil?** ¿puedes prestarme el lápiz?

length [leŋθ] *noun*

1. el **largo: what length is it?** ¿cuánto tiene de largo?; **it's five inches in length** tiene cinco pulgadas de largo
2. la **duración: the length of a prison sentence** la duración de la pena de prisión.

lens [lenz] *noun*

1. el **lente: the lens of a camera** el lente de la cámara
2. el **cristal: my glasses have thick lenses** mis lentes tienen cristales gruesos
3. el/la **lente de contacto: she wears contact lenses** usa lentes de contacto.

lent [lent] *past tense & past participle* ➤ lend.

Lent [lent] *noun* ■ la **Cuaresma**.

leopard ['lepəd] *noun* ■ el **leopardo**.

less [les] *(comparative of* **little***) adjective, adverb & pronoun* ■ **menos: I have less money than you** tengo menos dinero que tú; **you should eat less** deberías comer menos; **it's less serious than I thought** es menos grave de lo que pensaba; **the more I see him, the less I like him** cuanto más lo veo, menos me gusta; **he'll be here in less than two hours** estará aquí en menos de dos horas; **he has less than me** tiene menos que yo.

lesson ['lesn] *noun*

1. la **lección** *(plural* las **lecciones***)*: **we will study that lesson in the book tomorrow** estudiaremos esa lección del libro mañana

2. la **clase: she's taking English lessons** está tomando clases de inglés

➤ **that'll teach him a lesson!** ¡eso le servirá de lección!

let [let] *(past tense & past participle* **let***)* *verb*

1. *In suggestions* **let's go!** ¡vamos!; **let's go to the movies tonight** ¿vamos al cine esta noche?
2. **dejar: to let somebody do something** dejar a alguien hacer algo; **my parents won't let me go out** mis padres no me van a dejar salir; **let me explain** déjame que te explique

➤ **to let go of somebody or something** soltar a alguien o algo: **let me go!** ¡suéltame!

➤ **to let somebody know something** avisarle a alguien: **I'll let you know what time I arrive** te avisaré a qué hora llego

➤ **let us know** avísanos

let down *phrasal verb* ■ **fallar: she let me down at the last minute** me falló en el último momento.

let in *phrasal verb* ■ **dejar entrar: he went to the door and let them in** fue hasta la puerta y los dejó entrar; **they wouldn't let us in the club** no nos van a dejar entrar al club.

let off *phrasal verb* ■ **perdonar: I'll let you off this time, but don't do it again** te perdono esta vez, pero no lo vuelvas a hacer.

let's [lets] ➤ let us.

letter ['letəʳ] *noun*

1. la **carta: I sent him a letter** le mandé una carta
2. la **letra: the letters of the alphabet** las letras del abecedario.

lettuce ['letɪs] *noun* ■ la **lechuga: she bought a head of lettuce** compró una lechuga.

level ['levl] *(noun & adjective)*

■ *noun*

el **nivel: they're on the same level** están al mismo nivel

■ *adjective*

1. **plano: the ground is level** el terreno es plano
2. **derecho: the pictures aren't level** los cuadros no están derechos.

lever ['levər] *noun* ■ la **palanca**.

liar ['laɪəʳ] *noun* ■ el **mentiroso**, la **mentirosa: he's a liar** es un mentiroso.

liberal ['lɪbərəl] *adjective* ■ **liberal**.

liberty ['lɪbətɪ] *noun* ■ la **libertad**.

librarian [laɪ'breərɪən] *noun* ■ el **bibliotecario**, la **bibliotecaria**.

library ['laɪbrərɪ] *(plural* **libraries***)* *noun* ■ la **biblioteca**

➤ **a library book** un libro de la biblioteca

La palabra inglesa **library** es un falso amigo, no significa "librería".

license ['laɪsəns] *noun* ■ la **licencia**

➤ **a license plate** una placa de la matrícula, una patente *Southern Cone*.

lick [lɪk] *verb* ■ **lamer**

➤ **the cat's licking its paws** el gato se está lamiendo las patas.

lid [lɪd] *noun* ■ la **tapa: put the lid back on the saucepan** ponerle la tapa a la olla.

lie [laɪ] *(noun & verb)*

■ *noun*

la **mentira: it's all lies!** ¡son todas mentiras!

➤ **to tell lies** decir mentiras: **he's telling lies** está diciendo mentiras

■ *verb*

1. *(past tense & past participle* **lied***, present participle* **lying***)* **mentir: you're lying** estás mintiendo; **she lied to me** me mintió
2. *(past tense* **lay***, past participle* **lain***, present participle* **lying***)* **acostarse: he lay on the grass** se acostó en el pasto

lie down *phrasal verb* ■ **acostarse: I want to lie down on the bed** quiero acostarme en la cama; **go and lie down** anda y acuéstate

➤ **to be lying down or to be lying** estar acostado: **Marcus was lying down** Marcus estaba acostado

she's lying on the sofa está acostada en el sofá.

life [laɪf] *(plural* lives [laɪvz]*) noun* ■ la **vida: you saved my life!** ¡me salvaste la vida!; **that's life!** ¡así es la vida!

➤ **a life preserver** un salvavidas.

lifeboat ['laɪfbəʊt] *noun* ■ el **bote salvavidas**.

lifeguard ['laɪfgaːd] *noun* ■ **el/la salvavidas** *(plural* **los/las salvavidas***)*.

lift [lɪft] *(noun & verb)*

■ *noun*

➤ **to give somebody a lift** llevar a alguien, darle un aventón a alguien *Mexico:* **she gave me a lift to school** me llevó a la escuela **can I give you a lift?** ¿quieres que te lleve a algún lado?

■ *verb*

levantar: this suitcase is too heavy, I can't lift it la valija es muy pesada, no la puedo levantar.

light [laɪt] *(adjective, noun & verb)*

■ *adjective*

1. **ligero, liviano: it's as light as a feather** es tan ligero como una pluma; **we had a light meal** comimos una comida ligera
2. **claro: he's wearing a light green shirt** tiene puesta una camisa verde claro

■ *noun*

1. la **luz** *(plural* las **luces***)*: **there's not enough light to read by** no hay suficiente luz para leer; **can you switch the light on?** ¿puedes prender la luz?; **the driver put his lights on** el chofer encendió las luces
2. el **fuego: have you got a light?** ¿tienes fuego?

➤ **a traffic light** un semáforo: **the traffic light is red** el semáforo está en rojo

➤ **a light bulb** una bombilla, una ampolleta *Chile,* un foco *Mexico,* una bombita *River Plate*

■ *verb*

(past tense & past participle **lit***)* **prender: she lit the candle** prendió la vela.

lighter ['laɪtəʳ] *noun* ■ el **encendedor: a cigarette lighter** un encendedor.

lighthouse ['laɪthaʊs] *noun* ■ el **faro**.

lightning ['laɪtnɪŋ] *uncountable noun* ■ los **relámpagos: there was thunder and lightning** hubía truenos y relámpagos

➤ **a flash of lightning** un relámpago: **I saw a flash of lightning** vi un relámpago

➤ **as quick as lightning** como un rayo

➤ **the barn was struck by lightning** cayó un rayo en el granero.

like [laɪk] *(preposition & verb)*

■ *preposition*

como: their house is like ours su casa es como la nuestra

➤ **what's he like?** ¿cómo es él?

➤ **what's the weather like?** ¿cómo está el tiempo?

➤ **to look like somebody** parecerse a alguien: **she looks like her sister** se parece a su hermana

➤ **do it like this** hazlo como este

■ *verb*

> In Spanish, the verb **gustar** is used for expressing likes and dislikes. When you use this verb, don't forget that the object liked or disliked becomes the subject of the sentence, since **gustar** literally means "to be pleasing to":

I like music me gusta la música; **she doesn't like sardines** no le gustan las sardinas; **do you like dancing?** ¿te gusta bailar?

> To ask someone if he or she would like to do something, or if he or she would like something, you often use the verb **gustar** in the conditional. You can also use the verb **querer** in the indicative or in the past subjunctive. This also applies to you stating your own desires:

➤ **if you like** si quieres

➤ **I would like or I'd like** quisiera

➤ **I'd like a cup of tea** quisiera una taza de té

➤ **would you like some more cake?** ¿te gustaría un poco más de pastel?

➤ **I'd like to** me gustaría: **I'd like to go to Egypt** me gustaría ir a Egipto.

likely ['laɪklɪ] *adjective* ■ **probable: that's not very likely** eso no es muy probable

➤ **it's likely to rain** probablemente llueva.

lilac ['laɪlək] *noun* ■ el **lila**.

lime [laɪm] *noun* ■ la **lima: lime juice** jugo de lima.

limit ['lɪmɪt] *(noun & verb)*

■ *noun*
el límite: he knows his limits conoce sus límites

■ *verb*
limitar: we have to try and limit our expenses tenemos que tratar de limitar nuestros gastos.

limp [lɪmp] *(verb & noun)*

■ *verb*
cojear: she's limping está cojeando

■ *noun*
➤ **to have a limp** cojear.

line [laɪn] *(noun & verb)*

■ *noun*
1. **la línea: draw a straight line** traza una línea recta; **all the lines to New York are busy** todas las líneas a Nueva York están ocupadas
2. **la fila: there was a long line of cars** había una larga fila de coches

➤ **to stand in line** hacer cola
➤ **to drop somebody a line** escribirle unas líneas a alguien
➤ **I dropped her a line** le escribí unas líneas

■ *verb*
1. **bordear: trees lined the avenue** los árboles bordeaban la avenida
2. **forrar: a coat lined with silk** un abrigo forrado de seda

line up *phrasal verb* ■ **formar fila: the children are lining up** los niños están formando fila.

link [lɪŋk] *(noun & verb)*

■ *noun*
la conexión *(plural* **las conexiones***)*: **there's a link between the two events** hay una conexión entre los dos hechos

■ *verb*
1. **conectar: the two towns are linked by rail** los dos pueblos están conectados por ferrocarril
2. **relacionar: the two events are linked** los dos acontecimientos están relacionados.

lion ['laɪən] *noun* ■ **el león** *(plural* **los leones***)*: **the lion roared** el león rugió.

lioness ['laɪənes] *noun* ■ **la leona**.

lip [lɪp] *noun* ■ **el labio: I bit my lip** me mordí el labio.

lipstick ['lɪpstɪk] *noun* ■ **el lápiz de labios**.

liquid ['lɪkwɪd] *noun* ■ **el líquido**.

liquor ['lɪkəʳ] *noun* ■ **el alcohol**

➤ **a liquor store** una tienda de vinos y licores, una vinatería *Mexico*, una botillería *Chile*.

list [lɪst] *(noun & verb)*

■ *noun*
la lista: her name is on the list su nombre está en la lista; **make a list** hacer una lista

■ *verb*
hacer la lista: I've listed the presents to buy hice la lista de los regalos que comprar.

listen ['lɪsn] *verb* ■ **escuchar: she's listening to the music** está escuchando música.

lit [lɪt] *past tense & past participle* ➤ light.

liter ['lɪːtəʳ] *noun* ■ **el litro**.

literature ['lɪtrətʃəʳ] *noun* ■ **la literatura**.

little ['lɪtl] *(adjective & adverb)*

■ *adjective*
1. **pequeño: a little boy** un niño pequeño
2. **poco: there's very little hope** hay muy poca esperanza

➤ **her little sister** su hermanita

■ *adverb*
poco: he eats very little come muy poco

➤ **a little** un poco de: **I'm a little hungry** tengo un poco de hambre
➤ **a little bit** un poquito
➤ **little by little** poco a poco.

live *(verb & adjective)*

■ *verb*
[lɪv] **vivir: he lives with his father** vive con su padre; **Martha lives in Chicago** Marta vive en Chicago

■ *adjective*
[laɪv]
1. **en vivo: the broadcast is live** el programa es en vivo

2. **vivo: experiments on live animals** experimentos con animales vivos.

lively ['laɪvlɪ] *adjective*

1. **lleno de vida: she's very lively** está llena de vida
2. **animado: a lively place** un lugar animado.

liver ['lɪvəʳ] *noun* ■ **el hígado**.

lives *plural* ➤ life.

living ['lɪvɪŋ] *noun*

➤ **to earn a living** ganarse la vida
➤ **what do you do for a living?** ¿en qué trabajas?

living room ['lɪvɪŋruːm] *noun* ■ **la sala**.

lizard ['lɪzəd] *noun* ■ **el lagarto**.

llama ['lɑːmə] *noun* ■ **la llama**.

load [ləʊd] *(noun & verb)*

■ *noun*
la carga: a heavy load una carga pesada
➤ **loads of** *informal* un montón de: **he's got loads of money** tiene un montón de dinero

■ *verb*
cargar: they loaded the luggage into the car cargaron el equipaje en el auto; **he loaded the gun** cargó el arma
➤ **to load a camera** ponerle rollo a la cámara.

loaf [ləʊf] *(plural* **loaves** [ləʊvz]*) noun* ■ **el pan, el pan de caja** *Mexico*: **a loaf of bread** un pan.

loan [ləʊn] *(noun & verb)*

■ *noun*
el préstamo: the bank gave him a loan el banco le dio un préstamo

■ *verb*
prestar: he loaned me his camera me prestó su cámara.

loaves *plural* ➤ loaf.

lobby ['lɒbɪ] *(plural* **lobbies***) noun* ■ **el vestíbulo: he's waiting for me in the lobby of the hotel** me está esperando en el vestíbulo del hotel.

lobster ['lɒbstəʳ] *noun* ■ **la langosta**.

local ['ləʊkl] *adjective*

1. **local: a local newspaper** un diario local
2. **de la zona: the local inhabitants** los habitantes de la zona.

locally ['ləʊkəlɪ] *adverb* ■ **en la zona: she lives locally** vive en la zona.

location [ləʊ'keɪʃn] *noun* ■ **la ubicación** *(plural* **las ubicaciones***)*: **the house is in a beautiful location** la casa tiene una ubicación preciosa.

lock [lɒk] *(noun & verb)*

■ *noun*
la cerradura: she put the key in the lock metió la llave en la cerradura

■ *verb*
cerrar con llave: she locked the door cerró la puerta con llave

lock in *phrasal verb* ■ **encerrar: they locked her in her room** la encerraron en su cuarto.

lock out *phrasal verb* ■ **quedarse afuera sin llave: I've locked myself out** me quedé afuera sin llave.

locker ['lɒkəʳ] *noun* ■ **el locker** *(plural* **los lockers***)*, **el casillero** *Chile, Mexico*: **he keeps his books in his locker** guarda sus libros en el armario
➤ **the locker room** el vestuario, el vestidor *Chile, Mexico*.

log [lɒg] *(noun & phrasal verb) noun* ■ **el tronco: put a log on the fire** poner un tronco en el fuego
➤ **a log cabin** una cabaña de madera

log in, log on *phrasal verb* ■ **entrar en el sistema**.

log off, log out *phrasal verb* ■ **salir del sistema**.

logical ['lɒdʒɪkl] *adjective* ■ **lógico**.

lollipop ['lɒlɪpɒp] *noun* ■ **el pirulí, la paleta** *Mexico*.

lonely ['ləʊnlɪ] *adjective*

1. **solo: she feels lonely or she's lonely** se siente sola
2. **solitario: a lonely beach** una playa solitaria.

long [lɒŋ] *(adjective & adverb)*

■ *adjective*

largo: her skirt is too long su falda es demasiado larga

➤ **the fence is ten meters long** la valla tiene diez metros de largo

➤ **the concert is three hours long** el concierto dura tres horas

➤ **a long time** mucho tiempo

➤ **I've been waiting a long time** hace mucho tiempo que espero

➤ **it takes a long time** lleva mucho tiempo

➤ **it's a long way** queda lejos

■ *adverb*

tiempo: I didn't wait long no esperé mucho tiempo

➤ **I won't be long** no voy a demorar

➤ **how long will it take?** ¿cuánto tiempo te llevará?: **how long will you be?** ¿cuánto tiempo estarás?

how long have you been here? ¿hace cuánto que estás aquí?

> When "as long as" means "provided that" the verb that follows must be in the subjunctive:

➤ **as long as** el tiempo que sea, mientras

➤ **I'll wait as long as you like** esperaré todo el tiempo que quieras

➤ **as long as you are here, you're safe** mientras estés aquí, estás a salvo

➤ **so long!** adiós.

look [lʊk] *(noun & verb)*

■ *noun*

la **mirada: he gave me a funny look** me miró de un modo gracioso

➤ **to have a look at something** echar un vistazo a algo: **can I have a look?** ¿puedo echar un vistazo?

■ *verb*

1. **mirar: don't look!** ¡no mires!
2. **parecer: you look tired** te pareces cansado

➤ **it looks as if it's going to snow** parece que va a nevar

➤ **to look like somebody** parecerse a alguien: **Felicia looks like her mother** Felicia se parece a su madre

look after *phrasal verb* ■ **cuidar: he's looking after his little brother** está cuidando a su hermano menor.

look around *phrasal verb*

1. **mirar alrededor: he looked around when I called him** miró alrededor cuando lo llamé
2. **mirar: I'm just looking around** sólo estoy mirando
3. **recorrer: let's look around the museum** vamos a recorrer el museo.

look at *phrasal verb* ■ **mirar: he looked at her** él la miró.

look for *phrasal verb* ■ **buscar: I'm looking for my keys** estoy buscando mis llaves.

look forward to *phrasal verb*

1. **desear: I'm really looking forward to Christmas** estoy deseando que llegue Navidad
2. **esperar: I look forward to hearing from you** espero tener noticias tuyas.

look out *phrasal verb* ■ **tener cuidado: look out!** ¡cuidado!

look up *phrasal verb*

1. **ir a ver: I looked up when he came in** lo fui a ver cuando vino
2. **buscar: look the word up in a dictionary** busca la palabra en el diccionario.

loose [lu:s] *adjective* ■ **flojo: loose clothes** ropa floja

➤ **to come loose** aflojarse: **the knot has come loose** el nudo se aflojó.

lord [lɔ:d] *noun* ■ **el señor: he lives like a lord** vive como un rey.

lose [lu:z] *(past tense & past participle* lost*) verb* ■ **perder: I've lost my ticket** perdí mi entrada; **the team lost by three goals to one** el equipo perdió por tres goles a uno

➤ **to lose one's way** perderse: **he lost his way** se perdió.

loser ['lu:zəʳ] *noun*

1. **perdedor: he's a bad loser** es un mal perdedor
2. *informal* **fracasado: he's a real loser** es un verdadero fracasado.

loss [lɒs] *noun* ■ **la pérdida**.

lost [lɒst] *(adjective & verb form)*

■ *adjective*
perdido
➤ **to get lost** perderse: **I got lost in the woods** me perdí en el bosque
➤ **the lost-and-found** los objetos perdidos
■ *past tense & past participle*
➤ lose.

lot [lɒt] *noun*
➤ **a lot** mucho: **he eats a lot** come mucho
➤ **thanks a lot!** ¡muchas gracias!
➤ **he has a lot of friends** tiene muchos amigos
➤ **lots** *informal* un montón de: **she has lots of money** tiene un montón de dinero.

lotion ['ləʊʃn] *noun* ■ la **loción** *(plural* las **lociones***)*
➤ **suntan lotion** el bronceador.

lottery ['lɒtərɪ] *noun* ■ la **lotería**.

loud [laʊd] *adjective & adverb* ■ **fuerte: the music's too loud** la música está muy fuerte; **can you speak a bit louder?** ¿puedes hablar un poco más fuerte?
➤ **out loud** en voz alta: **he spoke out loud** habló en voz alta
to read out loud leer en voz alta.

lousy ['laʊzɪ] *adjective informal*
1. **pésimo, asqueroso: this book's lousy** el libro es pésimo; **the food's lousy** la comida es asquerosa
2. **horrible: the weather's lousy** el tiempo está horrible.

love [lʌv] *(noun & verb)*
■ *noun*
el **amor**
➤ **a love song** una canción de amor
➤ **to be in love** estar enamorado: **he's in love with her** él está enamorado de ella
➤ **to fall in love** enamorarse: **she fell in love with him** se enamoró de él
➤ **give her my love** darle mi amor
■ *verb*
1. **amar: I love you** te amo
2. **encantar: I'd love to come to your party** me encantaría ir a tu fiesta; **he loves chocolate** le encanta el chocolate; **I love dancing** me encanta bailar.

lovely ['lʌvlɪ] *adjective*
1. **precioso: that's a lovely dress** es un vestido precioso; **you look lovely, Claire!** Claire, ¡te ves preciosa!
2. **encantador: he's a lovely man** es un hombre encantador
3. **delicioso: this tastes lovely** esto está delicioso
➤ **we had a lovely time** lo pasamos muy bien
➤ **what lovely weather!** ¡qué buen tiempo que hace!

low [ləʊ] *(adjective & adverb)*
■ *adjective*
bajo: the ceiling is very low el techo es muy bajo
■ *adverb*
bajo: the plane is flying low el avión está volando bajo.

low-fat [ləʊfæt] *adjective* ■ **de bajo contenido graso: low-fat yogurt** yoghurt de bajo contenido graso.

luck [lʌk] *uncountable noun* ■ la **suerte: you're in luck** estás de suerte
➤ **good luck!** ¡buena suerte!
➤ **bad luck!** ¡mala suerte!

lucky ['lʌkɪ] *adjective*
➤ **to be lucky** tener suerte: **she's very lucky** tiene mucha suerte
➤ **to be lucky** dar suerte: **horseshoes are lucky** las herraduras dan suerte
➤ **a lucky charm** un amuleto.

lump [lʌmp] *noun*
1. el **terrón** *(plural* los **terrones***)*: **a lump of sugar** un terrón de azúcar
2. el **chichón** *(plural* los **chichones***)*: **she has a lump on her forehead** tiene un chichón en la frente.

lunch [lʌntʃ] *noun* ■ el **almuerzo,** la **comida** *Mexico*: **what did you have for lunch?** ¿qué almorzaste?
➤ **to have lunch** almorzar, comer *Mexico*
➤ **we have lunch at one o'clock** almorzamos a la una
➤ **the lunch hour** la hora del almuerzo, la hora de la comida *Mexico*.

lunchtime ['lʌntʃtaɪm] *noun* ■ **la hora del almuerzo, la hora de la comida** *Mexico*: **it's nearly lunchtime** es casi la hora del almuerzo.

lung [lʌŋ] *noun* ■ **el pulmón** (*plural* **los pulmones**).

luxury ['lʌkʃərɪ] *noun* ■ **el lujo: she lives in luxury** vive con lujo
➤ **a luxury hotel** un hotel lujoso.

lying ['laɪɪŋ] ➤ lie.

lyrics ['lɪrɪks] *plural noun* ■ **la letra**.

m

machine [mə'ʃiːn] *noun* ■ **la máquina: a sewing machine** una máquina de coser
➤ **a machine gun** una ametralladora.

mad [mæd] *adjective*
1. **loco: he's mad** está loco; **you must be going mad** debes estar volviéndote loco
2. **enojado: I'm mad at him** estoy enojado con él.

madam ['mædəm] *noun* ■ **la señora: can I help you, madam?** ¿qué desea, señora?

made [meɪd] *past tense & past participle* ➤ make.

magazine [ˌmægə'ziːn] *noun* ■ **la revista: a fashion magazine** una revista de modas.

magic ['mædʒɪk] *(noun & adjective)*
■ *noun*
la magia: he likes to do magic le gusta hacer magia
■ *adjective*
mágico: a magic wand una varita mágica
➤ **a magic trick** un truco de magia.

magician [mə'dʒɪʃn] *noun* ■ **el mago, la maga**.

magnet ['mægnɪt] *noun* ■ **el imán** (*plural* **los imanes**).

magnetic [mæg'netɪk] *adjective* ■ **magnético**.

magnificent [mæg'nɪfɪsənt] *adjective* ■ **magnífico**.

magnifying glass ['mægnɪfaɪɪŋglɑːs] *noun* ■ **la lupa**.

maid [meɪd] *noun* ■ **la sirvienta, la mucama** *Colombia, Peru, River Plate*, **la empleada** *Southern Cone*.

maiden name ['meɪdn neɪm] *noun* ■ **el apellido de soltera**.

mail [meɪl] *(noun & verb)*
■ *noun*
1. **la correspondencia: has the mail arrived?** ¿ha llegado la correspondencia?; **you have mail** tienes correspondencia
2. **el correo: I'll send it by mail** te lo mandaré por correo
■ *verb*
mandar por correo: to mail a letter to somebody mandarle una carta a alguien por correo.

mailbox ['meɪlbɒks] *noun* ■ **el buzón** (*plural* **los buzones**).

mailman ['meɪlmən] (*plural* mailmen ['meɪlmən]) *noun* ■ **el cartero**.

main [meɪn] *adjective* ■ **principal**
➤ **the main course** el plato principal
➤ **a main road** una carretera principal.

mainly ['meɪnlɪ] *adverb* ■ **principalmente**.

major ['meɪdʒəʳ] *(adjective & noun)*

■ *adjective*
muy importante: it's a major event es un acontecimiento muy importante
➤ **a major road** una carretera principal
➤ **it's of major importance** esto es de enorme importancia
■ *noun*
la **asignatura principal: my major is physics** mi asignatura principal es física.

majority [mə'dʒɒrətɪ] *(plural* majorities*) noun* ■ la **mayoría: he won by a big majority** ganó por una amplia mayoría
➤ **the majority of people** la mayoría de las personas.

make [meɪk] *(verb & noun)*

■ *verb*
(past tense & past participle **made***)*
1. **hacer: I made this vase myself** yo mismo hice este jarrón; **have you made the bed?** ¿hiciste la cama?
2. **fabricar: these cars are made in Germany** fabrican estos coches en Alemania
3. **preparar: to make a meal** preparar una comida
4. **ganar: he makes a lot of money** gana mucho dinero
➤ **to be made of** ser de: **this ring is made of gold** este anillo es de oro
what is it made of? ¿de qué está hecho esto?
➤ **to make somebody do something** hacer a alguien hacer algo: **she made me laugh** me hizo reír
he made her open the safe la hizo abrir la caja fuerte
➤ **the film made me sad** la película me puso triste
➤ **to make do** arreglárselas: **we'll have to make do** vamos a tener que arreglárnoslas; **to make do with something** conformarse con algo; **they made do with the leftovers** se conformaron con las sobras
➤ **make yourself at home** siéntete como en tu casa
➤ **3 and 4 make 7** 3 y 4 son 7
■ *noun*
marca: what make of car is that? ¿qué marca de coche es esa?

make out *phrasal verb*
1. **descifrar: I can't make out what the inscription says** no puedo descifrar lo que dice la inscripción
2. **entender: I can't make out what they are saying** no puedo entender lo que dicen
3. **pretender: she's not as rich as she makes out** no es tan rica como pretende.

make up *phrasal verb*
1. **inventar: he made up an excuse** inventó una excusa
2. **reconciliarse: they had an argument, but they've made up now** discutieron, pero ahora se reconciliaron
➤ **to make up one's mind** decidirse.

make up for *phrasal verb*
1. **compensar: to make up for a loss** compensar una pérdida
2. **recuperar: we must make up for lost time** debemos recuperar el tiempo perdido.

make-up [meɪkʌp] *uncountable noun*
■ el **maquillaje**
➤ **a make-up bag** una bolsa del maquillaje
➤ **to wear make-up** maquillarse: **Susan doesn't wear make-up** Susan no se maquilla.

male [meɪl] *(noun & adjective)*

■ *noun*
el **varón** *(plural* los **varones***)*
■ *adjective*
1. **macho: a male hamster** un hámster macho
2. **masculino: I heard a male voice** escuché una voz masculina
➤ **a male nurse** un enfermero
➤ **a male student** un estudiante varón.

mall [mɔːl] *noun* ■ el **centro comercial,** el **shopping** *(plural* los **shoppings***) River Plate,* el **mall** *(plural* los **malls***) Chile*: **a shopping mall** un centro comercial.

mammal ['mæml] *noun* ■ el **mamífero**.

man [mæn] *(plural* men [men]*) noun*
■ el **hombre: men's clothes** ropa de hombre
➤ **he's an old man** es un viejo
➤ **a young man** un joven

➤ **the men's room** el baño de hombres: **where is the men's room?** ¿dónde está el baño de hombres?

manage ['mænɪdʒ] *verb*

1. **poder: I can manage by myself** puedo solo
2. **dirigir: he manages a big company** dirige una gran empresa

➤ **to manage to do something** arreglárselas para hacer algo: **how did you manage to carry your suitcase?** ¿cómo te las arreglaste para acarrear tu maleta?

management ['mænɪdʒmənt] *noun* ■ la **dirección: the management does not accept responsibility** la dirección no asume responsabilidad

➤ **management studies** administración de empresas.

manager ['mænɪdʒəʳ] *noun*

1. el/la **gerente: the bank manager** el gerente del banco
2. el **encargado,** la **encargada: a store manager** un encargado de la tienda
3. el/la **manager** *(plural* **los/las managers***)*: **he's the team manager** es el manager del equipo.

mango ['mæŋgəʊ] *noun* ■ el **mango**.

Manhattan ['mæn,hætən] *noun* ■ **Manhattan** *(masculine)*: **Edward lives in Manhattan** Edward vive en Manhattan

> MANHATTAN
>
> Manhattan es el distrito central de la ciudad de Nueva York. Se divide en los tres barrios llamados **Downtown, Midtown** y **Uptown**. Allí se encuentran lugares tan conocidos como **Central Park, la Quinta Avenida, Broadway, la Estatua de la Libertad** y **Greenwich Village**, así como rascacielos tan famosos como el **Empire State Building** y el **Chrysler Building**. La **Manhattan Skyline** es la vista famosa de Nueva York dominada por los rascacielos que incluían las torres gemelas del World Trade Center, hasta la destrucción de éstas en los ataques terroristas del 11 de septiembre del 2001.

mankind [mæn'kaɪnd] *noun* ■ la **humanidad**.

man-made [mænmeɪd] *adjective*

1. **artificial: a man-made lake** un lago artificial
2. **sintético: a man-made fabric** una tela sintética.

manner ['mænəʳ] *noun* ■ la **manera: she treated me in a decent manner** me trató de manera amable.

manners ['mænəʳz] *plural noun* ■ los **modales: he has very good manners** tiene muy buenos modales.

mansion ['mænʃn] *noun* ■ la **mansión** *(plural* las **mansiones***)*.

manual ['mænjʊəl] *noun* ■ el **manual: an instruction manual** un manual de instrucciones.

many ['menɪ] *(adjective & pronoun)*

■ *adjective*

muchos: she has many friends tiene muchos amigos

➤ **were there many people at the match?** ¿había mucha gente en el partido?

■ *pronoun*

muchos: don't eat all the chocolates, there aren't many left no te comas todos los chocolates, no quedan muchos

➤ **how many?** ¿cuántos?: **how many are there?** ¿cuántos hay?: **how many presents did you get?** ¿cuántos regalos recibiste?

➤ **too many** demasiados: **I ate too many chocolates** comí demasiados chocolates

➤ **there are too many people here** hay demasiada gente aquí

➤ **as many** tantos como: **I don't have as many CDs as my brother** no tengo tantos CDs como mi hermano

➤ **take as many as you like** toma tantos como que quieras, toma todos los que quieras.

map [mæp] *noun*

1. el **mapa: a map of Argentina** un mapa de Argentina
2. el **plano: a map of New York** un plano de Nueva York.

maple ['meɪpl] *noun* ■ el **arce,** el **maple** *Mexico*

➤ **maple syrup** jarabe de arce, miel de maple *Mexico*.

marathon ['mærəθən] *noun* ■ el/la **maratón** (*plural* los/las **maratones**).

marble ['ma:bl] *noun*

1. el **mármol: a marble statue** una estatua de mármol
2. la **canica: they're playing marbles** están jugando a las canicas.

march [ma:tʃ] *verb* ■ **marchar: the soldiers were marching** los soldados marchaban; **forward march!** ¡adelante, marchen!

March [ma:tʃ] *noun*

In Spanish the months of the year do not start with a capital letter:

marzo: in March en marzo; **next March** el próximo marzo; **last March** el pasado marzo.

margarine [,ma:gə'ri:n] *noun* ■ la **margarina**.

margin ['ma:dʒɪn] *noun* ■ el **margen** (*plural* los **márgenes**): **he wrote something in the margin** escribió algo en el margen.

mark [ma:k] (*noun & verb*)

■ *noun*

la **mancha: there's a mark on your T-shirt** tienes una mancha en la camiseta; **there are marks all over his body** tiene manchas en todo el cuerpo

■ *verb*

marcar: X marks the spot el lugar está marcado con una X.

market ['ma:kɪt] *noun* ■ el **mercado: I'm going to the market** voy a mercado.

marriage ['mærɪdʒ] *noun* ■ el **matrimonio: this is her second marriage** éste es su segundo matrimonio.

married ['mærɪd] *adjective* ■ **casado: are you married?** ¿eres casado?

➤ **to get married** casarse: **they're getting married** se van a casar.

marry ['mærɪ] (*past tense & past participle* married) *verb* ■ **casarse con: she married Ian Jones** se casó con Ian Jones; **will you marry me?** ¿te quieres casar conmigo?

marvelous ['ma:vələs] *adjective* ■ **maravilloso**.

masculine ['mæskjʊlɪn] *adjective* ■ **masculino**.

mashed potatoes [mæʃtpə'teɪtəʊz] *plural noun* ■ el **puré de papas**.

mask [ma:sk] *noun* ■ la **máscara: he's wearing a mask** tiene puesta una máscara.

mass [mæs] *noun*

1. el **montón** (*plural* los **montones**): **a mass of papers** un montón de papeles
2. la **misa: Catholics go to mass on Sunday** los católicos van a misa los domingos.

massage [mə'sa:ʒ] *noun* ■ el **masaje**.

massive ['mæsɪv] *adjective* ■ **masivo**.

master ['ma:stəʳ] *noun* ■ el **dueño: the master of the house** el dueño de casa.

masterpiece ['ma:stəpi:s] *noun* ■ la **obra maestra**.

mat [mæt] *noun*

1. la **colchoneta: an exercise mat** una colchoneta para hacer gimnasia
2. el **felpudo,** el **tapete** *Colombia, Mexico*: **wipe your feet on the mat before you come in** límpiate los pies en el felpudo antes de entrar

➤ **a place mat** un mantel individual.

match [mætʃ] (*noun & verb*)

■ *noun*

1. el **partido: a tennis match** un partido de tenis
2. el **fósforo,** el **cerillo** *Mexico*: **a box of matches** una caja de fósforos

➤ **a boxing match** un combate de boxeo

■ *verb*

1. **hacer juego con: that tie doesn't match your shirt** esa corbata no hace juego con tu camisa
2. **hacer juego: those socks don't match** esos calcetines no hacen juego.

matchbox ['mætʃbɒks] *noun* ■ **la caja de fósforos,** la **caja de cerillos** *Mexico*.

matching ['mætʃɪŋ] *adjective* ■ **haciendo juego: matching dress and shoes** vestido y zapatos haciendo juego.

material [mə'tɪərɪəl] *noun*
1. el **material: building materials** materiales de construcción
2. la **tela: she bought some curtain material** compró tela para hacer cortinas
➤ **raw materials** materia prima.

math [mæθ] *(abbreviation of* **mathematics***)* *uncountable noun* ■ *informal* **las matemáticas: I like math** me gustan las matemáticas; **math is difficult** las matemáticas son difíciles.

mathematics [,mæθə'mætɪks] *uncountable noun* ■ las **matemáticas**.

matter ['mætəʳ] *(noun & verb)*
■ *noun*
el **asunto: it's a delicate matter** es un asunto delicado
➤ **it's a matter of time** es cuestión de tiempo
➤ **as a matter of fact** de hecho
➤ **what's the matter?** ¿qué pasa?
➤ **what's the matter with her?** ¿qué le pasa?
➤ **there's nothing the matter** no pasa nada
■ *verb*
importar: it doesn't matter no importa.

mattress ['mætrɪs] *noun* ■ el **colchón** *(plural* los **colchones***)*.

mature [mə'tjʊəʳ] *adjective* ■ **maduro: he's very mature for his age** es muy maduro para su edad.

maximum ['mæksɪməm] *(adjective & noun)*
■ *adjective*
máximo: what's the maximum speed? ¿cuál es la velocidad máxima?
■ *noun*
el **máximo: there'll be a maximum of twenty** habrá un máximo de veinte.

may [meɪ] *verb*
1. *Possibility*

> In Spanish, when "may" is used with another verb to say something is possible, you can translate it using the expression **puede que** followed by a verb in the subjunctive:

we may come puede que vengamos; **it may rain** puede que llueva; **she may have called** puede que haya llamado
2. *Asking and giving permission* **poder: may I open the window?** ¿puedo abrir la ventana?; **you may sit down** pueden sentarse.

May [meɪ] *noun*

> In Spanish the months of the year do not start with a capital letter:

mayo: in May en mayo; **next May** el próximo mayo; **last May** el pasado mayo
➤ **May Day** el primero de mayo.

maybe ['meɪbiː] *adverb* ■ **quizás**

> Quizás must be followed by a verb in the subjunctive:

maybe I'll come quizás venga; **maybe you're right** quizás tengas razón
➤ **maybe not** quizás no.

mayonnaise [,meɪə'neɪz] *noun* ■ la **mayonesa**.

mayor [meəʳ] *noun* ■ el **alcalde,** la **alcaldesa: he's the mayor of New York** es el alcalde de Nueva York.

maze [meɪz] *noun* ■ el **laberinto: this building is a real maze** este edificio es un verdadero laberinto.

me [miː] *personal pronoun*
1. *Direct and indirect object* **me: she doesn't know me** no me conoce; **can you hear me?** ¿puedes oírme?; **give it to me!** ¡dámelo!
2. *After prepositions* **mí: is that for me?** ¿eso es para mí?; **she left without me** se fue sin mí

> In Spanish, "with me" has a special form:

come with me ven conmigo

3. *In comparisons* **yo: he's taller than me** es más alto que yo.

meal [mɪːl] *noun* ■ la **comida: she made a big meal** preparó una gran comida
➢ **enjoy your meal!** ¡buen provecho!

mean [mɪːn] *(adjective & verb)*
■ *adjective*
malo: he's always mean to his sister siempre es malo con su hermana
■ *verb*
(past tense & past participle **meant***)*
1. **significar: what does this expression mean?** ¿qué significa esta expresión?; **it doesn't mean anything** esto no significa nada
2. **querer decir: what do you mean?** ¿qué quieres decir?; **that's not what he meant** eso no es lo que quería decir
3. **querer: I mean to leave at six o'clock** quiero irme a las seis en punto; **I didn't mean to hurt you** no quise herirte
➢ **I meant it** lo dije en serio
➢ **to be meant for** ser para: **this present is meant for your sister** este regalo es para tu hermana.

meaning ['mɪːnɪŋ] *noun* ■ el **significado: what's the meaning of this word?** ¿cuál es el significado de esta palabra?

means [mɪːnz] *noun* ■ el **medio: it's a means to get what he wants** es un medio para obtener lo que quiere
➢ **by means of** por medio de: **they communicate by means of a variety of sounds** se comunican por medio de una variedad de sonidos
➢ **the thief got in by means of a ladder** el ladrón entró usando una escalera
➢ **a means of transport** un medio de transporte.

meant [ment] *past tense & past participle*
➢ mean.

meantime ['mɪːn,taɪm] *noun*
➢ **in the meantime** mientras tanto.

meanwhile ['mɪːn,waɪl] *adverb*
■ **mientras tanto: meanwhile, I was out with my friends** mientras tanto, yo estaba afuera con mis amigos.

measles ['mɪːzlz] *noun* ■ el **sarampión: she has measles** tiene sarampión.

measure ['meʒəʳ] *verb* ■ **medir: she measured the chair with a tape measure** midió la silla con una cinta métrica; **the room measures 2 feet by 3 feet** la habitación mide 2 pies por 3 pies.

measurement ['meʒəmənt] *noun* ■ la **medida: he took my measurements** me tomó las medidas

> MEASUREMENTS
>
> En Estados Unidos no se usa comúnmente el sistema métrico, sino que se emplean las medidas del antiguo sistema inglés. Las unidades más comunes son: **inches** - pulgadas; **feet** - pies; **yards** - yardas; **miles** - millas; **ounces** - onzas; **pounds** - libras; **degrees Fahrenheit** - grados Fahrenheit. 1 inch = 2.54cm, 1 foot = 30.48cm, 1 yard = 91.44cm, 1 mile = 1.6km, 1 ounce = 28.35g, 1 pound = 0.453kg, 1 degree Fahrenheit = -17.22 degrees Celsius.

meat [mɪːt] *noun* ■ la **carne: she doesn't like meat** no le gusta la carne.

Mecca ['mekə] *noun* ■ la **Meca**.

mechanic [mɪ'kænɪk] *noun* ■ el **mecánico, la mecánica**.

mechanical [mɪ'kænɪkl] *adjective*
■ **mecánico**.

medal ['medl] *noun* ■ la **medalla: she won a gold medal** ganó una medalla de oro.

media ['mɪːdjə] *noun*
➢ **the media** los medios de comunicación: **the event was reported in the media** el acontecimiento fue divulgado por los medios de comunicación.

medical ['medɪkl] *adjective* ■ **médico: medical treatment** tratamiento médico
➢ **a medical student** un estudiante de medicina.

medicine ['medsɪn] *noun*
1. la **medicina: Andrew's studying medicine** Andrés está estudiando medicina
2. el **medicamento: I must take my medicine** debo tomar mi medicamento.

medium ['miːdjəm] *adjective* ■ **mediano: he's of medium height** es de estatura mediana.

medium-sized ['miːdjəmsaɪzd] *adjective* ■ **tamaño mediano: a medium-sized town** una ciudad de tamaño mediano.

meet [miːt] *(past tense & past participle* met*) verb*
1. **conocer: have you met Lisa's brother?** ¿conoces al hermano de Lisa?
2. **encontrarse: we met by chance in the street** nos encontramos por casualidad en la calle; **let's meet in front of the movie theater** encontrémonos frente al cine
3. **reunirse: the board met today** el consejo se reunió hoy
4. **buscar: I'm going to meet them at the airport at 3 o'clock** voy a buscarlos al aeropuerto a las 3 en punto

➤ **I met Sue outside the store** me encontré con Sue afuera de la tienda

➤ **pleased to meet you** encantado de conocerlo.

meeting ['miːtɪŋ] *noun*
1. la **reunión** *(plural* las **reuniones***)*: **I have a meeting today** tengo una reunión hoy
2. el **encuentro: this was our first meeting** éste era nuestro primer encuentro.

megabyte ['megəbaɪt] *noun* ■ **el megabyte**.

melody ['melədɪ] *(plural* melodies*) noun* ■ la **melodía**.

melon ['melən] *noun* ■ el **melón** *(plural* los **melones***)*.

melt [melt] *verb* ■ **derretirse: the ice is melting** el hielo se está derritiendo.

member ['membə^r] *noun* ■ el **socio, la socia: Rita's a member of the chess club** Rita es socia del club de ajedrez

➤ **a Member of Congress** un miembro del congreso.

memorial [mɪ'mɔːrɪəl] *noun* ■ el **monumento: a war memorial** un monumento a los caídos

MEMORIAL DAY

Memorial Day es el día en que se conmemoran a todos los soldados que participaron y murieron en las guerras. Hay desfiles de soldados y veteranos y las calles y las casas se decoran con banderas y listones de los colores nacionales: rojo, blanco y azul. Memorial Day se celebra el último lunes de mayo y se considera el comienzo informal del verano.

memorize ['meməraɪz] *verb* ■ **memorizar: you must memorize your password** debes memorizar tu contraseña.

memory ['memərɪ] *(plural* memories*) noun*
1. la **memoria: she has a good memory** tiene buena memoria; **the new computer has a lot of memory** la nueva computadora tiene mucha memoria
2. el **recuerdo: I have good memories of that evening** tengo buenos recuerdos de esa noche.

men *plural* ➤ man.

mend [mend] *verb* ■ **remendar: I'm going to mend this shirt** voy a remendar esta camisa.

mental ['mentl] *adjective* ■ **mental**.

mention ['menʃn] *verb* ■ **mencionar: he mentioned your name** mencionó tu nombre

➤ **thank you! — don't mention it!** ¡gracias! — ¡no hay de qué!

menu ['menjuː] *noun* ■ el **menú** *(plural* los **menús***)*: **what's on the menu?** ¿qué hay en el menú?; **choose Print from the File menu** elija Imprimir en el menú Archivo.

mercy ['mɜːsɪ] *noun* ■ la **piedad: he showed no mercy** no tuvo piedad.

mermaid ['mɜːmeɪd] *noun* ■ la **sirena**.

merry ['merɪ] *adjective*
➤ **Merry Christmas!** ¡Feliz Navidad!

merry-go-round ['merɪgəʊraʊnd] *noun* ■ el **carrusel**.

mess [mes] *uncountable noun* ■ el **desorden: what a mess!** ¡qué desorden!
➤ **to make a mess** dejar un desastre: **the workmen made a mess** los obreros dejaron un desastre

mess around *phrasal verb informal*
1. **perder el tiempo: stop messing around!** ¡deja de perder el tiempo!
2. **hacer tonterías: the children are messing around in the yard** los niños están haciendo tonterías en el jardín
➤ **don't mess around with my guitar** ¡deja mi guitarra tranquila!

mess up *phrasal verb informal*
1. **desordenar: he's messed up the kitchen** desordenó la cocina
2. **estropear: that's messed up my plans** eso estropeó mis planes
3. **echar a perder: I really messed up my work** realmente eché a perder mi trabajo.

message ['mesɪdʒ] *noun* ■ el **mensaje**.

messenger ['mesɪndʒəʳ] *noun* ■ el **mensajero,** la **mensajera**.

messy ['mesɪ] *adjective* ■ **desordenado: my room is very messy** mi cuarto está muy desordenado; **you're very messy** eres muy desordenado
➤ **it's a messy job** es un trabajo sucio.

met [met] *past tense & past participle* ➤ meet.

metal ['metl] *noun* ■ el **metal**.

meter ['miːtəʳ] *noun*
1. el **medidor: a water meter** un medidor de agua
2. el **metro: it's two meters long** tiene dos metros de largo
➤ **a parking meter** un parquímetro.

method ['meθəd] *noun* ■ el **método: we must change our methods** debemos cambiar nuestros métodos.

metric ['metrɪk] *adjective* ■ **métrico: the metric system** el sistema métrico.

Mexican ['meksɪkn] *(adjective & noun)*
■ *adjective*

> Remember not to use a capital letter for the adjective in Spanish:

mejicano: I like Mexican food me gusta la comida mejicana
■ *noun*

> In Spanish, a capital letter is not used for the inhabitants of a country or region:

el **mejicano,** la **mejicana: the Mexicans are famous for their cuisine** los mejicanos son famosos por su cocina.

Mexico ['meksɪkəʊ] *noun* ■ **México** *(masculine)*.

mice *plural* ➤ mouse.

microphone ['maɪkrəfəʊn] *noun* ■ el **micrófono**.

microscope ['maɪkrəskəʊp] *noun* ■ el **microscopio**.

microwave ['maɪkrəweɪv] *noun* ■ el **microondas**.

midday [mɪd'deɪ] *noun* ■ el **mediodía: she went out at midday** salió al mediodía.

middle ['mɪdl] *(adjective & noun)*
■ *adjective*
del medio: he sat in the middle chair se sentó en la silla del medio
➤ **the Middle Ages** la Edad Media
➤ **the Middle East** el Medio Oriente: **she lives in the Middle East** vive en el Medio Oriente
➤ **middle name** segundo nombre: **what is your middle name?** ¿cuál es tu segundo nombre?
■ *noun*
el **medio: the table's in the middle of the room** la mesa está en el medio de la habitación

➢ **it happened in the middle of the night** ocurrió en la mitad de la noche.

middle-aged ['mɪdleɪdʒd] *adjective* ■ **de mediana edad: she's middle-aged** ella es de mediana edad.

middle-class ['mɪdlklɑːs] *adjective* ■ **de clase media: he's very middle-class** es muy de clase media.

midnight ['mɪdnaɪt] *noun* ■ **la medianoche: he came back at midnight** volvió a medianoche.

might [maɪt] *verb*

In Spanish, you can use the expression **puede que** followed by a verb in the subjunctive to translate "might":

they might be away puede que se hayan ido; **it might snow** puede que nieve; **she might have gotten lost** puede que se haya perdido.

mighty ['maɪtɪ] *adjective* ■ **poderoso: he was a mighty king** fue un rey poderoso.

mike [maɪk] *(abbreviation of* microphone*)* *noun* ■ *informal* **el micrófono: he was talking into the mike** estaba hablando por el micrófono.

mild [maɪld] *adjective* ■ **templado: the climate is very mild** el clima es templado.

mile [maɪl] *noun* ■ **la milla: she was driving at 50 miles an hour** iba manejando a 50 millas por hora; **I walked for miles** caminé millas y millas.

military ['mɪlɪtrɪ] *adjective* ■ **militar: a military band** una banda militar.

milk [mɪlk] *noun* ■ **la leche: a glass of milk** un vaso de leche

➢ **milk chocolate** chocolate con leche

➢ **a milk shake** un batido con leche, una merengada *Venezuela*.

millennium [mɪ'lenɪəm] *(plural* millennia [mɪ'lenɪə]*)* *noun* ■ **el milenio: it's the new millennium** es el nuevo milenio.

millimeter ['mɪlɪˌmɪːtəʳ] *noun* ■ **el milímetro.**

million ['mɪljən] *noun* ■ **el millón** *(plural* **los millones***)*: **three million** tres millones; **a million dollars** un millón de dólares.

millionaire [ˌmɪljə'neəʳ] *noun* ■ **el millonario, la millonaria.**

mind [maɪnd] *(noun & verb)*

■ *noun*

la mente: he has a very agile mind tiene una mente muy ágil

➢ **it never crossed my mind** ni se me pasó por la cabeza

➢ **to have something on one's mind** tener algo en mente: **she has something on her mind** tiene algo en mente

➢ **to make one's mind up** decidirse: **I haven't made up my mind yet** no me he decidido todavía

➢ **to change one's mind** cambiar de opinión: **she's changed her mind** cambió de opinión

■ *verb*

➢ **I don't mind** no me importa: **I don't mind waiting** no me importa esperar

➢ **I'm sorry about the noise — oh, I don't mind** perdón por el ruido — ah, no me molesta

➢ **do you mind if I open the window?** ¿te importa si abro la ventana?

➢ **never mind!** ¡no importa!

➢ **I wouldn't mind a coffee** me tomaría un café

➢ **mind your own business!** ¡no te metas en lo que no te importa!

mine [maɪn] *(pronoun & noun)*

■ *possessive pronoun*

mío

In Spanish the possessive pronoun agrees in gender (masculine or feminine) and number (singular or plural) with the noun it replaces:

his computer's a PC, mine is a Mac su computadora es un PC, la mía es una Mac; **her dress is blue, mine is red** su vestido es azul, el mío es rojo; **his books are on the table, mine are on the shelf** sus libros están sobre la mesa, los míos están en el estante; **is this glass mine?** ¿es mío este vaso?; **he's a friend of mine** es un amigo mío

■ *noun*
la mina: a coal mine una mina de carbón; **the tank hit a mine** el tanque chocó contra una mina.

miner ['maɪnəʳ] *noun* ■ **el minero, la minera: he's a miner** es minero.

mineral water ['mɪnərəl'wɔːtəʳ] *noun* ■ **el agua mineral**

Feminine noun that takes **un** or **el** in the singular.

miniature ['mɪnətʃəʳ] *adjective* ■ **en miniatura**.

minimum ['mɪnɪməm] *(noun & adjective)*
■ *noun*
el mínimo: you have to pay a minimum of $50 tienes que pagar un mínimo de $50
■ *adjective*
mínimo: what's the minimum wage? ¿cuál es el salario mínimo?

miniskirt ['mɪnɪskɜːt] *noun* ■ **la minifalda**.

minister ['mɪnɪstəʳ] *noun* ■ **el pastor, la pastora: he's a minister in the church** es pastor de la iglesia.

minivan ['mɪnɪvæn] *noun* ■ **la furgoneta, la vagoneta**.

minor ['maɪnəʳ] *adjective* ■ **menor: it's a minor problem** es un problema menor.

minority [maɪ'nɒrətɪ] *(plural* **minorities***) noun* ■ **la minoría: we're in the minority** estamos en minoría.

mint [mɪnt] *noun*
1. **la menta: he likes mint tea** le gusta el té de menta
2. **la pastilla de menta: would you like a mint?** ¿quieres una pastilla de menta?

minus ['maɪnəs] *preposition* ■ **menos: 20 minus 7 equals 13** 20 menos 7 es igual a 13
➤ **it's minus three degrees** hace tres grados bajo cero
➤ **the minus sign** el signo de menos.

minute ['mɪnɪt] *noun* ■ **el minuto: he left five minutes ago** se fue hace cinco minutos; **wait a minute!** ¡espera un minuto!
➤ **stop this minute!** ¡para ahora mismo!

mirror ['mɪrəʳ] *noun*
1. **el espejo: he was looking at himself in the mirror** se estaba mirando en el espejo
2. **el espejo retrovisor: look in your mirror before you pass that car** mira por el espejo retrovisor antes de adelantar a ese coche.

misbehave [,mɪsbɪ'heɪv] *verb* ■ **portarse mal: they always misbehave in class** siempre se portan mal en clase.

mischief ['mɪstʃɪf] *uncountable noun* ■ **la travesura: he's always up to mischief** siempre está haciendo travesuras.

miser ['maɪzəʳ] *noun* ■ **el avaro, la avara**.

miserable ['mɪzrəbl] *adjective*
1. **deprimido: he looks miserable** se ve deprimido
2. **deprimente: the weather's miserable** el tiempo es deprimente.

misery ['mɪzərɪ] *noun* ■ **la desdicha: it'll bring nothing but misery** no traerá más que desdichas.

miss [mɪs] *verb*
1. **perder: I missed the train** perdí el tren
2. **perderse: the film was terrible, you didn't miss anything** la película fue espantosa, no te perdiste nada
➤ **I miss you** te extraño
➤ **it's a big house, you can't miss it** es una casa grande, la vas a ver enseguida.

Miss [mɪs] *noun* ■ **señorita: can I help you, Miss?** ¿qué desea, señorita?; **Miss Janet Brown** la señorita Janet Brown.

missing ['mɪsɪŋ] *adjective* ■ **desaparecido: a missing person** una persona desaparecida
➤ **to be missing** faltar: **how many pieces are missing?** ¿cuántas piezas faltan? **there's something missing** falta algo **my watch is missing** falta mi reloj

➤ **fill in the missing words** llene las palabras que faltan.

mission ['mɪʃn] *noun* ■ la **misión,** las **misiones: our mission is to find him** nuestra misión es encontrarlo.

mist [mɪst] *noun* ■ la **neblina**.

mistake [mɪ'steɪk] *(noun & verb)*

■ *noun*

1. la **equivocación** *(plural* las **equivocaciones**): **it was a big mistake** fue una gran equivocación
2. el **error: a spelling mistake** un error de ortografía

➤ **to make a mistake** cometer un error: **I made a mistake by telling him** cometí un error al decírselo; **I made a lot of mistakes in my essay** cometí muchos errores en mi trabajo escrito

➤ **to make a mistake** equivocarse: **I'm sorry, I must have made a mistake** perdón, debo haberme equivocado
anyone can make a mistake cualquiera puede equivocarse

➤ **by mistake** por equivocación: **he took my pencil by mistake** tomó mi lápiz por equivocación

■ *verb*

(past tense **mistook**, *past participle* **mistaken**)

➤ **to mistake someone for somebody else** confundir: **I mistook you for your brother** te confundí con tu hermano.

mistaken *past participle* ➤ mistake.

mistletoe ['mɪsltəʊ] *noun* ■ el **muérdago: to kiss under the mistletoe** besarse bajo el muérdago.

mistook *past tense* ➤ mistake.

misunderstand [ˌmɪsʌndə'stænd] *(past tense & past participle* misunderstood [ˌmɪsʌndə'stʊd]) *verb* ■ **entender mal: I misunderstood you** te entendí mal.

misunderstanding [ˌmɪsʌndə'stændɪŋ] *noun* ■ **malentendido: there's been a misunderstanding** hubo un malentendido.

misunderstood *past tense & past participle* ➤ misunderstand.

mix [mɪks] *(noun & verb)*

■ *noun*

la **mezcla: it's a mix of two cultures** es una mezcla de dos culturas

➤ **a cake mix** *un preparado para hacer pasteles*

■ *verb*

mezclar: mix all the ingredients together mezcle todos los ingredientes juntos

mix up *phrasal verb*

1. **confundir: he mixed me up with my brother** me confundió con mi hermano; **you're mixing me up** me estás confundiendo
2. **desordenar: he's mixed up all the photos** desordenó todas las fotos

➤ **I'm getting mixed up** me estoy confundiendo.

mixed [mɪkst] *adjective*

1. **surtido: a bag of mixed candy** una bolsa de dulces surtidos
2. **mixto: it's a mixed school** es una escuela mixta.

mixture ['mɪkstʃə[r]] *noun* ■ la **mezcla: it's a mixture of rap and jazz** es una mezcla de rap y jazz.

mix-up [mɪksʌp] *noun* ■ la **confusión: there's been a mix-up** ha habido una confusión.

moan [məʊn] *verb* ■ **quejarse: the patient moaned** el paciente se quejó.

model ['mɒdl] *noun*

1. el **modelo: it's the latest model** es el último modelo
2. el/la **modelo: she's a model** es modelo
3. la **maqueta: a model plane** una maqueta de avión.

modem ['məʊdem] *noun* ■ el **módem** *(plural* los **módems**).

modern ['mɒdən] *adjective* ■ **moderno**

➤ **modern languages** lenguas modernas.

modest ['mɒdɪst] *adjective* ■ **modesto: Fred's very modest** Fred es muy modesto.

moldy ['məʊldɪ] *adjective* ■ **mohoso**.

mole [məʊl] *noun*
1. el **lunar: she has a mole on her arm** tiene un lunar en el brazo
2. el **topo: moles live under the ground** los topos viven debajo de la tierra.

mom [mɒm] *noun* ■ *informal* la **mamá: hi, mom!** ¡hola, mamá!; **his mom's a nurse** su mamá es enfermera.

moment ['məʊmənt] *noun* ■ el **momento: he's not here at the moment** no está aquí en este momento
➤ **wait a moment!** ¡espera un momento!

mommy ['mɒmɪ] *noun* ■ *informal* la **mami**.

monastery ['mɒnəstrɪ] (*plural* monasteries) *noun* ■ el **monasterio**.

Monday ['mʌndɪ] *noun*

In Spanish the days of the week do not start with a capital letter:

el **lunes** (*plural* los **lunes**): **it's Monday today** hoy es lunes; **next Monday** el próximo lunes; **last Monday** el lunes pasado
➤ **on Monday** el lunes: **I'll see you on Monday** nos vemos el lunes
➤ **on Mondays** los lunes: **he does judo on Mondays** hace judo los lunes.

money ['mʌnɪ] *uncountable noun* ■ el **dinero: I don't have any money** no tengo dinero.

monk [mʌŋk] *noun* ■ el **monje: he's a monk** es un monje.

monkey ['mʌŋkɪ] *noun* ■ el **mono,** la **mona**.

monster ['mɒnstəʳ] *noun* ■ el **monstruo**.

month [mʌnθ] *noun* ■ el **mes: this month** este mes; **next month** el mes próximo; **last month** el mes pasado; **we see each other twice a month** nos vemos dos veces al mes.

monument ['mɒnjʊmənt] *noun* ■ el **monumento: it's a historic monument** es un monumento histórico.

moo [muː] (*past tense & past participle* mooed [muːd]) *verb* ■ **mugir: I can hear the cows mooing** oigo las vacas mujiendo.

mood [muːd] *noun* ■ el **humor: she's in a good mood** está de buen humor; **I'm in a bad mood** estoy de mal humor.

moody ['muːdɪ] *adjective*
1. **malhumorado: you're very moody today** hoy estás muy malhumorado
2. **temperamental: she's a moody person** es muy temperamental.

moon [muːn] *noun* ■ la **luna: there's a full moon tonight** esta noche hay luna llena.

moonlight ['muːnlaɪt] *noun* ■ la **luz de la luna: I went for a walk in the moonlight** salí a caminar a la luz de la luna.

moped ['məʊped] *noun* ■ la **bicimoto: she rides a moped to work** va a trabajar en bicimoto.

moral ['mɒrəl] (*adjective & noun*)
■ *adjective*
moral: we're here for moral support estamos aquí para dar apoyo moral
■ *noun*
la **moraleja: what's the moral of the story?** ¿cuál es la moraleja de la historia?

morale [mə'rɑːl] *noun* ■ la **moral: we have to boost their morale** tenemos que levantarles la moral.

more [mɔːʳ] (*adjective, adverb & pronoun*)
■ *adjective*
(*comparative of* **many**, **much** *and* **a lot of**)
más: there are more trains in the morning hay más trenes en la mañana; **he has more money than me** tiene más dinero que yo; **there isn't any more bread** no hay más pan; **I need three more tickets** necesito tres boletos más; **would you like some more cake?** ¿quieres un poco más de pastel?; **do you have any more questions?** ¿tienes más preguntas?

■ *adverb*
más: it's more expensive es más caro; **she's more intelligent than him** ella es más inteligente que él; **Tom reads more than me** Tom lee más que yo; **she doesn't live here any more** no vive más aquí; **you have to work more** debes trabajar más
➤ **once more** otra vez
■ *pronoun*
(comparative of **many**, **much** *and* **a lot***)* **más: it costs more than $100** cuesta más de $100; **he eats more than I do** come más que yo; **there aren't any more** no hay más; **I need more of them** necesito más; **I like this cake, can I have some more?** me gusta este pastel, ¿puedo comer más?
➤ **more and more** cada vez más: **she travels more and more** viaja cada vez más
more and more people are taking up yoga cada vez más gente empieza a hacer yoga
➤ **more or less** más o menos: **the new program does more or less the same as the old one** el nuevo programa hace más o menos lo mismo que el viejo.

morning ['mɔːnɪŋ] *noun* ■ **la mañana: he's not going to school this morning** no va a ir a la escuela esta mañana; **she works in the morning** trabaja en la mañana; **at six o'clock in the morning** a las seis de la mañana; **I'll do it in the morning** lo haré en la mañana; **she stayed in bed all morning** se quedó en la cama toda la mañana
➤ **every morning** todas las mañanas
➤ **yesterday morning** ayer en la mañana
➤ **tomorrow morning** mañana en la mañana.

mosque [mɒsk] *noun* ■ **la mezquita: they go to the mosque on Fridays** van a la mezquita los viernes.

mosquito [mə'skiːtəʊ] *noun* ■ **el mosquito: I'm covered in mosquito bites** estoy lleno de picaduras de mosquito.

most [məʊst] *(adjective, adverb & pronoun)*
■ *adjective*
1. **la mayoría de: most tourists visit the Empire State Building** la mayoría de los turistas visitan el edificio del Empire State
2. **más: she has the most money** es la que tiene más dinero
■ *adverb*
más: he's the most experienced player on the team es el jugador con más experiencia del equipo; **it's the most beautiful city in the world** es la ciudad más linda del mundo; **we got the most expensive tickets** conseguimos los boletos más caros
■ *pronoun*
la mayor parte: most of the tourists are American la mayor parte de los turistas son norteamericanos; **I spent most of the day in bed** me pasé la mayor parte del día en cama; **most of them left early** la mayor parte se fue temprano
➤ **Paul ate the most** Pablo fue el que más comió.

mostly ['məʊstlɪ] *adverb* ■ **en su mayoría: there were lots of customers, mostly young people** había muchos clientes, en su mayoría gente joven.

motel [məʊ'tel] *noun* ■ **el motel: we stopped at a motel for the night** paramos en un motel para pasar la noche.

moth [mɒθ] *noun* ■ **la polilla**.

mother ['mʌðə^r] *noun* ■ **la madre**
➤ **Mother's Day** el Día de la Madre.

mother-in-law ['mʌðə^rɪnlɔː] *noun* ■ **la suegra**.

motivated ['məʊtɪveɪtɪd] *adjective* ■ **motivado: my students are very motivated** mis estudiantes están muy motivados.

motivation [,məʊtɪ'veɪʃn] *noun* ■ **la motivación** *(plural* **las motivaciones***)*: **he seems to lack motivation** parece que le falta motivación.

motive ['məʊtɪv] *noun* ■ **el motivo: what was the motive for the crime?** ¿cuál fue el motivo del crimen?

motor ['məʊtə^r] *noun* ■ **el motor: an electric motor** un motor eléctrico.

motorboat ['məʊtəbəʊt] *noun* ■ **la lancha a motor**.

motorcycle ['məʊtəˌsaɪkl] *noun* ■ la **motocicleta: let's go for a ride on your motorcycle** vamos a dar una vuelta en tu motocicleta.

motorcyclist ['məʊtəˌsaɪklɪst] *noun* ■ el/la **motociclista**.

motto ['mɒtəʊ] *noun* ■ el **lema: our motto is "quality above all"** nuestro lema es "calidad por encima de todo".

mount [maʊnt] *(verb & noun)*
■ *verb*
1. **montarse en: Dan mounted his horse** Daniel se montó en el caballo
2. **aumentar: the construction costs are mounting** los costos de la construcción están aumentando
■ *noun*
el **monte**
➤ **Mount Rushmore** el Monte Rushmore

MOUNT RUSHMORE

Se trata de un gigantesco relieve de los bustos de los presidentes estadounidenses Washington, Jefferson, Lincoln y Theodore Roosevelt, excavado en un lado del monte Rushmore (Dakota del Sur). Es un monumento nacional y una popular atracción turística. Los bustos se esculpieron utilizando taladros neumáticos y miden 28 metros de altura.

mountain ['maʊntɪn] *noun* ■ la **montaña: they set out to climb the mountain** salieron para escalar la montaña
➤ **a mountain bike** una bicicleta de montaña.

mouse [maʊs] *(plural* **mice** [maɪs]*)* *noun* ■ el **ratón** *(plural* los **ratones**)**: a mouse ran across the room** un ratón atravesó la habitación
➤ **use the mouse to move around the screen** usa el ratón para moverte por la pantalla
➤ **a mouse pad** una almohadilla para el ratón, un tapete para el ratón *Mexico*.

mousse [muːs] *noun* ■ el/la **mousse: chocolate mousse** mousse de chocolate.

mouth [maʊθ] *noun* ■ la **boca: don't talk with your mouth full!** ¡no hables con la boca llena!; **he didn't open his mouth** no abrió la boca.

move [muːv] *(noun & verb)*
■ *noun*
1. el **paso: selling that stock was a wise move** vender esas acciones fue un paso acertado
2. *In games* la **jugada: that was a very good move** ésa fue una excelente jugada
3. la **mudanza: the vase broke during the move** el florero se rompió durante la mudanza
➤ **it's your move** te toca a ti jugar
■ *verb*
1. **mover: I can't move my arm** no puedo mover el brazo
2. **moverse: don't move** no te muevas; **come on, get moving!** ¡vamos, muévete!
3. **correr: we have to move the furniture to paint the room** tenemos que correr los muebles para pintar el cuarto
4. **avanzar: the expedition moved slowly** la expedición avanzó lentamente
5. **mudarse: they're moving next week** se mudan la semana que viene; **we're moving to Florida** nos mudamos a Florida
6. **conmover: his speech really moved me** su discurso verdaderamente me conmovió; **she was very moved** estaba muy conmovida

move forward *phrasal verb* ■ **avanzar: the soldiers are moving forward** los soldados están avanzando.

move in *phrasal verb* ■ **mudarse: the new tenant just moved in** el nuevo inquilino acaba de mudarse.

move off *phrasal verb* ■ **ponerse en marcha: the convoy moved off** la caravana se puso en marcha.

move out *phrasal verb* ■ **mudarse: he moved out last month** se mudó el mes pasado.

move over *phrasal verb* ■ **correrse: move over, I don't have enough room** córrete, no tengo suficiente espacio.

movement ['muːvmənt] *noun* ■ **el movimiento: she made a sudden movement** hizo un movimiento repentino.

movie ['muːvɪ] *noun* ■ **la película: let's go see a movie** vayamos a ver una película
➤ **the movies** el cine: **I went to the movies with a friend** fui al cine con un amigo
➤ **a movie theater** un cine.

mow [məʊ] *(past tense* **mowed** [məʊd], *past participle* **mowed** o **mown** [məʊn]*) verb* ■ **cortar, podar** *Mexico*: **she's mowing the lawn** está cortando el pasto, está cortando la grama *Central America, Venezuela*.

mower ['məʊəʳ] *noun* ■ **la máquina de cortar pasto,** la **podadora** *Mexico*, la **cortagrama** *Central America, Venezuela*.

mown *past participle* ➤ **mow**.

Mr. ['mɪstəʳ] *noun*
1. el **señor: Mr. Smith is here** el señor Smith está aquí
2. *In correspondence* **Sr.** *(masculine)*

Mrs. ['mɪsɪz] *noun*
1. la **señora: Mrs. Smith is here** el señora Smith está aquí
2. *In correspondence* **Sra.** *(feminine)*

Ms. [mɪz] *noun*
1. la **señora: Ms. Brown is here to see you** la señora Brown está aquí para verlo
2. *In correspondence* **Sra.** *(feminine)*

much [mʌtʃ] *(comparative* **more**, *superlative* **most**) *(adjective, pronoun & adverb)*

■ *adjective*
mucho: I don't have much time no tengo mucho tiempo

■ *pronoun*
mucho: I don't want much no quiero mucho

■ *adverb*
mucho: she doesn't go out much no sale mucho; **thank you very much** muchas gracias
➤ **how much** cuánto: **how much does it cost?** ¿cuánto cuesta?
how much money do you have? ¿cuánto dinero tienes?
➤ **too much** demasiado: **she talks too much** habla demasiado
there's too much sugar in my coffee hay demasiada azúcar en mi café
➤ **so much** tanto: **I missed you so much** te eché tanto de menos
he got into so much trouble at school se metió en tantos problemas en la escuela
➤ **have as much as you like** toma todo lo que quieras
➤ **he doesn't have as much time as I do** no tiene tanto tiempo como yo.

mud [mʌd] *noun* ■ el **barro: the car is covered in mud** el coche está cubierto de barro.

muddy ['mʌdɪ] *adjective*
1. **embarrado: the ground is very muddy** el suelo está muy embarrado
2. **lleno de barro: my hands are all muddy** tengo las manos llenas de barro.

mug [mʌg] *(noun & verb)*

■ *noun*
la **taza alta,** el **tarro** *Mexico*: **a mug of coffee** un taza alta de café

■ *verb*
asaltar: she was mugged in the street la asaltaron en la calle.

mugger [ˌmʌgər] *noun* ■ **el/la asaltante: the police caught the mugger** la policía atrapó al asaltante.

multimedia [ˌmʌltɪ'miːdjə] *noun* ■ el/la **multimedia: a multimedia display** una presentación multimedia.

multiple-choice test [ˌmʌltɪpl-'tʃɔɪstest] *noun* ■ la **prueba de opción múltiple**.

multiplication [ˌmʌltɪplɪ'keɪʃn] *noun* ■ la **multiplicación** *(plural* las **multiplicaciones**): **to do a multiplication** hacer una multiplicación
➤ **multiplication sign** signo de multiplicar
➤ **multiplication table** tabla de multiplicar.

multiply ['mʌltɪplaɪ] *(past tense & past participle* **multiplied**) *verb* ■ **multiplicar: what's 3 multiplied by 7?** ¿cuánto es 3 multiplicado por 7?

murder ['mɜːdəʳ] *(noun & verb)*

■ *noun*
el **asesinato: he was accused of murder** lo acusaron de asesinato

■ *verb*
asesinar: somebody was murdered near the station asesinaron a alguien cerca de la estación.

murderer ['mɜːdərəʳ] *noun* ■ el **asesino,** la **asesina**.

muscle ['mʌsl] *noun* ■ el **músculo: the stomach muscles** los músculos del estómago.

museum [mjuː'ziːəm] *noun* ■ el **museo: we're going to the art museum** vamos al museo de arte.

mushroom ['mʌʃrʊm] *noun* ■ el **champiñón** *(plural* los **champiñones***)*
➤ **mushroom soup** sopa de champiñones.

music ['mjuːzɪk] *noun* ■ la **música: he's listening to music** está escuchando música.

musical ['mjuːzɪkl] *(adjective & noun)*

■ *adjective*
➤ **a musical instrument** un instrumento musical: **she plays a musical instrument** toca un instrumento musical

■ *noun*
el **musical: we're going to see a musical** vamos a ver un musical.

musician [mjuː'zɪʃn] *noun* ■ el **músico,** la **música: she's a musician** es música.

Muslim ['mʊzlɪm] *(adjective & noun)*

■ *adjective*

> Remember not to use a capital letter for the adjective or the noun in Spanish:

musulmán

■ *noun*
el **musulmán** *(plural* los **musulmanes***)*, la **musulmana**.

mussel ['mʌsl] *noun* ■ el **mejillón** *(plural* los **mejillones***)*, el **choro** *Chile, Peru*.

must [mʌst] *verb* ■ **deber**

> You can use the verb **deber** + infinitive to translate "must," or you can use the impersonal construction **hay que** + infinitive. You can also use **tener que** + infinitive:

you musn't tell anyone no debes contárselo a nadie; **you must always read the instructions** siempre hay que leer las instrucciones; **I must go** tengo que irme; **you must come and see us** tienes que venir a vernos

> To make deductions, you use the verb **deber** in Spanish:

he must be English debe ser inglés; **she must have gotten lost** debe haberse perdido.

mustache ['mʌstæʃ] *noun* ■ el **bigote: he has a mustache** tiene bigote.

mustard ['mʌstəd] *noun* ■ la **mostaza**.

mustn't [mʌsnt] ➤ must not.

must've ['mʌstəv] ➤ must have.

mutton ['mʌtn] *noun* ■ la **carne de oveja: we never eat mutton** nunca comemos carne de oveja.

my [maɪ] *possessive adjective* ■ **mi**

> In Spanish the possessive adjective agrees in number (singular or plural) with the noun that follows:

my dog is called Spike mi perro se llama Spike; **my car won't start** mi coche no arranca; **my parents are on vacation** mis padres están de vacaciones

> Use the definite article (**el, la, los** or **las**), not the possessive adjective, with parts of the body:

I broke my leg me quebré la pierna; **I'm going to wash my hair** voy a lavarme el pelo.

myself [maɪ'self] *pronoun*
1. **me: I'm washing myself** me estoy lavando

2. **yo mismo: I asked him myself** yo mismo le pregunté
3. **mí mismo: I often talk about myself** a menudo hablo de mí mismo

➤ **I'm enjoying myself** estoy disfrutando
➤ **by myself** solo: **I did it by myself** lo hice solo.

mysterious [mɪ'stɪərɪəs] *adjective* ■ **misterioso**.

mystery ['mɪstərɪ] (*plural* mysteries) *noun* ■ el **misterio: it's a real mystery** es un verdadero misterio
➤ **a murder mystery** una novela policíaca.

myth [mɪθ] *noun* ■ el **mito: the Greek myths** los mitos griegos.

mythology [mɪ'θɒlədʒɪ] *noun* ■ la **mitología: Greek mythology** la mitología griega.

n

nag [næg] (*past tense & past participle* nagged) *verb* ■ **fastidiar, dar la lata** *informal*: **stop nagging me** deja de fastidiarme, deja de darme la lata.

nail [neɪl] (*noun & verb*)

■ *noun*
1. el **clavo: he hammered a nail into the wall** puso un clavo en la pared
2. la **uña: he bites his nails** se come las uñas

➤ **a nail file** una lima de uñas
➤ **nail polish** el esmalte de uñas

■ *verb*
clavar: she nailed the sign to the door clavó el cartel en la puerta.

naked ['neɪkɪd] *adjective* ■ **desnudo: he was completely naked** estaba completamente desnudo.

name [neɪm] *noun* ■ el **nombre: he has a foreign name** tiene un nombre extranjero
➤ **what's your name?** ¿cómo te llamas?
➤ **my name is Paul** me llamo Paul.

nap [næp] *noun* ■ la **siesta: I took a nap** me eché una siesta.

napkin ['næpkɪn] *noun* ■ la **servilleta: a paper napkin** una servilleta de papel.

narrow ['nærəʊ] *adjective* ■ **angosto: this street is very narrow** esta calle es muy angosta.

nasty ['na:stɪ] *adjective*
1. **muy desagradable: this cheese has a nasty taste** este queso tiene un sabor muy desagradable
2. **malo: she was nasty to him** fue muy mala con él.

nation ['neɪʃn] *noun* ■ la **nación** (*plural* las **naciones**).

national ['næʃənl] *adjective* ■ **nacional**
➤ **the national anthem** el himno nacional.

nationality [,næʃə'nælətɪ] (*plural* nationalities) *noun* ■ la **nacionalidad: what nationality are you?** ¿de qué nacionalidad eres?

native ['neɪtɪv] (*adjective & noun*)

■ *adjective*
1. **natal: Chile is his native country** Chile es su país natal
2. **materno: English is my native language** el inglés es mi lengua materna

➤ **a native English speaker** una hablante nativo de inglés

■ *noun*
➤ **she is a native of Mexico** es originaria de México

NATIVE AMERICAN

Las tribus de aborígenes americanas que poblaban Estados Unidos antes de la llegada de los europeos reciben el nombre de **native american**. Cada una poseía su propia lengua y modo de vida. Muchos indios murieron combatiendo a los colonos europeos o bien por haber contraído alguna de las enfermedades que estos trajeron a América. Otros muchos fueron obligados a vivir en reservas, territorios apartados especialmente para ellos. A lo largo del siglo XX, el gobierno estadounidense ha procurado conceder más derechos a los grupos étnicos nativos de Estados Unidos; también ha ido mostrando cada vez mayor interés por su historia y su cultura tradicional.

natural ['nætʃrəl] *adjective* ■ **natural: I like to wear natural fibers** me gusta vestirme con fibras naturales; **it's natural to feel that way** es natural que te sientas así.

naturally ['nætʃrəlɪ] *adverb*

1. **naturalmente: naturally, I was angry** naturalmente, estaba enojado
2. **por naturaleza: she's naturally generous** es generosa por naturaleza.

nature ['neɪtʃə^{r}] *noun* ■ **la naturaleza: I'm a real nature lover** soy un verdadero amante de la naturaleza; **he has a very kind nature** es amable por naturaleza

➤ **a nature reserve** una reserva natural.

naughty ['nɔːtɪ] *adjective* ■ **travieso: he's a naughty boy!** ¡es un niño travieso!

➤ **they've been very naughty** se han portado muy mal.

navy ['neɪvɪ] *(noun & adjective)*

■ *noun*
la **marina: he's in the navy** está en la marina

■ *adjective*
azul marino *(plural* **azul marino***)*: **she's wearing a navy skirt** tiene una falda azul marina

➤ **navy blue** azul marino.

near [nɪə^{r}] *(adjective, adverb & preposition)*

■ *adjective*
cercano: where is the nearest hospital? ¿dónde está el hospital más cercano?

➤ **the nearest thing** lo más cercano: **she's the nearest thing to a mother I ever had** es lo más cercano a una madre que yo he tenido

➤ **in the near future** en el futuro próximo: **we're going to buy a house in the near future** vamos a comprar una casa en un futuro próximo

➤ **his story is nearer to the truth** su historia se acerca más a la verdad

■ *adverb*
cerca: the station is very near la estación está muy cerca

■ *preposition*
cerca de: there's a supermarket near the school hay un supermercado cerca de la escuela; **is there a restaurant near here?** ¿hay un restaurante cerca de aquí?

➤ **near to** cerca de.

nearby [nɪə'baɪ] *(adjective & adverb)*

■ *adjective*
cercano: there was a fire in a nearby town hubo un incendio en un pueblo cercano

■ *adverb*
cerca: there's a school nearby hay una escuela cerca.

nearly ['nɪəlɪ] *adverb* ■ **casi: it's nearly 8 o'clock** son casi las 8; **I nearly started laughing when she said that** casi me pongo a reír cuando dijo eso.

nearsighted [ˌnɪə'saɪtɪd] *adjective* ■ **corto de vista: she's nearsighted** es corta de vista.

neat [niːt] *adjective*

1. **ordenado: the house is very neat** la casa es muy ordenada
2. *informal* **fantástico, padre** *Mexico*: **that was a neat movie!** ¡ésa fue una película fantástica!

neatly ['niːtlɪ] *adverb* ■ **cuidadosamente: she writes very neatly** escribe cuidadosamente.

necessary ['nesəsrɪ] *adjective* ■ **necesario: I'll make the necessary arrangements** haré los arreglos necesarios.

neck [nek] *noun* ■ el **cuello: she has a scarf around her neck** tiene una bufanda alrededor del cuello.

necklace ['neklɪs] *noun* ■ el **collar: she's wearing a gold necklace** tiene puesto un collar de oro.

nectarine ['nektərɪn] *noun* ■ la **nectarina**.

need [niːd] *(noun & verb)*

■ *noun*

la **necesidad: there is no need to go** no hay necesidad de ir

➤ **to be in need of something** necesitar algo: **the children are in need of medical attention** los niños necesitan atención médica

■ *verb*

1. **necesitar: he needs a new bike** necesita una bicicleta nueva; **I need to get some sleep** necesito dormir un poco
2. *When need means "have to"*

> You can use the constructions **tener que** or **hay que** + infinitive to translate "need":

I need to leave right away tengo que irme ahora mismo; **do we need to show our passports?** ¿hay que mostrar los pasaportes?

> To translate "to not need to do something", you can use the Spanish construction **no tener que hacer algo** or the impersonal constructions **no es necesario que** or **no hace falta que**:

you don't need to wait no tienes que esperar; **we don't need to pick him up** no es necesario que lo pasemos a buscar.

needle ['niːdl] *noun* ■ la **aguja: I can't find a needle to sew on the button** no puedo encontrar una aguja para coser el botón.

negative ['negətɪv] *(adjective & noun)*

■ *adjective*

negativo: we got a negative answer nos dieron una respuesta negativa

■ *noun*

el **negativo: he printed a photo from the negative** sacó una copia de una foto usando el negativo.

neigh [neɪ] *verb* ■ **relinchar: the horse neighed** el caballo relinchó.

neighbor ['neɪbəʳ] *noun* ■ el **vecino,** la **vecina: he doesn't like his neighbors** no le gustan sus vecinos.

neighborhood ['neɪbəhʊd] *noun* ■ el **barrio: there are a lot of restaurants in the neighborhood** hay muchos restaurantes en este barrio.

neither ['naɪðəʳ, 'niːðəʳ] *(conjunction, adjective & pronoun)*

■ *conjunction*

1. **ni: it's neither good nor bad** no es ni bueno ni malo; **he's neither English nor American** no es inglés ni americano
2. **tampoco: he doesn't know and neither does she** él no sabe y ella tampoco; **she can't swim — neither can I** ella no sabe nadar — yo tampoco

■ *adjective & pronoun*

ninguno: neither book is any good ninguno de los libros es bueno; **neither of them came** ninguno de ellos vino; **which dress do you want? — neither** ¿qué vestido quieres? — ninguno.

neon ['niːɒn] *noun* ■ el **neón**

➤ **neon lights** luces de neón.

nephew ['nefjuː] *noun* ■ el **sobrino**.

nerve [nɜːv] *noun*

1. el **nervio: it's a disease that attacks the nerves** es una enfermedad que ataca los nervios; **she had an attack of nerves before the show** tuvo un ataque de nervios antes del espectáculo
2. el **valor: he didn't have the nerve to tell her the truth** no tuvo el valor de decirle la verdad
3. el **descaro: she had the nerve to come without being invited** tuvo el descaro de venir sin ser invitada

➤ **to get on somebody's nerves** sacar de quicio a alguien: **that guy really gets on my nerves** ese tipo realmente me saca de quicio.

nervous ['nɜːvəs] *adjective* ■ **nervioso: going to the dentist makes me nervous** me pone nervioso ir al dentista; **she's a nervous driver** es un conductor nervioso
➤ **to be nervous** estar nervioso: **actors are often nervous before they go on stage** los actores generalmente están nerviosos antes de entrar al escenario
➤ **I'm nervous about speaking in public** me pone nervioso hablar en público
➤ **a nervous breakdown** una crisis nerviosa.

nest [nest] *noun* ■ **el nido: a bird's nest** un nido de pájaros.

net [net] *noun*
1. la **red**
2. **the Net** la red; **she spends hours surfing the Net** pasa horas navegando en la red
➤ **a fishing net** una red de pescar.

network ['netwɜːk] *noun* ■ **la red: a computer network** una red de computadoras.

never ['nevəʳ] *adverb*
1. **nunca: he never drinks** no toma nunca; **I've never been to Rome** no he estado nunca en Roma

> If **nunca** is used before the verb it is not necessary to use "no":

I've never spoken with her nunca he hablado con ella
2. **jamás: will you tell me your secret? — never!** ¿me dirás tu secreto? — ¡jamás!
➤ **all I can say about jogging is, never again!** todo lo que puedo decir sobre hacer "jogging" es ¡nunca más!

new [njuː] *adjective* ■ **nuevo: this is my new address** ésta es mi nueva dirección; **Harriet has a new boyfriend** Harriet tiene un novio nuevo; **there's a new moon tonight** hay luna nueva esta noche
➤ **I've got a brand new bike** tengo una bicicleta flamante
➤ **what's new?** ¿qué hay de nuevo?

newborn ['njuːbɔːn] *adjective* ■ **recién nacido: a newborn baby** un bebé recién nacido.

newcomer ['njuːˌkʌməʳ] *noun* ■ **el recién llegado**, la **recién llegada: we'd like to welcome any newcomers** quisiera darles la bienvenida a los recién llegados.

news ['njuːz] *noun*
1. la **noticia: do you have any news from him?** ¿tienes alguna noticia de él?; **I have some good news** tengo buenas noticias; **what bad news!** ¡qué mala noticia!
2. las **noticias: he's listening to the news on the radio** está escuchando las noticias en la radio
➤ **a piece of news** una noticia.

newspaper ['njuːzˌpeɪpəʳ] *noun* ■ **el periódico: I read the newspaper over breakfast** leí el periódico durante el desayuno.

newsstand ['njuːzstænd] *noun* ■ **el kiosco de periódicos**.

New Year [njuː'jɪəʳ] *noun* ■ **I'll see you in the new year** te veré en el Año Nuevo
➤ **Happy New Year!** ¡Felíz Año Nuevo!
➤ **New Year's Day** el día de Año Nuevo
➤ **New Year's Eve** la noche de Fin de Año.

New Zealand [njuː'zɪːlənd] *noun* ■ **Nueva Zelandia** *(feminine)*: **they're going to New Zealand** se van a Nueva Zelandia; **David lives in New Zealand** David vive en Nueva Zelandia.

New Zealander [njuː'zɪːləndəʳ] *noun* ■

> In Spanish, a capital letter is not used for the inhabitants of a country or region:

el **neocelandés**, la **neocelandesa**.

next [nekst] *(adjective & adverb)*
■ *adjective*
1. **próximo: the big game is next week** el gran partido es la próxima semana; **I'll see you next Tuesday** te veré el próximo martes; **we're going to Jamaica next year** vamos a Jamaica el próximo año

2. **siguiente: it's on the next page** está en la página siguiente; **next, please!** ¡el siguiente, por favor!; **the next day was a holiday** el día siguiente era feriado
➤ **the next day she came to see me** al día siguiente vino a verme
3. **de al lado: who's in the next room?** ¿quién está en el cuarto de al lado?
➤ **next door** la puerta de al lado: **they live next door** viven al lado
➤ **our next-door neighbors** nuestros vecinos de al lado
➤ **next to** al lado: **the bank is next to the bookstore** el banco está al lado de la librería
➤ **next to nothing** casi nada: **it cost next to nothing** no costó casi nada
■ *adverb*
después: what happened next? ¿qué pasó después?
➤ **when I see him next I'll tell him** la próxima vez que lo vea se lo voy a decir.

nice [naɪs] *adjective*
1. **simpático: Mrs. Thompson is very nice** la Sra. Thompson es muy simpática
2. **bonito: that's a nice dress** ese es un vestido bonito
3. **lindo: it's a nice day** hace un lindo día
4. **agradable: we had a very nice day** pasamos un día muy agradable
5. **bueno: dinner was nice** la cena estuvo buena
➤ **have a nice time!** ¡que lo pases bien!

nicely ['naɪslɪ] *adverb*
1. **bien: she was nicely dressed** estaba bien vestida
2. **con buenos modales: ask nicely!** ¡pide con buenos modales!

nickel ['nɪkl] *noun* ■ **el níquel: a nickel is worth five cents** un níquel vale cinco centavos.

nickname ['nɪkneɪm] *noun* ■ **el apodo: his nickname is "Killer"** su apodo es "Killer".

niece [niːs] *noun* ■ **la sobrina**.

night [naɪt] *noun* ■ **la noche: did you have a good night?** ¿pasaste una buena noche?; **we danced all night** bailamos toda la noche
➤ **last night** anoche: **it happened last night at 8 o'clock** pasó anoche a las 8
what did you do last night? ¿qué hiciste anoche?
➤ **at night** de noche: **badgers come out at night** los tejones salen de noche
➤ **good night!** ¡buenas noches!

nightclub ['naɪtklʌb] *noun* ■ **el club nocturno: the band is playing at a nightclub** la banda toca en un club nocturno.

nightgown ['naɪtgaʊn] *noun* ■ **el camisón** (*plural* **los camisones**).

nightmare ['naɪtmeəʳ] *noun* ■ **la pesadilla: I had a terrible nightmare** tuve una pesadilla espantosa.

nighttime ['naɪttaɪm] *noun* ■ **la noche: it's very noisy at nighttime** hay mucho ruido de noche.

nine [naɪn] *number* ■ **nueve: there are nine girls in the group** hay nueve niñas en el grupo; **Bill is nine** Bill tiene nueve años; **she went out at nine** salió a las nueve.

nineteen [ˌnaɪn'tiːn] *number* ■ **diecinueve: Lisa is nineteen** Lisa tiene diecinueve años.

nineteenth [ˌnaɪn'tiːn] *number* ■ **decimonoveno: it's her nineteenth birthday** es su decimonoveno cumpleaños
➤ **it's May nineteenth today** hoy es el 19 de mayo.

ninety ['naɪntɪ] *number* ■ **noventa: she's ninety** tiene noventa años
➤ **ninety-two** noventa y dos.

ninth [naɪnθ] *number* ■ **noveno: on the ninth floor** en el noveno piso
➤ **it's October ninth today** hoy es el 9 de octubre.

no [nəʊ] *(adverb & adjective)*
■ *adverb*
no: do you like seafood? — no, I don't ¿te gustan los mariscos? — no; **no, thank you** no, gracias

■ *adjective*

In Spanish **no** is not used before the noun but before the verb:

she has no money no tiene dinero; **there are no buses on Sundays** no hay autobuses los domingos; **there's no hope** no hay esperanza.

nobody, no one ['nəʊbədɪ, nəʊwʌn] *pronoun* ■ **nadie: nobody came** no vino nadie

If **nadie** is used before the verb it is not necessary to use "no":

nobody saw me nadie me vio; **who did you see? — nobody!** ¿a quién viste? — a nadie; **there's no one in here** no hay nadie aquí adentro.

nod [nɒd] *(past tense & past participle* nodded*) verb*

1. **asentir con la cabeza: I asked him if he was coming and he nodded** le pregunté si vendría y asintió con la cabeza
2. **saludar con la cabeza: he didn't say hello, but he nodded to me** no dijo "hola", pero me saludó con la cabeza.

noise [nɔɪz] *uncountable noun* ■ **el ruido: you're making too much noise** estás haciendo mucho ruido.

noisy ['nɔɪzɪ] *adjective* ■ **ruidoso: your computer is very noisy** tu computadora es muy ruidosa.

none [nʌn] *pronoun*

1. **ninguno: how many cards do you have left? — none** ¿cuántas cartas te quedan? — ninguna; **none of the pictures is for sale** ninguno de los cuadros está a la venta; **none of us won** ninguno de nosotros ganó
2. *With uncountable nouns* **nada: do you have any money? — no, none at all** ¿tienes dinero? — no, no tengo nada; **there's none left** no queda nada.

nonsense ['nɒnsəns] *noun* ■ **las tonterías: you're talking nonsense** estás hablando tonterías

➤ **nonsense!** ¡tonterías!

nonsmoker [,nɒn'sməʊkəʳ] *noun* ■ **el no fumador, la no fumadora**.

nonstop [,nɒn'stɒp] *(adjective & adverb)*

■ *adjective*

sin escalas: we took a nonstop flight tomamos un vuelo sin escalas

■ *adverb*

sin parar: I'm working nonstop estoy trabajando sin parar.

noodles ['nu:dlz] *plural noun* ■ **los fideos**

➤ **egg noodles** fideos de huevo.

noon [nu:n] *noun* ■ **el mediodía: we're meeting at noon** nos vamos a encontrar al mediodía.

no one *pronoun* ➤ nobody.

nor ['nɔ:ʳ] *conjunction* ■ **ni: neither Fred nor Lucy is coming** ni Fred ni Lucy vienen.

normal ['nɔ:ml] *adjective* ■ **normal: that's quite normal** eso es bastante normal

➤ **we'll meet at the normal time** nos encontraremos a la hora de siempre.

normally ['nɔ:məlɪ] *adverb* ■ **normalmente: I normally get up at 7 o'clock** normalmente me levanto a las 7.

north [nɔ:θ] *(noun, adjective & adverb)*

■ *noun*

el norte

■ *adjective*

norte *(plural* **norte***)*: **she lives on the north coast** vive en la costa norte

➤ **North America** América del Norte: **Mexico is in North America** México está en América del Norte

➤ **the North Pole** el Polo Norte

■ *adverb*

norte: we are going north vamos hacia el norte

➤ **north of something** al norte de algo: **Boston is north of New York** Boston está al norte de Nueva York.

northeast [ˌnɔːθ'iːst] *noun* ■ **el noreste: we headed northeast** nos dirigimos hacia el noreste; **the new train line runs through the Northeast** la nueva vía del tren va a través del noreste
➤ **the Northeast** el noreste.

northern ['nɔːðən] *adjective* ■ **del norte: Northern Europe** Europa del Norte.

northwest [ˌnɔːθ'west] *noun* ■ **el noroeste: we live in the northwest of the country** vivimos en el noroeste del país.

nose [nəʊz] *noun* ■ **la nariz** (*plural* **las narices**): **he has a big nose** tiene la nariz grande
➤ **to blow your nose** sonarse la nariz: **blow your nose!** ¡suénate la nariz!

nosebleed ['nəʊzbliːd] *noun*
➤ **she had a nosebleed after falling down** le sangró la nariz después de caerse.

nosey ➤ nosy.

nostril ['nɒstrəl] *noun* ■ **la fosa nasal**.

nosy, nosey ['nəʊzɪ] *adjective* ■ **entrometido: our neighbors are so nosy** nuestros vecinos son tan entrometidos
➤ **don't be so nosy!** ¡no seas tan entrometido!

not [nɒt] *adverb* ■ **no: he's not coming** no viene

> Por lo general **not** se usa en la forma contraída "-n't", en cuyo caso va unida al verbo que la precede:

I don't think so no lo creo; **Hank didn't come** Hank no vino; **are you coming or not?** ¿vienes o no?; **do you go out on Saturday nights? — not always** ¿sales los sábados de noche? — no siempre
➤ **I'm afraid not** me temo que no
➤ **not really** en realidad no: **do you want to come? — not really** ¿quieres venir? — en realidad no
➤ **not yet** todavía no: **are you ready? — not yet** ¿estás listo? — todavía no.

note [nəʊt] (*noun & verb*)
■ *noun*
la nota: she's taking notes está tomando nota; **I sent him a note** le mandé una nota
■ *verb*
notar: please note that some products are out of stock sírvase notar que algunos productos están agotados

note down *phrasal verb* ■ **anotar: she noted down the phone number** anotó el número de teléfono.

notebook ['nəʊtbʊk] *noun* ■ **el cuaderno**.

notepad ['nəʊtpæd] *noun* ■ **el bloc de notas** (*plural* **los blocs de notas**).

nothing ['nʌθɪŋ] *pronoun* ■ **nada: I've got nothing to do** no tengo nada que hacer; **she has nothing left** no le queda nada; **did you see anything? — no, nothing!** ¿viste algo? — ¡no, nada!
➤ **I didn't pay for it, I got it for nothing** no lo pagué, lo conseguí gratis.

notice ['nəʊtɪs] (*noun & verb*)
■ *noun*
el letrero: they put up a notice on the door pusieron un letrero en la puerta
➤ **to take no notice of someone** no hacerle caso a alguien: **he took no notice of her** no le hizo caso

> ⚠ La palabra inglesa **notice** es un falso amigo, no significa "noticia"

■ *verb*
darse cuenta: I didn't notice you standing there no me di cuenta de que estabas parado ahí.

noun [naʊn] *noun* ■ **el sustantivo: "dog," "London," and "happiness" are all nouns** "perro", "Londres" y "felicidad" son todos sustantivos.

novel ['nɒvl] *noun* ■ **la novela: Katie is reading a novel** Katie está leyendo una novela.

novelist ['nɒvəlɪst] *noun* ■ **el/la novelista: Agatha Christie is a famous novelist** Agatha Christie es una famosa novelista.

November [nəˈvembəʳ] *noun*

In Spanish the months of the year do not start with a capital letter:

noviembre *(masculine)*: **in November** en noviembre; **next November** el próximo noviembre; **last November** el pasado noviembre.

now [naʊ] *adverb* ■ **ahora: what shall we do now?** ¿qué haremos ahora?
➤ **from now on** de ahora en adelante: **I'll be more careful from now on** tendré más cuidado de ahora en adelante
➤ **any time now** en cualquier momento: **I'm expecting her any time now** la espero en cualquier momento
➤ **right now** ahora mismo: **get over here right now!** ¡ven aquí ahora mismo!
➤ **he should be here by now** ya tendría que estar aquí
➤ **now and then** de vez en cuando: **I still see him now and then** todavía lo veo de vez en cuando.

nowadays [ˈnaʊədeɪz] *adverb* ■ **hoy en día: a lot of people work on computers nowadays** hoy en día mucha gente trabaja con computadoras.

nowhere [ˈnəʊweəʳ] *adverb* ■ **where are you going? — nowhere** ¿adónde vas? — a ningún lugar; **there's nowhere to sit down** no hay ningún lugar para sentarse
➤ **nowhere near** lejísimos: **Seattle is nowhere near Atlanta** Seattle queda lejísimos de Atlanta.

nuclear [ˈnju:klɪəʳ] *adjective* ■ **nuclear**
➤ **a nuclear bomb** una bomba nuclear
➤ **nuclear power** poder nuclear
➤ **a nuclear power station** una estación nuclear.

nude [nju:d] *(adjective & noun)*

■ *adjective*
desnudo: they were completely nude estaban completamente desnudos

■ *noun*
➤ **in the nude** desnudo: **she poses in the nude** posa desnuda.

nudge [nʌdʒ] *verb* ■ **codear: she nudged me** me codeó.

nuisance [ˈnju:sns] *noun* ■ **el pesado, la pesada: my little brother is such a nuisance** mi hermanito es un pesado.

numb [nʌm] *adjective* ■ **dormido: my hand has gone numb** tengo la mano dormida.

number [ˈnʌmbəʳ] *noun* ■ **el número: what's your telephone number?** ¿cuál es tu número de teléfono?; **we live at number 210** vivimos en el número 210; **odd numbers and even numbers** números pares y números impares; **a large number of people** un gran número de personas; **your password should contain letters and numbers** tu pasaporte debe tener letras y números; **the numbers on the keyboard** los números en el teclado.

numeral [ˈnju:mərəl] *noun* ■ **el número: Roman numerals** números romanos.

nun [nʌn] *noun* ■ **la monja: she's a nun** es monja.

nurse [nɜ:s] *noun* ■ **el enfermero, la enfermera: Sue is a nurse** Sue es enfermera.

nursery [ˈnɜ:sərɪ] *(plural* nurseries*)* *noun*

1. **el vivero: I bought the plants at a nursery** compré las plantas en el vivero
2. **la guardería: there's a nursery for employees' children** hay una guardería para los hijos de los empleados
3. **el cuarto de los niños: the baby sleeps in the nursery** el bebé duerme en el cuarto de los niños

➤ **a nursery rhyme** una canción infantil
➤ **nursery school** kindergarten, jardín de niños *Mexico*, jardín de infantes *River Plate*
➤ **Amy goes to nursery school** Amy va al kindergarten.

nut [nʌt] *noun*

1. **la nuez** *(plural* **las nueces***)*: **the cake was topped with nuts** el pastel tenía nueces encima

2. la **tuerca: the table is assembled with nuts and bolts** la mesa está armada con tuercas y tornillos.

nylon ['naɪlɒn] *noun* ■ el **nylon: a nylon shirt** una camisa de nylon.

O

oak [əʊk] *noun* ■ el **roble: an oak tree** un roble; **an oak table** una mesa de roble.

oar [ɔːʳ] *noun* ■ el **remo**.

oasis [əʊ'eɪsɪs] *(plural* oases [əʊ'eɪsiːz]*) noun* ■ el **oasis** *(plural* los **oasis***)*.

oatmeal ['əʊtmiːl] *noun* ■ la **avena en copos: I had oatmeal for breakfast** desayuné avena en copos.

oats [əʊts] *plural noun* ■ la **avena**.

obedient [ə'biːdjənt] *adjective* ■ **obediente: Fido's a very obedient dog** Fido es un perro muy obediente.

obey [ə'beɪ] *verb* ■ **obedecer: she has always obeyed her parents** siempre ha obedecido a sus padres; **you must obey the rules** debes obedecer las reglas.

object ['ɒbdʒɪkt] *noun*

1. el **objeto: what is that strange object?** ¿qué es ese objeto raro?
2. el **objetivo: the object of the game is to get rid of all your cards** el objetivo del juego es deshacerse de todas las cartas.

oblong ['ɒblɒŋ] *adjective* ■ **alargado: an oblong table** una mesa alargada.

oboe ['əʊbəʊ] *noun* ■ el **oboe: she plays the oboe** toca el oboe.

observation ['aːbzər'veɪʃən] *noun* ■ la **observación** *(plural* las **observaciones***)*: **the doctors are keeping her for observation** los médicos la dejaron en observación; **he made some intelligent observations** hizo algunas observaciones inteligentes.

observe [əb'zɜːv] *verb* ■ **observar: he carefully observed the procedure** observó el procedimiento cuidadosamente.

obsessed [əb'sest] *adjective* ■ **obsesionado: she's obsessed with the idea** está obsesionada con la idea.

obstacle ['ɒbstəkl] *noun* ■ el **obstáculo**

➤ **an obstacle race** una carrera de obstáculos.

obtain [əb'teɪn] *verb* ■ **obtener: he obtained permission to leave** obtuvo permiso para irse.

obvious ['ɒbvɪəs] *adjective* ■ **obvio: it was obvious that he was nervous** era obvio que estaba nervioso.

obviously ['ɒbvɪəslɪ] *adverb*

➤ **she's obviously right** es obvio que tiene razón

➤ **obviously he's not coming** está claro que no va a venir.

occasion [ə'keɪʒn] *noun* ■ la **ocasión** *(plural* las **ocasiones***)*: **he's been here on several occasions** ha estado aquí en varias ocasiones; **it's an important occasion** es una ocasión importante.

occasionally [ə'keɪʒnəlɪ] *adverb* ■ **ocasionalmente: I see her occasionally** ocasionalmente la veo.

occupation [ˌɒkjʊ'peɪʃn] *noun* ■ la **ocupación** *(plural* las **ocupaciones***)*: **what is his occupation?** ¿cuál es su ocupación?

occur [ə'kɜːʳ] *(past tense & past participle* occurred*) verb*
1. **ocurrir: the incident occurred yesterday** el incidente ocurrió ayer
2. **ocurrirse: it never occurred to me to call** nunca se me ocurrió llamar.

ocean ['əʊʃn] *noun* ■ el **océano: the Atlantic Ocean** el Océano Atlántico.

o'clock [ə'klɒk] *adverb* ■ **it's three o'clock** son las tres.

October [ɒk'təʊbəʳ] *noun*

In Spanish the months of the year do not start with a capital letter:

octubre *(masculine)*: **in October** en octubre; **next October** el próximo octubre; **last October** el pasado octubre.

octopus ['ɒktəpəs] *noun* ■ el **pulpo**.

odd [ɒd] *adjective*
1. **raro: that's very odd** eso es muy raro
2. **impar: five is an odd number** el cinco es un número impar.

of [əv, ɒv] *preposition*
1. **de: in the middle of the street** en el medio de la calle; **he ate half of the cake** se comió la mitad del pastel; **there are thousands of people** hay miles de personas; **a pound of apples** una libra de manzanas; **a cup of coffee** una taza de café; **the ring is made of silver** el anillo es de plata
2. *Giving the date* **the 4th of July** el 4 de julio

➤ **some of them left early** algunos se fueron temprano
➤ **how many cups are there? — there are seven of them** ¿cuántas tazas hay? — hay siete
➤ **there are four of us** somos cuatro.

off [ɒf] *(adjective, adverb & preposition)*

■ *adjective*
1. **apagado: the lights are off** las luces están apagadas; **is the TV off?** ¿está apagada la tele?
2. **suspendido: the game is off** el partido está suspendido

➤ **he's off this week** tiene esta semana libre

■ *adverb*
he took a week off se tomó una semana libre; **it's my day off** es mi día libre; **he turned the light off** apagó la luz; **turn the tap off** cierra la llave; **the jeans are $10 off** los jeans tienen $10 de descuento

■ *preposition*
he got off the train se bajó del tren; **she took the book off the shelf** tomó el libro de la repisa; **the island is just off the coast** la isla está a poca distancia de la costa; **he's off work** no está en el trabajo.

offend [ə'fend] *verb* ■ **ofender: I didn't mean to offend you** no quise ofenderte.

offense [ə'fens] *noun* ■ la **infracción** *(plural* las **infracciones**): **he committed an offense** cometió una infracción

➤ **to take offense** ofenderse: **I think he took offense at what I said** creo que se ofendió por lo que dije.

offer ['ɒfəʳ] *(noun & verb)*

■ *noun*
1. el **ofrecimiento: I appreciate the offer** aprecio el ofrecimiento
2. la **oferta: they made me a good offer** me hicieron una buena oferta

■ *verb*
ofrecer: I offered her something to drink le ofrecí algo para tomar

➤ **she offered to come with me** se ofreció a acompañarme.

office ['ɒfɪs] *noun* ■ la **oficina: Bill's office is down the hall** la oficina de Bill está por el pasillo; **he's at the office** está en la oficina

➤ **an office building** un edificio de oficinas.

officer ['ɒfɪsəʳ] *noun* ■ el/la **oficial: he's an officer in the army** es un oficial de la armada

➤ **a police officer** un agente de policía.

official [ə'fɪʃl] *adjective* ■ **oficial: an official announcement** un anuncio oficial.

offline [ˌɒf'laɪn] *adjective* ■ **fuera de línea: I'm working offline** estoy trabajando fuera de línea.

often [ˈɒfn, ˈɒftn] *adverb* ■ **a menudo: she often plays tennis** juega tenis a menudo

➤ **how often?** ¿con qué frecuencia?: **how often do you see her?** ¿con qué frecuencia la ves?

oil [ɔɪl] *noun*

1. el **aceite: tuna in oil** atún en aceite; **I'm having the car's oil changed** le estoy haciendo un cambio de aceite a mi auto
2. el **petróleo: they've found oil in the area** encontraron petróleo en la zona

➤ **an oil slick** una mancha de petróleo
➤ **an oil well** un pozo petrolero.

ointment [ˈɔɪntmənt] *noun* ■ la **pomada: put this ointment on your skin** ponte esta pomada en la piel.

OK, okay [ˌəʊˈkeɪ] *adjective*

1. **okey: do you want to come? — OK!** ¿quieres venir? — ¡okey!; **I'll see you tomorrow, OK?** te veo mañana, ¿okey?
2. **bien: how are you? — I'm OK!** ¿cómo estás? — ¡estoy bien!

➤ **is that OK with you?** ¿te parece bien?
➤ **how was the movie? — it was OK** ¿qué tal la película? - no estuvo mal.

old [əʊld] *adjective*

1. **viejo: it's an old house** es una casa vieja; **he's an old man** es un hombre viejo
2. **antiguo: that's my old school** ése es mi antiguo colegio

➤ **how old are you?** ¿qué edad tienes?
➤ **I'm 13 years old** tengo trece años
➤ **old age** la vejez.

older [əʊldəʳ] *adjective* ■ *(comparative of* **old***)* **mayor: she's my older sister** es mi hermana mayor; **she's older than me** es mayor que yo; **he's three years older than me** es tres años mayor que yo.

oldest [əʊldəst] *adjective (superlative of* **old***)*

1. **mayor: she's the oldest daughter in the family** es la hija mayor de la familia
2. **más antigua: it's the oldest church in the town** es la iglesia más antigua del pueblo.

old-fashioned [ˌəʊldˈfæʃnd] *adjective*

1. **pasado de moda: she wore an old-fashioned coat** usó un abrigo pasado de moda
2. **chapado a la antigua: his parents are very old-fashioned** sus padres son muy chapados a la antigua.

olive [ˈɒlɪv] *noun* ■ la **aceituna**

➤ **olive oil** aceite de oliva
➤ **an olive tree** un olivo.

Olympic [əˈlɪmpɪk] *adjective* ■ **olímpico: an Olympic champion** un campeón olímpico

➤ **the Olympics** las Olimpíadas.

omelette, omelet [ˈɒmlɪt] *noun* ■ la **omellete** *(plural* las **omelletes***)*.

on [ɒn] *(adjective, adverb & preposition)*

■ *adjective*

1. **encendido: the lights are on** las luces están encendidas; **the dryer is on** la secadora está encendida

■ *adverb*

put the lid on ponle la tapa; **I'm going to put a sweater on** me voy a poner el sweater; **what's on at the Ritz?** ¿qué hay dan en el Ritz?; **put the radio on** prende la radio

■ *preposition*

1. **en: he sat on a chair** se sentó en una silla; **the map is on the table** el mapa está en la mesa; **the information is on disk** la información está en el disco duro; **there's a picture on the wall** hay un cuadro en la pared; **she has a ring on her finger** tiene un anillo en el dedo; **what's on TV?** ¿qué hay en la tele?
2. **a: we went on foot** fuimos a pie; **my house is on the left** mi casa está a la izquierda
3. *In time expressions*

> When talking about days and dates, instead of a preposition use **el** or **los**:

I'm coming on Thursday vengo el jueves; **she goes swimming on Tuesdays** hace natación los martes; **he left on May 17th** se fue el 17 de mayo

4. **sobre: it's a book on Australia** es un libro sobre Australia

➤ **I don't have money on me** no llevo dinero encima

➤ **she's on the phone** está hablando por teléfono
➤ **I'm having a party on my birthday** voy a dar una fiesta para mi cumpleaños.

once [wʌns] *adverb*
1. **una vez: once a day** una vez al día
2. **antes: this part of the city was once a village** esta parte de la ciudad era antes una aldea
➤ **once more** una vez más: **I'd like to go once more** me gustaría ir una vez más
➤ **once and for all** de una vez por todas: **we'll have to solve this problem once and for all** tenemos que resolver este problema de una vez por todas
➤ **once in a while** de vez en cuando: **he comes to see me once in a while** viene a verme de vez en cuando
➤ **once upon a time** había una vez: **once upon a time there was a beautiful princess** había una vez una hermosa princesa
➤ **at once** enseguida: **I must leave at once** tengo que irme enseguida
➤ **at once** a la vez: **don't all speak at once** no hablen todos a la vez.

one [wʌn] *(number & pronoun)*
■ *number*
uno

Uno becomes un before masculine nouns:

one day un día; **chapter one** el capítulo uno; **one, two, three, go!** ¡uno, dos y tres!; **we have one dog and two cats** tenemos un perro y dos gatos; **there's only one plate** hay un plato solamente
➤ **one hundred** cien
■ *pronoun*
1. **uno, una: one of those books is mine** uno de esos libros es mío; **one of the girls is Mexican** una de las chicas es mexicana; **do you need a stamp? — no, I've got one** ¿necesitas un clip? - no, ya tengo uno; **I have two caps, you can have one** tengo dos gorras, puedes quedarte con una
2. *Referring to a particular person or thing* **which one?** ¿cuál?; **this one, not that one** éste, no aquél; **this bike is better than the old one** esta bici es mejor que la vieja
3. *Impersonal pronoun* **uno: one never knows** uno nunca sabe

➤ **they love one another** se aman el uno al otro.

oneself [wʌn'self] *pronoun*
1. **se: to wash oneself** lavarse; **to enjoy oneself** divertirse
2. **uno mismo: to do something oneself** hacer algo uno mismo
3. **sí mismo: to talk about oneself** hablar de sí mismo
➤ **by oneself** solo.

one-way [ˌwʌn'weɪ] *adjective*
➤ **a one-way street** una calle de un solo sentido
➤ **a one-way ticket** un boleto de ida, un boleto sencillo *Mexico*.

onion ['ʌnjən] *noun* ■ **la cebolla**.

online, on-line ['ɒnlaɪn] *(adjective & adverb)*
■ *adjective*
en línea: online help ayuda en línea; **she's online** está en línea
■ *adverb*
en línea: I love to shop online me encanta comprar en línea
➤ **to go online** conectarse.

only ['əʊnlɪ] *(adjective & adverb)*
■ *adjective*
único: he's the only friend I have es el único amigo que tengo
➤ **an only child** hijo único: **Susan is an only child** Susan es hija única
■ *adverb*
sólo: she only reads science-fiction sólo lee ciencia ficción; **there are only three seats left** sólo quedan tres sillas; **how much do you have left? — only twenty dollars** ¿cuánto dinero te queda? - sólo veinte dólares
➤ **not only** no sólo: **he's not only tall but he's good-looking too** no sólo es alto sino que también es buen mozo.

onto ['ɒntu:] *preposition* ■ **he slammed his books down onto the table** tiró los libros sobre la mesa; **he jumped onto the horse** se subió al caballo de un salto; **the house looks onto the park** la casa da al parque.

onward ['ɒnwəd] *adverb* ■ **en adelante: read from page 50 onward** lean de la página 50 en adelante.

open ['əʊpn] *(adjective, noun & verb)*

■ *adjective*
abierto: the door's open la puerta está abierta
➤ **wide open** abierto de par en par: **he left the window wide open** dejó la ventana abierta de par en par
■ *noun*
➤ **out in the open** al aire libre: **we slept out in the open** dormimos al aire libre
■ *verb*
1. **abrir: I opened the door** abrí la puerta; **open the window!** ¡abran la ventana!; **the stores open at 9 o'clock** las tiendas abren a las nueve
2. **abrirse: the door opened and I walked in** la puerta se abrió y entré.

opera ['ɒpərə] *noun* ■ **la ópera**.

operate ['ɒpəreɪt] *verb*
1. **hacer funcionar: he can't operate the VCR** no puede hacer funcionar el video
2. **operar: the doctors operated on him but couldn't save him** los doctores lo operaron pero no pudieron salvarlo.

operation [,ɒpə'reɪʃn] *noun* ■ **la operación** *(plural* **las operaciones***)*
➤ **to have an operation** operarse: **I'm going to have an operation on my knee** me voy a operar de la rodilla.

operator ['ɒpəreɪtə^r] *noun*
1. el **operador,** la **operadora: I dialed the operator for assistance** llamé al operador para que me ayudara
2. el **operario,** la **operaria: he's a fork-lift operator** es operario de carretilla elevadora
➤ **a switchboard operator** un telefonista de conmutador.

opinion [ə'pɪnjən] *noun* ■ **la opinión** *(plural* las **opiniones***)*: **it's a matter of opinion** es una cuestión de opinión
➤ **what's your opinion on this matter?** ¿tú qué opinas sobre este tema?
➤ **in my opinion** en mi opinión: **in my opinion, you should ask her to leave** en mi opinión, deberías pedirle que se fuera
➤ **an opinion poll** una encuesta de opinión.

opponent [ə'pəʊnənt] *noun* ■ **el/la oponente: he's facing a tough opponent** se enfrenta a un duro oponente.

opportunity [,ɒpə'tju:nətɪ] *(plural* opportunities*) noun* ■ **la oportunidad: it will give you the opportunity to travel** te dará la oportunidad de viajar.

opposed [ə'pəʊzd] *adjective*
➤ **to be opposed to something** estar en contra de algo: **she's opposed to nuclear weapons** está en contra de las armas nucleares.

opposite ['ɒpəzɪt] *(adjective, noun & preposition)*

■ *adjective*
opuesto: he went in the opposite direction se fue en la dirección opuesta
➤ **the bank is on the opposite side of the street** el banco está al otro lado de la calle
➤ **the opposite sex** el sexo opuesto
■ *noun*
lo contrario: the opposite of sad is happy lo contrario de triste es contento; **he always does the opposite of what he is told** siempre hace lo contrario de lo que le dicen
■ *preposition*
frente a: the school is opposite the station la escuela está frente a la estación.

optician [ɒp'tɪʃn] *noun* ■ **el óptico, la óptica: she's an optician** es óptica.

optimistic [,ɒptɪ'mɪstɪk] *adjective* ■ **optimista: I'm not very optimistic** no soy muy optimista.

option ['ɒpʃn] *noun* ■ **la opción** *(plural* las **opciones***)*: **I have no other option** no tengo otra opción.

optional ['ɒpʃənl] *adjective* ■ **optativo: the German class is optional** la clase de alemán es optativa.

or [ɔ:^r] *conjunction*
1. **o: do you want tea or coffee?** ¿quieres té o café?; **are you coming or not?** ¿vienes o no?; **hurry up or we'll miss the train** apúrate o vamos a perder el tren

2. **ni: I can't come today or tomorrow** no puedo venir hoy ni mañana; **he couldn't eat or sleep** no podía comer ni dormir.

oral ['ɔːrəl] *adjective* ■ **oral**
➤ **an oral exam** un examen oral.

orange ['ɒrɪndʒ] *(noun & adjective)*
■ *noun*
la **naranja**
➤ **orange juice** jugo de naranja
➤ **an orange tree** un naranjo
■ *adjective*
naranja: Bob's wearing an orange shirt Bob tiene puesta una camisa naranja.

orchard ['ɔːtʃəd] *noun* ■ **el huerto de árboles frutales**.

orchestra ['ɔːkɪstrə] *noun* ■ la **orquesta: she plays in an orchestra** toca en una orquesta.

order ['ɔːdəʳ] *(noun & verb)*
■ *noun*
1. el **orden: the names are in alphabetical order** las nombres están en orden alfabético; **I hope everything is in order** espero que todo esté en orden
2. la **orden** *(plural* las **órdenes***)*: **he gave me an order** me dio una orden
3. el **pedido: the waiter took our order** el mesero nos tomó el pedido
➤ **out of order** fuera de servicio: **the elevator is out of order** el ascensor está fuera de servicio
➤ **in order to** para: **he came back home in order to see his parents** volvió a su casa para ver a sus padres
■ *verb*
1. **ordenar: she ordered me to leave** me ordenó que me fuera
2. **pedir: Oliver ordered fish** Oliver pidió pescado.

ordinary ['ɔːdənrɪ] *adjective* ■ **normal: it was an ordinary day** fue un día normal
➤ **Austin's just an ordinary guy** Austin es un tipo del montón
➤ **out of the ordinary** fuera de lo común: **I didn't notice anything out of the ordinary** no noté nada fuera de lo común.

organ ['ɔːgən] *noun* ■ **el órgano**.

organic [ɔː'gænɪk] *adjective* ■ **orgánico: I always buy organic food** siempre compro comida orgánica.

organization [,ɔːgənaɪ'zeɪʃn] *noun* ■ la **organización** *(plural* las **organizaciones***)*: **the Red Cross is an international organization** la Cruz Roja es una organización internacional.

organize ['ɔːgənaɪz] *verb* ■ **organizar: we're organizing a trip to Canada** estamos organizando un viaje a Canadá.

original [ɒ'rɪdʒənl] *adjective*
1. **original: it's an original idea** es una idea original
2. **primero: who were the original inhabitants of the country?** ¿quiénes eran los primeros habitantes del país?

originally [ə'rɪdʒənəlɪ] *adverb* ■ **en un principio: the house was originally painted white** en un principio, la casa estaba pintada de blanco.

ornament ['ɔːnəmənt] *noun* ■ el **adorno: there were many ornaments on the Christmas tree** había muchos adornos en el árbol de Navidad.

orphan ['ɔːfn] *noun* ■ el **huérfano**, la **huérfana: she's an orphan** es huérfana.

orphanage ['ɔːfənɪdʒ] *noun* ■ el **orfanato**, el **orfanatorio** *Mexico*.

ostrich ['ɒstrɪtʃ] la **avestruz** *(plural* las **avestruces***)*.

other ['ʌðəʳ] *adjective & pronoun* ■ **otro: the other shirt is dirty** la otra camisa está sucia; **I saw Darren the other day** vi a Darren el otro día; **they had other problems** tenían otros problemas
➤ **the other one** el otro: **I'll take the other one** me llevo el otro
➤ **the others** los otros: **the others are not coming** los otros no vienen.

otherwise ['ʌðəwaɪz] *(conjunction & adverb)*

■ *conjunction*

si no: go now, otherwise you'll miss your train váyanse ahora, si no van a perder el tren

■ *adverb*

aparte de eso: we couldn't do otherwise aparte de eso, no pudimos hacer otra cosa.

ouch [aʊtʃ] *exclamation* ■ **¡ay!: ouch, that hurts!** ¡ay, eso duele!

ought [ɔːt] *verb*

"Ought" is translated by the verb **deber** in the conditional tense:

you ought to go to the dentist deberías ir al dentista; **they ought to be here soon** deberían llegar pronto.

ounce [aʊns] la **onza: there are 16 ounces in a pound** hay 16 onzas en una libra.

our ['aʊə^r] *possessive adjective* ■ **nuestro**

In Spanish the possessive adjective agrees in number (singular or plural) with the noun that follows:

our dog is called Sammy nuestro perro se llama Sammy; **our cousins live in Canada** nuestros primos viven en Canadá

Use the definite article **(el, la, los** or **las)**, not the possessive adjective, with parts of the body:

we brushed our teeth nos lavamos los dientes.

ours ['aʊəz] *possessive pronoun*

1. **nuestro**

In Spanish the possessive pronoun agrees in gender (masculine and feminine) and number (singular or plural) with the noun it replaces:

their house is big, ours is small la casa de ellos es grande, la nuestra es chica; **their books are new, ours are old** sus libros son nuevos, los nuestros, viejos

2. **nuestro: this book isn't ours** este libro no es nuestro; **he's a friend of ours** es nuestro amigo.

ourselves [aʊə'selvz] *pronoun*

1. **nos: we're enjoying ourselves** nos estamos divirtiendo
2. **nosotros mismos: we asked him ourselves** nosotros mismos le preguntamos

➤ **by ourselves** solos.

out [aʊt] *adverb & preposition*

1. **afuera: it's hot out** afuera está caluroso; **they're out in the garden** están afuera en el jardín; **come out here** ven aquí afuera
2. **pasado de moda: long skirts are out** las faldas largas están pasadas de moda

➤ **the lights are out** se apagaron las luces
➤ **she's out** no está
➤ **I'm going out** voy a salir
➤ **he ran out** se escapó

out of *preposition*

1. *With verbs of motion* **he walked out of the room** salió del cuarto; **get out of here!** ¡salgan de aquí!; **she jumped out of bed** se levantó de la cama de un salto
2. **por: she did it out of love** lo hizo por amor
3. **de: ten out of every twenty** diez de cada veinte

➤ **we drank out of china cups** tomamos en tazas de porcelana.

outdoor ['aʊtdɔː^r] *adjective*

1. **al aire libre: outdoor sports** deportes al aire libre
2. **descubierto: an outdoor swimming pool** una piscina descubierta, una alberca descubierta *Mexico*.

outdoors [aʊt'dɔːz] *adverb* ■ **al aire libre: we had lunch outdoors** almorzamos al aire libre.

outer ['aʊtə^r] *adjective* ■ **externo: the outer layer is made of metal** la capa externa es de metal

➤ **outer space** espacio exterior.

outfit ['aʊtfɪt] *noun* ■ el **conjunto: that's a nice outfit** ése es un conjunto bonito.

outgrow ['aʊtgrəʊ] *(past participle* outgrown, *past tense* outgrew) *verb* ■ **babies outgrow their clothes so quickly** a los bebés la ropa les queda chica muy rápidamente.

outing ['aʊtɪŋ] *noun* ■ **la excursión** *(plural* **las excursiones**): **we're going on an outing to the museum** vamos a salir de excursión al museo.

outlaw ['aʊtlɔː] *noun* ■ **el forajido, la forajida**.

outlet ['aʊtlet] *noun* ■ **la toma de corriente: plug the computer into the nearest outlet** enchufa la computadora en la toma de corriente más cercana.

outline ['aʊtlaɪn] *noun* ■ **el contorno: you can see the outline of the tower** puedes ver el contorno de la torre.

outrageous [aʊt'reɪdʒəs] *adjective*

1. **escandaloso: his behavior has been outrageous** su comportamiento ha sido escandaloso
2. **exorbitante: they charge outrageous prices** cobran unos precios exorbitantes
3. **extravagante: an outrageous hat** un sombrero extravagante.

outside ['aʊtsaɪd, ,aʊt'saɪd] *(adjective, adverb, noun & preposition)*

■ *adjective*
exterior: the outside walls las paredes exteriores

■ *adverb*
[,aʊt'saɪd] **afuera: wait for me outside** espérame afuera

■ *noun*
el exterior: the outside of the box is red el exterior de la caja es rojo

■ *preposition*
afuera de: she lives outside the city vive afuera de la ciudad.

outskirts ['aʊtskɜːts] *noun* ■ **las afueras: they live on the outskirts of Boston** viven en las afueras de Boston.

oval ['əʊvl] *(adjective & noun)*

■ *adjective*
ovalado: an oval window una ventana ovalada

■ *noun*
el óvalo.

oven ['ʌvn] *noun* ■ **el horno: put the chicken in the oven** mete el pollo en el horno.

over ['əʊvəʳ] *(adjective, adverb & preposition)*

■ *adjective*
➤ **to be over** terminar: **finals are over on Friday** los exámenes finales terminan el viernes

■ *adverb*
más: you have to be 5 feet or over to go on the ride tienes que medir 5 pies o más para subirte a los juegos
➤ **I invited him over** lo invité a casa

■ *preposition*

1. **encima de: there's a light over the table** hay una luz encima de la mesa
2. **por encima de: he jumped over the fence** saltó por encima de la cerca
3. **más de: she's over forty** tiene más de cuarenta
4. **durante: it happened over the Christmas holidays** esto sucedió durante las vacaciones de Navidad

➤ **over here** aquí: **the store is over here** la tienda queda aquí
➤ **over there** ahí: **look over there** miren ahí
➤ **all over** por todo: **there were papers all over the floor** había papeles por todo el piso
➤ **it's all over now** ya pasó todo.

overalls ['əʊvərɔːlz] *plural noun* ■ **el overol, el mameluco** *Southern Cone*: **he wears overalls at work** usa un overol para trabajar.

overcame *past tense* ➤ overcome.

overcome [,əʊvə'kʌm] *(past tense* overcame [,əʊvə'keɪm], *past participle* overcome) *verb* ■ **superar: she tried to overcome the problem** trató de superar el problema.

overlook [,əʊvə'lʊk] *verb*

1. **dar a: our room overlooks the sea** nuestro cuarto da al mar
2. **pasar por alto: she overlooked an important detail** pasó por alto un detalle importante.

overnight [ˌəʊvəˈnaɪt] *adverb*
1. **durante la noche: we traveled overnight** viajamos durante la noche
2. **de la noche a la mañana: she changed overnight** cambió de la noche a la mañana
➤ **he stayed overnight** se quedó a pasar la noche.

overseas [ˈəʊvəsiːz] *(adjective & adverb)*
■ *adjective*
extranjero: they are overseas students son estudiantes extranjeros
■ *adverb*
en el extranjero: she lives overseas vive en el extranjero.

oversleep [ˌəʊvəˈsliːp] *(past tense & past participle* oversleptˌ*) verb* ■ **quedarse dormido: I overslept this morning** esta mañana me quedé dormido.

overslept *past tense & past participle* ➤ oversleep.

overtime [ˈəʊvətaɪm] *noun* ■ **las horas extra: she's doing overtime** está haciendo horas extra.

overweight [ˌəʊvəˈweɪt] *adjective* ■ **demasiado gordo: being overweight is bad for your health** estar demasiado gordo es perjudicial para la salud.

owe [əʊ] *verb* ■ **deber: I owe him fifty bucks** le debo cincuenta dólares.

owl [aʊl] *noun* ■ **el búho, el tecolote** *Mexico*.

own [əʊn] *(adjective & verb)*
■ *adjective*
propio: do you have your own bike? ¿tienes tu propia bicicleta?; **I saw it with my own eyes** lo vi con mis propios ojos
➤ **on one's own** solo: **I'll do it on my own** lo haré solo
■ *verb*
ser dueño de: she owns a car es dueña de un coche

own up *phrasal verb* ■ **admitir tener la culpa**
➤ **own up to something** admitir algo: **he owned up to taking the money** admitió que había robado el dinero.

owner [ˈəʊnə^{r}] *noun* ■ **el dueño, la dueña**.

ox [ɒks] *(plural* oxen [ˈɒksn]*) noun* ■ **el buey**.

oxygen [ˈɒksɪdʒən] *noun* ■ **el oxígeno**
➤ **an oxygen mask** una máscara de oxígeno.

oyster [ˈɔɪstə^{r}] *noun* ■ **la ostra, el ostión** *(plural* **los ostiones***) Mexico*.

oz. ➤ ounce & ounces.

ozone [ˈəʊzəʊn] *noun* ■ **el ozono**
➤ **the ozone layer** la capa de ozono.

p

pace [peɪs] *(noun & verb)*
■ *noun*
1. **el paso: she walked at a brisk pace** caminaba con paso enérgico
2. **el ritmo: he couldn't take the pace** no pudo mantener el ritmo
■ *verb*
➤ **to pace up and down** pasearse de arriba para abajo.

Pacific [pəˈsɪfɪk] *noun* ■ **the Pacific** el Pacífico; **the Pacific Ocean** el océano Pacífico.

pacifier ['pæsɪfaɪəʳ] *noun* ■ **el chupete, el chupón** (*plural* **los chupones**) *Latin America except Southern Cone*, **el chupo** *Colombia*: **the baby dropped his pacifier** se le cayó el chupete al bebé.

pack [pæk] *(noun & verb)*

■ *noun*

1. **el paquete: a pack of cigarettes** un paquete de cigarrillos
2. **la manada: a pack of wolves** una manada de lobos

➤ **a six-pack** un paquete de seis: **I bought a six-pack of soda** compré un paquete de seis refrescos

■ *verb*

1. **hacer la maleta: he packed his bags** hizó las maletas
2. **abarrotar: the crowd packed into the stadium** la muchedumbre abarrotaba el estadio.

package ['pækɪdʒ] *noun* ■ **el paquete: the mailman left a package for you** el cartero dejó un paquete para ti.

packed [pækt] *adjective* ■ **abarrotado: the train was packed today** el tren iba abarrotado.

packet ['pækɪt] *noun* ■ **el paquete: she bought a packet of seasoning mix** compró un paquete de condimentos variados.

pad ['pæd] *(noun & verb)*

■ *noun*

1. **la almohadilla: the seat has a thick pad for comfort** la silla tiene una almohadilla gruesa que la hace cómoda
2. **el bloc**

➤ **a pad of paper** un bloc de papel

■ *verb*

acolchar: I padded the bottom to make it more comfortable acolché la parte de abajo para hacerla más cómodo.

paddle ['pædl] *(noun & verb)*

■ *noun*

el remo: he dropped his paddle into the water se le cayó el remo al agua

■ *verb*

remar

➤ **to paddle a canoe** remar una canoa: **he was paddling the canoe** estaba remando la canoa.

padlock ['pædlɒk] *noun* ■ **el candado: he put a padlock on his bike** le puse un candado a la bici.

page [peɪdʒ] *noun* ■ **la página: turn the page** pasa la página.

paid [peɪd] *past tense & past participle* ➤ pay.

pain [peɪn] *noun*

1. **el dolor: I felt a sharp pain in my side** sentí un dolor agudo en el costado
2. **la lata** *informal*: **what a pain to have to do it again** ¡qué lata tener que hacerlo otra vez!

➤ **to be in pain** estar adolorido: **she's in a lot of pain** está muy adolorida

➤ **a pain in the neck** un pesado: **my little sister is a pain in the neck** mi hermanita es una pesada.

painful ['peɪnfʊl] *adjective* ■ **doloroso: sunburn is very painful** la quemadura de sol es muy dolorosa.

paint [peɪnt] *(noun & verb)*

■ *noun*

la pintura: wet paint pintura fresca

■ *verb*

pintar: he paints landscapes pinta paisajes.

paintbrush ['peɪntbrʌʃ] *noun* ■ **el pincel**.

painter ['peɪntəʳ] *noun* ■ **el pintor, la pintora: Vincent's a painter** Vincent es pintor.

painting ['peɪntɪŋ] *noun*

1. **la pintura: she likes painting** le gusta la pintura
2. **el cuadro: it's a painting by Monet** es un cuadro de Monet.

pair [peəʳ] *noun* ■ **el par: a pair of shoes** un par de zapatos

➤ **a pair of pants** unos pantalones.

pajamas [pə'dʒaːməz] *plural noun* ■ el **pijama: he was still in his pajamas** estaba todavía en pijama
➤ **a pair of pajamas** un pijama.

pal [pæl] *noun* ■ *informal* el **amigo,** la **amiga**.

palace ['pælɪs] *noun* ■ el **palacio**.

pale [peɪl] *adjective*
1. **pálido: I was so pale at the end of the winter** estaba tan pálido al final del invierno
2. **claro: her dress was pale blue** su vestido era azul claro.

palm [paːm] *noun*
1. la **palma: she was holding an egg in the palm of her hand** tenía un huevo en la palma de la mano
2. la **palmera: a palm tree** una palmera.

pamphlet ['pæmflɪt] *noun* ■ el **folleto**.

pan [pæn] *noun* ■ el **sartén** (*plural* los **sartenes**): **put the bacon in the pan** pon el tocino en el sartén.

Panama [pænəmaː] *noun* ■ **Panamá** (*masculine*).

pancake ['pænkeɪk] *noun* ■ el **panqueque,** la **crepa** *Mexico,* el **panqué** *Central America, Colombia,* la **panqueca** *Venezuela*: **I made pancakes for breakfast** preparé panqueques para el desayuno.

panda ['pændə] *noun* ■ el/la **panda**.

pane [peɪn] *noun* ■ el **vidrio: a pane of glass** un vidrio.

panic ['pænɪk] (*noun & verb*)
■ *noun*
el **pánico**
■ *verb (past tense & past participle* panicked*)*
he panicked when the car broke down le entró el pánico cuando el coche se descompuso; **don't panic!** ¡tranquilos!

pant [pænt] *verb* ■ **jadear: the dog was panting in the heat** el perro jadeaba por el calor.

panties ['pæntɪz] *plural noun* ■ los **calzones,** las **pantaletas** *Mexico, Venezuela*: **a pair of panties** unos calzones.

pants [pænts] *plural noun* ■ los **pantalones: a pair of pants** unos pantalones.

pantyhose ['pæntɪhəʊz] *plural noun* ■ los **pantis,** las **pantimedias** *Mexico,* las **medias bombachas** *River Plate,* las **medias pantalón** *Colombia*.

paper ['peɪpəʳ] *noun*
1. el **papel: he wrote the number on a piece of paper** escribió el número en un pedazo de papel; **a paper bag** una bolsa de papel
2. el **periódico: David was reading the paper** David estaba leyendo el periódico.

paperback ['peɪpəbæk] *noun* ■ el **libro en rústica**.

paper clip ['peɪpəʳklɪp] *noun* ■ el **clip** (*plural* los **clips**).

parachute ['pærəʃuːt] *noun* ■ el **paracaídas** (*plural* los **paracaídas**): **he came down in a parachute** bajó en paracaídas.

parade [pə'reɪd] *noun* ■ el **desfile: we watched the New Year's Day parades** vimos el desfile del día de Año Nuevo.

paradise ['pærədaɪs] *noun* ■ el **paraíso**.

paragraph ['pærəgraːf] *noun* ■ el **párrafo**.

Paraguay ['pærəgwaɪ] *noun* ■ **Paraguay** (*masculine*).

parallel ['pærəlel] *adjective* ■ **paralelo: parallel lines** líneas paralelas.

paralyzed ['pærəlaɪzd] *adjective* ■ **paralítico: she was paralyzed in a riding accident** quedó paralítica en un accidente de equitación.

pardon ['paːdn] *noun*
➤ **pardon?** ¿cómo?, ¿mande? *Mexico*: **pardon? — I said it's that way** ¿cómo? - dije que era en esa dirección.

parentheses [pə'renθısi:z] *plural noun* ■ el **paréntesis** (*plural* los **paréntesis**): **in parentheses** entre paréntesis.

parents ['peərənts] *plural noun* ■ los **padres**.

park [pa:k] *(noun & verb)*

■ *noun*
el **parque: let's go to the park** vayamos al parque

■ *verb*
estacionar: where can we park? ¿dónde podemos estacionar?; **I parked the car** estacioné el auto.

parking ['pa:kıŋ] *noun* ■ el **estacionamiento**

➤ **no parking** prohibido estacionar
➤ **a parking lot** el estacionamiento: **the car is in the parking lot** el coche está en el estacionamiento
➤ **a parking meter** el parquímetro
➤ **a parking ticket** una multa por estacionamiento indebido.

parliament ['pa:ləmənt] *noun* ■ el **parlamento**.

parrot ['pærət] *noun* ■ el **loro**.

parsley ['pa:slı] *noun* ■ el **perejil**.

part [pa:t] *(noun & verb)*

■ *noun*
1. la **parte: I like parts of the book** me gustaron algunas partes del libro
2. el **papel: he plays a big part in the play** tiene un papel importante en la obra
3. la **pieza: I bought some spare parts for the car** compré unas piezas de repuesto para el coche
4. la **raya: she has a center part** tiene la raya al medio

➤ **to take part in something** participar en algo: **he took part in the race** participó en la carrera

■ *verb*
separarse: they parted at the gates se separaron en los portones

➤ **to part your hair** peinarse con raya: **she parts her hair in the middle** se peina con la raya al medio

part with *phrasal verb* ■ **desprenderse de: I had to part with my favorite sweater** tuve desprenderme de mi suéter favorito.

participle ['pa:tısıpl] *noun* ■ el **participio: the past participle** el participio pasado.

particular [pə'tıkjʊlə[r]] *adjective*
1. **en particular: why do you need that particular book?** ¿por qué necesitas ese libro en particular?
2. **exigente: she's very particular about her clothes** es muy exigente con la ropa

➤ **in particular** en particular: **are you looking for something in particular?** ¿estás buscando algo en particular?

particularly [pə'tıkjʊləlı] *adverb* ■ **particularmente: I'm not particularly interested in going** no estoy particularmente interesada en ir.

partner ['pa:tnə[r]] *noun* ■ el **socio**, la **socia**

➤ **a business partner** un socio comercial.

part-time [pa:ttaım] *adjective & adverb* ■ **a tiempo parcial: he has a part-time job** tiene un trabajo a tiempo parcial; **she works part-time** trabaja a tiempo parcial.

party ['pa:tı] (*plural* **parties**) *noun*
1. la **fiesta: we're having a party** vamos a dar una fiesta; **a birthday party** una fiesta de cumpleaños
2. el **partido: the Democratic party** el partido demócrata
3. el **grupo: how many people are in your party?** ¿cuánta gente hay en tu grupo?

pass [pa:s] *(noun & verb)*

■ *noun*
1. el **pase: you need a pass to get in** necesitas un pase para poder entrar; **he made a pass to Owen** le hizo un pase a Owen
2. el **abono: a bus pass** un abono de autobús
3. el **paso: a mountain pass** el paso de montaña

➤ **a boarding pass** la tarjeta de embarque, el pase de abordar *Mexico*

■ *verb*

1. **pasar: can you pass me the salt?** ¿podrías pasarme la sal?; **they played cards to pass the time** jugaron a las cartas solo para pasar el tiempo; **the evening passed quickly** la tarde pasó rápido; **what's the capital of Poland? — pass!** ¿cuál es la capital de Polonia? - ¡paso!
2. **pasar por: I pass the museum on my way to school** paso por el museo de camino a la escuela
3. **adelantar a, rebasar a** *Mexico*: **he passed the car in front** adelantó al coche de delante
4. **aprobar: he passed his driving test** aprobó el examen de manejar; **the law was passed last year** la ley fue aprobada el año pasado

pass on *phrasal verb* ■ **pasar: can you pass the message on?** ¿puedes pasar el mensaje?

pass out *phrasal verb* ■ **desmayarse: she passed out** se desmayó.

passage ['pæsɪdʒ] *noun*

1. el **pasaje: it's an interesting passage from the book** es un pasaje interesante del libro
2. el **callejón** (*plural* los **callejones**): **he walked along the passage** caminó por el callejón.

passenger ['pæsɪndʒəʳ] *noun* ■ el **pasajero,** la **pasajera**.

passerby [ˌpaːsə'baɪ] (*plural* passers-by [ˌpaːsəz'baɪ]) *noun* ■ **el/la transeúnte**.

passion ['pæʃn] *noun* ■ la **pasión: she has a passion for music** siente pasión por la música

➤ **passion fruit** el maracuyá.

passive ['pæsɪv] (*adjective & noun*)

■ *adjective*

pasivo

■ *noun*

la **voz pasiva: in the passive** en voz pasiva.

Passover ['paːsˌəʊvəʳ] *noun* ■ la **Pascua judía**.

passport ['paːspɔːt] *noun* ■ el **pasaporte**.

password ['paːswɜːd] *noun* ■ la **contraseña: what's the password?** ¿cuál es la contraseña?

past [paːst] (*adjective, noun & preposition*)

■ *adjective*

1. **último: during the past few days** durante los últimos días
2. **pasado: the past tense** el tiempo pasado

■ *noun*

el **pasado: she often thinks about the past** piensa a menudo en el pasado

➤ **in the past** en el pasado: **there are more students now than in the past** hay más estudiantes ahora que en el pasado

■ *preposition*

por delante de: we drove past the school pasamos en el coche por delante de la escuela

➤ **it's just past the church** queda pasando la iglesia

➤ **half past** y media: **it's half past eight** son las ocho y media.

pasta ['pæstə] *uncountable noun* ■ la **pasta: pasta with tomato sauce** pasta con salsa de tomate.

pastime ['paːstaɪm] *noun* ■ el **pasatiempo: my favorite pastime is swimming** mi pasatiempo preferido es la natación.

pastry ['peɪstrɪ] *noun*

1. (*plural* **pastries**) el **pastel: we offer a selection of pastries** ofrecemos una variedad de pasteles
2. la **masa: she's making pastry for an apple tart** está haciendo la masa para una tarta de manzana.

pat [pæt] (*past tense & past participle* patted) (*noun & verb*)

■ *noun*

la **palmadita: he gave the boy a friendly pat on the shoulder** le dio al niño una palmadita amistosa en el hombro

■ *verb*

darle palmaditas a: can I pat your dog? ¿puedo darle unas palmaditas al perro?

patch [pætʃ] *(plural* patches [pætʃɪz]*)* *(noun & verb)*

■ *noun*

1. el **parche: his jeans had patches on the knees** sus jeans tenían parches en las rodillas
2. la **zona: there were icy patches on the road** había zonas con hielo en la carretera

➤ **to be going through a bad patch** pasar por una mala racha

■ *verb*

ponerle un parche a: she patched the holes in her sweater le puso un parche a los agujeros del suéter.

path [pa:θ] *noun* ■ el **sendero: this path leads to the river** este sendero lleva al río.

pathetic [pəˈθetɪk] *adjective* ■ **malísimo: that's a pathetic excuse** es una excusa malísima.

patience [ˈpeɪʃns] *noun* ■ la **paciencia: she has a lot of patience** tiene mucha paciencia.

patient [ˈpeɪʃnt] *(adjective & noun)*

■ *adjective*

paciente: he's very patient with the children es muy paciente con los niños

■ *noun*

el/la **paciente**.

patiently [ˈpeɪʃntlɪ] *adverb* ■ **pacientemente: he waited patiently for her** la esperó pacientemente.

patriotic [ˌpeɪtrɪˈɒtɪk] *adjective* ■ **patriótico**.

patrol [pəˈtrəʊl] *noun* ■ la **patrulla: the soldiers are on patrol** los soldados andan de patrulla

➤ **a patrol car** un coche patrulla, una patrulla *Mexico*, un patrullero *Peru, Southern Cone*.

pattern [ˈpætən] *noun* ■ el **estampado: I like the pattern on your dress** me gusta el estampado de tu vestido.

pause [pɔ:z] *(noun & verb)*

■ *noun*

la **pausa: there was a slight pause between songs** hubo una breve pausa entre las canciones

■ *verb*

detenerse: I paused before entering the room me detuve antes de entrar al cuarto.

pavement [ˈpeɪvmənt] *noun* ■ el **pavimento: the car skidded on the icy pavement** el coche patinó en el pavimento cubierto de hielo.

paw [pɔ:] *noun* ■ la **pata: the dog scratched himself with his paw** el perro se rascaba con la pata.

pay [peɪ] *(past tense & past participle* paid*) verb* ■ **pagar: I'll pay the bill** pagaré la cuenta; **he's paid by the week** le pagan por semana

➤ **to pay attention** prestar atención: **I wasn't paying attention** no estaba prestando atención

pay back *phrasal verb* ■ **devolver el dinero: I'll pay you back later** te devolveré el dinero después.

pay for *phrasal verb* ■ **pagar: I've already paid for the meal** ya pagué la cena; **he paid 30 dollars for that shirt** pagó treinta dólares por esa camisa.

paycheck [ˈpeɪtʃek] *noun* ■ el **cheque del sueldo**.

payment [ˈpeɪmənt] *noun* ■ el **pago: my car payments are $239 a month** el pago mensual por el coche es de 239 dólares.

pay phone [ˈpeɪfəʊn] *noun* ■ el **teléfono público**.

PC [ˌpi:ˈsi:] *(abbreviation of* personal computer*) noun* ■ la **PC**.

pea [pi:] *noun* ■ la **arveja**, el **chícharo** *Central America, Mexico*.

peace [pi:s] *noun* ■ la **paz** *(plural* las **paces**)**: they made peace** hicieron las paces

➤ **to leave somebody in peace** dejar a alguien en paz

➤ **peace and quiet** paz y tranquilidad: **I came here looking for peace and quiet** vine aquí buscando paz y tranquilidad.

peaceful ['pi:sfʊl] *adjective*
1. **tranquilo: it's a very peaceful town** es un pueblo muy tranquilo
2. **pacífico: we took part in a peaceful demonstration** participamos en una manifestación pacífica
➤ **it's very peaceful in the country** hay mucha tranquilidad en el campo.

peach [pi:tʃ] (*plural* peaches [pi:tʃɪz]) *noun* ■ el **durazno**.

peacock ['pi:kɒk] *noun* ■ el **pavo real**.

peak [pi:k] *noun*
1. la **cumbre: he reached the peak of the mountain** llegó a la cumbre de la montaña
2. el **auge: she died at the peak of her movie career** murió en el auge de su carrera en el cine.

peanut ['pi:nʌt] *noun* ■ el **maní** (*plural* los **maníes**) *Central America, South America*, el **cacahuate** *Mexico*
➤ **peanut butter** mantequilla de maní, mantequilla de cacahuate.

pear [peəʳ] *noun* ■ la **pera**.

pearl [pɜ:l] *noun* ■ la **perla: she wore a pearl necklace** tenía puesto un collar de perlas.

pebble ['pebl] *noun* ■ el **guijarro**.

peculiar [pɪ'kju:ljəʳ] *adjective* ■ **raro: it has a peculiar smell** tiene un olor raro.

pedal ['pedl] (*noun & verb*)
■ *noun*
el **pedal: put your foot on the pedal** pon el pie en el pedal
■ *verb*
pedalear: you have to pedal harder when you go up a hill tienes que pedalear más fuerte cuando vas de subida.

pedestrian [pɪ'destrɪən] *noun* ■ el **peatón** (*plural* los **peatones**): **this street is for pedestrians only** esta calle es sólo para peatones
➤ **a pedestrian area** un área peatonal.

pee [pi:] *verb* ■ *informal* **hacer pipí** *informal*, **hacer del uno** *Mexico, Peru*: **I have to pee!** ¡tengo que hacer pipí!

peek ➤ peep.

peel [pi:l] (*noun & verb*)
■ *noun*
la **cáscara: he ate the orange with the peel on** se comió la naranja con cáscara
➤ **take the peel off before you eat the fruit** pela la fruta antes de comértela
■ *verb*
1. **pelar: he's peeling the potatoes** está pelando las papas
2. **despellejarse: my skin is peeling** me estoy despellejando

peel off *phrasal verb* ■ **despegar: peel the label off** despega la etiqueta.

peep, peek [pi:p, pi:k] (*noun & verb*)
■ *noun*
el **vistazo**
➤ **to take a peep** echar un vistazo: **I took a peep into the kitchen to see how dinner was coming along** eché un vistazo en la cocina para ver cómo iba la cena
■ *verb*
espiar
➤ **no peeping!** ¡no miren!

peg [peg] *noun* ■ el **gancho: put your coat on the peg** pon tu abrigo en el gancho.

pen [pen] *noun* ■ el **bolígrafo,** la **pluma atómica** *Mexico*: **can I borrow a pen?** ¿me prestas un bolígrafo?

penalty ['penltɪ] (*plural* penalties) *noun*
1. la **pena: the death penalty** la pena de muerte
2. *In sports* el **penalty,** el **penal**.

pencil ['pensl] *noun* ■ el **lápiz** (*plural* los **lápices**): **write your name in pencil** escribe tu nombre con lápiz
➤ **a pencil case** un estuche de lápices
➤ **a pencil sharpener** un sacapuntas.

pendant ['pendənt] *noun* ■ el **colgante: she's wearing a pendant** tiene puesto un colgante.

penguin ['peŋgwɪn] *noun* ■ el **pingüino**.

penknife ['pennaɪf] *(plural* penknives [pennaːvz]*) noun* ■ **la navaja**.

penny ['penɪ] *noun* ■ *(plural* **pennies***)* **el centavo: do you have a couple of pennies?** ¿tienes algunos centavos?

pension ['penʃn] *noun* ■ **la pensión** *(plural* **las pensiones***)*: **the company will contribute to your pension** la empresa va a hacer aportes para tu pensión.

Pentagon ['pentəgən] *noun* ■ **the Pentagon** el Pentágono

> THE PENTAGON
>
> El edificio del Pentágono, nombrado así por su forma, y que se encuentra en las afueras de la ciudad de Washington, es la sede de la secretaría de la defensa estadounidense. Muchas veces se habla del Pentágono para referirse al poder militar de los Estados Unidos en general. Parte del Pentágono fue destruida en los ataques terroristas del 11 de septiembre del 2001.

penthouse ['penthaʊs] *noun* ■ **el penthouse**.

people ['piːpl] *plural noun*

1. la **gente**

> **Gente is a singular noun and is used with a verb in the singular:**

they're nice people es gente agradable; **there are a lot of people here** hay mucha gente aquí

2. las **personas: there's enough room for ten people** hay espacio suficiente para diez personas

➤ **people say that...** dicen que ...: **people say that he's mean** dicen que es tacaño

➤ **English people** los ingleses.

pepper ['pepəʳ] *noun*

1. la **pimienta: salt and pepper** sal y pimienta
2. el **pimiento: I'd like green peppers and mushrooms on the pizza** me gusta la pizza con pimientos verdes y champiñones.

peppermint ['pepəmɪnt] *noun* ■ **la menta**.

per [pɜːʳ] *preposition* ■ **por: it costs $10 per person** cuesta $10 por persona.

percent [pɜːʳsent] *adverb* ■ **por ciento: 20 percent of the students are absent today** hoy faltó el 20 por ciento de los alumnos.

perfect ['pɜːfɪkt] *adjective* ■ **perfecto: the weather is perfect** el tiempo está perfecto.

perfectly ['pɜːfɪktlɪ] *adverb* ■ **perfectamente: she speaks Spanish perfectly** habla español perfectamente

➤ **I'm perfectly happy** estoy muy contento.

perform [pə'fɔːm] *verb*

1. **actuar: he's performing in a play** está actuando en una obra de teatro
2. **realizar: a computer can perform several tasks at once** una computadora puede realizar varias tareas a la vez.

performance [pə'fɔːməns] *noun*

1. la **función** *(plural* las **funciones***)*: **the performance lasts two hours** la función dura dos horas
2. la **actuación: the team's performance was excellent** la actuación del equipo fue excelente
3. el **rendimiento: the student's performance has been good** el rendimiento de los alumnos ha sido bueno.

perfume ['pɜːfjuːm] *noun* ■ **el perfume: she's wearing perfume** tiene puesto perfume.

perhaps [pə'hæps] *adverb* ■ **quizás: perhaps you're right** quizás tengas razón

➤ **perhaps not** quizás no.

period ['pɪərɪəd] *noun*

1. el **periodo: a long period of drought** un largo periodo de sequía
2. la **clase: I have history next period** la próxima clase es de historia
3. la **regla: she has her period** está con la regla

4. el **punto: don't forget the period at the end of the sentence** no olviden poner el punto al final de la frase.

perm [pɜːm] *noun* ■ la **permanente,** el **permanente** *Mexico*: **she's going to get a perm** se va a hacer la permanente.

permanent ['pɜːmənənt] *(adjective & noun)*

■ *adjective*
permanente: it's part of the museum's permanent collection es parte de la colección permanente del museo

■ *noun*
la **permanente,** el **permanente** *Mexico*: **I'm getting a permanent** me voy a hacer la permanente.

permission [pə'mɪʃn] *noun* ■ el **permiso: she gave me permission to leave** me dio permiso para irme.

permit *(noun & verb)*

■ *noun*
['pɜːmɪt] el **permiso: his work permit has expired** se le venció el permiso de trabajo

■ *verb*
[pə'mɪt] *(past tense & past participle* **permitted)** **permitir: her parents won't permit her to travel alone** sus padres no le van a permitir viajar sola

➤ **smoking is not permitted** no está permitido fumar.

person ['pɜːsn] *(plural* **people)** *noun* ■ la **persona: there's room for one more person** hay espacio para una persona más; **it's $20 per person** es $20 por persona

➤ **in person** en persona: **she came to see me in person** vino a verme en persona.

personal ['pɜːsənl] *adjective* ■ **personal: it's a personal letter** es una carta personal

➤ **a personal stereo** un walkman.

personality [ˌpɜːsə'nælətɪ] *(plural* **personalities)** *noun* ■ la **personalidad: he has a strong personality** tiene una personalidad fuerte.

persuade [pə'sweɪd] *verb* ■ **convencer: I persuaded him not to go out** lo convencí de que no saliera.

pessimistic [ˌpesɪ'mɪstɪk] *adjective* ■ **pesimista**.

pet [pet] *noun*

1. el **animal doméstico: do you have any pets?** ¿tienes algún animal doméstico?
2. el **preferido,** la **preferida: he's the teacher's pet** es el preferido de la maestra

➤ **a pet store** una tienda de animales.

petal ['petl] *noun* ■ el **pétalo**.

pharmacy ['fɑːməsɪ] *(plural* **pharmacies)** *noun* ■ la **farmacia: the pharmacy is open until 8** la farmacia está abierta hasta las 8.

pheasant ['feznt] *noun* ■ el **faisán** *(plural* los **faisanes)**.

philosopher [fɪ'lɒsəfəʳ] *noun* ■ el **filósofo,** la **filósofa: Plato was a Greek philosopher** Platón fue un filósofo griego.

philosophy [fɪ'lɒsəfɪ] *noun* ■ la **filosofía: she's studying philosophy** estudia filosofía.

phobia ['fəʊbjə] *noun* ■ la **fobia: she has a phobia about spiders** le tiene fobia a las arañas.

phone [fəʊn] *(noun & verb)*

■ *noun*
el **teléfono: where's the phone?** ¿dónde está el teléfono?

➤ **to be on the phone** estar hablando por teléfono: **Fred's on the phone** Fred está hablando por teléfono

➤ **the phone book** la guía telefónica, el directorio telefónico *Latin America except Southern Cone*: **look up the number in the phone book** busca el número en la guía telefónica

➤ **a phone booth** una cabina telefónica

➤ **a phone call** una llamada telefónica

➤ **a phone number** un número de teléfono: **what's your phone number?** ¿cuál es tu número de teléfono?

■ *verb*
llamar por teléfono: I have to phone my parents tengo que llamar por teléfono a mis papás

phone back *phrasal verb* ■ **volver a llamar: I'll phone back tonight** te vuelvo a llamar esta noche.

phony, phoney ['fəʊnɪ] *adjective* ■ **falso: she gave a phoney name** dio un nombre falso.

photo ['fəʊtəʊ] *noun* ■ la **foto: he took a photo** sacó una foto
➤ **to take a photo** sacarle una foto: **he took a photo of me** me sacó una foto.

photocopy ['fəʊtəʊ,kɒpɪ] *(noun & verb)*
■ *noun*
la **fotocopia: I'll make a photocopy of the article** voy a hacer una fotocopia del artículo
■ *verb*
(past tense & past participle **photocopied***)* **fotocopiar: I photocopied the letter** fotocopié la carta.

photograph ['fəʊtəgra:f] *noun* ■ la **fotografía: she was taking photographs** estaba sacando fotografías
➤ **to take a photograph** sacarle una fotografía: **he took a photograph of the bridge** le sacó una fotografía al puente.

photographer [fə'tɒgrəfəʳ] *noun* ■ el **fotógrafo,** la **fotógrafa: she's a photographer** es fotógrafa.

photography [fə'tɒgrəfɪ] *noun* ■ la **fotografía**.

phrase [freɪz] *noun* ■ la **frase**
➤ **a phrase book** una guía de bolsillo para el viajero.

physical ['fɪzɪkl] *adjective* ■ **físico: he does a lot of physical exercise** hace mucho ejercicio físico
➤ **physical education** educación física.

physician [fɪ'zɪʃn] *noun* ■ el **médico,** la **médica: he's a physician** es médico.

physics ['fɪzɪks] *uncountable noun* ■ la **física: physics is my favorite subject** mi materia favorita es física.

pianist ['pɪənɪst] *noun* ■ el/la **pianista: Mary's a pianist** María es pianista.

piano [pɪ'ænəʊ] *noun* ■ el **piano: Pete plays the piano** Pete toca el piano.

pick [pɪk] *(noun & verb)*
■ *noun*
➤ **go ahead, take your pick!** ¡vamos, adelante, elige la que quieras!
➤ **an ice pick** un punzón para el hielo
■ *verb*
1. **elegir: I picked the green shirt** elegí la camisa verde
2. **recoger: we went to pick apples** fuimos a recoger manzanas
3. **cortar: she's picking flowers** está cortando flores
➤ **to pick a fight** buscar camorra
➤ **to pick one's nose** meterse los dedos en la nariz

pick on *phrasal verb* ■ **meterse con: they're always picking on him in school** siempre se están metiendo con él en la escuela.

pick up *phrasal verb*
1. **recoger: he bent down and picked up the coin** se agachó y recogió la moneda; **I'll pick you up at the station** te recogeré en la estación
2. **aprender: she picked up a bit of Italian** aprendió un poco de italiano.

pickpocket ['pɪk,pɒkɪt] *noun* ■ el/la **carterista: beware of pickpockets** ten cuidado con los carteristas.

picnic ['pɪknɪk] *noun* ■ el **picnic** *(plural* los **picnics***)*: **we're going on a picnic** nos vamos de picnic
➤ **to have a picnic** tener un picnic.

picture ['pɪktʃəʳ] *noun*
1. el **cuadro: she's drawing a picture** está haciendo un cuadro
2. la **ilustración** *(plural* las **ilustraciones***)*: **are there any pictures in this book?** ¿hay ilustraciones en este libro?
3. la **foto: I took a picture of him** le saqué una foto.

pie [paɪ] *noun* ■ la **tarta,** el **pay: I baked an apple pie** hice una tarta de manzana.

piece [piːs] *noun*
1. el **pedazo: a piece of bread** un pedazo de pan; **it fell to pieces** se hizo pedazos
2. la **pieza: I lost a piece of the jigsaw puzzle** perdí una pieza del rompecabezas
➤ **to take something to pieces** desarmar algo
➤ **a piece of furniture** un mueble
➤ **a piece of advice** un consejo.

pierced [pɪəst] *adjective* ■ **perforado: she has pierced ears** tiene las orejas perforadas.

pig [pɪg] *noun*
1. el **cerdo,** el **chancho** *Andes, River Plate*: **they keep pigs on the farm** crían cerdos en la granja
2. el **glotón** *(plural* los **glotones**), la **glotona: you greedy pig!** ¡mira que eres glotón!

pigeon ['pɪdʒɪn] *noun* ■ la **paloma**.

piggyback ['pɪgɪbæk] *adjective*
➤ **to give someone a piggyback ride** llevar a alguien a caballo: **he gave me a piggyback ride** me llevó a caballo.

piggybank ['pɪgɪbæŋk] *noun* ■ la **alcancía,** el **chanchito** *Andes, River Plate,* el **cochinito** *Mexico, Venezuela*.

pigtail ['pɪgteɪl] *noun* ■ la **coleta: she wears her hair in pigtails** usa coletas.

pile [paɪl] *(noun & verb)*
■ *noun*
el **montón** *(plural* los **montones**): **she left her clothes in a pile on the floor** dejó su ropa en un montón en el suelo; **there was a pile of books on his desk** había un montón de libros en su escritorio
■ *verb*
apilar: he neatly piled his clothes on the bed apiló cuidadosamente la ropa sobre la cama

pile into *phrasal verb* ■ **meterse: we all piled into the van** todos nos metimos en la furgoneta.

pile up *phrasal verb* ■ **amontonarse: the dirty plates are piling up in the sink** los platos sucios se están amontonando en el fregadero.

pill [pɪl] *noun* ■ la **píldora: he swallowed the pill** tragó la píldora.

pillar ['pɪləʳ] *noun* ■ el **pilar: tall marble pillars held up the roof** grandes pilares de mármol sostenían el techo.

pillow ['pɪləʊ] *noun* ■ la **almohada**.

pillowcase ['pɪləʊkeɪs] *noun* ■ la **funda**.

pilot ['paɪlət] *noun* ■ el/la **piloto: Ted's father is a pilot** el papá de Ted es piloto.

pimple ['pɪmpəl] *noun* ■ el **grano: oh, no! there's a pimple on my nose!** ¡ay, no! ¡tengo un grano en la nariz!

pin [pɪn] *(noun & verb)*
■ *noun*
el **alfiler: she pricked her finger with a pin** se pinchó el dedo con una alfiler
■ *verb*
prender: he had a rose pinned in his buttonhole tenía una rosa prendida en el ojal
➤ **she pinned a sign on the bulletin board** puso un letrero en el tablero de anuncios.

PIN [pɪn] *(abbreviation of* personal identification number) *noun* ■ el **número de identificación personal**.

pinch [pɪntʃ] *verb* ■ **pellizcar: she pinched me on the arm** me pellizcó el brazo.

pine [paɪn] *noun* ■ el **pino**
➤ **a pine tree** un pino.

pineapple ['paɪnæpl] *noun* ■ la **piña,** el **ananá** *River Plate*.

pink [pɪŋk] *adjective* ■ **rosa: she's wearing a pink skirt** tiene puesta una falda rosa
➤ **bright pink** rosa brillante.

pint [paɪnt] *noun* ■ la **pinta: there are 2 pints in a quart** hay dos pintas en una cuarto de galón.

pipe [paɪp] *noun*
1. la **cañería: the pipes are frozen** las cañerías están congeladas
2. la **pipa: he smokes a pipe** fuma pipa.

pirate ['paɪrət] *noun* ■ el/la **pirata**.

pistol ['pɪstl] *noun* ■ la **pistola**.

pitch [pɪtʃ] *(plural* pitches*) (noun & verb)*
■ *noun*
el **lanzamiento: the mayor will throw the first pitch** el alcarde va a hacer el primer lanzamiento
■ *verb*
lanzar, pichear: he pitched the ball to the catcher le lanzó la pelota al receptor.

pitcher ['pɪtʃəʳ] *noun*
1. la **jarra: I made a pitcher of tea** hice una jarra de té
2. el **lanzador,** la **lanzadora,** el/la **pitcher** *(plural* los/las **pitchers**): **the Mets have a new pitcher** los Mets tienen un nuevo lanzador.

pity ['pɪtɪ] *(noun & verb)*
■ *noun*
1. la **compasión: she did it out of pity** lo hizo por compasión
2. la **lástima: what a pity!** ¡qué lástima!; **it's a pity you didn't see it** es una lástima que no lo hayas visto

Use a verb in the subjunctive after **lástima que.**

➤ **she took pity on them** se compadeció de ellos
■ *verb*
compadecer: I pity him lo compadezco.

pizza ['pi:tsə] *noun* ■ la **pizza**
➤ **a pizza parlor** una pizzería.

place [pleɪs] *(noun & verb)*
■ *noun*
el **lugar: can you save me a place?** ¿podrías guardarme el lugar?; **what is your place of birth?** ¿cuál es su lugar de nacimiento?; **a parking place** un lugar para estacionar
➤ **my place** mi casa
➤ **to change places** cambiar de lugar: **can I change places with you?** ¿puedo cambiar de lugar con usted?
➤ **to take place** tener lugar: **when did the game take place?** ¿cuándo tuvo lugar el juego?
➤ **all over the place** por todas partes: **he spilled milk all over the place** derramó leche por todas partes
■ *verb*
poner: place your hands on the table pon las manos sobre la mesa.

plain [pleɪn] *(adjective & noun)*
■ *adjective*
1. **sencillo: he's wearing a plain blue tie** tiene puesta una sencilla corbata azul; **he likes his food plain** le gusta la comida sencilla
2. **liso: a plain blue blouse** una blusa azul lisa
3. **claro: it's plain that he's lying** es claro que está mintiendo
4. **poco agraciado: she's rather plain** es bastante poco agraciada
➤ **plain yogurt** yogurt natural
■ *noun*
la **llanura: the battle took place on the plain** la batalla tuvo lugar en la llanura.

plan [plæn] *(noun & verb)*
■ *noun*
1. el **plan: what are your plans for the future?** ¿qué planes tienes para el futuro?
2. el **plano: she drew a plan of the house** dibujó un plano de la casa
➤ **to go according to plan** salir según lo previsto: **everything went according to plan** todo salió según lo planeado
■ *verb*
planear: they're planning a surprise party están planeando una fiesta sorpresa
➤ **to plan to do something** tener planeado hacer algo: **I'm planning to go to Europe** tengo planeado ir a Europa.

plane [pleɪn] *noun* ■ el **avión** *(plural* los **aviones**): **John has his own plane** John tiene su propio avión.

planet ['plænɪt] *noun* ■ el **planeta**.

plant [pla:nt] *(noun & verb)*
■ *noun*
la **planta: I forgot to water the plants** olvidé regar las plantas
■ *verb*
plantar: we are going to plant an apple tree vamos a plantar un manzano.

plaster ['pla:stəʳ] *noun* ■ el **yeso**
➤ **his arm is in a plaster cast** tiene el brazo enyesado.

plastic ['plæstɪk] *(adjective & noun)*

■ *adjective*
de plástico: a plastic bag una bolsa de plástico

■ *noun*
el plástico: it's made out of plastic es de plástico.

plate [pleɪt] *noun* ■ **el plato: the plates are in the cabinet** los platos están en el armario.

platform ['plætfɔ:m] *noun*
1. **el andén** (*plural* **los andenes**)**: the passengers are waiting on platform 2** los pasajeros esperan en el andén 2
2. **la tarima: there was a platform for the band** había una tarima para la banda.

play [pleɪ] *(noun & verb)*

■ *noun*
1. **la obra de teatro: she's acting in the school play** actúa en la obra de teatro de la escuela
2. **la jugada: that was a great play by the quarterback** fue una gran jugada del corebac

■ *verb*
1. **jugar: they're playing in the park** están jugando en el parque; **do you want to play chess?** ¿quieres jugar ajedrez?
2. **tocar: can you play the guitar?** ¿tocas la guitarra?
3. **poner: let's play a CD** pongamos un CD

➤ **to play a part in something** desempeñar un papel en algo: **she played an important part in the negotiations** desempeñó un papel importante en las negociaciones.

player ['pleɪəʳ] *noun* ■ **el jugador, la jugadora: he's a football player** es jugador de futbol americano

➤ **a piano player** un pianista.

playful ['pleɪfʊl] *adjective* ■ **juguetón** (*feminine* **juguetona**)**: the kitten is very playful** el gatito es muy juguetón.

playground ['pleɪgraʊnd] *noun* ■ **el área de juegos**

> Feminine noun that takes **un** or **el** in the singular.

we went to the playground in the park fuimos al área de juegos del parque.

plead [pli:d] *(past tense* **pleaded** o **pled***) verb* ■ **suplicar: I pleaded with him not to go** le supliqué que no fuera

➤ **to plead guilty/not guilty** declararse culpable/inocente: **the prisoner pled guilty to murder** el preso se declaró culpable del asesinato.

pleasant ['pleznt] *adjective* ■ **agradable: we spent a pleasant day at the beach** pasamos un día agradable en la playa.

please [pli:z] *(adverb & verb)*

■ *adverb*
por favor: can you tell me the time, please? ¿puede decirme la hora, por favor?; **please, tell me!** ¡por favor, dímelo!

■ *verb*
complacer: you can't please all the people all the time no puedes complacer a todo el mundo todo el tiempo.

pleased [pli:zd] *adjective* ■ **contento: she's not very pleased** no está muy contenta

➤ **pleased to meet you!** ¡encantado de conocerlo!

pleasure ['pleʒəʳ] *noun* ■ **el placer: she knits for pleasure** teje por placer

➤ **my pleasure!** ¡no hay de qué!: **thank you for your help — my pleasure!** gracias por la ayuda - ¡no hay de qué!

plenty ['plentɪ] *pronoun* ■ **de sobra: we have plenty of time** hay tiempo de sobra

➤ **there's plenty to eat** hay mucha comida

➤ **that's plenty** es suficiente.

pliers ['plaɪərz] *noun* ■ **los alicates: use the pliers to bend the end of the wire** usa los alicates para doblar la punta del alambre.

plot [plɒt] *(noun & verb)*

■ *noun*
1. **la conspiración** (*plural* **las conspiraciones**)**: the plot to kill the president failed** fracasó la conspiración para matar al presidente
2. **el argumento: the film has a complicated plot** la película tiene un argumento complejo

■ *verb*
conspirar: they're plotting against the king están conspirando contra el rey.

plow [plaʊ] *(noun & verb)*

■ *noun*
el **arado**

■ *verb*
arar.

plug [plʌg] *noun*

1. el **enchufe: put the plug back in the socket** mete el enchufe en la toma de corriente
2. el **tapón** *(plural* los **tapones***)*: **I pulled the plug out of the sink** le saqué el tapón al fregadero

plug in *phrasal verb* ■ *(past tense & past participle* **plugged in***)* **enchufar: she plugged the television in** enchufó la televisión.

plum [plʌm] *noun* ■ la **ciruela**.

plumber ['plʌməʳ] *noun* ■ el **plomero,** la **plomera,** el **fontanero** *Central America,* la **fontanera** *Central America,* el/la **gásfiter** *Chile*: **he's a plumber** es plomero.

plural ['plʊərəl] *noun* ■ el **plural: in the plural** en el plural.

plus [plʌs] *preposition* ■ **más: 10 plus 5 equals 15** 10 más 5 es igual a 15

➤ **a plus sign** el signo de más.

p.m. [ˌpiː'em] *adverb*

➤ **at 3 p.m.** a las 3 de la tarde
➤ **at 8 p.m.** a las 8 de la noche.

pocket ['pɒkɪt] *noun* ■ el **bolsillo,** la **bolsa** *Mexico*: **she had her hands in her pockets** tenían las manos en los bolsillos.

poem ['pəʊɪm] *noun* ■ el **poema**.

poet ['pəʊɪt] *noun* ■ el **poeta,** la **poetisa**.

poetry ['pəʊɪtrɪ] *noun* ■ la **poesía: do you like poetry?** ¿te gusta la poesía?

point [pɔɪnt] *(noun & verb)*

■ *noun*

1. la **punta: she found a stick with a sharp point** encontró un palo con una punta afilada
2. el **punto: the point where the river divides** el punto donde el río se divide; **a meeting point** un punto de encuentro; **you get two points for each correct answer** obtienes dos puntos por cada respuesta correcta
3. el **momento: at that point, the police arrived** en ese momento, llegó la policía
4. el **sentido: what's the point of the game?** ¿qué sentido tiene este juego?; **I don't see the point of going** no veo qué sentido tiene ir

➤ **what's the point?** ¿para qué?
➤ **two point seven** dos coma siete
➤ **point of view** punto de vista: **what's your point of view?** ¿cuál es tu punto de vista?
➤ **to have a point** tener un poco de razón: **you have a good point there** tienes un poco de razón en lo que dices
➤ **to make a point of doing something** asegurarse de hacer algo: **I made a point of saying hello to her** me aseguré de saludarla
➤ **to get to the point** ir al grano
➤ **to miss the point** no entender

■ *verb*
señalar con el dedo: she pointed at the tower señaló la torre con el dedo

➤ **he pointed the gun at the guard** apuntó al guardia con el arma

point out *phrasal verb* ■ **señalar: he pointed out the opera house to me** me señaló el teatro de ópera; **he pointed out that no one had paid** señaló que nadie había pagado.

pointed ['pɔɪntɪd] *adjective* ■ **puntiagudo: he's wearing pointed shoes** tiene puestos unos zapatos puntiagudos.

pointless ['pɔɪntlɪs] *adjective* ■ **inútil: it's pointless to try again** es inútil intentarlo de nuevo.

poison ['pɔɪzn] *(noun & verb)*

■ *noun*
el **veneno: arsenic is a poison** el arsénico es un veneno

■ *verb*
envenenar: she poisoned her husband envenenó a su marido.

poisonous ['pɔɪznəs] *adjective* ■ **venenoso: these mushrooms are poisonous** estos hongos son venenosos.

poke [pəʊk] *verb*

➤ **she poked me in the ribs** me dio un codazo en las costillas

➤ **she poked me in the eye** me metió un dedo en el ojo.

polar bear [ˈpəʊləʳbeəʳ] *noun* ■ el **oso polar**.

pole [pəʊl] *noun* ■ el **palo: he stuck a pole in the ground** clavó un palo en el suelo
➤ **the pole vault** el salto con garrocha
➤ **the North Pole** el Polo Norte
➤ **the South Pole** el Polo Sur.

police [pəˈliːs] *plural noun* ■ la **policía: the police are on their way** la policía está en camino
➤ **a police car** un coche patrulla, una patrulla *Mexico,* un patrullero *Peru, Southern Cone*
➤ **a police officer** un policía
➤ **the police station** la comisaría.

policeman [pəˈliːsmən] (*plural* policemen [pəˈliːsmən]) *noun* ■ el **policía: he's a policeman** es policía.

policewoman [pəˈliːsˌwʊmən] (*plural* policewomen [pəˈliːsˌwɪmɪn]) *noun* ■ la **policía: she's a policewoman** es policía.

polish [ˈpɒlɪʃ] (*noun & verb*)

■ *noun*
la **cera**
➤ **nail polish** esmalte de uñas
➤ **shoe polish** betún, grasa para los zapatos *Mexico*

■ *verb*
lustrar, bolear *Mexico*: **he's polishing his shoes** se está lustrando los zapatos.

polite [pəˈlaɪt] *adjective* ■ **educado: he's very polite** es muy educado.

political [pəˈlɪtɪkl] *adjective* ■ **político**

> POLITICAL PARTIES
>
> En los Estados Unidos existen básicamente sólo dos partidos políticos: el partido demócrata y el partido republicano. Los demócratas tienen tendencias más liberales, mientras que los republicanos son más bien conservadores.

politician [ˌpɒlɪˈtɪʃn] *noun* ■ el **político,** la **política: he's a politician** es político.

politics [ˈpɒlətɪks] *noun* ■ la **política: she's interested in politics** le interesa la política.

poll [pəʊl] *noun* ■ la **encuesta**
➤ **an opinion poll** una encuesta de opinión.

pollen [ˈpɒlən] *noun* ■ el **polen**.

pollute [pəˈluːt] *verb* ■ **contaminar: they fine any factories that pollute the river** multan a las industrias que contaminan el río.

pollution [pəˈluːʃn] *uncountable noun* ■ la **contaminación: pollution is a serious problem in the city** la contaminación es un problema serio en la ciudad
➤ **air pollution** contaminación del aire.

pond [pɒnd] *noun* ■ el **estanque**.

pony [ˈpəʊnɪ] (*plural* ponies) *noun* ■ el **poni**.

ponytail [ˈpəʊnɪteɪl] *noun* ■ la **cola de caballo: she put her hair in a ponytail** se hizo una cola de caballo.

poodle [ˈpuːdl] *noun* ■ el/la **caniche,** el/la **poodle** *Chile, Mexico*.

pool [puːl] *noun*
1. la **piscina,** la **alberca** *Mexico,* la **pileta** *River Plate*: **he's swimming in the pool** está nadando en la piscina
2. el **charco: a pool of water formed under the leak** se formó un charco debajo de la gotera
3. el **pool: they're playing pool** están jugando pool.

poor [pɔːʳ] *adjective*
1. **pobre: they are very poor** son muy pobres; **poor thing! I hope she'll be all right** ¡pobre! espero que esté bien
2. **malo: that's a poor excuse** ésa es una mala excusa

> **Malo** becomes **mal** before a masculine singular noun:

the weather has been poor ha hecho mal tiempo.

pop [pɒp] *(adjective, noun & verb)*

■ *adjective*

pop: she used to be in a pop group solía estar en un grupo de música pop

■ *noun*

la **música pop: she likes listening to pop** le gusta escuchar música pop

➤ **the balloon made a loud pop** el globo hizo ¡pum!

■ *verb*

(past tense & past participle **popped***)* **reventar: he popped the balloon** reventó el globo

pop by *phrasal verb* ■ **Annie popped by last night** Annie pasó por casa anoche.

pop in *phrasal verb* ■ **pasar un momento: I'll pop in and see you** voy a pasar un momento a verte.

popcorn ['pɒpkɔːn] *uncountable noun* ■ las **palomitas de maíz,** el **pochoclo** *Argentina,* las **cabritas** *Chile.*

pope [pəʊp] *noun*

➤ **the Pope** el Papa.

poppy ['pɒpɪ] *(plural* poppies*)* *noun* ■ la **amapola**.

popular ['pɒpjʊləʳ] *adjective* ■ **popular: he's a very popular singer** es un cantante muy popular

➤ **Janet's very popular** Janet le cae bien a todo el mundo.

population [ˌpɒpjʊ'leɪʃn] *noun* ■ la **población** *(plural* las **poblaciones***)*: **what is the population of Uruguay?** ¿cuál es la población de Uruguay?

porch [pɔːtʃ] *noun* ■ el **porche: let's sit outside on the porch** sentémonos afuera en el porche.

pork [pɔːk] *noun* ■ el **cerdo,** el **puerco** *Mexico,* el **chancho** *Peru, Southern Cone,* el **cochino** *Venezuela*: **we're having pork chops tonight** hoy vamos a cenar chuletas de cerdo.

port [pɔːt] *noun*

1. el **puerto: New York is a port** Nueva York es un puerto
2. el **oporto: a glass of port** una copa de oporto.

portable ['pɔːtəbl] *adjective* ■ **portátil: a portable TV** un televisor portátil.

porter ['pɔːtəʳ] *noun* ■ el **maletero: the porter took our luggage** el maletero nos llevó el equipaje.

portion ['pɔːʃn] *noun* ■ la **porción** *(plural* las **porciones***)*: **they serve large portions at this restaurant** sirven porciones abundantes en este restaurante.

portrait ['pɔːtreɪt] *noun* ■ el **retrato: he painted a portrait of his father** pintó un retrato de su padre.

position [pə'zɪʃn] *noun*

1. la **posición** *(plural* las **posiciones***)*: **he changed position** cambió de posición; **what position does Kidd play?** ¿en qué posición juega Kidd?
2. la **situación** *(plural* las **situaciones***)*: **I'm in a difficult position** estoy en una situación difícil

➤ **to be in position** estar en posición

➤ **to get into position** ponerse en posición.

positive ['pɒzətɪv] *adjective*

1. **positivo: he has a positive attitude** tiene una actitud positiva
2. **seguro: I'm positive about it** estoy seguro de eso.

possession [pə'zeʃnz] *noun*

➤ **she took all her possessions with her** se llevó todas sus pertenencias.

possibility [ˌpɒsə'bɪlətɪ] *(plural* possibilities*)* *noun* ■ la **posibilidad: that's a possibility** ésa es una posibilidad.

possible ['pɒsəbl] *adjective* ■ **posible: is it possible to change the tickets?** ¿es posible cambiar los boletos?

➤ **as soon as possible** lo antes posible: **come and see me as soon as possible** ven a verme lo antes posible.

possibly ['pɒsəblɪ] *adverb* ■ **posiblemente: will you finish today? — possibly** ¿vas a terminar hoy? - posiblemente

➤ **I can't possibly accept your money** me es imposible aceptar tu dinero.

post [pəʊst] *(noun & verb)*

■ *noun*
el **poste: the net is fixed between two posts** la red está atada a dos postes
■ *verb*
fijar: he posted a sign on the door fijó un letrero en la puerta.

postcard ['pəʊstkaːd] *noun* ■ la **postal: I got a postcard from my friend** recibí una postal de mi amigo.

poster ['pəʊstəʳ] *noun* ■ el **póster** *(plural* los **pósters***)*: **they put up posters advertising the concert** pusieron pósters anunciando el concierto.

postpone [ˌpəʊst'pəʊn] *verb* ■ **posponer: the meeting has been postponed** pospusieron la reunión.

potato [pə'teɪtəʊ] *(plural* **potatoes***)* *noun* ■ la **papa**
➤ **potato chips** las papas fritas.

pottery ['pɒtərɪ] *noun* ■ la **cerámica: I'm taking a pottery class this semester** estoy tomando clases de cerámica este semestre; **she had a collection of colorful pottery** tenía una colección de cerámica de muchos colores.

poultry ['pəʊltrɪ] *noun* ■ las **aves de corral**.

pound [paʊnd] *noun* ■ *(abbreviation* **lb.***)* la **libra: it weighs about two pounds** pesa alrededor de dos libras.

pour [pɔːʳ] *verb*
1. **echar: she poured the water into the glass** echó el agua en el vaso
2. **llover a cántaros: it poured all day and all night** llovió a cántaros todo el día y toda la noche.

poverty ['pɒvətɪ] *noun* ■ la **pobreza**.

powder ['paʊdəʳ] *noun* ■ el **polvo**
➤ **baby powder** el talco de bebé.

power ['paʊəʳ] *noun*
1. el **poder: a new party is in power** un nuevo partido ocupa el poder; **they took power by force** tomaron el poder por la fuerza
2. la **fuerza: the power of the explosion knocked him off his feet** la fuerza de la explosión lo tiró al suelo
3. la **electricidad: there was a power cut** hubo un corte de electricidad
➤ **nuclear power** la energía nuclear
➤ **a power plant** una central eléctrica.

powerful ['paʊəfʊl] *adjective*
1. **poderoso: a powerful nation** una nación poderosa
2. **potente: it's a very powerful computer** es una computadora muy potente.

practical ['præktɪkl] *adjective* ■ **práctico: she's very practical** es muy práctica
➤ **a practical joke** una broma: **he played a practical joke on his teacher** le hizo una broma a la profesora.

practice ['præktɪs] *(noun & verb)*

■ *noun*
1. la **práctica: she needs practice** le falta práctica
2. el **entrenamiento: I've got football practice tonight** tengo entrenamiento de fútbol esta noche
3. el **bufete: she joined our practice after law school** pasó a ser parte de nuestro bufete después de recibirse de abogada
➤ **out of practice** fuera de práctica: **she's out of practice** está fuera de práctica
■ *verb*
1. **practicar: she needs to practice more** necesita practicar más
2. **entrenar: the team practices every Saturday** el equipo entrena todos los sábados.

praise [preɪz] *(noun & verb)*

■ *noun*
el **elogio: you deserve all this praise** te mereces todos estos elogios
■ *verb*
elogiar: they praised us for our hard work nos elogiaron por nuestro duro trabajo.

pray [preɪ] *verb* ■ **rezar: they prayed to God** le rezaron a Dios.

prayer [preəʳ] *noun* ■ la **oración** *(plural* las **oraciones***)*: **she was saying her prayers** estaba rezando sus oraciones.

precaution [prɪ'kɔːʃn] *noun* ■ la **precaución** *(plural* las **precauciones***)*: **we must take precautions** tenemos que tomar precauciones

precious ['preʃəs] *adjective*
1. **valioso: water is a precious resource** el agua es un recurso valioso
2. **querido: my children are very precious to me** mis hijos son lo más querido para mí

➤ **a precious stone** una piedra preciosa.

precise [prɪ'saɪs] *adjective* ■ **preciso: can you be more precise in describing the mugger?** ¿puedes ser más preciso al describir al atracador?

precisely [prɪ'saɪslɪ] *adverb* ■ **exactamente: tell us precisely what happened** cuéntanos exactamente lo que sucedió.

predict [prɪ'dɪkt] *verb* ■ **predecir: we can't predict the future** no podemos predecir el futuro.

prefer [prɪ'fɜːʳ] *verb* ■ **preferir: which one do you prefer?** ¿cuál prefieres?; **she prefers chicken to fish** prefiere el pollo al pescado.

pregnant ['pregnənt] *adjective* ■ **embarazada: she's seven months pregnant** está embarazada de siete meses.

prehistoric [ˌpriːhɪ'stɒrɪk] *adjective* ■ **prehistórico: prehistoric animals** animales prehistóricos.

prejudice ['predʒʊdɪs] *noun* ■ el **prejuicio: he has a prejudice against women** tiene prejuicios contra las mujeres.

prejudiced ['predʒʊdɪst] *adjective*

➤ **to be prejudiced against somebody** tener prejuicios contra alguien: **he was prejudiced against foreigners** tenía prejuicios contra los extranjeros.

preparation [ˌprepə'reɪʃn] *noun* ■ la **preparación** *(plural* las **preparaciones***)*: **it takes a lot of preparation to get to that level** necesitas mucha preparación para llegar a ese nivel

➤ **to make preparations for something** hacer preparativos para algo: **they're making preparations for their trip** están haciendo preparativos para el viaje.

prepare [prɪ'peəʳ] *verb* ■ **preparar: she's preparing dinner** está preparando la cena; **she's preparing for her exam** se está preparando para el examen.

prepared [prɪ'peəd] *adjective* ■ **dispuesto: are you prepared to do it?** ¿estás dispuesto a hacerlo?; **Harry was prepared for anything** Harry estaba dispuesto a todo.

preposition [ˌprepə'zɪʃn] *noun* ■ la **preposición** *(plural* las **preposiciones***)*.

prescription [prɪ'skrɪpʃn] *noun* ■ la **receta: the doctor gave me a prescription for the pills** el médico me dio una receta para las pastillas

➤ **by prescription** con receta médica: **this medicine is only available by prescription** este medicamento sólo lo venden con receta médica.

present *(adjective, noun & verb)*

■ *adjective*
['preznt]
1. **actual: in the present circumstances** en las circunstancias actuales
2. **presente: I was present at the meeting** estaba presente en la reunión

➤ **the present tense** el tiempo presente: **put the verb in the present tense** pon el verbo en el tiempo presente

■ *noun*
['preznt]
1. el **regalo: he gave me a birthday present** me dio un regalo de cumpleaños
2. el **presente: I try to enjoy the present** trato de disfrutar el presente

➤ **at present** en este momento: **that color is not available at present** este color no está disponible en este momento

■ *verb*
[prɪ'zent]

➤ **to present someone with something** entregarle algo a alguien: **they presented her with a medal** le entregaron una medalla.

president ['prezɪdənt] *noun* ■ **el presidente,** la **presidenta: he's the president of the United States** es el presidente de los Estados Unidos

PRESIDENT'S DAY

President's Day, que se festeja el tercer lunes de febrero, es la fecha en que se conmemoran los cumpleaños de dos de los presidentes estadounidenses más destacados, George Washington y Abraham Lincoln. Dado que ambos hombres nacieron en el mes de febrero, se designó un día para celebrarlos a los dos.

press [pres] *(noun & verb)*

■ *noun*
la **prensa: the press followed her every move** la prensa le seguía todos sus movimientos

■ *verb*
apretar: you have to press the button tienes que apretar el botón; **the potter pressed down on the clay** el ceramista apretaba la arcilla.

pressure ['preʃə^{r}] *noun* ■ la **presión** *(plural* las **presiones***)*: **she's under pressure** está bajo presión

➤ **to put pressure on somebody** presionar a alguien.

presume [prɪ'zjuːm] *verb* ■ **suponer: I presume you're right** supongo que tienes razón.

pretend [prɪ'tend] *verb* ■ **fingir: I was just pretending** sólo estaba fingiendo; **he pretended to be surprised** fingió estar sorprendido

La palabra inglesa **pretend** es un falso amigo, no significa "pretender".

pretty ['prɪtɪ] *(adjective & adverb)*

■ *adjective*
bonito: what a pretty dress! ¡qué vestido más bonito!

■ *adverb*
bastante: the book was pretty good el libro era bastante bueno.

prevent [prɪ'vent] *verb* ■ **impedir**

➤ **to prevent someone from doing something** impedir que alguien haga algo: **she tried to prevent me from coming in** trató de impedir que entrara

The verb following **impedir que** must be in the subjunctive.

previous ['priːvjəs] *adjective* ■ **anterior: it happened the previous Tuesday** pasó el martes anterior.

prey [preɪ] *noun* ■ la **presa**

➤ **a bird of prey** un ave rapaz.

price [praɪs] *noun* ■ el **precio: what price did you pay?** ¿qué precio pagaste?

➤ **a price tag** una etiqueta de precio.

prick [prɪk] *verb* ■ **pincharse: she pricked her finger** se pinchó el dedo.

prickly ['prɪklɪ] *adjective* ■ **espinoso: this cactus is prickly** éste es un cactus espinoso.

pride [praɪd] *uncountable noun* ■ el **orgullo: she looked at her daughter with pride** miró a su hija con orgullo; **it hurt his pride** hirió su orgullo.

priest [priːst] *noun* ■ el **sacerdote: he's a priest** es sacerdote.

prime minister [praɪm'mɪnɪstə^{r}] *noun* ■ el **primer ministro,** la **primera ministra**.

prince [prɪns] *noun* ■ el **príncipe**.

princess [prɪn'ses] *noun* ■ la **princesa**.

principal ['prɪnsəpl] *(adjective & noun)*

■ *adjective*
principal: that's the principal reason ésa es la razón principal

■ *noun*
el **director: the teacher sent him to the principal's office** la profesora lo mandó a la oficina del director.

principle ['prɪnsəpl] *noun* ■ el **principio: lying goes against all my principles** mentir va contra todos mis principios.

print [prɪnt] *(noun & verb)*

■ *noun*

1. la **letra: the sign was written in large print** el letrero estaba escrito con letra grande
2. la **copia: I want to make a print from the negative** quiero sacar una copia del negativo
3. la **huella: the police took his prints** la policía le tomó las huellas

■ *verb*

1. **imprimir: I printed the letter** imprimí la carta
2. **escribir con letra de imprenta: print your name** escriba su nombre con letra de imprenta.

printer ['prɪntəʳ] *noun* ■ la **impresora: turn the printer on** enciende la impresora.

prison ['prɪzn] *noun* ■ la **cárcel: he's in prison** está en la cárcel

➤ **they sent him to prison** lo encarcelaron.

prisoner ['prɪznəʳ] *noun* ■ el **prisionero: he was taken prisoner** lo hicieron prisionero

➤ **a prisoner of war** un prisionero de guerra.

private ['praɪvɪt] *(adjective & noun)*

■ *adjective*

privado: he doesn't talk much about his private life no habla mucho sobre su vida privada; **he flew in on his private jet** voló en su avión privado; **can we discuss this somewhere more private?** ¿podemos discutir esto en algún lugar más privado?

➤ **a private detective** un detective privado

➤ **private property** propiedad privada

➤ **a private school** un colegio privado

■ *noun*

el **soldado: Private Jones** el soldado Jones

➤ **in private** en privado: **I need to talk to you in private** tengo que hablarte en privado.

privately ['praɪvɪtlɪ] *adverb* ■ **en privado: she told me privately** me lo contó en privado.

privilege ['prɪvɪlɪdʒ] *noun* ■ el **privilegio: sitting with the dean is a real privilege** sentarse con el decano es un verdadero privilegio.

prize [praɪz] *noun* ■ el **premio: she won first prize** ganó el primer premio.

probably ['prɒbəblɪ] *adverb* ■ **probablemente: he'll probably come tonight** probablemente venga esta noche; **are you going? — probably not** ¿vas a ir? — probablemente no.

problem ['prɒbləm] *noun* ■ el **problema: what's the problem?** ¿algún problema?; **the roadwork on I-10 is likely to cause problems** es probable que las obras en la ruta I-10 causen problemas

➤ **no problem!** ¡no hay problema!

process ['prəʊses] *(noun & verb)*

■ *noun*

el **proceso**

➤ **to be in the process of doing something** estar haciendo algo

➤ **she's in the process of painting the house** está pintando la casa

■ *verb*

procesar: the computer can process a lot of data la computadora puede procesar muchos datos.

produce [prə'dju:s] *verb* ■ **producir: these toys are produced in China** en China producen estos juguetes.

producer [prə'dju:səʳ] *noun* ■ el **productor,** la **productora: he's a television producer** es productor de televisión.

product ['prɒdʌkt] *noun* ■ el **producto: they're bringing out a new product** van a sacar un nuevo producto.

production [prə'dʌkʃn] *noun* ■ la **producción** *(plural* las **producciones**): **the new machines will increase production** las nuevas máquinas aumentarán la producción; **the film is a multinational production** la película es una producción multinacional.

profession [prə'feʃn] *noun* ■ la **profesión** *(plural* las **profesiones**): **what is your profession?** ¿cuál es tu profesión?

professional [prə'feʃənl] *(adjective & noun)*

■ *adjective*
profesional: he's a professional photographer es fotógrafo profesional
■ *noun*
el/la **profesional: we hired a professional to install the lighting** contratamos a un profesional para instalar la iluminación.

professor [prəˈfesəʳ] *noun* ■ el **catedrático,** la **catedrática: she's a professor at Yale** es catedrática en Yale.

profit [ˈprɒfɪt] *noun* ■ la **ganancia: they made a large profit** obtuvieron grandes ganancias.

program [ˈprəʊgræm] *(noun & verb)*
■ *noun*
el **programa: a computer program** un programa de computadora; **a TV program** un programa de televisión; **I picked up a program before the performance** agarré un programa antes de la función
■ *verb*
(past tense & past participle **programmed***)*
programar: do you know how to program a computer? ¿sabes programar una computadora?

progress [ˈprəʊgres] *noun* ■ el **progreso: we made good progress on our science project** hicimos bastantes progresos en nuestro proyecto científico.

project [ˈprɒdʒekt] *noun* ■ el **proyecto: we're doing a project on rainforests** estamos haciendo un proyecto sobre las selvas tropicales
➤ **a housing project** un complejo de viviendas subvencionadas, un complejo de viviendas de interés social *Mexico*.

prom [prɑːm] *noun* ■ *baile de las escuelas secundarias*

PROM

Prom es el baile formal que se celebra cada primavera en las escuelas secundarias de Estados Unidos. Es indudablemente el evento social más importante del año escolar. Muchos jóvenes gastan mucho dinero en sus vestidos y trajes y en el alquiler de limusinas para esa noche.

promise [ˈprɒmɪs] *(noun & verb)*
■ *noun*
la **promesa: Tanya kept her promise** Tania cumplió su promesa
■ *verb*
prometer: I promised to help her prometí ayudarla.

promote [prəˈməʊt] *verb*
1. **promocionar: he's promoting his new movie** está promocionando su nueva película
2. **ascender**
➤ **to be promoted** ser ascendido: **I've been promoted to vice-president** me han ascendido a vicepresidente.

promotion [prəˈməʊʃn] *noun* ■ el **ascenso: she got a promotion at work** obtuvo un ascenso en el trabajo.

pronoun [ˈprəʊnaʊn] *noun* ■ el **pronombre: "he" is a personal pronoun** "él" es un pronombre personal.

pronunciation [prəˌnʌnsɪˈeɪʃn] *noun* ■ la **pronunciación** *(plural* las **pronunciaciones***)*: **her pronunciation is very good** su pronunciación es muy buena.

proof [pruːf] *uncountable noun* ■ la **prueba: do you have any proof?** ¿tienes alguna prueba?

proper [ˈprɒpəʳ] *adjective* ■ **correcto: I'll show you the proper way to do it** te mostraré la manera correcta de hacerlo.

properly [ˈprɒpəlɪ] *adverb* ■ **correctamente: you're not doing it properly** no lo estás haciendo correctamente.

property [ˈprɒpətɪ] *(plural* **properties***)* *noun* ■ la **propiedad: the sign says "private property"** el cartel dice "propiedad privada"
➤ **personal property** bienes personales
➤ **public property** propiedad pública.

proposal [prəˈpəʊzl] *noun* ■ la **propuesta: she has a new building proposal** tiene una nueva propuesta de construcción; **she accepted his marriage proposal** aceptó su propuesta de matrimonio.

propose [prə'pəʊz] *verb* ■ **proponer: he's proposing a new way of doing things** propone una nueva manera de hacer las cosas
➤ **to propose to someone** proponerle matrimonio a alguien: **he got down on one knee and proposed to her** se puso en una rodilla y le propuso matrimonio.

protect [prə'tekt] *verb* ■ **proteger: a helmet will protect you if you fall** un casco te protegerá si te caes.

protection [prə'tekʃn] *noun* ■ la **protección: he brought a gun for protection** trajo un arma como protección.

protein ['prəʊtiːn] *noun* ■ la **proteína**.

protest *(noun & verb)*
■ *noun*
['prəʊtest] la **protesta: she did it as a sign of protest** lo hizo en señal de protesta
■ *verb*
[prə'test] **protestar: many people are protesting against the new law** mucha gente está protestando contra la nueva ley.

Protestant ['prɒtɪstənt] *adjective & noun* ■ el/la **protestante**.

proud [praʊd] *adjective* ■ **orgulloso: he's proud of his son** está orgulloso de su hijo.

prove [pruːv] *(past participle* proved, *past participle* proven*)* *verb* ■ **probar: I can't prove he's lying** no puedo probar que miente.

proverb ['prɒvɜːb] *noun* ■ el **proverbio**.

provide [prə'vaɪd] *verb*
➤ **to provide something for someone** proporcionarle algo a alguien: **they provided a home for the orphans** les proporcionaron un hogar a los huérfanos.

provided [prə'vaɪdɪd] *conjunction* ■ **siempre que: she'll do the work provided they pay her** hará el trabajo siempre que le paguen

The verb following **siempre que** must be in the subjunctive.

prune [pruːn] *noun* ■ la **ciruela pasa**.

pseudonym ['sjuːdənɪm] *noun* ■ el **seudónimo**.

psychiatrist [saɪ'kaɪətrɪst] *noun* ■ el/la **psiquiatra: she's a psychiatrist** es psiquiatra.

psychologist [saɪ'kɒlədʒɪst] *noun* ■ el **psicólogo,** la **psicóloga: he's a psychologist** es psicólogo.

public ['pʌblɪk] *(adjective & noun)*
■ *adjective*
público: this is a public place éste es un lugar público
➤ **public opinion** la opinión pública
➤ **public school** la escuela pública
■ *noun*
➤ **the public** el público: **the museum isn't open to the public today** el museo no está abierto al público hoy
➤ **in public** en público: **I don't like singing in public** no me gusta cantar en público.

publicity [pʌb'lɪsɪtɪ] *uncountable noun* ■ la **publicidad: her new video got a lot of publicity** su nuevo video tuvo mucha publicidad.

publish ['pʌblɪʃ] *verb* ■ **publicar**.

pudding ['pʊdɪŋ] *noun* ■ el **budín** *(plural* los **budines***)*: **chocolate pudding** budín de chocolate.

puddle ['pʌdl] *noun* ■ el **charco**.

puff [pʌf] *verb* ■ **resoplar: he was puffing and panting** resoplaba y jadeaba.

pull [pʊl] *verb*
1. **tirar: don't pull so hard** no tires tan fuerte
2. **tirar de: he pulled her hair** le tiró del pelo; **she was pulling on the rope** tiraba de la cuerda

pull down *phrasal verb*
1. **bajar: pull the blind down** baja la persiana
2. **derribar: they pulled down the old building** derribaron el viejo edificio.

pull in *phrasal verb* ■ **llegar: the train pulled into the station** el tren llegó a la estación.

pull out *phrasal verb* ■ **sacar: he pulled something out of his pocket** sacó algo del bolsillo; **the dentist pulled his tooth out** el dentista le sacó el diente.

pull through *phrasal verb* ■ **recuperarse: don't worry, she'll pull through** no te preocupes, se recuperará.

pull up *phrasal verb*
1. **subirse: he pulled his socks up** se subió los calcetines
2. **parar: a car pulled up in front of the house** un coche paró frente a la casa.

pulse [pʌls] *noun* ■ el **pulso: the doctor took my pulse** el doctor me tomó el pulso.

pump [pʌmp] *(noun & verb)*
■ *noun*
la **bomba: a bicycle pump** una bomba de bicicleta
➤ **a gas pump** un surtidor de gasolina
■ *verb*
bombear: he pumped the water out of the pond sacó bombeando el agua del estanque

pump up *phrasal verb* ■ **inflar: he's pumping up the tires** está inflando las llantas.

pumpkin ['pʌmpkɪn] *noun* ■ la **calabaza,** el **zapallo** *Peru, Southern Cone*: **a pumpkin pie** una tarta de calabaza.

punch [pʌntʃ] *(noun & verb)*
■ *noun*
1. el **puñetazo: he knocked me out with a single punch** me noqueó de un sólo puñetazo
2. el **ponche: a glass of punch** un vaso de ponche
■ *verb*
1. **darle un puñetazo a: she punched him** le dio un puñetazo
2. **perforar, ponchar** *Mexico*: **the inspector punched my ticket** el inspector me perforó el boleto.

punctuation [ˌpʌŋktʃʊ'eɪʃn] *noun* ■ la **puntuación** *(plural* las **puntuaciones**): **punctuation marks** signos de puntuación.

punish ['pʌnɪʃ] *verb* ■ **castigar: they punished him for staying out all night** lo castigaron por pasar toda la noche fuera.

punishment ['pʌnɪʃmənt] *noun* ■ el **castigo: your punishment will be to do all the chores for a week** tu castigo será hacer todos los quehaceres durante una semana.

pupil ['pju:pl] *noun* ■ la **pupila: the doctor looked at his pupils** el médico le miró las pupilas.

puppet ['pʌpɪt] *noun* ■ el **títere: a puppet show** un espectáculo de títeres.

puppy ['pʌpɪ] *(plural* **puppies***) noun* ■ el **cachorro: our dog had puppies** nuestra perra tuvo cachorros.

purchase ['pɜ:tʃəs] *(noun & verb)*
■ *noun*
la **compra: she showed me her newest purchase** me mostró su última compra
■ *verb*
comprar: they purchased a new car compraron un coche nuevo.

pure [pjʊə^r] *adjective* ■ **puro: it's made of pure silk** es de seda pura.

purple ['pɜ:pl] *adjective* ■ **morado.**

purpose ['pɜ:pəs] *noun* ■ el **propósito: what is the purpose of your visit?** ¿cuál es el propósito de su visita?

➤ **on purpose** a propósito: **I didn't do it on purpose** no lo hice a propósito.

purr [pɜːʳ] *verb* ■ **ronronear: the cat purred happily** el gato ronroneo alegremente.

purse [pɜːs] *noun* ■ el **bolso**, la **bolsa** *Mexico*, la **cartera** *South America*: **her purse matched her shoes** el bolso le combinaba con los zapatos.

push [pʊʃ] *verb*

1. **empujar: she pushed the door open** empujó la puerta para abrirla
2. **apretar: I pushed the button** apriete el botón.

push-up [pʊʃʌp] *noun* ■ la **flexión de brazos** (*plural* las **flexiones de brazos**): **he does 100 push-ups a day** hace 100 flexiones de brazos al día.

put [pʊt] (*past tense & past participle* **put**) *verb*

1. **poner: put the plates on the table** pon los platos en la mesa; **put it over there** ponlo allá
2. **decir: I don't know how to put it** no sé cómo decirlo
3. **invertir: Bob put a lot of money into the project** Bob invirtió mucho dinero en el proyecto

➤ **he put his arm around her** la rodeó con un brazo

put away *phrasal verb* ■ **guardar: she put all her things away** guardó todas sus cosas.

put back *phrasal verb* ■ **volver a poner en su lugar: put the scissors back when you're finished with them** vuelve a poner las tijeras en su lugar cuando hayas terminado.

put down *phrasal verb* ■ **soltar: he put the gun down** soltó el arma.

put off *phrasal verb* ■ **aplazar: the party has been put off** la fiesta ha sido aplazada; **she's putting off the decision** está aplazando la decisión

➤ **it put me off mussels for life** hizo que me dejaran de gustar los mejillones para siempre.

put on *phrasal verb*

1. **ponerse: she put her hat on** se puso el sombrero
2. **encender: I'll put the light on** voy a encender la luz
3. **presentar: we're putting on a Christmas show** estamos presentando un espectáculo de Navidad
4. *informal* **tomar el pelo: you're putting me on** me estás tomando el pelo

➤ **I've put on weight** he engordado

➤ **to put the brakes on** frenar.

put out *phrasal verb*

1. **apagar: put the lights out** apaga las luces
2. **tender: he put his hand out** tendió la mano
3. **sacar: I'll put out the garbage** voy a sacar la basura
4. **molestar: will it put you out if we change the meeting to Monday?** ¿te molesta si cambiamos la reunión para el lunes?

put up *phrasal verb*

1. **armar: where shall we put the tent up?** ¿dónde armamos la tienda?
2. **poner: Perry put some posters up on his bedroom wall** Perry puso algunos pósters en la pared de su dormitorio

➤ **can you put me up for the night?** ¿puedo quedarme a dormir en tu casa?

put up with *phrasal verb* ■ **aguantar: I won't put up with this kind of behavior** no voy a aguantar este tipo de comportamiento.

puzzle ['pʌzl] *noun*

1. el **misterio: her disappearance remains a puzzle** su desaparición sigue siendo un misterio
2. el **rompecabezas** (*plural* los **rompecabezas**): **he played with a puzzle on the floor** jugaba con un rompecabezas en el suelo

➤ **a crossword puzzle** un crucigrama

➤ **a jigsaw puzzle** un rompecabezas.

puzzled ['pʌzld] *adjective* ■ **perplejo: I was puzzled by her comments** me quedé perplejo con sus comentarios.

pyramid ['pɪrəmɪd] *noun* ■ la **pirámide**.

q

qualification [,kwɒlɪfɪ'keɪʃn] *noun* ■ el **título: list your academic qualifications** enumere sus títulos académicos.

qualified ['kwɒlɪfaɪd] *adjective* ■ **titulado: he's a qualified teacher** es un profesor titulado.

qualify ['kwɒlɪfaɪ] *(past tense & past participle* qualified*) verb* ■ **clasificarse, calificar** *Mexico*: **our team qualified for the state championship** nuestro equipo se clasificó para el campeonato estatal.

quality ['kwɒlətɪ] *(plural* qualities*) noun*

1. la **cualidad: she has many good qualities** tiene muchas buenas cualidades
2. la **calidad: our products are of the finest quality** nuestros productos son de la mejor calidad.

quantity ['kwɒntətɪ] *(plural* quantities*) noun* ■ la **cantidad: he has a large quantity of books** tiene una gran cantidad de libros.

quarrel ['kwɒrəl] *(noun & verb)*

■ *noun*
la **pelea: they had a quarrel** tuvieron una pelea

■ *verb*
(past tense & past participle **quarreled***)* **pelear: we quarreled all morning** peleamos toda la mañana.

quart ['kwɔːt] *noun* ■ el **cuarto de galón**.

quarter ['kwɔːtə^r] *noun*

1. el **cuarto: he ate a quarter of the cake** se comió un cuarto del pastel; **a quarter of an hour** un cuarto de hora; **three quarters of an hour** tres cuartos de hora; **it's a quarter after two** son las dos y cuarto; **it's a quarter to six** son un cuarto para las seis, son las seis menos cuarto *River Plate*
2. la **moneda de veinticinco centavos: I need some quarters for the soda machine** necesito unas monedas de veinticinco centavos para la máquina de refrescos.

quay [kiː] *noun* ■ el **muelle**.

queen [kwiːn] *noun* ■ la **reina**.

question ['kwestʃn] *(noun & verb)*

■ *noun*
la **pregunta: I asked the teacher a question** le hice una pregunta al profesor; **he answered all my questions** contestó todas mis preguntas

➤ **that's out of the question** es imposible

➤ **a question mark** un signo de interrogación

■ *verb*
interrogar: the police want to question him la policía quiere interrogarlo.

quick [kwɪk] *(adjective & adverb)*

■ *adjective*
rápido: what's the quickest way back? ¿cuál es el camino de vuelta más rápido?; **I have to make a quick phone call** tengo que hacer una llamada rápida

➤ **be quick!** ¡apúrate!

■ *adverb*
rápido: quick, here he comes! ¡rápido, aquí viene!

quickly ['kwɪklɪ] *adverb* ■ **rápidamente: he finished quickly** terminó rápidamente.

quiet ['kwaɪət] *adjective*

1. **tranquilo: a quiet street** una calle tranquila; **we had a quiet evening** tuvimos una tarde tranquila
2. **bajo: she spoke in a quiet voice** habló en voz baja

➤ **be quiet!** ¡silencio!
➤ **to keep quiet** no decir nada: **keep quiet about the party** no digas nada sobre la fiesta.

quietly ['kwaɪətlɪ] *adverb*

1. **sin hacer ruido: she left the room quietly** dejó la habitación sin hacer ruido
2. **en voz baja: he speaks very quietly** habla en voz muy baja.

quilt [kwɪlt] *noun* ■ el **edredón** (*plural* los **edredones**).

quit [kwɪt] (*past tense & past participle* quit) *verb* ■ **dejar: she quit her job** dejó su empleo; **I'm trying to quit smoking** estoy tratando de dejar de fumar.

quite [kwaɪt] *adverb* ■ **bastante: she's quite pretty** es bastante bonita

➤ **not quite** no del todo: **are you finished? — not quite** ¿terminaste? — no del todo.

quiz [kwɪz] (*plural* quizzes [kwɪzɪz]) *noun*

1. el **concurso: he won the money on a TV quiz show** se ganó el dinero en un programa concurso
2. la **prueba: we had a math quiz today** tuvimos una prueba de matemáticas hoy.

quotation [kwəʊ'teɪʃn] *noun* ■ la **cita: it's a quotation from Shakespeare** es una cita de Shakespeare

➤ **quotation marks** comillas
➤ **in quotation marks** entre comillas.

quote [kwəʊt] (*noun & verb*)

■ *noun*
la **cita: it's a quote from Oscar Wilde** es una cita de Oscar Wilde

➤ **quotes** comillas: **his words were in quotes** sus palabras estaban entre comillas

■ *verb*
citar: she quoted Homer citó a Homero.

r

rabbi ['ræbaɪ] *noun* ■ el **rabino,** la **rabina: he's a rabbi** es rabino.

rabbit ['ræbɪt] *noun* ■ el **conejo**.

race [reɪs] (*noun & verb*)

■ *noun*

1. la **carrera: she won the race** ganó la carrera
2. la **raza: the human race** la raza humana

➤ **a race car** un coche de carreras
➤ **a race car driver** un piloto de coches de carreras

■ *verb*

1. **correr: she raced to the door** corrió a la puerta
2. **echar una carrera, jugar una carrera** *River Plate*: **I'll race you** te echo una carrera.

racehorse ['reɪshɔːs] *noun* ■ el **caballo de carreras**.

racetrack ['reɪstræk] *noun* ■ el **circuito: the cars sped around the racetrack** los coches aceleraban por el circuito.

racism ['reɪsɪzm] *noun* ■ el **racismo**.

racist ['reɪsɪst] *adjective* ■ **racista**.

rack [ræk] *noun* ■ el **portaequipajes** (*plural* los **portaequipajes**)

➤ **a towel rack** un toallero.

racket ['rækɪt] *noun*

1. la **raqueta: a tennis racket** una raqueta de tenis
2. *informal* el **alboroto: what's all the racket for?** ¿a qué viene todo este alboroto?

radiator ['reɪdɪeɪtə^r] *noun* ■ el **radiador**.

radio ['reɪdɪəʊ] *noun* ■ la **radio: I heard it on the radio** lo escuché en la radio
➤ **a radio station** una estación de radio.

radish ['rædɪʃ] *noun* ■ el **rábano**.

raft [ræft] *noun* ■ la **balsa: they built a raft out of logs** construyeron una balsa con troncos.

rag [ræg] *noun* ■ el **trapo: he wiped his hands on an oily rag** se limpió las manos con un trapo aceitoso

rags *plural noun* ■ el **harapo: he was dressed in rags** estaba vestido con harapos.

rage [reɪdʒ] *noun* ■ la **rabia: he was speechless with rage** estaba mudo de rabia
➤ **she flew into a rage when she heard the news** se puso furiosa cuando escuchó la noticia.

raid [reɪd] *(noun & verb)*

■ *noun*
la **redada: a police raid** una redada policial
➤ **a bombing raid** un bombardeo aéreo

■ *verb*
1. **allanar: the police raided their offices** la policía allanó sus oficinas
2. **saquear: he raided the fridge in the middle of the night** saqueó el refrigerador en la mitad de la noche.

rail [reɪl] *noun*
1. el **pasamanos** *(plural* los **pasamanos***)*: **hold onto the rail when you come down the stairs** tómense del pasamanos al bajar la escalera
2. el **riel: electrified rails** rieles electrificados

➤ **by rail** en tren: **she prefers to travel by rail** ella prefiere viajar en tren
➤ **the train went off the rails** el tren se descarriló.

railing ['reɪlɪŋz] *noun* ■ la **reja: he leaned over the railing on the balcony** se inclinó sobre la reja del balcón.

railroad ['reɪlrəʊd] *noun* ■ la **vía férrea**
➤ **a map of the railroad network** un mapa de la red de vías férreas
➤ **a railroad track** una vía férrea
➤ **a model railroad** una maqueta de vía férrea.

rain [reɪn] *(noun & verb)*

■ *noun*
la **lluvia: we're expecting rain today** hoy esperamos lluvia

■ *verb*
llover: it's been raining all afternoon estuvo lloviendo toda la tarde.

rainbow ['reɪnbəʊ] *noun* ■ el **arco iris** *(plural* los **arco iris***)*: **how many colors are there in a rainbow?** ¿cuántos colores tiene el arco iris?

raincoat ['reɪnkəʊt] *noun* ■ el **impermeable**.

rain forest ['reɪn'fɒrɪst] *noun* ■ la **selva tropical: the rain forests of Brazil** las selvas tropicales de Brasil.

raise [reɪz] *(verb & noun)*

■ *verb*
1. **levantar: she raised her hand** levantó la mano
2. **aumentar: they've raised their prices** han aumentado sus precios
3. **mejorar: we must raise standards** debemos mejorar los niveles
4. **criarse: the children were raised in Canada** los niños se criaron en Canadá

➤ **to raise your voice** levantar la voz: **she raised her voice to make herself heard** levantó la voz para hacerse oír
➤ **to raise money** reunir dinero: **the school is trying to raise money** la escuela está tratando de reunir dinero

■ *noun*
el **aumento: all the staff got a raise** todo el personal tuvo un aumento.

raisin ['reɪzn] *noun* ■ la **pasa**.

rake [reɪk] *noun* ■ el **rastrillo: he used a rake to gather all the leaves** usó un rastrillo para juntar todas las hojas.

ramp [ræmp] *noun* ■ la **rampa: he pushed the cart up the ramp** empujó el carrito por la rampa; **the exit ramp was full of cars** la rampa de salida estaba llena de automóviles.

ran [ræn] *past tense* ➤ run.

ranch [raːntʃ] *(plural* ranches*) noun* ■ la **hacienda, el rancho** *Mexico*, la **estancia** *River Plate*.

random ['rændəm] *adjective*
➤ **at random** al azar: **choose a number at random** elije un número al azar.

rang [ræŋ] *past tense* ➤ ring.

range [reɪndʒ] *(noun & verb)*
■ *noun*
1. la **gama: there is a wide range of sizes** hay una amplia gama de tamaños
2. el **alcance: the target is out of range** el objetivo está fuera de alcance
3. la **cocina,** la **estufa** *Colombia, Mexico*: **they bought a new range** compraron una cocina nueva
➤ **it's out of my price range** es más de lo que puedo pagar
➤ **a mountain range** una cordillera
■ *verb*
➤ **to range from ... to ...** oscilar entre .... y ....: **prices range from 50 to 500 dollars** los precios oscilan entre los 50 y los 500 dólares.

rank [ræŋk] *(noun & verb)*
■ *noun*
1. el **rango: the rank of colonel is above captain** el rango de coronel está por sobre del de capitán
2. la **fila: the soldiers broke ranks** los soldados rompieron filas
■ *verb*
clasificar: he's ranked second in the world está clasificado segundo en el mundo.

rap [ræp] *noun* ■ el **rap: a rap singer** un cantante de rap.

rare [reəʳ] *adjective*
1. **raro: this is a rare animal** éste es un animal raro
2. **poco cocido, a la inglesa** *Mexico*: **I'd like my steak rare** quiero el filete poco cocido.

rarely ['reəlɪ] *adverb* ■ **rara vez: they rarely go out** salen rara vez.

rash [ræʃ] *noun* ■ el **sarpullido: he broke out in a rash** le salió un sarpullido.

raspberry ['raːzbərɪ] *(plural* raspberries*) noun* ■ la **frambuesa**.

rat [ræt] *noun* ■ la **rata**.

rate [reɪt] *noun*
1. la **tasa: the birth rate** la tasa de nacimientos; **interest rates are low** las tasas de interés son bajas
2. la **tarifa: are there special rates for students?** ¿hay tarifas especiales para estudiantes?

rather ['raːðəʳ] *adverb* ■ **mejor**
➤ **rather than** en lugar de: **he did it alone rather than ask for help** lo hizo solo en lugar de pedir ayuda
➤ **I'd rather go now** preferiría irme ahora
➤ **she'd rather not talk to him** preferiría no hablar con él.

rattle ['rætl] *noun* ■ el **sonajero,** la **sonaja** *Mexico*: **the baby dropped its rattle** el bebé dejó caer el sonajero.

rattlesnake ['rætlsneɪk] *noun* ■ la **serpiente de cascabel: rattlesnakes are poisonous** las serpientes de cascabel son venenosas.

raw [rɔː] *adjective* ■ **crudo: a raw carrot** una zanahoria cruda
➤ **raw materials** materias primas.

ray [reɪ] *noun* ■ el **rayo: the sun's rays warmed the ground** los rayos de sol calentaron el suelo.

razor ['reɪzəʳ] *noun* ■ la **navaja**
➤ **a razor blade** una hoja de afeitar, una hoja de rasurar *Mexico*.

reach [riːtʃ] *(verb & noun)*
■ *verb*
1. **llegar a: we reached Savannah before dark** llegamos a Savannah antes del anochecer; **the snow reached the window** la nieve llegó a la ventana; **they've reached a decision** llegaron a una decisión
2. **alcanzar: I can't reach the book on the top shelf** no alcanzo el libro en la repisa más alta
3. **contactar: you can reach me on this number** puedes contactarme en este número

■ *noun*
➤ **within reach** al alcance: **the telephone is within reach** el teléfono está al alcance
➤ **within easy reach** muy cerca: **the school is within easy reach of my house** la escuela está muy cerca de mi casa
➤ **out of reach** fuera del alcance: **the radio was out of reach** el radio estaba fuera del alcance

reach out *phrasal verb* ■ **extender la mano: he reached out and touched her arm** extendió la mano y le tocó el brazo.

react [rɪ'ækt] *verb* ■ **reaccionar: he didn't react to her speech** no reaccionó ante su discurso.

reaction [rɪ'ækʃn] *noun* ■ **la reacción** (*plural* las **reacciones**): **what was her reaction when you told her the news?** ¿cuál fue su reacción cuando le contaste la noticia?

read [riːd] (*past tense & past participle* read [red]) *verb* ■ **leer: she's reading the newspaper** está leyendo el diario; **have you read this book?** ¿has leído este libro?
➤ **read out loud** leer en voz alta: **she read the story out loud to the class** leyó el cuento en voz alta para toda la clase.

reading ['riːdɪŋ] *noun* ■ **la lectura: reading is my favorite hobby** la lectura es mi pasatiempo favorito.

ready ['redɪ] *adjective*
1. **listo: are you ready to go?** ¿estás listo para salir?
2. **dispuesto: she's always ready to help** siempre está dispuesta a ayudar
➤ **to get ready** prepararse: **she's getting ready to leave** se está preparando para irse
➤ **to get something ready** preparar algo: **he's getting lunch ready** está preparando el almuerzo.

real ['rɪəl] *adjective*
1. **verdadero: that's not the real reason** ése no es el verdadero motivo; **he's a real crook** es un verdadero sinvergüenza
2. **auténtico: it's made of real leather** es de cuero auténtico
3. **real: the real world** el mundo real
➤ **real estate** la propiedad inmobiliaria: **her father's in real estate** su padre trabaja en la propiedad inmobiliaria.

realistic [ˌrɪə'lɪstɪk] *adjective* ■ **realista: the movie shows a realistic vision of war** la película muestra una visión realista de la guerra.

reality [rɪ'ælətɪ] *noun* ■ **la realidad**.

realize ['rɪəlaɪz] *verb* ■ **darse cuenta de: he realized his mistake** se dio cuenta de su error; **I didn't realize what the time was** no me di cuenta de la hora que era.

really ['rɪəlɪ] *adverb* ■ **realmente: it's really late** es realmente tarde; **are you really going to Australia?** ¿realmente vas a Australia?
➤ **really?** ¿en serio?: **Ann won the lottery! — really?** Ann se ganó la lotería — ¿en serio?
➤ **do you want to go to the party? — not really** ¿quieres ir a la fiesta? — en realidad, no.

rear [rɪəʳ] (*adjective & noun*)
■ *adjective*
trasero: please use the rear entrance por favor, utilice la entrada trasera
■ *noun*
la **parte trasera: I was sitting at the rear of the bus** estaba sentado en la parte trasera del autobús.

reason ['riːzn] *noun* ■ **la razón** (*plural* las **razones**): **that's the reason she left** ésa es la razón por la que se fue.

reasonable ['riːznəbl] *adjective* ■ **razonable: Alex is such a reasonable person usually** Alex suele ser una persona tan razonable; **the prices are reasonable in that store** en esa tienda los precios son razonables.

reasonably ['riːznəblɪ] *adverb* ■ **bastante: she's reasonably happy** es bastante feliz
➤ **the food is reasonably good** la comida es bastante buena.

reassure [ˌriːəˈʃʊəʳ] *verb* ■ **tranquilizar: I tried to reassure her** traté de tranquilizarla.

receipt [rɪˈsiːt] *noun* ■ **el recibo: I'd like a receipt, please** quisiera un recibo, por favor.

receive [rɪˈsiːv] *verb* ■ **recibir: I received a letter this morning** recibí una carta esta mañana.

receiver [rɪˈsiːvəʳ] *noun* ■ **el auricular: he picked up the receiver** levantó el auricular.

recent [ˈriːsnt] *adjective* ■ **reciente: we saw the most recent James Bond movie** vimos la más reciente película de James Bond.

recently [ˈriːsntlɪ] *adverb* ■ **recientemente: we hired Kim recently** recientemente contratamos a Kim.

reception [rɪˈsepʃn] *noun* ■ **la recepción** (*plural* **las recepciones**): **the reception will be held at the Waldorf** la recepción se hará en el Waldorf; **please sign in at the reception desk** por favor firme el registro en recepción

➤ **a wedding reception** un banquete de bodas.

receptionist [rɪˈsepʃənɪst] *noun* ■ **el/la recepcionista: she's a receptionist** es recepcionista.

recess [ˈriːses] *noun* ■ **el recreo: Timmy played with Connie at recess** Timmy jugaba con Connie durante el recreo.

recipe [ˈresɪpɪ] *noun* ■ **la receta: can I have your cookie recipe?** ¿me das tu receta de galletas?

recognize [ˈrekəgnaɪz] *verb* ■ **reconocer: I didn't recognize you** no te reconocí.

recommend [ˌrekəˈmend] *verb* ■ **recomendar: he recommended this book to me** me recomendó este libro.

record (*noun & verb*)

■ *noun*

[ˈrekɔːd]

1. **el récord** (*plural* los **récords**): **she has broken the world record** batió el récord mundial
2. **el disco: I like listening to old records** me gusta escuchar discos viejos

➤ **a criminal record** antecedentes penales

➤ **to keep a record of something** llevar un registro de algo: **you should keep a record of your expenses** deberías llevar un registro de tus gastos

■ *verb*

[rɪˈkɔːd] **grabar: I've recorded the movie** grabé la película

records *plural noun* ■ **el historial: get the patient's medical records** busque el historial clínico del paciente.

recording [rɪˈkɔːdɪŋ] *noun* ■ **la grabación** (*plural* las **grabaciones**): **this is a bad recording** ésta es una mala grabación.

recover [rɪˈkʌvəʳ] *verb* ■ **recuperarse: she's recovering from a cold** se está recuperando de un resfriado.

recovery [rɪˈkʌvərɪ] *noun* ■ **la recuperación** (*plural* las **recuperaciones**): **best wishes for a quick recovery!** ¡los mejores deseos para una rápida recuperación!

rectangle [ˈrekˌtæŋgl] *noun* ■ **el rectángulo**.

recycle [ˌriːˈsaɪkl] *verb* ■ **reciclar: we recycle bottles and newspapers** reciclamos botellas y diarios

➤ **recycled paper** papel reciclado.

recycling [ˌriːˈsaɪklɪŋ] *uncountable noun* ■ **el reciclaje: a recycling facility** un centro de reciclaje.

red [red] *adjective* ■ **rojo: a red apple** una manzana roja; **a bright red hat** un sombrero rojo brillante

➤ **she has red hair** es pelirroja

➤ **the Red Cross** la Cruz Roja

➤ **a red light** un semáforo en rojo, un alto *Mexico:* **he went through a red light** se pasó un semáforo en rojo.

redhead ['redhed] *noun* ■ **el pelirrojo, la pelirroja: Julie is a natural redhead** Julie es pelirroja natural.

redo [ˌriː'duː] *(past tense* redid*, past participle* redone*) verb* ■ **rehacer: she had to redo her homework** tuvo que rehacer sus tareas.

reduce [rɪ'djuːs] *verb* ■ **reducir: they've reduced the price** redujeron el precio.

reduction [rɪ'dʌkʃn] *noun* ■ **la reducción** *(plural* **las reducciones***)*: **we've seen a reduction in traffic in this area** hemos visto una reducción del tráfico en esta zona.

reef [riːf] *noun* ■ **el arrecife: a coral reef** un arrecife de coral.

refer [rɪ'fɜːʳ] *(past tense & past participle* referred*) verb* ■ **referirse: I don't know what you're referring to** no se a qué te refieres

➤ **to refer to** referirse a: **she's referring to your son** se refiere a tu hijo.

referee [ˌrefə'riː] *noun* ■ **el árbitro, la árbitra: the referee blew his whistle** el árbitro tocó el silbato.

reference ['refrəns] *noun*

1. **la referencia: she made a reference to her family** hizo referencia a su familia
2. **las referencias: could you give me a reference for the job?** ¿podría darme referencias para el trabajo?

➤ **a reference book** un libro de consulta

➤ **a reference number** un número de referencia.

reflection [rɪ'flekʃn] *noun* ■ **el reflejo: I can see my reflection in the mirror** veo mi reflejo en el espejo

➤ **on reflection, I don't think it's a good idea** pensándolo bien, no creo que sea una buena idea.

reflex ['riːfleks] *noun* ■ **el reflejo: he has good reflexes** tiene buenos reflejos.

refreshing [rɪ'freʃɪŋ] *adjective* ■ **refrescante: I took a refreshing shower** me di una ducha refrescante.

refrigerator [rɪ'frɪdʒəreɪtəʳ] *noun* ■ **el refrigerador, la heladera** *River Plate*.

refugee [ˌrefjʊ'dʒiː] *noun* ■ **el refugiado, la refugiada**.

refund *(noun & verb)*

■ *noun*

['riːfʌnd] **el reembolso: we'll give you a refund if you are not satisfied** le hacemos un reembolso si usted no está satisfecho

■ *verb*

[rɪ'fʌnd] **reembolsar: they refunded my money** me reembolsaron el dinero.

refuse [rɪ'fjuːz] *verb* ■ **negarse: I refuse to do it** me niego a hacerlo.

regard [rɪ'gaːd] *verb* ■ **considerar: I regard her as my sister** la considero mi hermana; **he's regarded as the best player in the world** está considerado el mejor jugador del mundo.

regards [rɪ'gaːdz] *plural noun* ■ **los saludos: give her my regards** dale mis saludos; **he sends his regards** manda saludos.

region ['riːdʒən] *noun* ■ **la región** *(plural* **las regiones***)*: **Tibet is a mountainous region** el Tíbet es una región montañosa.

register ['redʒɪstəʳ] *(noun & verb)*

■ *noun*

el registro: she signed the register firmó el registro

■ *verb*

inscribirse: she wants to register for a Spanish course quiere inscribirse en un curso de español.

regret [rɪ'gret] *(noun & verb)*

■ *noun*

do you have any regrets? ¿te arrepientes de algo?; **I have no regrets** no me arrepiento de nada

■ *verb*

arrepentirse: he regrets breaking up with her se arrepiente de haber terminado con ella.

regular ['regjʊləʳ] *adjective*

1. **regular: we meet at regular intervals** nos reunimos a intervalos regulares

2. **habitual: I'll see you at the regular time** te veo a la hora habitual; **he's a regular customer** es un cliente habitual
3. **mediano: a regular portion of fries** una porción mediana de papas fritas.

regularly ['regjʊləlɪ] *adverb* ■ **regularmente: I go to the dentist regularly** voy al dentista regularmente.

regulation [ˌregjʊ'leɪʃn] *noun* ■ la **norma: it's against regulations** va contra las normas.

rehearsal [rɪ'hɜːsl] *noun* ■ **el ensayo: there's a rehearsal for the play tonight** hay un ensayo de la obra esta noche.

rehearse [rɪ'hɜːs] *verb* ■ **ensayar: the band is rehearsing this afternoon** la banda ensaya esta tarde.

reindeer ['reɪnˌdɪəʳ] *(plural* **reindeer***)* *noun* ■ el **reno**.

reins [reɪnz] *plural noun* ■ las **riendas: she was holding the horse's reins** llevaba las riendas del caballo.

reject [rɪ'dʒekt] *verb* ■ **rechazar: they rejected my book** rechazaron mi libro.

related [rɪ'leɪtɪd] *adjective* ■ **relacionado: the two problems aren't related** los dos problemas no están relacionados
➤ **how is Sam related to Ted?** ¿qué parentesco tiene Sam con Ted?
➤ **they are related** son parientes.

relation [rɪ'leɪʃn] *noun*
1. el/la **pariente: Vicky has relations in Miami** Vicky tiene parientes en Miami
2. la **relación** *(plural* las **relaciones***)*: **there's no relation between the two crimes** no hay relación entre los dos crímenes; **the two countries have good relations** ambos países tienen buenas relaciones.

relationship [rɪ'leɪʃnʃɪp] *noun* ■ la **relación** *(plural* **las relaciones***)*: **they have a good relationship** tienen una buena relación.

relative ['relətɪv] *noun* ■ **el/la pariente: he has relatives in New Orleans** tiene parientes en Nueva Orleans.

relax [rɪ'læks] *verb* ■ **relajarse: a massage will help you relax** un masaje te ayudará a relajarte
➤ **relax, everything will be fine** tranquilo, todo va a estar bien.

relaxation [ˌriːlæk'seɪʃn] *noun* ■ el **descanso: a good place to find relaxation** un buen lugar para el descanso.

relaxed [rɪ'lækst] *adjective* ■ **relajado: he's very relaxed since he came back from vacation** está muy relajado desde que volvió de las vacaciones.

relaxing [rɪ'læksɪŋ] *adjective* ■ **relajante: she had a relaxing bath** se dio un baño relajante
➤ **it was a relaxing weekend** fue un fin de semana de descanso.

relay, relay race ['riːleɪ, 'riːleɪreɪs] *noun* ■ la **carrera de relevos**.

release [rɪ'liːs] *(noun & verb)*

■ *noun*
la **liberación** *(plural* las **liberaciones***)*: **we've arranged for the release of the hostages** hemos hecho arreglos para la liberación de los rehenes
➤ **a new release** un nuevo disco: **his new release is called "No Good Blues"** su nuevo disco se llama "No Good Blues"
➤ **a press release** un comunicado de prensa

■ *verb*
1. **liberar: they released the prisoners** liberaron a los prisioneros
2. **sacar a la venta: they've just released a new album** acaban de sacar a la venta un nuevo album.

reliable [rɪ'laɪəbl] *adjective*
1. **cumplidor: he's very reliable** es muy cumplidor
2. **fiable: is this a reliable computer?** ¿es fiable esta computadora?

relief [rɪ'liːf] *noun* ■ el **alivio: what a relief!** ¡qué alivio!

relieve [rɪ'liːv] *verb* ■ **alivar: the aspirin will relieve the pain** esta aspirina aliviará el dolor.

religion [rɪ'lɪdʒn] *noun* ■ la **religión** (*plural* las **religiones**).

religious [rɪ'lɪdʒəs] *adjective* ■ **religioso: what are your religious beliefs?** ¿cuáles son tus creencias religiosas?; **she's very religious** es muy religiosa.

reluctant [rɪ'lʌktənt] *adjective* ■ **reacio: he was a reluctant candidate** fue un candidato reacio

➤ **to be reluctant to do something** mostrarse reacio a hacer algo: **I was reluctant to leave** me mostraba reacio a irme.

reluctantly [rɪ'lʌktəntlɪ] *adverb* ■ **de mala gana: he reluctantly went to bed** se fue a la cama de mala gana.

rely [rɪ'laɪ] (*past tense & past participle* **relied**) *verb*

➤ **to rely on someone or something** depender de alguien o algo: **I've always relied on my parents** siempre he dependido de mis padres

➤ **it's a car you can rely on** es un coche en el que se puede confiar.

remain [rɪ'meɪn] *verb*

1. **quedarse: he remained at home** se quedó en casa
2. **permanecer: the house remained abandoned for years** la casa permaneció abandonada durante años.

remaining [rɪ'meɪnɪŋ] *adjective*

➤ **we ate the remaining cake** nos comimos el resto del pastel.

remains [rɪ'meɪnz] *plural noun* ■ los **restos: they found human remains** encontraron restos humanos; **the remains of an ancient city** los restos de una antigua ciudad.

remark [rɪ'maːk] *noun* ■ **el comentario: she made a critical remark** hizo un comentario crítico.

remarkable [rɪ'maːkəbl] *adjective* ■ **excepcional: she's a remarkable woman** es una mujer excepcional.

remember [rɪ'membəʳ] *verb*

1. **acordarse de: I remember what happened** me acuerdo de lo que sucedió; **she doesn't remember me** no se acuerda de mí
2. **recordar: I don't remember** no recuerdo

➤ **to remember to do something** acordarse de hacer algo: **remember to take your umbrella** acuérdate de llevar tu paraguas.

remind [rɪ'maɪnd] *verb*

➤ **you remind me of my brother** me recuerdas a mi hermano

➤ **remind me to call David** recuérdame que llame a David

> The verb following **recordarle a alguien que** must be in the subjunctive.

remote [rɪ'məʊt] *adjective* ■ **remoto: a remote mountain village** un pueblo remoto en la montaña

➤ **the remote control** el control remoto.

remove [rɪ'muːv] *verb*

1. **retirar: he removed the plates from the table** retiró los platos de la mesa
2. **quitar: it's the best thing for removing stains** es lo mejor para quitar manchas.

renew [rɪ'njuː] *verb* ■ **renovar: I have to renew my passport** tengo que renovar mi pasaporte.

rent [rent] (*noun & verb*)

■ *noun*

el **alquiler,** la **renta** *Mexico*: **how much rent do you pay?** ¿cuánto pagas de alquiler?

■ *verb*

alquilar, rentar *Mexico*: **they rented a house for the summer** alquilaron una casa para el verano

➤ **for rent** se alquila, se renta *Mexico*.

rental ['rentl] (*noun & adjective*)

■ *noun*

el **alquiler,** la **renta** *Mexico*

■ *adjective*

de alquiler, rentado *Mexico*: **a rental car** un coche de alquiler.

repair [rɪ'peəʳ] *(noun & verb)*

■ *noun*
el **arreglo: the repairs cost 50 dollars** el arreglo cuesta 50 dólares
■ *verb*
arreglar: he repaired the television arregló la televisión.

repeat [rɪ'pi:t] *verb* ■ **repetir: can you repeat what you just said?** ¿puedes repetir lo que acabas de decir?

replace [rɪ'pleɪs] *verb*
1. **cambiar: I replaced the broken window** cambié la ventana rota
2. **volver a colocar: replace the book on the shelf** vuelve a colocar el libro en la repisa.

reply [rɪ'plaɪ] *(noun & verb)*
■ *noun*
la **respuesta: we're waiting for a reply** estamos esperando una respuesta
■ *verb*
(past tense & past participle **replied***)* **responder: I have to reply to this e-mail** tengo que responder a este e-mail.

report [rɪ'pɔ:t] *(noun & verb)*
■ *noun*
1. el **informe: I read the police report** leí el informe de la policía
2. el **reportaje: we read the report in the paper** leímos el reportaje en el diario
➤ **a report card** el boletín de calificaciones: **we're getting our report cards today** hoy nos entregan los boletines de calificaciones
■ *verb*
1. **dar parte de: we reported the accident to the police** dimos parte del accidente a la policía
2. **divulgar: the news was reported in the paper** divulgaron la noticia en el diario
3. **presentarse: please report to my office** por favor, preséntese en mi oficina.

reporter [rɪ'pɔ:təʳ] *noun* ■ el/la **periodista: she's a reporter** es periodista.

represent [ˌreprɪ'zent] *verb* ■ **representar: the dotted line represents the border** la línea punteada representa el borde; **Ms. Smith will represent the company at the convention** la señora Smith representará a la compañía en la convención.

representative [ˌreprɪ'zentətɪv] *noun* ■ el/la **representante: Scott is our representative in Texas** Scott es nuestro representante en Texas.

reptile ['reptaɪl] *noun* ■ el **reptil**.

republic [rɪ'pʌblɪk] *noun* ■ la **república**.

Republican [rɪ'pʌblɪkən] *(adjective & noun)*
■ *adjective*
republicano: the Republican Party el Partido Republicano
■ *noun*
el **republicano**, la **republicana: my parents are both Republicans** mis papás son republicanos.

request [rɪ'kwest] *(noun & verb)*
■ *noun*
la **petición** *(plural* las **peticiones***)*: **they made a request for help** presentaron una petición de ayuda
■ *verb*
pedir: I'll have to request more supplies tendré que pedir más provisiones
➤ **request that** pedir que: **we requested that they provide more information** pedimos que nos proporcionaran más información

> The verb following **pedir que** must be in the subjunctive.

require [rɪ'kwaɪəʳ] *verb* ■ **requerir: this work requires a lot of concentration** este trabajo requiere mucha concentración.

rescue ['reskju:] *(noun & verb)*
■ *noun*
el **rescate: he came to my rescue** vino en mi rescate
➤ **a rescue operation** una operación de rescate
➤ **a rescue team** un equipo de rescate
■ *verb*
rescatar: they rescued her from the fire la rescataron del incendio.

research [ˌrɪ'sɜːtʃ] *(noun & verb)*

■ *noun*

la **investigación** *(plural* las **investigaciones***)*: **he's doing research on genetics** están haciendo una investigación en genética

■ *verb*

investigar: they're researching alternative energy sources están investigando fuentes de energía alternativa.

resemblance [rɪ'zembləns] *noun* ■ el **parecido: I don't see the resemblance between you and your sister** no veo el parecido entre tú y tu hermana.

resemble [rɪ'zembl] *verb* ■ **parecerse: the baby resembles his father** el bebé se parece a su papá.

reservation [ˌrezə'veɪʃn] *noun* ■ la **reserva: I made a reservation for dinner** hice una reserva para la cena.

reserve [rɪ'zɜːv] *(noun & verb)*

■ *noun*

la **reserva: our water reserves are getting low** nuestras reservas de agua están bajando

➤ **a nature reserve** una reserva natural

■ *verb*

reservar: she reserved a table for six reservó una mesa para seis.

residence ['rezɪdəns] *noun* ■ la **residencia: it's the president's official residence** es la residencia oficial del presidente.

resident ['rezɪdənt] *noun* ■ el **vecino,** la **vecina: local residents are opposed to the proposal** los vecinos se oponen a la propuesta.

resign [rɪ'zaɪn] *verb* ■ **renunciar: he resigned from his job** renunció a su trabajo.

resist [rɪ'zɪst] *verb*

1. **resistir: I couldn't resist his blue eyes** no pude resistir sus ojos azules
2. **resistirse a: she resisted their efforts to change her mind** se resistió a sus esfuerzos de hacerla cambiar de idea.

resort [rɪ'zɔːt] *noun*

1. el **centro vacacional: a very popular resort in Mexico** un centro vacacional muy popular en México
2. el **recurso: we can call Dad as a last resort** podemos llamar a papá como último recurso

➤ **a ski resort** una estación de ski.

resource [rɪ'sɔːs] *noun* ■ el **recurso**

➤ **natural resources** recursos naturales.

respect [rɪ'spekt] *(noun & verb)*

■ *noun*

el **respeto: he has no respect for his parents** no tiene ningún respeto por sus padres

■ *verb*

respetar: everybody respects her todo el mundo la respeta.

responsibility [rɪˌspɒnsə'bɪlətɪ] *noun* ■ la **responsabilidad: he has more responsibilities in his new job** tiene más responsabilidades en su nuevo trabajo.

responsible [rɪ'spɒnsəbl] *adjective* ■ **responsable: she's responsible for the accident** es responsable del accidente.

rest [rest] *(noun & verb)*

■ *noun*

el **descanso: you need a good rest** necesitas un buen descanso

➤ **the rest** el resto: **the rest of the book was more interesting** el resto del libro era más interesante

➤ **to have a rest** descansar: **let's have a rest for a while** descansemos un rato

■ *verb*

1. **descansar: sit down and rest your legs** siéntate y descansa las piernas
2. **apoyar: she rested her bike against the wall** apoyó la bicicleta contra la pared.

restroom ['restruːm] *noun* ■ el **baño**.

restaurant ['restərɒnt] *noun* ■ el **restaurante**.

result [rɪ'zʌlt] *noun* ■ el **resultado: the doctor has your test results** el doctor tiene el resultado de sus análisis.

résumé ['rezjuːmeɪ] *noun* ■ el **currículum vitae**.

retire [rɪ'taɪər] *verb* ■ **jubilarse: she retired at 60** se jubiló a los 60 años.

return [rɪ'tɜ:n] *(noun & verb)*

■ *noun*
la vuelta: I will call on my return from Denver llamaré a mi vuelta de Denver

■ *verb*
1. **volver: she returned to the office at 3** volvió a la oficina a las 3
2. **devolver, regresar** *Latin America except Southern Cone*: **he returned the book I lent him** devolvió el libro que le presté.

reunion [,rɪ:'ju:njən] *noun* ■ **la reunión** *(plural* **las reuniones***)*: **a family reunion** una reunión familiar.

reveal [rɪ'vɪ:l] *verb* ■ **revelar: she revealed my secret** reveló mi secreto.

revenge [rɪ'vendʒ] *noun* ■ **la venganza**
➤ **to get revenge** vengarse: **I swore I'd get revenge** juré que me vengaría.

reverse [rɪ'vɜ:s] *(adjective, noun & verb)*

■ *adjective*
inverso: the letters are in reverse order las letras están en orden inverso

■ *noun*
la marcha atrás, la reversa *Colombia, Mexico*: **put the car in reverse** mete marcha atrás

■ *verb*
dar marcha atrás, meter reversa *Colombia, Mexico*: **watch out — he's reversing!** ¡cuidado! –¡está dando marcha atrás!

review [rɪ'vju:] *noun* ■ **la crítica: his new movie got great reviews** su nueva película tuvo críticas excelentes.

revolting [rɪ'vəʊltɪŋ] *adjective* ■ **asqueroso: the soup was revolting** la sopa estaba asquerosa.

revolution [,revə'lu:ʃʁ] *noun* ■ **la revolución** *(plural* **las revoluciones***)*.

revolver [rɪ'vɒlvəʳ] *noun* ■ **el revólver**.

reward [rɪ'wɔ:d] *(noun & verb)*

■ *noun*
la recompensa: they're offering a reward están ofreciendo una recompensa

■ *verb*
recompensar: he was rewarded for his efforts lo recompensaron por sus esfuerzos.

rewind [,rɪ:'waɪnd] *(past tense & past participle* **rewound** [,rɪ:'waʊnd]*) verb* ■ **rebobinar: I'll rewind the tape** voy a rebobinar la cinta.

rhinoceros [raɪ'nɒsərəs] *noun* ■ **el rinoceronte**.

rhyme [raɪm] *(noun & verb)*

■ *noun*
1. **la rima: I need a rhyme for "rain"** necesito una palabra que haga rima con "lluvia"
2. **la canción** *(plural* **las canciones***)*: **a nursery rhyme** una canción infantil

■ *verb*
rimar: "bad" rhymes with "mad" "bad" rima con "mad".

rhythm ['rɪðm] *noun* ■ **el ritmo**.

rib [rɪb] *noun* ■ **la costilla**.

ribbon ['rɪbən] *noun* ■ **la cinta: the girl had a ribbon in her hair** la niña tenía una cinta en el pelo.

rice [raɪs] *uncountable noun* ■ **el arroz**
➤ **fried rice** arroz frito
➤ **rice pudding** arroz con leche
➤ **brown rice** arroz integral.

rich [rɪtʃ] *adjective* ■ **rico: he's one of the richest men in the world** es uno de los hombres más ricos del mundo.

rid [rɪd] *(past tense & past participle* **rid***)*
verb
➤ **to get rid of something** deshacerse de algo: **he got rid of his old toys** se deshizo de sus viejos juguetes.

ridden ['rɪdn] *past participle* ➤ **ride**.

riddle ['rɪdl] *noun* ■ **la adivinanza: he asked me a riddle** me preguntó una adivinanza.

ride [raɪd] *(noun & verb)*

■ *noun*
el paseo: she went for a ride on her bike fue a dar un paseo en bicicleta

➤ **to give somebody a ride** llevar a alguien: **can you give me a ride to school?** ¿me llevas al colegio?

■ *verb*
(past tense **rode**, *past participle* **ridden**)
andar: he can't ride a bicycle no sabe andar en bicicleta; **we rode our horses on the beach** anduvimos a caballo en la playa

➤ **she rides her bike to school** va en bicicleta al colegio.

ridiculous [rɪ'dɪkjʊləs] *adjective* ■ **ridículo: you look ridiculous in that hat** te ves ridículo con ese sombrero.

rifle ['raɪfl] *noun* ■ **el rifle: a hunting rifle** un rifle de caza.

right [raɪt] *(adjective, adverb & noun)*

■ *adjective*
1. **derecho: give me your right hand** dame la mano derecha
2. **correcto: that's the right answer** ésa es la respuesta correcta; **is that the right size?** ¿es ésa la talla correcta?
3. **bien: it's not right to steal** no está bien robar

➤ **to be right** tener razón: **she was right to tell the truth** tenía razón en decir la verdad

➤ **that's right** así es: **are you going to Turkey? — yes, that's right** ¿vas a Turquía? — sí, así es

➤ **right?** ¿verdad?: **you're Kathy, right?** tú eres Kathy, ¿verdad?

➤ **a right angle** un ángulo recto

■ *adverb*
1. **a la derecha: turn right at the corner** dobla a la derecha en la esquina
2. **bien: she got the question right** entendió bien la pregunta
3. **derecho: go right to the end of the corridor** vaya derecho hasta el final del corredor
4. **justo: it happened right after Christmas** ocurrió justo después de Navidad

➤ **right now or right away** ahora mismo: **you have to go right now** tienes que ir ahora mismo

■ *noun*
1. la **derecha: look to the right** mira hacia la derecha
2. el **derecho: you have the right to remain silent** tiene derecho a permanecer en silencio

➤ **human rights** derechos humanos

➤ **he can't tell right from wrong** no distingue lo que está bien de lo que está mal

➤ **right of way** derecho de paso: **you have the right of way** tienes el derecho de paso.

right-hand [raɪthænd] *adjective*

➤ **it's on the right-hand side** está a mano derecha.

right-handed [raɪthændɪd] *adjective* ■ **diestro: she's right-handed** es diestra.

ring [rɪŋ] *(noun & verb)*

■ *noun*
1. el **anillo: she has a diamond ring on her finger** tiene un anillo de diamantes en el dedo
2. el **círculo: they formed a ring around him** formaron un círculo a su alrededor
3. el **ring** *(plural* **los rings**): **the boxers climbed into the ring** los boxeadores subieron al ring
4. el **timbre: there was a ring at the door** había un timbre en la puerta

➤ **an engagement ring** un anillo de compromiso

➤ **a wedding ring** un anillo de boda

➤ **a ring binder** un archivador

■ *verb*
(past tense **rang**, *past participle* **rung**) **sonar: the phone is ringing** está sonando el teléfono

➤ **to ring the doorbell** tocar el timbre: **somebody rang the doorbell** alguien tocó el timbre.

rink [rɪŋk] *noun*

➤ **an ice rink** una pista de hielo

➤ **a roller-skating rink** una pista de patinaje sobre ruedas.

rinse [rɪns] *verb* ■ **enjuagar: rinse with cool water** enjuague con agua fría.

riot ['raɪət] *noun* ■ los **disturbios: a riot broke out on the street** empezaron disturbios en la calle.

rip [rɪp] *(past tense & past participle* **ripped**) *verb*
1. **rasgarse: he ripped his shirt** se rasgó la camisa; **my coat has ripped** se me rasgó el abrigo

2. **arrancar: he ripped the poster off the wall** arrancó el póster de la pared.

ripe [raɪp] *adjective* ■ **maduro: these bananas are very ripe** estos platanos están muy maduros.

rise [raɪz] *(noun & verb)*

■ *noun*

el **aumento: temperatures are on the rise** las temperaturas van en aumento

■ *verb*

(past tense **rose**, *past participle* **risen***)*

1. **subir: prices are rising** están subiendo los precios
2. **salir: the sun rises in the east** el sol sale por el este; **smoke rose from the chimney** el humo salió por la chimenea.

risk [rɪsk] *noun* ■ el **riesgo: he doesn't like taking risks** no le gusta correr riesgos.

risky ['rɪskɪ] *adjective* ■ **arriesgado: it's too risky** es demasiado arriesgado.

rival ['raɪvl] *noun* ■ el **rival: the Bears defeated their rivals** los Bears vencieron a sus rivales.

river ['rɪvəʳ] *noun* ■ el **río: the Missouri is the longest river in North America** el Missouri es el río más largo de América del Norte

➤ **the Mississippi River** el río Mississippi.

road [rəʊd] *noun*

1. la **carretera: we rode along an old country road** anduvimos por una vieja carretera rural
2. la **calle: she lives on the other side of the road** vive al otro lado de la calle

➤ **on the road** de viaje: **I was on the road all day** estaba siempre de viaje

➤ **a road map** un mapa de carreteras

➤ **roadworks** las obras

➤ **a road sign** una señal de tránsito.

roar [rɔːʳ] *verb* ■ **rugir: the lion roared** el león rugió.

roast [rəʊst] *adjective* ■ **asado: a roast chicken** un pollo asado

➤ **roast beef** el rosbif.

rob [rɒb] *(past tense & past participle* **robbed***) verb*

1. **robar: I've been robbed** me robaron
2. **asaltar: somebody robbed the bank** alguien asaltó el banco.

robber ['rɒbəʳ] *noun* ■ el **ladrón** *(plural* los **ladrones***)*

➤ **a bank robber** un asaltante de bancos.

robbery ['rɒbərɪ] *(plural* **robberies***) noun* ■ el **robo: there have been several robberies in the area** ha habido varios robos en la zona

➤ **a bank robbery** un asalto a un banco.

robin ['rɒbɪn] *noun* ■ el **petirrojo**.

robot ['rəʊbɒt] *noun* ■ el **robot** *(plural* los **robots***)*.

rock [rɒk] *noun*

1. la **roca: they drilled through the rock** perforaron la roca
2. la **piedra: he threw a rock at me** me tiró una piedra
3. el **rock: Susie loves rock music** a Susie le encanta la música rock

➤ **rock and roll** el rocanrol

➤ **a rock band** una banda de rock

➤ **a rock star** una estrella de rock.

rocket ['rɒkɪt] *noun* ■ el **cohete: they sent a rocket into space** enviaron un cohete al espacio.

rocking chair ['rɒkɪŋtʃeəʳ] *noun* ■ la **mecedora**.

rocking horse ['rɒkɪŋhɔːs] *noun* ■ el **caballito de balancín**.

rocky ['rɒkɪ] *adjective* ■ **pedregoso: a rocky path** un camino pedregoso

➤ **the Rocky Mountains or the Rockies** las Montañas Rocallosas or las Rocallosas

ROCKY MOUNTAINS

Las Rocky Mountains, o las Montañas Rocallosas, es la cordillera que corre desde Canadá hasta México y atraviesa los Estados Unidos de norte a sur en la zona oeste del país. Se les conoce por su gran belleza natural y son la sede de populares centros de esquí como Vail y Aspen.

rod [rɒd] *noun*
➤ **a fishing rod** una caña de pescar.

rode [rəʊd] *past tense* ➤ **ride**.

role [rəʊl] *noun* ■ el **papel** *(plural* los **papeles***)*: **he has an important role** hace un papel importante.

roll [rəʊl] *(noun & verb)*
■ *noun*
1. el **rollo: a roll of toilet paper** un rollo de papel higiénico
2. el **panecito,** el **bolillo** *Mexico*: **a bread roll** un panecito
■ *verb*
1. **rodar: the ball rolled under the chair** la pelota rodó debajo de la silla
2. **hacer rodar: they rolled the barrel all the way** hicieron rodar el barril todo el camino
3. **tirar: roll the dice** tira los dados

roll up *phrasal verb*
1. **enrollar: she rolled up the map** enrolló el mapa
2. **remangarse: Danny rolled up his sleeves** Danny se remangó.

roller ['rəʊləʳ] *noun* ■ el **rulo,** el **chino** *Mexico*: **her hair is in rollers** tiene rulos en el pelo.

Rollerblades® ['rəʊləbleɪdz] *plural noun* ■ los **patines en línea: a pair of Rollerblades®** un par de patines en línea.

rollerblading ['rəʊləbleɪdɪŋ] *uncountable noun* ■ el **patinaje en línea: she loves rollerblading** le encanta el patinaje en línea.

roller coaster ['rəʊləʳ'kəʊstəʳ] *noun* ■ la **montaña rusa** *(plural* las **montañas rusas***)*: **let's go on the roller coaster** vamos a la montaña rusa.

roller skates ['rəʊləʳskeɪts] *plural noun* ■ los **patines: a pair of roller skates** un par de patines.

roller-skating ['rəʊləʳskeɪtɪŋ] *uncountable noun* ■ el **patinaje sobre ruedas: do you like roller-skating?** ¿te gusta el patinaje sobre ruedas?

Roman ['rəʊmən] *(adjective & noun)*
■ *adjective*

> Remember not to use a capital letter for the adjective in Spanish:

romano: Roman numerals números romanos
➤ **the Roman empire** el Imperio romano
■ *noun*
el **romano: the Romans arrived in Britain in 55 B.C.** los romanos llegaron a Gran Bretaña en 55 A.C.

Roman Catholic ['rəʊmən'kæθlɪk] *adjective & noun* ■ **católico: he's Roman Catholic** es católico
➤ **the Roman Catholic Church** la Iglesia Católica.

romance [rəʊ'mæns] *noun*
1. el **romance: a fairytale romance** un romance de cuento
2. el **encanto: the romance of travel** el encanto de viajar.

romantic [rəʊ'mæntɪk] *adjective* ■ **romántico: he's very romantic** es muy romántico.

roof [ru:f] *noun* ■ el **techo: the cat climbed onto the roof** el gato subió al techo.

room [ru:m, rʊm] *noun*
1. el **cuarto: she went up to her room** subió a su cuarto
2. el **dormitorio,** la **recámara** *Mexico*: **go to your room!** ¡vete a tu dormitorio!
3. el **espacio: there isn't enough room** no hay suficiente espacio; **the boxes take up a lot of room** las cajas ocupan mucho espacio.

roommate ['ru:mmeɪt] *noun* ■ el **compañero de cuarto** *(plural* los **compañeros de cuarto***)*: **we were roommates in college** fuimos compañeros de cuarto en la universidad.

root [ru:t] *noun* ■ la **raíz** *(plural* las **raíces***)*: **the roots of the tree are very strong** las raíces del árbol son muy fuertes.

rope [rəʊp] *noun* ■ la **soga: I tied the rope to the tree** amarré la soga al árbol.

rose [rəʊz] *(noun & verb form)*

■ *noun*
la rosa: he gave her a bouquet of red roses le dio un ramo de rosas rojas

■ *past tense*
➤ rise
subir: the balloon rose into the air el globo subió por el aire.

rot [rɒt] *(past tense & past participle* rotted*)* *verb* ■ **pudrirse: this melon will rot if you don't eat it** este melón se va a pudrir si no te lo comes.

rotten ['rɒtn] *adjective*
1. **podrido: rotten bananas** bananas podridas
2. *informal* **pésimo: it was a rotten party** fue una fiesta pésima
3. *informal* **horrible: I feel rotten this morning** me siento horrible esta mañana

➤ **that was a rotten thing to do** fue horrible lo que hiciste.

rough [rʌf] *adjective*
1. **áspero: the table has a rough surface** la mesa tiene una superficie áspera
2. **agitado: the sea is rough today** el mar está agitado hoy
3. **brusco: he's very rough with his sister** es muy brusco con su hermana
4. **duro: he led a rough life** tuvo una vida dura
5. **peligroso: it's a rough neighborhood** es un barrio peligroso
6. **vago: I have a rough idea of what to do** tengo una vaga idea de qué hacer

➤ **a rough copy** un borrador.

round [raʊnd] *(adjective & noun)*

■ *adjective*
redondo: a round window una ventana redonda

➤ **a round trip** un viaje de ida y vuelta, un viaje redondo *Mexico*

➤ **a round trip ticket** un pasaje de ida y vuelta, un boleto redondo *Mexico:* **I bought a round trip ticket to Boston** compré un pasaje de ida y vuelta a Boston

■ *noun*
1. *In boxing* **el round: he was knocked out in the first round** fue noqueado en el primer round
2. la **visita a domicilio: the doctor is doing his rounds** el doctor está haciendo visitas a domicilios
3. la **vuelta: they lost in the first round of the tournament** perdieron en la primera vuelta del torneo

➤ **a round of ammunition** un disparo

➤ **a round of applause** un aplauso: **he got a huge round of applause** recibió un gran aplauso.

route [ru:t] *noun*
1. **el camino: what is the quickest route to Houston?** ¿cuál es el camino más rápido a Houston?
2. **la ruta: Route 66** la Ruta 66

➤ **a paper route** un reparto de periódicos: **Billy has a paper route** Billy hace un reparto de periódicos.

routine [ru:'ti:n] *noun* ■ **la rutina: exercise is part of my daily routine** el ejercicio es parte de mi rutina diaria.

row *(noun & verb)*

■ *noun*
['raʊ]
1. **la hilera: a row of houses** una hilera de casas
2. **la fila: they are sitting in the second row** están sentados en la segunda fila

➤ **in a row** seguido: **he phoned her three times in a row** la llamó tres veces seguidas

■ *verb*
[rəʊ]
remar: he rowed for three hours remó por tres horas

➤ **to row across the river** cruzar el río a remo.

rowboat ['rəʊbəʊt] *noun* ■ **el bote a remos**.

rowdy ['raʊdɪ] *adjective* ■ **bullicioso: a rowdy class** una clase bulliciosa.

royal ['rɔɪəl] *adjective* ■ **real: the royal family** la familia real.

rub [rʌb] *(past tense & past participle* rubbed*)* *verb*
1. **frotar: don't rub so hard** no frotes tan fuerte

2. **frotarse: he rubbed his eyes** se frotó los ojos.

rubber ['rʌbəʳ] *noun* ■ la **goma, el hule** *Mexico*: **the ball is made of rubber** la pelota es de goma
➤ **a rubber ball** una pelota de goma
➤ **a rubber band** una goma elástica, una liga *Mexico*.

ruby ['ru:bɪ] *noun* ■ **el rubí** *(plural* **los rubíes***)*: **a ruby necklace** un collar de rubíes.

rude [ru:d] *adjective*
1. **grosero: she was rude to her mother** fue grosera con su madre
2. **de mala educación: it's rude to talk with your mouth full** es de mala educación hablar con la boca llena.

rug [rʌg] *noun* ■ **la alfombra: there's a rug in front of the fireplace** hay una alfombra frente a la chimenea.

ruin ['ru:ɪn] *(noun & verb)*
■ *noun*
la ruina: they found the ruins of an old castle encontraron las ruinas de un viejo castillo
➤ **in ruins** en ruinas: **the city is in ruins** la ciudad está en ruinas
■ *verb*
arruinar: he ruined my party arruinó mi fiesta; **the crash ruined him** el choque lo arruinó.

rule [ru:l] *(noun & verb)*
■ *noun*
la regla: what are the rules of the game? ¿cuáles son las reglas del juego?; **he broke the rules** rompió las reglas
➤ **to be against the rules** ir contra las reglas: **smoking is against the rules** fumar va contra las reglas
■ *verb*
gobernar: who is going to rule the country? ¿quién va a gobernar el país?

rule out *phrasal verb* ■ **descartar: we can't rule out the possibility of rain** no podemos descartar la posibilidad de que llueva.

ruler ['ru:ləʳ] *noun*
1. **la regla: use a ruler to measure the line** usa una regla para medir la línea
2. **el gobernante: the ruler of the country** el gobernante de un país.

rum [rʌm] *noun* ■ **el ron**.

rumor ['ru:məʳ] *noun* ■ **el rumor** *(plural* **los rumores***)*: **it's just a rumor** sólo es un rumor.

run [rʌn] *(noun & verb)*
■ *noun*
1. **she went for a five-mile run** salió a correr cinco millas
2. **la carrera: he scored 4 runs** anotó 4 carreras; **I have a run in my pantyhose** tengo una carrera en la media
➤ **in the long run** a la larga: **in the long run it won't really matter** a la larga, no importará realmente
■ *verb*
(past tense **ran**, *past participle* **run***)*
1. **correr: she ran 5 miles** corrió 5 millas; **you left the water running** dejaste el agua corriendo
2. **dirigir: she runs a big company** dirige una gran empresa
3. **gotear: my nose is running** me gotea la nariz
4. **marchar: the bus runs on gas** el autobús marcha a gasolina; **the engine is running** el motor está marchando
5. **circular: the trains don't run on Sundays** los trenes no circulan los domingos
6. **pasar: she ran her hand through her hair** se pasó la mano por el cabello
7. **ser candidato a: Bush is running for president** Bush es candidato a presidente

run away *phrasal verb* ■ **huir: the thieves ran away** los ladrones huyeron.

run out *phrasal verb* ■ **agotarse: their supplies ran out** se les agotaron las provisiones
➤ **time is running out** se está acabando el tiempo
➤ **to run out of something** quedarse sin algo: **they ran out of milk** se quedaron sin leche.

run over *phrasal verb* ■ **atropellar: he was run over by a car** lo atropelló un coche
➤ **to get run over** ser atropellado.

rung [rʌŋ] *past participle* ➤ ring.

runner ['rʌnəʳ] *noun* ■ el **corredor,** la **corredora: there are ten runners in this race** hay diez corredores en esta carrera.

runner-up ['rʌnəʳʌp] *noun* ■ el **subcampeón** *(plural* los **subcampeones***),* la **subcampeona: she was runner-up in her category** fue subcampeona en su categoría.

running ['rʌnɪŋ] *noun* ■ **he took up running at 40** empezó a correr a los 40 años.

runny ['rʌnɪ] *adjective*
➤ **to have a runny nose** gotear la nariz: **I have a runny nose** me gotea la nariz.

runway ['rʌnweɪ] *noun* ■ la **pista de aterrizaje: the plane is on the runway** el avión está en la pista de aterrizaje.

rush [rʌʃ] *(noun & verb)*

■ *noun*
el **apuro: what's the rush?** ¿qué apuro hay?
➤ **in a rush** a la carrera: **I did my homework in a rush** hice mi tarea a la carrera
➤ **to be in a rush** estar apurado: **I'm in a rush!** ¡estoy apurado!
➤ **rush hour** hora pico: **traffic is awful at rush hour** el tráfico es terrible a la hora pico

■ *verb*
apurarse: you'll have to rush if you want to catch the train tendrás que apurarte si quieres alcanzar el tren.

rust ['rʌst] *noun* ■ el **óxido: your bike is covered in rust** tu bicicleta está cubierta de óxido.

rusty ['rʌstɪ] *adjective* ■ **oxidado: a rusty old nail** un viejo clavo oxidado
➤ **my Italian is rusty** tengo muy olvidado el italiano.

rye [raɪ] *noun* ■ el **centeno: rye bread** pan de centeno.

S

sack [sæk] *noun* ■ el **saco: a sack of potatoes** un saco de papas.

sad [sæd] *adjective* ■ **triste: she looks very sad** parece estar muy triste.

saddle ['sædl] *noun* ■ la **montura: the jockey climbed into the saddle** el jinete subió a su montura.

sadly ['sædlɪ] *adverb*
1. **con tristeza: he looked at me sadly** me miró con tristeza
2. **lamentablemente: sadly she died** lamentablemente murió.

sadness ['sædnɪs] *noun* ■ la **tristeza**.

safe [seɪf] *(adjective & noun)*

■ *adjective*
1. **sin peligro: it's safe to swim here** aquí se puede nadar sin peligro
2. **a salvo: he's safe now** ahora está a salvo
3. **seguro: this ladder isn't very safe** esta escalera no es muy segura
4. **prudente: he's a safe pilot** es un piloto prudente
➤ **to feel safe** sentirse seguro
➤ **to be in a safe place** estar en un lugar seguro: **the jewels are in a safe place** las joyas están en un lugar seguro
➤ **it's not safe** no es seguro

■ *noun*
la **caja fuerte: there's a lot of money in the safe** hay mucho dinero en la caja fuerte.

safety ['seɪftɪ] *noun* ■ la **seguridad: they say they do it for our safety** dicen que lo hacen por nuestra seguridad
➤ **a safety belt** un cinturón de seguridad

➤ **a safety pin** un imperdible, un seguro *Mexico*.

said [sed] *past tense & past participle* ➤ say.

sail [seɪl] *(noun & verb)*

■ *noun*
la **vela: a ship in full sail** un barco con las velas desplegadas
➤ **to set sail** zarpar: **they set sail at dawn** zarparon al amanecer

■ *verb*
1. **navegar: the boat is sailing to America** el barco está navegando hacia Estados Unidos
2. **ir en barco: it takes three hours to sail to the island** ir en barco a la isla se tarda tres horas
3. **zarpar: we sail tomorrow** mañana zarpamos.

sailboat [seɪlbəʊt] *noun* ■ el **velero**.

sailing ['seɪlɪŋ] *uncountable noun* ■ **navegar: he goes sailing on the weekends** sale a navegar los fines de semana.

sailor ['seɪləʳ] *noun* ■ el **marinero**.

saint [seɪnt] *noun* ■ el **santo,** la **santa: he's a saint** es un santo

> Before a man's name, **Santo** is shortened to **San**, except before Tomás and Domingo:

Saint Paul San Pablo; **Saint Thomas** Santo Tomás; **Saint Catherine** Santa Catalina
➤ **Saint Patrick's Day** el día de San Patricio.

sake [seɪk] *noun*
➤ **for somebody's sake** por alguien: **do it for my sake** hazlo por mí.

salad ['sæləd] *noun* ■ la **ensalada**
➤ **salad dressing** el aderezo de ensalada.

salary ['sælərɪ] *(plural* salaries*) noun* ■ el **sueldo**.

sale [seɪl] *noun* ■ la **rebaja: Bloomingdale's is having a sale** hay rebajas en Bloomingdale's
➤ **on sale** a precio rebajado: **I bought this coat on sale** compré este abrigo a precio rebajado
➤ **for sale** se vende: **their house is not for sale** su casa no se vende.

salesman ['seɪlzmən] *(plural* salesmen ['seɪlzmən]*) noun* ■ el **vendedor: he's an insurance salesman** es vendedor de seguros.

salmon ['sæmən] *noun* ■ el **salmón** *(plural* los **salmones***)*.

salon ['sælɒn] *noun* ■ el **salón** *(plural* los **salones***)*: **a beauty salon** un salón de belleza.

salt [sɒlt] *noun* ■ la **sal**.

salty ['sɔːltɪ] *adjective* ■ **salado**.

salute [sə'luːt] *verb* ■ **saludar: the general saluted the troops** el general saludó a las tropas.

same [seɪm] *adjective & pronoun* ■ **mismo: she's wearing the same sweater as I am** tiene puesto el mismo suéter que yo; **we left at the same time** nos fuimos al mismo tiempo
➤ **the same** el mismo: **she has the same one as me** tiene el mismo que yo, lo mismo: **I'm going to have the same as you** voy a pedir lo mismo que tú
➤ **to look the same** parecerse: **they all look the same** todos se parecen.

sand [sænd] *uncountable noun* ■ la **arena**
➤ **a sand castle** un castillo de arena
➤ **a sand dune** una duna de arena.

sandal ['sændl] *noun* ■ la **sandalia,** el **huarache** *Mexico*: **she's wearing sandals** tiene sandalias puestas.

sandwich ['sænwɪdʒ] *noun* ■ el **sándwich** *(plural* los **sándwiches***)*: **a cheese sandwich** un sándwich de queso.

sang [sæŋ] *past tense* ➤ sing.

sanitary napkin ['sænɪtrɪ'næpkɪn] *noun* ■ la **toalla higiénica**.

sank [sæŋk] *past tense* ➤ sink.

Santa Claus ['sæntəˌklɔːz] *noun* ■ **Papá Noel**.

sarcastic [saːr'kæstɪk] *adjective* ■ **sarcástico**.

sardine [saː'diːn] *noun* ■ **la sardina**.

sat [sæt] *past tense & past participle*
➤ sit.

SAT [ɜseɪtiː] *noun* ■ *un examen*

SAT

El **SAT** (las siglas no tienen significado) es un examen de conocimientos generales que se ofrece a nivel nacional a los estudiantes que desean asistir a alguna universidad estadounidense. El examen se administra en ciertas fechas fijas a lo largo del año escolar, y se puede presentar más de una vez si es necesario para obtener un buen resultado. Aunque es una parte importante de la solicitud universitaria, el SAT no es el único criterio para admisión. También se consideran las calificaciones y actividades del estudiante.

satellite ['sætəlaɪt] *noun* ■ **el satélite: satellite TV** televisión por satélite
➤ **a satellite dish** una antena parabólica.

satisfied ['sætɪsfaɪd] *adjective* ■ **satisfecho: I'm not satisfied with your work** no estoy satisfecha con tu trabajo.

Saturday ['sætədɪ] *noun*

In Spanish the days of the week do not start with a capital letter:

el sábado: it's Saturday today hoy es sábado; **next Saturday** el próximo sábado; **last Saturday** el sábado pasado
➤ **on Saturday** el sábado: **I'll see you on Saturday** te veo el sábado
➤ **on Saturdays** los sábados: **he comes to see me on Saturdays** viene a verme los sábados.

sauce [sɔːs] *noun* ■ **la salsa: apple sauce** salsa de manzana.

saucepan ['sɔːspən] *noun* ■ **la cacerola**.

sauna ['sɔːnə] *noun* ■ **el sauna**.

sausage ['sɒsɪdʒ] *noun* ■ **la salchicha**.

save [seɪv] *verb*

1. **salvar: she saved my life** me salvó la vida
2. **ahorrar: we must try and save water** debemos tratar de ahorrar agua
3. **ahorrarse: I saved a hundred dollars** me ahorré cien dólares
4. **guardar: he saved the cake for later** guardó el pastel para más tarde; **I saved my file onto a floppy** guardé mi archivo en un diskette

➤ **to save time** ahorrar tiempo: **that will save you a lot of time** eso te ahorrará mucho tiempo

save up *phrasal verb* ■ **ahorrar: he's saving up to buy a guitar** está ahorrando para comprar una guitarra.

savings ['seɪvɪŋz] *plural noun* ■ **los ahorros: she has spent all her savings** se ha gastado todos sus ahorros.

saw [sɔː] *(noun, verb & verb form)*

■ *noun*
la sierra: a power saw una sierra eléctrica

■ *verb*
(past tense **sawed**, *past participle* **sawed**) **cortar: he sawed the board in half** cortó la tabla a la mitad

■ *past tense*
➤ see.

saxophone ['sæksəfəʊn] *noun* ■ **el saxofón** *(plural* **los saxofones**): **she plays the saxophone** toca el saxofón.

say [seɪ] *(past tense & past participle* **said**) *verb* ■ **decir: what did you say?** ¿qué dijiste?; **I said I was tired** dije que estoy cansado
➤ **could you say that again?** ¿podrías repetir lo que dijiste?

saying ['seɪɪŋ] *noun* ■ **el dicho: it's a well-known saying** es un dicho muy conocido.

scale [skeɪl] *noun*

1. **la escala: this map has a scale of 1/100** este mapa tiene una escala de 1/100; **she's practicing her scales** está practicando las escalas
2. **la magnitud: the scale of the damage** la magnitud del daño

3. la **balanza: put your luggage on the scale** coloque su equipaje sobre la balanza
➤ **a bathroom scale** una báscula.

scan [skæn] *(past tense & past participle* **scanned***) verb* ■ **escanear: I scanned the photo** escanée la foto.

scandal ['skændl] *noun* ■ el **escándalo: it caused a scandal** causó un escándalo.

scanner ['skænəʳ] *noun* ■ el **escáner** *(plural* los **escáneres***)*: **put the photo in the scanner** pon la foto en el escáner.

scar [skaːʳ] *noun* ■ la **cicatriz** *(plural* las **cicatrices***)*.

scare [skeəʳ] *(noun & verb)*

■ *noun*
el **susto: you gave me a scare** me diste un susto
➤ **a bomb scare** una amenaza de bomba

■ *verb*
asustar: Juan scares me Juan me asusta.

scarecrow ['skeəkrəʊ] *noun* ■ el **espantapájaros** *(plural* los **espantapájaros***)*.

scared ['skeəd] *adjective* ■ **asustado: I was scared of him** estaba asustada de él; **I'm not scared of flying** no me asusta volar.

scarf [skaːf] *(plural* **scarfs** [skaːfs] o **scarves** [skaːvz]*) noun*
1. la **bufanda: a woolen scarf** una bufanda de lana
2. el **pañuelo: a silk scarf** un pañuelo de seda.

scary [skeərɪ] *adjective*
➤ **to be scary** ser aterrador: **it's a scary film** es una película de terror.

scarves *plural* ➤ **scarf**.

scene [sɪːn] *noun*
1. la **escena: there is a very funny scene in the film** hay una escena muy divertida en la película
2. el **lugar: the scene of the crime** el lugar del crimen
➤ **behind the scenes** entre bastidores.

scenery ['sɪːnərɪ] *uncountable noun* ■ el **paisaje: I love the scenery in this part of the country** me encanta el paisaje en esta zona del país.

schedule ['skedʒʊl] *noun* ■ el **calendario: I have a busy schedule** tengo el calendario muy apretado
➤ **we're on schedule** estamos al día
➤ **we're ahead of schedule** estamos adelantados
➤ **we're behind schedule** estamos atrasados.

scheme [skɪːm] *noun* ■ el **plan: it's a scheme to make money** es un plan para ganar dinero.

scholarship ['skɒləʃɪp] *noun* ■ la **beca: he got a scholarship** obtuvo una beca.

school [skuːl] *noun* ■ el **colegio: all children have to go to school up to the age of 16** todos los niños tienen que ir al colegio hasta los 16 años
➤ **a school bus** un autobús escolar, un camión escolar *Mexico*
➤ **the school year** el año escolar

SCHOOL

El sistema educativo en los Estados Unidos se divide en dos niveles básicos: primaria y secundaria. La escuela primaria (**grade school**) abarca de 1 a 8 años. Los alumnos entran a high school, la etapa secundaria, aproximadamente a los 14 años. Este nivel abarca cuatro años (de 9 a 12); generalmente los estudiantes se gradúan a la edad de 18. El gobierno ofrece educación primaria y secundaria gratuita y obligatoria a todos los niños a través de las escuelas públicas (**public schools**), pero también existe la posibilidad de asistir a escuelas privadas (**private schools**).

schoolbook ['skuːlbʊk] *noun* ■ el **libro de texto: don't forget your schoolbooks** no te olvides de tus libros de texto.

schoolchildren ['skuːltʃɪldrən] *plural noun* ■ los **escolares**.

science ['saɪəns] *noun* ■ la **ciencia: science and technology** ciencia y tecnología; **Chris wants to study science** Chris quiere estudiar ciencias

➤ **science fiction** ciencia ficción: **it's a science fiction book** es un libro de ciencia ficción.

scientific [,saɪən'tɪfɪk] *adjective* ■ **científico**.

scientist ['saɪəntɪst] *noun* ■ el **científico,** la **científica**.

scissors ['sɪzəz] *plural noun* ■ las **tijeras**

➤ **a pair of scissors** unas tijeras.

scoop [sku:p] *noun* ■ la **bola: three scoops of ice cream** tres bolas de helado.

scooter ['sku:tə^r] *noun*

1. la **Vespa®,** la **motoneta** *South America*: **a lot of people use scooters to get around** mucha gente usa Vespas® para trasladarse
2. la **patineta,** el **patín del diablo** *(plural* los **patines del diablo***)* *Mexico*: **the child was playing on his scooter** el niño jugaba con su patineta.

score [skɔ:^r] *(noun & verb)*

■ *noun*

el **resultado: the final score was one nothing** el resultado final fue uno a cero

➤ **what's the score?** ¿cómo van?

■ *verb*

marcar: he scored a goal marcó un gol; **they haven't scored yet** no han marcado todavía.

scorpion ['skɔ:pjən] *noun* ■ el **escorpión** *(plural* los **escorpiones***)*.

Scotland ['skɒtlənd] *noun* ■ **Escocia** *(feminine)*.

Scottish ['skɒtɪʃ] *adjective*

> Remember not to use a capital letter for the adjective in Spanish:

escocés: the Scottish countryside is beautiful la campiña escocesa es hermosa.

scrambled eggs ['skræmbldegz] *plural noun* ■ los **huevos revueltos**.

scratch [skrætʃ] *(noun & verb)*

■ *noun*

1. el **rasguño: my legs are covered with scratches** tengo las piernas llenas de rasguños
2. el **rayón** *(plural* los **rayones***)*: **there's a scratch on this CD** este CD tiene un rayón

➤ **to start from scratch** empezar desde cero: **we'll just have to start from scratch** vamos a tener que empezar desde cero

■ *verb*

1. **rascar: can you scratch my back?** ¿me rascas la espalda?
2. **rascarse: don't scratch** no te rasques; **he was scratching his leg** se estaba rascando la pierna
3. **arañar: the cat scratched my hand** el gato me arañó la mano.

scratch paper [skrætʃ'peɪpə^r] *noun* ■ el **papel de borrador**.

scream [skri:m] *(noun & verb)*

■ *noun*

el **grito: I could hear screams** oía gritos

■ *verb*

gritar: she screamed when the vampire appeared gritó cuando apareció el vampiro.

screen [skri:n] *noun* ■ la **pantalla: it's a good film to see on the big screen** es una buena película para ver en pantalla grande; **the computer screen is very bright** la pantalla de la computadora está muy brillante

➤ **a screen saver** un protector de pantalla.

screw [skru:] *(noun & verb)*

■ *noun*

el **tornillo: he went to buy some screws** fue a comprar tornillos

■ *verb*

1. **atornillar: you have to screw the mirror to the wall** tienes que atornillar el espejo a la pared
2. **enroscar: I screwed the top on the bottle** enrosqué la tapa en la botella.

screwdriver ['skru:,draɪvə^r] *noun* ■ el **destornillador,** el **desarmador** *Mexico*.

scroll [skrəʊl] *verb* ■ **desplazarse: scroll down to the end of the document** desplácese hacia abajo, hasta el final del documento.

sculptor ['skʌlptəʳ] *noun* ■ el **escultor**, la **escultora**.

sculpture ['skʌlptʃəʳ] *noun* ■ la **escultura: an exhibition of modern sculptures** una exposición de esculturas modernas.

sea [siː] *noun* ■ el **mar: I like swimming in the sea** me gusta nadar en el mar
➤ **by sea** en barco
➤ **by the sea** a orillas del mar.

seafood ['siːfuːd] *uncountable noun* ■ los **mariscos**.

seagull ['siːgʌl] *noun* ■ la **gaviota**.

seal [siːl] *(noun & verb)*
■ *noun*
la **foca: seals are mammals that live in cold waters** las focas son mamíferos que viven en aguas frías
■ *verb*
cerrar: have you sealed the envelope yet? ¿ya cerraste el sobre?

search [sɜːtʃ] *(noun & verb)*
■ *noun*
1. el **registro**, el **cateo: the police carried out a search of the house** la policía efectuó un registro domiciliario
2. la **búsqueda: there was a search for the missing boy** se hizo una búsqueda del chico desaparecido
➤ **a search engine** un buscador
➤ **a search party** un grupo de rescate
■ *verb*
1. **registrar, catear** *Mexico*: **the police searched the apartment** la policía registró el departamento
2. **buscar: we searched the whole town** buscamos por toda la ciudad; **I searched my pockets** busqué en mis bolsillos

search for *phrasal verb* ■ **buscar: I'm searching for my keys** estoy buscando mis llaves.

seashell ['siːʃel] *noun* ■ la **concha marina**.

seasick ['siːsɪk] *adjective*
➤ **to be seasick** estar mareado: **she was seasick** estaba mareada
➤ **to get seasick** marearse.

season ['siːzn] *noun*
1. la **estación** *(plural* las **estaciones**): **my favorite season is spring** mi estación favorita es la primavera
2. la **temporada: it's football season** es temporada de fútbol
➤ **a season ticket** un abono: **I'm going to get season tickets** voy a comprar unos abonos.

seat [siːt] *noun*
1. el **asiento: your book's on the back seat of the car** tu libro está en el asiento de atrás del automóvil
2. el **escaño**, el **curul** *Colombia, Mexico*, la **banca** *Southern Cone*: **he has a seat in Congress** tiene un escaño en el Congreso
3. la **localidad: I reserved two seats for the play** reservé dos localidades para ver la obra
➤ **a seat belt** un cinturón de seguridad: **fasten your seat belts** ajústense los cinturones de seguridad.

seaweed ['siːwiːd] *uncountable noun* ■ el **alga marina**

Feminine noun that takes **un** or **el** in the singular.

second ['sekənd] *(adjective & noun)*
■ *adjective*
segundo: that's the second time he has rung ésa es la segunda vez que toca el timbre
➤ **it's June second today** hoy es el dos de junio
➤ **on the second floor** en el segundo piso
➤ **to come in second** llegar segundo
■ *noun*
el **segundo: wait a second!** ¡espera un segundo!
➤ **to have seconds** repetir: **may I have seconds?** ¿puedo repetir?

second-hand [ˌsekənd'hænd] *adjective & adverb* ■ **de segunda mano: it's a second-hand bike** es una bicicleta de segunda mano; **I bought it second-hand** la compré de segunda mano.

secret ['siːkrɪt] *(adjective & noun)*

■ *adjective*
secreto: it's a secret meeting place es un lugar de encuentro secreto

■ *noun*
el secreto: he can't keep a secret no sabe guardar un secreto

➤ **we met in secret** nos encontramos en secreto.

secretary ['sekrətrɪ] *(plural* secretaries*) noun* ■ **el secretario, la secretaria**.

section ['sekʃn] *noun* ■ **la sección** *(plural* **las secciones***)*: **there are three sections to the newspaper** hay tres secciones en el diario.

security [sɪ'kjʊərətɪ] *noun* ■ **la seguridad: security at the airport has been tightened** han reforzado la seguridad en el aeropuerto

➤ **a security guard** un guardia de seguridad.

see [siː] *(past tense* saw, *past participle* seen*) verb* ■ **ver: I saw Jack yesterday** ayer vi a Jack; **have you seen any good films recently?** ¿has visto alguna buena película últimamente?; **I can't see** no veo; **I'll see what I can do** veré lo que puedo hacer

➤ **we'll see** veremos

➤ **see you soon!** ¡hasta pronto!

➤ **see you!** ¡nos vemos!

see off *phrasal verb* ■ **despedir: he saw me off at the airport** me despidió en el aeropuerto.

see to *phrasal verb* ■ **encargarse de: I can't close the door — I'll see to it** no puedo cerrar la puerta — yo me encargo de eso.

seed [siːd] *noun* ■ **la semilla: she planted some sunflower seeds** plantó unas semillas de girasol.

seek [siːk] *(past tense & past participle* sought*) verb* ■ **buscar: we're seeking a solution** estamos buscando una solución.

seem [siːm] *verb* ■ **parecer: she seems sad** parece triste; **they seem bored** parecen estar aburridos; **you seem to be having problems** parece que tienes problemas; **there seems to be a delay** parece que hay una demora.

seen [siːn] *past participle* ➤ see.

seesaw ['siːsɔː] *noun* ■ **el balancín** *(plural* **los balancines***)*.

select [sɪ'lekt] *verb* ■ **seleccionar: she selected the CD she wanted** seleccionó los CD que quería.

selection [sɪ'lekʃn] *noun*

1. **la selección** *(plural* **las selecciones***)*: **you've made a good selection** hiciste una buena selección
2. **el surtido: there's a good selection of food in the market** hay gran surtido de comida en el mercado.

self-confident [ˌself'kɒnfɪdənt] *adjective* ■ **seguro de sí mismo: Kim's very self-confident** Kim es muy segura de sí misma.

self-conscious [ˌself'kɒnʃəs] *adjective* ■ **cohibido: I feel very self-conscious in my red hat** me siento muy cohibida con mi sombrero rojo.

self-control [ˌselfkən'trəʊl] *noun* ■ **el dominio de sí mismo: he lost his self-control** perdió el dominio de sí mismo.

self-defense [ˌselfdɪ'fens] *noun* ■ **la defensa personal: a self-defense course** un curso de defensa personal

➤ **in self-defense** en defensa propia: **she shot him in self-defense** le disparó en defensa propia.

selfish ['selfɪʃ] *adjective* ■ **egoísta**.

sell [sel] *(past tense & past participle* sold*) verb* ■ **vender: I sold him my bike** le vendí mi bici

sell out *phrasal verb* ■ **all the tickets are sold out** las entradas están agotadas; **we're sold out of coffee** se nos terminó el café.

semester [sɪ'mestər] *noun* ■ **el semestre**.

semicircle ['semɪsɜːkl] *noun* ■ **el semicírculo**.

semicolon [,semɪ'kəʊlən] *noun* ■ **el punto y coma**.

Senate ['senɪt] *noun* ■ **the Senate** el Senado

> SENATE
>
> El Senado (**Senate**) constituye, junto con la Cámara de Representantes, el organismo legislativo estadounidense. Se elige a sus 100 miembros cada seis años. Cada uno de los 50 estados tiene 2 senadores. Todas las leyes nuevas deben ser ratificadas por ambas cámaras del Congreso.

senator ['senətəʳ] *noun* ■ **el senador, la senadora: he's a New York senator** es senador por Nueva York.

send [send] *(past tense & past participle* sent*) verb* ■ **mandar: he sent me a letter** me mandó una carta
➤ **send them my love** mándales saludos de mi parte
➤ **to send somebody home** mandar a alguien a casa

send back *phrasal verb* ■ **devolver, regresar** *Latin America except Southern Cone*: **if you don't want it, you can send it back** si no lo quieres, puedes devolverlo.

send for *phrasal verb* ■ **mandar a buscar: I sent for the doctor** mandé a buscar al médico.

send off *phrasal verb* ■ **despachar: Ray sent off the package yesterday** Ray despachó el paquete ayer.

senior ['siːnjəʳ] *(adjective & noun)*

■ *adjective*
alto: these are senior people in the government estos son altos personajes del gobierno
➤ **a senior citizen** una persona de la tercera edad
➤ **senior year** el último año de la universidad: **Raul's in his senior year** Raúl está en el último año de la universidad

■ *noun*
1. **el/la estudiante del último año: the school's seniors are taking their final exams** los estudiantes del último año están haciendo sus exámenes finales
2. **la persona de la tercera edad: the seniors of the community decided to start a bingo club** las personas de la tercera edad de la comunidad decidieron abrir un club de bingo

➤ **he's my senior** es mi superior

> **Senior** es un falso amigo, no significa "señor".

sense [sens] *noun*
1. **el sentido: what you say doesn't make sense** lo que dices no tiene sentido; **the five senses** los cinco sentidos
2. **el sentido común: you have no sense** no tienes sentido común

➤ **that makes sense** eso tiene sentido
➤ **a sense of humor** un sentido del humor: **she doesn't have a sense of humor** no tiene sentido del humor
➤ **the sense of smell** el sentido del olfato
➤ **the sense of touch** el sentido del tacto.

sensible ['sensəbl] *adjective* ■ **sensato**

> La palabra inglesa **sensible** es un falso amigo, no significa "sensible".

sensitive ['sensɪtɪv] *adjective* ■ **sensible: he's a sensitive boy** es un muchacho sensible
➤ **she's sensitive about her weight** no le gusta que hagan comentarios sobre su peso.

sent [sent] *past tense & past participle* ➤ send.

sentence ['sentəns] *(noun & verb)*

■ *noun*
la oración *(plural* **las oraciones***)*: **a sentence should begin with a capital letter and end with a period** una oración debe empezar con mayúscula y terminar con un punto

■ *verb*
condenar: he was sentenced to five years in prison lo condenaron a cinco años de prisión.

separate *(adjective & verb)*

■ *adjective*
['seprət]
1. **aparte: put it in a separate envelope** ponlo en un sobre aparte
2. **diferente: these are two separate issues** estos son dos temas diferentes
3. **separado: can we have separate receipts?** ¿podría darnos recibos separados?

➤ **she has a separate room** tiene su propio cuarto

■ *verb*
['sepəreɪt]
1. **separar: they separated the boys from the girls** separaron a los niños de las niñas
2. **separarse: they separated after ten years of marriage** se separaron después de diez años de matrimonio.

September [sep'tembəʳ] *noun*

In Spanish the months of the year do not start with a capital letter:

septiembre *(masculine)*: **school starts in September** las clases empiezan en septiembre; **next September** el próximo septiembre; **last September** el pasado septiembre.

sequel ['siːkwəl] *noun* ■ la **continuación** *(plural* las **continuaciones**): **have you seen the sequel to the film?** ¿viste la continuación de la película?

sergeant ['sɑːdʒənt] *noun* ■ **el/la sargento: he's a sergeant in the army** es sargento de la armada; **he's a police sergeant** es sargento de policía.

series ['sɪəriːz] *(plural* **series**) *noun* ■ la **serie: we've had a series of problems** hemos tenido una serie de problemas

➤ **The World Series** La Serie Mundial.

serious ['sɪərɪəs] *adjective*
1. **serio: he always looks serious** siempre se ve serio
2. **grave: she has a serious illness** padece una enfermedad grave.

seriously ['sɪərɪəslɪ] *adverb*
1. **en serio: seriously, what do you think?** en serio, ¿qué crees tú?
2. **gravemente: he was seriously injured** estaba gravemente herido.

serve [sɜːv] *verb* ■ **servir: dinner is served at 7 o'clock** la cena se sirve a las 7 en punto

➤ **that serves you right** lo tienes bien merecido.

service ['sɜːvɪs] *noun*
1. el **servicio: the service is good in this restaurant** el servicio en este restaurante es bueno
2. la **revisión** *(plural* las **revisiones**): **I'm going to take the car for a service** voy a llevar el coche para que le hagan la revisión

➤ **a service station** una estación de servicio.

session ['seʃn] *noun* ■ la **sesión** *(plural* las **sesiones**): **a recording session** una sesión de grabación.

set [set] *(noun, adjective & verb)*

■ *noun*
1. el **juego: a set of keys** un juego de llaves; **a chess set** un juego de ajedrez
2. la **colección** *(plural* las **colecciones**): **a set of encyclopedias** la colección de enciclopedias
3. el **set: Sampras won the first set** Sampras ganó el primer set

➤ **a television set** un televisor

■ *adjective*
listo: they were set to leave estaban listos para salir

➤ **a set menu** un menú del día

■ *verb*
(past tense & past participle **set**)
1. **poner: she set the vase on the table** puso el jarrón sobre la mesa; **he set his bike against the wall** puso su bici contra la pared; **I'll set the alarm for 6 a.m.** voy a poner el despertador a las 6 a.m.
2. **fijar: let's set a time and a place** fijemos una hora y lugar
3. **establecer: he set a new world record** estableció un nuevo record mundial
4. **ponerse: the sun's setting** el sol se está poniendo

➤ **to set somebody free** poner en libertad a alguien

➤ **to set something on fire** prenderle fuego a algo

➤ **to set the table** poner la mesa

➤ **the film's set in Casablanca** la película está ambientada en Casablanca

set off *phrasal verb*
1. **salir: they set off at dawn** salieron al amanecer
2. **tirar: they set some fireworks off** tiraron fuegos artificiales
3. **hacer explotar: they set the bomb off** hicieron explotar la bomba
4. **hacer sonar: the burglar set the alarm off** el ladrón hizo sonar la alarma.

set out *phrasal verb* ■ **proponerse: he set out to find the buried treasure** se propuso encontrar el tesoro enterrado.

set up *phrasal verb*
1. **montar: he set up a new business** montó un nuevo negocio
2. **instalar: he set the computer up in his room** instaló la computadora en su cuarto
3. **armar: they set the tent up in the garden** armaron la tienda en el jardín.

settle ['setl] *verb*
1. **resolver: we settled the argument** resolvimos la discusión
2. **pagar: may I settle the bill now?** ¿podría pagar la cuenta ahora?
3. **establecerse: they settled in Canada** se establecieron en Canadá

➤ **that's settled** queda decidido

settle down *phrasal verb*
1. **calmarse: settle down!** ¡cálmate!
2. **acomodarse: she settled down in the armchair** se acomodó en el sillón.

seven ['sevn] *number* ■ **siete: the seven wonders of the world** las siete maravillas del mundo; **she's seven** tiene siete años; **he went out at seven** salió a las siete.

seventeen [,sevn'tiːn] *number* ■ **diecisiete: there are seventeen girls in the class** hay diecisiete niñas en la clase; **she's seventeen** tiene diecisiete años.

seventeenth [,sevn'tiːnθ] *number* ■ **décimoséptimo**

➤ **it's her seventeenth birthday** cumple diecisiete años

➤ **it's May seventeenth today** hoy es el 17 de mayo.

seventh ['sevnθ] *number* ■ **séptimo: on the seventh floor** en el séptimo piso

➤ **it's November seventh today** hoy es el 7 de noviembre.

seventy ['sevntɪ] *number* ■ **setenta: she's seventy** tiene setenta años

➤ **seventy-one** setenta y uno

➤ **seventy-two** setenta y dos.

several ['sevrəl] *adjective & pronoun* ■ **varios: she called me several times** me llamó varias veces; **he ate several of them** se comió varios.

sew [səʊ] *(past tense* **sewed**, *past participle* **sewn** o **sewed**) *verb* ■ **coser: do you know how to sew?** ¿sabes coser?; **she sewed the button on** cosió el botón.

sewing ['səʊɪŋ] *uncountable noun* ■ **la costura**

➤ **a sewing machine** una máquina de coser.

sewn [səʊn] *past participle* ➤ **sew**.

sex [seks] *noun* ■ **el sexo: there were young people of both sexes** había jóvenes de ambos sexos

➤ **to have sex with somebody** tener relaciones sexuales con alguien.

sexist ['seksɪst] *adjective* ■ **sexista: don't be sexist** no seas sexista.

sexy ['seksɪ] *adjective* ■ **sexy** *(plural* **sexy**): **she was wearing a sexy dress** llevaba un vestido sexy.

shade [ʃeɪd] *noun*
1. **la sombra: I was sitting in the shade** estaba sentado a la sombra
2. **el tono: choose another shade of green** elige otro tono de verde.

shadow ['ʃædəʊ] *noun* ■ **la sombra: I saw a shadow on the wall** vi una sombra en la pared.

shake [ʃeɪk] *(past tense* **shook**, *past participle* **shaken**) *verb*
1. **sacudir: shake the tree to make the apples fall** sacude el árbol para que caigan las manzanas

2. **agitar: you have to shake the bottle first** tienes que agitar la botella primero
3. **temblar: my legs are shaking** me tiemblan las piernas; **she's shaking with cold** está temblando de frío

➤ **to shake hands with somebody** darle la mano a alguien: **we shook hands** nos dimos la mano

➤ **to shake one's head** negar con la cabeza: **I asked if she was coming and she shook her head** le pregunté si venía y lo negó con la cabeza.

shaken ['ʃeɪkn] *past participle* ➤ shake.

shall [ʃəl, ʃæl] *verb*

1. *The future tense* **I shall see him tomorrow** lo veré mañana
2. *Making suggestions* **shall I open the window?** ¿abro la ventana?; **let's go, shall we?** ¿qué les parece si vamos?

shallow ['ʃæləʊ] *adjective* ■ **poco profundo: the river is shallow here** el río es poco profundo aquí.

shame [ʃeɪm] *noun* ■ **la vergüenza: he put me to shame** me hizo pasar vergüenza

➤ **it's a shame** es una lástima: **it's a shame that you lost** es una lástima que hayas perdido

➤ **what a shame!** ¡qué lástima!

shampoo [ʃæm'puː] *noun* ■ **el champú** (*plural* los **champús**).

shape [ʃeɪp] *noun* ■ **la forma: a cake in the shape of a heart** un pastel en forma de corazón

➤ **to be in good shape** estar en buena forma: **he's in good shape** está en buena forma.

share [ʃeəʳ] *(noun & verb)*

■ *noun*

la parte: I didn't get my share no obtuve mi parte

■ *verb*

compartir: I share a room with him comparto un cuarto con él.

shares ['ʃeəʳz] *plural noun* ■ **las acciones: we have shares in the company** tenemos acciones en la compañía.

shark [ʃaːk] *noun* ■ **el tiburón** (*plural* los **tiburones**): **these waters are full of sharks** estas aguas están llenas de tiburones.

sharp [ʃaːp] *(adjective & adverb)*

■ *adjective*

1. **afilado: a sharp knife** un cuchillo afilado
2. **puntiagudo: a sharp needle** una aguja puntiaguda
3. **brusco: a sharp rise in prices** una subida brusca de los precios
4. **agudo: he's very sharp** es muy agudo

■ *adverb*

at eight o'clock sharp a las 8 en punto.

shave [ʃeɪv] *(noun & verb)*

■ *noun*

➤ **you need a shave** necesitas una afeitada, necesitas una rasurada *Mexico*

■ *verb*

afeitarse, rasurarse *Mexico*: **he shaves every day** se afeita todos los días; **he shaved off his beard** se afeitó la barba

➤ **to shave one's legs** afeitarse las piernas.

shaving cream ['ʃeɪvɪŋkriːm] *noun* ■ la **crema de afeitar**, la **crema de rasurar** *Mexico*.

shawl [ʃɔːl] *noun* ■ **el chal**.

she [ʃiː] *pronoun* ■ **ella**

> The pronoun "she" is often not translated unless it is needed for emphasis or clarification:

she's called Eileen se llama Eileen; **she came to see me** vino a verme; **she did it** ella lo hizo; **she doesn't know it but he does** ella no lo sabe pero él sí

➤ **there she is!** ¡ahí está!

shed [ʃed] *noun* ■ **el cobertizo: there's a shed in the garden** hay un cobertizo en el jardín.

she'd [ʃɪd, ʃiːd] ➤ she had; ➤ she would.

sheep [ʃiːp] (*plural* sheep) *noun* ■ **la oveja**.

sheet [ʃiːt] *noun*
1. la **sábana: the sheets are clean** las sábanas están limpias
2. la **hoja: give me a sheet of paper** dame una hoja de papel.

shelf [ʃelf] *(plural* shelves [ʃelvz]*) noun*
■ la **repisa: I put the book on the shelf** puse el libro en la repisa.

shell [ʃel] *noun*
1. la **concha: there are lots of shells on the beach** hay muchas conchas en la playa
2. el/la **caparazón** *(plural* **los/las caparazones***)*: **the turtle has a very big shell** la tortuga tiene un caparazón muy grande
3. la **cáscara: the shell of the egg** la cáscara del huevo
4. el **proyectil: the shell exploded in the field** el proyectil explotó en el campo.

she'll [ʃiːl] ➤ she will; she shall.

shelter ['ʃeltəʳ] *(noun & verb)*
■ *noun*
el **refugio: we were looking for shelter** estábamos buscando refugio
➤ **to take shelter** refugiarse: **he took shelter from the storm** se refugió de la tormenta
■ *verb*
proteger: he sheltered the girl with his body protegió a la niña con su cuerpo.

shelves *plural* ➤ shelf.

shepherd ['ʃepəd] *noun* ■ el **pastor**.

sheriff ['ʃerif] *noun* ■ el/la **sheriff: he's the sheriff of Great Rock** es el sheriff de Great Rock.

she's [ʃiːz]
➤ she is; she has.

shield [ʃiːld] *noun* ■ el **escudo: the soldiers used shields to protect themselves** los soldados usaban escudos para protegerse.

shin [ʃɪn] *noun* ■ la **espinilla, la canilla** *Argentina, Chile*.

shine [ʃaɪn] *(past tense & past participle* shone*) verb* ■ **brillar: the sun was shining** el sol brillaba.

shiny ['ʃaɪnɪ] *adjective* ■ **brillante**.

ship [ʃɪp] *noun* ■ el **barco: the ship sank** el barco se hundió
➤ **we went by ship** fuimos en barco.

shipwreck ['ʃɪprek] *noun* ■ el **naufragio**.

shipwrecked ['ʃɪprekt] *adjective*
➤ **to be shipwrecked** naufragar.

shirt [ʃɜːt] *noun* ■ la **camisa: he was wearing a shirt and tie** iba de camisa y corbata.

shiver ['ʃɪvəʳ] *verb*
1. **tiritar: it's so cold she's shivering** hace tanto frío que está tiritando
2. **temblar: she heard the scream and shivered** oyó los gritos y tembló.

shock [ʃɒk] *(noun & verb)*
■ *noun*
1. el **shock: I got a shock when I heard the news** me llevé un shock cuando escuché las noticias
2. la **descarga, el toque** *Mexico*: **he got an electric shock** recibió una descarga eléctrica
■ *verb*
escandalizar: his behavior shocked me or **I was shocked by his behavior** su comportamiento me escandalizó.

shocking ['ʃɒkɪŋ] *adjective* ■ **escandaloso: his attitude is shocking** su actitud es escandalosa.

shoe [ʃuː] *noun* ■ el **zapato: put your shoes on!** ¡ponte los zapatos!; **I took my shoes off** me quité los zapatos
➤ **a pair of shoes** un par de zapatos
➤ **a shoe store** una zapatería.

shoelace ['ʃuːleɪs] *noun* ■ el **cordón de los zapatos** *(plural* **los cordones de los zapatos***)*, la **agujeta** *Mexico*: **your shoelace is undone** tienes los cordones desamarrados.

shone [ʃɒn] *past tense & past participle* ➤ shine.

shook [ʃʊk] *past tense* ➤ shake.

shoot [ʃuːt] *(past tense & past participle* shot*) verb*

1. **disparar: where did you learn to shoot?** ¿dónde aprendiste a disparar?
2. **pegarle un tiro a: he was shot in the leg** le pegaron un tiro en la pierna
3. **fusilar: they shot him at dawn for his treachery** lo fusilaron al amanecer por su traición
4. **filmar: they shot the film in New Zealand** filmaron la película en Nueva Zelanda

➤ **he was shot dead in a robbery** lo mataron a tiros en el asalto.

shop [ʃɒp] *(noun & verb)*

■ *noun*

la **tienda: that shop sells used books** esa tienda vende libros usados

➤ **a shop window** un escaparate, una vitrina *Andes, Venezuela*, un aparador *Mexico*, una vidriera *River Plate*

■ *verb*

hacer compras: we shop often at that mall a menudo hacemos compras en este centro comercial.

shopping [ˈʃɒpɪŋ] *uncountable noun* ■ las **compras**

➤ **to go shopping** ir de compras: **he goes shopping every Friday** va de compras todos los viernes

➤ **a shopping bag** una bolsa de la compra

➤ **a shopping mall** un centro comercial, un shopping *River Plate*, un mall *Chile*.

short [ʃɔːt] *adjective*

1. **corto: Sam has short hair** Sam tiene pelo corto; **it's a short film** es una película corta
2. **bajo: he's very short** es muy bajo

➤ **Dan is short for Daniel** Dan es el diminutivo de Daniel

➤ **they call him Bob for short** lo llaman Bob para abreviar.

shortcut [ʃɔːtkʌt] *noun* ■ el **atajo: she took the shortcut** tomó el atajo.

shortly [ˈʃɔːtlɪ] *adverb* ■ **dentro de poco: I'll see you again shortly** te veré de nuevo dentro de poco.

shorts [ʃɔːts] *plural noun* ■ los **shorts: he was wearing shorts** iba de shorts.

shot [ʃɒt] *(noun & verb form)*

■ *noun*

1. el **disparo: we heard shots** oímos disparos
2. la **vacuna: the baby has had all his shots** el bebé ha recibido todas las vacunas
3. la **toma: this is a nice shot** ésta es una buena toma

➤ **good shot!** ¡buen tiro!

■ *past tense & past participle*

➤ shoot.

shotgun [ˈʃɒtgʌn] *noun* ■ la **escopeta**.

should [ʃʊd] *verb*

"Should" is translated by the verb **deber** in the conditional tense:

you should go deberías irte; **she should be home soon** debería estar en casa pronto; **they should have won the match** deberían haber ganado el partido.

shoulder [ˈʃəʊldəʳ] *noun* ■ el **hombro: he put his hand on her shoulder** le puso la mano en el hombro.

shouldn't [ˈʃʊdnt] ➤ should not.

should've [ˈʃʊdəv] ➤ should have.

shout [ʃaʊt] *(noun & verb)*

■ *noun*

el **grito: I heard a shout** oí un grito

■ *verb*

gritar: he was shouting at me estaba gritándome.

show [ʃəʊ] *(noun & verb)*

■ *noun*

1. el **espectáculo: we're going to see a show on Broadway** vamos a ver un espectáculo en Broadway; **an art show** un espectáculo artístico
2. el **programa: it's a live television show** es un programa de televisión en vivo

■ *verb*

(past tense **showed**, *past participle* **shown** *or* **showed***)*

1. **mostrar: I showed them the photos** le mostré las fotos
2. **indicar: can you show me the way?** ¿puedes indicarme el camino?
3. **dar: they are going to show the film tomorrow** van a dar la película mañana

show off *phrasal verb* ■ **lucirse: he's always showing off** siempre se está luciendo.

show up *phrasal verb* ■ **aparecerse: she hasn't shown up yet** todavía no se ha aparecido.

shower ['ʃaʊəʳ] *noun*
1. la **ducha,** la **regadera** *Colombia, Mexico, Venezuela*: **he's in the shower** está en la ducha
2. el **chubasco: it's not raining much, it's only a shower** no está lloviendo mucho, es sólo un chubasco
➤ **to take a shower** ducharse: **I'm going to take a shower** voy a ducharme.

shown [ʃəʊn] *past participle* ➤ show.

show-off [ʃəʊɒf] *noun* ■ el **fanfarrón** (*plural* los **fanfarrones**), la **fanfarrona: he's a show-off** es un fanfarrón.

shrank [ʃræŋk] *past tense* ➤ shrink.

shrimp [ʃrɪmp] *noun* ■ el **camarón** (*plural* los **camarones**).

shrink [ʃrɪŋk] (*past tense* shrank, *past participle* shrunk) *verb* ■ **encoger: this material shrinks** esta tela encoge.

shrug [ʃrʌg] (*past tense & past participle* shrugged) *verb*
➤ **to shrug one's shoulders** encogerse de hombros: **he shrugged his shoulders** se encogió de hombros.

shrunk [ʃrʌŋk] *past participle* ➤ shrink.

shuffle ['ʃʌfl] *verb*
➤ **to shuffle the cards** barajar las cartas.

shut [ʃʌt] (*adjective & verb*)
■ *adjective*
cerrado: the window is shut la ventana está cerrada
■ *verb*
(*past tense & past participle* **shut**) **cerrar: she shut the door** cerró la puerta

shut up *phrasal verb* ■ **callarse: will you shut up!** ¿quieres callarte?

shutter ['ʃʌtəʳ] *noun* ■ el **postigo: close the shutters** cierra los postigos.

shuttle ['ʃʌtl] *adjective* ■ el **transbordador: a space shuttle** el transbordador espacial.

shy [ʃaɪ] *adjective* ■ **tímido**.

sick [sɪk] *adjective* ■ **enfermo: he's not at school because he's sick** no ha venido a la escuela porque está enfermo
➤ **to be sick of something** estar harto de algo: **I'm sick of your lies** estoy harto de tus mentiras.

side [saɪd] *noun*
1. el **lado: the school is on the other side of the road** la escuela está del otro lado de la calle; **his dog stood by his side** su perro estaba a su lado
2. la **orilla: there's a house by the side of the river** hay una casa a la orilla del río
3. el **equipo: our side won the match** nuestro equipo ganó el partido
➤ **side by side** uno al lado del otro: **they were walking side by side** caminaban uno al lado del otro
➤ **to be on somebody's side** estar de parte de alguien: **are you on my side?** ¿estás de mi parte?
➤ **to take sides** tomar partido.

sideburns ['saɪdbɜːnz] *plural noun* ■ las **patillas: he has sideburns** tiene patillas.

sidewalk ['saɪdwɔːk] *noun* ■ la **acera,** la **vereda** *Andes, River Plate,* la **banqueta** *Mexico*.

sideways ['saɪdweɪz] *adverb* ■ **de lado: crabs walk sideways** los cangrejos caminan de lado.

sigh [saɪ] (*noun & verb*)
■ *noun*
el **suspiro: he gave a sigh of relief** dio un suspiro de alivio
■ *verb*
suspirar: she sighed with frustration suspiró de frustración.

sight [saɪt] *noun* ■ **la vista: I have good sight** tengo buena vista; **I've lost sight of her** la perdí de vista; **at first sight** a primera vista
➤ **he faints at the sight of blood** se desmaya de sólo ver sangre
➤ **to catch sight of something** ver algo: **I caught sight of the pyramids** vi las pirámides
➤ **I know him by sight** lo conozco de vista
➤ **what a funny sight!** ¡qué espectáculo tan cómico!

sights [saɪts] *plural noun* ■ **los lugares de interés turístico: we went to see the sights of New York** visitamos los lugares de interés turístico de Nueva York.

sightseeing ['saɪtˌsiːɪŋ] *noun* ■ **let's go sightseeing** vamos a visitar los lugares de interés turístico.

sign [saɪn] *(noun & verb)*
■ *noun*
1. **la señal: Harry made a sign to me** Harry me hizo una señal; **the victory sign** la señal de la victoria
2. **el letrero: follow the signs to the station** sigue los letreros hacia la estación
■ *verb*
firmar: can you sign here, please? ¿puede firmar aquí, por favor?

signal ['sɪgnl] *noun* ■ **la señal: the teacher gave them the signal to start** la maestra les hizo una señal para que comenzaran.

signature ['sɪgnətʃəʳ] *noun* ■ **la firma: I can't read the signature** no puedo leer la firma.

significant [sɪg'nɪfɪkənt] *adjective* ■ **significativo: it's a significant discovery** es un descubrimiento significativo.

silence ['saɪləns] *noun* ■ **el silencio: a sudden noise broke the silence** un ruido repentino rompió el silencio.

silent ['saɪlənt] *adjective* ■ **en silencio: they kept silent** se mantuvieron en silencio.

silicon chip [ˌsɪlɪkən'tʃɪp] *noun* ■ **el chip de silicio** *(plural* **los chips de silicio***)*.

silk [sɪlk] *noun* ■ **la seda: it's made of silk** es de seda
➤ **a silk blouse** una blusa de seda.

silly ['sɪlɪ] *adjective* ■ **tonto: don't be silly!** ¡no seas tonto!

silver ['sɪlvəʳ] *adjective* ■ **la plata: it's made of silver** es de plata
➤ **a silver bracelet** una pulsera de plata.

similar ['sɪmɪləʳ] *adjective* ■ **parecido: these two colors are similar** estos dos colores son parecidos
➤ **to be similar to something** ser parecido a algo: **her coat's similar to mine** su abrigo es parecido al mío.

simple ['sɪmpl] *adjective* ■ **simple: it's a simple question** es una pregunta simple.

sin [sɪn] *noun* ■ **el pecado: it's a sin to lie** es pecado mentir.

since [sɪns] *(preposition, conjunction & adverb)*
■ *preposition*
desde: it's been raining since Sunday está lloviendo desde el domingo; **I've lived in France since 1990** vivo en Francia desde 1990; **she'd been waiting since 7 p.m.** esperaba desde las 7 de la tarde
➤ **since then** desde entonces
■ *conjunction*
1. **conocer: I've known him since I was 10** lo conozco desde que tenía 10 años
2. **ya que: since it's raining, we might as well stay at home** ya que está lloviendo, más vale que nos quedemos en casa
■ *adverb*
desde entonces: I haven't seen her since no la he visto desde entonces.

sincere [sɪn'sɪəʳ] *adjective* ■ **sincero**.

sincerely [sɪn'sɪəlɪ] *adverb*
➤ **Sincerely yours** Atentamente.

sing [sɪŋ] *(past tense* sang*, past participle* sung*) verb* ■ **cantar: he sang a song** cantó una canción.

singer ['sɪŋəʳ] *noun* ■ **el/la cantante**.

singing ['sɪŋɪŋ] *uncountable noun* ■ **el canto: singing lessons** clases de canto.

single ['sɪŋgl] *(adjective & noun)*

■ *adjective*

1. **solo: there isn't a single book in their house** no hay ni un solo libro en su casa
2. **soltero: she's single** es soltera

■ *noun*

el **single** *(plural* **los singles***)*: **their latest single is on the album** su último single viene en el álbum

➤ **a single bed** una cama individual

➤ **in single file** en fila india: **they were walking in single file** caminaban en fila india

➤ **a single parent** un padre que cría a sus hijos sin pareja: **she's a single parent** es una madre que cría a sus hijos sin pareja

➤ **the men's singles** los individuales masculinos.

singular ['sɪŋgjʊləʳ] *noun* ■ **singular: put this noun in the singular** pon este sustantivo en singular.

sink [sɪŋk] *(noun & verb)*

■ *noun*

el **fregadero,** el **lavaplatos** *(plural* los **lavaplatos***)* *Chile, Mexico,* la **pileta** *River Plate*: **the dishes are in the sink** los platos están en el fregadero

■ *verb*

(past tense **sank**, *past participle* **sunk***)* **hundirse: the Titanic sank in 1912** el Titanic se hundió en 1912; **our feet sank into the mud** se nos hundieron los pies en el barro.

sir [sɜːʳ] *noun* ■ **señor: excuse me, sir** disculpe, señor; **yes, sir!** sí, señor

➤ **Dear Sir, ...** Estimado Señor,...

sister ['sɪstəʳ] *noun* ■ la **hermana: he has two sisters** tiene dos hermanas.

sister-in-law ['sɪstəʳɪnlɔː] *(plural* sisters-in-law*)* *noun* ■ la **cuñada**.

sit [sɪt] *(past tense & past participle* **sat***)*

verb

1. **sentarse: come and sit here** ven a sentarte aquí

➤ **to be sitting** estar sentado: **Vicky was sitting on the floor** Vicky estaba sentada en el piso

sit down *phrasal verb* ■ **sentarse: sit down!** ¡siéntate!; **he sat down in the armchair** se sentó en el sillón.

site [saɪt] *noun*

1. la **sede: have you visited the CNN site?** ¿visitaste la sede de la CNN?
2. la **obra: Bill works on a building site** Bill trabaja en una obra

➤ **an archaeological site** un yacimiento arqueológico.

situation [ˌsɪtjʊ'eɪʃn] *noun* ■ la **situación** *(plural* **las situaciones***)*: **we're in a difficult situation** estamos en una situación difícil.

six [sɪks] *number* ■ **seis: there are six states in Australia** Australia tiene seis estados; **he's six** tiene seis años; **we went out at six** salimos a las seis.

sixteen [sɪks'tiːn] *number* ■ **dieciséis: there are sixteen boys in the class** hay dieciséis varones en la clase; **he's sixteen** tiene dieciséis años.

sixteenth [sɪks'tiːnθ] *number* ■ **décimosexto**

➤ **it's his sixteenth birthday** cumple 16 años

➤ **it's June sixteenth today** hoy es 16 de junio.

sixth [sɪksθ] *number* ■ **sexto: on the sixth floor** en el sexto piso

➤ **it's January sixth today** hoy es 6 de enero.

sixty ['sɪkstɪ] *number* ■ **sesenta: she's sixty** tiene sesenta años

➤ **sixty-one** sesenta y uno

➤ **sixty-two** sesenta y dos.

size [saɪz] *noun*

1. el **tamaño: the two rooms are the same size** las dos habitaciones tienen el mismo tamaño
2. la **talla,** el **talle** *River Plate*: **what size are you?** ¿qué talla usas?; **I'm a size 40** uso la talla 40
3. el **número: what shoe size do you take?** ¿qué número de zapatos calzas?; **I take a size 7 shoe** calzo el número 7.

skate [skeɪt] *noun* ■ el **patín** (*plural* los **patines**): **I'm getting some new skates** me voy a comprar patines nuevos.

skateboard ['skeɪtbɔːd] *noun* ■ la **patineta**.

skating ['skeɪtɪŋ] *noun*
➤ **to go skating** ir a patinar: **we go skating on the lake in winter** vamos a patinar en el lago en invierno
➤ **a skating rink** una pista de patinaje.

skeleton ['skelɪtn] *noun* ■ el **esqueleto: there's a skeleton in the grave** hay un esqueleto en la tumba.

sketch [sketʃ] (*noun & verb*)
■ *noun*
el **bosquejo: I drew a sketch** dibujé un bosquejo
■ *verb*
hacer un bosquejo: he sketched the White House hizo un bosquejo de la Casa Blanca.

ski [skɪː] (*noun & verb*)
■ *noun*
el **esquí: he's wearing skis** tiene puestos los esquís
➤ **ski boots** botas de esquí
➤ **a ski lift** un telesquí
➤ **a ski pole** el bastón de esquí
➤ **a ski slope** una pista de esquí
■ *verb*
(*past tense & past participle* **skied**, *present participle* **skiing**) **esquiar: she's learning how to ski** está aprendiendo a esquiar.

skier ['skɪːəʳ] *noun* ■ el **esquiador**, la **esquiadora: she's a good skier** es buena esquiadora.

skies *plural* ➤ sky.

skiing ['skɪːɪŋ] *uncountable noun* ■ el **esquí: he's having skiing lessons** está tomando clases de esquí
➤ **to go skiing** ir a esquiar: **they go skiing every week** van a esquiar todas las semanas.

skill [skɪl] *noun* ■ la **habilidad: a surgeon needs great skill** un cirujano necesita una gran habilidad.

skillful ['skɪlfʊl] *adjective* ■ **hábil**.

skin [skɪn] *noun* ■ la **piel: she has fair skin** tiene la piel blanca
➤ **a banana skin** una cáscara de plátano.

skinny ['skɪnɪ] *adjective* ■ **flaco**.

skin-tight [skɪntaɪt] *adjective* ■ **muy ceñido: she was wearing skin-tight jeans** tenía puestos unos jeans muy ceñidos.

skip [skɪp] (*past tense & past participle* **skipped**) *verb*
1. **saltarse: she skipped breakfast** se saltó el desayuno
2. **faltar: he skipped his class** faltó a clase.

skirt [skɜːt] *noun* ■ la **falda**, la **pollera** *Southern Cone*: **Diana's wearing a red skirt** Diana tiene puesta una falda roja.

skull [skʌl] *noun* ■ el **cráneo**.

sky [skaɪ] (*plural* **skies** [skaɪz]) *noun* ■ el **cielo: the sky's blue** el cielo está azul
➤ **sky blue** celeste: **the walls are sky blue** las paredes son celestes.

skylight ['skaɪlaɪt] *noun* ■ la **claraboya**.

skyscraper ['skaɪˌskreɪpəʳ] *noun* ■ el **rascacielo**.

slam [slæm] (*past tense & past participle* **slammed**) *verb* ■ **cerrar de un golpe: I slammed the door** cerré de un golpe la puerta
➤ **the door slammed** la puerta se cerró de un portazo.

slang [slæŋ] *noun* ■ el **argot: it's a slang word** es una palabra del argot.

slap [slæp] (*noun & verb*)
■ *noun*
la **palmada: he gave me a slap on the back** me dio una palmada en la espalda
➤ **he gave me a slap in the face** me dió una cachetada
■ *verb*
(*past tense & past participle* **slapped**) **darle una palmada a: he slapped me on the back** me dio una palmada en la espalda

➤ **I slapped him in the face** le di una cachetada.

slave [sleɪv] *noun* ■ el **esclavo,** la **esclava: there were slaves at that time** había esclavos en esa época.

slavery ['sleɪvərɪ] *noun* ■ la **esclavitud: slavery was abolished in 1833 in Britain and in 1865 in the US** la esclavitud fue abolida en Inglaterra en 1833 y en EE.UU. en 1865.

sled [sled] *noun* ■ el **trineo: they came down the hill in a sled** bajaron la colina en un trineo.

sleep [slɪ:p] *(noun & verb)*

■ *noun*
el **sueño: it's the lack of sleep** es la falta de sueño

➤ **I need some sleep** necesito dormir

■ *verb*
(past tense & past participle **slept***)* **dormir: she's sleeping** está durmiendo; **we slept at the Imperial** dormimos en el Imperial; **he went to sleep straightaway** se durmió enseguida

➤ **to go to sleep** dormirse

sleep in *phrasal verb* ■ **dormir hasta tarde: I sleep in when I don't have to go to school** duermo hasta tarde cuando no tengo que ir a la escuela.

sleep over *phrasal verb* ■ **quedarse a dormir: I slept over at Patty's house** me quedé a dormir en la casa de Patty.

sleeping bag ['slɪ:pɪŋbæg] *noun* ■ el **saco de dormir,** la **bolsa de dormir** *Argentina*, el **sobre de dormir** *Uruguay*.

sleepy ['slɪ:pɪ] *adjective*

➤ **to be sleepy or to feel sleepy** tener sueño: **I feel sleepy** tengo sueño.

sleeve [slɪ:v] *noun* ■ la **manga**

➤ **he rolled up his sleeves** se arremangó.

slender ['slendəʳ] *adjective* ■ **delgado**.

slept [slept] *past tense & past participle* ➤ sleep.

slice [slaɪs] *(noun & verb)*

■ *noun*
la **rebanada: he cut a slice of bread** cortó una rebanada de pan

■ *verb*
cortar: can you slice the bread? ¿puedes cortar el pan?

slide [slaɪd] *(noun & verb)*

■ *noun*

1. el **tobogán** *(plural* los **toboganes***)*, la **resbaladilla** *Mexico*: **the children are playing on the slide** los niños están jugando en el tobogán
2. las **diapositivas: they showed us their slides** nos mostraron sus diapositivas

■ *verb*
(past tense & past participle **slid***)* **deslizarse: he was sliding on the ice** se deslizaba en el hielo.

slight [slaɪt] *adjective* ■ **leve: there has been a slight improvement** ha habido una leve mejoría.

slightly ['slaɪtlɪ] *adverb* ■ **un poco: I feel slightly better** me siento un poco mejor.

slim [slɪm] *adjective* ■ **delgado: Nicole's very slim** Nicole es muy delgada.

sling [slɪŋ] *noun* ■ el **cabestrillo: his arm is in a sling** tiene el brazo en cabestrillo.

slip [slɪp] *(noun & verb)*

■ *noun*
la **combinación** *(plural* las **combinaciones***)*, el **fondo** *Mexico*, el **viso** *River Plate*: **she needs to wear a slip with that dress** necesita ponerse una combinación con ese vestido

➤ **a slip of paper** un papelito: **I wrote it on a slip of paper** lo escribí en un papelito

■ *verb*
(past tense & past participle **slipped***)*

1. **resbalarse: I slipped** me resbalé
2. **meter disimuladamente: he slipped some money into my pocket** me metió disimuladamente dinero en el bolsillo.

slipper ['slɪpəʳ] *noun* ■ la **pantufla: he put on his slippers** se puso las pantuflas.

slope [sləʊp] *noun* ■ la **pendiente: it's a very steep slope** es una pendiente muy empinada.

slot [slɒt] *noun* ■ la **ranura: put your money in the slot** meta su dinero en la ranura
➤ **a slot machine** una máquina tragamonedas.

slow [sləʊ] *(adjective, adverb & verb)*
■ *adjective*
lento: this bus is very slow este autobús es muy lento
➤ **my watch is slow** mi reloj se atrasa: **my watch is five minutes slow** mi reloj se atrasa cinco minutos
➤ **in slow motion** en cámara lenta
■ *adverb*
despacio: we're going slow vamos despacio
■ *verb*
disminuir la velocidad: she slowed to a stop fue disminuyendo la velocidad hasta detenerse

slow down *phrasal verb* ■ **disminuir la velocidad: you're driving too fast, slow down** estás manejando muy rápido, disminuye la velocidad.

slowly ['sləʊlɪ] *adverb* ■ **lentamente: I was walking slowly** caminaba lentamente.

smack [smæk] *(noun & verb)*
■ *noun*
la **palmada: she gave him a smack** le dió una palmada
■ *verb*
dar una palmada: she smacked him on the bottom le dió una palmada en el trasero, le dio una nalgada *Mexico*.

small [smɔːl] *adjective* ■ **pequeño, chico: they live in a small village** viven en un pueblo pequeño.

smart [smaːt] *adjective* ■ **inteligente: his child is very smart** su hijo es muy inteligente.

smash [smæʃ] *verb*
1. **romper: he smashed a window** rompió una ventana
2. **romperse: the glass smashed on the floor** el vaso se rompió en el suelo.

smell [smel] *(noun & verb)*
■ *noun*
el **olor: I love the smell of cut grass** me encanta el olor del pasto cortado
➤ **the sense of smell** el sentido del olfato
■ *verb*
(past tense & past participle **smelled***)*
1. **oler: I can smell gas** huelo gas; **that cake smells good** ese pastel huele bien
2. **oler mal: your socks smell!** ¡tus calcetines huelen mal!

smile [smaɪl] *(noun & verb)*
■ *noun*
la **sonrisa: he gave me a big smile** me sonrió de oreja a oreja
■ *verb*
sonreír: she smiled at me me sonrió.

smoke [sməʊk] *(noun & verb)*
■ *noun*
el **humo: the room is full of smoke** el cuarto está lleno de humo
■ *verb*
fumar: he was smoking a cigarette estaba fumando un cigarrillo.

smoker ['sməʊkəʳ] *noun* ■ el **fumador,** la **fumadora**
➤ **he's a heavy smoker** fuma mucho.

smoking ['sməʊkɪŋ] *noun*
➤ **there is no cure for smoking** el tabaquismo no tiene cura
➤ **to give up smoking** dejar de fumar
➤ **no smoking** prohibido fumar.

smooth [smuːð] *adjective* ■ **suave: he has smooth skin** tiene la piel suave.

snack [snæk] *noun*
➤ **to have a snack** tomarse un tentempié
➤ **a snack bar** una cafetería.

snail [sneɪl] *noun* ■ el **caracol**.

snake [sneɪk] *noun* ■ la **serpiente**.

snap [snæp] *(past tense & past participle* **snapped***) verb*
1. **cortarse: the rope snapped** la cuerda se cortó

2. **quebrar: I snapped the branch in two** quebré la rama en dos.

snatch [snætʃ] *verb* ■ **arrebatar: he snatched my bag from my hands** me arrebató la bolsa de las manos.

sneakers ['sniːkəz] *plural noun* ■ **las zapatillas de deportes,** los **tenis** *Central America, Cuba, Mexico*: **Ben's wearing sneakers** Ben tiene puestas zapatillas de deportes.

sneeze [sniːz] *verb* ■ **estornudar: I sneezed** estornudé.

sniff [snɪf] *verb* ■ **olfatear: the dog sniffed the bone** el perro olfateó el hueso.

snob [snɒb] *noun* ■ **el/la esnob** *(plural* **los/las esnobs***)*: **you're a snob** eres un esnob.

snore [snɔːʳ] *verb* ■ **roncar: he snores at night** ronca de noche.

snorkel ['snɔːkl] *noun* ■ el **esnórquel**.

snorkeling ['snɔːklɪŋ] *noun*
➤ **to go snorkeling** ir a bucear con esnórquel.

snow [snəʊ] *(noun & verb)*
■ *noun*
la nieve: there's snow on the top of the mountains hay nieve en la cima de las montañas
■ *verb*
nevar: it's snowing está nevando.

snowball ['snəʊbɔːl] *noun* ■ **la bola de nieve**.

snowboard ['snəʊˌbɔːd] *noun* ■ **el snowboard** *(plural* los **snowboards***)*.

snowboarding ['snəʊˌbɔːdɪŋ] *noun* ■ **el snowboard: to go snowboarding** hacer snowboard.

snowman ['snəʊmæn] *(plural* snowmen ['snəʊmen]*) noun* ■ **el muñeco de nieve: they made a snowman** hicieron un muñeco de nieve.

so [səʊ] *(adverb & conjunction)*
■ *adverb*
1. **tan: she's so beautiful!** ¡es tan bonita!; **don't be so stupid!** ¡no seas tan estúpido!
2. **también: he's American and so is she** él es americano y ella también; **she has a dog and so do I** ella tiene un perro y yo también
3. *With think, hope, say, suppose* **I don't think so** no creo; **I think so** creo que sí; **I hope so** espero que sí; **I suppose so** supongo que sí
➤ **so far** hasta ahora: **so far I haven't made any mistakes** hasta ahora no he cometido ningún error
➤ **so many** tantos: **she has so many friends!** ¡tiene tantos amigos!
➤ **I've never seen so many people** nunca había visto tanta gente
➤ **so much** tanto: **I have so much work!** ¡tengo tanto trabajo!; **I've never seen so much money** nunca había visto tanto dinero
I love you so much te quiero tanto
➤ **or so** más o menos: **thirty or so** treinta más o menos
■ *conjunction*
así: I'll be on vacation, so I won't be able to come estaré de vacaciones, así que no voy a poder venir; **my bike was broken so I repaired it** mi bici estaba rota, así que la arreglé
➤ **so what's the point then?** ¿para qué entonces?
➤ **so what?** ¿y qué?
➤ **so long!** adiós
➤ **so that** para que: **he worked hard so that everything would be ready in time** trabajó mucho para que todo estuviera listo a tiempo

> The conjunction **para que** is followed by a verb in the subjunctive in Spanish.

soak ['səʊk] *verb* ■ **dejar remojando: she soaked the shirt in soapy water** dejó la camisa remojando en agua jabonosa.

soaking ['səʊkɪŋ] *adjective* ■ **empapado: I'm soaking or I'm soaking wet** estoy empapado.

soap [səʊp] *noun* ■ **el jabón** *(plural* **los jabones***)*: **a bar of soap** una barra de jabón
➤ **a soap opera** la telenovela.

soccer ['sɒkə^{r}] *noun* ■ **el fútbol, el futbol** *Mexico*: **I play soccer every Saturday** juego fútbol todos las sábados
➤ **a soccer player** un jugador de fútbol

> SOCCER
>
> **Soccer** es la palabra que se utiliza en Estados Unidos para referirse al deporte mundialmente conocido como fútbol. Ha ganado mucha popularidad en años recientes y hoy en día muchos niños y niñas estadounidenses practican este deporte.

social ['səʊʃl] *adjective* ■ **social: the social sciences** las ciencias sociales; **the social services** los servicios sociales.

society [sə'saɪətɪ] *(plural* **societies***)* *noun*
1. la **sociedad: we live in a multicultural society** vivimos en una sociedad multicultural
2. la **asociación** *(plural* las **asociaciones***)*: **Chantal is in the drama society** Chantal está en una asociación de teatro.

sock [sɒk] *noun* ■ el **calcetín** *(plural* los **calcetines***)*, la **media** *Colombia, River Plate*: **he's wearing black socks** tiene puestos calcetines negros.

soda ['səʊdə] *noun* ■ el **refresco: Cheryl's drinking a soda** Cheryl está tomando un refresco.

sofa ['səʊfə] *noun* ■ el **sofá**.

soft [sɒft] *adjective*
1. **suave: the baby has soft skin** el bebé tiene la piel suave
2. **blando: the butter is soft** la mantequilla está blanda; **a nice soft bed** una cama buena y blanda; **a soft leather bag** un bolso de cuero blando

➤ **a soft drink** un refresco.

softly ['sɒftlɪ] *adverb* ■ **bajo: she was singing softly** estaba cantando bajo.

software ['sɒftweə^{r}] *uncountable noun* ■ el **software: the computer comes with a lot of software** la computadora viene con mucho software.

soil [sɔɪl] *noun* ■ la **tierra: the soil is red in Australia** la tierra es roja en Australia.

solar ['səʊlə^{r}] *adjective* ■ **solar: solar energy** la energía solar.

sold [səʊld] *past tense & past participle* ➤ sell.

soldier ['səʊldʒə^{r}] *noun* ■ **el/la soldado**.

sole [səʊl] *noun* ■ la **suela: there's a hole in the sole of my shoe** hay un agujero en la suela de mi zapato.

solid ['sɒlɪd] *adjective*
1. **sólido: the bridge is very solid** el puente es muy sólido
2. **maciso: he wears a solid gold chain** usa una cadena de oro maciso.

solution [sə'luːʃn] *noun* ■ la **solución** *(plural* las **soluciones***)*: **we're trying to find a solution** estamos tratando de encontrar una solución.

solve [sɒlv] *verb* ■ **resolver: he has solved the problem** ha resuelto el problema.

some [sʌm] *(adjective, pronoun & adverb)*

■ *adjective*
1.

> When "some" refers to something that is uncountable, it is often not translated:

do you want some coffee? ¿quieres café?; **I bought some meat** compré carne; **he gave me some money** me dió dinero
2. **alguno: some swans are black** algunos cisnes son negros; **some people like his music** a algunos les gusta su música

> **alguno** becomes **algún** before masculine nouns:

➤ **some day** algún día

■ *pronoun*

alguno: some are red, some are blue algunos son rojos, algunos son azules; **I bought a pound of oranges, some of them were bad** compré una libra de naranjas, algunas estaban en mal estado

➤ **that cake looks nice, can I have some?** este pastel se ve bueno ¿puedo comer un poco?

■ *adverb*
unos: there were some 7,000 people at the concert había unas 7.000 personas en el concierto.

somebody, someone ['sʌmbədɪ, 'sʌmwʌn] *pronoun* ■ **alguien: somebody came to see you** alguien vino a verte; **he's somebody famous** es alguien famoso; **somebody else** otra persona.

someday ['sʌmdeɪ] *adverb* ■ **algún día: someday I'll be rich and famous** algún día seré rico y famoso.

somehow ['sʌmhaʊ] *adverb* ■ **de alguna manera: I'll do it somehow** lo haré de alguna manera
➤ **somehow, I don't think he'll come back** no sé por qué, pero no creo que él vuelva.

someone *pronoun* ➤ somebody.

someplace ['sʌmpleɪs] *adverb* ■ **algún lugar: they live someplace in Mexico** viven en algún lugar de México; **I'm looking for someplace to live** estoy buscando algún lugar donde vivir
➤ **someplace else** otro lugar: **let's go someplace else** vamos a otro lugar.

something ['sʌmθɪŋ] *pronoun* ■ **algo: I have something in my eye** tengo algo en el ojo; **don't just stand there, do something!** ¡no te quedes ahí parado, haz algo!; **something odd happened** algo extraño pasó
➤ **I'll have something else** voy a tomar otra cosa
➤ **that was something else!** ¡eso fue genial!
➤ **he's something else!** ¡es fuera de serie!

sometime ['sʌmtaɪm] *adjective* ■ **en algún momento: come and see me sometime** ven a verme en algún momento; **I'll see you sometime next week** te veré en algún momento la semana que viene.

sometimes ['sʌmtaɪmz] *adverb* ■ **a veces: she sometimes writes to me** a veces me escribe; **sometimes I make mistakes** a veces cometo errores.

son [sʌn] *noun* ■ el **hijo: they have three sons** tienen tres hijos.

song [sɒŋ] *noun* ■ **la canción** (*plural* **las canciones**): **he was singing a love song** estaba cantando una canción de amor.

son-in-law ['sʌnɪnlɔː] (*plural* sons-in-law) *noun* ■ **el yerno**.

soon [suːn] *adverb* ■ **pronto: he'll soon be here** estará aquí pronto; **I'll see you soon!** ¡te veré pronto!
➤ **soon after** poco después: **she left soon after** se fue poco después
➤ **as soon as** en cuanto, tan pronto como:

> **En cuanto** and **tan pronto como**, when used to express "as soon as" with an event that has not yet occurred, must be followed by a verb in the subjunctive:

I'll tell you as soon as he leaves te lo diré en cuanto él se vaya
➤ **as soon as possible** lo antes posible, cuanto antes: **leave as soon as possible** vete lo antes posible
➤ **I'll be back soon!** ¡volveré pronto!

sooner ['suːnə^r] (*comparative of* soon) *adverb* ■ **antes: you should have come sooner** deberías haber venido antes
➤ **sooner or later** tarde o temprano: **sooner or later you'll have to tell me** tarde o temprano me lo tendrás que decir
➤ **the sooner the better** cuanto antes, mejor.

sore [sɔː^r] *adjective*
➤ **this burn on my hand is really sore** esta quemadura en la mano realmente me duele
➤ **she has a sore throat** le duele la garganta.

sorrow ['sɒrəʊ] *noun* ■ **la pena: his death caused me great sorrow** su muerte me causó una gran pena.

sorry ['sɒrɪ] *adjective*
➤ **I'm really sorry, I have to go** lo siento de veras, pero tengo que irme
➤ **I'm sorry I'm late** perdón por llegar tarde
➤ **sorry?** ¿perdón?, ¿mande? *Mexico:* **sorry? what did you say?** perdón ¿qué fue lo que dijo?
➤ **sorry!** ¡perdón!
➤ **you'll be sorry!** te vas a arrepentir

➤ **say you're sorry to your sister** pídele perdón a tu hermana
➤ **he said he was sorry** pidió perdón
➤ **to feel sorry for somebody** compadecer a alguien: **I feel sorry for him** lo compadezco.

sort [sɔːt] *(noun & verb)*
■ *noun*
el tipo: there were all sorts of people había todo tipo de gente
■ *verb*
clasificar: the computer sorts the words in alphabetical order la computadora clasifica las palabras por orden alfabético

sort out *phrasal verb*
1. **ordenar: I'm going to sort out all my papers** voy a ordenar todos mis papeles
2. **solucionar: he managed to sort the problem out** logró solucionar el problema
3. **encargarse: I'll sort the tickets out** me voy a encargar de las entradas.

sought [sɔːt] *past tense & past participle*
➤ seek.

soul [səʊl] *noun* ■ **el alma**

Feminine noun that takes **un** or **el** in the singular.

sound [saʊnd] *(noun & verb)*
■ *noun*
1. **el sonido: I recognized the sound of her voice** reconocí el sonido de su voz
2. **el volumen: turn the sound up** sube el volumen
3. **el ruido: I heard a sound** oí un ruido
➤ **sound effects** efectos sonoros
■ *verb*
1. **hacer sonar: they sounded the alarm** hicieron sonar la alarma
2. **sonar: this wall sounds hollow** esta pared suena hueca
3. **parecer: he sounds happy** parece contento; **it sounds as if they have a problem** parece que tuvieran un problema.

soundtrack ['saʊndtræk] *noun* ■ **la banda sonora: I bought the soundtrack to the film** compré la banda sonora de la película.

soup [suːp] *noun* ■ **la sopa: a bowl of onion soup** un tazón de sopa de cebollas.

sour ['saʊəʳ] *adjective* ■ **ácido: this yogurt tastes sour** este yogurt tiene sabor ácido
➤ **the milk has gone sour** la leche está cortada.

source [sɔːs] *noun* ■ **la fuente: the Internet is a good source of information** Internet es una buena fuente de información.

south [saʊθ] *(noun, adjective & adverb)*
■ *noun*
el sur: Texas is in the south of the United States Texas está en el sur de los Estados Unidos
■ *adjective*
sur *(plural* **sur***)*: **the prettiest beaches are on the south coast** las playas más hermosas están en la costa sur
■ *adverb*
hacia el sur: a lot of birds fly south in the winter muchos pájaros vuelan hacia el sur en el invierno
➤ **south of** al sur de: **Houston is south of Dallas** Houston está al sur de Dallas.

South America [ˌsaʊθə'merɪkə] *noun* ■ **América del Sur** *(feminine)*.

South American [ˌsaʊθə'merɪkən] *(adjective & noun)*
■ *adjective*

Remember not to use a capital letter for the adjective in Spanish:

sudamericano: I like South American music me gusta la música sudamericana
■ *noun*

In Spanish, a capital letter is not used for the inhabitants of a country or region:

el sudamericano, la sudamericana: many South Americans speak Spanish or Portuguese muchos sudamericanos hablan español o portugués.

southeast [ˌsaʊθ'iːst] *noun* ■ **el sureste: Georgia is in the southeast of the United States** Georgia está en el sureste de los Estados Unidos.

southwest [ˌsaʊθ'west] *noun* ■ **el suroeste: New Mexico is a part of the southwest of the United States** Nuevo México es parte del suroeste de los Estados Unidos.

souvenir [ˌsuːvə'nɪəʳ] *noun* ■ **el recuerdo: he bought a lot of souvenirs in Madrid** compró muchos recuerdos en Madrid.

soy sauce [ˌsɔɪ'sɔːs] *noun* ■ **la salsa de soya**.

space [speɪs] *noun*

1. el **espacio: who was the first man in space?** ¿quién fue el primer hombre en el espacio?; **leave a space for corrections** deja un espacio para las correcciones; **there's not enough space for a bed** no hay suficiente espacio para una cama
2. el **lugar: can you make a space for me?** ¿puedes hacerme un lugar?

➤ **a parking space** un lugar para estacionar
➤ **to stare into space** mirar al vacío
➤ **a space shuttle** un transbordador espacial.

spaceship ['speɪsʃɪp] *noun* ■ **la nave espacial**.

spacesuit ['speɪssuːt] *noun* ■ **el traje espacial**.

spade [speɪd] *noun* ■ **la pala: the children were playing with their buckets and spades on the beach** los niños estaban jugando con sus baldes y palas en la playa
➤ **the queen of spades** la reina de picas

> ⚠ **Spade es un falso amigo, no significa "espada".**

spaghetti [spə'getɪ] *uncountable noun* ■ los **espaguetis**.

Spain [speɪn] *noun* ■ **España** *(feminine)*.

Spanish ['spænɪʃ] *(adjective & noun)*

■ *adjective*

> Remember not to use a capital letter for the adjective or the language in Spanish:

español: sangria is a Spanish drink la sangría es una bebida española

■ *noun*

el **español,** el **castellano: she speaks Spanish** habla español

> In Spanish, a capital letter is not used for the inhabitants of a country or region:

➤ **the Spanish** los españoles.

spare [speəʳ] *(adjective & verb)*

■ *adjective*

1. **de más: I've got a spare ticket** tengo una entrada de más
2. **libre: there's a spare seat at the back** hay un asiento libre en el fondo

➤ **a spare part** un repuesto, una refacción *Mexico*
➤ **a spare room** un cuarto de huéspedes: **we have a spare room** tenemos un cuarto de huéspedes
➤ **spare time** tiempo libre: **I don't have any spare time** no tengo tiempo libre
➤ **a spare tire** una rueda de repuesto, una llanta de refacción *Mexico*

■ *verb*

➤ **can you spare a few minutes?** ¿tienes unos minutos?
➤ **I can't spare the time** no tengo tiempo
➤ **I arrived with a minute to spare** llegué con un minuto de anticipación.

sparkling ['spaːklɪŋ] *adjective* ■ **con gas: a bottle of sparkling water** una botella de agua con gas.

sparrow ['spærəʊ] *noun* ■ **el gorrión** *(plural* los **gorriones***)*.

spat [spæt] *past tense & past participle* ➤ spit.

speak [spiːk] *(past tense* spoke*, past participle* spoken*) verb* ■ **hablar: do you speak English?** ¿hablas inglés?; **speak more slowly** habla más despacio; **I spoke to my parents about the party** hablé con mis padres sobre la fiesta; **can I speak to Henry, please?** ¿podría hablar con Henry, por favor?
➤ **who's speaking?** ¿quién habla?
➤ **this is Kate speaking** habla Kate.

speaker ['spiːkəʳ] *noun* ■ **el parlante, la bocina** *Mexico*: **don't put the speakers too close together** no pongas los parlantes muy cerca el uno del otro

➤ **he's an English speaker** es hablante de inglés.

special ['speʃl] *adjective* ▪ **especial: you need special shoes to run in** necesitas zapatos especiales para correr; **this is a special case** es un caso especial; **this ring is very special to me** este anillo es muy especial para mí.

specialist ['speʃəlɪst] *noun* ▪ **el/la especialista**.

specialty ['speʃltɪ] *(plural* specialties*) noun* ▪ la **especialidad: steak is that restaurant's specialty** el filete es la especialidad de este restaurante.

species ['spɪːʃɪːz] *(plural* species*) noun* ▪ la **especie: this species is extinct** esta especie está extinguida.

spectacular [spek'tækjʊləʳ] *adjective* ▪ **espectacular**.

spectator [spek'teɪtəʳ] *noun* ▪ el **espectador,** la **espectadora**.

sped [sped] *past tense & past participle* ➤ speed.

speech [spɪːtʃ] *noun* ▪ el **discurso: he gave a speech** pronunció un discurso.

speed [spɪːd] *(noun & verb)*

▪ *noun*

la **velocidad: at the speed of light** a la velocidad de la luz

➤ **at top speed** a toda velocidad: **they were driving at top speed** manejaban a toda velocidad

➤ **the speed limit** el límite de velocidad: **the speed limit is 50 miles an hour** el límite de velocidad es de 50 millas por hora

▪ *verb*

(past tense & past participle **sped** *or* **speeded***)*

ir a exceso de velocidad: the driver was speeding el conductor iba a exceso de velocidad

speed up *phrasal verb* ▪ **acelerar: can you speed up a bit?** ¿puedes acelerar un poco?

speeding ['spɪːdɪŋ] *uncountable noun* ▪ el **exceso de velocidad: he was fined for speeding** lo multaron por exceso de velocidad.

speedometer [spɪ'dɒmɪtəʳ] *noun* ▪ el **velocímetro: his speedometer is broken** se le rompió el velocímetro.

spell [spel] *(noun & verb)*

▪ *noun*

➤ **to cast a spell on somebody** hechizar a alguien: **the sorcerer cast a spell on him** el brujo lo hechizó

▪ *verb*

(past tense & past participle **spelled***)*

1. *In writing* **escribir: how do you spell that?** ¿cómo se escribe eso?
2. *Aloud* **deletrear: could you spell your name for me?** ¿podrías deletrearme tu nombre?

spell-checker ['speltʃekəʳ] *noun* ▪ el **corrector ortográfico**.

spelling ['spelɪŋ] *noun* ▪ la **ortografía: a spelling mistake** una falta de ortografía.

spend [spend] *(past tense & past participle* spent*) verb*

1. **gastar: how much did you spend?** ¿cuánto gastaste?
2. **pasar: I'd like to spend a few days in New York** me gustaría pasar unos pocos días en Nueva York.

spent [spent] *past tense & past participle* ➤ spend.

spice [spaɪs] *noun* ▪ la **especia**.

spicy ['spaɪsɪ] *adjective* ▪ **picante, picoso** *Mexico*.

spider ['spaɪdəʳ] *noun* ▪ la **araña**.

spill [spɪl] *(past tense & past participle* spilled*) verb*

1. **derramar: I spilled the water** derramé el agua
2. **derramarse: the milk spilled on the floor** la leche se derramó en el suelo.

spin [spɪn] *(past tense & past participle* spun*) verb*

1. **girar: the planet spins on its axis** el planeta gira sobre su eje
2. **hacer girar: he spun the wheel** hizo girar la rueda

➤ **my head is spinning** la cabeza me da vueltas

spin around *phrasal verb*

1. **dar vueltas: the moon spins around the earth** la luna da vueltas alrededor de la Tierra
2. **voltearse: she suddenly spun around** se volteó repentinamente.

spinach ['spɪnɪdʒ] *uncountable noun* ■ las **espinacas**.

spine [spaɪn] *noun* ■ la **columna vertebral: the spine forms the central part of the skeleton** la columna vertebral es la parte central del esqueleto.

spit [spɪt] *(past tense & past participle* spat *or* spit*) verb* ■ **escupir: she spit the mushroom out** escupió el hongo.

spite [spaɪt] *noun*

➤ **in spite of** a pesar de: **in spite of the rain, they went for a long walk** a pesar de la lluvia, salieron a dar un largo paseo

➤ **out of spite** por despecho: **she did it out of spite** lo hizo por despecho.

splash [splæʃ] *(noun & verb)*

■ *noun*

➤ **I heard a loud splash** oí un fuerte ruido de algo al caer al agua

■ *verb*

salpicar: you splashed me me salpicaste.

splendid ['splendɪd] *adjective* ■ **espléndido**.

splinter ['splɪntəʳ] *noun* ■ la **astilla**.

split [splɪt] *(past tense & past participle* split*) verb*

1. **partir: he split some wood for the fire** partió leña para el fuego
2. **romperse: the frame has split** se rompió el marco
3. **rajarse: I've split my shorts** se me rajaron los shorts
4. **dividir: let's split the work** dividamos el trabajo; **he split the class into two groups** dividió la clase en dos grupos

split up *phrasal verb* ■ **separarse: the band split up last year** la banda se separó el año pasado.

spoil [spɔɪl] *(past tense & past participle* spoiled*) verb*

1. **echar a perder: you spoiled my party** me echaste a perder la fiesta
2. **mimar demasiado: they've spoiled their daughter** han mimado demasiado a su hija.

spoiled [spɔɪld] *adjective* ■ **mimado: he's a spoiled child** es un niño mimado.

spoke [spəʊk] *(noun & verb form)*

■ *noun*

el **radio: the spokes of a wheel** los radios de la rueda

■ *past tense*

➤ speak.

spoken ['spəʊkn] *past participle*

➤ speak.

sponge [spʌndʒ] *noun* ■ la **esponja: she wiped the table with a sponge** limpió la mesa con una esponja

➤ **a sponge cake** un bizcocho.

spoon [spu:n] *noun* ■ la **cuchara**.

spoonful ['spu:nfʊl] *noun* ■ la **cucharada: add a spoonful of lemon juice** agregue una cucharada de jugo de limón.

sport [spɔ:t] *noun* ■ el **deporte: they play a lot of sports** hacen mucho deporte

➤ **he's a bad sport** es un mal perdedor

➤ **a sports car** un coche deportivo.

sportsman ['spɔ:tsmən] *(plural* sportsmen ['spɔ:tsmən]*) noun* ■ el **deportista**.

sportswoman ['spɔ:tswʊmən] *(plural* sportswomen ['spɔ:tswɪmən]*) noun* ■ la **deportista**.

spot [spɒt] *(noun & verb)*

■ *noun*

1. la **mancha: a grease spot** una mancha de grasa

2. el **lunar: a shirt with red spots** una camisa con lunares rojos
3. el **lugar: I know a nice spot where we can eat** conozco un lindo lugar donde comer

■ *verb*
ver: I spotted her in the distance la vi en la distancia
➤ **he spotted the mistake** descubrió el error.

spotlight ['spɒtlaɪt] *noun* ■ el **foco**
➤ **he's in the spotlight** es el centro de atención.

sprain [spreɪn] *verb*
➤ **to sprain one's ankle** tocerse el tobillo: **I've sprained my ankle** me torcí el tobillo.

spray [spreɪ] *(noun & verb)*
■ *noun*
el **spray** *(plural* los **sprays**): **an insect spray** un insecticida en spray
■ *verb*
1. **rociar: she sprayed the leaves with a bit of water** roció las hojas con un poco de agua
2. **fumigar: they're spraying the crops** están fumigando los cultivos

➤ **she sprayed perfume in her hair** se puso perfume en el pelo con un atomizador
➤ **somebody has sprayed a poem on the wall** alguien ha pintado un poema en la pared con pistola pulverizadora.

spread [spred] *(past tense & past participle* spread*) verb*
1. **untar: he spread butter on the bread** untó mantequilla en el pan
2. **desplegar: the bird spread its wings** el pájaro desplegó las alas
3. **divulgar: we must spread the news** debemos divulgar la noticia
4. **extenderse: the fire is beginning to spread** el fuego está comenzando a extenderse

spread out *phrasal verb* ■ **dispersarse: the search party spread out** el equipo de rescate se dispersó.

spring [sprɪŋ] *noun*
1. la **primavera: plants begin to grow again in the spring** las plantas comienzan a crecer nuevamente en primavera
2. el **resorte: this bed has a spring mattress** esta cama tiene un colchón de resortes
3. el **manantial: the water comes from a mountain spring** el agua viene de un manantial en la montaña.

springtime ['sprɪŋtaɪm] *uncountable noun* ■ la **primavera: the swallows start to come back in springtime** las golondrinas comienzan a volver en la primavera.

sprouts [spraʊts] *plural noun*
➤ **Brussels sprouts** las coles de Bruselas.

spun [spʌn] *past tense & past participle* ➤ spin.

spy [spaɪ] *(noun & verb)*
■ *noun*
el/la **espía**
➤ **a spy film** una película de espionaje
■ *verb*
espiar
➤ **to spy on somebody** espiar a alguien.

square [skweəʳ] *(adjective & noun)*
■ *adjective*
cuadrado: the box is square la caja es cuadrada; **two square feet** dos pies cuadrados
■ *noun*
1. el **cuadrado: it's a square not a circle** es un cuadrado, no un círculo
2. la **plaza: the hotel is near the market square** el hotel está cerca de la plaza del mercado

➤ **the town square** la plaza del pueblo.

squash [skwɒʃ] *(noun & verb)*
■ *noun*
1. el **squash: they're playing squash** están jugando squash
2. la **calabaza: he doesn't like eating squash** no le gusta comer calabaza

■ *verb*
aplastar: he squashed my hat aplastó mi sombrero; **you're squashing me!** ¡me estás aplastando!

squeeze [skwiːz] *verb*
1. **exprimir: she squeezed the sponge** exprimió la esponja; **a glass of freshly squeezed orange juice** un vaso de jugo de naranja recién exprimido
2. **apretar: I squeezed her hand** le apreté la mano

3. **meter a la fuerza: I squeezed my things into the suitcase** metí a la fuerza mis cosas en la maleta.

squirrel ['skwɜːrəl] *noun* ■ la **ardilla**.

St

1. *(abbreviation of* street*)* **calle: 13 Barrow St** el número 13 de la calle Barrow
2. *(abbreviation of* saint*)* **Sto., Sta.: St Thomas** Sto. Tomás.

stab [stæb] *(past tense & past participle* stabbed*) verb* ■ **apuñalar: the robbers stabbed him** los ladrones lo apuñalaron.

stable ['steɪbl] *noun* ■ el **establo: the horses are in the stable** los caballos están en el establo.

stack [stæk] *noun* ■ la **pila: there's a stack of newspapers on the floor** hay una pila de periódicos en el suelo.

stadium ['steɪdjəm] *(plural* stadiums *or* stadia ['steɪdjə]*) noun* ■ el **estadio**.

staff [stɑːf] *noun* ■ el **personal: the staff of our firm** el personal de nuesta empresa.

stage [steɪdʒ] *noun*

1. el **escenario: the actors are on the stage** los actores están en el escenario
2. la **etapa: we are doing this in stages** estamos haciendo esto en etapas

➤ **at this stage** a estas alturas.

stagger ['stægəʳ] *verb* ■ **tambalearse: he was so drunk he was staggering** estaba tan borracho que se tambaleaba.

stain [steɪn] *(noun & verb)*

■ *noun*
la **mancha: there's a stain on your jacket** tienes una mancha en la chaqueta

■ *verb*
manchar: the wine stained my dress el vino me manchó el vestido.

stair [steəʳ] *noun* ■ el **peldaño: he's sitting on the bottom stair** está sentado en el peldaño de más abajo.

staircase ['steəkeɪs] *noun* ■ la **escalera**.

stairs [steəʳz] *plural noun* ■ las **escaleras: she went down the stairs** bajó las escaleras.

stale [steɪl] *adjective* ■ **duro: the bread is stale** el pan está duro.

stammer ['stæməʳ] *verb* ■ **tartamudear: she stammers** tartamudea.

stamp [stæmp] *(noun & verb)*

■ *noun*
la **estampilla,** el **timbre** *Mexico*: **he stuck on the stamp** pegó la estampilla

■ *verb*
sellar: they stamped my passport sellaron mi pasaporte

➤ **to stamp one's foot** dar una patada en el suelo: **she stamped her foot in rage** dio una patada en el suelo de rabia.

stand [stænd] *(noun & verb)*

■ *noun*

1. el **stand** *(plural* los **stands**): **we have a stand at the exhibition** tenemos un stand en la exposición
2. la **tribuna: the stands in a stadium** las tribunas de un estadio

➤ **a newspaper stand** un puesto de periódicos

■ *verb*
(past tense & past participle **stood***)*

1. **estar de pie: she's standing by the door** está de pie al lado de la puerta
2. **ponerse de pie: everyone stood when the judge came in** todo el mundo se puso de pie cuando entró el juez
3. **estar: the house stands in the valley** la casa está en el valle
4. **soportar: I can't stand racism** no soporto el racismo

➤ **stand still!** ¡estáte quieto!

stand for *phrasal verb*

1. **significar: what does FAQ stand for?** ¿qué significa FAQ?
2. **tolerar: I won't stand for this behavior!** ¡no voy a tolerar esta conducta!

stand out *phrasal verb* ■ **destacarse: the colors stand out against the background** los colores se destacan sobre el fondo

➤ **she stands out in a crowd** sobresale en la multitud.

stand up *phrasal verb* ■ **ponerse de pie: she stood up when I came in** se puso de pie cuando entré.

stand up for *phrasal verb* ■ **defender: he stands up for his little brother** defiende a su hermano menor.

standard ['stændəd] *(noun & adjective)*

■ *noun*
el **nivel: the standard is very high** el nivel es muy alto
➤ **his parents have strict standards** sus padres tienen principios estrictos
➤ **the standard of living** el nivel de vida: **they have a high standard of living** tienen un alto nivel de vida
➤ **he has high standards** exige mucho
■ *adjective*
estándar: it's a standard hotel room es una habitación estándar; **this is the standard size** éste es el tamaño estándar.

stank [stæŋk] *past tense* ➤ stink.

staple ['steɪpl] *(noun & verb)*

■ *noun*
la **grapa: the staple has come out** se salió la grapa
■ *verb*
engrapar: I stapled the papers together engrapé los papeles.

stapler ['steɪpləʳ] *noun* ■ la **engrapadora.**

star [stɑːʳ] *(noun & verb)*

■ *noun*
la **estrella: there are lots of stars tonight** hay muchas estrellas esta noche; **he's an international star** es una estrella internacional
■ *verb*
1. **tener como protagonista: the film stars Mel Gibson** la película tiene como protagonista a Mel Gibson
2. **protagonizar: Julia Roberts stars in the film** Julia Roberts protagoniza la película.

stare [steəʳ] *verb* ■ **mirar fijamente: he stared at me** me miró fijamente.

Stars and Stripes [ˌstɑːʳzənd'straɪps] *noun* ■ **the Stars and Stripes** la bandera de Estados Unidos

THE STARS AND STRIPES

The Stars and Stripes es el nombre que se le da a la bandera estadounidense a causa de que su diseño incluye 13 bandas blancas y rojas, representando las 13 colonias originales de la época en que se fundó el país, y un campo azul con 50 estrellas blancas que representan los 50 estados actuales.

start [stɑːt] *(noun & verb)*

■ *noun*
el **principio: it's a start** es un principio; **at the start of the film** al principio de la película
■ *verb*
1. **empezar: the movie starts at four o'clock** la película empieza a las cuatro; **he wants to start a business** quiere empezar un negocio
2. **arrancar: the car won't start** el coche no arranca
3. **prender: can you start the washing machine?** ¿podrías prender la lavadora?
➤ **to start again** empezar de nuevo
➤ **to start to do something or to start doing something** ponerse a hacer algo: **he started working** se puso a trabajar
➤ **she started crying or she started to cry** se puso a llorar

start off, start out *phrasal verb* ■ **salir: we started off at dawn** salimos al amanecer.

startle ['stɑːtl] *verb* ■ **sobresaltar: you startled me** me sobresaltaste.

starve [stɑːv] *verb* ■ **pasar hambre: millions of people are starving all over the world** millones de personas pasan hambre en el mundo
➤ **I'm starving** me muero de hambre.

state [steɪt] *noun*
1. la **condición** *(plural* las **condiciones***)*: **she's not in any state to drive** no está en condiciones de manejar

2. el **estado: the head of state** el jefe del estado; **Alaska is the biggest state in the United States** Alaska es el estado más grande de Estados Unidos
➤ **the States** Estados Unidos: **Vic lives in the States** Vic vive en Estados Unidos.

station ['steɪʃn] *noun* ■ la **estación** (*plural* las **estaciones**): **I'll meet you at the station** te voy a buscar a la estación
➤ **a radio station** una estación de radio
➤ **a bus station** una terminal de autobuses, una terminal de camiones *Mexico*
➤ **a train station** una estación de trenes
➤ **a subway station** una estación de metro
➤ **the police station** la comisaría, la estación de policía *Colombia*, una delegación de policía *Mexico*
➤ **a station wagon** una camioneta.

stationery ['steɪʃnərɪ] *uncountable noun* ■ los **artículos de escritorio: I bought some stationery** compré algunos artículos de escritorio
➤ **a stationery store** una papelería.

statue ['stætʃuː] *noun* ■ la **estatua**
➤ **the Statue of Liberty** la estatua de la Libertad

THE STATUE OF LIBERTY

Se trata de un monumento regalado por el gobierno de Francia a los Estados Unidos en 1886 en reconocimiento de la alianza forjada entre éstos durante la revolución americana. La estatua mide 93 metros de altura y se encuentra en una isla (**Liberty Island**), en el puerto de Nueva York. Con el tiempo se convirtió en un símbolo de bienvenida a los inmigrantes que llegaban al país provenientes de todo el mundo. Actualmente es una popular atracción turística.

stay [steɪ] *(noun & verb)*

■ *noun*
la **estadía**, la **estancia** *Mexico*: **I enjoyed my stay in Mexico** disfruté mi estadía en México

■ *verb*
quedarse: stay here! ¡quédate aquí!; **I'll stay at home** me voy a quedar en casa; **he stayed for a week** se quedó una semana; **I stayed in a hotel** me quedé en un hotel; **quedarse: she stayed awake all night** se quedó despierta toda la noche
➤ **to stay the night** quedarse a dormir: **do you want to stay the night?** ¿quieres quedarte a dormir?

stay away *phrasal verb* ■ **mantenerse alejado: stay away from the door** mantente alejado de la puerta.

stay out *phrasal verb*
➤ **he stayed out all night** pasó toda la noche afuera.

stay up *phrasal verb* ■ **quedarse levantado: she stayed up all night** se quedó levantada toda la noche.

steady ['stedɪ] *adjective*
1. **firme: the chair isn't very steady** la silla no es muy firme; **he has steady hands** tiene el pulso firme
2. **fijo: she has a steady job** tiene un empleo fijo
➤ **we're making steady progress** seguimos mejorando.

steak [steɪk] *noun* ■ el **bistec** (*plural* los **bistecs**).

steal [stiːl] (*past tense* stole, *past participle* stolen) *verb* ■ **robar: someone stole my wallet** alguien me robó la cartera.

steam [stiːm] *noun* ■ el **vapor: a steam engine** una máquina de vapor.

steel [stiːl] *uncountable noun* ■ el **acero**.

steep [stiːp] *adjective*
1. **empinado: the stairs are steep** las escaleras son empinadas
2. **escarpada: it's a steep hill** es una montaña escarpada.

steering wheel ['stɪərɪŋwiːl] *noun* ■ el **volante**.

step [step] *(noun & verb)*
■ *noun*
1. el **paso: she took one step backwards** dio un paso atrás

2. el **escalón** *(plural* los **escalones***)*: **he was sitting on the step** estaba sentado en el escalón
■ *verb*
(past tense & past participle **stepped***)* **pisar: he stepped on an ant** pisó una hormiga

step forward *phrasal verb* ■ **dar un paso adelante: can you step forward?** ¿podrías dar un paso adelante?

stepbrother ['step,brʌðəʳ] *noun* ■ el **hermanastro**.

stepdaughter ['step,dɔːtəʳ] *noun* ■ la **hijastra**.

stepfather ['step,fɑːðəʳ] *noun* ■ el **padrastro**.

stepmother ['step,mʌðəʳ] *noun* ■ la **madrastra**.

stepsister ['step,sɪstəʳ] *noun* ■ la **hermanastra**.

stepson ['stepsʌn] *noun* ■ el **hijastro**.

stereo ['sterɪəʊ] *noun* ■ el **estéreo: he bought a new stereo** compró un nuevo estéreo.

stew [stjuː] *noun* ■ el **guiso: a beef stew** un guiso de carne de vaca.

stick [stɪk] *(noun & verb)*
■ *noun*
1. el **palo: he hit the tree with a stick** golpeó el árbol con un palo
2. el **bastón** *(plural* los **bastones***)*: **she was walking with a stick** caminaba con un bastón
■ *verb*
(past tense & past participle **stuck***)*
1. **pegar: I stuck the stamps on the envelope** pegué las estampillas en el sobre
2. **pegarse: the label won't stick** la etiqueta no se pega
3. **clavar: he stuck the penknife into the wood** clavó la navaja en la madera
4. *informal* **poner: stick your bag over there** pon tu bolso allá

stick out *phrasal verb* ■ **asomarse: your shirt is sticking out** se te asoma la camisa

➤ **to stick one's tongue out** sacar la lengua: **he stuck his tongue out** sacó la lengua.

sticker ['stɪkəʳ] *noun* ■ el **adhesivo: her case is covered in stickers** su maleta está cubierta de adhesivos.

sticky ['stɪkɪ] *adjective*
1. **pegajoso: my hands are sticky** tengo las manos pegajosas
2. **adhesivo: a sticky label** una etiqueta adhesiva.

stiff [stɪf] *adjective* ■ **duro: stiff cardboard** cartón duro
➤ **to be stiff** estar agarrotado: **I'm stiff all over** estoy todo agarrotado
➤ **to have a stiff neck** tener tortícolis
➤ **he's bored stiff** *informal* se aburre como ostra
➤ **she's scared stiff** *informal* está muerta de miedo.

still [stɪl] *(adverb & adjective)*
■ *adverb*
1. **todavía: are you still at this address?** ¿todavía vives en esta dirección?; **that's better still** eso es todavía mejor
2. **aún así: he's very lazy but she still likes him** es muy flojo pero aún así ella lo quiere
■ *adjective*
quieto: the lizard was very still la lagartija estaba muy quieta
➤ **to keep still** quedarse quieto: **she won't keep still** no se queda quieta
➤ **sit still!** ¡quédate quieto!

sting [stɪŋ] *(noun & verb)*
■ *noun*
la **picadura,** el **piquete** *Mexico*: **a bee sting** una picadura de abeja
■ *verb*
(past tense & past participle **stung***)* **picar: a bee stung me** me picó una abeja.

stink [stɪŋk] *(past tense* **stank**, *past participle* **stunk***)* *verb* ■ **apestar: it stinks in here!** ¡apesta aquí adentro!

stir [stɜːʳ] *(past tense & past participle* **stirred***)* *verb* ■ **mezclar: you stir the eggs and sugar together** mezclas los huevos con el azúcar.

stitch [stɪtʃ] *(noun & verb)*

■ *noun*

1. la **puntada: you can see the stitches on the hem** se ven las puntadas en el dobladillo
2. el **punto: he had three stitches in his arm** le pusieron tres puntos en el brazo

■ *verb*

coser: she stitched the button back on cosió el botón.

stock [stɒk] *noun*

1. la **reserva: we have a stock of canned food at home** tenemos una reserva de comida enlatada en casa
2. el **caldo: chicken stock** caldo de pollo

➤ **in stock** en existencia
➤ **they are out of stock** están agotados
➤ **the stock market** el mercado de valores.

stocking ['stɒkɪŋ] *noun* ■ la **media: she's wearing silk stockings** tiene puestas medias de seda.

stole [stəʊl] *past tense* ➤ steal.

stolen ['stəʊln] *past participle* ➤ steal.

stomach ['stʌmək] *noun* ■ el **estómago**.

stomachache ['stʌməkeɪk] *noun* ■ el **dolor de estómago**

➤ **I've got a stomachache** me duele el estómago.

stone [stəʊn] *noun* ■ la **piedra: she threw a stone at the window** tiró una piedra a la ventana.

stood [stʊd] *past tense & past participle* ➤ stand.

stool [stuːl] *noun* ■ el **taburete: she's sitting on a stool** está sentada en un taburete.

stop [stɒp] *(noun & verb)*

■ *noun*

la **parada: where's the next stop?** ¿dónde es la próxima parada?; **a bus stop** una parada de autobús

➤ **to come to a stop** detenerse: **the train came to a stop** el tren se detuvo

■ *verb*

(past tense & past participle **stopped***)*

1. **frenar: she stopped the car** frenó el coche
2. **parar: the bus stopped in front of the school** el autobús paró enfrente de la escuela
3. **pararse: my watch has stopped** se me paró el reloj

➤ **to stop doing something** dejar de hacer algo: **it has stopped raining at last** finalmente ha dejado de llover

> **Impedir que** must be followed by a verb in the subjunctive:

➤ **to stop somebody from doing something** impedir que alguien haga algo: **I tried to stop him from leaving** traté de impedir que se fuera.

store [stɔːʳ] *(noun & verb)*

■ *noun*

la **tienda: he went into the store on the corner** entró en la tienda de la esquina

■ *verb*

1. **guardar: we store wine in the cellar** guardamos vino en la bodega
2. **almacenar: the latest computers can store even more information** las últimas computadoras pueden almacenar aún más información.

stork [stɔːk] *noun* ■ la **cigüeña**.

storm [stɔːm] *noun* ■ la **tormenta**.

stormy ['stɔːmɪ] *adjective* ■ **tormentoso: it's stormy today** hoy está tormentoso.

story ['stɔːrɪ] *(plural* **stories***) noun*

1. la **historia: she told us a story** nos contó una historia
2. el **piso: the building has ten stories** el edificio tiene diez pisos.

straight [streɪt] *(adjective & adverb)*

■ *adjective*

1. **recto: draw a straight line** dibuja una línea recta
2. **lacio: he has straight hair** tiene pelo lacio
3. **franco: he's always very straight with me** siempre es muy franco conmigo

■ *adverb*

1. **directamente: he went straight to the police** fue directamente a la policía
2. **derecho: walk straight ahead** camina todo derecho

3. **inmediatamente: it happened straight after that** sucedió inmediatamente después de eso.

strain [streɪn] *verb*

➤ **to strain a muscle** hacerse un esguince: **he strained a muscle** se hizo un esguince
➤ **to strain one's eyes** forzar la vista: **don't strain your eyes** no fuerces la vista.

strange [streɪndʒ] *adjective*

1. **raro: it's strange that she's late** es raro que no haya llegado todavía; **she's a strange woman** es una mujer rara
2. **desconocido: there are a lot of strange faces** hay un montón de caras desconocidas; **in a strange town** en un pueblo desconocido.

stranger ['streɪndʒəʳ] *noun* ■ el **desconocido,** la **desconocida: he's a complete stranger** es un perfecto desconocido.

strangle ['stræŋgl] *verb* ■ **estrangular: the murderer strangled her** el asesino la estranguló.

strap [stræp] *noun*

1. el **tirante,** el **bretel** *Southern Cone*: **my bra strap is broken** se me rompió el tirante del sostén
2. la **correa: there's a strap around my suitcase** hay una correa alrededor de mi valija; **my purse strap is too long** la correa de mi bolso es demasiado larga.

straw [strɔː] *noun*

1. la **paja: there's straw all over the floor** hay paja tirada por todo el piso
2. la **pajita,** el **popote** *Mexico*: **he was drinking through a straw** estaba tomando con una pajita.

strawberry ['strɔːbərɪ] *(plural* **strawberries***) noun* ■ la **fresa,** la **rutilla** *Andes, River Plate*

➤ **strawberry jam** mermelada de fresa.

stream [striːm] *noun* ■ el **arroyo: we crossed the stream** cruzamos el arroyo.

street [striːt] *noun* ■ la **calle: cross the street at the lights** cruza la calle en los semáforos

➤ **a street lamp or a street light** un farol.

streetwise ['striːtwaɪz] *adjective* ■ **pillo: these kids are very streetwise** estos chicos son muy pillos.

strength [streŋθ] *noun* ■ la **fuerza: I don't have the strength to get up** no tengo fuerzas para levantarme.

stress [stres] *noun* ■ el **acento: the stress is on the first syllable** el acento recae sobre la primera sílaba

➤ **he's under a lot of stress** está muy estresado.

stressed [stresd] *adjective* ■ **estresado: she's stressed** está estresada.

stretch [stretʃ] *verb*

1. **estirarse: she woke up and stretched** se despertó y se estiró
2. **estirar: they stretched the net between the two poles** estiraron la red entre los dos palos; **stretch your arms towards the ceiling** estira los brazos hacia el techo

➤ **to stretch one's legs** estirar las piernas: **I went outside to stretch my legs** salí afuera a estirar las piernas

stretch out *phrasal verb*

1. **estirar: she stretched her hand out to take it** estiró la mano para tomarlo; **he stretched his legs out** estiró las piernas
2. **tenderse: they stretched out on the grass** se tendieron en el césped.

stretcher ['stretʃəʳ] *noun* ■ la **camilla: they carried her on a stretcher** la llevaban en una camilla.

strict [strɪkt] *adjective* ■ **estricto: his parents are very strict** sus padres son muy estrictos.

strike [straɪk] *(noun & verb)*

■ *noun*

la **huelga**

➤ **to be on strike** estar en huelga
➤ **to go on strike** declararse en huelga

■ *verb*

(past tense & past participle **struck***)*

1. **pegar: someone struck me** alguien me pegó

2. **dar: the clock struck six** el reloj dio las seis
3. **llamar la atención: I was struck by her beauty** me llamó la atención su belleza
4. **chocar contra: the car struck a tree** el coche chocó contra un árbol

➤ **to strike a match** encender un fósforo: **she struck a match** encendió un fósforo.

string [strɪŋ] *noun* ■ la **cuerda: I tied the package with string** amarré el paquete con cordel; **the guitar has a broken string** la guitarra tiene una cuerda rota

➤ **a piece of string** un cordel.

strip [strɪp] *(noun & verb)*

■ *noun*

la **tira: a strip of paper** una tira de papel

■ *verb*

(past tense & past participle **stripped**, *present participle* **stripping***)* **desnudarse: he stripped and had a shower** se desnudó y se duchó.

stripe [straɪp] *noun* ■ la **raya: there are red and green stripes on her dress** su vestido tiene rayas verdes y rojas.

striped [straɪpt] *adjective* ■ **rayado: Don's wearing a striped shirt** Don tiene puesta una camisa rayada.

stroke [strəʊk] *(noun & verb)*

■ *noun*

1. el **trazo: he made several strokes on the canvas with his brush** dibujó diferentes trazos en el lienzo con el pincel
2. el **derrame cerebral: he had a stroke** tuvo un derrame cerebral

➤ **a stroke of luck** un golpe de suerte

■ *verb*

acariciar: she was stroking the cat estaba acariciando al gato.

stroll [strəʊl] *(noun & verb)*

■ *noun*

el **paseo: we're going for a stroll** vamos a dar un paseo

■ *verb*

pasear: they were strolling through the park estaban paseando por el parque.

stroller ['strəʊlə^r] *noun* ■ la **silla de paseo,** el **changuito** *Argentina,* la **carreola** *Mexico*: **she was pushing the baby in the stroller** empujaba al bebé en la silla de paseo.

strong [strɒŋ] *adjective* ■ **fuerte: she likes her coffee strong** le gusta el café fuerte; **as strong as an ox** fuerte como un toro.

struck [strʌk] *past tense & past participle* ➤ strike.

structure ['strʌktʃə^r] *noun* ■ la **estructura**.

struggle ['strʌgl] *(noun & verb)*

■ *noun*

la **lucha: a struggle to survive** una lucha para sobrevivir

■ *verb*

1. **luchar: he struggled to survive in the jungle** luchó para sobrevivir en la selva
2. **forcejear: she struggled to get free** forcejeó para escaparse
3. **tener problemas: he's struggling to finish his homework** está teniendo problemas para terminar las tareas.

stubborn ['stʌbən] *adjective* ■ **terco**

➤ **as stubborn as a mule** terco como una mula.

stuck [stʌk] *(adjective & verb form)*

■ *adjective*

atascado: the window is stuck la ventana está atascada; **we're stuck in a snowstorm** estamos atascados en una tormenta de nieve

➤ **to get stuck** atascarse: **my arm got stuck** se me atascó el brazo

■ *past tense & past participle*

➤ stick.

stuck-up [stʌk'ʌp] *adjective* ■ *informal* **creído: she's really stuck-up** es muy creída.

student ['stju:dnt] *noun* ■ **el/la estudiante**.

studio ['stju:dɪəʊ] *noun*

1. el **estudio: a television studio** un estudio de televisión
2. el **taller: a painter's studio** el taller de un pintor

➤ **a studio apartment** un estudio.

study ['stʌdɪ] *(noun & verb)*

■ *noun*
(plural **studies***)* **los estudios: he wants to continue his studies** quiere continuar sus estudios

■ *verb*
estudiar: Flora's studying Spanish Flora está estudiando castellano

➤ **to study for an exam** estudiar para un examen: **I'm studying for my exam** estoy estudiando para el examen.

stuff [stʌf] *informal (noun & verb)*

■ *noun*

1. **la cosa: what's that stuff you're eating?** ¿qué es esa cosa que estás comiendo?; **what's all this stuff on the table?** ¿qué hacen todas estas cosas en la mesa?
2. **las cosas: don't forget to take your stuff with you** no olvides de llevarte tus cosas

■ *verb*
meterse: he stuffed the keys into his pocket se metió las llaves en el bolsillo.

stuffy ['stʌfɪ] *adjective* ■ **mal ventilado: the room is stuffy** el cuarto está mal ventilado.

stumble ['stʌmbl] *verb* ■ **tropezarse: she stumbled down the stairs** se tropezó bajando las escaleras.

stung [stʌŋ] *past tense & past participle* ➤ **sting**.

stunk [stʌŋk] *past tense* ➤ **stink**.

stunned [stʌnd] *adjective* ■ **pasmado: he was stunned by the news** las noticias lo dejaron pasmado.

stunning ['stʌnɪŋ] *adjective*

1. **asombroso: it's stunning news** es una noticia asombrosa
2. **impresionante: the scenery is stunning** el paisaje es impresionante.

stunt [stʌnt] *noun* ■ **el truco**

➤ **a stunt man** un doble.

stupid ['stju:pɪd] *adjective* ■ **estúpido**.

stutter ['stʌtəʳ] *verb* ■ **tartamudear: she stutters** tartamudea.

style [staɪl] *noun*

1. **la moda: a new style of sportswear** una nueva moda en ropa deportiva
2. **el estilo: James Bond has a lot of style** James Bond tiene mucho estilo.

subject ['sʌbdʒekt] *noun*

1. **el tema: what's the subject of the book?** ¿cuál es el tema del libro?
2. **la asignatura: history is my favorite subject** historia es mi asignatura preferida.

submarine [ˌsʌbmə'rɪ:n] *noun* ■ **el submarino**.

subscription [səb'skrɪpʃn] *noun* ■ **la suscripción** *(plural* **las suscripciones***)*

➤ **to have a subscription to a magazine** estar suscrito a una revista.

substance ['sʌbstəns] *noun* ■ **la sustancia: a sticky substance** una sustancia pegajosa.

substitute ['sʌbstɪtju:t] *noun* ■ **el sustituto, la sustituta: the teams can have three substitutes** los equipos pueden tener tres sustitutos.

subtitle ['sʌbˌtaɪtl] *noun* ■ **el subtítulo**.

subtle ['sʌtl] *adjective* ■ **sutil**.

subtract [səb'trækt] *verb* ■ **restar: subtract 78 from 100** resta 78 de 100.

suburb ['sʌbɜ:b] *noun* ■ **el barrio residencial en las afueras: Jersey Village is a suburb of Houston** Jersey Village es un barrio residencial en las afueras de Houston

➤ **the suburbs** los barrios de las afueras.

subway ['sʌbweɪ] *noun* ■ **el metro**.

succeed [sək'sɪ:d] *verb*

1. **tener éxito: you have to work hard to succeed** tienes que trabajar duro para tener éxito
2. **conseguir: he succeeded in getting into Yale** consiguió entrar a Yale.

success [sək'ses] *noun* ■ **el éxito: it's a great success** es un gran éxito

> ⚠ **Success** es un falso amigo, no significa "suceso".

successful [sək'sesfʊl] *adjective* ■ **exitoso: it was a successful evening** fue una tarde exitosa
➤ **to be successful** tener éxito: **she's successful in whatever she does** tiene éxito en todo lo que hace.

successfully [sək'sesfʊlɪ] *adverb* ■ **con éxito**.

such [sʌtʃ] *adjective & adverb*
1. **tal: such situations are common** tales situaciones son frecuentes; **in such cases** en tales casos
2. **tanto: he has such a lot of books** tiene tantos libros; **I waited such a long time** esperé tanto tiempo
3. **tan: it's such a beautiful view!** ¡es una vista tan bonita!; **he's such a clever man** es un hombre tan inteligente; **I'd never seen such a big dog** nunca había visto un perro tan grande
➤ **it's such a pity** es una lástima
➤ **there's no such thing** no existe tal cosa
➤ **such as** como: **animals such as lions and tigers** animales como los leones y los tigres.

suck [sʌk] *verb* ■ **chuparse: he's sucking his thumb** se está chupando el pulgar.

sudden ['sʌdn] *adjective* ■ **repentino: there was a sudden shower** hubo un chubasco repentino
➤ **all of a sudden** de repente: **all of a sudden she got angry** de repente se enojó.

suddenly ['sʌdnlɪ] *adverb* ■ **de repente: suddenly he left** de repente se fue.

suede [sweɪd] *uncountable noun* ■ **el ante**.

suffer ['sʌfəʳ] *verb* ■ **sufrir: he's really suffering** está sufriendo de verdad
➤ **to be suffering from a cold** estar resfriado.

sugar ['ʃʊgəʳ] *noun* ■ **el/la azúcar**.

suggest [sə'dʒest] *verb*
1. **sugerir: what do you suggest?** ¿qué sugieres?
2. **aconsejar: I suggest you leave now** te aconsejo que te vayas ahora

> **Aconsejar que** must be followed by a verb in the subjunctive.

suggestion [sə'dʒestʃn] *noun* ■ **la sugerencia: can I make a suggestion?** ¿puedo hacer una sugerencia?

suicide ['sʊɪsaɪd] *noun* ■ **el suicidio**
➤ **to commit suicide** suicidarse: **she committed suicide** se suicidó.

suit [suːt] *(noun & verb)*
■ *noun*
1. el **traje: he's wearing a suit** tiene puesto un traje
2. el **traje de chaqueta: she's wearing a suit** tiene puesto un traje de chaqueta
■ *verb*
1. **quedar bien: that skirt suits you** esa falda te queda bien
2. **convenir: does Monday suit you?** ¿te conviene el lunes?
➤ **suit yourself!** ¡haz lo que quieras!

suitable ['suːtəbl] *adjective* ■ **apropiado: that dress isn't suitable for the occasion** este vestido no es apropiado para la ocasión.

suitcase ['suːtkeɪs] *noun* ■ la **maleta**, la **valija** *River Plate*: **I'm going to pack my suitcase** voy a hacer la maleta.

suite [swiːt] *noun* ■ la **suite: they have a suite at the Ritz** tienen una suite en el Ritz.

sulk [sʌlk] *verb*
➤ **she's sulking** está enfurruñada.

sum [sʌm] *(noun & verb) noun* ■ la **suma: that's a large sum of money** ésa es una gran suma de dinero

sum up *phrasal verb* ■ **resumir: let's sum up what we've done so far** resumamos lo que hemos hecho hasta el momento.

summary ['sʌmərɪ] *(plural summaries) noun* ■ el **resumen** *(plural* los **resúmenes**).

summer ['sʌmə^{r}] *noun* ■ el **verano: in the summer** en el verano; **they go to Corsica every summer** se van a Córcega todos los veranos
➤ **a summer camp** un campamento de verano
➤ **summer clothes** ropa de verano
➤ **summer vacation** vacaciones de verano.

summertime ['sʌmətaɪm] *uncountable noun* ■ el **verano: it happened in the summertime** sucedió en el verano.

summit ['sʌmɪt] *noun* ■ la **cumbre: Edmund Hillary and Tenzing Norgay reached the summit of Everest in 1953** Edmund Hillary y Tenzing Norgay llegaron a la cumbre del Everest en 1953.

sun [sʌn] *noun* ■ el **sol: the sun's shining** el sol está brillando
➤ **in the sun** al sol: **I don't want to go out in the sun** no quiero salir al sol.

sunbathe ['sʌnbeɪð] *verb* ■ **tomar el sol: she was sunbathing on the beach** estaba tomando el sol en la playa.

sunburn ['sʌnbɜːn] *uncountable noun* ■ las **quemaduras de sol: I have a sunburn on my arms** tengo quemaduras de sol en los brazos.

sunburned ['sʌnbɜːnd] *adjective*
➤ **to be sunburned** estar bronceado: **look how sunburned he is** mira qué bronceado está.

Sunday ['sʌndɪ] *noun* ■

> In Spanish the days of the week do not start with a capital letter:

el **domingo: it's Sunday today** hoy es domingo; **next Sunday** el próximo domingo; **last Sunday** el domingo pasado
➤ **on Sunday** el domingo: **I'll see you on Sunday** te veo el domingo
➤ **on Sundays** los domingos: **he comes to see me on Sundays** viene a verme los domingos
➤ **to be in one's Sunday best** ir vestido de domingo.

sundown ['sʌndaʊn] *uncountable noun* ■ el **atardecer: they stopped work at sundown** dejaron de trabajar al atardecer.

sunflower ['sʌnˌflaʊə^{r}] *noun* ■ el **girasol**.

sung [sʌŋ] *past participle* ➤ **sing**.

sunglasses ['sʌnˌglaːsɪz] *plural noun* ■ los **lentes de sol**.

sunk [sʌŋk] *past participle* ➤ **sink**.

sunlight ['sʌnlaɪt] *uncountable noun* ■ la **luz del sol: in the sunlight** a la luz del sol.

sunny ['sʌnɪ] *adjective* ■ **soleado: it was a sunny day** era un día soleado
➤ **it's sunny** hace sol.

sunrise ['sʌnraɪz] *noun* ■ la **salida del sol: I woke up before sunrise** me desperté antes de la salida del sol.

sunset ['sʌnset] *noun* ■ la **puesta del sol: I came home after sunset** llegué a casa después de la puesta del sol.

sunshine ['sʌnʃaɪn] *uncountable noun* ■ el **sol: there isn't much sunshine today** no hay mucho sol hoy.

suntan ['sʌntæn] *noun* ■ el **bronceado: she has a nice suntan** tiene un bonito bronceado
➤ **suntan lotion** bronceador.

super ['suːpə^{r}] *adjective* ■ *informal* **genial: it's a super film** es una película genial
➤ **the Super Bowl** el Supertazón

> THE SUPER BOWL
>
> El Super Bowl es un partido de fútbol americano en el que se enfrentan los campeones de las dos ligas o **conferences** más importantes del fútbol profesional en Estados Unidos. Tiene lugar al final de la temporada de juegos - a fines de enero de cada año - y una gran cantidad de gente en Estados Unidos y otros países presencian este encuentro por televisión.

superhighway ['suːpəˌhaɪweɪ] *noun* ■ la **autopista**
➤ **the information superhighway** la autopista de la información.

superior [suː'pɪərɪəʳ] *adjective* ■ **superior**.

supermarket ['suːpə,maːkɪt] *noun* ■ el **supermercado**.

supernatural [,suːpə'nætʃrəl] *adjective* ■ **sobrenatural**.

superstitious [,suːpə'stɪʃəs] *adjective* ■ **supersticioso**.

supper ['sʌpəʳ] *noun* ■ la **cena: supper time** la hora de la cena
➤ **to have supper** cenar: **we had fish for supper** cenamos pescado.

supply [sə'plaɪ] *(noun & verb)*
■ *noun*
(plural **supplies***)* el **suministro: the supplies are running out** se están acabando los suministros
➤ **supply and demand** la oferta y la demanda
■ *verb*
(past tense & past participle **supplied***)* **suministrar: the school supplies pencils** la escuela suministra los lápices
➤ **to supply someone with something** facilitarle algo a alguien: **I supplied him with the details** le facilité los detalles.

support [sə'pɔːt] *(noun & verb)*
■ *noun*
el **apoyo: thanks to their support, he was elected mayor** gracias a su apoyo, fue elegido alcalde
■ *verb*
1. **apoyar: I will always support you** siempre te apoyaré
2. **ser hincha de: she supports the Miami Dolphins** es hincha de los Miami Dolphins.

supporter [sə'pɔːtəʳ] *noun*
1. el **partidario,** la **partidaria: he's a supporter of feminism** es partidario del feminismo
2. el/la **hincha: he's a Chicago Bears supporter** es hincha de los Chicago Bears.

suppose [sə'pəʊz] *verb*
1. **suponer: I suppose he'll come tomorrow** supongo que vendrá mañana
2. **creer: do you suppose he'll pass his exam?** ¿crees que aprobará el examen?
➤ **suppose you were rich ...** imagínate que eres rico ...
➤ **I suppose so** supongo que sí
➤ **we are supposed to wait here** se supone que tenemos que esperar aquí.

sure [ʃʊəʳ] *adjective* ■ **seguro: are you sure she'll come?** ¿estás seguro que va a venir?; **I'm not sure** no estoy seguro
➤ **they are sure to be late** con toda seguridad van a llegar tarde
➤ **to make sure** asegurarse: **make sure you don't forget!** ¡asegúrate de no olvidarte!

surely ['ʃʊəlɪ] *adverb* ■ **seguro: surely she didn't do that** seguro que ella no hizo eso; **slowly but surely** lento pero seguro.

surf [sɜːf] *verb* ■ **surfear**
➤ **he surfs the Net for hours at a time** navega por Internet durante horas seguidas.

surface ['sɜːfɪs] *noun* ■ la **superficie: I can see something on the surface of the water** veo algo en la superficie del agua.

surfboard ['sɜːfbɔːd] *noun* ■ la **tabla de surf**.

surfing ['sɜːfɪŋ] *uncountable noun* ■ el **surfing: to go surfing** hacer surfing; **he goes surfing every weekend** hace surfing todos los fines de semana.

surgeon ['sɜːdʒən] *noun* ■ el **cirujano,** la **cirujana**.

surprise [sə'praɪz] *(noun & verb)*
■ *noun*
la **sorpresa: what a surprise!** ¡qué sorpresa!
■ *verb*
sorprender: that surprises me eso me sorprende.

surprised [sə'praɪzd] *adjective* ■ **sorprendido: he was surprised to see me** estaba sorprendido de verme.

surprising [sə'praɪzɪŋ] *adjective* ■ **sorprendente: that's not surprising** eso no es sorprendente.

surrender [sə'rendəʳ] *verb* ■ **rendirse: the soldiers surrendered** los soldados se rindieron.

surround [sə'raʊnd] *verb* ■ **rodear: the house is surrounded by a wall** la casa está rodeada de un muro; **the police surrounded the building** la policía rodeó el edificio.

survey ['sɜːveɪ] *noun* ■ la **encuesta**.

survive [sə'vaɪv] *verb* ■ **sobrevivir: two people survived** sobrevivieron dos personas.

survivor [sə'vaɪvəʳ] *noun* ■ **el/la sobreviviente**.

suspect *(noun & verb)*

■ *noun*
['sʌspekt] el **sospechoso,** la **sospechosa: he's a suspect** es sospechoso

■ *verb*
[sə'spekt] **sospechar: they suspect her of stealing the diamond** sospechan que robó el diamante.

suspense [sə'spens] *uncountable noun* ■ el **suspenso: the film was full of suspense** la película tenía mucho suspenso.

suspicion [sə'spɪʃn] *noun* ■ la **sospecha: do you have any suspicions?** ¿tienes alguna sospecha?

suspicious [sə'spɪʃəs] *adjective*

1. **desconfiado: he became suspicious** se volvió desconfiado
2. **sospechoso: she looks very suspicious** actúa de manera muy sospechosa

➤ **to be suspicious of somebody** desconfiar de alguien.

swallow ['swɒləʊ] *(noun & verb)*

■ *noun*
la **golondrina: swallows migrate to Africa in the winter** las golondrinas emigran a África en el invierno

■ *verb*
tragarse: she swallowed the pill se tragó la píldora.

swam [swæm] *past tense* ➤ **swim**.

swamp [swɒmp] *noun* ■ el **pantano: there are alligators in this swamp** hay caimanes en este pantano.

swan [swɒn] *noun* ■ el **cisne**.

swap [swɒp] *(past tense & past participle* **swapped**, *present participle* **swapping**) *verb*

1. **cambiarse: let's swap jackets** cambiémonos las chaquetas
2. **cambiar: I swapped my bike for a scooter** cambié mi bici por una Vespa®.

swear [sweəʳ] *(past tense* **swore**, *past participle* **sworn**) *verb*

1. **decir malas palabras: don't swear** no digas malas palabras
2. **jurar: I swear I'm telling the truth** juro que estoy diciendo la verdad

➤ **to swear at somebody** insultar a alguien.

swearword ['sweəwɜːd] *noun* ■ la **mala palabra: don't say that, it's a swearword** no digas eso, es una mala palabra.

sweat [swet] *(noun & verb)*

■ *uncountable noun*
el **sudor: I'm covered in sweat** estoy cubierta de sudor

■ *verb*
sudar: I'm sweating estoy sudando.

sweater ['swetəʳ] *noun* ■ el **suéter: he's wearing a red sweater** tiene puesto un suéter rojo.

sweatshirt ['swetʃɜːt] *noun* ■ la **sudadera: she's wearing a green sweatshirt** tiene puesta una sudadera verde.

sweep [swiːp] *(past tense & past participle* **swept**) *verb* ■ **barrer: he's sweeping the floor** está barriendo el suelo.

sweet [swiːt] *(adjective & noun) adjective* ■ **dulce: the cake is too sweet** el pastel es demasiado dulce; **she's very sweet** es muy dulce

➤ **sweet dreams!** ¡dulces sueños!

➤ **a sweet potato** una batata, un camote *Andes, Mexico*.

swell [swel] *(past tense* swelled, *past participle* swollen*) verb* ■ **hincharse: my lip started to swell** se me empezó a hinchar el labio

swell up *phrasal verb* ■ **hincharse: her face has swollen up** se le hinchó la cara.

swept [swept] *past tense & past participle* ➤ sweep.

swerve [swɜːv] *verb* ■ **virar bruscamente, dar un volantazo** *Mexico*: **she swerved to avoid the child** viró bruscamente para no atropellar al niño.

swim [swɪm] *(noun & verb)*

■ *noun*

➤ **to go for a swim** ir a nadar

■ *verb*

(past tense **swam**, *past participle* **swum**) **nadar: can you swim?** ¿sabes nadar?

swimmer ['swɪmə^r] *noun* ■ **el nadador, la nadadora: he's a good swimmer** es buen nadador.

swimming ['swɪmɪŋ] *uncountable noun* ■ **la natación: I love swimming** me encanta la natación

➤ **to go swimming** ir a nadar

➤ **a swimming pool** una piscina, una alberca *Mexico*, una pileta *River Plate*

➤ **swimming trunks** el traje de baño.

swimsuit ['swɪmsuːt] *noun* ■ **el traje de baño, la malla de baño** *River Plate*.

swing [swɪŋ] *(noun & verb)*

■ *noun*

el columpio, la hamaca *River Plate*: **there are swings in the park** hay columpios en el parque

■ *verb*

(past tense & past participle **swung**)

1. **balancearse: the monkeys were swinging in the trees** los monos se balanceaban en los árboles
2. **balancear: he was swinging his arms** balanceaba los brazos.

switch [swɪtʃ] *(noun & verb)*

■ *noun*

(plural **switches**) **el interruptor, el switch** *Colombia, Mexico*: **where's the light switch?** ¿dónde está el interruptor de la luz?

■ *verb*

cambiar de: let's switch places cambiemos de lugar

switch off *phrasal verb* ■ **apagar: I switched off the light** apagué la luz; **he switched off the engine** apagó el motor.

switch on *phrasal verb* ■ **prender: she switched the light on** prendió la luz; **I switched the engine on** prendí el motor.

swollen ['swəʊln] *(adjective & verb form)*

■ *adjective*

hinchado: she has a swollen arm tiene el brazo hinchado

■ *past participle*

➤ swell.

sword [sɔːd] *noun* ■ **la espada**.

swore [swɔː^r] *past tense* ➤ swear.

sworn [swɔːn] *past participle* ➤ swear.

swum [swʌm] *past participle* ➤ swim.

swung [swʌŋ] *past tense & past participle* ➤ swing.

syllable ['sɪləbl] *noun* ■ **la sílaba: "happiness" has three syllables** "happiness" tiene tres sílabas.

syllabus ['sɪləbəs] *(plural* syllabuses or syllabi*) noun* ■ **el programa: Spanish isn't on the syllabus any more** castellano no está más en el programa.

symbol ['sɪmbl] *noun* ■ **el símbolo: the white dove is a symbol of peace** la paloma blanca es un símbolo de paz.

sympathetic [ˌsɪmpə'θetɪk] *adjective* ■ **comprensivo: they were very sympathetic after hearing of our problem** fueron muy comprensivos después de escuchar nuestro problema

> ⚠ **Sympathetic** es un falso amigo, no significa "simpático".

sympathy ['sɪmpəθɪ] *uncountable noun* ■ **la compasión: he has no sympathy for them** no siente ninguna compasión por ellos.

synagogue ['sɪnəgɒg] *noun* ■ **la sinagoga**.

syrup ['sɪrəp] *uncountable noun* ■ el **jarabe: a cough syrup** un jarabe para la tos
➤ **maple syrup** jarabe de arce, miel de maple *Mexico*
➤ **peaches in syrup** duraznos en almíbar.

system ['sɪstəm] *noun* ■ el **sistema**.

t

table ['teɪbl] *noun* ■ la **mesa: the guests are sitting at the table** los invitados están sentados a la mesa
➤ **to set the table** poner la mesa: **should I set the table?** ¿pongo la mesa?
➤ **table tennis** ping-pong: **they're playing table tennis** están jugando ping-pong.

tablecloth ['teɪblklɒθ] *noun* ■ el **mantel**.

tablespoon ['teɪblspuːn] *noun* ■ la **cuchara de servir**
➤ **a tablespoon of sugar** una cucharada de azúcar.

tablet ['tæblɪt] *noun* ■ la **pastilla: take one tablet every four hours** tome una pastilla cada cuatro horas.

tackle ['tækl] *verb*
1. *In rugby and American football* **taclear**
2. *In soccer* **hacerle una entrada a**
➤ **to tackle a problem** enfrentar un problema.

tadpole ['tædpəʊl] *noun* ■ el **renacuajo**.

tag [tæg] *noun* ■ la **etiqueta: what's the price on the tag?** ¿cuál es el precio en la etiqueta?

tail [teɪl] *noun* ■ la **cola: the dog's wagging its tail** el perro está moviendo la cola
➤ **heads or tails?** ¿cara o cruz?, ¿águila o sol? *Mexico*.

take [teɪk] *(past tense* took, *past participle* taken*) verb*
1. **tomar: let's take the bus** tomemos el autobús; **I haven't taken my medicine** no he tomado mi medicina
2. **llevarse: he took my bike while I wasn't watching** se llevó mi bici cuando yo no estaba mirando
3. **sacar: take the book off the shelf** saca el libro del estante; **I took a lot of photos** saqué muchas fotos
4. **llevar: take the chairs into the garden** lleva las sillas al jardín; **they took her some flowers** le llevaron flores; **he took me to the movies** me llevó al cine
5. **hacer, dar** *Southern Cone*: **to take an exam** hacer un examen
6. **aceptar: they don't take credit cards** no aceptan tarjetas de crédito
7. **soportar: he can't take criticism** no soporta la crítica
8. *When "take" means "require"* **it takes patience** hace falta paciencia; **it takes two hours to get there** lleva dos horas llegar allí; **how long will it take?** ¿cuánto tiempo va tardar?; **it took us two days to finish** nos llevó dos días terminar
➤ **what size do you take?** ¿qué talla usas?
➤ **what shoe size do you take?** ¿qué número de zapatos calzas?

take after *phrasal verb* ■ **parecerse a: she takes after her grandmother** se parece a su abuela.

take apart *phrasal verb* ■ **desarmar: Jack took the car apart** Jack desarmó el coche.

take away *phrasal verb*
1. **llevarse: she took the plates away** se llevó los platos

2. **quitar: he was afraid they would take his car away from him** tenía miedo que le quitaran el coche.

take back *phrasal verb* ■ **devolver, regresar** *Latin America except Southern Cone*: **I took the jeans back to the shop** devolví los jeans en la tienda.

take down *phrasal verb*
1. **desarmar: they took the tent down** desarmaron la carpa
2. **quitar: she took the poster down** quitó el póster
3. **anotar: he took down her name and address** anotó su nombre y dirección.

take off *phrasal verb*
1. **despegar: the plane takes off at 5 a.m.** el avión despega a las 5 de la mañana
2. **quitarse: she took her shoes off** se quitó los zapatos
➤ **to take one's clothes off** quitarse la ropa: **he took his clothes off** se quitó la ropa.

take out *phrasal verb* ■ **sacar: I'm going to take some money out of the bank** voy a sacar dinero del banco
➤ **to take somebody out to dinner** invitar a alguien a cenar afuera.

take up *phrasal verb* ■ **ocupar: that box takes up too much room** esa caja ocupa demasiado espacio
➤ **he's taken up golf** ha empezado a jugar golf.

take-off ['teɪkɒf] *noun* ■ **el despegue: passengers must wear their seatbelts during take-off** los pasajeros deben usar los cinturones de seguridad durante el despegue.

tale [teɪl] *noun* ■ **el cuento: she likes fairy tales** le gustan los cuentos de hadas.

talent ['tælənt] *noun* ■ **el talento**.

talk [tɔːk] *(noun & verb)*
■ *noun*
1. la **conversación** *(plural* las **conversaciones)**, la **plática** *Central America, Mexico*: **I had a talk with my dad** tuve una conversación con mi papá
2. la **charla**, la **plática** *Central America, Mexico*: **he gave a talk on the environment** dio una charla sobre el medio ambiente

■ *verb*
hablar, platicar *Central America, Mexico*: **he's talking to his girlfriend** está hablando con su novia; **we talked about the future** hablamos sobre el futuro.

tall [tɔːl] *adjective* ■ **alto: Thomas is very tall** Thomas es muy alto; **the building is tall** el edificio es alto
➤ **how tall are you?** ¿cuánto mides?

tambourine [tæmbə'riːn] *noun* ■ la **pandereta: she plays the tambourine** toca la pandereta.

tame [teɪm] *adjective* ■ **domesticado**.

tan [tæn] *noun* ■ el **bronceado: what a great tan!** ¡qué bronceado tan sensacional!
➤ **to have a tan** estar bronceado.

tangerine [ˌtændʒə'rɪːn] *noun* ■ la **tangerina**.

tank [tæŋk] *noun* ■ el **tanque: the fuel tank is empty** el tanque de combustible está vacío; **there are a lot of tanks on the border** hay muchos tanques en la frontera
➤ **a fish tank** una pecera.

tanned [tænd] *adjective* ■ **bronceado: you're very tanned** estás muy bronceado.

tap [tæp] *(noun & verb)*
■ *noun*
1. la **llave**, la **paja** *Central America*, la **pluma** *Colombia, Venezuela*, el **caño** *Peru*, la **canilla** *River Plate*: **turn the tap on** abre la llave; **turn the tap off** cierra la llave
2. el **golpecito: I felt a tap on my arm** sentí un golpecito en el brazo

■ *verb*
(past tense & past participle **tapped***)* **darle un golpecito a: someone tapped me on the shoulder** alguien me dio un golpecito en el hombro
➤ **he was tapping his fingers on the table** tamborileaba con los dedos en la mesa

⚠ Tap es un falso amigo, no significa "tapa".

tape [teɪp] *(noun & verb)*

■ *noun*

1. la **cinta: do you have a blank tape to record this film?** ¿tienes una cinta virgen para grabar esta película?; **we listened to a Beatles tape** escuchamos una cinta de los Beatles
2. la **cinta adhesiva: stick this down with tape** pega esto con una cinta adhesiva

➤ **on tape** grabado: **I've got some good music on tape** tengo grabada buena música; **I've got "Star Wars" on tape** tengo grabada "La guerra de las galaxias"

■ *verb*

grabar: I taped the film grabé la película.

tape measure [teɪp'meʒəʳ] *noun* ■ la **cinta métrica**.

target ['tɑːgɪt] *noun* ■ el **blanco**.

task [tɑːsk] *noun* ■ la **tarea: it's a difficult task** es una tarea difícil.

taste [teɪst] *(noun & verb)*

■ *noun*

el **sabor: this fish has a funny taste** el pescado tiene un sabor raro

➤ **have a taste!** ¡pruébalo!

➤ **to have good taste** tener buen gusto

■ *verb*

1. **probar: taste this delicious soup** prueba esta sopa deliciosa
2. **saber: it tastes delicious** sabe delicioso

➤ **to taste like something or to taste of something** saber a algo: **it tastes like honey** sabe a miel.

tasteless ['teɪstlɪs] *adjective*

1. **desabrido: this soup is tasteless** esta sopa está desabrida
2. **de mal gusto: a tasteless joke** un chiste de mal gusto.

tasty ['teɪstɪ] *adjective* ■ **sabroso**.

tattoo [tə'tuː] *noun* ■ el **tatuaje**.

taught [tɔːt] *past tense & past participle* ➤ teach.

tax [tæks] *noun* ■ el **impuesto: we all have to pay tax** todos tenemos que pagar impuestos.

taxi ['tæksɪ] *noun* ■ el **taxi: let's take a taxi** tomemos un taxi

➤ **a taxi driver** un taxista

➤ **a taxi stand** una parada de taxis, un sitio de taxis *Mexico*.

tea [tiː] *uncountable noun* ■ el **té: I'd like a cup of tea** me gustaría una taza de té.

teach [tiːtʃ] *(past tense & past participle* **taught**) *verb* ■ **enseñar: my brother is teaching me Spanish** mi hermano me está enseñando castellano

➤ **to teach somebody to do something** enseñar a alguien a hacer algo: **she taught me to ski** me enseñó a esquiar.

teacher ['tiːtʃəʳ] *noun*

1. el **profesor,** la **profesora: he's a teacher** es profesor
2. el **maestro,** la **maestra: she's a teacher in a primary school** es maestra de una escuela primaria.

team [tiːm] *noun* ■ el **equipo**.

tear[1] [tɪəʳ] *noun* ■ la **lágrima**

➤ **he was in tears** estaba llorando.

tear[2] *(noun & verb)*

■ *noun*

[teəʳ] la **rotura: can you mend this tear?** ¿puedes arreglar esta rotura?

■ *verb*

(past tense & past participle **torn**)

1. **romper: I tore the page** rompí la página
2. **rasgarse: this cloth tears very easily** esta tela se rasga muy fácilmente

tear down *phrasal verb* ■ **derribar: they're going to tear the old factory down** van a derribar la vieja fábrica.

tear out *phrasal verb* ■ **arrancar: I tore the page out** arranqué la página.

tear up *phrasal verb* ■ **hacer pedazos: he tore up the letter** hizo pedazos la carta.

tease [tiːz] *verb* ■ **tomarle el pelo a: he's always teasing his little brother** siempre le está tomando el pelo a su hermano menor.

teaspoon ['tiːspuːn] *noun* ■ **la cucharita: I need a teaspoon for my coffee** necesito una cucharita para mi café
➤ **add one teaspoon of sugar** agregue una cucharadita de azúcar.

technical ['teknɪkl] *adjective* ■ **técnico**.

technique [tek'niːk] *noun* ■ **la técnica**.

technological [,teknə'lɒdʒɪkl] *adjective* ■ **tecnológico**.

technology [tek'nɒlədʒɪ] *noun* ■ **la tecnología**.

teddy bear ['tedɪbeəʳ] *noun* ■ **el oso de peluche**.

teen [tiːn] *noun* ■ **el/la adolescente**
➤ **a teen magazine** una revista para adolescentes.

teenage ['tiːneɪdʒ] *adjective* ■ **adolescente: he has a teenage son** tiene un hijo adolescente.

teenager ['tiːn,eɪdʒəʳ] *noun* ■ **el/la adolescente**.

teens [tiːnz] *plural noun*
➤ **to be in one's teens** ser adolescente: **he's in his teens** es adolescente.

teeth *plural* ➤ tooth.

telephone ['telɪfəʊn] *noun* ■ **el teléfono: the telephone's ringing** está sonando el teléfono; **he answered the telephone** contestó el teléfono
➤ **to be on the telephone** estar hablando por teléfono: **she's on the telephone at the moment** está hablando por teléfono en este momento
➤ **the telephone book or the telephone directory** la guía telefónica, el directorio telefónico *Latin America except Southern Cone*
➤ **a telephone booth** una cabina telefónica, una caseta telefónica *Mexico*
➤ **a telephone call** una llamada telefónica
➤ **a telephone number** un número de teléfono: **what's your telephone number?** ¿cuál es tu número de teléfono?

telescope ['telɪskəʊp] *noun* ■ **el telescopio**.

television ['telɪ,vɪʒn] *noun* ■ **la televisión: I watched it on television** lo ví en la televisión.

tell [tel] *(past tense & past participle* told*)* *verb* ■ **decir: I told him I would be late** le dije que llegaría tarde
➤ **I can tell he's really angry** me doy cuenta de que está realmente enojado
➤ **to tell lies** decir mentiras: **he often tells lies** a menudo dice mentiras
➤ **to tell a story** contar una historia: **I'm going to tell you a story** te voy a contar una historia
➤ **to tell the difference between** distinguir entre: **she can't tell the difference between me and my brother** no distingue entre mi hermano y yo
➤ **to tell somebody about something** contarle a alguien de algo: **I told her about my trip** le conté de mi viaje
➤ **to tell somebody to do something** decirle a alguien que haga algo: **he told me to wait for him here** me dijo que lo esperara aquí.

temper ['tempəʳ] *noun* ■ **el genio: she has an awful temper** tiene muy mal genio
➤ **to lose one's temper** perder los estribos: **I lost my temper** perdí los estribos.

temperature ['temprətʃəʳ] *noun*
1. la **temperatura: what is the temperature outside?** ¿qué temperatura hay afuera?; **I took her temperature** le tomé la temperatura
2. la **fiebre: he has a temperature** tiene fiebre.

temple ['templ] *noun* ■ **el templo**.

temporary ['tempərərɪ] *adjective* ■ **temporal**.

tempt [tempt] *verb* ■ **tentar**
➤ **I'm tempted to say no** estoy tentado a decir que no.

tempting ['temptɪŋ] *adjective* ■ **tentador** (*feminine* **tentadora**): **it's very tempting** es muy tentador.

ten [ten] *number* ■ **diez: the Ten Commandments** los Diez Mandamientos; **she's ten** tiene diez años; **he went out at ten** salió a las diez.

tenant ['tenənt] *noun* ■ **el inquilino, la inquilina**.

tend [tend] *verb*
➤ **to tend to do something** tener tendencia a hacer algo: **she tends to exaggerate** tiene tendencia a exagerar.

tender ['tendəʳ] *adjective* ■ **tierno: the meat is nice and tender** la carne está buena y tierna.

tennis ['tenɪs] *noun* ■ **el tenis: she's playing tennis** está jugando tenis; **a game of tennis** un juego de tenis
➤ **a tennis ball** una pelota de tenis
➤ **a tennis court** una cancha de tenis
➤ **a tennis player** un tenista
➤ **a tennis racket** una raqueta de tenis
➤ **tennis shoes** zapatillas de tenis.

tension ['tenʃn] *noun* ■ **la tensión** (*plural* **las tensiones**): **there's a lot of tension between them** hay mucha tensión entre ellos.

tent [tent] *noun* ■ **la tienda de campaña**.

tenth [tenθ] *number* ■ **décimo: on the tenth floor** en el décimo piso
➤ **it's November tenth today** hoy es el 10 de noviembre.

term [tɜːm] *noun* ■ **el término: it's a technical term** es un término técnico
➤ **to be on good terms with somebody** tener buenas relaciones con alguien
➤ **to come to terms with something** aceptar algo.

terminal ['tɜːmɪnl] *noun* ■ **la terminal: there are three terminals at the airport** hay tres terminales en el aeropuerto
➤ **the bus terminal** la terminal de autobuses, la terminal de camiones *Mexico*.

terrace ['terəs] *noun* ■ **la terraza**.

terrible ['terəbl] *adjective* ■ **terrible**.

terribly ['terəblɪ] *adverb* ■ **terriblemente: he's terribly disappointed** está terriblemente decepcionado
➤ **I'm terribly sorry** lo siento muchísimo.

terrific [tə'rɪfɪk] *adjective* ■ **estupendo**.

terrified ['terɪfaɪd] *adjective* ■ **aterrorizado**
➤ **to be terrified of** tenerle terror a: **she's terrified of the dentist** le tiene terror al dentista.

territory ['terətrɪ] (*plural* **territories**) *noun* ■ **el territorio**.

terrorism ['terərɪzm] *noun* ■ **el terrorismo**.

terrorist ['terərɪst] *noun* ■ **el/la terrorista: a terrorist attack** un ataque terrorista.

test [test] (*noun & verb*)
■ *noun*
la prueba: we had a test this morning tuvimos una prueba esta mañana; **they are doing tests on the new drug** están haciendo pruebas con la nueva droga
➤ **I'm taking my driving test** voy a hacer el examen de manejar, voy a hacer el examen de manejo *Mexico*
➤ **a blood test** un análisis de sangre
➤ **nuclear tests** pruebas nucleares
➤ **a test tube** un tubo de ensayo
➤ **an eye test** un examen de la vista
■ *verb*
1. **probar: I'd like to test the computer before I buy it** me gustaría probar la computadora antes de comprarla
2. **hacerle una prueba a: the teacher tested us on irregular verbs** la maestra nos hizo una prueba sobre los verbos irregulares.

text [tekst] *noun* ■ **el texto: a text file** un archivo de texto.

textbook ['tekstbʊk] *noun* ■ **el libro de texto: a biology textbook** un libro de texto de biología.

than [ðən, ðæn] *conjunction*

1. **que: Tina's taller than Ted** Tina es más alta que Ted; **I've got less than you or I've got less than you have** tengo menos que tú
2. *With quantities* **de: it costs less than $50** cuesta menos de $50; **he stayed more than three months** se quedó más de tres meses.

thank [θæŋk] *verb* ■ **agradecer: I'd like to thank you for your help** quiero agradecerle su ayuda

➤ **thank you!** ¡gracias!: **thank you very much!** ¡muchas gracias!;**thank you for your help!** ¡gracias por tu ayuda!

➤ **thank God!** ¡gracias a Dios!

thanks [θæŋks] *exclamation & noun*

➤ **thanks!** ¡gracias!: **thanks a lot!** ¡muchas gracias!

➤ **thanks for everything!** ¡gracias por todo!

➤ **thanks for coming!** ¡gracias por venir!

➤ **thanks to** gracias a: **I succeeded thanks to you** lo logré gracias a ti.

Thanksgiving ['θæŋks,gɪvɪŋ] *noun*

■ la **Acción de Gracias**

THANKSGIVING

La fiesta de **Thanksgiving**, el cuarto jueves de noviembre, conmemora el establecimiento de los primeros colonos en lo que hoy son los Estados Unidos. La cena en familia que generalmente se celebra ese día consiste en un pavo con salsa de arándanos, acompañado por camotes (batatas) al horno, y el tradicional pay de calabaza (zapallo) como postre.

that [ðæt] *(adjective, pronoun, conjunction & adverb)*

■ *adjective*

(plural **those***)*

A demonstrative adjective must agree in gender (masculine or feminine) and number (singular or plural) with the noun it precedes:

1. **ese: give me that book** dame ese libro; **that soup is cold** esa sopa está fría
2. **aquel**

Use **aquel** and **aquella** to express more distance between the speaker and the object:

I don't want that dress on the table, I want that dress over there no quiero ese vestido que está en la mesa, quiero aquel vestido

■ *pronoun*

A demonstrative pronoun must agree in gender (masculine or feminine) and number (singular or plural) with the noun to which it refers. If it does not refer to something that can be assigned gender, the neuter form is used:

1. **ése: who's that?** ¿quién es ése?; **is that Janet?** ¿es ésa Janet?; **what's that?** ¿qué es eso?; **that's my brother** ése es mi hermano; **that's not true** eso no es cierto; **that one's mine** ése es mío
2. **aquél**

Use **aquél, aquélla** or **aquello** to express more distance between the speaker and the object:

I don't want this, I want that over there no quiero éste, quiero aquél; **this hat won't do, we must have that one over in the window** este sombrero no es adecuado, debemos llevar aquél que está en la vidriera

➤ **is that you?** ¿eres tú?

■ *pronoun*

1. *Subject or object of the verb* **que: where's the path that leads to the wood?** ¿dónde está el camino que conduce al bosque?; **the man that he saw** el hombre que vió
2. *After a preposition* **el que**

The relative pronoun becomes **el que, la que, los que** or **las que** after a preposition, according to the gender (masculine or feminine) and number (singular or plural) of the noun to which it refers:

the chair that he was sitting on collapsed la silla en la que estaba sentado se vino abajo; **the boys that he's talking to are his cousins** los muchachos con los que está hablando son sus primos

■ *conjunction*
que: she said that she was coming dijo que venía
■ *adverb*
tan: it's not that bad no es tan malo.

that's [ðæts]
1. ➤ that is; that has.

the [ðə, ði:] *definite article* ■ **el**

> The definite article must agree in gender (masculine or feminine - **el, la**) and number (singular or plural - **los, las**) with the noun it precedes:

give me the book dame el libro; **look at the flower** mira la flor; **the man left** el hombre se fue; **where are the children?** ¿dónde están los niños?; **put the flowers in a vase** pon las flores en un florero

> When you say "of the" or "to the" in Spanish, the prepositions **de** and **a** combine with **el** to make one word: **de + el = del**, and **a + el = al**:

I can't remember the name of the village no puedo recordar el nombre del pueblo; **she gave the ball to the dog** le dió la pelota al perro.

theater ['θɪətəʳ] *noun* ■ **el teatro**.

theft [θeft] *noun* ■ **el robo**.

their [ðeəʳ] *possessive adjective* ■

> In Spanish the possessive adjective agrees in number (singular or plural) with the noun that follows:

su: their house is in the countryside su casa está en el campo; **their parents are doctors** sus padres son médicos

> Use the definite article (**el, la, los** or **las**), not the possessive adjective, with parts of the body and clothing when it's clear who the possessor is:

they're brushing their teeth se están lavando los dientes; **she put on her coat** se puso el abrigo.

theirs [ðeəz] *possessive pronoun*

> In Spanish the possessive pronoun agrees in gender (masculine or feminine) and number (singular or plural) with the noun it replaces:

1. **el suyo** (*feminine* **la suya**)**: our dog is big, theirs is small** nuestro perro es grande, el suyo es pequeño; **your books are here, theirs are on the table** tus libros están aquí, los suyos están en la mesa
2. **suyo** (*feminine* **suya**)**: those books aren't theirs** esos libros no son suyos; **she's a friend of theirs** es amiga suya.

them [ðəm, ðem] *pronoun*
1. *Direct object* **los** (*feminine* **las**)**: I can't see them** no los puedo ver; **find them!** ¡encuéntralos!; **I saw them** los vi
2. *Indirect object* **les: she gave them a kiss** les dió un beso; **tell them to come** diles que vengan

> Instead of "les", use **se** as an indirect object when there is also a direct object pronoun:

I gave it to them se lo di a ellos
3. *After a preposition* **ellos** (*feminine* **ellas**)**: I'm going with them** voy con ellos.

themselves [ðem'selvz] *pronoun*
1. **se: the boys are washing themselves** los muchachos se están lavando; **they're enjoying themselves** se están divirtiendo
2. **ellos mismos: they made it themselves** lo hicieron ellos mismos
3. **sí mismos: they often talk about themselves** a menudo hablan de sí mismos
➤ **by themselves** solos: **they did it by themselves** lo hicieron solos.

then [ðen] *adverb*
1. **entonces: we lived in Boston then** entonces vivíamos en Boston; **it's too sweet — don't drink it then** es muy dulce — entonces no lo tomes
2. **luego: I had dinner then I went to bed** cené y luego me fui a acostar.

there [ðeəʳ] *(pronoun & adverb)*
■ *pronoun*
➤ **there is** or **there are** hay
➤ **there's a message for you** hay un mensaje para ti; **there are a lot of people here** hay mucha gente aquí; **there isn't any bread**

no hay pan; **there was a storm** hubo una tormenta

■ *adverb*

1. **ahí: put it there** ponlo ahí
2. **allá: I'm going there next week** voy para allá la próxima semana; **there goes my teacher** allá va mi profesora

➤ **there he is!** ¡ahí está!

➤ **is Lance there?** ¿está Lance?

therefore ['ðeəfɔːʳ] *adverb* ■ **por lo tanto: he's only 15 and therefore can't drive** tiene sólo 15 años, por lo tanto no puede manejar.

there's [ðeəz]

1. ➤ there is; there has.

thermometer [θəˈmɒmɪtəʳ] *noun* ■ **el termómetro**.

these [ðiːz] *(plural of* **this***) (adjective & pronoun)*

■ *adjective*

A demonstrative adjective must agree in gender (masculine or feminine) and number (singular or plural) with the noun it precedes:

este *(plural* **estos***)***: these shoes are mine** estos zapatos son míos; **I prefer these flowers** prefiero estas flores

■ *pronoun*

A demonstrative pronoun must agree in gender (masculine or feminine) and number (singular or plural) with the noun to which it refers:

éstos (*feminine* **éstas): these are my keys** éstas son mis llaves; **what are these?** ¿qué son éstos?; **which books do you want, these or those?** ¿qué libros quieres, éstos o aquéllos?

they [ðeɪ] *pronoun* ■ **ellos (***feminine* **ellas)**

"They" is not usually translated unless necessary for emphasis or clarification. Spanish nouns are either masculine or feminine. Remember to use **ellos** for masculine subjects and **ellas** for feminine subjects. When "they" includes male and female, use **ellos**:

they're American son norteamericanos; **where are my glasses? — they're on the table** ¿dónde están mis lentes? — están en la mesa; **they did it** ellos lo hicieron; **they don't know it but I do** ellos no lo saben pero yo sí

➤ **here they are!** ¡aquí están!

they'd [ðeɪd]

1. ➤ they had; they would.

they'll [ðeɪl] ➤ they shall; they will.

they're [ðeəʳ] ➤ they are.

they've [ðeɪv] ➤ they have.

thick [θɪk] *adjective* ■ **grueso: it's a thick book** es un libro grueso

➤ **the walls are ten inches thick** las paredes tienen diez pulgadas de espesor.

thief [θiːf] *(plural* thieves [θiːvz]*) noun* ■ el **ladrón** *(plural* **los ladrones***)*.

thigh [θaɪ] *noun* ■ **el muslo: skaters have muscular thighs** los patinadores tienen muslos musculosos.

thin [θɪn] *adjective*

1. **delgado: he's too thin** es muy delgado
2. **fino: a thin slice of lemon** una rodaja fina de limón.

thing [θɪŋ] *noun* ■ **la cosa: he has a lot of things to do** tiene muchas cosas que hacer; **what's this thing?** ¿qué es esta cosa?

➤ **my things** mis cosas

➤ **I can't see a thing** no veo nada

➤ **the poor thing!** ¡pobrecito!

think [θɪŋk] *(past tense & past participle* thought*) verb*

1. **pensar: what do you think?** ¿qué piensas?; **think carefully before you make a decision** piensa con cuidado antes de tomar una decisión; **I think you're mad** pienso que estás loco
2. **imaginar: think how life will be in ten years** imagina cómo será la vida dentro de diez años

➤ **I think so** eso creo

➤ **I don't think so** no creo

think about *phrasal verb*

1. **pensar en: what are you thinking about?** ¿en qué estás pensando?; **I'm thinking about the party** estoy pensando en la fiesta; **I'll think about what you said** pensaré en lo que dijiste
2. **parecer: what did you think about the movie?** ¿qué te pareció la película?

➤ **I'll think about it** lo pensaré.

think of *phrasal verb* ■ **pensar de: what do you think of her?** ¿qué piensas de ella?

third [θɜːd] *(adjective & noun)*

■ *adjective*

tercero

> **Tercero** becomes "tercer" before masculine singular nouns:

the third Tuesday of each month el tercer martes de cada mes

➤ **third time lucky** la tercera es la vencida

➤ **the Third World** el Tercer Mundo

■ *noun*

el tercio: he ate a third of the cake se comió un tercio del pastel

➤ **it's November third today** hoy es el tres de noviembre.

thirst [θɜːst] *noun* ■ **la sed: I'm dying of thirst** estoy muerto de sed.

thirsty ['θɜːstɪ] *adjective*

➤ **to be thirsty** tener sed: **I'm thirsty** tengo sed.

thirteen [ˌθɜː'tiːn] *number* ■ **trece: thirteen is my lucky number** el trece es mi número de la suerte; **she's thirteen** tiene trece años.

thirteenth [ˌθɜː'tiːnθ] *number* ■ **décimo tercero**

➤ **it's April thirteenth** hoy es el trece de abril.

thirtieth ['θɜːtɪəθ] *number* ■ **trigésimo**

➤ **it's December thirtieth** hoy es treinta de diciembre.

thirty ['θɜːtɪ] *numeral* ■ **treinta: she's thirty** tiene treinta años

➤ **thirty-one** treinta y uno

➤ **thirty-two** treinta y dos.

this [ðɪs] *(plural* **these***) (adjective, pronoun & adverb)*

■ *adjective*

> A demonstrative adjective must agree in gender (masculine or feminine) and number (singular or plural) with the noun it precedes:

este *(plural* **estos***)*: **he left this morning** se fue esta mañana; **I prefer this CD** prefiero este C D

■ *pronoun*

> A demonstrative pronoun must agree in gender (masculine or feminine) and number (singular or plural) with the noun to which it refers. If it does not refer to something that can be assigned gender, the neuter form is used:

éste, esto: this is for you esto es para ti; **what's this?** ¿qué es esto?; **I don't want that dress, I want this one** no quiero ese vestido, quiero éste

➤ **who's this?** ¿quién es?

➤ **this is Jackie Brown**

1. *Introducing somebody* **le presento a Jackie Brown**
2. *On the phone* **habla Jackie Brown**

■ *adverb*

➤ **it was this big** era así de grande

➤ **I didn't know it was this far** no sabía que era tan lejos.

thorn [θɔːn] *noun* ■ **la espina.**

thorough ['θʌrə] *adjective*

1. **riguroso: they did a thorough test on the airplane** hicieron una prueba rigurosa del avión
2. **meticuloso: he's thorough in his work** es meticuloso en su trabajo.

thoroughly ['θʌrəlɪ] *adverb*

1. **totalmente: I thoroughly agree** estoy totalmente de acuerdo
2. **minuciosamente: he studied his case thoroughly** estudió su caso minuciosamente.

those [ðəʊz] *(plural of* **that***) (adjective & pronoun)*

■ *adjective*

A demonstrative adjective must agree in gender (masculine or feminine) and number (singular or plural) with the noun it precedes:

1. **esos: those books are mine** esos libros son míos; **I prefer those flowers** prefiero esas flores
2. **aquellos**

Use **aquellos** and **aquellas** to express more distance between the speaker and the object:

she'd like those shoes over there a ella le gustarían aquellos zapatos de allá

■ *pronoun*

A demonstrative pronoun must agree in gender (masculine or feminine) and number (singular or plural) with the noun to which it refers. If it does not refer to something that can be assigned gender, the neuter form is used:

1. **ésos** (*feminine* **ésas): those are my books** ésos son mis libros; **what are those?** ¿qué son ésos?; **I don't want these books, I want those** no quiero estos libros, quiero ésos
2. **aquéllos** (*feminine* **aquéllas)**

Use **aquéllos** and **aquéllas** to express more distance between the speaker and the object:

those flowers are nice, but those over there are nicer esas flores son lindas, pero aquéllas de allá son más lindas

➤ **those who want to come should put their hand up** los que quieran venir que levanten la mano.

though [ðəʊ] *(conjunction & adverb)*

■ *conjunction*

aunque: though the car's old, it's still in good condition aunque el auto es viejo, todavía está en buenas condiciones

■ *adverb*

pero: we lost! — it was a good game though ¡perdimos! — pero fue un buen juego.

thought [θɔːt] *(noun & verb form)*

■ *noun*

la **idea: he had an interesting thought** tuvo una idea interesante

➤ **she was lost in her thoughts** estaba abstraída en sus pensamientos

■ *past tense & past participle*

➤ think.

thousand [ˈθaʊznd] *number* ■ **mil: it costs a thousand dollars** cuesta mil dólares

➤ **a thousand and one** mil uno

➤ **thousands of** miles de: **there were thousands of people** había miles de personas.

thread [θred] *noun* ■ el **hilo**.

threat [θret] *noun* ■ la **amenaza**.

threaten [ˈθretn] *verb* ■ **amenazar: she threatened to leave the team** amenazó con retirarse del equipo.

three [θriː] *numeral* ■ **tres: you get three chances** tienes tres oportunidades; **she's three** tiene tres años; **he went out at three** salió a las tres.

three-D, three-dimensional [ˌθriːˈdiː, ˌθriːdɪˈmenʃənl] *adjective* ■ **tridimensional: a three-dimensional object** un objeto tridimensional

➤ **a film in three-D** una película en tres dimensiones.

threw [θruː] *past tense* ➤ throw.

thrill [θrɪl] *(noun & verb)*

■ *noun*

la **emoción** (*plural* las **emociones**)**: what a thrill!** ¡qué emoción!

➤ **seeing Everest was a real thrill** ver el Everest fue verdaderamente emocionante

■ *verb*

emocionar: I was thrilled to see her again estaba emocionado de verla otra vez.

throat [θrəʊt] *noun* ■ la **garganta: I have a sore throat** me duele la garganta .

throne [θrəʊn] *noun* ■ el **trono**.

through [θruː] *(preposition & adverb)*

■ *preposition*

1. **atravesar: the bullet went through the wall** la bala atravesó la pared; **we went through the park** atravesamos el parque

2. **por: she was looking through the window** estaba mirando por la ventana
3. **durante: she talked all through the film** habló durante toda la película

➤ **I got the job through a friend** conseguí el empleo gracias a un amigo

➤ **to go through a red light** pasar con la luz roja, saltarse un alto *Mexico*

➤ **Monday through Friday** de lunes a viernes

■ *adverb*

➤ **the arrow went right through** la flecha lo atravesó completamente

➤ **to get through** pasar: **you'll have to move, I can't get through** vas a tener que correrte, no puedo pasar

➤ **to get through to somebody** comunicarse con alguien: **I can't get through to him on the phone** no puedo comunicarme con él por teléfono

➤ **to let somebody through** dejar pasar a alguien.

throughout [θruːˈaʊt] *preposition*
1. **durante: he slept throughout the meeting** durmió durante toda la reunión
2. **por todo: throughout the house** por toda la casa.

throw [θrəʊ] *(past tense* threw, *past participle* thrown*) verb* ■ **tirar, aventar** *Colombia, Mexico, Peru*: **throw me the ball!** ¡pásame la pelota!; **they were throwing stones at the police** le estaban tirando piedras a la policía

➤ **to throw a party** dar una fiesta

throw away *phrasal verb* ■ **tirar a la basura: I threw my ticket away** tiré mi boleto a la basura.

throw out *phrasal verb*
1. **tirar a la basura: I'm going to throw this stale bread out** voy a tirar este pan duro a la basura
2. **expulsar: they threw him out** lo expulsaron.

throw up *phrasal verb* ■ **vomitar: he threw up** vomitó.

thrown [θrəʊn] *past participle* ➤ throw.

thumb [θʌm] *noun* ■ el **pulgar**.

thunder [ˈθʌndəʳ] *uncountable noun* ■ el **trueno**.

thunderstorm [ˈθʌndəstɔːm] *noun* ■ la **tormenta eléctrica**.

Thursday [ˈθɜːzdɪ] *noun* ■

> In Spanish the days of the week do not start with a capital letter:

el **jueves: it's Thursday today** hoy es jueves; **next Thursday** el jueves próximo; **last Thursday** el jueves pasado

➤ **on Thursday** el jueves: **I'll see you on Thursday** te veré el jueves

➤ **on Thursdays** los jueves: **he comes to see me on Thursdays** viene a verme los jueves.

ticket [ˈtɪkɪt] *noun*
1. el **pasaje: a plane ticket** un pasaje de avión
2. el **boleto: a train ticket** un boleto de tren; **I bought two tickets for the concert** compré dos boletos para el concierto

➤ **a parking ticket** una multa de estacionamiento

➤ **the ticket office** la taquilla, la boletería.

tickle [ˈtɪkl] *verb* ■ **hacer cosquillas: that tickles!** ¡eso hace cosquillas!

tide [taɪd] *noun* ■ la **marea: it's high tide or the tide is in** la marea está alta; **it's low tide or the tide is out** la marea está baja.

tie [taɪ] *(noun & verb)*

■ *noun*
1. la **corbata: he's wearing a tie** tiene puesta una corbata
2. el **empate: who won the game? — it was a tie** ¿quién ganó el partido? — fue un empate

■ *verb*
(present participle **tying***)*
1. **amarrar: they tied his hands to the chair** le amarraron las manos a la silla; **tie the rope around the tree** amarra la cuerda alrededor del árbol
2. **amarrarse: tie your shoe laces** amárrate los cordones de los zapatos

➤ **he tied his scarf round his neck** se envolvió el cuello con la bufanda

➤ **to tie a knot** hacer un nudo: **she tied a knot in her handkerchief** le hizo un nudo al pañuelo

tie up *phrasal verb* ■ **amarrar: she tied the package up with ribbon** amarró el paquete con una cinta; **they tied up the prisoner** amarraron al prisionero.

tiger ['taɪgəʳ] *noun* ■ el **tigre**.

tight [taɪt] *adjective*

1. **ajustado: this dress is too tight** este vestido es muy ajustado; **she was wearing tight jeans** tenía puestos unos jeans muy ajustados
2. **apretado: this knot is too tight** este nudo está muy apretado.

tighten ['taɪtn] *verb* ■ **apretar: he tightened the screw** apretó el tornillo.

tightly ['taɪtlɪ] *adverb* **she was holding my hand tightly** le tenía agarrada la mano con fuerza.

tile [taɪl] *noun*

1. la **teja: a tile fell off the roof** cayó una teja del techo
2. el **azulejo,** el **mosaico** *Mexico, River Plate*: **the floor and the walls in the bathroom are covered in blue tiles** el piso y las paredes del baño están revestidos de azulejos azules.

till [tɪl] *(noun, preposition & conjunction)*

■ *noun*
la **caja: pay at the till** pague en la caja

■ *preposition*
hasta: we'll play till six vamos a jugar hasta las seis

■ *conjunction*
hasta que

The conjunction **hasta que** is followed by a verb in the subjunctive when referring to an event that has not yet happened:

I'll stay here till he comes me quedaré aquí hasta que llegue

➤ **till now** hasta ahora.

time [taɪm] *noun*

1. el **tiempo: I don't have time** no tengo tiempo; **take your time** tómate tu tiempo; **you're just in time for lunch** llegas justo a tiempo para almorzar; **all the time** todo el tiempo; **most of the time** la mayor parte del tiempo
2. la **hora: what time is it?** ¿qué hora es?; **the train's on time** el tren viene a la hora
3. la **época: in Roman times** en la época romana
4. la **vez: how many times have you seen the film?** ¿cuántas veces has visto la película?; **the first time I saw you** la primera vez que te vi; **four times a year** cuatro veces al año

➤ **four at a time** de cuatro en cuatro
➤ **6 times 7 is 42** 6 por 7 es 42
➤ **from time to time** de vez en cuando
➤ **for the time being** por el momento
➤ **a long time** mucho tiempo: **we waited for a long time** esperamos mucho tiempo: **I've been here for a long time** he estado aquí mucho tiempo
➤ **it's time for bed** es hora de acostarse
➤ **it's time to go** es hora de irse
➤ **it's about time he left** ya es hora que se vaya
➤ **to have a good time** pasarlo bien: **I had a really good time at the party** lo pasé muy bien en la fiesta
➤ **in a week's time** dentro de una semana.

timetable ['taɪm,teɪbl] *noun* ■ el **horario: check the timetable to see when the next train is** revisa el horario para ver cuándo pasa el próximo tren.

tin [tɪn] *noun* ■ la **lata: it's made of tin** es de lata

➤ **a tin can** una lata.

tinfoil ['tɪnfɔɪl] *uncountable noun* ■ el **papel de aluminio**.

tinsel ['tɪnsl] *uncountable noun* ■ la **guirnalda navideña**.

tiny ['taɪnɪ] *adjective* ■ **diminuto**.

tip [tɪp] *(noun & verb)*

■ *noun*

1. la **punta: the tips of your fingers** la punta de tus dedos
2. la **propina: I gave the waiter a tip** le di propina al mozo
3. el **consejo: safety tips** consejos de seguridad

■ *verb*
(past tense & past participle **tipped***)* **dar propina: she tipped the waiter** le dió propina al mozo

tip over *phrasal verb*
1. **volcar: she tipped the bottle over** volcó la botella
2. **volcarse: the glass tipped over** se volcó el vaso.

tiptoe ['tɪptəʊ] *noun*
➤ **on tiptoe** de puntillas, en puntas de pie *Southern Cone*: **he was walking on tiptoe** caminaba de puntillas.

tire ['taɪəʳ] *noun* ■ el **neumático**.

tired ['taɪəd] *adjective* ■ **cansado: he's very tired** está muy cansado
➤ **to be tired of something** estar cansado de algo: **I'm tired of all these arguments** estoy cansado de todas estas discusiones **he's tired of waiting** está cansado de esperar.

tiring ['taɪərɪŋ] *adjective* ■ **cansado: this work is tiring** este trabajo es cansado.

tissue ['tɪʃuː] *noun* ■ el **kleenex®** *(plural* los **kleenex®***)* **: can you give me a tissue?** ¿me puedes dar un kleenex®?

title ['taɪtl] *noun* ■ el **título: what's the title of the film?** ¿cuál es el título de la película?

to [tə] *preposition*
1. **a: do you want to go to the beach?** ¿quieres ir a la playa?; **let's go to Seattle** vamos a Seattle; **she wrote to her brother** le escribió a su hermano; **from 9 to 5** de 9 a 5

When a combines with **el** it becomes **al**:

give these bones to the dog dale estos huesos al perro
2. **hasta: count to 10** cuenta hasta 10
3. *Telling the time* **para, menos** *River Plate*: **it's quarter to four** es un cuarto para las cuatro; **it's ten to seven** son diez para las siete
4. *With infinitives*

When "to" is used as part of an infinitive after certain verbs (begin to do, try to do), it is usually translated by **a** or **de** depending on the verb used in Spanish:

she began to sing comenzó a cantar; **he tried to help me** trató de ayudarme

When "to" is used after an adjective (easy to do, hard to do), it is usually translated by **de** when the infinitive has no object:

it's easy to understand es fácil de entender; **it's hard to believe** es difícil de creer

When the infinitive has an object, "to" is not translated:

it's hard to understand him es difícil entenderlo; **it's not easy to talk to him** no es fácil hablar con él

When "to" means "in order to", it is translated by **para**:

he worked hard to pass his exam trabajó mucho para aprobar su examen; **she went to town to buy a coat** fue al centro para comprar un abrigo.

toad [təʊd] *noun* ■ el **sapo**.

toadstool ['təʊdstuːl] *noun* ■ el **hongo**.

toast [təʊst] *noun* ■ las **tostadas,** el **pan tostado** *Mexico*: **I have toast for breakfast** comí tostadas en el desayuno
➤ **a piece of toast** una tostada, un pan tostado *Mexico*
➤ **to drink a toast to somebody** brindar por alguien: **let's drink a toast to Gary** brindemos por Gary.

toaster ['təʊstəʳ] *noun* ■ la **tostadora**.

tobacco [tə'bækəʊ] *noun* ■ el **tabaco**.

today [tə'deɪ] *adverb* ■ **hoy: what did you do today?** ¿qué hiciste hoy?; **what day is it today?** ¿qué día es hoy?

toe [təʊ] *noun* ■ el **dedo del pie: I hurt my toe** me lastimé el dedo del pie.

together [tə'geðəʳ] *adverb* ■ **juntos: they arrived together** llegaron juntos
➤ **together with** junto con: **together with the CD, you get a booklet** junto con el CD, viene un folleto.

toilet ['tɔɪlɪt] *noun* ■ el **wáter**
➤ **toilet paper** el papel higiénico.

toiletries ['tɔɪlɪtrɪz] *plural noun* ■ los **artículos de tocador**.

token ['təʊkn] *noun* ■ la **muestra: they gave her a gift as a token of their appreciation** le dieron un regalo como muestra de su agradecimiento.

told [təʊld] *past tense & past participle* ➤ tell.

toll [təʊl] *noun* ■ el **peaje,** la **cuota** *Mexico*: **you have to pay a toll at the bridge** tienes que pagar peaje en el puente.

toll-free [təʊl'fri:] *adverb*
➤ **to call toll-free** llamar gratis: **I called toll-free** llamé gratis.

tomato [tə'meɪtəʊ] (*plural* tomatoes) *noun* ■ el **tomate,** el **jitomate** *Mexico*
➤ **tomato sauce** la salsa de tomate.

tomb [tu:m] *noun* ■ la **tumba**.

tomboy ['tɒmbɔɪ] *noun* ■ la **niña poco femenina,** la **machetona** *Mexico*: **Claire's a real tomboy** Claire es de verdad poco femenina.

tomorrow [tə'mɒrəʊ] *adverb* ■ **mañana: I'll do it tomorrow** lo haré mañana
➤ **tomorrow morning** mañana en la mañana
➤ **tomorrow evening** mañana en la tarde
➤ **the day after tomorrow** pasado mañana: **I'll come over the day after tomorrow** pasaré por aquí pasado mañana.

ton [tʌn] *noun* ■ la **tonelada: it weighs a ton** pesa una tonelada
➤ **tons of** *informal* montones de: **she has tons of friends** tiene montones de amigos.

tone [təʊn] *noun* ■ el **tono: don't speak to me in that tone** no me hables en ese tono; **the phone isn't working, there's no tone** el teléfono no funciona, no tiene tono
➤ **speak after the tone** hable después del tono.

tongue [tʌŋ] *noun* ■ la **lengua: she stuck her tongue out at me** me sacó la lengua.

tonight [tə'naɪt] *adverb* ■ **esta noche**.

tonsillitis [,tɒnsɪ'laɪtɪs] *noun* ■ la **amigdalitis: he has tonsillitis** tiene amigdalitis.

tonsils ['tɒnslz] *plural noun* ■ las **amígdalas: he had his tonsils out** lo operaron de las amígdalas.

too [tu:] *adverb*
1. **también: are you coming too?** ¿vienes también?; **I'm hungry — me too** tengo hambre — yo también
2. **demasiado: it's too late** es demasiado tarde
➤ **too many** demasiados: **there are too many cars** hay demasiados coches
➤ **there are too many people** hay demasiada gente
➤ **too much** demasiado: **you drink too much coffee** tomas demasiado café.

took [tʊk] *past tense* ➤ take.

tool [tu:l] *noun* ■ la **herramienta**
➤ **a tool box** una caja de herramientas.

tooth [tu:θ] (*plural* teeth [ti:θ]) *noun* ■ el **diente: she's brushing her teeth** se está lavando los dientes.

toothache ['tu:θeɪk] *noun* ■ el **dolor de muelas**
➤ **she has a toothache** le duelen las muelas.

toothbrush ['tu:θbrʌʃ] *noun* ■ el **cepillo de dientes**.

toothpaste ['tu:θpeɪst] *noun* ■ la **pasta de dientes: a tube of toothpaste** un tubo de pasta de dientes.

top [tɒp] (*noun & adjective*)
■ *noun*
1. la **cima: at the top of the mountain** en la cima de la montaña

2. la **parte superior: at the top of the page** en la parte superior de la hoja
3. la **parte de arriba: at the top of the stairs** en la parte de arriba de la escalera
4. el **top** (*plural* los **tops**): **she's wearing a pretty top** tenía puesto un bonito top
5. el **tablero: she polished the top of the table** lustró el tablero de la mesa
6. el **tapón** (*plural* los **tapones**): **put the top back on the bottle** ponle el tapón a la botella

➤ **on top of** encima de: **he was sitting on top of the table** estaba sentado encima de la mesa
➤ **on top of that, he's stupid** más encima, es estúpido
➤ **he's at the top of the class** es el mejor de la clase
➤ **on top** encima: **a cake with a cherry on top** un pastel con una cereza encima

■ *adjective*
1. **de arriba: the top drawer** el cajón de arriba; **the top stair** la escalera de arriba
2. **destacado: he's a top tennis player** es un destacado tenista

➤ **the top floor** el último piso: **they live on the top floor** viven en el último piso.

topic ['tɒpɪk] *noun* ■ el **tema: the main topic of conversation** el tema principal de conversación.

topping ['tɒpɪŋ] *noun*
➤ **what toppings do you want on your pizza?** ¿con qué ingredientes quiere cubrir su pizza?

top-secret [ˌtɒp'siːkrɪt] *adjective* ■ **secreto: top-secret information** información secreta.

tore [tɔːʳ] *past tense* ➤ **tear**.

torn [tɔːn] *past participle* ➤ **tear**.

tornado [tɔː'neɪdəʊ] (*plural* **tornadoes** o **tornados**) *noun* ■ el **tornado**.

tortoise ['tɔːtəs] *noun* ■ la **tortuga**.

toss [tɒs] *verb* ■ **tirar, aventar** *Colombia, Mexico, Peru*: **he tossed me the ball** me tiró la pelota

➤ **to toss a coin** echarlo a cara o cruz, echarlo a águila o sol *Mexico:* **let's toss a coin** echémoslo a cara o cruz

toss out *phrasal verb* ■ **tirar: you can toss those old magazines out** puedes tirar esas revistas viejas.

total ['təʊtl] (*noun & adjective*)

■ *noun*
el **total: it costs a total of 200 dollars** cuesta un total de 200 dólares
➤ **in total** en total

■ *adjective*
total: the total price el precio total.

totally ['təʊtəlɪ] *adverb* ■ **totalmente**.

touch [tʌtʃ] (*noun & verb*)

■ *noun*
el **tacto: the sense of touch** el sentido del tacto; **it's soft to the touch** es suave al tacto
➤ **to keep in touch with somebody** mantenerse en contacto con alguien
➤ **to get in touch with somebody** ponerse en contacto con alguien: **I got in touch with him** me puse en contacto con él
➤ **to lose touch with somebody** perder el contacto con alguien: **I lost touch with them** perdí el contacto con ellos

■ *verb*
tocar: I touched his hand le toqué la mano.

touchdown ['tʌtʃdaʊn] *noun* ■ el **touchdown** (*plural* los **touchdowns**): **he scored a touchdown** marcó un touchdown.

tough [tʌf] *adjective*
1. **duro: the meat is tough** la carne está dura; **it's a tough life** es una vida dura
2. **difícil: it's a tough problem** es un problema difícil
3. **peligroso: this is a tough neighborhood** éste es un barrio peligroso

➤ **tough luck!** ¡mala suerte!

tour [tʊəʳ] *noun*
1. el **viaje: we went on a tour of Spain** nos fuimos de viaje por España
2. la **visita: I went on a tour of the museum** hicimos una visita al museo
3. la **gira: Jennifer López is on tour** Jennifer López está de gira.

tourism ['tʊərɪzm] *noun* ■ el **turismo**.

tourist ['tʊərɪst] *noun* ■ **el/la turista**
➤ **a tourist office or a tourist information office** una oficina de turismo or una oficina de información turística.

tournament ['tɔːnəmənt] *noun* ■ **el torneo: a chess tournament** un torneo de ajedrez.

toward, towards [tə'wɔːd, tə'wɔːdz] *preposition*
1. **hacia: he was walking toward me** caminaba hacia mí
2. **con: she was very kind toward us** fue muy amable con nosotros.

towel ['taʊəl] *noun* ■ **la toalla**.

tower ['taʊəʳ] *noun* ■ **la torre**.

town [taʊn] *noun*
1. el **pueblo: he lives in a small town** vive en un pequeño pueblo
2. la **ciudad: we went into town** fuimos a la ciudad
➤ **the town hall** el municipio.

toy [tɔɪ] *noun* ■ **el juguete**
➤ **a toy store** una juguetería.

track [træk] *noun*
1. el **camino: a mountain track** un camino en la montaña
2. la **pista: he did three laps around the track** dio tres vueltas alrededor de la pista
3. la **pieza: can I listen to the next track?** ¿puedo escuchar la siguiente pieza?
4. la **huella: the tire tracks led to the river** las huellas de las llantas conducían al río
➤ **a railroad track** una vía férrea.

tractor ['træktəʳ] *noun* ■ el **tractor**.

trade [treɪd] *noun*
1. el **oficio: he's a chef by trade** es chef de oficio
2. el **comercio: international trade** comercio internacional.

trademark ['treɪdmaːk] *noun* ■ la **marca: a registered trademark** una marca registrada.

tradition [trə'dɪʃn] *noun* ■ la **tradición** (*plural* **las tradiciones**)**: it's a tradition to kiss under the mistletoe** es una tradición besarse debajo del muérdago.

traditional [trə'dɪʃənl] *adjective* ■ **tradicional**.

traffic ['træfɪk] *uncountable noun* ■ **el tráfico: there's a lot of traffic** hay mucho tráfico
➤ **a traffic jam** un embotellamiento: **we got caught in a traffic jam** nos agarró un embotellamiento
➤ **traffic lights** el semáforo: **stop at traffic lights** pare en el semáforo.

tragedy ['trædʒədɪ] (*plural* **tragedies**) *noun* ■ la **tragedia**.

trail [treɪl] *noun* ■ el **rastro: we are on their trail** les estamos siguiendo el rastro.

trailer ['treɪləʳ] *noun*
1. el **avance: I liked the trailer for the film** me gustó el avance de la película
2. el **remolque: the car was pulling a trailer** el coche llevaba un remolque
3. el **tráiler** (*plural* los **tráilers**), el **cámper** (*plural* los **cámpers**) *Chile, Mexico,* la **casa rodante** *Southern Cone, Venezuela*: **they live in a trailer** viven en un tráiler
➤ **a trailer park** un estacionamiento para tráilers.

train [treɪn] *(noun & verb)*
■ *noun*
el **tren: I went to Chicago by train** fui a Chicago en tren
■ *verb*
1. **capacitar: he is training the new assistant** está capacitando al nuevo empleado
2. **estudiar: she's training as a doctor** está estudiando medicina
3. **entrenar: he's training for the race** está entrenando para la carrera.

trainer ['treɪnəʳ] *noun* ■ el **entrenador,** la **entrenadora: the team has a new trainer** el equipo tiene un nuevo entrenador.

training ['treɪnɪŋ] *uncountable noun* ■ la **capacitación: he did his training in Spain** hizo su capacitación en España
➤ **to be in training** estar entrenándose: **he's in training for the tournament** se está entrenando para el torneo

➤ **to be out of training** estar desentrenado
➤ **she's out of training now** está desentrenado en este momento.

trampoline ['træmpəliːn] *noun* ■ la **cama elástica,** el **catre elástico** *Mexico*.

translate [træns'leɪt] *verb* ■ **traducir: can you translate this letter into English?** ¿puedes traducir al inglés esta carta?

translation [træns'leɪʃn] *noun* ■ la **traducción** *(plural* las **traducciones***)*.

translator [træns'leɪtəʳ] *noun* ■ el **traductor,** la **traductora**.

transparent [træns'pærənt] *adjective* ■ **transparente**.

transportation [ˌtrænspɔː'teɪʃn] *noun* ■ el **transporte: we went by public transportation** fuimos en transporte público.

trap [træp] *(noun & verb)*

■ *noun*
la **trampa: it's a trap** es una trampa

■ *verb*
(past tense & past participle **trapped***)*
1. **atrapado: I'm trapped, I can't get out** estoy atrapado, no puedo salir
2. **cazar con una trampa: the hunters trapped the lion** los cazadores cazaron al león con una trampa.

trash [træʃ] *uncountable noun* ■ la **basura: there's a pile of trash in the corner** hay una pila de basura en el rincón
➤ **put it in the trash** tíralo a la basura
➤ **put the trash out** saca la basura.

trashcan ['træʃkæn] *noun* ■ el **cubo de la basura,** el **bote de la basura** *Mexico*.

travel ['trævl] *(noun & verb)*

■ *uncountable noun*
los **viajes: travel broadens the mind** los viajes amplían los horizontes
➤ **a travel agency** una agencia de viajes

■ *verb*
(past tense & past participle **traveled***)*
1. **viajar: he travels a lot** viaja mucho
2. **recorrer: I've traveled thirty miles** he recorrido treinta millas.

traveler ['trævləʳ] *noun* ■ el **viajero,** la **viajera**
➤ **a traveler's check** un cheque de viajero.

tray [treɪ] *noun* ■ la **bandeja,** la **charola** *Bolivia, Mexico, Peru*: **put the plates on a tray** pon los platos en una bandeja.

treasure ['treʒəʳ] *uncountable noun* ■ el **tesoro: they found treasure on the shipwreck** encontraron un tesoro en los restos del naufragio.

treat [triːt] *(verb & noun)*

■ *verb*
tratar: she treats him well lo trata bien
➤ **to treat somebody to something** invitar a alguien con algo: **he treated me to an ice-cream** me invitó a tomar un helado

■ *noun*
el **gusto: I've bought you a treat** te compré algo para darte un gusto; **it was a treat to see you again** fue un gusto verte otra vez
➤ **it's my treat** yo invito.

treatment ['triːtmənt] *noun* ■ el **tratamiento: he's having treatment at the hospital** está recibiendo tratamiento en el hospital.

treaty ['triːtɪ] *(plural* **treaties***)* *noun* ■ el **tratado: a peace treaty** un tratado de paz.

tree [triː] *noun* ■ el **árbol**
➤ **a family tree** un árbol genealógico
➤ **a tree trunk** un tronco.

tremble ['trembl] *verb* ■ **temblar: I was trembling all over** estaba temblando.

trend [trend] *noun*
1. la **moda: the latest trend** la última moda
2. la **tendencia: a new trend in music** una nueva tendencia musical.

trendy ['trendɪ] *adjective* ■ *informal* **muy de moda: we went to a trendy club** fuimos a un club muy de moda.

trial ['traɪəl] *noun* ■ el **juicio: he pleaded guilty at the trial** se declaró culpable en el juicio
➤ **to go on trial** ir a juicio.

triangle ['traɪæŋgl] *noun* ■ el **triángulo**.

tribe [traɪb] *noun* ■ la **tribu: an Amazonian tribe** una tribu amazónica.

trick [trɪk] *(noun & verb)*

■ *noun*

1. la **broma: he played a trick on his brother** le hizo una broma a su hermano
2. el **truco: there's a trick to opening the door** abrir la puerta tiene truco

■ *verb*

engañar: you tricked me me engañaste.

tried [traɪd] *past tense & past participle* ➤ try.

trigger ['trɪgə^r] *noun* ■ el **gatillo: she pulled the trigger** apretó el gatillo.

trim [trɪm] *(noun & verb)*

■ *noun*

el **recorte**

➤ **to have a trim** recortarse el pelo

■ *verb*

(past tense & past participle **trimmed***)* **recortar: I need to trim my hair** necesito recortarme el pelo.

trip [trɪp] *(noun & verb)*

■ *noun*

1. el **viaje: they went on a trip to Italy** se fueron de viaje a Italia
2. el **paseo: we're going on a trip to the beach today** hoy nos vamos de paseo a la playa

■ *verb*

(past tense & past participle **tripped***)* **tropezar: I tripped and fell** tropecé y me caí.

trombone [trɒm'bəʊn] *noun* ■ el **trombón** *(plural* los **trombones***)*: **he plays the trombone** toca el trombón.

trophy ['trəʊfɪ] *(plural* trophies*)* *noun* ■ el **trofeo**.

tropical ['trɒpɪkl] *adjective* ■ **tropical: a tropical rainforest** una selva tropical.

trot [trɒt] *(past tense & past participle* trotted*)* *verb* ■ **trotar: the horses were trotting round the field** los caballos trotaban por el campo.

trouble ['trʌbl] *(noun & verb)*

■ *uncountable noun*

1. el **problema: he made a lot of trouble for me** me causó muchos problemas; **that's the trouble** ése es el problema
2. la **molestia: he has gone to a lot of trouble to help me** se tomó mucha molestias para ayudarme

➤ **to be in trouble** estar metido en problemas: **he's in a lot of trouble** está metido en muchos problemas

➤ **to get into trouble** meterse en problemas: **I don't want to get into trouble** no quiero meterme en problemas

➤ **to have trouble doing something** tener problemas para hacer algo: **I had trouble writing my essay** tuve problemas para escribir mi trabajo

➤ **what's the trouble?** ¿qué pasa?

■ *verb*

molestar: I'm sorry to trouble you siento molestarlo.

trout [traʊt] *noun* ■ la **trucha**.

truck [trʌk] *noun* ■ el **camión** *(plural* los **camiones***)*: **the garbaje truck** el camión de la basura

➤ **a truck driver** el camionero.

trucker ['trʌkə^r] *noun* ■ el **camionero**, la **camionera**.

true [tru:] *adjective* ■ **verdadero: a true love** un amor verdadero

➤ **it's true** es verdad

➤ **to come true** hacerse realidad: **her dream came true** su sueño se hizo realidad.

trumpet ['trʌmpɪt] *noun* ■ la **trompeta: Louis plays the trumpet** Louis toca la trompeta.

trunk [trʌŋk] *noun*

1. el **tronco: a tree trunk** un tronco
2. la **trompa: elephants suck up water with their trunks** los elefantes succionan agua con la trompa
3. el **traje de baño: he packed his trunk** empacó su traje de baño
4. el **maletero,** la **cajuela** *Mexico,* el **baúl** *Colombia, River Plate,* la **maleta** *Chile, Peru*: **put your bags into the trunk of the car** pon tus maletas en el maletero del coche.

trust [trʌst] *(noun & verb)*

■ *uncountable noun*
la **confianza: she has a lot of trust in you** tiene mucha confianza en ti

■ *verb*
confiar: I trust you confío en ti.

truth [tru:θ] *noun* ■ la **verdad: he's telling the truth** está diciendo la verdad.

try [traɪ] *(noun & verb)*

■ *noun*
el **intento: I'll give it a try** haré el intento

■ *verb*
(past tense & past participle **tried***)*
1. **intentar: I tried to open the door** intenté abrir la puerta
2. **probar: try a bit of this cake** prueba un poquito de este pastel

➤ **to try one's best or to try one's hardest** hacer todo lo posible

try on *phrasal verb* ■ **probarse: try this hat on** pruébate este sombrero.

T-shirt ['ti:ʃɜ:t] *noun* ■ la **camiseta,** la **playera** *Mexico.*

tube [tju:b] *noun* ■ el **tubo: a tube of toothpaste** un tubo de pasta de dientes.

Tuesday ['tju:zdɪ] *noun* ■

In Spanish the days of the week do not start with a capital letter:

el **martes** *(plural* los **martes***)*: **it's Tuesday today** hoy es martes; **next Tuesday** el martes próximo; **last Tuesday** el martes pasado

➤ **on Tuesday** el martes: **I'll see you on Tuesday** te veo el martes

➤ **on Tuesdays** los martes: **he comes to see me on Tuesdays** viene a verme los martes.

tulip ['tju:lɪp] *noun* ■ el **tulipán** *(plural* los **tulipanes***)*.

tummy ['tʌmɪ] *noun* ■ *informal* la **barriga: I have a tummy ache** me duele la barriga.

tuna ['tu:nə] *(plural* tuna o tunas*) noun* ■ el **atún** *(plural* los **atunes***)*.

tune [tju:n] *noun* ■ la **melodía: I don't know the words, but I'll sing you the tune** no sé la letra, pero te cantaré la melodía

➤ **out of tune** desafinado: **he's singing out of tune** está cantando desafinado.

tunnel ['tʌnl] *noun* ■ el **túnel**.

turkey ['tɜ:kɪ] *noun* ■ el **pavo,** el **guajolote** *Mexico.*

turn [tɜ:n] *(noun & verb)*

■ *noun*
1. el **turno**
2. la **curva: there's a turn in the road** hay una curva en la carretera

➤ **it's my turn** me toca a mí

➤ **it's your turn to wash the dishes** te toca a ti lavar los platos

➤ **to take turns at doing something** turnarse para hacer algo

■ *verb*
1. **doblar: turn left at the light** doble a la izquierda en el semáforo
2. **girar: turn the knob to the right** gira la perilla hacia la derecha
3. **voltearse: he turned and spoke to me** se volteó y me habló
4. **ponerse: she turned pale** se puso pálida; **her face turned red** se le puso la cara colorada

turn around *phrasal verb*
1. **voltearse: he turned around when I came in** se volteó cuando entré
2. **dar la vuelta: the car turned around or he turned the car around** el coche dio la vuelta.

turn back *phrasal verb* ■ **regresar: we walked for an hour and then turned back** caminamos durante una hora y después regresamos.

turn down *phrasal verb* ■ **rechazar: they turned my offer down** rechazaron mi oferta.

turn into *phrasal verb*
1. **convertir: the witch turned the prince into a frog** la bruja convirtió al príncipe en una rana

2. **convertirse: the caterpillar turned into a butterfly** el gusano se convirtió en una mariposa.

turn off *phrasal verb* ■ **apagar: turn the TV off** apaga la televisión.

turn on *phrasal verb* ■ **prender: turn the radio on** prende la radio.

turn over *phrasal verb*
1. **voltear: he turned his cards over** volteó sus cartas
2. **voltearse: she turned over and went back to sleep** se volteó y se volvió a dormir.

turn up *phrasal verb*
1. **subir: turn the music up** sube la música
2. **aparecer: he didn't turn up** no apareció; **don't worry, it'll turn up** no te preocupes, ya aparecerá.

turnip ['tɜːnɪp] *noun* ■ el **nabo**.

turquoise ['tɜːkwɔɪz] *adjective* ■ **turquesa**.

turtle ['tɜːtl] *noun* ■ la **tortuga**.

tusk [tʌsk] *noun* ■ el **colmillo**.

TV [ˌtiː'viː] *(abbreviation of* television*)* *noun* ■ la **televisión: they're watching TV** están viendo televisión; **what's on TV?** ¿qué hay en la televisión?

twelfth [twelfθ] *numeral* ■ **décimo segundo**
➤ **on the twelfth floor** en el piso doce
➤ **it's November twelfth today** hoy es el 12 de noviembre.

twelve [twelv] *numeral* ■ **doce: the twelve apostles** los doce apóstoles; **she's twelve** tiene doce años; **I'll meet you at twelve** nos encontramos a las doce; **it's twelve o'clock at night** son las doce de la noche.

twentieth ['twentɪəθ] *numeral* ■ **vigésimo: in the twentieth century** en el siglo veinte
➤ **it's May twentieth today** hoy es el 20 de mayo.

twenty ['twentɪ] *numeral* ■ **veinte: it's twenty to four** son veinte para las cuatro, son las cuatro menos veinte *River Plate;* **she's twenty** tiene veinte años
➤ **twenty-one** veintiuno
➤ **the twenty-first century** el siglo veintiuno.

twice [twaɪs] *adverb* ■ **dos veces: I go swimming twice a week** voy a nadar dos veces por semana; **she earns twice as much as him** ella gana el doble que él.

twin [twɪn] *noun* ■ el **mellizo,** la **melliza,** el **cuate,** la **cuata** *Mexico*: **they are twins** son mellizos; **his twin brother** su hermano mellizo; **she's my twin sister** es mi hermana melliza.

twist [twɪst] *verb*
1. **torcer: he twisted my arm** me torció el brazo
2. **girar: I twisted the knob to the left** giré la perilla hacia la izquierda
3. **enrollar: twist the thread around the bobbin** enrolla el hilo en la bobina
➤ **to get twisted** enroscarse: **the cable has gotten twisted** el cable se enroscó
➤ **to twist one's ankle** torcerse el tobillo: **I twisted my ankle** me torcí el tobillo.

two [tuː] *numeral* ■ **dos: I cut the paper in two** corté el papel en dos; **she's two** tiene dos años; **he left at two** se fue a las dos.

type [taɪp] *(noun & verb)*
■ *noun*
el **tipo: there are different types of houses** hay diferentes tipos de casas
■ *verb*
escribir a máquina, tipear *South America*: **he typed the letter** escribió la carta a máquina.

typewriter ['taɪpˌraɪtəʳ] *noun* ■ la **máquina de escribir**.

typical ['tɪpɪkl] *adjective* ■ **típico**
➤ **that's typical of him** eso es típico de él.

u

UFO *(abbreviation of* unidentified flying object*) noun* ■ **el OVNI**.

ugly ['ʌglɪ] *adjective* ■ **feo**.

UK [ˌjuː'keɪ] *(abbreviation of* United Kingdom*) noun* ■ **the UK** el Reino Unido.

umbrella [ʌm'brelə] *noun* ■ **el paraguas** *(plural* **los paraguas***)*.

umpire ['ʌmpaɪəʳ] *noun* ■ **el árbitro, la árbitra**.

UN [juː'en] *(abbreviation of* United Nations*) noun* ■ **the UN** la ONU.

unable [ʌn'eɪbl] *adjective*
➤ **to be unable to do something** no poder hacer algo: **he was unable to help me** no pudo ayudarme
➤ **she's unable to read** no sabe leer.

unbearable [ʌn'beərəbl] *adjective* ■ **insoportable**.

unbelievable [ˌʌnbɪ'liːvəbl] *adjective* ■ **increíble**.

uncle ['ʌŋkl] *noun* ■ **el tío**.

uncomfortable [ˌʌn'kʌmftəbl] *adjective* ■ **incómodo**
➤ **to be uncomfortable** ser incómodo: **this chair is really uncomfortable** esta silla es realmente incómoda
➤ **to feel uncomfortable** sentirse incómodo: **I felt very uncomfortable at the party** me sentí muy incómodo en la fiesta.

under ['ʌndəʳ] *(preposition & adverb)*
■ *preposition*
1. **debajo de: the dog's under the sofa** el perro está debajo del sofá
2. **menos de: it weighs under 5 kilos** pesa menos de cinco kilos
3. **menor de: a game for children under five** un juego para niños menores de cinco años
➤ **it's under there** está ahí debajo
➤ **the road goes under the bridge** el camino pasa por debajo del puente
■ *adverb*
1. **debajo: he saw the bed and crawled under** vió la cama y se metió debajo
2. **menos: children of ten and under** niños de diez años o menos.

underground ['ʌndəgraʊnd] *(adjective & adverb)*
■ *adjective*
subterráneo: an underground passage un pasaje subterráneo
■ *adverb*
bajo tierra: the animal went underground el animal se metió bajo tierra.

underline [ˌʌndə'laɪn] *verb* ■ **subrayar: he underlined the heading** subrayó el título.

underneath [ˌʌndə'niːθ] *(preposition & adverb)*
■ *preposition*
debajo de: I looked underneath the chair miré debajo de la silla
■ *adverb*
debajo: I bent down and looked underneath me incliné y miré debajo.

underpants ['ʌndəpænts] *plural noun* ■ los **calzoncillos: a pair of blue underpants** unos calzoncillos azules.

underpass ['ʌndəpɑːs] *noun* ■ **el paso subterráneo**.

undershirt ['ʌndəʃɜːt] *noun* ■ **la camiseta**.

understand [ˌʌndə'stænd] *(past tense & past participle* understood*) verb* ■ **entender: do you understand?** ¿entiendes?; **I don't understand Spanish** no entiendo español.

understood [ˌʌndəˈstʊd] *past tense & past participle* ➤ understand.

underwater [ˌʌndəˈwɔːtəʳ] *(adjective & adverb)*

■ *adjective*
submarino: an underwater camera una cámara submarina

■ *adverb*
por debajo del agua: he can swim underwater puede nadar por debajo del agua.

underwear [ˈʌndəweəʳ] *uncountable noun* ■ la **ropa interior**.

undid [ˌʌnˈdɪd] *past tense* ➤ undo.

undo [ˌʌnˈduː] *(past tense* undid*, past participle* undone*) verb* ■ **deshacer: I can't undo this knot** no puedo deshacer este nudo.

undone [ˌʌnˈdʌn] *adjective & past participle* ➤ undo.

undress [ˌʌnˈdres] *verb* ■ **desvestir**
➤ **to get undressed** desvestirse: **he got undressed** se desvistió.

unemployed [ˌʌnɪmˈplɔɪd] *adjective* ■ **desempleado**
➤ **the unemployed** los desempleados.

unemployment [ˌʌnɪmˈplɔɪmənt] *noun* ■ el **desempleo**
➤ **unemployment compensation** subsidio de desempleo.

unexpected [ˌʌnɪkˈspektɪd] *adjective* ■ **inesperado**.

unexpectedly [ˌʌnɪkˈspektɪdlɪ] *adverb* ■ **inesperadamente**.

unfair [ˌʌnˈfeəʳ] *adjective* ■ **injusto**.

unfortunately [ʌnˈfɔːtʃnətlɪ] *adverb* ■ **lamentablemente: unfortunately, there isn't any cake left** lamentablemente, no queda más pastel.

unfriendly [ˌʌnˈfrendlɪ] *adjective* ■ **antipático**.

unhappy [ʌnˈhæpɪ] *adjective* ■ **infeliz** *(plural* **infelices***)*.

unhealthy [ʌnˈhelθɪ] *adjective*
1. **enfermizo: he looks really unhealthy** tiene un aspecto realmente enfermizo
2. **poco saludable: it's an unhealthy climate** es un clima poco saludable.

unidentified flying object [ˌʌnaɪˈdentɪfaɪdˌflaɪɪŋˈɒbdʒɪkt] *noun* ■ el **objeto volador no identificado**.

uniform [ˈjuːnɪfɔːm] *noun* ■ el **uniforme**.

union [ˈjuːnjən] *noun* ■ el **sindicato: they belong to a union** pertenecen al sindicato.

unit [ˈjuːnɪt] *noun* ■ la **unidad: a meter is a unit of measurement** el metro es una unidad de medida.

United Kingdom [juːˌnaɪtɪd ˈkɪŋdəm] *noun*
➤ **the United Kingdom** el Reino Unido.

United Nations [juːˌnaɪtɪdˈneɪʃnz] *plural noun*
➤ **the United Nations** las Naciones Unidas.

United States [juːˌnaɪtɪdˈsteɪts] *noun*
➤ **the United States** los Estados Unidos.

universe [ˈjuːnɪvɜːs] *noun* ■ el **universo**.

university [ˌjuːnɪˈvɜːsətɪ] *(plural* universities*) noun* ■ el **universidad: he goes to the university** va a la universidad.

unkind [ʌnˈkaɪnd] *adjective* ■ **descortés**.

unleaded [ˌʌnˈledɪd] *adjective* ■ **sin plomo: unleaded gas** la nafta sin plomo.

unless [ənˈles] *conjunction* ■ **a menos que, a no ser que**

> The conjunctions **a menos que** and **a no ser que** are followed by a verb in the subjunctive:

I'll stay here unless he comes me quedaré aquí a menos que él venga.

unlike [ˌʌn'laɪk] *preposition* ■ **a diferencia de: unlike other systems, this one is easy to install** a diferencia de otros sistemas, este es fácil de instalar.

unlikely [ʌn'laɪklɪ] *adjective* ■ **poco probable, improbable: he's unlikely to win** es poco probable que él gane.

unlock [ˌʌn'lɒk] *verb* ■ **abrir: I will unlock the door** voy a abrir la puerta.

unlucky [ʌn'lʌkɪ] *adjective*
➤ **to be unlucky** tener mala suerte: **he's so unlucky** tiene tanta mala suerte
➤ **it's unlucky to walk underneath a ladder** pasar por debajo de una escalera trae mala suerte.

unpack [ˌʌn'pæk] *verb* ■ **deshacer: we unpacked our suitcases** deshicimos las maletas
➤ **I unpacked my clothes** saqué la ropa de la maleta.

unpleasant [ʌn'pleznt] *adjective* ■ **antipático: he was really unpleasant** estuvo muy antipático.

untie [ˌʌn'taɪ] (*present participle* untying) *verb*
1. **deshacer: I untied the knot** deshice el nudo
2. **desatar: they untied the prisoner** desataron al prisionero.

until [ən'tɪl] (*preposition & conjunction*)
■ *preposition*
hasta: we'll play until six o'clock vamos a jugar hasta las seis; **until now** hasta ahora
■ *conjunction*
hasta que

> The conjunction **hasta que** is followed by a verb in the subjunctive when referring to an event that hasn't yet occurred:

I'll stay here until he comes me quedaré aquí hasta que venga.

unusual [ʌn'ju:ʒl] *adjective*
1. **poco común: an unusual color** un color poco común
2. **raro: she wears unusual clothes** usa ropa rara

> The expression **es raro que** is followed by a verb in the subjunctive:

it's unusual for her to arrive late es raro que llegue tarde.

unwilling [ˌʌn'wɪlɪŋ] *adjective*
➤ **to be unwilling to do something** no estar dispuesto a hacer algo: **she was unwilling to come** no estaba dispuesta a venir.

unwrap [ˌʌn'ræp] (*past tense & past participle* unwrapped) *verb* ■ **desenvolver: she unwrapped her presents** desenvolvió sus regalos.

up [ʌp] (*adverb, preposition & adjective*)
■ *adverb*
arriba: it's up here es aquí arriba
➤ **don't look up** no mires para arriba
■ *preposition*
1. **arriba de: the house is up the hill** la casa está arriba de la colina; **the cat's up the tree** el gato está arriba del árbol
2.

> When "up" is used with a verb of movement in English (to come up or to go up), you often use a verb alone in Spanish to translate it:

she went up the stairs subió las escaleras; **they ran up the road** corrieron por la calle
➤ **their house is just up the road** su casa queda un poco más adelante por esta calle
➤ **up to** hasta: **the water came up to my knees** el agua me llegaba hasta las rodillas
➤ **up to 30 people** hasta 30 personas
➤ **it's up to you** depende de ti
➤ **I don't feel up to going out** no me siento con ánimos para salir
➤ **what's he up to?** ¿qué está haciendo?
➤ **he's up to something** está tramando algo
■ *adjective*
levantado: I was up at dawn estaba levantado al amanecer; **is she up?** ¿está levantada?
➤ **time's up!** ¡ya es la hora!
➤ **what's up?** *informal* ¿qué pasa?

update [ˌʌp'deɪt] *verb* ■ **actualizar: I updated the file** actualicé el archivo.

uphill [ˌʌp'hɪl] *adverb*
➤ **to go uphill** ir cuesta arriba: **the path goes uphill** el camino va cuesta arriba.

upon [ə'pɒn] *preposition* ➤ on.

upper ['ʌpəʳ] *adjective* ■ **superior: the upper lip** el labio superior
➤ **the upper classes** las clases altas.

upset [ʌp'set] *(adjective & verb)*
■ *adjective*
afectado: she was very upset at the news estaba muy afectada con las noticias
➤ **to be upset** disgustarse: **don't get upset at what I said** no te disgustes por lo que dice
➤ **to have an upset stomach** estar mal del estómago
■ *verb*
(past tense & past participle **upset***)*
1. **afectar: it upsets me to think about it** me afecta pensar en eso
2. **disgustar: this decision will upset a lot of people** esta decisión va a disgustar a mucha gente
3. **desbaratar: this has upset my plans** esto ha desbaratado mis planes
4. **tirar: I upset some coffee** tiré un poco de café.

upside down [ˌʌpsaɪd'daʊn] *adverb* ■ **al revés: the picture is upside down** el cuadro está al revés.

upstairs [ˌʌp'steəz] *(adverb & adjective)*
■ *adverb*
arriba: wait for me upstairs espérenme arriba
➤ **to come upstairs or to go upstairs** subir: **can you come upstairs?** ¿podrías subir?
■ *adjective*
del piso de arriba: the upstairs rooms los cuartos del piso de arriba.

up-to-date [ʌptə'deɪt] *adjective*
1. **al día: the data is up-to-date** la información está al día
2. **actualizado: an up-to-date computer** una computadora actualizada.

urgent ['ɜːdʒənt] *adjective* ■ **urgente: I must speak to you, it's urgent** tengo que hablar contigo, es urgente.

Uruguay ['jurəgwaɪ] *noun* ■ **Uruguay** *(masculine)*.

us [ʌs] *pronoun*
1. *As a direct or indirect object pronoun* **nos: she calls us every week** nos llama todas las semanas; **he gave the papers to us** nos dio los papeles
2. *After a preposition and the verb "to be"* **nosotros: is that for us?** ¿eso es para nosotros?; **you're coming with us** vienes con nosotros; **it's us** somos nosotros.

US [ˌjuː'es] *(abbreviation of* United States*) noun*
➤ **the US** los EE.UU.

USA [ˌjuːes'eɪ] *(abbreviation of* United States of America*) noun*
➤ **the USA** los EE.UU.

use *(noun & verb)*
■ *noun*
[juːs] el **uso: there's a ban on the use of certain products** está prohibido el uso de ciertos productos; **for my own use** para mi uso personal
➤ **directions for use** instrucciones de uso
➤ **to be of use** servir
➤ **to be in use** estar en uso
➤ **the elevator is out of use** el ascensor está fuera de servicio
➤ **it's no use** es inútil
➤ **what's the use?** ¿de qué sirve?
■ *verb*
[juːz] **usar: I used a new method** usé un método nuevo; **she uses vinegar to clean the windows** usa vinagre para limpiar los vidrios; **can I use your phone?** ¿puedo usar el teléfono?

used [juːzd] *adjective* ■ **usado: a used car** un coche usado
➤ **to be used to doing something** estar acostumbrado a hacer algo: **I'm used to going to bed late** estoy acostumbrada a acostarme tarde
➤ **to get used to doing something** acostumbrarse a hacer algo: **you'll get used to getting up early** te acostumbrarás a levantarte temprano

➤ **I used to live in Chile** antes vivía en Chile.

useful ['ju:sful] *adjective* ■ **útil: take the guidebook, it could be useful** llévate la guía, puede serte útil.

useless ['ju:slɪs] *adjective*

1. **inservible: a useless piece of information** una información inservible
2. **inútil: he's completely useless** es totalmente inútil

➤ **it's useless** es inútil: **it's useless asking her** es inútil preguntarle.

usual ['ju:ʒəl] *adjective* ■ **de costumbre: we'll meet at the usual time** nos veremos a la hora de costumbre

➤ **as usual** como de costumbre: **she arrived early, as usual** llegó temprano, como de costumbre

➤ **later than usual** más tarde que de costumbre.

usually ['ju:ʒəlɪ] *adverb* ■ **normalmente: she usually leaves the house at nine** normalmente sale de la casa a las nueve.

V

vacant ['veɪkənt] *adjective* ■ **libre: is this seat vacant?** ¿está libre este asiento?

vacation [və'keɪʃn] *uncountable noun* ■ las **vacaciones: they spent their vacation in Greece** pasaron las vacaciones en Grecia

➤ **on vacation** de vacaciones: **she's on vacation** está de vacaciones

➤ **where are you going on vacation?** ¿adónde vas a ir de vacaciones?

vacuum ['vækjuəm] *(verb & noun)*

■ *verb*

pasar la aspiradora: he's vacuuming the hall está pasando la aspiradora en el vestíbulo

■ *noun*

la **aspiradora**

➤ **a vacuum cleaner** una aspiradora.

vain [veɪn] *adjective* ■ **vanidoso: he's very vain** es muy vanidoso

➤ **in vain** en vano: **I tried in vain to help him** intenté en vano ayudarlo.

Valentine's Day ['væləntaɪnzdeɪ] *noun* ■ el **día de San Valentín**.

valid ['vælɪd] *adjective* ■ **válido: your ticket isn't valid** su boleto no es válido.

valley ['vælɪ] *noun* ■ el **valle**.

valuable ['væljuəbl] *adjective*

1. **de valor: a valuable necklace** un collar de valor
2. **valioso: your advice has been very valuable** tu consejo ha sido muy valioso.

valuables ['væljuəblz] *plural noun* ■ los **objetos de valor: she keeps her valuables in a safe** guarda los objetos de valor en una caja fuerte.

value ['vælju:] *noun* ■ el **valor: the value of their house has doubled** se ha duplicado el valor de su casa.

van [væn] *noun* ■ la **furgoneta,** la **vagoneta** *Mexico*.

vanilla [və'nɪlə] *noun* ■ la **vainilla**.

vanish ['vænɪʃ] *verb* ■ **desaparecer: he vanished** desapareció.

variety [və'raɪətɪ] *(plural* **varieties***)* *noun* ■ la **variedad: there are many different varieties of flowers** hay muchas variedades diferentes de flores

➤ **there's a wide variety of dishes on the menu** hay una amplia variedad de platos en el menú.

various ['veərɪəs] *adjective* ■ **varios: for various reasons** por varias razones.

vary ['veərɪ] *(past tense & past participle* varied*) verb* ■ **variar: the weather varies from day to day** el clima varía de día en día.

vase [veɪz] *noun* ■ el **florero: I put the flowers in the vase** puse las flores en el florero

⚠ Vase es un falso amigo, no significa "vaso".

veal [viːl] *uncountable noun* ■ **la ternera**.

vegetable ['vedʒtəbl] *noun* ■ **la verdura**.

vegetarian [ˌvedʒɪ'teərɪən] *noun* ■ el **vegetariano** (*feminine* la **vegetariana**).

vehicle ['viːɪkl] *noun* ■ el **vehículo**.

veil [veɪl] *noun* ■ el **velo: she's wearing a veil** tiene puesto un velo.

vein [veɪn] *noun* ■ la **vena: veins carry blood to the heart** las venas transportan la sangre al corazón.

velvet ['velvɪt] *noun* ■ el **terciopelo**.

vending machine ['vendɪŋmə'ʃiːn] *noun* ■ la **máquina expendedora**.

Venezuela [veniz'weɪlə] *noun* ■ **Venezuela** *(feminine)*.

Venezuelan [veniz'weɪlən] *(adjective & noun)*

■ *adjective*

Remember not to use a capital letter for the adjective in Spanish:

venezolano: Venezuelan cuisine is very varied la cocina venezolana es muy variada

■ *noun*

In Spanish, a capital letter is not used for the inhabitants of a country or region:

el **venezolano**, la **venezolana: many Venezuelans live in the capital city** muchos venezolanos viven en la capital.

verb [vɜːb] *noun* ■ el **verbo**.

verse [vɜːs] *noun*

1. el **verso: the poem has three verses** el poema tiene tres versos
2. el **versículo: a verse from the Bible** un versículo de la Biblia.

version ['vɜːʃn] *noun* ■ la **versión** *(plural* las **versiones**)**: there are two versions of the story** hay dos versiones de la historia.

versus ['vɜːsəs] *preposition* ■ **contra: Dallas versus Washington** Dallas contra Washington.

vertical ['vɜːtɪkl] *adjective* ■ **vertical: a vertical line** una línea vertical.

very ['verɪ] *adverb* ■ **muy: he's very happy** está muy contento

➤ **very much** mucho: **I like him very much** él me gusta mucho

➤ **the very same day** el mismo día.

vest [vest] *noun* ■ el **chaleco: he's wearing a suit and a vest** tiene puesto un traje con un chaleco.

vet, veterinarian [vet, ˌvetərɪ'neərɪən] *noun* ■ el **veterinario**, la **veterinaria**.

via ['vaɪə] *preposition* ■ **vía: you can go to Sydney via Los Angeles** puedes ir a Sydney vía Los Angeles.

vicious ['vɪʃəs] *adjective*

1. **brutal: a vicious attack** una agresión brutal
2. **feroz** *(plural* **feroces**)**: a vicious dog** un perro feroz

➤ **a vicious circle** un círculo vicioso.

victim ['vɪktɪm] *noun* ■ el/la **víctima**.

victory ['vɪktərɪ] *(plural* victories*) noun* ■ la **victoria**.

video ['vɪdɪəʊ] *noun* ■ el **video: they're watching a video** están viendo un video

➤ **on video** en video: **the film's out on video** la película está en video

➤ **a video camera** una videocámara

➤ **a video cassette** un videocasete

➤ **a video game** un videojuego

➤ **a video store** un videoclub
➤ **a video recorder** un aparato de video.

view [vjuː] *noun*
1. la **vista: there's a great view from the top of the Eiffel Tower** hay una vista espectacular desde arriba de la Torre Eiffel
2. el **punto de vista: what is your view on the subject?** ¿cuál es tu punto de vista sobre el tema?

viewer ['vjuːəʳ] *noun* ■ el **espectador,** la **espectadora: the program attracts millions of viewers** el programa atrae a millones de espectadores.

village ['vɪlɪdʒ] *noun* ■ el **pueblo**.

vine [vaɪn] *noun* ■ la **vid: grapes grow on vines** la uva crece en las vides.

vinegar ['vɪnɪgəʳ] *noun* ■ el **vinagre**.

vineyard ['vɪnjəd] *noun* ■ la **viña**.

violence ['vaɪələns] *noun* ■ la **violencia**.

violent ['vaɪələnt] *adjective* ■ **violento: he's a violent man** es un hombre violento.

violin [ˌvaɪə'lɪn] *noun* ■ el **violín** (*plural* los **violines**): **she plays the violin** toca el violín.

violinist [ˌvaɪə'lɪnɪst] *noun* ■ el/la **violinista**.

virus ['vaɪrəs] *noun* ■ el **virus** (*plural* los **virus**).

visa ['viːzə] *noun* ■ la **visa: you need a visa to go to some countries** necesitas visa para ir a algunos países.

visit ['vɪzɪt] *(noun & verb)*
■ *noun*
la **visita: I paid a visit to my uncle** le hice una visita a mi tío
■ *verb*
visitar: I visited my uncle visité a mi tío.

visitor ['vɪzɪtəʳ] *noun*
1. la **visita: we have visitors tomorrow** mañana tenemos visitas
2. el/la **visitante: the park attracts a lot of visitors** el parque atrae a muchos visitantes.

vitamin ['vaɪtəmɪn] *noun* ■ la **vitamina: citrus fruit is full of vitamin C** los cítricos tienen mucha vitamina C.

vocabulary [və'kæbjʊlərɪ] (*plural* vocabularies) *noun* ■ el **vocabulario**.

voice [vɔɪs] *noun* ■ la **voz** (*plural* las **voces**): **he has a deep voice** tiene una voz grave
➤ **she has a loud voice** habla muy alto
➤ **voice mail** buzón de voz.

volcano [vɒl'keɪnəʊ] (*plural* volcanoes o volcanos) *noun* ■ el **volcán** (*plural* los **volcanes**).

volleyball ['vɒlɪbɔːl] *noun* ■ el **vóleibol,** el **volibol** *Colombia, Mexico, Venezuela*: **they're playing volleyball** están jugando vóleibol.

volume ['vɒljuːm] *noun* ■ el **volumen** (*plural* los **volúmenes**): **can you turn the volume up?** ¿podrías subir el volumen?

voluntary ['vɒləntrɪ] *adjective* ■ **voluntario: she does voluntary work** hace trabajo voluntario.

volunteer [ˌvɒlən'tɪəʳ] *(noun & verb)*
■ *noun*
el **voluntario,** la **voluntaria: they don't get paid, they're volunteers** no les pagan, son voluntarios
■ *verb*
➤ **to volunteer to do something** ofrecerse a hacer algo: **he volunteered to help us** se ofreció a ayudarnos.

vomit ['vɒmɪt] *verb* ■ **vomitar: he vomited** vomitó.

vote [vəʊt] *(noun & verb)*
■ *noun*
1. la **votación** (*plural* las **votaciones**): **they organized a vote** organizaron una votación
2. el **voto: they won by 20 votes to 4** ganaron por 20 votos contra 4
3. el **derecho al voto: women got the vote in Britain in 1888** las mujeres obtuvieron el derecho al voto en Inglaterra en 1888

■ *verb*
votar: he voted for the Green party votó por el Partido Verde.

vowel ['vaʊəl] *noun* ■ la **vocal: there are five vowels in English** en inglés hay cinco vocales.

vulture ['vʌltʃəʳ] *noun* ■ el **buitre**.

W

wade [weɪd] *verb* ■ **vadear: they're wading in the stream** están vadeando el arroyo.

waffle ['wɒfl] *noun* ■ el **waffle**.

wag [wæg] *(past tense & past participle* wagged*) verb* ■ **menear: the dog's wagging its tail** el perro está meneando la cola.

wage [weɪdʒ] *noun* ■ el **sueldo: the wages are good** los sueldos son buenos.

waist [weɪst] *noun* ■ la **cintura: she has a small waist** tiene una cintura pequeña.

wait [weɪt] *(noun & verb)*

■ *noun*
la **espera: it was a long wait** fue una larga espera

■ *verb*
esperar: we waited a long time esperamos un rato largo; **wait a minute!** ¡espera un momento!; **I waited until he had left or I waited for him to leave** esperé hasta que se fuera

> The verb that follows **esperar hasta que** must be in the subjunctive.

➤ **I can't wait to see you** tengo muchas ganas de verte
➤ **to keep somebody waiting** hacer esperar a alguien: **I'm sorry to keep you waiting** perdón por hacerte esperar

wait for *phrasal verb* ■ **esperar: wait for me!** ¡espérenme!; **he's waiting for the bus** está esperando el autobús.

waiter ['weɪtəʳ] *noun* ■ el **mesero**.

waiting room ['weɪtɪŋru:m] *noun* ■ la **sala de espera**.

waitress ['weɪtrɪs] *noun* ■ la **mesera**.

wake [weɪk] *(past tense* woke*, past participle* woken*) verb* ■ **despertar: wake me at six** despiértame a las seis

wake up *phrasal verb*
1. **despertar: can you wake me up in the morning?** ¿puedes despertarme en la mañana?
2. **despertarse: I woke up at seven** me desperté a las siete.

walk [wɔ:k] *(noun & verb)*

■ *noun*
el **paseo: let's go for a walk** vamos a dar un paseo
➤ **it's a long walk** es una caminata larga
➤ **it's a five-minute walk** queda a cinco minutos a pie

■ *verb*
1. **ir a pie: I always walk to school** siempre voy a pie al colegio
2. **caminar: we walked along the beach** caminamos por la playa; **we've walked three miles** caminamos tres millas

➤ **to walk the dog** sacar a pasear al perro

walk out *phrasal verb* ■ **irse: he just got up and walked out** se levantó y se fue.

walking ['wɔ:kɪŋ] *uncountable noun* ■ **walking is a good form of exercise** caminar es una buena forma de hacer ejercicio
➤ **walking shoes** zapatos para caminar
➤ **a walking stick** un bastón.

Walkman® ['wɔːkmən] *noun* ■ el **walkman®** (*plural* los **walkman**): **he's listening to his Walkman®** está escuchando el walkman.

wall [wɔːl] *noun*
1. la **pared: he put a poster on the wall of his bedroom** puso un póster en la pared de su cuarto
2. el **muro,** la **barda** *Mexico*: **he jumped over the wall** saltó el muro.

wallet ['wɒlɪt] *noun* ■ la **cartera**.

wallpaper ['wɔːlˌpeɪpəʳ] *noun* ■ el **papel pintado,** el **papel tapiz** *Mexico*.

walnut ['wɔːlnʌt] *noun* ■ la **nuez** (*plural* las **nueces**), la **nuez de Castilla** (*plural* las **nueces de Castilla**) *Mexico*.

wand [wɒnd] *noun* ■ la **varita: a magic wand** una varita mágica.

wander ['wɒndəʳ] *verb* ■ **dar vueltas: we wandered around the town** dimos vueltas por el pueblo.

want [wɒnt] *verb* ■ **querer: do you want some tea?** ¿quieres té?; **I want to go to the movies** quiero ir al cine
➤ **to want somebody to do something** querer que alguien haga algo: **she wants me to stay** quiere que me quede

The verb that follows **querer que** must be in the subjunctive.

wanted ['wɒntɪd] *adjective*
➤ **he's wanted by the police** lo busca la policía
➤ **you're wanted in the kitchen** te necesitan en la cocina.

war [wɔːʳ] *noun* ■ la **guerra: the Second World War** la Segunda Guerra Mundial
➤ **to be at war** estar en guerra: **the two countries are at war** los dos países están en guerra.

warehouse ['weəhaʊs] *noun* ■ el **almacén** (*plural* los **almacenes**), la **bodega** *Chile, Colombia, Mexico*.

warm [wɔːm] (*adjective & phrasal verb*)
adjective
1. **templado: the water is warm** el agua está templado
2. **caluroso: he got a warm welcome** tuvo un recibimiento caluroso
➤ **to be warm** tener calor
➤ **are you warm enough?** ¿no tienes frío?
➤ **it's warm today** hoy hace calor

warm up *phrasal verb*
1. **calentar: I'll warm up some apple pie** voy a calentar un poco de tarta de manzana
2. **calentarse: come and warm up in front of the fire** ven a calentarte frente al fuego
3. **hacer ejercicios de calentamiento: the athletes are warming up** los atletas están haciendo ejercicios de calentamiento.

warmth [wɔːmθ] *noun* ■ el **calor**.

warn [wɔːn] *verb* ■ **advertir: I warned you** te lo advertí
➤ **to warn somebody not to do something** aconsejarle a alguien que no haga algo: **I warned you not to go** te aconsejé que no fueras

The verb that follows **aconsejar que** must be in the subjunctive.

warning ['wɔːnɪŋ] *noun* ■ la **advertencia: this is my final warning** ésta es mi última advertencia.

warranty ['wɒrəntɪ] (*plural* **warranties**) *noun* ■ la **garantía: the computer is still under warranty** la computadora todavía está bajo garantía.

wart [wɔːt] *noun* ■ la **verruga**.

was [wəz] *past tense* ➤ **be**.

wash [wɒʃ] (*noun & verb*)
■ *noun*
➤ **his shirt is in the wash** su camisa está lavándose
■ *verb*
1. **lavar: he's washing his clothes** está lavando la ropa

2. **lavarse: I'm washing** me estoy lavando; **she washed her hands** se lavó las manos; **he's washing his hair** se está lavando el pelo

wash up *phrasal verb* ■ **lavarse: go and wash up before dinner** ve a lavarte antes de comer.

washing machine ['wɒʃɪŋmə'ʃiːn] *noun* ■ la **lavadora**.

wasn't ['wɒznt] ➤ was not.

wasp [wɒsp] *noun* ■ la **avispa**.

waste [weɪst] *(noun & verb)*

■ *uncountable noun*

1. el **desperdicio: what a waste!** ¡qué desperdicio!
2. los **desechos: industrial waste** desechos industriales

➤ **it's a waste of time** es una pérdida de tiempo

■ *verb*

1. **derrochar: he wastes money** derrocha el dinero
2. **perder: he wastes a lot of time** pierde mucho tiempo.

wastepaper basket [ˌweɪst'peɪpəʳ-ˌbɑːskɪt] *noun* ■ el **cesto de los papeles,** el **papelero** *Southern Cone*.

watch [wɒtʃ] *(noun & verb)*

■ *noun*

el **reloj: my watch has stopped** se me paró el reloj

■ *verb*

1. **ver: they're watching television** están viendo televisión
2. **cuidar: I'm watching their luggage for them** les estoy cuidando las maletas

watch out *phrasal verb* ■ **tener cuidado: watch out, there's a car coming!** ¡ten cuidado que viene un coche!

water ['wɔːtəʳ] *(noun & verb)*

■ *uncountable noun*

el **agua**

> Feminine noun that takes **un** or **el** in the singular.

■ *verb*

regar: remember to water the flowers no te olvides de regar las plantas

➤ **my eyes are watering** me lloran los ojos

➤ **my mouth's watering** se me hace agua la boca.

waterfall ['wɔːtəfɔːl] *noun* ■ la **catarata**.

watermelon ['wɔːtəˌmelən] *noun* ■ la **sandía**.

waterproof ['wɔːtəpruːf] *adjective*

1. **impermeable: a waterproof jacket** una chaqueta impermeable
2. **a prueba de agua: a waterproof watch** un reloj a prueba de agua.

water-skiing ['wɔːtəʳskiːɪŋ] *uncountable noun* ■ el **esquí acuático: they go water-skiing often** hacen esquí acuático con frecuencia.

wave [weɪv] *(noun & verb)*

■ *noun*

la **ola: the waves are big today** hoy las olas están grandes

➤ **he gave me a wave** me saludó con la mano

■ *verb*

1. **hacerle señas a: he waved to me when he saw me** me hizo señas cuando me vio
2. **agitar: the children are waving flags** los niños están agitando banderas

➤ **to wave goodbye** hacer adiós con la mano: **I waved goodbye to them** les hice adiós con la mano.

wax [wæks] *uncountable noun* ■ la **cera**.

way [weɪ] *noun*

1. la **manera: I like the way she dresses** me gusta la manera en que se viste; **in the same way** de la misma manera
2. el **camino: the quickest way to the town** el camino más rápido para llegar al centro; **it's on my way** me queda de camino; **we stopped on the way** paramos en el camino

➤ **in a way** en cierto modo

➤ **can you tell me the way to the museum?** ¿podría decirme cómo llegar al museo?

- **he got his own way** se salió con la suya
- **the way in** la entrada
- **the way out** la salida
- **to be in the way** estar bloqueando el camino: **you're in the way** estás bloqueando el camino
- **to get out of the way** quitarse del medio: **get out of the way!** ¡quítate del medio!
- **he's on his way** está en camino
- **it's a long way** está lejos
- **which way is it?** ¿por dónde es?
- **this way** por aquí: **the hotel's this way** el hotel está por aquí
- **that way** por allá: **he went that way** se fue por allá
- **is this the right way?** ¿está bien por aquí?
- **he went the wrong way** se equivocó de camino
- **no way!** ¡ni hablar!

we [wiː] *pronoun* ■ **nosotros, nosotras**

"We" is not usually translated unless necessary for emphasis or clarification:

we live in Alabama vivimos en Alabama; **we're going to the movies** vamos al cine

Spanish nouns are either masculine or feminine. Remember to use **nosotros** for masculine subjects and **nosotras** for feminine subjects. When "we" includes male and female, use **nosotros**:

we did it nosotros lo hicimos; **we know it but they don't** nosotros lo sabemos pero ellos no.

weak [wiːk] *adjective* ■ **débil**.

wealthy ['welθɪ] *adjective* ■ **rico**
- **the wealthy** los ricos.

weapon ['wepən] *noun* ■ **el arma**

Feminine noun that takes **un** or **el** in the singular.

wear [weəʳ] *(past tense* wore, *past participle* worn*) verb*

1. **tener puesto: Carol's wearing a dress** Carol tiene puesto un vestido
2. **ponerse: what are you going to wear?** ¿qué te vas a poner?

wear out *phrasal verb*

1. **gastar: I've worn out my shoes** gasté los zapatos
2. **gastarse: my shoes wear out quickly** los zapatos se me gastan rápido
3. **agotar: that journey has worn me out** ese viaje me agotó.

weather ['weðəʳ] *uncountable noun* ■ **el tiempo: what's the weather like?** ¿cómo está el tiempo?; **the weather is awful** el tiempo está horrible; **the weather is fine** hace buen tiempo
- **the weather forecast** el pronóstico del tiempo: **what's the weather forecast?** ¿cuál es el pronóstico del tiempo?

web [web] *noun*
- **the Web** el/la Web: **I found his address on the Web** encontré su dirección en el Web
- **a web page or a Web page** una página web.

website [websaɪt] *noun* ■ **el sitio web: have you visited the Larousse website?** ¿entraste al sitio web de Larousse?

we'd [wiːd]

1. ➤ we had; we would.

wedding ['wedɪŋ] *noun* ■ **la boda**
- **a wedding anniversary** un aniversario de bodas
- **a wedding cake** una pastel de boda
- **a wedding dress** un vestido de novia
- **a wedding ring** un anillo de boda.

Wednesday ['wenzdɪ] *noun* ■

In Spanish the days of the week do not start with a capital letter:

el **miércoles** *(plural* los **miércoles**): **it's Wednesday today** hoy es miércoles; **next Wednesday** el próximo miércoles; **last Wednesday** el miércoles pasado
- **on Wednesday** el miércoles: **I'll see you on Wednesday** te veo el miércoles
- **on Wednesdays** los miércoles: **she has a Spanish class on Wednesdays** tiene una clase de español los miércoles.

weed [wiːd] *noun* ■ la **mala hierba: I'm going to dig up the weeds** voy a arrancar la mala hierba.

week [wiːk] *noun* ■ la **semana: in a week's time** dentro de una semana; **this week** esta semana; **next week** la próxima semana; **last week** la semana pasada
➤ **a week from Saturday** una semana a partir del sábado.

weekend [ˌwiːk'end] *noun* ■ el **fin de semana: what are you doing this weekend?** ¿qué vas a hacer este fin de semana?; **next weekend** el próximo fin de semana; **last weekend** el fin de semana pasado
➤ **on the weekend** el fin de semana: **I'll see you on the weekend** te veo el fin de semana.

weep [wiːp] *(past tense & past participle* **wept***) verb* ■ **llorar: she started weeping** empezó a llorar.

weigh [weɪ] *verb* ■ **pesar: she weighs 140 pounds** pesa 140 libras; **can you weigh these apples?** ¿podría pesar estas manzanas?

weight [weɪt] *noun* ■ el **peso**
➤ **to put on weight** engordar: **I've put on weight** he engordado
➤ **to lose weight** adelgazar: **she lost weight** adelgazó.

weird [wɪəd] *adjective* ■ **raro**.

welcome ['welkəm] *(noun, verb & adjective)*
■ *noun*
la **bienvenida: they gave me a warm welcome** me dieron una calurosa bienvenida
■ *verb*
recibir a alguien: they welcomed me with open arms me recibieron con los brazos abiertos
■ *adjective*
bienvenido: you're always welcome siempre eres bienvenida
➤ **welcome!** ¡bienvenido!: **welcome to Chile!** ¡bienvenido a Chile!
➤ **thank you! — you're welcome!** ¡gracias! — ¡de nada!

we'll [wiːl] ➤ we shall; we will.

well [wel] *(adjective, adverb, noun & exclamation)*
■ *adjective*
(comparative **better***)* **bien: I'm very well, thank you** estoy muy bien, gracias; **all is well** todo está bien
■ *adverb*
(superlative **best***)* **bien: the party went well** la fiesta resultó bien; **she sings really well** canta realmente bien; **the work's well done** el trabajo está bien hecho
➤ **well done!** ¡muy bien!
➤ **as well** también: **he came as well** él vino también
➤ **as well as** además de: **they sell records as well as CDs** venden discos además de CDs
■ *noun*
el **pozo: an oil well** un pozo de petróleo
■ *exclamation*
1. **bueno: oh well, never mind!** ¡bueno, no importa!; **well, who was it then?** bueno ¿quién fue entonces?
2. **vaya: well, look who it is!** ¡vaya, miren quién es!

well-behaved [welbɪ'heɪvd] *adjective* ■ **que se porta bien**
➤ **the children were well-behaved** los niños se portaron bien.

well-known [ˌwel'nəʊn] *adjective* ■ **conocido: it's a well-known restaurant** es un restaurante conocido.

went [went] *past tense* ➤ go.

wept [wept] *past tense & past participle* ➤ weep.

were [wɜːʳ] *past tense* ➤ be.

we're [wɪəʳ] ➤ we are.

weren't [wɜːnt] ➤ were not.

west [west] *(noun, adjective & adverb)*
■ *noun*
el **oeste: the sun sets in the west** el sol se pone por el oeste
■ *adjective*
oeste *(plural* **oeste***)*: **San Francisco is on the west coast** San Francisco está en la costa oeste

■ *adverb*
hacia el oeste: go west vayan hacia el oeste
➤ **west of** al oeste de: **Chicago is west of Detroit** Chicago está al oeste de Detroit.

western ['westən] *(adjective & noun)*
■ *adjective*
occidental: Western Europe Europa Occidental
■ *noun*
el western: he prefers westerns to thrillers prefiere los westerns a las películas de suspenso.

wet [wet] *adjective*
1. **mojado: my hair's wet** tengo el pelo mojado
2. **lluvioso: the weather is wet** el tiempo está lluvioso
➤ **to get wet** mojarse: **I got wet** me mojé; **I got my shirt wet** me mojé la camisa.

we've [wi:v] ➤ we have.

whale [weɪl] *noun* ■ la **ballena**.

what [wɒt] *(adjective, pronoun & exclamation)*
■ *adjective*
qué: what color is it? ¿de qué color es?; **what time is it?** ¿qué hora es?; **what books do you want?** ¿qué libros quieres?; **what a pity!** ¡qué lástima!; **what lovely flowers!** ¡qué flores tan bonitas!
■ *pronoun*
1. *In questions*

You generally translate "what" as **qué**:

what's that? ¿qué es eso?; **what's happening?** ¿qué está pasando?; **what's wrong?** ¿qué pasa?; **what are you doing?** ¿qué estás haciendo?; **what are they talking about?** ¿de qué están hablando?; **what are you thinking about?** ¿en qué estás pensando?

Translate "what is" by **cuál es:**

what's your address? ¿cuál es tu dirección?; **what is your phone number?** ¿cuál es tu número de teléfono?

2. *In relative clauses*

Translate "what" as **lo que**:

I saw what happened vi lo que pasó; **you can't always get what you want** no siempre puedes tener lo que quieres; **tell me what she said** dime lo que dijo
➤ **what about going out for a meal?** ¿qué tal si salimos a comer?
➤ **what about me?** ¿y yo qué?
➤ **what is it about?** ¿de qué se trata?
■ *exclamation*
what! ¡qué!; **what?** ¿qué?, ¿mande? *Mexico.*

whatever [wɒt'evəʳ] *(pronoun & adjective)*
■ *pronoun*
1.

When "whatever" means "no matter what", it's often translated by a repetition of the verb in its subjunctive form:

whatever happens, don't tell Joe pase lo que pase, no le digas a Joe; **whatever he says, don't go with him** diga lo que diga, no vayas con él
2.

When "whatever" means "everything", it's usually translated with **lo que** followed by a verb in the subjunctive:

I'll do whatever I can haré lo que pueda
■ *adjective*
cualquiera que

Cualquiera que should be followed by a verb in the subjunctive:

whatever decision you make, I'll support you cualquiera que sea la decisión que tomes, te apoyaré.

wheat [wi:t] *noun* ■ el **trigo**.

wheel [wi:l] *noun*
1. la **rueda: bicycles have two wheels** las bicicletas tienen dos ruedas
2. el **volante: who was behind the wheel?** ¿quién estaba al volante?

wheelchair ['wi:l,tʃeəʳ] *noun* ■ la **silla de ruedas**.

when [wen] *(adverb & conjunction)*

■ *adverb*

cuándo: when are you going? ¿cuándo vas?; **tell me when you're coming** dime cuándo vienes

■ *conjunction*

cuando: he visited me when I lived in Paris me visitó cuando yo vivía en París; **he always gets annoyed when I sing** siempre se molesta cuando canto

> **Cuando** is followed by a verb in the subjunctive when it refers to the future:

I'll tell her when she gets here se le diré cuando llegue; **I'll buy you a car when you are 18** te compraré un auto cuando tengas 18.

whenever [wen'evəʳ] *conjunction*

1. **cuando**

> **Cuando** is followed by a verb in the subjunctive when it refers to an event that has not yet happened:

come whenever you like ven cuando quieras

2. **siempre que: whenever I see them we argue** discutimos siempre que nos vemos.

where [weər] *(adverb & conjunction)*

■ *adverb*

dónde: where is the station? ¿dónde queda la estación?; **tell me where you hid it** dime dónde lo escondiste

➤ **where are you going?** ¿adónde vas?

■ *conjunction*

donde: this is the town where I grew up este es el pueblo donde crecí.

wherever [weər'evəʳ] *conjunction*

■ **dondequiera que: he followed her wherever she went** la seguía dondequiera que ella iba

> **Dondequiera que** is followed by a verb in the subjunctive when it refers to an event that has not yet happened:

he'll follow you wherever you go te va a seguir dondequiera que vayas

➤ **sit wherever you'd like** siéntate donde quieras.

whether ['weðəʳ] *conjunction* ■ **si: I don't know whether she's coming** no sé si va a venir.

which [wɪtʃ] *(adjective & pronoun)*

■ *adjective*

qué

> In questions, **qué** is often used before nouns to translate "which":

which bike is yours? ¿qué bici es la tuya?; **which flowers do you like?** ¿qué flores te gustan?

➤ **which one?** ¿cuál?: **there are two bags, which one is yours?** hay dos bolsas, ¿cuál es la tuya?

■ *pronoun*

1. *In questions* **cuál: out of the two dresses, which do you prefer?** de los dos vestidos, ¿cuál prefieres?; **which of the shoes are yours?** ¿cuál de los zapatos son tuyos?

2. *In relative clauses* **que: houses which are on the beach cost more** las casas que están en la playa cuestan más; **the book which you lent me was good** el libro que me prestaste era bueno

> When "which" is used with a preposition it is translated by **el que, la que, los que** or **las que** depending on the gender (masculine or feminine) and the number (singular or plural) of the noun it refers to:

the chair on which he was sitting la silla en la que estaba sentado.

while [waɪl] *(conjunction & noun)*

■ *conjunction*

1. **mientras: I was reading while you were sleeping** yo estaba leyendo mientras tú dormías

2. **mientras que: he likes to go out while his brother prefers to watch TV** le gusta salir mientras que a su hermano le gusta ver televisión

■ *noun*

el **rato: let's stay here for a while** quedémonos aquí un rato

➤ **after a while** después de un rato: **after a while he got tired** después de un rato, se cansó

➤ **for a while** un rato: **he went to the party for a while, but then returned home** fue un rato a la fiesta, pero después volvió a la casa.

whisper ['wɪspəʳ] *verb* ■ **susurrar: she whispered something to me** me susurró algo.

whistle ['wɪsl] *(noun & verb)*

■ *noun*
el silbato: the referee blew his whistle el juez tocó el silbato

■ *verb*
silbar: can you whistle? ¿sabes silbar?

white [waɪt] *adjective* ■ **blanco: a white shirt** una camisa blanca

➤ **a white lie** una mentira piadosa

➤ **the White House** la Casa Blanca

WHITE HOUSE

La Casa Blanca (**the White House**) es la residencia oficial y lugar de trabajo del presidente de los Estados Unidos. Se encuentra en Washington D.C., que además de ser la capital del país es la sede del gobierno federal. La Casa Blanca es un símbolo tanto de la presidencia, como del ramo ejecutivo del gobierno estadounidense.

who [huː] *pronoun*

1. *In direct and indirect questions* **quién: who are you?** ¿quién eres?; **who are you talking about?** ¿de quién estás hablando?; **I don't know who she is** no sé quién es ella
2. *In relative clauses* **que: she's the woman who lives in that big house** es la mujer que vive en esa casa grande

After a preposition, **que** becomes **el que**, **la que**, **los que** or **las que** depending on the gender (masculine or feminine) and the number (singular or plural) of the noun it refers to:

the men who we were talking to disappeared los hombres con los que estábamos hablando desparecieron.

who'd [huːd]

➤ who had; who would.

whoever [huː'evəʳ] *pronoun*

1. **quien**

When "whoever" means "anyone who", the verb that follows **quien** is in the subjunctive:

you can invite whoever you like puedes invitar a quien quieras

2. **quienquiera que**

When "whoever" means "the one who", the verb that follows **quienquiera que** is in the subjunctive:

whoever wins will get this cup quienquiera que gane obtendrá esta copa.

whole [həʊl] *(adjective & noun)*

■ *adjective*
entero: she ate the whole cake se comió el pastel entero

■ *noun*
➤ **the whole of** todo: **the whole of the summer** todo el verano; **the whole of New York is talking about it** todo Nueva York está hablando de eso

➤ **on the whole** en general.

who'll [huːl] ➤ who will; who shall.

whom [huːm] *pronoun*

1. *In questions* **quién: with whom did she leave?** ¿con quién se fue?
2. *In relative clauses* **quien: the man whom she married** el hombre con quien se casó; **to whom it may concern** a quien corresponda.

who're ['huːəʳ] ➤ who are.

who's [huːz] *noun*

➤ who is; who has.

whose [huːz] *(adjective & pronoun)*

■ *adjective*
1. **de quién: whose car is this?** ¿de quién es ese coche?
2. **cuyo**

In Spanish the adjective agrees in gender (masculine or feminine) and number (singular or plural) with the noun to which it refers:

that's the boy whose father is an astronaut ése es el niño cuyo papá es astronauta; **the lady whose bags are in my car is gone** la mujer cuyas bolsas están en mi coche se ha ido

■ *pronoun*
de quién: whose is it? ¿de quién es esto?

who've [huːv] ➤ who have.

why [waɪ] *adverb* ■ **por qué: why did you lie?** ¿por qué mentiste?; **why don't you come too?** ¿por qué no vienes también?; **I don't know why he said that** no sé por qué dijo eso; **I haven't done my homework — why not?** no hice las tareas - ¿por qué no?; **do you want to go out? — OK, why not?** ¿quieres salir? - bueno, ¿por qué no?

wicked ['wɪkɪd] *adjective* ■ **malvado: he's a wicked man** es un hombre malvado.

wide [waɪd] *(adjective & adverb)*
■ *adjective*
1. **ancho: a wide road** una calle ancha; **how wide is the river?** ¿qué ancho tiene el río?, ¿qué tan ancho es el río? *Latin America except Southern Cone;* **it's ten feet wide** tiene diez pies de ancho
2. **gran: a wide variety** una gran variedad

■ *adverb*
➤ **open wide!** ¡abre bien la boca!
➤ **wide awake** completamente despierto: **she's wide awake** está completamente despierta
➤ **wide open** abierto de par en par: **the window's wide open** la ventana está abierta de par en par.

widow ['wɪdəʊ] *noun* ■ **la viuda**.

widower ['wɪdəʊəʳ] *noun* ■ **el viudo**.

width [wɪdθ] *noun* ■ **el ancho**.

wife [waɪf] *(plural* **wives** [waɪvz]*) noun* ■ **la esposa**.

wig [wɪg] *noun* ■ **la peluca**.

wild [waɪld] *adjective*
1. **salvaje: wild animals** animales salvajes
2. **silvestre: wild flowers** flores silvestres
3. **loco: that noise is driving me wild** ese ruido me está volviendo loco.

will ['wɪl] *(verb & noun)*
■ *verb (negative* **won't***)*
1. *The future tense* **I'll leave for Spain in the fall** me iré a España en el otoño; **when will you call?** ¿cuándo llamarás?

In Spanish you can use the present tense of the verb **ir** + infinitive to talk about the future:

I'll do it now lo voy a hacer ahora; **it will change everything** va a cambiar todo

You can also use the present tense to talk about the near future:

will you help me? ¿me ayudas?; **I'll go with you** yo voy contigo
2. *In invitations and requests* **querer: will you have some more cake?** ¿quieres más pastel?; **will you close the window?** ¿quieres cerrar la ventana?

➤ **he won't help me** no quiere ayudarme
➤ **the car won't start** el coche no arranca
➤ **that'll be your father** ése debe ser tu papá

■ *noun*
1. **la voluntad: I did it against my will** lo hice contra mi voluntad
2. **el testamento: to make a will** hacer un testamento

➤ **she has a strong will** tiene una gran fuerza de voluntad.

willing ['wɪlɪŋ] *adjective*
➤ **to be willing to do something** estar dispuesto a hacer algo: **I'm willing to help you** estoy dispuesto a ayudarte.

win [wɪn] *(past tense & past participle* **won***) verb* ■ **ganar: she won the race** ganó la carrera.

wind *(noun & verb)*
■ *noun*
[wɪnd] **el viento: there's a strong wind** hace un viento fuerte
➤ **a wind instrument** un instrumento de viento

■ *verb*
[waɪnd] *(past tense & past participle* **wound***)*
1. **enrollar: wind the rope around the pole** enrolla la cuerda alrededor del poste
2. **darle cuerda a: I forgot to wind the clock** me olvidé de darle cuerda al reloj

wind up *phrasal verb* ■ **terminar: he wound up in jail** terminó en la cárcel.

windmill ['wɪndmɪl] *noun* ■ **el molino de viento**.

window ['wɪndəʊ] *noun*
1. la **ventana: open the window** abre la ventana
2. el **vidrio: he's cleaning the car windows** está limpiando los vidrios del coche
3. el **escaparate,** la **vitrina** *Andes, Venezuela,* el **aparador** *Mexico,* la **vidriera** *River Plate*: **she's looking in the shop window** está mirando el escaparate.

windshield ['wɪndʃiːld] *noun* ■ el **parabrisas** *(plural* los **parabrisas***)*
➤ **windshield wipers** los limpiaparabrisas, los limpiadores.

windsurfing ['wɪnd,sɜːfɪŋ] *noun* ■ el **windsurf: he goes windsurfing on weekends** hace windsurf los fines de semana.

windy ['wɪndɪ] *adjective*
➤ **it's windy** hace viento
➤ **it was a very windy day** era un día de mucho viento.

wine [waɪn] *noun* ■ el **vino: a glass of red wine** una copa de vino tinto.

wing [wɪŋ] *noun* ■ el **ala**

Feminine noun that takes **un** or **el** in the singular.

pelicans have large wings los pelícanos tienen las alas grandes.

wink [wɪŋk] *verb* ■ **guiñar el ojo: he winked at me** me guiñó el ojo.

winner ['wɪnəʳ] *noun* ■ el **ganador,** la **ganadora**.

winter ['wɪntəʳ] *noun* ■ el **invierno: it's cold in the winter** en invierno hace frío
➤ **winter sports** deportes de invierno.

wintertime ['wɪntətaɪm] *uncountable noun* ■ el **invierno: in the wintertime** en el invierno.

wipe [waɪp] *verb* ■ **limpiar: he's wiping the table** está limpiando la mesa

wipe up *phrasal verb* ■ **limpiar: she wiped up the coffee from the floor** limpió el café del suelo.

wire ['waɪəʳ] *noun*
1. el **alambre: a barbed wire fence** una valla de alambre de púas
2. el **cable: somebody cut the telephone wires** alguien cortó los cables del teléfono.

wisdom ['wɪzdəm] *noun* ■ la **sabiduría**
➤ **a wisdom tooth** una muela del juicio.

wise [waɪz] *adjective* ■ **sabio: he's a very wise man** es un hombre muy sabio.

wish [wɪʃ] *(noun & verb)*

■ *noun*
el **deseo: his wish came true** su deseo se hizo realidad
➤ **best wishes on your birthday** muchas felicidades por tu cumpleaños
➤ **best wishes, Andrew** saludos, Andrew

■ *verb*
desear: you can stay here if you wish puedes quedarte aquí si lo deseas; **he wished me a happy birthday** me deseó un feliz cumpleaños

The verb that follows **ojalá** must be in the subjunctive:

➤ **I wish I had a yacht!** ¡ojalá tuviera un yate!
➤ **I wish you were here** ¡ojalá estuvieras aquí!

witch [wɪtʃ] *noun* ■ la **bruja**.

with [wɪð] *preposition*
1. **con: I danced with Mary** bailé con Mary; **Tom came with us** Tom vino con nosotros; **with pleasure** con gusto; **I cut it with a knife** lo corté con un cuchillo
2. **de: the man with the hat** el hombre del sombrero; **she was trembling with fear** estaba temblando de miedo.

within [wɪ'ðɪn] *preposition*
1. **en menos de: the doctor came within ten minutes** el doctor vino en menos de diez minutos
2. **dentro de: the house is situated within a large property** la casa está situada dentro de una gran propiedad
3. **a menos de: we're within thirty miles of Chicago** estamos a menos de treinta millas de Chicago.

without [wɪð'aʊt] *preposition* ■ **sin: I won't go without you** no voy a ir sin ti; **he left without saying goodbye** se fue sin despedirse

➤ **to go without something or to do without something** arreglárselas sin algo: **we can't go without water** no podemos arreglárnoslas sin agua.

witness ['wɪtnɪs] *noun* ■ **el/la testigo**.

witty ['wɪtɪ] *adjective* ■ **ocurrente: he's very witty** es muy ocurrente.

wives *plural* ➤ wife.

wizard ['wɪzəd] *noun* ■ **el mago**.

woke [wəʊk] *past tense* ➤ wake.

woken ['wəʊkn] *past participle* ➤ wake.

wolf [wʊlf] *(plural* wolves [wʊlvz]*)* *noun* ■ **el lobo**.

woman ['wʊmən] *(plural* women*)* *noun* ■ **la mujer**.

won [wʌn] *past tense & past participle* ➤ win.

wonder ['wʌndə^r] *(noun & verb)*

■ *noun*

la maravilla: the seven wonders of the world las siete maravillas del mundo

➤ **no wonder!** ¡con razón!: **no wonder you're tired!** ¡con razón estás cansado!

■ *verb*

preguntarse: I wonder what he's doing me pregunto qué estará haciendo.

wonderful ['wʌndəfʊl] *adjective* ■ **maravilloso**.

won't [wəʊnt] ➤ will not.

wood [wʊd] *noun* ■ **la madera: the table is made of wood** la mesa es de madera.

wool [wʊl] *noun* ■ **la lana**.

word [wɜːd] *noun*

1. **la palabra: she didn't say a word** no dijo ni una palabra; **what does this word mean?** ¿qué significa esta palabra?
2. **la letra: do you know the words to this song?** ¿sabes la letra de esta canción?

➤ **to give somebody your word** darle la palabra a alguien: **I gave you my word** te di mi palabra

➤ **to have a word with somebody** hablar con alguien: **I'm going to have a word with your teacher** voy a hablar con tu maestra.

wore [wɔː^r] *past tense* ➤ wear.

work [wɜːk] *(noun & verb)*

■ *noun*

1. el **trabajo: I have a lot of work to do** tengo mucho trabajo que hacer; **she's not here, she's at work** no está aquí, está en el trabajo
2. la **obra: the complete works of Shakespeare** las obras completas de Shakespeare

➤ **a work of art** una obra de arte

➤ **to be out of work** estar sin trabajo

■ *verb*

1. **trabajar: where do you work?** ¿dónde trabajas?
2. **funcionar: the TV isn't working** la TV no funciona
3. **hacer funcionar algo: I can't work this machine** no puedo hacer funcionar esta máquina

work out *phrasal verb*

1. **encontrar: I've worked out the answer** encontré la respuesta
2. **resultar: everything worked out well** todo resultó bien
3. **hacer ejercicios: he works out every morning** hace ejercicios todas las mañanas.

worker ['wɜːkə^r] *noun* ■ **el trabajador, la trabajadora**

➤ **an office worker** un oficinista

➤ **a factory worker** un obrero.

workman ['wɜːkmən] *(plural* workmen ['wɜːkmən]*)* *noun* ■ **el obrero**.

workshop ['wɜːkʃɒp] *noun* ■ **el taller: a drama workshop** un taller de teatro.

world [wɜːld] *noun* ■ **el mundo**

➤ **the world champion** el campeón del mundo

➤ **the World Cup** el Mundial

➤ **the World Series** la Serie Mundial

➤ **the Second World War** la Segunda Guerra Mundial

WORLD SERIES

La **World Series** o Serie Mundial es un conjunto de hasta siete partidos de béisbol en los que se enfrentan, al final de la temporada, los campeones de las dos ligas principales: la National League y la American League. Se proclama campeón el primero en obtener cuatro victorias. Éste es uno de los acontecimientos deportivos anuales de mayor importancia en los Estados Unidos; la tradición marca que sea el presidente de la nación quien lance la primera bola del encuentro.

worm [wɜːm] *noun* ■ el **gusano**.

worn [wɔːn] *(adjective & verb form)*

■ *adjective*
gastado: the carpet is worn la alfombra está gastada
➤ **worn out** gastado: **my shoes are worn out** mis zapatos están gastados
■ *past participle*
➤ wear.

worried ['wʌrɪd] *adjective* ■ **preocupado: you look worried** te ves preocupado
➤ **to be worried about somebody or something** estar preocupado por alguien or algo: **I'm very worried about him** estoy muy preocupado por él
➤ **I'm worried sick** estoy preocupadísimo.

worry ['wʌrɪ] *(noun & verb)*

■ *noun*
(plural **worries***)* la **preocupación** *(plural* las **preocupaciones***)*: **he has a lot of worries** tiene muchas preocupaciones
■ *verb*
1. *(past tense & past participle* **worried***)* **preocuparse: he's worrying about the exams** se preocupa por los exámenes; **don't worry!** ¡no te preocupes!
2. **preocupar: the situation worries me** me preocupa la situación.

worse [wɜːs] *(adjective & verb)*

■ *adjective*
(comparative of **bad***)* **peor: it could have been worse** podría haber sido peor; **the patient is worse today** el paciente está peor hoy
➤ **to get worse** empeorar: **things are getting worse** las cosas están empeorando
■ *adverb*
(comparative of **badly***)* **peor: he sings worse than I thought** canta peor de lo que yo pensaba.

worst [wɜːst] *(adjective, adverb & noun)*

■ *adjective*
(superlative of **bad***)* **peor: it's the worst film I've ever seen** es la peor película que vi en mi vida; **it was the worst place to have a picnic** era el peor lugar para hacer un picnic
■ *adverb*
(superlative of **badly***)* **peor: he plays worst** es el que juega peor
■ *noun*
➤ **the worst** el peor, la peor: **of all the players I know, you're the worst** de todos los jugadores que conozco, tú eres el peor
➤ **at worst** en el peor de los casos: **at worst you'll be an hour late** en el peor de los casos llegarás una hora tarde.

worth [wɜːθ] *(noun & adjective)*

■ *noun*
el valor: a jewel of great worth una joya de gran valor
➤ **I have 10 dollars' worth of change** tengo diez dólares en monedas
■ *adjective*
➤ **to be worth doing something** valer la pena hacer algo: **it's worth reading the book** vale la pena leer el libro; **it isn't worth waiting** no vale la pena esperar
➤ **it's worth it** vale la pena.

would [wʊd] *verb* ■ *(negative* **wouldn't***)*

"Would" is usually translated by a verb in the conditional tense in Spanish:

if I won the lottery, I would buy a sports car si ganara la lotería, compraría un auto deportivo; **if I were you, I wouldn't do it** si yo fuera tú, no lo haría; **we would have missed the train if we'd waited** habríamos perdido el tren, si hubiéramos esperado; **she said she would come** dijo que vendría
➤ **would you like another cookie?** ¿quieres otra galleta?
➤ **I'd like a cup of coffee** quisiera una taza de café

➤ **we'd really like to see you** nos gustaría mucho verte
➤ **the car wouldn't start** el coche no arrancaría.

wouldn't ['wʊdnt] ➤ would not.

would've ['wʊdəv] ➤ would have.

wound *(noun, verb & verb form)*
■ *noun*
[wu:nd] la **herida: he has a wound on his leg** tiene una herida en la pierna
■ *verb*
[wu:nd] **herir: she wounded him in the arm** lo hirió en el brazo
■ *past tense & past participle*
[waʊnd] ➤ wind.

wrap [ræp] *(past tense & past participle* wrapped*) verb*
1. **envolver: he's wrapping the presents** está envolviendo los regalos
2. **envolverse: she wrapped herself in a blanket** se envolvió en una manta
➤ **he wrapped his scarf around his neck** se puso la bufanda alrededor del cuello.

wreck [rek] *(noun & verb)*
■ *noun*
there was a wreck on the freeway había restos de un vehículo accidentado en la autopista
■ *verb*
1. **destrozar: the bomb wrecked the village** la bomba destrozó el pueblo
2. **arruinar: the weather has wrecked all our plans** el tiempo arruinó todos nuestros planes.

wrestler ['reslə^r] *noun* ■ el **luchador,** la **luchadora**.

wrestling ['reslɪŋ] *uncountable noun* ■ la **lucha libre**.

wrinkle ['rɪŋkl] *noun* ■ la **arruga**.

wrinkled ['rɪŋkld] *adjective* ■ **arrugado**.

wrist [rɪst] *noun* ■ la **muñeca: she broke her wrist** se rompió la muñeca.

write [raɪt] *(past tense* wrote*, past participle* written*) verb* ■ **escribir: she's writing a letter** está escribiendo una carta
➤ **to write someone** escribirle a alguien: **you never write your grandmother** nunca le escribes a la abuela

write back *phrasal verb* ■ **contestar: I sent her a letter but she didn't write back** le mandé una carta pero no me contestó.

write down *phrasal verb* ■ **anotar: he wrote down everything I said** anotó todo lo que dije.

writer ['raɪtə^r] *noun* ■ el **escritor,** la **escritora: I'd like to be a writer** me gustaría ser escritor.

writing ['raɪtɪŋ] *uncountable noun* ■ la **letra: she has nice writing** tiene bonita letra
➤ **writing paper** papel de escribir.

written ['rɪtn] *past participle* ➤ write.

wrong [rɒŋ] *(adjective & adverb)*
■ *adjective*
1. **equivocado: that's the wrong answer** ésa es la respuesta equivocada; **it's the wrong address** es la dirección equivocada
2. **mal: it's wrong to lie** está mal mentir
3. **incorrecto: your calculations are wrong** tus cálculos son incorrectos
➤ **they went in the wrong direction** tomaron por donde no debían
➤ **to be wrong** estar equivocado: **you're wrong** estás equivocado
➤ **you have the wrong number** se ha equivocado de número
➤ **what's wrong?** ¿qué pasa?
➤ **there's something wrong with my bike** algo le pasa a mi bici
■ *adverb*
mal: she wrote my name wrong escribió mal mi nombre
➤ **to get something wrong** equivocarse en algo: **you've got the date wrong** te equivocaste en la fecha.

wrote [rəʊt] *past tense* ➤ write.

X

Xmas *(abbreviation of* Christmas*) noun* ■ la **Navidad,** la **Pascua** *Chile, Peru.*

X-ray ['eksreɪ] *(noun & verb)*

■ *noun*
la **radiografía: he needs to have an X-ray** necesita hacerse una radiografía

■ *verb*
hacer una radiografía: they X-rayed her leg le hicieron una radiografía de la pierna.

xylophone ['zaɪləfəʊn] *noun* ■ el **xilófono.**

Y

yacht [jɒt] *noun* ■ el **yate.**

yard [jaːd] *noun* ■ el **jardín** *(plural* los **jardines***)*: **the house has a small yard** la casa tiene un pequeño jardín.

yawn [jɔːn] *verb* ■ **bostezar: he's yawning** está bostezando.

year [jɪəʳ] *noun* ■ el **año: we waited a whole year** esperamos un año entero; **she's 21 years old** tiene 21 años
➤ **next year** el próximo año
➤ **last year** el año pasado
➤ **the New Year** el Año Nuevo.

yell [jel] *verb* ■ **gritar: she was yelling** estaba gritando.

yellow ['jeləʊ] *adjective* ■ **amarillo: she was wearing a yellow dress** llevaba un vestido amarillo.

yes [jes] *adverb* ■ **sí: would you like some cake? — yes, please** ¿quieres un poco de pastel? - sí, por favor; **aren't you hungry? — yes, I am!** ¿no tienes hambre? - ¡sí!

yesterday ['jestədɪ] *adverb* ■ **ayer: I saw her yesterday** la vi ayer
➤ **yesterday morning** ayer en la mañana
➤ **yesterday evening** ayer en la tarde
➤ **the day before yesterday** anteayer: **he came home the day before yesterday** vino a casa anteayer.

yet [jet] *adverb*

1. **todavía: I haven't seen them yet** no los he visto todavía
2. **ya: have they finished yet?** ¿ya terminaron?

➤ **not yet** todavía no: **has she arrived? — no, not yet** ¿llegó? - no, todavía no.

yoga ['jəʊgə] *noun* ■ el **yoga: she practices yoga** hace yoga.

yogurt ['jɒgət] *noun* ■ el **yoghourt** *(plural* los **yoghourts***)*.

you [juː] *pronoun*

"You" as the subject of the verb is not usually translated unless necessary for emphasis or clarification:

1. *formal* **usted: what do you do?** ¿qué hace?; **you're always complaining** siempre se está quejando; **you did it** usted lo hizo; **you don't know it but he does** usted no lo sabe pero él sí

2. *informal* **tú: are you coming with us?** ¿vienes con nosotros?; **you don't know it** no lo sabes; **you said it** tú lo dijiste; **you are ready but she is not** tú estás preparado pero ella no
3. *plural* **ustedes: do you all want to come?** ¿todos quieren venir?; **you two are late** ustedes dos llegan tarde
4. *direct object of a verb: formal* **lo** (*feminine* **la**)**: do I know you?** ¿lo conozco?; **I can take you in my car** la puedo llevar en mi coche
5. *informal* **te: hello Jane, I called you yesterday** hola Jane, te llamé ayer; **I'll call you tonight** te llamo esta noche
6. *plural* **los** (*feminine* **las**)**: I remember you all** los recuerdo a todos; **I'm watching you** los estoy vigilando
7. *indirect object of a verb: formal* **le: I gave you my address** le di mi dirección

> Use **se** instead of **le** when **you** is used with a direct-object pronoun:

I gave it to you all se la di a todos ustedes

8. *informal* **te: I told you yesterday** te lo dije ayer
9. *plural* **les: children, I told you that it was for today** niños, les dije que era para hoy

> Use **se** instead of **les** when **you** is used with a direct-object pronoun:

I told you on Monday se lo dije el lunes

10. *after a preposition: formal* **usted: this is for you** esto es para usted; **I'll come with you** voy con usted
11. *informal* **ti: thanks to you** gracias a ti
12. *plural* **ustedes: I've been thinking about you all** he estado pensando en todos ustedes; **we're going without you all** nos vamos sin todos ustedes.

you'd [juːd]

1. ➤ you had; you would.

you'll [juːl] ➤ you will.

young [jʌŋ] *adjective* ■ **joven** (*plural* **jóvenes**)

➤ **young people** la gente joven.

your [jɔːʳ] *possessive adjective*

1.

> The possessive adjective must agree in number (singular or plural) with the noun that follows. Use **su** (or **sus**) to translate "your" when you are talking to somebody you don't know and use **tu** (or **tus**) when you are talking to somebody you know well, your family or friends:

su: your dog bit me su perro me mordió; **I like your car** me gusta su coche; **pass me your plate** páseme su plato

> Use the definite article (**el, la, los** or **las**), not the possessive adjective, with parts of the body:

close your eyes cierre los ojos

2. **tu: she likes your brother** le gusta tu hermano; **can I listen to your CDs?** ¿puedo escuchar tus CDs?

> Use the definite article (**el, la, los** or **las**), not the possessive adjective, with parts of the body:

have you washed your hands? ¿te lavaste las manos?

you're [jɔːʳ] ➤ you are.

yours [jɔːz] *possessive pronoun*

1.

> The possessive pronoun must agree in gender (masculine or feminine) and number (singular or plural) with the noun it replaces. Use **suyo** (or **suya, suyos** or **suyas**) to translate "yours" when you are talking to somebody you don't know or **tuyo** (or **tuya, tuyos** or **tuyas**) when you are talking to somebody you know well, your family or friends:

suyo: is this yours? ¿es suyo esto?; **my surname is English, yours is Spanish** mi apellido es inglés, el suyo es español; **her shoes are red, yours are green** sus zapatos son rojos, los suyos verdes

2. **tuyo: that bracelet is yours** esa pulsera es tuya; **my bike has ten gears, yours has twelve** mi bici tiene diez cambios y la tuya doce

➤ **sincerely yours** atentamente.

yourself [jɔːˈself] *pronoun*

1.

> In Spanish there are two ways to translate "yourself". When you are talking to somebody you don't know, you use **se** or **usted mismo**. This is known as the polite form. When you are talking to somebody you know well, your friends or your family, you can use the informal form **te** or **tú mismo**:

se: don't cut yourself no se corte

2. **usted mismo: did you make that yourself?** ¿hizo eso usted mismo?

3. **te: can you describe yourself in three words?** ¿te puedes decribir con tres palabras?

4. **tú mismo: did you do it yourself?** ¿lo hiciste tú mismo?

➤ **keep it for yourself** quédese con él

➤ **you were talking about yourself** estabas hablando de ti mismo

➤ **by yourself** solo: **were you by yourself?** ¿estabas solo?

yourselves [jɔːˈselvz] *pronoun*

1.

> Use **se, ustedes mismos** or **ustedes mismas** when talking to more than one person:

se: did you enjoy yourselves? ¿se divirtieron?

2. **ustedes mismos: do it yourselves!** ¡háganlo ustedes mismos!

➤ **help yourselves!** ¡sírvanse!

➤ **by yourselves** solos: **were you by yourselves?** ¿estaban solos?

you've [juːv] ➤ you have.

Z

zebra [ˈzebrə] *noun* ■ la **cebra**.

zero [ˈzɪərəʊ] *noun* ■ el **cero: the temperature is below zero** la tempertura está bajo cero; **the Yankees won 16 to zero** los Yankees ganaron 16 a cero.

zip code [zɪp] *noun* ■ el **código postal**.

zipper [ˈzɪpəʳ] *noun* ■ el **cierre,** el **zíper** *Central America, Mexico, Venezuela*.

zone [zəʊn] *noun* ■ la **zona**.

zoo [zuː] *noun* ■ el **zoológico**.

zucchini [zuːˈkiːnɪ] (*plural* zucchini) *noun* ■ el **calabacín** (*plural* los **calabacines**), la **calabacita** *Mexico*.

Español-Inglés
Spanish-English

a *preposición*

1. **to: vamos a una fiesta** we're going to a party; **dáselo a tu hermano** give it to your brother
2. **on: a la derecha** on the right
3. **in: llegó a México** he arrived in Mexico
4. **at: nos vamos a encontrar en el cine a las cuatro de la tarde** we're meeting at the movie theater at four; **a cien kilómetros por hora** at fifty kilometers per hour.

abajo *adverbio*

1. **under: se escondió abajo de la mesa** he hid under the table
2. **downstairs: mamá está abajo** Mom is downstairs

➤ **boca abajo** face down: **se acostó boca abajo** she lay face down.

abandonar *verbo*

1. **to abandon: no podemos abandonar a los cachorros, tenemos que alimentarlos** we can't abandon the puppies, we have to feed them
2. **to leave: abandonó su ciudad** she left her town
3. **to quit: no puedo abandonar el trabajo ahora** I can't quit my job now

➤ **¡abandonen el barco!** abandon ship!

abarcar *verbo* ■ **to cover: el curso de historia abarca desde el siglo XVI hasta el presente** the history course covers from the 16th century to the present.

el **abdomen** *(plural* los abdómenes*)* ■ **abdomen**.

abdominal *adjetivo* ■ **abdominal: tiene dolor abdominal** he's suffering from abdominal pain.

los **abdominales** ■ **sit-ups: hice 50 abdominales** I did 50 sit-ups.

el **abecedario** ■ **alphabet**.

la **abeja** ■ **bee**.

la **abertura** ■ **crack: por la abertura de la puerta se colaba el frío** the crack in the door let in a cold draft.

abierto *adjetivo* ■ **open: la puerta está abierta** the door is open.

el **abismo** ■ **abyss: desde el borde de la carretera se ve el abismo** you can see the abyss from the edge of the road.

ablandar *verbo* ■ **to soften: el agua ablandó la pasta** the water softened the pasta

ablandarse *verbo pronominal* ■ **to soften: la mantequilla se ablandó con el calor** the butter softened in the heat.

el **abogado,** la **abogada** ■ **lawyer: mi madre es abogada** my mother is a lawyer.

abolir *verbo* ■ **to abolish: abolieron la pena de muerte** they abolished the death penalty.

abonar *verbo*

1. **to fertilize: abonamos la tierra para que la planta crezca fuerte y sana** we fertilized the soil so the plant will grow strong and healthy
2. **to pay: abone en la caja por favor** please pay at the register; **ayer aboné los primeros cien pesos por la mesa** *Mexico* I paid the first 100 pesos for the table yesterday.

el **abono**

1. **fertilizer: el abono natural no daña el medio ambiente** natural fertilizer doesn't damage the environment

2. **season ticket: tengo un abono para el torneo de básquetbol** I have a season ticket for the basketball championships
3. *Mexico* **installment: pagué el primer abono al carpintero** I paid the first installment to the carpenter.

aborrecer *verbo* ■ **to hate: mi primo aborrece las espinacas** my cousin hates spinach.

abotonarse *verbo pronominal* ■ **to button up: abotónate el abrigo, que te vas a enfriar** button up your coat or you'll catch a cold.

abrazar *verbo* ■ **to hug: antes de subir al avión, abrazamos a la familia** we hugged our relatives before getting on the plane

abrazarse *verbo pronominal*

1. **to hug each other: los amigos se abrazaron afectuosamente** the two friends hugged each other affectionately.

el **abrazo** ■ **hug: dale un abrazo a tu abuelo** give your grandfather a hug.

abreviar *verbo*

1. **to abbreviate: ¿cómo se abrevia "señora"?** how do you abbreviate "señora"?
2. **to keep something short: no hay mucho espacio, intenta abreviar al máximo** there's not a lot of space, try to keep it as short as possible.

la **abreviatura** ■ **abbreviation: "Sr." es la abreviatura de "señor"** "Sr." is the abbreviation of "señor".

abrigar *verbo*

1. **to wrap up: abriga bien al niño** wrap the baby up warm
2. **to be warm: estas medias abrigan demasiado** these tights are too warm

abrigarse *verbo pronominal* ■ **to wrap up: nos abrigamos con mantas de lana** we wrapped ourselves up in wool blankets

el **abrigo** ■ **coat: ese abrigo rojo es muy bonito** that red coat is very nice.

abril *sustantivo masculino* ■ **April: en abril** in April; **el próximo abril** next April; **el pasado abril** last April

En inglés los nombres de los meses se escriben con mayúscula.

abrir *verbo* ■ **to open: no puedo abrir esta caja** I can't open this box.

abrocharse *verbo pronominal* ■ **to fasten: abróchense los cinturones de seguridad** fasten your seat belts.

absoluto *adjetivo* ■ **absolute: un silencio absoluto** absolute silence

➤ **en absoluto** not at all: **¿te importa? — en absoluto** do you mind? — not at all
no me molestas en absoluto you're not bothering me at all.

absorber *verbo* ■ **to absorb: la tierra seca absorbe rápidamente el agua de la lluvia** dry earth quickly absorbs rainwater.

la **absorción** (*plural* las absorciones) ■ **absorption: el algodón es una fibra con alto poder de absorción** cotton is a very absorbent fiber.

abstenerse *verbo pronominal* ■ **to abstain: en la votación, 20 legisladores se abstuvieron** 20 legislators abstained from voting.

abstracto *adjetivo* ■ **abstract: no entiendo esa idea tan abstracta, dame un ejemplo concreto** I don't understand such an abstract concept, give me a concrete example.

absurdo *adjetivo* ■ **absurd: el relato del testigo es absurdo** the witness testimony is absurd.

la **abuela** ■ **grandmother**.

el **abuelo** ■ **grandfather**

➤ **mis abuelos** my grandparents

ABUELOS

People in Latin American countries move around much less than Americans. It is common for someone to live and raise their children in the same town where they themselves were born and raised. Therefore the presence of grandparents in daily life and even in the same house is much more common than in the U.S.

la **abundancia** ▪ **abundance: había comida en abundancia** there was an abundance of food
➤ **vivir en la abundancia** to be well-off.

abundante *adjetivo* ▪ **plentiful: la cosecha fue abundante este año** the crop was plentiful this year.

abundar *verbo* ▪ **to abound: en los pueblos de mar abundan las gaviotas** seagulls abound in coastal towns.

aburrido *adjetivo* ▪ **boring: la película que vi ayer era muy aburrida** the movie I saw yesterday was very boring.

aburrirse *verbo pronominal* ▪ **to get bored: nos aburrimos mucho en la fiesta** we got really bored at the party.

abusar *verbo*
1. **to abuse: abusó de su posición** he abused his position; **muchos adultos abusan del alcohol** many adults abuse alcohol
2. **to take advantage of: no quiero abusar de su hospitalidad** I don't want to take advantage of your hospitality.

el **abuso**
1. **abuse: es muy difícil combatir el abuso de las drogas** it's very hard to combat drug abuse
2. **outrage: ¡esto es un abuso!** this is an outrage!
3. **imposition: su acción es un abuso de nuestra generosidad** what he did is an imposition on our generosity
➤ **el abuso del alcohol** alcohol abuse
➤ **los precios de este restaurante son un abuso** the prices in this restaurant are outrageous.

acá *adverbio* ▪ **here: acá están las llaves que buscabas** here are the keys you were looking for.

acabar *verbo* ▪ **to finish: cuando acabe este capítulo llamaré a mi amiga** I'll call my friend when I finish this chapter

acabarse *verbo pronominal* ▪ **to run out: se acabó el pan, iré a comprar más** we ran out of bread, I'll go buy some more.

la **academia**
1. **academy: la Real Academia Española se creó en 1713** the Royal Academy of the Spanish Language was founded in 1713
2. **school: María va tres veces por semana a la academia de danza** María goes to dance school three times a week.

acariciar *verbo* ▪ **to stroke: al niño le encanta acariciar al gato** the boy loves stroking the cat.

acarrear *verbo* ▪ **to carry: precisamos ayuda para acarrear estos muebles pesados** we need help carrying this heavy furniture.

acaso *adverbio*

> After **acaso** in the sense of "maybe", the verb in Spanish has to be in the subjunctive:

maybe: acaso tenga frío maybe she's cold
➤ **por si acaso** just in case: **tráete el abrigo, por si acaso** bring your coat, just in case.

acceder *verbo*
1. **to agree: al final el maestro accedió al pedido de los alumnos** in the end the teacher agreed to the students' request
2. **to obtain: el estudio permite acceder a mejores puestos de trabajo** education can allow you to obtain better jobs.

accesible *adjetivo*
1. **approachable: la nueva maestra es muy accesible** the new teacher is very approachable
2. **comprehensible: la lección de matemática fue accesible gracias a la explicación del profesor** the math lesson was made comprehensible thanks to the teacher's explanation.

el **acceso** ▪ **access: éste es el acceso principal al edificio** this is the main access to the building.

el **accidente** ▪ **accident: un conductor distraído provocó el accidente** a careless driver caused the accident
➤ **sufrir un accidente** to have an accident.

la **acción** (*plural* las acciones)
1. **action: estamos listos para entrar en acción, capitán** we're ready to go into action, captain
2. **deed: hizo una buena acción** she performed a good deed
➤ **ponerse en acción** to go into action.

acechar *verbo* ■ **to lie in wait for: el gato está siempre acechando al ratón** the cat is always lying in wait for the mouse.

el **aceite** ■ **oil**
➤ **aceite de oliva** olive oil.

la **aceituna** ■ **olive**
➤ **aceituna negra** black olive
➤ **aceituna verde** green olive.

la **aceleración** ■ **acceleration: la aceleración se calcula con una fórmula** acceleration is determined by using a formula.

el **acelerador** (*plural* los aceleradores) ■ **accelerator: vas muy rápido, no aprietes más el acelerador** you're going too fast, stop pressing the accelerator.

acelerar *verbo* ■ **to accelerate: tendrás que acelerar si lo quieres alcanzar** you'll have to accelerate if you want to catch him.

la **acelga** ■ **Swiss chard**.

el **acento**
1. **accent: "café" lleva acento en la "e"** "café" has an accent on the "e"; **el acento paraguayo es diferente al acento venezolano** the Paraguayan accent is different from the Venezuelan accent
2. **stress: ¿cuál es la sílaba con acento en la palabra "silla"?** what syllable does the stress fall on in the word "silla"?

acentuar *verbo*
1. **to accentuate: el vestido acentuaba su cintura** the dress accentuated her waist
2. **to emphasize: no sé muy bien cuando acentuar las palabras** I'm not sure when to emphasize words

acentuarse *verbo pronominal* ■ **to be stressed: "café" se acentúa en la última sílaba** "café" is stressed on the last syllable.

aceptar *verbo* ■ **to accept: Juan aceptó el trabajo que le ofrecieron** Juan accepted the job they offered him.

la **acera** ■ **sidewalk**.

acerca de *adverbio* ■ **about: la historia es acerca de una familia de extraterrestres** the story is about a family of aliens.

acercar *verbo* ■ **to move closer: acerca la silla a la mesa para estar más cómodo** move your chair closer to the table, you'll be more comfortable

acercarse *verbo pronominal* ■ **to get closer: me acerqué al fuego para entrar en calor** I got closer to the fire to warm up.

el **acero** ■ **steel**
➤ **acero inoxidable** stainless steel.

acertar *verbo*
1. **to get right: acerté sólo cinco preguntas** I only got five of the questions right
2. **to guess: ¿a que no aciertas cuántas páginas tiene este libro?** I bet you can't guess how many pages this book has.

ácido *adjetivo* ■ **acidic: los limones son muy ácidos** lemons are very acidic.

acomodar *verbo* ■ **to arrange: hay que acomodar estos libros en la estantería** these books have to be arranged on the shelves

acomodarse *verbo pronominal* ■ **to make yourself comfortable: la abuela se acomodó en el sofá y se quedó dormida** grandma made herself comfortable on the couch and fell asleep.

acompañar *verbo*
1. **to go with: ¿querés acompañarme al supermercado?** do you want to go to the supermarket with me?
2. **to keep company: la acompañé un rato en el hospital** I kept her company in the hospital for a while
3. **to accompany: un pianista lo acompañó en su recital de flauta** a pianist accompanied him during his flute recital.

aconsejar *verbo* ■ **to advise: me aconsejó que aprendiera inglés** she advised me to learn English.

el **acontecimiento** ■ **event: su llegada fue un gran acontecimiento** her arrival was a great event.

acordar *verbo* ■ **to agree: los enemigos acordaron firmar el tratado de paz** the enemies agreed to sign the peace treaty

acordarse *verbo pronominal* ■ **to remember: siempre me acuerdo de ustedes cuando voy ahí** I always remember you when I go there.

el **acordeón** (*plural* los acordeones) ■ **accordion**.

acorralar *verbo* ■ **to corner: acorralaron al conejo para meterlo en la jaula** they cornered the rabbit to put him in the cage.

acostar *verbo* ■ **to put to bed: ya es hora de acostar a los niños** it's time to put the kids to bed

acostarse *verbo pronominal* ■ **to go to bed: se acostaron tarde, por eso están tan cansados** they went to bed late, that's why they're so tired.

acostumbrar *verbo*

➤ **acostumbrar a alguien a algo** to get someone used to something: **hay que acostumbrar al niño a que se duerma temprano** you have to get the baby used to going to sleep early

acostumbrarse *verbo pronominal* ■ **to get used to: al cabo de los años se acostumbraron al frío** they got used to the cold after a few years.

el/la **acróbata** ■ **acrobat**.

la **actitud** ■ **attitude**.

la **actividad** ■ **activity** (*plural* **activities**)

➤ **actividades extraescolares** extracurricular activities.

activo *adjetivo* ■ **active**.

el **acto**

1. **action: los adultos son responsables de sus actos** adults are responsible for their actions
2. **ceremony: fuimos al acto de inauguración del museo** we went to the museum's opening ceremony

➤ **en el acto** immediately: **acudió a mi llamada en el acto** he answered my call immediately

se hacen reparaciones en el acto repairs done while you wait.

el **actor** ■ **actor**.

la **actriz** (*plural* las actrices) ■ **actress**.

actual *adjetivo*

1. **current: mi vecina actual no es la misma del año pasado** my current neighbor isn't the same one from last year
2. **modern: no les gusta mucho la música actual** they don't like modern music

⚠ The Spanish word **actual** is a false cognate, it does not mean "actual".

la **actualidad**

➤ **en la actualidad** currently: **en la actualidad, mucha gente usa computadoras** currently, a lot of people use computers.

actualmente *adverbio* ■ **nowadays: actualmente, mucha gente tiene un celular** nowadays a lot of people have cell phones

⚠ The Spanish word **actualmente** is a false cognate, it does not mean "actually".

actuar *verbo* ■ **to act: actuaron rápidamente y evitaron un accidente** they acted quickly and avoided an accident; **actuó muy mal en las dos últimas películas en que trabajó** he acted badly in the last two movies he was in.

la **acuarela** ■ **watercolor**.

el **acuario**

1. **fish tank: me regalaron un acuario para mi cumpleaños** I was given a fish tank for my birthday

2. **aquarium: el domingo fuimos a visitar el acuario** we went to the aquarium on Sunday.

acuático *adjetivo* ■ **aquatic: en este lago hay muchas plantas acuáticas** there are many aquatic plants in the lake.

el **acuerdo** ■ **agreement: los presidentes firmaron un acuerdo** the presidents signed an agreement
➤ **estar de acuerdo** to agree: **estoy de acuerdo contigo** I agree with you.

acumular *verbo* ■ **to accumulate: las ardillas acumulan frutos secos para el invierno** squirrels accumulate nuts for the winter.

el **acusado**, la **acusada** ■ **defendant: la acusada se declaró culpable** the defendant pled guilty.

acusar *verbo* ■ **to accuse: lo acusaron sin razón** they accused him for no reason.

adaptar *verbo* ■ **to alter: hay que adaptar esta cortina a la ventana pequeña** we'll have to alter this curtain to fit the small window

adaptarse *verbo pronominal* ■ **to adapt: después de varios años, se adaptaron al frío** they adapted to the cold after a few years.

adecuado *adjetivo* ■ **appropriate: ese vestido no es adecuado para el funeral** that dress isn't appropriate for the funeral.

adelantar *verbo*
1. **to move up: adelantaron la boda un mes** they moved the wedding up a month
2. **to move forward: no adelantes tu ficha, que ahora es mi turno** don't move your piece forward, it's my turn
3. **to make progress: hace dos horas que estás leyendo, ¿cuánto adelantaste?** you've been reading for two hours, how much progress have you made?
4. **to gain time: este reloj adelanta** this clock is gaining time
5. **to pass: "prohibido adelantar" decía ese cartel** that sign said "do not pass"

adelantarse *verbo pronominal*
1. **to go ahead: me adelanté para reservar lugar** I went ahead to save a place
2. **to arrive early: este año el invierno se adelantó** winter arrived early this year.

adelante *adverbio* ■ **forward: veremos mejor si nos hacemos para adelante** we'll see better if we move forward
➤ **más adelante** *en el tiempo* later
➤ **más adelante** *en el espacio* further on
➤ **adelante de** in front of: **iba adelante de mí** he was in front of me
➤ **de ahora en adelante** from now on: **de ahora en adelante no quiero más discusiones** from now on I don't want any more arguments.

adelgazar *verbo* ■ **to lose weight: adelgazó cinco kilos en un mes** she lost five kilos in a month.

además *adverbio*
1. **as well as: además de traductora, es intérprete** as well as being a translator, she's an interpreter
2. **in addition: la casa es grande y además tiene un jardín precioso** in addition to being very big, the house has a beautiful yard
3. **besides: además, llegaste tarde** besides, you were late.

adentro *adverbio* ■ **inside: fíjate adentro del cajón** look inside the drawer.

el **aderezo** *Mexico* ■ **dressing: no me gusta el aderezo que le pusiste a la ensalada** I don't like the dressing you put on the salad.

adherir *verbo* ■ **to stick: asegúrate de adherir bien la estampilla** make sure to stick the stamp on well.

adhesivo *adjetivo* ■ **adhesive**.

la **adición** (*plural* las adiciones) ■ **addition**.

¡adiós! *interjección* ■ **goodbye: dijo "adiós" al despedirse** he said goodbye as he was leaving.

la **adivinanza** ■ **riddle**
➤ **jugar a las adivinanzas** to play at guessing riddles.

adivinar *verbo* ■ **to guess: ¡adivina lo que tengo para ti!** guess what I have for you!

el **adjetivo** ■ **adjective**.

la **administración** (*plural* las administraciones) ■ **management**.

el **administrador**, la **administradora** ■ **manager**

➤ **administrador de Web** Webmaster.

administrativo *adjetivo* ■ **administrative: se ocupa de las tareas administrativas** he's in charge of the administrative work.

la **admiración** ■ **admiration: se debatía entre la envidia y la admiración** he was caught between envy and admiration; **tiene gran admiración por su hermano mayor** he has a great deal of admiration for his older brother

➤ **signo de admiración** exclamation mark.

admirar *verbo* ■ **to admire: es la mejor de la clase, todos la admiran** everyone admires her, she's the best in the class.

admitir *verbo*

1. **to accept: nos acaban de admitir al club** we've just been accepted into the club
2. **to admit: al final admitió que le gustaba Pedro** she finally admitted that she likes Pedro
3. **to allow: mi madre no admite que le grite** my mother doesn't allow me to shout at her.

la **adolescencia** ■ **adolescence**.

adolescente *adjetivo* ■ **adolescent**

el/la **adolescente** ■ **teenager**.

adonde *adverbio* ■ **where: adonde vayas, cuídate mucho** wherever you go, take care of yourself

➤ **adonde fueres, haz lo que vieres** when in Rome, do as the Romans do.

adónde *adverbio* ■ **where: ¿adónde vas?** where are you going?

> **Adónde** takes an accent in direct and indirect questions.

adoptar *verbo* ■ **to adopt: mis amigos han decidido adoptar un bebé** my friends have decided to adopt a baby.

adorar *verbo*

1. **to worship: los mexicas adoraban a Tláloc** the Mexicas worshiped Tláloc
2. **to adore: Juan y María adoran a sus padres** Juan and María adore their parents.

adornar *verbo* ■ **to decorate: adornamos la casa para la fiesta** we decorated the house for the party.

el **adorno** ■ **decoration: las calles están llenas de adornos de Navidad** the streets are full of Christmas decorations

➤ **de adorno** just for show: **su secretaria no sirve para nada, está de adorno** his secretary is useless, she's just for show.

adquirir *verbo*

1. **to acquire: la escuela adquirió más computadoras** the school acquired more computers
2. **to gain: adquirió mucha experiencia trabajando en esa oficina** she gained a lot of experience working in that office.

la **adquisición** (*plural* las adquisiciones) ■ **acquisition: es mi más reciente adquisición** it's my most recent acquisition.

adrede *adverbio* ■ **on purpose: no creo que lo haya hecho adrede** I don't think she did it on purpose.

la **aduana** ■ **customs** (*plural*): **pasar por la aduana** to go through customs.

adulto *adjetivo* ■ **adult**

el **adulto** ■ **adult: los adultos deben responsabilizarse por sus actos** adults have to take responsibility for their actions.

el **adverbio** ■ **adverb**

> Los adverbios en inglés terminan en general en "-ly", lo que facilita su reconocimiento.

el **adversario**, la **adversaria** ■ **opponent: mi adversario trató de ganar el primer puesto, pero no lo consiguió** my opponent tried to take first place, but failed.

la **advertencia** ■ **warning: advertencia: no entre a la obra sin casco protector** warning: hard hats must be worn on building site.

advertir *verbo*
1. **to warn: el maestro advirtió que no tolerará tramposos** the teacher warned that he would not put up with cheaters
2. **to be aware: no advertí la presencia del ladrón** I was not aware of the thief's presence.

aéreo *adjetivo* ■ **air**

El adjetivo inglés **air** siempre se usa antes del sustantivo:

te lo enviaré por correo aéreo I'll send it by air mail.

los **aerobics** *Mexico* ■ **aerobics: los martes va a su clase de aerobics** she goes to aerobics class on Tuesday.

el **aeroplano** ■ **airplane**.

el **aeropuerto** ■ **airport**.

el **aerosol** ■ **aerosol: prefiero usar el desodorante en aerosol** I prefer aerosol deodorant.

afectar *verbo* ■ **to affect: la violencia afecta a millones de personas** violence affects millions of people.

el **afecto** ■ **affection: el afecto es muy importante para la amistad** affection is very important in friendship.

afeitarse *verbo pronominal* ■ **to shave: mi hermano se afeita todas las mañanas** my brother shaves every morning.

la **afición** (*plural* las aficiones) ■ **hobby: Pablo tiene afición por el deporte** Pablo's hobby is sports
➤ **por afición** as a hobby.

el **aficionado,** la **aficionada** ■ **enthusiast: por aquí hay muchos aficionados al fútbol** there are many soccer enthusiasts around here.

afilar *verbo* ■ **to sharpen: hay que afilar el cuchillo antes de usarlo** you should sharpen the knife before using it.

afín *adjetivo* ■ **similar: Pedro es muy afín de su hermano** Pedro is very similar to his brother.

afinar *verbo* ■ **to tune: los músicos afinaron los instrumentos** the musicians tuned their instruments.

la **afirmación** (*plural* las afirmaciones) ■ **statement**.

afirmar *verbo*
1. **to state: Daniela afirmó que le gusta aprender idiomas** Daniela stated that she likes to learn foreign languages
2. **to steady: el carpintero afirmó la mesa con clavos** the carpenter steadied the table with nails.

afirmativo *adjetivo* ■ **affirmative**.

afligir *verbo* ■ **to be upset: a Gabriela le afligen las malas notas que sacó** Gabriela was upset about her bad grades.

aflojar *verbo* ■ **to loosen: no puedo aflojar este nudo** I can't loosen this knot.

afortunado *adjetivo* ■ **lucky: Ana es muy afortunada** Ana is very lucky.

afuera *adverbio* ■ **outside: vamos para afuera** let's go outside
➤ **comer afuera** to eat out.

las **afueras** ■ **outskirts: las industrias están en las afueras de la ciudad** the factories are on the outskirts of town.

agacharse *verbo pronominal*
1. **to bend down: agáchate y levanta el libro** bend down and pick up the book
2. **to crouch down: me agaché para estar a la misma altura que los niños** I crouched down to be on the same level as the children.

agarrar *verbo*
1. **to catch: en pocas horas la policía agarró al ladrón** the police caught the thief in just a few hours

2. **to hold: agarra al niño de la mano para cruzar la calle** hold the child's hand when you cross the street

agarrarse *verbo pronominal*
1. **to hold on: ¡agárrate bien!** hold on tight!
2. **to catch: abrígate, o te vas a agarrar un resfrío** bundle up or you'll catch a cold.

la **agencia** ■ **agency** *(plural* **agencies***)*: **compré mi pasaje en la agencia de viajes** I bought my ticket at the travel agency.

el/la **agente** ■ **agent: la agente de viajes reservó mi pasaje** the travel agent reserved my ticket.

ágil *adjetivo* ■ **agile: las gimnastas son ágiles y flexibles** gymnasts are agile and flexible.

agitar *verbo* ■ **to shake: agita el envase antes de servir el jugo** shake the carton before pouring the juice.

la **aglomeración** *(plural* las aglomeraciones*)* ■ **crowd: se produjo una aglomeración** a crowd formed.

agosto *sustantivo masculino*

> En inglés, los meses del año se escriben con mayúscula:

August: en agosto in August; **hoy es 28 de agosto** today is August 28.

agotar *verbo* ■ **to use up: agotamos las reservas de agua** we've used up our water supplies

agotarse *verbo pronominal*
1. **to become exhausted: mamá se agotó después de tanto esfuerzo** Mom was exhausted after all that effort
2. **to sell out: se agotaron todas las entradas** all the tickets are sold out.

agradable *adjetivo* ■ **pleasant: en primavera, la temperatura es más agradable que en invierno** the temperature is more pleasant in the spring than in the winter.

agradar *verbo* ■ **to like: la obra no me agradó** I didn't like the play.

agradecer *verbo* ■ **to thank: los novios agradecieron los regalos** the newlyweds thanked their guests for the presents.

agrario *adjetivo* ■ **agricultural: el principal producto agrario de Chile son las frutas** fruit is Chile's main agricultural product.

agredir *verbo* ■ **to attack: agredió al árbitro** he attacked the referee.

agregar *verbo* ■ **to add: agrega la leche después de la harina** add the milk after the flour.

la **agresividad** ■ **aggression**.

agresivo *adjetivo* ■ **aggressive: es muy agresiva** she's very aggressive.

el **agricultor,** la **agricultora** ■ **farmer: el agricultor trabaja en el campo** the farmer works in the fields.

la **agricultura** ■ **agriculture**
➤ **agricultura ecológica** organic farming.

agrio *adjetivo* ■ **sour: la leche está agria** the milk turned sour.

el **agua** *sustantivo femenino*

> Feminine noun that takes **un** or **el** in the singular.

water
➤ **agua corriente** running water
➤ **agua dulce** fresh water
➤ **agua mineral** mineral water
➤ **agua potable** drinking water
➤ **agua salada** salt water
➤ **agua viva** *River Plate* jellyfish.

el **aguacate** ■ **avocado**.

el **aguacero** ■ **downpour**.

aguantar *verbo*
1. **to stand: no aguanto más el ruido de esa sirena** I can't stand the noise of that siren
2. **to hold: yo no puedo aguantar la respiración más que 30 segundos** I can only hold my breath for 30 seconds
3. **to take: la bolsa no aguanto el peso de las naranjas** the bag couldn't take the weight of the oranges

4. **to last: no creo que mis zapatos aguanten mucho más** I don't think my shoes will last much longer.

aguardar *verbo* ■ **to wait for: aguardaremos cinco minutos el próximo tren** we'll wait five minutes for the next train.

agudo *adjetivo*
1. **high: "do" es una nota mucho más aguda que "si"** "do" is a higher note than "ti"
2. **sharp: sentí un dolor agudo en una muela** I felt a sharp pain in my tooth.

el **aguijón** (*plural* los aguijones) ■ **sting**.

el **águila** *sustantivo femenino*

Feminine noun that takes **un** or **el** in the singular.

eagle
➤ **¿águila o sol?** *Mexico* heads or tails?

el **aguinaldo** ■ **Christmas bonus**

AGUINALDO

In Spanish-speaking countries, workers often receive a year-end bonus known as **aguinaldo**. It is usually paid in December and is generally designated for holiday preparations and for buying presents for Christmas and the Feast of the Epiphany in January.

la **aguja** ■ **needle : necesitas una aguja e hilo** you need a needle and thread
➤ **las agujas del reloj** the hands of the clock.

la **agujeta** *Mexico* ■ **shoelace: tienes las agujetas desamarradas** your shoelaces are untied.

las **agujetas** ■ **tengo agujetas** I'm all stiff.

el **agujero** ■ **hole**.

ahí *adverbio*
1. *cuando quiere decir 'en o a ese lugar'* **there: ¿quién está ahí?** who's there?; **yo ahí no voy** I'm not going there
2. *cuando quiere decir 'en ese momento'* **then: ahí fue cuando me acordé** that was when I remembered; **de ahí en adelante** from then on
3. *cuando quiere decir 'en eso'* **that: ahí está el problema** that's the problem
➤ **ahí mismo** right there
➤ **por ahí** *en algún lugar* there somewhere: **debe estar por ahí** it has to be there somewhere
➤ **por ahí** *en ese lugar* over there: **busquemos por ahí** let's look over there
➤ **por ahí** *aproximadamente* or so: **unas 100 personas o por ahí** a hundred or so people.

la **ahijada** ■ **goddaughter**.

el **ahijado** ■ **godson: sus ahijados** her godchildren.

ahogarse *verbo pronominal*
1. **to drown: se ahogó en el mar** he drowned in the ocean
2. **to suffocate: me ahogo con tanto humo** I'm suffocating with all this smoke.

ahora *adverbio* ■ **now: ahora no está lloviendo** it's not raining now
➤ **de ahora en adelante** from now on: **de ahora en adelante él es el jefe** from now on he is the boss
➤ **ahora mismo** right now: **ahora mismo no está** she's not here right now
➤ **hasta ahora** so far: **hasta ahora todo va bien** so far, so good
➤ **¡hasta ahora!** see you soon!
➤ **por ahora** for now.

ahorita *adverbio*
1. **now: ahorita no está lloviendo** it's not raining now
2. **in a minute: ahorita lo hago** I'll do it in a minute
3. **a moment ago: ahorita nomás llamó** he called just a moment ago.

ahorcar *verbo* ■ **to hang**

ahorcarse *verbo pronominal* ■ **to hang oneself: se ahorcó con un cinturón** he hanged himself with his belt.

ahorrar *verbo* ■ **to save: ahorra tiempo y dinero** it saves you time and money.

el **aire**
1. **air: el aire que respiramos** the air we breathe

2. **wind: soplaba un aire frío** a cold wind was blowing; **pasan mucho tiempo al aire libre** they spend a lot of time outdoors; **una piscina al aire libre** an outdoor swimming pool
➤ **tomar el aire** to get some fresh air
➤ **aire acondicionado** air conditioning
➤ **al aire libre** outdoors.

aislar *verbo*
1. **to isolate: tuvieron que aislar al enfermo** they had to isolate the patient
2. **to insulate: hay que aislar el techo** we need to insulate the roof.

el **ajedrez**
1. **chess: jugar al ajedrez** to play chess
2. **chess set: el ajedrez está guardado en el cajón** the chess set is in the drawer.

ajeno *adjetivo* ■ **las cosas ajenas** other people's things; **por razones ajenas a su voluntad** for reasons beyond his control.

el **ají**
1. **chili**
2. *Andes* **chili sauce**.

el **ajo** ■ **garlic**.

los **ajustadores** *Cuba* ■ **bra**.

ajustado *adjetivo* ■ **tight: estos pantalones me quedan muy ajustados** these pants are too tight on me.

ajustar *verbo*
1. **to tighten: hay que ajustar estos tornillos** I have to tighten these screws
2. **to fit: la tapa no ajusta bien** the lid doesn't fit very well
3. **to take in: la modista ajustó esta falda** the seamstress took this skirt in

ajustarse *verbo pronominal* ■ **to fasten: se ajustó el cinturón** he fastened his belt.

al

Contraction of a and **el**.

➤ a; ➤ el.

el **ala** *sustantivo femenino*

Feminine noun that takes **un** or **el** in the singular.

1. **wing: las alas del cóndor** the wings of the condor; **el ala izquierda del avión** the plane's left wing
2. **brim: un sombrero de ala ancha** a wide-brimmed hat
➤ **ala delta** hang glider: **hacer ala delta** to hang glide.

el **alacrán** ■ **scorpion**.

la **alambrada** ■ **wire fence**.

el **alambre** ■ **wire**
➤ **alambre de púas** barbed wire.

el **álamo** ■ **poplar**.

alargar *verbo*
1. **to lengthen: quiero alargar estos pantalones** I want to lengthen these pants
2. **to extend: van a alargar las vacaciones** they're going to extend their vacation

alargarse *verbo pronominal* ■ **to get longer: en esta época los días se van alargando** the days get longer at this time of year.

la **alarma** ■ **alarm: empezó a sonar la alarma** the alarm went off; **dieron la alarma** they sounded the alarm
➤ **alarma antirrobo** antitheft alarm
➤ **alarma contra incendios** fire alarm.

alarmar *verbo* ■ **to alarm: no queremos alarmar a nadie** we don't want to alarm anyone

alarmarse *verbo pronominal* ■ **to be alarmed: no hay por qué alarmarse** there's no need to be alarmed.

el **alba** *sustantivo femenino*

Feminine noun that takes **un** or **el** in the singular.

dawn
➤ **al alba** at dawn.

el/la **albañil**
1. *que construye* **construction worker**
2. *que coloca ladrillos* **bricklayer**.

el **albaricoque** ■ **apricot**.

la **alberca** *Mexico* ■ **swimming pool**.

el **albergue** ■ **hostel**

➤ **un albergue juvenil** a youth hostel.

la **albóndiga** ■ **meatball**.

el **alboroto** ■ **racket: los niños armaron un alboroto** the kids made a racket.

el **álbum** ■ **album**.

la **alcachofa** ■ **artichoke**.

el **alcalde,** la **alcaldesa** ■ **mayor**.

el **alcance**

1. **reach: no lo dejes al alcance de los niños** don't leave it within the children's reach
2. **range: un telescopio de largo alcance** a long-range telescope.

la **alcancía**

1. **moneybox**
2. *Uruguay* **pencil case**.

la **alcantarilla**

1. *para la lluvia* **drain**
2. *cloaca* **sewer**.

alcanzar *verbo*

1. **to reach: no alcanzo el estante de arriba** I can't reach the top shelf
2. **to catch up with: si te apuras, lo alcanzas** if you hurry you can catch up with him
3. **to hand: me alcanzó la sal** he handed me the salt
4. **to be enough: los vasos no alcanzan para todos** there aren't enough glasses for everyone.

el **alcaucil** *River Plate* ■ **artichoke**.

el **alcohol** ■ **alcohol**

➤ **una bebida sin alcohol** a non-alcoholic drink.

alcohólico *adjetivo* ■ **alcoholic**

el **alcohólico,** la **alcohólica** ■ **alcoholic**.

la **aldea** ■ **village**.

el **aldeano,** la **aldeana** ■ **villager**.

alegrar *verbo* ■ **to cheer up: sus nietos siempre lo alegran** his grandchildren always cheer him up; **me alegró mucho recibir tu carta** your letter really cheered me up

➤ **me alegra que hayas podido venir** I'm so glad you could come

alegrarse *verbo pronominal*

1. **to cheer up: anda, ¡alégrate!** come on, cheer up!
2. **to be glad: saqué muy buenas calificaciones — ¡cuánto me alegro!** I got very good grades — I'm so glad!

➤ **alegrarse de algo** to be happy about something: **nos alegramos de tu venida** we're so happy you're coming

➤ **alegrarse por alguien** to be happy for someone.

alegre *adjetivo*

1. **cheerful: es una muchacha muy alegre** she's a very cheerful girl; **¡qué alegre estás hoy!** you're very cheerful today
2. **bright: usa ropa de colores alegres** he wears bright clothes.

la **alegría** ■ **joy: los niños brincaban de alegría** the children jumped for joy

➤ **¡qué alegría!** how wonderful!

➤ **sentí mucha alegría al verlo** I was so happy to see him.

alejarse *verbo pronominal* ■ **to move away**

➤ **alejarse de algo** to move away from something: **aléjense de la orilla** move away from the edge

➤ **no se alejen demasiado** don't go too far.

alemán, alemana *adjetivo*

> En inglés, los adjetivos que se refieren a un país o una región se escriben con mayúscula:

German: tiene un apellido alemán he has a German last name

el **alemán,** la **alemana**

> En inglés, los gentilicios se escriben con mayúscula:

German: los alemanes the Germans.

el **alemán**

> En inglés, los idiomas se escriben con mayúscula:

German.

la **alergia** ■ **allergy** *(plural* **allergies***)*

➤ **tener alergia a algo** to be allergic to something: **tengo alergia al polen** I'm allergic to pollen.

alérgico *adjetivo* ■ **allergic: soy alérgico a los gatos** I'm allergic to cats.

la **alerta** ■ **alert**

➤ **dar la alerta** to raise the alarm: **alguien dio la alerta** someone raised the alarm

➤ **una alerta de bomba** a bomb scare.

la **aleta**

1. *de pez* **fin**
2. *de nadador* **flipper**.

el **alfabeto** ■ **alphabet**.

el **alfajor** ■ *type of snack*

ALFAJOR

In the River Plate area, one of children's favorite snack treats is the **alfajor**: two cookies sandwiched with caramel (**dulce de leche**) and covered with chocolate or meringue. A variation on these is the homemade **alfajor**, with shredded coconut on the edge.

la **alfarería** ■ **pottery**.

el **alfarero,** la **alfarera** ■ **potter**.

el **alfiler** ■ **pin**

➤ **alfiler de gancho** *Andes, River Plate, Venezuela* safety pin.

la **alfombra**

1. *suelta* **rug: una alfombra persa** a Persian rug
2. *grande* **carpet: una alfombra de pared a pared** wall-to-wall carpeting.

el **alga** *sustantivo femenino*

Feminine noun that takes **un** or **el** in the singular.

seaweed: algunos peces se alimentan de algas some fish eat seaweed

➤ **un alga marina** seaweed.

el **álgebra** *sustantivo femenino*

Feminine noun that takes **un** or **el** in the singular.

algebra.

algo *(pronombre & adverbio)*

■ *pronombre*

En oraciones afirmativas y en preguntas cuando se espera una respuesta afirmativa **algo** se suele traducir por **something**. En oraciones condicionales y en el resto de las oraciones interrogativas, por lo general se traduce por **anything**:

1. **something: compré algo para ti** I bought something for you; **¿quieres tomar algo?** do you want something to drink?
2. **anything: ¿le dijiste algo a la maestra?** did you say anything to the teacher?; **si algo sale mal, es por su culpa** if anything goes wrong it's her fault

➤ **o algo así** or something like that: **su apellido es Laren o algo así** her last name is Laren or something like that

■ *adverbio*

1. **rather: es algo difícil de explicar** it's rather difficult to explain
2. **a little: hablo algo de inglés** I speak a little English.

el **algodón** *(plural* **los algodones***)*

1. **cotton: unos calcetines de algodón** cotton socks
2. **cotton ball: se limpió la herida con un algodón** she cleaned her wound with a cotton ball.

alguien *pronombre*

En oraciones afirmativas y en preguntas cuando se espera una respuesta afirmativa **alguien** se suele traducir por **somebody**. En oraciones condicionales y en el resto de las oraciones interrogativas se traduce por **anybody**:

1. **somebody: alguien preguntó por ti** somebody was asking for you; **¿puede alguien cerrar la puerta?** can somebody close the door?
2. **anybody: si alguien pregunta, dile que no sabes** if anybody asks tell them you don't know; **¿ha llamado alguien?** did anybody call?

algún *adjetivo*

Shortened form of **alguno** used before masculine singular nouns.

alguno *(adjetivo & pronombre)*

■ *adjetivo*

En oraciones afirmativas el adjetivo **alguno** se suele traducir por **some**. En preguntas y en oraciones condicionales, por lo general se traduce por **any**:

1. **some: vinieron algunas amigas** some friends came over
2. **any: ¿haces algún deporte?** do you do any sports?; **si tienen alguna pregunta, hacerla al final de la clase** if you have any questions please ask them at the end of class

➤ **¿has estado alguna vez en España?** have you ever been to Spain?

➤ **¿alguna cosa más?** anything else?

➤ **en alguna parte** somewhere

■ *pronombre*

1. *en singular* **one: compra alguno barato** buy a cheap one; **alguna de ellas lo sabe** one of them should know
2. *en plural* **some: algunas tienen techo de madera** some of them have wooden roofs.

la **alhaja** ■ **piece of jewelry: ¿por qué no le regalas una alhaja?** why don't you get her a piece of jewelry?

➤ **las alhajas** jewelry: **su mamá tiene muchas alhajas** her mother has a lot of jewelry.

la **alianza**

1. **alliance**
2. **wedding ring**.

aliarse *verbo* ■ **to form an alliance: se aliaron con los aztecas** they formed an alliance with the Aztecs.

el **aliento** ■ **breath: tiene mal aliento** he has bad breath

➤ **llegué arriba sin aliento** I was out of breath when I got upstairs

➤ **dar aliento a alguien** to encourage somedody: **lo que dijó nos dio aliento para seguir** what he said encouraged us to keep going.

la **alimentación**

1. **diet: es importante una alimentación equilibrada** a balanced diet is important
2. **feeding: yo me hago cargo de la alimentación de mi perro** I'm in charge of feeding my dog.

alimentar *verbo*

1. **to feed: tienen problemas para alimentar a su familia** they are having problems feeding their family
2. **to be nutritious: come cosas que no alimentan** he eats things that aren't nutritious

alimentarse *verbo pronominal* ■ **to eat: deben alimentarse bien** you should try to eat well

➤ **se alimentan de hierbas** they live on plants.

el **alimento** ■ **food: alimentos ricos en proteínas** foods high in protein

➤ **alimento chatarra** junk food

➤ **alimentos congelados** frozen foods.

el **aliño** ■ **dressing**.

alistarse *verbo pronominal* ■ **to get ready: se alistaron para salir** they got ready to go out.

aliviar *verbo*

➤ **esto te aliviará** this will make you feel better

➤ **la pastilla me alivió el dolor de cabeza** the pill got rid of my headache.

el **alivio** ■ **relief**

➤ **¡qué alivio!** what a relief!: **¡qué alivio sentí cuando lo encontré!** what a relief when I found it!

allá *adverbio* ■ **over there: allá están los demás** the others are over there

➤ **ya van para allá** they're on their way over

➤ **allá arriba** up there

➤ **allá lejos** way over there

➤ **allá fuera** out there

➤ **más allá** further over: **córranse más allá, por favor** move a little further over, please

➤ **más allá de** beyond

➤ **allá tú** it's your problem: **allá tú si no quieres estudiar** it's your problem if you don't want to study.

allí *adverbio* ■ **there: estuvieron allí toda la mañana** they were there all morning

➤ **allí abajo** down there

➤ **allí mismo** right there: **allí mismo encontrarán la biblioteca** they found the library right there.

el **alma** *sustantivo femenino*.

Feminine noun that takes **un** or **el** in the singular.

soul: el cuerpo y el alma body and soul
➤ **te lo agradezco en el alma** I'm very grateful
➤ **siento en el alma no poder ir** I'm so sorry I can't go.

el **almacén** *(plural* **los almacenes***)*
1. *de mercancías* **warehouse**
2. *Southern Cone, Peru de comestibles* **grocery store**
3. *Central America, Colombia de ropa* **store**
➤ **grandes almacenes** department store.

almacenar *verbo* ■ **to store**.

el **almacenero, la almacenera** *Southern Cone* ■ **grocer**.

la **almeja** ■ **clam**.

la **almendra** ■ **almond**.

el **almíbar** ■ **syrup: duraznos en almíbar** peaches in syrup.

la **almohada** ■ **pillow**.

almorzar *verbo*
1. **to have lunch: almorzamos en el colegio** we had lunch at school
2. *Mexico* **to have as mid-morning snack: almorcé fruta y un pan** I had fruit and a roll as a mid-morning snack.

el **almuerzo**
1. **lunch**
2. *Mexico* **mid-morning snack**.

aló *Andes, Venezuela interjección* ■ **hello: ¿aló? ¿con quién hablo?** hello! who's this?

el **alojamiento** ■ **accomodations: encontraron alojamiento en un albergue juvenil** they found accomodations at a youth hostel.

alojarse *verbo pronominal* ■ **to stay: nos alojamos en un hotel de lujo** we stayed at a luxury hotel.

el **alpinismo** ■ **mountain climbing: hacer alpinismo** to go mountain climbing.

el/la **alpinista** ■ **mountain climber**.

alquilar *verbo* ■ **to rent: le alquila el cuarto a un estudiante** she rents the room to a student; **alquilé una bicicleta** I rented a bicycle
➤ **se alquila** for rent.

el **alquiler** ■ **rent: ¿cuánto pagan de alquiler?** how much is your rent?
➤ **carro de alquiler** rental car.

alrededor *adverbio* ■ **around: los niños se sentaron a su alrededor** the children sat around him
➤ **alrededor de** around: **corrimos alrededor de la piscina** we ran around the pool: **estudió inglés alrededor de tres años** she studied English for around three years.

los **alrededores** ■ **outskirts: vive en los alrededores de la ciudad** she lives in the outskirts of the city
➤ **hay muchas casas en los alrededores del aeropuerto** there are a lot of houses in the area around the airport.

el **alta** *sustantivo femenino*
➤ **dar de alta a alguien** to discharge somebody: **lo dieron de alta en el hospital** they discharged him from the hospital.

el **altar** ■ **altar**.

alterar *verbo*
1. **to change: tuvimos que alterar los planes** we had to change our plans
2. **to disturb: no debes alterar a la abuela** you shouldn't disturb your grandmother

alterarse *verbo pronominal* ■ **to upset: evita que tu padre se altere** try not to upset your father.

la **alternativa** ■ **alternative: no tiene más alternativa que aceptar la propuesta** he has no alternative but to accept the offer.

la **altitud** ■ **altitude**.

alto *(adverbio & adjetivo)*

■ *adverbio*
1. **high: es un avión que vuela muy alto** it's a plane that flies very high; **ponen el volumen muy alto** they turn the volume up too high

2. **loud: no hablen tan alto** don't talk so loud
➤ **pasar por alto algo** to overlook something
■ *adjetivo*
1. **high: una de las montañas más altas del continente** one of the highest mountains on the continent
2. **tall: es muy alto para su edad** he's very tall for his age
➤ **alta fidelidad** high fidelity
➤ **en alta mar** on the high seas

el **alto**
➤ **tiene dos metros de alto** it's two meters high
➤ **hicieron un alto para descansar** they made a rest stop
➤ **pasarse un alto** *Mexico* to run a red light
➤ **el alto al fuego** the ceasefire.

el **altoparlante** ■ **loudspeaker**.

la **altura** ■ **height: esos aviones pueden volar a mucha altura** those planes can fly at great heights
➤ **el Aconcagua tiene cerca de 7.000 metros de altura** the Aconcagua is nearly 7,000 meters high
➤ **a estas alturas** at this point: **a estas alturas no hay nada que podamos hacer** at this point there's nothing we can do.

el **alud** ■ **avalanche**.

alumbrar *verbo* ■ **to light: lleven una linterna para alumbrar el camino** take a flashlight to light the way.

el **aluminio** ■ **aluminum**.

el **alumno,** la **alumna** ■ **student**.

el **alza** *sustantivo femenino*

Feminine noun that takes **un** or **el** in the singular.

increase: habrá un alza en el precio de las entradas there will be an increase in ticket prices
➤ **en alza** on the rise: **el índice de criminalidad está en alza** the crime rate is on the rise.

alzar *verbo*
1. **to raise: si quieren hacer una pregunta, alcen la mano** raise your hand if you have a question
2. *Mexico* **to pick up: alzamos todos los papeles del suelo** we picked all the papers up off the floor
3. *Mexico* **to clean up: antes de salir tengo que alzar mi cuarto** I have to clean up my room before I go out
➤ **¡no me alces la voz!** don't raise your voice at me!

amable *adjetivo* ■ **kind: la secretaria es muy amable** the secretary is very kind
➤ **¿sería tan amable de abrir la ventana?** would you be so kind as to open the window?

amamantar *verbo*
1. *a un bebé* **to nurse**
2. *a un animal* **to suckle**.

el **amanecer** ■ **dawn**
➤ **al amanecer** at dawn.

amanecer *verbo*
1. **to get light: en esta época amanece más temprano** it gets light early at this time of year
2. **to wake up: amaneció enfermo** he woke up sick
➤ **hoy amaneció lloviendo** it was raining when we got up.

el/la **amante**
1. **lover**
➤ **los amantes de la música pop** pop music lovers.

la **amapola** ■ **poppy** (*plural* **poppies**).

amar *verbo* ■ **to love**.

amargado *adjetivo* ■ **bitter: es una persona muy amargada** she's a very bitter person
➤ **están amargados porque perdieron** they're sore because they lost.

amargar *verbo* ■ **to spoil: eso nos amargó el paseo** it spoiled our outing
➤ **le amarga la vida a sus padres** he makes his parents' life miserable

amargarse *verbo pronominal* ■ **to get upset: se amarga si me saco malas notas** she gets upset if I get bad grades.

amargo *adjetivo* ■ **bitter**.

amarillo *adjetivo* ■ **yellow**

el **amarillo** ■ **yellow**.

amarrar *verbo* ■ **to tie: amarró el perro a un árbol** he tied the dog to a tree

amarrarse *Latin America except River Plate verbo pronominal* ■ **to tie: se amarró los zapatos** he tied his shoelaces.

Amazonia *sustantivo femenino* ■ **Amazonia**

AMAZONIA

Amazonia is a geographic area covering the 2.5 million square miles of the Amazon River Basin. It includes territories in nine South American countries. It is an area of great natural wealth: it has abundant forests, minerals, plant and animal life, as well as being home to various indigenous tribes. It is the richest reserve of biological diversity on the planet.

la **ambición** *(plural* las ambiciones*)* ■ **ambition**.

el **ambientador** ■ **air freshener**.

el **ambiente**
1. **atmosphere: es un ambiente ideal para los niños** it's an ideal atmosphere for children
2. **spirit: aquí hay un ambiente de camaradería** there's a real spirit of camaraderie here

➤ **una fiesta con mucho ambiente** a really happening party
➤ **abran las ventanas, el ambiente está muy cargado** open the windows, it's very stuffy in here
➤ **un cambio de ambiente le haría bien** a change of scenery will do him good.

ambos *adjetivo & pronombre* ■ **both: los alumnos de ambos colegios** the students from both schools; **ambos pasaron de curso** they both passed; **los castigaron a ambos** they were both punished.

la **ambulancia** ■ **ambulance**.

la **amenaza** ■ **threat**.

amenazar *verbo* ■ **to threaten: me amenazó con dejarme castigado** she threatened to ground me.

ameno *adjetivo* ■ **enjoyable: sus clases son muy amenas** her classes are very enjoyable.

americano *adjetivo*

En inglés, los adjetivos que se refieren a un continente o a un país se escriben con mayúscula:

1. *de América Latina* **Latin American**
2. *estadounidense* **American**

el **americano,** la **americana**

En inglés los gentilicios se escriben con mayúscula:

1. *de América Latina* **Latin American**
2. *estadounidense* **American**.

la **amígdala** ■ **tonsil: lo operaron de las amígdalas** he had his tonsils removed.

el **amigo,** la **amiga** ■ **friend: es mi mejor amigo** he's my best friend; **son muy amigos** they're good friends
➤ **hacer amigos** to make friends
➤ **hacerse amigo de alguien** to become friends with somebody.

la **amistad** ■ **friendship: valoro mucho tu amistad** I really value your friendship
➤ **las amistades** friends: **vinieron todas sus amistades** all her friends came.

amistoso *adjetivo* ■ **friendly**.

el **amo,** la **ama** ■ **owner: lo abandonó su amo** it was abandoned by its owner
➤ **una ama de casa** homemaker.

amontonar *verbo* ■ **to pile up: amontonaron los libros en el piso** they piled the books up on the floor.

el **amor** ■ **love**.

ampliar *verbo*
1. **to expand: van a ampliar el gimnasio** they're going to expand the gym
2. **to extend: ampliaron el plazo para la matrícula** they extended the registration period

3. **to enlarge: quiero ampliar esta foto** I want to enlarge this picture.

el **amplificador** ■ **amplifier**.

amplio *adjetivo*
1. **spacious: su casa es bastante amplia** their house is pretty spacious
2. **wide: una amplia avenida** a wide avenue
3. **loose: prefiere la ropa amplia** she prefers loose clothing.

la **ampolla** ■ **blister**.

la **ampolleta** *Chile* ■ **light bulb**.

amueblar *verbo* ■ **to furnish: amueblaron el cuarto** they furnished the room
➤ **un departamento sin amueblar** an unfurnished apartment.

el **analfabetismo** ■ **illiteracy**.

analfabeto *adjetivo* ■ **illiterate**.

el **analgésico** ■ **painkiller**.

el **análisis** (*plural* los análisis)
1. **analysis: hicimos un análisis gramatical** we did a grammatical analysis
2. **test: un análisis de sangre** a blood test.

analizar *verbo* ■ **to analyze**.

el **ananá** ■ *River Plate* **pineapple**.

la **anatomía** ■ **anatomy**.

ancho *adjetivo*
1. **wide: una avenida muy ancha** a very wide avenue
2. **loose: prefiero las camisetas anchas** I like loose t-shirts
➤ **esta falda me queda ancha** this skirt is too big for me
➤ **ser ancho de espaldas** to have broad shoulders
➤ **a lo ancho** crosswise

el **ancho** ■ **width: mide el ancho de la ventana** measure the width of the window
➤ **¿cuánto mide de ancho?** how wide is it?
➤ **tiene dos metros de ancho** it's two meters wide.

la **anchura** ■ **width**.

la **anciana** ■ **elderly woman**.

anciano *adjetivo* ■ **elderly**

el **anciano** ■ **elderly man**
➤ **los ancianos** the elderly.

el **ancla** ■ **anchor**

Feminine word that takes **un** or **el** in the singular.

anda *interjección*
1. **come on!: ¡anda! que vamos a llegar tarde** come on! we're going to be late
2. **hey!: ¡anda! mira lo que encontré** hey! look what I found!

andar *verbo*
1. **to be: ando muy ocupado** I am very busy; **¿cómo anda tu papá?** how is your father?; **ando buscando a la profesora** I'm looking for the teacher
2. **to work: mi reloj no anda** my watch isn't working
3. **to walk: vine andando** I walked here
➤ **andar en bicicleta** to ride a bicycle
➤ **andar a caballo** to go horseback riding
➤ **andar con alguien** to go out with someone
➤ **anda por los treinta** she's about thirty
➤ **anda a comprar pan** *Colombia, Southern Cone* go buy some bread
➤ **hay que andarse con cuidado** you should be careful.

el **andén** (*plural* los andenes)
1. *en estación* **platform**
2. *Central America, Colombia acera* **sidewalk**.

el **andinismo** ■ **mountain climbing**.

el/la **andinista** ■ **mountain climber**.

anduve, anduvo, etc ➤ andar.

la **anécdota** ■ **anecdote**.

el **ángel** ■ **angel**.

las **anginas**
1. *amigadlitis* **tonsillitis**
2. *Mexico, Venezuela amígdalas* **tonsils**.

angosto *adjetivo*
1. **narrow: un pasillo angosto** a narrow hallway.

el **ángulo** ■ **angle**
➤ **un ángulo recto** a right angle.

el **anillo** ▪ **ring**
➤ **un anillo de bodas** a wedding ring
➤ **un anillo de compromiso** engagement ring.

animado *adjetivo*
1. **cheerful: ¡qué animado estás hoy!** you're very cheerful today!
2. **lively: las playas tienen un ambiente muy animado** the beaches have a very lively atmosphere.

animal *adjetivo* ▪ **animal: el reino animal** the animal kingdom

el **animal** ▪ **animal: le encantan los animales** she loves animals
➤ **un animal doméstico** a pet.

animar *verbo*
1. **to cheer up: fuimos para animarlo un poco** we went to try to cheer him up a little
2. **to cheer on: gritaban para animar al equipo** they yelled to cheer on the team
3. **to encourage: hay que animarlo para que siga estudiando** we have to encourage him to stay in school

animarse *verbo pronominal* ▪ **to cheer up: ¡anda, anímate!** come on, cheer up!
➤ **animarse a hacer algo** to feel like doing something: **vamos a nadar ¿quién más se anima?** we're going swimming — who else feels like it?
➤ **no me animo a decírselo a la profesora** I don't dare tell the teacher about it.

ánimo *interjección*
➤ **¡ánimo! todo se va arreglar** cheer up! it'll all work out
➤ **¡ánimo! que ya casi terminamos** come on! we're nearly finished

el **ánimo**
➤ **está de muy buen ánimo** he's in very good spirits
➤ **no tengo ánimos para salir** I'm not in the mood to go out
➤ **lo que me dijo me dio ánimos** what she told me really lifted my spirits
➤ **me dieron ánimos para que siguiera estudiando** they encouraged me to stay in school.

el **aniversario** ▪ **anniversary** *(plural* **anniversaries***)*: **es el aniversario de boda de mis papás** it's my parents' wedding anniversary.

anoche *adverbio* ▪ **last night: anoche fuimos al cinema** we went to the movies last night.

anochecer *verbo* ▪ **to get dark: en esta época anochece más temprano** it gets dark early at this time of year

el **anochecer** ▪ **nightfall**
➤ **volvieron al anochecer** they came back at nightfall.

anónimo *adjetivo* ▪ **anonymous**.

anotar *verbo*
1. **to write down: anotó las tareas en el cuaderno** she wrote down the homework assignment in her notebook
2. **to score: anotó el gol ganador** she scored the winning goal.

ante *preposición*
1. **before: tiene que presentarse ante el director** she has to appear before the manager
2. **facing: estamos ante un grave problema** we are facing a serious problem

el **ante** ▪ **suede: unos guantes de ante** suede gloves.

anteanoche *adverbio* ▪ **the night before last**.

anteayer *adverbio* ▪ **the day before yesterday**.

el **antebrazo** ▪ **forearm**.

los **antecedentes** ▪ **record: tiene muy buenos antecedentes** he has a good record
➤ **antecedentes penales** police record.

antemano *adverbio*
➤ **de antemano** beforehand: **preparé las preguntas de antemano** I prepared the questions beforehand.

la **antena** ▪ **antenna: la antena de la tele está descompuesta** the tv antenna is broken
➤ **una antena parabólica** a satellite dish.

los **anteojos** ■ **glasses: lleva anteojos** he wears glasses
➤ **anteojos de sol** sunglasses.

el **antepasado, la antepasada** ■ **ancestor: estoy orgulloso de mis antepasados** I'm proud of my ancestors.

anterior *adjetivo*
1. **previous: mi colegio anterior era mucho mejor** my previous school was much better
2. **front: las piernas anteriores** the front legs.

anteriormente *adverbio* ■ **previously**.

antes *adverbio*
1. **before: esto lo deberías haber hecho antes** you should have done this before
2. **first: ella llegó antes** she got here first
➤ **antes de** before: **antes de salir, limpiemos la cocina** let's clean the kitchen before we go out
➤ **antes que nada** first of all
➤ **cuanto antes mejor** the sooner, the better
➤ **lo antes posible** as soon as possible.

el **antibiótico** ■ **antibiotic**.

anticipado *adjetivo*
➤ **por anticipado** in advance.

anticipar *verbo*
1. **to advance: ¿me podría anticipar un 20% de mi sueldo?** could you advance me 20% of my salary?
2. **to move up: estamos considerando anticipar nuestro viaje** we're thinking of moving up our trip

anticiparse *verbo pronominal* ■ **to come early: se anticipó el invierno** winter has come early
➤ **anticiparse a su tiempo** to be ahead of one's time: **el artista se anticipó a su tiempo** the artist was ahead of his time
➤ **anticiparse a alguien** to get in before somebody: **se me anticipó y contestó la pregunta de la profesora** she got in before me and answered the teacher's question.

anticonceptivo *adjetivo* ■ **contraceptive**

el **anticonceptivo** ■ **contraceptive**.

anticuado *adjetivo* ■ **old-fashioned**.

el **anticucho** *Andes* ■ **kabob**.

el **anticuerpo** ■ **antibody**.

el **antídoto** ■ **antidote**.

antiguamente *adverbio* ■ **in the old days: antiguamente, todo esto era campo** in the old days, this was all countryside.

la **antigüedad** ■ **seniority: recibe un plus de antigüedad** he gets a seniority bonus

las **antigüedades** ■ **antiques**
➤ **tienda de antigüedades** antique store.

antiguo *adjetivo*
1. **antique: un jarrón antiguo** an antique vase
2. **ancient: las civilizaciones antiguas** ancient civilizations
3. **old: un antiguo amigo** an old friend.

la **antipatía** ■ **dislike: no pude disimular mi antipatía hacia ella** I couldn't hide my dislike for her.

antipático *adjetivo* ■ **unpleasant: ¡que mujer más antipática!** what an unpleasant woman!

el **antipático, la antipática**
➤ **tu jefe es un antipático** your boss is very unpleasant.

el **ántrax** ■ **anthrax**.

anual *adjetivo* ■ **yearly: el promedio anual** the yearly average.

anular *verbo*
1. **to cancel: no será fácil anular el contrato** it won't be easy to cancel the contract
2. **to disallow: el árbitro anuló el gol** the referee disallowed the goal
3. **to overturn: el juez anuló el fallo** the judge overturned the verdict.

anunciar *verbo*
1. **to announce: el gobierno anunció una baja de impuestos** the government announced a tax cut
2. **to advertise: anuncian el producto en televisión** the product is advertised on TV.

el **anuncio**
1. **ad: puedes poner un anuncio en el diario** you can put an ad in the paper

2. **commercial: cada día hay más anuncios en la tele** there are more commercials on TV every day.

añadir *verbo* ■ **to add: le añadió un poco de pimienta a la salsa** he added a little pepper to the sauce.

los **añicos**
➤ **el perro hizo añicos tu sombrero** the dog tore your hat to shreds
➤ **estoy hecho añicos** *informal* I'm beat.

el **año**
1. *tiempo* **year: el año que viene** next year
2. *edad* **¿cuántos años tienes? — tengo 14 años** how old are you? — I'm fourteen; **cumplo 15 años este marzo** I'll be 15 this March
3. *curso escolar* **grade: estoy cursando quinto año** I'm in 5th grade
➤ **año bisiesto** leap year
➤ **Año Nuevo** New Year: **¡feliz Año Nuevo!** happy New Year!

apagar *verbo*
1. **to turn off: apaga la televisión antes de subir** turn the TV off before going upstairs
2. **to put out: se olvidó de apagar las velas** he forgot to put out the candles.

apapachar *Mexico verbo* ■ **to cuddle.**

el **aparato**
1. **appliance: aparatos electrodomésticos** household appliances
2. **system: el aparato circulatorio** the circulatory system.

aparecer *verbo* ■ **to appear.**

aparentar *verbo* ■ **to look: aparenta más de sus 16 años** she looks older than 16.

la **apariencia** ■ **appearance: deberías preocuparte más de tu apariencia** you should take more care of your appearance
➤ **las apariencias engañan** appearances can be deceptive.

apartado *adjetivo* ■ **isolated: vive en un lugar muy apartado** he lives in a very isolated place
➤ **estar apartado de** to be away from: **se mantiene apartado de su familia** he stays away from his family

el **apartado** ■ **section: contesta las preguntas en el apartado A** answer the questions in section A
➤ **apartado postal** P.O. Box.

el **apartamento** ■ **apartment.**

apartar *verbo*
1. **to move out of the way: aparta esa basura de ahí** move that garbage out of the way
2. **to set aside: te apartaré un pedazo de pastel** I'll set aside a piece of cake for you

apartarse *verbo pronominal* ■ **to stand aside: ¡apártate!** stand aside!

aparte
■ *adverbio*
1. **to the side: voy a dejar tus cosas aparte** I'll put your things to one side
2. **besides: y aparte él me dijo que lo hiciera** besides, he told me to do it
■ *adjetivo*
separate: eso es un caso aparte that's a separate issue.

apasionar *verbo* ■ **to be fascinated by**
➤ **me apasiona el arte** I'm fascinated by art.

la **apatía** ■ **apathy.**

el **apellido** ■ **last name**

APELLIDOS

In the Spanish-speaking world, people commonly use the last names of both their father and their mother (in that order). Thus, if Alejandro Gómez Ortega and Isabel Ruiz Costa have a daughter named María, she will be known as María Gómez Ruiz on all official documents, though in everyday use she might choose to use only her first surname. When a woman gets married, she usually keeps her full maiden name, but she can choose to adopt her husband's first surname as her second, or she can be known by her husband's name. So if María Gómez Ruiz marries Gustavo Núñez Lago, she could either keep her own name, change it to María Gómez de Núñez, or be known as Señora Núñez.

apenado *Latin America except Southern Cone adjetivo* ■ **embarrassed**.

apenarse *Latin America except Southern Cone verbo pronominal* ■ **to be embarrassed**.

apenas *adverbio*
1. **hardly: apenas podía respirar por el calor** I could hardly breathe because of the heat
2. **barely: hace apenas dos semanas que nos conocemos** we met barely two weeks ago
3. **as soon as: apenas había llegado cuando empezaron con las preguntas** they started asking questions as soon as I walked in.

apestar *verbo* ■ **to stink: ¡tu ropa apesta a puros!** your clothes stink of cigars!

el **apetito** ■ **appetite**.

aplastar *verbo* ■ **to squash: ¡me estás aplastando!** you're squashing me!

aplaudir *verbo* ■ **to applaud: el público aplaudió su discurso** the public applauded his speech.

el **aplauso** ■ **applause**.

aplicar *verbo*
1. **to apply: primero, aplicamos la pintura** first, we apply the paint
2. **to put into practice: ahora vamos a aplicar lo que hemos aprendido** now we'll put what we've learned into practice
3. *Colombia, Venezuela* **to apply for: ambos aplicamos al mismo trabajo** we both applied for the same job.

apostar *verbo* ■ **to bet: apuesto a que no viene** I bet he won't come.

apoyar *verbo*
1. **to support: yo apoyo al candidato progresista** I'm supporting the progressive candidate
2. **to rest: apoya tus piernas en la mesa de centro** rest your legs on the coffee table

apoyarse *verbo pronominal* ■ **to lean: se apoyó en la pared** he leaned against the wall.

el **apoyo** ■ **support**.

apreciar *verbo* ■ **to value: te aprecio mucho como amigo** I really value your friendship.

aprender *verbo* ■ **to learn: hoy aprendí a nadar** I learned to swim today

aprenderse *verbo pronominal* ■ **to learn: me aprendí la lección** I learned the lesson.

apretar *verbo*
1. **to press: apriete el botón rojo** press the red button
2. **to squeeze: ¡me estás apretando la mano muy fuerte!** you're squeezing my hand too tightly!

aprobar *verbo*
1. **to approve: me aprobaron las vacaciones** they approved my vacation request
2. **to pass: me aprobaron en matemática** I passed math class.

aprontarse *Southern Cone verbo pronominal* ■ **to get ready**.

apropiado *adjetivo* ■ **suitable**.

aprovechar *verbo* ■ **to make the most of: aprovéchalo mientras puedas** make the most of it while you can.

apto *adjetivo* ■ **suitable**
➤ **ser apto para algo** to be suitable for something: **no es apto para niños** it's not suitable for children.

la **apuesta** ■ **bet: hicimos una apuesta** we made a bet.

apunarse *verbo pronominal* ■ **to get altitude sickness**.

apuntar *verbo*
1. **to write down: déjame apuntar tu teléfono** let me write down your number
2. **to point: no apuntes con el dedo, que es mala educación** don't point, it's rude.

los **apuntes** ■ **notes**
➤ **tomar apuntes** to take notes.

apurarse *verbo pronominal* ■ **to hurry up: ¡apúrate!** hurry up!

el **apuro** ■ **jam: nos vimos en apuros anoche** we found ourselves in a jam last night.

aquel, aquella *adjetivo* ■ **that: está en aquel cajón** it's in that drawer; **en aquellos días vivía en México** in those days he lived in Mexico.

aquél, aquélla *pronombre* ■ **that one: pásame aquél, por favor** pass me that one, please.

aquello *pronombre* ■ **that: ¿qué fue aquello que me dijiste hace un rato?** what was that you told me a while ago?

aquí *adverbio* ■ **here: no eres de por aquí, ¿verdad?** you're not from around here, are you?

la **araña** ■ **spider**.

arañar *verbo* ■ **to scratch: el gato arañó la mejilla de la niña** the cat scratched the little girl's cheek.

el **árbitro,** la **árbitra**

1. **referee: el árbitro le mostró una tarjeta amarilla** the referee gave him a yellow card
2. **umpire: es árbitra de tenis** she's a tennis umpire.

el **árbol** ■ **tree**

➤ **árbol genealógico** family tree

➤ **árbol de Navidad** Christmas tree.

el **arbusto** ■ **bush**.

archivar *verbo* ■ **to file: lo voy a archivar en la T** I'll file it under "T".

el **archivo**

1. **archive: los archivos históricos** the historical archives
2. **file: este archivo sólo ocupa 30Kb** this file is only 30Kb.

el **arco**

1. **arch: un arco del triunfo** a triumphal arch
2. **bow: puso una flecha en el arco** he placed an arrow in the bow
3. **goal: pateó el balón hacia el arco** he kicked the ball toward the goal.

la **ardilla** ■ **squirrel**.

el **área** *sustantivo femenino*

> Feminine noun that takes **un** or **el** in the singular.

area: área metropolitana metropolitan area.

la **arena** ■ **sand: hicimos un castillo de arena** we built a sand castle

➤ **arenas movedizas** quicksand.

el **arete** *Colombia, Mexico* ■ **earring**.

Argentina *sustantivo femenino* ■ **Argentina**.

argentino *adjetivo*

> En inglés, los adjetivos que se refieren a un país o una región se escriben con mayúscula:

Argentinian: tiene un primo argentino he has an Argentinian cousin

el **argentino,** la **argentina**

> En inglés, los gentilicios se escriben con mayúscula:

Argentinian.

la **argolla** ■ **ring: una argolla de oro** a gold ring.

el **argumento**

1. **argument: presentó sus argumentos en contra de la nueva ley** he presented his arguments against the new law
2. **plot: el argumento de la película** the plot of the movie.

la **aristocracia** ■ **aristocracy**.

el/la **aristócrata** ■ **aristocrat**.

la **aritmética** ■ **arithmetic**.

el **arma** *sustantivo femenino*

> Feminine noun that takes **un** or **el** in the singular.

weapon

➤ **arma de fuego** firearm.

armar *verbo*

1. **to assemble: ayúdame a armar el escritorio** help me assemble the desk

2. **to arm: armaron a la población** they armed the population

armarse *verbo pronominal* ■ **to arm oneself: se armaron para la guerra** they armed themselves for war.

el **armario** ■ **closet**
➤ **armario empotrado** built-in closet.

la **armonía** ■ **harmony: estar en armonía** to be in harmony.

la **armónica** ■ **harmonica**.

el **aro**
1. **hoop: el león pasó por el aro** the lion jumped through the hoop
2. *Argentina, Chile* **earring: lleva un aro** he wears an earring.

el **aroma**
1. **aroma: el intenso aroma del café** the intense aroma of coffee
2. **scent: el aroma dulce de las flores** the sweet scent of the flowers.

la **arqueología** ■ **archaeology**.

el **arquero,** la **arquera** ■ **goalkeeper: el arquero paró el penal** the goalkeeper saved the penalty.

el **arquitecto,** la **arquitecta** ■ **architect: mi padre es arquitecto** my father is an architect.

la **arquitectura** ■ **architecture**.

arrancar *verbo*
1. **to pull up: trata de no arrancar las flores** try not to pull up the flowers
2. **to tear out: arranqué todas las páginas del libro** I tore out all the pages of the book
3. **to start: el coche no arranca** the car won't start
4. **to leave: el tren arranca en un minuto** the train leaves in one minute.

arrastrar *verbo* ■ **to drag: Pedro arrastró su mochila por el suelo** Pedro dragged his backpack on the floor.

arreglar *verbo*
1. **to fix: Bruno arregló mi reloj** Bruno fixed my watch
2. **to sort out: no te preocupes, he arreglado todo** don't worry, I've sorted everything out
3. **to prepare: está arreglando todo para mañana** he's preparing everything for tomorrow
4. **to clean up: arreglemos la casa antes de que lleguen** let's clean up the house before they arrive

arreglarse
1. **to manage: yo me las arreglo solo** I'll manage on my own
2. **to get ready: lleva dos horas en el baño arreglándose** she's been in the bathroom getting ready for two hours
3. **to get sorted out: las cosas no se arreglan solas** things don't just sort themselves out.

el **arreglo**
1. **repair: el coche requiere bastantes arreglos** the car needs a lot of repairs
2. **arrangement: tengo un arreglo con uno de los guardias** I have a little arrangement with one of the guards
➤ **tener arreglo** to have a solution: **esto no tiene arreglo** there's no solution to this problem
➤ **arreglo floral** flower arrangement
➤ **arreglo musical** musical arrangement.

arrendar *verbo* ■ **to rent: estoy arrendando mi casa** I'm renting my house.

arrepentirse *verbo pronominal* ■ **to regret: me arrepiento de no haberlo hecho antes** I regret not having done it sooner.

arrestar *verbo* ■ **to arrest: queda arrestado** you're under arrest.

arriba *adverbio*
1. **top: mira en el cajón de arriba** look in the top drawer
2. **upstairs: tu hermano está arriba** your brother is upstairs
➤ **arriba de** above: **cuélgalo arriba del otro cuadro** hang it above the other painting
➤ **hacia arriba** upward
➤ **más arriba** further up
➤ **mirar alguien de arriba abajo** to look somebody up and down.

arriesgar *verbo* ■ **to risk: arriesgó su vida para salvarme** she risked her life to save me

arriesgarse *verbo pronominal* ■ **to take risks: no se arriesgó a provocarla** he didn't risk provoking her.

arrimar *verbo* ■ **to bring closer: arrima tu silla para que te pueda ver mejor** bring your chair closer so I can see you better.

arrodillarse *verbo* ■ **to kneel down: nos arrodillamos frente al altar** we kneeled down in front of the altar.

arrogante *adjetivo* ■ **arrogant: tu esposa es muy arrogante** your wife is very arrogant.

arrojar *verbo* ■ **to throw: arrojaron la basura por la ventana** they threw the trash out the window.

el **arroyo** ■ **stream: tomamos agua de un pequeño arroyo** we drank water from a small stream.

el **arroz** ■ **rice**
➤ **arroz blanco** boiled rice
➤ **arroz integral** brown rice
➤ **arroz con leche** rice pudding.

la **arruga** ■ **wrinkle: tiene muchas arrugas en la frente** he has a lot of wrinkles on his forehead; **su camisa estaba llena de arrugas** his shirt was full of wrinkles.

arrugado *adjetivo* ■ **wrinkled: el vestido está muy arrugado** this dress is very wrinkled.

arruinar *verbo* ■ **to ruin: la lluvia arruinó la fiesta** the rain ruined the party.

el **arte** (*plural* las artes) ■ **art: el arte moderno** modern art
➤ **las artes** the arts
➤ **las artes marciales** martial arts.

el **artículo** ■ **article: tienes que leer este artículo** you have to read this article.

artificial *adjetivo* ■ **artificial**.

el/la **artista** ■ **artist: cada cuadro va firmado por el artista** each painting is signed by the artist
➤ **artista de cine** movie star.

artístico *adjetivo* ■ **artistic**.

la **artritis** ■ **arthritis**.

la **arveja** ■ **pea**.

el **as** ■ **ace**
➤ **el as de picas** the ace of spades
➤ **ser un as** to be brilliant

> The Spanish word **as** is a false cognate, it does not mean "ass".

el **asa** *sustantivo femenino*

> Feminine noun that takes **un** or **el** in the singular.

handle: levántalo de las asas lift it by the handles.

asado *adjetivo* ■ **roasted: castañas asadas** roast chesnuts

el **asado**
1. **roast: asado de cordero** roast lamb
2. *Southern Cone* **barbecue: en el verano voy a todos los asados que puedo** during the summer I go to as many barbecues as I can.

asaltar *verbo*
1. **to hold up: asaltaron el banco** they held up the bank
2. **to mug: me asaltaron a dos cuadras de mi casa** I was mugged two blocks from my house.

el **asalto** ■ **holdup: ¡esto es un asalto!** this is a holdup!

la **asamblea**
1. **assembly: la asamblea legislativa entra en sesión** the legislative assembly is in session
2. **meeting: resolvieron el problema en asamblea** they solved the problem in a meeting.

asar *verbo* ■ **to roast: también voy a asar los pescados** I'll roast the fish too

➤ **¡me estoy asando!** I'm boiling!

ascender *verbo*
1. **to climb: ascendimos la montaña lentamente** we climbed the mountain slowly
2. **to be promoted: ascendió a gerente** he was promoted to manager.

el **ascensor** ■ **elevator**.

el **asco** ■ **me dan asco los cigarros** I find cigarettes disgusting
➤ **¡qué asco!** how disgusting!

asear *verbo* ■ **to clean: los sábados aseamos la casa** on Saturdays we clean the house.

asegurar *verbo*
1. **to assure: le aseguro que no fue así** I can assure you that it didn't happen like that
2. **to insure: aseguré mi casa contra incendios** I insured my house against fire
3. **to secure: mejor asegurarlo con candado** it's better to secure it with a padlock

asegurarse *verbo pronominal* ■ **to make sure: asegúrate de que cerraste la puerta** make sure you locked the door.

el **aseo** ■ **cleanliness: el aseo es muy importante** cleanliness is very important
➤ **aseo personal** personal hygiene.

asesinar *verbo*
1. *a persona normal* **to murder: asesinaron al gángster** the gangster was murdered
2. *a presidente, rey* **to assassinate: asesinaron al presidente** the presidente was assassinated.

el **asesinato**
1. *de persona normal* **murder**
2. *de presidente, rey* **assassination**.

el **asesino,** la **asesina**
1. *de persona normal* **murderer**
2. *de presidente, rey* **assassin**.

asfixiar *verbo* ■ **to suffocate: casi me asfixio** I nearly suffocated.

así *adverbio*
1. **like that: ¡no seas así!** don't be like that!
2. **like this: me dijo que lo hiciera así** she told me to do it like this
➤ **¡así de fácil!** it's that easy!
➤ **así como así** just like that
➤ **así es** that's right
➤ **¡así me gusta!** that's the way I like it!
➤ **así nomás** just like that
➤ **así que** so: **así que te habló mal de mí** so, he said bad things about me.

el **asiento** ■ **seat: tome asiento** take a seat.

el **asilo**
1. **home: un asilo de ancianos** a retirement home
2. **asylum: el asilo político** political asylum.

asimilar *verbo* ■ **to assimilate: es difícil asimilar tanta información** it's hard to assimilate so much information.

el/la **asistente** ■ **assistant: mandó a su asistente por el café** she sent her assistent out for coffee.

asistir *verbo*
1. **to attend: ¿cuántas personas asistieron a la boda?** how many people attended the wedding?
2. **to assist: nos pidió que lo asistiéramos con algo** he asked us to assist him with something.

el **asno** ■ **ass**.

la **asociación** (*plural* las asociaciones) ■ **association: estamos trabajando en asociación con la policía** we're working in association with the police.

asociar *verbo* ■ **to associate: asocio ese olor con mi niñez** I associate that smell with my childhood

asociarse *verbo pronominal*
1. **to join: se asoció al gimnasio** she joined the gym
2. **to go into partnership: estoy pensando asociarme con Juan** I'm thinking about going into partnership with Juan.

asomar *verbo*
1. **to stick out: asomó la cabeza por la ventana** he stuck his head out of the window
2. **to lean out: asómate por la ventana para que lo puedas ver** lean out the window so you can see it.

asombrar *verbo* ■ **to astonish: me asombró lo que me dijo** I was astonished by what she told me.

el **asombro** ■ **astonishment**.

el **aspecto**

1. **appearance: tiene un aspecto muy refinado** he has a very refined appearance
2. **aspect: me interesa más el aspecto creativo** I'm more interested in the creative aspect.

áspero *adjetivo*

1. **rough: tengo la piel áspera** my skin feels rough
2. **harsh: ¡que voz más áspera!** what a harsh voice!

la **aspiración** (*plural* las aspiraciones) ■ **aspiration: tengo aspiraciones de ser músico** my aspiration is to become a musician.

la **aspiradora** ■ **vacuum cleaner**

➤ **pasar la aspiradora** to vacuum.

la **aspirina** ■ **aspirin**.

asqueroso *adjetivo* ■ **disgusting: es asqueroso cómo come** the way he eats is disgusting.

el **asterisco** ■ **asterisk**.

la **astilla** ■ **splinter: tengo una astilla en el dedo** I have a splinter in my finger.

la **astrología** ■ **astrology**.

el/la **astronauta** ■ **astronaut: cuando sea grande quiero ser astronauta** when I grow up I want to be an astronaut.

la **astronomía** ■ **astronomy**.

astronómico *adjetivo* ■ **astronomical: las investigaciones astronómicas son fascinantes** astronomical research is fascinating; **las cuentas de este mes son astronómicas** this month's bills are astronomical.

astuto *adjetivo* ■ **shrewd: eres muy astuto para los negocios** you're a very shrewd businessman.

asumir *verbo*

1. **to assume: hay que asumir que están bien** we have to assume they're fine
2. **to take on: asumió el papel de malo** he took on the role of bad guy; **no quiero asumir esa responsabilidad** I don't want to take on that responsibility
3. **to deal with: me cuesta asumir que se fue** I'm having trouble dealing with her leaving.

el **asunto** ■ **matter: estos son asuntos para la policía** these are matters for the police

➤ **no es asunto suyo** it's none of his business.

asustar *verbo* ■ **to frighten: lo asustaron esos ruidos** those noises frightened him

asustarse *verbo pronominal* ■ **to get scared: si se asusta, llámeme** if you get scared, call me.

atacar *verbo* ■ **to attack: nos atacaron con palos** they attacked us with sticks.

el **atajo** ■ **short cut: tomamos un atajo** we took a short cut.

el **ataque** ■ **attack: el ataque nos tomó por sorpresa** the attack took us by surprise; **le dio un ataque de alergia** he had an allergy attack

➤ **ataque cardíaco** heart attack

➤ **tener un ataque de nervios** to panic.

atar *verbo* ■ **to tie: te ves bien con el pelo atado** you look good with your hair tied back

➤ **átate los zapatos** tie your shoelaces.

atardecer *verbo* ■ **to get dark: apúrate que está atardeciendo** hurry up, it's getting dark

el **atardecer** ■ **dusk: los mosquitos salen al atardecer** mosquitoes come out at dusk.

el **ataúd** ■ **coffin**.

atención *interjección* ■ **your attention!**

➤ **¡atención, por favor!** your attention, please!

la **atención** (*plural* las atenciones)

1. **attention: hay que poner atención al maestro** you have to pay attention to your teacher

2. **service: recibimos excelente atención en el hotel** the service at the hotel was excellent
➤ **a la atención de** for the attention of
➤ **llamar la atención** to attract attention
➤ **llamarle la atención a alguien** to reprimand someone
➤ **prestar atención** to pay attention.

atender *verbo*
1. **to help: ¿lo puedo atender?** may I help you?
2. **to pay attention: no me estás atendiendo** you're not paying attention to me
3. **to take care of: atiende muy bien a sus pacientes** he takes good care of his patients
4. **to attend to: ahora tengo que atender a un cliente** I have to attend to a client now.

el **atentado**
➤ **un atentado contra el presidente** an assassination attempt on the president
➤ **un atentado terrorista** a terrorist attack.

atento *adjetivo*
1. **attentive: es una estudiante muy atenta** she's a very attentive student
2. **thoughtful: ¡qué atento!** that's very thoughtful of you!

el **ateo, la atea** ■ **atheist**.

aterrar *verbo* ■ **to terrify: me aterra con sólo pensar en eso** it terrifies me just to think about it.

el **aterrizaje** ■ **landing: el aterrizaje fue muy suave** the landing was very smooth
➤ **aterrizaje forzoso** emergency landing.

aterrizar *verbo* ■ **to land: aterrizaremos en veinte minutos** we will be landing in twenty minutes.

aterrorizar *verbo* ■ **to terrorize: esos dos matones aterrorizan a todos los otros niños** those two bullies terrorize all the other children.

el **atlas** ■ **atlas**.

el/la **atleta** ■ **athlete**.

el **atletismo** ■ **track and field: soy fanático del atletismo** I'm a huge fan of track and field.

la **atmósfera** ■ **atmosphere**.

atmosférico *adjetivo* ■ **atmospheric**.

atómico *adjetivo* ■ **atomic**.

el **átomo** ■ **atom**.

atormentar *verbo* ■ **to torment: ¿por qué me estás atormentando con tantas preguntas?** why are you tormenting me with all these questions?

la **atracción** *(plural* las attraciones*)* ■ **attraction: la atracción entre ellos era obvia** the attraction between them was palpable
➤ **atracciones turísticas** tourist attractions.

atractivo *adjetivo* ■ **attractive: el candidato es joven y atractivo** the candidate is young and attractive.

atraer *verbo*
1. **to attract: ese bar atrae gente bohemia** that bar attracts an artsy crowd
2. **to appeal: no me atrae para nada el esquí** skiing doesn't appeal to me at all.

atrapar *verbo* ■ **to catch: atraparon al fugitivo** they caught the fugitive.

atrás *adverbio* ■ **back: hazte para atrás** move back
➤ **¡atrás!** get back!
➤ **atrás de** behind: **el parque está atrás de ese edificio** the park is behind that building.

atrasado *adjetivo*
1. **slow: mi reloj está atrasado diez minutos** my watch is ten minutes slow
2. **behind: va atrasada en la escuela** she's behind in school
3. **behind schedule: el proyecto está atrasado** the project is behind schedule
4. **late: estoy atrasado para mi clase** I'm late for my class.

atravesar *verbo* ■ **to cross: el río atraviesa el país entero** the river crosses the entire country; **atravesamos la calle sin esperar la luz verde** we crossed the street without waiting for the light.

atreverse *verbo* ■ **to dare: no me atrevo a decírselo** I don't dare tell him.

atropellar *verbo* ■ **to run over: ¡casi me atropellaste!** you nearly ran me over.

el **atún** ■ **tuna**
➤ **un sandwich de atún** a tuna fish sandwich.

audaz *(plural* audaces*)* *adjetivo* ■ **daring: un piloto audaz** a daring pilot.

el **audífono** ■ **hearing aid: mi abuelo usa audífono** my grandfather wears a hearing aid
➤ **audífonos** headphones.

el **auditorio** ■ **auditorium**.

el **aula** *sustantivo femenino*

Feminine noun that takes **un** or **el** in the singular.

classroom.

el **aullido** ■ **howl: los aullidos de los perros no me dejaron dormir** the dogs' howls kept me awake.

aumentar *verbo* ■ **to increase: me aumentaron el sueldo** my salary was increased
➤ **aumentar de peso** to put on weight.

el **aumento** ■ **increase: los precios han visto un aumento del 5%** prices have increased by 5%.

aun *adverbio* ■ **even: aun así, no lo creo** even so, I don't believe it.

aún *adverbio*
1. **still: aún no me dice qué va a hacer** she still hasn't told me what she's going to do
2. **yet: aún no he terminado** I haven't finished yet
3. **even: ¡eres aún más bella de lo que me imaginaba!** you're even more beautiful than I imagined!

aunque *conjunción*
1. **although: se me antoja el filete, aunque normalmente no como carne** the steak sounds good, although I don't usually eat meat
2. **even though: te ayudo, aunque estoy agotado** I'll help you even though I'm exhausted
3. **even if: tenemos que ir aunque no quieras** we have to go even if you don't want to.

la **ausencia** ■ **absence: no había cambiado nada en mi ausencia** nothing had changed during my absence.

ausente *adjetivo*
1. **absent: has estado ausente demasiadas veces** you've been absent too many times
2. **distracted: te ves ausente hoy** you look distracted today

el/la **ausente** ■ **absentee: hay tres ausentes hoy en esta clase** there are three absentees in this class today.

Australia *sustantivo femenino* ■ **Australia**.

australiano *adjetivo*

En inglés, los adjetivos que se refieren a un país o a una región se escriben con mayúscula:

Australian: el equipo australiano the Australian team

el **australiano**, la **australiana**

En inglés los gentilicios se escriben con mayúscula:

Australian: había dos australianos en la clase there were two Australians in the class.

auténtico *adjetivo* ■ **genuine: un cuadro auténtico** an genuine painting.

el **auto** *Southern Cone* ■ **car**.

el **autobús** *(plural* los autobuses*)* ■ **bus**.

la **autodefensa** ■ **self-defense**.

automático *adjetivo* ■ **automatic**.

el **automóvil** ■ **automobile: la industria del automóvil** the automobile industry.

la **autopista** ■ **highway**
➤ **autopista de peaje** turnpike
➤ **autopista de cuota** *Mexico* turnpike.

el **autor, la autora** ■ **author: es la autora del poema** she's the author of the poem
➤ **el autor de la música** the composer
➤ **el autor del cuadro** the painter
➤ **los autores del crimen** the perpetrators.

la **autoridad** ■ **authority: no tiene ninguna autoridad sobre los alumnos** she doesn't have any authority over the students
➤ **las autoridades** the authorities.

la **autorización** ■ **authorization: necesito la autorización del director** I need authorization from the manager.

autorizar *verbo* ■ **to authorize**
➤ **autorizar a alguien para que haga algo** to authorize someone to do something: **nos autorizaron para salir más temprano** we were authorized to leave early.

el **auxilio** ■ **help: tuvimos que pedir auxilio** we had to call for help
➤ **¡auxilio!** help!
➤ **los primeros auxilios** first aid.

avanzar *verbo*
1. **to make progress: ha avanzado mucho en sus estudios** he has made a lot of progress in school
2. **to move forward: la cola avanzaba muy lentamente** the line moved forward very slowly.

avaro *adjetivo* ■ **miserly**

el **avaro, la avara** ■ **miser**.

el **ave** *sustantivo femenino*

Feminine noun that takes **un** or **el** in the singular.

bird
➤ **aves de corral** poultry
➤ **un ave de rapiña** a bird of prey.

la **avellana** ■ **hazelnut**.

la **avena** ■ **oatmeal**.

la **avenida** ■ **avenue**.

aventar *verbo* ■ *Colombia, Mexico, Peru* **to throw: me aventó la pelota** she threw me the ball.

el **aventón** (*plural* los aventones) *Mexico* ■ **ride**
➤ **darle un aventón a alguien** to give somebody a ride: **nos dio un aventón al colegio** he gave us a ride to school
➤ **pedir aventón** to hitchhike.

avergonzar *verbo*
1. **to embarrass: me avergonzó delante de la clase** he embarrassed me in front of the class
2. **to be ashamed: ¿no te avergüenza andar con esa ropa?** aren't you ashamed to go around dressed like that?

avergonzarse *verbo pronominal* ■ **to be ashamed: no tienes por qué avergonzarte** you have nothing to be ashamed of
➤ **avergonzarse de algo** to be ashamed of something: **me avergüenzo de haberlo acusado** I'm ashamed of accusing him.

la **avería** ■ **breakdown: su coche tuvo una avería en el camino** their car had a breakdown on the way.

averiguar *verbo* ■ **to find out: tengo que averiguar la fecha exacta** I have to find out the exact date.

la **aviación**
1. **aviation: quiere estudiar aviación civil** he wants to study civil aviation
2. **air force: es teniente de la aviación** he's a lieutenant in the air force
➤ **un accidente de aviación** a plane crash.

el **avión** (*plural* los aviones) ■ **airplane: le encantan los aviones** she loves airplanes
➤ **vamos a ir en avión** we're flying there
➤ **mandé el paquete por avión** I sent the package by airmail.

avisar *verbo*
1. **to warn: te aviso que vas a tener problemas** I'm warning you — you'll have problems
2. **to let know: ¿le avisaste que no ibas a ir?** did you let her know you weren't going?; **avísame con tiempo** let me know in advance
➤ **siempre llega sin avisar** he always comes without calling.

el **aviso**
1. **notice: el aviso daba información acerca del cambio de dirección** the notice informed us of the change of address
2. **commercial: los avisos de la televisión** tv commercials
3. **ad: puso un aviso en el diario** she put an ad in the paper
➤ **hasta nuevo aviso** until further notice
➤ **sin previo aviso** without warning.

la **avispa** ■ **wasp**.

la **axila** ■ **armpit**.

¡ay! *interjección*
1. *para expresar dolor* **ouch!: ¡ay! que me duele** ouch! that hurts!
2. *para expresar sorpresa* **oops!: ¡ay! casi me caigo** oops! I nearly fell down
3. *para expresar susto* **oh!: ¡ay! me asustaste** oh! you startled me.

ayer *adverbio* ■ **yesterday: ayer la vi** I saw her yesterday
➤ **antes de ayer** the day before yesterday
➤ **ayer por la mañana** yesterday morning
➤ **ayer por la noche** last night.

la **ayuda** ■ **help: ¿necesitas ayuda?** do you need help?; **me pidió ayuda** she asked me for help.

ayudar *verbo* ■ **to help: me ha ayudado mucho** it's helped me a lot
➤ **ayudar a alguien a hacer algo** to help someone do something: **mi papá me ayudó a hacer las tareas** my dad helped me do my homework.

el **ayuntamiento** ■ **City Hall: un curso organizado por el ayuntamiento** a course organized by City Hall; **vivo cerca del ayuntamiento** I live near City Hall.

la **azafata** ■ **flight attendant**.

el **azar** ■ **chance: me enteré por azar** I only found out by chance
➤ **al azar** at random: **escoge una carta al azar** pick a card at random.

el/la **azúcar** ■ **sugar: no le pongo azúcar al café** I don't put sugar in my coffee
➤ **azúcar morena o moreno** brown sugar.

azul *adjetivo* ■ **blue: un vestido azul** a blue dress; **es de color azul** it's blue

el **azul** ■ **blue: no me gusta el azul** I don't like blue; **iba vestida de azul** she was dressed in blue.

el **azulejo** ■ **tile**.

b

el **babero** ■ **bib**.

la **babosa** ■ **slug**.

el **bacalao** ■ **cod**.

el **bache** ■ **pothole: hay muchos baches en el camino** there are a lot of potholes on this road
➤ **están pasando por un mal bache** they're going through a bad patch.

el **bachillerato** ■ **high school course**.

la **bacteria** ■ **bacteria**.

la **bahía** ■ **bay**.

bailar *verbo* ■ **to dance: anoche fuimos a bailar** we went out dancing last night
➤ **estoy aprendiendo a bailar salsa** I'm taking salsa lessons.

el **bailarín,** la **bailarina** ■ **dancer: quiere ser bailarina** she wants to be a dancer.

el **baile** ■ **dance: la rumba es un baile cubano** the rumba is a Cuban dance; **tiene clases de baile** she takes dance lessons; **lo van a celebrar con un baile** they're going to celebrate with a dance
➤ **un baile de etiqueta** a ball.

la **baja** ■ **drop: una brusca baja de la temperatura** a sudden drop in temperature
➤ **darse de baja** to cancel one's membership: **me di de baja en el club** I cancelled my club membership.

la **bajada** ■ **way down: la bajada es siempre más fácil** the way down is always easier
➤ **una bajada muy empinada** a steep descent.

bajar *verbo*
1. **to go down: voy a bajar por las escaleras** I'll go down the stairs
2. **to come down: baja que quiero decirte algo** come down here, I need to tell you something; **ya bajo** I'm coming down
3. **to take down: voy a bajar el teléfono a la cocina** I'm going to take the phone down to the kitchen
4. **to bring down: por favor, bájame un suéter que aquí hace frío** please bring me down a sweater — it's cold here
5. **to get down: baja el diccionario del estante** get the dictionary down from the shelf
6. **to lower: han bajado el precio de la entrada** they've lowered ticket prices
7. **to download: acabo de bajar esta canción** I just downloaded this song
8. **to turn down: baja la música, por favor** please turn down the music

➤ **¡bajen la voz que no puedo estudiar!** keep your voices down, I'm trying to study!
➤ **bajarse de algo** *de un autobús, avión, bicicleta* to get off: **nos bajamos juntos del tren** we got off the train together
➤ **bajarse de** *de un coche* to get out of: **se bajó de un taxi** she got out of a taxi
➤ **bajarse de** *de un árbol, mesa* to come down from: **¡bájate de ahí que te vas a caer!** get down from there before you fall!

bajo *(adverbio, preposición & adjetivo)*
■ *adverbio*
low: iba volando muy bajo it was flying very low
➤ **hablen más bajo** please lower your voices
■ *preposición*
under: escribe bajo un seudónimo she writes under a pseudonym; **bajo el gobierno anterior** under the previous government
➤ **bajo cero** below zero: **tres grados bajo cero** three degrees below zero
➤ **bajo tierra** underground: **estacionamientos construidos bajo tierra** underground parking lots
■ *adjetivo*
1. **short: José es muy bajo** José is very short
2. **low: la silla es muy baja** the chair is very low; **saqué notas muy bajas** I got very low grades; **las temperaturas no son muy bajas** temperatures aren't too low

➤ **la planta baja** the ground floor
➤ **hablaban en voz baja** they were talking quietly
➤ **pon la música más baja** turn the music down
➤ **alimentos bajos en calorías** low-calorie foods.

la **bala** ■ **bullet**.

la **balacera** ■ **shootout**.

la **balanza** ■ **scale: me pesé en la balanza del baño** I weighed myself on the bathroom scale.

el **balazo** ■ **shot: oímos unos balazos** we heard some shots
➤ **lo mataron de un balazo** he was shot to death.

el **balcón** *(plural* los balcones*)* ■ **balcony**.

el **balde** ■ **bucket: un balde de agua** a bucket of water
➤ **en balde** in vain: **hicimos el viaje en balde porque no estaba** he was out, so our trip was in vain.

la **baldosa** ■ **tile**.

la **ballena** ■ **whale**.

el **balón** *(plural* los balones*)* ■ **ball**

⚠ **Balón is a false cognate, it does not mean "balloon".**

la **balsa** ■ **raft**.

la **banana** *Peru, River Plate* ■ **banana**.

el **banano** *Central America, Colombia*
1. *árbol* **banana tree**

2. *fruto* **banana**.

el **banco**

1. **bank: depositó el cheque en el banco** he deposited the check at the bank
2. **bench: me senté en un banco de la plaza** I sat on a bench in the square

➤ **los bancos de la iglesia** the pews

➤ **un banco de sangre** a blood bank.

la **banda**

1. **band: toca en la banda del colegio** she plays in the school band
2. **gang: detuvieron a una banda de ladrones** they caught a gang of thieves
3. **sash: llevaba una banda con el nombre de su país** she wore a sash with her country's name on it

➤ **la banda sonora de la película** the movie's soundtrack.

la **bandeja** ■ **tray**.

la **bandera** ■ **flag**.

el **banquero**, la **banquera** ■ **banker: su padre es banquero** his father is a banker.

la **banqueta** *Mexico* ■ **sidewalk**.

el **banquete** ■ **banquet: los invitaron a un banquete** they were invited to a banquet

➤ **el banquete de bodas** the wedding reception.

la **bañadera** *Argentina* ■ **bathtub**.

bañarse *verbo pronominal*

1. *en la tina* **to take a bath**
2. *en la ducha* **to take a shower**
3. **to swim: nos bañamos en el mar** we swam in the sea.

el **baño**

1. **bathroom: ¿dónde está el baño, por favor?** can you tell me where the bathroom is, please?; **una casa con tres baños** a house with three bathrooms
2. **bathtub: llenó el baño de agua** she filled the bathtub

➤ **darse un baño** *en el mar, la piscina* to go for a swim

➤ **darse un baño** *en la tina* to take a bath

➤ **darse un baño** *en la ducha* to take a shower

➤ **baño público** restroom.

el **bar** ■ **bar**.

la **barata** *Mexico* ■ **sale: lo compré en una barata** I bought it on sale.

barato *(adjetivo & adverbio)*

■ *adjetivo*

cheap: ¿cuál es más barato? which one is cheaper?

■ *adverbio*

cheaply: aquí podemos comer barato we can eat cheaply here

➤ **el viaje nos costó barato** our trip was pretty cheap.

la **barba** ■ **beard**

➤ **dejarse barba** to grow a beard: **se está dejando barba** he's growing a beard.

la **barbacoa**

1. **barbecue: hacer una barbacoa** to have a barbecue
2. *Mexico meat cooked in a hole dug in the ground and lined with red-hot stones*.

la **barbaridad** ■ **atrocity: las barbaridades cometidas en la guerra** the atrocities committed during the war

➤ **no digas tantas barbaridades** don't talk such nonsense

➤ **tengo una barbaridad de tareas para mañana** I've got a load of homework for tomorrow

➤ **¡qué barbaridad! mira qué tarde es** oh my God! look how late it is!

la **barbilla** ■ **chin**.

la **barca** ■ **boat: una barca de remos** a rowboat.

el **barco**

1. *grande* **ship**
2. *de menor tamaño* **boat**

➤ **un barco de guerra** a warship

➤ **un barco de vela** a sailboat.

la **barda** *Mexico*

1. *de madera* **fence**
2. *de ladrillos, cemento* **wall**

➤ **una barda de alambre de púas** a barbed-wire fence.

el **barniz** *(plural* **los barnices***)* ■ **varnish**

➤ **el barniz de uñas** nail polish.

la **barra** ■ **bar: una barra de metal** a metal bar; **una barra de chocolate** a chocolate bar; **una barra de jabón** a bar of soap; **tomamos unas bebidas en la barra** we had drinks at the bar.

el **barranco** ■ **ravine**.

barrer *verbo* ■ **to sweep: tengo que barrer el patio** I have to sweep the patio

barrerse *Mexico verbo pronominal* ■ **to slide: el portero se barrió para detener la pelota** the goalkeeper slid to stop the ball.

la **barrera** ■ **barrier**
➤ **la barrera del sonido** the sound barrier.

la **barriga** ■ **belly: tiene una tremenda barriga** he has a huge belly
➤ **me duele la barriga** my tummy hurts.

el **barril** ■ **barrel: un barril de petróleo** an oil barrel.

el **barrilete** *River Plate* ■ **kite: remontar un barrilete** to fly a kite.

el **barrio** ■ **neighborhood: un barrio residencial** a residential neighborhood; **va a un colegio del barrio** she goes to a neighborhood school.

el **barro**
1. **clay: una olla de barro** a clay pot
2. **mud: llegó con los zapatos llenos de barro** he arrived with his shoes covered in mud.

el **barullo**
1. **racket: tenían un barullo en la clase** there was a racket in the classroom
2. **confusion: en el barullo perdí el libro** I lost my book in the confusion
➤ **se me armó un barullo con las cuentas** the accounts really confused me.

basarse *verbo pronominal* ■ **to be based on: el libro se basa en una historia real** the book is based on a true story.

la **báscula** ■ **scale**.

la **base**
1. **base: la base de la pirámide** the base of the pyramid; **corrió a la tercera base** she ran to third base
2. **basis: la base de su éxito fue el estudio** studying was the basis for his success
➤ **lo consiguió a base de esfuerzo** he did it through hard work
➤ **las bases del concurso** the rules of the competition
➤ **una base aérea** an air base
➤ **una base de datos** a database.

básico *adjetivo* ■ **basic**.

el **básquetbol** ■ **basketball**.

el **basquetbol** *Mexico* ■ **basketball**.

bastante *(adjetivo & adverbio)*

■ *adjetivo*

Cuando tiene el sentido de suficiente, el adjetivo **bastante** se traduce por **enough**. Si se refiere a una cantidad o número considerable se traduce por **a lot of**:

1. **enough: hay bastante comida para todos** there's enough food for everyone; **no estudian bastante** they don't study enough; **¿queda bastante?** is there enough?
2. **a lot of: había bastante gente** there were a lot of people; **mañana tengo bastantes cosas que hacer** I have a lot of things to do tomorrow
➤ **tengo bastante hambre** I'm quite hungry
➤ **nos demoramos bastante en llegar** we got there pretty late

■ *adverbio*

pretty: son bastante caras they're pretty expensive; **habla bastante bien inglés** she speaks English pretty well.

el **bastón** ■ **cane**.

la **basura** *(plural* los bastones*)* ■ **garbage: pasan a recoger la basura los lunes** they pick up the garbage on Monday
➤ **tirar algo a la basura** to throw something in the garbage.

el **basurero**
1. **garbage dump: lo encontró en el basurero** she found it in the garbage dump
2. *Chile, Mexico* *recipiente* **garbage can: el basurero está debajo del fregadero** the garbage can is under the kitchen sink

el **basurero**, la **basurera** ■ **garbage collector**.

la **bata**
1. **robe: seguía en bata a las tres de la tarde** she was still in her robe at three o'clock in the afternoon
2. **coat: los doctores usan batas blancas** doctors wear white coats
➤ **una bata de baño** a bathrobe.

la **batalla** ■ **battle**.

la **batata** ■ **sweet potato**.

el **bateador,** la **bateadora** ■ **batter**.

la **batería**
1. **battery: necesito una nueva batería para mi coche** my car needs a new battery
2. **drums: estoy aprendiendo a tocar la batería** I'm learning to play the drums.

batir *verbo*
1. **to beat: bate los huevos ligeramente** beat the eggs lightly
2. **to whip: hay que batir la crema primero** you have to whip the cream first
3. **to break: Woods ha batido todos los récords** Woods has beaten all the records.

el **baúl** ■ **trunk**.

bautizar *verbo* ■ **to christen: la bautizan el sábado** she's being christened on Saturday
➤ **la bautizaron con el nombre de la abuela** she was named after her grandmother.

el **bautizo** ■ **christening**.

beber *verbo* ■ **to drink: no bebas esa agua** don't drink that water
➤ **se bebieron todo el vino** they drank all the wine
➤ **tienes que bebértelo todo** you have to drink all of it.

la **bebida** ■ **drink**.

la **beca**
1. *del gobierno* **grant: recibimos una beca del gobierno** we got a government grant
2. *de universidad, institución privada* **scholarship: se ganó una beca para asistir a Harvard** she won a scholarship to go to Harvard.

el **béisbol** ■ **baseball**.

el **beisbol** *Mexico* ■ **baseball**.

la **belleza** ■ **beauty**.

la **bencina** *Chile* ■ **gasoline: pusimos bencina en el auto** we put gasoline in the car.

la **bencinera** *Chile* ■ **gas station**.

bendecir *verbo* ■ **to bless**.

la **bendición** *(plural* las bendiciones*)* ■ **blessing: el sacerdote realizó la bendición de los anillos** the priest performed the blessing of the rings.

beneficiar *verbo* ■ **to benefit: la nueva ley beneficia a todos** the new law benefits everybody.

el **beneficio** ■ **profit: la empresa tuvo un beneficio de 2000 dólares** the company made a profit of $2000.

benéfico *adjetivo* ■ **benefit: una cena benéfica** a benefit dinner.

benigno *adjetivo*
1. **benign: un tumor benigno** a benign tumor
2. **mild: un clima benigno** a mild climate.

la **berenjena** ■ **eggplant**.

la **berma** *Andes* ■ **shoulder: el auto se fue a la berma** the car went onto the shoulder.

el **berrinche** ■ **rage: me agarré un berrinche tremendo** I flew into a terrible rage.

besar *verbo* ■ **to kiss: se estaban besando** they were kissing.

el **beso** ■ **kiss: le dio un beso** he gave her a kiss.

el **betabel** *Mexico* ■ **beet**.

el **biberón** *(plural* los biberones*)* ■ **bottle: el bebé está tomando el biberón** the baby's taking the bottle.

la **Biblia** ■ **Bible**.

el **bibliorato** *River Plate* ■ **file cabinet**.

la **biblioteca** ■ **library** *(plural* **libraries***)*: **la biblioteca de la escuela** the school library.

el **bibliotecario,** la **bibliotecaria** ■ **librarian**.

el **bicho** ■ **insect**.

la **bicicleta** ■ **bicycle**
➤ **montar en bicicleta** to ride a bicycle: **no sabe montar en bicicleta** he doesn't know how to ride a bicycle
➤ **bicicleta de montaña** mountain bike.

bien *adverbio*
1. **good: me siento bien** I feel good
2. **very: repítelo bien fuerte** repeat it very loudly
3. **great: ¡bien, vamos al cine!** great, let's go to the movies!
4. **all right: está bien: te dejo el coche** it's all right: I'm leaving you the car
5. **well: ¡cierra bien la puerta!** close the door well!
➤ **la pasamos muy bien** we had a good time
➤ **¡bien hecho!** well done!
➤ **¿te parece bien?** is that OK with you?
➤ **¡qué bien!** how wonderful!

el **bien**
1. **good: el bien y el mal** good and evil
2. **well-being: lo hizo por tu bien** she did it for your well-being
➤ **los bienes** possessions.

la **bienvenida**
➤ **dar la bienvenida a alguien** to welcome somebody: **me dieron la bienvenida** they welcomed me.

bienvenido *adjetivo* ■ **welcome: bienvenido a nuestra casa** welcome to our home.

el **bife** *River Plate* ■ **steak**.

el **bigote** ■ **mustache**.

el **billete**
1. **bill: un billete de 100 pesos** a 100–peso bill
2. **ticket: un billete de tren** a train ticket.

la **billetera** ■ **wallet: una billetera de cuero** a leather wallet.

la **biografía** ■ **biography** (*plural* **biographies**).

la **biología** ■ **biology**.

biológico *adjetivo* ■ **biological**.

la **birome** *River Plate* ■ **pen: una birome azul** a blue pen.

el **bis** ■ **encore: pidieron un bis en el concierto** they asked for an encore at the concert.

la **bisabuela** ■ **great-grandmother**.

el **bisabuelo** ■ **great-grandfather**
➤ **mis bisabuelos** my great-grandparents.

la **bisnieta** ■ **great-granddaughter**.

el **bisnieto** ■ **great-grandson**
➤ **mis bisnietos** my great-grandchildren.

el **bisté** *Mexico* ■ **steak**.

el **bistec** *Mexico* ■ **steak**.

bizco *adjetivo* ■ **cross-eyed**.

blanco *adjetivo* ■ **white: una pared blanca** a white wall

el **blanco**
1. **white: el blanco es mi color preferido** white is my favorite color
2. **target: fue el blanco de todas las críticas** he was the target of all the criticism; **el ciervo fue el blanco de los cazadores** the deer was the target of the hunters
➤ **dejar algo en blanco** to leave something blank: **deje esa parte del documento en blanco** leave that part of the document blank.

blando *adjetivo*
1. **soft: una superficie blanda** a soft surface
2. **indulgent: es muy blando con sus hijos** he's very indulgent with his children.

el **bloque** ■ **block: un bloque de cemento** a cement block.

bloquear *verbo* ■ **to block: el camión bloqueaba la entrada** the truck was blocking the entrance.

el **bloqueo** ■ **blockade**.

los **blúmers** *Central America, Caribbean* ■ **panties**.

la **blusa** ■ **blouse**.

el **bluyín** *Andes, Venezuela* ■ **jeans: Juan compró un bluyín** Juan bought some jeans.

los **bluyines** *Andes, Venezuela* ■ **jeans**.

bobo *adjetivo* ■ **silly: es una actitud muy boba** it's a very silly attitude

el **bobo,** la **boba** ■ **fool: Guillermo es un bobo** Guillermo is a fool.

la **boca** ■ **mouth: una boca pequeña** a small mouth
➤ **quedarse con la boca abierta** to be dumbfounded
➤ **se me hace agua la boca** my mouth is watering
➤ **boca abajo** face down
➤ **boca arriba** face up.

el **bocado** ■ **bite: probé un bocado de esa comida** I tried a bite of that food.

la **bocina** ■ **horn: el conductor tocó la bocina** the driver honked the horn.

bocón, bocona *adjetivo informal* ■ **loud-mouthed: Pedro es muy bocón** Pedro is very loud-mouthed.

la **boda** ■ **wedding**.

la **bodega**
1. **cellar: una bodega de vino** a wine cellar
2. **hold: el equipaje está en la bodega del barco** the luggage is in the ship's hold.

la **bofetada** ■ **slap: le dio una bofetada fuerte** she gave him a hard slap.

el **bóiler** *Mexico* ■ **boiler**.

la **bola** ■ **ball: pásame la bola** pass me the ball
➤ **se corrió la bola** the rumor has spread
➤ **bola de cristal** crystal ball.

bolear *Mexico verbo* ■ **to shine: boleo mis zapatos todas las semanas** I shine my shoes every week.

el **bolero,** la **bolera** *Mexico* ■ **shoeshine: hay muchos boleros en la ciudad** there are many shoeshines in the city.

la **boleta**
1. **receipt: reclama siempre tu boleta de compra** always ask for your receipt
2. *Central America, Southern Cone* **fine: me pusieron una boleta por alta velocidad** they gave me a speeding fine.

la **boletería**
1. **box office: nos vemos en la boletería del cine** we'll meet at the box office of the movie theater
2. **ticket office: la boletería de la estación está cerrada** the station's ticket office is closed.

el **boleto** ■ **ticket: compré un boleto de autobús** I bought a bus ticket
➤ **un boleto de lotería** a lottery ticket
➤ **un boleto de ida y vuelta** a round-trip ticket
➤ **un boleto redondo** *Mexico* a round-trip ticket.

el **boliche**
1. **bowling: le gusta jugar boliche** he likes to go bowling
2. *River Plate* **store: fuimos a tomar algo al boliche de la esquina** we went to get a drink at the corner store.

el **bolígrafo** ■ **pen: marca las correcciones con un bolígrafo rojo** mark the corrections with a red pen.

el **bolillo** *Mexico* ■ **roll: Juan come bolillos todas las mañanas** Juan eats rolls every morning.

la **bolita** *Southern Cone* ■ **marble**
➤ **jugar a la bolita** to play marbles: **los niños juegan a la bolita en la calle** the children play marbles in the street.

Bolivia *sustantivo femenino* ■ **Bolivia**.

boliviano *adjetivo*

> En inglés, los adjetivos que se refieren a un país o una región se escriben con mayúscula:

Bolivian: los tejidos bolivianos son de alta calidad Bolivian textiles are high quality

el **boliviano,** la **boliviana**

> En inglés, los gentilicios se escriben con mayúscula:

Bolivian: los bolivianos the Bolivians.

el **bollo** *Mexico* ■ **roll: me gustan los bollos calentitos** I like hot rolls.

la **bolsa**

1. **bag: traje las compras en una bolsa de papel** I carried the shopping in a paper bag
2. **stock market: la Bolsa ha subido** the stock market has gone up
3. *Mexico* **purse: mi hermana compró una bolsa roja** my sister bought a red purse

➤ **una bolsa de agua caliente** a hot-water bottle

➤ **una bolsa de aire** an air pocket

➤ **una bolsa de dormir** a sleeping bag.

el **bolsillo** ■ **pocket: este pantalón tiene dos bolsillos** these pants have two pockets.

el **bolso** ■ **bag: un bolso de cuero** a leather bag.

la **bomba**

1. **bomb: estalló una bomba en una tienda** a bomb exploded in a store
2. **pump: usamos una bomba para sacar el agua** we used a pump to get the water out
3. *Chile, Ecuador, Venezuela* **gas pump: dejamos el auto al lado de la bomba** we left the car next to the gas pump.

la **bombacha** *River Plate* ■ **panties: una bombacha blanca** a pair of white panties.

bombear *verbo* ■ **to pump out: los voluntarios bombearon el agua del pozo** the volunteers pumped out the water from the well.

el **bombero,** la **bombera**

1. **firefighter: los bomberos apagaron el fuego** the firefighters put out the fire
2. *Venezuela* **gas station attendant: le pedimos al bombero que llenara el tanque** we asked the gas station attendant to fill the tank.

la **bombilla**

1. **light bulb: necesitamos una bombilla para la lámpara** we need a lightbulb for the lamp
2. *River Plate metal tube used to drink* **mate**.

el **bombillo** *Central America, Colombia, Mexico* ■ **light bulb**.

la **bombita** *River Plate* ■ **bulb**.

el **boniato** ■ **sweet potato** *(plural* **sweet potatoes***)*.

bonito *adjetivo* ■ **pretty: esta blusa es muy bonita** this blouse is very pretty.

el **bono**

1. **voucher: me dieron un bono por el 10% de mi compra** the gave me a voucher for 10% of my purchase
2. **pass: Beatriz compró un bono de transporte público** Beatriz bought a public transportation pass.

el **bordado** ■ **embroidery**.

el **borde** ■ **edge: es peligroso asomarse al borde del barranco** it's dangerous to get close to the edge of the ravine

➤ **estar al borde de algo** to be on the verge of something: **está al borde de una crisis nerviosa** he's on the verge of a nervous breakdown.

bordo *sustantivo masculino*

➤ **a bordo** on board: **subimos a bordo de la lancha** we got on board the boat.

la **borrachera**

➤ **agarrarse borrachera** to get drunk: **Juan se agarró tremenda borrachera** Juan got really drunk.

borracho *adjetivo* ■ **drunk: estaba borracho** he was drunk.

el **borrador**

1. **rough draft: es un borrador** it's a rough draft
2. **eraser: la maestra pidió un borrador nuevo** the teacher asked for a new eraser.

borrar *verbo* ■ **to erase: el estudiante borró el pizarrón** the student erased the chalkboard.

el **borrego,** la **borrega** ■ **lamb**.

el **borrón** *(plural* los borrones*)* ■ **smudge: este trabajo está lleno de borrones** this paper is covered with smudges.

borroso *adjetivo*

1. **blurred: una fotografía borrosa** a blurred photograph
2. **vague: un recuerdo borroso** a vague memory.

el **bosque**
1. *grande* **forest**
2. *pequeño* **wood**.

bostezar *verbo* ■ **to yawn: Pedro bostezó durante toda la conferencia** Pedro yawned during the whole conference.

la **bota** ■ **boot: compré botas de cuero** I bought leather boots.

la **botana** *Mexico* ■ **snack: es un lugar ideal para comer botanas** it's an ideal place to eat snacks.

la **botánica** ■ **botany**.

botar *verbo* ■ **to throw: está prohibido botar papeles al suelo** it's prohibited to throw paper on the ground.

el **bote**
1. **can: compramos un bote de pintura** we bought a can of paint
2. **boat: hay muchos botes en el lago hoy** there are lots of boats in the lake today

➤ **pasear en bote** to go sailing.

la **botella** ■ **bottle: una botella de vidrio** a glass bottle.

el **botón** *(plural* los botones*)* ■ **button: perdió dos botones de la blusa** she lost two buttons off her blouse.

la **bóveda** ■ **vault**.

el **box** *Latin America* ■ **boxing: el box es un deporte muy rudo** boxing is a very rough sport.

el **boxeo** ■ **boxing: un campeonato de boxeo** a boxing championship.

la **brasa** ■ **hot coal: hay que avivar las brasas** we have to stoke the hot coals.

el **brasier** *Colombia, Mexico* ■ **bra**.

Brasil *sustantivo masculino* ■ **Brazil**.

brasileño *adjetivo*

> En inglés, los adjetivos que se refieren a un país o una región se escriben con mayúscula:

Brazilian: el equipo brasileño salió campeón the Brazilian team were the champions

el **brasileño**, la **brasileña**

> En inglés, los gentilicios se escriben con mayúscula:

Brazilian: los brasileños the Brazilians.

brasilero *River Plate adjetivo*

> En inglés, los adjetivos que se refieren a un país o una región se escriben con mayúscula:

Brazilian: el equipo brasilero salió campeón the Brazilian team were the champions

el **brasilero**, la **brasilera** *River Plate*

> En inglés, los gentilicios se escriben con mayúscula:

Brazilian: los brasileros the Brazilians.

el **brassier** *Colombia, Mexico* ■ **bra**.

bravo *adjetivo* ■ **brave: un guerrero muy bravo** a very brave warrior

➤ **la situación se puso brava** *River Plate* the situation became very difficult.

bravo *interjección* ■ **well done!**

bravucón, bravucona *adjetivo* ■ **boastful**.

el **brazo** ■ **arm: Ricardo se fracturó el brazo** Ricardo broke his arm.

el **bretel** *Southern Cone* ■ **strap: un bretel de mi vestido se rompió** a strap on my dress broke; **un vestido sin breteles** a strapless dress.

breve *adjetivo*
1. **brief: una breve pausa** a brief pause
2. **short: un discurso breve** a short speech.

el **brevet** *Andes* ■ **license: saqué el brevet** I got out my license.

brillante *adjetivo*
1. **shiny: una superficie brillante** a shiny surface
2. **brilliant: es una estudiante brillante** she's a brilliant student

el **brillante** ■ **diamond: un anillo de brillantes** a diamond ring.

brillar *verbo*
1. **to shine: las estrellas brillan** the stars are shining
2. **to sparkle: sus ojos brillaban** his eyes sparkled.

el **brillo**
1. **shine: el brillo del vidrio me ciega** the shine from the glass is blinding me
2. **sparkle: adoro el brillo de tus ojos** I adore the sparkle of your eyes.

brilloso *adjetivo* ■ **shining: los zapatos estaban brillosos** the shoes were shining.

brincar *verbo* ■ **to jump up and down: el niño brincaba de emoción** the boy was jumping up and down in excitement.

el **brinco**
➤ **pegar un brinco** to jump: **pegó un brinco en el aire** she jumped in the air.

brindar *verbo*
1. **to offer: te brindo mi amor** I offer you my love
➤ **brindar por** to drink a toast to: **en la fiesta brindamos por los novios** at the party we drank a toast to the bride and groom

brindarse *verbo*
➤ **brindarse a hacer algo** to offer to do something: **me brindé a lavar los platos** I offered to do the dishes.

el **brindis** (*plural* los brindis) ■ **toast: hagamos un brindis por los novios** let's drink a toast to the bride and groom.

la **brisa** ■ **breeze: hay una brisa muy agradable** there's a very pleasant breeze.

la **brocha** ■ **paintbrush**.

el **broche**
1. **fastener: se rompió el broche del collar** the fastener of the necklace broke
2. **brooch: me gusta usar un broche en la solapa** I like to wear a brooch in my lapel.

la **broma** ■ **joke: le gusta hacer bromas** he likes to make jokes
➤ **gastar una broma a alguien** to play a joke on somebody: **gastamos una broma a Cristina** we played a joke on Cristina
➤ **lo decía en broma** I was just joking.

bromear *verbo* ■ **to joke: sólo estábamos bromeando** we were only joking.

el **bromista**, la **bromista** ■ **joker: los bromistas son personas populares** jokers are popular people.

la **bronca**
1. **row: se armó una bronca terrible en el partido** there was a terrible row during the game
2. *River Plate*
➤ **me da mucha bronca** it makes me very angry.

bronceado *adjetivo* ■ **tanned: su piel estaba bronceada** his skin was tanned
➤ **ponerse bronceado** to get a tan: **me pongo bronceado después de sólo una hora en el sol** I get a tan after only one hour in the sun.

brotarse *verbo* ■ **to break out: me broté con el sol** I broke out from the sun.

el **brote** ■ **sprout: esta planta tiene brotes sanos** this plant has healthy sprouts.

la **bruja** ■ **witch**.

brujo *adjetivo* ■ *Mexico informal* **broke**
➤ **estar brujo** to be broke: **a esta altura del mes estamos brujos** at this point of the month we're broke

el **brujo** ■ **wizard**.

la **brújula** ■ **compass**.

la **bruma** ■ **mist: hay una espesa bruma sobre el mar** there's a heavy mist over the sea.

brusco *adjetivo* ■ **sudden: hizo un movimiento brusco** he made a sudden movement.

brutal *adjetivo* ■ **brutal: fue una guerra brutal** it was a brutal war.

bruto *adjetivo*
1. **uncouth: es un niño muy bruto** he's a very uncouth boy
2. **gross: las ganancias brutas** gross profits.

bucal *adjetivo* ■ **oral: tienes una infección bucal** you have an oral infection.

buen *adjetivo*

> **Buen** is a shortened form of **bueno** used in front of a masculine singular noun. Example: **es un buen año, es un año bueno.**

good: es un buen principio it's a good beginning.

bueno *(adjetivo, adverbio & interjección)*

■ *adjetivo*
good: sacó muy buenas notas en el examen he got very good grades on the test

■ *adverbio*
OK: bueno, comamos pizza OK, let's eat pizza

■ *interjección*
Mexico, Colombia al teléfono **Hello!: ¡bueno! ¿quién habla?** hello! who's speaking?

el **buey** ■ **ox** *(plural* **oxen***)*.

la **bufanda** ■ **scarf** *(plural* **scarves***)*.

el **búho** ■ **owl**.

el **buitre** ■ **vulture**.

el **bulbo** ■ **bulb**.

la **bulla** ■ **ruckus: los niños armaron una gran bulla** the children raised a terrible ruckus.

el **bullicio** ■ **racket: el bullicio de la calle era insoportable** the racket of the street was unbearable.

el **bulto**
1. **bulge: la billetera te hace un bulto en el bolsillo** your wallet makes a bulge in your pocket
2. **bag: viajan con cuatro bultos** they're traveling with four bags
3. **shape: sólo puedo distinguir dos bultos grandes en este cuarto oscuro** I can only distinguish two large shapes in this dark room.

el **buque** ■ **ship**.

la **burbuja** ■ **bubble**.

la **burguesía** ■ **middle class**.

la **burla** ■ **taunt: las burlas de sus compañeros fueron crueles** the taunts of his colleagues were cruel.

burlarse *verbo*
➢ **burlarse de alguien** to make fun of somebody: **se burlaron cruelmente del niño** they cruelly made fun of the boy.

el **buró** *Mexico* ■ **nightstand**.

la **burocracia** ■ **bureaucracy**.

el/la **burócrata** ■ **bureaucrat**.

burocrático *adjetivo* ■ **bureaucratic: debemos completar estos trámites burocráticos** we have to complete these bureaucratic formalities.

el **burrito** *Central America, Mexico* ■ **burrito: se comió dos burritos** he ate two burritos.

burro *informal adjetivo* ■ **stupid: era tan burro que pensaba que el número dos era impar** he was so stupid that he thought that two was an odd number

el **burro** ■ **donkey**.

el **bus** ■ **bus: tomamos el bus para ir al museo** we took the bus to the museum.

buscar *verbo*
1. **to look for: estoy buscando trabajo** I'm looking for work
2. **to pick up: va a buscar a los niños al colegio todos los días** she goes to pick up the children from school every day

➢ **se busca caniche blanco** white poodle wanted
➢ **se la está buscando** he's looking for trouble.

la **buseta** *Colombia, Costa Rica, Ecuador, Venezuela* ■ **bus: voy en buseta a la escuela** I go to school by bus.

la **búsqueda** ■ **search: la búsqueda de la niña duró dos días** the search for the girl lasted two days.

el **busto** ■ **bust: inauguraron un busto del famoso poeta** they unveiled a bust of the famous poet.

la **butaca** ■ **armchair**.

el **buzo**
1. *Colombia, Uruguay* **jumper: compré un buzo de lana** I bought a wool jumper

2. *Argentina* **tracksuit: uso un buzo para hacer deporte** I wear a tracksuit to play sports.

el **buzón** ■ **mailbox: encontré dos cartas en el buzón** I found two letters in the mailbox

➤ **eché una carta al buzón** I mailed a letter.

C

la **caballería** ■ **cavalry**.

caballero *adjetivo* ■ **gentlemanly: es muy caballero** he's very gentlemanly

el **caballero** ■ **gentleman** *(plural* **gentlemen***)*: **estas cosas no deberían pasar entre caballeros** these things shouldn't happen among gentlemen

➤ **damas y caballeros** ladies and gentlemen.

el **caballo**

1. **horse: el caballo es mi animal favorito** the horse is my favorite animal
2. **knight: no te conviene mover el caballo o te haré jaque al rey** it's not a good idea for you to move your knight because I'll check your king

➤ **andar a caballo** to ride.

la **cabaña** ■ **cabin: fuimos a pasar el fin de semana a la cabaña** we went to spend the weekend at the cabin.

cabecear *verbo*

1. **to nod off: el viejo cabeceaba frente a la tele** the old man was nodding off in front of the TV
2. **to head: el jugador cabeceó y marcó un gol** the player headed the ball and scored a goal.

la **cabecera**

1. **headboard: la cabecera de la cama era de madera** the headboard of the bed was made of wood
2. **head: el invitado se sentó a la cabecera de la mesa** the guest sat down at the head of the table.

el **cabello** ■ **hair: tiene un cabello suave y brilloso** she has smooth, glossy hair.

caber *verbo* ■ **to fit: en esta habitación caben diez personas** ten people fit in this room; **estos pantalones ya no me caben** these pants don't fit me anymore.

la **cabeza**

1. **head: me duele la cabeza** I've got a headache
2. **person: corresponden 100 pesos por cabeza** it's 100 pesos per person

➤ **a la cabeza** at the head: **el sacerdote iba a la cabeza de la procesión** the priest was at the head of the procession

➤ **perder la cabeza** to lose one's head: **perdió la cabeza por esa muchacha** he lost his head over that girl

➤ **romperse la cabeza** to rack one's brains: **me rompí la cabeza tratando de entender este ejercicio** I racked my brains trying to understand this exercise

➤ **cabeza de ajo** bulb of garlic

➤ **cabeza de familia** head of the household.

la **cabina**

1. **booth: hay una cabina telefónica a dos cuadras** there's a telephone booth two blocks away
2. **cockpit: se prendió fuego la cabina del avión** the airplane's cockpit caught on fire.

el **cabinero**, la **cabinera** *Colombia* ■ **flight attendant: le pedí agua a la cabinera** I asked the flight attendant for water.

el **cable**

1. **cable: se tropezó con un cable** he tripped on a cable
2. **message: recibí un cable del exterior** I received a message from abroad
3. **cable television: tengo cable en casa** I have cable television at home.

el **cabo**

1. **end: pásame el cabo de la cuerda** pass me the end of the rope
2. **corporal: el sargento ordenó al cabo que saliera** the sergeant ordered the corporal to leave
3. **cape: esta costa tiene muchos cabos** this coast has many capes

➤ **llevar a cabo** to carry out: **la empresa llevó a cabo un proyecto original** the company carried out an original project

➤ **atar cabos** to put two and two together: **el inspector ató cabos hasta dar con el asesino** the inspector put two and two together and found the murderer.

la **cabra** ■ **goat**.

el **cabro** *Bolivia, Chile, Chile informal* ■ **guy: conocí a esos cabros en la calle** I met those guys on the street.

la **cabuya** *Central America, Colombia, Venezuela* ■ **rope: lo atamos con una cabuya** we tied it with a rope.

la **caca** *informal* ■ **poop: la calle está llena de caca de perro** the street is full of dog poop.

el **cacahuate** *Central America, Mexico* ■ **peanut**.

el **cacao** ■ **cocoa**.

el **cacareo** ■ **crowing: el cacareo de los gallos era insoportable** the crowing of the roosters was unbearable.

la **cacería** ■ **hunt: la cacería del zorro fue un éxito** the fox hunt was a success.

la **cacerola** ■ **pan: puse las verduras crudas en la cacerola** I put the raw vegetables in the pan.

cachar *Mexico verbo* ■ **to catch: caché el llavero en el aire** I caught the keyring in the air.

el **cacharro**

1. **junk: el sótano está lleno de cacharros viejos** the basement is full of old junk
2. **pots: todavía tengo que lavar los cacharros de la comida** I still have to wash the pots from dinner.

la **cachetada** ■ **slap: le pegó tremenda cachetada** she gave him a hard slap.

el **cachete**

1. **cheek: se le pusieron los cachetes rojos de vergüenza** his cheeks turned red in shame
2. **slap: el padre le pegó un cachete al niño** the father gave the boy a slap.

el **cachorro,** la **cachorra**

1. *de perro* **puppy** (*plural* **puppies**)
2. *de gato* **kitten**
3. *de león, oso* **cub**.

la **cachucha** *Andes, Central America, Mexico* ■ **cap**.

el **cacique**

1. **chief: el cacique de la tribu era un hombre de gran sabiduría** the chief of the tribe was a man of great wisdom
2. **political leader: la región está dominada por caciques corruptos** the region is dominated by corrupt political leaders.

el **cacto** ■ **cactus** (*plural* **cacti**).

el **cactus** (*plural* los cactus) ■ **cactus** (*plural* **cacti**).

cada *adjetivo*

1. **each: cada alumno trajo su propio cuaderno** each student brought his own notebook
2. **every: viene a casa cada quince días** he comes home every two weeks

➤ **dices cada cosa** you say the funniest things

➤ **cada vez más** more and more

➤ **cada vez menos** less and less.

el **cadáver** ■ **corpse**.

la **cadena**

1. **chain: me regalaron una cadena de plata** they gave me a silver chain; **el magnate compró una cadena de hoteles** the magnate bought a chain of hotels
2. **channel: una sola cadena de televisión transmitirá el partido** only one television channel will show the game

➤ **cadena perpetua** life imprisonment: **lo condenaron a cadena perpetua** they sentenced him to life imprisonment.

la **cadera** ■ **hip**.

el **cadete**

1. **cadet: los cadetes tienen libre el fin de semana** the cadets have the weekend free

2. *River Plate* **apprentice: trabaja de cadete en una oficina** he works as an apprentice in an office.

caducado *adjetivo* ■ **expired: estos huevos están caducados** these eggs are expired.

la **caducidad** ■ **expiration: es importante leer la fecha de caducidad de los alimentos** it's important to read the expiration date on food.

caer *verbo*
1. **to fall: cayó un meteorito** a meteorite fell; **cayó la dictadura** the dictatorship fell; **este año el carnaval cae en marzo** this year the carnival falls in March
2. **to understand: ahora caigo** now I understand
3. **to like: Antonio me cae muy bien** I like Antonio very much

➤ **dejar caer** to drop: **dejé caer el vaso** I dropped the glass
➤ **caer en la cuenta** to realize: **caí en la cuenta de que mentía** I realized that he was lying
➤ **me cae mal el pescado frito** fried fish disagrees with me
➤ **al caer la noche** at nightfall

caerse *verbo* ■ **to fall: se cayó por la escalera** she fell down the stairs.

café *adjetivo* ■ **brown: compré una camisa café** I bought a brown shirt

el **café**
1. **coffee: todas las mañanas tomo café** I drink coffee every morning
2. **café: me encontré con Juan en el café de la esquina** I met Juan at the café on the corner

➤ **café con leche** coffee with milk.

CAFÉ CON LECHE

Latin America is home to some of the main coffee-producing countries in the world, such as Colombia, Costa Rica and Brazil. Because of this, even children drink coffee - a typical breakfast for many is a **café con leche**, a mug of hot milk with a shot of coffee in it.

la **cafetera**
1. *para preparar café* **coffee machine**
2. *para servir café* **coffee pot**.

la **cafetería** ■ **café**.

la **caída** ■ **fall: como consecuencia de una caída, se fracturó una pierna** because of a fall, he broke his leg; **los precios sufrieron una fuerte caída** prices suffered a sharp fall.

el **caimán** (*plural* los caimanes) ■ **alligator**.

la **caja**
1. **box: me regalaron una caja de madera** they gave me a wooden box
2. **checkout: tenemos que pagar en la caja** we have to pay at the checkout

➤ **caja de ahorros** savings & loan
➤ **caja de cambios** gearbox.

el **cajero**, la **cajera** ■ **cashier: el cajero me cobró de menos** the cashier undercharged me

➤ **un cajero automático** an automatic teller machine.

el **cajón** (*plural* los cajones) ■ **drawer: guardo las medias en el cajón izquierdo** I keep my stockings in the left drawer.

la **cajuela** *Mexico* ■ **trunk: la cajuela de este carro es muy grande** the trunk of this car is very big.

la **cal** ■ **lime**.

el **calabacín** ■ **zucchini**.

la **calabaza** ■ **pumpkin**.

el **calamar** ■ **squid**.

el **calambre** ■ **cramp: me dio un fuerte calambre en la pierna** I got a strong cramp in my leg.

la **calamidad** ■ **disaster: el accidente fue una gran calamidad** the accident was a terrible disaster.

calar *verbo* ■ **to soak: la tormenta nos caló** the storm soaked us.

la **calavera** ■ **skull**

las **calaveras** *Mexico* ■ **rear car lights: no están funcionando bien estas calaveras** these rear car lights aren't working well.

el **calcetín** (*plural* los calcetines) ■ **sock**.

el **calcio** ■ **calcium**.

la **calculadora** ■ **calculator**.

calcular *verbo*

1. **to calculate: calcula el monto total y multiplícalo por dos** calculate the total amount and multiply it by two
2. **to reckon: calculo que este trabajo no nos conviene** I reckon that this job doesn't suit us.

el **cálculo**

1. **estimate: hice un cálculo de los costos** I made an estimate of the costs
2. **calculus: el cálculo es realmente difícil** calculus is really difficult
3. **calculation: según mis cálculos, estaremos en la capital antes del mediodía** according to my calculations, we will be in the capital before noon
4. **stone: me operé de unos cálculos en el riñón** I was operated on for some kidney stones.

la **caldera**

1. **boiler: las calderas de la fábrica funcionan todo el día** the factory's boilers operate all day
2. **pot: calentamos agua en una caldera** we heated water in a pot.

el **caldo** ■ **broth: haz el arroz en un caldo de gallina** cook the rice in chicken broth.

la **calefacción** ■ **heating: esta casa tiene muy buena calefacción** this house has very good heating.

el **calefón** (*plural* los calefones) *Southern Cone* ■ **water heater: este calefón tiene una capacidad de 50 litros** this water heater has a capacity of 50 liters.

el **calendario**

1. **calendar: en el calendario solar el año tiene aproximadamente 365 días** by the solar calendar the year has approximately 365 days
2. **schedule: marca los feriados en el calendario** mark the holidays on the schedule.

el **calentador** ■ **heater: el calentador se ha roto** the heater has broken.

calentar *verbo*

1. **to heat up: calienta la comida** heat up the food
2. **to warm up: necesito calentar antes del partido** I need to warm up before the match.

la **calentura** ■ **fever: el niño tiene calentura** the boy has a fever.

la **caleta** ■ **cove**.

la **calidad** ■ **quality: este mueble es de muy buena calidad** this furniture is very good quality.

caliente *adjetivo*

1. **hot: la plancha está muy caliente** the iron is very hot
2. **heated: es una discusión caliente** it's a heated discussion.

la **calificación** (*plural* las calificaciones) ■ **grade: saqué muy buenas calificaciones en el examen** I got very good grades on the test.

calificar *verbo*

1. **to describe: lo calificó de atrevido** she described him as daring
2. **to grade: los profesores calificaron generosamente** the professors graded generously.

callar *verbo* ■ **to keep quiet: en estas circunstancias prefiero callar** in these circumstances I prefer to keep quiet

callarse *verbo* ■ **to stop talking: todos se callaron cuando el viejo empezó a hablar** everybody stopped talking when the old man began to speak

➤ **callarse la boca** to shut up: **¡cállate la boca!** shut up!

la **calle** ■ **street**.

el **callejón** (*plural* los callejones) ■ **alley**.

el **callo**

1. **callus: tengo un callo en la mano izquierda** I have a callus on my left hand
2. **corn: tengo un callo en el pie derecho** I have a corn on my right foot.

la **calma** ■ **calm: disfruto mucho la calma del campo** I really enjoy the calm of the countryside
➤ **mantengan la calma** keep calm.

el **calmante**
1. **painkiller: tomé un calmante para el dolor de cabeza** I took a painkiller for my headache
2. **sedative: el té de tilo es un calmante muy eficaz** lime tea is a very effective sedative.

calmar *verbo*
1. **to calm: la niña calmó a su hermano con palabras suaves** the girl calmed her brother with gentle words
2. **to relieve: la aspirina calma el dolor de cabeza** aspirin relieves headaches

calmarse *verbo* ■ **to calm down: cálmate, que ya vamos a llegar** calm down, we'll arrive soon.

el **calor** ■ **heat: no aguanto este calor** I can't stand this heat
➤ **ha hecho mucho calor estos días** it's been really hot recently
➤ **tengo calor** I'm hot.

la **caloría** ■ **calorie.**

calvo *adjetivo* ■ **bald.**

la **calzada** ■ **road.**

el **calzado** ■ **footwear: aquí el calzado es de muy buena calidad** footwear is good quality here.

calzar *verbo* ■ **to put shoes on: los niños están descalzos, cálzalos** the children are barefoot, put shoes on them
➤ **¿cuánto calzas?** what size shoe do you wear?

calzarse *verbo pronominal* ■ **to put one's shoes on: cálzate, que vamos a salir** put your shoes on, we're going out.

el **calzón** (*plural* los calzones)
1. *Mexico, River Plate* **underwear**
2. *Andes* **panties.**

el **calzoncillo** ■ **underwear.**

la **cama** ■ **bed: hacer la cama** to make one's bed.

la **cámara**
1. **camera: me voy a comprar una cámara más moderna** I'm going to buy myself a more up-to-date camera
2. **house: la Cámara de Representantes tiene integrantes de cada estado** the House of Representatives has members from every state
3. **room: conservan la carne en cámaras frigoríficas** they preserve meat in cold-storage rooms.

la **camarera** ■ **waitress.**

el **camarero** ■ **waiter.**

el **camarón** (*plural* los camarones) ■ **shrimp.**

el **camarote** ■ **cabin: este barco tiene 400 camarotes** this ship has 400 cabins.

cambiar *verbo*
1. **to trade: te cambio mis medias rojas por las tuyas verdes** I'll trade my red stockings for your green ones
2. **to change: Pedro cambió mucho desde que llegó aquí** Pedro has changed a lot since he arrived here; **ayúdame a cambiar las sábanas** help me change the sheets
3. **to exchange: ¿dónde puedo cambiar dinero?** where can I exchange money?
➤ **cambiar de idea** to change one's mind
➤ **cambiar de ropa** to change clothes

cambiarse *verbo pronominal* ■ **to change: este vestido está sucio, me voy a cambiar** this dress is dirty, I'm going to change
➤ **cambiarse de casa** to move: **se cambiaron de casa, ya no somos más vecinos** they moved, we are no longer neighbors.

el **cambio**
1. **change: en las sociedades modernas, los cambios suceden muy rápido** in modern societies, changes happen very rapidly; **el cajero me dio mal el cambio** the cashier gave me the wrong change
2. **exchange: no se admiten cambios ni devoluciones** exchanges and refunds are not allowed
3. **small change: no tengo cambio para el camión** I don't have small change for the bus

4. **gearshift: este coche es automático, no tiene cambios** this car is automatic, it doesn't have a manual gearshift
5. **exchange booth: ¿dónde hay un cambio? preciso comprar dólares** where is there an exchange booth? I need to get dollars

➤ **en cambio** on the other hand: **a mí me gusta el rojo, en cambio él prefiere el azul** I like the red one; on the other hand, he prefers the blue one.

el **camello** ■ **camel**.

la **camilla**
1. *en una ambulancia* **stretcher**
2. *en la consulta* **couch**.

caminar *verbo* ■ **to walk**.

el **camino**
1. *de un pueblo a otro* **route: tomemos el camino más corto** let's take the shortest route
2. *de una casa a otra* **path: el camino no es muy ancho** the path is not very wide
3. **way: fuimos a mi casa y por el camino compramos una pizza** we went to my house and on the way we bought a pizza.

el **camión** (*plural* los camiones)
1. **truck**
2. *México* **bus**.

la **camioneta** ■ **van**.

la **camisa** ■ **shirt**.

la **camiseta**
1. *exterior* **T-shirt**
2. *interior* **undershirt**.

el **camisón** (*plural* los camisones) ■ **nightgown**.

el **camote** *Andes, Central America, Caribbean, Mexico* ■ **sweet potato** (*plural* **sweet potatoes**).

el **campamento**
1. **camp: armaron el campamento junto al río** they set up camp next to the river
2. **camping: estuvimos de campamento una semana** we went camping for a week.

la **campana** ■ **bell**.

la **campanada** ■ **peal: son las dos, acaban de sonar dos campanadas** it's two o'clock, two peals just rang out.

la **campaña** ■ **campaign: la campaña contra el tabaquismo durará todo un mes** the campaign against tobacco use will last a whole month

➤ **una campaña electoral** electoral campaign

➤ **una campaña publicitaria** advertising campaign.

el **campeón,** la **campeona** (*masculine plural* los campeones) ■ **champion**.

el **campeonato** ■ **championship**.

el **campesino,** la **campesina** ■ **peasant**.

el **campo**
1. **country: mis abuelos viven en el campo** my grandparents live in the country
2. **countryside: el campo está muy bonito en este momento** the countryside looks very pretty right now
3. **field: el campo de deportes está junto a la escuela** the playing field is next to the school.

la **cana** ■ **white hair**.

Canadá *sustantivo masculino* ■ **Canada**.

canadiense *adjetivo*

> En inglés, los adjetivos que se refieren a un país o una región se escriben con mayúscula:

Canadian

el/la **canadiense**

> En inglés, los gentilicios se escriben con mayúscula:

Canadian.

el **canal**
1. **channel: la programación de este canal es muy mala** the programming of this channel is very poor
2. **canal**

➤ **el Canal de Panamá** the Panama Canal.

el **canario** ■ **canary** (*plural* **canaries**).

el **canasto** ■ **basket**.

cancelar *verbo* ■ **to cancel**.

el **cáncer** ■ **cancer: la lucha contra el cáncer** the fight against cancer.

la **cancha**
1. *de fútbol* **field**
2. *de básquetbol, tenis* **court**.

la **canción** (*plural* las canciones) ■ **song**.

el **candado** ■ **padlock**.

el **candelabro** ■ **candelabra**.

el **candidato**, la **candidata** ■ **candidate: ser candidato a la presidencia** to be a candidate for the presidency.

la **canela** ■ **cinnamon**.

el **cangrejo** ■ **crab**.

el **canguro** ■ **kangaroo**.

la **canica** ■ **marble: la niña tiene muchas canicas** the girl has many marbles
➤ **jugar a las canicas** to play marbles.

la **canilla**
➤ **canilla de la pierna** shinbone
➤ **canilla del brazo** armbone.

el **canino** ■ **canine tooth** (*plural* **canine teeth**).

la **canoa** ■ **canoe**.

canoso *adjetivo* ■ **white-haired**.

cansado *adjetivo* ■ **tired: estoy cansado** I'm tired.

el **cansancio** ■ **exhaustion**
➤ **¡qué cansancio tengo!** I'm exhausted!

cansar *verbo* ■ **to tire: estudiar muchas horas seguidas me cansa** studying for many hours in a row tires me
➤ **cansarse de algo** to get tired of something: **me cansé de sus mentiras** I got tired of his lies.

el/la **cantante** *sustantivo masculino y femenino* ■ **singer**.

cantar *verbo* ■ **to sing**.

la **cantidad** (*plural* las cantidades)
1. **a lot: Luisa tiene una cantidad de fotos** Luisa has a lot of photos
2. **quantity** (*plural* **quantities**): **hay que considerar la calidad más que la cantidad** one must consider quality above quantity.

el **canto**
1. **singing: María estudia canto, quiere ser soprano** María studies singing; she wants to be a soprano
2. **song: es hermoso el canto de ese canario** that canary's song is beautiful.

la **caña** ■ **cane**
➤ **caña de azúcar** sugar cane
➤ **caña de pescar** fishing rod.

la **cañería** ■ **piping: pusimos cañería nueva en la casa** we put new piping in the house.

el **caño** ■ **pipe: hubo que cambiar el caño roto** we had to change the broken pipe.

el **cañón** (*plural* los cañones)
1. **cannon: en ese fuerte hay varios cañones antiguos** in that fort there are several old cannons
2. **canyon: hay muchos cañones en esa cordillera** there are many canyons in that mountain range
➤ **el Gran Cañón** the Grand Canyon.

el **caos** ■ **chaos: los niños sembraron el caos en casa de sus abuelos** the children created chaos at their grandparents' house.

la **capa**
1. **cloak: Caperucita llevaba una capa roja** Little Red Riding Hood wore a red cloak
2. **layer: sacude la capa de polvo que hay sobre los muebles** brush off the layer of dust that is on the furniture
➤ **la capa de ozono** the ozone layer.

la **capacidad**
1. **capacity: la capacidad de esta jarra es un litro** the capacity of this jar is one liter
2. **talent: tiene mucha capacidad para las ciencias** she has a lot of talent for sciences.

el **caparazón** (*plural* los caparazones) ■ **shell: la tortuga escondió patas y cabeza en su caparazón** the turtle hid his feet and head inside his shell.

capaz *adjetivo* ■ **capable: es un alumno muy capaz** he's a very capable student

➤ **ser capaz de algo** to be capable of something: **Pedro no sería capaz de algo así** Pedro wouldn't be capable of something like that.

la **capilla** ■ **chapel**.

la **capital** ■ **capital: Lima es la capital de Perú** Lima is the capital of Peru.

el **capital** ■ **capital: el capital necesario para abrir una panadería es muy grande** the capital necessary to open a bakery is a lot.

el **capitalismo** ■ **capitalism**.

el **capitán**, la **capitana** *(masculine plural* los capitanes*)* ■ **captain**.

el **capítulo** ■ **chapter**.

el **capricho** ■ **whim: la tía le consiente todos los caprichos** her aunt caters to all her whims.

la **cápsula** ■ **capsule: estas cápsulas son antibióticos** these capsules are antibiotics; **fueron a la luna en una cápsula espacial** they went to the moon in a space capsule.

captar *verbo*
1. **to grasp: no capté lo que me dijiste** I didn't grasp what you told me
2. **to receive: el televisor está roto, no capta las imágenes** the television is broken; it doesn't receive the pictures.

capturar *verbo* ■ **to capture: la policía enseguida capturó a los asesinos** the police immediately captured the murderers.

la **cara**
1. **face: ve a lavarte la cara** go wash your face
2. **cheek: ¡qué cara!** what cheek!
3. **side: la otra cara de un problema** the other side of a problem

➤ **cara o cruz** heads or tails
➤ **dar la cara** to face the consequences of one's actions.

el **caracol**
1. *animal* **snail**
2. *concha* **snail shell**.

el **carácter** *(plural* los caracteres*)* ■ **character: una mujer de carácter** a woman of character

➤ **tener buen carácter** to be good-natured
➤ **tener mal carácter** to be bad-tempered.

característico *adjetivo* ■ **characteristic: la alegría es un rasgo característico de los optimistas** happiness is characteristic of optimists

la **característica**
1. **characteristic: una característica de su escritura es que siempre es muy sencilla** a characteristic of his writing is that it's always very simple
2. **exchange code: la característica de Uruguay es 598** the exchange code of Uruguay is 598.

el **caramelo** ■ **candy: no comas caramelos antes del almuerzo** don't eat candy before lunch.

el **carbón** ■ **coal**

➤ **carbón de leña** charcoal.

la **carcajada** ■ **loud laugh: oímos una carcajada** we heard a loud laugh

➤ **reírse a carcajadas** to roar with laughter: **nos reímos a carcajadas con los cuentos de Pablo** we roared with laughter at Pablo's stories.

la **cárcel** ■ **prison: aún no salió de la cárcel** he still hasn't gotten out of prison.

el **cardenal**
1. **cardinal: los cardenales eligen al Papa** the cardinals elect the Pope
2. **bruise: tuvo un accidente y está lleno de cardenales** he had an accident and is covered with bruises.

cardiaco *adjetivo* ■ **cardiac**

➤ **un paro cardiaco** a cardiac arrest.

cardinal *adjetivo* ■ **cardinal: los puntos cardinales** the cardinal points.

la **cardiología** ■ **cardiology**.

el **cardo** ■ **thistle**.

la **carencia** ■ **lack: la carencia de alimentos ocasiona debilidad** lack of food causes weakness.

la **carga**

1. **load: la carga de manzanas se cayó del camión** the load of apples fell from the truck
2. **burden: puedes quedarte en casa, no eres ninguna carga** you can stay in my home, you're not a burden

➤ **carga y descarga** loading and unloading.

el **cargamento** ■ **load: el camión traía un cargamento de manzanas** the truck was carrying a load of apples.

cargar *verbo*

1. **to load: cargamos las valijas en el auto y salimos hacia la estación** we loaded the suitcases into the car and left for the station; **cargó el rifle y empezó a disparar** he loaded the rifle and began to shoot
2. **to charge: preciso cargar la batería del celular** I need to charge the cell phone battery.

el **cargo** ■ **position: la presidencia es el principal cargo de gobierno** the presidency is the foremost governmental position.

la **caricia** ■ **caress: una tierna caricia** a gentle caress

➤ **hacerle una caricia a alguien** to caress somebody: **le hizo una caricia a su hijo** she caressed her son.

la **caridad** ■ **charity** (*plural* **charities**).

la **caries** (*plural* **las caries**)

1. **tooth decay: esta pasta dental previene las caries** this toothpaste prevents tooth decay
2. **cavity** (*plural* **cavities**): **voy al dentista, a que me arregle tres caries** I'm going to the dentist so he can fill three cavities.

el **cariño**

1. **affection: había mucho cariño en ese hogar** there was a lot of affection in that home
2. **liking: al cabo de una semana, el perro y el gato se tomaron cariño** by the end of one week, the dog and the cat took a liking to each other
3. **Affectionately: espero tu respuesta. Cariños, Marta** I await your reply. Affectionately, Marta
4. *Mexico, Southern Cone* **caress**

➤ **hacerle cariños a alguien** to caress somebody: **siempre está haciéndole cariños al bebé** she's always caressing the baby.

el **carnaval** ■ **carnival**

CARNAVAL

Carnival is celebrated in many Latin American countries, lasting between three days and a week before Ash Wednesday, the beginning of Lent. The festivities include parades, shows, serenades, and water displays. In some regions, indigenous rituals are incorporated into the celebrations. Among the more famous carnivals are the ones in Veracruz, Mexico; Humahuaca in Argentina; and of course, Rio de Janeiro in Brazil.

la **carne** ■ **meat**

➤ **carne de cerdo** pork
➤ **carne de cordero** lamb
➤ **carne molida** ground beef
➤ **carne picada** *River Plate* ground beef
➤ **carne de puerco** *Mexico* pork
➤ **carne de res** *Mexico* beef
➤ **carne de vaca** beef.

el **carnet** ■ **card**

➤ **carnet de manejo** driver's license
➤ **carnet de identidad** identity card.

la **carnicería** ■ **butcher's shop**.

el **carnicero**, la **carnicera** ■ **butcher**.

caro *adjetivo, adverbio* ■ **expensive: siempre compra ropa cara** she always buys expensive clothes; **el viaje salió demasiado caro** the trip came out too expensive.

la **carpeta** ■ **folder**.

el **carpintero**, la **carpintera** ■ **carpenter**.

la **carrera**

1. **race: con mucho esfuerzo gané la carrera** with a lot of effort I won the race
2. **degree: mi hermano está haciendo la carrera de medicina** my brother is getting a degree in medicine
3. **career: mi carrera me es muy importante** my career is very important to me.

la **carreta** ■ **cart**.

la **carretera** ■ **road**.

el **carril** ■ **lane**.

el **carro**

1. **cart: voy a buscar un carro para las valijas** I'm going to look for a cart for the suitcases

2. *Andes, Caribbean, Central America, Mexico* **car: compramos un carro nuevo** we bought a new car
➤ **un carro de bomberos** fire truck
➤ **un carro de carreras** race car
➤ **un carro de supermercado** grocery cart.

la **carroza**
1. *arrastrada por caballos* **carriage**
2. *en cabalgata* **float**.

el **carrusel** *(plural* los carruseles*)* ■ **merry-go-round**.

la **carta**
1. **letter: recibí una carta de mi prima** I received a letter from my cousin
2. **card: jugamos a las cartas toda la tarde** we played cards all afternoon.

el **cartel** *(plural* los carteles*)* ■ **sign: ahí hay un cartel de "Pare"** there's a stop sign there.

la **cartelera**
1. **theater section: no veo esa película en la cartelera de este diario** I don't see that movie in the theater section of this newspaper
2. *River Plate* **message board: fijate si hay alguna noticia en la cartelera** see if there is some information on the message board
➤ **la obra estuvo más de un año en cartelera** the play ran for more than a year.

la **cartera**
1. *Andes, Caribbean, Central America, Mexico para dinero* **wallet**
2. *River Plate de mujer* **purse**
3. *de colegio* **satchel**.

el **cartero,** la **cartera** ■ **mail carrier**.

el **cartón** *(plural* los cartones*)*
1. **cardboard: preciso una caja de cartón para los zapatos** I need a cardboard box for the shoes
2. **carton: compramos dos cartones de huevos** we bought two cartons of eggs.

el **cartucho** ■ **cartridge: preciso cartuchos para la impresora** I need cartridges for the printer.

la **cartulina** ■ **card**.

la **casa** ■ **house: vive en una casa pequeña** she lives in a small house
➤ **bienvenido a casa** welcome home.

el **casamiento** ■ **wedding: el casamiento tuvo lugar en una capilla muy bonita** the wedding took place in a very pretty chapel.

casar *verbo* ■ **to marry: el sacerdote los casó en una ceremonia rápida** the priest married them in a quick ceremony

casarse *verbo pronominal* ■ **to get married: se casaron hace tres años** they got married three years ago
➤ **casarse con** to get married to: **Ana se casó con Pedro** Ana got married to Pedro.

la **cascada** ■ **waterfall**.

la **cáscara**
1. *de huevo, nuez* **shell**
2. *de limón, naranja* **rind**.

el **casco** ■ **helmet: siempre lleva casco** he always wears a helmet.

la **casera** ■ *Mexico* **landlady** *(plural* **landladies***)*.

casero *adjetivo* ■ **homemade: la comida casera es la más rica** homemade food is the most delicious

el **casero** ■ *Mexico* **landlord: mi casero vino a cobrar el alquiler** my landlord came to collect the rent.

el/la **casete** ■ **cassette**.

casi *adverbio*
1. **almost: son casi las once, vamos a dormir** it's almost eleven o'clock, let's go to sleep
2. **hardly: casi no dormí en toda la noche** I hardly slept all night.

la **casilla**
1. **box: complete todas las casillas** complete all the boxes
2. **space: te saltaste una casilla, vuelve para atrás** you skipped a space, go back.

el **casillero**
1. **compartment: en este casillero tengo las cuentas y en aquél las cartas** in this compartment I have the bills, and in that one the letters

2. **locker: dejó la ropa en un casillero** he left his clothes in a locker.

el **caso** ■ **case: el caso del asesino en serie fue muy comentado** the case of the serial killer was discussed a lot

➤ **hacer caso** to pay attention: **hazle caso a tu madre** pay attention to your mother: **no le hagas caso a tu hermano cuando se burla de ti** don't pay attention to your brother when he makes fun of you.

la **caspa** ■ **dandruff**.

el **castellano**

En inglés los nombres de los idiomas se escriben con mayúscula:

Spanish: estamos aprendiendo castellano we're learning Spanish.

castigar *verbo* ■ **to punish: los niños se portaron mal y el padre los castigó** the children behaved badly and their father punished them.

el **castigo** ■ **punishment: como castigo, lavarás los platos hasta fin de mes** as punishment, you will wash the dishes until the end of the month.

el **castillo** ■ **castle**.

la **casualidad** ■ **coincidence: fue una casualidad que nos encontráramos en el parque** it was a coincidence that we met in the park

➤ **de casualidad** by coincidence: **nos encontramos en el parque de casualidad** we met in the park by coincidence

➤ **por casualidad** by chance: **¿por casualidad viste a mi perro?** by chance did you see my dog?

la **catarata**

1. **waterfall: visitamos las cataratas del Iguazú** we visited the Iguazú waterfalls
2. **cataract: a la abuela la operaron de cataratas** they operated on my grandmother's cataracts.

la **catástrofe** ■ **catastrophe**.

la **catedral** ■ **cathedral**.

la **categoría**

1. **category** *(plural* **categories***)*: **había tres categorías: principiantes, intermedios y avanzados** there were three categories: beginners, intermediate, and advanced
2. **quality: es un hotel de categoría** it's a quality hotel.

católico *adjetivo*

En inglés las religiones y los miembros de una religión se escriben con mayúscula:

Catholic

el **católico,** la **católica** ■ **Catholic**.

catorce *numeral* ■ **fourteen**

➤ **hoy es catorce de octubre** today is the fourteenth of October.

el **cauce** ■ **bed: el cauce del río se secó** the river bed dried up.

el **caucho** ■ **rubber**.

el **caudillo** ■ **leader**.

la **causa** ■ **cause: descubrieron la causa del incendio** they discovered the cause of the fire.

causar *verbo* ■ **to cause: un cortocircuito causó el incendio** a short circuit caused the fire.

cautivo *adjetivo* ■ **captive**

el **cautivo,** la **cautiva** ■ **captive**.

cavar *verbo* ■ **to dig: cavó varios hoyos para plantar flores** he dug several holes to plant flowers.

la **caverna** ■ **cavern**.

la **caza** ■ **hunting: aún hoy se practica la caza** even today people go hunting.

cazar *verbo* ■ **to hunt**.

el **cazo**

1. **saucepan: calienta el agua en un cazo** heat the water in a saucepan
2. **ladle: sirve la sopa con un cazo** serve the soup with a ladle.

la **cazuela**

1. **pan: pon esa cazuela en el horno** put that pan in the oven

2. **stew: comimos una cazuela de mariscos deliciosa** we ate a delicious seafood stew.

el **CD** (*plural* los CDs) ■ **CD**.

el **CD-Rom** (*plural* los CD-Roms) ■ **CD-Rom**.

la **cebada** ■ **barley**.

cebar *River Plate verbo* ■ **to brew: no todos saben cebar bien el mate** not everybody knows how to brew "mate" well.

la **cebolla** ■ **onion**.

la **cebra** ■ **zebra**.

ceder *verbo*
1. **to give in: al final, mi madre cedió y me prestó el coche** in the end, my mother gave in and loaned me the car
2. **to give way: el televisor era demasiado pesado y la mesa cedió** the television was too heavy and the table gave way.

la **cédula**
➤ **la cédula de identidad** identity card.

la **ceguera** ■ **blindness**.

la **ceja** ■ **eyebrow**.

la **celda** ■ **cell**.

celebrar *verbo*
1. **to celebrate: celebró su cumpleaños con una fiesta** he celebrated his birthday with a party
2. **to hold: celebraron la reunión en el salón de actos** they held the meeting in the assembly hall.

los **celos** ■ **jealousy: lo hizo por celos** she did it out of jealousy
➤ **Pepe tiene celos de su hermana** Pepe is jealous of his sister
➤ **coquetea con otras mujeres para darle celos** he flirts with other women to make her jealous.

celoso *adjetivo* ■ **jealous: es muy celosa** she's a jealous person; **está celoso de Lupe** he's jealous of Lupe.

la **célula** ■ **cell**.

el **celular** ■ **cellular telephone**.

el **cementerio** ■ **cemetery** (*plural* **cemeteries**): **el funeral se celebró en el cementerio** the funeral was held at the cemetery
➤ **un cementerio de automóviles** a junkyard.

el **cemento**
1. *material de construcción* **cement**
2. *adhesivo* **glue**.

la **cena** ■ **dinner**.

cenar *verbo* ■ **to have dinner: cenamos a las nueve** we have dinner at nine o'clock
➤ **sólo cené pescado** I only ate fish for dinner.

el **cenicero** ■ **ashtray**.

la **ceniza** ■ **ash**.

el **centavo** ■ **cent: cuesta tres dólares y cuarenta centavos** it costs three dollars and forty cents
➤ **no tengo ni un centavo** I'm broke.

central *adjetivo* ■ **central**.

la **central**
1. *oficina central* **head office**
2. *de energía* **power station**
➤ **una central camionera** *Mexico* a bus station
➤ **una central eléctrica** a power plant
➤ **una central nuclear** a nuclear power plant.

el **centro** ■ **center: vivo en el centro de Lima** I live in the center of Lima
➤ **tengo que ir al centro** I have to go into town
➤ **las tiendas del centro** the downtown stores
➤ **un centro comercial** a shopping mall.

el **ceño** ■ **frown**
➤ **frunció el ceño** he frowned
➤ **lo miró con el ceño fruncido** she frowned at him.

cepillar *verbo* ■ **to brush**
➤ **se cepilló los dientes** he brushed his teeth.

el **cepillo** ■ **brush**
➤ **el cepillo del pelo** the hairbrush
➤ **el cepillo de dientes** the toothbrush.

la **cera** ■ **wax**.

la **cerámica** ■ **pottery: mi mamá estudia cerámica** my mom studies pottery
➤ **una cerámica** a piece of pottery.

cerca *adverbio* ■ **close: mi casa está muy cerca** my house is very close
➤ **¿hay una farmacia cerca?** is there a pharmacy nearby?
➤ **queda cerca de la escuela** it's near the school
➤ **cerca de cien personas** around 100 people
➤ **me acerqué para verlo de cerca** I drew near in order to see it close up
➤ **los exámenes ya están cerca** exams are already coming up soon

la **cerca**
1. *de madera, alambre* **fence**
2. *de piedra* **wall**.

cercano *adjetivo*
1. **nearby: los pueblos cercanos** the nearby towns
2. **close: un pariente cercano** a close relative; **la zona cercana a la estación** the area close to the station
➤ **una cifra cercana al millón** a figure approaching a million.

el **cerdo**
1. *animal* **pig: crían cerdos** they raise pigs
2. *carne* **pork: ayer comimos cerdo** yesterday we ate pork
➤ **comí como un cerdo** *informal* I ate like a pig.

el **cereal** ■ **cereal: siempre desayuno cereal** I always eat cereal for breakfast.

el **cerebro** ■ **brain**.

la **ceremonia** ■ **ceremony** (*plural* **ceremonies**).

la **cereza** ■ **cherry** (*plural* **cherries**).

la **cerilla** ■ **match: no juegues con cerillas** don't play with matches.

el **cerillo** *Central America, Mexico* ■ **match: necesito un cerillo para encender el horno** I need a match to light the oven.

el **cero** ■ **zero** (*plural* **zeroes o zeros**)
➤ **el primer número es cero** the first number is zero
➤ **cero coma dos** zero point two
➤ **tenemos dos grados bajo cero** it's two degrees below zero
➤ **ganaron tres a cero** they won three to zero
➤ **fue un empate a cero** it was a no-score tie
➤ **cuarenta cero** *en tenis* forty-love
➤ **tuvimos que empezar desde cero** we had to start from scratch.

el **cerquillo** ■ **bangs**.

cerrado *adjetivo* ■ **closed: la tienda estaba cerrada** the store was closed
➤ **está cerrado con llave** it's locked
➤ **deja la llave cerrada** leave the faucet off
➤ **el sobre venía cerrado** the envelope came sealed.

la **cerradura** ■ **lock**.

cerrar *verbo*
1. **to close: cerró la ventana** he closed the window; **la biblioteca cierra a las cinco** the library closes at five
2. **to turn off: cierra bien la llave** turn the faucet off completely
➤ **¿cerraste la puerta con llave?** did you lock the door?

cerrarse *verbo* ■ **to close: la ventana se cerró con el viento** the window closed with the wind
➤ **se me cerraban los ojos** I couldn't keep my eyes open.

el **cerro** ■ **hill**.

el **cerrojo** ■ **bolt**.

certificado *adjetivo* ■ **certified: mandé la carta certificada** I sent the letter certified.

el **certificado** ■ **certificate**.

la **cerveza** ■ **beer: fueron a tomar unas cervezas** they went to have a few beers
➤ **cerveza de barril** draft beer.

el **césped** ■ **lawn**
➤ **"prohibido pisar el césped"** "keep off the lawn".

la **cesta** ■ **basket**.

el **cesto** ■ **basket**

➤ **el cesto de los papeles** the wastepaper basket.

la **chacra** *Andes, River Plate* ■ **small farm**.

el **chaleco** ■ **vest**

➤ **un chaleco salvavidas** a lifejacket.

el **chamaco**, la **chamaca** *Mexico* ■ **kid**.

la **chamarra** *Mexico* ■ **jacket**.

la **chamba**

1. *Mexico, Peru, Venezuela trabajo informal* **work**
2. *Colombia zanja* **ditch**.

el **champán** (*plural* los champanes) ■ **champagne**.

el **champiñón** (*plural* los champiñones) ■ **mushroom**.

el **champú** (*plural* los champús) ■ **shampoo**.

el **chancho**, la **chancha** *Andes, Central America, River Plate* ■ **pig: mataron un chancho** they killed a pig

➤ **comí como chancho** *informal* I ate like a pig

➤ **carne de chancho** *Andes* pork.

la **chancleta** ■ **flip-flop**.

el **changador** *River Plate* ■ **porter**.

el **chantaje** ■ **blackmail: un caso de chantaje** a case of blackmail

➤ **le hicieron un chantaje** they blackmailed him.

chantajear *verbo* ■ **to blackmail: lo chantajearon por mucho dinero** they blackmailed him for a lot of money.

chao *interjección* ■ **bye**.

la **chapa**

1. *de metal* **sheet**
2. *cerradura* **lock**
3. *insignia* **badge**
4. *River Plate de la matrícula* **license plate**.

chaparro *Central America, Andes, Mexico adjetivo* ■ **short**.

el **chaparrón** (*plural* los chaparrones) ■ **downpour**.

el **chapopote** *Mexico*

1. *alquitrán* **tar**
2. *asfalto* **asphalt**.

chapotear *verbo* ■ **to splash around: los niños chapotearon en la piscina** the children splashed around in the swimming pool.

el **chapuzón** (*plural* los chapuzones) ■ **dip**

➤ **nos dimos un chapuzón** we went for a dip.

la **chaqueta** ■ **jacket**

➤ **una chaqueta de fuerza** a straitjacket.

el **charco** ■ **puddle**.

la **charla**

1. **chat: estaban de charla** they were having a chat
2. **talk: dio una charla sobre el medioambiente** she gave a talk about the environment.

charlar *verbo* ■ **to chat: charlaron de sus novios** they chatted about their boyfriends.

charlatán, charlatana *adjetivo* ■ **talkative**

el **charlatán**, la **charlatana** ■ **chatterbox**.

la **charola** *Bolivia, Mexico, Peru* ■ **tray**.

el **charro**, la **charra** ■ *a traditional Mexican horseman or horsewoman*

CHARRO

The **charro** is the traditional Mexican cowboy, who wears embroidered costumes and wide-brimmed hats. **Charreadas** are rodeos where the cowboys rope cows, bulls, and horses. Over centuries of perfecting their skills on ranches, Mexican cowboys have made **charrería** (or rodeo riding) a national institution. Nowadays however, real **charros** no longer exist but can still be found in special clubs that organize **charreadas**.

el **chasco** ■ **disappointment: ¡qué chasco!** what a disappointment!

➤ **nos llevamos un chasco** we were disappointed.

la **chatarra** ■ **junk**.

la **chaucha** *Paraguay, River Plate* ■ **green bean**.

la **chava** *Mexico*
1. *niña* **girl**
2. *novia* **girlfriend**.

el **chavo** *Mexico*
1. *niño* **boy**
2. *novio* **boyfriend**.

checar *Mexico verbo* ■ **to check: voy a checar si funciona** I'm going to check whether it works
➤ **las fechas no checan** the dates don't check out.

chele *Central America adjetivo*
1. *de pelo* **blond**
2. *de piel* **fair**.

el **cheque** ■ **check**
➤ **un cheque de viaje** a traveler's check.

chévere *Latin America except Southern Cone adjetivo* ■ **excellent**.

chícharo *Cuba, Mexico sustantivo masculino* ■ **pea**.

el **chichón** *(plural* los chichones*)* ■ **bump: tiene un chichón en la cabeza** he has a bump on his head.

el **chicle** ■ **chewing gum: le gusta mascar chicle** she likes to chew chewing gum
➤ **¿me das un chicle?** may I have a piece of chewing gum?
➤ **chicle de globito** bubble gum.

la **chica** ■ **girl: es una chica muy simpática** she's a very nice girl.

chico *adjetivo*
1. *de tamaño* **small: el baño es muy chico** the bathroom is very small; **estos pantalones me quedan chicos** these pants are too small for me
2. *de edad* **young: cuando era chica jugaba con él** when she was young she played with him

el **chico** ■ **boy: es un chico muy simpático** he's a very nice boy
➤ **los chicos del vecino** the neighbor's kids.

el **chile** ■ **chili pepper**.

Chile *sustantivo masculino* ■ **Chile**.

chileno *adjetivo*

> En inglés, los adjetivos que se refieren a un país o una región se escriben con mayúscula:

Chilean: el paisaje chileno es muy bello the Chilean landscape is very beautiful

el **chileno**, la **chilena**

> En inglés, los gentilicios se escriben con mayúscula:

Chilean: los chilenos the Chileans.

chillar *verbo*
1. *una persona* **to scream**
2. *un cerdo* **to squeal**
3. *un ratón* **to squeak**.

la **chimenea**
1. **fireplace: nos sentamos frente a la chimenea** we sat down in front of the fireplace
2. **chimney: las chimeneas de la fábrica** the factory chimneys.

el **chimpancé** ■ **chimpanzee**.

el **chinche**
1. *insecto* **bedbug**
2. *Andes clavito* **thumbtack**.

la **chinche** *Central America, Mexico, River Plate* ■ **thumbtack**.

el **chiquero** ■ **pigsty: su casa es un chiquero** his house is a pigsty.

el **chiquillo**, la **chiquilla** ■ **child**.

chirriar *verbo*
1. *una puerta, bisagra* **to squeak**
2. *los frenos, neumáticos* **to squeal**.

el **chisme**
1. **gossip: se pasó dos horas contando chismes** he spent two hours talking gossip
2. *Mexico* **thing: ¿para qué sirve este chisme?** what is this thing for?

chismoso *adjetivo*
➤ **es muy chismoso** he's a real gossip.

la **chispa** ■ **spark: saltaron chispas del fuego** sparks popped out of the fire
➤ **tiene mucha chispa** he's lively
➤ **una chispa de sal** a pinch of salt.

el **chiste** ■ **joke: estaban contando chistes** they were telling jokes
➤ **un chiste colorado** *Mexico* a dirty joke
➤ **un chiste picante** a dirty joke
➤ **un chiste verde** a dirty joke.

chistoso *adjetivo* ■ **funny**.

chocar *verbo* ■ **to crash: chocó contra un árbol** he crashed into a tree
➤ **choqué con él a la salida** I bumped into him on the way out
➤ **chocaron de frente** they collided head on
➤ **me choca el vocabulario que usan** the vocabulary that they use shocks me
➤ **me choca cuando hace eso** *Colombia, Mexico, Venezuela* it bothers me when he does that
➤ **¡chócala!** give me five!

el **choclo** *Andes, River Plate* ■ **corn**.

el **chocolate** ■ **chocolate: me encanta el chocolate** I love chocolate
➤ **me dio un chocolate** she gave me a piece of chocolate
➤ **me tomé un chocolate** I drank a hot chocolate.

el/la **chofer**
1. *de un coche, camión* **driver**
2. *empleado* **chauffeur**
➤ **una limusina con chofer** a chauffeur-driven limousine.

el **choque** ■ **crash: hubo un choque frente al colegio** there was a crash in front of the school.

el **chorizo** ■ **pork sausage**.

el **chorro**
1. **stream: un chorro de agua** a stream of water
2. *Central America, Venezuela* **faucet: tomó agua del chorro** she drank water from the faucet
➤ **el agua salía a chorros** the water was gushing out
➤ **un avión a chorro** a jet plane
➤ **me gusta un chorro ese cantante** *Mexico informal* I like that singer a lot.

la **choza** ■ **hut**.

chueco *adjetivo* ■ **crooked: esta raya está chueca** this line is crooked; **siempre escribo chueco** I always write crooked.

la **chuleta**
1. **chop: una chuleta de cordero** a lamb chop
2. *Venezuela* **cheat sheet: lo sorprendieron copiando de una chuleta** they surprised him copying from a cheat sheet.

chulo *Mexico informal adjetivo* ■ **cute: mira, ¡qué vestido tan chulo!** look, what a cute dress!
➤ **tu hermana es muy chula** *Mexico* your sister is very pretty.

chupar *verbo* ■ **to suck: no te chupes el dedo** don't suck your finger.

el **chupete**
1. *del bebé* **pacifier**
2. *Andes dulce* **lollipop**
➤ **chupete helado** *Chile* popsicle.

el **chupón** (*plural* los chupones)
1. *del bebé* **pacifier**
2. *Mexico del biberón* **nipple**.

el **churrasco** ■ **barbecue**.

el **churro** ■ *twisted strip of deep-fried batter sprinkled with confectioner's sugar*.

el **cibercafé** ■ **Internet café**.

la **cicatriz** (*plural* las cicatrices) ■ **scar: le va a quedar una cicatriz en la frente** she's going to have a scar on her forehead.

el **ciclismo** ■ **cycling: el ciclismo es un deporte bastante popular** cycling is a pretty popular sport.

el **ciclo** ■ **cycle: el ciclo de las estaciones** the cycle of the seasons
➤ **mi hermana menor está en el primer ciclo** my little sister is in the first grade.

el **ciclón** (*plural* los ciclones) ■ **cyclone**.

la **ciclovía** ■ **bicycle path**.

ciego *adjetivo* ■ **blind: es ciega** she's blind

➤ **se quedó ciego** he went blind
➤ **es ciego de nacimiento** he's blind from birth.

el **cielo**
1. **sky** (*plural* **skies**): **el cielo estaba despejado** the sky was clear
2. **heaven: dice que su perro está en el cielo** she says that her dog is in heaven.

cien *numeral* ■ **a hundred: vinieron cerca de cien personas** around a hundred people came; **más de cien mil dólares** more than a hundred thousand dollars
➤ **cien por ciento** one hundred percent: **es cien por ciento biodegradable** it's one hundred percent biodegradable.

la **ciencia** ■ **science: la ciencia moderna** modern science; **mañana tengo ciencias** tomorrow I have science
➤ **ciencia ficción** science fiction: **una película de ciencia ficción** a science fiction movie
➤ **ciencias naturales** natural sciences.

científico *adjetivo* ■ **scientific**

el **científico**, la **científica** ■ **scientist**.

ciento *numeral* ■ **a hundred: ciento cincuenta pesos** a hundred and fifty pesos
➤ **había cientos de personas** there were hundreds of people
➤ **por ciento** percent: **el treinta por ciento de los alumnos** thirty percent of the students.

el **cierre**
1. *de collar, pulsera* **clasp**
2. *de un vestido, pantalón* **zipper: no me puedo subir el cierre** I can't zip the zipper
3. *de una fábrica, discoteca* **closing-down**.

cierto *adjetivo*
1. **true: ¡eso no es cierto!** that's not true!
2. **certain: ciertas personas piensan que es culpable** certain people think that he's guilty.

el **ciervo**, la **cierva** ■ **deer** (*plural* **deer**).

la **cifra** ■ **figure: un número de dos cifras** a two-figure number.

el **cigarrillo** ■ **cigarette**.

el **cigarro** ■ **cigar**.

la **cigüeña** ■ **stork**.

la **cima** ■ **top: subieron hasta la cima** they went up to the top.

los **cimientos** ■ **foundations**.

cinco *numeral* ■ **five: tiene cinco hijos** she has five children; **mi hermana tiene cinco años** my sister is five years old
➤ **son las cinco** it's five o'clock
➤ **el cinco de abril** the fifth of April.

cincuenta *numeral*
1. **fifty: unas cincuenta personas** some fifty people; **tiene cincuenta años** he's fifty years old.

el **cine**
1. **movie theater: un cine de barrio** a local movie theater
2. **cinema: el cine mexicano** Mexican cinema
➤ **fuimos al cine** we went to the movies
➤ **un artista de cine** a movie actor.

cínico *adjetivo* ■ **cynical: es muy cínico** he's very cynical

el **cínico**, la **cínica** ■ **cynic**.

la **cinta**
1. **ribbon: se amarró el pelo con una cinta** she tied her hair back with a ribbon
2. **tape: una cinta virgen** a blank tape
➤ **cinta adhesiva** adhesive tape
➤ **cinta Dúrex®** Scotch tape®
➤ **cinta pegante** *Colombia* adhesive tape.

la **cintura** ■ **waist: me aprieta en la cintura** it's too tight in the waist.

el **cinturón** (*plural* **los cinturones**) ■ **belt**
➤ **cinturón de seguridad** safety belt.

el **circo** ■ **circus**.

el **circuito**
1. *deportes* **track: una vuelta al circuito** a lap around the track
2. *electricidad* **circuit: circuito cerrado de televisión** closed-circuit television.

la **circulación**
1. **traffic: una calle de mucha circulación** a street with a lot of traffic
2. **circulation: tengo muy buena circulación** I have very good circulation.

circular *verbo*

1. *en coche* **to drive: en ese país circulan por la izquierda** in that country they drive on the left side of the road
2. *las personas* **to move about: podemos circular libremente por el colegio** we can move about freely through the school
3. *la sangre, el aire* **to circulate: abran la puerta para que circule el aire** open the window so that the air will circulate
4. *un rumor, una noticia* **to go around: son rumores que circulan en el colegio** they're rumors that go around the school

➤ **¡circulen, por favor!** move along, please!

el **círculo** ■ **circle: dibujamos un círculo** we drew a circle; **nos sentamos en círculo** we sat down in a circle.

la **circunferencia** ■ **circumference**.

la **circunstancia** ■ **circumstance**

➤ **bajo ninguna circunstancia** under no circumstance

➤ **dadas las circunstancias** given the circumstances

➤ **avísame, si por alguna circunstancia no puedes venir** let me know if by some chance you can't come.

la **ciruela** ■ **plum**.

la **cirugía** ■ **surgery: se hizo la cirugía plástica** she had plastic surgery.

el **cirujano,** la **cirujana** ■ **surgeon**.

el **cisne** ■ **swan**.

la **cita**

1. **appointment: mi mamá tiene una cita con el director** my mom has an appointment with the director
2. **date: tiene una cita con su novio** she has a date with her boyfriend
3. **quotation: una cita de Rubén Darío** a quotation from Rubén Darío.

citar *verbo* ■ **to quote: citó un pasaje de la Biblia** he quoted a passage from the Bible

➤ **la citaron a las nueve** they gave her an appointment for nine o'clock

➤ **se citaban a escondidas** they were meeting secretly.

la **ciudad**

City hace referencia a ciudades grandes y **town** a un pueblo grande o ciudad pequeña.

1. **city** *(plural* **cities***)*: **en ciudades como Buenos Aires** in cities like Buenos Aires
2. **town: vive en una ciudad de muy pocos habitantes** he lives in a town with very few inhabitants

➤ **una ciudad balneario** a coastal resort

➤ **una ciudad perdida** *Mexico* a shanty town

➤ **la ciudad universitaria** the university campus.

el **ciudadano,** la **ciudadana** ■ **citizen: es ciudadano peruano** he's a Peruvian citizen.

civil *adjetivo* ■ **civil**

➤ **derechos civiles** civil rights.

la **civilización** *(plural* las civilizaciones*)* ■ **civilization: las grandes civilizaciones antiguas** the great ancient civilizations.

la **clara** ■ **egg white: hay que batir las claras** you have to beat the egg whites.

claro *adjetivo*

1. **clear: su explicación fue muy clara** his explanation was very clear; **está claro que miente** it's clear that he's lying
2. **light: prefiere los colores claros** she prefers light colors; **tiene los ojos verde claro** he has light green eyes

➤ **no saqué nada en claro con su explicación** I didn't get anything clarified by his explanation

➤ **dejó en claro que no iba a ir** he made it clear that he wasn't going to go

claro *adverbio* ■ **clearly: no lo veo muy claro** I don't see it very clearly

➤ **tienes que hablarle claro** you have to be frank with him

➤ **¡claro!** of course!

➤ **¡claro que sí!** yes, of course!

➤ **¡claro que no!** of course not!

la **clase**

1. **classroom: los alumnos estaban en la clase cuando llegó el maestro** the students were in the classroom when the teacher arrived

2. **class: esa niña está en mi clase** that girl is in my class; **hoy tuvimos clase de historia** today we had history class
3. **type: en esta región crecen varias clases de manzana** in this region they grow various types of apple

➤ **clase baja** lower class
➤ **clase media** middle class
➤ **clase alta** upper class.

clásico *adjetivo* ■ **classical: le gusta la música clásica** she likes classical music

el **clásico** ■ **classic: Cervantes es un clásico de la literatura** Cervantes is a literary classic.

clasificar *verbo* ■ **to classify: en la clase de biología clasificamos varias plantas** in biology class we classified a number of plants.

clavar *verbo* ■ **to nail: no permiten clavar nada en estas paredes** they don't permit anything to be nailed into these walls

clavarse *verbo pronominal* ■ **to prick oneself: cuidado no vayas a clavarte una espina** careful not to prick yourself on a thorn; **se clavó una aguja** she stuck a needle into herself.

la **clave**

1. **key: descubrimos la clave del problema** we discovered the key to the problem
2. **code: este mensaje está en clave, por eso no lo entendemos** this message is in code; that's why we don't understand it.

el **clavel** ■ **carnation**.

la **clavícula** ■ **collar bone**.

el **clavo** ■ **nail**.

la **clemencia** ■ **clemency**.

el **clero** ■ **clergy**.

el **cliente**, la **clienta** ■ **client**.

el **clima** ■ **climate**.

la **clínica** ■ **clinic**.

el **clip** *(plural* los clips*)* ■ **paper clip**.

el **cloro** ■ **chlorine**.

el **club** *(plural* los clubes*)* ■ **club**.

coagularse *verbo pronominal* ■ **to clot: la sangre se coagula rápidamente** blood clots quickly.

cobarde *adjetivo* ■ **cowardly**

➤ **¡no seas cobarde!** don't be a coward!

la **cobaya** ■ **guinea pig**.

la **cobija** ■ **blanket**.

el **cobrador**, la **cobradora** ■ **collector**.

cobrar *verbo*

1. **to charge: me cobraron 100 pesos por el almuerzo** they charged me 100 pesos for lunch
2. **to receive: cobra 10.000 pesos de sueldo mensual** she receives 10,000 pesos as a monthly salary
3. **to collect: viene todos los meses a cobrar el alquiler** he comes every month to collect the rent

➤ **se cobra, por favor** the bill, please.

el **cobre** ■ **copper**.

la **cocción** ■ **cooking time: este arroz precisa sólo diez minutos de cocción** this rice needs only ten minutes of cooking time.

cocer *verbo*

1. **to cook: cuece el pescado cuarenta minutos en la cacerola** you cook the fish forty minutes in the pan
2. **to boil: cuece las zanahorias quince minutos** you boil the carrots fifteen minutes

➤ **este arroz tarda sólo diez minutos en cocerse** this rice only takes ten minutes to cook.

el **coche**

1. *automóvil* **car**
2. *para bebés* **carriage**.

la **cochera** ■ **garage**.

cochino *adjetivo* ■ **filthy: estás cochino, ¡ve a lavarte!** you're filthy, go wash up!

el **cochino** ■ **pig**.

el **cocido** ■ **stew**.

la **cocina**

1. **kitchen: esta casa tiene una cocina muy amplia** this house has a very spacious kitchen

2. **stove: ayer compramos una cocina nueva** yesterday we bought a new stove
➤ **un curso de cocina** a cooking course
➤ **un libro de cocina** a cookbook.

cocinar *verbo* ■ **to cook: voy a cocinar un pollo** I'm going to cook a chicken.

el **cocinero,** la **cocinera** ■ **cook**.

el **coco** ■ **coconut**.

el **cocodrilo** ■ **crocodile**.

el **cocotero** ■ **coconut palm tree**.

la **codicia** ■ **greed**.

el **código** ■ **code**
➤ **un código de barras** a barcode
➤ **un código postal** a zip code
➤ **un código secreto** a password.

el **codo** ■ **elbow: se hizo daño en el codo** he hurt his elbow.

la **codorniz** (*plural* las codornices) ■ **quail**.

coger *verbo*
1. **to get: cogió sus llaves y salió** he got his keys and left
2. **to catch: la policía cogió al ladrón inmediatamente** the police caught the thief immediately
3. **to take: cogí el autobús para ir al cine** I took the bus to go to the movies.

el **cohete** ■ **rocket**.

coincidir *verbo* ■ **to coincide: su cumpleaños coincide con Navidad** his birthday coincides with Christmas.

cojear *verbo*
1. **to limp: la vieja cojea mucho** the old woman limps a lot
2. **to wobble: esa mesa cojea** that table wobbles.

la **col** ■ **cabbage**.

la **cola**
1. **tail: el pavo real tiene una cola hermosa** the peacock has a beautiful tail
2. **line: si llegas temprano, no tendrás que hacer cola** if you arrive early, you won't have to get in line
3. **glue: tengo que pegar estos dos papeles con cola** I have to paste these two papers with glue.

colaborar *verbo* ■ **to help: colabora con la limpieza, no tires papeles al piso** help with the cleaning, don't throw paper on the floor.

el **colador** ■ **strainer**.

colar *verbo* ■ **to strain: cuela los fideos, mientras yo rallo el queso** strain the noodles while I grate the cheese

colarse *verbo pronominal* ■ **to slip into: presta atención, siempre hay alguien que se cuela en la fila** pay attention, there is always somebody who slips into the line.

la **colcha** ■ **bedspread**.

el **colchón** (*plural* los colchones) ■ **mattress**.

la **colección** (*plural* las colecciones) ■ **collection: tiene una colección de estampillas de todo el mundo** he has a collection of stamps from all over the world.

coleccionar *verbo* ■ **to collect: hace muchos años que colecciona sellos** he has been collecting stamps for many years.

el **colectivo**
1. *Andes* **collective taxi**
2. *Argentina* **bus**.

el/la **colega** ■ **colleague**.

el **colegial** ■ **schoolboy**.

la **colegiala** ■ **schoolgirl**.

el **colegio** ■ **school**.

la **cólera** ■ **anger**.

el **cólera** ■ **cholera**.

colgar *verbo*
1. **to hang: cuelga tu chaqueta en esa percha** hang your jacket on that rack
2. **to hang up: colgó sin despedirse** he hung up without saying goodbye.

el **cólico** ■ **colic**.

la **coliflor** ■ **cauliflower**.

la **colina** ■ **hill**.

el **collar** ■ **necklace**.

la **colmena** ■ **beehive**.

el **colmillo** ■ **canine tooth** (*plural* **canine teeth**).

el **colmo** ■ **height: el colmo de arrogancia** the height of arrogance
➤ **¡esto es el colmo!** this is the limit!

colocar *verbo* ■ **to place: coloca este florero arriba de la mesa** place this vase on the table

colocarse *verbo pronominal* ■ **to station oneself: colóquense cerca de los árboles** station yourselves close to the trees
➤ **colóquese en la fila** get in line.

Colombia *sustantivo femenino* ■ **Colombia**.

colombiano *adjetivo*

En inglés, los adjetivos que se refieren a un país o una región se escriben con mayúscula:

Colombian

el **colombiano**, la **colombiana**

En inglés los gentilicios se escriben con mayúscula:

Colombian: los colombianos the Colombians.

la **colonia**
1. **perfume: prefiero las colonias florales** I prefer floral perfumes
2. **colony** (*plural* **colonies**): **España tenía colonias en América y África** Spain had colonies in America and Africa
3. *Mexico* **district: viven en la colonia Obregón** they live in the Obregón district.

colonizar *verbo* ■ **to colonize: los españoles colonizaron una gran parte de América** the Spanish colonized a large part of America.

el **color** ■ **color**.

colorado *adjetivo* ■ **red**.

colorear *verbo* ■ **to color: ahora que dibujaste el paisaje, coloréalo** now that you've drawn the landscape, color it.

la **columna**
1. **column: la fachada está adornada con columnas** the façade is adorned with columns
2. **spine: el ortopedista trata los problemas de la columna** the orthopedist treats problems of the spine
➤ **columna vertebral** spinal column.

la **coma**
1. **comma: en esa oración no hay que poner coma allí** that sentence doesn't require a comma there
2. **point: tres coma cinco** three point five.

el **coma** ■ **coma**
➤ **estar en coma** to be in a coma.

el **combate**
1. **battle: el combate fue largo y dejó varios heridos** the battle was long and left a number of wounded people
2. **fight: hay que empeñarse en el combate a las drogas** we have to get involved in the fight against drugs.

combatir *verbo*
1. **to fight: estos soldados combatieron en la última guerra** these soldiers fought in the last war
2. **to combat: es importante combatir la desnutrición** it's important to combat malnutrition.

la **combinación** (*plural* **las combinaciones**) ■ **combination: azul y rojo es una buena combinación de colores** blue and red is a good color combination.

el **combustible** ■ **fuel: este carro precisa combustible urgentemente** this car needs fuel urgently.

la **combustión** ■ **combustion: la combustión se estudia en clase de química** combustion is studied in chemistry class.

la **comedia**
1. **comedy** (*plural* **comedies**): **Molière es autor de excelentes comedias** Molière is the author of excellent comedies

2. *Argentina* **soap opera: esta comedia empezó hace más de un año** this soap opera began more than a year ago.

el **comedor**

1. *en casa* **dining room**
2. *en colegio* **cafeteria**.

comentar *verbo*

1. **to discuss: en clase comentamos los textos que leemos en casa** in class we discuss the texts that we read at home
2. **to comment: comentó que hacía mucho frío afuera** he commented that it was very cold outside.

comenzar *verbo* ■ **to begin: las clases comienzan a las ocho** classes begin at eight o'clock.

comer *verbo*

1. **to eat: ¿comiste suficiente?** did you eat enough?
2. *a mediodía* **to eat lunch: comemos normalmente a las dos** we usually eat lunch at two
3. *por la noche* **to eat dinner: comemos normalmente a las ocho** we usually eat dinner at eight

➤ **comimos pollo** we had chicken for lunch
➤ **comimos una pizza** we had a pizza for dinner.

el **comercial** ■ **commercial: no me gusta que interrumpan la película con comerciales** I don't like it when the movie is interrupted with commercials.

el/la **comerciante** ■ **merchant**.

el **comercio** ■ **commerce**
➤ **comercio electrónico** e-commerce.

comestible *adjetivo* ■ **edible**

el **comestible** ■ **food: hay que llevar comestibles para los tres días de campamento** we have to take food for the three days of camp
➤ **tienda de comestibles** grocery store.

la **cometa** ■ **kite**.

el **cometa** ■ **comet**.

cometer *verbo*

1. **to commit: cometió muchos crímenes antes de morir** he commited many crimes before he died
2. **to make: cometí un error muy grave** I made a very serious error.

la **comezón** ■ **itching: los piquetes de mosquitos dan comezón** mosquito bites cause itching.

la **cómica** ■ **comedienne**.

cómico *adjetivo* ■ **funny: la película que vimos ayer era muy cómica** the movie we saw yesterday was very funny

el **cómico** ■ **comedian: Cantinflas fue un cómico muy famoso** Cantinflas was a very famous comedian.

la **comida**

1. **food: me gusta preparar la comida con productos frescos** I like to prepare the food with fresh products
2. **meal: tomar un comprimido antes de cada comida** take one pill before each meal
3. *a mediodía* **lunch**
4. *por la noche* **dinner**

> COMIDA
>
> In some Spanish-speaking countries (Bolivia, Uruguay, and Venezuela) **comida** can refer to lunch or dinner, while in other places (Chile, Colombia, and Peru) it only refers to dinner. This can lead to confusion, so it's best to make sure you know which meal the speaker is referring to if you are invited to a **comida**.

el **comienzo** ■ **beginning**.

las **comillas** ■ **quotation marks**.

la **comisaría** ■ **police station**.

como *(adverbio & conjunción)*

■ *adverbio*

1. **like: tu bicicleta es como la mía** your bicycle is like mine
2. **as: eres tan inteligente como ella** you're as intelligent as her; **como te decía la semana pasada...** as I was telling you last week...
3. **around: llegaron como a las diez** they arrived around ten o'clock

■ *conjunción*

1. **since: como llegué tarde, no me dejaron entrar** since I arrived late, they didn't allow me to enter
2. **if: como me desobedezcas, no volverás a salir** if you disobey me, you won't go out again.

cómo *adverbio*

Cómo takes an accent in direct and indirect questions:

how: y ahora ¿cómo resuelvo este problema? and now, how do I solve this problem?; **no sé cómo resolver este problema** I don't know how to solve this problem

➤ **¡cómo no!** of course!: **¿me ayudarás? — ¡cómo no!** will you help me? — of course!

cómodo *adjetivo* ■ **comfortable**.

comoquiera *adverbio* ■ **however: comoquiera que lo hagas, va a salir bien** however you do it, it will come out fine.

compacto *adjetivo* ■ **compact**.

compadecer *verbo* ■ **to sympathize with: qué difícil ese examen, te compadezco** how difficult that test is, I sympathize with you.

el **compañero,** la **compañera**

1. *en la escuela* **classmate**
2. *en el trabajo* **colleague**.

la **compañía** ■ **company** (*plural* **companies**): **trabaja en una compañía francesa** she works for a French company; **esta noche se presenta una compañía de teatro extranjera** tonight a foreign theatrical company is performing tonight; **mis amigos me hicieron compañía toda la tarde** my friends kept me company all afternoon.

comparar *verbo* ■ **to compare: no le gusta que la comparen con la hermana** she doesn't like to be compared with her sister.

el **compartimento** ■ **compartment: guardemos esto en el compartimento de la izquierda** let's keep this in the compartment on the left.

compartir *verbo* ■ **to share: compartió con sus amigos los dulces que le regalaron** he shared the candy they gave him with his friends.

el **compás** (*plural* los compases) ■ **rhythm**.

la **compasión** ■ **compassion**.

la **competencia**

1. **rivalry: hay mucha competencia entre los dos equipos** there is a lot of rivalry between the two teams
2. **competition: la competencia de natación empieza mañana** the swimming competition begins tomorrow.

competente *adjetivo* ■ **competent**.

competir *verbo* ■ **to compete: esos dos supermercados compiten entre sí** those two supermarkets compete against each other; **compite mañana por la medalla de oro** she competes tomorrow for the gold medal.

complacer *verbo* ■ **to please: es difícil complacer a todo el mundo** it's difficult to please everybody; **me complace presentarles a este cantante** it pleases me to introduce to you this singer.

el **complejo** ■ **complex: por aquí se va al complejo deportivo de la universidad** this is the way to the university's sports complex; **tiene complejo porque es muy alto** he has a complex because he's very tall.

el **complemento** ■ **complement: ese verbo no tiene complemento** that verb doesn't have a complement

➤ **complemento directo** direct object

➤ **complemento indirecto** indirect object.

completar *verbo*

1. **to finish: dentro de un mes completa su carrera** he'll finish his studies within a month
2. **to fill in: complete este formulario, por favor** fill in this form, please.

completo *adjetivo*

1. **complete: acabo de comprar las obras completas de Rulfo** I just bought the complete works of Rulfo

2. **total: completo silencio, por favor** total silence, please
3. **comprehensive: ese diccionario es muy completo** that dictionary is very comprehensive
4. **filled in: ¿ese formulario ya está completo?** is that form filled in now?
5. **full: el avión venía completo** the airplane was full.

complicado *adjetivo* ■ **complicated**.

el/la **cómplice** *sustantivo masculino y femenino* ■ **accomplice**.

componer *verbo*

1. **to make up: estos diez jugadores componen el equipo** these ten players make up the team
2. **to repair: este televisor no funciona, hay que componerlo** this television doesn't work, we have to repair it
3. **to compose: Beethoven compuso nueve sinfonías** Beethoven composed nine symphonies

➤ **el equipo se compone de estos diez jugadores** the team consists of these ten players.

la **composición** *(plural* las composiciones*)* ■ **composition: las composiciones de Chopin son muy bellas** Chopin's compositions are very beautiful.

el **compositor**, la **compositora** ■ **composer**.

la **compra**

1. **shopping: tengo que ir de compras, nos falta comida** I have to go shopping, we need food
2. **purchase: la última compra que hice ayer fue este libro** the last purchase that I made yesterday was this book.

comprar *verbo* ■ **to buy: antes de comprar conviene comparar precios** before buying, it's good to compare prices

➤ **tienes que comprarte zapatos nuevos** you have to buy yourself new shoes.

comprender *verbo*

1. **to understand: no comprendí la lección** I didn't understand the lesson
2. **to include: el curso comprende los más recientes descubrimientos de la astronomía** the course includes astronomy's most recent discoveries.

comprensivo *adjetivo* ■ **understanding: María es una persona muy comprensiva** María is a very understanding person.

comprimir *verbo* ■ **to compress**.

comprobar *verbo* ■ **to check: comprueba que la puerta esté bien cerrada** check that the door is closed properly.

comprometerse *verbo pronominal*

1. **to promise: se comprometió a entregar el trabajo mañana** he promised to turn in the paper tomorrow
2. **to commit oneself: no quiso comprometerse, porque no sabía cuándo podría entregar el trabajo** he refused to commit himself, because he didn't know when he would be able to turn in the paper.

el **compromiso**

1. **engagement: no podré verte mañana porque tengo varios compromisos** I can't see you tomorrow because I have several engagements
2. **commitment: es una persona confiable, que respeta sus compromisos** she's a trustworthy person who honors her commitments.

compuesto *adjetivo* ■ **compound: "mediodía" es una palabra compuesta** "mediodía" is a compound word.

el **computador**, la **computadora** ■ **computer**

➤ **computadora de mesa** desktop computer
➤ **computadora personal** personal computer
➤ **computadora portátil** laptop.

común *(plural* comunes*) adjetivo*

1. **common: "Pérez" es un apellido muy común** "Pérez" is a very common last name; **los alumnos cuentan con una sala de lectura común** there is a common reading room for students

2. **normal: es común que haga calor en esta época** it's normal for it to be hot at this time of year
➤ **en común** in common: **tenemos varios intereses en común** we have several things in common.

la **comunicación** *(plural* las comunicaciones*)* ■ **communication: un satélite de comunicaciones** a communications satellite
➤ **se cortó la comunicación** we were cut off.

comunicar *verbo* ■ **to inform: nos comunicó su proyecto de casarse** he informed us of his plan to get married

comunicarse *verbo pronominal*
1. **to communicate: las líneas están cortadas, por eso no hemos podido comunicarnos** the lines are down so we haven't been able to communicate with them
2. **to be connected: la habitación se comunica con el baño** the bedroom is connected to the bathroom.

la **comunidad** ■ **community: la comunidad latina es numerosa en esta región** there is a large Latin community in this area.

la **comunión** *(plural* las comuniones*)* ■ **communion: primera comunión** first communion.

con *preposición* ■ **with: viajé con mis padres** I traveled with my parents; **rellené las empanadas con queso** I filled the turnovers with cheese
➤ **maneje con prudencia** drive carefully
➤ **con tal de** as long as: **con tal de verte, voy adonde sea** as long as I can see you I'll go anywhere
➤ **con tal de que** in order to: **con tal de que lo aplaudan es capaz de hacer cualquier cosa** he'll do anything in order to get the applause.

conceder *verbo* ■ **to grant: el hada madrina le concedió tres deseos** her fairy godmother granted her three wishes.

la **concentración** ■ **concentration: estudiar requiere mucha concentración** studying requires a lot of concentration.

concentrarse *verbo pronominal*
1. **to concentrate: no logro concentrarme porque están haciendo demasiado ruido** I can't concentrate because you're making too much noise
2. **to gather: varias personas se concentraron en la puerta del teatro** several people gathered at the theater doors.

la **conciencia** ■ **conscience: la voz de la conciencia** the voice of conscience
➤ **no tiene conciencia del daño que le ha hecho** he's not aware of the damage he's done
➤ **tener la conciencia tranquila** to have a clear conscience.

el **concierto** ■ **concert: fuimos a un concierto de rock** we went to a rock concert.

concluir *verbo*
1. **to finish: concluímos el trabajo a tiempo** we finished the work on time
2. **to conclude: concluyo que no te interesa participar en el proyecto** I can only conclude that you're not interested in participating in the project.

la **conclusión** *(plural* las conclusiones*)* **conclusion**.

concreto *adjetivo* ■ **specific: quiero un ejemplo concreto** I want a specific example

el **concreto** ■ **concrete**.

el/la **concursante** ■ **contestant**.

concursar *verbo* ■ **to be a contestant: concursó en un programa de preguntas y respuestas** he was a contestant on a quiz show.

el **concurso** ■ **contest: participó en varios concursos de baile** she took part in several dance contests.

la **condena** ■ **sentence**.

condenar *verbo* ■ **to sentence: lo condenaron a diez años en prisión** he was sentenced to ten years in prison.

la **condición** *(plural* las condiciones*)* ■ **condition: te lo presto, con la condición de que me lo devuelvas mañana** I'll lend it to you on condition that you give it back to me tomorrow

las **condiciones**

1. **shape: mi auto está en muy malas condiciones** my car is in very bad shape
2. **condition: la abuela no está en condiciones de hacer un viaje tan largo** grandmother is in no condition to make such a long trip.

la **conducta** ■ **behavior**.

el **conductor, la conductora** ■ **driver**

The Spanish word **conductor** is a false cognate, it does not mean "conductor".

conectar *verbo* ■ **to connect: esa carretera conecta mi pueblo con la capital** this road connects my town to the capital; **sólo falta conectar el teléfono** we just have to connect the phone.

el **conejo,** la **coneja** ■ **rabbit**.

la **conferencia**

1. **lecture: voy a dar una conferencia en la facultad de derecho** I'm giving a lecture at the law faculty
2. **conference: fue a una conferencia médica** he went to a medical conference.

confesar *verbo*

1. **to confess: el ladrón confesó el crimen** the thief confessed to the crime
2. **to admit: Pablo me confesó que está enamorado de Ana** Pablo admitted he's in love with Ana

➢ **confesarse** to go to confession.

el **confesor** ■ **confessor**.

la **confianza**

1. **trust: nunca me ha mentido, le tengo total confianza** he's never lied to me, I trust him completely
2. **familiarity: nos trata con confianza porque nos conocemos hace mucho** he treats us with familiarity because we've known each other a long time

➢ **tenerse confianza** to have self-confidence: **se tiene confianza y por eso logra sus objetivos** she has a lot of self-confidence so she's able to reach her goals.

confiar *verbo*

1. **to trust: confía en su amiga y por eso le presta el coche** she trusts her friend so she lets her borrow the car
2. **to entrust: su padre le confió el cuidado de la tienda** his father entrusted him with the running of the store.

la **configuración** *(plural* las configuraciones*)* ■ **configuration**.

configurar *verbo* ■ **to configure**.

la **confirmación** *(plural* las confirmaciones*)* ■ **confirmation: la confirmación de la reserva** the booking confirmation

➢ **ya tengo la confirmación de mi vuelo** my flight is confirmed.

confirmar *verbo* ■ **to confirm: antes de viajar, es importante confirmar el vuelo** it's important to confirm your flights before you travel.

el **conflicto** ■ **conflict**.

conforme *adjetivo* ■ **satisfied: estoy conforme con la decisión que tomaron mis padres** I'm satisfied with the decision my parents took.

conforme *adverbio* ■ **as: conforme vayan terminando la prueba, pueden salir** you may leave as you finish the test.

confortable *adjetivo* ■ **comfortable**.

confundir *verbo*

1. **to mix up: siempre confundo a las dos gemelas** I always mix up the twins
2. **to confuse: con esa jugada lograste confundir a tu rival** you managed to confuse your opponent with that move

confundirse *verbo pronominal* ■ **to get confused: me confundí en el camino porque no había señales** I got confused on the way because there were no signs.

la **confusión** *(plural* las confusiones) ■ **confusion: en la confusión de la mañana se me olvidaron las llaves** I forgot my keys in all the confusion this morning.

congelado *adjetivo* ■ **frozen**.

congelar *verbo* ■ **to freeze: voy a congelar el pollo que compré** I'm going to freeze the chicken I just bought.

el **congreso**
1. **conference: fue a un congreso de cirugía en Costa Rica** he went to a surgical conference in Costa Rica
2. **Congress: lo eligieron para el congreso** he was elected to Congress.

la **conjugación** *(plural* las conjugaciones) ■ **conjugation**.

conjugar *verbo* ■ **conjugate: estamos aprendiendo a conjugar los verbos irregulares** we're learning to conjugate irregular verbs.

la **conjunción** *(plural* las conjunciones) ■ **conjunction: "y" es una conjunción** "y" is a conjunction.

el **conjunto**
1. **band: un conjunto de rock** a rock band
2. **outfit: compré un conjunto de pantalón y chaqueta** I bought an outfit with a jacket and matching pants.

conmemorar *verbo* ■ **to commemorate**.

conmigo *pronombre*
1. **with me: ayer vino conmigo al cine** she went to the movies with me yesterday
2. **to me: siempre fue muy buena conmigo** she was always very good to me.

conmover *verbo* ■ **to move: sus lágrimas lo conmovieron** her tears moved him

el **cono** ■ **cone**
➤ **el Cono Sur** the Southern Cone.

conocer *verbo*
1. **to meet: quiero que conozcas a mi hermana** I'd like you to meet my sister
2. **to know: a Juan lo conozco hace más de diez años** I've known Juan for over ten years
➤ **no conozco Egipto** I have never been to Egypt.

el **conocido,** la **conocida** ■ **acquaintance: tiene algunos amigos y muchos conocidos** he has some friends and a lot of acquaintances.

el **conocimiento**
1. **knowledge: el conocimiento del sistema solar** knowledge of the solar system
2. **consciousness: perder el conocimiento** to lose consciousness
➤ **conocimientos** knowledge: **tiene buenos conocimientos históricos** he has a good knowledge of history.

el **conquistador,** la **conquistadora** ■ **conqueror**.

conquistar *verbo*
1. **to conquer: conquistamos la cima** we conquered the summit
2. **to win over: la conquisté con flores** I won her over with flowers.

consciente *adjetivo*
1. **aware: no está consciente de lo que hace** he's not aware of what he's doing
2. **responsible: deberías ser más consciente** you should be more responsible.

el **conscripto,** la **conscripta** ■ **draftee**.

la **consecuencia** ■ **consequence: tendrá que pagar las consecuencias** she'll have to pay the consequences
➤ **a consecuencia de** as a result of: **a consecuencia de su ayuda, ganamos** we won as a result of his help.

consecutivo *adjetivo* ■ **consecutive: lo ví durante tres días consecutivos** I saw him on three consecutive days.

conseguir *verbo*
1. **to get: consiguió lo que quería** he got what he wanted
2. **to achieve: si te dedicas, puedes conseguir cualquier cosa** you can achieve anything if you make the effort
➤ **finalmente conseguí que me enseñara francés** I finally got her to teach me French
➤ **¡lo conseguiste!** you did it!

el **consejo** ■ **advice: déjame darte un consejo** let me give you some advice.

consentir *verbo*
1. **to allow: les consienten todo** they are allowed to do whatever they want
2. **to spoil: su padre siempre la ha consentido** her father has always spoiled her.

la **conserva** ■ **canned food**.

conservador *adjetivo* ■ **conservative: sus padres son muy conservadores** her parents are very conservative.

conservar *verbo*
1. **to keep: has conservado tu figura** you've kept your figure
2. **to preserve: quieren conservar sus tradiciones** they want to preserve their traditions
➤ **conservar la naturaleza** to conserve nature.

considerado *adjetivo*
1. **considerate: debería ser más considerado con nosotros** he should be more considerate toward us
2. **regarded: está muy bien considerado entre otros músicos** he is highly regarded by other musicians.

considerar *verbo* ■ **to consider: la profesora consideró que valía la pena** the teacher considered it worthwhile
➤ **considerar los pros y los contras** to weigh up the pros and cons
➤ **considerar que** to take into account that: **tenemos que considerar que ha faltado** we have to take into account that he's been absent.

consigo, consigues, etc *verbo* ➤ conseguir.

consigo *pronombre*
1. *con él* **with him: Luis llevó su tienda consigo** Luis brought his tent with him; **habla consigo mismo** he talks to himself
2. *con ella* **with her: María trajo su traje de baño consigo** María brought her bathing suit with her
3. *con usted, ustedes* **with you: traiga consigo lo que necesite** bring with you whatever you need.

consistir *verbo* ■ **involve: ¿en qué consiste este juego?** what does this game involve?
➤ **consistir en** to consist of: **la obra consiste en dos actos** the play consists of two acts.

consolar *verbo* ■ **to comfort: lo abrazó para consolarlo** she comforted him with a hug.

la **consonante** ■ **consonant**.

constante *adjetivo* ■ **constant: tengo un dolor de cabeza constante** I have a constant headache
➤ **ser constante** to persevere: **para tener éxito hay que ser constante** you have to persevere to be successful.

la **constitución** (*plural* las constituciones) ■ **constitution**.

constituir *verbo* ■ **to constitute: los dos grupos constituyen una verdadera amenaza** the two groups constitute a real threat.

la **construcción** (*plural* las construcciones) ■ **construction: hace siete años que está en construcción ese edificio** that building has been under construction for seven years; **una empresa de construcción** a construction company; **este sitio está bajo construcción** this website is under construction.

construir *verbo* ■ **to build: construyó su propia casa** he built his own house.

consuelo *verbo* ➤ consolar.

el **consuelo** ■ **consolation: su único consuelo es que no reprobó** his only consolation is that he didn't fail the exam.

el/la **cónsul** ■ **consul**.

el **consulado** ■ **consulate**.

la **consulta** ■ **office: el doctor está en su consulta de 9 a 3** the doctor is in his office from 9 to 3
➤ **hacer una consulta a alguien** to ask somebody for adivce
➤ **consulta a domicilio** house call
➤ **hacer una consulta** to see a patient
➤ **horas de consulta** office hours.

consultar *verbo* ■ **to consult: mejor consulta con el médico** you should consult your doctor
➤ **consultar un libro** to look something up in a book.

el **consumidor,** la **consumidora** ■ **consumer: derechos del consumidor** consumer rights.

consumir *verbo* ■ **to use: su coche consume mucha gasolina** his car uses a lot of gas
➤ **consumir preferentemente antes de...** best before...

el **consumo** ■ **consumption: cómprate un coche de bajo consumo** buy a car with low gas consumption
➤ **el consumo de drogas** drug use.

la **contabilidad** ■ **accounting: estudiar contabilidad** to study accounting.

el **contacto**
1. **contact: echo de menos el contacto humano** I miss human contact
2. *Mexico* **socket: necesitas más contactos para tanto aparato** you need more sockets for all these appliances
➤ **ponerse en contacto con alguien** to get in touch with someone.

el **contado** ■ **cash: pagar al contado** to pay in cash.

el **contador,** la **contadora** ■ **accountant**
➤ **contador público** certified public accountant.

contagiar *verbo* ■ **lávate las manos para que no vayas a contagiar a nadie con tu enfermedad** wash your hands so you don't spread your illness to anyone.

contagioso *adjetivo*
1. **contagious: esa enfermedad es muy contagiosa** it's a very contagious disease
2. **infectious: tu risa es muy contagiosa** you have an infectious laugh.

la **contaminación** (*plural* las contaminaciones) ■ **pollution: la contaminación del medio ambiente** environmental pollution.

contaminar *verbo* ■ **to pollute: las fábricas han contaminado el río** the factories have polluted the river.

contar *verbo*
1. **to count: cuenta hasta diez** count to ten
2. **to tell: ¿te cuento un cuento?** do you want me to tell you a story?
➤ **contar con alguien** to count on someone
➤ **ese gol no cuenta** that goal doesn't count.

contener *verbo* ■ **to contain: el paquete contiene libros** the package contains books

contenerse *verbo pronominal* ■ **to contain oneself: no pudo contenerse de alegría** she could hardly contain herself she was so happy.

el **contenido** ■ **contents: el contenido del sitio web** the contents of the website.

contento *adjetivo* ■ **happy: está muy contento con sus notas** he's very happy with his grades.

contestar *verbo* ■ **to answer: contesta el teléfono por favor** can you answer the phone, please?

> The Spanish word **contestar** is a false cognate, it does not mean "contest".

contigo *pronombre* ■ **with you: ¿puedo ir contigo?** can I come with you?
➤ **contigo mismo** with yourself: **¿estás contento contigo mismo?** are you happy with yourself?

el **continente** ■ **continent.**

continuar *verbo* ■ **to continue: podemos continuar la discusión después de la comida** we can continue this discussion after lunch
➤ **no puedes continuar así** you can't go on like this.

contra *preposición* ■ **against: estoy en contra de la discriminación** I'm against discrimination.

el **contrabajo** ■ **double bass.**

contradecir *verbo* ■ **to contradict: siempre me contradices** you're always contradicting me.

la **contradicción** *(plural* las contradicciones*)* ■ **contradiction**.

contradicho, contradigo etc *verbo* ➤ contradecir.

contrario *adjetivo*
1. **opposing: el equipo contrario no es muy bueno** the opposing team isn't very good
2. **opposite: vamos en sentido contrario** we're going in the opposite direction
3. **conflicting: tienen opiniones contrarias** they have conflicting opinions
➤ **al contrario** on the contrary
➤ **de lo contrario** otherwise: **de lo contrario, te verás en problemas** otherwise, you'll be in trouble.

el **contraste** ■ **contrast: la tele tiene demasiado contraste** there's too much contrast on the TV.

el **contrato** ■ **contract: firmó el contrato ayer** she signed the contract yesterday.

la **contribución** *(plural* las contribuciones*)*
1. **contribution: hice una contribución voluntaria** I made a voluntary contribution
2. **tax: la contribución federal** federal tax.

el/la **contribuyente** ■ **taxpayer**.

el/la **contrincante** ■ **opponent: su contrincante es muy diestro** his opponent is very skillful.

el **control** ■ **control: todo está bajo control** everything's under control
➤ **control de calidad** quality control
➤ **control de natalidad** birth control
➤ **control remoto** remote control.

controlar *verbo*
1. **to control: deberías aprender a controlarte mejor** you should learn to control yourself
2. **to monitor: estaremos controlando la situación** we'll be monitoring the situation.

convencer *verbo*
1. **to convince: su argumento no me convenció** his argument didn't convince me
2. **to persuade: no la pude convencer que viniera** I couldn't persuade her to come.

convencional *adjetivo* ■ **conventional: su pensamiento es muy convencional** her way of thinking is very conventional.

conveniente *adjetivo* ■ **convenient: no me resulta conveniente** it's not convenient for me.

convenir *verbo* ■ **to be convenient: me conviene más a las once** eleven o'clock is more convenient for me
➤ **no sabes lo que te conviene** you don't know what's good for you.

el **convento** ■ **convent**.

la **conversación** *(plural* las conversaciones*)* ■ **conversation: tuvimos una buena conversación** we had a good conversation
➤ **conversaciones** talks: **las conversaciones de paz** the peace talks.

convertir *verbo* ■ **to turn into: convirtieron la bodega en una discoteca** they turned the warehouse into a disco

convertirse *verbo pronominal*
1. **to convert: se convirtió al budismo** she converted to Buddhism
2. **to turn into: se convirtió en un pesado** he turned into a jerk.

convidar *verbo*
1. **to invite: ¿vas a convidarlos a la fiesta?** are you going to invite them to the party?
2. *Mexico* **to share: te convido de mi torta** I'll share my sandwich with you.

la **cooperación** ■ **cooperation: la cooperación entre países** cooperation between countries.

cooperar *verbo* ■ **to cooperate: esperamos que cooperes con nosotros** we hope you'll cooperate with us.

la **cooperativa** ■ **cooperative**.

la **coordenada** ■ **coordinate: la coordenada "y"** the "y" coordinate.

coordinar *verbo* ■ **to coordinate: le cuesta coordinar sus movimientos** he has trouble coordinating his movements; **no sé coordinar la ropa** I don't know how to co-ordinate my clothes.

la **copa**
1. **glass: ¿quieres una copa de vino?** would you like a glass of wine?
2. **drink: te invito a una copa** I'll buy you a drink
3. **cup: ganaron la Copa Mundial** they won the World Cup.

la **copia** ■ **copy** (*plural* **copies**)**: sacó tres copias del artículo** she made three copies of the article.

la **copiadora** ■ **photocopier**.

copiar *verbo* ■ **to copy**.

el **copión, la copiona** *informal* ■ **copy-cat: ¡José es un copión!** José is a copycat!

el **copo** ■ **flake: un copo de nieve** a snowflake
➤ **copos de maíz** cornflakes.

coquetear *verbo* ■ **to flirt: le encanta coquetear** she loves to flirt.

el **coraje**
1. **courage: hay que tener mucho coraje para hacer eso** it takes a lot of courage to do that
2. **anger: me da mucho coraje** that makes me very angry.

el **corazón** (*plural* los corazones) ■ **heart: el ejercicio es bueno para el corazón** exercise is good for the heart
➤ **corazones** *en cartas* hearts: **la reina de corazones** the queen of hearts
➤ **Pepe es un hombre de buen corazón** Pepe is a kind-hearted man.

la **corbata** ■ **tie: lleva corbata** he wears a tie
➤ **corbata de moño** bowtie.

el **corcho** ■ **cork**.

el **cordel** ■ **string: átalo con este cordel** tie it with this string.

el **cordero** ■ **lamb**.

la **cordillera** ■ **mountain range: tuvieron que atravesar la cordillera** they had to cross the mountain range
➤ **la cordillera de los Andes** the Andes.

el **cordón** (*plural* los cordones)
1. **shoelace: átate los cordones** tie your shoelaces
2. **cord: necesitamos un cordón más fuerte** we need a stronger cord.

la **córnea** ■ **cornea**.

la **corneta**
1. **bugle: tocaba la corneta en el ejército** he played the bugle in the army
2. **cornet: prefiero la trompeta a la corneta** I prefer the trumpet to the cornet.

el **coro** ■ **choir: Lucía canta en el coro** Lucía sings in the choir.

la **corona** ■ **crown**.

el **coronel, la coronela** ■ **colonel**.

la **corporación** (*plural* las corporaciones) ■ **corporation: las corporaciones multinacionales** multinational corporations.

corporal *adjetivo* ■ **physical: el trabajo corporal** physical labor
➤ **el castigo corporal** corporal punishment
➤ **la temperatura corporal** body temperature.

el **corral**
1. **pen: hay muchas gallinas en el corral** there are a lot of chickens in the pen
2. **playpen: a Juanito le encanta el corral** Juanito loves his playpen.

la **correa**
1. **strap: se me rompió la correa del reloj** my watch strap broke
2. **leash: ponle la correa al perro** put the dog's leash on.

correcto *adjetivo*
1. **correct: la mayoría de sus respuestas fueron correctas** most of her answers were correct
2. **polite: es un niño muy correcto** he's a very polite boy
➤ **¡correcto!** that's right!

el **corredor**[1] ■ **corridor: un corredor muy estrecho** a very narrow corridor.

el **corredor**[2], la **corredora** ■ **runner**.

corregir *verbo*
1. **to correct: me corrigió las faltas de ortografía** she corrected my spelling mistakes
2. **to grade: estuvo horas corrigiendo los exámenes** she spent hours grading tests.

el **correo** ■ **mail: mándamelo por correo** send it to me by mail
➤ **correo aéreo** air mail
➤ **correo certificado** certified mail
➤ **correo electrónico** e-mail.

correr *verbo*
1. **to run: corre muy rápido** he runs very fast
2. **to go fast: no corras tanto que vas a chocar** don't go so fast or you'll crash
3. **to hurry up: le dije que corriera para no llegar tarde** I told him to hurry up so he wouldn't be late
4. **to move over: diles que se corran para que nos podamos sentar** tell them to move over so we can sit down
➤ **el río corre de norte a sur** the river runs from north to south.

la **correspondencia**
1. **correspondence: no hay correspondencia entre sonidos y letras** there is no correspondence between sounds and letters
2. **mail: le llega mucha correspondencia** he gets a lot of mail.

corresponder *verbo* ■ **to belong: ponlo donde corresponde** put it where it belongs
➤ **hacer algo como corresponde** to do something properly
➤ **le corresponde a él hacerlo** it's his job to do it.

la **corrida** ■ **bullfight**.

corriente *(adjetivo & sustantivo)*
■ *adjetivo*
common: un nombre muy corriente a very common name
➤ **al corriente** up to date
➤ **mantenme al corriente de tu situación** keep me informed of your situation

■ *sustantivo femenino*
1. **draft: cierra la ventana que entra una corriente** close the window — there's a draft
2. **current: corriente eléctrica** electric current
➤ **no parece haber corriente** there doesn't seem to be any power
➤ **se cortó la corriente** there was a power cut.

corromper *verbo* ■ **to corrupt: el poder corrompe** power corrupts.

la **corrupción** ■ **corruption**.

corrupto *adjetivo* ■ **corrupt: un político corrupto** a corrupt politician.

cortado *adjetivo*
1. **chapped: tengo los labios cortados** my lips are chapped
2. **closed: la calle está cortada por obras** the street is closed due to roadwork
3. **curdled: la crema está cortada** the cream is curdled.

cortar *verbo*
1. **to cut: Ana sabe cortar pelo** Ana knows how to cut hair; **cortaron la escena porque era demasiado violenta** they cut the scene because it was too violent
2. **to cut off: me cortaron el teléfono** the phone was cut off
3. **to turn off: corta la luz** turn the light off

cortarse *verbo pronominal* ■ **to cut oneself: me corté con un cuchillo** I cut myself with a knife.

el **cortaúñas** *(plural* los cortaúñas*)* ■ **nail clippers**.

el **corte**[1] ■ **cut: tengo un corte en la mano** I've got a cut on my hand
➤ **un corte de pelo** a haircut.

la **corte**[2] ■ **court: la corte del rey** the royal court
➤ **Corte Suprema** Supreme Court.

cortés *adjetivo* ■ **polite: un caballero muy cortés** a very polite gentleman
➤ **lo cortés no quita lo valiente** politeness isn't a sign of weakness.

la **cortesía** ■ **courtesy: le falta cortesía al manejar** he lacks courtesy when he's driving
➤ **de cortesía** complimentary.

la **corteza**
1. **bark: la corteza del árbol** the tree bark
2. **crust: me gusta la corteza del pan** I like the bread's crust
3. **peel: la corteza del limón** the lemon peel
4. **rind: la corteza del queso** the cheese rind
➤ **corteza cerebral** cerebral cortex.

la **cortina** ■ **curtain**.

corto *adjetivo* ■ **short: te ves bien con el pelo corto** you look good with short hair
➤ **ser corto de vista** to be nearsighted.

la **cosa** ■ **thing: pásame esa cosa verde** pass me that green thing
➤ **cualquier cosa** anything
➤ **no es cosa tuya** it's none of your business
➤ **son cosas de la vida** that's life!

la **cosecha**
1. **harvest: es época de cosecha** it's harvest time
2. **crop: el granizo arruinó la cosecha** hail ruined the crop.

cosechar *verbo* ■ **to harvest**.

coser *verbo* ■ **to sew: si supiera coser, te arreglaría la camisa** if I knew how to sew I'd mend your shirt.

el **cosmético** ■ **cosmetic**.

cósmico *adjetivo* ■ **cosmic**.

las **cosquillas**
➤ **¡no me hagas cosquillas!** stop tickling me!
➤ **tener cosquillas** to be ticklish.

la **costa** ■ **coast: tiene una casa en la costa** he has a house on the coast
➤ **a toda costa** at all costs
➤ **vivir a costa de los demás** to live at other peoples' expense.

el **costado** ■ **side: me gusta dormir de costado** I like to sleep on my side.

costar *verbo*
1. **to cost: ¿cuánto cuesta?** how much does it cost?
2. **to take: me costó tres días acabarlo** it took me three days to finish it
➤ **me está costando aprender alemán** I'm finding it hard to learn German.

Costa Rica *sustantivo femenino* ■ **Costa Rica**.

costarricense *adjetivo*

> En inglés, los adjetivos que se refieren a un país o a una región se escriben con mayúscula:

Costa Rican

el/la **costarricense**

> En inglés, los gentilicios se escriben con mayúscula:

Costa Rican: los costarricenses the Costa Ricans.

costarriqueño *adjetivo*

> En inglés, los adjetivos que se refieren a un país o a una región se escriben con mayúscula:

Costa Rican

el **costarriqueño**, la **costarriqueña**

> En inglés, los gentilicios se escriben con mayúscula:

Costa Rican: los costarriqueños the Costa Ricans.

la **costera** *Mexico* ■ **promenade**.

la **costilla** ■ **rib**.

el **costo** ■ **cost: el costo humano de la guerra** the human cost of war.

la **costra** ■ **scab: no te rasques la costra** don't scratch the scab.

la **costumbre**
1. **habit: una mala costumbre** a bad habit
2. **custom: una costumbre local** a local custom
➤ **como de costumbre** as usual
➤ **no tengo la costumbre** I'm not used to it.

la **costura**
1. **sewing: a Jimena le gusta la costura** Jimena likes sewing
2. **seam: una costura mal hecha** a badly-sewn seam
➤ **alta costura** haute couture.

cotidiano *adjetivo* ■ **everyday: la vida cotidiana** everyday life.

el **coyote** ■ **coyote**.

el **cráneo** ■ **skull**.

la **creación** *(plural* las creaciones*)* ■ **creation**.

crear *verbo* ■ **to create: crearon una base de datos** they created a database
➤ **crear falsas expectativas** to raise false hopes
➤ **crear problemas** to cause problems.

crecer *verbo*
1. **to grow: has crecido mucho** you've grown a lot
2. **to grow up: creció en Nueva York** she grew up in New York
3. **to rise: ha crecido la inflación y el desempleo** inflation and unemployment have risen.

el **crédito**
1. **credit: le dan crédito en esa tienda** he gets credit in that store; **comprar algo a crédito** to buy something on credit
2. **loan: ¿crees que te darán un crédito?** do you think they'll give you a loan?

la **creencia** ■ **belief: no estoy atacando tus creencias** I'm not attacking your beliefs.

creer *verbo*
1. **to believe: no lo puedo creer** I can't believe it
2. **to think: creo que tienes razón** I think you're right.

creído *adjetivo* ■ **conceited: José es muy creído** José is really conceited.

la **crema** ■ **cream: la crema le gusta a los gatos** cats like cream
➤ **crema ácida** sour cream
➤ **crema de champiñones** mushroom soup
➤ **crema para las manos** hand cream.

creyendo, creyera, etc ➤ creer.

el **creyente**, la **creyente** ■ **believer**.

la **cría** ■ **una cría de elefante** a baby elephant; **una cría de león** a lion cub.

el **criado**, la **criada** ■ **servant**.

criar *verbo*
1. **to bring up: sus padres la criaron bien** her parents brought her up well
2. **to breed: crían perros** they breed dogs
3. **to grow up: nos criamos juntos** we grew up together.

el **crimen** *(plural* los crimenes*)* ■ **murder: cometer un crimen** to commit murder
➤ **crimen de guerra** war crime
➤ **crimen organizado** organized crime.

el **criminal**, la **criminal** ■ **criminal**.

la **crisis** *(plural* las crisis*)* ■ **crisis: una crisis económica** an economic crisis
➤ **crisis cardíaca** heart failure
➤ **una crisis nerviosa** a nervous breakdown.

el **cristal** ■ **crystal**.

el **cristiano**, la **cristiana** ■ **Christian**.

Cristo *sustantivo masculino* ■ **Christ**.

la **crítica**
1. **criticism: no aguantó tanta crítica y se fue** he couldn't stand so much criticism so he left
2. **review: voy a escribir una crítica del libro** I'm going to write a review of the book.

criticar *verbo*
1. **to criticize: la critica constantemente** he's constantly criticizing her
2. **to review: criticar una película** to review a movie.

el **crítico**, la **crítica** ■ **critic**
➤ **un crítico de cine** a movie critic.

el **cronómetro** ■ **stopwatch**.

el **cruce** ■ **crossing: un cruce fronterizo** a border crossing
➤ **un cruce de carreteras** a crossroads.

el **crucigrama** ■ **crossword**.

crudo *adjetivo*
1. **raw: carne cruda** raw meat

2. undercooked: el pollo está crudo the chicken's undercooked
➤ **estar crudo** *Mexico informal* to be hung over.

cruel *adjetivo* ■ **cruel**.

crujiente *adjetivo* ■ **crunchy: una manzana crujiente** a crunchy apple.

crujir *verbo*
1. **to creak: la cama crujía cada vez que me movía** the bed creaked every time I moved
2. **to rustle: las hojas secas crujían con el viento** the dry leaves rustled in the wind
3. **to grind: le crujen los dientes** he grinds his teeth
4. **to crunch: la nieve crujía bajos nuestros pies** the snow crunched under our feet.

la **cruz** (*plural* las cruces) ■ **cross**.

cruzar *verbo* ■ **to cross: ten cuidado al cruzar la calle** be careful when you cross the street
➤ **cruzar los brazos** to fold your arms
➤ **cruzarse con alguien** to run into someone.

el **cuaderno** ■ **notebook: un cuaderno de espiral** a spiral notebook.

la **cuadra** ■ **block: queda a tres cuadras** it's three blocks from here.

cuadrado *adjetivo* ■ **square: una caja cuadrada** a square box
➤ **diez kilómetros cuadrados** ten square kilometers
➤ **tu hermano es muy cuadrado** your brother is really square

el **cuadrado** ■ **square**.

cuadriculado *adjetivo* ■ **papel cuadriculado** graph paper.

el **cuadro** ■ **painting: colecciona cuadros** she collects paintings.

el **cuadrúpedo** ■ **quadruped**.

cuál *pronombre*
1. **what: ¿cuál es tu nombre?** what's your name?
2. **which one: ¿cuál prefieres?** which one do you prefere?

cual *pronombre*
➤ **cada cual** everyone: **cada cual en su lugar** everyone in their place
➤ **sea cual sea** whatever
➤ **sea cual sea el resultado, lo aceptamos** whatever the result is, we'll accept it.

la **cualidad** ■ **quality: tiene buenas cualidades** she has good qualities.

cualquier *adjetivo* ➤ **cualquiera**.

cualquiera *adjetivo* ■ **any: a cualquier hora** any time; **este examen lo puede aprobar cualquier alumno** any student can pass this exam.

cualquiera *pronombre*
1. **anyone: cualquiera puede aprobar el examen si estudia** anyone can pass the test if they study
2. **either: ¿cuál de los dos prefieres? – cualquiera** which of the two do you prefer? – either
3. **any of them: llévate cualquiera** take any of them.

cuándo *adverbio* ■ **when: ¿cuándo llegaste?** when did you arrive?

cuando *conjunción*
1. **when: ven cuando puedas** come when you can
2. **if: cuando Miguel lo dice, debe ser por algo** if Miguel says so it must be for a reason
➤ **cuando menos** at least: **necesitarás cuando menos un traje** you'll need at least one suit
➤ **de cuando en cuando** every so often.

cuanto *adverbio* ■ **as much as: come cuanto quieras** eat as much as you like
➤ **cuanto antes** as soon as possible
➤ **en cuanto** as soon as: **nos vamos en cuanto termine de llover** we'll go as soon as it stops raining
➤ **en cuanto a** as for: **en cuanto a tu salario, lo discutiremos mañana** as for your salary, we'll discuss it tomorrow
➤ **cuanto más la conozco, más me gusta** the more I get to know her, the more I like her.

cuánto *adjetivo & pronombre*
1. *en singular* **how much: ¿cuánto pan compro?** how much bread do I buy?
2. *en plural* **how many: ¿cuántos libros tienes?** how many books do you have?

cuarenta *adjetivo* ■ **forty: me dio cuarenta dólares** he gave me forty dollars; **tiene cuarenta años** she's forty.

el **cuartel** ■ **barracks**.

cuarto *adjetivo* ■ **fourth: eres la cuarta persona en llegar** you're the fourth person to arrive
➤ **la cuarta parte** a quarter.

el **cuarto**
1. **room: la casa tiene cinco cuartos** the house has five rooms
2. **fourth: ha hecho tres cuartos de la tarea** he's done three fourths of his homework
➤ **las diez y cuarto** quarter past ten
➤ **un cuarto para las diez** quarter to ten.

el/la **cuate** *Central America, Mexico*
1. **twin: sus hijos son cuates** her kids are twins
2. *informal* **buddy: fui al cine con unos cuates** I went to the movies with my buddies
3. **guy: ¿conoces a ese cuate?** do you know that guy?

cuatro *numeral* ■ **four: tiene cuatro hijos** she has four children
➤ **mi hermana tiene cuatro años** my sister is four years old
➤ **son las cuatro** it's four o'clock
➤ **el cuatro de abril** the fourth of April.

Cuba *sustantivo femenino* ■ **Cuba**.

cubano *adjetivo*

> En inglés, los adjetivos que se refieren a un país o a una región se escriben con mayúscula:

Cuban

el **cubano**, la **cubana**

> En inglés, los gentilicios se escriben con mayúscula:

Cuban: los cubanos the Cubans.

la **cubeta** *Mexico* ■ **bucket**.

cúbico *adjetivo* ■ **cubic: diez metros cúbicos** ten cubic meters.

la **cubierta**
1. **cover: un libro con cubiertas de cuero** a book with leather covers
2. **deck: voy a subir a la cubierta para ver el mar** I'm going up on deck to look at the sea.

cubierto *verbo* ➤ cubrir.

el **cubierto** ■ **cover charge: cobran bastante por cada cubierto** the cover charge is pretty high
➤ **cubiertos** cutlery: **cubiertos de plata** silver cutlery.

el **cubo**
1. **cube: un cubo de hielo** an ice cube
2. **bucket: un cubo de agua** a bucket of water.

cubrir *verbo* ■ **to cover: se cubrió la cara con las manos** she covered her face with her hands.

la **cucaracha** ■ **cockroach**.

la **cuchara** ■ **spoon**.

la **cucharada** ■ **spoonful: una cucharada de azúcar** a spoonful of sugar.

la **cucharadita** ■ **teaspoon: una cucharadita de azúcar** a teaspoon of sugar.

el **cucharón** *(plural* los cucharones*)* ■ **ladle**.

cuchichear *verbo* ■ **to whisper: cuchicheó algo al oído de Sonia** she whispered something into Sonia's ear.

el **cuchillo** ■ **knife**.

cuclillas *adverbio* ■ **tienes que ponerte en cuclillas** you have to squat down.

el **cuello**
1. **neck: me duele el cuello** my neck hurts
2. **collar: el cuello de la camisa me queda apretado** the shirt collar is too tight for me.

la **cuenta**
1. **count: perder la cuenta** to lose count
2. **account: una cuenta corriente** a checking account
3. **bill: la cuenta del teléfono** the phone bill

4. **check: la cuenta, por favor** can I have the check, please
➤ **darse cuenta** to realize: **no me di cuenta de que te habías ido** I didn't realize you'd left
➤ **las cuentas** the accounts
➤ **tomar en cuenta** to take into account.

el **cuento** ■ **story: cuéntame un cuento** tell me a story
➤ **no me vengas con cuentos** I don't want to hear your excuses
➤ **un cuento de hadas** a fairy tale.

la **cuerda**
1. **rope: afloja la cuerda** loosen the rope
2. **string: amarra el paquete con una cuerda** tie the package with some string; **se me rompió una cuerda de la guitarra** I broke a guitar string
➤ **dar cuerda a un reloj** to wind a watch
➤ **saltar la cuerda** to jump rope
➤ **una cuerda floja** a tightrope.

el **cuerno** ■ **horn**.

el **cuero** ■ **leather: guantes de cuero** leather gloves.

el **cuerpo** ■ **body: el cuerpo humano** the human body.

la **cuesta** ■ **slope: esta cuesta es muy empinada** this is a very steep slope
➤ **ir cuesta abajo** to go downhill
➤ **ir cuesta arriba** to go uphill
➤ **me llevó a cuestas** he carried me on his shoulders.

el **cuestionario** ■ **questionnaire**.

la **cueva** ■ **cave**.

cueza, cuezan, etc *verbo* ➤ **cocer**.

el **cuico, la cuica** *Chile informal* ■ **cop**.

el **cuidado** ■ **care: el cuidado de la piel** skin care
➤ **ten cuidado al cruzar la calle** be careful crossing the street
➤ **con cuidado** carefully
➤ **¡cuidado!** watch out!
➤ **cuidados intensivos** intensive care.

cuidar *verbo* ■ **to take care: deberías cuidar tu salud más** you should take better care of your health
➤ **cuidar de** to look after: **cuida de sus hermanos** she looks after her brothers
➤ **¡cuídate!** take care!

la **culebra** ■ **snake**.

la **culpa**
1. **fault: yo tengo la culpa** it's my fault
2. **blame: me echó la culpa** she put the blame on me.

cultivar *verbo*
1. **to grow: cultiva lechugas en su jardín** she grows lettuce in her garden
2. **to farm: cultivar la tierra** to farm the land
3. **to cultivate: ha estado cultivando amistades** he's been cultivating friendships.

el **cultivo** ■ **farming: el cultivo intensivo** intensive farming.

culto *adjetivo*
1. **educated: una persona muy culta** a well-educated person
2. **formal: usa lenguaje muy culto** she uses very formal language

el **culto** ■ **worship: el culto al sol** sun worship.

la **cultura** ■ **culture: la cultura popular** popular culture.

la **cumbre** ■ **summit**.

el **cumpleaños** (*plural* **los cumpleaños**) ■ **birthday: ¡feliz cumpleaños!** happy birthday!

el **cumplido** ■ **compliment: le hice un cumplido** I gave her a compliment.

cumplir *verbo*
1. **to carry out: cumplió con la tarea que le di** he carried out the task I gave him
2. **to keep: no cumple sus promesas** she doesn't keep her promises
3. **to serve: le faltan dos años para cumplir su condena** he has two years left to serve his sentence
4. **to meet: tiene que cumplir los requisitos mínimos** he has to meet the minimum requirements
➤ **cumplir quince años** to turn fifteen years old.

la **cuna** ■ **cradle**.

la **cuñada** ■ **sister-in-law**.

el **cuñado** ■ **brother-in-law**.

la **cuota**
1. **fee: la cuota de socio anual** the yearly membership fee
2. **quota: la cuota de exportación** the export quota
3. *Mexico* **toll: una carretera de quota** a toll road.

cupo *verbo* ➤ caber.

el **cupón** *(plural* los cupones*)* ■ **coupon**.

el **cura** ■ **priest**.

la **cura** ■ **cure: esa enfermedad no tiene cura** that illness doesn't have a cure.

curar *verbo*
1. **to cure: saben curar varias formas de cáncer** they know how to cure several types of cancer
2. **to treat: la enfermera me curó la herida** the nurse treated my wound

curarse *verbo pronominal*
1. **to heal: se me curó la herida rápidamente** my wound healed quickly
2. **to recover: José tardó dos meses en curarse** José took two months to recover.

la **curiosidad** ■ **curiosity**.

curioso *adjetivo*
1. **strange: ¡qué curioso!** how strange
2. **inquisitive: los alumnos son bastante curiosos** the students are pretty inquisitive.

la **curita** ■ **Band-Aid®**.

el **currículo** ■ **résumé**.

el **curriculum** *(plural* los curriculums*)* ■ **résumé**.

el **curso**
1. **class: estamos en el mismo curso** we're in the same class
2. **course: quiero tomar un curso de francés** I want to take a French course

➤ **en el curso de las discusiones** in the course of the discussions.

la **curva** ■ **curve: esa carretera tiene muchas curvas** that road has a lot of curves.

cuyo *pronombre* ■ **whose: el señor cuyo nombre no voy a mencionar** the man whose name I won't mention.

d

el **dado** ■ **dice** *(plural* **dice***)*.

la **dama** ■ **lady** *(plural* **ladies***)*: **damas y caballeros** ladies and gentlemen

➤ **damas** checkers: **no sé jugar a las damas** I don't know how to play checkers.

la **danza** ■ **dance: una danza tradicional** a traditional dance.

dañar *verbo*
1. **to harm: ¡no dañes al gato!** don't harm the cat!
2. **to damage: dañó la mercancía** he damaged the merchandise; **el tabaco daña la salud** tobacco damages your health.

el **daño** ■ **damage: el daño que el barco sufrió es leve** the damage that the boat suffered is slight

➤ **hacer daño a alguien** to hurt somebody

➤ **hacerse daño** to hurt oneself.

dar *verbo* ■ **to give: le di mi dirección** I gave her my address; **¿me da un kilo de papas?** could I have a kilogram of potatoes?; **me dio permiso para salir** he gave me permission to go out

➤ **dar a** to face: **el jardín da a la playa** the garden faces the beach

➤ **dar las gracias** to thank: **¿le diste las gracias?** did you thank him?

➤ **da lo mismo** it doesn't matter

➤ **dar una fiesta** to have a party

➤ **el reloj dio las tres** the clock struck three

➤ **si se entera le va a dar un ataque** if he finds out, he'll have a fit
➤ **dar clases** to teach
➤ **da clases de historia** she teaches history
➤ **me voy a dar un baño** I'm going to have a bath.

el **dato** ■ **piece of information: un dato interesante** an interesting piece of information
➤ **datos** data

de *preposición*
1. **of: una taza de té** a cup of tea; **uno de sus hermanos** one of his brothers
2. **from: Juan es de Guadalajara** Juan is from Guadalajara
3. **in: la montaña más alta del mundo** the highest mountain in the world
4. **by: una película de Spielberg** a movie by Spielberg; **estaba rodeado de admiradores** he was surrounded by fans
5. **than: me demoré más de lo que esperaba** I took longer than I expected; **había más de mil personas** there were more than a thousand people
➤ **esto es de Pepe** this is Pepe's
➤ **la clase de matemáticas** the math class
➤ **salgo de mi casa muy temprano** I leave home very early
➤ **son las tres de la tarde** it's three o'clock in the afternoon
➤ **una pulsera de plata** a silver bracelet.

dé *verbo* ➤ dar.

debajo *adverbio* ■ **under: ponte algo debajo de la chaqueta** put something on under your jacket
➤ **pasar por debajo** to go under.

el **deber** ■ **duty** *(plural* **duties***)*: **es tu deber hacerlo** it's your duty to do it.

deber *verbo*
1. **to owe: me debes cien pesos** you owe me a hundred pesos
2. **must: debes pedir perdón** you must ask for forgiveness
➤ **deberías hacerlo** you should do it
➤ **se debe a que no estudias** it's because you don't study.

débil *adjetivo* ■ **weak**.

la **debilidad** ■ **weakness: la debilidad del puente lo hace peligroso** the weakness of the bridge makes it dangerous
➤ **tengo una debilidad por los dulces** I have a weakness for candy.

debilitar *verbo* ■ **to weaken**.

la **década** ■ **decade**.

decente *adjetivo* ■ **decent: es un hombre decente** he's a decent man; **tu casa es bastante decente** his house is pretty decent.

la **decepción** *(plural* las decepciones*)* ■ **disappointment: el libro fue una decepción** the book was a disappointment

The Spanish word **decepción** is a false cognate, it does not mean "deception".

decidido *adjective* ■ **determined: está decidido a pasar el examen** he's determined to pass the exam; **un hombre muy decidido** a very determined man.

decidir *verbo* ■ **to decide: decidió hacerlo después de todo** he decided to do it after all
➤ **¿por cuál te decidiste?** which one did you choose?

decir *verbo*
1. **to say: dijo que no** he said no
2. **to tell: dime como te va** tell me how you're doing
➤ **es decir** that is to say: **son buenos, es decir, mejor que los otros** they're good, that is to say, better than the others
➤ **¡no me digas!** no way!
➤ **por así decir** so to speak
➤ **¿que quiere decir esto?** what does this mean?
➤ **¿y ellos, que dicen?** what do they think?

la **decisión** *(plural* las decisiones*)* ■ **decision: tomó la decisión de irse** he made the decision to leave.

la **declaración** *(plural* las declaraciones*)*
1. **declaration: una declaración de amor** a declaration of love

2. **statement: esperamos oír la declaración del presidente** we are waiting to hear the president's statement
3. **testimony: el testigo prestó declaración** the witness gave testimony.

declarar *verbo*
1. **to announce: declaró que era inocente** he announced he was innocent
2. **to declare: acaban de declarar la guerra** they've just declared war

➤ **lo declararon inocente** they found him not guilty
➤ **se le declaró a María** he declared his love to María.

la **decoración** *(plural* las decoraciones*)* ■ **decoration**.

decorar *verbo* ■ **to decorate: decoraron la sala para la Navidad** they decorated the room for Christmas.

la **dedicación** ■ **dedication: si quieres triunfar necesitas dedicación** if you want to succeed, you need dedication.

dedicar *verbo*
1. **to dedicate: le dedicó el poema a su hija** she dedicated the poem to her daughter
2. **to devote: deberías dedicar más tiempo al estudio** you should devote more time to studying.

la **dedicatoria** ■ **dedication: le pedí que me escribiera una dedicatoria en su libro** I asked him to write a dedication to me in his book.

el **dedo**
1. *de la mano* **finger: se cortó el dedo** he cut his finger
2. *del pie* **toe: el dedo gordo del pie** the big toe

➤ **el dedo gordo de la mano** the thumb
➤ **hacer dedo** to hitch a ride
➤ **no levantar un dedo** to not lift a finger.

el **defecto**
1. **defect: tu abrigo tiene un defecto en la manga** your coat has a defect on the sleeve
2. **fault: es un defecto de su personalidad** it's a personality fault of his.

defender *verbo* ■ **to defend: ¡siempre lo defiendes a él!** you always defend him!

la **defensa** ■ **defense: salió en mi defensa** he came to my defense
➤ **defensa personal** self-defense.

deficiente *adjetivo* ■ **inadequate: la atención a los pacientes es deficiente** the attention to the patients is inadequate
➤ **una dieta deficiente en calcio** a diet deficient in calcium.

la **definición** *(plural* las definiciones*)* ■ **definition**.

definir *verbo* ■ **to define: ¿cómo defines el amor?** how do you define love?

deformar *verbo*
1. **to distort: el espejo deforma la imagen** the mirror distorts the image
2. **to deform: quedó deformado después del accidente** he was left deformed after the accident.

dejar *verbo*
1. **to leave: déjalo ahí** leave it over there
2. **to let: lo dejamos entrar** we let him in

➤ **dejar de hacer algo** to stop doing something: **¡deja de molestarme!** stop bothering me!: **dejar de fumar** to give up smoking
➤ **¡déjame en paz!** leave me alone!

del *preposición*

del is a contraction of de and el.

➤ de.

delante *adverbio* ■ **in front: vaya delante** go in front
➤ **delante de** in front of: **se paró delante de mí y no me dejó ver** he stopped in front of me and didn't allow me to see.

delantero *adjetivo* ■ **front: la rueda delantera** the front wheel.

el **delfín** *(plural* los delfines*)* ■ **dolphin**.

delgado *adjetivo* ■ **thin: estás mucho más delgada que antes** you're much thinner than before.

delicado *adjetivo*
1. **delicate: ¡que manos tan delicadas!** what delicate hands!
2. **fragile: estas copas son muy delicadas** these glasses are very fragile

3. **sensitive: tengo la piel muy delicada** my skin is very sensitive
4. **tactful: tienes que aprender a ser más delicado** you should learn to be more tactful.

delicioso *adjetivo* ■ **delicious.**

la **delincuencia** ■ **crime: la delincuencia es un problema en este barrio** crime is a problem in this area.

el/la **delincuente** *sustantivo masculino y femenino* ■ **criminal.**

el **delito** ■ **crime: lo que estoy haciendo no es un delito** what I'm doing isn't a crime.

la **demanda** ■ **demand: ese juguete tiene mucha demanda** that toy is in great demand

➤ **presentar una demanda contra alguien** to sue somebody: **presentamos una demanda contra la compañía** we sued the company.

demandar *verbo* ■ **to sue: demandar a alguien** to sue somebody

➤ **la música demanda mucha práctica** music demands a lot of practice.

demás *(adjetivo & pronombre)*

■ *adjetivo*

other: los demás alumnos entraron por otra puerta the other students came in by another door

■ *pronombre*

➤ **lo demás** the rest: **lo demás es para mañana** the rest is for tomorrow

➤ **todo lo demás** everything else: **estudia esto e ignora todo lo demás** study this and ignore everything else

➤ **los demás** the others: **los demás no habían estudiado** the others hadn't studied.

demasiado *(adverbio & adjetivo)*

■ *adverbio*

1. **too: hablas francés demasiado rápido para mí** you speak French too quickly for me
2. **too much: comes demasiado** you eat too much

■ *adjetivo*

1. **too much: le pusiste demasiada sal** you put too much salt on it
2. **too many: siempre hay demasiada gente** there are always too many people.

la **democracia** ■ **democracy** *(plural* **democracies***)*.

democrático *adjetivo* ■ **democratic.**

el **demonio** ■ **devil: estos alumnos son unos pequeños demonios** these students are little devils.

la **demora** ■ **delay: tenemos que hacerlo sin demora** we have to do it without delay.

demorar *verbo* ■ **to take: nos estamos demorando mucho** we're taking too long.

la **demostración** *(plural* las demostraciones*)* ■ **demonstration: tenían varios aparatos de demostración** they had several pieces of equipment for demonstration.

demostrar *verbo*

1. **to demonstrate: ahora vamos a demostrar cómo funciona** now we shall demonstrate how it works
2. **to show: demostró interés** she showed interest
3. **to prove: ha demostrado su habilidad** she's proven her ability.

la **densidad** ■ **density.**

denso *adjetivo*

1. **thick: un líquido denso** a thick liquid
2. **heavy: un libro denso** a heavy book.

la **dentadura** ■ **teeth: tiene la dentadura muy buena** she has very good teeth.

el **dentífrico** ■ **toothpaste.**

el/la **dentista** ■ **dentist.**

dentro *adverbio* ■ **inside: no sé que hay dentro** I don't know what's inside; **límpialo por dentro** clean it on the inside

➤ **ponlo dentro de la caja** put it in the box

➤ **dentro de poco** in a while.

la **denuncia** ■ **report: voy a tener que hacer una denuncia del robo** I'm going to have to file a report about the robbery.

denunciar *verbo*

1. **to report: denunció el crimen a las 3:15** he reported the crime at 3:15

2. **to condemn: denunciaron el abuso de poder** they condemned the abuse of power.

el **departamento**
1. **apartment**
2. **department: el departamento de muebles** the furniture department
➤ **el Departamento de Física** the Physics Department.

depender *verbo* ■ **to depend: ¿puedes venir el martes? — depende** can you come on Tuesday? — it depends
➤ **depender de** to depend on: **depende de la ayuda de los demás** he depends on the help of others.

el **dependiente,** la **dependienta** ■ **salesclerk**.

el **deporte** ■ **sport: mi deporte preferido es el fútbol** my favorite sport is soccer.

el **deportista** ■ **sportsman** *(plural* **sportsmen***)*.

la **deportista** ■ **sportswoman** *(plural* **sportswomen***)*.

depositar *verbo*
1. **to leave: deposite su basura aquí** leave your garbage here
2. **to deposit: tienes que depositar el dinero antes de las tres** you have to deposit the money before three o'clock.

la **depresión** *(plural* las depresiones*)* ■ **depression**.

deprisa *adverbio* ■ **quickly: hazlo deprisa** do it quickly.

la **derecha** ■ **right hand**
➤ **a la derecha** to the right: **tienes que doblar a la derecha** you have to turn to the right: **María está sentada a la derecha de Juan** María is seated to the right of Juan
➤ **de la derecha** on the right: **abre esa puerta, la de la derecha** open that door, the one on the right
➤ **la derecha** *política* the right.

derecho *(adverbio & adjetivo)*

■ *adverbio*
straight: siéntate derecho sit up straight
➤ **todo derecho** straight ahead

■ *adjetivo*
right: la pierna derecha the right leg

el **derecho**
1. **right: el derecho a voto** the right to vote; **los derechos humanos** human rights
2. **law: quiere estudiar derecho** she wants to study law.

derramar *verbo* ■ **to spill: Ana derramó leche sobre su blusa** Ana spilled milk on her blouse.

derretir *verbo* ■ **to melt: derretí el queso** I melted the cheese
➤ **se derritió el helado** the ice-cream melted.

derribar *verbo*
1. **to demolish: derribaron un edificio viejo** they demolished an old building
2. **to knock over: derribé a otro niño porque no lo vi** I knocked down another boy because I didn't see him
3. **to shoot down: derribaron el avión enemigo** they shot down the enemy airplane
4. **to overthrow: quieren derribar al gobierno** they want to overthrow the government.

derrotar *verbo* ■ **to defeat: logré derrotar a los otros corredores** I managed to defeat the other runners.

derrumbar *verbo* ■ **to demolish: los albañiles derrumbaron la casa vieja** the builders demolished the old house.

desabrochar *verbo* ■ **to undo: tienes los pantalones desabrochados** your pants are undone.

desafiar *verbo*
1. **to challenge: el héroe desafió a su enemigo** the hero challenged his enemy
2. **to defy: los bomberos desafían a la muerte todos los días** firefighters defy death every day.

el **desafío** ■ **challenge**.

desafortunado *adjetivo* ■ **unfortunate: fue un comentario desafortunado** that was an unfortunate comment.

desagradable *adjetivo* ■ **unpleasant: el olor a comida podrida es muy desagradable** the smell of rotting food is very unpleasant
➤ **¡no seas tan desagrable!** don't be so unpleasant!

desagradecido *adjetivo* ■ **ungrateful**.

el **desagüe** ■ **drain: el desagüe está tapado con hojas** the drain is clogged with leaves.

desahogar *verbo* ■ **to vent: Esther desahogó todos sus problemas con su madre** Esther vented all her problems to her mother
➤ **a veces grita para desahogarse** sometimes she screams to let off steam.

desanimar *verbo* ■ **to discourage: la falta de dinero nos desanimó** the lack of money discouraged us.

desaparecer *verbo* ■ **to disappear: mis llaves han desaparecido** my keys have disappeared.

el **desarmador** *Mexico* ■ **screwdriver**.

desarmar *verbo*
1. **to take apart: desarmamos el juguete para arreglarlo** we took the toy apart in order to fix it
2. **to disarm: el policía desarmó con facilidad al pistolero** the police officer easily disarmed the gunman.

el **desarme** ■ **disarmament**.

desarrollar *verbo*
1. **to develop: desarrolló los músculos de sus brazos** he developed his arm muscles
2. **to carry out: desarrolla un trabajo indispensable** she carries out indispensable work.

el **desarrollo** ■ **development: el desarrollo de las niñas comienza antes que el de los niños** girls' development begins before that of boys
➤ **países en vías de desarrollo** developing countries.

el **desastre** ■ **disaster: el hundimiento del barco fue un desastre** the sinking of the boat was a disaster
➤ **¡eres un desastre!** you're hopeless!
➤ **vas hecho un desastre** you look a mess.

desatar *verbo*
1. **to untie: desatamos al perro** we untied the dog
2. **to undo: ayúdame a desatar este nudo** help me undo this knot

desatarse *verbo pronominal*
1. **to come undone: se desató el nudo** the knot came undone
2. **to break: se desató una tormenta muy violenta** a very violent storm broke.

desayunar *verbo* ■ **to have breakfast: ya es hora de desayunar** it's time to have breakfast
➤ **desayunar algo** to have some breakfast: **¿quieres desayunar algo?** would you like to have some breakfast?

el **desayuno** ■ **breakfast**.

descalzarse *verbo pronominal* ■ **to take one's shoes off: por favor descálzense antes de entrar** please take your shoes off before entering.

descalzo *adjetivo* ■ **barefoot: me gusta correr descalzo por la playa** I like to run barefoot on the beach.

descansar *verbo* ■ **to rest: descansamos durante las vacaciones** we rested during our vacation.

el **descanso**
1. **rest: necesito un buen descanso** I need a good rest
2. **break: vamos a hacer un descanso de diez minutos** we're going to take a ten minute break
3. **intermission: esta obra de teatro tiene un descanso de cinco minutos** this play has a five minute intermission
4. **landing: hay una papelera en el descanso de la escalera** there is a wastepaper basket on the staircase landing.

descargar *verbo*

1. **to unload: descargaron la mercadería** they unloaded the merchandise
2. **to fire: descargó su arma sobre víctimas inocentes** he fired his weapon at innocent victims
3. **to download: descarga muchos programas de Internet** she downloads many programs from the Internet

descargarse *verbo pronominal* ■ **to go dead: se descargó la batería del coche** the car battery went dead.

descender *verbo*

1. **to go down: descendió la temperatura** the temperature went down
2. **to be relegated: nuestro equipo descendió de categoría** our soccer team was relegated
3. **to be descended: desciendo de inmigrantes** I am descended from immigrants.

el **descenso**

1. **descent: el descenso de esta montaña es muy peligroso** the descent from this mountain is very dangerous
2. **fall: un fuerte descenso de los precios** a sharp fall in prices.

descifrar *verbo* ■ **to decipher: descifró el jeroglífico** he deciphered the hieroglyph.

descolgar *verbo*

1. **to take down: descolgamos todos los cuadros** we took down all the pictures
2. **to pick up: descuelga el teléfono** pick up the telephone

descolgarse *verbo pronominal* ■ **to lower oneself: las fuerzas especiales se descolgaron por la ventana** the special forces lowered themselves through the window.

descomponer *verbo*

1. **to decompose: la comida se descompuso por el calor** the food decomposed because of the heat
2. **to break: ya descompuso su reloj nuevo** he already broke his new watch

descomponerse *verbo pronominal* ■ *River Plate* **to be sick: no fui a trabajar porque me descompuse** I didn't go to work because I was sick.

la **descompostura** ■ **breakdown: la descompostura de la televisión no tiene arreglo** the television's breakdown is unfixable; **me agarré descompostura** *River Plate* I had a breakdown.

desconectar *verbo* ■ **to disconnect: desconectemos este cable** let's disconnect this cable.

desconfiar *verbo* ■ **desconfío de sus palabras** I distrust his words.

desconocer *verbo*

1. **to be unfamiliar with: desconocen el tema** they are unfamiliar with the subject
2. **to not recognize: la desconocí con esa ropa moderna** I didn't recognize her with that trendy clothing.

desconocido

1. **unknown: una actriz desconocida ganó el premio** an unknown actress won the award
2. **unrecognizable: estás desconocido con ese corte de pelo** you're unrecognizable with that haircut

el **desconocido**, la **desconocida** ■ **unknown person** (*plural* **unknown people**): **dos desconocidos secuestraron al embajador** two unknown people kidnaped the embassador.

el **desconsuelo** ■ **grief**.

descontar *verbo* ■ **to deduct: desconté 100 pesos de la deuda** I deducted 100 pesos from the debt.

descontrolarse *verbo pronominal* ■ **to lose control: se descontroló y empezó a gritarme como una loca** she lost control and began to shout at me like a crazy woman.

descortés *adjetivo* ■ **rude: su comportamiento fue muy descortés** his behavior was very rude.

describir *verbo* ■ **to describe: describí el problema** I described the problem.

la **descripción** *(plural* las descripciones*)* ■ **description: hizo una detallada descripción de la situación** he gave a detailed description of the situation.

descubierto *adjetivo* ■ **exposed: era un lugar descubierto** it was an exposed place.

el **descubrimiento** ■ **discovery** *(plural* **discoveries***)*: **el descubrimiento de la rueda** the discovery of the wheel.

descubrir *verbo*
1. **to discover: descubrieron una isla desierta** they discovered a desert island
2. **to uncover: descubrí el desfalco** I uncovered the embezzlement
3. **to unveil: la novia descubrió su rostro** the bride unveiled her face.

el **descuento**
1. **discount: me hicieron un 15% de descuento** they gave me a 15% discount
2. **overtime: el árbitro agregó cuatro minutos de descuento en la final** the referee added four minutes of overtime in the final

descuidar *verbo* ■ **to neglect: el alumno descuidó sus notas** the student neglected his grades.

el **descuido** ■ **oversight: provocó un accidente por un descuido** he caused an accident by an oversight.

desde *preposición*
1. **since: vivo en este país desde 1998** I have lived in this country since 1998
2. **from: viajamos desde Córdoba a Mendoza** we traveled from Córdoba to Mendoza; **vi el volcán desde el tren** I saw the volcano from the train

➤ **vivo aquí desde hace cuatro meses** I've lived here for four months

➤ **desde entonces** since then.

la **desdicha** ■ **unhappiness: su muerte nos causó una gran desdicha** his death caused us great unhappiness.

desear *verbo* ■ **to wish: te deseo toda la suerte del mundo** I wish you all the luck in the world; **deseo hablar con el encargado** I wish to speak with the person in charge.

desechar *verbo*
1. **to throw out: desechamos la ropa vieja** we threw out the old clothes
2. **to reject: deseché la idea de viajar** I rejected the idea of traveling.

el **desecho** ■ **waste: los desechos tóxicos son un problema mundial** toxic waste is a worldwide problem.

desembarcar *verbo*
1. **to disembark: los viajeros desembarcaron al llegar al puerto** the travelers disembarked upon arriving at the port
2. **to unload: desembarcaron el equipaje de los pasajeros** they unloaded the passengers' luggage.

la **desembocadura** ■ **mouth: la desembocadura del río queda a dos kilómetros** the mouth of the river is two kilometers away.

desembocar *verbo*

➤ **desembocar en** to lead into: **esta calle desemboca en la avenida principal** this street leads into the main avenue.

desempeñar *verbo* ■ **to occupy: desempeña un cargo ejecutivo** she occupies an executive position.

el **desempeño** ■ **performance: tuvo un excelente desempeño** he gave an excellent performance.

el **desempleo** ■ **unemployment: el desempleo ha aumentado mucho** unemployment has increased a lot.

desencadenar *verbo* ■ **to set off: su respuesta desencadenó la burla de los presentes** his answer set off the ridicule of those present.

el **desengaño** ■ **disappointment**.

el **desenlace** ■ **outcome: el desenlace de los acontecimientos fue inesperado** the outcome of the events was unexpected.

desenredar *verbo*
1. **to untangle: me enredo el pelo todas las mañanas** I untangle my hair every morning
2. **to unravel: desenredé el misterio** I unraveled the mystery.

desenvolver *verbo* ■ **to unwrap: desenvolvimos los regalos después de la fiesta** we unwrapped the gifts after the party

desenvolverse *verbo pronominal* ■ **to cope: se desenvolvió con mucha soltura** he coped with ease.

el **deseo**
1. **desire: mi mayor deseo es hacerte feliz** my greatest desire is to make you happy
2. **wish: pide tres deseos antes de apagar las velitas** ask for three wishes before blowing out the candles.

desértico *adjetivo* ■ **desert-like: atravesamos una zona desértica** we crossed a desert-like area.

la **desesperación** ■ **despair: la desesperación lo llevó a la locura** despair drove him insane.

desesperar *verbo* ■ **to drive crazy: me desespera la impuntualidad** unpunctuality drives me crazy

desesperarse *verbo pronominal* ■ **to lose hope: no te desesperes que aún puedes ganar** don't lose hope, you can still win.

la **desestatización** ■ **privatization: la desestatización de la empresa de teléfonos provocó grandes conflictos** the privatization of the telephone company provoked terrible conflicts.

desestatizar *verbo* ■ **to privatize: el nuevo gobierno desestatizó gran parte de las empresas públicas** the new government privatized a large number of the public companies.

desfilar *verbo*
1. **to parade: el ejército desfiló ante el Presidente** the army paraded before the President
2. **to march: los escolares desfilaron en el desfile de la victoria** the schoolchildren marched in the victory parade.

el **desfile**
1. **review: el desfile militar duró tres horas** the military review lasted three hours
2. **parade: nos encantó el desfile de Carnaval** we loved the Carnival parade

➤ **un desfile de modelos** a fashion show.

desgarrar *verbo*
1. **to tear: me desgarré un músculo de la pierna** I tore a muscle in my leg
2. **to crush: su muerte desgarró a la familia** his death crushed his family.

desgastar *verbo* ■ **to wear down: este conflicto me ha desgastado profundamente** this conflict has worn me down terribly

desgastarse *verbo pronominal* ■ **to get worn out: las suelas de las botas se han desgastado** the soles of the boots have gotten worn out.

la **desgracia** ■ **tragedy** (*plural* **tragedies**): **este accidente fue una verdadera desgracia** this accident was a real tragedy

➤ **por desgracia** unfortunately: **por desgracia perdimos el campeonato** unfortunately we lost the championship.

deshabitado *adjetivo* ■ **uninhabited: es una casa deshabitada** it's an uninhabited house.

deshacer *verbo*
1. **to take apart: deshice el puzzle** I took the puzzle apart
2. **to ruin: el niño deshizo la ropa nueva** the boy ruined his new clothes
3. **to pick apart: el abogado deshizo el tratado** the lawyer picked apart the agreement
4. **to unpack: ya deshice las maletas** I've already unpacked the suitcases

deshacerse *verbo pronominal*
1. **to melt: el buen chocolate se deshace en la boca** good chocolate melts in your mouth
2. **to come undone: el nudo se deshizo** the knot came undone

➤ **deshacerse de algo** to get rid of something: **el capitán se deshizo de la carga más pesada** the captain got rid of the heaviest cargo
➤ **deshacerse en elogios** to shower with praise.

deshidratarse *verbo pronominal* ■ **to get dehydrated: se deshidrató a causa del sol** he got dehydrated because of the sun.

el **desierto** ■ **desert**.

la **desilusión** *(plural* las desilusiones*)* ■ **disappointment: me llevé una gran desilusión con su comportamiento** I suffered a terrible disappointment because of his behavior.

desilusionar *verbo* ■ **to disappoint: me has desilusionado con tus malas notas** you've disappointed me with your bad grades

desilusionarse *verbo pronominal* ■ **to be disappointed: se desilusionó al ver la reacción de su novio** she was disappointed to see the reaction of her boyfriend.

el **desinfectante** ■ **disinfectant**.

desinfectar *verbo* ■ **to disinfect: el médico desinfectó la herida** the doctor disinfected the wound.

desinflar *verbo* ■ **to deflate: desinfló el neumático** he deflated the tire.

desintegrarse *verbo pronominal*
1. **to be smashed: los vidrios se desintegraron con la explosión** the glass was smashed from the explosion
2. **to split up: el grupo musical se desintegró rápidamente** the group split up quickly.

el **desinterés**
1. **lack of interest: hay un gran desinterés de los jóvenes por la política** there's a huge lack of interest in politics among young people
2. **unselfishness: me ayudó con total desinterés** he helped me with total unselfishness.

desinteresado *adjetivo* ■ **impartial: te doy un consejo desinteresado** I'll give you an impartial piece of advice.

el **deslave** ■ **landslide: el deslave provocó la muerte de muchas personas** the landslide caused the death of many people.

deslizar *verbo* ■ **to slip: deslizó un billete entre sus manos** he slipped a bill into her hands

deslizarse *verbo pronominal* ■ **to slide: el auto se deslizó por la pendiente** the car slid down the slope.

deslumbrante *adjetivo* ■ **dazzling: tuvo una actuación deslumbrante** he gave a dazzling performance.

deslumbrar *verbo* ■ **to dazzle: me deslumbró con su belleza** she dazzled me with her beauty.

desmayarse *verbo pronominal* ■ **to faint: se desmayó en medio de la competencia** she fainted in the middle of the competition; **se desmayó de dolor** he fainted from pain.

el **desmayo** ■ **faint**
➤ **le dio un desmayo** she fainted
➤ **sufrió un desmayo** she fainted.

desnudo *adjetivo* ■ **naked: hay un hombre desnudo en la ventana** there's a naked man in the window.

la **desnutrición** ■ **malnutrition**.

la **desobediencia** ■ **disobedience**.

desocupar *verbo*
1. **to vacate: desocuparon la casa de al lado** they vacated the house next door
2. **to remove: desocupé el mueble de la cocina** I removed the furniture from the kitchen.

el **desorden** *(plural* los desórdenes*)*
1. **mess: tienes que acomodar el desorden de tu cuarto** you have to straighten the mess in your room
2. **disturbance: cometieron desórdenes públicos** they caused public disturbances.

desorientar *verbo*
1. **to disorient: el fuerte sol los desorientó** the strong sunlight disoriented them
2. **to confuse: me desorientó su actitud** his attitude confused me.

despachar *verbo*
1. **to attend to: nos despachó una empleada muy amable** a very nice clerk attended to us
2. **to deal with: despachó el tema rápidamente** she dealt with the issue quickly
3. **to sell: esta tienda despacha productos extranjeros** this store sells foreign products
4. **to check: despachamos cuatro valijas antes de subir al avión** we checked four suitcases before getting on the airplane.

el **despacho** ■ **office: me recibió en su despacho** he received me in his office.

despacio *adverbio* ■ **slowly: caminamos muy despacio** we walked very slowly.

despedir *verbo*
1. **to fire: despidieron a cuatro obreros** they fired four workers
2. **to see off: la despedimos esta mañana** we saw her off this morning

despedirse *verbo pronominal* ■ **to say goodbye: se despidieron en la estación** they said goodbye at the station
➤ **despedirse de alguien** to say goodbye to somebody: **nos despedimos de nuestros padres en el aeropuerto** we said goodbye to our parents at the airport.

despegar *verbo* ■ **to take off: el avión despegó** the airplane took off.

despejado *adjetivo* ■ **clear: el cielo está despejado hoy** the sky is clear today.

la **despensa** ■ **pantry** (*plural* **pantries**): **guardo los dulces en la despensa** I keep the candy in the pantry.

desperdiciar *verbo* ■ **to throw away: desperdició muy buenas oportunidades** he threw away very good opportunities.

el **desperdicio** ■ **waste: es un desperdicio no comer esa carne** it's a waste not to eat that meat
➤ **no tires los desperdicios** don't throw out the trash.

el **desperfecto** ■ **flaw: este auto tiene algunos desperfectos** this car has some flaws.

el **despertador** ■ **alarm clock: mi despertador suena a las seis de la mañana** my alarm clock goes off at six in the morning.

despertar *verbo*
1. **to wake: desperté a mi hijo temprano** I woke my son early
2. **to arouse: su actitud despertó sospechas** his attitude aroused suspicion

despertarse *verbo pronominal* ■ **to wake up: me desperté con el ruido de la calle** I woke up with the noise of the street.

despierto *adjetivo*
1. **awake: no estoy despierto todavía** I'm not awake yet
2. **bright: es una niña muy despierta** she's a very bright child.

el **despiole** *River Plate informal* ■ **row: se armó un gran despiole en la calle** there was a big row in the street.

despistado *adjetivo* ■ **absent-minded**.

desplazar *verbo* ■ **to take the place of: el avión ha desplazado al barco** the airplane has taken the place of the ship

desplazarse *verbo pronominal* ■ **to travel: me desplazo por la ciudad en coche** I travel about the city by car.

desplegar *verbo* ■ **to unfold: desplegó la tela** she unfolded the cloth.

despoblado *adjetivo* ■ **uninhabited: atravesamos una zona despoblada** we crossed an uninhabited area

el **despoblado** ■ **deserted spot: dejamos el coche en un despoblado** we left the car in a deserted spot.

despoblarse *verbo pronominal* ■ **to become depopulated: el campo se ha despoblado** the countryside has become depopulated.

despojarse *verbo* ■ **to remove: se despojó de la ropa** he removed his clothes.

despreciar *verbo*
1. **to look down on: desprecia a sus empleados** he looks down on his employees
2. **to despise: desprecia a su enemigo** he despises his enemy
3. **to reject: despreció la invitación de Ana** he rejected Ana's invitation.

desprender *verbo* ■ **to give off: ese calentador desprende gas** that heater gives off gas

desprenderse *verbo pronominal*
➤ **desprenderse de algo** to let go of something: **no se desprende de sus hijos nunca** she will never let go of her children.

despreocuparse *verbo pronominal* ■ **to stop worrying: despreocúpate y descansa un rato** stop worrying and rest for a while.

desprevenido *adjetivo* ■ **unprepared: está desprevenido, no va a asimilar lo que le vas a decir** he's unprepared, he won't be able to accept what you're going to tell him
➤ **la noticia me tomó desprevenida** the news took me by surprise.

desprolijo *adjetivo* ■ **messy: sus cuadernos son muy desprolijos** his notebooks are very messy.

después *adverbio*
1. **afterward: después, iremos a bailar** afterward, we'll go dancing
2. **later: vino después** she came later; **un año después retomé mi trabajo** a year later I took up my job again
3. **then: primero le pones la sal, y después le pones la pimienta** first you put in the salt and then you put in the pepper
➤ **después de** after: **después de la cena, vamos a hablar** after dinner, we're going to talk: **después de todo** after all
➤ **después de Cristo** Anno Domini.

destacar *verbo* ■ **to emphasize: destacó sus valores morales** he emphasized his moral values

destacarse *verbo pronominal* ■ **to stand out: se destaca por su altura** he stands out because of his height.

el **destapador** ■ **bottle opener**.

destapar *verbo*
1. **to open: destapé la gaseosa** I opened the soda pop
2. *River Plate* **to unstop: el plomero destapó el caño** the plumber unstopped the pipe.

el **destello** ■ **sparkle: vi un destello en la oscuridad** I saw a sparkle in the darkness.

destinar *verbo*
1. **to set aside: destiné estos ahorros para el futuro** I set aside these savings for the future
2. **to assign: lo han destinado al departamento de contabilidad** they have assigned him to the accounting department.

el **destinatario,** la **destinataria** ■ **addressee: Raúl es el destinatario de esta carta** Raúl is the addressee of this letter.

el **destino**
1. **destiny: mi destino es ayudar a los demás** my destiny is to help others
2. **destination: los pasajeros cuyo destino es Perú deben embarcar a la brevedad** the passengers whose destination is Peru must get on board as soon as possible.

la **destreza** ■ **skill: tiene una destreza increíble con las manos** he has incredible skill with his hands.

destrozar *verbo*
1. **to destroy: la explosión destrozó el barrio** the explosion destroyed the neighborhood
2. **to ruin: el perro ha destrozado el sofá** the dog has ruined the sofa.

destructor *adjetivo* ■ **destructive: tuvo efectos destructores** it had destructive effects.

destruir *verbo* ■ **to destroy: la tormenta destruyó las casas del pueblo** the storm destroyed the town's houses.

desvelar *verbo*
1. **to keep awake: el café me desvela** coffee keeps me awake
2. **to reveal: me desveló la verdad** he revealed the truth to me
➤ **desvelarse por algo** to be concerned about something: **se desvela por nuestra felicidad** he's concerned about our happiness.

la **desventaja** ■ **disadvantage**.

la **desviación** (*plural* las desviaciones)
1. **detour: tuvimos que tomar una desviación en el camino** we had to take a detour on the way
2. **deviation: esta es una desviación de la norma** this is a deviation from the norm
➤ **desviación de fondos** diversion of funds.

desviar *verbo* ■ **to divert: desviaron el tránsito** they diverted traffic

desviarse *verbo pronominal* ■ **to turn off: nos desviamos de la ruta principal** we turned off from the main route.

el **detalle** ■ **detail: me contó los detalles de la historia** he told me the details of the story
➤ **¡qué detalle!** how thoughtful!

detectar *verbo* ■ **to detect: el radar detectó el peligro** the radar detected the danger.

detener *verbo*
1. **to stop: el conductor detuvo el auto** the driver stopped the car
2. **to arrest: la policía detuvo a los sospechosos** the police arrested the suspects

detenerse *verbo pronominal* ■ **to stop: no te detengas, sigue caminando** don't stop, keep walking.

deteriorar *verbo* ■ **to damage: el mar deteriora las casas de la costa** the sea damages the coastal houses

deteriorarse *verbo pronominal* ■ **to deteriorate: su salud se ha deteriorado rápidamente** her health has deteriorated quickly.

determinado *adjetivo* ■ **certain: esta práctica era común en determinada época** this practice was common in a certain time period.

determinar *verbo*
1. **to determine: el juez determinó la sentencia de los acusados** the judge determined the sentence of the accused
2. **to decide: determinamos seguir con el viaje** we decided to continue with the trip
3. **to state: la ley determina que tenemos ciertos derechos y obligaciones** the law states that we have certain rights and obligations
4. **to bring about: el excelente trabajo de los empleados determinó el éxito del negocio** the excellent work of the employees brought about the success of the business.

detrás *adverbio* ■ **at the back: siéntate detrás** sit at the back
➤ **uno detrás de otro** one after another
➤ **detrás de** behind
➤ **el gato se escondió detrás de la puerta** the cat hid behind the door.

la **deuda** ■ **debt: tengo una deuda con el banco** I owe a debt to the bank.

el **deudor,** la **deudora** ■ **debtor: los deudores tienen problemas para pagar** the debtors are having problems paying.

la **devaluación** (*plural* las devaluaciones) ■ **devaluation: la devaluación provocó una baja en el consumo interno** devaluation caused a decrease in internal consumption.

devaluar *verbo* ■ **to devalue: el Gobierno ya devaluó la moneda dos veces** the government has already devalued the currency twice.

la **devoción** ■ **devotion**.

devolver *verbo*
1. **to return: ya he devuelto los libros a la biblioteca** I've already returned the books to the library

2. **to repay: le devolveremos el importe** we'll repay the amount to him
3. **to throw up: el bebe devolvió la comida** the baby threw up the food

devolverse *verbo pronominal* ■ *Andes, Central America, Caribbean, Mexico* **to return: nos devolvimos a los quince días** we returned after two weeks.

devorar *verbo*
1. **to devour: el jabalí devoró al cordero** the wild boar devoured the lamb
2. **to consume: el fuego devoró el depósito** the fire consumed the warehouse.

el **día** ■ **day: los días son más largos en verano** the days are longer in the summer; **marzo tiene 31 días** March has 31 days; **los murciélagos duermen de día** bats sleep during the day
➤ **¡buenos días!** good morning!
➤ **¡buen día!** *River Plate* good morning!
➤ **hacer buen día** to be a fine day
➤ **poner al día** to catch up: **se puso al día con el trabajo** he caught up with his work
➤ **Día de los Muertos** All Souls' Day.

el **diablo** ■ **devil: el diablo representa el mal** the devil represents evil.

el **diagnóstico** ■ **diagnosis: el médico dio un diagnóstico alentador** the doctor gave an encouraging diagnosis.

el **diálogo**
1. **dialogue: el diálogo condujo a una solución pacífica** the dialogue led to a peaceful solution
2. **conversation: mantuvimos un diálogo muy interesante** we had a very interesting conversation.

el **diamante** ■ **diamond: me regaló un anillo con un diamante** he gave me a diamond ring.

el **diámetro** ■ **diameter: calcula el diámetro de este círculo** calculate the diameter of this circle.

diario *adjetivo* ■ **daily: hago tres comidas diarias** I have three meals daily

el **diario**
1. **newspaper: pásame el diario de la mañana** pass me the morning newspaper
2. **diary** (*plural* **diaries**)**: escribo en mi diario todos los días** I write in my diary every day.

el/la **dibujante**
1. **cartoonist: el dibujante hizo un oso animado** the cartoonist made an animated bear
2. **designer: los dibujantes terminaron el plano** the designers finished the plan.

dibujar *verbo* ■ **to draw: dibujó unas figuras preciosas** he drew some lovely drawings.

el **dibujo** ■ **drawing: hizo un dibujo de la madre** he did a drawing of his mother.

el **diccionario** ■ **dictionary** (*plural* **dictionaries**)**: compró un diccionario ilustrado** he bought an illustrated dictionary.

la **dicha** ■ **happiness: su familia es su mayor dicha** his family is his greatest happiness.

el **dicho** ■ **saying: abusa de los dichos y proverbios** she abuses sayings and proverbs
➤ **dicho y hecho** no sooner said than done.

dichoso *adjetivo* ■ **happy: se siente dichosa con su embarazo** she feels happy because of her pregnancy.

diciembre *sustantivo masculino*

> En inglés los nombres de los meses se escriben con mayúscula:

December: en diciembre in December; **el próximo diciembre** next December; **el pasado diciembre** last December.

el **dictado** ■ **dictation: la maestra pone un dictado todas las semanas** the teacher assigns a dictation every week.

el **dictador,** la **dictadora** ■ **dictator: el dictador gobernó por diez años** the dictator governed for ten years.

dictar *verbo*
1. **to dictate: el jefe le dictó una carta a la secretaria** the boss dictated a letter to his secretary

2. **to pronounce: el juez dictó sentencia** the judge pronounced the sentence.

el **diente** ■ **tooth** (*plural* **teeth**): **al bebe le están saliendo los dientes** the baby's teeth are coming in; **la sierra tiene los dientes gastados** the saw's teeth are worn out.

diestro *adjetivo* ■ **skillful: es muy diestro manejando los caballos** he's very skillful at handling the horses.

la **dieta** ■ **diet: la dieta rioplatense se basa en la carne** the River Plate diet is based on meat; **el lunes empiezo la dieta** Monday I start the diet.

el/la **dietista** ■ **dietician: el dietista me recomendó que no comiera grasas** the dietician recommended that I don't eat fats.

diez *numeral* ■ **ten: tiene diez hijos** she has ten children
➤ **mi hermana tiene diez años** my sister is ten years old
➤ **son las diez** it's ten o'clock
➤ **el diez de abril** the tenth of April.

la **diferencia** ■ **difference: tiene una gran diferencia de edad con su hermano** there's a big age difference between him and his brother; **los socios tuvieron graves diferencias** the partners had serious differences.

diferente (*adjetivo & adverbio*)
■ *adjetivo*
different: sus hijos son muy diferentes his children are very different
■ *adverbio*
differently: Ana come diferente porque está a dieta Ana is eating differently because she's on a diet.

difícil *adjetivo* ■ **difficult: no encuentro salida para esta difícil situación** I can't find a way out of this difficult situation.

la **dificultad** ■ **difficulty** (*plural* **difficulties**): **este viaje está lleno de dificultades** this trip is full of difficulties.

dificultar *verbo* ■ **to hinder: la niebla dificulta la visión** the fog hinders vision.

difundir *verbo*
1. **to spread: la luz eléctrica se difundió por todo el mundo** electric light spread throughout the whole world
2. **to broadcast: la televisión difunde las noticias** television broadcasts the news.

digerir *verbo* ■ **to digest: digiere la comida con dificultad** he digests food with difficulty.

la **digestión** ■ **digestion**.

el **digitador**, la **digitadora** ■ **keyboarder: contratamos dos digitadores para entrar los datos en la computadora** we hired two keyboarders to enter the data into the computer.

la **dignidad**
1. **dignity: habla con dignidad** he speaks with dignity
2. **honor: su dignidad le impidió aceptar la oferta deshonesta** his honor prevented him from accepting the improper offer.

digno *adjetivo* ■ **worthy: su trabajo es digno de mención** his work is worthy of mention.

dilatar *verbo*
1. **to expand: el calor dilata los cuerpos** heat expands substances
2. **to put off: dilataron la respuesta intencionalmente** they put off the answer intentionally.

diluir *verbo* ■ **to dilute: diluye estos colores con el blanco** dilute those colors with white.

la **dimensión** (*plural* las dimensiones)
1. **measurement: las dimensiones del armario son...** the measurements of the closet are...
2. **dimension: es una casa de grandes dimensiones** it's a house of large dimensions
3. **scope: las dimensiones de la catástrofe son incalculables** the scope of the catastrophe is incalculable.

diminuto *adjetivo* ■ **tiny: tiene una cicatriz diminuta** she has a tiny scar.

dinámico *adjetivo* ■ **dynamic: es una persona tan dinámica que trabaja 15 horas al día** she's such a dynamic person that she works 15 hours a day.

la **dinamita** ■ **dynamite**.

el **dinero** ■ **money: heredé una fuerte suma de dinero** I inherited a large sum of money.

el **dios** ■ **god: en su religión adoran a más de un dios** in their religion they worship more than one god; **según la Biblia Dios creó al hombre** according to the Bible, God created man
➤ **Dios mediante** God willing
➤ **¡Dios mío!** my God!

la **diosa** ■ **goddess: la diosa del mar protege a los pescadores** the goddess of the sea protects the fishermen.

el **diploma** ■ **diploma**.

la **diplomacia** ■ **diplomacy**.

el **diplomático**, la **diplomática** ■ **diplomat**.

la **dirección** (*plural* las direcciones)
1. **direction: estamos yendo en dirección norte** we are going in a northerly direction; **al perdernos pedimos direcciones para volver al camino principal** upon getting lost we asked for directions to return to the main road
2. **management: lo mandaron en castigo a la dirección** they sent him to management for punishment
3. **address: tengo la dirección de la fiesta** I have the address of the party
4. **steering: está fallando la dirección del coche** the car's steering is failing.

directo *adjetivo*
1. **non-stop: este es un vuelo directo a Buenos Aires** this is a non-stop flight to Buenos Aires
2. **direct: tengo órdenes directas del jefe** I have direct orders from the boss
3. **straight: fui directo a casa** I went straight home
➤ **en directo** live: **están transmitiendo el partido en directo** they are transmitting the match live.

el **director**, la **directora**
1. **director: la directora de la empresa prometió llamarnos** the director of the company promised to call us
2. **conductor: el director de la orquesta tiene mucha experiencia** the conductor of the orchestra has a lot of experience
3. **principal: la directora de esa escuela es muy joven** the principal of that school is very young
4. **editor: mi tío es el director de ese periódico** my uncle is the editor of that newspaper.

el **directorio**
1. **board of directors: el directorio de la empresa es muy exigente** the company's board of directors is very demanding
2. **directory** (*plural* **directories**): **tengo muchos directorios en mi computadora** I have many directories in my computer
3. *Andes, Central America, Caribbean, Mexico* **directory** (*plural* **directories**): **encontré sus datos en el directorio telefónico** I found his information in the telephone directory.

dirigir *verbo*
1. **to address: esta carta está dirigida a mi jefe** this letter is addressed to my boss
2. **to manage: el Sr. López dirige esta empresa** Mr. López manages this company
3. **to conduct: el hombre que dirige esta orquesta es muy famoso en Europa** the man who conducts this orchestra is very famous in Europe
4. **to direct: Spielberg ha dirigido muchas películas** Spielberg has directed many movies

dirigirse *verbo pronominal*
1. **to head towards: nos dirigimos hacia el oeste** we headed towards the west
2. **to address: se dirigió a los estudiantes** he addressed the students.

discar *Andes, River Plate verbo* ■ **to dial: disqué varias veces al banco pero siempre da ocupado** I dialed the bank several times but there's always a busy signal.

la **disciplina** ■ **discipline: la disciplina es muy importante en esta institución** discipline is very important in this institution.

el **discípulo,** la **discípula** ■ **student: Carlos es discípulo de un artista famoso** Carlos is a student of a famous artist.

el **disco**
1. **disk: cortamos esta masa en forma de disco** we cut this dough into the shape of a disk
2. **record: el disco fue desplazado por el cassette** the record was supplanted by the cassette
➤ **un disco compacto** a compact disc
➤ **un disco duro** a hard disk.

la **discordia** ■ **discord**.

la **discreción** ■ **discretion: me pidió discreción cuando me reveló su problema** he asked me for discretion when he disclosed his problem to me.

discreto *adjetivo* ■ **discreet: se viste de manera muy discreta** she dresses in a very discreet manner.

la **discriminación** ■ **discrimination: discriminación racial** racial discrimination.

discriminar *verbo*
1. **to discriminate: hay leyes que discriminan según el color de la piel** there are laws that discriminate according to skin color
2. **to tell the difference: tienes que discriminar entre lo que está bien y lo que está mal** you have to tell the difference between what's good and what's bad.

la **disculpa** ■ **apology** (*plural* **apologies**): **su disculpa no fue suficiente** his apology was not enough
➤ **pedirle disculpas a alguien por algo** to apologize to somebody for something: **te pido disculpas por lo que dije** I apologize to you for what I said.

disculpar *verbo* ■ **to excuse: te disculpo esta vez** I'll excuse you this time
➤ **disculpe, ¿podría pasar?** excuse me, may I get by?

disculparse *verbo pronominal* ■ **to apologize: el profesor se disculpó por haber llegado tarde** the professor apologized for having arrived late.

el **discurso** ■ **speech: hizo un discurso muy emotivo** he gave a very moving speech.

la **discusión** (*plural* las discusiones)
1. **discussion: la discusión sobre el tema se hizo interminable** the discussion of the subject became endless
2. **argument: tuvimos una discusión con el encargado del restaurante** we had an argument with the manager of the restaurant.

discutir *verbo*
1. **to discuss: discutimos el tema de la crisis financiera** we discussed the subject of the financial crisis
2. **to argue: discutieron con el encargado del restaurante** they argued with the manager of the restaurant.

diseñar *verbo* ■ **to design: el arquitecto diseñó una casa con cuatro dormitorios** the architect designed a house with four bedrooms.

el **diseño** ■ **design: se encargó del diseño de la próxima colección de vestidos** she took charge of the design of the next collection of dresses.

el **disfraz** (*plural* los disfraces) ■ **disguise: el niño se puso un disfraz de pirata** the boy put on a pirate disguise.

disfrazar *verbo* ■ **to dress up: disfrazó al hijo para el carnaval** she dressed her son up for the carnival

disfrazarse *verbo pronominal*
➤ **disfrazarse de** to dress up as: **se disfrazó de vaquero** he dressed up as a cowboy.

disfrutar *verbo* ■ **to enjoy oneself: disfruté en la fiesta** I enjoyed myself at the party
➤ **disfrutar de algo** to enjoy something: **disfruto de las vacaciones en la playa** I enjoy vacations at the beach.

disgustar *verbo* ■ **to upset: a los clientes les disgustan estas respuestas** these answers upset the clients

disgustarse *verbo pronominal* ■ **to get upset: el jefe se disgustó con uno de los empleados** the boss got upset with one of the employees.

> The Spanish word **disgustar** is a false cognate, it does not mean "to disgust".

el **disgusto**

➤ **darle un disgusto a alguien** to upset somebody: **su respuesta me dio un gran disgusto** his answer upset me a lot.

disimular *verbo* ■ **to hide: disimularon su enojo** they hid their anger.

disminuir *verbo* ■ **to decrease: disminuye la velocidad en la curva** decrease your speed on the curve; **la inflación disminuyó el 1%** inflation decreased by 1%.

disolver *verbo*

1. **to dissolve: tuvimos que disolver la pastilla en el agua** we had to dissolve the tablet in the water
2. **to break up: la policía disolvió la manifestación** the police broke up the demonstration

disolverse *verbo pronominal* ■ **to dissolve: el medicamento se disuelve en el agua** the medicine dissolves in water.

disparar *verbo* ■ **to shoot: la policía disparó sobre los prófugos** the police fired on the fugitives

➤ **dispara la fotografía** take the picture.

el **disparate** ■ **nonsense: lo que dices es un disparate** what you're saying is nonsense.

el **disparo** ■ **shot: el disparo retumbó en la habitación** the shot echoed in the room.

disponer *verbo*

1. **to arrange: dispusimos las sillas junto a las mesas** we arranged the chairs close to the tables
2. **to order: el jefe dispuso que trabajáramos toda la noche** the boss ordered us to work all night

disponerse *verbo pronominal*

➤ **disponerse a** to get ready to: **nos disponíamos a salir cuando llegó la visita** we were getting ready to leave when the visitor arrived.

disponible *adjetivo* ■ **available.**

la **disposición** (*plural* las disposiciones)

1. **arrangement: no me gusta la disposición de las sillas en esta sala** I don't like the arrangement of the chairs in this room
2. **aptitude: no tiene disposición para las matemáticas** he has no aptitude for mathematics
3. **provision: la disposición del gobierno regula el comercio interno** the provision of the government regulates internal commerce.

la **distancia** ■ **distance: hay una distancia de 100 km entre las dos ciudades** there's a distance of 100 km between the two cities

➤ **¿a qué distancia está la tienda?** how far away is the store?

➤ **a dos millas de distancia** two miles away.

distante *adjetivo*

1. **far away: vive en una zona distante de la capital** he lives in an area far away from the capital
2. **distant: tiene una actitud distante con respecto al problema** she has a distant attitude regarding the problem.

distinguir *verbo*

1. **to distinguish: no puedo distinguir a un mellizo del otro** I can't distinguish one twin from the other
2. **to set apart: las rayas blancas distinguen a las cebras** white stripes set zebras apart
3. **to make out: no distingue lo que dice aquel cartel** he can't make out what that sign says
4. **to honor: lo distinguieron con el primer premio** they honored him with first prize.

distinto *adjetivo* ■ **different: cada hijo es distinto** each child is different.

la **distracción** *(plural* las distracciones*)*
1. **lapse of concentration: una distracción del conductor provocó el accidente** a lapse of concentration from the driver caused the accident
2. **pastime: el cine es una buena distracción** movies are a good pastime.

distraer *verbo*
1. **to distract: el ruido me distrae cuando estudio** noise distracts me when I'm studying
2. **to entertain: las películas me distraen** movies entertain me

distraerse *verbo pronominal*
1. **to get distracted: el niño se distrae fácilmente en clase** the boy gets distracted easily in class
2. **to entertain oneself: me distraigo viendo televisión** I entertain myself watching television.

distribuir *verbo* ■ **to distribute: distribuímos las tareas entre todos** we distribute the work between everybody.

el **distrito** ■ **district: es el encargado de la seguridad del distrito** he's the one in charge of the district's safety
➤ **distrito federal** federal district: **México es un Distrito Federal** Mexico City is a Federal District.

diurno *adjetivo* ■ **day: me tocó el turno diurno en el trabajo** I got the day shift at work.

la **diversidad** ■ **variety: hay una gran diversidad de artículos en esta tienda** there's a wide variety of goods in this store.

la **diversión** *(plural* las diversiones*)*
1. **amusement: le dedica más tiempo a la diversión que al trabajo** he dedicates more time to amusement than to work
2. **pastime: el cine es mi diversión preferida** movies are my favorite pastime

⚠ The Spanish word **diversión** is a false cognate, it does not mean "diversion".

diverso *adjetivo* ■ **diverse: tiene gustos muy diversos** he has very diverse tastes.

divertido *adjetivo* ■ **enjoyable: pasamos un rato muy divertido en la fiesta** we had a very enjoyable time at the party.

divertir *verbo* ■ **to amuse: los payasos no me divierten en absoluto** clowns don't amuse me at all
➤ **nos divertimos en la fiesta** we had fun at the party.

dividir *verbo*
1. **to separate: un tabique dividía el ambiente en dos** a partition separated the room in two
2. **to divide: divide 464 por cuatro** divide 464 by four
3. **to divide up: dividimos los caramelos entre todos los niños** we divided up the candy between all the children.

la **división** *(plural* las divisiones*)* ■ **division: la división de los bienes fue problemática** the division of the possessions was problematic; **su niño ya hace divisiones en la escuela** her son is already doing division at school; **su equipo pertenece a la segunda división** his team belongs to the second division.

divorciarse *verbo pronominal* ■ **to get divorced: se divorciaron después de diez años de casados** they got divorced after being married for ten years.

el **divorcio** ■ **divorce: los trámites del divorcio fueron muy costosos** the proceedings of the divorce were very costly.

divulgar *verbo* ■ **to spread: los medios divulgaron la noticia** the media spread the news.

doblar *verbo*
1. **to fold: doblé la ropa antes de guardarla en el ropero** I folded the clothes before putting them in the wardrobe
2. **to double: le doblaron el sueldo** they doubled his salary
3. **to turn: doblamos en la primera esquina** we turned at the first corner
4. **to dub: doblaron la película al español** they dubbed the movie into Spanish.

doble *(adjetivo & adverbio)*

■ *adjetivo*
double: reservé una habitación doble I reserved a double room

■ *adverbio*
double: como había perdido la entrada, tuvo que pagar doble since he had lost the ticket, he had to pay double

el **doble**

1. **double: contrataron un doble para las escenas peligrosas** they hired a double for the dangerous scenes
2. **el doble** twice as much; **gana el doble que yo** he earns twice as much as I do.

el **doblez** *(plural* los dobleces*)* ■ **crease: el planchado no borró bien los dobleces** the ironing didn't completely get the creases out.

doce *numeral* ■ **twelve: tiene doce sobrinos** she has twelve nephews

➤ **mi hermana tiene doce años** my sister is twelve years old
➤ **son las doce** it's twelve o'clock
➤ **el doce de abril** the twelfth of April.

el **doctor,** la **doctora**

1. **doctor: la doctora me dio de alta** the doctor pronounced me fit
2. **Doctor of Philosophy** *(plural* **Doctors of Philosophy***)*: **únicamente los doctores pueden dar clase en esta universidad** only Doctors of Philosophy can teach in this university.

el **documento** ■ **document: me piden un documento que pruebe mi fecha de nacimiento** they are asking me for a document that proves my date of birth

➤ **un documento de identidad** an identity card: **para comprar bebidas alcohólicas necesitas mostrar el documento de identidad** in order to buy alcoholic beverages you need to show your identity card.

el **dólar** ■ **dollar.**

doler *verbo*

1. **to ache: me duelen las muelas** my teeth ache
2. **to hurt: le dolió mucho que la novia lo abandonara** it hurt him a lot that his girlfriend left him.

el **dolor** ■ **pain: la noticia de su muerte le causó mucho dolor** the news of his death caused her a lot of pain

➤ **tener dolor de cabeza** to have a headache.

domesticar *verbo* ■ **to tame: consiguieron domesticar un jabalí** they managed to tame a wild boar.

doméstico *adjetivo* ■ **domestic: las tareas domésticas** domestic chores

➤ **compramos un lavaplatos de uso doméstico** we bought a dishwasher for home use.

el **domicilio** ■ **residence: escriba su nombre y domicilio en este formulario** write your name and address on this form.

dominar *verbo*

1. **to rule over: el ejército enemigo dominaba toda la zona** the enemy army ruled over all the area
2. **to control: domina la pelota de manera increíble** he controls the ball in an incredible way.

el **domingo**

> En inglés, los días de la semana se escriben con mayúscula:

Sunday: hoy es domingo today is Sunday; **el próximo domingo** next Sunday; **el pasado domingo** last Sunday; **el domingo** on Sunday; **te veré el domingo** I'll see you on Sunday; **los domingos** on Sundays; **los domingos vamos al parque** on Sundays we go to the park.

dominicano *adjetivo*

> En inglés, los adjetivos que se refieren a un país o a una región se escriben con mayúscula:

Dominican

el **dominicano,** la **dominicana**

> En inglés, los gentilicios se escriben con mayúscula:

Dominican: los dominicanos the Dominicans.

el **dominio**

1. **control: tiene un dominio total de la situación** he has total control over the situation
2. **command: tiene un dominio excelente del español** he has an excellent command of Spanish.

el **don**

1. **gift: tiene un don para los idiomas** he has a gift for languages
2. **Mr.: don Mario López** Mr. Mario López.

donar *verbo* ■ **to donate: donó la casa para los más necesitados** he donated the house for those most in need.

donde *adverbio* ■ **where: ahí fue donde encontramos la billetera** there's where we found the wallet; **voy hacia donde tú quieras** I'll go wherever you want me to.

dónde *adverbio* ■ **where: ¿dónde estabas ayer a esta misma hora?** where were you yesterday at this time?; **¿dónde vas a ir de viaje?** where are you going for your trip?; **¿de dónde vienes?** where are you from?

la **doña** ■ **Mrs.: doña Beatriz García** Mrs. Beatriz García.

la **dormilona** *Venezuela* ■ **nightgown: puse a lavar la dormilona nueva** I put the new nightgown in the wash.

dormir *verbo*

1. **to sleep: durmió profundamente toda la noche** he slept deeply all night
2. **to stay: dormimos en un hotel 5 estrellas** we stayed in a five-star hotel
3. **to anesthetize: te duermen únicamente la zona que te van a operar** they anesthetize only the area they're going to operate on

➤ **se me durmió el pie** my foot fell asleep.

el **dormitorio** ■ **bedroom: la casa tiene cuatro dormitorios** the house has four bedrooms.

el **dorso** ■ **back: firme al dorso del documento** sign on the back of the document.

dos *numeral* ■ **two: tiene dos hijos** she has two children

➤ **mi hermana tiene dos años** my sister is two years old

➤ **son las dos** it's two o'clock

➤ **el dos de abril** the second of April.

la **dosis** *(plural las dosis)* ■ **dose: le aumentaron la dosis del medicamento** they increased his dose of medicine.

el **drama** ■ **drama: el drama es el género que más me gusta** drama is the genre that I like most; **la enfermedad de su hijo es un verdadero drama** her son's illness is a real drama.

dramático *adjetivo*

1. **dramatic: el accidente tuvo consecuencias dramáticas** the accident had dramatic consequences
2. **drama: este autor se destacó en el género dramático** this author stood out in the drama genre.

el **drenaje** ■ **drainage**.

drenar *verbo* ■ **to drain: drenaron la zona después de las inundaciones** they drained the area after the floods.

la **droga** ■ **drug: estos dos medicamentos usan la misma droga** these two medicines use the same drug; **la cocaína es una droga muy peligrosa** cocaine is a very dangerous drug.

la **drogadicción** ■ **drug addiction**.

la **ducha** ■ **shower: me di una ducha antes de acostarme** I took a shower before going to bed; **la ducha de este baño es demasiado pequeña** the shower in this bathroom is too small

➤ **tomar una ducha** to take a shower: **tomé una ducha después de hacer deporte** I took a shower after playing sports.

ducharse *verbo pronominal* ■ **to take a shower: me ducho siempre de mañana** I always take a shower in the morning.

la **duda**

1. **doubt: tengo dudas sobre la honestidad de su respuesta** I have doubts about the honesty of his reply
2. **question: la profesora preguntó si alguien tenía alguna duda sobre el tema** the professor asked if anybody had any questions about the topic

➤ **tengo la duda de si llamar a Diego o no** I don't know whether to call Diego or not.

dudar *verbo*
1. **to doubt: dudo que venga** I doubt that he'll come
2. **to hesitate: dudo entre ir al cine o ir al teatro** I am hesitating between going to the movies and going to the theater
3. **to question: dudo de sus buenas intenciones** I question his good intentions.

el **dueño, la dueña** ■ **owner: es el dueño de un edificio entero** he's the owner of a whole building
➤ **un dueño de casa** a landlord: **salió el dueño de casa y nos echó** the landlord came out and threw us out.

dulce *adjetivo*
1. **sweet: este postre es muy dulce** this dessert is very sweet
2. **gentle: su hija es la niña más dulce que conozco** her daughter is the most gentle girl I know

el **dulce** ■ **sweet: sus hijos adoran los dulces** his children adore sweets.

la **duración** (*plural* las duraciones) ■ **length**.

durante *preposición*
1. **during: durmió durante la película** he slept during the movie
2. **for: estudió química durante ocho años** she studied chemistry for eight years.

durar *verbo*
1. **to last: estos zapatos nuevos me duraron sólo dos meses** these new shoes lasted me only two months
2. **to go on: este partido de tenis está durando demasiado** this tennis match is going on too long.

el **durazno** ■ **peach**.

el **dúrex** *Mexico* ■ **Scotch® tape**.

la **dureza** ■ **hardness: la dureza de este material es insuperable** the hardness of this material is unsurpassable.

duro (*adverbio & adjetivo*)
■ *adverbio*
hard: estudio duro para el examen I am studying hard for the exam
■ *adjetivo*
1. **hard: este tipo de madera es más duro que el otro** this type of wood is harder than the other
2. **tough: la carne estaba tan dura que era incomible** the meat was so tough that it was inedible
3. **difficult: ha tenido una vida muy dura** she's had a very difficult life
4. **harsh: el Gobierno dio una dura respuesta a la oposición** the government gave a harsh reply to the opposition
➤ **a duras penas** with great difficulty: **a duras penas gana para vivir** with great difficulty he makes a living.

el **DVD** (*abreviatura de* Disco Versátil Digital) ■ **DVD**.

e

e *conjunción* ■ **and: María e Inés son compañeras de clase** María and Inés are classmates

e replaces y before words that begin with "i" or "hi".

ebrio *adjetivo* ■ **drunk: una persona ebria no debe conducir** a drunk person shouldn't drive.

echar *verbo*
1. **to throw: te eché la pelota** I threw you the ball
2. **to throw out: lo echaron del club** they threw him out of the club

3. **to grow: esta planta ya ha echado raíces** this plant has already grown roots
4. **to put: le eché sal a la sopa** I put salt in the soup

➤ **echar de menos** to miss: **te vamos a echar de menos cuando estés de viaje** we're going to miss you when you're on your trip

➤ **echar a perder** to spoil: **vas a echar a perder a la niña con tantos regalos** you're going to spoil the girl with so many gifts

echarse *verbo pronominal* ■ **to lie down: se echó en la cama** he lay down on the bed.

el **eclipse** ■ **eclipse**

➤ **un eclipse de sol** a solar eclipse.

el **eco** ■ **echo** *(plural* **echoes***)***: en esta cueva hay eco** there's an echo in this cave.

la **economía**

1. **economy: la economía no anda muy bien** the economy is not doing very well
2. **economics: es profesor de economía** he's a professor of economics.

económico *adjetivo*

1. **economic: tienen serios problemas económicos** they have serious economic problems
2. **inexpensive: este restaurante es el más económico** this restaurant is the most inexpensive
3. **economical: este carro es más económico que el otro** this car is more economical than the other.

el **ecuador** ■ **equator**.

Ecuador *sustantivo masculino* ■ **Ecuador**.

ecuatoriano *adjetivo*

> En inglés, los adjetivos que se refieren a un país o una región se escriben con mayúscula:

Ecuadorian: los tapices ecuatorianos son muy lindos Ecuadorian carpets are very pretty

el **ecuatoriano**, la **ecuatoriana**

> En inglés, los gentilicios se escriben con mayúscula:

Ecuadorian: los ecuatorianos the Ecuadorians.

la **edad** ■ **age: a la edad de tres años** at the age of three

➤ **tiene cinco años de edad** he's five years old

➤ **¿qué edad tienes?** how old are you?

el/la **edecán** *(plural* **los/las edecanes***)* *Mexico* ■ **assistant: su edecán lo acompaña a todas partes** his assistant accompanies him everywhere.

el **edificio** ■ **building**.

la **educación**

1. **education: el tema de la educación preocupa al Gobierno** the topic of education concerns the government
2. **upbringing: este niño ha tenido una muy buena educación** this boy has had a very good upbringing

➤ **educación a distancia** distance education

➤ **educación física** physical education

➤ **educación secundaria** secondary school education.

educar *verbo*

1. **to educate: educaron a sus hijos en los mejores colegios** they educated their children in the best secondary schools
2. **to bring up: no han educado a su hija de una manera muy tradicional** they haven't brought up their daughter in a very traditional manner.

EE.UU. *(abreviatura de* Estados Unidos*)* *sustantivo masculino plural* ■ **USA**.

el **efectivo** ■ **cash: fui a retirar efectivo del banco** I went to withdraw cash from the bank.

el **efecto**

1. **effect: el medicamento me hizo efecto en pocos minutos** the medicine took effect on me in just a few minutes
2. **spin: dio efecto a la pelota** he put some spin on the ball

➤ **en efecto** in fact: **en efecto, tienes toda la razón** in fact, you're completely right

➤ **efectos especiales** special effects.

la **eficacia** ■ **effectiveness: este medicamento se destaca por su eficacia** this medicine stands out for its effectiveness.

eficaz *adjetivo*
1. **effective: este medicamento es muy eficaz para curar los dolores de cabeza** this medicine is very effective in curing headaches
2. **efficient: es un empleado muy eficaz** he's a very efficient employee.

la **eficiencia** ■ **efficiency: la eficiencia es la mejor de sus virtudes** efficiency is the best of his virtues.

el **egoísmo** ■ **selfishness: su egoísmo lo ha llevado al aislamiento** his selfishness has led to his loneliness.

egoísta *adjetivo* ■ **selfish: es una de las personas más egoístas que conozco** he's one of the most selfish people I know.

el **egresado, la egresada** ■ **graduate: el número de egresados de la universidad ha aumentado este año** the number of university graduates has increased this year.

egresar *verbo* ■ **to graduate: Francisco egresó de una universidad pública** Francisco graduated from a public university.

el **eje**
1. **axle: se rompió uno de los ejes de la rueda** one of the axles of the wheel broke
2. **axis** *(plural* **axes***)*: **el eje de la Tierra es una línea imaginaria** the earth's axis is an imaginary line
3. **focal point: el eje de sus conversaciones siempre es el dinero** the focal point of their conversations is always money.

ejecutar *verbo*
1. **to carry out: ejecutaron sus órdenes sin protestar** the carried out his orders without protesting
2. **to execute: ejecutaron a los prisioneros** they executed the prisoners.

ejemplar *adjetivo* ■ **exemplary: comportamiento ejemplar** exemplary behavior.

el **ejemplo** ■ **example: siguieron el buen ejemplo de su madre** they followed the good example of their mother
➤ **por ejemplo** for example.

el **ejercicio**
1. **exercise: la maestra puso varios ejercicios de geometría** the teacher assigned several geometry exercises
2. **financial year: el ejercicio de la empresa dio números negativos** the company's financial year showed negative numbers
➤ **hacer ejercicio** to exercise: **el médico me recomendó que hiciera ejercicio** the doctor recommended that I exercise.

ejercitar *verbo* ■ **to exercise: la cantante ejercita su voz todas las mañanas** the singer exercises her voice every morning.

el **ejército** ■ **army** *(plural* **armies***)*: **el ejército ocupó la ciudad** the army occupied the city.

el **ejote** *Central America, Mexico* ■ **green bean**.

el *artículo* ■ **the: el avión sale a las 11** the airplane leaves at 11

> Las partes del cuerpo llevan en español artículo pero deben traducirse al inglés con un pronombre posesivo:

me duele el brazo my arm hurts
➤ **el Sr. Macías compró el sombrero** Mr. Macías bought the hat
➤ **este reloj y el de Roberto son iguales** this watch and Robert's are the same
➤ **me fascina el chocolate** I adore chocolate

> Los nombres abstractos llevan artículo en español pero no en inglés:

➤ **la vida es difícil** life is difficult

> Para describir el aspecto físico de una persona se usa el artículo en español pero no en inglés:

➤ **tiene el pelo rubio** he has blond hair.

él *pronombre*
1. **he: él no vino** he didn't come
2. **him: este regalo es para él** this gift is for him
3. **it: se le rompió el bastón y no puede estar sin él** his walking stick broke and he can't be without it
➤ **él mismo** himself: **lo hizo él mismo** he did it himself

➤ **de él** his: **éste es el coche de él** this is his car

In Spanish **él** as a subject is normally omitted unless it's used for emphasis or to contrast with another person.

elaborar *verbo*
1. **to produce: elaboran quesos** they produce cheeses
2. **to work out: elaboré un plan de reformas** I worked out a reform plan.

la **elasticidad** ■ **elasticity**.

el **elástico** ■ **elastic: se rompió el elástico de los pantalones** the pants' elastic broke.

la **elección** *(plural* las elecciones*)*
1. **choice: por lo menos tienes elección** at least you have a choice
2. **election: tuvimos una elección para escoger el presidente del club** we had an election to choose the president of the club.

la **electricidad** ■ **electricity**.

eléctrico *adjetivo*
1. **electric: compré un cepillo eléctrico** I bought an electric toothbrush
2. **electrical: estudia ingeniería eléctrica** she studies electrical engineering.

la **electrónica** ■ **electronics**.

electrónico *adjetivo* ■ **electronic: es un aparato electrónico** it's an electronic device.

el **elefante,** la **elefanta** ■ **elephant**.

elegante *adjetivo* ■ **elegant: compró un vestido elegante** she bought an elegant dress.

elegir *verbo*
1. **to choose: elegimos esta casa por el precio** we chose this house because of the price
2. **to elect: lo han elegido para el cargo de gerente** they have elected him to the position of director.

elemental *adjetivo* ■ **elementary: este ejercicio es de nivel elemental** this exercise is elementary level.

el **elemento** ■ **element: su opinión es un elemento esencial en este debate** your opinion is an essential element in this debate.

el **elevador** *Mexico* ■ **elevator: subimos por el elevador hasta el cuarto piso** we went up in the elevator to the fourth floor.

eliminar *verbo*
1. **to eliminate: un equipo rival eliminó a mi equipo de fútbol en la final** a rival team eliminated my soccer team in the finals
2. **to get rid of: el agua ayuda a eliminar las sustancias tóxicas del cuerpo** water helps to get rid of the body's toxic substances.

ella *pronombre*
1. **she: ella no está** she's not here
2. **her: me enamoré de ella** I fell in love with her
3. **it: rompí mi pluma y sin ella no puedo escribir la carta** I broke my pen and without it I can't write the letter

➤ **ella misma** herself: **lo hizo ella misma** she did it herself

➤ **de ella** her: **éste es el apartamento de ella** this is her apartment

In Spanish **ella** as a subject is normally omitted unless it's used for emphasis or to contrast with another person.

ello *pronombre*

➤ **por ello** that's why: **no estudiamos y por ello perdimos el examen** we didn't study and that's why we failed the exam.

ellos, ellas *pronombre*
1. **they: ellos fueron al concierto** they went to the concert
2. **them: salí de noche con ellas** I went out at night with them

➤ **ellos mismos** themselves: **lo hicieron ellos mismos** they did it themselves

➤ **de ellos** their

➤ **ésta es la casa de ellas** this is their house

In Spanish **ellos** and **ellas** as a subject is normally omitted unless it's used for emphasis or to contrast with another person.

el **elote** *Central America, Mexico* ■ **corn**.

El Salvador *sustantivo masculino* ■ **El Salvador**.

la **embajada** ■ **embassy** (*plural* **embassies**): **la embajada queda en el centro de la ciudad** the embassy is in the middle of the city.

el **embajador,** la **embajadora** ■ **ambassador**.

embarazada *adjetivo* ■ **pregnant: está embarazada de tres meses** she's three months pregnant

⚠ The Spanish word **embarazada** is a false cognate, it does not mean "embarrassed".

el **embarazo** ■ **pregnancy** (*plural* **pregnancies**): **el embarazo ha sido difícil** the pregnancy has been difficult.

la **embarcación** (*plural* las embarcaciones) ■ **boat**.

emborracharse *verbo pronominal* ■ **to get drunk: el novio se emborrachó durante la fiesta** the groom got drunk during the party.

el **embrague** ■ **clutch: suelta el embrague despacio** let up on the clutch slowly.

embromado *Andes, Caribbean, River Plate informal adjetivo* ■ **tricky: es una situación bien embromada** it's a very tricky situation.

embromar *Andes, Caribbean, River Plate informal verbo*

1. **to bother: sus compañeros lo embroman todo el tiempo** his classmates bother him all the time
2. **to ruin: el mal tiempo nos embromó las vacaciones** the bad weather ruined our vacation.

embrujar *verbo* ■ **to put a spell on: cree que la han embrujado** she believes that they've put a spell on her.

la **emergencia** ■ **emergency** (*plural* **emergencies**): **llámame si ocurre alguna emergencia** call me if there is an emergency.

emigrar *verbo*

1. **to emigrate: mi abuelo emigró de Europa a principios del siglo XX** my grandfather emigrated from Europe at the beginning of the 20th century
2. **to migrate: muchos pájaros emigran al sur antes del invierno** many birds migrate to the south before the winter.

emitir *verbo*

1. **to emit: la televisión emitía un sonido raro** the television was emitting a strange sound
2. **to issue: el Gobierno emitirá nuevos billetes** the government will issue new bills.

la **emoción** (*plural* las emociones) ■ **emotion: no puedo expresar la emoción que sentía** I can't express the emotion I felt

➤ **me dio una gran emoción volver a verte** I was very excited to see you again.

emocionante *adjetivo* ■ **exciting: es una noticia realmente emocionante** it's really exciting news.

emotivo *adjetivo* ■ **moving: su discurso fue muy emotivo** his speech was very moving.

empacar *verbo* ■ **to pack: empacamos nuestras cosas en unos minutos** we packed our things in minutes.

la **empanada** ■ **turnover: comimos unas ricas empanadas de carne** we ate some tasty meat turnovers.

empañar *verbo* ■ **to steam up: se empañaron los vidrios del carro** the car windows steamed up.

empaparse *verbo pronominal* ■ **to get soaked: me empapé con el chaparrón** I got soaked in the downpour.

empatar *verbo* ■ **to tie: empataron cero a cero** they tied zero to zero.

el **empate** ■ **tie: hubo un empate en la final de fútbol** there was a tie at the soccer finals.

empeñar *verbo* ■ **to pawn: empeñó las joyas de la abuela** he pawned his grandmother's jewels

empeñarse *verbo pronominal* ■ **to insist**
➤ **se empeña en seguir haciendo deporte** he insists on continuing to play sports.

el **empeño** ■ **determination: pone mucho empeño en todo lo que hace** he puts a lot of determination into everything he does.

empezar *verbo* ■ **to begin: ya empezó la clase** class already began
➤ **empezar a** to begin to: **empiezan a pintar la casa el próximo sábado** they'll begin to paint the house next Saturday.

el **empleado,** la **empleada** ■ **employee: los empleados de esta oficina trabajan ocho horas** the employees of this office work eight hours.

emplear *verbo*
1. **to use: emplean materiales reciclados** they use recycled materials
2. **to hire: la empresa empleó a otro gerente** the company hired another manager.

el **empleo**
1. **job: me ofrecieron empleo en una escuela** they offered me a job at a school
2. **employment: ha bajado el índice de empleo** the employment index has gone down.

emprender *verbo* ■ **to take on: emprendieron un nuevo negocio** they took on a new business.

la **empresa**
1. **company: contratamos a una empresa de seguridad** we hired a security company
2. **management: la empresa no se hace responsable por este accidente** the management is not responsible for this accident.

la **empresaria** ■ **businesswoman** (*plural* **businesswomen**).

el **empresario** ■ **businessman** (*plural* **businessmen**)**: es una reunión de empresarios** it's a meeting for businessmen.

empujar *verbo* ■ **to push: empujamos el carro unos metros** we pushed the car a few meters.

el **empuje**
1. **drive: siempre tuvo empuje para trabajar** he always had the drive to work
2. **push: le dimos un fuerte empuje a este proyecto** we gave this project a strong push.

el **empujón** (*plural* los empujones) ■ **push: le dieron un empujón tan grande que se cayó por la escalera** they gave him such a hard push that he fell down the stairs
➤ **se abrió paso a empujones** he shoved his way through.

en *preposición*
1. **in: vive en el campo** he lives in the country; **en el año 2000** in the year 2000; **en primavera** in spring; **pagar en dólares** to pay in dollars
2. **by: viajo frecuentemente en avión** I travel frequently by airplane
3. **on: el sobre está en la mesa** the envelope is on the table; **el cuadro está en la pared** the painting is on the wall
4. **into: entró en la sala** he went into the room
5. **at: pasé tres horas en la playa** I spent three hours at the beach; **en casa** at home; **en el trabajo** at work.

enamorarse *verbo pronominal* ■ **to fall in love: se enamora fácilmente** she falls in love easily
➤ **enamorarse de** to fall in love with: **se enamoró de Catalina** he fell in love with Catalina.

enano *adjetivo* ■ **dwarf: es una planta enana** it's a dwarf plant

el **enano,** la **enana** ■ **dwarf** (*plural* **dwarves**)**: soy una enana si me comparo con tu altura** I'm a dwarf if I compare myself with your height.

el **encabezado** ■ **headline: apareció la noticia en todos los encabezados** the news appeared in all the headlines.

encabezar *verbo*
1. **to head: encabezo la lista de candidatos** I head the list of candidates

2. **to lead: fueron arrestados quienes encabezaron los disturbios** those who led the riots were arrested.

encadenar *verbo* ■ **to chain: encadené la bicicleta a un árbol** I chained the bicycle to a tree.

encaminar *verbo* ■ **to guide: ya encaminamos el proyecto** we're already guiding the project.

encamotarse *Andes, Central America informal verbo pronominal* ■ **to fall in love: se encamotaron** they fell in love
➤ **encamotarse de** to fall in love with: **se encamotó de su mejor amigo** she fell in love with her best friend.

encantador, encantadora *adjetivo* ■ **charming: tiene tres niñas encantadoras** she has three charming girls.

encantar *verbo*
1. **to love: les encanta jugar al fútbol** they love to play soccer
2. **to enchant: el hada encantó al príncipe** the fairy enchanted the prince.

encarcelar *verbo* ■ **to jail: encarcelaron a los delincuentes** they jailed the criminals.

el **encargado,** la **encargada** ■ **manager: hablé con la encargada de la tienda** I spoke with the manager of the store.

encargar *verbo*
1. **to ask: le encargué que me ingresara estos datos en la computadora** I asked him to enter this data into the computer
2. **to order: encargamos dos libros por Internet** we ordered two books on the Internet

encargarse *verbo pronominal*
➤ **encargarse de** to take care of: **el jefe se encarga de estos problemas** the boss takes care of these problems: **nos estamos encargando del hijo de mi cuñada** we're taking care of my sister-in-law's son.

encender *verbo*
1. **to light: encendimos la chimenea** we lit the chimney
2. **to turn on: encendió la luz** he turned on the light
3. **to start up: encendió el motor** she started up the engine.

encerar *verbo* ■ **to wax: enceró los pisos de la oficina** he waxed the office floors.

encerrar *verbo* ■ **to shut in: encerró al perro en el baño** she shut the dog in the bathroom

encerrarse *verbo pronominal* ■ **to shut oneself away: se encerró en un convento** she shut herself away in a convent.

enchastrarse *River Plate informal verbo pronominal* ■ **to get messy: el bebe se enchastró con el puré** the baby got messy with the soup.

la **enchilada** *Mexico* ■ **enchilada**.

enchilarse *Mexico informal verbo pronominal* ■ **to get angry: se enchiló con sus cuates** he got angry with his friends.

enchufar *verbo* ■ **to plug in: enchufó la impresora** he plugged in the printer.

el **enchufe** ■ **plug: compré un enchufe nuevo para la televisión** I bought a new plug for the television.

la **enciclopedia** ■ **encyclopedia**.

encima *adverbio*
1. **on: siempre llevo encima los documentos** I always carry the documents on me
2. **on top of that: es feo y encima caro** it's ugly and on top of that expensive
➤ **ya tenemos encima el período de exámenes** the exam period is upon us
➤ **por encima de** over
➤ **encima de** on top of: **puse la caja más chica encima de la más grande** I put the smallest box on top of the largest: **encima de pagarle la cena, le dio dinero para un taxi** on top of paying for his dinner, I gave him money for a taxi.

encoger *verbo* ■ **to shrink: este pantalón encogió con el lavado** these pants shrank when washed

encogerse *verbo pronominal*
➤ **encogerse de hombros** to shrug one's shoulders: **se encogió de hombros cuando le di la noticia** he shrugged his shoulders when I gave him the news.

la **encomienda** ■ **package: mandamos una encomienda por avión** we're sending a package by air.

encontrar *verbo* ■ **to find: encontramos un reloj en la calle** we found a watch in the street

encontrarse *verbo pronominal*
1. **to meet: se encontraron en el parque** they met in the park
2. **to be located: la farmacia se encuentra en esta calle** the pharmacy is located on this street
➤ **encontrarse con alguien** to run across somebody: **me encontré con Francisco en el restaurante** I ran across Francisco in the restaurant.

el **encuentro**
1. **meeting: el encuentro de ex-alumnos es el sábado** the alumni meeting is Saturday
2. **match: ayer se realizó el encuentro deportivo más popular del año** yesterday the most popular sports match of the year took place.

enderezar *verbo* ■ **to straighten: enderezamos el árbol atándolo a un palo** we straightened the tree by tying it to a stick.

endurecer *verbo*
1. **to toughen: la vida lo ha endurecido** life has toughened him
2. **to tone: estos ejercicios endurecen los músculos** these exercises tone the muscles

endurecerse *verbo pronominal* ■ **to harden: la masa se endureció demasiado** the dough hardened too much.

enemigo *adjetivo* ■ **enemy: el ejército enemigo invadió la ciudad** the enemy army invaded the city

el **enemigo,** la **enemiga** ■ **enemy** (*plural* **enemies**).

la **energía** ■ **energy: el sol es una fuente importante de energía** the sun is an important source of energy
➤ **no tengo energías para salir** I don't have the energy to go out
➤ **energía eólica** wind power
➤ **energía nuclear** nuclear energy
➤ **energía solar** solar energy.

enérgico *adjetivo*
1. **energetic: tiene una forma de actuar muy enérgica** he has a very energetic way of acting
2. **bold: el gobierno tomó medidas enérgicas frente a la crisis** the government took bold measures in facing the crisis.

enero *sustantivo masculino*

En inglés los nombres de los meses se escriben con mayúscula:

January: en enero in January; **el próximo enero** next January; **el pasado enero** last January.

enfadarse *verbo pronominal* ■ **to get angry: se enfadó con los niños por sus travesuras** she got angry with the children because of their pranks.

el **énfasis** ■ **emphasis**
➤ **poner énfasis en** to put emphasis on: **puso énfasis en la primera palabra** he put emphasis on the first word.

enfermarse *verbo pronominal* ■ **to get sick: me enfermé del estómago** I developed stomach problems.

la **enfermedad**
1. **illness: se recupera de una enfermedad muy grave** she's recovering from a very serious illness
2. **disease: tiene una enfermedad hereditaria** he has a hereditary disease.

el **enfermero,** la **enfermera** ■ **nurse: los enfermeros de este hospital son excelentes** the nurses in this hospital are excellent.

enfermo *adjetivo* ■ **ill: mi maestro estuvo enfermo esta semana** my teacher was ill this week; **está gravemente enferma** she's seriously ill

el **enfermo,** la **enferma**
1. **sick person: de noche cuida enfermos** at night she cares for sick people
2. **patient: mi médico atiende solo diez enfermos por día** my doctor attends only ten patients a day; **un enfermo de asma está esperando al doctor** an asthma patient is waiting on the doctor.

enfocar *verbo* ■ **to focus: enfoquemos en la raíz del problema** let's focus on the root of the problem.

el **enfoque** ■ **focus: cambiemos el enfoque de la investigación** let's change the focus of the investigation.

enfrentar *verbo* ■ **to face: enfrenta cargos por difamación** he faces charges for slander

enfrentarse *verbo pronominal*
1. **to face: se enfrentó con optimismo a la nueva situación** he faced the new situation with optimism
2. **to play against: el equipo de fútbol local se enfrenta hoy con su tradicional rival** the local soccer team is playing against its traditional rival today.

enfrente *adverbio* ■ **opposite: mis amigos estaban sentados enfrente** my friends were sitting opposite
➤ **de enfrente** across the way: **la oficina de enfrente no atiende público** the office across the way doesn't serve the public.

enfriar *verbo* ■ **to cool: esta heladera no enfría bien** this refrigerator doesn't cool well
➤ **dejar enfriar** to let cool: **dejó enfriar la salsa** he let the sauce cool

enfriarse *verbo pronominal*
1. **to go cold: se enfrió la comida** the food went cold
2. **to get cold: te vas a enfriar si no te pones la chaqueta** you'll get cold if you don't put on your jacket
3. **to catch a cold: me enfrié por salir cuando llovía** I caught a cold going out while it was raining.

el **enganche** *Mexico* ■ **deposit: dejamos un cheque por el enganche** we left a check for the deposit.

engañar *verbo*
1. **to mislead: me engañaron diciéndome que este producto era de buena calidad** they misled me, telling me that this was a high quality product
2. **to deceive: Sofía engaña a su esposo** Sofía is deceiving her husband.

el **engaño**
1. **sham: el contrato fue un engaño** the contract was a sham
2. **deception: soy víctima de un engaño** I'm the victim of a deception.

engañoso *adjetivo* ■ **deceitful: es una persona engañosa** he's a deceitful person; **siempre tuvo una conducta engañosa** he always had a deceitful manner.

engordar *verbo*
1. **to gain weight: engordé este mes** I gained weight this month
2. **to be fattening: la mayonesa engorda** mayonnaise is fattening.

la **engrampadora** *River Plate* ■ **stapler**.

engrampar *River Plate verbo* ■ **to staple: me pidió que le engrampara estas hojas** he asked me to staple these sheets.

el **engranaje** ■ **gear**.

engrasar *verbo*
1. **to lubricate: engrasó el motor** he lubricated the motor
2. **to get greasy: me engrasé la ropa** I got my clothes greasy.

enjabonarse *verbo pronominal* ■ **to soap: me enjaboné primero la espalda** I soaped my back first.

enjuagar *verbo* ■ **to rinse: enjuagó todos los platos** she rinsed all the plates.

el **enlace** ■ **link: hay enlace entre los dos crímenes** there's a connection between the two crimes; **sigue el enlace para encontrar la otra página web** follow the link to find the other web page.

enojarse *verbo pronominal* ■ **to get angry: se enojó sin razón** he got angry for no reason.

el **enojo** ■ **anger**.

enorgullecerse *verbo pronominal* ■ **to be proud: nos enorgullecemos de nuestros hijos** we are proud of our children.

enorme *adjetivo* ■ **enormous: comió un pedazo de torta enorme** he ate an enormous piece of cake.

enredar *verbo* ■ **to complicate: su mala actitud enredó más las cosas** his bad attitude complicated things more

enredarse *verbo pronominal* ■ **to get tangled: se me enreda el pelo frecuentemente** my hair gets tangled frequently.

enriquecer *verbo* ■ **to make rich: el turismo enriqueció a toda la zona** tourism made the whole area rich

enriquecerse *verbo pronominal* ■ **to get rich: se enriqueció con su trabajo** he got rich with his work.

la **ensalada** ■ **salad**.

ensanchar *verbo* ■ **to widen: ensancharon la avenida principal** they widened the main street.

ensayar *verbo* ■ **to rehearse: ensayó esta obra durante seis meses** he rehearsed this piece for six months.

el **ensayo**

1. **rehearsal: ayer fui al ensayo de un concierto** yesterday I went to the concert rehearsal
2. **test: los ensayos nucleares son altamente peligrosos** nuclear tests are extremely dangerous.

enseguida *adverbio* ■ **right away: enseguida comienza la función** the performance will begin right away

➤ **enseguida vuelvo** I'll be right back.

la **enseñanza** ■ **teaching**

➤ **enseñanza primaria** elementary education
➤ **enseñanza secundaria** secondary education
➤ **enseñanza universitaria** university education.

enseñar *verbo*

1. **to teach: en este colegio nos enseñan a razonar** at this school they teach us to reason
2. **to show: me enseñó su computadora nueva** he showed me his new computer.

ensoparse *Andes, River Plate, Venezuela verbo pronominal* ■ **to get soaked: me ensopé con la lluvia** I got soaked by the rain.

ensuciar *verbo* ■ **to dirty: ensució el mantel con vino** he dirtied the tablecloth with wine

ensuciarse *verbo pronominal* ■ **to get dirty: me ensucié en el jardín** I got dirty in the garden.

entender *verbo* ■ **to understand: no entiendo lo que dices** I don't understand what you're saying

➤ **hacerse entender** to make oneself understood: **no se hace entender con claridad** he doesn't make himself clearly understood

entenderse *verbo pronominal*

1. **to be meant: ¿qué se entiende por lo que has dicho?** what is meant by what you've said?
2. **to get along together: mi novia y yo nos entendemos muy bien** my girlfriend and I get along very well together.

el **entendimiento** ■ **understanding: falta entendimiento entre las partes** there's a lack of understanding between the parties.

enterarse *verbo pronominal*

1. **to find out: me enteré de que vas a cursar química** I found out that you're going to take chemistry
2. **to hear: no quiero que se enteren de lo nuestro** I don't want them to hear about us.

entero *adjetivo* ■ **whole: tiene una colección entera de figuritas** she has a whole collection of figurines.

enterrar *verbo* ■ **to bury: lo enterraron en un cementerio privado** they buried him in a private cemetery
➤ **me enterré una espina en el pie** I got a thorn in my foot.

el **entierro** ■ **burial: el entierro es hoy a las tres** the burial is today at three o'clock.

entonar *verbo*
1. **to sing: entonó una canción** he sang a song
2. **to sing in tune: esta chica entona muy bien** this girl sings in tune very well.

entonces *adverbio*
1. **then: hablé con la maestra y entonces me dijo que había perdido el examen** I spoke with the teacher and then she told me that I had failed the exam; **para ese entonces ya estará fuera del país** by then he will already be out of the country
2. **so: entonces lo mejor que puedes hacer es pedir perdón** so the best that you can do is to say sorry.

la **entrada**
1. **entrance: se rompió la puerta de entrada** the entrance door broke
2. **admission: la entrada al concierto fue muy desorganizada** admission to the concert was very disorganized
3. **ticket: compramos cinco entradas para el recital** we bought five tickets for the recital
4. **entry** *(plural* **entries***)***: este diccionario tiene miles de entradas** this dictionary has thousands of entries
5. **appetizer: de entrada comimos jamón crudo con melón** we ate cured ham with melon for an appetizer.

entrar *verbo*
1. **to go in: entraron en la tienda de enfrente** they went in the store across the way
2. **to fit: ya no me entran estos pantalones** these pants don't fit me anymore
3. **to begin: entró en la universidad el año pasado** he began at the university last year; **con este vino entramos en calor rápidamente** we got warm quickly with this wine
➤ **entrar en calor** to get warm
➤ **entrar en coma** to go into a coma
➤ **entrar en razón** to see reason
➤ **me entró una pereza terrible** I felt horribly lazy.

entre *preposición*
1. **between: llegará entre las cuatro y las cinco** he'll arrive between four and five o'clock; **siempre viaje entre diciembre y febrero** she always travels between December and February; **la escuela queda entre tu casa y la mía** the school is between your house and mine
2. **among: acampamos entre los árboles** we camped among the trees; **siempre están discutiendo entre ellos** they're always arguing among themselves
3. **divided by: ocho entre cuatro es igual a dos** eight divided by four equals two
➤ **entre sí** among themselves: **discutieron entre sí acaloradamente** they argued heatedly among themselves
➤ **entre todos** together: **lo pueden hacer entre todos** together they can do it.

la **entrega**
1. **presentation: la entrega de premios fue muy emotiva** the award presentation was very moving
2. **dedication: su entrega hacia los demás es totalmente desinteresada** her dedication to others is totally unselfish.

entregar *verbo*
1. **to deliver: entregué el paquete al supervisor** I delivered the parcel to the supervisor
2. **to hand in: entregamos los trabajos al profesor** we handed in the papers to the professor

entregarse *verbo pronominal* ■ **to surrender: los delincuentes se entregaron a la policía** the criminals surrendered to the police.

entrenar *verbo* ■ **to train: entreno todas las mañanas para la competencia** I train every morning for the competition.

la **entretención** *Chile* ■ **entertainment: la industria de la entretención ha crecido mucho** the entertainment industry has grown a lot.

entretenerse *verbo pronominal*
1. **to hang around: me entretuve charlando con unos amigos y llegué tarde a clase** I hung around talking with some friends and I arrived late to class
2. **to amuse oneself: me entretengo mucho con los dibujos animados** I amuse myself a lot with cartoons.

el **entretenimiento** ■ **entertainment: su entretenimiento favorito es coleccionar sellos** his favorite entertainment is collecting stamps.

entreverar *Southern Cone verbo* ■ **to mix up: no entreveres las facturas** don't mix up the invoices

entreverarse *verbo pronominal* ■ **to get mixed up: se entreveraron las facturas y ahora tengo que ordenarlas nuevamente** the invoices got mixed up and now I have to put them in order again.

la **entrevista** ■ **interview: hoy tuve una entrevista de trabajo** today I had a job interview.

entrevistar *verbo* ■ **to interview: entrevistamos a cientos de personas para la encuesta** we interviewed hundreds of people for the survey.

el **entrometido,** la **entrometida** ■ **busybody** (*plural* **busybodies**)**: es un entrometido insoportable que siempre opina donde no debe** he's an intolerable busybody who always gives his opinion when he shouldn't.

el **entusiasmo** ■ **enthusiasm: el entusiasmo del público era increíble** the enthusiasm of the public was incredible.

envasar *verbo*
1. *en cajas, paquetes* **to pack**
2. *en bolsas* **to bag**
3. *en latas* **to can.**

el **envase** ■ **container: el envase de esta crema ha cambiado** the container of this cream has changed.

envejecer *verbo* ■ **to age: todos envejecemos tarde o temprano** we all age sooner or later.

el **envejecimiento** ■ **aging: el envejecimiento es un proceso natural** aging is a natural process.

envenenar *verbo* ■ **to poison: el gas tóxico envenenó a la población** the toxic gas poisoned the population.

enviar *verbo* ■ **to send: enviamos el cheque por correo** we sent the check by mail.

la **envidia** ■ **envy: la envidia puede destruir una relación** envy can destroy a relationship
➤ **tener envidia a** to envy: **le tiene envidia a su hermano** she envies her brother.

envidioso *adjetivo* ■ **envious.**

el **envío** ■ **shipment: aquella oficina se encarga de los envíos de la fábrica** that office is in charge of the factory's shipments
➤ **envíos a domicilio** home delivery
➤ **envíos contra reembolso** cash on delivery.

la **envoltura** ■ **wrapping: se rompió la envoltura del paquete** the package's wrapping was torn.

envolver *verbo* ■ **to wrap: envolvimos el regalo** we wrapped the gift.

la **epidemia** ■ **epidemic.**

el **epílogo** ■ **epilogue.**

el **episodio** ■ **episode: vi únicamente dos episodios de esta serie** I saw only two episodes of this series.

la **época** ■ **time: es la época más calurosa del año** it's the hottest time of the year; **estas cosas no pasaban en mi época** these things didn't happen in my time.

equilibrar *verbo* ■ **to balance: equilibró el peso de la estantería** he balanced the weight of the shelving.

el **equilibrio** ■ **balance: perdió el equilibrio y cayó al piso** he lost his balance and fell to the floor.

el **equipaje** ■ **luggage: llevo mucho equipaje** I'm carrying a lot of luggage.

equipar *verbo* ■ **to equip: equiparon la escuela con tecnología moderna** they equipped the school with modern technology.

el **equipo**
1. **equipment: trajimos el equipo de camping completo** we brought the complete set of camping equipment
2. **team: los mejores equipos de basquetbol compiten hoy** the best basketball teams compete today

➤ **equipo de música** stereo.

equitativo *adjetivo* ■ **fair: repartieron el dinero de manera equitativa** they divided up the money in a fair manner.

la **equivalencia** ■ **equivalence**.

equivalente *adjetivo* ■ **equivalent: los significados de estas dos palabras son equivalentes** the two words have equivalent meanings

el **equivalente** ■ **equivalent: me pagaron el equivalente a dos meses de trabajo** they paid me the equivalent of two months of work.

la **equivocación** *(plural* las equivocaciones*)* ■ **mistake: cometí varias equivocaciones en mi vida** I made several mistakes in my life.

equivocarse *verbo pronominal* ■ **to make a mistake: debes admitirlo cuando te equivocas** you must admit it when you make a mistake

➤ **me equivoqué de salida en la autopista** I took the wrong exit on the highway.

erogar *Chile verbo* ■ **to contribute: erogó una fuerte suma de dinero** he contributed a large sum of money.

la **erosión** *(plural* las erosiones*)* ■ **erosion**.

erradicar *verbo* ■ **to eradicate: el gobierno intenta erradicar la pobreza** the government is trying to eradicate poverty.

errar *verbo* ■ **to miss: el delantero erró el penal** the forward missed the penalty kick.

erróneo *adjetivo* ■ **mistaken: su lógica es errónea** his logic is mistaken.

el **error** ■ **error: cometió un grave error en el examen** he commited a serious error on the exam

➤ **por error** by mistake: **me llevé tu lápiz por error** I took your pencil by mistake

➤ **un error de imprenta** a misprint.

la **erupción** *(plural* las erupciones*)*
1. **eruption: la erupción del volcán mató a tres personas** the eruption of the volcano killed three people
2. **rash: le salió una erupción en la cara** a rash broke out on his face.

la **escala**
1. **stopover: el avión hizo escala en Buenos Aires** the airplane had a stopover in Buenos Aires
2. **scale: sacó ocho en una escala del uno al diez** he got an eight on a scale of one to ten; **hicieron el mapa a escala** they made the map to scale

➤ **a escala** to scale.

escalar *verbo* ■ **to scale: escalamos una montaña nevada** we scaled a snowy mountain.

la **escalera** ■ **staircase: la casa tiene una escalera de madera** the house has a wooden staircase

➤ **una escalera de incendios** a fire escape

➤ **una escalera de mano** a stepladder

➤ **una escalera mecánica** an escalator.

el **escalofrío** ■ **chill: esta gripe me produce escalofríos** this flu is making me have chills.

el **escalón** *(plural* los escalones*)* ■ **step: cuidado con el escalón** careful of the step.

la **escama** ■ **scale: le sacamos las escamas al pescado** we took the scales off of the fish.

el **escándalo**

1. **outrage: la película provocó un escándalo** the movie caused an outrage
2. **scandal: un escándalo de corrupción** a corruption scandal
3. **racket: ¡dejen de armar tanto escándalo!** stop making such a racket!

escapar *verbo* ■ **to escape: escaparon de la policía** they escaped from the police

escaparse *verbo pronominal* ■ **to escape: se escapó de la cárcel** he escaped from prison

➤ **se me escapó un grito** I let out a scream.

el **escaparate** *Mexico* ■ **store window**.

escarbar *verbo* ■ **to dig: el perro escarbaba en el jardín** the dog was digging in the garden.

la **escarcha** ■ **frost**.

escaso *adjetivo*

1. **scarce: el platino es un metal muy escaso** platinum is a very scarce metal
2. **meager: es gente de escasos recursos** they're people of meager resources; **siempre anda escaso de tiempo** he is always short of time

➤ **escaso de algo** short of something.

la **escena** ■ **scene**.

el **escenario** ■ **stage: los actores salieron al escenario** the actors went out on stage.

la **esclavitud** ■ **slavery**.

el **esclavo,** la **esclava** ■ **slave**

➤ **no quiero ser esclavo de la moda** I don't want to be a slave to fashion.

la **escoba** ■ **broom: tenemos que comprar una escoba para la cocina** we need to buy a broom for the kitchen; **pasó la escoba en la entrada** he swept the entryway

➤ **pasar la escoba** to sweep

➤ **un palo de escoba** a broomstick.

escoger *verbo* ■ **to choose: es difícil escoger entre los dos** it's difficult to choose between the two; **hay que escoger uno de este montón** we have to choose one from this pile.

escolar ■ **school: el autobús escolar** the school bus

el/la **escolar** ■ **schoolboy, schoolgirl**

➤ **la parada estaba llena de escolares** the bus stop was full of schoolchildren.

los **escombros** ■ **rubble**.

esconder *verbo* ■ **to hide: tenemos que esconder los regalos** we have to hide the gifts

esconderse *verbo pronominal* ■ **to hide: se escondió detrás de la puerta** he hid behind the door.

las **escondidas**

➤ **a escondidas** secretly: **fuman a escondidas** they smoke secretly

➤ **jugar a las escondidas** to play hide-and-seek.

el **escondite** ■ **hiding place: el escondite de los ladrones** the thieves' hiding place

➤ **jugar al escondite** to play hide-and-seek.

la **escopeta** ■ **shotgun**.

el **escorpión** (*plural* los escorpiones) ■ **scorpion**.

escribir *verbo* ■ **to write: ha escrito varios libros** she's written several books; **nos escribe muy seguido** he writes us often

➤ **no sabe leer ni escribir** he doesn't know how to read or write

➤ **¿cómo se escribe su nombre?** how do you spell her name?

➤ **han dejado de escribirse** they have stopped writing each other.

escrito *adjetivo* ■ **written: un examen escrito** a written test

➤ **una nota escrita a mano** a hand-written note

➤ **por escrito** in writing

➤ **tienes que pedirlo por escrito** you have to request it in writing.

el **escritor,** la **escritora** ■ **writer**.

el **escritorio**

1. **desk: lo dejé encima del escritorio** I left it on the desk

2. **study** *(plural* **studies***)*: **se encierra a leer en el escritorio** he shuts himself up in the study to read.

la **escritura** ■ **writing: la escritura árabe** Arabic writing.

escuchar *verbo*

1. **to listen: ¡escuchen! alguien viene** listen! somebody's coming; **escuchaban con mucha atención** they were listening very attentively
2. **to listen to: me encanta escuchar música** I love to listen to music; **tienes que escuchar a la profesora** you have to listen to the teacher; **no escucha a nadie** he doesn't listen to anybody.

el **escudo**

1. **shield: llevaban escudos para protegerse** they carried shields to protect themselves
2. **badge: una camiseta con el escudo del equipo** a shirt with the team badge.

la **escuela** ■ **school: no pudo ir a la escuela** he couldn't go to school

➤ **está en la escuela primaria** she's in primary school

➤ **una escuela de choferes** a driving school

➤ **una escuela de manejo** *Mexico* a driving school.

el/la **escuincle** *Mexico* ■ **kid**.

esculcar *Colombia, Mexico verbo* ■ **to search: lo esculcaron antes de subir al avión** they searched him before getting on the airplane; **esculcaron el carro en busca de armas** they searched the car looking for weapons

➤ **no andes esculcando mis cosas** don't go through my things.

la **escultura** ■ **sculpture**.

escupir *verbo* ■ **to spit: escupió en el suelo** he spit on the floor.

ese, esa *adjetivo* ■ **that: María vive en esa casa** María lives in that house; **¿quién es ese muchacho que preguntó por ti?** who is that guy who's asking for you?

ése, ésa *pronombre* ■ **that one: me gusta ése** I like that one

➤ **ése es el que compramos** that's the one we bought

➤ **ése es el problema** that's the problem.

esencial *adjetivo* ■ **essential: la lectura es algo esencial** reading is something that's essential

➤ **lo esencial** the main thing: **lo esencial es entender** the main thing is to understand.

la **esfera** ■ **sphere**.

el **esfuerzo** ■ **effort: vas a tener que hacer un esfuerzo** you're going to have to make an effort

➤ **saltó sin ningún esfuerzo** he jumped effortlessly

➤ **no lo hacen porque es mucho esfuerzo** they don't do it because it takes a lot of effort.

la **esmeralda** ■ **emerald**.

el **esmero** ■ **care: todo lo hace con mucho esmero** she does everything with great care.

el **esmog** ■ **smog**.

eso *pronombre* ■ **that: ¿para qué sirve eso?** what is that for?; **eso no es cierto** that's not true

➤ **por eso** that's why

➤ **por eso llegó tarde** that's why she arrived late

➤ **pasé de curso y eso que no estudié mucho** I passed the course in spite of the fact that I didn't study much

➤ **¡eso es! así es como hay que hacerlo** that's it! that's how you have to do it.

esos, esas *adjetivo* ■ **those: esas fotos son mías** those photos are mine; **¿de quién son esos cuadernos?** whose are those notebooks?

ésos, ésas *pronombre* ■ **those: ésos son más bonitos** those are the prettiest.

espacial *adjetivo* ■ **space: construyeron una estación espacial** they built a space station

➤ **una nave espacial** a spaceship.

el **espacio**

1. **room: no hay suficiente espacio para una cama** there's not enough room for a bed; **esto ocupa demasiado espacio** this takes up too much room

2. **space: hay que dejar espacio para las correcciones** you have to leave space for the corrections; **deja un espacio entre las dos palabras** leave a space between the two words

➤ **llena los espacios en blanco** fill in the blanks

➤ **el espacio** space: **el primer hombre en el espacio** the first man in space.

la **espada** ■ **sword**

The Spanish word **espada** is a false cognate, it doesn't mean "spade".

la **espalda** ■ **back: me duele la espalda** my back hurts.

el **espantapájaros** *(plural* los espantapájaros*)* ■ **scarecrow**.

espantoso *adjetivo*

1. **terrifying: hubo un choque espantoso** there was a terrifying crash; **mostraron unas escenas espantosas** they showed some terrifying scenes

2. *informal* **dreadful: ¡qué color más espantoso!** what a dreadful color!; **se ve espantosa con ese peinado** she looks dreadful with that hairstyle

➤ **tenía un miedo espantoso** she had a great fear

➤ **el calor era espantoso** the heat was terrible.

España *sustantivo femenino* ■ **Spain**.

español *adjetivo*

En inglés, los adjetivos que se refieren a un país o una región se escriben con mayúscula:

Spanish: tiene un apellido español he has a Spanish last name

el **español,** la **española**

En inglés, los gentilicios se escriben con mayúscula:

Spaniard: los españoles Spaniards.

el **español**

En inglés, los idiomas se escriben con mayúscula:

Spanish.

ESPAÑOL/CASTELLANO

These two words are used interchangeably in Latin America to refer to the official language of all the countries that were once Spanish colonies. While Spanish is the official language in most countries, a couple of places have more than one official language, such as **Quechua** in Peru and **Guarani** in Paraguay.

especial *adjetivo* ■ **special: es un precio especial para estudiantes** it's a special price for students; **lo uso sólo en ocasiones especiales** I use it only on special occasions

➤ **la película no tiene nada de especial** the movie is nothing special

➤ **en especial** especially: **son todos inteligentes, en especial Carlos** they're all intelligent, especially Carlos.

la **especialidad** ■ **specialty** *(plural* **specialties***)*.

especialmente *adverbio* ■ **especially**.

la **especie** ■ **species: una especie en vías de extinción** a species in the process of extinction; **llevaba una especie de turbán en la cabeza** he was wearing a type of turban on his head

➤ **una especie de** a type of.

específico *adjetivo* ■ **specific**.

espectacular *adjetivo* ■ **spectacular**.

el **espectáculo**

1. **show: un espectáculo para gente joven** a show for young people

2. **spectacle: un espectáculo muy lamentable** a very pitiful spectacle

➤ **dar un espectáculo** to make a scene: **deja de gritar que estás dando un espectáculo** stop screaming, you're making a scene.

el **espectador,** la **espectadora**

1. **spectator: un espectador saltó a la cancha** a spectator jumped onto the field

2. **audience member: hicieron salir del cine a un espectador** they made an audience member leave
➤ **los espectadores** *en cine, concierto* the audience
➤ **los espectadores** *en estadio* the spectators.

el **espejo** ■ **mirror: se miró al espejo** he looked at himself in the mirror
➤ **el espejo retrovisor** the rearview mirror.

la **esperanza** ■ **hope: eso me ha dado esperanzas** that's given me hope
➤ **no tiene ninguna esperanza de salir de vacaciones** he doesn't have any hope that he'll go on vacation
➤ **no pierdo las esperanzas** I don't lose hope.

esperar *verbo*
1. **to wait: voy a esperar hasta mañana** I'm going to wait until tomorrow; **espere en la sala, por favor** wait in the room, please
2. **to wait for: ¿qué estás esperando?** what are you waiting for?; **estoy esperando el tren** I'm waiting for the train; **te espero a la salida** I'll wait for you at the exit
3. **to expect: espera aprobar el examen** she expects to pass the exam; **no esperaba verte aquí** I didn't expect to see you here
4. **to hope: espero volverlo a ver** I hope to see him again; **¿crees que dejará de llover? — espero que sí** do you think it will stop raining? — I hope so
➤ **no estudió nada — bueno, eso era de esperar** he didn't study at all — well, that was to be expected
➤ **está esperando un hijo** she's expecting a child
➤ **¡espérate un poco, no seas impaciente!** wait a little bit, don't be impatient!

espeso *adjetivo* ■ **thick**.

la **espina**
1. **thorn: las espinas de los rosales** the thorns of the rosebushes
2. **bone: un pescado con muchas espinas** a fish with a lot of bones.

la **espiral** ■ **spiral**
➤ **una escalera en espiral** a spiral staircase.

el **espíritu**
1. **spirit: hay que tener espíritu de equipo** you have to have team spirit
2. **ghost: dicen que aquí hay muchos espíritus** they say that there are a lot of ghosts here.

la **esponja** ■ **sponge**.

esponjoso *adjetivo* ■ **spongy**.

la **esposa** ■ **wife**.

el **esposo** ■ **husband**.

la **espuma**
1. *del jabón, champú* **foam**
2. *de la cerveza* **froth**
➤ **la espuma de las olas** the surf.

el **esqueleto** ■ **skeleton**.

el **esquema**
1. **diagram: les hice un esquema de mi casa** I drew them a diagram of my house
2. **outline: hice un esquema de lo que iba a escribir** I made an outline of what I was going to write.

el **esquí**
1. **ski: un par de esquís** a pair of skis
2. **skiing: el esquí es su deporte favorito** skiing is his favorite sport; **hacer esquí acuático** to go water skiing
➤ **esquí acuático** water skiing.

esquiar *verbo* ■ **to ski: ¿sabe esquiar?** does he know how to ski?

esquimal *adjetivo*

> En inglés, los adjetivos que se refieren a un país o una región se escriben con mayúscula:

Inuit

el/la **esquimal**

> En inglés, los gentilicios se escriben con mayúscula:

Inuit.

la **esquina** ■ **corner**
➤ **está a la vuelta de la esquina** it's right around the corner.

esquivar *verbo* ■ **to avoid: me agaché para esquivar el golpe** I ducked to avoid the blow.

estable *adjetivo* ■ **stable**.

establecer *verbo* ■ **to establish: han establecido relaciones diplomáticas** they've established diplomatic relations; **estableció el récord mundial en jabalina** he established the world record in the javelin

establecerse *verbo pronominal* ■ **to settle: se establecieron en Ciudad de México** they settled in Mexico City.

el **establo** ■ **barn**.

la **estación** *(plural* las estaciones*)*
1. **season: la estación de las lluvias** the rainy season
2. **station: se baja en la siguiente estación** he gets off at the next station
➤ **una estación de esquí** a ski resort
➤ **una estación de servicio** a service station.

el **estacionamiento**
1. **parking: es una zona de estacionamiento prohibido** it's a no parking zone
2. **parking area: el edificio tiene un estacionamiento subterráneo** the building has an underground parking area.

estacionar *verbo* ■ **to park: nunca hay dónde estacionar** there's never a place to park

estacionarse *verbo pronominal* ■ **to park: siempre se estaciona en el mismo lugar** he always parks in the same place.

la **estadía** ■ **stay: durante su estadía en esa ciudad** during his stay in that city.

el **estadio** ■ **stadium** *(plural* **stadia o stadiums***)*.

el **estado** ■ **state: ¿en qué estado quedó la moto?** what state was the motorcycle in?; **su estado de salud ha mejorado mucho** her state of health has improved a lot
➤ **en buen estado** in good condition
➤ **en mal estado** in bad condition
➤ **trabaja en una oficina del Estado** he works in a government office
➤ **estado civil** marital status
➤ **tiene una beca del Estado** she has a scholarship from the state
➤ **en uno de los estados del norte** in one of the northern states.

los **Estados Unidos** ■ **United States**.

estadounidense *adjetivo*

> En inglés, los adjetivos que se refieren a un país o una región se escriben con mayúscula:

American

el **estadounidense**, la **estadounidense**

> En inglés, los gentilicios se escriben con mayúscula:

American: los estadounidenses the Americans.

la **estafa** ■ **fraud**.

estafar *verbo* ■ **to swindle: estafaron al banco** they swindled the bank
➤ **en esa tienda me estafaron** they ripped me off in that store.

estallar *verbo* ■ **to go off: un bomba estalló en ese lugar** a bomb went off in that place
➤ **hacen estallar fuegos artificiales** they're setting off fireworks.

el **estambre** *Mexico* ■ **yarn: me tejió el suéter con estambre de dos colores** she made me the sweater with two colors of yarn.

la **estampilla** ■ **stamp**.

la **estancia**
1. *Mexico* **stay: durante nuestra estancia en el extranjero** during our stay out of the country
2. *Southern Cone* **ranch: tiene dos estancias en la zona** he's got two ranches in the area.

el **estanque** ■ **pond**.

el **estante** ■ **shelf**
➤ **pusieron unos estantes en la clase** they put some shelves in the classroom.

estar *verbo*

1.

> En términos generales **estar** se traduce por **to be**:

to be: **está muy cerca** it's very close; **no ha estado nunca en Cancún** she has never been to Cancún; **¿está Pedro?** is Pedro there?; **hola ¿cómo estás?** hello, how are you?; **está enfermo** he is sick; **estoy estudiando** I am studying

2. *indicando fechas, precio* **¿a cuántos estamos?** what's the date?; **estamos a dos** it's the second today; **¿a cuánto están los melones?** how much are the melons?; **estaban a cincuenta pesos el kilo** they were fifty pesos per kilogram

➤ **está lloviendo** it's raining

➤ **está muy gorda** she looks very fat: **Pepe está con paperas** Pepe has the mumps

➤ **¡estáte quieto!** be still!

la **estatua** ■ **statue**.

la **estatura** ■ **height: es de estatura normal** he's of normal height

➤ **mide casi dos metros de estatura** he's almost two meters tall.

el **este** ■ **east: el sol aparece por el este** the sun rises in the east; **el este de la ciudad** the east part of the city

➤ **al este** to the east

➤ **está al este de Lima** it's to the east of Lima.

este, esta *adjetivo* ■ **this: tengo que leer este libro** I have to read this book.

éste, ésta *pronombre* ■ **this one: éste es mejor** this one is better

➤ **ésta es mi casa** this is my house

➤ **éste no es el que yo quería** this is not the one that I wanted.

esté, estés etc *verbo* ➤ estar.

esterilizar *verbo* ■ **to sterilize**.

el **estiércol**

1. *excremento* **dung**

2. *abono* **manure**.

estilarse *verbo pronominal* ■ **to be in fashion**

➤ **esa clase de peinado ya no se estila** that type of hairstyle is no longer in fashion.

el **estilo** ■ **style: es típico de su estilo** it's typical of his style

➤ **salen a caminar, andar en bicicleta y cosas por el estilo** they go out for walks, bike rides and that sort of thing

➤ **estilo de vida** lifestyle.

estimular *verbo*

1. **to encourage: nos estimulan para que leamos más** they encourage us to read more

2. **to stimulate: un tónico para estimular el apetito** a tonic to stimulate the appetite.

estirar *verbo* ■ **to strech: salí a estirar las piernas un poco** I went out to stretch my legs a little.

esto *pronombre* ■ **this: ¿para qué sirve esto?** what is this for?

➤ **todo esto es mío** all this is mine.

el **estómago** ■ **stomach**

➤ **me duele el estómago** my stomach hurts.

estorbar *verbo* ■ **to be in the way: estas cajas estorban** these boxes are in the way.

el **estorbo** ■ **hindrance: estas cosas aquí son un estorbo** these things here are a hindrance.

estornudar *verbo* ■ **to sneeze**.

el **estornudo** ■ **sneeze**.

estos, estas *adjetivo* ■ **these: tengo que devolver estos libros** I have to return these books; **¿de quién son estas llaves?** whose keys are these?

éstos, estas *pronombre* ■ **these: me quedo con éstos** I'm keeping these; **éstas son mis compañeras de curso** these are my classmates

➤ **éstas son las que hay que estudiar** these are the ones we have to study

➤ **un día de éstos** one of these days.

el **estornudo** ■ **sneeze**.

estoy *verbo* ➤ estar.

el **estrecho** **strait**

➤ **el Estrecho de Magallanes** the Strait of Magellan.

estrecho *adjetivo*

1. **narrow: es una calle muy estrecha** it's a very narrow street

2. **tight: le gustan los suéters estrechos** she likes tight sweaters.

la **estrella** ■ **star**
➤ **una estrella del cine** a movie star
➤ **un hotel de tres estrellas** a three-star hotel.

estrenar *verbo* ■ **van a estrenar la película en mayo** they're going to release the movie in May; **todavía no hemos estrenado la piscina** we still haven't used the swimming pool.

el **estreno** ■ **première: fui al estreno de la película** I went to the première of the movie.

el **estreñimiento** ■ **constipation**
➤ **tener estreñimiento** to be constipated.

estricto *adjetivo* ■ **strict**.

estropear *verbo*
1. **to break: si sigues jugando con eso lo vas a estropear** if you keep on playing with that you're going to break it
2. **to ruin: la lluvia nos estropeó el picnic** the rain ruined our picnic

estropearse *verbo pronominal*
1. **to break: se nos estropeó la tele** our television broke
2. **to spoil: se estropeó la comida con el calor** the food spoiled with the heat.

la **estructura** ■ **structure**.

el **estuche** ■ **case: un estuche para lápices** a pencil case.

el/la **estudiante** ■ **student**.

estudiar *verbo* ■ **to study: le gustaría estudiar arquitectura** she'd like to study architecture.

el **estudio**
1. **study: ha dedicado su vida al estudio de la fauna** he's dedicated his life to the study of animals
2. **studio apartment: vive en un estudio** she lives in a studio apartment
➤ **tengo dos horas de estudio entre las clases** I have a two-hour study break between classes
➤ **dedica muy poco tiempo al estudio** she devotes very little time to her studies
➤ **un estudio de televisión** a television studio

los **estudios** ■ **studies: terminó sus estudios a los veinte años** he completed his studies when he was twenty
➤ **no pudieron darle estudios a su hijo** they couldn't give their son a college education.

estudioso *adjetivo* ■ **studious: mi hermano es muy estudioso** my brother is very studious.

la **estufa**
1. **heater: nos acercamos a la estufa para calentarnos** we moved closer to the heater to warm up
2. *Colombia, Mexico* **stove: una olla de agua hervía en la estufa** a pot of water boiled on the stove.

estúpido *adjetivo* ■ **stupid: ¡qué pregunta más estúpida!** what a stupid question!

el **estúpido,** la **estúpida** ■ **idiot: es un estúpido** he's an idiot.

estuve, estuvo, etc *verbo* ➤ estar.

la **etapa**
1. **stage: lo vamos a hacer por etapas** we're going to do it in stages
2. **time: la etapa más feliz de mi vida** the happiest time of my life.

eterno *adjetivo* ■ **eternal**.

la **etiqueta** ■ **label: una etiqueta adhesiva** an adhesive label.

étnico *adjetivo* ■ **ethnic**.

el **euro** ■ **euro**.

europeo *adjetivo*

En inglés, los adjetivos que se refieren a un país o una región se escriben con mayúscula:

European

el **europeo**, la **europea**

En inglés, los gentilicios se escriben con mayúscula:

European: los europeos the Europeans.

evacuar *verbo* ■ **to evacuate**.

evaluar *verbo* ■ **to assess**.

evaporarse *verbo pronominal* ■ **to evaporate: el agua se evaporó con el calor del sol** the water evaporated with the heat of the sun.

evidente *adjetivo* ■ **obvious: es evidente que no ha estudiado** it's obvious he hasn't studied.

evitar *verbo*
1. **to avoid: a esa hora evitamos el tráfico** we can avoid traffic at that time
2. **to prevent: lo hacen para evitar accidentes** they do it to prevent accidents
3. **to save: eso nos habría evitado muchas molestias** that would have saved us a lot of trouble

➤ **no lo pude evitar** I couldn't help it.

la **evolución** *(plural* las evoluciones*)* ■ **development: gracias a la evolución de la medicina** thanks to medical developments

➤ **la teoría de la evolución** the theory of evolution.

la **exactitud** ■ **precision: la exactitud de un test** the precision of a test

➤ **no lo recuerdo con exactitud** I can't remember precisely.

exacto *adjetivo* ■ **exact: ¿me puedes dar la hora exacta?** can you tell me the exact time?

➤ **el avión salió a la hora exacta** the plane left right on time.

exagerar *verbo* ■ **to exaggerate: no exageres** don't exaggerate.

el **examen** *(plural* los exámenes*)* ■ **exam: tengo que estudiar para el examen de inglés** I have to study for my English exam

➤ **un examen de manejar** a driving test.

examinar *verbo* ■ **to examine: este es el médico que me examinó** this is the doctor who examined me.

excavar *verbo* ■ **to dig: hay varios arqueólogos excavando el lugar** there are several archaelogists digging on the site.

excelente *adjetivo* ■ **excellent**.

excéntrico *adjetivo* ■ **eccentric**.

la **excepción** *(plural* las excepciones*)* ■ **exception: es una excepción a la regla** it's the exception to the rule

➤ **hacer una excepción** to make an exception: **hicieron una excepción con él** they made an exception for him

➤ **con excepción de** except: **estudié todo con excepción de esto** I studied everything except this.

excepto *preposición* ■ **except: todos llevaron algo excepto yo** everybody except me brought something.

el **exceso** ■ **excess: todos los excesos son malos** all excesses are bad

➤ **en exceso** to excess: **hay gente que bebe en exceso** some people drink to excess

➤ **exceso de equipaje** excess baggage.

excitarse *verbo* ■ **to get worked up: se excita mucho cuando discute** he gets very worked up when he argues.

la **exclamación** *(plural* las exclamaciones*)* ■ **exclamation**

➤ **signo de exclamación** exclamation mark.

excluir *verbo* ■ **to exclude: lo excluyeron del equipo** he was excluded from the team

➤ **fueron todos, excluyendo Pepe** they all went except for Pepe.

exclusivo *adjetivo* ■ **exclusive**.

la **excursión** *(plural* las excursiones*)* ■ **trip: hicimos una excursión a un pueblo cercano** we made a trip to a nearby town; **el martes vamos de excursión con el colegio** we're going on a school field trip on Tuesday.

el/la **excursionista** ■ **hiker**.

la **excusa** ■ **excuse**.

la **exhibición** *(plural* las exhibiciones*)*
1. **display: tienen reptiles en exhibición** they have reptiles on display
2. **exhibition: una exhibición de arte africano** an exhibition of African art.

exhibir *verbo* ■ **to show: van a exhibir uno de sus cuadros** they're going to show one of his paintings
➤ **le encanta exhibirse** she loves to show off.

exigente *adjetivo* ■ **demanding: es una profesora muy exigente** she's a very demanding teacher.

exigir *verbo* ■ **to demand: la profesora nos exige mucho** the teacher demands a great deal from us.

el **exiliado,** la **exiliada** ■ **exile: un exiliado político** a political exile.

existir *verbo* ■ **to exist: está convencido de que los ovnis existen** he's convinced that UFOs exist.

el **éxito** ■ **success: el paseo fue un éxito** the trip was a success
➤ **tener éxito** to be successful: **su libro ha tenido mucho éxito** her book has been very successful

> The Spanish word **éxito** is a false cognate, it doesn't mean "exit".

exitoso *adjetivo* ■ **successful**.

exótico *adjetivo* ■ **exotic**.

la **expedición** *(plural* las expediciones*)* ■ **expedition**.

las **expensas**
➤ **han bajado los precios a expensas de la calidad** they've lowered prices at the expense of quality
➤ **vive a expensas de una tía** he lives off his aunt.

la **experiencia** ■ **experience: tiene mucha experiencia** she has a lot of experience; **no es necesario tener experiencia previa** no previous experience is necessary
➤ **necesitan a una persona con experiencia** they need an experienced person.

experimentar *verbo*
1. **to experiment: experimentan con conejos** they experiment on rabbits
2. **to experience: nunca había experimentado algo así** I'd never experienced anything like it.

el **experimento** ■ **experiment**.

el **experto,** la **experta** ■ **expert: es una experta en computación** she's an expert in computers.

la **explicación** *(plural* las explicaciones*)* ■ **explanation: debe haber una explicación para todo esto** there has to be an explanation for all of this
➤ **pedir explicaciones** to demand an explanation.

explicar *verbo* ■ **to explain: no lo pudo explicar** she couldn't explain it; **nos explicó cómo lo descubrieron** she explained how they discovered it
➤ **explicarle algo a alguien** to explain something to someone
➤ **no sé si me explico bien** I don't know if I'm making myself clear
➤ **no me lo puedo explicar** I can't understand it.

el **explorador,** la **exploradora** ■ **explorer**.

explorar *verbo* ■ **to explore**.

la **explosión** *(plural* las explosiones*)* ■ **explosion: hubo una gran explosión** there was a big explosion
➤ **hacer explosión** to explode.

el **explosivo** ■ **explosive**.

la **explotación** ■ **exploitation**.

explotar *verbo*
1. **to explode: la bomba va explotar en 10 minutos** the bomb will explode in 10 minutes
2. **to exploit: han explotado los recursos al máximo** they've exploited their resources to the full; **dice que la explotan en su trabajo** she says they exploit her at work.

exponer *verbo*

1. **to exhibit: van a exponer sus cuadros en una galería** they're going to exhibit her paintings in a gallery
2. **to set out: expuso sus ideas muy claramente** she set out her ideas very clearly

➤ **exponen su vida para salvar a otros** they risk their lives to save others

➤ **no deben exponerse demasiado al sol** you shouldn't expose yourself to the sun too much.

exportar *verbo* ■ **to export**.

la **exportación** (*plural* las exportaciones) ■ **export**

➤ **artículos de exportación** export goods.

la **exposición** (*plural* las exposiciones) ■ **exhibition: una exposición de pinturas** a painting exhibition

➤ **una exposición de perros** a dog show.

expresar *verbo* ■ **to express: le cuesta expresar lo que siente** he has trouble expressing his feelings; **no sabe expresarse muy bien** she's not very good at expressing herself.

la **expresión** (*plural* las expresiones) ■ **expression: tenía una expresión de tristeza en la cara** she had a sad expression on her face; **canta sin ninguna expresión** there's no expression in his singing; **es una expresión que se usa en México** it's an expression used in Mexico.

exprimir *verbo* ■ **to squeeze**.

expulsar *verbo*

1. **to expel: lo expulsaron del colegio** he was expelled from school
2. **to send off: lo expulsaron en el primer tiempo** he was sent off in the first half.

exquisito *adjetivo* ■ **delicious: nos sirvieron una comida exquisita** they served us a delicious meal.

extender *verbo*

1. **to spread: extendió la sábana sobre la cama** she spread the sheet on the bed; **hay que extender bien el bronceador por el cuerpo** you have to spread the tanning lotion all over your body
2. **to extend: le extendieron la visa por un año** her visa was extended for a year; **el país se extiende entre los Andes y el Océano Pacífico** the country extends from the Andes to the Pacific.

la **extensión** (*plural* las extensiones)

1. **expanse: es dueño de una gran extensión de terreno** he owns a vast expanse of land
2. **extension: ¿sabes el número de su extensión?** do you know her extension?; **no consiguió la extensión de su visa** she didn't get the visa extension.

extenso *adjetivo* ■ **extensive**.

exterior *adjetivo*

1. **outside: hay que subir por la escalera exterior** you have to climb up the outside ladder; **la parte exterior es más antigua** the outside is older
2. **foreign: el comercio exterior** foreign trade

el **exterior** ■ **outside**

➤ **el exterior** the outside: **pintaron de blanco el exterior de la casa** they painted the outside of the house white

➤ **el exterior** abroad: **reportaron las noticias del exterior** they reported the news from abroad.

externo *adjetivo*

1. **external: la pomada es de uso externo** the ointment is for external use
2. **outside: la parte externa de una flor** the outside of the flower

➤ **un colegio sólo para alumnos externos** a day school.

la **extinción** (*plural* las extinciones) ■ **extinction: ¿qué provocó la extinción de los dinosaurios?** what caused the extinction of dinosaurs?

➤ **el viento hizo difícil la extinción del incendio** the wind made it difficult to put out the fire

➤ **especies en vías de extinción** endangered species.

el **extinguidor** ■ **fire extinguisher**.

extinguir *verbo*

1. **to put out: luchaban por extinguir el fuego** they fought to put out the fire

2. **to become extinct: estas especies se extinguieron hace muchos años** these species became extinct many years ago.

extra *adjetivo* ■ **extra: pueden poner una cama extra** they can set up an extra bed

➤ **tiempo extra** *Central America, Mexico* overtime

➤ **trabajar horas extras** to work overtime.

extraer *verbo* ■ **to extract: visitamos los pozos de donde extraen petróleo** we visited the wells where they extract the oil.

extranjero *adjetivo* ■ **foreign: un visitante extranjero** a foreign visitor

el **extranjero** ■ **le gustaría viajar por el extranjero** she'd like to travel abroad

➤ **ir al extranjero** to go abroad.

el **extranjero,** la **extranjera** ■ **foreigner: muchos extranjeros viven en esta zona** a lot of foreigners live in this area.

extrañar *verbo* ■ **to miss: extraña mucho a su familia** he misses his family a lot

➤ **me extraña que...** I'm surprised that...: **me extrañó no verte en clases** I was surprised that you weren't in class.

extraño *adjetivo* ■ **strange: una costumbre muy extraña** a strange custom

➤ **¡qué cosa más extraña!** how strange!

extraordinario *adjetivo* ■ **extraordinary: hace falta una paciencia extraordinaria** it takes extraordinary patience

➤ **no tiene nada de extraordinario** there's nothing unusual about that.

extremo *adjetivo* ■ **extreme: tienen temperaturas extremas en el desierto** they have extreme temperatures in the desert

➤ **la extrema derecha** the far right

el **extremo** ■ **end: amarró los dos extremos del cordel** he tied the two ends of the rope

➤ **recorrió el país de extremo a extremo** he traveled from one end of the country to the other

➤ **en último extremo** as a last resort.

la **fábrica** ■ **factory: trabaja en una fábrica de automóviles** she works in a car factory

> ⚠ The Spanish word **fábrica** is a false cognate, it doesn't mean "fabric".

fabricar *verbo* ■ **to manufacture: fabrican zapatos de niños** they manufacture children's shoes

➤ **fabricado en Corea** made in Korea

➤ **fabricar en serie** to mass-produce.

fabuloso *adjetivo* ■ **fabulous.**

la **facha** *informal* ■ **look: ese muchacho tiene facha de estudiante** that guy has the look of a student

➤ **no quiero que nadie me vea en esta facha** I don't want anyone to see me looking like this.

la **fachada** ■ **façade: están pintando la fachada del colegio** they're painting the school's façade.

fácil *adjetivo* ■ **easy: una tarea fácil** an easy homework assignment; **es muy fácil equivocarse** it's very easy to make a mistake

➤ **es fácil de convencer** he's easy to convince

➤ **lleva paraguas porque es fácil que llueva** bring an umbrella because it could easily rain.

la **facilidad** ■ **ease: aprobó los exámenes con facilidad** she passed her exams with ease
➤ **tiene mucha facilidad para las matemáticas** he's good at math
➤ **con facilidad** easily: **ganaron con facilidad** they won easily.

el **factor** ■ **factor: el clima es un factor importante** weather is an important factor.

la **factura**
1. **invoice: envíe su factura al finalizar el trabajo** send your invoice when the job is finished
2. **bill: la factura del teléfono** the telephone bill.

la **facultad** ■ **faculty: tiene todas sus facultades mentales** he's in full possession of his mental faculties
➤ **la Facultad de Medicina** the medical school
➤ **fueron a la misma facultad** they were in the same department at school.

el **fajo** ■ **wad: un fajo de billetes** a wad of cash.

la **falda**
1. **skirt: una falda larga** a long skirt
2. **side: un pueblo en la falda de la montaña** a town on the side of the mountain.

la **falla**
1. **flaw: devolví el suéter porque tenía una falla** I returned the sweater because it had a flaw
2. **failure: todo se debió a una falla en el sistema** it was all due to a failure in the system
➤ **una falla mecánica** a break-down
➤ **una falla humana** human error.

fallar *verbo* ■ **to fail: le está fallando la memoria** her memory is failing her; **le fallaron los frenos** his brakes failed
➤ **fallar un tiro** to miss a shot
➤ **cuento contigo, no me vayas a fallar** I'm counting on you, don't let me down.

falsificar *verbo* ■ **to forge: le falsificó la firma** he forged her signature.

falso *adjetivo*
1. **false: usaba un nombre falso** she was using a false name
2. **fake: el pasaporte era falso** the passport was fake
➤ **un billete falso** a counterfeit bill
➤ **lo que dijo es falso** what he said is false
➤ **una falsa alarma** a false alarm
➤ **falso amigo** false cognate: **"librería" y "library" son falsos amigos** "librería" and "library" are false cognates.

la **falta**
1. **lack: por falta de experiencia** due to lack of experience
2. **foul: el árbitro no marcó la falta** the referee didn't call the foul
➤ **faltas de ortografía** spelling errors
➤ **he tenido cuatro faltas en el mes** I've been absent four times this month
➤ **es por mi falta de costumbre** it's because I'm not used to it
➤ **es una falta de educación** it's bad manners
➤ **hace falta más disciplina** we need more discipline
➤ **me hace falta un buen diccionario** I need a good dictionary
➤ **sin falta** without fail: **mañana sin falta lo llamo** I'll call him tomorrow without fail.

faltar *verbo* ■ **to be missing: a este libro le falta una página** this book is missing a page; **¿quién falta?** who's missing?
➤ **no falta nunca a clases** she never misses class
➤ **le falta experiencia** he lacks experience
➤ **va a faltar comida** we won't have enough food
➤ **a esto le falta sabor** it's lacking in taste
➤ **falta una semana para mi cumpleaños** it's a week till my birthday
➤ **falta poco para terminar** we're almost finished
➤ **¿te falta mucho?** do you have a lot more to do?
➤ **sólo me falta poner la fecha** I just need to add the date
➤ **¡era lo único que nos faltaba!** that's the last thing we need!

la **fama**
1. **fame: alcanzó la fama con su primer disco** she shot to fame with her first record

2. **reputation: tiene fama de flojo** he has a reputation for being lazy; **tiene muy mala fama** he has a bad reputation.

la **familia** ■ **family: fue a visitar a su familia** she went to visit her family
➤ **es de buena familia** he comes from a good family
➤ **celebramos la Navidad en familia** we celebrated Christmas with the family.

familiar *adjetivo*
1. **family: hay un ambiente familiar en este restaurante** this restaurant has a family atmosphere
2. **familiar: su cara le era familiar** her face was familiar to him
➤ **viene en envase familiar** it comes in a family-size pack

el/la **familiar** ■ **relative: vive con un familiar** she lives with a relative.

el/la **fan** *(plural* **los/las fans***)* ■ **fan**
➤ **un club de fans** a fan club.

fanático *adjetivo* ■ **fanatical**

el **fanático,** la **fanática** ■ **fanatic: es una fanática de la música pop** she's a pop music fanatic.

la **fantasía** ■ **fantasy**
➤ **un mundo de fantasía** a fantasy world
➤ **joyas de fantasía** costume jewelry.

el **fantasma** ■ **ghost**.

fantástico *adjetivo* ■ **fantastic**.

la **farmacia** ■ **drugstore**.

el **faro**
1. **lighthouse: podíamos ver el faro en la distancia** we could see the lighthouse in the distance
2. **headlight: encendí los faros del coche** I switched on the car's headlights.

el **farol**
1. **streetlight: los faroles se encendieron al atardecer** the streetlights came on as the sun went down
2. **lantern: un farol alumbraba la entrada** a lantern lit up the doorway.

la **farsa** ■ **farce: fuimos al teatro a ver una farsa** we went to the theater to see a farce; **¿elecciones con un solo candidato? ¡eso es una farsa!** an election with just one candidate? what a farce!

el/la **farsante** ■ **fraud: me ha engañado varias veces, es un farsante** he's conned me several times, he's a fraud.

fascinar *verbo* ■ **to fascinate: me fascinan sus pinturas** his paintings fascinate me.

la **fase** ■ **phase: las fases de la luna son cuatro** the moon has four phases.

fastidiar *verbo*
1. **to annoy: me fastidia que los vecinos hagan tanto ruido** it really annoys me that the neighbors make so much noise
2. **to bother: no fastidies a tu hermana, que está haciendo su tarea** don't bother your sister, she's doing her homework.

el **fastidio** ■ **nuisance: ¡qué fastidio tener que salir con esta lluvia!** what a nuisance to have to go out in this rain!

fatal *adjetivo*
1. **fatal: el accidente fue fatal** it was a fatal accident
2. **awful: hoy fue un día fatal, todo lo que hice me salió mal** today was awful — everything I did went wrong.

la **fatiga** ■ **fatigue**.

fatigarse *verbo pronominal* ■ **to get breathless: me fatigué al subir las escaleras hasta el septimo piso** climbing the stairs to the seventh floor left me breathless.

el **favor** ■ **favor: me han hecho varios favores y por eso les estoy agradecida** they've done me a few favors so I'm grateful to them
➤ **a favor de** in favor of: **están a favor de la educación bilingüe** they're in favor of bilingual education
➤ **por favor** please: **cierra la puerta, por favor** close the door please.

favorecer *verbo*
1. **to favor: esa ley favorece a los ricos** that law favors the rich

2. **to be flattering: ese color te favorece, deberías usarlo más seguido** that color is very flattering, you should wear it more often.

favorito *adjetivo* ■ **favorite**.

el **fax** *(plural* los faxes*)*

1. **fax machine: acabo de instalar el nuevo fax** I just set up the new fax machine
2. **fax: llegó un fax con la información que faltaba** we got a fax with the missing information

➤ **mandar algo por fax** to fax something.

la **fe** ■ **faith: la fe religiosa mal entendida provoca guerras terribles** misunderstood religious faith can spark terrible wars; **tengo fe en que todo va a salir bien** I have faith that everything will turn out all right.

la **fealdad** ■ **ugliness**.

febrero *sustantivo masculino*

En inglés los nombres de los meses se escriben con mayúscula:

February: en febrero in February; **el próximo febrero** next February; **el pasado febrero** last February.

la **fecha** ■ **date**

➤ **fecha de nacimiento** date of birth.

fecundar *verbo* ■ **to fertilize**.

la **federación** *(plural* las federaciones*)* ■ **federation**.

federal *adjetivo* ■ **federal**.

la **felicidad** ■ **happiness: el dinero no compra la felicidad** money can't buy you happiness

➤ **es mi cumpleaños — ¡muchas felicidades!** it's my birthday today — happy birthday!

➤ **¡muchas felicidades por el nuevo trabajo!** congratulations on your new job!

las **felicitaciones** ■ **congratulations: los ganadores recibieron las felicitaciones del público** the winners were congratulated by the spectators

➤ **¡felicitaciones!** congratulations!

felicitar *verbo* ■ **to congratulate: vamos a felicitarlo por sus buenos resultados** let's congratulate him on his good grades

➤ **llamamos a nuestros amigos para felicitarlos por Navidad** we called our friends to wish them a merry Christmas.

feliz *(plural* felices*) adjetivo* ■ **happy**

➤ **¡feliz cumpleaños!** happy birthday!

el **felpudo** ■ **doormat**.

femenino *adjetivo* ■ **feminine**.

el **fenómeno** ■ **phenomenon**.

feo *adjetivo*

1. **ugly: ese cuadro no me gusta nada, es muy feo** I don't like that picture at all, it's so ugly
2. **unpleasant: esta sopa tiene un sabor muy feo, ¿qué le pusiste?** the soup has an unpleasant flavor — what's in it?
3. **not nice: es muy feo mentir, no lo vuelvas a hacer** it's not nice to lie, don't do it again.

el **féretro** ■ **coffin**.

la **feria**

1. **fair: me gané el muñeco en la feria** I won the doll at the fair; **mañana se inaugura la feria del juguete** the toy fair opens tomorrow
2. *Mexico* **small change: necesito feria para el teléfono** I need some small change for the phone
3. *River Plate* **market: fui a la feria a comprar frutas y verduras frescas** I went to the market to buy fresh fruit and vegetables.

el **feriado** ■ **holiday**.

fermentar *verbo* ■ **to ferment**.

feroz *adjetivo* ■ **fierce**.

la **ferretería** ■ **hardware store**.

el **ferrocarril** ■ **railroad**.

fértil *adjetivo* ■ **fertile**.

el **fertilizante** ■ **fertilizer**.

fertilizar *verbo* ■ **to fertilize**.

festejar *verbo* ■ **to celebrate: el próximo sábado festejo mi cumpleaños** I'm celebrating my birthday next Saturday.

el **festejo** ■ **festivity: los festejos de la boda duraron tres días** the wedding festivities went on for three days.

el **festival** ■ **festival**

➤ **festival de cine** film festival.

la **festividad** ■ **festivity: las festividades duraron todo el fin de semana** the festivities went on all weekend.

festivo *adjetivo* ■ **festive**.

el **feto** ■ **fetus**.

el **fiambre** ■ **cold cut: de todos los fiambres, el jamón es mi preferido** ham is my favorite cold cut.

fiar *verbo* ■ **to be trustworthy: esa marca de electrodomésticos no es de fiar** this brand of appliances isn't very trustworthy

fiarse *verbo pronominal*

1. **to believe: no te fíes de todo lo que oyes** don't believe everything you hear
2. **to trust: no te fíes de todos los que vengan a ofrecerte ayuda** don't trust everyone that offers to help you.

la **fibra** ■ **fiber: el pan integral contiene mucha fibra** wholewheat bread contains a lot of fiber; **el algodón es una excelente fibra natural** cotton is an excellent natural fiber.

la **ficción** (*plural* las ficciones) ■ **fiction: sólo escribe ficción** she only writes fiction.

la **ficha**

1. **card: en esta ficha anotaré tus datos** I'll write your details on this card
2. **piece: faltan algunas fichas rojas** some of the red pieces are missing

➤ **ficha médica** medical records

➤ **una ficha policial** a police record.

el **fichero**

1. **file: un fichero informático** a computer file
2. **filing cabinet: guardo los informes en el fichero** I keep the reports in the filing cabinet.

la **fidelidad** ■ **faithfulness**.

el **fideo** ■ **noodle: el primer plato es sopa con fideos** the appetizer is a noodle soup.

la **fiebre** ■ **fever: le dí una aspirina para bajarle la fiebre** I gave her an aspirin to lower the fever.

fiel *adjetivo* ■ **loyal: Juan siempre ha sido fiel a sus amigos** Juan has always been loyal to his friends.

la **fiera** ■ **wild animal: en este bosque viven varias fieras** several wild animals live in this forest

➤ **ponerse como una fiera** to fly into a rage.

el **fierro** ■ **iron**.

la **fiesta** ■ **party: hicimos una fiesta para su cumpleaños** we threw a party for his birthday

➤ **estar de fiesta** to be celebrating: **la familia está de fiesta por el nacimiento del niño** the family is celebrating the birth of the baby

➤ **fiesta patria** independence day

FIESTAS PATRIAS

Throughout the 19th century, the American colonies began to fight for their independence from Spain. Each country's **fiestas patrias** commemorate the date when the independence movement began or when independence was actually attained, and are celebrated every year. These are official holidays, marked with parades and other displays of patriotism. These are the dates when some Latin American countries achieved independence: Chile and Colombia in 1810, Paraguay and Venezuela in 1811, Argentina in 1816, Central America, Mexico, and Peru in 1821, and Bolivia and Uruguay in 1825.

FIESTAS RELIGIOSAS

A tradition that Latin America inherited from Spain is that of having holidays honoring the patron saint of each city or country. For example, the patron saint of Mexico is the Virgin of Guadalupe. The festivities include religious processions and folk ceremonies that often combine Catholicism and indigenous rituals.

la **figura** ■ **figure: dibujamos figuras de diferentes tamaños** we drew different size figures.

figurar *verbo* ■ **to appear: tu nombre no figura en esta lista** your name doesn't appear on this list.

fijar *verbo* ■ **to set: hay que fijar la fecha de la boda** we have to set the date for the wedding

fijarse *verbo pronominal*

1. **to look carefully: fíjate si tenés las llaves en la cartera** look carefully in your purse for the keys
2. **to notice: no me fijé que llevaba puesto** I didn't really notice what she was wearing.

fijo *adjetivo*

1. **fixed: la estantería está fija, ya puedes poner tus libros** the shelves are fixed to the wall so you can put your books on them
2. **set: pagamos una cuota fija todos los meses** we pay a set fee every month
3. **permanent: todavía no tengo trabajo fijo** I don't have a permanent job yet.

la **fila**

1. **line: la fila en el banco era larguísima** the line at the bank was really long
2. **row: conseguimos asientos en tercera fila** we got seats in the third row

➤ **estacionar en doble fila** to double park
➤ **ponerse en fila** to get in line.

las **Filipinas** ■ **the Philippines**.

filmar *verbo* ■ **to film: Pedro filmó el nacimiento de su hijo** Pedro filmed the birth of his son.

el **filo** ■ **blade: cuidado, no te cortes con el filo del cuchillo** careful, don't cut yourself on the knife's blade

➤ **sacarle filo a algo** to sharpen something: **tengo que sacarle filo a este cuchillo** I need to sharpen this knife.

la **filosofía** ■ **philosophy**.

filtrar *verbo* ■ **to filter: el agua de por aquí no es segura, lo mejor es filtrarla** the water here isn't safe to drink, so it's best to filter it

filtrarse *verbo pronominal* ■ **to leak: se está filtrando agua del techo** the roof is leaking.

el **filtro** ■ **filter**.

el **fin**

1. **end: se acerca el fin del año escolar** we're approaching the end of the school year
2. **purpose: ¿cuál es el fin de tu viaje?** what is the purpose of your trip?

➤ **"fin"** "the end"
➤ **a fines de** at the end of: **viajaremos a fines de diciembre** we're going on vacation at the end of December
➤ **¡al fin!** finally!: **¡al fin llegaste!** you're finally here!
➤ **al fin y al cabo** after all
➤ **en fin** well: **en fin, ¿qué piensas hacer ahora?** well, what are you going to do now?
➤ **¡por fin!** finally: **¡por fin terminaste!** you finally finished!
➤ **el fin de año** New Year's Eve
➤ **el fin de semana** the weekend.

el **final** ■ **end: no me gustó el final del cuento** I didn't like the end of the story

➤ **un final feliz** a happy ending: **me encantan las películas con final feliz** I love movies with a happy ending

la **final** ■ **final: México ganó la final** Mexico won the final.

finalizar *verbo* ■ **to finish**.

financiar *verbo* ■ **to finance: el gobierno financió la construcción del puente** the government financed the construction of the bridge.

las **finanzas** ■ **finances: las finanzas de una empresa** a company's finances

➤ **Ministerio de Finanzas** the Treasury Department.

la **finca** ■ **farm**.

fingir *verbo* ■ **to pretend: no finjas que duermes, sé que estás despierta** stop pretending you're asleep, I know you're awake.

fino *adjetivo*

1. **fine: tengo el cabello muy fino** I have very fine hair; **puse los libros más finos en los estantes de arriba** I put the finest books on the top shelves

2. **slender: la pianista tenía manos largas y dedos finos** the pianist had long hands with slender fingers.

la **firma** ■ **signature: aquí está la firma de mi padre** here's my father's signature.

el **firmamento** ■ **sky**.

firmar *verbo* ■ **to sign: firme aquí, por favor** sign here please.

firme *adjetivo* ■ **steady: esta mesa es firme, puedes poner el televisor aquí** this table is steady enough to put the TV on.

el/la **fiscal** ■ **district attorney**.

la **física** ■ **physics**.

físico *adjetivo* ■ **physical: el niño no tiene ningún problema físico** the child has no physical problems
➤ **educación física** physical education

el **físico, la física** ■ **physicist**.

flaco *adjetivo* ■ **skinny**.

la **flama** ■ *Mexico* **flame**.

flamante *adjetivo* ■ **brand-new: un flamante auto** a brand-new car.

el **flan** ■ **flan**.

el **flash** ■ **flash: usa el flash al tomar la foto** use the flash when you take the picture.

la **flauta** ■ **flute: toca muy bien la flauta** he plays the flute very well
➤ **flauta dulce** recorder.

la **flecha** ■ **arrow**.

el **fleco**
1. **fringe: llevaba una chaqueta con fleco** she wore a jacket with fringe on it
2. *Mexico* **bangs: el fleco le cubría los ojos** her bangs covered her eyes.

la **flema** ■ **phlegm**.

el **flequillo** ■ **bangs**.

flexible *adjetivo* ■ **flexible**.

la **flexión** *(plural* las flexiones*)* ■ **push-up: ayer hice 100 flexiones de brazos** I did 100 push-ups yesterday.

flexionar *verbo* ■ **to bend: al agacharte tienes que flexionar las piernas** you have to bend your legs as you crouch down.

flojo *adjetivo*
1. **loose: este nudo está muy flojo** this knot is very loose
2. **weak: estás flojo en historia** you're history grades are weak
3. **lazy: te puedes ir a pie, no seas flojo** you can walk there, don't be lazy.

la **flor** ■ **flower**.

florecer *verbo* ■ **to blossom: los árboles florecieron temprano este año** the trees blossomed early this year.

la **florería** ■ **florist**.

el **florero** ■ **vase: me regalaron un precioso florero de cristal** they gave me a beautiful crystal vase.

la **flota** ■ **fleet: la flota pesquera partió antes del amanecer** the fishing fleet left before dawn.

el **flotador** ■ **rubber ring**.

flotar *verbo* ■ **to float: había muchas hojas flotando en la piscina** there were a lot of leaves floating in the pool.

fluir *verbo* ■ **to flow: el río fluía rápidamente bajo el puente** the river flowed rapidly under the bridge.

el **flujo** ■ **flow: cerraron la compuerta para detener el flujo de agua** they closed the hatch to stop the flow of water.

fluorescente *adjetivo* ■ **flourescent**.

la **foca** ■ **seal**.

el **foco**
1. **spotlight: el foco brillaba sobre ella** the spotlight shone upon her
2. **floodlight: los focos iluminaron el campo** the floodlights lit up the field
3. **headlight: encendí los focos al atardecer** I turned on the headlights at dusk
4. *Mexico* **lightbulb: necesito un foco nuevo para esta lámpara** I need a new lightbulb for this lamp
➤ **fuera de foco** out of focus: **esa imagen está fuera de foco** this picture is out of focus.

el **folleto**
1. *de una hoja* **leaflet**
2. *como un librito* **brochure**.

el **fondo**

1. **bottom: están explorando el fondo del mar** they are exploring the bottom of the sea
2. **background: el retrato tenía un fondo azul** the portrait had a blue background
3. **end: el baño está al fondo del corredor** the bathroom is at the end of the hall
4. *Mexico* **slip: se te ve el fondo** your slip is showing

➤ **a fondo** in-depth: **estudiaron el problema a fondo** they did an in-depth study of the problem

➤ **en el fondo** deep down: **pelean mucho, pero en el fondo se quieren** they fight a lot, but deep down they love each other.

los **fondos** ■ **money: están recaudando fondos para el hospital** they're raising money for the hospital.

el **forastero,** la **forastera** ■ **stranger.**

forestal *adjetivo* ■ **forest: el guardia forestal detectó el incendio** the forest ranger spotted the fire.

la **forma**

1. **shape: encuentra todas las formas circulares** find all the circular shapes
2. *Mexico* **form: llene esta forma y entréguesela a la señorita** fill out this form and hand it to the young lady
3. **way: no me gusta su forma de ser, siempre está de mal humor** I don't like the way she acts, she's always in a bad mood; **este ejercicio puede resolverse de diferentes formas** this problem can be solved several ways

➤ **de cualquier forma** anyway

➤ **de todas formas** anyway: **de todas formas tendrás que limpiar tu cuarto** you'll have to clean your room anyway

➤ **mantenerse en forma** to stay in shape: **Ana camina tres kilómetros por día para mantenerse en forma** Ana walks three kilometers a day to stay in shape.

la **formación** ■ **education: es importante tener una buena formación para conseguir un buen trabajo** it's important to have a good education to get a good job.

formal *adjetivo*

1. **reliable: necesitamos trabajadores más formales** we need more reliable workers
2. **formal: nos mandaron una invitación formal** they sent us a formal invitation.

formar *verbo*

1. **to make: si unes los puntos formarás la figura de un elefante** if you connect the dots you'll make an elephant
2. **to form: Juan y sus amigos formaron una banda musical** Juan and his friends formed a band
3. **to train: la universidad se ocupa de formar a los profesionales liberales** it's the university's job to train professionals.

la **fórmula**

1. **formula: es difícil recordar todas las fórmulas matemáticas** it's hard to remember all the mathematical formulas
2. **set expression: tienes que empezar la carta con una fórmula de cortesía** you should start the letter with a polite set expression; **una fórmula mágica** a magic formula.

el **formulario** ■ **form.**

forrar *verbo* ■ **to cover: voy a forrar los cuadernos para protegerlos** I'm going to cover my notebooks to protect them.

fortalecer *verbo* ■ **to strengthen: el ejercicio físico fortalece los músculos** physical exercise strengthens the muscles.

la **fortaleza**

1. **strength: su fortaleza lo ayudó a recuperarse pronto** his strength helped him recover quickly
2. **fortress: a lo largo de la costa hay varias fortalezas antiguas** there are several old fortresses along the coast.

la **fortuna** ■ **fortune: su fortuna personal es de cerca de diez millones de dólares** her personal fortune comes to nearly ten million dollars; **tuvo la fortuna de conocer personalmente a su actor favorito** he had the good fortune to meet his favorite actor.

forzar *verbo* ■ **to force: el mal tiempo nos forzó a quedarnos en casa todo el fin de semana** the bad weather forced us to stay home all weekend.

el **fósforo** ■ **match.**

la **foto** ■ **picture.**

la **fotocopia** ■ **photocopy**.

la **fotocopiadora** ■ **photocopier**.

la **fotografía** ■ **photograph**

➤ **hacer una fotografía de alguien** to take a picture of someone.

el **fotógrafo,** la **fotógrafa** ■ **photographer**.

fracasar *verbo* ■ **to fail: nuestros planes de viaje fracasaron por falta de dinero** our travel plans failed due to lack of money.

el **fracaso** ■ **failure: el espectáculo fue un fracaso, no vino nadie** the show was a failure, nobody came.

la **fracción** (*plural* las fracciones) ■ **fraction: en la clase de hoy estudiamos las fracciones** we studied fractions in class today.

la **fractura** ■ **fracture: la caída le produjo varias fracturas** she sustained several fractures from the fall.

fracturar *verbo* ■ **to fracture: se fracturó la pierna en un accidente de esquí** she fractured her leg in a ski accident.

frágil *adjetivo* ■ **fragile**.

fragmentar *verbo* ■ **to fragment**.

el **fragmento** ■ **piece: ahora hay que unir los fragmentos y pegarlos** now you have to join the pieces and stick them together.

la **frambuesa** ■ **raspberry** (*plural* **raspberries**).

franco *adjetivo* ■ **frank: te voy a ser franco, no confío en él** I'll be frank, I don't trust him

➤ **para serte franco** to be honest.

la **franja** ■ **stripe: la bandera uruguaya tiene nueve franjas azules sobre un campo blanco** the Uruguayan flag has nine blue stripes on a white background.

la **franqueza** ■ **frankness**.

el **frasco**

1. **bottle: el perfume viene en un frasco muy bonito** the perfume comes in a pretty bottle
2. **jar: no puedo abrir el frasco de la mayonesa** I can't open the mayonnaise jar.

la **frase** ■ **sentence**.

el **fraude** ■ **fraud**

➤ **un fraude fiscal** a tax fraud.

la **frazada** ■ **blanket**.

la **frecuencia** ■ **frequency** (*plural* **frequencies**): **las ondas de una frecuencia tan alta no se oyen** you can't hear waves of such a high frequency; **¿con qué frecuencia visitas a tus abuelos?** how often do you visit your grandparents?

➤ **con frecuencia** frequently: **somos buenas amigas y nos vemos con frecuencia** we're good friends and see each other frequently.

frecuentar *verbo* ■ **to frequent: le gustaba frecuentar el museo de arte** he liked to frequent the art museum.

frecuente *adjetivo* ■ **frequent**.

freír *verbo* ■ **to fry**.

frenar *verbo* ■ **to brake: no pudo frenar a tiempo y provocó un accidente** he couldn't brake in time and caused an accident.

el **freno** ■ **brake**

➤ **el freno de mano** the emergency brake

los **frenos** *Mexico* ■ **braces**.

el **frente** ■ **front: el frente de la casa estaba pintado de blanco** the front of the house was painted white; **vivió experiencias terribles en el frente de batalla** he experienced terrible things at the battle front

➤ **pasar al frente** to go up to the front: **la maestra me pidió que pasara al frente para leer mi redacción** the teacher asked me to go up to the front of the class to read my essay

➤ **de frente** head-on: **chocaron de frente** they had a head-on collision.

la **frente** ■ **forehead: era bonita, tenía los pómulos altos y la frente ancha** she was pretty, with high cheekbones and a wide forehead.

la **fresa** ■ **strawberry**.

fresco *adjetivo*
1. **cool: los días están más frescos últimamente** the days are growing cooler lately
2. **fresh: es importante comer verduras y frutas frescas** it's important to eat fresh fruit and vegetables
3. **wet: "cuidado, pintura fresca"** "warning: wet paint".

la **frialdad** ■ **coldness: la frialdad de su mirada** the coldness of his look.

la **fricción** (*plural* las fricciones)
1. **friction: la fricción entre las dos piezas provocó un desgaste** friction between the two pieces caused them to wear down
2. **rub: ¿quieres fricciones en la espalda?** do you want a back rub?

el **frigorífico**
1. **cold storage: la carne para exportación se almacena en frigoríficos** the meat that will be exported is kept in cold storage
2. *River Plate* **meat-processing plant: en los frigoríficos se elaboran los subproductos de la carne** meat by-products are produced in meat-processing plants.

el **frijol** ■ *Andes, Caribbean, Central America, Mexico* **bean**.

frío *adjetivo* ■ **cold: la sopa está fría** the soup is cold

el **frío** ■ **cold: hace frío** it's cold; **tengo frío** I'm cold.

frito *adjetivo* ■ **fried: preparé un pescado frito** I made some fried fish.

frontal *adjetivo* ■ **head-on: fue un choque frontal** it was a head-on crash.

la **frontera** ■ **border: el estado mexicano de Chihuahua queda en la frontera con Estados Unidos** the Mexican state of Chihuahua is on the U.S. border.

frotar *verbo* ■ **to rub: tienes que frotarte las piernas con esta loción** you have to rub your legs with this lotion.

la **frustración** (*plural* las frustraciones) ■ **frustration**.

frustrar *verbo* ■ **to spoil: el mal tiempo frustró nuestros planes de viaje** the bad weather spoiled our plans

frustrarse *verbo pronominal* ■ **to be frustrated: los niños se frustraron porque el espectáculo se suspendió** the children were frustrated because the show was cancelled.

la **fruta** ■ **fruit**
➤ **fruta abrillantada** *River Plate* crystallized fruit
➤ **fruta de estación** seasonal fruit
➤ **fruta seca** nuts and dried fruits.

la **frutería** ■ **fruit store**.

la **frutilla** *River Plate* ■ **strawberry**.

el **fruto** ■ **fruit: el árbol está cargado de frutos** the tree is full of fruit.

el **fuego** ■ **fire: no consiguieron controlar el fuego** they couldn't control the fire
➤ **fuegos artificiales** fireworks.

la **fuente**
1. **source: la fuente de este río está en las montañas** the source of this river is in the mountains
2. **fountain: construyeron una hermosa fuente en medio del parque** they built a beautiful fountain in the middle of the park
3. **bowl: ¿tienes una linda fuente para poner la fruta?** do you have nice bowl to put the fruit in?
4. **source: el turismo es la principal fuente de ingresos en esa región** tourism is the main source of income in that area.

fuera *adverbio* ■ **outside: el perro duerme fuera de la casa** the dog sleeps outside the house.

fuerte *adjetivo*
1. **strong: ese pescado tiene un olor muy fuerte** that fish has a very strong smell
2. **loud: la música está muy fuerte para platicar** the music is too loud for conversation
3. **bad: llegué al dentista con un fuerte dolor de muelas** I went to the dentist with a bad toothache
4. **bold: para la ropa, prefiero los colores fuertes** I prefer clothes with bold colors
5. **hard: se dio un golpe tan fuerte que empezó a llorar** he hit himself so hard he started to cry

el **fuerte** ■ **fort**.

la **fuerza**
1. **strength: vamos a descansar para recuperar fuerzas** let's have a break to recover our strength
2. **force: la fuerza del viento obligó al velero a girar** the force of the wind made the sailboat turn around

➤ **la fuerza de gravedad** gravity
➤ **tiene tanta fuerza que partió un ladrillo de un golpe** he's so strong he broke a brick with one blow.

la **fuga**
1. **escape: los prisioneros planearon su fuga** the prisoners planned their escape
2. **leak: encontramos una fuga de gas en la cocina** we found a gas leak in the kitchen.

fugarse *verbo pronominal* ■ **to escape**.

fugaz *adjetivo* ■ **fleeting**.

fugitivo *adjetivo* ■ **fugitive**

el **fugitivo,** la **fugitiva** ■ **fugitive**.

fumar *verbo* ■ **to smoke: fumar en pipa** to smoke a pipe

➤ **prohibido fumar** no smoking.

la **función** (*plural* las funciones)
1. **role: ¿cuál es tu función en la empresa?** what is your role in the company?
2. **showing: la próxima función empieza a las cinco** the next showing starts at five.

funcionar *verbo* ■ **to work: la licuadora ya no funciona por que es muy vieja** the blender doesn't work any more because it's so old.

el **funcionario,** la **funcionaria** ■ **government employee**.

la **funda** ■ **cover**.

la **fundación** (*plural* las fundaciones) ■ **foundation: desde que se jubiló trabaja como voluntaria en varias fundaciones** she's been volunteering at several foundations since she retired.

fundamental *adjetivo* ■ **fundamental**.

fundar *verbo* ■ **to found: según la leyenda, Rómulo y Remo fundaron Roma** according to legend, Romulus and Remus founded Rome.

fundir *verbo*
1. **to melt: el sol fundió la nieve** the sun melted the snow
2. **to smelt: los altos hornos sirven para fundir metales** blast furnaces are used to smelt metal

fundirse *verbo pronominal*
1. **to melt: la manteca se funde si la dejas al calor** lard will melt if you leave it out in the heat
2. **to burn out: el foco de la lámpara se fundió** the lightbulb in the lamp burned out
3. **to merge: durante la crisis económica, varias empresas se fundieron** several companies merged during the economic crisis.

fúnebre *adjetivo* ■ **funereal**.

el **funeral** ■ **funeral**.

la **funeraria** ■ **funeral home**.

la **furia** ■ **rage**.

furioso *adjetivo* ■ **furious**.

el **fusil** ■ **rifle**.

fusionar *verbo* ■ **to merge: varias pequeñas empresas se fusionaron para lograr mantenerse en el mercado** several small companies merged so they could stay in business.

el **fútbol** ■ **soccer: un jugador de fútbol** a soccer player

➤ **fútbol americano** football

BABY FÚTBOL

In Latin America, where soccer is the most popular sport, there are **baby fútbol** schools, where children too young to compete in official leagues can train "professionally." The students participate in tournaments with other soccer schools. Many professional young soccer players have gotten their start in these schools.

el/la **futbolista** ■ **soccer player**.

futuro *adjetivo* ■ **future: las generaciones futuras** future generations

➤ **la futura mamá** the mother-to-be

el **futuro** ■ **future**.

g

la **gabardina** ■ **raincoat**.

las **gafas** ■ **glasses**.

la **galaxia** ■ **galaxy**.

la **galería** ■ **gallery: una galería de arte** an art gallery
➤ **una galería comercial** a shopping mall.

el **gallego, la gallega** ■ **Spaniard**

GALLEGO

In South America, the word **gallego** is used for all Spaniards, probably because the majority of the Spanish immigrants who arrived in this region during the 19th and 20th centuries came from Galicia. They tended to arrive in the new world with little money and not much education, which is why nowadays the word is used in a pejorative sense for someone who is dumb, clumsy, and ignorant. Many jokes are made about **gallegos**.

la **galleta** ■ **cookie: compré un paquete de galletas** I bought a pack of cookies
➤ **una galleta salada** a cracker.

la **gallina** ■ **chicken**.

el **gallo** ■ **rooster**.

el **galpón** *Andes, Caribbean, River Plate* ■ **shed: guardamos las herramientas en el galpón** we stored the tools in the shed.

la **gamba** ■ **shrimp**.

la **gana**
➤ **muero de ganas de ir al cine** I'm dying to go to the movies
➤ **pateó la pelota con ganas** he kicked the ball hard
➤ **tener ganas de hacer algo** to feel like doing something: **tengo ganas de tomarme un helado** I feel like getting an ice cream cone
➤ **de buena gana** willingly: **de buena gana se ofreció a acompañarla** he willingly offered to go with her
➤ **de mala gana** reluctantly: **me contestó de mala gana** he answered reluctantly
➤ **llegamos tarde y nos quedamos con las ganas de ver la película** we didn't get to see the movie because we were late.

la **ganadería** ■ **ranching**.

el **ganadero, la ganadera** ■ **rancher: los ganaderos de la región están preocupados por la inundación** ranchers in the area are worried about the floods.

el **ganado** ■ **cattle**.

el **ganador, la ganadora** ■ **winner: la ganadora del concurso es una mujer del campo** the contest winner is a woman from the country.

las **ganancias** ■ **profits: obtuvimos excelentes ganancias este año** we made excellent profits this year.

ganar *verbo*
1. **to earn: gana seis mil pesos al mes** she earns six thousand pesos a month
2. **to win: nuestra escuela ganó el campeonato de fútbol** our school won the soccer championship
➤ **ganarle a alguien** to beat someone: **la tenista rusa le ganó a la francesa** the Russian tennis player beat the French one

ganarse *verbo* ■ **to earn: se gana la vida como mesero** he earns a living as a waiter; **se ganó la confianza de todos** she earned everybody's trust.

el **gancho**
1. **hook: lo colgó de un gancho** he hung it on a hook

2. **hanger: colgamos la ropa en ganchos de plástico** we hung up the clothes on plastic hangers
➤ **tener gancho** to be catchy: **esta canción tiene gancho** that song is very catchy.

el **ganso, la gansa** ■ **goose**.

el **garaje** ■ **garage**.

la **garantía** ■ **guarantee: este equipo de música tiene garantía por un año** this stereo system has a one-year guarantee.

garantizar *verbo* ■ **to guarantee: garantizan la calidad del producto** they guarantee the quality of the product; **te garantizo que llegaremos a tiempo** I guarantee you we'll get there on time.

la **garganta** ■ **throat: me duele la garganta** I have a sore throat
➤ **tener buena garganta** to have a good voice: **este cantante tiene buena garganta** that singer has a good voice.

la **garra**
1. **claw: el lobo lo lastimó con sus garras** the wolf scratched him with his claws
2. **talon: las garras del cóndor son muy peligrosas** the condor's talons are very dangerous
3. **clutches: cayó en las garras de la mafia** she fell into the clutches of the mob.

el **garrote** ■ **club: le pegaron con un garrote** they beat him with a club.

la **garúa** *Andes, Venezuela, River Plate* ■ **drizzle: caía una garúa finita** a fine drizzle was falling.

el **gas** ■ **gas: la explosión se produjo por un escape de gas** the explosion was caused by a gas leak

los **gases** ■ **gas: el niño está con gases** the child has a lot of gas.

la **gasolina** ■ **gas: tenemos que poner gasolina** we need to get gas.

la **gasolinera** ■ **gas station: la gasolinera más cercana está a dos cuadras** the nearest gas station is two blocks away.

gastar *verbo*
1. **to spend: gastamos mucho dinero en la reforma de la cocina** we spent a lot of money redoing the kitchen
2. **to use: este coche gasta demasiado** this car uses too much gas
3. **to wear out: este niño gasta mucho la ropa** this child really wears out his clothes

gastarse *verbo* ■ **to use up: te gastaste todo mi perfume** you used up all my perfume.

el **gasto**
1. **expense: el gasto más importante en nuestra casa es la comida** our biggest household expense is on food
2. **waste: el gasto de energía es exagerado en este país** the waste of energy in this country is ridiculous
➤ **gastos de envío** shipping and handling
➤ **gastos de mantenimiento** maintenance costs
➤ **el gasto público** public expenditure.

la **gata** ■ **cat**
➤ **a gatas** on all fours; **caminábamos a gatas en la oscuridad** we were going around on all fours in the dark.

gatear *verbo* ■ **to crawl: mi hija gatea por toda la casa** my daughter crawls all over the house.

el **gato**
1. **cat: le encantan los gatos** she loves cats
2. **jack: no tenemos un gato para cambiar el neumático** we don't have a jack for changing the tire.

la **gauchada** *Southern Cone* ■ **favor**
➤ **hacer una gauchada a alguien** to do a favor for someone: **me hizo la gauchada de llevarme al aeropuerto** he did me the favor of taking me to the airport.

el **gaucho** ■ **gaucho**

GAUCHO

In the River Plate area, **gauchos** are the riders of the pampas, who tend the cattle. The **gaucho** developed in the colonial era, a fusion of the cultures of Spain, the local native peoples, and freed slaves. During the wars for independence, **gauchos** stood out for their bravery.

la **gema** ■ **gem**.

gemelo *adjetivo* ■ **twin: tiene un hermano gemelo** she has a twin brother

el **gemelo, la gemela** ■ **twin: la maestra confunde a los gemelos de su clase** the teacher always confuses the twins in her class.

los **gemelos**
1. **cuff links: compré unos gemelos para la camisa** I bought some cuff links for the shirt
2. **binoculars: observaban los pájaros con unos gemelos** they watched the birds through binoculars.

gemir *verbo* ■ **to whine: el gato del vecino gimió toda la noche** the neighbor's cat whined all night long
➤ **gemir de dolor** to moan with pain: **el niño gimió de dolor cuando se lastimó** the boy moaned with pain when he hurt himself.

la **generación** (*plural* las generaciones) ■ **generation: somos la segunda generación de inmigrantes en mi familia** we're the second generation of immigrants in my family.

el **generador** ■ **generator: el hospital compró un nuevo generador** the hospital bought a new generator.

general *adjetivo* ■ **general: hubo una reunión general en la escuela** there was a general meeting at the school; **por lo general comemos afuera los domingos** we generally eat out on Sundays
➤ **por lo general** generally

el **general** ■ **general**.

la **generalidad**
1. **generality: solo habló de generalidades** she only spoke of generalities
2. **majority: la generalidad de los maestros gana mal** the majority of teachers don't earn a lot.

generalizar *verbo*
1. **to become widespread: se ha generalizado la pobreza en esta región** poverty has become widespread in this region
2. **to generalize: la profesora generalizó cuando dijo que todos habíamos copiado** the teacher was generalizing when she said we had all cheated.

el **género**
1. **genus: estudia el género humano** she's studying the human genus
2. **gender: género masculino** masculine gender; **muchos sustantivos de género masculino terminan con la letra o** many masculine nouns end in "o"
3. **type: también tengo problemas de ese género** I also have that type of problem
4. **genre: el género policial me gusta mucho** I really enjoy the detective genre.

generoso *adjetivo* ■ **generous: es una persona muy generosa con los demás** she's very generous to other people; **en este restaurante sirven platos muy generosos** the portions are very generous in this restaurant.

genial *adjetivo* ■ **brilliant: tuvo una idea genial** she had a brilliant idea; **pocos escritores son tan geniales como él** few writers are as brilliant as he is.

el **genio**
1. **temper: su esposo tiene buen genio** her husband has a good temper
2. **genius: fue un verdadero genio de la literatura** he was a true literary genius
3. **genie: no creo en el genio de la lámpara** I don't believe in genies in bottles.

la **gente** ■ **people: había mucha gente en la fiesta** there were a lot of people at the party
➤ **gente bien** well-to-do people
➤ **gente de bien** good people.

gentil *adjetivo* ■ **kind: es tan gentil que todos lo aprecian mucho** everyone is fond of him because he's so kind.

la **geografía** ■ **geography**.

la **geometría** ■ **geometry**.

el **gerente, la gerenta** ■ **manager**.

el **gesto** ■ **expression: tiene un gesto de tristeza en la cara** she has an expression of sadness on her face

➤ **hacer un gesto** to gesture: **me hizo un gesto para que me acercara** he gestured for me to come closer
➤ **un gesto simbólico** a symbolic gesture.

gigante *adjetivo* ■ **huge: este apartamento es gigante** this apartment is huge

el **gigante** ■ **giant: en el cuento el gigante ayudaba a los más pequeños** in the story, the giant helped the little people.

la **gimnasia** ■ **gymnastics: hacer gimnasia** to do gymnastics.

el **gimnasio** ■ **gym**.

girar *verbo*
1. **to revolve: la tierra gira alrededor del sol** the earth revolves around the sun
2. **to turn: giró hacia la derecha** he turned to the right
➤ **girar en torno a** to revolve around: **su vida gira en torno al dinero** her life revolves around money.

el **giro**
1. **turn: un giro a la izquierda** a turn to the left; **la situación tuvo un giro inesperado** the situation took an unexpected turn
2. **wire: mandé un giro de 200 dólares** I sent a wire for 200 dollars.

el **gis** *Mexico* ■ **chalk**.

gitano *adjetivo* ■ **gypsy: tiene alma gitana** he has a gypsy soul

el **gitano**, la **gitana** ■ **gypsy: una gitana me adivinó el futuro** a gypsy woman told my fortune.

el **globo**
1. **balloons: trajimos globos de colores para los niños** we brought colored balloons for the kids
2. **hot-air balloon: mi sueño es viajar en globo** my dream is to travel in a hot-air balloon
➤ **un globo terráqueo** a globe.

glotón, glotona *adjetivo* ■ **glutton: es tan glotón que en un minuto se comió todo el postre** he's such a glutton that he ate all of his dessert in just a minute.

el **gobernador**, la **gobernadora** ■ **governor**.

el/la **gobernante** ■ **leader: los gobernantes de la región están preocupados por la crisis económica** the region's leaders are concerned about the economic crisis.

gobernar *verbo*
1. **to govern: el partido ha gobernado en el país por los últimos 20 años** the party has governed the country for the last 20 years
2. **to control: este niño es muy difícil de gobernar** this kid is very hard to control.

el **gobierno**
1. **government: el gobierno tomó drásticas medidas económicas** the government took drastic economic measures
2. **management: el Presidente anunció su plan de gobierno** the President announced his management plan.

el **gol** ■ **goal**
➤ **marcar un gol** to score a goal.

el **golfo** ■ **gulf**.

la **golondrina** ■ **swallow**.

la **golosina** ■ **candy: compré golosinas para los niños** I bought some candy for the children.

el **golpe** ■ **blow: las bajas calificaciones fueron un golpe para Pedro** his low grades were a blow to Pedro
➤ **se dio un golpe en la cabeza** she bumped her head
➤ **lo agarraron a golpes** they beat him up
➤ **de golpe** suddenly: **empezó a llover de golpe** it suddenly began to rain
➤ **un golpe de Estado** a coup d'état
➤ **un golpe de suerte** a stroke of luck
➤ **un golpe de vista** a glance.

golpear *verbo*
1. **to knock: golpeamos la puerta porque el timbre no funcionaba** we knocked on the door because the doorbell didn't work
2. **to beat: lo golpearon y le robaron la cartera** they beat him and stole his wallet
3. **to hit: se golpeó el codo contra la mesa** he hit his elbow on the table.

la **golpiza** ■ **beating**.

la **goma**
1. **rubber: la goma es un material impermeable** rubber is a waterproof material

2. **eraser: necesito una goma para borrar los errores** I need an eraser to erase my mistakes
3. *Cuba, Southern Cone* **tire: se pinchó la goma del coche** the car got a flat tire
4. **glue: usa la goma para pegar los dibujos** use the glue to stick down the pictures

➤ **una goma de borrar** an eraser
➤ **la goma de mascar** chewing gum.

gordo *adjetivo*
1. **fat: José está más gordo que nunca** José is fatter than ever
2. **thick: estoy leyendo un libro muy gordo** I'm reading a very thick book

➤ **Antonio me cae gordo** I can't stand Antonio

el **gordo,** la **gorda**
1. **fat person: los gordos son discriminados en la sociedad actual** fat people are discriminated against in modern society
2. **dear: ¿cómo estás, gordo?** how are you, dear?

la **gorra** ■ **cap: siempre uso una gorra cuando estoy al sol** I always wear a cap in the sun
➤ **una gorra de baño** a shower cap.

el **gorrión** (*plural* los gorriones) ■ **sparrow.**

el **gorro** ■ **cap**
➤ **un gorro de baño** a shower cap.

la **gota**
1. **drop: tienes que tomar cinco gotas de este medicamento** you have to take five drops of this medicine
2. **gout: la gota es una enfermedad muy dolorosa** gout is a very painful illness.

gotear *verbo* ■ **to drip: esta llave gotea** this faucet drips.

la **grabación** (*plural* las grabaciones) ■ **recording: hicieron una nueva grabación de la canción** they made a new recording of the song.

el **grabado** ■ **engraving: este grabado reproduce la imagen de una ciudad colonial** this engraving shows a colonial city.

grabar *verbo*
1. **to engrave: grabaron sus nombres en los anillos de casamiento** they engraved their names on the wedding rings
2. **to record: acaba de grabar un disco nuevo** she just recorded a new album
3. **to tape: grabé en video la fiesta de cumpleaños** I taped the birthday party.

la **gracia**
➤ **hacer gracia** to amuse: **sus chistes me hacen mucha gracia** his jokes really amuse me
➤ **caerle en gracia a alguien** to take a liking to someone: **esta niña me cae en gracia** I've taken a liking to this girl
➤ **dar las gracias a alguien** to thank someone: **le dimos las gracias a Pedro por su ayuda** we thanked Pedro for his help.

gracias *interjección* ■ **thanks: ¡gracias por el regalo!** thanks for the present!
➤ **gracias — de nada** thanks — you're welcome.

gracioso *adjetivo* ■ **funny: contó unos chistes muy graciosos** she told some very funny jokes

> ⚠ The Spanish word **gracioso** is a false cognate, it does not mean "gracious".

la **grada** ■ **step: nos sentamos en la primera grada** we sat on the first step
➤ **las gradas** the stands: **las gradas estaban llenas de espectadores** the stands were full of spectators.

el **grado**
1. **degree: este ángulo tiene 60 grados** this is a 60 degree angle
2. **grade: Ana está en tercer grado** Ana is in third grade

➤ **a tal grado** so: **se enojó a tal grado, que acabó a los golpes** he got so mad they came to blows
➤ **grados bajo cero** degrees below zero: **hay cinco grados bajo cero** it's five degrees below zero.

la **graduación** (*plural* las graduaciones) ■ **graduation.**

graduado *adjetivo* ■ **prescription: uso lentes graduados** I wear prescription lenses.

graduar *verbo*
1. **to adjust: gradúa bien el agua caliente antes de meterte en la ducha** adjust the hot water carefully before you step into the shower
2. **to calibrate: el oculista graduó la miopía del niño** the optician calibrated the boy's nearsightedness

graduarse *verbo* ■ **to graduate: me gradué el mes pasado y ya estoy trabajando** I graduated last month and I'm already working.

la **gráfica** ■ **graph**.

gráfico *adjetivo* ■ **graphic: es un concurso de artes gráficas** it's a graphic art contest

el **gráfico** ■ **table**.

la **gramática** ■ **grammar**.

el **gramo** ■ **gram**.

gran *adjetivo* ➤ grande

Gran is a shortened form of the word grande. It is used in front of the noun.

grande *adjetivo*
1. **big: su auto es demasiado grande** his car is too big
2. **great : es un gran hombre** he's a great man

➤ **es un libro para gente grande** it's a book for adults.

el **granero** ■ **barn**.

granizar *verbo* ■ **to hail: granizó de madrugada** it was hailing at dawn.

el **granizo** ■ **hail: el granizo estropeó la cosecha** the hail ruined the crop

➤ **caer granizo** to hail: **cayó granizo sobre la ciudad** it was hailing in the city.

la **granja** ■ **farm**.

el **granjero,** la **granjera** ■ **farmer**.

el **grano**
1. **pimple: tiene un grano en la nariz** she has a pimple on her nose
2. **grain: se alimenta a base de granos** her diet is based on grains; **se me metió un grano de arena en el ojo** I got a grain of sand in my eye

➤ **ir al grano** to get to the point: **no entiendo lo que me quieres decir, ve al grano** I don't understand what you're trying to say, just get to the point.

la **grapa**
1. **staple: usé una grapa para sujetar estos papeles** I used a staple to hold these papers together
2. *Southern Cone* **grappa: esta grapa es demasiado fuerte para mí** this grappa is too strong for me.

la **grasa**
1. **fat: con alto contenido de grasa** high in fat
2. **grease: las manos del mecánico estaban cubiertas de grasa** the mechanic's hands were covered in grease.

grasoso *adjetivo* ■ **greasy: le cae mal la comida grasosa** greasy food doesn't agree with him.

gratis *adjetivo & adverbio* ■ **free: tengo dos entradas gratis para el cine** I have two free tickets to the movies; **los menores entran gratis al concierto** children can attend the concert for free.

gratuito *adjetivo*
1. **free: la entrada es gratuita los lunes** admission is free on Mondays
2. **gratuitous: su comentario fue totalmente gratuito** her comment was completely gratuitous.

grave *adjetivo*
1. **serious: éste es un problema muy grave** this is a very serious problem; **cometió un delito grave** he committed a serious crime
2. **deep: el abuelo tiene una voz muy grave** grandfather has a very deep voice; **tuvo un accidente y está grave** he was in an accident and is seriously ill

➤ **estar grave** to be seriously ill.

la **gravedad**
1. **gravity: Newton definió las leyes de la gravedad** Newton defined the laws of gravity
2. **seriousness: no nos habíamos imaginado la gravedad del asunto** we hadn't realized the seriousness of the situation.

la **grieta** ■ **crack: hay una grieta en la pared** there is a crack in the wall.

el **grifo**
1. **faucet: el grifo de la izquierda es el del agua caliente** the faucet on the left is the hot water
2. *Peru* **gas station: el próximo grifo queda a tres kilómetros** the nearest gas station is three kilometers away.

el **grillo** ■ **cricket**.

gringo *peyorativo adjetivo* ■ **gringo: los productos gringos invadieron el mercado** gringo products flooded the market

el **gringo, la gringa** ■ **gringo: los gringos declararon la guerra** the gringos declared war.

la **gripa** *Mexico* ■ **flu: no fui a la escuela por que tenía gripa** I didn't go to school because I had the flu.

gris *adjetivo* ■ **gray: compró unos pantalones grises** she bought some gray pants

el **gris** ■ **gray: pinté la pared de gris** I painted the wall gray.

gritar *verbo* ■ **to shout: un cliente le gritó al empleado de la tienda** a customer shouted at one of the salesclerks
➤ **gritar de alegría** to scream with joy: **grité de alegría cuando me enteré de la noticia** I screamed with joy when I heard the news
➤ **gritar de dolor** to scream with pain: **gritó de dolor cuando se lastimó la mano** he screamed with pain when he hurt his hand.

el **grito** ■ **scream: el grito de la niña era aterrador** the girl's scream was terrifying
➤ **pegarle un grito a alguien** to holler at someone: **le pegó un grito al niño y éste se puso a llorar** he hollered at the boy and made him cry

EL GRITO

In Mexico, at 11 o'clock on the night of September 15, the President utters the cry, "¡Mexicanos, vivan los héroes que nos dieron patria! ¡Viva México!" from the balcony of the National Palace. This cry represents the beginning of the fight for Mexico's independence and marks the beginning of the national holiday which honors Miguel Hidalgo, who led the Mexican independence movement in 1810.

la **grosería** ■ **swearword: le dijo una grosería al conductor del auto** he said a swearword to the car driver
➤ **fue una grosería no invitarlo a la fiesta** it was very rude not to invite him to the party.

grosero *adjetivo* ■ **rude: detesto su comportamiento grosero** I detest his rude behavior.

la **grúa** ■ **crane: las grúas del puerto descargan las mercancías de los barcos** the port cranes unload the ships' goods.

grueso *adjetivo*
1. **thick: compré una tela gruesa para las cortinas** I bought a thick cloth for the curtains
2. **heavyset: es una mujer gruesa** she's a heavyset woman

el **grueso** ■ **major portion: pagué el grueso de mis deudas** I paid the major portion of my debts.

el **gruñido**
1. **growl: el gruñido del perro me asustó** the dog's growl scared me
2. **grunt: nos contestó con un gruñido** he answered us with a grunt.

gruñón, gruñona *adjetivo* ■ **grumpy: nos atendió una empleada gruñona** a grumpy clerk waited on us.

el **grupo** ■ **group: formamos un grupo de seis personas** we form a group of six people.

la **gruta** ■ **cavern**.

el **guacal**

1. *Central America, Mexico* **pumpkin: en esta zona plantan guacales** in this area they plant pumpkins
2. *Colombia, Mexico* **cage: pusimos al pájaro dentro del guacal** we put the bird inside the cage.

el **guachimán** (*plural* los guachimanes) *Mexico* ■ **watchman** (*plural* **watchmen**)**: el guachimán nos avisó del peligro** the watchman warned us of the danger.

la **guagua**

1. *Caribbean* **bus: fuimos a la playa en guagua** we went to the beach by bus
2. *Andes* **baby** (*plural* **babies**)**: tienen dos guagas preciosas** they have two precious babies.

el **guajiro,** la **guajira** *Cuba* ■ **peasant: muchos guajiros están abandonando el campo** many peasants are abandoning the countryside.

el **guajolote** *Central America, Mexico*

1. **turkey: criamos guajolotes en este terreno** we raise turkeys on this land
2. **fool: estos hombres parecen unos guajolotes** these men look like fools.

el **guante** ■ **glove: uso guantes para lavar los platos** I wear gloves to wash the dishes.

guapo *adjetivo*

1. **attractive: es el muchacho más guapo que conozco** he's the most attractive guy I know
2. **well-dressed: iba muy guapa a la fiesta** she went to the party very well-dressed.

el **guarache** *Mexico* ■ **sandal**.

el **guaraní** ■ **Guarani**

GUARANÍ

Paraguay is the only Latin American country where an indigenous language, **Guarani**, is used as widely as Spanish. The process of racial mixing between Spaniards and **Guaranis** has resulted in a population that is largely bilingual. Both Spanish and **Guarani** are highly influenced by each other in Paraguay, and are spoken by more than four million inhabitants.

el **guarda**

1. **guard: los guardas vigilaban la costa** the guards were watching the coast
2. *River Plate* **ticket collector: el guarda nos pidió los boletos del tren** the ticket collector asked us for our train tickets.

el/la **guardameta** ■ **goalkeeper: el guardameta atajó el penal** the goalkeeper intercepted the penalty kick.

el **guardapolvo** ■ **overalls: Lucas se ensució el guardapolvo** Lucas got his overalls dirty.

guardar *verbo*

1. **to save: guárdame un poco de cena** save me a little supper; **les guardamos lugar en el teatro** we saved them a place at the theater
2. **to keep: no guardé el documento necesario** I didn't keep the necessary document
3. **to put away: guardé la ropa en el armario** I put the clothes away in the closet

➤ **guardar un secreto** to keep a secret: **no sabe guardar un secreto** he can't keep a secret.

el **guardarropa** ■ **cloakroom: dejamos los abrigos en el guardarropa** we left the coats in the cloakroom.

la **guardia**

1. **guard: la guardia nacional está en estado de alerta** the national guard is on a state of alert
2. **shift: hicimos un turno de guardia nocturna** we took a turn on the night shift

➤ **estar de guardia** to be on duty: **está de guardia en el hospital** he's on duty at the hospital.

el/la **guardia** ■ **guard: el guardia disparó al aire** the guard fired into the air.

la **guarida**

1. **hideout: la policía descubrió la guarida de los ladrones** the police discovered the thieves' hideout
2. **lair: los lobos se refugiaron en una guarida** the wolves took shelter in a lair.

el **guarura** *Mexico informal* ■ **bodyguard: anda con dos guaruras día y noche** he goes around with two bodyguards day and night.

Guatemala *sustantivo femenino* ■ **Guatemala**.

guatemalteco *adjetivo*

En inglés, los adjetivos que se refieren a un país o una región se escriben con mayúscula:

Guatemalan: compré artesanías guatemaltecas I bought Guatemalan handicrafts

el **guatemalteco**, la **guatemalteca**

En inglés, los gentilicios se escriben con mayúscula:

Guatemalan: los guatemaltecos the Guatemalans.

la **guayaba** ■ **guava**.

la **guayabera** ■ *loose shirt with pockets*.

el **guayabo** ■ **guava tree**.

el **güero**, la **güera** *Mexico informal* ■ **blond (blonde): me enamoré de un güero** I fell in love with a blond.

la **guerra** ■ **war**

➤ **declarar la guerra** to declare war.

el **guerrero**, la **guerrera** ■ **warrior**.

la **guerrilla** ■ **guerrilla band**.

el **guerrillero**, la **guerrillera** ■ **guerrilla: los guerrilleros tomaron la aldea** the guerrillas took the village.

la **guía**

1. **guide: sus enseñanzas son una guía para mí** his teachings are a guide for me
2. **guidebook: compraron una guía de la ciudad** they bought a guidebook to the city
3. **directory** (*plural* **directories**): **buscó la información en la guía de la universidad** he looked for the information in the university directory

➤ **una guía telefónica** a telephone directory

el/la **guía** ■ **guide: el guía nos explicó la historia de la catedral** the guide explained the cathedral's history to us.

guiar *verbo* ■ **to guide: José guió a sus amigos por las calles de la ciudad** José guided his friends through the city's streets.

el **guijarro** ■ **pebble**.

guiñar *verbo*

➤ **guiñar el ojo** to wink: **guiñó el ojo mientras me hablaba** he winked while he was talking to me.

el **guiño** ■ **wink: Luis le hizo un guiño a María** Luis gave a wink to María.

el **guión** (*plural* los guiones)

1. **script: el guión de la película es excelente** the movie's script is excellent
2. **hyphen: el guión sirve para separar las palabras en sílabas** the hyphen serves to separate words in syllables.

el **guisado** ■ **stew**.

el **guisante** *Mexico* ■ **pea**.

guisar *verbo* ■ **to cook: guisé el pollo con hierbas** I cooked the chicken with herbs.

el **guiso** ■ **stew**.

la **guita** *River Plate informal* ■ **money: me quedé sin guita para el alquiler** I didn't have money for the rent.

la **guitarra** ■ **guitar**.

la **guitarreada** *Southern Cone* ■ **singalong: se armó una linda guitarreada en la fiesta** there was a nice singalong at the party.

la **gula** ■ **gluttony**.

el **gurí**, la **gurisa** *River Plate informal* ■ **kid: hay demasiados gurises en la clase** there are too many kids in the class.

el **gusano**

1. **maggot: los gusanos me dan asco** maggots disgust me
2. **worm: hay un gusano en la manzana** there's a worm in the apple

➤ **un gusano de seda** a silkworm.

gustar *verbo*

1. **to like: a Susana le gusta el cine** Susana likes cinema; **no me gustó que me gritaran** I didn't like them shouting at me; **a Pedro le gusta María** Pedro likes María

2. **to be pleasing: es una música que gusta mucho** it's very pleasing music.

el **gusto** ■ **taste: el gusto es uno de los sentidos más importantes** taste is one of the most important senses; **esta leche tiene gusto a podrido** this milk has a spoiled taste; **esta pareja tiene gustos incompatibles** this couple has incompatible tastes

➤ **tener buen gusto** to have good taste: **tienen buen gusto para la decoración** they have good taste in decoration

➤ **tener mal gusto** to have bad taste: **tiene mal gusto para vestirse** he has bad taste in clothes

➤ **mucho gusto** it's a pleasure: **le presento a mi jefe — mucho gusto en conocerlo** allow me to introduce you to my boss – it's a pleasure to meet you.

h

el **haba** *sustantivo femenino*

Feminine noun that takes **un** or **el** in the singular.

bean.

haber *verbo* ■ **to have: han viajado a Colombia** they have traveled to Colombia

➤ **hay** *en singular* there is: **hay una sola persona en el cine** there is only one person in the movie theater

➤ **hay** *en plural* there are

➤ **hay 30 niños en la fiesta** there are 30 children at the party

➤ **hay que** it is necessary: **hay que ayudar a Matilde** it is necessary to help Matilde

➤ **no hay de qué** don't mention it: **gracias - no hay de qué** thanks — don't mention it

➤ **¿qué hay?** how are things?: **¿qué hay? - todo bien, gracias** how are things? — everything's fine, thanks.

la **habichuela** ■ **kidney bean**.

hábil *adjetivo* ■ **skillful: es un carpintero muy hábil** he's a very skillful carpenter.

la **habilidad** ■ **skill: tiene habilidad para las manualidades** he has skill for handicrafts.

habiloso *Chile informal adjetivo* ■ **shrewd: es un muchacho muy habiloso** he's a very shrewd guy.

la **habitación** (*plural* las habitaciones) ■ **room: este departamento tiene cuatro habitaciones** this apartment has four rooms.

el/la **habitante** ■ **inhabitant**.

habitar *verbo* ■ **to live in: los elefantes habitan en África y Asia** elephants live in Africa and Asia.

el **hábito** ■ **habit: tiene el hábito de acostarse tarde** he has the habit of going to bed late; **pocos sacerdotes usan hábito en la actualidad** few priests wear habits nowadays.

habitual *adjetivo* ■ **customary: esta no es una conducta habitual en él** this is not customary behavior for him.

hablar *verbo*

1. **to talk: el niño todavía no habla** the boy doesn't talk yet
2. **to speak: mis amigos hablan ruso** my friends speak Russian; **Roberto y María ya no se hablan** Roberto and María don't speak to each other anymore

➤ **hablar hasta por los codos** to talk too much: **no me gusta Juan porque habla hasta por los codos** I don't like Juan because he talks too much.

el **hacendado, la hacendada** ■ **landowner: grandes hacendados poseen la mayoría de estas tierras** big landowners own the majority of these lands.

hacer *verbo*
1. **to make: las abejas hacen miel** bees make honey
2. **to do: Mariana hace teatro** Mariana does theater; **hacen gimnasia todas las mañanas** they do gymnastics every morning
➤ **hace de la bruja mala** she plays the part of the evil witch
➤ **hace calor** it's hot
➤ **hace dos años que no tomo vacaciones** it's been two years since I took a vacation
➤ **hacer la cama** to make the bed.

el **hacha** *sustantivo femenino*

Feminine noun that takes **un** or **el** in the singular.

ax.

hacia *preposición*
1. **toward: caminó hacia la salida** he walked toward the exit
2. **around: hacia finales de diciembre terminan las clases** they finish classes around the end of December
➤ **hacia arriba** up: **el globo se fue hacia arriba** the balloon went up
➤ **hacia abajo** down
➤ **tiraron la piedra hacia abajo** they threw the stone down
➤ **hacia delante** forward: **continuaron hacia delante** they continued forward
➤ **hacia atrás** backward: **se cayó hacia atrás** she fell backward.

la **hacienda** ■ **ranch: tenemos muchos animales en la hacienda** we have many animals on the ranch.

halagar *verbo* ■ **to flatter: me halagan tus comentarios** your comments flatter me.

hallar *verbo* ■ **to find: hallaron un tesoro escondido** they found a hidden treasure
➤ **no hallarse en un lugar** to feel out of place somewhere: **no me hallo en una ciudad tan grande** I feel out of place in such a big city.

la **hamaca**
1. **hammock: estamos descansando en las hamacas** we are resting in the hammocks
2. *River Plate* **swing: a los niños les encantan las hamacas del parque** children love the park swings.

hamacar *verbo*
1. **to swing: hamácame más fuerte** swing me harder
2. **to rock: el bebe se durmió mientras su madre lo hamacaba** the baby fell asleep while his mother was rocking him.

el **hambre** *sustantivo femenino*

Feminine noun that takes **un** or **el** in the singular.

hunger: este niño tiene hambre this child is hungry
➤ **morirse de hambre** to die of hunger: **es lamentable que todavía haya niños que se mueren de hambre** it's pitiful that there are still children that die of hunger
➤ **pasar hambre** to go hungry: **en el campamento pasamos hambre** at the camp we went hungry
➤ **tener hambre** to be hungry.

la **harina** ■ **flour**.

hartarse *verbo pronominal*
1. **to get tired of: me harté de tu mal humor** I got tired of your bad mood
2. **to stuff oneself: se hartaron de dulces** they stuffed themselves with sweets.

harto *(adjetivo & adverbio)*

■ *adjetivo*
1. **fed up: estoy harta del estudio** I'm fed up with studying
2. **a lot: tiene harta paciencia** she has a lot of patience; **de este aeropuerto salen hartos aviones** a lot of airplanes depart from this airport

■ *adverbio*
very: están harto agotados they're very exhausted.

hasta *(preposición & adverbio)*

■ *preposición*

1. **up to: llene el tanque hasta la mitad** fill the tank up to the middle
2. **as far as: fueron conmigo hasta la playa** they went with me as fas as the beach
3. *Central America, Colombia, Ecuador, Mexico* **not before: pintaremos la casa hasta fin de mes** we will not start painting the house before the end of the month
4. **until: lo cuidó hasta que se curó** she took care of him until he got better

➤ **hasta luego** see you later

➤ **hasta mañana** see you tomorrow

■ *adverbio*

even: hasta un ignorante puede aprender esto even an ignorant person can learn this.

la **hazaña** ■ **feat**.

el **hecho**

1. **action: prefiero hechos y no palabras** I prefer actions to words
2. **event: el periodista destacó los hechos más importantes de la semana** the reporter highlighted the most important events of the week

➤ **de hecho** in fact: **de hecho, los resultados fueron mucho mejor de lo que esperábamos** in fact, the results were much better than we had hoped

➤ **es un hombre hecho y derecho** he's a real man.

la **helada** ■ **frost: anoche cayó una helada** last night there was a frost.

la **heladera** ■ **refrigerator**.

helado *adjetivo*

1. **freezing: esta habitación está helada** this room is freezing
2. **scared: nos quedamos helados con la noticia** we were scared by the news

el **helado** ■ **ice cream**.

helarse *verbo pronominal* ■ **to freeze: este lago se hiela en invierno** this lake freezes in winter.

el **helecho** ■ **fern**.

la **hélice** ■ **propeller**.

el **helicóptero** ■ **helicopter**.

la **hembra** ■ **female: en algunas especies las hembras son más fuertes que los machos** in some species the females are stronger than the males.

el **hemisferio** ■ **hemisphere**.

la **hemorragia** ■ **loss of blood**.

heredar *verbo* ■ **to inherit: heredamos una gran fortuna** we inherited a large fortune; **Juan heredó el carácter del padre** Juan inherited his father's character.

la **heredera** ■ **heiress**.

el **heredero** ■ **heir: los herederos recibieron una fuerte suma de dinero** the heirs received a large sum of money.

la **herencia** ■ **inheritance: recibió una cuantiosa herencia del tío** he received a substantial inheritance from his uncle.

la **herida**

1. **wound: tiene una herida profunda en la pierna** he has a deep wound on his leg
2. **injury** *(plural* **injuries***)*: **sufrió heridas leves** he suffered slight injuries

➤ **una herida de bala** a bullet wound.

herido *adjetivo*

1. **wounded: fue herido en la batalla** he was wounded in the battle
2. **injured: resultó herido de gravedad** he turned out to be seriously injured

el **herido,** la **herida**

1. **injured person** *(plural* **injured people***)*: **hubo cuatro heridos en el accidente** there were four injured people in the accident
2. **wounded person** *(plural* **wounded people***)*: **hubo cien heridos en la batalla** there were one hundred wounded people after the battle.

herir *verbo*

1. **to injure: lo hirieron gravemente en la pelea** they injured him seriously in the fight
2. **to wound: la explosión hirió a varias personas** the explosion wounded several people

3. **to hurt:** **con su negativa lo hirió en lo más profundo** with her refusal, she hurt him deeply.

la **hermana** ■ **sister:** **tengo una hermana mayor** I have an older sister.

el **hermano** ■ **brother:** **tengo un hermano menor** I have a little brother; **tengo dos hermanos menores, Matías y Ana** I have two younger siblings, Matías and Ana.

hermoso *adjetivo* ■ **beautiful:** **¡qué hermoso día!** what a beautiful day!

el **héroe** ■ **hero** (*plural* **heroes**).

heroico *adjetivo* ■ **heroic:** **su comportamiento heroico me salvó la vida** his heroic performance saved my life.

la **heroína** ■ **heroine:** **la heroína de la novela** the novel's heroin.

la **herramienta** ■ **tool**.

la **herrumbre** ■ **rust**.

hervir *verbo* ■ **to boil:** **herví las verduras** I boiled the vegetables.

hidratar *verbo* ■ **to moisturize:** **esta crema es ideal para hidratar la piel** this cream is ideal to moisturize the skin.

hidráulico *adjetivo* ■ **hydraulic:** **es un ingeniero hidráulico** he's a hydraulic engineer.

la **hiedra** ■ **ivy**.

el **hielo** ■ **ice**
➤ **romper el hielo** to break the ice: **rompió el hielo con un chiste** he broke the ice with a joke.

la **hierba**
1. **grass:** **tomamos sol en la hierba** we sunbathed in the grass
2. **herb:** **condimenté el pollo con hierbas** I seasoned the chicken with herbs.

el **hierro** ■ **iron**.

el **hígado** ■ **liver**.

la **higiene** ■ **hygiene:** **es increíble la falta de higiene de este lugar** this place's lack of hygiene is incredible
➤ **la higiene corporal** personal hygiene
➤ **la higiene dental** dental hygiene.

la **hija** ■ **daughter:** **tienen tres hijas y un hijo** they have three daughters and one son.

el **hijo**
1. **son:** **tienen tres hijos** they have three sons
2. **child:** **van a tener un hijo** they're going to have a child
➤ **un hijo adoptivo** an adopted child.

la **hilera**
1. **line:** **los niños formaron una hilera** the children formed a line
2. **row:** **hay una hilera de árboles en la entrada a la casa** there's a row of trees at the house's entrance.

el **hilo**
1. **thread:** **necesito hilo para coser este dobladillo** I need thread in order to sew this hem
2. **trickle:** **de su boca salía un hilo de sangre** a trickle of blood came out of his mouth
➤ **perder el hilo** to lose the thread: **siempre pierde el hilo de lo que está diciendo** he always loses the thread of what he's saying.

el **himno**
1. **hymn**
2. **anthem**
➤ **un libro de himnos** a hymn book
➤ **el himno nacional** the national anthem.

hincarse *verbo pronominal*
➤ **hincarse de rodillas** to kneel: **se hincó de rodillas cuando entró en la iglesia** he kneeled when he went into the church.

hincharse *verbo pronominal* ■ **to swell:** **se le hinchó la cara después del accidente** her face swelled after the accident.

el **hipo** ■ **hiccup**
➤ **tener hipo** to have the hiccups.

la **hipocresía** ■ **hypocrisy**.

hipócrita *adjetivo* ■ **hypocritical:** **dio una respuesta hipócrita** she gave a hypocritical answer el/la **hipócrita** ■ **hypocrite**.

hispánico *adjetivo*

En inglés los gentilicios se escriben con mayúscula:

Hispanic.

hispano *adjetivo*

En inglés, los adjetivos que se refieren a un país o una región se escriben con mayúscula:

Hispanic: la población hispana the Hispanic population
➤ **los países de habla hispana** the Spanish-speaking countries

el **hispano**, la **hispana**

En inglés los gentilicios se escriben con mayúscula:

1. *latinoamericano* **Latin American**
2. *residente en EE.UU.* **Hispanic: los hispanos de ascendencia mexicana** the Hispanics of Mexican descent.

hispanohablante *adjetivo*
■ **Spanish-speaking**

el/la **hispanohablante** ■ **Spanish speaker**.

histérico *adjetivo* ■ **hysterical**.

la **historia**
1. **history** (*plural* **histories**): **estamos estudiando la historia de los antiguos** we're studying the history of the ancients
2. **story** (*plural* **stories**): **una historia de amor** a love story
➤ **déjate de historias y di la verdad** stop beating around the bush and tell the truth.

histórico *adjetivo*
1. **historic: un monumento histórico** a historic monument
2. **historical: un personaje histórico** a historical character
➤ **la llegada a la Luna fue un hecho histórico** the trip to the moon was a historical event.

la **historieta** ■ **short story** (*plural* **short stories**).

el **hobby** (*plural* los hobbies) ■ **hobby** (*plural* **hobbies**)
➤ **los colecciona por hobby** he collects them as a hobby.

el **hocico**
1. *de puerco* **snout**
2. *de perro* **muzzle**.

el **hockey** ■ **hockey**
➤ **hockey sobre hielo** ice hockey
➤ **hockey sobre césped** field hockey
➤ **hockey sobre pasto** *Central America, Mexico* field hockey.

el **hogar** ■ **home: tuvo un hogar feliz** he had a happy home life
➤ **la gente sin hogar** the homeless.

la **hoguera** ■ **bonfire**.

la **hoja**
1. **leaf** (*plural* **leaves**): **las hojas de los árboles** the leaves of the trees
2. **sheet: escríbelo en esta hoja** write it on this sheet; **una hoja en blanco** a blank sheet
3. **page: está en la hoja siguiente** it's on the next page
➤ **una hoja de afeitar** razor blade
➤ **una hoja de cálculo** spreadsheet.

la **hojalatería** *Mexico* ■ **body shop**.

hola *interjección* ■ **hello: hola ¿qué tal?** hello — how are things?

holgazán, holgazana *adjetivo*
■ **lazy**.

el **hombre** ■ **man** (*plural* **men**): **es un hombre inteligente** he's an intelligent man
➤ **un hombre de negocios** a businessman
➤ **un hombre rana** a frogman.

el **hombro** ■ **shoulder**.

el **homenaje** ■ **tribute**
➤ **rendirle homenaje a alguien** to pay tribute to somebody: **la multitud rindió homenaje a su ídolo** the masses paid tribute to their idol

➤ **en homenaje a** in tribute to: **un concierto en homenaje a las víctimas** a concert in tribute to the victims.

hondo *adjetivo* ■ **deep**
➤ **yo no me meto en la parte honda** I don't go in the deep end.

Honduras *sustantivo femenino* ■ **Honduras**.

hondureño *adjetivo*

En inglés, los adjetivos que se refieren a un país o una región se escriben con mayúscula:

Honduran

el **hondureño**, la **hondureña**

En inglés, los gentilicios se escriben con mayúscula:

Honduran
➤ **los hondureños** the Hondurans.

la **honestidad** ■ **honesty: la honestidad es su mayor virtud** honesty is his greatest virtue
➤ **dímelo con toda honestidad** be completely honest with me.

honesto *adjetivo* ■ **honest**.

el **hongo**
1. **fungus: es causada por un hongo** it's caused by a fungus
2. **mushroom: un hongo comestible** an edible mushroom.

el **honor** ■ **honor**.

la **honradez** ■ **honesty**.

honrado *adjetivo* ■ **honest: es un hombre honrado** he's an honest man
➤ **se sintió honrado con su visita** he felt honored by her visit.

la **hora**
1. **hour: me demoré dos horas en llegar** I took two hours to arrive
2. **time: ¿qué hora es?** what time it is?; **¿tienes hora?** do you have the time?; **es hora de ir al colegio** it's time to go to school
3. **appointment: tengo hora con el oculista** I have an appointment with the eye doctor; **pedí hora en la peluquería** I made an appointment at the hairdresser's
➤ **¿a qué hora empieza el programa?** what time does the program start?
➤ **llegar a la hora** to arrive on time: **nunca llega a la hora** he never arrives on time
➤ **vino a la hora de almorzar** he came at lunchtime
➤ **¿qué haces en tus horas libres?** what do you do in your free time?
➤ **la hora pico** the rush hour.

el **horario** ■ **schedule: según mi horario, tengo inglés mañana** according to my schedule, I have English tomorrow; **no sé el horario de los trenes** I don't know the train schedule
➤ **horario de atención al público** opening hours.

horizontal *adjetivo* ■ **horizontal**.

el **horizonte** ■ **horizon: el sol aparece por el horizonte** the sun appears on the horizon.

la **hormiga** ■ **ant**.

el **hormigón** ■ **concrete**.

el **hormigueo** ■ **tingling: tengo un hormigueo en un pie** I have a tingling in one foot.

el **horno** ■ **oven: un horno eléctrico** an electric oven
➤ **ser un horno** to be like an oven: **el gimnasio es un horno** the gym is like an oven
➤ **pollo al horno** roasted chicken
➤ **papas al horno** baked potatoes
➤ **un horno microondas** a microwave oven.

el **horóscopo** ■ **horoscope**.

la **horquilla** ■ **bobby pin: se sujetó el pelo con horquillas** she secured her hair with bobby pins.

horrible *adjetivo* ■ **horrible: ¡qué lugar tan horrible!** what a horrible place!; **ha hecho un tiempo horrible** the weather has been horrible.

el **horror** ■ **horror: escuchó un grito de horror** he heard a scream of horror

➤ **¡qué horror!** how horrible!
➤ **una película de horror** a horror movie
➤ **los horrores de la guerra** the horrors of war.

horroroso *adjetivo*
1. **horrendous: ¡qué cuadro más horroroso!** what a horrendous painting!
2. **horrifying: tiene unas escenas horrorosas** it has some horrifying scenes
➤ **el tiempo estuvo horroroso** the weather was awful.

la **hortaliza** ■ **vegetable**.

hospedarse *verbo pronominal* ■ **to stay: se hospedaron en albergues juveniles** they stayed in youth hostels.

el **hospital** ■ **hospital: trabaja en el hospital** she works at the hospital; **los llevaron al hospital** they took them to the hospital.

la **hospitalidad** ■ **hospitality**.

hospitalizar *verbo* ■ **to hospitalize**
➤ **va a tener que hospitalizarse** he'll have to be hospitalized.

la **hostia** ■ **host: la hostia sagrada** the sacred host.

el **hotel** ■ **hotel**.

hoy *adverbio* ■ **today: hoy es su cumpleaños** today is her birthday; **el diario de hoy** today's newspaper; **la juventud de hoy** today's youth
➤ **hoy es posible curar muchas enfermedades** nowadays it's possible to cure many diseases
➤ **de hoy en adelante** from now on.

el **hoyo** ■ **hole: el perro hizo un hoyo en el jardín** the dog made a hole in the garden.

el **huarache** *Mexico* ■ **sandal**.

hueco *adjetivo* ■ **hollow**

el **hueco**
1. **space: hay que hacer un hueco para poner este libro** we have to make a space for this book
2. **room: no me queda hueco para comer más** I don't have any room to eat more
➤ **me hicieron hueco en el taxi** they made room for me in the taxi
➤ **es difícil encontrar un hueco para estacionarse** it's difficult finding a place to park
➤ **está muy ocupada pero va a hacer un hueco para recibirme** she's very busy but she's going to set aside some time to see me.

la **huelga** ■ **strike**
➤ **están en huelga** they're on strike
➤ **votaron para ir a la huelga** they voted to go on strike
➤ **se declararon en huelga** they went on strike
➤ **una huelga de hambre** a hunger strike.

la **huella** ■ **footprint: había huellas en la nieve** there were footprints in the snow
➤ **íbamos siguiendo la huella del jeep** we were following the jeep's tracks
➤ **desaparecieron sin dejar huella** they disappeared without a trace
➤ **huellas digitales** fingerprints.

huérfano *adjetivo* ■ **orphaned**
➤ **quedó huérfano** he was orphaned
➤ **es huérfano** he's an orphan
➤ **quieren adoptar a un niño huérfano** they want to adopt an orphan

el **huérfano**, la **huérfana** ■ **orphan**.

la **huerta**
1. *de legumbres, verduras* **vegetable garden**
2. *de árboles frutales* **orchard**.

el **huerto**
1. *de legumbres, verduras* **vegetable garden**
2. *de árboles frutales* **orchard**.

el **hueso**
1. **bone: encontraron un hueso de dinosaurio** they found a dinosaur bone
2. **pit: el hueso del durazno** the peach pit.

el **huésped**, la **huésped** ■ **guest**.

el **huevo** ■ **egg**
➤ **un huevo duro** a hard-boiled egg
➤ **un huevo estrellado** a fried egg
➤ **un huevo frito** a fried egg
➤ **un huevo pasado por agua** a soft-boiled egg
➤ **un huevo tibio** *Colombia, Mexico* a soft-boiled egg
➤ **un huevo de Pascua** an Easter egg
➤ **huevos revueltos** scrambled eggs.

huir *verbo* ■ **to escape: varios presos huyeron de la cárcel** several prisoners escaped from prison
➤ **huyeron cuando vieron que venía la policía** they fled when they saw that the police were coming
➤ **tuvieron que huir del país** they had to flee the country
➤ **cuando sonó la alarma salieron huyendo** when the alarm went off they ran away.

el **hule**
1. **oilcloth: un mantel de hule** an oilcloth tablecloth
2. *Central America, Mexico* **rubber: una liga de hule** a rubber band.

la **humanidad** ■ **humanity: fue una gran muestra de humanidad** it was a great demonstration of humanity
➤ **la humanidad** humankind
➤ **las humanidades** humanities.

humanitario *adjetivo* ■ **humanitarian.**

humano *adjetivo*
1. **human: el cuerpo humano** the human body
2. **humane: recibieron un tratamiento muy humano** they received very humane treatment.

la **humareda** ■ **cloud of smoke.**

la **humedad**
1. *del aire* **humidity: el calor y la humedad eran insoportables** the heat and humidity were insufferable
2. *del suelo, en las paredes* **moisture: apareció una mancha de humedad en el techo** a moisture spot appeared on the ceiling
➤ **no hace mucho calor pero hay mucha humedad** it's not very hot but it's very humid.

humedecer *verbo* ■ **to dampen.**

húmedo *adjetivo*
1. *aire* **humid: es una ciudad con un clima húmedo** it's a city with a humid climate
2. *suelo, paredes* **damp: esta ropa está húmeda** these clothes are damp; **la casa es muy húmeda en invierno** the house is very damp in the winter.

humilde *adjetivo* ■ **humble: debería ser un poco más humilde** he should be a little more humble
➤ **alumnos que provienen de zonas humildes** students that come from poor areas.

la **humillación** (*plural* las humillaciones) ■ **humiliation.**

humillar *verbo* ■ **to humiliate.**

el **humo** ■ **smoke: el humo de un cigarrillo** cigarette smoke
➤ **el humo de los tubos de escape** exhaust fumes
➤ **bajarle los humos a alguien** to take somebody down a notch: **decidimos bajarle los humos** we decided to take him down a notch
➤ **estaba que echaba humo** he was fuming
➤ **hacerse humo** *informal* to disappear: **el libro del profesor se hizo humo** the professor's book disappeared.

el **humor**
1. **mood: el profesor estaba de muy mal humor** the professor was in a very bad mood; **no estaba de humor para explicar nada** she wasn't in the mood to explain anything
2. **humor: no entiendo esa clase de humor** I don't understand that kind of humor
➤ **tiene mucho sentido del humor** he has a good sense of humor.

hundirse *verbo pronominal*
1. **to sink: el lugar donde se hundió el barco** the place where the boat sank
2. **to collapse: el techo se hundió con el peso de la nieve** the roof collapsed with the weight of the snow
➤ **se me hundían los pies en el barro** my feet sank in the mud.

el **huracán** (*plural* los huracanes) ■ **hurricane.**

husmear *verbo*
1. **to sniff: el perro le husmeaba los zapatos** the dog sniffed his shoes
2. **to snoop: lo encontré husmeando en mi closet** I found him snooping in my closet.

huyendo *verbo* ➤ huir.

i

iba, íbamos etc *verbo* ➤ ir.

el **icono** ■ **icon: hay que hacer clic en el icono para empezar el programa** you have to click on the icon to start the program.

la **ida** ■ **journey out: la ida la hicimos sin problemas** we made the journey out without problems
➤ **la ida sola sale más cara** one-way costs more
➤ **es mejor comprar ida y vuelta** it's better to buy a round trip
➤ **sentimos mucho la ida del profesor de historia** we regret a lot the departure of the history professor.

la **idea** ■ **idea: creo que es una buena idea** I think it's a good idea
➤ **¿tienes idea de cómo funciona esto?** do you have any idea how this works?
➤ **no tengo la menor idea** I don't have any idea
➤ **mi idea era ir al cine** my idea was to go to the movies
➤ **cambiar de idea** to change one's mind: **dijo que sí, pero cambió de idea** she said yes, but changed her mind.

ideal *adjetivo* ■ **ideal: es el lugar ideal para un picnic** it's an ideal place for a picnic
➤ **lo ideal sería salir bien temprano** the ideal thing would be to leave very early

el **ideal** ■ **ideal: mi ideal es tener una carrera y viajar** my ideal is to have a career and travel.

idear *verbo* ■ **to invent: idearon un sistema diferente** they invented a different system
➤ **idearon una manera de copiar las respuestas** they devised a way to copy the answers.

idéntico *adjetivo* ■ **identical: los dos cuadros son idénticos** the two paintings are identical
➤ **idéntico a algo** identical to something: **tengo una falda idéntica a la tuya** I have a skirt identical to yours
➤ **Pedro es idéntico a su padre** Pedro's the image of his father.

la **identidad** ■ **identity** (*plural* **identities**).

la **identificación** ■ **identification**
➤ **es necesario llevar una identificación** it's necessary to carry identification.

identificar *verbo* ■ **to identify: identificaron al asaltante** they identified the attacker
➤ **identificarse con alguien** to identify with somebody: **la gente se identifica con la protagonista** people identify with the protagonist.

el **idioma** ■ **language**

> ⚠ The Spanish word **idioma** is a false cognate, it does not mean "idiom".

idiota ■ **stupid: ¿por qué eres tan idiota?** why are you so stupid?

el/la **idiota** ■ **idiot: no le hagas caso, es una idiota** don't pay attention to him, he's an idiot.

el **ídolo** ■ **idol**.

la **iglesia** ■ **church: va poco a la iglesia** he seldom goes to church
➤ **se casaron por la iglesia** they got married in the church
➤ **la Iglesia Católica** the Catholic Church.

la **ignorancia** ■ **ignorance**.

ignorante *adjetivo* ■ **ignorant: son muy ignorantes** they are very ignorant

➤ **soy muy ignorante en ese tema** I'm very uninformed on this topic.

ignorar *verbo* ■ **not to know: ignoraba que era cura** she didn't know that he was a priest
➤ **está tratando de molestarte, así que ignóralo** he's trying to bother you, so ignore him.

igual *(adjetivo & adverbio) adjetivo*
1. **equal: todos somos iguales ante la ley** we're all equal before the law
2. **same: estos colores son iguales** these colors are the same
➤ **llevaba un suéter igual al mío** he was wearing a sweater similar to mine
➤ **es igual a su padre** he's like his father
➤ **son iguales de largo** they are the same length
➤ **dos por tres es igual a seis** two times three equals six
➤ **van iguales** they're even
➤ **quince iguales** fifteen all

igual *adverbio* ■ **the same: los trata igual a todos** he treats everybody the same; **camina igual que tú** he walks the same as you
➤ **igual vino y no estábamos** maybe he came and we weren't there: **me da igual cualquier día** whatever day is fine for me: **todo le da igual** it's all the same to him.

igualado *adjetivo*
1. **evenly balanced: fue un partido muy igualado** it was a very evenly balanced match
2. *Mexico informal* **cheeky: despidieron a la muchacha por igualada** they fired the girl for being cheeky.

la **igualdad** ■ **equality: la igualdad ante la ley** equality before the law
➤ **la igualdad de oportunidades** equal opportunity
➤ **la igualdad de sexos** gender equality.

ilegal *adjetivo* ■ **illegal**.

ileso *adjetivo* ■ **unharmed: todos estaban ilesos** they were all unharmed; **salieron ilesos del accidente** they came out of the accident unharmed.

la **iluminación** ■ **lighting: piden una mejor iluminación de las calles** they are requesting better street lighting.

iluminar *verbo* ■ **to light: la luz que ilumina la entrada** the light that lights the entrance
➤ **esta linterna ilumina muy poco** this lantern doesn't give much light
➤ **se le iluminó la cara cuando lo vio** her face lit up when she saw him.

la **ilusión** *(plural* las ilusiones*)*
1. **hope: empezó con mucha ilusión** he began with a lot of hope
2. **dream: su gran ilusión es ser bailarina** her big dream is to be a dancer
3. **illusion: el color crea la ilusión de que la sala es más grande** the color creates the illusion that the room is bigger
➤ **una ilusión óptica** an optical illusion
➤ **es mejor no hacerse ilusiones** it's best not to get any false ideas.

ilusionar *verbo*
➤ **no me ilusiona mucho la idea** the idea doesn't excite me much
➤ **la ilusionaron para después decirle que no** they raised her hopes only to later tell her no

ilusionarse *verbo pronominal* ■ **to build up one's hopes: se había ilusionado tanto y todo fracasó** he had built up his hopes so much and everything fell through; **se ilusiona fácilmente con todo** he easily gets excited about everything
➤ **ilusionarse con algo** to get excited about something.

la **ilustración** *(plural* las ilustraciones*)* ■ **illustration**.

la **imagen** *(plural* las imágenes*)* ■ **image: es la imagen que la gente tiene de mí** it's the image that people have of me; **el grupo quiere cambiar de imagen** the group wants to change its image
➤ **ser la viva imagen de alguien** to be the spitting image of somebody: **eres la viva imagen de tu tía** you're the spitting image of your aunt.

la **imaginación** *(plural* las imaginaciones*)* ■ **imagination: no tiene imaginación para nada** he doesn't have any imagination at all; **los niños tienen mucha imaginación** children have a lot of imagination

➤ **ni se me pasó por la imaginación contárselo** it didn't cross my mind to tell him

➤ **es pura imaginación tuya** it's all in your mind

➤ **son imaginaciones tuyas** you're imagining things.

imaginarse *verbo pronominal* ■ **to imagine: imagínate que estás en una playa desierta** imagine that you're on a deserted beach; **me imagino que ya estará en la universidad** I imagine that he must be in college now; **no te imaginas lo furioso que estaba** you can't imagine how furious he was

➤ **me lo imaginaba más alto** I imagined him to be taller

➤ **¿qué dijo cuando lo supo? — imagínate** what did he say when he found out? — you can imagine.

el **imán** *(plural* los imanes*)* ■ **magnet**.

la **imitación** *(plural* las imitaciones*)* ■ **imitation: aprenden por imitación** they learn by imitation; **hay que tener cuidado con las imitaciones** you have to be careful with imitations; **no es brillante verdadero, es una imitación** it's not a real diamond, it's an imitation

➤ **le encanta hacer imitaciones** he loves to do impressions.

imitar *verbo*

1. **to imitate: trata de imitar a su padre** he tries to imitate his father; **imita a casi todos los profesores** he impersonates almost all of the teachers
2. **to impersonate**

➤ **te imita muy bien el acento** she imitates your accent very well.

impaciente *adjetivo* ■ **impatient: no seas tan impaciente** don't be so impatient

➤ **estaba impaciente por saber quién ganó** he was impatient to know who won.

el **impacto** ■ **impact**.

impar *adjetivo* ■ **odd: un número impar** an odd number

el **impar** ■ **odd number: los impares están a este lado** the odd numbers are on this side.

impedir *verbo*

1. **to stop: le impidieron la entrada** they stopped him from entering; **si quieres ir nadie te lo está impidiendo** if you want to go nobody is stopping you
2. **to block: no impidan el paso** do not block the way
3. **to prevent: no lo pueden impedir** they can't prevent it; **la enfermedad le impide ver bien** the disease prevents him from seeing well

➤ **impedirle a alguien que haga algo** to prevent somebody from doing something: **quisieron impedir que reclamáramos** they wanted to prevent us from protesting.

imperfecto *adjetivo* ■ **imperfect**.

el **imperio** ■ **empire**.

impermeable *adjetivo* ■ **waterproof**

el **impermeable** ■ **raincoat**.

impertinente *adjetivo* ■ **impertinent**.

imponer *verbo*

1. **to impose: le impusieron un castigo muy severo** they imposed a very severe punishment on him
2. **to command: el director sabe imponer respeto** the director knows how to command respect

➤ **le impusieron una multa** they imposed a fine on him

imponerse *verbo pronominal*

1. **to prevail: es una moda que se impuso en los sesenta** it's a fashion that prevailed in the sixties
2. **to assert one's authority: la profesora no sabe imponerse** the teacher doesn't know how to assert her authority.

la **importación** *(plural* las importaciones*)* ■ **importing: prohibieron la importación de transgénicos** they prohibited the importing of genetically modified articles.

la **importancia** ■ **importance: la importancia de una buena educación** the importance of a good education; **un acontecimiento de gran importancia** an event of great importance

➤ **darle importancia a algo** to attach importance to something: **le dan mucha importancia a la presentación** they attach a lot of importance to presentation

➤ **tener importancia** to be important: **las notas tienen mucha importancia** grades are very important

➤ **no tiene importancia si no voy** it's doesn't matter if I don't go

➤ **darse importancia** to give oneself airs: **se da importancia porque pasó el examen** he's giving himself airs because he passed the exam.

importante *adjetivó* ■ **important: sus amigos son lo más importante para él** his friends are what's most important for him; **es una persona muy importante** he's a very important person

➤ **lo importante es prepararse con tiempo** the important thing is to prepare oneself ahead of time.

importar *verbo*

1. **to import: tienen que importar muchos productos** they have to import many products
2. **to matter: no importa si no tienes experiencia** it doesn't matter if you don't have experience; **eso es lo único que le importa** that's the only thing that matters to her

➤ **se me rompió — no importa** I broke t – it doesn't matter

➤ **¿te importa si se lo cuento?** does it matter to you if I tell him?

➤ **no me importa caminar hasta el colegio** I don't mind walking to school.

imposible *adjetivo* ■ **impossible: es imposible estudiar con tanto ruido** it's impossible to study with so much noise

➤ **es imposible que lo haya sabido** it's impossible for him to have found it out

➤ **son unos niños imposibles** they're impossible children.

el **impostor,** la **impostora** ■ **impostor.**

la **imprenta**

1. *máquina* **printing press**
2. *local* **printer's.**

la **impresión** *(plural* las impresiones*)* ■ **impression: le causó muy buena impresión a la profesora** he made a very good impression on the teacher; **da la impresión de ser muy estudioso** he gives the impression of being very studious

➤ **tengo la impresión de haber estado aquí antes** I have the feeling that I've been here before

➤ **me dio mucha impresión ver tanta pobreza** I was shocked to see so much poverty

➤ **me ha costado recuperarme de la impresión** it's been difficult for me to recuperate from the shock.

impresionar *verbo*

1. **to shock: me impresionó ver tanta pobreza** it shocked me to see so much poverty
2. **to impress: impresionó al público con sus acrobacias** he impressed the public with his acrobatics

➤ **impresiona lo rápido que aprende** it's impressive how fast he learns

impresionarse *verbo pronominal* ■ **to be impressed: los niños se impresionan con mucha facilidad** children are easily impressed.

impresionante *adjetivo*

1. **impressive: tiene una cantidad de videos impresionante** he has an impressive number of videos
2. **striking: una mujer de una belleza impresionante** a woman of striking beauty; **el parecido es impresionante** the similarity is striking.

la **impresora** ■ **printer.**

imprevisible *adjetivo* ■ **unforeseeable.**

imprevisto *adjetivo* ■ **unexpected**

el **imprevisto**

➤ **no pudo ir porque surgió un imprevisto** he couldn't go because something unexpected came up

➤ **tienen un fondo para imprevistos** they have a fund for unexpected expenses.

imprimir *verbo* ■ **to print**.

improvisar *verbo* ■ **to improvise**.

la **imprudencia**

➤ **fue una imprudencia manejar de tal manera** it was unwise to drive in such a manner

➤ **es una imprudencia manejar y hablar por el celular** it's unwise to drive and talk on the cell phone.

imprudente *adjetivo*

1. **unwise: sería imprudente tomar una decisión ahora** it would be unwise to make a decision now
2. **indiscreet: es muy imprudente, todo lo cuenta** he's very indiscreet, he tells everything

➤ **muchos manejan en forma imprudente** many people drive in a careless manner.

el **impuesto** ■ **tax: todos deben pagar impuestos** everybody has to pay taxes

➤ **lo compró en la tienda libre de impuestos** he bought it in the duty-free shop.

impulsar *verbo* ■ **to drive: dos motores impulsan el vehículo** two motors drive the vehicle; **no sabe qué lo impulsó a hacerlo** she doesn't know that she drove him to do it.

impulsivo *adjetivo* ■ **impulsive**.

el **impulso** ■ **impulse: mi primer impulso fue esconderme** my first impulse was to hide; **casi siempre actúa por impulso** he almost always acts on impulse

➤ **hay que tomar bastante impulso antes de saltar** you have to get up enough momentum before jumping.

la **impureza** ■ **impurity** (*plural* **impurities**).

inadvertido *adjetivo*

➤ **pasar inadvertido** to escape notice: **el cantante trató, sin éxito, de pasar inadvertido** the singer tried, without success, to escape notice.

inaguantable *adjetivo* ■ **unbearable: este calor es inaguantable** this heat is unbearable.

la **inasistencia** ■ **absence: este trimestre he tenido varias inasistencias** this trimester I've had several absences.

la **inauguración** (*plural* **las inauguraciones**) ■ **opening: mañana es la inauguración de la biblioteca** tomorrow is the opening of the library; **la ceremonia de inauguración** the opening ceremony.

inaugurar *verbo* ■ **to inaugurate: mañana inauguran la nueva biblioteca** tomorrow they inaugurate the new library.

el/la **inca** *sustantivo masculino y femenino* ■ **Inca**.

la **incapacidad**

1. **inability: su absoluta incapacidad para expresarse con corrección** his absolute inability to express himself correctly
2. **incompetence: la incapacidad de algunos políticos es impresionante** the incompetence of some politicians is amazing
3. *Colombia, Mexico* **sick leave: el médico le dio una semana de incapacidad** the doctor gave him a week of sick leave.

incapaz, incapaces *adjetivo* ■ **incapable: es incapaz de hacer una cosa así** he's incapable of doing something like that.

incendiar *verbo* ■ **to set fire to: quisieron incendiar el local** they tried to set fire to the place

incendiarse *verbo pronominal* ■ **to catch fire: se le incendió la casa al vecino** the neighbor's house caught fire.

el **incendio** ■ **fire: no pudieron apagar el incendio** they couldn't put out the fire

➤ **creen que fue un incendio provocado** they believe that it was arson.

el **incentivo** ■ **incentive**.

la **incertidumbre** ■ **uncertainty** (*plural* **uncertainties**).

el **incidente** ■ **incident: el partido terminó sin incidentes** the match ended without incident.

la **inclinación** *(plural* las inclinaciones*)*
1. **tilt: la inclinación de la órbita de la tierra** the tilt of the earth's orbit
2. **incline: debido a una inclinación del terreno** due to an incline in the land.

inclinar *verbo* ■ **to tilt: inclinó el asiento y estiró las piernas** he tilted the seat and stretched his legs

inclinarse *verbo pronominal*
1. **to bend down: se inclinó para recoger el libro** he bent down to pick up the book
2. **to lean: me incliné sobre la cuna para darle un beso** I leaned over the cradle to give him a kiss; **inclínate hacia adelante** lean forward.

incluir *verbo* ■ **to include: el premio incluye el viaje de ida y vuelta y la estadía** the prize includes the round trip and the stay; **se me olvidó incluirlo en la lista** I forgot to include him on the list.

inclusive *adverbio* ■ **including: hay que estudiar hasta el capítulo tres inclusive** we have to study up to and including chapter three; **abren todos los días, inclusive feriados** they're open every day, including holidays.

incluso *adverbio* ■ **even: cualquiera lo puede hacer, incluso un niño** anybody can do it, even a child; **incluso nos fue a dejar a la casa** he even left us at the house.

incoloro *adjetivo* ■ **colorless**.

incómodo *adjetivo* ■ **uncomfortable: las camas son un poco incómodas** the beds are a little uncomfortable
➤ **sentirse incómodo** to feel uncomfortable: **se sentía incómodo con ese traje** he felt uncomfortable in that suit
➤ **es muy incómodo estar sin teléfono** it's very inconvenient to be without a telephone.

incompatible *adjetivo* ■ **incompatible**.

incompetente *adjetivo* ■ **incompetent**.

incompleto *adjetivo* ■ **incomplete**.

incomprensible *adjetivo* ■ **incomprehensible**.

inconcebible *adjetivo* ■ **unthinkable**.

inconsciente *adjetivo*
1. **unconscious: está vivo pero inconsciente** he's alive but unconscious; **cayó inconsciente al suelo** he fell unconscious to the floor
2. **thoughtless: ¡cómo pueden ser tan inconscientes!** how can you be so thoughtless!

el/la **inconsciente**
➤ **son todos unos inconscientes** they're all thoughtless.

el **inconveniente**
1. **problem: surgieron algunos inconvenientes** some problems came up; **el inconveniente es que está en el tercer piso** the problem is that it's on the third floor
2. **disadvantage: vivir aquí tiene sus conveniente e inconvenientes** living here has its advantages and disadvantages
3. **objection: no nos pusieron muchos inconvenientes** they didn't raise many objections
➤ **¿tienes algún inconveniente que lo invite?** do you mind if I invite him?

incorrecto *adjetivo* ■ **incorrect: el uso incorrecto de una palabra** the incorrect usage of a word.

increíble *adjetivo* ■ **incredible: nos pasó algo increíble** something incredible happened to us.

inculto *adjetivo* ■ **ignorant: es una persona muy inculta** he's a very ignorant person.

incurable *adjetivo* ■ **incurable**.

indecente *adjetivo* ■ **indecent: un gesto indecente** an indecent gesture.

la **indecisión** *(plural* las indecisiones*)*
■ **hesitation: el gol se debió a una indecisión del arquero** the goal was due to a hesitation of the goalkeeper.

indeciso *adjetivo* ■ **indecisive: siempre ha sido muy indecisa** she's always been very indecisive
➤ **está indeciso, no sabe si ir o no** he can't make up his mind, he doesn't know whether to go or not.

indefenso *adjetivo* ■ **defenseless**.

indefinido *adjetivo* ■ **indefinite: tiene los ojos de un color indefinido** his eyes are an indefinite color; **se lo prestó por tiempo indefinido** she loaned it to him for an indefinite period of time
➤ **el artículo indefinido** the indefinite article.

la **independencia** ■ **independence**.

la **indemnización** (*plural* las indemnizaciones) ■ **compensation**.

independiente *adjetivo* ■ **independent**.

independizarse *verbo pronominal* ■ **to become independent: es natural que quieran independizarse de los padres** it's natural that they want to become independent from their parents.

indestructible *adjetivo* ■ **indestructible**.

indeterminado *adjetivo* ■ **indeterminate: el boleto es válido para un número indeterminado de viajes** the ticket is valid for an indeterminate number of trips.

la **indicación** (*plural* las indicaciones)
➤ **nos hizo una indicación para que nos sentáramos** he signaled for us to sit down

las **indicaciones**
1. **instructions: nunca sigue las indicaciones de los manuales** he never follows the manuals' instructions
2. **directions: me dio un mapa e indicaciones de cómo llegar** he gave me a map and directions for how to get there.

indicar *verbo*
1. **to indicate: el barómetro indica mal tiempo** the barometer indicates bad weather
2. **to show: me indicó en el mapa cómo llegar** he showed me on the map how to get there
➤ **con un gesto nos indicó que nos sentáramos** with a gesture he signaled for us to sit down
➤ **el médico me indicó que tomara tres al día** the doctor advised me to take three a day.

el **indicio** ■ **sign: la fiebre es un mal indicio** fever is a bad sign.

el **índice**
1. **index: lo busqué en el índice** I looked it up in the index
2. **index finger: lo indicó con el índice** he pointed to it with his index finger
3. **rate: el índice de mortalidad** mortality rate.

la **indiferencia** ■ **indifference**.

indiferente *adjetivo* ■ **indifferent: son indiferentes a todo lo que pasa en el mundo** they're indifferent to everything that happens in the world
➤ **es indiferente que sea blanco o negro** it makes no difference whether it's white or black.

indígena *adjetivo* ■ **indigenous: la cultura indígena** the indigenous culture

el/la **indígena** ■ **native**.

la **indigestión** ■ **indigestion**.

la **indignación** ■ **anger: me da mucha indignación cuando veo tanta injusticia** I feel a lot of anger when I see so much injustice.

indignar *verbo* ■ **to anger: le indigna que ponga la música tan fuerte** it angers him that they play the music so loud

indignarse *verbo pronominal* ■ **to get angry: se indigna cuando le mienten** she gets angry when they lie to her.

el **indio, la india** ■ **Indian**

En los Estados Unidos se prefiere **Native Americans** para referirse a los indios de ese país.

la **indirecta** ■ **hint: me lanzó una indirecta para que me fuera** he dropped a hint that I should leave.

la **indiscreción** (*plural* las indiscreciones) ■ **indiscretion**.

indiscreto *adjetivo* ■ **indiscreet: fue una pregunta muy indiscreta** it was a very indiscreet question
➤ **fue muy indiscreto al hacerle esa pregunta** he was very tactless to ask her that question.

indispensable *adjetivo* ■ **indispensable: es indispensable tener experiencia** it's indispensable to have experience
➤ **traigan sólo lo indispensable** bring only the essentials.

individual *adjetivo*
1. **individual: nos sirvieron porciones individuales** they served us individual portions
2. **single: mi casa tiene un dormitorio individual y dos dobles** my house has one single bedroom and two doubles

el **individual** ■ **singles: la campeona del individual femenino** the champion of the women's singles.

el **individuo** ■ **individual: todo individuo tiene derecho a la vida** every individual has a right to life.

el **indocumentado**, la **indocumentada** ■ **illegal immigrant**.

la **industria** ■ **industry** (*plural* **industries**).

industrial *adjetivo* ■ **industrial**
➤ **una zona industrial** an industrial area

el **industrial**, la **industrial** ■ **industrialist**.

industrializarse *verbo pronominal* ■ **to become industrialized**.

la **inercia** ■ **inertia**.

inesperado *adjetivo* ■ **unexpected**.

inestable *adjetivo*
1. **unstable: esta mesa es un poco inestable** this table is a little unstable
2. **changeable: el tiempo ha estado muy inestable** the weather has been very changeable.

inevitable *adjetivo* ■ **inevitable**.

inexperto *adjetivo* ■ **inexperienced**.

inexplicable *adjetivo* ■ **inexplicable**.

el **infarto** ■ **heart attack: le dio un infarto** she had a heart attack.

la **infancia** ■ **infancy**.

infantil *adjetivo*
1. **children's: un cuento infantil** a children's story
2. **childish: es muy infantil para su edad** he's very childish for his age.

la **infección** (*plural* las infecciones) ■ **infection: tiene una infección en la garganta** she has a throat infection.

infectarse *verbo pronominal* ■ **to become infected: mi computadora se infectó con un virus** my computer became infected with a virus; **se le infectó la herida** his wound became infected.

infeliz (*plural* infelices) *adjetivo* ■ **unhappy: tuvo una niñez muy infeliz** he had a very unhappy childhood.

inferior *adjetivo*
1. **lower: la parte inferior de la pantalla** the lower part of the screen; **el párpado inferior** the lower eyelid
2. **inferior: se siente inferior a su hermano** he feels inferior to his brother
➤ **productos de calidad inferior** inferior-quality products
➤ **temperaturas inferiores a lo normal** lower than normal temperatures
➤ **un número inferior a cincuenta** a number below fifty.

el **infierno** ■ **hell**.

la **infinidad** ■ **infinity**
➤ **tengo una infinidad de cosas que hacer** I have an enormous number of things to do
➤ **lo ha repetido infinidad de veces** he has repeated it countless times.

el **infinitivo** ■ **infinitive**.

infinito *adjetivo* ■ **infinite: tiene una paciencia infinita** she has infinite patience

el **infinito** ■ **infinity**.

inflar *verbo*

1. **to blow up: hay que inflar los globos** you have to blow up the balloons
2. **to inflate: paramos para inflar una rueda** we stopped in order to inflate a tire.

inflexible *adjetivo* ■ **inflexible: el profesor es muy inflexible con los alumnos** the professor is very inflexible with the students.

la **influencia** ■ **influence: tiene mucha influencia sobre los alumnos** she has a lot of influence over her students; **mi mamá siempre ha sido una gran influencia para mí** my mom has always been a big influence for me

➤ **una persona de mucha influencia** a very influential person.

influir *verbo* ■ **to influence: eso influyó mucho en mi decisión** that influenced my decision a lot; **las personas que más han influido en mí** the people that have influenced me most.

influyo, influye etc *verbo* ➤ influir.

la **información** (*plural* las informaciones)

1. **information: hay mucha información sobre becas** there is a lot of information about scholarships
2. **news: me leí sólo la información internacional** I read only the international news

➤ **es una información muy valiosa** it's a very valuable piece of information

➤ **preguntemos en información a qué hora llega** let's ask at the information desk when it's arriving

➤ **en información te pueden dar el número** directory assistance can give you the number.

informal *adjetivo*

1. **informal: un ambiente muy informal** a very informal atmosphere
2. **unreliable: Pepe es muy informal** Pepe is very unreliable
3. **casual: había gente vestida de fiesta y con ropa informal** there were people dressed for a party and in casual clothes.

informar *verbo* ■ **to inform: nos informaron que el avión venía atrasado** they informed us that the airplane was late

➤ **informaron la hora de llegada por los altoparlantes** they announced the time of arrival on the loudspeakers

➤ **¿me podría informar sobre el programa de becas?** could I get some information about the scholarship program?

➤ **me informaron mal** they misinformed me

➤ **me informé de todo antes del viaje** I inquired into everything before the trip.

la **informática** ■ **computing**.

el **informe** ■ **report: según un informe de la policía** according to a police report

➤ **pidieron informes sobre su conducta** they asked for references regarding his behavior.

la **infracción** (*plural* las infracciones) ■ **offense: lo multaron por una infracción de tráfico** they fined him for a traffic offense.

ingeniarse *verbo pronominal* ■ **to come up with: se ingenió una manera de hacerlo más rápido** he came up with a way to do it faster

➤ **ingeniárselas** to manage: **no sé cómo se las ingenia para que nunca lo castiguen** I don't know how he manages it so that they never punish him.

la **ingeniería** ■ **engineering**.

el **ingeniero**, la **ingeniera** ■ **engineer: es ingeniero** he's an engineer.

el **ingenio** ■ **ingenuity: gracias al ingenio de Pepe** thanks to Pepe's ingenuity

➤ **un ingenio azucarero** a sugar refinery.

ingenioso *adjetivo*

1. **clever: es un muchacho muy ingenioso** he's a very clever guy; **siempre tiene ideas ingeniosas** she always has clever ideas
2. **witty: hizo un comentario muy ingenioso** he made a very witty comment.

ingenuo *adjetivo* ■ **naïve: ¡no seas tan ingenuo!** don't be so naïve!

Inglaterra *sustantivo femenino* ■ **England**.

inglés, inglesa *adjetivo*

> En inglés, los adjetivos que se refieren a un país o una región se escriben con mayúscula:

English
➤ **tiene un apellido inglés** he has an English last name

el **inglés** (*plural* **los ingleses**)

> En inglés, los gentilicios se escriben con mayúscula:

Englishman (*plural* **Englishmen**)
➤ **los ingleses** the English.

el **inglés**

> En inglés, los idiomas se escriben con mayúscula:

English.

la **inglesa** ■ **Englishwoman** (*plural* **Englishwomen**).

el **ingrediente** ■ **ingredient**.

ingresar *verbo*
1. **to start: el próximo año ingresa a la universidad** he starts college next year
2. **to join: me gustaría ingresar al nuevo club de tenis** I would like to join the new tennis club
➤ **ingresó ayer al hospital** he went into the hospital yesterday: **lo volvieron a ingresar al hospital** they put him back in the hospital.

los **ingresos** ■ **income: tienen muy poco ingresos** they have very little income.

la **inicial** ■ **initial: pon tus iniciales aquí** put your initials here.

la **injusticia** ■ **injustice: hay muchas injusticias en el mundo** there are many injustices in the world; **es una injusticia que lo hayan castigado** it's an injustice that they've punished him.

injusto *adjetivo* ■ **unfair: han sido muy injustos con él** they've been very unfair to him; **es un castigo injusto** it's an unfair punishment.

inmaduro *adjetivo* ■ **immature: es un muchacho muy inmaduro** he's a very immature boy.

inmediato *adjetivo* ■ **immediate: el alivio fue inmediato** the relief was immediate
➤ **de inmediato** immediately: **hazlo de inmediato** do it immediately.

inmenso *adjetivo* ■ **immense: tiene un jardín inmenso** he has an immense garden
➤ **la inmensa mayoría de los estudiantes** the vast majority of the students.

la **inmigración** ■ **immigration**.

el/la **inmigrante** ■ **immigrant**.

inmortal *adjetivo* ■ **immortal**.

inmóvil *adjetivo* ■ **motionless: se quedó inmóvil** he remained motionless.

inmune *adjetivo* ■ **immune: con la vacuna estoy inmune al contagio** with the vaccine I am immune to the infection.

innecesario *adjetivo* ■ **unnecessary**.

la **inocencia** ■ **innocence**.

inocente *adjetivo*
1. **innocent: un niño inocente** an innocent child
2. **naïve: ¡no seas inocente!** don't be naïve!
➤ **lo declararon inocente** they declared him not guilty

> DÍA DE LOS INOCENTES
>
> This is the equivalent of April Fools' Day in Spanish-speaking countries and is celebrated on December 28. On this day people play practical jokes on their friends and try to convince them of the most outrageous hoaxes. Sometimes the media joins in the fun and publishes some incredible news story, such as "Local cookie producers announce they will be giving away their products free for a month."

inofensivo *adjetivo* ■ **inoffensive**.

inolvidable *adjetivo* ■ **unforgettable**.

inquieto *adjetivo*
1. **worried: están inquietos porque no ha escrito** they're worried because he hasn't written
2. **restless: mi hermano menor es muy inquieto** my little brother is very restless.

el **inquilino**, la **inquilina** ■ **tenant**.

inscribirse *verbo pronominal* ■ **to enroll: me inscribí en el curso de inglés** I enrolled in the English course.

la **inscripción** (*plural* las inscripciones)
1. **enrollment: mañana abren la inscripción** enrollment starts tomorrow
2. **inscription: a la entrada hay una inscripción con la fecha** at the entrance there is an inscription with the date.

inscrito *verbo* ➤ inscribirse.

el **insecticida** ■ **insecticide**.

el **insecto** ■ **insect**.

la **inseguridad** ■ **insecurity** (*plural* **insecurities**): **se esfuerza por superar su inseguridad** he makes an effort to overcome his insecurity
➤ **la inseguridad en el trabajo** job insecurity.

insensible *adjetivo* ■ **insensitive: es una persona muy insensible** he's a very insensitive person
➤ **el brazo derecho le quedó insensible** his right arm became numb
➤ **son insensibles al frío** they're not sensitive to the cold.

inseparable *adjetivo* ■ **inseparable**.

inservible *adjetivo* ■ **useless: tiene tantas cosas inservibles en su escritorio** he has so many useless things in his desk
➤ **lo metió en lavadora y quedó inservible** he put it in the washer and it came out unusable.

insignificante *adjetivo* ■ **insignificant**.

insinuar *verbo* ■ **to hint: insinuó que le gustaría venir** she hinted that she would like to come
➤ **insinuó que yo había copiado** he insinuated that I had copied.

insípido *adjetivo* ■ **insipid**.

insistir *verbo* ■ **to insist: por más que insista no le van a dar permiso** however much he insists, they are not going to give him permission
➤ **insistir en algo** to insist on something: **insiste en quiere hacerlo él solo** he insists that he wants to do it by himself: **insisten en que vaya al dentista** they insist that he go to the dentist.

la **insolación** ■ **sunstroke: le dio una insolación** she got sunstroke.

la **insolencia** ■ **insolence: no sé cómo toleran su insolencia** I don't know how they tolerate his insolence
➤ **fue una insolencia hablarle así a tu abuela** it was rude to speak to your grandmother that way.

insolente *adjetivo* ■ **insolent**.

el **insomnio** ■ **insomnia**.

insoportable *adjetivo* ■ **unbearable**.

el **inspector**, la **inspectora** ■ **inspector**.

la **inspiración** ■ **inspiration: mi madre es mi inspiración** my mother is my inspiration.

inspirar *verbo*
1. **to inspire: inspira respeto** he inspires respect; **no me inspira confianza** he doesn't inspire my confidence
2. **to inhale: inspire por favor** inhale please.

la **instalación** ■ **installation: la instalación es gratis** installation is free
➤ **las instalaciones** facilities: **las instalaciones deportivas son excelentes** the sports facilities are excellent.

instalar *verbo* ■ **to install: instalaron un sistema de seguridad** they installed a security system; **no puede instalar el programa** he can't install the program

instalarse *verbo pronominal* ■ **to settle: se instalaron en el extranjero** they settled out of the country.

instantáneo *adjetivo* ■ **instantaneous: la muerte sería instantánea** death would be instantaneous
➤ **café instantáneo** instant coffee.

el **instante** ■ **moment: en ese mismo instante sonó el teléfono** at that same moment the telephone rang; **hace un instante estaba aquí** he was here a moment ago
➤ **a cada instante me preguntaba la hora** he was constantly asking me what time it was.

el **instinto** ■ **instinct: reaccionó por instinto** he reacted out of instinct.

la **institución** (*plural* las instituciones) ■ **institution**

el **instituto** ■ **institute**.

las **instrucciones** ■ **instructions: tiene instrucciones de no comentarlo con nadie** he has instructions to not discuss it with anybody.

instructivo *adjetivo* ■ **educational: es un programa muy instructivo** it's a very educational program.

el **instrumento** ■ **instrument**.

insultar *verbo* ■ **to insult**.

el **insulto** ■ **insult**.

intacto *adjetivo* ■ **intact: descubrieron un mural maya intacto** they discovered an intact Mayan mural; **a pesar de los siglos sigue intacto** in spite of the centuries it remains intact.

intelectual *adjetivo* ■ **intellectual**

el/la **intelectual** ■ **intellectual**.

la **inteligencia** ■ **intelligence**.

inteligente *adjetivo* ■ **intelligent**.

la **intemperie**
➤ **a la intemperie** out in the open: **en el campamento tienen que dormir a la intemperie** at the camp they have to sleep out in the open.

la **intención** (*plural* las intenciones) ■ **intention: mi intención no era causar problemas** my intention was not to cause problems
➤ **con la intención de hacer algo** with the intention of doing something: **lo hizo con la intención de ayudar** he did it with the intention of helping: **no tenía la más mínima intención de obedecer** he didn't have the least intention of obeying
➤ **tenía intenciones de ir mañana** I intended to go tomorrow
➤ **lo hace con buenas intenciones** he does it with good intentions
➤ **lo que vale es la intención** it's the thought that counts.

intencionado *adjetivo* ■ **deliberate: el cabezazo fue intencionado** the head-butt was deliberate
➤ **es una persona bien intencionada** she's a well-meaning person
➤ **no creo que José sea mal intencionado** I don't believe that José is malicious.

intensivo *adjetivo* ■ **intensive: ofrecen clases intensivas de inglés** they offer intensive English classes.

intenso *adjetivo* ■ **intense**.

intentar *verbo* ■ **to try: ya lo ha intentado varias veces** he's already tried it several times; **intenta concentrarte más en clase** try to concentrate more in class; **intenta que sea lo más claro posible** try to make it as clear as possible
➤ **intentar hacer algo** to try to do something.

el **intento** ■ **attempt: pasó el examen al segundo intento** he passed the exam on the second attempt.

intercambiar *verbo* ■ **to exchange: intercambiaron direcciones** they exchanged addresses.

el **intercambio** ■ **exchange**.

el **interés** (*plural* los intereses) ■ **interest: tienes que poner más interés en lo que haces** you have to take more of an interest in what you do; **escuchaba con interés** she was listening with interest

➤ **interés en algo** interest in something: **no muestra ningún interés en la lectura** he doesn't show any interest in reading
➤ **sólo lo hace por interés** he only does it for self-interest
➤ **les cobran un interés muy alto** they charge them very high interest.

interesante *adjetivo* ■ **interesting**.

interesar *verbo* ■ **to interest: siempre me han interesado ese tipo de cosas** that type of thing has always interested me
➤ **le interesa mucho la música** she's very interested in music
➤ **¿te interesaría saber más del tema?** would it interest you to know more on the subject?

interior *adjetivo* ■ **interior: en el bolsillo interior de la chaqueta** in the interior pocket of the jacket
➤ **la parte interior es roja** the inner part is red

el **interior** ■ **interior: el interior del país es muy árido** the country's interior is very arid
➤ **lo que ocurre en el interior de la Tierra** what occurs inside the earth
➤ **en su interior estaba muy arrepentido** deep down he was very sorry.

intermedio *adjetivo*
1. **intermediate: está en el nivel intermedio** he's at intermediate level
2. **medium: el tamaño intermedio te quedaría mejor** the medium size would fit you better

el **intermedio** ■ **interval**.

interminable *adjetivo* ■ **unending**.

internacional *adjetivo* ■ **international**.

el **internado** ■ **boarding school**.

internar *verbo* ■ **to admit: lo internaron ayer** they admitted him yesterday
➤ **tuvo que internarse para una operación** he had to be admitted for an operation.

el/la **Internet** ■ **Internet: lo encontré en Internet** I found it on the Internet.

interno *adjetivo* ■ **internal: son problemas internos del colegio** they are internal problems of the school
➤ **está interna en un colegio de monjas** she's a boarder at a convent school
➤ **si no mejora las notas lo van a poner interno** if he doesn't improve his grades they're going to send him to boarding school.

la **interpretación** (*plural* las interpretaciones) ■ **interpretation: cada uno le dio una interpretación distinta** each one gave her a different interpretation
➤ **lo que más me gustó fue la interpretación del pianista** what I most liked was the pianist's performance
➤ **interpretación simultánea** simultaneous translation.

interpretar *verbo*
1. **to interpret: lo puedes interpretar de diferentes maneras** you can interpret it in different ways
2. **to play: interpretó muy bien el personaje** he played the character very well; **interpretó una pieza al piano** she played a piece on the piano
➤ **me interpretaste mal** you misunderstood me.

el/la **intérprete** ■ **interpreter: quiero ser intérprete** I want to be an interpreter.

interrogar *verbo* ■ **to interrogate: la policía lo quiere interrogar** the police want to interrogate him.

interrumpir *verbo*
1. **to interrupt: no interrumpas cuando alguien está hablando** don't interrupt when somebody is talking; **no le gusta que lo interrumpan** he doesn't like to be interrupted
2. **to cut short: tuvieron que interrumpir las vacaciones** they had to cut their vacation short
3. **to block: un árbol caído interrumpía el tráfico** a fallen tree was blocking the traffic; **no interrumpas el paso** don't block the way.

la **interrupción** (*plural* las interrupciones) ■ **interruption: no ha podido estudiar con tanta interrupción** she hasn't been able to study with so much interruption.

el **interruptor** ■ **switch**.

el **intervalo** ■ **interval: a intervalos de diez minutos** at ten minute intervals.

el **intestino** ■ **intestine**.

la **intimidad** ■ **privacy: mis hermanos no respetan mi intimidad** my brothers don't respect my privacy
➤ **celebraron la boda en la intimidad** they had a private wedding
➤ **lo que pase en la intimidad es cosa de ellos** what happens in private is their business.

íntimo *adjetivo* ■ **intimate: son amigos íntimos** they're intimate friends.

la **intoxicación** *(plural* las intoxicaciones*)* ■ **poisoning: consejos para evitar intoxicaciones** advice to avoid poisoning
➤ **intoxicación por alimentos** food poisoning.

intoxicarse *verbo pronominal* ■ **to be poisoned: se intoxicó con mejillones** he was poisoned by mussels.

intranquilo *adjetivo* ■ **worried: está muy intranquilo porque ha estudiado muy poco** he's very worried because he has studied very little.

la **introducción** *(plural* las introducciones*)* ■ **introduction**.

introducir *verbo*
1. **to insert: hay que introducir una moneda en la ranura** you have to insert a coin into the slot
2. **to introduce: introdujeron el sistema métrico** they introduced the metric system; **quieren introducir algunos cambios en el horario** they want to introduce some changes in the schedule
3. **to enter: introdujo los datos en la computadora** he entered the data into the computer.

el **intruso,** la **intrusa** ■ **intruder**.

la **intuición** *(plural* las intuiciones*)* ■ **intuition: la intuición me dice que no deberíamos tomar ese avión** intuition tells me that we shouldn't take that airplane.

la **inundación** *(plural* las inundaciones*)* ■ **flood: las últimas inundaciones obligaron a evacuar varias casas** the last floods forced the evacuation of several houses.

inundar *verbo* ■ **to flood: la lluvia inundó las regiones más bajas del pueblo** the rain flooded the lowest areas of the town

inundarse *verbo pronominal* ■ **to be flooded: las regiones más bajas del pueblo se inundaron con las últimas lluvias** the lowest areas of the town were flooded with the last rains.

inútil *adjetivo* ■ **useless: su secretaria es inútil** his secretary is useless; **es inútil, no lo vamos a lograr** it's useless, we're not going to manage it

el/la **inútil** *(plural* los/las inútiles*)*
➤ **eres un inútil, no quiero verte más por aquí** you're useless, I don't want to see you around here anymore.

invadir *verbo* ■ **to invade: el ejército enemigo invadió la ciudad** the enemy army invaded the city.

inválido *adjetivo* ■ **disabled: su tío quedó inválido después del accidente** his uncle became disabled after the accident

el **inválido,** la **inválida** ■ **invalid: los inválidos llegaron en silla de ruedas** the invalids arrived in wheelchairs.

la **invasión** *(plural* las invasiones*)* ■ **invasion**.

invasor *adjetivo* ■ **invading: el ejército invasor sitió la ciudad** the invading army laid siege to the city

el **invasor,** la **invasora** ■ **invader: los invasores fueren crueles con los nativos** the invaders were cruel to the natives.

invencible *adjetivo* ■ **invincible: ese equipo es invencible** that team is invincible.

inventar *verbo*
1. **to invent: Alexander Graham Bell inventó el teléfono** Alexander Graham Bell invented the telephone

2. **to make up: le gusta inventar historias para entretener a sus hijos** he likes to make up stories to entertain his children.

el **invento**

1. **invention: el teléfono fue un invento de Alexander Graham Bell** the telephone was an invention of Alexander Graham Bell
2. **fabrication: ya estoy cansada de tus inventos** I'm tired of your fabrications.

el **inventor,** la **inventora** ■ **inventor: el inventor del teléfono fue Alexander Graham Bell** the inventor of the telephone was Alexander Graham Bell.

el **invernadero** ■ **greenhouse**.

la **inversión** (*plural* las inversiones) ■ **investment**.

inverso *adjetivo* ■ **opposite: en sentido inverso** in the opposite direction

➤ **a la inversa** the other way: **yo lo hice así y ellos lo hicieron a la inversa** I did it this way and they did it the other way.

invertir *verbo*

1. **to invest: hay varios empresarios interesados en invertir en el país** there are several businessmen interested in investing in the country
2. **to reverse: si invertimos el orden de los números, obtendremos otro resultado** if we reverse the order of the numbers, we will obtain a different result.

la **investigación** (*plural* las investigaciones)

1. **investigation: al cabo de dos días de investigación policial, capturaron al ladrón** at the end of two days of police investigation, they captured the thief
2. **research: mi amigo se dedica a la investigación en biología** my friend is dedicated to research in biology.

el **investigador,** la **investigadora**

1. **investigator: los investigadores capturaron al ladrón en un par de días** the investigators captured the thief in a couple of days
2. **researcher: el investigador descubrió una nueva reacción química** the researcher discovered a new chemical reaction.

investigar *verbo*

1. **to investigate: la policía investiga el caso hace una semana** the police have been investigating the case for a week
2. **to research: los científicos están investigando la nueva enfermedad** scientists are researching the new disease.

el **invierno** ■ **winter**

➤ **en invierno** in winter

➤ **el próximo invierno** next winter.

invisible *adjetivo* ■ **invisible**.

la **invitación** (*plural* las invitaciones) ■ **invitation: no aceptaron mi invitación** they didn't accept my invitation.

el **invitado,** la **invitada** ■ **guest**.

invitar *verbo* ■ **to invite**.

la **inyección** (*plural* las inyecciones) ■ **injection**.

ir *verbo*

1. **to go: el nuevo camino irá del pueblo a la ciudad** the new road will go from the town to the city; **voy al parque todos los domingos** I go to the park every Sunday
2. **to be: la niña iba vestida de rojo** the girl was dressed in red
3. **to come: ¿quieres ir conmigo?** do you want to come with me?

➤ **¡vamos!** come on!

➤ **¡vámonos!** let's go!

➤ **voy a comprarlo** I'm going to buy it

➤ **¿cómo te va?** how's it going?

➤ **¡que le vaya bien!** take care!

irse *verbo pronominal* ■ **to leave: nos vamos porque ya es tarde** we're leaving because it's late now.

la **ira** ■ **anger: tuvo un arrebato de ira** he had a fit of anger.

irracional *adjetivo* ■ **irrational**.

irreal *adjetivo* ■ **unreal**.

irregular *adjetivo* ■ **irregular: la casa no es segura porque está construída en un terreno irregular** the house is not safe because it's constructed on an irregular piece of land.

irresistible *adjetivo*
1. **irresistible: esos chocolates son irresistibles** those chocolates are irresistible
2. **unbearable: el dolor de muelas es irresistible** toothache is unbearable.

irrespetuoso *adjetivo* ■ **disrespectful**.

la **irresponsabilidad** ■ **irresponsibility: la irresponsabilidad es su peor defecto** irresponsibility is his worst fault.

irresponsable *adjetivo* ■ **irresponsible: ese estudiante es muy irresponsable** that student is very irresponsible.

la **irritación** ■ **irritation: el frío le produjo una irritación en la garganta** the cold gave him a throat irritation.

irritado *adjetivo*
1. **inflamed: tiene la piel irritada** his skin is inflamed
2. **irritated: Juan está irritado por la mentira que le dije** Juan is irritated because of the lie that I told him.

irritar *verbo* ■ **to irritate: esa crema te está irritando la piel** that cream is irritating your skin

irritarse *verbo pronominal* ■ **to get irritated: el vecino se irritó porque los niños rompieron un vidrio** the neighbor got irritated because the children broke a window.

irrompible *adjetivo* ■ **unbreakable**.

la **isla** ■ **island**.

el **itinerario** ■ **itinerary** (*plural* **itineraries**).

la **izquierda** ■ **left hand**
➤ **a la izquierda** to the left: **tienes que doblar a la izquierda** you have to turn to the left **María está sentada a la izquierda de Juan** María is seated to the left of Juan
➤ **de la izquierda** on the left: **abre esa puerta, la de la izquierda** open that door, the one on the left
➤ **la izquierda** *política* the left.

izquierdo *adjetivo* ■ **left: la pierna izquierda** the left leg.

el **jabón** (*plural* los jabones) ■ **bar of soap: compra seis jabones por favor** buy six bars of soap please.

jactarse *verbo pronominal* ■ **to brag: se jacta de ser el mejor de la clase** he brags about being the best in the class.

jadear *verbo* ■ **to gasp for breath: está jadeando porque corrió mucho** she's gasping for breath because she ran a lot.

el **jaguar** (*plural* los jaguares) ■ **jaguar**.

jalar *verbo*
1. *Andes, Caribbean, Central America, Mexico* **to pull: si me jalas el pelo, te pego** if you pull my hair, I'll hit you
2. *Mexico* **to pull up: jala una silla y siéntate** pull up a seat and sit down
➤ **"jale"** "pull": **no vi que decía "jale", por eso estaba empujando** I didn't see that it said "pull", that's why I was pushing.

la **jalea** ■ **jelly** (*plural* **jellies**).

jamás *adverbio* ■ **never: jamás te mentí** I never lied to you.

el **jamón** (*plural* los jamones) ■ **ham**
➤ **jamón cocido** cooked ham.

el **jarabe** ■ **syrup**.

el **jardín** (*plural* los jardines) ■ **garden**
➤ **jardín botánico** botanical garden
➤ **jardín zoológico** zoo.

el **jardinero,** la **jardinera** ■ **gardener**.

la **jarra** ■ jar.

el **jarrón** *(plural* los jarrones*)* ■ **vase**.

la **jaula** ■ **cage**.

el **jefe**, la **jefa**

1. *en una oficina* **boss**
2. *en un departamento* **head**
3. *de una tribu* **chief**

➤ **jefe de estado** chief of state.

la **jeringa** ■ **syringe**.

la **jirafa** ■ **giraffe**.

el **jitomate** ■ *Mexico* **tomato** *(plural* **tomatoes***)*.

la **joroba** ■ **hump: el camello tiene dos jorobas** the camel has two humps.

el **jorobado**, la **jorobada** ■ **hunchback**.

joven *adjetivo* ■ **young: es una abuela muy joven** she's a very young grandmother

el/la **joven** *(plural* los/las jóvenes*)* ■ **young person** *(plural* **young people***)*: **los jóvenes exigen cambios en la sociedad** young people demand changes in society.

la **joya** ■ **jewel**.

la **joyería** ■ **jewelry**.

jubilado *adjetivo* ■ **retired: mi abuelo está jubilado desde hace 15 años** my grandfather has been retired for 15 years

el **jubilado**, la **jubilada** ■ **retiree: muchos jubilados están pasando dificultades económicas** many retirees are going through financial difficulties.

judicial *adjetivo* ■ **judicial: el poder judicial es uno de los tres poderes del Estado** judicial power is one of the three powers of the State.

el **judo** ■ **judo**.

el **juego**

1. **game: tiene muchísimos juegos de computadora** he has many computer games
2. **set: compré un nuevo juego de sábanas** I bought a new set of sheets

➤ **hacer juego** to match: **esa corbata te hace juego con la camisa** that tie matches your shirt

➤ **un juego de mesa** a board game

➤ **un juego de palabras** a word game.

el **jueves** *(plural* los jueves*)*

> En inglés, los días de la semana se escriben con mayúscula:

Thursday: hoy es jueves today is Thursday; **el próximo jueves** next Thursday; **el pasado jueves** last Thursday

➤ **el jueves** on Thursday: **te veré el jueves** I'll see you on Thursday

➤ **los jueves** on Thursdays: **los jueves vamos al parque** on Thursdays we go to the park.

el **juez**, la **jueza**

1. **judge: cuando el juez entró a la sala todos se pararon** when the judge came into the room everybody stood up
2. **referee: el juez expulsó a dos jugadores en el primer tiempo** the referee expelled two players in the first quarter.

el **jugador**, la **jugadora** ■ **player**.

jugar *verbo* ■ **to play: después de la escuela, los niños juegan en el parque** after school, the children play in the park; **mi padre juega a la lotería desde hace años** my father has been playing the lottery for years.

el **jugo** ■ **juice**.

el **juguete** ■ **toy**.

la **juguetería** ■ **toy store**.

el **juicio** ■ **trial: Elena está en medio de un juicio para resolver su divorcio** Elena is in the middle of a trial to resolve her divorce

➤ **muela del juicio** wisdom tooth.

julio *sustantivo masculino*

> En inglés los nombres de los meses se escriben con mayúscula:

July: en julio in July; **el próximo julio** next July; **el pasado julio** last July.

la **jungla** ■ **jungle**.

junio *sustantivo masculino*

> En inglés los nombres de los meses se escriben con mayúscula:

June: en junio in June; **el próximo junio** next June; **el pasado junio** last June.

la **junta**
1. **joint: el motor pierde aceite por esa junta mal apretada** the motor is losing oil because of that joint that's not tightened well
2. **meeting: el presidente está en junta y no puede atenderlo ahora** the president is in a meeting and cannot attend to you now.

juntar *verbo* ■ **to put together: junta los pies** put your feet together

juntarse *verbo pronominal* ■ **to get together: nos juntamos para celebrar los 80 años del abuelo** we got together to celebrate the 80th birthday of our grandfather.

junto *adverbio*
➤ **junto a** next to: **como hacía frío, se sentaron junto a la chimenea** since it was cold, they sat down next to the fireplace.

junto *adjetivo*
1. **close together: pon los pies juntos** put your feet close together
2. **together: Cecilia y su esposo llegaron juntos a la fiesta** Cecilia and her husband arrived together at the party.

el **jurado**
1. **panel: el jurado del concurso está formado por escritores famosos** the competition's panel is made up of famous writers
2. **jury** *(plural* **juries***)*: **el jurado concluyó que el acusado es culpable del asesinato** the jury concluded that the accused is guilty of the murder.

el **juramento** ■ **oath: los escolares prestaron juramento a la bandera** the schoolchildren took the oath to the flag.

jurar *verbo* ■ **to swear: es la verdad, te lo juro** it's the truth, I swear it.

la **justicia** ■ **justice: los manifestantes reclamaban justicia** the demonstrators were demanding justice.

justificar *verbo* ■ **to justify: no intentes justificar tu grosería** don't try to justify your rudeness.

justo *(adverbio & adjetivo)*
■ *adverbio*
1. **right: llegué justo antes de que el tren se fuera** I arrived right before the train left
2. **just enough: la comida dio justo para todos** the food was just enough for everybody
■ *adjetivo*
1. **fair: tomaron una decisión justa** they made a fair decision
2. **tight: esa blusa te queda demasiado justa** that blouse is too tight
➤ **aquí tienes 300 pesos justos** here you have exactly 300 pesos.

juvenil *adjetivo* ■ **teen**
➤ **moda juvenil** teen fashion.

la **juventud** ■ **youth: la juventud es la etapa posterior a la adolescencia** youth is the stage after adolescence.

el **juzgado** ■ **court**.

juzgar *verbo* ■ **to judge: no juzgues por las apariencias** don't judge by appearances; **lo juzgaron inocente** they judged him innocent.

k

el **karate** ■ **karate**.

la **kermés** *(plural* las kermeses*)* *Mexico, Southern Cone* ■ **bazaar**.

el **kerosén** ■ *Andes, River Plate* **kerosene**.

el **kilo** ■ **kilo**.

el **kilogramo** ■ **kilogram**.

el **kilómetro** ■ **kilometer**.

el **kiosco** ■ **newsstand**.

L

la *(sustantivo femenino & pronombre & artículo)*
■ *sustantivo femenino*
la: "la" es la nota anterior a "si" "la" is the note before "ti"
■ *pronombre*
1. **her: la esperé hasta las nueve de la noche** I waited for her until nine o'clock at night
2. **you: venga por aquí señora, la llevaré a la oficina de su esposo** come here madam, I'll take you to your husband's office
3. **it: esa acuarela no está seca todavía, no la toques** that watercolor is not dry yet, don't touch it

■ *artículo*
the: la manzana que me comí estaba jugosa the apple I ate was juicy; **la profesora compró el sombrero** the teacher bought the hat
➤ **esta corbata y la de Roberto son iguales** this tie and Robert's are the same
➤ **se fracturó la pierna** he broke his leg
➤ **me fascina la pintura** I adore painting
➤ **la vida es difícil** life is difficult

> Los nombres abstractos llevan artículo en español pero no en inglés.

el **laberinto** ■ **labyrinth**.

el **labio** ■ **lip**.

la **labor** *(plural* las labores*)* ■ **work: siempre está ocupado en sus labores** he's always busy with his work
➤ **ocupación: sus labores** occupation: housewife.

laboral *adjetivo* ■ **work: aquí la semana laboral es de cinco días** here the work week is five days.

el **laboratorio** ■ **laboratory** *(plural* **laboratories***)*.

laborioso *adjetivo*
1. **hard-working: Pedro es un estudiante muy laborioso** Pedro is a very hard-working student
2. **difficult: esta investigación es muy laboriosa** this research is very difficult.

el **labrador,** la **labradora** ■ **farmer**.

lácteo *adjetivo* ■ **dairy: los productos lácteos más comunes son la manteca y el queso** the most common dairy products are butter and cheese.

ladear *verbo* ■ **to tilt: la torre de Pisa se ha ladeado más y más con el paso de los años** the Leaning Tower of Pisa has tilted more and more with the passing of the years.

la **ladera** ■ **hillside**.

lado *sustantivo masculino* ■ **side: me dio un golpe en el lado izquierdo** he hit me on the left side; **suba por el ascensor del lado derecho** go up in the elevator on the right side; **el triángulo tiene tres lados** the triangle has three sides
➤ **al lado de** beside: **ven, siéntate al lado de María** come, sit down beside María
➤ **de lado a lado** from one side to the other: **con el terremoto, ese muro se abrió de lado a lado** with the earthquake, that wall split from one side to the other
➤ **por un lado ..., por otro lado ...** on the one hand..., on the other hand...: **por un lado me llevaría éste, pero por otro lado me parece demasiado caro** on the one hand I would take this one, but on the other hand it seems too expensive to me
➤ **¿vamos a pasear a algún lado?** are we going to go out somewhere?

ladrar *verbo* ■ **to bark**.

el **ladrido** ■ **bark: a lo lejos se oían los ladridos del perro** the dog's barks were heard in the distance.

el **ladrillo** ■ **brick**.

el **ladrón,** la **ladrona**
1. *de carros* **thief** *(plural* **thieves***)*
2. *de casas* **burglar**
3. *de bancos* **robber**.

el **lagarto** ■ **lizard**.

el **lago** ■ **lake**.

la **lágrima** ■ **tear**.

la **laguna** ■ **lake**.

lamentar *verbo* ■ **to be sorry: lamento que ustedes dos no se entiendan** I'm sorry that you two don't understand each other

lamentarse *verbo pronominal* ■ **to complain: perdiste el tren porque te levantaste tarde, ahora no te lamentes** you missed the train because you got up late, now don't complain.

el **lamento** ■ **moan: hay que pedir ayuda, se oyen los lamentos de alguien** we have to get help, you can hear somebody's moans.

lamer *verbo* ■ **to lick: la gata lame a sus crías para lavarlas** the cat licks her babies to wash them.

la **lámina**
1. **sheet: con una lámina de madera forramos la mesa** we covered the table with a sheet of wood
2. **illustration: esta enciclopedia tiene unas preciosas láminas de animales** this encyclopedia has some beautiful illustrations of animals.

la **lámpara**
1. **lamp: apaga la lámpara cuando termines de leer** turn out the lamp when you finish reading
2. **bulb: se quemó la lámpara** the bulb burned out
➤ **una lámpara de mesa** a table lamp.

la **lana** ■ **wool: durante la esquila se les saca la lana a las ovejas** during shearing, the wool is taken off of the sheep
➤ **pura lana virgen** pure new wool.

la **lancha**
1. **boat: siempre salen con su lancha a hacer esquí acuático** they always take their boat out to go water skiing
2. **barge: vimos varias lanchas auxiliando con los trabajos en el puerto** we saw several barges helping with jobs at the port.

el **langostino** ■ **king prawn**.

el **lanzamiento** ■ **launch: ayer fue el lanzamiento del nuevo transbordador espacial** yesterday was the launch of the new space shuttle.

lanzar *verbo*
1. **to throw: un jugador lanzó una bola que el bateador no pudo responder** a player threw a ball that the batter couldn't hit
2. **to let out: los niños estaban contentos y lanzaban gritos de alegría** the children were happy and were letting out shouts of happiness
3. **to launch: en marzo lanzan el nuevo disco** in March they'll launch the new record.

el **lápiz** *(plural* los lápices*)* ■ **pencil: le escribió una nota a lápiz** he wrote her a note in pencil
➤ **lápices de colores** crayons
➤ **un lápiz de labios** a lipstick.

el **largo** ■ **length: el largo de la cuadra es 100 metros** the length of the block is 100 meters.

largo *adverbio* ■ **at great length: hacía tiempo que no se veían y hablaron largo** it had been a while since they had seen each other and they talked at great length.

largo *adjetivo*
1. **long: caminaron una distancia larga para llegar al pueblo** they walked a long distance to arrive at the town
2. **lengthy: estas conferencias siempre son largas** these conferences are always lengthy
➤ **a lo largo de** throughout: **nos encontramos varias veces a lo largo de la semana** we ran across each other several times throughout the week
➤ **para largo** a long time: **la conferencia va para largo** the conference is going a long time.

las
■ *artículo*
1. **the: las manzanas son rojas** the apples are red

2. **your: lávate las manos** wash your hands
➤ **nos fuimos a dormir a las diez** we went to sleep at ten o'clock
■ *pronombre*
1. **them: compró dos muñecas y se las regaló a sus sobrinas** she bought two dolls and gave them to her nieces
2. **you: ¡las esperé hasta la medianoche!** I waited for you until midnight!

la **lástima** ■ **pity: es una lástima que no hayas podido venir** it's a pity that you couldn't come
➤ **me da lástima que sufra tanto** I feel very sorry that he suffers so much.

lastimar *verbo* ■ **to hurt: ten cuidado, no lastimes a tu hermano** be careful, don't hurt your brother

lastimarse *verbo pronominal* ■ **to hurt oneself: se lastimó al caerse de la bicicleta** he hurt himself falling off the bicycle.

la **lata**
1. **can: tenemos varias latas de atún** we have several cans of tuna
2. **tin: hay mucha gente viviendo en casas de lata** there are many people living in tin houses.

lateral *adjetivo* ■ **side: el impacto abolló la parte lateral posterior derecha del auto** the impact dented the back right side of the car.

el **latido** ■ **beat**.

el **látigo** ■ **whip**.

Latinoamérica *sustantivo femenino* ■ **Latin America**.

latinoamericano, latinoamericana *adjetivo*

En inglés, los adjetivos que se refieren a un país o una región se escriben con mayúscula:

Latin American

el **latinoamericano**, la **latinoamericana**

En inglés, los gentilicios se escriben con mayúscula:

Latin American: los latinoamericanos Latin Americans.

latir *verbo* ■ **to beat**.

la **latitud** ■ **latitude: Buenos Aires está a 37 grados de latitud sur** Buenos Aires is at 37 degrees latitude south.

el **laurel** ■ **laurel**.

el **lavabo**
1. **sink: el lavabo tiene una gotera** the sink has a leak
2. **restroom: en la planta baja hay un lavabo** there's a restroom on the ground floor.

el **lavadero**
1. **utility room: el lavadero está al lado de la cocina** the utility room is next to the kitchen
2. *River Plate* **Laundromat: hay un lavadero a dos cuadras de acá** there's a Laundromat two blocks from here.

la **lavadora** ■ **washing machine**.

la **lavandería** ■ **Laundromat**.

lavar *verbo* ■ **to wash: ¿quién va a lavar los platos?** who's going to wash the dishes?
➤ **lavar a mano** to wash by hand
➤ **lavar en seco** to dryclean

lavarse *verbo pronominal*
1. **to wash: hoy tienes que lavarte el pelo** today you have to wash your hair
2. **to brush: ¿ya te lavaste los dientes?** did you already brush your teeth?

el **lazo**
1. **bow: el paquete tenía un lazo celeste** the package had a blue bow
2. **lasso: el caballo estaba atado a la cerca con un lazo** the horse was tied to the fence with a lasso

los **lazos** ■ **ties: tiene lazos muy estrechos con su familia** he has very tight ties with his family.

le *pronombre*
1. **him, her: le dije que me esperara, pero se fue** I told him to wait for me, but he left
2. **you: le pido que me espere aquí unos minutos** I'm asking you to wait for me here for a few minutes.

leal *adjetivo* ■ **loyal**.

la **lección** (*plural* las lecciones)
1. **lesson: es mejor que estudies la lección antes de ir a clase** it's better for you to study the lesson before going to class
2. **lecture: esa niña mentirosa se merece una lección** that lying child deserves a lecture.

la **leche** ■ **milk**.

la **lechería** ■ **dairy** (*plural* **dairies**).

el **lecho** ■ **bed**.

la **lechuga** ■ **lettuce**.

la **lechuza** ■ **owl**.

el **lector,** la **lectora** ■ **reader**.

la **lectura** ■ **reading: todos los días dedica dos horas a la lectura** every day he devotes two hours to reading; **en esa clase hacemos tres lecturas por semana** in that class we do three readings a week.

leer *verbo* ■ **to read: ¿sabes leer?** do you know how to read?

legal *adjetivo* ■ **legal**.

legible *adjetivo* ■ **legible**.

legislar *verbo* ■ **to legislate**.

legislativo *adjetivo* ■ **legislative**.

legítimo *adjetivo* ■ **legitimate**.

la **legumbre**
1. **pulse: las habas y las lentejas son legumbres** beans and lentils are pulses
2. **vegetable: las lechugas y las papas son legumbres** lettuce and tomatoes are vegetables.

lejano *adjetivo* ■ **distant: se fue a vivir a un país muy lejano** she went to live in a very distant country.

lejos *adverbio* ■ **far: podemos ir a pie, no es lejos de aquí** we can walk, it's not far from here.

la **lengua**
1. **tongue: el médico me pidió que le mostrara la lengua** the doctor asked me to show him my tongue
2. **language: habla tres lenguas** she speaks three languages.

el **lenguado** ■ **sole**.

el **lenguaje** ■ **language**.

la **lente** ■ **lens: los telescopios funcionan con un sistema de lentes** telescopes function with a system of lenses.

la **lenteja** ■ **lentil**.

los **lentes** ■ **glasses: mi papá usa lentes desde hace años** my dad has been wearing glasses for years
➤ **lentes de contacto** contact lenses.

la **lentitud** ■ **slowness: habla con una lentitud exasperante** he speaks with an exasperating slowness.

lento *adjetivo* ■ **slow: es lento y por eso perdió la carrera** he's slow and that's why he lost the race.

la **leña** ■ **firewood**.

el **leñador,** la **leñadora** ■ **lumberjack**.

el **leño** ■ **log: puse varios leños para avivar el fuego** I put on several logs to stoke the fire.

el **león** (*plural* los leones) ■ **lion**.

la **leona** ■ **lioness**.

el **leopardo** ■ **leopard**.

les *pronombre*
1. **you: ¿no me oyeron? les pedí que no hicieran ruido** you didn't hear me? I asked you not to make noise
2. **them: Juan y Ana todavía no llegaron, aunque les pedí que pasaran por aquí a las ocho** Juan and Ana still haven't come, even though I asked them to come by here at eight o'clock.

la **lesión** *(plural* las lesiones) ■ **injury: los accidentados se están recuperando de las lesiones** the injured are recuperating from their injuries.

lesionado *adjetivo* ■ **injured**.

la **letra**

1. **letter: la "a" es la primera letra del alfabeto** "a" is the first letter of the alphabet
2. **handwriting: tu letra es ilegible** your handwriting is illegible.

el **letrero** ■ **sign**.

el **levantamiento** ■ **revolt: los militares respondieron al levantamiento con violencia** the military responded to the revolt with violence.

levantar *verbo*

1. **to lift: el campeón de pesas levanta 200 kilos** the weightlifting champion lifts 200 kilos
2. **to pick up: por favor, levanta ese libro que se cayó** please, pick up that book that fell
3. **to raise: el que esté de acuerdo, que levante la mano** those who agree, raise your hands

levantarse *verbo pronominal* ■ **to get up: al oír el teléfono se levantó de un salto** on hearing the telephone he got up with a jump; **me levanto a las siete** I get up at seven o'clock.

leve *adjetivo*

1. **light: los pájaros son muy leves y eso les permite volar** birds are very light and that allows them to fly
2. **slight: tengo una lesión leve** I have a slight injury.

la **ley** ■ **law: todos los ciudadanos son iguales ante la ley** all citizens are equal before the law

➤ **la ley de la gravedad** the law of gravity

➤ **la ley de la oferta y la demanda** the law of supply and demand.

la **leyenda** ■ **legend: según la leyenda, Rómulo y Remo fundaron Roma** according to the legend, Romulus and Remus founded Rome.

el/la **liberal** ■ **liberal**.

liberar *verbo* ■ **to free: las autoridades liberaron al acusado** the authorities freed the accused.

la **libertad** ■ **freedom: tienes total libertad para tomar la decisión que te parezca mejor** you have complete freedom to make the decision that seems the best to you

➤ **libertad de cultos** religious freedom

➤ **libertad de expresión** freedom of speech

➤ **libertad de prensa** freedom of the press.

la **libra** ■ **pound: una libra equivale aproximadamente a medio quilo** one pound equals approximately half a kilo

➤ **libra esterlina** pound sterling.

librarse *verbo pronominal* ■ **to get out of: como está enfermo, se libró de limpiar la casa** since he's sick, he got out of cleaning the house.

libre *adjetivo*

1. **free: no aguantaba ver al pájaro en una jaula, así que lo dejé libre** I couldn't stand seeing the bird in a cage, so I let it go free
2. **available: hace rato que estoy aquí y no hay pasado ni un taxi libre** I've been here for a while and not one available taxi has passed by
3. **unoccupied: llegamos tarde y ya no había asientos libres** we arrived late and there were no longer any unoccupied seats.

la **librería** ■ **bookstore**

> ⚠ The Spanish word **librería** is a false cognate, it doesn't mean "library".

el **librero** *Andes, Caribbean, Central America, Mexico* ■ **bookcase**.

la **libreta** ■ **notebook**.

el **libro** ■ **book: un libro de viajes** a travel book

➤ **un libro de bolsillo** a paperback

➤ **un libro de texto** a textbook.

la **licencia**

1. **permission: a los 16 años le dieron licencia para llegar a medianoche** at 16 years old they gave him permission to get home at midnight

2. **license: para conducir automóviles precisas una licencia** in order to drive automobiles you need a license
3. *River Plate* **leave: tengo 20 días de licencia anual** I have 20 days of yearly leave
➤ **licencia por enfermedad** sick leave.

el **licenciado,** la **licenciada** ■ **graduate**
➤ **mi hermana es licenciada en biología** my sister is a biology graduate
➤ **el licenciado González** *Mexico* Mr. Pérez.

la **licenciatura** ■ **degree: hizo la licenciatura en la universidad de San Marcos, en Lima** he got his degree at the University of San Marcos, in Lima.

lícito *adjetivo* ■ **lawful.**

el **licor** (*plural* los licores) ■ **liqueur.**

el/la **líder** ■ **leader.**

la **liebre** ■ **hare.**

la **liga**
1. **league: el campeón de la liga de primavera fue el mismo que el año pasado** the champion of the spring league was the same as last year's
2. **garter: preciso una liga para la media** I need a garter for my stocking.

ligar *verbo* ■ **to tie: los vaqueros le ligaron las patas al caballo** the cowboys tied the horse's feet.

ligero *adjetivo*
1. **light: la ropa de lino es ligera** linen is light
2. **quick: ese caballo es muy ligero** that horse is very quick.

lila *adjetivo* ■ **lilac**

el **lila** ■ **lilac: el lila es mi color favorito** lilac is my favorite color.

la **lima** ■ **file: preciso una lima para arreglarme las uñas** I need a file to fix my fingernails.

limitar *verbo* ■ **to be bounded by: Costa Rica limita al sur con Panamá y al norte con Nicaragua** Costa Rica is bounded on the south by Panama and on the north by Nicaragua

limitarse *verbo pronominal* ■ **to limit oneself: no quiero engordar, por eso me limito a comer frutas y verduras** I don't want to get fat, that's why I'm limiting myself to eating fruits and vegetables.

el **límite**
1. **boundary** (*plural* **boundaries**)**: el balón salió de los límites del campo** the ball went out of the field's boundaries
2. **limit: se esforzó hasta el límite para ganar** he exerted himself to the limit in order to win
➤ **el límite de velocidad** the speed limit.

el **limón** (*plural* los limones)
1. *amarillo* **lemon**
2. *Mexico, Venezuela verde* **lime.**

la **limonada** ■ **lemonade.**

el **limonero** ■ **lemon tree.**

el **limosnero,** la **limosnera** ■ **beggar.**

limpiar *verbo*
1. **to clean: tú limpia la cocina y yo limpiaré el baño** you clean the kitchen and I'll clean the bathroom
2. **to wipe: ¿tienes un trapo para limpiar la mesa?** do you have a rag to wipe the table?
➤ **limpiar en seco** to dryclean.

la **limpieza**
1. **cleaning: hoy la limpieza me llevó cuatro horas** today the cleaning took me four hours
2. **cleanliness: la limpieza es primordial en los hospitales** cleanliness is essential in hospitals.

limpio *adjetivo* ■ **clean.**

lindo *adjetivo*
1. **pretty: se compró un lindo vestido blanco para la fiesta** she bought herself a pretty white dress for the party
2. **nice: es una linda película, vale la pena verla** it's a nice film, it's worth seeing.

la **línea** ■ **line: la distancia más corta entre dos puntos es una línea recta** the shortest distance between two points is a straight line; **hay varias líneas de ómnibus para ir al centro** there are several bus lines that go downtown; **había leído apenas diez líneas cuando tuve que interrumpir** he had scarcely read ten lines when I had to interrupt

➤ **mantener la línea** to maintain one's figure: **Mónica no come dulces porque quiere mantener la línea** Mónica doesn't eat candy because she wants to maintain her figure
➤ **una línea telefónica** a telephone line.

el **lino** ■ **linen**.

la **linterna** ■ **lantern**.

el **lío**
1. **mess: ¡qué lío hay en esta habitación!** what a mess this room is!
2. **row: si no limpiamos esto antes de que llegué mamá, se va a armar lío** if we don't clean this up before Mom arrives, there's going to be a row.

el **líquido** ■ **liquid: ese líquido blanco probablemente sea leche** this white liquid is probably milk.

liso *adjetivo*
1. **smooth: la piel de los bebés es lisa y suave** babies' skin is smooth and soft
2. **plain: me gusta más esta blusa lisa que aquella floreada** I like this plain blouse more than that flowered one.

la **lista** ■ **list: ¿dónde está la lista de invitados?** where's the invitation list?
➤ **pasar la lista** to call the roll
➤ **una lista de espera** a waiting list.

listo *adjetivo*
1. **smart: Marcos es un niño listo, va a tener buenas calificaciones** Marcos is a smart boy, he's going to have good grades
2. **ready: cuando llegué a casa de Marisa, ya estaba lista** when I arrived at Marisa's house, she was already ready.

la **literatura** ■ **literature**.

el **litoral** ■ **coast**.

el **litro** ■ **liter**.

liviano *adjetivo* ■ **light: este paquete es liviano** this package is light.

la **llaga** ■ **wound**.

la **llama**
1. *de fuego* **flame**
2. *animal* **llama**.

la **llamada** ■ **call**
➤ **una llamada internacional** international call
➤ **una llamada de larga distancia** *River Plate* a long-distance call.

llamar *verbo*
1. **to call: la mamá de Julio lo llamaba para que entrara a comer** Julio's mom was calling him to come in and eat; **mañana te llamo antes de pasar a buscarte** tomorrow I'll call before coming by to get you; **su nombre es Inés, pero la llaman Ina** her name is Inés, but they call her Ina
2. **to call upon: el presidente llamó a los ministros para pedirles su opinión** the president called upon the ministers to ask them their opinions
3. **to knock: están llamando a la puerta** somebody's knocking at the door

llamarse *verbo pronominal* ■ **to be called: ¿cómo se llama su último disco?** what's his latest record called?
➤ **¿cómo te llamas? — me llamo Luciana** what's your name? — my name is Luciana.

llamativo *adjetivo* ■ **flashy: tenía un vestido rojo muy llamativo** she had a very flashy red dress.

llano *adjetivo* ■ **flat**.

la **llanta** ■ **tire**
➤ **una llanta de refacción** *Mexico* a spare tire.

la **llave**
1. **key: puedes dejar la llave debajo del felpudo** you can leave the key under the doormat
2. **faucet: cierra la llave para no desperdiciar agua** turn off the faucet in order to not waste water
➤ **una llave inglesa** a wrench
➤ **una llave maestra** a skeleton key.

el **llavero** ■ **key ring**.

llegar *verbo*
1. **to arrive: llegué en la capital al final del día** I arrived in the capital at the end of the day
2. **to reach: llegar a un acuerdo** to reach an agreement

➤ **llegar a ser** to become: **al cabo de los años, llegó a ser un gran pianista** after some years, he became a great pianist.

llenar *verbo* ■ **to fill: este cajón no cierra porque lo llenas demasiado** this box won't shut because you fill it too full

llenarse *verbo pronominal* ■ **to fill up: el estadio se llenó de aficionados** the stadium filled up with fans
➤ **no puedo comer más, ya me llené** I can't eat any more, I'm already full.

lleno *adjetivo* ■ **full: el teatro está lleno, no vamos a poder entrar** the theater is full, we're not going to be able to get in; **estas medias están llenas de agujeros** these stockings are full of holes
➤ **estar lleno** to be full: **no me sirvas más, por favor, estoy lleno** don't serve me more, please, I'm full.

llevar *verbo*
1. **to take: Elena llevó los platos a la mesa** Elena took the plates to the table
2. **to lead: el padre lleva de la mano al niño** the father leads the boy by the hand
3. **to wear: lleva un vestido azul** she's wearing a blue dress
➤ **los pacientes llevan una hora esperando al doctor** the patients have been waiting on the doctor for an hour

llevarse *verbo pronominal* ■ **to get along: los tres hermanos se llevan muy bien** the three brothers get along very well.

llorar *verbo* ■ **to cry.**

llover *verbo* ■ **to rain: está lloviendo a cántaros** it's raining cats and dogs.

la **lluvia** ■ **rain.**

lo *(pronombre & articulo)*

■ *pronombre*
1. **it: ¿tu libro? hace días que no lo veo** your book? I haven't seen it in days
2. **him: ¿a tu hermano? hace mucho que no lo veo** your brother? I haven't seen him in a long time
3. **you: venga conmigo, lo llevaré hasta la oficina de su esposa** come with me, I'll take you to your wife's office

■ *articulo*
➤ **lo bueno es que nos reconciliamos** the good thing is we made up
➤ **prefiero lo dulce** I prefer sweet things
➤ **lo que trajiste del mercado, ponelo en la heladera** put what you brought from the store in the refrigerator.

el **lobo** ■ **wolf.**

el **local** ■ **premises: "alquilo local comercial"** "commercial premises for rent".

la **localidad**
1. **town: la gente de la localidad es muy simpática** the people in town are very nice
2. **ticket: ¡qué lástima! ya se agotaron las localidades** what a shame! the tickets are sold out.

localizar *verbo* ■ **to find: todavía no he logrado localizar los documentos que me pidió el jefe** I haven't been able to find the documents the boss asked me for.

la **loción** *(plural* las lociones*)* ■ **lotion.**

la **loca** ■ **crazy woman.**

el **loco** ■ **crazy man.**

la **locomotora** ■ **locomotive.**

la **locución** *(plural* las locuciones*)* ■ **phrase.**

la **locura** ■ **insanity: alegaba que la locura lo llevo a cometer el asesinato** he claimed that insanity led him to commit the murder
➤ **ser una locura** to be crazy: **lo que cobran por esos zapatos es una locura** what they charge for those shoes is crazy.

el **lodo** ■ **mud.**

lógico *adjetivo* ■ **logical.**

lograr *verbo* ■ **to achieve: siempre logra lo que se propone** he always achieves what he sets out to do
➤ **no logro entender este artículo en inglés** I can't seem to understand this article in English.

el **logro** ■ **achievement: tiene miedo de volar así que fue un logro subirla al avión** she's afraid of flying so it was quite an achievement to get her on the plane.

la **lombriz** *(plural las lombrices)* ■ **earthworm**.

la **loma** ■ **hill**.

el **lomo**
1. **back: el lomo de un caballo** the back of a horse
2. *carne de cerdo* **loin**
3. *carne de vaca* **fillet**
4. **spine: en el lomo del libro puedes ver el título** you can read the title on the spine of the book.

la **lona** ■ **canvas: me compré zapatos azules de lona** I bought some blue canvas shoes.

la **longitud**
1. **length: la piscina tiene 50 metros de longitud** the pool is 50 meters in length
2. **longitude: la longitud se mide a partir del meridiano de Greenwich** longitude is measured from the Greenwich meridian.

el **loro** ■ **parrot**.

los *(pronombre & artículo)*

■ *pronombre*
1. **them: ¿tus zapatos rojos? no, no los vi** your red shoes? no, I haven't seen them
2. **you: vengan conmigo, los llevaré hasta la oficina de su papá** come with me, I'll take you to your father's office

■ *artículo*

the: los melones ya están maduros the melons are ripe now

Las partes del cuerpo llevan en español artículo pero deben traducirse al inglés con un pronombre posesivo:

lávense los pies antes de meterse en la cama wash your feet before getting into bed

Para describir el aspecto físico de una persona se usa el artículo en español pero no en inglés:

➤ **tiene los ojos castaños** she has brown eyes.

la **lotería** ■ **lottery**.

la **loza** ■ **china: lava la loza con cuidado** wash the china carefully; **hoy usaremos los platos de loza** we'll use the china today.

la **lucha** ■ **fight**.

el **luchador, la luchadora**
1. **wrestler: los luchadores se enfrentaron en el ring** the wrestlers faced off in the ring
2. **fighter: Martin Luther King fue un gran luchador** Martin Luther King was a great fighter.

luchar *verbo*
1. **to fight: el regimiento luchó con valentía hasta el fin** the regiment fought bravely to the end
2. **to struggle: los diputados lucharon por imponer sus ideas** the representatives struggled to enforce their ideas.

lucir *verbo*
1. **to look: trabaja demasiado, por eso luce cansada** she works too much, that's why she looks tired
2. **to wear: Ana lució con orgullo su vestido nuevo** Ana wore her new dress proudly

lucirse *verbo pronominal* ■ **to excel: Juan se lució en la presentación de fin de año** Juan really excelled himself at the end-of-year show.

luego *adverbio*
1. **then: primero arreglé el jardín y luego me senté a disfrutar del sol** first I did the gardening and then sat down to enjoy the sunshine
2. **later: el primer grupo irá a las tres y el segundo llegará luego** the first group will go at three and the second will arrive later

➤ **desde luego** of course: **¿quieres venir con nosotros? — ¡desde luego!** do you want to come with us? — of course!

➤ **hasta luego** see you later!

el **lugar**
1. **place: queremos comprar una casa en algún lugar con muchos árboles** we want to buy a house in a place with a lot of trees
2. **seat: llegamos tarde y ya no encontramos lugares** we were late and couldn't find seats
3. **room: ¿hay lugar para mí en el auto?** is there room for me in the car?

el **lujo** ■ **luxury: viven rodeados de lujo** they live in the lap of luxury

➤ **darse el lujo de algo** to be able to afford something: **no puedo darme el lujo de acompañarte en tu viaje alrededor del mundo** I can't afford to go with you on your trip around the world.

la **lumbre** ■ **fire: no pongas las salchichas directamente en la lumbre que se van a quemar** don't put the hot dogs directly on the fire, they'll burn.

luminoso *adjetivo*
1. **bright: la sala es el cuarto más luminoso de la casa** the living room is the brightest room in the house
2. **illuminated: los botones de mi teléfono son luminosos, puedes marcar un número en la oscuridad** the buttons on my phone are illuminated so you can dial in the dark.

la **luna** ■ **moon: una luna llena** a full moon

➤ **estar en la luna** to have your head in the clouds: **¡estás siempre en la luna! tienes que empezar a prestar más atención** you always have your head in the clouds! you need to pay more attention.

el **lunar**
1. **mole: Alicia tiene un lunar en la mejilla izquierda** Alicia has a mole on her left cheek
2. **polka-dot: ayer me compré una blusa roja a lunares** I bought a red polka-dot shirt yesterday.

el **lunes**

> En inglés, los días de la semana se escriben con mayúscula:

Monday: hoy es lunes today is Monday; **el próximo lunes** next Monday; **el pasado lunes** last Monday

➤ **el lunes** on Monday: **te veré el lunes** I'll see you on Monday

➤ **los lunes** on Mondays: **los lunes vamos al cine** on Mondays we go to the movies.

el **luto** ■ **mourning**

➤ **estar de luto** to be in mourning.

la **luz** ■ **light: por favor, apaga la luz** please turn out the light

➤ **dar a luz** to give birth: **Susana dio a luz en su casa** Susana gave birth at home.

m

la **maceta** ■ **flowerpot**.

el **macho** ■ **male: el macho es el pez de colores más vivos** the brightly colored fish is the male.

macizo *adjetivo* ■ **solid: le regalaron una pulsera de oro macizo** they gave her solid gold bracelet.

la **madera** ■ **wood: esa mesa es de madera maciza, por eso pesa tanto** the table is made of solid wood, that's why it's so heavy.

la **madre** ■ **mother: es madre de dos niños** she's a mother of two

➤ **madre política** mother-in-law.

la **madriguera** ■ **warren**.

la **madrina** ■ **godmother**.

la **madrugada** ■ **early morning: siempre se levanta de madrugada para tomar agua** she always gets up early in the morning to drink some water.

madrugar *verbo* ■ **to get up early: detesto madrugar** I hate getting up early.

la **madurez** ■ **maturity: es sorprendente la madurez de este niño** the child's maturity is surprising.

maduro *adjetivo*
1. **ripe: los duraznos maduros tienen un delicioso perfume** ripe peaches have a delicious scent
2. **mature: su marido es joven, pero muy maduro** her husband is young but very mature

3. **older: su padre es un hombre maduro, pero rebosante de salud** his father is older, but in very good health.

el **maestro, la maestra** ■ **teacher**.

la **magia** ■ **magic: me gustaría mucho aprender a hacer magia** I would love to learn how to do magic.

mágico *adjetivo* ■ **magic**.

el **magisterio** ■ **teaching: el magisterio exige mucha paciencia con los alumnos** teaching requires a lot of patience with students.

magnético *adjetivo* ■ **magnetic**.

magnífico *adjetivo* ■ **superb**.

la **magnitud** ■ **magnitude**.

el **mago, la maga** ■ **magician**.

el **maíz** ■ **corn: desde aquí se ven los campos de maíz** you can see the corn fields from here.

mal *(adjetivo & adverbio)*

■ *adjetivo*

bad: nunca entiendo cuando explica, es mal profesor I don't understand his explanations, he's a bad teacher

■ *adverbio*

1. **bad: este pescado huele mal** this fish smells bad
2. **badly: mi sobrino sigue portándose mal** my nephew is still behaving badly

el **mal**

1. **evil: las fuerzas del mal** the forces of evil
2. **harm: es incapaz de hacer daño a nadie** he's incapable of doing harm to anyone
3. **disease: lamentablemente todavía existen males incurables** unfortunately there are still many incurable diseases.

la **maldición** *(plural* las maldiciones*)* ■ **curse: la maldición del hada mala fue que la princesa dormiría 100 años** the evil fairy's curse was that the princess would sleep for 100 years.

maleducado *adjetivo* ■ **rude: los niños de los vecinos son muy maleducados** the neighbors' children are very rude.

el **malestar** ■ **upset: su decisión causó malestar** her decision caused upset; **tanto chocolate me produjo un malestar estomacal** all that chocolate gave me an upset stomach.

la **maleza** ■ **undergrowth**.

malhumorado *adjetivo* ■ **bad-tempered: el dueño de la tienda es un viejo malhumorado** the owner of the store is a bad-tempered old man.

malo *adjetivo*

1. **bad: el pescado estaba malo, tenía un olor insoportable** the fish was bad, it really stank; **la película estuvo malísima** the movie was really bad; **es un muchacho malo, que pelea con todo el mundo** he's a bad boy, always fighting with everyone
2. **mean: no seas mala y préstame tu suéter nuevo** don't be mean — let me borrow your new sweater.

maltratar *verbo*

1. **to abuse: el niño había sido maltratado por su padre** the boy had been abused by his father
2. **to mistreat: el sobre llegó roto, sin duda lo maltrataron en el correo** the envelope was torn, no doubt it was mistreated in the mail.

malvado *adjetivo* ■ **wicked**.

la **mamá** ■ **mom**.

mamar *verbo*

1. **to feed: el bebé recién nacido mama cada tres horas** the newborn feeds every three hours
2. **to suckle: los gatitos están mamando** the kittens are suckling.

el **mamífero** ■ **mammal: una característica de los mamíferos es que tienen pelo** a characteristic of mammals is that they have hair.

el **manantial** ■ **spring**.

manar *verbo* ■ **to pour: el agua manaba abundantemente de la fuente** the water poured freely from the fountain.

la **mancha**
1. **stain: su blusa tenía una mancha en el cuello** her blouse had a stain on the collar
2. **mark: Paloma tiene una mancha de nacimiento en la mejilla izquierda** Paloma has a birthmark on her left cheek
3. **patch: los dálmatas son perros blancos con manchas negras** Dalmatians are white with black patches.

manchar *verbo* ■ **to stain: cuidado, no te vayas a manchar la ropa con grasa** be careful not to stain your clothes with grease.

mandar *verbo*
1. **to order: el general mandó que las tropas avanzaran** the general ordered the troops to advance
2. **to send: mi hermana me mandó un paquete por correo** my sister sent me a package in the mail

➤ **¿mande?** *Mexico* yes?: **disculpe, señorita — ¿mande?** excuse me, miss? — yes?

la **mandarina** ■ **tangerine**.

la **mandíbula** ■ **jaw**.

manejar *verbo*
1. **to manage: Alberto maneja la empresa con mucha habilidad** Alberto manages the business skillfully
2. **to drive: mi hija está aprendiendo a manejar** my daughter is learning to drive.

la **manera** ■ **way: Juan tiene una manera de caminar inconfundible** Juan has an unmistakeable way of walking

➤ **de ninguna manera** certainly not: **¿quieres que te ayude a preparar la cena? — de ninguna manera** do you want me to help you fix dinner? — certainly not

➤ **no hay manera de...** there's no way to...: **no hay manera de llegar a nuestro destino antes del anochecer** there's no way we'll reach our destination before nightfall.

la **manga** ■ **sleeves: llevaba una camisa de manga corta** he wore a short-sleeved shirt.

el **mango**
1. **handle: ¡cuidado! el mango de la cacerola está caliente** careful! the pan's handle is hot
2. **mango: cuando están maduros, los mangos son muy perfumados** ripe mangoes have a lovely scent.

la **manguera** ■ **hose**.

el **maní** (*plural* los maníes) ■ **peanut**.

la **manía** ■ **obsession: mi hermana tiene la manía de limpiar constantemente** my sister has an obsession with cleaning all the time.

el **manicomio** ■ **mental hospital**.

la **manifestación** (*plural* las manifestaciones)
1. **sign: la fiebre es una manifestación de que el cuerpo tiene alguna infección** fever is a sign that the body is fighting an infection
2. **demonstration: hoy habrá una manifestación de los maestros desocupados** the unemployed teachers will be holding a demonstration today.

manifestar *verbo* ■ **to express: los obreros manifestaron su acuerdo con la propuesta del Ministerio de Trabajo** the workers expressed their agreement with the Labor Department's proposal

manifestarse *verbo pronominal*
1. **to become apparent: las consecuencias de la inundación se manifestaron pocos días después** the consequences of the flood became apparent a few days later
2. **to demonstrate: los maestros se manifestaron contra la guerra** the teachers demonstrated against the war.

la **maniobra** ■ **maneuver: tuvo que hacer varias maniobras para estacionarse en un sitio muy pequeño** it took him some maneuvers to get into a tight parking space.

maniobrar *verbo* ■ **to maneuver: un tractor puede maniobrar en terrenos difíciles** a tractor can maneuver on difficult terrain.

la **mano**
1. **hand: lávate las manos** wash your hands
2. **coat: a esta pared le falta una mano de pintura** this wall needs a coat of paint

➤ **a mano** by hand: **estos suéters son caros porque se hacen a mano** these sweaters are expensive because they're made by hand
➤ **dar la mano a alguien** to shake hands with someone: **en el mundo hispano, los hombres se dan la mano para saludarse** in the Hispanic world, men greet each other by shaking hands
➤ **dar una mano a alguien** to give someone a hand: **no he terminado de recoger, ¿me das una mano?** I haven't finished cleaning up — can you give me a hand?

el **manojo** ■ **bunch**.

la **mansión** (*plural* las mansiones) ■ **mansion**.

manso *adjetivo*
1. *perro* **friendly**
2. *caballo* **tame**.

la **manta** ■ **blanket**.

la **manteca**
1. **lard: la manteca de cerdo es muy dañina para la salud** lard is very bad for your health
2. *River Plate* **butter: me encanta el pan con manteca** I love bread and butter.

el **mantel** ■ **tablecloth**.

mantener *verbo*
1. **to support: cuando me case voy a seguir trabajando, no quiero que mi marido me mantenga** I'm going to keep working when I get married, I don't want my husband to have to support me
2. **to keep: con una hora de ejercicio diario se mantiene en forma** he keeps in shape with an hour of exercise a day.

la **mantequilla** ■ **butter**.

el **manto** ■ **cloak**.

manual *adjetivo* ■ **manual: la costura es una actividad manual** sewing is a manual activity

el **manual** ■ **manual: consulté el manual al instalar la computadora** I consulted the manual when I was installing the computer.

el **manubrio** ■ **handlebars**.

manufacturar *verbo* ■ **to manufacture: en el sureste de Asia se manufacturan aparatos electrónicos** electronic appliances are manufactured in Southeast Asia.

la **manzana**
1. **apple: acabo de comerme una deliciosa manzana** I just ate a delicious apple
2. **block: fuimos a dar la vuelta a la manzana** we went for a walk around the block.

la **maña** ■ **habit: tiene la maña de hablar sólo** he has the habit of talking to himself.

mañana *adverbio* ■ **tomorrow: mañana iremos a comprarte ropa** we'll go buy you some clothes tomorrow
➤ **hasta mañana** see you tomorrow

la **mañana** ■ **morning: me levanto todos los días a las siete de la mañana** I get up every day at seven in the morning.

el **mapa** ■ **map: está en el mapa** it's on the map.

maquillarse *verbo pronominal* ■ **to put on make-up**.

la **máquina** ■ **machine**.

la **maquinaria**
1. **machinery: esa fábrica cuenta con maquinaria muy moderna** that factory has very modern machinery
2. **mechanism: la maquinaria de un reloj digital es muy precisa** the mechanism in a digital watch is very precise.

el **mar** ■ **sea**
➤ **el Mar Caribe** the Caribbean Sea.

la **maravilla** ■ **wonder: el faro de Alejandría era una de las siete maravillas del mundo antiguo** the lighthouse at Alexandria was one of the seven wonders of the ancient world
➤ **es una maravilla ...** it's wonderful...: **es una maravilla ver lo rápido que se recuperó después del accidente** it's wonderful to see how quickly he recovered after the accident.

maravilloso *adjetivo* ■ **wonderful**.

la **marca**
1. **mark:** **hay varias marcas en la pared, ¿de qué serán?** there are several marks on the wall — I wonder what they're from
2. **make:** **en cuanto a autos, prefiero las marcas japonesas** I prefer Japanese makes when it comes to cars
3. **brand:** **¿qué marca de detergente usas?** what brand of detergent do you use?

el **marcador** ■ **marker:** **había dibujado con marcador en la pared** she had drawn on the wall in marker.

marcar *verbo*
1. **to mark:** **marqué todos mis útiles escolares para reconocerlos** I marked all my school supplies so I can tell them apart
2. **to dial:** **¿cuál es el número de teléfono que hay que marcar?** which phone number do I need to dial?
3. **to score:** **mi equipo marcó tres goles** my team scored three goals.

la **marcha**
1. **course:** **la marcha de los acontecimientos fue inesperada** the course of events was unexpected
2. **march:** **organizaron una marcha en defensa de la educación pública** they organized a march in defense of public education
3. **speed:** **aceleraron la marcha porque ya se había hecho tarde** they picked up speed because they were running late

➤ **en marcha** running: **no puedes bajarte una vez que el tren esté en marcha** you can't get off once the train is running

➤ **marcha atrás** reverse.

marcharse *verbo pronominal* ■ **to leave:** **se marchó del pueblo hace un año** he left town a year ago.

marchitarse *verbo pronominal* ■ **to wilt:** **se marchitaron las flores del jarrón** the flowers in the vase wilted.

el **marco**
1. **frame:** **el marco de la puerta es de madera** the door frame is made of wood
2. **framework:** **su comportamiento es inadmisible en un marco legal** her behavior is unacceptable in a legal framework.

la **marea** ■ **tide:** **la marea está subiendo** the tide is rising

➤ **marea alta** high tide

➤ **marea baja** low tide

➤ **marea negra** oil slick.

marearse *verbo pronominal* ■ **to get motion sickness:** **se marea en los aviones** he gets motion sickness on airplanes.

la **margarina** ■ **margarine**.

el **margen** (*plural* los márgenes) ■ **margin:** **la maestra puso algunos comentarios en el margen** the teacher wrote some comments in the margin; **nuestro equipo ganó por un amplio margen** our team won by a wide margin

➤ **al margen** on the fringes of: **se mantuvo al margen de la discusión** he stayed on the fringes of the discussion.

el **mariachi** ■ **mariachi band**

MARIACHI

Mexican mariachi bands may contain from six to eight violinists, two trumpeters, and a guitarist. They are usually hired to serenade someone on special occasions, such as a birthday, an engagement, or Mother's Day. As well as providing the music for songs, mariachi music is a popular form of dance music. Band members wear the typical **charro** outfit: short black jacket, tight pants, and wide-brimmed **sombrero** hat, all with silver trim.

el **marido** ■ **husband**.

la **marina** ■ **navy:** **entró en la marina el año pasado** he joined the navy last year.

el **marinero** ■ **sailor**.

el **marino** ■ **sailor**.

la **mariposa** ■ **butterfly**.

marítimo *adjetivo* ■ **maritime**.

el **mármol** ■ **marble**.

marrón (*plural* marrones) *adjetivo* ■ **brown:** **compré una cartera marrón** I bought a brown wallet.

el **martes** ■ **Tuesday:** **hoy es martes** today is Tuesday; **el próximo martes** next Tuesday; **el pasado martes** last Tuesday
➤ **el martes** on Tuesday: **te veré el martes** I'll see you on Tuesday
➤ **los martes** on Tuesdays: **los martes vamos al parque** on Tuesdays we go to the park

En inglés, los días de la semana se escriben con mayúscula.

el **martillo** ■ **hammer**.

marzo *sustantivo masculino*

En inglés los nombres de los meses se escriben con mayúscula:

March: **en marzo** in March; **el próximo marzo** next March; **el pasado marzo** last March.

más *adverbio*
1. **more:** **tiene más juguetes que yo** he has more toys than I do; **no tengo nada más que decirle** I have nothing more to say to him
2. **after:** **son más de las tres** it's after three
3. **better:** **me gusta más nadar que correr** I don't like anything better than running
➤ **es el edificio más alto de la ciudad** it's the tallest building in the city
➤ **de más** too much: **pagué 100 pesos de más** I paid 100 pesos too much
➤ **más bien** rather: **no fue un accidente, más bien lo hizo a propósito** it wasn't an accident, rather he did it on purpose
➤ **por más que** however much: **por más que intento, no puedo con estos ejercicios** however much I try I just can't do these problems.

la **masa**
1. **dough:** **esta masa está cruda** the dough is raw
2. **mass:** **una masa enfurecida tomó las calles** a crazed mass of people took to the streets
3. *River Plate* **pastry:** **comimos unas masas a la hora del té** we ate some pastries at tea time.

el **masaje** ■ **massage:** **Pedro le dio un masaje a Adela en la espalda** Pedro gave Adela a back massage.

mascar *verbo* ■ **to chew**.

la **máscara** ■ **mask**.

la **mascota**
1. **pet:** **no se permiten mascotas en este apartamento** pets aren't allowed in this apartment
2. **mascot:** **la mascota del equipo es un oso** the team's mascot is a bear.

masculino *adjetivo*
1. **male:** **la población masculina ha aumentado en esta ciudad** the city's male population has increased
2. **men's:** **forma parte del equipo masculino de fútbol** he's on the men's soccer team
3. **masculine:** **Daniela se viste de manera masculina** Daniela dresses in a masculine way.

masticar *verbo* ■ **to chew:** **es aconsejable masticar bien la comida** you should chew your food well.

el **mástil** ■ **mast**.

matar *verbo* ■ **to kill:** **mataron a personas inocentes** they killed innocent people; **me mata tener que madrugar** it kills me having to get up so early.

mate *adjetivo* ■ **matte:** **imprimí las fotos en papel mate** I printed the pictures on matte paper

el **mate** ■ **maté:** **tomamos mate todas las mañanas** we drink maté every morning.

las **matemáticas** ■ **mathematics**.

la **materia**
1. **matter:** **estudia la transformación de la materia** he's studying the transformation of matter
2. **subject:** **la materia que más me gusta es química** my favorite subject is chemistry
➤ **materia gris** gray matter
➤ **materia prima** raw material.

el **material**
1. **material:** **trajeron los materiales para construir la casa** they brought all the materials for building the house
2. **subject matter:** **el material que contiene esta revista es muy interesante** the subject matter in this magazine is very interesting.

maternal *adjetivo* ■ **maternal: tiene fuertes sentimientos maternales** she has strong maternal instincts.

la **maternidad**
1. **motherhood: la maternidad es su verdadera vocación** motherhood is her true calling
2. **maternity ward: llegó a la maternidad de madrugada** she arrived in the maternity ward at dawn.

materno *adjetivo* ■ **maternal: mi abuelo materno era arquitecto** my maternal grandfather was an architect.

el **matiz** *(plural* los matices*)* ■ **shade: pintó la habitación con distintos matices de amarillo** she painted the room in different shades of yellow.

el **matrimonio**
1. **marriage: éste es su segundo matrimonio** it's his second marriage
2. **couple: salimos con un matrimonio de ingenieros** we went out with a couple who are both engineers

➤ **un matrimonio civil** a civil wedding
➤ **un matrimonio religioso** a church wedding.

matutino *adjetivo* ■ **morning: trabajo en horario matutino** I work the morning shift.

máximo *adjetivo*
1. **maximum: hay un plazo máximo de tres meses** the maximum period is three months
2. **highest: es el máximo goleador del campeonato** he was the highest scorer in the championships.

mayo *sustantivo masculino*

> En inglés los nombres de los meses se escriben con mayúscula:

May: en mayo in May; **el próximo mayo** next May; **el pasado mayo** last May.

mayor *adjetivo (comparative and superlative of* **grande***)*
1. **bigger: la casa nueva tiene un tamaño mayor que la vieja** the new house is bigger than the old one
2. **older: mi hermano mayor es soltero** my older brother is single
3. **elderly: mi abuelo ya es una persona mayor** my grandfather is an elderly man
4. **greatest: es uno de los mayores músicos de su época** he's one of the greatest musicians of his era

el/la **mayor**
1. **adult: es una película para mayores** the movie is only for adults
2. **eldest: es el mayor de todos los hermanos** he's the eldest of the brothers; **la mayor de las hermanas es ingeniera** the eldest of the sisters is an engineer

➤ **de mayor** when he grows up: **de mayor quiere ser doctor** she wants to be a doctor when she grows up
➤ **ser mayor de edad** to be of age: **Francisco ya puede votar porque es mayor de edad** Francisco can vote because he's of age.

el **mayoreo** ■ **wholesale**

➤ **al mayoreo** wholesale: **aquí venden productos al mayoreo** they sell wholesale products here.

la **mayoría** ■ **majority: la mayoría de los alumnos aprobó el curso** the majority of the students passed the course; **el partido de derecha obtuvo la mayoría en el parlamento** the right-wing party obtained a majority in congress.

mayúscula *adjetivo* ■ **capital: no olvides escribir los nombres propios con letra mayúscula** don't forget to write proper nouns with a capital letter

la **mayúscula** ■ **capital: los nombres propios se escriben con mayúscula** proper nouns are written with a capital.

me *pronombre* ■ **me: préstame tu libro** lend me your book

➤ **me voy a lavar las manos** I'm going to wash my hands
➤ **me peiné rápidamente** I combed my hair quickly
➤ **a mí me gusta mucho cantar** I really like to sing
➤ **me dormí una buena siesta** I took a good nap.

la **mecánica** ■ **mechanics: estudió mecánica** he studied mechanics.

el **mecánico** ■ **mechanic**.

la **medalla**

1. **medallion: le regalaron una medalla de la Virgen María** she was given a medallion of the Virgin Mary
2. **medal: lo premiaron con una medalla** he was rewarded with a medal

➤ **medalla de bronce** bronze medal
➤ **medalla de oro** gold medal
➤ **medalla de plata** silver medal.

la **media**

1. **average: tienes que calcular la media entre estos números** you have to figure out the average of these numbers
2. **pantyhose: uso medias hasta la cintura** I wear pantyhose
3. **sock: compré tres pares de medias** I bought three pairs of socks.

mediano *adjetivo*

1. **medium: esta caja es de tamaño mediano** this is a medium-sized box
2. **average: es una persona de mediana inteligencia** he is a person of average intelligence.

la **medianoche** ■ **midnight: llegaron a la medianoche** they arrived at midnight.

mediante *adverbio* ■ **by means of: lograron curar la enfermedad mediante tecnología innovadora** they managed to cure the disease by means of a technological innovation.

el **medicamento** ■ **medicine**.

la **medicina** ■ **medicine: estudia medicina** she's studying medicine; **le recetaron una nueva medicina** he was prescribed a new medicine.

medicinal *adjetivo* ■ **medicinal: esta planta tiene propiedades medicinales** this plant has medicinal properties.

el **médico**, la **médica** ■ **doctor**.

la **medida**

1. **measurement: el sastre le tomó las medidas al cliente** the tailor took his client's measurements
2. **measure: la policía tomó estrictas medidas de seguridad** the police took strict security measures

➤ **a la medida** custom-made: **se mandó hacer un traje a la medida** he ordered a custom-made suit
➤ **a medida que** as: **a medida que pasaba el tiempo se ponía más guapo** he grew more handsome as time went by.

el **medidor** ■ **meter: el empleado de la electricidad revisó el medidor** the man from the electric company checked the meter.

medio

■ *adjetivo*

1. **half: se tomaron media botella de vino** they drank half a bottle of wine
2. **average: la temperatura media es 25 grados centigrados** the average temperature is 25 degrees Celsius

➤ **son las cuatro y media** it's four thirty

■ *adverbio*

half: la niña estaba medio dormida cuando llegamos the little girl was half asleep when we arrived

el **medio** ■ **middle: hay un monumento en el medio de la plaza** there is a monument in the middle of the square

➤ **en medio** between: **me senté en medio de mis dos amigas** I sat between my two friends
➤ **el medio ambiente** the environment
➤ **los medios de comunicación** the media
➤ **un medio de transporte** a means of transportation.

el **mediodía**

1. **noon: al mediodía nuestras sombras son pequeñas** our shadows are very small at noon
2. **lunchtime: el cumpleaños comenzó al mediodía** the birthday party started at lunchtime

MEDIODÍA

In some Spanish-speaking countries **mediodía** means 12 o'clock noon, while in others it refers to "lunchtime," which can take place anywhere between noon and three o'clock in the afternoon. To avoid confusion, make sure you know what time a person means when you agree to meet them at **mediodía**.

medir *verbo* ■ **to measure: medí el tamaño de la cocina** I measured the kitchen; **la mesa mide más de un metro** the table is more than a meter across.

meditar *verbo*
1. **to meditate: le gusta meditar todas las mañanas** he likes to meditate in the morning
2. **to think: meditó antes de responder** she thought before answering.

la **mejilla** ■ **cheek**.

mejor *(adjetivo & adverbio)*
■ *adjetivo*
(comparative and superlative of **bueno***)*
1. **better: tiene un auto mejor que el mío** she has a better car than I do
2. **best: Susana es mi mejor amiga** Susana is my best friend
■ *adverbio*
better: Ricardo juega al fútbol mejor que yo Ricardo is better at soccer than I am

el/la **mejor** ■ **best: es la mejor de la clase** she's the best in the class.

mejorar *verbo*
1. **to improve: el tiempo mejoró** the weather improved
2. **to get better: Juan ya se mejoró y hoy vuelve al trabajo** Juan has gotten better and is going back to work today.

el **mellizo,** la **melliza** ■ **twin**.

la **melodía** ■ **melody**.

la **membrana** ■ **membrane**.

la **membresía** *Mexico* ■ **membership: la membresía de este club es muy cara** membership of this club is very expensive.

la **memoria** ■ **memory: Augusto tiene una memoria increíble** Augusto has an incredible memory; **quiero ampliar la memoria de mi computadora** I want to expand my computer's memory
➤ **saber de memoria** to know by heart: **sabe de memoria las tablas de multiplicar** she knows the multiplication tables by heart.

memorizar *verbo* ■ **to memorize: memorizó un largo poema** he memorized a long poem.

mencionar *verbo* ■ **to mention: mencionó que iba a llegar tarde** she mentioned she would be late.

el **mendigo,** la **mendiga** ■ **beggar**.

menear *verbo* ■ **to wag: el perro meneaba la cola** the dog was wagging his tail.

menor *adjetivo* ■ **younger: soy menor de lo que parezco** I'm younger than I look
➤ **Raúl es el hijo menor de mis tíos** Raúl is my aunt and uncle's youngest son
➤ **se irrita frente al menor problema** she gets upset at the slightest problem
➤ **no tengo la menor idea** I don't have the slightest clue

el/la **menor** ■ **youngest: el menor de los dos hermanos es ingeniero** the youngest of the two brothers is an engineer; **es la menor de la clase** she's the youngest in the class
➤ **está prohibida la venta de cigarrillos a menores** the sale of cigarettes to minors is against the law
➤ **menor de edad** minor.

menos
■ *adverbio*
1. **minus: diez menos cinco es cinco** ten minus five is five
2. **less: demoré menos de lo que esperaba** it took me less time than I thought it would; **había menos gente que en la primera función** there were less people than at the first show; **¡comé menos, por favor!** eat less, please!; **es la persona de la oficina que menos trabaja** he's the person in the office that does the least work; **es la clase con menos alumnos** it's the class with the least number of students
➤ **al menos** at least: **había al menos mil personas** there were at least 1000 people
➤ **de menos** too little: **me dieron 20 pesos de menos** they gave me 20 pesos too little
➤ **menos mal** just as well: **menos mal que dejó de llover** just as well it stopped raining
➤ **por lo menos** at least: **pesa por lo menos 80 kilos** he weighs at least 80 kilos
■ *preposición*
except: fuimos todos menos Ricardo we all went except for Ricardo

➤ **son las once menos cinco** it's five to eleven.

el **mensaje** ■ **message: dejé el mensaje en el contestador** I left a message on the answering machine.

el **mensajero,** la **mensajera** ■ **messenger: trabaja de mensajero en una oficina** he works as a messenger in an office.

menso *Mexico adjetivo* ■ **stupid: Álvaro es tan menso que me cansa** Álvaro is so stupid it's annoying.

mensual *adjetivo* ■ **monthly: es una revista mensual** it's a monthly magazine.

mental *adjetivo* ■ **mental: tiene problemas mentales** he has mental problems.

la **mente** ■ **mind: Lucía tiene una mente brillante** Lucía has a brilliant mind

➤ **quedarse la mente en blanco** to go blank: **se me quedó la mente en blanco en medio del examen** my mind went blank in the middle of the test

➤ **tener en mente** to have in mind: **tengo en mente la persona ideal para el trabajo** I have the perfect person in mind for the job.

mentir *verbo* ■ **to lie: no me mientas más** don't lie to me anymore.

la **mentira** ■ **lie: lo castigaron por decir mentiras** he was punished for telling lies.

mentiroso *adjetivo* ■ **es la persona más mentirosa que conozco** she's the biggest liar I know

el **mentiroso,** la **mentirosa** ■ **liar: detesto a los mentirosos** I hate liars.

el **menú** ■ **menu**.

menudeo *Latin America sustantivo masculino* ■ **retail**

➤ **al menudeo** retail: **esta tienda vende al menudeo** this is a retail store.

menudo *adjetivo* ■ **small: pica la cebolla muy menudita** chop the onion very small

➤ **a menudo** often: **a menudo acompaño a mi abuela a misa** I often go to mass with my grandmother.

el **mercado** ■ **market: hicimos las compras en el mercado** we did our shopping in the market

➤ **el mercado negro** the black market

➤ **el mercado de valores** the stock market.

la **mercancía** ■ **goods: nos vendieron mercancía dañada** they sold us damaged goods.

merecerse *verbo pronominal* ■ **to deserve: se merece unas buenas vacaciones** he deserves a good vacation.

merendar *verbo* ■ **to have an afternoon snack: merendamos en casa de unos amigos** we had an afternoon snack at our friends' house.

el **meridiano** ■ **meridian**.

la **merienda** ■ **afternoon snack: tomamos la merienda en casa de unos amigos** we had an afternoon snack at our friends' house.

el **mérito** ■ **merit**.

el **mes** ■ **month: el mes que más me gusta es diciembre** my favorite month is December; **pagamos un mes por adelantado** we paid a month in advance

➤ **estar de tres meses** to be three months pregnant: **María recién está de tres meses** María is barely three months pregnant.

la **mesa** ■ **table: compré una mesa nueva para el comedor** I bought a new table for the dining room

➤ **poner la mesa** to set the table: **puso la mesa antes de que llegaran los invitados** she set the table before the guests arrived

➤ **¡a la mesa!** dinner is ready!

➤ **la mesa de noche** the nightstand.

la **mesada**

1. **allowance: le dan una buena mesada** he gets a good allowance
2. *River Plate* **countertop: cambiamos la mesada de la cocina** we changed the kitchen countertops.

la **mesera** *Central America, Colombia, Mexico* ■ **waitress**.

el **mesero** *Central America, Colombia, Mexico* ■ **waiter**.

la **meseta** ■ **plateau**.

la **mesonera** *Chile, Venezuela* ■ **waitress**.

el **mesonero** *Chile, Venezuela* ■ **waiter**.

mestizo *adjetivo* ■ **of mixed race: es una persona de origen mestizo** he is a person of mixed race

el **mestizo**, la **mestiza** ■ **person of mixed race: tradicionalmente los mestizos eran discriminados en la sociedad** traditionally, people of mixed race have been discriminated against by society.

la **meta**
1. **goal: su meta es hacer mucho dinero** his goal is to make a lot of money; **metió la pelota en la meta** he put the ball in the goal
2. **finish line: el deportista colombiano fue el primero en cruzar la meta** the Colombian athlete was the first to cross the finish line.

el **metal** ■ **metal: el oro es un metal noble** gold is a precious metal.

la **metalurgia** ■ **metallurgy**.

meter *verbo*
1. **to put: metió toda su ropa en una valija** he put all his clothes in a suitcase; **metieron al niño en una escuela privada** they put the boy in a private school
2. **to butt in: no te metas en mi vida** don't butt into my life
3. **to score: metió el gol ganador** she scored the winning goal

meterse *verbo pronominal*
1. **to go: se metió en el cuarto equivocado** she went into the wrong room
2. **to go in: no se metan en el agua después de comer** don't go in the water after eating

➤ **meterse con** to pick on: **se metieron con Luis en el recreo** they picked on Luis at recess.

el **método** ■ **method: inventaron un nuevo método de enseñanza de lenguas** they invented a new method for teaching languages.

métrico *adjetivo* ■ **metric: el sistema métrico se usa en la mayor parte del mundo** the metric system is used in most places around the world.

el **metro**
1. **meter: José mide casi dos metros** José is nearly two meters tall
2. **subway: tomamos el metro para ir al centro de la ciudad** we took the subway into the city

➤ **un metro cuadrado** a square meter.

México *sustantivo masculino* ■ **Mexico**.

mexicano *adjetivo*

> En inglés, los adjetivos que se refieren a un continente o a un país se escriben con mayúscula:

Mexican: me interesa mucho la cultura mexicana I'm very interested in Mexican culture

el **mexicano**, la **mexicana**

> En inglés los gentilicios se escriben con mayúscula:

Mexican: los mexicanos the Mexicans.

la **mezcla** ■ **mix: preparamos una mezcla de aceite y vinagre** we made a mix of oil and vinegar.

mezclar *verbo* ■ **to mix: mezcló los ingredientes en un bol** she mixed the ingredients in a bowl

➤ **no se mezcló con la gente del lugar** he didn't mix with the locals.

mi *adjetivo* ■ **my: mi casa queda en la playa** my house is on the beach.

mí *pronombre* ■ **me: el regalo es para mí** the present is for me

➤ **me gusta reflexionar sobre mí misma** I like to think about myself.

el **micro** *Argentina, Bolivia, Chile* ■ **bus: fuimos en micro al centro de la ciudad** we went into the city on the bus.

el **microbio** ■ **microbe**.

el **micrófono** ■ **microphone**.

el **miedo** ■ **fear: está paralizado por el miedo** he's paralyzed by fear
➤ **dar miedo algo a alguien** to scare someone: **me da miedo volar** I'm scared of flying
➤ **tener miedo** to be afraid: **tiene miedo a los perros** he's afraid of dogs.

la **miel** ■ **honey**.

el **miembro**
1. **limb: los miembros inferiores del ser humano son las piernas** the legs are a human being's lower limbs
2. **member: es miembro de un club deportivo** he's a member of a sports club.

mientras *adverbio* ■ **while: empezó a llover mientras caminaba** it started to rain while she was walking; **conserva tu trabajo mientras puedas** keep your job while you can
➤ **mientras me pondré a estudiar** I'll study in the meantime
➤ **no vayas mientras no te inviten** don't go if you haven't been invited.

el **miércoles** (*plural* los miércoles)

En inglés, los días de la semana se escriben con mayúscula:

Wednesday: hoy es miércoles today is Wednesday; **el próximo miércoles** next Wednesday; **el pasado miércoles** last Wednesday
➤ **el miércoles** on Wednesday: **te veré el miércoles** I'll see you on Wednesday
➤ **los miércoles** on Wednesdays: **los miércoles vamos al parque** on Wednesdays we go to the park.

la **migración** (*plural* las migraciones) ■ **migration**.

mil *adjetivo* ■ **thousand: esta camisa cuesta más de mil pesos** this shirt costs over a thousand pesos; **acudieron miles de personas** thousands of people came.

el **milagro** ■ **miracle: es un milagro que sobreviviera al accidente** it's a miracle she survived the accident
➤ **de milagro** miraculously: **se salvó de milagro** she miraculously survived.

la **milanesa** ■ **breaded cutlet: preparamos milanesas con papas fritas** we made breaded cutlets and french fries.

militar *adjetivo* ■ **military: ingresó a la escuela militar** he enrolled in military school

el **militar** ■ **soldier: mi abuelo era militar** my grandfather was a soldier
➤ **los militares tomaron el poder** the military took power.

el **millón** (*plural* los millones) ■ **million: gastó millones en la reforma de la casa** he spent millions on alterations to the house; **tengo un millón de problemas** I have a million problems.

mimar *verbo* ■ **to spoil: todos miman a la pequeña** they all spoil the baby girl.

el **mimbre** ■ **wicker: compré un canasto de mimbre** I bought a wicker basket.

la **mímica** ■ **mime**.

la **mina**
1. **mine: la mina está abandonada** the mine is abandoned
2. **lead: se me rompió la mina del lápiz** the pencil's lead broke.

el **mineral** ■ **mineral**.

la **minería** ■ **mining**.

el **minero** ■ **miner: los mineros trabajan en condiciones inhumanas** miners work in very harsh conditions.

mínimo *adjetivo*
1. **minimum: paga la tarifa mínima** he pays the minimum fare
2. **minute: la distancia entre las dos ciudades era mínima** the distance between the two cities was minute

el **mínimo** ■ **minimum: quieren reducir los gastos al mínimo** they want to cut costs to the minimum.

el **ministerio** ■ **department**
➤ **Ministerio de Defensa** Defense Department
➤ **Ministerio de Economía** Treasury Department
➤ **Ministerio de Hacienda** Treasury Department.

el **ministro, la ministra**

1. **secretary: el ministro de Economía se reunió con los empresarios** the Treasury Secretary met with the businessmen
2. **minister: la ministra habló en la ceremonia religiosa** the minister spoke at the religious ceremony.

la **minoría** ■ **minority: una minoría de la población es analfabeta** a minority of the population is illiterate; **la minoría presentó un proyecto de reforma en el Parlamento** the minority presented a reform plan to the congress.

el **minuto** ■ **minute: espera un minuto, por favor** wait a minute, please.

mío *adjetivo & pronombre* ■ **mine: ese perro es mío** that dog is mine; **su casa es muy linda pero la mía es más grande** her house is very nice, but mine is bigger.

mirar *verbo*

1. **to look: miraba por la ventana** she was looking out the window; **mira si tienes dinero suficiente** look and see if you have enough money
2. **to check: me miraron las valijas en la aduana** they checked my bags at customs
3. **to peek: miraron por un agujero** they peeked through a hole
4. **to watch out: ¡mira lo que haces!** watch what you're doing!

➤ **el jefe miraba cómo trabajaban los empleados** the boss watched his employees work

➤ **mirar hacia adelante** to look in front of you: **mira hacia adelante cuando caminas** look in front of you when you're walking

➤ **mirar hacia arriba** to look up: **el niño miró hacia arriba en busca de su globo** the boy looked up in search of his balloon

mirarse *verbo pronominal*

1. **to look at yourself: se miró en el espejo del cuarto** she looked at herself in the room's mirror
2. **to look at each other: se miraron con complicidad** they looked at each other complicitly.

la **misa** ■ **mass**.

miserable *adjetivo*

1. **stingy: es la persona más miserable que conozco** she's the stingiest person I know
2. **miserable: vivía en un cuarto miserable** he lived in a miserable little room.

la **miseria**

1. **poverty: vivían en la absoluta miseria** they lived in absolute poverty
2. **pittance: gana una miseria** she earns a pittance.

la **misericordia** ■ **mercy**.

la **misión** *(plural* **las misiones***)* ■ **mission: el embajador tuvo la misión de continuar el proceso de paz** the ambassador's mission was to further the peace process.

mismo *(adjetivo, pronombre & adverbio)*

■ *adjetivo*

1. **same: estoy usando la misma camisa que ayer** I'm wearing the same shirt I wore yesterday
2. **myself: yo misma lo vi** I saw him myself
3. **exact: repetí sus mismas palabras** I repeated her exact words

■ *pronombre*

same: María ya no es la misma de antes Mariá just isn't the same anymore

➤ **terminé el trabajo e hice una copia del mismo** I finished the assignment and made a copy of it

■ *adverbio*

right: estacionó delante mismo de mi casa he parked right in front of my house; **ahora mismo vuelvo** I'll be right back.

el **misterio** ■ **mystery**.

la **mitad** ■ **half: comimos la mitad del postre** we ate half the dessert

➤ **a mitad de** in the middle of: **la carnicería queda a mitad de cuadra** the butcher shop is in the middle of the block.

mixto *adjetivo*

1. **mixed: comí una ensalada mixta** I ate a mixed salad
2. **coed: es una escuela mixta** it's a coed school.

la **mochila** ■ **backpack**.

el **moco** ■ **mucus**

➤ **limpiate los mocos** wipe your nose

➤ **tener mocos** to have a runny nose.

el **mocoso, la mocosa** *Mexico informal* ▪ **kid: los mocosos del barrio rompieron la ventana** some neighborhood kids broke the window.

la **moda** ▪ **fashion: el mundo de la moda** the fashion world

➤ **estar a la moda** to be fashionable: **siempre quiere estar a la moda** she always wants to be fashionable

➤ **ponerse de moda** to come into fashion: **el tango se puso de moda** the tango came into fashion.

los **modales** ▪ **manners: tiene muy buenos modales** he has very nice manners.

moderno *adjetivo* ▪ **modern: vivimos en una casa moderna** we live in a modern house.

modesto *adjetivo* ▪ **modest: es un hombre modesto que no presume de sí mismo** he's a modest man who doesn't show off; **compramos un apartamento modesto** we bought a modest apartment.

modificar *verbo*

1. **to alter: modificamos el frente de la casa** we altered the house's façade
2. **to modify: los adjetivos modifican a los sustantivos** adjectives modify nouns.

el **modo**

1. **way: tiene un modo especial de caminar** he has a special way of walking
2. **manners: la empleada de la tienda tiene muy malos modos** the salesclerk has very bad manners
3. **mood: estuvimos practicando el modo subjuntivo en clase de español** we practiced the subjunctive mood in Spanish class

➤ **de modo que** so that: **explicó la situación de modo que todos la entendiéramos** he explained the situation so that we would all understand it

➤ **de todos modos** anyway: **de todos modos, tu comportamiento me parece lamentable** anyway, your behavior is deplorable.

mojar *verbo*

1. **to wet: mojé el suelo de la cocina** I wetted the kitchen floor
2. **to dunk: el niño mojó el pan en la sopa** the boy dunked his bread in his soup

mojarse *verbo pronominal* ▪ **to get wet: nos mojamos con la lluvia** we got wet in the rain.

el **molcajete** *Mexico* ▪ **mortar: preparó una salsa picante en el molcajete** she made a spicy sauce in a mortar.

el **molde** ▪ **cake pan: hice la torta en un molde redondo** I made the cake in a round cake pan.

moler *verbo*

1. **to grind: molió el grano del café** he ground the coffee beans
2. *Mexico informal* **to pester: este niño malcriado está moliendo a toda la familia** that rude child is pestering the whole family.

molestar *verbo*

1. **to annoy: me molesta la impuntualidad de la gente** people who aren't punctual annoy me
2. **to bother: no molesten a Juan mientras está trabajando** don't bother Juan while he's working; **¿molesto si fumo?** will it bother you if I smoke?
3. **to hurt: le molestan los zapatos nuevos** his new shoes are hurting him

> The Spanish word **molestar** is a false cognate, it does not mean "to molest".

molestarse *verbo pronominal* ▪ **to get upset: Daniela se molestó con Gabriela por lo que le dijo** Daniela got upset with Gabriela because of what she said.

la **molestia**

1. **hassle: es una molestia tener invitados en casa** having houseguests is a hassle
2. **pain: siento algunas molestias en la pierna** I have some pains in my leg

➤ **no ser ninguna molestia** to be no trouble at all: **no es ninguna molestia prestarte dinero** it's no trouble at all to lend you some money

➤ **tomarse la molestia** to take the trouble: **se tomó la molestia de pasar a visitarme** he took the trouble to stop by and visit me.

molesto *adjetivo*

1. **annoying: es una visita molesta que ya lleva 15 días en casa** he's an annoying houseguest who's already been here for two weeks

2. **uncomfortable: el paciente se siente molesto porque el dolor no cede** the patient is uncomfortable because the pain hasn't receded.

el **molino** ■ **mill**.

momentáneo *adjetivo* ■ **momentary: fue un dolor momentáneo** it was just a momentary pain.

el **momento**

1. **moment: en el momento en que yo salía, ella entraba** she walked in the moment I left; **fueron momentos de mucha angustia** they were very anguished moments
2. **minute: estaré lista en un momento** I'll be ready in just a minute
3. **opportunity: aproveché el momento para escaparme de la fiesta** I took the opportunity to escape from the party

➤ **de momento** for the moment: **de momento no necesito nada más** for the moment I don't need anything else

➤ **de un momento a otro** any minute now: **van a llegar de un momento a otro** they'll be here any minute now.

la **monarquía** ■ **monarchy**.

la **moneda**

1. **coin: necesito cambio en monedas** I need some change in coins
2. **currency: la moneda de Argentina es el peso** the currency of Argentina is the peso.

el **mono, la mona** ■ **monkey**

el **mono** ■ **coveralls: los mecánicos usan un mono azul** the mechanics wear blue coveralls.

el **monobloque** *Argentina* ■ **apartment building: vive en un monobloque en el centro de la ciudad** they live in an apartment building in the middle of the city.

la **monotonía** ■ **monotony**.

monótono *adjetivo* ■ **monotonous: tengo un trabajo muy monótono** I have a very monotonous job.

el **monstruo** ■ **monster**.

la **montaña** ■ **mountain**.

montar *verbo*

1. **to ride: montar en bicicleta** to ride a bicycle; **montamos a caballo durante las vacaciones** we went horseback riding during our vacation
2. **to set up: montó una exposición de arte moderno** he set up a modern art exhibition.

el **monte**

1. **mountain: los montes de la zona son de poca altura** the mountains around here aren't very high
2. **scrubland: el bandido se escondió en el monte** the bandit hid in the scrubland.

el **montón** (*plural* los montones)

1. **stack: en ese montón de fotos debe estar la que busco** the picture I'm looking for must be in that stack
2. **load: había montones de gente en el concierto** there were loads of people at the concert

➤ **ser del montón** to be average: **es un libro del montón** it's just an average book.

el **monumento** ■ **monument: levantaron un monumento en honor al poeta** they built a monument honoring the poet.

el **moño**

1. **bun: se peinó con un moño** she put her hair in a bun
2. **bow: ató el paquete con un moño** she tied the package with a bow.

morado *adjetivo* ■ **purple: compré una colcha morada** I bought a purple bedspread.

la **moral**

1. **moral doctrine: da clases de religión y moral** she teaches religion and moral doctrine
2. **morals: es una persona de dudosa moral** he's a person of questionable morals
3. **morale: no hay que dejar que decaiga la moral del grupo** we have to keep up the group's morale.

morder *verbo* ■ **to bite: el cachorro me mordió el tobillo** the puppy bit me on the ankle; **me mordí la lengua** I bit my tongue.

la **mordida**

1. **bite: todavía tengo la cicatriz de la mordida del perro** I still have a scar from the dog bite

2. *Central America, Mexico informal* **bribe: tuvimos que darle una mordida para conseguir el permiso** we had to give him a bribe to get the permit.

moreno *adjetivo*

1. **tan: mi hermana tiene la piel morena por el sol** my sister's skin is tan from the sun
2. **dark: Luis es de piel morena** Luis has dark skin
3. **brown: cocino con azúcar morena** I cook with brown sugar.

el **moretón** *(plural* los moretones*)* ■ **bruise: me pegué en la frente y me salió un moretón** I hit my forehead and got a bruise.

moribundo *adjetivo* ■ **dying: apareció un perro moribundo en la puerta de la casa** a dying dog turned up at our door.

morir *verbo* ■ **to die: su tío murió en un accidente** her uncle died in an accident
➤ **morirse de aburrimiento** to die of boredom: **me moría de aburrimiento en la clase** I was dying of boredom in class
➤ **morirse de frío** to be freezing: **cierra la ventana o me moriré de frío** close the window or I'll freeze
➤ **morirse de hambre** to be starving: **todavía no comimos y yo me muero de hambre** we haven't had lunch yet and I'm starving
➤ **morirse de miedo** to be terrified: **se muere de miedo cuando se queda solo en la casa** she's terrified when she's alone in the house
➤ **morirse por hacer algo** to be dying to do something: **me muero por comer un rico chocolate** I'm dying for some nice chocolate.

la **moronga** *Central America, Mexico* ■ **blood sausage**.

mortal *adjetivo*

1. **fatal: tiene una enfermedad mortal** she has a fatal disease
2. **mortal: todos somos seres mortales** we're all mortal
3. **deadly: la película es de un aburrimiento mortal** the movie was deadly boring.

la **mosca** ■ **fly**.

el **mosquito** ■ **mosquito**.

mostrar *verbo* ■ **to show: la vendedora nos mostró una camisa carísima** the saleswoman showed us a very expensive shirt; **un policía me mostró cómo llegar al museo** a policeman showed me how to get to the museum.

motivar *verbo* ■ **to motivate: no se sabe qué lo motivó a tomar esa decisión** we don't know what motivated him to make that decision; **la maestra motiva a los alumnos a trabajar en clase** the teacher motivates her students to work in class.

el **motivo**

1. **reason: la maestra explicó el motivo de su ausencia** the teacher explained the reason for her absence
2. **motif: dibujó unos motivos navideños** she drew some Christmassy motifs

➤ **con motivo de** for: **viajó a Perú con motivo de un congreso** he traveled to Peru for a conference
➤ **motivo de divorcio** grounds for divorce.

la **motocicleta** ■ **motorcycle**.

la **motoneta** ■ **scooter: las motonetas son muy populares entre los jóvenes** scooters are very popular among the young.

el **motor** ■ **engine: se rompió el motor del auto** the car's engine died.

mover *verbo*

1. **to move: movió la silla** he moved the chair; **te toca mover** it's your turn to move
2. **to put in motion: empezamos a mover el asunto** we put the matter in motion
3. **to handle: mueven grandes cantidades de dinero** they handle large sums of money

moverse *verbo pronominal* ■ **to move: muévete un poco hacia acá** move this way a little; **el barco se movió durante todo el trayecto** the boat swayed during the whole trip.

el **movimiento**

1. **movement: hizo un movimiento con la mano** he made a movement with his hand
2. **activity: hay mucho movimiento en la calle** there is a lot of activity on the street.

la **moza**

1. **young girl: una moza del mercado me ayudó con las bolsas** a young girl from the market helped me with the bags
2. *Andes, River Plate* **waitress: la moza me trajo la cuenta** the waitress brought me the check.

el **mozo**

1. **young boy: un mozo del mercado me ayudó con las bolsas** a young boy from the market helped me with the bags
2. *Andes, River Plate* **waiter: el mozo me trajo la cuenta** the waiter brought me the check.

la **mucama** *Andes, River Plate* ■ **maid: tiene una mucama trabajando en la casa** she has a maid at home

➢ **mucama de hotel** chambermaid: **las mucamas del hotel eran muy amables** the hotel chambermaids were very nice.

el **mucamo** *Andes, River Plate* ■ **servant**.

el **muchacho,** la **muchacha** ■ **kid: los muchachos fueron al cine** the kids went to the movies

la **muchacha** ■ *Mexico* **maid: mi casa está hecha un batidero porque estoy sin muchacha** my house is a mess because I don't have a maid.

mucho *adjetivo & adverbio*

1. **a lot: tengo muchos lápices de colores** I have a lot of colored pencils; **sabe mucho de filosofía** he knows a lot about philosophy
2. **much: no tuvo mucha suerte** he didn't have much luck; **soy mucho mayor que mi hermana** I'm much older than my sister

➢ **hoy hace mucho calor** it's very hot today

➢ **hace mucho tiempo que no lo veo** it's been a long time since I've seen him.

mudarse *verbo pronominal*

1. **to move: se mudaron para la ciudad** they moved to the city
2. **to change: me mudé de ropa antes de salir** I changed clothes before going out.

mudo *adjetivo*

1. **mute: se quedó muda como consecuencia de un golpe en la cabeza** she went mute after a blow to the head
2. **silent: la "h" es la única letra muda del español** "h" is the only silent letter in Spanish

el **mudo,** la **muda** ■ **mute: hay una escuela para mudos en el barrio** there is a school for mutes in the neighborhood.

el **mueble** ■ **piece of furniture: un mueble bonito** a very nice piece of furniture; **los muebles** the furniture; **compré muebles nuevos** I bought new furniture.

la **muela** ■ **tooth** *(plural* **teeth***)*: **tengo un fuerte dolor de muelas** I have a strong toothache

➢ **una muela del juicio** a wisdom tooth.

el **muelle**

1. **pier: el barco atracó en el muelle** the boat docked at the pier
2. **spring: compramos un colchón con muelles resistentes** we bought a mattress with strong springs.

la **muerte** ■ **death: muchas personas creen que hay vida después de la muerte** many people believe there is life after death; **fueron condenados a muerte** they were condemned to death.

muerto *adjetivo*

1. **dead: encontramos un perro muerto en la carretera** we found a dead dog on the road; **tu teléfono está muerto** your phone is dead
2. **beat: llegué muerto del trabajo** I was beat after work

el **muerto,** la **muerta** ■ **dead person: había un muerto en la acera** there was a dead person on the sidewalk

➢ **afortunadamente no hubo muertos en el accidente** fortunately no one was killed in the accident.

DÍA DE LOS MUERTOS

November 2 is a religious holiday in all of Latin America. People are off from work and schools are closed, and the day is devoted to remembering friends and family that have passed away. People go to cemeteries to take flowers to their loved ones' graves. In Mexico, families place elaborate altars on the graves, decorated with candles, flowers, and foods prepared specifically for the holiday, such as a special kind of sweet bread (pan de muerto) and little skulls fashioned out of sugar.

la **muestra**

1. **sample: nos regalaron una muestra de perfume** they gave us a perfume sample; **se sacó una muestra de sangre** they took a blood sample
2. **pattern: usaron mi vestido como muestra** they used my dress as a pattern.

la **mugre** ■ **dirt: la mugre de esta casa es insoportable** the dirt in this house is unbearable.

la **mujer**

1. **woman: las mujeres de la familia organizaron una fiesta** the women in the family organized a party
2. **wife: Gonzalo me presentó a su mujer** Gonzalo introduced me to his wife

➤ **una mujer policía** a policewoman.

mulato *adjetivo* ■ **of mixed race: esta zona tiene una población mulata** this area has a mixed race population

el **mulato, la mulata** ■ **person of mixed race: los mulatos fueron tradicionalmente discriminados en la sociedad** traditionally, people of mixed race were discriminated against by society.

múltiple *adjetivo* ■ **multiple: ya ha sucedido en múltiples ocasiones** it has happened before on multiple occasions.

la **multiplicación, las multiplicaciones** ■ **multiplication: el niño es muy bueno haciendo multiplicaciones** the boy is very good at multiplication.

multiplicar *verbo*

1. **to multiply: multiplica 48 por 2** multiply 48 by 2
2. **to increase exponentially: se ha multiplicado la pobreza en esta región** poverty has increased exponentially in this region.

la **multitud** ■ **crowd: una multitud de admiradores fue al concierto** a crowd of fans attended the concert.

mundial *adjetivo* ■ **world: una guerra mundial** a world war

➤ **el hambre es un problema de escala mundial** hunger is a problem on a worldwide scale

el **mundial** ■ **world championships: el mundial de fútbol del 2002 se jugó en Japón y Corea** the 2002 soccer world championships took place in Japan and Korea.

el **mundo** ■ **world: quieren dar la vuelta alrededor del mundo** they want to go around the world; **me atrae el mundo del deporte** I'm attracted by the world of sports

➤ **todo el mundo** everyone: **todo el mundo se enteró del secreto de Adriana** everyone found out about Adriana's secret.

la **muñeca**

1. **wrist: se cayó y se quebró la muñeca derecha** she fell and broke her right wrist
2. **doll: se entretiene todo el día con sus muñecas** she's happy playing with her dolls all day.

la **muralla** ■ **wall: están construyendo una muralla defensiva** they're building a defensive wall.

el **murciélago** ■ **bat.**

el **murmullo** ■ **murmur: a lo lejos se oía el murmullo de las olas** you could hear the far-off murmur of the waves.

murmurar *verbo*

1. **to murmur: se enojó y salió de casa murmurando algo que no entendí** he got angry and left the house murmuring something I didn't catch
2. **to gossip: se pasan el tiempo murmurando de ella** they do nothing but gossip about her

➤ **se murmura que a fin de año cambiará el director de la escuela** it is rumored that they'll change principals at the end of the year.

el **muro** ■ **wall: los muros de los castillos medievales eran de piedra** the walls of medieval castles were made of stone.

el **músculo** ■ **muscle.**

el **museo** ■ **museum**

➤ **museo de ciencias naturales** natural history museum.

la **música** ■ **music**

➤ **música clásica** classical music

➤ **música de fondo** background music.

el **músico, la música** ■ **musician.**

el **muslo** ■ **thigh.**

mutuo *adjetivo* ■ **mutual**.

muy *adverbio*

1. **very: dicen que esa película es muy buena** they say the movie is very good
2. **too: este pantalón no me sirve, es muy corto para mí** I can't wear these pants, they're too short for me.

n

el **nabo** ■ **turnip**.

nacer *verbo* ■ **to be born: Diana nació en 1992** Diana was born in 1992.

el **nacimiento** ■ **birth: el nacimiento del bebé llenó de alegría a la familia** the birth of the baby filled the family with joy

➤ **fecha de nacimiento** date of birth: **¿cuál es tu fecha de nacimiento?** what's your date of birth?

la **nación** *(plural* las naciones*)* ■ **nation**

➤ **Naciones Unidas** United Nations.

nacional *adjetivo* ■ **national**.

la **nacionalidad** *(plural* las nacionalidades*)* ■ **nationality: ¿cuál es tu nacionalidad?** what is your nationality?

nada *(pronombre & adverbio)*

■ *pronombre*

1. **nothing: vamos a almorzar afuera porque en casa no hay nada de comer** we're going out for lunch because there is nothing to eat at home; **¿qué compraste? — nada** what did you buy? — nothing
2. **anything: ¿no compraste nada?** didn't you buy anything?

➤ **de nada** you're welcome: **¡gracias! — de nada** thank you! — you're welcome

■ *adverbio*

at all: estoy exhausta, anoche no dormí nada I'm exhausted, I didn't get any sleep at all last night.

nadar *verbo* ■ **to swim**.

nadie *pronombre*

1. **no one: ¿ya llegó alguien? — no, nadie** is anybody here yet? — no, no one
2. **anybody: ¿todavía no llegó nadie?** has anybody arrived yet?

el **náhuatl** ■ **Nahuatl**

> NÁHUATL
>
> **Náhuatl** is the native language spoken by the Aztecs. It was adopted as a common language at the beginning of Mexico's colonial era until the Spanish Empire decided it was no longer a valid language for common use. Nowadays, there are more than 1,500,000 Nahuatl speakers in the country, and many words commonly used in other languages have Nahuatl roots, such as "chocolate" and "tomato."

la **nalga** ■ **buttock**.

naranja *adjetivo* ■ **orange: llevaba un suéter naranja** he wore an orange sweater

el **naranja** ■ **orange: mi color favorito es el naranja** my favorite color is orange.

la **naranja** ■ **orange: hice jugo de naranja para el desayuno** I made orange juice for breakfast.

la **nariz** *(plural* las narices*)* ■ **nose: suénate la nariz** blow your nose.

nasal *adjetivo* ■ **nasal**.

la **natación** ■ **swimming: me encanta la natación** I love swimming.

nativo *adjetivo* ■ **native: Laura es hablante nativa de español** Laura is a native Spanish speaker el **nativo, la nativa** ■ **native:** **los nativos nos mostraron las herramientas que usan para la agricultura** the natives showed us the tools they use for farming.

natural *adjetivo* ■ **natural**.

la **naturaleza** ■ **nature:** **pasamos los fines de semana en el campo, en contacto con la naturaleza** we spend weekends in the country, in touch with nature.

el **naufragio** ■ **shipwreck**.

el **náufrago, la náufraga** ■ **shipwrecked person**.

las **náuseas** ■ **tiene náuseas y le duele la cabeza** she feels nauseous and has a headache.

nauseabundo *adjetivo* ■ **nauseating:** **el olor a huevo podrido es nauseabundo** the smell of rotten eggs is nauseating.

la **navaja** ■ **penknife**.

naval *adjetivo* ■ **naval**.

la **nave** ■ **ship**

➤ **una nave espacial** a spaceship.

la **navegación** ■ **navigation**.

el **navegador** ■ **browser:** **¿cuál navegador tienes instalado en tu computadora?** what browser do you have on your computer?

navegar *verbo*

1. **to sail:** **salimos a navegar en su nuevo velero** we went sailing on his new sailboat
2. **to surf:** **pasa horas y horas navegando en Internet** he spends hours and hours surfing the Internet.

la **navidad** (*plural* las navidades) ■ **Christmas:** **vamos a pasar la navidad en casa de mis abuelos** we're spending Christmas at my grandparents' house.

la **neblina** ■ **fog**.

la **necedad** ■ **nonsense:** **deja ya de decir necedades** stop talking nonsense.

necesario *adjetivo* ■ **necessary:** **haremos lo que sea necesario** we will do whatever is necessary

➤ **ser necesario** to be necessary: **es necesario prepararse para el invierno** it's necessary to prepare for winter: **no es necesario que traigas tus lápices, podemos dibujar con los míos** it's not necessary for you to bring your pencils, we can draw with mine.

necesitar *verbo* ■ **to need:** **si somos cuatro para la cena, necesitamos un pollo entero** if there's four of us having dinner we'll need a whole chicken.

necio *adjetivo* ■ **stupid**.

negar *verbo*

1. **to deny:** **le pregunté si había roto el vidrio y lo negó** I asked if he had broken the window and he denied it
2. **to refuse:** **la abuela malcría a los nietos, nunca les niega nada** grandma is spoiling her grandchildren, she never refuses them anything

negarse *verbo pronominal* ■ **to refuse:** **Juan se negó a que lo ayudara y dijo que él haría la tarea solo** Juan refused my help and said he would do his homework by himself.

negativo *adjetivo* ■ **negative**.

negociar *verbo* ■ **to negotiate:** **los presidentes se reunieron para negociar un acuerdo** the presidents gathered to negotiate an agreement.

el **negocio**

1. **business:** **trabaja en un negocio familiar** he works in a family business; **mi tío se dedica a los negocios** my uncle is a businessman
2. **store:** **vivimos en un barrio residencial donde hay pocos negocios** we live in a residential area with few stores.

negro *adjetivo* ■ **black:** **hoy me voy a poner el pantalón negro con la blusa roja** I'll wear the black pants with the red blouse today

el **negro** ■ **black:** **el negro es mi color favorito** black is my favorite color.

la **nena** ■ *River Plate* **little girl**.

el **nene** ■ *River Plate* **little boy**.

el **nervio** ■ **nerve: el dentista me anestesió los nervios de la muela dañada** the dentist numbed the nerves of my damaged tooth

los **nervios** **nerves: cálmate, no permitas que los nervios te afecten durante la prueba** calm down, don't let nerves get to you during the test.

nervioso *adjetivo* ■ **nervous: es un niño muy nervioso que distrae a toda la clase** he's a nervous boy who distracts the whole class; **mamá está nerviosa porque papá tarda en llegar** Mom's nervous because Dad is late.

el **neumático** ■ **tire**.

neutro *adjetivo* ■ **neutral**.

nevar *verbo* ■ **to snow: hace varios días que nieva sin parar** it's been snowing continuously for several days.

ni *conjunción*

1. **or: no sé coser ni tejer** I don't know how to sew or knit
2. **nor: no vino ni me llamó** he didn't come, nor did he call

➤ **ni ... ni** neither ... nor: **no quiero ni pollo ni pescado** I want neither chicken nor fish: **ni mi madre ni mi hermana están en casa** neither my mother nor my sister are home

➤ **ni siquiera** not even: **ni siquiera se despidió cuando se fue** he didn't even say goodbye when he left.

Nicaragua *sustantivo femenino* ■ **Nicaragua**.

nicaragüense *adjetivo*

> En inglés, los adjetivos que se refieren a un país o una región se escriben con mayúscula:

Nicaraguan

el/la **nicaragüense**

> En inglés, los gentilicios se escriben con mayúscula:

Nicaraguan

➤ **los nicaragüenses** the Nicaraguans.

el **nido** ■ **nest**.

la **niebla** ■ **fog**.

la **nieta** ■ **granddaughter**.

el **nieto** ■ **grandson**.

la **nieve** ■ **snow**.

ningún *adjetivo*

> Shortened form of **ninguno** used before masculine singular nouns.

ninguno *(adjetivo & pronombre)*

■ *adjetivo*

1. **any: no encontramos ninguna película interesante** we couldn't find any interesting movies

➤ **ningún lado** anywhere: **no vi a tu hermana por ningún lado** I didn't see your sister anywhere

➤ **ningún momento** never: **en ningún momento me dijo que se sentía mal** she never said she felt bad

■ *pronombre*

1. **none: ninguno de los niños sabía japonés** none of the children knew Japanese
2. **neither: ninguno de los dos sacó buena nota** neither one of them got a good grade.

la **niña** ■ **girl: una niña pequeña** a small girl.

la **niñera** ■ **nanny**.

la **niñez** ■ **childhood**.

el **niño** ■ **boy: un niño de cinco años** a five year old boy

➤ **esa película no la pueden ver los niños** this movie isn't for children.

nítido *adjetivo* ■ **clear**.

el **nitrógeno** ■ **nitrogen**.

el **nivel** ■ **level: Montevideo y Buenos Aires están al nivel del mar** Montevideo and Buenos Aires are at sea level; **el nivel educativo aquí es muy alto** the educational level here is very high

➤ **el nivel de vida** the standard of living.

no *adverbio* ■ **no: ¿vienes? — no** are you coming? — no; **¡he dicho que no!** I said no!

➤ **no tengo tiempo** I don't have time

➤ **es cubano, ¿no?** he's Cuban, isn't he?

noble *adjetivo* ■ **noble**.

la **noche**

1. **night: llovió toda la noche** it rained all night
2. **dark: se nos hizo tarde, cuando llegamos ya era noche** we were running late and it was dark by the time we arrived

➤ **de la noche** at night: **las ocho de la noche** eight o'clock at night

➤ **de noche** nighttime: **cuando en América es de día, en Extremo Oriente es de noche** when it's daytime in America it's nighttime in the Far East

➤ **en la noche** at night: **no es sano comer muy pesado en la noche** it's not healthy to eat a heavy meal at night.

la **Nochebuena** ■ **Christmas Eve**.

nocivo *adjetivo* ■ **harmful: fumar es nocivo para la salud** smoking is harmful to your health.

nocturno *adjetivo*

1. **night: tomaremos el tren nocturno** we'll take the night train
2. **nocturnal: el búho es un ave nocturna** owls are nocturnal birds.

nombrar *verbo*

1. **to mention: no me nombró a su padre en toda la conversación** he didn't mention his father in the whole conversation
2. **to appoint: a mi hermano lo nombraron gerente de ese banco** my brother was appointed manager of that bank.

el **nombre**

1. **name: no sé su nombre, pero su apellido es González** I don't know his name, but his last name is González
2. **noun: palabras como "casa" y "puerta" son nombres** words like "house" and "door" are nouns.

el **noreste** ■ **northeast**.

la **norma** ■ **rule: para poder cumplir las normas, hay que saberlas** you have to know the rules to follow them.

normal *adjetivo* ■ **normal: es normal que extrañes si es la primera vez que estás lejos de tu familia** it's normal to be homesick if it's the first time you've been away from home.

el **noroeste** ■ **northwest**.

el **norte** ■ **north: el norte de la ciudad** the north part of the city

➤ **al norte** to the north: **está al norte de Buenos Aires** it's to the north of Buenos Aires.

norteamericano, norteamericana *adjetivo*

En inglés, los adjetivos que se refieren a un país o una región se escriben con mayúscula:

North American

el **norteamericano**, la **norteamericana**

En inglés, los gentilicios se escriben con mayúscula:

North American.

nos *pronombre*

1. **us: todavía no nos entregaron las notas** they haven't given us our grades yet
2. **ourselves: tuvimos un accidente pero por suerte no nos lastimamos** we had an accident but luckily we didn't hurt ourselves
3. **each other: no nos conocíamos, pero mi hermano nos presentó en la fiesta** we didn't know each other but my brother introduced us at the party.

nosotros *pronombre*

1. **we: ellos quieren helado pero nosotros preferimos fruta** they want ice cream but we prefer fruit
2. **us: los abuelos vinieron al parque con nosotros** our grandparents came to the park with us.

la **nota**

1. **note: vamos a dejarle una nota avisando que fuimos al cine** we'll leave her a note to let her know we went to the movies; **"do" es la primera nota de la escala musical** "do" is the first note on the musical scale
2. **grade: no estoy nada contenta con mis notas este semestre** I'm not at all happy with my grades this semester.

notable *adjetivo* ■ **remarkable: "Rayuela" es la obra más notable de Cortázar** "Hopscotch" is Cortazar's most remarkable book.

notar *verbo* ■ **to notice: ¿notaste que trae un calcetín marrón y otro verde?** did you notice she's wearing one brown sock and one green?

notarse *verbo pronominal* ■ **to be able to tell: se nota que estuvo llorando, tiene los ojos irritados** you can tell she's been crying, her eyes are all red.

el **notario, la notaria** ■ **notary**.

la **noticia** ■ **news: papá escucha las noticias en la radio todas las mañanas** Dad listens to the news on the radio every morning; **tengo una noticia para darte: el año que viene no vendré más a esta escuela** I have some news for you: I won't be going to this school next year.

la **novedad**
1. **novelty: como nunca había visto una jirafa, para ella era una novedad** since she'd never seen a giraffe before it was quite a novelty for her
2. **latest thing: ahora la novedad es combinar verde con anaranjado** the latest thing is to combine green and orange
3. **news: al volver de viaje, quiso enterarse de las novedades del país** when she returned from her trip she wanted to catch up on the country's news.

la **novela** ■ **novel**.

la **novia**
1. **girlfriend: ¿tienes novia?** do you have a girlfriend?
2. **bride: la novia estaba elegantísima en su casamiento** the bride looked very elegant at the wedding.

noviembre *sustantivo masculino*

En inglés los nombres de los meses se escriben con mayúscula:

November: en noviembre in November; **el próximo noviembre** next November; **el pasado noviembre** last November.

el **novio**
1. **boyfriend: ¿tienes novio?** do you have a boyfriend?
2. **groom: el novio estaba elegantísimo en su casamiento** the groom looked very elegant at the wedding

➤ **los novios** the bride and the groom.

la **nube** ■ **cloud**.

nublado *adjetivo* ■ **cloudy: está muy nublado hoy** it's very cloudy today.

la **nuca** ■ **nape of the neck**.

nuclear *adjetivo* ■ **nuclear**.

el **núcleo** ■ **nucleus: el núcleo de la célula contiene información genética** the cell's nucleus contains genetic information

➤ **el núcleo familiar** the family unit.

el **nudo** ■ **knot**.

la **nuera** ■ **daughter-in-law**.

nuestro *(adjetivo & pronombre)*

■ *adjetivo*
our: invitamos a nuestros amigos a pasar un día en el campo we invited our friends to spend the day in the country

■ *pronombre*
ours: el carro de mis primos es azul y el nuestro es rojo our cousins' car is blue and ours is red.

nueve *number* ■ **nine: tiene nueve hijos** she has nine children

➤ **mi hermana tiene nueve años** my sister is nine years old

➤ **son las nueve** it's nine o'clock

➤ **el nueve de abril** the ninth of April.

nuevo *adjetivo* ■ **new: llegó en su coche nuevo** she arrived in her new car

➤ **de nuevo** again; **de nuevo me olvidé del libro que me pediste** I forgot the book you asked me for again.

la **nuez** *(plural* las nueces*)* ■ **walnut**.

numerar *verbo* ■ **to number: hay que numerar estas cajas antes de mandarlas al depósito** we have to number these boxes before we send them to the warehouse.

el **número**
1. **number: ¿cuál es tu número favorito?** what's your favorite number?; **los sustantivos en español tienen género y número** in Spanish, nouns have number and gender

2. **size: ¿qué número calzas?** what size shoe do you wear?
3. **issue: quiero comprar los números atrasados de esa enciclopedia, para tenerla completa** I want to buy the back issues of that encyclopedia so I can have the whole set

➤ **un número de fax** a fax number
➤ **un número de identificación personal** a PIN
➤ **un número de matrícula** a license number
➤ **un número de teléfono** a phone number.

nunca *adverbio*

1. **never: nunca me llama** he never calls me
2. **ever: te preciso más que nunca** I need you more than ever.

la **nutria** ■ **otter**.

la **nutrición** ■ **nutrition**.

el **nutriente** ■ **nutrient**.

nutritivo *adjetivo* ■ **nutritious: las frutas y verduras son muy nutritivas** fruits and vegetables are very nutritious.

ñato *adjetivo* ■ **snub-nosed**.

ñoño *adjetivo* ■ **spineless**.

O

o *conjunción* ■ **or: ¿cuáles prefieres: los rojos o los blancos?** which ones do you prefer: the red ones or the white ones?

➤ **o ... o ...** either ... or ...: **el doctor puede atenderte o mañana o la semana que viene** the doctor can see you either tomorrow or next week.

obedecer *verbo* ■ **to obey: generalmente obedezco a mi madre** generally I obey my mother.

obediente *adjetivo* ■ **obedient**.

la **obesidad** ■ **obesity**.

objetivo *adjetivo* ■ **objective: hizo una presentación objetiva de la situación** he gave an objective presentation of the situation

el **objetivo** ■ **objective: el objetivo de la película es mostrar cómo viven los esquimales** the objective of the film is to show how Eskimos live.

el **objeto** ■ **object**

➤ **un objeto volador no identificado** an unidentified flying object.

la **obligación** (*plural* las obligaciones) ■ **obligation: los padres tienen la obligación de cuidar a sus hijos** parents have the obligation of caring for their children.

obligar *verbo* ■ **to make: a mi hermano lo obligan a estudiar inglés** they make my brother study English.

obligatorio *adjetivo* ■ **obligatory: estudiar lenguas extranjeras no es obligatorio** studying foreign languages is not obligatory.

la **obra**

1. **work: en este museo hay varias obras de Frida Kahlo** there are several works by Frida Kahlo in this museum
2. **play: en ese teatro están dando una obra sensacional** they're putting on a sensational play at that theater
3. **construction site: con el ruido de la obra de al lado, no puedo concentrarme** I can't concentrate with the neighboring construction site's noise.

el **obrero**, la **obrera** ■ **worker**

➤ **un obrero calificado** a skilled worker
➤ **un obrero de la construcción** a construction worker.

el **obsequio** ■ **gift**.

la **observación** (*plural* las observaciones)

1. **observation: el paciente está en observación** the patient is under observation
2. **comment: la maestra anotó varias observaciones en mi trabajo** the teacher wrote down several comments on my paper.

observador *adjetivo* ■ **observant: es muy observadora, descubrió todas las diferencias entre las dos figuras** she's very observant, she noted all the differences between the two figures.

observar *verbo*

1. **to observe: se dedicó a observar y estudiar a los monos en la selva** he devoted himself to observing and studying monkeys in the jungle
2. **to remark: este dibujo está excelente, observó la maestra** this drawing is excellent, remarked the teacher.

el **obstáculo** ■ **obstacle: pese a los obstáculos, Javier logró terminar su carrera** in spite of the obstacles, Javier managed to finish his studies.

obstruir *verbo* ■ **to obstruct: no podemos quedarnos aquí, estamos obstruyendo la salida** we can't stay here, we're obstructing the exit.

obtener *verbo*

1. **to obtain: con mucho trabajo, obtuvimos los resultados que queríamos** with a lot of work, we obtained the results that we wanted
2. **to get: obtuvo el primer premio** she got first prize.

obvio *adjetivo* ■ **obvious**.

la **ocasión** (*plural* las ocasiones)

1. **opportunity** (*plural* **opportunities**)**: todavía no tuve ocasión de conocerla** I still haven't had the opportunity to meet her
2. **occasion: me prestó el auto en varias ocasiones** he loaned me his car on several occasions.

ocasionar *verbo* ■ **to cause: no te preocupes por mí, no quiero ocasionarte una molestia** don't worry about me, I don't want to cause you any trouble.

el **occidente** ■ **west**.

el **océano** ■ **ocean**

➤ **el Océano Atlántico** the Atlantic Ocean
➤ **el Océano Pacífico** the Pacific Ocean.

ocho *number* ■ **eight: tiene ocho hijos** she has eight children

➤ **mi hermana tiene ocho años** my sister is eight years old
➤ **son las ocho** it's eight o'clock
➤ **el ocho de abril** the eighth of April.

el **ocio** ■ **leisure**.

octubre *sustantivo masculino* ■ **October: en octubre** in October; **el próximo octubre** next October; **el pasado octubre** last October

> En inglés los nombres de los meses se escriben con mayúscula.

el/la **oculista** ■ **eye doctor**.

ocultar *verbo* ■ **to hide: no me ocultes la verdad** don't hide the truth from me; **¿vamos a ocultarnos atrás de la puerta, para darle un susto a papá?** are we going to hide behind the door, to scare Dad?

oculto *adjetivo* ■ **hidden: estuvieron ocultos varios días, hasta que la policía los encontró** they were hidden for several days, until the police found them.

la **ocupación** (*plural* las ocupaciones)

1. **occupation: ¿qué ocupación tiene tu madre?** what is your mother's occupation?
2. **activity** (*plural* **activities**)**: nunca está libre, tiene muchísimas ocupaciones** he's never free, he has very many activities.

ocupar *verbo*

1. **to take up: este ropero es muy grande, ocupa todo el cuarto** the wardrobe is too big, it takes up the whole room
2. **to occupy: ¿quién está ocupando ese asiento?** who's occupying that seat?
3. **to live in: nosotros ocupamos el cuarto del fondo, el del frente está libre** we live in the room at the back, the one at the front is unoccupied
4. **to take control of: durante la guerra, el ejército enemigo ocupó la capital** during the war, the enemy army took control of the capital

5. **to employ: esta fábrica ocupa a cientos de obreros** this factory employs hundreds of workers
6. *Mexico* **to use: ¿estás ocupando este lápiz?** are you using this pencil?

ocuparse *verbo pronominal* ■ **to take care of: los abuelos se van a ocupar de los niños este fin de semana** their grandparents are going to take care of the children this weekend.

la **ocurrencia** ■ **idea: ¿hacer una fiesta para el cumpleaños del perro? ¡pero qué ocurrencia!** have a party for the dog's birthday? what an idea!

ocurrir *verbo* ■ **to happen: la historia cuenta lo que ocurrió en el pasado** history tells what happened in the past

ocurrirse *verbo pronominal* ■ **to occur to: se me ocurre que no la conozco muy bien** it occurs to me that I don't know her so well
➤ **¿se te ocurre algo para regalarle a mamá el día de su cumpleaños?** can you think of something to give Mom for her birthday?

odiar *verbo* ■ **to hate: ¿cuál es la verdura que más odias? — las berenjenas** what is the vegetable that you hate the most? — eggplant.

el **odio** ■ **hatred: le he tomado odio a la televisión** I've developed a hatred for television
➤ **a los vendedores que llaman por teléfono les tengo odio** I can't stand telemarketers.

OEA ■ **Organization of American States**

OEA

The **OEA (Organización de Estados Americanos)** was founded in 1948 to promote peace, economic cooperation, and social advancement in the Americas. It has 35 member states and its headquarters are in Washington, DC.

el **oeste** ■ **west: el sol se oculta por el oeste** the sun sets in the west; **el oeste de la ciudad** the west of the city
➤ **al oeste** to the west: **está al oeste de Lima** it's to the west of Lima.

ofender *verbo* ■ **to offend: es muy grosero y ofende a las personas sin darse cuenta** he's very rude and he offends people without realizing it

ofenderse *verbo pronominal* ■ **to be offended: se ofendió porque no la invitaron a la fiesta** she was offended because they didn't invite her to the party.

la **ofensa** ■ **offense**.

la **oferta**
1. **offer: recibí dos ofertas de trabajo** I received two job offers
2. **sale: decidí aprovechar la oferta de mangos: compré tres por el precio de uno** I decided to take advantage of the sale on mangos: I bought three for the price of one
➤ **en oferta** on sale: **los mangos están en oferta: vendemos tres por el precio de uno** mangos are on sale: we're selling three for the price of one
➤ **hay muchas ofertas de trabajo para los médicos** there are many job openings for doctors.

oficial *adjetivo* ■ **official: la piscina municipal se inaugura mañana con un acto oficial** the city swimming pool will be inaugurated tomorrow with an official ceremony

el **oficial** (*plural* los oficiales)
1. **skilled workman** (*plural* **skilled workmen**): **en esa obra buscan un oficial** at that construction site they're looking for a skilled workman
2. **officer: el oficial vino a ver qué sucedía** the officer came to see what was happening.

la **oficina** ■ **office**
➤ **oficina pública** public office.

el **oficio** ■ **trade: ¿qué oficio te gustaría aprender?** what trade would you like to learn?

ofrecer *verbo* ■ **to offer: la vendedora me ofreció varios vestidos y compré el verde** the saleswoman offered me several dresses and I bought the green one

ofrecerse *verbo pronominal* ■ **to offer to: el vecino se ofreció para ayudarnos con la mudanza** the neighbor offered to help us with the move.

el **oído**
1. **ear: tengo una infección en el oído derecho** I have an infection in my right ear
2. **hearing: el oído es uno de los cinco sentidos** hearing is one of the five senses.

oír *verbo*
1. **to hear: habla más fuerte, no te oigo** speak louder, I can't hear you
2. **to listen to: anoche oí la radio durante dos horas** last night I listened to the radio for two hours.

el **ojal** ■ **buttonhole**.

ojalá *interjección* ■ **I hope: ¡ojalá que pare llover!** I hope it stops raining!

las **ojeras** ■ **circles under the eyes: ¿te sientes bien? tienes unas ojeras enormes** do you feel well? you have huge circles under your eyes.

el **ojo** ■ **eye: me entró una basurita en el ojo** a piece of dirt got in my eye
➤ **¡ojo!** watch out!: **¡ojo al cruzar la calle!** watch out crossing the street!

la **ola** ■ **wave**
➤ **una ola de calor** a heat wave.

oler *verbo* ■ **to smell: acércate y huele las rosas** come near and smell the roses
➤ **oler a** to smell like: **huele a perfume, ¿quién estuvo aquí?** it smells like perfume, who was here?
➤ **oler bien** to smell good: **ese perfume huele muy bien** that perfume smells very good
➤ **oler mal** to smell bad: **esa comida huele mal, no la voy a comer** that food smells bad, I'm not going to eat it.

el **olfato** ■ **smell: el olfato es uno de los cinco sentidos** smell is one of the five senses.

la **oliva** ■ **olive**
➤ **aceite de oliva** olive oil

la **olla** ■ **pan: herví el agua en una olla** I boiled the water in a pan.

el **olor** ■ **smell: ¡qué rico olor!** what a delicious smell!

olvidar *verbo*
1. **to forget: olvidaste llamar a tu madre** you forgot to call your mother
2. **to leave: olvidé el horno prendido** I left the oven on.

el **olvido**
1. **oblivion: al principio tuvo éxito pero después cayó en el olvido** at the beginning he was successful but then he fell into oblivion
2. **oversight: ¿no felicitaste a tu hijo el día de su cumpleaños? ¡qué olvido imperdonable!** you didn't wish your son a happy birthday? what an unforgiveable oversight!

el **ombligo** ■ **navel**.

el **ómnibus** (*plural* los ómnibus) ■ **bus**.

la **onda** ■ **wave**.

ondulado *adjetivo* ■ **wavy: tiene el pelo castaño, ondulado** he has brown, wavy hair.

la **opción** (*plural* las opciones) ■ **option: tienes varias opciones, elige la que te parezca mejor** you have several options, choose the one that seems best to you.

la **operación** (*plural* las operaciones) ■ **operation: por suerte la operación de apéndice de mi hermana salió bien** fortunately my sister's appendix operation came out well.

operar *verbo* ■ **to operate on: el oculista la va a operar de cataratas** the eye doctor is going to operate on her for cataracts

operarse *verbo pronominal* ■ **to have an operation: mañana se opera de cataratas** tomorrow she's having an operation for cataracts.

opinar *verbo*
1. **to give one's opinion: es mejor no opinar cuando uno no conoce el tema** it's better to not give one's opinion when one is not familiar with the topic

2. **to think: ¿qué opinas de los grupos ecológicos?** what do you think of ecological groups?

la **opinión** *(plural* las opiniones*)* ■ **opinion: ¿cuál es tu opinión sobre los grupos ecológicos?** what's your opinion about ecological groups?

oponerse *verbo pronominal* ■ **to be opposed: nuestro grupo se opone a la tala indiscriminada en los bosques** our group is opposed to indiscriminate tree felling in the forests.

la **oportunidad** *(plural* las oportunidades*)* ■ **opportunity** *(plural* **opportunities***)*: **tuvo la oportunidad de irse a pasar el verano a la playa** she had the opportunity to go spend the summer at the beach.

la **oposición** *(plural* las oposiciones*)* ■ **opposition: la iniciativa de la maestra se chocó con la oposición de los alumnos** the teacher's plans collided with the students' opposition.

la **opresión** ■ **oppression: la opresión del tirano hizo que estallara la revolución en el país** the tyrant's oppression made revolution break out in the country.

oprimir *verbo* ■ **to press: oprima el botón de la derecha** press the button on the right.

optar *verbo* ■ **to choose: optaste por quedarte, ahora no te quejes** you chose to stay, now don't complain.

optativo *adjetivo* ■ **optional: matemática es obligatoria, pero jardinería es optativa** math is obligatory, but gardening is optional.

la **óptica** ■ **optician's: hoy fui a la óptica a hacerme los anteojos nuevos** today I went to the optician's to have my new glasses made.

optimista *adjetivo* ■ **optimistic: Clara es muy optimista** Clara is very optimistic.

opuesto *adjetivo*

1. **opposing: Sara y yo tenemos opiniones opuestas** Sara and I have opposing opinions
2. **opposite: vivimos en direcciones opuestas** we live in opposite directions.

la **oración** *(plural* las oraciones*)*

1. **prayer: algunas personas dicen una oración antes de la comida** some people say a prayer before the meal
2. **sentence: la segunda oración** the second sentence.

oral *adjetivo* ■ **oral: al final del curso de inglés tendremos un examen oral** at the end of the English course we'll have an oral exam

➤ **en la caja de este medicamento dice "administrar por vía oral"** on this medicine's box it says "administer orally".

orar *verbo* ■ **to pray**.

la **órbita** ■ **orbit: la Luna describe una órbita ovalada alrededor de la Tierra** the moon travels in an oval orbit around the earth.

el **orden**

1. **order: pónganse en fila, por orden de altura** get in line, by order of height; **hay que poner un poco de orden en esta oficina** we have to put a little order in this office
2. **peace: la policía es la encargada de preservar el orden** the police is in charge of preserving the peace

la **orden** *(plural* las órdenes*)* ■ **order: siempre está dando órdenes** she's always giving orders

➤ **a las órdenes** you're welcome: **muchas gracias — a las órdenes** thank you very much — you're welcome.

ordenado *adjetivo*

1. **arranged: estos libros están ordenados por tema** these books are arranged by topic
2. **neat: es muy ordenada, siempre tiene la casa impecable** she's very neat, she always has the house impeccable.

ordenar *verbo*

1. **to arrange: hay que ordenar estos libros** we have to arrange these books
2. **to order: el maestro nos ordenó callarnos** the teacher ordered us to be quiet.

ordinario *adjetivo*
1. **ordinary: esta tela es muy ordinaria, no sirve para un vestido de fiesta** this cloth is very ordinary, it won't work for a party dress
2. **vulgar: no me gustan nada los nuevos vecinos, son muy ordinarios** I don't like the new neighbors at all, they're very vulgar.

la **oreja** ■ **ear**.

orgánico *adjetivo* ■ **organic: la materia orgánica se descompone naturalmente con el paso del tiempo** organic material decomposes naturally with the passage of time.

el **organismo** ■ **organization: un organismo internacional** an international organization.

la **organización** *(plural las organizaciones)* ■ **organization: la organización es importante para poder estudiar con eficiencia** organization is important to be able to study efficiently; **las organizaciones no gubernamentales surgieron en los últimos veinte años** non-governmental organizations appeared in the last twenty years.

organizar *verbo* ■ **to organize: Diego y Rodrigo se encargaron de organizar la fiesta de fin de año** Diego and Rodrigo were in charge of organizing the end-of-year party

organizarse *verbo pronominal* ■ **to organize oneself: tienes que hacer un esfuerzo para organizarte** you have to make an effort to organize yourself.

el **órgano** ■ **organ: el corazón es el órgano principal del cuerpo humano** the heart is the main organ of the human body; **ese músico escribió varias piezas para órgano** that musician wrote several pieces for the organ.

el **orgullo** ■ **pride: siempre habla de su familia con orgullo** he always speaks of his family with pride.

orgulloso *adjetivo* ■ **proud: está muy orgulloso de su familia** he's very proud of his family.

la **orientación** *(plural las orientaciones)*
➤ **no tiene sentido de la orientación** he has no sense of direction
➤ **mi ventana tiene orientación hacia el sur** my window is facing toward the south
➤ **orientación profesional** vocational guidance.

orientar *verbo* ■ **to direct: el maestro orientó a sus alumnos en el trabajo** the teacher directed her students in their work

orientarse *verbo pronominal* ■ **to get one's bearings: deja que me oriente** let me get my bearings.

el **oriente**
1. **east: esta casa recibe mucho sol porque da al oriente** this house gets a lot of sun because it faces the east
2. **East: el Oriente** the East.

el **origen** *(plural los orígenes)* ■ **origin: el origen de esta costumbre es un antiguo rito maya** the origin of this custom is an ancient Mayan ceremony.

original *adjetivo* ■ **original: éste es el texto original, ¿dónde están las copias?** this one is the original text, where are the copies?; **es un artista muy original** he's a very original artist.

originario *adjetivo* ■ **original: ése no era el plan originario** that wasn't the original plan
➤ **ser originario de** to come from: **el maíz es originario de América** corn comes from America.

la **orilla**
1. **bank: las mujeres lavaban la ropa a la orilla del río** the women used to wash the clothes at the river bank
2. **shore: me encanta dar paseos por la orilla del mar** I love to take walks on the sea shore.

la **orina** ■ **urine**.

orinar *verbo* ■ **to urinate**

orinarse *verbo pronominal* ■ **to wet oneself**.

el **oro** ■ **gold**

➤ **bañado en oro** gold-plated: **le regalamos una pulsera bañada en oro** we gave her a gold-plated bracelet
➤ **oro 18 quilates** 18 carat gold: **estas alianzas son de oro 18 quilates** these wedding rings are made of 18 carat gold.

la **orquesta** ■ **orchestra**.

la **ortografía** ■ **spelling: es importante evitar los errores de ortografía** it's important to avoid spelling errors.

la **oruga** ■ **caterpillar**.

osado *adjetivo* ■ **daring: los miembros del equipo de rescate fueron muy osados, no se detuvieron ante el peligro** the members of the rescue team were very daring, they didn't hesitate in the face of danger.

osar *verbo* ■ **to dare: no osé decirle la verdad** I didn't dare tell her the truth.

la **oscilación** *(plural* **las oscilaciones***)* ■ **swinging: la oscilación del péndulo del reloj marca el paso de los segundos** the swinging of the clock's pendulum marks the passing of seconds.

oscilar *verbo* ■ **to swing: el péndulo del reloj oscila para marcar el paso de los segundos** the clock's pendulum swings to mark the passing of the seconds.

oscurecer *verbo*
1. **to get dark: en invierno, oscurece a las cuatro de la tarde** in the winter, it gets dark at four o'clock in the afternoon
2. **to darken: si no oscureces la habitación no vas a poder dormir la siesta** if you don't darken the room you're not going to be able to take a nap.

la **oscuridad**
1. **darkness: el apagón nos dejó en la oscuridad** the blackout left us in darkness
2. **dark: ¿le tienes miedo a la oscuridad?** are you afraid of the dark?

oscuro *adjetivo* ■ **dark: aquí está muy oscuro, no puedo leer** it's very dark here, I can't read; **llevaba anteojos oscuros** he was wearing dark glasses
➤ **a oscuras** in the dark; **estábamos a oscuras y empezó a contarme cuentos de terror** we were in the dark and he began to tell me scary stories
➤ **verde oscuro** dark green.

el **oso, la osa** ■ **bear**
➤ **un oso pardo** a brown bear
➤ **un oso de peluche** a teddy bear
➤ **un oso polar** a polar bear.

la **ostra** ■ **oyster**.

el **otoño** ■ **autumn: el próximo otoño** next autumn
➤ **en otoño** in autumn.

otorgar *verbo* ■ **to give: le otorgaron a mi hermano el premio al mejor alumno** they gave the award for the best student to my brother.

otro *(adjetivo & pronombre)*
■ *adjetivo*
1. **other: me gustan más las otras clases** I like the other classes more
2. **another: quiero otro pedazo de torta** I want another piece of cake
➤ **yo me refería a otra cosa** I was referring to something else
➤ **si no lo encuentras aquí, debe estar en otra parte** if you don't find it here, it must be somewhere else
■ *pronombre*
1. **other one: éste no me gusta, prefiero el otro** I don't like this one, I prefer the other one
2. **others: no pedí éstos, quiero los otros** I didn't order these, I want the others
3. **another one: ¿puedo servirme otro?** can I have another one?

el **óvalo** ■ **oval**.

la **oveja** ■ **sheep** *(plural* **sheep***)*.

el **ovillo** ■ **ball: tengo dos ovillos de lana** I have two balls of wool.

oxidado *adjetivo* ■ **rusty: se cortó con una lata oxidada y eso es muy peligroso** she cut herself with a rusty can and that is very dangerous.

oxidarse *verbo pronominal* ■ **to rust: el hierro se oxida con la humedad** iron rusts with humidity.

el **oxígeno** ■ **oxygen**.

p

la **paciencia** ■ **patience**.

el/la **paciente** ■ **patient: había varios pacientes esperando que llegara el médico** there were several patients waiting for the doctor to arrive.

pacífico *adjetivo* ■ **peaceful: los maestros hicieron una manifestación pacífica** the teachers carried out a peaceful demonstration.

el **pacto** ■ **pact**.

padecer *verbo* ■ **to suffer: el país está padeciendo una crisis económica** the country is suffering an economic crisis.

el **padre** ■ **father: Juan salió a pasear con su padre** Juan went out for a walk with his father; **el párroco de mi iglesia es el padre Luis** the parish priest of my church is Father Luis
➤ **padre de familia** family man
➤ **mis padres** my parents.

el **padrino** ■ **godfather**.

la **paga** ■ **pay: el día 30 recibo mi paga mensual** on the 30th I receive my monthly pay
➤ **paga extra** salary bonus.

pagar *verbo*
1. **to pay: me dijeron que no tengo que pagar** they told me that I don't have to pay
2. **to pay for: tengo que pasar por la caja a pagar esta fruta** I have to go by the cash register to pay for this fruit.

la **página** ■ **page**.

el **pago**
1. **payment: tengo que mandarle los pagos al banco cada mes** I have to send the payments to the bank every month
2. **salary** (*plural* **salaries**): **debido a la crisis, los pagos a los funcionarios están atrasados** due to the crisis, the employees' salaries are late.

el **país** (*plural* los países) ■ **country** (*plural* **countries**).

el **paisaje** ■ **landscape**.

la **paja** ■ **straw**.

el **pájaro** ■ **bird**.

la **pajita** ■ **drinking straw**.

la **palabra** ■ **word**
➤ **palabra de honor** word of honor.

la **palabrota** ■ **curse word**.

el **palacio** ■ **palace**.

el **paladar** ■ **roof of the mouth**.

la **palanca** ■ **lever**.

la **paleta**
1. **palette: el pintor preparó su paleta para empezar a pintar** the painter prepared his palette to start painting
2. *Central America, Mexico* **popsicle: la paleta de mango que me comí estaba deliciosa** the mango popsicle I ate was delicious.

pálido *adjetivo* ■ **pale: estaba muy pálida la última vez que la vi** she was very pale the last time I saw her.

el **palillo**
1. **toothpick: te olvidaste de poner los palillos en la mesa** you forgot to put the toothpicks on the table
2. **drumstick: perdí uno de los palillos y ahora no puedo tocar el tambor** I lost one of the drumsticks and now I can't play the drum.

la **paliza**
1. **spanking: si su madre se entera le va a dar una paliza** if his mother finds out she'll give him a spanking

2. **beating: no sólo lo robaron, sino que además le dieron una paliza** not only did they rob him, but they also gave him a beating.

la **palma**

1. **palm: déjame ver las líneas en la palma de tu mano** let me see the lines on the palm of your hand
2. **palm tree: el camino a la playa está bordeado de palmas** the road to the beach is lined with palm trees.

el **palo**

1. **stick: como no tenía bastón, caminaba con la ayuda de un palo** since he didn't have a cane, he was walking with the help of a stick
2. **suit: los palos de la baraja española son cuatro** there are four suits in Spanish cards
3. **mast: el palo más alto del barco se quebró durante una tormenta** the tallest mast on the boat broke during a storm.

la **paloma** ■ **pigeon**.

palpar *verbo* ■ **to feel: Rosaura palpó la tela para ver si era de fibra natural** Rosaura felt the cloth to see if it was made of natural fibers.

la **palpitación** (*plural* las palpitaciones) ■ **palpitation**.

palpitar *verbo*

1. **to beat: el corazón palpita rápidamente cuando uno está nervioso** the heart beats quickly when one is nervous
2. **to flutter: Daniel estaba muy nervioso y le palpitaba el estómago** Daniel was very nervous and his stomach was fluttering.

la **palta** *Andes, River Plate* ■ **avocado**.

la **pampa** ■ **prairie**.

el **pan**

1. **bread: no le gusta comer mucho pan** she doesn't like to eat a lot of bread
2. **loaf of bread** (*plural* **loaves of bread**)**: pasé por la panadería y compré tres panes chicos** I went by the bakery and bought three small loaves of bread.

la **pana** ■ **corduroy**.

la **panadería** ■ **bakery** (*plural* **bakeries**).

el **panadero,** la **panadera** ■ **baker**.

el **panal** ■ **honeycomb**.

Panamá *sustantivo femenino* ■ **Panama**.

el **panameño,** la **panameña**

> En inglés los gentilicios se escriben con mayúscula:

Panamanian

panameño *adjetivo*

> En inglés, los adjetivos que se refieren a un país o una región se escriben con mayúscula:

Panamanian: los panameños the Panamanians.

la **panceta** ■ **bacon**.

el/la **panda** ■ **panda**.

la **pandilla** ■ **gang**.

el **pánico** ■ **panic: los ladrones sembraron el pánico en la ciudad** the thieves caused panic in the city.

el **panorama**

1. **view: el panorama que se ve desde aquí es muy bonito** the view that you can see from here is very pretty
2. **scene: el panorama político es desesperanzador** the political scene is maddening.

las **pantaletas** ■ *Mexico* **panties**.

la **pantalla**

1. **screen: como no tenían pantalla, proyectaban la película en una pared blanca** since they didn't have a screen, they projected the film onto a white wall
2. **shade: hay que ponerle una pantalla a esa lámpara, para que no dé luz directa** you have to put a shade on that lamp, so that it doesn't give direct light.

el **pantalón** (*plural* los pantalones) ■ **pants**.

el **pantano** ■ **swamp**.

el **panteón** (*plural* los panteones)

1. **burial plot: a la abuela la enterraron en el panteón familiar** they buried their grandmother in the family burial plot

2. *Mexico* **cemetery** (*plural* **cemeteries**): **prefirió que la cremaran en vez de que la enterraran en el panteón del pueblo** she preferred to be cremated instead of being buried in the town's cemetery.

la **pantera** ■ **panther**.

las **pantimedias** ■ *Mexico* **pantyhose**.

la **pantorrilla** ■ **calf** (*plural* **calves**): **me duelen las pantorrillas después de hacer tanto ejercicio** my calves hurt after doing so much exercise.

los **pants** ■ **sweatsuit**.

la **panza** ■ **belly** (*plural* **bellies**).

el **pañal** ■ **diaper**.

el **paño**
1. **cloth: para las noches frías, tengo un abrigo de paño** for the cold nights, I have a cloth blanket
2. **rag: ¿dónde hay un paño para limpiar la mesa?** where's a rag to clean the table?

el **pañuelo**
1. **handkerchief: como siempre está resfriada, no va a ningún lado sin un pañuelo** since he's always got a cold, he doesn't go anywhere without a handkerchief
2. **scarf** (*plural* **scarves**): **había tanto viento, que decidí usar un pañuelo para no despeinarme** there was so much wind that I decided to wear a scarf to not mess up my hair.

la **papa** ■ **potato** (*plural* **potatoes**)
➤ **papas fritas** french fries.

el **papá** ■ **dad**.

el **papalote** ■ **kite**.

la **papaya** ■ **papaya**.

el **papel**
1. **paper: estos cuadernos son de papel reciclado** these notebooks are made of recycled paper
2. **piece of paper: saquen un papel y escriban su nombre** take out a piece of paper and write your name
3. **role: es el protagonista de la película, tiene el papel principal** he's the star of the film, he has the main role
4. **document: piden algunos papeles para hacer el trámite** they're asking for some documents to carry out the transaction.

la **papelera** ■ **wastepaper basket**.

la **papelería** ■ **stationer's**.

el **paquete**
1. **package: ¿me podrías traer un paquete de galletitas del supermercado?** could you bring me a pack of cookies from the supermarket?
2. **parcel: tengo que pasar por el correo a retirar un paquete** I have to go by the post office to get a parcel.

par *adjetivo* ■ **even: 2, 4 y 6 son números pares** 2, 4 and 6 are even numbers

el **par**
1. **couple: en un par de horas más termino este trabajo** in a couple of hours more I'll finish this paper
2. **pair: necesito un par de medias verdes** I need a pair of green stockings.

para *preposición*
1. **for: ¿para qué sirve esto?** what is this for?
2. **to: me estoy preparando para correr en la maratón** I'm getting prepared to run in the marathon
➤ **para siempre** forever: **fue a España de paseo y terminó quedándose para siempre** she went to Spain for a short time and she ended up staying forever
➤ **¿para cuándo tendrá pronta la traducción?** when will he have the translation ready?

el **parabrisas** (*plural* los parabrisas) ■ **windshield**.

el **paracaídas** (*plural* los paracaídas) ■ **parachute**.

la **parada** ■ **stop: a las dos horas hicimos una parada para descansar** after two hours we made a stop to rest
➤ **una parada de bus** a bus stop
➤ **una parada de taxi** a taxi stand.

parado *adjetivo*
1. **standing: ¿qué haces ahí parada? ven a ayudarme** what are you doing standing there? come help me

2. **stopped: hay un tren parado en el andén, pero no sé si es el que va al centro** there's a train stopped at the platform, but I don't know if it's the one that's going downtown.

el **paraguas** *(plural* los paraguas*)* ■ **umbrella**.

Paraguay *sustantivo masculino* ■ **Paraguay**.

paraguayo *adjetivo*

En inglés, los adjetivos que se refieren a un país o una región se escriben con mayúscula:

Paraguayan

el **paraguayo,** la **paraguaya**

En inglés los gentilicios se escriben con mayúscula:

Paraguayan

➤ **los paraguayos** the Paraguayans.

el **paraíso** ■ **paradise**.

paralelo *adjetivo* ■ **parallel: las ruedas del auto dejaron dos líneas paralelas en la arena** the car's wheels left two parallel lines in the sand.

la **parálisis** ■ **paralysis**.

paralítico *adjetivo* ■ **paralytic**

➤ **quedó paralítico a causa del accidente** he became paralyzed because of the accident

el **paralítico,** la **paralítica** ■ **paralytic: los paralíticos se trasladan en silla de ruedas** paralytics get around in wheelchairs.

paralizar *verbo* ■ **to paralyze: un derrame le paralizó la mitad del cuerpo** a hemorrhage paralyzed half of his body.

parar *verbo*

1. **to stop: paré el auto** I stopped the car
2. **to end: la actividad para a las ocho de la noche** activity ends at eight o'clock at night
3. **to strike: los funcionarios paran mañana para reclamar un aumento de salario** the employees are striking tomorrow to demand a salary increase
4. **to stay: cuando viene a la ciudad, para en mi casa** when he comes to town, he stays at my house

pararse *verbo pronominal*

1. **to stop: ¿por qué te paraste? sigue caminando** why did you stop? keep walking
2. **to stand up: cuando entró la directora, los músicos se pararon** when the conductor came in, the musicians stood up

➤ **sin parar** nonstop: **en esta fábrica trabajan sin parar** in this factory they work nonstop.

parásito *adjetivo* ■ **parasitic: algunas plantas parásitas cuelgan de las ramas de los árboles** some parasitic plants hang from the branches of trees

el **parásito** ■ **parasite: los parásitos están debilitando al perro, hay que llevarlo al veterinario** parasites are weakening the dog, we have to take him to the veterinarian.

el **parche** ■ **patch**.

parecer *verbo*

1. **to look like: por su aspecto descuidado, parece un vagabundo** because of his untidy appearance, he looks like a vagrant
2. **to think: me parece que su trabajo es de pésima calidad** I think that his work is terrible
3. **to seem: no la conozco, pero parece muy inteligente** I don't know her, but she seems very intelligent

parecerse *verbo pronominal* ■ **to resemble each other: cuando eran chicos, los dos hermanos se parecían mucho** when they were little, the two brothers resembled each other a lot.

parecido *adjetivo* ■ **like: dicen que soy muy parecida a mi mamá** they say that I'm very like my mom.

la **pared** ■ **wall**.

la **pareja**

1. **couple: Virginia y Antonio hacen una linda pareja** Virginia and Antonio make a nice couple
2. **pair: el tenis se puede jugar en parejas** tennis can be played in pairs.

parejo *adjetivo* ■ **similar: Diego y Andrés son parejos en altura** Diego and Andrés are similar in height.

el **paréntesis** (*plural* los paréntesis) ■ **parenthesis** (*plural* **parentheses**).

el **pariente, la parienta** ■ **relative**
➤ **un pariente cercano** a close relative
➤ **un pariente lejano** a distant relative.

el **parlamento** ■ **parliament**.

el **parlante** ■ **loudspeaker**.

el **paro** ■ **strike: ayer no fui a la escuela porque había paro de maestros** yesterday I didn't go to school because there was a teacher strike.

parpadear *verbo*
1. **to blink: me entró una basurita en el ojo y por eso parpadeo tanto** a piece of dirt got in my eye and that's why I'm blinking so much
2. **to flicker: la luz está parpadeando, va a haber un apagón** the light is flickering, there's going to be a blackout.

el **párpado** ■ **eyelid**.

el **parque** ■ **park**.

la **parra** ■ **vine**.

el **párrafo** ■ **paragraph**.

la **parrilla** ■ **grill**
➤ **a la parrilla** grilled: **prefiero el pollo a la parrilla que hervido** I prefer grilled chicken to boiled.

el **párroco** ■ **parish priest**.

la **parroquia** ■ **parish**.

la **parte**
1. **portion: hay que dividir la torta en ocho partes** we have to divide the cake into eight portions
2. **side: tenemos que averiguar quién está de nuestra parte** we have to find out who's on our side
3. **part: vivo en la parte oeste del pueblo** I live in the west part of town
➤ **en parte** partly: **todo lo que ha pasado es en parte culpa tuya** everything that's happened is partly your fault
➤ **de parte de alguien** from: **mándale saludos a tu mamá de mi parte** say hello to your mom from me
➤ **¿de parte de quién?** *on the telephone* may I ask who's speaking?

participar *verbo* ■ **to participate**.

el **participio** ■ **participle**.

particular *adjetivo*
1. **private: el hotel tiene una playa particular para los huéspedes** the hotel has a private beach for the guests
2. **special: tiene un talento particular para la pintura** he has a special talent for painting.

la **partida**
1. **departure: la partida del tren está prevista para las ocho en punto** the train's departure is planned for eight o'clock on the dot
2. **game: me ganaste dos partidas de póquer** you beat me at two games of poker.

el **partido**
1. **party** (*plural* **parties**): **en política es independiente: no pertenece a ningún partido** in politics he's independent: he doesn't belong to any party
2. **match: espero que mi equipo gane el partido del domingo** I hope that my team wins the match on Sunday.

partir *verbo*
1. **to divide: mamá partió el pollo en ocho trozos** Mom divided the chicken into eight pieces
2. **to crack: necesito ayuda para partir este coco** I need help to crack this coconut
3. **to depart: el tren partió hace cinco minutos** the train departed five minutes ago
➤ **a partir de** starting: **a partir del domingo empieza el horario de verano** starting on Sunday the summer schedule begins

partirse *verbo pronominal* ■ **to break in two: el jarrón se cayó de la mesa y se partió** the vase fell off the table and broke in two.

la **pasa** ■ **raisin**.

el **pasado** ■ **past: la historia estudia el pasado** history studies the past.

pasado *adjetivo*

1. **last: el verano pasado fuimos a la playa y este verano iremos al campo** last summer we went to the beach and this summer we'll go to the country
2. **overripe: ¡qué olor fuerte tienen esos plátanos! deben estar pasadas** what a strong smell those bananas have! they must be overripe.

el **pasaje**

1. **alleyway: abrieron un pasaje conectando esas dos calles** they opened an alleyway connecting those two streets
2. **ticket: en estas épocas, conviene comprar los pasajes con anticipación** nowadays, it's best to buy tickets ahead of time.

el **pasajero,** la **pasajera** ■ **passenger**.

el **pasaporte** ■ **passport**.

pasar *verbo*

1. **to go: ese tren pasa por varias estaciones antes de llegar al centro** that train goes through several stations before arriving downtown
2. **to pass: ¿podrías pasarme el agua, por favor?** could you pass me the water, please?
3. **to spend: durante el verano pasamos unos días en la playa** during the summer we spend some days at the beach
4. **to happen: no sé qué pasó en la clase de ayer** I don't know what happened in yesterday's class
5. **to go by: pasaron 20 minutos y decidí que no esperaba más** 20 minutes went by and I decided that I wasn't waiting any more
6. **to be over: cuando pasó el terremoto, muchas casas estaban destruídas** when the earthquake was over, many houses were destroyed

pasarse *verbo pronominal*

1. **to go over: el atleta perdió la competencia porque se pasó de la línea** the athlete lost the competition because he went over the line
2. **to get overripe: hay que comerse estas manzanas antes de que se pasen** you have to eat these apples before they get overripe.

pasear *verbo*

1. **to take a walk: después del almuerzo, el abuelo sale a pasear por el jardín** after lunch, my grandfather goes out to take a walk through the garden
2. **to go for a ride: como el día estaba lindo, agarré la bicicleta y salí a pasear** since it was a nice day, I got my bicycle and I went for a ride
3. **to go for a drive: los domingos salimos a pasear con mi tío en el auto** on Sundays we go for a drive in the car with my uncle
4. **to walk: ¿a quién le toca pasear al perro hoy?** whose turn is it to walk the dog today?

el **paseo**

1. **walk: después del almuerzo, el abuelo sale a dar un paseo por el jardín** after lunch my grandfather goes out for a walk through the garden
2. **ride: como el día estaba lindo, agarré la bicicleta y salí de paseo** since it was a nice day, I grabbed my bicycle and went out for a ride
3. **drive: los domingos salimos de paseo con mi tío en el auto** on Sundays we go for a drive in the car with my uncle
4. **outing: dos veces por año toda la escuela hace un paseo** twice a year the whole school goes on an outing.

el **pasillo** ■ **corridor**.

la **pasión** (*plural* las pasiones) ■ **passion**.

el **paso**

1. **step: la niña recién aprendió a caminar y da pasos cortos** the little girl recently learned to walk and she takes short steps; **los pasos en el tango son largos y lentos** the steps are long and slow in the tango
2. **way: hay que ir por otra calle porque aquí está cerrado el paso** you have to go by another street because the way is blocked here

➤ **"ceda el paso"** yield
➤ **"prohibido el paso"** no entry.

la **pasta**

1. **paste: usé una pasta para sellar las ventanas** I used a paste to seal the windows
2. *Mexico* **dough: tienes que amasar bien la pasta** you have to knead the dough well
3. **pasta: los ravioles son mis pastas preferidas** ravioli is my favorite pasta

➤ **pasta de dientes** toothpaste.

el **pastel**
1. *Mexico* **cake: a Beatriz le prepararon un pastel de chocolate para su cumpleaños** they made a chocolate cake for Beatriz's birthday
2. **pastel: me gusta pintar con pasteles** I like to paint with pastels.

la **pastelería** ■ **pastry shop: en la pastelería había dos tartas que se me antojaron** at the pastry shop there were two cakes that I wanted.

la **pastilla**
1. **pill: el médico me recetó unas pastillas para la tos** the doctor prescribed me some pills for my cough
2. **bar: hay que traer seis pastillas de jabón del supermercado** you have to bring six bars of soap from the supermarket.

el **pasto** ■ **grass**.

el **pastor**
1. **shepherd: el pastor cuida las ovejas** the shepherd cares for the sheep
2. **pastor: el pastor de mi iglesia siempre habla de la caridad** the pastor in my church always talks about charity.

la **pastora** ■ **shepherdess: la pastora cuida las ovejas** the shepherdess cares for the sheep.

la **pata**
1. **paw: el perro se clavó una espina en la pata** the dog got a thorn in his paw
2. **leg: no te sientes en esa silla, tiene una pata quebrada** don't sit in that chair, it has a broken leg

➤ **meter la pata** to put one's foot in it: **no sabía que la fiesta para Isabel era una sorpresa, metí la pata cuando le pregunté qué se iba a poner** I didn't know that the party for Isabel was a surprise, I put my foot in it when I asked her what she was going to wear

➤ **patas para arriba** upside down: **tengo que arreglar la casa antes de que lleguen los invitados, está todo patas para arriba** I have to put the house in order before the guests arrive, everything's upside down.

la **patada** ■ **kick**.

patear *verbo* ■ **to kick**.

paternal *adjetivo* ■ **paternal**.

la **paternidad** ■ **fatherhood**.

paterno *adjetivo* ■ **paternal**.

la **patilla**
1. **sideburn: ¿te estás dejando crecer las patillas?** are you letting your sideburns grow?
2. **arm: se me rompió una patilla de los lentes** one of the arms on my glasses broke.

el **patín** (*plural* los patines) ■ **skate**.

el **patinaje** ■ **skating**

➤ **patinaje sobre hielo** ice skating.

patinar *verbo*
1. **to skate: patina muy bien** she skates very well
2. **to slip: patiné con una cáscara de plátano y casi me quiebro un brazo** I slipped on a banana peel and almost broke my arm.

el **patio**
1. *de una casa* **patio**
2. *de una escuela* **playground**.

el **pato** ■ **duck**.

la **patria** ■ **homeland**.

patrio *adjetivo* ■ **home: al frente de la embajada ondeaba la bandera patria** in front of the embassy the home flag was waving.

el/la **patriota** ■ **patriot: los patriotas lucharon por la independencia** the patriots fought for independence.

patrocinador *adjetivo* ■ **sponsoring: la institución patrocinadora se encargó de la cena de gala** the sponsoring institution took charge of the dinner party

el **patrocinador**, la **patrocinadora** ■ **sponsor: los patrocinadores destinaron varios millones de pesos a publicitar el evento** the sponsors set aside several million pesos to publicize the event.

el **patrón** (*plural* los patrones)
1. **boss: el patrón se reunió con los empleados para intentar llegar a un acuerdo** the boss met with the employees to try to reach an agreement

2. **pattern: en esa tienda venden patrones para hacer distintos tipos de vestidos** that store they sell patterns to make different types of dresses.

el **patrón,** la **patrona** ■ **patron: la santa patrona de México es la virgen de Guadalupe** the patron saint of Mexico is the Virgin of Guadalupe.

la **patrulla** ■ **patrol: los policías vigilan el barrio en sus patrullas** the police guard watch over the area on their patrols; **una patrulla de vecinos circula por las calles a partir del anochecer** a neighborhood patrol goes throughout the streets starting at nightfall.

la **pausa**

1. **pause: después de una pausa dijo: "estoy muy cansado"** after a pause he said: "I'm very tired"
2. **break: vamos a hacer una pausa** we're going to take a break.

pausado *adjetivo* ■ **slow: es fácil entenderla porque tiene una forma de hablar pausada** it's easy to understand her because she has a slow manner of speaking.

el **pavo** ■ **turkey: una cena de Navidad con pavo** a Christmas dinner with turkey

➤ **un pavo real** a peacock.

el **payaso,** la **payasa** ■ **clown.**

la **paz** (*plural* las paces) ■ **peace: no queremos la guerra, queremos vivir en paz** we don't want war, we want to live in peace

➤ **dejar a alguien en paz** to leave somebody alone: **deja a tu hermano en paz, que está haciendo su tarea** leave your brother alone, he's doing his homework

➤ **hacer las paces** to make peace: **estuvieron peleadas varios días pero al final hicieron las paces** they fought for several days but in the end they made peace.

el **peaje** ■ **toll: dentro de un kilómetro está el peaje, ¿tienes dinero a mano?** the toll's coming up in the next kilometer, do you have any money handy?

el **peatón** (*plural* los peatones) ■ **pedestrian.**

la **peca** ■ **freckle.**

el **pecado**

1. **sin: la pereza es uno de los siete pecados capitales** laziness is one of the seven deadly sins
2. **crime: es un pecado desperdiciar el resto del pollo** it's a crime to throw away the rest of the chicken.

pecar *verbo* ■ **to sin.**

el **pecho** ■ **chest: Antonio tiene el pecho ancho y fuerte porque nada todos los días** Antonio has a wide, strong chest because he swims every day

➤ **dar el pecho** to breastfeed: **ya es hora de darle otra vez el pecho al bebé** now it's time to breastfeed the baby again.

la **pechuga** ■ **breast: ¿qué parte del pollo prefieres: la pata o la pechuga?** what part of the chicken do you prefer: the leg or the breast?

el **pedal** ■ **pedal.**

el **pedazo** ■ **piece.**

el **pedido** ■ **order: ya hice el pedido pero todavía no está listo** I already placed the order but it's not ready yet.

pedir *verbo*

1. **to ask: te pedí que vinieras porque necesito ayuda** I asked you to come because I need help
2. **to request: pedí otro tenedor porque éste se me cayó al suelo** I requested another fork because this one fell on the floor
3. **to order: pedí dos pollos y ensalada para cinco** I ordered two chickens and salad for five.

pegajoso *adjetivo* ■ **sticky: tengo las manos pegajosas, me las voy a lavar** I have sticky hands, I'm going to wash them.

el **pegamento** ■ **glue.**

pegar *verbo*

1. **to glue: pegué la taza rota con pegamento especial para cerámica** I glued the broken cup with special glue for ceramics
2. **to give: Susana me pegó su gripe cuando fui a visitarla** Susana gave me her flu when I went to visit her

3. **to hit: a ese animal le deben haber pegado mucho, por eso es tan asustadizo** they must have hit that animal a lot, that's why it's so skittish
➤ **pegar un salto** to jump: **pegué un salto cuando sonó el teléfono** I jumped when the telephone rang
➤ **pegar un susto a alguien** to scare somebody: **el gato le pegó un susto cuando saltó sobre su falda** the cat scared her when it jumped on her skirt

pegarse *verbo pronominal* ■ **to cling: el cachorro se pegaba a su mamá** the puppy clung to his mother.

el **peinado** ■ **hairstyle**.

peinar *verbo*
1. *con peine* **to comb**
2. *con cepillo* **to brush**.

el **peine** ■ **comb**.

pelado *adjetivo* ■ **peeled: los plátanos se comen peladas** bananas are eaten peeled.

el **pelaje** ■ **coat: el pelaje de los leopardos tiene manchas negras** the leopard's coat has black spots.

pelar *verbo*
1. *fruta* **to peel**
2. *nueces* **to shell**
➤ **hacer un frío que pela** to be bitterly cold: **ayer hacía un frío que pelaba** yesterday it was bitterly cold.

el **peldaño** ■ **step**.

la **pelea**
1. **fight: le quedó un ojo morado después de una pelea en la escuela** he had a black eye after a fight at school
2. **argument: Luisa tuvo otra pelea con el novio** Luisa had another argument with her boyfriend.

pelear *verbo*
1. **to fight: los pueblos hispanoamericanos pelearon por conseguir su independencia** the Hispanic Americans fought to gain their independence
2. **to argue: mis hermanos pelean mucho** my brothers argue a lot.

la **película** ■ **movie**
➤ **una película de dibujos animados** a feature-length cartoon
➤ **una película de terror** a horror movie.

el **peligro** ■ **danger: el paciente está fuera de peligro** the patient is out of danger
➤ **correr el peligro de** to run the risk of: **corres el peligro de caerte si no tienes cuidado** you run the risk of falling if you aren't careful.

peligroso *adjetivo* ■ **dangerous**.

el **pelo** ■ **hair: me lavo el pelo todos los días** I wash my hair every day
➤ **nos salvamos por un pelo** we escaped by the skin of our teeth
➤ **tomar el pelo** to pull somebody's leg: **¡me estás tomando el pelo!** you're pulling my leg!

la **pelota** ■ **ball**.

la **pena** ■ **shame: fue una pena que se muriera la tortuga de Joaquín** it was a shame that Joaquín's turtle died
➤ **le da pena hablar en público** he's embarrassed to speak in public
➤ **vale la pena** it's worth it.

pendiente *adjetivo* ■ **pending: hay varios asuntos pendientes** there are several matters pending.

la **pendiente** ■ **slope: bajamos esquiando por la pendiente** we went skiing down the slope.

penetrar *verbo* ■ **to soak into: el café penetró el terrón de azúcar** the coffee soaked into the lump of sugar.

la **península** ■ **peninsula**.

el **pensamiento** ■ **thought: yo puedo adivinarte el pensamiento** I can guess your thoughts.

pensar *verbo*
1. **to think: pensamos que es un buen candidato a la presidencia** we think that he's a good candidate for the presidency
2. **to think about: voy a pensarlo y mañana te respondo** I'm going to think about it and tomorrow I'll give you an answer.

penúltimo *adjetivo* ■ **next to last: el penúltimo corredor** the next to last runner

el **penúltimo,** la **penúltima** ■ **next to last: es el penúltimo** he's next to last.

peor *adjetivo & adverbio*
1. **worse: la película de hoy fue peor que la que vimos ayer** today's movie was worse than the one we saw yesterday
2. **worst: de las tres películas malas que vimos esta semana, la de hoy fue la peor de todas** out of the three bad movies we saw this week, today's was the worst of all.

el **pepino** ■ **cucumber.**

pequeño *adjetivo*
1. **little: cuando era pequeña me encantaba jugar con muñecas** when I was little I loved to play with dolls
2. **small: el paquete es pequeño** the package is small

el **pequeño,** la **pequeña** ■ **child** *(plural* **children***)*: **los pequeños llegaron del parque cansadísimos** the children arrived back from the park very tired.

la **pera** ■ **pear.**

la **percha** ■ **coat hanger.**

perdedor *adjetivo* ■ **losing: el equipo perdedor salió de la cancha desconsolado** the losing team left the field inconsolable

el **perdedor,** la **perdedora** ■ **loser: es mal perdedor** he's a bad loser.

perder *verbo*
1. **to miss: si no salimos ya mismo, vas a perder el avión** if we don't leave right now, you're going to miss the plane
2. **to lose: perdí las llaves** I lost the keys; **está triste porque su equipo perdió** he's sad because his team lost
➤ **perder tiempo** to waste time: **ponete a trabajar ya, no pierdas más tiempo** start working now, don't waste more time

perderse *verbo pronominal* ■ **to get lost: quiero irme antes de que oscurezca, para evitar perderme** I want to go before it gets dark, to avoid getting lost.

la **pérdida** ■ **loss: no ha logrado recuperarse de la pérdida de su madre** she hasn't been able to recover from the loss of her mother; **por la sequía, los agricultores sufrieron pérdidas graves** because of the drought, the farmers suffered severe losses
➤ **qué pérdida de tiempo** what a waste of time.

el **perdón** *(plural* los perdones*)* ■ **forgiveness**
➤ **pedir perdón** to ask for forgiveness: **nos pidió perdón por no haber venido a visitarnos** he asked for our forgiveness for not having come to visit us
➤ **las autoridades otorgaron el perdón al acusado** the authorities pardoned the accused man
➤ **perdón, ¿me podría decir la hora?** excuse me, could you tell me what time it is?
➤ **te pisé sin querer, perdón** I accidentally stepped on you, I'm sorry.

perdonar *verbo*
1. **to forgive: lo hice sin querer, espero que me perdones** I did it unintentionally, I hope that you forgive me
2. **to excuse: perdóname, te pisé sin querer** excuse me, I stepped on you accidentally.

perecedero *adjetivo* ■ **perishable: los alimentos perecederos hay que conservarlos en la heladera** you have to keep perishable foods in the refrigerator.

perecer *verbo* ■ **to perish: 20 personas perecieron en el atentado** 20 people perished in the attack.

el **peregrino,** la **peregrina** ■ **pilgrim.**

el **perejil** ■ **parsley.**

la **pereza**
➤ **me da pereza ponerme a estudiar** I don't feel like starting to study.

perezoso *adjetivo* ■ **lazy.**

la **perfección** ■ **perfection: habla tres idiomas a la perfección** she speaks three languages to perfection.

perfecto *adjetivo* ■ **perfect.**

el **perfil** ■ **profile: los antiguos egipcios pintaban el cuerpo de frente y la cara de perfil** the ancient Egyptians painted the body from the front and the face in profile.

el **perfume**
1. **perfume: los perfumes franceses son apreciados en todo el mundo** French perfumes are esteemed throughout the world
2. **scent: me fascina el perfume de los jazmines** the scent of jasmine fascinates me.

el **perico** ■ **parakeet**.

periódico *adjetivo* ■ **periodic: es importante hacer visitas periódicas al dentista** it's important to make periodic visits to the dentist

el **periódico** ■ **newspaper**.

el **periodismo** ■ **journalism**.

el/la **periodista** ■ **journalist**.

el **periodo** ■ **period: el periodo de prueba dura tres meses** the test period lasts three months.

perjudicar *verbo*
1. **to be harmful to: es mejor que no fumes, el tabaco perjudica la salud** it's better that you don't smoke, tobacco is harmful to your health
2. **to hurt: esta sequía va a perjudicar a los productores rurales** this drought is going to hurt the rural farmers.

perjudicial *adjetivo* ■ **harmful: fumar es perjudicial para la salud** smoking is harmful to one's health.

el **perjuicio** ■ **loss: la sequía trajo graves perjuicios para los productores rurales** the drought brought severe losses for the rural farmers.

la **perla** ■ **pearl**.

permanecer *verbo* ■ **to stay**.

permanente *adjetivo* ■ **permanent**.

el **permiso** ■ **permission: le dieron permiso para faltar tres días** they gave him permission to miss three days
➤ **con permiso** excuse me: **con permiso, ¿puedo pasar?** excuse me, can I get by?

permitir *verbo*
1. **to permit: un plazo más largo nos permite trabajar con tranquilidad** a later deadline permits us to work calmly
2. **to allow: no les permitieron entrar porque el concierto ya había empezado** they didn't allow them to enter because the concert had already started.

pero *conjunción*
1. **but: el modelo de ese vestido es lindo, pero no me gusta el color** the style of that dress is pretty, but I don't like the color
2. **yet: pero ¿yo no te había dado las instrucciones para llegar a mi casa?** yet hadn't I given you directions to get to my house?

el **perro**, la **perra** ■ **dog**.

la **persecución** (*plural* las persecuciones) ■ **pursuit: la persecución del ladrón duró un par de horas** the pursuit of the thief lasted a couple of hours.

perseguir *verbo* ■ **to pursue: la policía persiguió al ladrón durante un par de horas** the police pursued the thief for a couple of hours.

la **persiana** ■ **blind**.

la **persona** ■ **person** (*plural* **people**): **muchas personas son partidarias del reciclaje** many people are in favor of recycling.

el **personaje**
1. **character: el personaje principal de una película es el protagonista** the main character of a film is the protagonist
2. **figure: es un personaje de la política** he's a political figure.

el **personal** ■ **staff: nos ha ido tan bien con este restaurante que ya necesitamos más personal** it's gone so well for us with this restaurant that we already need more staff.

la **personalidad**
1. **personality** (*plural* **personalities**): **tiene una personalidad muy abierta** she has a very open personality
2. **figure: es una personalidad de la política** he's a political figure.

pertenecer *verbo* ■ **to belong: este reloj de bolsillo perteneció a mi abuelo** this pocket watch belonged to my grandfather; **¿todavía perteneces al club de coleccionadores de sellos?** do you still belong to the stamp collectors club?

la **pertenencia** ■ **membership: su pertenencia al club se canceló por falta de pago de la cuota** his membership to the club was cancelled for not paying the dues

las **pertenencias** ■ **possessions: no quiero que toques mis pertenencias** I don't want you to touch my possessions.

pertinente *adjetivo* ■ **appropriate: hay que tomar las medidas pertinentes para proteger a los menores** we have to take the appropriate measures to protect minors.

perturbar *verbo* ■ **to disturb: tu hermano está descansando, no lo perturbes** your brother is resting, don't disturb him.

Perú *sustantivo masculino* ■ **Peru**.

peruano *adjetivo*

En inglés los gentilicios se escriben con mayúscula:

Peruvian

el **peruano,** la **peruana**

En inglés, los adjetivos que se refieren a un país o una región se escriben con mayúscula:

Peruvian: los peruanos the Peruvians.

perverso *adjetivo* ■ **wicked: ese niño perverso metió a un gato en una bolsa con piedras y lo tiró al río** that wicked child put a cat in a bag with rocks and threw it into the river.

la **pesadilla** ■ **nightmare**.

pesado *adjetivo* ■ **heavy: este baúl es muy pesado** this trunk is very heavy; **es mejor evitar comidas pesadas antes de irse a dormir** it's best to avoid heavy foods before going to sleep

el **pesado,** la **pesada** ■ **pain: mi hermano es un pesado** my brother is a pain.

pesar *verbo* ■ **to weigh: el bebé pesa siete kilos** the baby weighs seven kilos; **por favor, ¿me podría pesar esta bolsa de naranjas?** please, could you weigh this bag of oranges for me?; **¿te has pesado?** have you weighed yourself?

la **pescadería** ■ **fish market**.

el **pescado** ■ **fish: el pescado asado es mi plato favorito** grilled fish is my favorite dish.

el **pescador** ■ **fisherman** (*plural* **fishermen**).

la **pescadora** ■ **fisherwoman** (*plural* **fisherwomen**).

pescar *verbo*

1. **to go fishing: salimos a pescar con el abuelo** we went fishing with our grandfather
2. **to catch: en un solo día pescamos 25 truchas** in only one day we caught 25 trout

➤ **¡te pesqué con las manos en la masa!** I caught you red-handed!

la **peseta** ■ **peseta**.

pésimo *adjetivo* ■ **horrible**.

el **peso**

1. **weight: ¿tiene idea del peso de esa valija?** do you have any idea what the weight of that suitcase is?
2. **peso: ¿a cuántos pesos chilenos equivale un peso mexicano?** how many Chilean pesos equal a Mexican peso?

la **pestaña** ■ **eyelash**.

la **peste**

1. **plague: en Europa hubo varias pestes que diezmaron a la población** in Europe there were several plagues that decimated the population
2. **stink: ¡qué peste!** what a stink!

el **pesticida** ■ **pesticide**.

el **pétalo** ■ **petal**.

la **petición** (*plural* **las peticiones**)

1. **request: hicimos una petición al alcalde** we made a request to the mayor

2. **petition: entregaron una petición al patrón** they delivered a petition to the boss.

petizo *adjetivo* ■ **short: mi papá es muy alto y mi mamá es petiza** my dad is very tall and my mom is short.

el **petróleo** ■ **petroleum**.

el **pez** *(plural* los peces*)* ■ **fish** *(plural* **fish***)*: **hay muchos peces en este río** there are many fish in this river

➤ **un pez de colores** a goldfish.

la **pezuña** ■ **hoof** *(plural* **hooves***)*.

el/la **pianista** ■ **pianist**.

el **piano** ■ **piano**.

la **picadura**

1. *de mosquito, serpiente* **bite: te conviene ponerte repelente, para evitar las picaduras de mosquitos** you should put on repellent to avoid mosquito bites
2. *de abeja* **sting: el niño lloraba a causa de una picadura de abeja** the boy was crying because of a bee sting.

picante *adjetivo* ■ **spicy: necesito un poco de agua, este pollo está muy picante para mi gusto** I need a little water, this chicken is too spicy for my taste

el **picante** ■ **spicy food: por razones de salud, no puede comer picantes** for health reasons, he can't eat spicy food.

picar *verbo*

1. **to bite: estaba en el jardín al anochecer y me picaron los mosquitos** I was in the yard at nightfall and the mosquitos bit me; **los peces demoraron varias horas en picar** the fish took several hours to bite
2. **to chop up: para esa sopa, hay que picar las verduras en pedazos chicos** for that soup, you have to chop up the vegetables into small pieces
3. **to sting: me pican los ojos** my eyes are stinging

➤ **ten cuidado, que esta salsa pica mucho** be careful, this salsa is very hot.

la **picazón** *(plural* las picazones*)* ■ **itch: tiene sarampión y eso le provoca una picazón terrible** he has the measles and that gives him a terrible itch.

el **picnic** ■ **picnic**.

el **pico**

1. **beak: la gaviota llevaba en el pico un pez** the seagull was carrying a fish in its beak
2. **peak: quieren llegar al pico del Aconcagua** they want to get to the peak of the Aconcagua.

el **picor** ■ **itch**.

el **pie**

1. **foot** *(plural* **feet***)*: **a los adolescentes les crecen los pies muy rápido** adolescents' feet grow very quickly
2. **base: pusieron flores al pie de la estatua del héroe** they put flowers at the base of the statue of the hero

➤ **a pie** on foot: **como el día estaba lindo, decidimos venir a pie** since it was a nice day, we decided to come on foot.

la **piedad** ■ **mercy**.

la **piedra** ■ **stone**

➤ **una piedra preciosa** a precious stone.

la **piel**

1. **skin: los bebés tienen la piel suave y delicada** babies have soft, delicate skin
2. **leather: la piel se utiliza para fabricar zapatos** leather is used to make shoes
3. **fur: los abrigos de piel han pasado de moda** fur coats have gone out of style.

la **pierna** ■ **leg**.

la **pieza**

1. **piece: acabo de comprar un rompecabezas de 1.000 piezas** I just bought a 1,000 piece puzzle
2. **room: mis dos hermanos comparten una pieza y mi hermana y yo tenemos otra** my two brothers share one room and my sister and I have another

➤ **piezas de recambio** spare parts.

el/la **pijama** ■ **pijamas**.

la **pila**

1. **battery** *(plural* **batteries***)*: **esta radio funciona con electricidad o a pila** this radio works with electricity or with batteries
2. **pile: una pila de libros** a pile of books
3. *Andes, River Plate* **: había una pila de gente a la salida del teatro** there were a lot of people at the theater's exit.

el **pilar** ■ **post**.

la **píldora** ■ **pill**.

la **pileta** *River Plate*

1. **sink: no acumules platos sucios en la pileta** don't pile dirty dishes up in the sink
2. **pool: en mi escuela hay una pileta** there is a pool at my school.

pillo *adjetivo* ■ **naughty**

el **pillo**, la **pilla** ■ **rascal**.

el/la **piloto** ■ **pilot**.

la **pimienta** ■ **pepper**.

el **pimiento** ■ **pepper: hay pimientos de color rojo, verde y amarillo** there are red, green and yellow peppers

➤ **un pimiento morrón** a red pepper.

el **pincel** ■ **paintbrush**.

el **pingüino** ■ **penguin**.

el **pino** ■ **pine tree**.

pintar *verbo* ■ **to paint: le pidieron que pintara un retrato de la familia** they asked him to paint a family portrait; **si quieres ahorrar plata, podemos pintar nosotros mismos la casa** if you want to save money, we can paint the house ourselves

pintarse *verbo pronominal* ■ **to put one's makeup on: sólo me falta pintarme y estoy lista** I just need to put my makeup on and I'll be ready.

el **pintor**, la **pintora** ■ **painter**.

la **pintura**

1. **painting: Irma presentó sus primeras pinturas en una galería de la ciudad** Irma showed her first paintings in a gallery in the city
2. **paint: para pintar toda la casa precisamos muchos tarros de pintura** in order to paint the whole house we need a lot of cans of paint
3. **makeup: no traje mis pinturas, ¿me prestarías delineador negro?** I didn't bring my makeup, would you loan me some black eyeliner?

la **pinza**

1. *para ropa* **clothespin**
2. *para pelo* **bobby pin**
3. **tweezers: con una pinza va a ser más fácil sacarte esa espina** it will be easier to get that thorn out for you with tweezers.

la **piña** ■ **pineapple**.

la **piñata** ■ **pot of candy**

> PIÑATA
>
> In Mexico one of the big attractions at children's parties is the **piñata**, the colorful papier-mâché figure filled with candy, fruit, and small toys. The **piñata** is suspended from a rope and the children line up to take their turn hitting it with a stick while blindfolded, to try to break it open and release its contents. When the **piñata** finally breaks open all the children throw themselves on the contents to get as many treats as possible.

el **piojo** ■ **louse** (*plural* **lice**).

la **pipa** ■ **pipe**.

la **pirámide** ■ **pyramid**

> PIRÁMIDES MAYAS Y AZTECAS
>
> Aztec and Mayan pyramids are found in central and southern Mexico and in the north of Central America. They were built around 3.000 years ago. They have square bases, some have steps, and some are over 110 feet high. They were used as religious temples or astronomical observatories. The most famous pyramids are the ones found at Chichen-Itzá and Teotihuacán in Mexico and Tikal in Guatemala.

pirata *adjetivo* ■ **pirate: el mercado de CDs y videos piratas aumenta día a día** the pirate CD and video market grows daily

el/la **pirata** ■ **pirate**

➤ **un pirata informático** a hacker.

la **pisada**

1. **footstep: lo oigo cuando llega porque sus pisadas son muy fuertes** I hear him when he arrives because his footsteps are very loud

2. **footprint: en la luna ha habido pisadas humanas desde 1969** there have been human footprints on the moon since 1969.

pisar *verbo* ■ **to step in: mira bien por dónde caminas, no pises los charcos** watch carefully where you walk, don't step in the puddles.

la **piscina** ■ **swimming pool**.

el **piso** ■ **floor: el piso está muy estropeado** the floor is badly damaged.

la **pista**

1. **trail: la policía está atrás de la pista del asesino** the police are on the trail of the murderer
2. **clue: te voy a dar una pista para ayudarte a encontrar el tesoro escondido** I'm going to give you a clue to help you find the hidden treasure

➤ **la pista de aterrizaje** the runway
➤ **la pista de atletismo** the running track
➤ **la pista de baile** the dancefloor
➤ **la pista de patinaje** the skating rink.

la **pistola** ■ **pistol**.

la **pizarra** ■ **blackboard**.

el **pizarrón** *(plural* los pizarrones*)* ■ **blackboard**.

la **pizca** ■ **pinch: creo que le falta algo, agrégale una pizca de sal** I think that it's lacking something, add a pinch of salt to it.

la **placa**

1. **plate: desde que se fracturó el cráneo, lleva una placa de metal en la cabeza** since he fractured his skull, he has a metal plate in his head
2. **plaque: le entregamos una placa al director, agradeciéndole por su labor** we gave a plaque to the director, thanking him for his work

➤ **la placa dental** plaque.

placentero *adjetivo* ■ **pleasant**.

el **placer** ■ **pleasure**.

la **plaga** ■ **plague**.

el **plan** ■ **plan: no tenemos planes para mañana** we don't have any plans for tomorrow.

la **plana** ■ **page: vi tu foto en primera plana** I saw your photo on the front page.

la **plancha**

1. **sheet: compró dos planchas de metal para reforzar la caseta del perro** he bought two sheets of metal to reinforce the doghouse
2. **iron: antes las planchas se calentaban con brasas, ahora son eléctricas** in the past irons were heated with hot coals, now they're electric

➤ **a la plancha** grilled: **tráigame un bistec a la plancha, por favor** bring me a grilled steak, please.

planchar *verbo*

1. **to do the ironing: detesto planchar** I hate to do the ironing
2. **to iron: ¿quién me va a planchar estas camisas?** who is going to iron these shirts for me?

la **planeación** ■ *Mexico* **planning: la planeación de la fiesta está a cargo de mamá** the party planning is up to Mom.

planear *verbo* ■ **to plan: estamos planeando una gran fiesta para fin de año** we're planning a big party for the end of the year.

el **planeta** ■ **planet**.

el **plano**

1. **plan: el arquitecto presentó los planos de la casa** the architect presented the house plans
2. **map: ¿tienes un plano de la ciudad?** do you have a map of the city?

plano *adjetivo* ■ **flat**.

la **planta**

1. **plant: tiene muchas plantas que la casa parece una selva en miniatura** she has so many plants that her house looks like a miniature jungle; **hay varias plantas industriales en las afueras del pueblo** there are several industrial plants on the outskirts of town
2. **sole: no me gusta andar descalza porque me da miedo clavarme algo en la planta de un pie** I don't like to go barefoot because I'm afraid of something sticking me in the sole of my foot

3. **floor: el edificio donde trabajo tiene cuatro plantas** the building where I work has four floors
➤ **la planta baja** the first floor.

la **plantación** *(plural* las plantaciones*)* ■ **plantation: en América Central hay grandes plantaciones de banano** in Central America there are large banana plantations.

plantar *verbo* ■ **to plant**.

el **plástico** ■ **plastic: muchos artículos que antes eran de vidrio hoy son de plástico** many things that used to be made of glass are made of plastic nowadays.

la **plata**
1. **silver: una mina de plata** a silver mine
2. *Caribbean, Central America, South America* **money: hay que pagar el almuerzo, ¿trajiste plata?** we have to pay for lunch, did you bring money?

la **plataforma**
1. **stage: el presidente se dirigió al público desde una plataforma** the president addressed the public from a stage
2. *River Plate* **platform: los pasajeros estaban en la plataforma esperando el tren** the passengers were on the platform waiting for the train
➤ **una plataforma petrolera** an oil rig.

el **plátano** ■ **banana**.

la **plática** ■ *Mexico* **chat**.

platicar *verbo* ■ *Mexico* **to chat**.

el **plato**
1. **plate: hay que poner cinco platos en la mesa** we have to put five plates on the table
2. **course: de segundo plato había pescado al horno** for the second course there was baked fish
3. **dish: su especialidad son los platos peruanos** his specialty is Peruvian dishes
➤ **el plato del día** the special of the day.

la **playa** ■ **beach: en esta playa hay que tener cuidado porque las olas son muy grandes** you have to be careful because the waves are very big on this beach; **el verano pasado fuimos al campo, este verano nos vamos a la playa** last summer we went to the country, this summer we're going to the beach.

la **plaza**
1. **square: la abuela lleva a los nietos a la plaza todas las tardes** the grandmother takes her grandchildren to the square every afternoon
2. **bullring: fuimos a la plaza porque se presentó el torero preferido de mi padre** we went to the bullring because my father's favorite bullfighter was fighting.

el **pleito**
1. **lawsuit: al final ganó el pleito** in the end she won the lawsuit
2. **argument: ya estoy cansada de estos pleitos, no puede ser que dos hermanos se lleven tan mal** I'm tired of these arguments, it's not possible that two brothers get along so badly.

pleno *adjetivo*
1. **full: me siento plena de energía** I feel full of energy
2. **middle: en plena actuación, el actor tropezó y se cayó** in the middle of the performance, the actor tripped and fell.

el **plomo** ■ **lead**.

la **pluma**
1. **feather: este bebé es más ligero que una pluma** this baby is lighter than a feather
2. *Mexico* **pen: ¿me prestas una pluma para escribir una carta?** will you loan me a pen to write a letter?

el **plumaje** ■ **feathers**.

el **plural** ■ **plural**.

la **población** *(plural* las poblaciones*)* ■ **population: la población de Uruguay es poco más de tres millones** the population of Uruguay is little more than three million.

el **poblado** ■ **town**.

poblar *verbo*
1. **to inhabit: cuando los españoles colonizaron América, los aztecas poblaban lo que hoy es México** when the Spanish colonized America, the Aztecs inhabited what is today Mexico

2. **to populate: a lo largo de los siglos, diferentes olas de inmigrantes poblaron América** through the centuries, different waves of immigrants populated America

poblarse *verbo pronominal* ■ **to become filled with: con la llegada de la primavera, los campos se poblaron de flores** with the arrival of spring, the fields became filled with flowers.

pobre *adjetivo* ■ **poor: vivíamos en un barrio pobre** we used to live in a poor area; **el pobre perro tiene frío, hay que hacerlo entrar** the poor dog is cold, you have to make him come in.

la **pobreza** ■ **poverty**.

poco *pronombre, adverbio & adjetivo*

1. **little: ¿quieres flan? queda un poco** do you want some custard? there's a little left; **estás cansada porque anoche dormiste muy poco** you're tired because you slept very little last night; **me queda muy poca plata, no va a ser suficiente** I have very little money left, it's not going to be enough
2. **too few: compramos pocas manzanas, vamos a tener que volver y comprar más** we bought too few apples, we're going to have to go back and buy more.

poder *verbo*

1. **can: ¿puedo llevarme este libro? — sí, claro** can I take this book? — yes, of course
2. **to be able to: mañana no voy a poder encontrarme contigo** tomorrow I'm not going to be able to meet you

➤ **puede ser** it's possible: **¿te parece que va a aceptar el ofrecimiento? — puede ser** do you think he'll accept the offer? — it's possible

el **poder** ■ **power: no me interesa el poder, sino el bienestar de mi pueblo** power doesn't interest me, but rather the well-being of my people

➤ **poder legislativo** legislative power.

poderoso *adjetivo* ■ **powerful**.

podrido *adjetivo* ■ **rotten: había un fuerte olor a fruta podrida** there was a strong smell of rotten fruit.

el **poema** ■ poem.

la **poesía**

1. **poetry: se me hace muy difícil leer poesía** I find it very difficult to read poetry
2. **poem: Laura leyó sus poesías en la fiesta de la escuela** Laura read her poems at the school party.

el/la **poeta** ■ **poet**.

el **policía** ■ **policeman** *(plural* **policemen***)*

la **policía**

1. **police: pensamos que había entrado un ladrón y por eso llamamos a la policía** we thought that a thief had broken in and that's why we called the police
2. **policewoman** *(plural* **policewomen***)*: **es policía** she's a policewoman.

político *adjetivo*

1. **political: un partido político** a political party
2. **by marriage: la esposa de mi tío es mi tía política** my uncle's wife is my aunt by marriage

el **político**, la **política** ■ **politician**.

la **pollera** ■ *Andes, River Plate* **skirt**.

el **pollo** ■ **chicken**.

el **polo** ■ **pole**.

la **polución** ■ **pollution**.

el **polvo** ■ **dust: hay que limpiar aquí porque está lleno de polvo** you have to clean here because it's covered in dust.

la **pólvora** ■ **gunpowder**.

la **pomada** ■ **ointment**.

el **pomelo** ■ **grapefruit** *(plural* **grapefruit***)*.

el **pomo**

1. **handle: el pomo de esta puerta está pegajoso** this door's handle is sticky
2. **tube: ¿podrías comprar tres pomos de pasta de dientes?** could you buy three tubes of toothpaste?

la **pompa** ■ **bubble: pompas de jabón** soap bubbles.

el **pómulo** ■ **cheekbone**.

el **poncho** ■ poncho.

poner *verbo*
1. **to put: puse la silla cerca de la ventana para tener más luz** I put the chair close to the window to have more light
2. **to set: hay que poner la mesa para la cena** we have to set the table for dinner
3. **to give: ¿qué nombre le van a poner al bebé?** what name are they going to give the baby?

ponerse *verbo pronominal*
1. **to put on: hace mucho frío, es mejor que te pongas algo más abrigado** it's very cold, it's best that you put on something warmer
2. **to set: el sol se pone por el oeste** the sun sets in the west.

la **ponzoña** ■ **poison**.

ponzoñoso *adjetivo* ■ **poisonous**.

el **popote** *Mexico* ■ **drinking straw**.

popular *adjetivo*
1. **popular: es un cantante muy popular** he's a very popular singer
2. **folk: estudia la cultura popular** he studies folk culture.

la **popularidad** ■ **popularity: su popularidad ha aumentado en los últimos años** his popularity has increased in the last few years.

por *preposición*
1. **through: viajamos por varios países** we traveled through several countries
2. **because of: cerraron el aeropuerto por mal tiempo** they closed the airport because of bad weather
3. **times: cinco por cinco es igual a veinticinco** five times five equals twenty-five
4. **per: el límite de velocidad aquí es 100 kilómetros por hora** the speed limit here is 100 kilometers per hour
5. **in: el recorrido es muy largo, hay que hacerlo por etapas** the journey is very long, we have to do it in stages
6. **at: a las cinco paso a buscarte por tu casa** at five o'clock I'll come pick you up at your house

➤ **por mí** as far as I'm concerned
➤ **¿por qué?** why?

la **porción** (*plural* las porciones) ■ **portion: estos ingredientes alcanzan para preparar ocho porciones** these ingredients will go far enough to make eight portions.

el **poro**
1. **pore: la piel respira por los poros** skin breathes through the pores
2. **leek: mi tarta favorita es la de poros** my favorite kind of tart is leek.

porque *conjunción* ■ **because: no vino porque estaba enfermo** he didn't come because he was sick.

el **porqué** ■ **reason: quiero saber el porqué de este escándalo** I want to know the reason for this commotion.

la **porquería**
1. **junk: estos zapatos son una porquería** these shoes are junk
2. *Mexico* **filth: vive en la porquería** he lives in filth.

portátil *adjetivo* ■ **portable**.

el **portazo**
➤ **dio un portazo** he slammed the door
➤ **la puerta se cerró de un portazo** the door slammed shut
➤ **desde aquí oí el portazo** I heard the door slam from here.

la **portería**
1. **porter's office: lo dejé en la portería** I left it in the porter's office
2. **goal: un saque de portería** a goal kick.

el **portero**, la **portera**
1. **goalkeeper: el portero atajó el balón** the goalkeeper intercepted the ball
2. **porter: dejé las llaves con el portero** I left the keys with the porter
➤ **el portero eléctrico** the entryphone.

portorriqueño *adjetivo*

En inglés, los adjetivos que se refieren a un país o una región se escriben con mayúscula:

Puerto Rican

el **portorriqueño,** la **portorriqueña**

En inglés, los gentilicios se escriben con mayúscula:

Puerto Rican: los portorriqueños the Puerto Ricans.

portugués (*plural* portugueses) *adjetivo*

En inglés, los adjetivos que se refieren a un país o una región se escriben con mayúscula:

Portuguese

el **portugués,** la **portuguesa**

En inglés, los gentilicios se escriben con mayúscula:

Portuguese

➤ **los portugueses** the Portuguese.

el **portugués** ■ **Portuguese.**

En inglés, los idiomas se escriben con mayúscula.

la **posada**

1. **inn**
2. *Mexican Christmas party*

POSADA

A **posada** is a traditional Mexican Christmas party that takes place on one of the nine days before Christmas. At the start of the party, some of the guests go outside to represent Mary and Joseph, and sing a song asking for a room for the night. The guests inside sing the response, inviting them in and the party begins.

la **posibilidad**

1. **possibility** (*plural* **possibilities**)**: no había pensado en esa posibilidad** I hadn't thought about that possibility
2. **chance: eso le da la posibilidad de ir a la universidad** that gives him the chance to go to college

➤ **tener posibilidades de algo** to have a good chance of something: **tiene muchas posibilidades de llegar a la final** he has a good chance of making it to the finals.

posible *adjetivo* ■ **possible: lo siento, pero no es posible** I'm sorry, but it's not possible

➤ **¿es posible cambiar los boletos?** is it possible to change the tickets?

➤ **es posible que se haya perdido** it's possible that he got lost

➤ **vamos a hacer todo lo posible** we're going to do everything possible

➤ **lo más pronto posible** as soon as possible.

la **posición** (*plural* las posiciones) ■ **position: hay que mantenerlo en posición vertical** we have to keep it in a vertical position

➤ **se clasificó en segunda posición** he won second place.

positivo *adjetivo* ■ **positive**

➤ **el análisis dio positivo** the test was positive.

posponer *verbo* ■ **to postpone.**

la **postal** ■ **post card.**

el **poste**

1. **post: el balón dio en el poste derecho del arco** the ball hit the right goal post
2. **pole: un poste telegráfico** a telegraph pole.

el **póster** (*plural* los pósters) ■ **poster.**

postizo *adjetivo* ■ **fake.**

el **postre** ■ **dessert: ¿qué hay de postre?** what is there for dessert?

la **postura** ■ **position**

➤ **tienen dos posturas y ya se rompieron** they've been worn twice and they already broke.

potable *adjetivo*

➤ **agua potable** drinking water.

la **potencia** ■ **power: un motor de mucha potencia** a high power motor

➤ **en potencia** in the making: **es un gran músico en potencia** he's a great musician in the making.

potente *adjetivo* ■ **powerful.**

el **pozo** ■ **well: un pozo de petróleo** an oil well.

la **práctica** ■ **practice: está fuera de práctica** he's out of practice
➤ **en la práctica** in practice: **en la práctica la gente confunde esas dos palabras** in practice people confuse those two words
➤ **poner algo en práctica** to put something into practice: **puso su idea en práctica** he put his idea into practice.

practicar *verbo* ■ **to practice: necesitas practicar más tu inglés** you need to practice your English more
➤ **¿practicas algún deporte?** do you play a sport?

práctico *adjetivo* ■ **practical: es una persona muy práctica** he's a very practical person.

la **precaución** (*plural* las precauciones) ■ **foresight: tuvo la precaución de dejarlo desenchufado** he had the foresight to leave it unplugged
➤ **tomar precauciones** to take precautions: **hay que tomar precauciones cuando tomamos el sol** we have to take precautions when we sunbathe.

precavido *adjetivo* ■ **well-prepared: como persona precavida, trajo el paraguas** like a well-prepared person, she brought the umbrella.

el **precio** ■ **price: van a subir los precios otra vez** prices are going to go up again
➤ **¿qué precio tienen?** how much are they?

la **preciosidad**
➤ **los jardines son una preciosidad** the gardens are lovely
➤ **¡qué preciosidad de niña!** what a lovely girl!

precioso *adjetivo* ■ **beautiful**.

el **precipicio** ■ **cliff: cayó por un precipicio** he fell off a cliff.

precipitarse *verbo pronominal*
➤ **no se precipiten y elijan con calma** don't rush and choose carefully
➤ **parece que me precipité al juzgarlo** it seems that I was hasty in judging him.

preciso *adjetivo*
1. **precise: me dio indicaciones precisas de cómo llegar** he gave me precise directions for how to get there
2. **accurate: un instrumento muy preciso** a very accurate instrument
➤ **si es preciso, pide ayuda** if necessary, ask for help
➤ **no es preciso que te lo aprendas de memoria** it's not necessary for you to memorize it.

predecir *verbo* ■ **to predict**.

predicar *verbo* ■ **to preach**.

preescolar *adjetivo* ■ **preschool**.

la **preferencia**
1. **preference: dan preferencia a los estudiantes con mejores notas** they give preference to the students with better grades
2. **right of way: tienen preferencia los que vienen por la derecha** the ones that come from the right have the right of way
➤ **tiene preferencia por los colores brillantes** she prefers bright colors
➤ **de preferencia** preferably: **el martes, de preferencia en la mañana** Tuesday, preferably in the morning.

preferir *verbo* ■ **to prefer: prefiere estudiar solo en su casa** he prefers to study alone in his house
➤ **prefiero no saber** I'd rather not know.

el **prefijo** ■ **prefix**.

la **pregunta** ■ **question: no contestó mi pregunta** he didn't answer my question
➤ **me hicieron varias preguntas** they asked me several questions.

preguntar *verbo* ■ **to ask: pregúntale a la profesora** ask the teacher
➤ **preguntarle algo a alguien** to ask somebody something: **le pregunté la hora** I asked him what time it was
➤ **cuando llegues allá, pregunta por Ana** when you get there, ask for Ana
➤ **siempre pregunta por él para saber cómo está** she always asks about him to know how he is.

el **prejuicio** ■ **prejudice**
➤ **tener prejuicios** to be prejudiced: **no tiene prejuicios contra nadie** he's not prejudiced toward anybody
➤ **prejuicios raciales** racial prejudices.

premiar *verbo*
1. **to give an award to: premiaron al mejor alumno** they gave an award to the best student
2. **to reward: hay que premiar el esfuerzo** we have to reward the effort.

el **premio**
1. **prize: se ganó el primer premio** he won the first prize; **le dieron el Premio Nobel** they gave him the Nobel Prize
2. **reward: en premio a su buen trabajo** in reward for his good work.

la **prenda**
➤ **prenda de vestir** garment
➤ **prendas de lana** woolen garments.

prender *verbo*
1. **to light: prendió un cigarrillo** he lit a cigarette
2. **to turn on: prende el televisor** turn on the television; **prendió la luz** he turned the light on
➤ **este carbón no prende** this coal won't light
➤ **prenderle fuego a algo** to set fire to something
➤ **la luces de la calle se prenden al atardecer** the streetlights come on at dusk.

la **prensa** ■ **press: la prensa nacional** the national press
➤ **lo leí en la prensa de hoy** I read it in today's news.

la **preocupación** (*plural* las preocupaciones)
1. **worry** (*plural* **worries**): **tienen muchas preocupaciones** they have a lot of worries
2. **concern: es un motivo de preocupación para sus padres** it's a cause for concern for his parents.

preocupar *verbo* ■ **to worry: no preocupes a tus padres** don't worry your parents; **me preocupa mucho el examen de mañana** tomorrow's exam worries me a lot

preocuparse *verbo pronominal* ■ **to worry: no se preocupen** don't worry
➤ **preocuparse por algo** to worry about something: **mi mamá se preocupa por todo** my mom worries about everything
➤ **se preocupa mucho si no llamo** she gets very worried if I don't call.

la **preparación** ■ **preparation: la preparación de los informes lleva tiempo** the reports' preparation takes time
➤ **le falta preparación** he lacks training.

preparar *verbo*
1. **to prepare for: el profesor no preparó la clase** the professor didn't prepare for class
2. **to prepare: nos están preparando para el examen de admisión** they're preparing us for the entrance exam
3. **to make: prepara unos postres exquisitos** he makes exquisite desserts; **voy a preparar el té** I'm going to make tea

prepararse *verbo pronominal*
1. **to get ready: se preparó para salir** he got ready to leave
2. **to prepare: tienen que prepararse para el examen** they have to prepare for the exam
3. **to train: se están preparando para la maratón** they're training for the marathon
➤ **prepárate para una gran sorpresa** prepare yourself for a big surprise.

los **preparativos** ■ **preparations**.

la **preposición** (*plural* las preposiciones) ■ **preposition**.

la **preparatoria** ■ *Mexico* **senior high school**.

la **presa**
1. **dam: van a construir una presa** they're going to build a dam
2. **prey: tiburones en busca de una presa** sharks in search of prey.

la **presencia** ■ **presence: lo hizo en mi presencia** he did it in my presence.

la **presentación** *(plural* las presentaciones*)* ■ **presentation: me puso una nota por la presentación** he gave me a grade for the presentation
➤ **hacer las presentaciones** to make the introductions: **mi papá se encargó de hacer las presentaciones** my father took care of making the introductions.

el **presentador**
1. **host: el nuevo presentador del programa** the new host of the program
2. **presenter: el presentador del noticiero de las seis** the presenter of the six o'clock news.

la **presentadora**
1. **hostess: la nueva presentadora del programa** the new program hostess
2. **presenter: la presentadora del noticiero de las seis** the presenter of the six o'clock news.

presentar *verbo*
1. **to introduce: me presentó a su hermana** he introduced me to his sister
2. **to hand in: no ha presentado el trabajo** he hasn't handed in his paper; **el inspector presentó su renuncia** the inspector handed in his resignation
3. **to host: presenta el programa de los martes** he hosts the Tuesday program
4. **to launch: va a presentar su nuevo disco** he's going to launch his new album
➤ **te presento a mi hermano** this is my brother

presentarse *verbo pronominal*
1. **to turn up: se presentó tarde y sin las tareas** he turned up late and without his homework
2. **to introduce oneself: se presentó como el nuevo director** he introduced himself as the new director
➤ **no se presentó al examen** he didn't take the exam.

presente *adjetivo* ■ **present: había sólo tres alumnos presentes** there were only three students present; **en las presentes circunstancias** in present circumstances
➤ **tener algo presente** to remember something
➤ **tenía tan presente traerlo y se me olvidó** I had remembered that I was supposed to bring it, but then I forgot it
➤ **¡presente!** here!

el **presente** ■ **el director se dirigió a los presentes** the director addressed those present.

el **presidente,** la **presidenta**
1. *de un país, una empresa* **president: el Presidente de la República** the President of the Republic
2. *de una asociación, un jurado* **chairperson: el presidente del club de fútbol** the chairperson of the soccer club.

la **presión** *(plural* las presiones*)* ■ **pressure**
➤ **tiene la presión alta** he has high blood pressure.

preso *adjetivo*
➤ **está preso** he's in jail
➤ **se los llevaron presos** they arrested them

el **preso,** la **presa** ■ **prisoner**.

el **préstamo** ■ **loan: pidió un préstamo** he asked for a loan.

prestar *verbo* ■ **to lend: un amigo me prestó su bicicleta** a friend lent me his bicycle
➤ **¿me prestas los patines?** can I borrow the skates?
➤ **prestar atención** to pay attention: **presta más atención a lo que dice la profesora** pay more attention to what the professor says.

el **prestigio** ■ **prestige: el prestigio del primer ministro está cayendo** the prime minister's prestige is falling
➤ **de prestigio** prestigious.

presumido *adjetivo* ■ **vain**.

presumir *verbo* ■ **to show off: lo hace sólo para presumir** he only does it to show off
➤ **Tito presume de inteligente** Tito thinks he's really intelligent.

pretender *verbo*

1. **to try to achieve: no sé lo que pretenden con eso** I don't know what they're trying to achieve with that
2. **to intend: pretenden hacernos estudiar más** they intend to make us study more
3. **to expect: no pretenderán que me estudie todo esto** they won't expect me to study all this; **¿pretendes que yo te crea?** do you expect me to believe you?

> ⚠ The Spanish word **pretender** is a false cognate: it does not mean "pretend".

la **prevención** ■ **prevention: la prevención de accidentes** accident prevention.

prevenir *verbo*

1. **to prevent: ayuda a prevenir los resfriados** it helps to prevent colds
2. **to warn: me previnieron lo que podría pasar** they warned me what could happen

➤ **más vale prevenir que curar** prevention is better than cure.

prever *verbo*

1. **to anticipate: nadie lo había previsto** nobody had anticipated it
2. **to plan: prevén finalizar las obras este año** they plan to finish the repairs this year

➤ **prevén un aumento de las temperaturas a nivel mundial** they foresee an increase in temperatures worldwide.

previo *adjetivo* ■ **previous: no es necesario tener experiencia previa** it's not necessary to have previous experience

➤ **sin previo aviso** without warning: **llegó sin previo aviso** he arrived without warning.

previsto *(adjetivo & verb part)*

■ *adjetivo*

➤ **un cambio que no estaba previsto** an unanticipated change

➤ **resultó tal como estaba previsto** it came out as expected

➤ **la salida está prevista a las dos** the departure is planned for two o'clock

➤ **no tenía previsto gastar tanto** he didn't plan to spend so much

➤ **tiene prevista la llegada a las dos** she's due in at two o'clock

■ *verbo*

➤ prever.

prieto *adjetivo*

1. *Mexico informal* **dark: su hermano es tan prieto como ella** her brother is as dark as her
2. **tan: ¡que prieta estás! ¿estuviste en la playa?** how tan you look! were you at the beach?

la **primaria** ■ **elementary school: este año termina la primaria** this year he finishes elementary school.

la **primavera** ■ **spring: en primavera** in spring.

primer *adjetivo* ■

> Shortened form of **primero** used before masculine singular nouns.

primero *adjetivo & pronombre* ■ **first: en la primera página** on the first page; **el primer mes del año** the first month of the year

➤ **en primer lugar, nos dio a todos las gracias** first, he thanked all of us

➤ **se sienta en la primera fila** he sits in the first row

➤ **quiere ser la primera de la clase** she wants to be at the top of the class

➤ **fue el primero en terminar** he was the first one to finish

➤ **a primera hora de la mañana** first thing in the morning

➤ **el primer ministro** the prime minister

➤ **el primero de enero** the first of January

➤ **primeros auxilios** first aid.

primitivo *adjetivo* ■ **primitive**.

el **primo**, la **prima** ■ **cousin**

➤ **son primas hermanas** they are first cousins.

la **princesa** ■ **princess**.

principal *adjetivo* ■ **main: una de las principales causas de accidentes** one of the main causes of accidents

➤ **lo principal es ser honesto** the main thing is to be honest.

el **príncipe** ■ **prince**.

el/la **principiante** ■ **beginner**.

el **principio**
1. **beginning: el principio de la película es muy original** the beginning of the movie is very original
2. **principle: se basa en un principio moral** it's based on a moral principle; **no tiene principios** he doesn't have principles

➤ **al principio** at first: **al principio dijo que no** at first he said no
➤ **en principio** in principle: **en principio, parecía bueno** in principle, it seemed good
➤ **desde un principio no me gustó** I didn't like him from the start
➤ **a principios de mes** at the beginning of the month.

la **prisa** ■ **hurry: ¿a qué tanta prisa?** what's the hurry?
➤ **darse prisa** to hurry up: **¡date prisa!** hurry up!
➤ **correr prisa** to be urgent: **esto corre prisa** this is urgent
➤ **tener prisa** to be in a hurry.

los **prismáticos** ■ **binoculars**.

privado *adjetivo* ■ **private: un colegio privado** a private school; **su vida privada** his private life
➤ **en privado** privately: **lo celebraron en privado** they celebrated it privately.

el **privilegio** ■ **privilege: es un gran privilegio** it's a great privilege.

la **probabilidad** ■ **probability** *(plural* **probabilities***)*
➤ **no tiene ninguna probabilidad de ganar** he doesn't have any chance of winning
➤ **¿cuáles son las probabilidades?** what are the chances?
➤ **si no estudian hay menos probabilidades de que aprueben** if you don't study there's less chance that you'll pass.

probable *adjetivo* ■ **likely: tal vez se perdieron — es muy probable** maybe they got lost — it's very likely
➤ **me parece muy poco probable** it seems very unlikely to me
➤ **es probable que se haya olvidado** it's likely that he forgot.

el **probador** ■ **fitting room**.

probar *verbo*
1. **to prove: puedo probar que miente** I can prove that he's lying
2. **to test: están probando una nueva vacuna** they're testing a new vaccine
3. **to taste: pruébala por si le falta aliño** taste it and see if it needs seasoning
4. **to try: prueba esto, que te va a gustar** try this, you'll like it

➤ **prueba hacerlo tú mismo** try to do it yourself
➤ **me probé varias tallas** I tried on several sizes.

el **problema** ■ **problem: nunca pude resolver el problema** I never managed to solve the problem
➤ **tiene muchos problemas** he has many problems
➤ **está viejo y ya empieza a darme problemas** it's old and it's now beginning to give me trouble
➤ **siempre se está metiendo en problemas** he's always getting into trouble
➤ **tiene problemas del corazón** he has heart problems.

el **procesador** ■ **processor**
➤ **un procesador de palabras** word processor
➤ **un procesador de textos** word processor.

el **proceso** ■ **process: el proceso de paz** the peace process.

la **producción** *(plural* **las producciones***)* ■ **production**.

producir *verbo*
1. **to produce: la región produce café** the region produces coffee
2. **to cause: el accidente produjo un gran atasco** the accident caused a major traffic jam

➤ **el polen me produce alergia** pollen gives me allergies.

el **producto** ■ **product: un producto manufacturado** a manufactured product
➤ **productos alimenticios** foodstuffs.

la **profesión** *(plural* las profesiones*)* ■ **profession**.

profesional *adjetivo* ■ **professional**

el/la **profesional** ■ **professional**.

el/la **profesionista** ■ *Mexico* **professional**.

el **profesor**, la **profesora**
1. **teacher: la profesora de inglés** the English teacher
2. **instructor: la profesora de natación** the swimming instructor; **el profesor de manejo** the driving instructor

➤ **es profesor universitario** he's a university professor.

la **profundidad** ■ **depth: a una profundidad de tres metros** at a depth of three meters
➤ **tiene tres metros de profundidad** it's three meters deep
➤ **en profundidad** in depth: **lo estudié en profundidad** I studied it in depth.

profundo *adjetivo* ■ **deep: la parte más profunda de la piscina** the deepest part of the swimming pool
➤ **un pozo poco profundo** a shallow well.

el **programa** ■ **program: un programa informático** a computer program
➤ **el programa de estudios** the syllabus
➤ **no tengo programa para este fin de semana** I don't have plans for this weekend.

el **programador**, la **programadora** ■ **programmer**.

programar *verbo*
1. **to program: por no saber programar el video me perdí el concierto** as I didn't know how to program the video recorder, I missed the concert
2. **to plan: no he programado nada para el sábado** I haven't planned anything for Saturday.

progresar *verbo* ■ **to make progress: ha progresado mucho en los estudios** he's made a lot of progress in his studies.

el **progreso** ■ **progress: el progreso de la ciencia** scientific progress; **ha hecho progresos en inglés** she's made progress in English.

prohibido *adjetivo* ■ **forbidden: eso está absolutamente prohibido** that is absolutely forbidden
➤ **prohibido fumar** no smoking
➤ **prohibida la entrada** no entry
➤ **un medicamento prohibido en ese país** a drug banned in that country.

prohibir *verbo*
1. **to ban: le prohibieron usar el celular en la clase** they banned him from using his cell phone in class
2. **to prohibit: han prohibido toda publicidad al tabaco** they've prohibited all tobacco advertising

➤ **le prohibieron los alimentos grasos** they forbade him from eating fatty foods.

prolongar *verbo* ■ **to extend: van a prolongar sus vacaciones** they're going to extend their vacations.

el **promedio** ■ **average: duerme un promedio de siete horas** he sleeps an average of seven hours
➤ **este año he tenido un buen promedio en los estudios** this year I've had a good grade point average
➤ **en promedio, estudia muy poco** on average, he studies very little.

la **promesa** ■ **promise: siempre cumple sus promesas** she always keeps her promises.

prometer *verbo* ■ **to promise: pero si tú prometiste llevarnos al cine** but you promised to take us to the movies
➤ **prometió estudiar más** he promised to study more
➤ **¿me lo prometes?** do you promise?

el **pronombre** ■ **pronoun**.

el **pronóstico** ■ **forecast: el pronóstico del tiempo** the weather forecast.

pronto *adverbio* ■ **soon: va a volver pronto** he's going to return soon

➤ **¡hasta pronto!** see you soon!
➤ **lo más pronto posible** as soon as possible
➤ **tan pronto como** as soon as: **llámame tan pronto como llegues** call me as soon as you arrive
➤ **de pronto oímos un grito** all of a sudden we heard a scream.

pronunciar *verbo*
1. **to pronounce: ¿cómo pronuncian la letra z en España?** how do they pronounce the letter z in Spain?
2. **to make: el director pronunció un discurso** the director made a speech.

la **propaganda** ■ **advertising: hay mucha propaganda en la televisión** there's a lot of advertising on television
➤ **hacerle propaganda a algo** to advertise something: **le hacen mucha propaganda a ese producto** they're advertising that product a lot.

la **propiedad** ■ **property** (*plural* **properties**).

el **propietario,** la **propietaria** ■ **owner**.

la **propina** ■ **tip: ¿dejaste propina?** did you leave a tip?
➤ **le di propina la taxista** I tipped the taxi driver
➤ **¿cuánto le diste de propina?** how much did you tip him?

propio *adjetivo*
1. **own: tengo mi propia computadora** I have my own computer
2. **himself (herself): el propio director me lo dijo** the director himself told me
➤ **es muy propio de la gente de esa edad** it's very typical of people of that age.

proponer *verbo*
1. **to suggest: propuso ir al cine** he suggested going to the movies; **propongo que nos vayamos** I suggest that we leave
2. **to nominate: lo propusieron para el premio** they nominated him for the award
➤ **le propuso matrimonio** he proposed to her
➤ **me propongo escribirles más seguido** I plan to write you more often
➤ **quiere proponerte algo** he wants to propose something to you.

la **proporción** (*plural* las **proporciones**) ■ **proportion: la cabeza es muy chica en proporción al cuerpo** the head is too small in proportion to the body
➤ **la proporción es dos por uno** the ratio is two to one.

el **propósito** ■ **purpose: su único propósito es ganar** his only purpose is to win
➤ **sus propósitos son buenos** his intentions are good
➤ **creo que lo hizo a propósito** I think he did it on purpose
➤ **a propósito, si lo ves dile que me llame** by the way, if you see him tell him to call me.

la **propuesta** ■ **proposal**.

próspero *adjetivo* ■ **prosperous**
➤ **les deseamos un próspero Año Nuevo** we wish you a Happy New Year.

el/la **protagonista** ■ **main character: el protagonista muere al final** the main character dies at the end.

la **protección** ■ **protection**.

proteger *verbo* ■ **to protect: la sombrilla nos protege del sol** the sunshade is protecting us from the sun
➤ **ropa para protegerse del frío** clothes to shield oneself from the cold.

la **proteína** ■ **protein**.

la **protesta** ■ **protest: se unieron a la protesta** they joined the protest
➤ **una manifestación de protesta** a protest demonstration.

protestar *verbo*
1. **to complain: lo único que hace es protestar** the only thing he does is complain; **déjense de protestar por todo y a trabajar** quit complaining about everything and get to work
2. **to protest: protestan por la subida de los precios** they're protesting the increase in prices.

el **provecho**
➤ **sacar provecho de algo** to benefit from something: **no sacó ningún provecho de su estadía en Europa** he didn't benefit at all from his stay in Europe
➤ **¡buen provecho!** have a nice meal!

el **proverbio** ■ **proverb**.

la **provincia** ■ **province**.

provisional *adjetivo* ■ **provisional**.

provisorio *adjetivo* ■ **provisional**.

provocar *verbo*
1. **to provoke: déjate de provocar a tu hermano** stop provoking your brother
2. **to cause: las inundaciones han provocado el cierre de varios caminos** the floods have caused the closing of several roads
➤ **no saben lo que provocó el incendio** they don't know what started the fire.

próximo *(adjetivo & pronombre)* **next: el próximo lunes tengo una prueba** next Monday I have a test; **invítalo la próxima vez que lo veas** invite him next time you see him
➤ **tome la próxima a la izquierda** take the next left.

proyectar *verbo*
1. **to plan: están proyectando viajar a Europa** they're planning to travel to Europe
2. **to show: nos proyectaron una película** they showed us a film
3. **to cast: la casa proyecta su sombra en parte del jardín** the house casts its shadow on part of the yard.

el **proyecto**
1. **plan: están haciendo proyectos para las vacaciones** they're making vacation plans
2. **project: trabaja en un proyecto desarrollo** he works on a development project
➤ **un proyecto de ley** a bill.

el **proyector** ■ **projector**.

prudente *adjetivo* ■ **sensible: tienes que ser más prudente** you have to be more sensible
➤ **lo más prudente es no decir nada** the wisest thing is not to say anything.

prueba, pruebas *verbo* ➤ probar.

la **prueba**
1. **proof: es prueba de que lo puede hacer** it's proof that he can do it
2. **test: tengo dos pruebas esta semana** I have two tests this week; **le hicieron una prueba de aptitud** they gave him an aptitude test
3. **event: las pruebas de atletismo** the track events
➤ **es una prueba de cariño** it's a token of affection
➤ **una prueba nuclear** a nuclear test
➤ **tienen al jugador a prueba** they have the player on probation
➤ **rímel a prueba de agua** waterproof mascara
➤ **a prueba de balas** bulletproof.

pruebo *verbo* ➤ probar.

publicar *verbo* ■ **to publish**.

la **publicidad**
1. **advertising: una campaña de publicidad** an advertising campaign
2. **publicity: le han dado mucha publicidad al asunto** they've given the matter a lot of publicity; **ha tenido muy mala publicidad** he's had very bad publicity.

público *adjetivo* ■ **public: un colegio público** a public school

el **público**
1. **public: todavía no está abierto al público** it's still not open to the public
2. **audience: el público en el cine empezó a aplaudir** the audience in the movie theater began to applaud
3. **spectators: el público de un estadio** the stadium spectators
➤ **hablar en público lo pone nervioso** speaking in public makes him nervous.

pude, pudiste etc *verbo* ➤ poder.

pudrirse *verbo pronominal* ■ **to rot**.

el **pueblo**

1. *de pocos habitantes* **village**
2. *más grande* **town**

➤ **el pueblo de América Latina** the people of Latin America.

puedo *verbo* ➤ poder.

el **puente**

1. **bridge: cruzaron el puente** they crossed the bridge
2. **long weekend: el puente del primero de noviembre** the long weekend for the November first holiday

➤ **hacer puente** to take a long weekend
➤ **el puente aéreo** the shuttle service

HACER PUENTE

When a national or religious holiday falls on a Tuesday or a Thursday, it is common practice to **hacer puente**, that is, to have a long weekend by missing work and school on the preceding Monday or the following Friday. While this is not always condoned by the government or employers, people still do it to make the most of their holidays.

el **puerco**

1. **pig: crían puercos** they raise pigs
2. *Mexico* **pork: no come puerco** she doesn't eat pork.

la **puerta**

1. **door: la puerta de calle estaba abierta** the front door was open
2. **gate: entró por la puerta del jardín** he entered through the garden gate

➤ **llamaron a la puerta** they knocked at the door
➤ **un coche de cuatro puertas** a four-door car
➤ **la puerta de embarque** boarding gate.

el **puerto** ■ **port**

➤ **llegar a puerto** to come into port
➤ **un puerto deportivo** a marina
➤ **un puerto marítimo** a sea port
➤ **un puerto pesquero** a fishing port.

Puerto Rico *sustantivo masculino* ■ **Puerto Rico**.

puertorriqueño *adjetivo*

En inglés, los adjetivos que se refieren a un país o una región se escriben con mayúscula:

Puerto Rican

el **puertorriqueño**, la **puertorriqueña**

En inglés, los gentilicios se escriben con mayúscula:

Puerto Rican: los puertorriqueños the Puerto Ricans.

pues *conjunción*

1. **then: tengo frío — pues ponte algo más abrigador** I'm cold — then put on something warmer
2. **well: ¿crees que se lo contó? — pues... no sabría decirte** do you think that he told her? — well, I couldn't tell you

➤ **¡pues claro que me divertí!** of course I had fun!

la **puesta**

➤ **la puesta de sol** the sunset
➤ **la puesta en libertad de los rehenes** the freeing of the hostages.

el **puesto**

1. **place: le reservé un puesto en la mesa** I saved her a place at the table
2. **stand: un puesto de fruta** a fruit stand
3. **job: tiene un puesto en la universidad** she has a job at the university

➤ **se sacó el primer puesto** he got first place.

la **pulga** ■ **flea**.

la **pulgada** ■ **inch**.

el **pulgar** ■ **thumb**.

pulir *verbo* ■ **to polish**.

el **pulmón** *(plural* los pulmones*)* ■ **lung**.

la **pulmonía** ■ **pneumonia**.

la **pulsera** ■ **bracelet: una pulsera de oro** a gold bracelet.

el **pulso** ■ **pulse: le tomó el pulso** she took his pulse

➤ **tiene muy buen pulso** she has very good aim
➤ **levantaron el piano a pulso** they picked up the piano by sheer strength.

el **puma** ■ **puma**.

la **punta**
1. **tip: la punta de la lengua** the tip of the tongue
2. **point: la punta del cuchillo** the knife point; **se le rompió la punta al lápiz** the pencil point broke
3. **end: la otra punta del cordel** the other end of the rope; **la punta de la nariz** the end of the nose

➤ **la punta de los dedos** the fingertips
➤ **este lápiz no tiene punta** this pencil is not sharpened
➤ **queda en la otra punta de la ciudad** it's at the other end of the city
➤ **recorrió Mexico de punta a punta** he traveled Mexico from one end to the other.

el **puntapié** ■ **kick: le dio un puntapié a la pelota** he gave the ball a kick
➤ **le daba puntapiés por debajo de la mesa** he was kicking her underneath the table
➤ **el puntapié inicial** the kickoff.

la **puntería**
➤ **tiene muy buena puntería** she's a good shot.

el **punto**
1. **point: ganaron por un punto** they won by one point; **es uno de los puntos que van a tratar** it's one of the points that they're going to discuss
2. **dot: el punto sobre la "i"** the dot on the "i"; **un punto com** a dot com
3. **stitch: le pusieron cinco puntos en la frente** they gave her five stitches on her forehead
4. **period: hay que terminar la frase con un punto** you have to end the sentence with a period

➤ **punto y coma** semicolon
➤ **dos puntos** colon
➤ **puntos suspensivos** ellipsis
➤ **punto de vista** point of view
➤ **estoy a punto de terminar** I'm just about to finish
➤ **estuvo a punto de llorar** he was on the verge of tears
➤ **estuve a punto de decírselo** I nearly told her
➤ **hasta cierto punto eso es verdad** in a way that's true
➤ **son las tres en punto** it's three o'clock on the dot.

el **puñado** ■ **handful: un puñado de tierra** a handful of soil.

el **puñal** ■ **dagger**.

la **puñalada** ■ **stab**
➤ **recibió varias puñaladas** he received several stab wounds
➤ **tiene una puñalada en el pecho** he has a stab wound on his chest.

el **puñetazo** ■ **punch**
➤ **le dio un puñetazo en el ojo** he punched him in the eye.

el **puño**
1. **fist: luchó con los puños** he fought with his fists
2. **cuff: una manga con puño** a sleeve with a cuff.

la **pupila** ■ **pupil**.

el **puré**
➤ **puré de papas** mashed potatoes.

purificar *verbo* ■ **to purify**.

puro *adjective* ■ **pure: es plata pura** it's pure silver
➤ **son puras mentiras** they're all lies
➤ **es la pura verdad** it's the absolute truth
➤ **no basta con la pura fuerza** strength alone is not enough
➤ **fue pura coincidencia** it was pure coincidence
➤ **lo hago por puro gusto** I do it just for pleasure

el **puro** ■ **cigar**.

el **pus** ■ **pus**.

que

■ *(conjunción & pronombre)*

1. **that: dijo que esperaría** he said that he would wait

> En inglés en el lenguaje hablado se suele omitir **that**:

decidió que no quería ir he decided he didn't want to go

2. **than: tengo mejores notas que tú** I have better grades than you

> **Que** no se traduce cuando va precedido de verbos que expresan deseos, ruegos etc. En tales casos en inglés se usa el infinitivo:

➤ **quiero que me ayude** I want him to help me
➤ **le pedí que me llamara** I asked her to call me
➤ **¡que lo pases bien!** have a good time!
➤ **yo que tú no iría** if I were you I wouldn't go

■ *pronombre*

1. **who: el alumno que sacó mejores notas** the student who made better grades; **el que canta es el menor** the one who's singing is the youngest

> En inglés el lenguaje hablado se suele omitir **who** cuando **que** no tiene función de sujeto:

los amigos que invité a la fiesta the friends I invited to the party

2. **which: la película que ganó el óscar** the film which won the Oscar; **la que más premios tiene** the one which has the most awards

> En inglés el lenguaje hablado se suele omitir **which** cuando **que** no tiene función de sujeto:

el disco que compré ayer the record I bought yesterday; **la clase a la que pertenezco** the class I belong to.

qué *(adjetivo & pronombre)*

1. **what: ¿qué día es hoy?** what day is today?; **le voy a preguntar qué quiere hacer** I'm going to ask him what he wants to do
2. **which: ¿a qué colegio vas?** which school do you go to?; **no se qué color elegir** I don't know which color to choose

➤ **¿qué?** what?
➤ **¿qué tal?** how's it going?
➤ **¿qué tal te va en el colegio?** how's school going for you?
➤ **¡qué pena!** what a shame!
➤ **¡qué casa tan bonita!** what a beautiful house!
➤ **¡y qué!** so what!

quebrar *verbo* ■ **to go bankrupt: han quebrado muchas empresas** many companies have gone bankrupt

quebrarse *verbo pronominal* ■ **to break: me caí y me quebré una pierna** I fell and broke a leg; **se le quebró una uña** she broke a nail; **se me han quebrado casi todos los vasos** I've broken almost all the glasses.

el **quechua** ■ **Quechua**

> QUECHUA
>
> **Quechua** is a native American language spoken today by approximately 25% of the population of Bolivia, Ecuador, and Peru, totaling as many as 10 million people in the Andean region. In the pre-Columbian era it was the official language of the Inca Empire, whose capital was the city of Cuzco. Nowadays **quechua** is enjoying a renewed vitality and gaining new speakers.

quedar *verbo*

1. **to suit: ese color no le queda bien** that color doesn't suit her

2. **to be left: no queda leche** there's no milk left; **quedan dos limones** there are two lemons left
3. **to be: el colegio queda muy cerca** the school is very close by

➤ **quedamos de encontrarnos en el cine** we agreed to meet at the movie theater
➤ **el postre me quedó muy bueno** I really liked the dessert
➤ **queda una semana para que empiecen las vacaciones** there's one week left before vacation starts

quedarse *verbo pronominal*

1. **to stay: me quedé en el colegio estudiando** I stayed at school studying; **se quedó a dormir en mi casa** he stayed at my house to sleep

➤ **se quedó callado** he stayed quiet
➤ **me quedé dormido y llegué tarde** I overslept and arrived late
➤ **nos quedamos solos** we stayed by ourselves
➤ **se quedó calvo** he went bald
➤ **quedarse con algo** to keep something.

quedito *adverbio Mexico*

1. **quietly: siempre habla tan quedito** he always speaks so quietly
2. **gently: lo tocó quedito para no despertarlo** she touched him gently so as not to wake him.

la **queja** ■ **complaint: presentó una queja** she made a complaint.

quejarse *verbo pronominal* ■ **to complain: ¡no te quejes!** don't complain!

➤ **quejarse de algo** to complain about something: **se quejó del frío** he complained about the cold
➤ **quejarse con alguien** to complain to somebody: **se quejó con la secretaria** he complained to the secretary.

la **quemadura** ■ **burn: tiene una quemadura en la mano** she has a burn on her hand

➤ **una crema para las quemaduras de sol** a cream for sunburns.

quemar *verbo*

1. **to burn: quemó un montón de hojas** he burned a lot of papers
2. **to be boiling hot: este café quema** this coffee is boiling hot

quemarse *verbo pronominal*

1. **to burn oneself: se quemó con la estufa** he burned himself on the stove
2. **to get a sunburn: me quemé en la piscina** I got a sunburn at the pool
3. **to tan: me quemo con facilidad** I tan easily

➤ **me quemé la mano** I burned my hand
➤ **se le quemó el arroz** he burned the rice
➤ **se les quemó la casa** their house burned down.

querer *verbo*

1. **to want: ¿qué quieres?** what do you want?; **quiero usar el teléfono** I want to use the telephone
2. **to love: te quiero mucho** I love you a lot

➤ **¿quieres tomar algo?** would you like a drink?
➤ **quisiera saber a qué hora sale el tren** I would like to know what time the train leaves
➤ **querer que alguien haga algo** to want somebody to do something: **quiere que vaya a comprar el pan** he wants her to go buy the bread
➤ **lo hizo sin querer** he didn't mean to do it
➤ **querer decir** to mean: **¿qué quiere decir esta palabra?** what does this word mean? **no sé qué quiso decir con eso** I don't know what he meant by that.

querido *adjetivo* ■ **dear**.

la **quesadilla** ■ *Central America, Mexico folded tortilla with a melted cheese filling.*

el **queso** ■ **cheese**

➤ **queso rallado** grated cheese.

quien *pronombre* ■ **who: la profesora fue quien me lo dijo** it was the teacher who told me; **fueron ellos quienes lo rompieron** it was them who broke it; **quien lo haya dicho no importa** who said it is not important

> En inglés el lenguaje hablado se suele omitir **who** cuando **quien** no tiene función de sujeto:

la persona con quien hablé the person I spoke with.

quién *pronombre* ■ **who: ¿quién llamó?** who called?; **no sé quiénes son** I don't know who they are
➤ **¿quién es?** who's there?
➤ **¿a quién invitaste?** who did you invite?
➤ **¿con quién fuiste?** who did you go with?
➤ **¿de quién es esto?** whose is this?

quienquiera *pronombre* ■ **whoever: quienquiera que sea, dile que no estoy** whoever it is, tell him I'm not here.

quieto *adjetivo* ■ **still**
➤ **¡quédate quieto!** be still!

químico *adjetivo* ■ **chemical**

el **químico,** la **química** ■ **chemist: quiere ser químico** he wants to be a chemist.

la **química** ■ **chemistry**.

quince *numeral* ■ **fifteen: tiene quince primos** she has fifteen cousins
➤ **mi hermana tiene quince años** my sister is fifteen years old
➤ **el quince de abril** the fifteenth of April.

la **quiniela** ■ *Mexico* **lottery**.

quinientos *numeral* ■ **five hundred: tiene quinientas páginas** it has five hundred pages.

quinto *(adjetivo & pronombre)* **fifth: fue la quinta persona en entrar** he was the fifth person to enter
➤ **la quinta parte** a fifth

el **quinto** ■ **fifth: un quinto** a fifth
➤ **no tienen ni un quinto** *Mexico informal* they're broke.

el **quiosco**
1. *de periódicos* **newsstand**
2. *de flores* **flower stand**
3. *de una banda* **bandstand**
4. *de refrescos* **refreshment stand**.

quisquilloso *adjetivo*
1. **fussy: no es quisquilloso, se contenta con poco** he's not fussy, anything satisfies him
2. **touchy: hoy anda muy quisquilloso** today he's very touchy.

el **quitamanchas** *(plural* los quitamanchas*)* ■ **stain remover**.

quitar *verbo*
1. **to take away: no le quites el juguete a tu hermano** don't take the toy away from your brother
2. **to remove: hay que quitar esta mancha** you have to remove this stain; **¿podrían quitar estas cosas de aquí?** could you remove these things from here?

quitarse *verbo pronominal* ■ **to take off: se quitó los zapatos** she took off her shoes
➤ **quítate de ahí** get out of there.

quizá *adverbio* ■ **maybe: quizá vaya al cine** maybe I'll go to the movies.

quizás *adverbio* ■ **maybe: quizá vaya al cine** maybe I'll go to the movies.

R

el **rábano** ■ **radish: no me gusta el rábano** I don't like radish
➤ **le importa un rábano** *informal* he couldn't care less.

la **rabia** ■ **rabies: lo vacunaron contra la rabia** they vaccinated him against rabies
➤ **tiene rabia porque lo castigaron** he's furious because they punished him
➤ **me da rabia que se meta en mis cajones** it annoys me that he looks through my drawers

➤ **le tengo rabia** I have a grudge against him
➤ **lloraba de pura rabia** she was crying out of pure rage.

el **rabo** ■ **tail**.

la **racha**
➤ **están pasando por una buena racha** they're going through a lucky spell
➤ **tuvo una mala racha** he had a piece of bad luck
➤ **una racha de viento** a gust of wind.

racial *adjetivo* ■ **racial**.

el **racimo** ■ **bunch**.

el **racismo** ■ **racism**.

racista *adjetivo* ■ **racist**

el/la **racista** ■ **racist**.

racional *adjetivo* ■ **rational**.

el **radar** ■ **radar**.

radiactivo *adjetivo* ■ **radioactive**.

el **radiador** ■ **radiator**.

radiante *adjetivo* ■ **radiant: estaba radiante de alegría** she was radiant with happiness.

el **radio**
1. *Latin America except Southern Cone* **radio: prende el radio** turn on the radio; **me encanta escuchar radio** I love to listen to the radio; **lo oyó por el radio** I heard it on the radio
2. **radius: estremeció a los edificios en un radio de cinco kilómetros** it shook the buildings in a radius of five kilometers
3. **spoke: el radio de la rueda trasera** the spoke of the rear wheel.

la **radiografía** ■ **X-ray**
➤ **le sacaron una radiografía** they gave her an X-ray.

la **raíz** *(plural* las raíces*)* ■ **root: un árbol de raíces muy profundas** a tree with very deep roots
➤ **a raíz de algo** as a result of
➤ **raíz cuadrada** square root.

la **raja**
1. **crack: este plato tiene una raja** this plate has a crack
2. **slice: una raja de melón** a slice of melon
➤ **una raja de canela** *Mexico* a stick of cinnamon
➤ **rajas de chile** *Mexico* slices of chili.

rajarse *verbo pronominal*
1. **to crack: la pared se rajó** the wall cracked
2. **to tear: se le rajaron los pantalones** her pants tore
3. *informal* **to back out: a último momento se rajó** he backed out at the last minute.

el **rallador** ■ **grater**.

rallar *verbo* ■ **to grate**.

la **rama** ■ **branch: las ramas de un árbol** the branches of a tree
➤ **irse por las ramas** to beat around the bush.

el **ramo** ■ **bouquet: un ramo de rosas** a bouquet of roses
➤ **el ramo de la construcción** the construction industry.

la **rana** ■ **frog**.

el **ranchero**, la **ranchera** ■ *Mexico* **peasant**.

el **rancho**
1. **shack: viven en un rancho** they live in a shack
2. *Mexico* **ranch: un rancho ganadero** a cattle ranch.

rancio *adjetivo* ■ **old**.

la **ranura** ■ **slot: mete la moneda en la ranura** put the coin in the slot.

la **raqueta** ■ **racquet**.

rapar *verbo* ■ **to shave**
➤ **le raparon la cabeza** they shaved his head.

rápido *(adjetivo & adverbio)*
■ *adjetivo*
fast: tu eres más rápido que yo you're faster than me
■ *adverbio*
quickly: habla muy rápido he speaks very quickly
➤ **¡rápido!** hurry up!

raro *adjetivo*
1. **strange: me pasó algo muy raro** something very strange happened to me; **es un poco rara** she's a little strange

2. **rare: es una pieza muy rara y valiosa** it's a very rare and valuable piece
➤ **¡qué raro!** how strange!
➤ **es raro que llegue tan tarde** it's strange for him to arrive so late
➤ **tiene un sabor un poco raro** it has kind of a strange taste to it.

el **rascacielos** *(plural* los rascacielos*)* ■ **skyscraper**.

rascar *verbo* ■ **to scratch: ráscame la espalda** scratch my back
➤ **no te rasques** don't scratch
➤ **se rascó la cabeza** he scratched his head.

rasgar *verbo* ■ **to tear: rasgó la tela** he tore the cloth
➤ **se le rasgó la falda** she tore her skirt.

el **rasgo** ■ **feature: tiene los rasgos muy finos** she has very delicate features
➤ **lo describió a grandes rasgos** he described it briefly.

el **rasguño** ■ **scratch**.

la **rasuradora** ■ *Central America, Mexico* **electric shaver**.

rasurarse *verbo pronominal* ■ *Central America, Mexico* **to shave**.

el **rato** ■ **while: estuve esperando un buen rato** I was waiting a good while
➤ **al poco rato llegó** he arrived shortly after
➤ **lo hago para pasar el rato** I do it to pass the time
➤ **siempre la hace pasar malos ratos** he always does it to give her a hard time
➤ **el avión viene atrasado así es que tenemos para rato** the airplane is late so we still have some time.

el **ratón** *(plural* los ratones*)* ■ **mouse** *(plural* **mice***)*: **la casa está llena de ratones** the house is full of mice
➤ **haz clic con el ratón sobre este icono** click with the mouse on this icon.

la **raya**
1. **line: haz una raya vertical** draw a vertical line
2. **part: se peina con raya** she wears a part in her hair
3. **stripe: una blusa con rayas azules y blancas** a blouse with blue and white stripes
4. **dash: una raya precedida de un punto** a dash preceded by a dot
➤ **una falda a rayas** a striped skirt
➤ **pasarse de la raya** to go too far: **se pasó de la raya y lo castigaron** he went too far and was punished.

rayar *verbo*
1. **to scratch: no vayas a rayar la mesa con eso** don't go and scratch the table with that
2. **to scrawl: rayaron toda la pared** they scrawled all over the wall.

el **rayo**
1. **lightning bolt: cayó un rayo en el campanario** a lightning bolt struck the bell tower
2. **ray: un rayo de luz** a ray of light
3. **spoke: puso listones de colores en los rayos de su bicicleta** she put colored ribbons on the spokes of her bicycle
4. *Chile, Mexico* **highlights: se hace rayos en el pelo** she has highlights in her hair
➤ **un rayo láser** a laser beam
➤ **los rayos ultravioleta** ultraviolet rays
➤ **los rayos X** X-rays.

la **raza**
1. **race: la raza humana** the human race
2. **breed: no sé de qué raza es su perro** I don't know what breed her dog is
➤ **es un perro de raza** he's a pedigree dog.

la **razón** *(plural* las razones*)* ■ **reason: no hay ninguna razón para que falte a clases** there's no reason for him to miss classes
➤ **creo que tiene razón** I think he's right
➤ **no tiene razón** he's wrong
➤ **vas a terminar por darle la razón** you'll end up agreeing with him.

razonable *adjetivo* ■ **reasonable**.

la **reacción** *(plural* las reacciones*)* ■ **reaction: tuvo una reacción alérgica** she had an allergic reaction.

reaccionar *verbo* ■ **to react: reaccionó muy mal** he reacted badly.

real *adjetivo*
1. **real: vive en un mundo que no es real** she lives in a world that isn't real
2. **royal: la familia real** the royal family
➤ **la novela se basa en un hecho real** the novel is based on a true story.

la **realidad** ■ **reality: una mezcla de realidad y ficción** a mix of reality and fiction
➤ **en la realidad las cosas son muy distintas** in the real world things are very different
➤ **en realidad** actually: **en realidad no sé la respuesta** actually, I don't know the answer
➤ **mis deseos se hicieron realidad** my dreams came true
➤ **realidad virtual** virtual reality.

realista *adjetivo* ■ **realistic: seamos más realistas** let's be more realistic.

realizar *verbo* ■ **to carry out: realizaron la operación en un hospital inglés** the operation was carried out at an English hospital
➤ **han realizado una muy buena tarea** they've done a very good job
➤ **quiere realizarse como persona** she wants to fulfill herself
➤ **se le realizaron los sueños** his dreams came true.

la **reata** ■ *Mexico* **rope: los amarró con una reata** he tied them with a rope.

la **rebaja** ■ **discount: pedí una rebaja** I asked for a discount
➤ **hacerle una rebaja a alguien** to give somebody a discount: **me hicieron una rebaja del diez por ciento** they gave me a ten percent discount.

rebajar *verbo* ■ **to reduce: los rebajaron un diez por ciento** they reduced them by ten percent
➤ **me lo rebajaron a 1000 pesos** they brought down the price to 1000 pesos for me.

el **rebaño** ■ **flock**
➤ **un rebaño de ovejas** a flock of sheep.

rebasar *verbo* ■ *Mexico* **to pass: nos rebasó al salir del túnel** he passed us as we left the tunnel.

rebelarse *verbo* ■ **to rebel: se rebelan contra la autoridad** they're rebelling against authority.

rebelde *adjetivo* ■ **rebel**

el/la **rebelde** ■ **rebel**.

rebobinar *verbo* ■ **to rewind**.

rebotar *verbo*
1. **to bounce: la pelota rebotó en la pared** the ball bounced against the wall
2. **to ricochet: una bala rebotó en la pared** a bullet ricocheted off the wall.

el **rebozo** ■ **shawl**.

el **recado** ■ **message: le dejé un recado con la secretaria** I left her a message with the secretary.

la **recámara** ■ *Mexico* **bedroom: se encerró en su recámara** she locked herself in her bedroom.

recargar *verbo*
1. **to refill: tengo que recargar la pluma** I have to refill the pen
2. **to recharge: tengo que recargar el celular** I have to recharge my cell phone
➤ **recargarse contra algo** *Colombia, Mexico* to lean against: **no se recarguen contra el vidrio** don't lean against the glass.

recaudar *verbo* ■ **to collect: recaudaron fondos para los damnificados** they collected money for the victims.

la **recepción** *(plural* las recepciones*)* ■ **reception**.

el/la **recepcionista** ■ **receptionist**.

la **receta**
1. **recipe: ¿me das la receta del postre?** will you give me the recipe for the dessert?
2. **prescription: sólo lo venden con receta** it's only available by prescription.

recetar *verbo* ■ **to prescribe: me recetó unas pastillas para la alergia** she prescribed some pills for my allergy.

rechazar *verbo*
1. **to reject: rechazaron mi idea** they rejected my idea
2. **to turn down: me presenté pero me rechazaron** I applied but they turned me down.

el **recibidor** ■ **hall**.

recibir *verbo*
1. **to get: ¿recibiste mi carta?** did you get my letter?

2. **to greet: salieron a recibirme a la puerta** they came to greet me at the door
➤ **recibió muchos regalos para su cumpleaños** she got a lot of presents for her birthday
➤ **todos me recibieron muy bien** they all greeted me warmly

recibirse *verbo pronominal* ■ **to graduate: todavía no se ha recibido** he hasn't graduated yet
➤ **recibirse de algo** to get a degree in something: **se recibió de arquitecto** he got an architecture degree.

recién *adverbio* ■ **just: está recién pintado** it's just been painted; **está recién llegado de su viaje** he's just come back from his trip
➤ **recién lo vi** I just saw him
➤ **un niño recién nacido** a newborn baby
➤ **los recién casados** the newlyweds
➤ **"recién pintado"** "wet paint".

el **recipiente** ■ **recipient**.

reclamar *verbo*
1. **to complain: déjate de reclamar** stop complaining; **le reclamé a la profesora por mi nota** I complained to the teacher about my grade
2. **to demand: reclaman una solución a sus problemas** they're demanding a solution to their problems.

recoger *verbo*
1. **to pick up: recoja el papel del suelo** pick the paper up off the floor; **los martes recogen la basura** they pick up the trash on Tuesdays; **recojan todo antes de irse** pick everything up before you leave
2. **to pick: fuimos a recoger duraznos** we went peach picking.

recomendar *verbo* ■ **to recommend**.

la **recompensa** ■ **reward: ofrecen una recompensa** they're offering a reward.

reconocer *verbo*
1. **to recognize: no lo reconocí con la barba** I didn't recognize him with a beard
2. **to admit: reconoció que se había equivocado** he admitted that he was wrong.

el **récord** (*plural* los récords) ■ **record: el récord mundial de los 100 metros** the 100 meter world record
➤ **batió el récord** he broke the record
➤ **estableció un nuevo récord en la maratón** he set a new record for the marathon.

recordar *verbo*
1. **to remember: no recuerdo su nombre** I can't remember his name; **recuerdo que te lo pedí** I remember asking you for it
2. **to remind: me recuerda a un amigo mío** he reminds me of a friend of mine; **recuérdame que lo llame** remind me to call him.

recorrer *verbo*
1. **to travel around: su sueño es recorrer el mundo** his dream is to travel all around the world
2. **to cover: recorrimos esa distancia en muy poco tiempo** we quickly covered that distance
➤ **salieron a recorrer la ciudad** they went out to see the city.

el **recorrido** ■ **route: todos los días hace el mismo recorrido** he takes the same route every day
➤ **hicieron un recorrido por toda Europa** they took a trip all around Europe
➤ **un tren de largo recorrido** a long-distance train.

recortar *verbo* ■ **to cut out: lo recorté del diario** I cut it out of the newspaper
➤ **hay que recortar los gastos** we have to reduce our expenses.

el **recreo** ■ **recess: tenemos el primer recreo a las diez** our first recess is at ten.

la **recta** ■ **straight line: dibujó una recta** he drew a straight line
➤ **la recta final** the home straight.

el **rectángulo** ■ **rectangle**.

recto *adjetivo* ■ **straight: una línea recta** a straight line
➤ **unos pantalones rectos** straight-legged pants.

el **recuerdo**
1. **memory: tengo muy buenos recuerdos de mi primer colegio** I have very good memories of my first school

2. **souvenir: es un recuerdo de mi viaje** it's a souvenir from my trip
➤ **lo compré de recuerdo** I bought it as a souvenir
➤ **es un recuerdo de familia** it's a family heirloom
➤ **dale muchos recuerdos a tu familia** give my regards to your family.

recuperar *verbo*
1. **to get back: no pude recuperar mi dinero** I couldn't get my money back
2. **to make up: el sábado vamos a recuperar la clase que no tuvimos** we're going to make up the class we missed on Saturday; **tengo que recuperar el tiempo perdido** I have to make up for lost time
3. **to recover: ya se recuperó de la operación** he's already recovered from the operation
➤ **recuperar las fuerzas** to get your strength back: **descansamos un poco para recuperar las fuerzas** we rested a while to get our strength back
➤ **recuperar el conocimiento** to regain consciousness.

la **red**
1. **net: una red de pesca** a fishing net; **la pelota tocó la red** the ball touched the net
2. **network: una red de carreteras** a network of highways
➤ **la Red** the Net.

la **redacción** *(plural* las redacciones*)*
1. **essay: tengo que hacer una redacción sobre mis vacaciones** I have to write an essay about my vacation
2. **editorial staff: trabaja en el equipo de redacción de la revista** she works on the magazine's editorial staff.

redactar *verbo* ■ **to write: redactó el discurso inaugural** he wrote the inaugural speech; **no saben redactar** they don't know how to write.

redondo *adjetivo* ■ **round: tiene la cara redonda** she has a round face.

reducir *verbo* ■ **to lower: van a reducir la velocidad máxima permitida** they're going to lower the speed limit.

reduzco *verbo* ➤ reducir.

reemplazar *verbo* ■ **to replace**
➤ **reemplazar algo por algo** to replace something with something: **reemplaza esta palabra por una menos formal** replace this word with a less formal one.

la **refacción** *(plural* las refacciones*)* ■ *Mexico* **spare part**.

referirse *verbo* ■ **to refer: creo que se refiere a ti** I think she's referring to you; **no sé a qué te refieres** I don't know what you're referring to
➤ **¿a qué te refieres con eso?** what do you mean by that?

reflejar *verbo* ■ **to reflect: la ventana reflejaba su imagen** her image was reflected in the window.

el **reflejo** ■ **reflection: el reflejo del sol en el agua** the reflection of the sun in the water

los **reflejos** ■ **reflexes: tiene muy buenos reflejos** he has very good reflexes.

reflexivo *adjetivo* ■ **reflexive: un verbo reflexivo** a reflexive verb.

la **reforma**
1. **reform: la reforma de la enseñanza** educational reform
2. **alteration: hicieron algunas reformas en su casa** they made some alterations to the house
➤ **"cerrado por reformas"** "closed for alterations".

reformar *verbo*
1. **to change: van a reformar el sistema educativo** they're going to change the educational system
2. **to make alterations to: están reformando el edificio** they're making some alterations to the building

reformarse *verbo pronominal* ■ **to mend one's ways: se ha reformado y ahora es muy responsable** he's mended his ways and is very responsible now.

refrescar *verbo* ■ **to get cool: en la noche siempre refresca** it always gets cool at night

refrescarse *verbo pronominal* ■ **to cool off: se tiró al agua para refrescarse** she jumped into the water to cool off.

el **refresco** ■ **soft drink**.

el **refrigerador** ■ **refrigerator**.

el **refugiado**, la **refugiada** ■ **refugee**.

refugiarse *verbo*
1. **to take shelter: un lugar para refugiarse del frío** a place to take shelter from the cold
2. **to take refuge: se refugiaron en una iglesia** they took refuge in a church.

el **refugio** ■ **shelter: un refugio para los damnificados** a shelter for the victims
➤ **un refugio atómico** a fallout shelter.

la **regadera**
1. **watering can: llenó la regadera de agua** she filled the watering can with water
2. *Colombia, Mexico, Venezuela* **shower: siempre canta en la regadera** he always sings in the shower.

regalar *verbo*
1. **to give: me regaló un reloj** she gave me a watch; **no sé qué regalarle para su cumpleaños** I don't know what to give him for his birthday
2. **to give away: me queda chico así es que lo voy a regalar** it's too small for me so I'm going to give it away; **estaban regalando boletos para el concierto** they were giving away tickets for the concert
➤ **me regalaron una guitarra para Navidad** I was given a guitar for Christmas.

el **regalo** ■ **present: es un regalo de cumpleaños** it's a birthday present
➤ **hacerle un regalo a alguien** to give somebody a present: **me hizo un muy buen regalo** he gave me a really good present
➤ **una tienda de regalos** a gift shop
➤ **me lo dieron de regalo al comprar la computadora** it was free with the purchase of the computer.

regañar *verbo* ■ **to scold: me regañaron por no hacer las tareas** I was scolded for not doing my homework.

el **regaño** ■ **scolding: le dieron un buen regaño** he got a good scolding.

regar *verbo* ■ **to water: voy a regar las plantas** I'm going to water the plants.

el **régimen** (*plural* los regímenes)
1. **regime: un régimen democrático** a democratic regime
2. **diet: tiene que seguir un régimen** he has to follow a diet; **voy a ponerme a régimen** I'm going on a diet
➤ **a régimen** on a diet: **estoy a régimen** I'm on a diet.

la **región** (*plural* las regiones) ■ **region**.

regional *adjetivo* ■ **regional**.

registrar *verbo*
1. **to search: le registraron el equipaje** they searched his luggage; **registraron el edificio** they searched the building
2. **to register: los sismógrafos registraron el temblor** the seismographs registered the tremor

registrarse *verbo pronominal*
1. **to check in: nos registramos en un hotel** we checked into a hotel
2. **to register: tengo que ir a registrarme en la embajada** I have to register at the embassy.

el **registro**
1. **register: su nombre aparece en el registro de alumnos** his name is on the student register
2. **search: la policía efectuó un registro del edificio** the police carried out a search of the building.

la **regla**
1. **ruler: usó una regla para medir la línea** she used a ruler to measure the line
2. **rule: es una regla en mi colegio** it's a rule in my school
3. **period: tener la regla** to have one's period
➤ **en regla** in order: **si quiere viajar, tiene que poner en regla sus documentos** if you want to travel you'll have to get your papers in order
➤ **por regla general** generally: **por regla general, llego al colegio temprano** I generally get to school early.

el **reglamento** ■ **regulations: el reglamento del colegio** the school's regulations.

regresar *verbo*

1. **to come back: tienes que regresar temprano** you have to come back early
2. **to go back: regresaron a su país** they went back to their country
3. *Latin America except Southern Cone* **to return: tengo que regresar el libro a la biblioteca** I have to return the book to the library

regresarse *verbo pronominal* ■ *Latin America except Southern Cone* **to go back: me regresé porque se me olvidaron las llaves** I went back because I forgot the keys.

el **regreso** ■ **return: nuestro regreso al colegio se acercaba** our return to school was drawing near

➤ **de regreso** on the way back: **de regreso paramos en una playa del Caribe** on the way back we stopped at a Caribbean beach
➤ **el vuelo de regreso** the return flight
➤ **"no se aceptan regresos sin recibo"** "no returns without a receipt".

regular *adjetivo* ■ **regular: viene a intervalos regulares** he comes at regular intervals

➤ **me pareció una película regular** it was a so-so movie
➤ **es de tamaño regular** it's the regular size
➤ **por lo regular** usually: **por lo regular, me levanto a las siete** I usually get up at seven.

el/la **rehén** *(plural* los/las rehenes*)* ■ **hostage.**

la **reina** ■ **queen.**

el **reinado** ■ **reign.**

reinar *verbo* ■ **to reign.**

el **reino** ■ **kingdom**

➤ **el reino animal** the animal kingdom
➤ **el Reino Unido** the United Kingdom.

reír *verbo* ■ **to laugh: no me hagas reír** don't make me laugh

➤ **se echó a reír** he burst out laughing

reírse *verbo pronominal* ■ **to laugh: no te rías** don't laugh

➤ **se ríen de él** they're laughing at him
➤ **¿de qué te ríes?** what are you laughing at?

la **reja** ■ **grill: había rejas en todas las ventanas** there were grills on all the windows.

la **relación** *(plural* las relaciones*)*

1. **relationship: tiene una buena relación con los alumnos** she has a good relationship with the students
2. **connection: no hay ninguna relación entre los dos incidentes** there's no connection between the two incidents

➤ **con relación a** with regard to: **con relación a tu pregunta** with regard to your question
➤ **relaciones públicas** public relations.

relajar *verbo* ■ **to relax: el sonido del agua me relaja** the sound of the water relaxes me

➤ **tienes que aprender a relajarte** you have to learn to relax.

el **relámpago** ■ **lightning: ¿viste el relámpago?** did you see the lightning?

➤ **los relámpagos iluminaron el cielo** lightning lit up the sky.

relativo *adjetivo*

1. **relating : le gusta todo lo relativo a la naturaleza** she likes everything relating to nature
2. **relative: todo es relativo** it's all relative

➤ **lo hizo con relativa facilidad** he did it relatively easily.

la **religión** *(plural* las religiones*)* ■ **religion.**

religioso *adjetivo* ■ **religious: son un pueblo muy religioso** they're a very religious people

el **religioso,** la **religiosa** ■ **monk, nun.**

rellenar *verbo*

1. **to stuff: rellenó los aguacates con camarones** she stuffed the avocados with shrimp
2. **to fill: lo voy a rellenar con crema** I'm going to fill it with cream; **¿con qué puedo rellenar esta grieta?** what can I fill this crack with?

el **relleno**

1. **stuffing: el relleno del pollo está delicioso** the chicken's stuffing is delicious

2. **filling: el relleno es de chocolate** the filling is chocolate.

el **reloj**

1. *de pared, grande* **clock: ese reloj está adelantado** the clock is fast
2. *en la muñeca* **watch: mi reloj se atrasa** my watch is losing time

➤ **contra reloj** against the clock: **trabajamos contra reloj para poder terminarlo** we worked against the clock to finish it
➤ **un reloj despertador** an alarm clock
➤ **un reloj de pulsera** wristwatch
➤ **un reloj de sol** a sundial.

remar *verbo* ■ **to row**.

remediar *verbo* ■ **to solve: así no vas a remediar el problema** you're not going to solve the problem like that
➤ **no lo puedo remediar** I can't help it.

el **remedio** ■ **remedy: un remedio natural** a natural remedy; **es el mejor remedio para el acné** it's the best remedy for acne
➤ **¡tú no tienes remedio!** you're hopeless!
➤ **esto no tiene remedio** this is hopeless
➤ **no tuve más remedio que obedecer** I had no choice but to obey.

el/la **remitente** ■ **sender**.

el **remo**

1. **oar: perdieron un remo** they lost an oar
2. **rowing: está en el equipo de remo** he's on the rowing team.

remojar *verbo* ■ **to soak: hay que remojar las pasas primero** you have to soak the raisins first.

el **remolino**

1. *de viento* **whirl**
2. *de agua* **whirlpool**
3. *en el pelo* **cowlick**
4. *Southern Cone de papel* **pinwheel**.

el **remordimiento** ■ **remorse: no siente el más mínimo remordimiento** he doesn't feel a bit of remorse
➤ **estaba lleno de remordimientos** he was full of remorse
➤ **¿no tienes remordimientos de conciencia?** isn't your conscience bothering you?

remoto *adjetivo* ■ **remote: en lugares muy remotos** in remote places
➤ **no tiene ni la más remota idea** she doesn't have the slightest idea.

el **renacuajo** ■ **tadpole**.

el **rencor** ■ **anger: no debe haber rencor entre los hermanos** there shouldn't be any anger among siblings
➤ **guardarle rencor a alguien** to hold a grudge against someone: **no le guardes rencor** don't hold a grudge against him.

el **rendimiento** ■ **performance**.

rendir *verbo*

1. **to perform well: no está rindiendo en los estudios** she's not doing very well at school
2. **to pay: le van a rendir un homenaje** they're going to pay tribute to him

rendirse *verbo pronominal*

1. **to surrender: se rindieron al enemigo** they surrendered to the enemy
2. **to give up: me rindo ¿cuál es la solución?** I give up — what's the answer?

el **renglón** (*plural* los renglones) ■ **line**.

la **renta** ■ **rent: nos van aumentar la renta** they're going to raise our rent
➤ **renta de bicicletas** *Mexico* bicycle rental.

rentar *verbo* ■ *Mexico* **to rent: rentamos una casa para las vacaciones** we rented a house for the summer; **les renta bicicletas a estudiantes** he rents bicycles to students.

la **renuncia** ■ **resignation: presentó su renuncia** he handed in his resignation.

renunciar *verbo*

1. **to quit: renunció la secretaria** the secretary quit
2. **to give up on: renunciaron a la idea de hacer el viaje** they gave up on the idea of making the trip.

reñir *verbo* ■ **to quarrel: ellos siempre riñen entre sí** they're always quarreling.

repartir *verbo*

1. **to hand out: la profesora repartió los libros** the teacher handed out the books
2. **to deliver: reparte periódicos** he delivers newspapers

3. **to deal: ¿quién reparte las cartas?** who's dealing the cards?
4. **to distribute: repartieron los juguetes entre todos los niños** they distributed the toys among all the children
➤ **nos repartimos el dinero entre los cuatro** we split the money four ways

el **reparto**
1. **delivery: no cobran por el reparto** they don't charge for delivery
2. **cast: tiene un excelente reparto** it has an excellent cast
➤ **reparto a domicilio** delivery service.

repasar *verbo*
1. **to review: están repasando para los exámenes** they're reviewing for their exams
2. **to go over: repasa bien las sumas** go over your sums carefully.

el **repaso** ■ **review: estamos haciendo un repaso de la materia** we're doing a review of the material
➤ **darle un repaso a algo** to review something: **tengo que darles un repaso a los verbos** I have to review the verbs.

repente *adverbio*
➤ **de repente** suddenly: **todo pasó tan de repente** it all happened so suddenly.

la **repisa** ■ **shelf: el diccionario está en la repisa** the dictionary is on the shelf
➤ **la repisa de la chimenea** the mantelpiece
➤ **la repisa de la ventana** the windowsill.

repleto *adjetivo* ■ **packed: el estadio estaba repleto** the stadium was packed.

el **reportaje**
1. **report: apareció en el reportaje sobre la juventud actual** it appeared in the report on today's youth
2. **article: su reportaje salió publicado en la revista** his article was published in the magazine.

el **reporte** ■ *Mexico* **report: presentó su reporte al jefe** he submitted his report to the boss.

el **reportero,** la **reportera** ■ **reporter**.

reposar *verbo* ■ **to rest: se retiró a su habitación para reposar** he went to his bedroom to rest.

el **reposo** ■ **rest: el médico le recomendó que mantuviera reposo** the doctor recommended that she get a lot of rest.

la **representación** *(plural* las representaciones) ■ **performance: hubo quinientas representaciones de la obra** there were five hundred performances of the play.

el/la **representante**
1. **representative: el representante de la empresa** the company representative
2. **agent: el representante de la cantante** the singer's agent.

representar *verbo*
1. **to represent: representó a México en las Olimpíadas** she represented Mexico in the Olympics
2. **to look: representa más de su edad** he looks older than he is
3. **to perform: esa obra es muy difícil de representar** that play is very difficult to perform
4. **to depict: vi un dibujo que representa el paisaje mexicano** I saw a picture depicting the Mexican countryside
➤ **no representa ningún riesgo para mí** it doesn't pose any risk to me
➤ **representa un 10% del costo total** it represents 10% of the total cost.

la **represión** ■ **repression**.

reprobar *verbo*
1. **to condemn: hay que reprobar el uso de las drogas** we must condemn the use of drugs
2. **to fail: si no estudias vas a reprobar el examen** if you don't study you'll fail the test.

la **reproducción** *(plural* las reproducciones)
1. **reproduction: estamos estudiando el proceso de reproducción de las plantas** we're studying plant reproduction
2. **copy: es una reproducción del cuadro original** it's a copy of the original painting.

reproducir *verbo* ■ **to reproduce: las fotocopiadoras reproducen textos o dibujos** photcopiers reproduce text or graphics.

el **reptil** ■ **reptile**.

la **república** ■ **republic**.

la **República Dominicana** ■ **Dominican Republic**.

el **repuesto** ■ **spare part: ¿venden repuestos para el coche?** do you sell spare auto parts?

la **reputación** *(plural* las reputaciones*)* ■ **reputation: esa tienda tiene mala reputación** that store has a bad reputation.

la **resbalada** ■ *informal* **slip: una pequeña resbalada y te puedes hacer daño** one small slip and you could hurt yourself.

la **resbaladilla** ■ *Mexico* **slide: los niños se divertían en la resbaladilla** the children were having fun on the slide.

resbalar *verbo* ■ **to slide: ponle aceite para que resbale mejor** put some oil on it so that it slides better

resbalarse *verbo pronominal* ■ **to slip: se resbaló en el piso mojado** he slipped on the wet floor.

resbaloso *adjetivo* ■ **slippery: el piso es muy resbaloso** the floor is very slippery.

rescatar *verbo* ■ **to rescue: el salvavidas rescató al nadador** the lifeguard rescued the swimmer.

el **rescate** ■ **rescue: fue un rescate espectacular** it was a spectacular rescue.

la **reservación** *(plural* las reservaciones*)* ■ **reservation: hice una reservación en el restaurante** I made a reservation at the restaurant.

reservar *verbo* ■ **to reserve: quisiera reservar una mesa para dos** I'd like to reserve a table for two.

resfriado *adjetivo* ■ **Juan está muy resfriado** Juan has a bad cold

el **resfriado** ■ **cold: me vas a pegar tu resfriado** you're going to give me your cold.

resfriarse *verbo* ■ **to catch a cold: te vas a resfriar** you're going to catch a cold.

la **residencia** ■ **residence: fijó residencia en Veracruz** he took up residence in Veracruz

➤ **un permiso de residencia** a residence permit

➤ **una residencia de ancianos** a retirement home.

residente *adjetivo* ■ **resident: es residente en México** he is resident in Mexico

el/la **residente** ■ **resident: Rodrigo es un residente de los Estados Unidos** Rodrigo is a resident of the United States.

residir *verbo* ■ **to live: residió ocho años en el extranjero** she lived abroad for eight years.

los **residuos** ■ **waste: el procesamiento de residuos nucleares** the processing of nuclear waste.

la **resignación** ■ **resignation: aceptó su castigo con resignación** he accepted his punishment with resignation.

resignarse *verbo* ■ **to resign oneself: se resignó a su destino** he resigned himself to his fate.

la **resina** ■ **resin**.

la **resistencia** ■ **resistance: no ofreció ninguna resistencia** she didn't put up any resistance

➤ **tiene gran resistencia física** he has great stamina.

resistente *adjetivo* ■ **resistant: una tela muy resistente** a very resistant fabric.

resistir *verbo*

1. **to resist: tienes que resistir la tentación** you have to resist temptation
2. **to stand: no pudo resistir el frío** I can't stand the cold

➤ **resistirse a hacer algo** to refuse to do something.

la **resolución** *(plural* las resoluciones*)* ■ **resolution: la resolución del conflicto** the resolution of the conflict

➤ **una imagen de alta resolución** a high-resolution image.

resolver *verbo* ■ **to solve: finalmente resolvieron el problema** they finally solved the problem.

resonar *verbo* ■ **to echo**.

el **resorte**
1. **spring: un colchón de resortes** a spring mattress
2. *Central America, Colombia, Mexico* **elastic: la falda tiene resorte en la cintura** the skirt has an elastic waistband.

la **resortera** ■ *Mexico* **slingshot**.

respaldar *verbo*
1. **to support: decidió respaldar la iniciativa** she decided to support the initiative
2. **to back up: los archivos se pueden respaldar a otro disco duro** the files can be backed up on another hard drive.

el **respaldo**
1. **back: una silla sin respaldo** a chair without a back
2. **support: expresó su respaldo a la idea** he expressed his support for the idea
3. **backup: siempre hay que hacer un respaldo** you should always make a backup.

respetable *adjetivo* ■ **respectable: una opinión respetable** a respectable opinion.

respetado *adjetivo* ■ **respected: un médico muy respetado** a highly-respected doctor.

respetar *verbo*
1. **to respect: respeta las opiniones de los demás** respect other people's opinions
2. **to follow: hay que respetar las reglas** you have to follow the rules.

el **respeto** ■ **respect: trata con respeto a sus mayores** he treats his elders with respect.

respetuoso *adjetivo* ■ **respectful: es muy respetuoso de la naturaleza** he is very respectful of nature.

la **respiración** ■ **breathing: tiene la respiración irregular** her breathing is irregular.

respirar *verbo* ■ **to breathe**.

respiratorio *adjetivo* ■ **respiratory: el aparato respiratorio** the respiratory system.

responder *verbo*
1. **to answer: no pudo responder a la pregunta de la maestra** she couldn't answer the teacher's question
2. **to reply: gracias por responder a mi e-mail** thank you for replying to my e-mail
3. **to respond: el enfermo respondió bien al tratamiento** the patient responded well to the treatment.

la **responsabilidad** ■ **responsibility** (*plural* **responsibilities**)**: le han dado mucha responsabilidad** they've given her a lot of responsibility.

responsable *adjetivo* ■ **responsible: María es muy responsable** María is very responsible
➤ **ser responsable de** to be responsible for: **ella es responsable del bienestar de los niños** she's responsible for the children's well-being

el/la **responsable** ■ **¿quién es el responsable de esto?** who is responsible for this?
➤ **Jimena es la responsable del proyecto** Jimena is in charge of the project
➤ **los responsables de la crisis** those responsible for the crisis.

la **respuesta** ■ **reply: espero tu respuesta** I'll await your reply.

la **resta** ■ **subtraction: haz la resta y dime el resultado** do the subtraction and tell me the answer.

restar *verbo* ■ **to subtract: piensa en un número y réstale cinco** think of a number then subtract five from it

> ⚠ The Spanish word **restar** is a false cognate, it does not mean "rest".

el **restaurante** ■ **restaurant**.

restaurar *verbo* ■ **to restore**.

el **resto** ■ **rest: deja el resto para mañana** leave the rest for tomorrow
➤ **yo me como los restos** I'll eat the leftovers.

la **restricción** (*plural* **las restricciones**) ■ **restriction**.

resucitar *verbo* ■ **to revive: los médicos lograron resucitarlo** the doctors managed to revive him.

el **resultado**
1. **result: el resultado del sorteo** the results of the drawing
2. **score: el resultado del partido** the game's score.

resultar *verbo*
1. **to work out: no le resultaron sus planes** his plans didn't work out
2. **to turn out: el cuarto resultó ser muy pequeño** the room turned out to be very small.

el **resumen** ■ **summary: el resumen es demasiado largo** the summary is too long
➤ **hacer un resumen del texto** to summarize the text
➤ **en resumen, me gusta más éste** in short, I prefer this one.

resumir *verbo* ■ **to summarize: tuvimos que resumir la película en dos párrafos** we had to summarize the movie in two paragraphs
➤ **resumiendo** in short.

retar *verbo* ■ **to challenge: lo retó a un partido de tenis** she challenged him to a tennis match.

retardar *verbo* ■ **to delay: el concierto se retardó por media hora** the concert was delayed by half an hour.

retirar *verbo*
1. **to remove: por favor retira los platos de la mesa** please remove the plates from the table
2. **to withdraw: fue a retirar su dinero del banco** she went to withdraw her money from the bank

retirarse *verbo pronominal* ■ **to retire**.

el **reto** ■ **challenge: Juan no pudo resistir el reto de Pablo** Juan could not resist Pablo's challenge.

retocar *verbo* ■ **to touch up: esa foto ha sido retocada** that picture has been touched up.

retorcer *verbo* ■ **to twist: se retorció el tobillo** he twisted his ankle.

retrasado *adjetivo*
1. **behind: va un poco retrasado en el colegio** he's a little behind in school
2. **slow: mi reloj está retrasado por cinco minutos** my watch is five minutes slow
3. **backward: una sociedad retrasada** a backward society.

retrasar *verbo*
1. **to delay: todos los trenes están retrasados** all the trains are delayed
2. **to postpone: retrasaron la fiesta por una semana** they postponed the party for a week
3. **to turn back: este fin de semana hay que retrasar los relojes** we have to turn back the clocks this weekend

retrasarse *verbo pronominal* ■ **to be late: me retrasé por el tráfico** I was late because of traffic.

el **retraso** ■ **delay: hubo un retraso de dos horas** there was a two-hour delay.

el **retrato** ■ **portrait**.

retroceder *verbo*
1. **to move back: el coche retrocedió diez metros** the car moved back ten meters
2. **to retreat: los soldados tuvieron que retroceder** the soldiers had to retreat.

el **retrovisor** ■ **rearview mirror**.

retuerzo *verbo* ➤ retorcer.

la **reunión** (*plural* las reuniones)
1. **meeting: la reunión es a las diez** the meeting is at ten
2. **get-together: la reunión en tu casa estuvo muy buena** the get-together at your house was a lot of fun.

reunir *verbo*
1. **to gather: reunió todos sus juguetes y los tiró a la basura** she gathered all her toys and threw them in the trash
2. **to have: reúne todas las cualidades necesarias** he has all the necessary qualities
➤ **se reunieron en su casa** they got together at his house
➤ **¿nos reunimos a las tres?** shall we meet at three?

la **revancha** ■ **rematch: me vas a tener que dar la revancha** you're going to have to give me a rematch
➤ **Miguel tuvo su revancha después de lo que José le hizo** Miguel got his own back after what José did to him.

la **revelación** ■ **revelation**.

revelar *verbo*
1. **to reveal: revelaron todos sus secretos** they revealed all their secrets
2. **to develop: llevé las fotos a revelar** I took the film to be developed.

reventar *verbo* ■ **to burst: el globo reventó** the balloon burst
➤ **su actitud me revienta** his attitude really bugs me.

el **reventón** ■ *Mexico informal* **party**

la **reversa** ■ *Colombia, Mexico* **reverse: meter reversa** to put the car in reverse.

el **revés**
1. **inside: el revés de la chamarra** the inside of the jacket
2. **back: el revés de la hoja de papel** the back of the sheet of paper
3. **backhand: tiene un revés muy poderoso** she has a very powerful backhand
➤ **al revés** inside out: **tienes el suéter al revés** your sweater is inside out
➤ **al revés** backward: **ya no está de moda ponerse la gorra al revés** it's not in to wear your cap backward anymore
➤ **al revés** the other way around: **colócalas al revés** place them the other way around.

reviento, revientas etc *verbo* ➤ reventar.

revisar *verbo*
1. **to check: el maestro revisa diariamente el trabajo de sus alumnos** the teacher checks his students' work every day
2. **to search: me revisaron las maletas en la aduana** they searched my bags at customs.

la **revisión** ■ **check: una revisión de calidad** a quality check
➤ **una revisión médica** a check-up.

la **revista** ■ **magazine**.

revivir *verbo* ■ **to refresh: revivió después de la siesta** she was completely refreshed after her nap.

la **revolución** (*plural* las revoluciones) ■ **revolution**.

revolucionario *adjetivo* ■ **revolutionary**.

revolver *verbo*
1. **to stir: no está revuelto tu café** your coffee hasn't been stirred
2. **to turn upside down: revolvió toda la casa buscando el libro** she turned the house upside down looking for the key.

el **revólver** (*plural* los revólveres) ■ **revolver**.

el **rey** ■ **king: algún día, el príncipe llegará a ser rey** one day, the prince will be king
➤ **los reyes de España** the King and Queen of Spain
➤ **los Reyes Magos** the Three Wise Men

LOS REYES MAGOS

January 6 is the feast of the Epiphany, honoring the Three Wise Men who visited the baby Jesus bringing gifts of gold, frankincense, and myrrh. It is the favorite religious holiday of many children, who receive presents from the Three Wise Men on the morning of January 6. In some places, children will put out grass and water for the Wise Men's camels, while in others they will leave out a shoe to receive their presents.

rezar *verbo* ■ **to pray: siempre rezo por la paz** I always pray for peace.

rico *adjetivo*
1. **rich: un hombre rico** a rich man
2. **delicious: ¡que comida más rica!** what a delicious meal
➤ **un país rico en petróleo** a country rich in oil.

ridículo *adjetivo* ■ **ridiculous: un ridículo sombrero con plumas** a ridiculous feathered hat
➤ **hacer el ridículo** to make a fool of yourself.

ríe etc *verbo* ➤ reír.

riego, riegas etc *verbo* ➤ regar.

el **riel** ■ **rail**.

el **riesgo** ■ **risk: tomar un riesgo** to take a risk
➤ **corres el riesgo de perderlo todo** you run the risk of losing it all.

el **rifle** ■ **rifle**.

rígido *adjetivo*
1. **rigid: esa barra de metal es muy rígida** that metal bar is very rigid
2. **strict: la profesora es muy rígida y nos regaña a todos** the teacher is very strict and is always scolding us.

la **rima** ■ **rhyme**.

el **rincón** (*plural* los rincones) ■ **corner: había una telaraña en el rincón de mi cuarto** there was a spiderweb in the corner of my room.

el **rinoceronte** ■ **rhinoceros**.

el **riñón** (*plural* los riñones) ■ **kidney**.

el **río** ■ **river: en la boca del río** at the mouth of the river
➤ **río arriba** upstream
➤ **río abajo** downstream.

la **riqueza**
1. **wealth: la concentración de la riqueza** the concentration of wealth
2. **richness: la riqueza de la vegetación** the richness of the vegetation.

la **risa** ■ **laugh: tiene una risa muy contagiosa** she has a very infectious laugh
➤ **me da risa José** José makes me laugh.

el **ritmo**
1. **rhythm: el ritmo de la música** the rhythm of the music
2. **pace: no puedo caminar a tu ritmo** I can't walk at your pace.

el **ritual** ■ **ritual**.

el/la **rival** ■ **rival**.

rizado *adjetivo* ■ **curly: el pelo rizado** curly hair.

rizar *verbo* ■ **to curl: se rizó el pelo** she curled her hair.

el **rizo** ■ **curl**.

robar *verbo*
1. **to rob: trataron de robar el banco** they tried to rob the bank
2. **to steal: me robaron la cartera** my wallet was stolen
3. **to rip off: si vas a esa tienda te roban** you'll get ripped off if you go to that store.

el **robo**
1. **robbery: el robo de un banco** a bank robbery
2. **theft: el robo de una televisión** the theft of a TV set
3. **burglary: el robo en una casa** a burglary
4. **rip-off: los precios en esa tienda son un robo** the prices at that store are a rip-off.

el **robot** ■ **robot**.

la **roca** ■ **rock**.

la **rodaja** ■ **slice: ¿me das una rodaja de tu naranja?** can I have a slice of your orange?
➤ **cebollas cortadas en rodaja** sliced onions.

rodar *verbo* ■ **to roll: la pelota rodó por el suelo** the ball rolled along the ground.

rodear *verbo* ■ **to surround: los admiradores del cantante lo rodearon** the singer's fans surrounded him
➤ **le gusta estar rodeado de su familia** he likes to be surrounded by his family.

la **rodilla** ■ **knee**
➤ **estaba de rodillas** he was on his knees.

el **rodillo** ■ **rolling pin**.

rogar *verbo*
1. **to beg: me rogó que no me fuera** he begged me to stay
2. **to ask: les rogamos disculpen estas molestias** we ask that you forgive these disruptions
3. **to pray: roguemos al Señor** let us pray to the Lord.

rojo *adjetivo* ■ **red: un coche rojo** a red car

➤ **se puso rojo de pena** he turned red with embarrassment.

el **rollo** ■ **roll**.

romántico *adjetivo* ■ **romantic**.

el **rompecabezas** *(plural* los rompecabezas*)* ■ **jigsaw puzzle**.

romper *verbo*
1. **to break: rompí un vaso sin querer** I accidentally broke a glass
2. **to tear: rompió el sobre en lugar de cortarlo con cuidado** he tore the envelope rather than opening it carefully

➤ **se rompió la tele** the TV is broken
➤ **rompieron después de tres años juntos** they broke up after three years.

el **ron** ■ **rum**.

roncar *verbo* ■ **to snore**.

ronco *adjetivo*
1. **hoarse: tengo la voz ronca de tanto gritar** my voice is hoarse from screaming so much
2. **husky: Carlos tiene la voz ronca y grave** Carlos has a low, husky voice.

la **ropa** ■ **clothes: ropa para bebés** baby clothes

➤ **la ropa de cama** bedclothes
➤ **la ropa interior** underwear
➤ **la ropa sucia** dirty laundry.

rosa *adjetivo* ■ **pink: una blusa rosa** a pink blouse

la **rosa** ■ **rose**.

rosado *adjetivo* ■ **pink**.

el **rosal** ■ **rosebush**.

la **rosticería** ■ **rotisserie**.

el **rostro** ■ **face: tiene el rostro lleno de pecas** her face is covered in freckles.

la **rotación** *(plural* las rotaciones*)* ■ **rotation: el movimiento de la rotación de la Tierra** the Earth's rotation.

roto *adjetivo*
1. **ripped: tienes la camisa rota** your shirt is ripped
2. **broken: este plato está roto** this plate is broken
3. **torn: tus libros siempre están rotos** your books are always torn
4. **worn-out: anda siempre con unos zapatos rotos** he always goes around in some worn-out shoes.

rozar *verbo*
1. **to brush: tu beso apenas me rozó la mejilla** your kiss barely brushed my cheek
2. **to rub: los zapatos nuevos me están rozando los talones** these new shoes are rubbing against my heels
3. **to scrape: su brazo rozó contra el tronco del árbol** her arm scraped against the tree trunk.

rubio *adjetivo* ■ **blond: tiene el pelo rubio** he has blond hair

el **rubio**, la **rubia** ■ **blond (blonde): llegó con una rubia de ojos azules** he arrived with a blue-eyed blonde.

rudimentario *adjetivo* ■ **rudimentary**.

rudo *adjetivo*
1. **rough: esta tela es un poco ruda** this material is a bit rough
2. **rude: a veces encuentro que Juan es muy rudo** I find Juan very rude at times.

la **rueda** ■ **wheel: ese vehículo tiene seis ruedas** that vehicle has six wheels

➤ **la rueda delantera** the front wheel
➤ **la rueda de la fortuna** the Ferris wheel
➤ **la rueda trasera** the back wheel.

ruego, ruegas etc *verbo* ➤ rogar.

el **rugby** ■ **rugby**.

el **rugido** ■ **roar: el rugido del león** the lion's roar.

rugir *verbo* ■ **to roar**.

el **ruido** ■ **noise: eso no es música, es un ruido** that isn't music, it's noise.

ruidoso *adjetivo* ■ **noisy**.

la **ruina** ■ **ruin**

➤ **la ciudad quedó en ruinas** the city was in ruins

➤ **esa mujer lo llevó a la ruina** that woman ruined him.

la **ruleta** ■ **roulette**.

el **rumbo** ■ **direction: partió rumbo a la capital** he headed in the direction of the city.

el **rumor**
1. **rumor: han oído algunos rumores acerca de eso** I've heard some rumors about that
2. **murmur: el rumor del gentío** the murmur of the crowd.

rural *adjetivo* ■ **rural**.

la **ruta** ■ **route**.

la **rutina** ■ **routine**.

S

el **sábado**

> En inglés, los días de la semana se escriben con mayúscula:

Saturday: hoy es sábado today is Saturday; **el próximo sábado** next Saturday; **el pasado sábado** last Saturday
➤ **el sábado** on Saturday: **te veré el sábado** I'll see you on Saturday
➤ **los sábados** on Saturdays: **los sábados vamos al parque** on Saturdays we go to the park.

la **sabana** ■ **savanna**.

la **sábana** ■ **sheet**.

saber *verbo*
1. **to know: ¿sabes cómo se llama?** do you know his name?
2. **to know how to: Rafael no sabe nadar** Rafael doesn't know how to swim
3. **to hear: no supe nada de él por más de un año** I didn't hear from him for over a year
4. **to taste: esta comida sabe muy mal** this food tastes awful
➤ **saberse algo de memoria** to know something by heart

el **saber** ■ **knowledge**.

la **sabiduría** ■ **wisdom**.

sabio *adjetivo* ■ **wise: esas son palabras sabias** those are wise words.

el **sabor**
1. **taste: un sabor amargo** a bitter taste
2. **flavor: sabor a manzana** apple flavor.

saborear *verbo* ■ **to savor**.

sabré, sabrás etc *verbo* ➤ saber.

sabroso *adjetivo* ■ **tasty**.

el **sacacorchos** (*plural* los sacacorchos) ■ **corkscrew**.

el **sacapuntas** (*plural* los sacapuntas) ■ **pencil sharpener**.

sacar *verbo*
1. **to take out: ayúdame a sacar la basura** help me take out the garbage; **voy a sacar a pasear al perro** I'm going to take the dog out for a walk
2. **to get: ¿pudiste sacar los boletos?** were you able to get the tickets?
3. **to move: te pedí que sacaras eso de ahí** I asked you to move that out of there
➤ **sacar una foto** to take a picture

sacarse *verbo pronominal* ■ **to take off: sácate el abrigo** take off your coat
➤ **se sacó buenas notas** she got good grades
➤ **se sacó la lotería** she won the lottery.

el **saco**
1. **sack: un saco de carbón** a sack of coal
2. **jacket: un saco sport** a sports jacket
➤ **un saco de dormir** a sleeping bag.

el **sacrificio** ■ **sacrifice**.

sacudir *verbo*
1. **to shake: la explosión sacudió mi casa** the explosion shook my house
2. *Mexico* **to dust: sacude los muebles** dust the furniture.

sagrado *adjetivo*
1. **holy: la Meca es la ciudad más sagrada del Islam** Mecca is the holiest city of Islam
2. **sacred: la amistad es algo sagrado** friendship is sacred.

la **sal** ■ **salt**.

la **sala**
1. **living room: la sala de mi casa no es muy grande** my living room isn't very large
2. **hall**
➤ **sala de conciertos** concert hall
➤ **sala de conferencias** conference hall
➤ **sala de embarque** departure lounge
➤ **sala de espera** waiting room
➤ **sala de exposiciones** gallery
➤ **sala de profesores** staffroom.

salado *adjetivo*
1. **salty: la comida está demasiado salada** the food is too salty
2. **savory: prefiero la comida salada** I prefer savory food.

el **salario** ■ **salary: gana un salario enorme** he is paid a huge salary
➤ **el salario mínimo** the minimum wage.

la **salchicha** ■ **sausage**.

la **salchichonería** ■ *Mexico* **deli**.

el **saldo** ■ **balance: el saldo de esta cuenta es de $5.50 a favor** the balance of this account is $5.50 in credit
➤ **los saldos empiezan el lunes** the sales start on Monday.

saldré, saldrás etc *verbo* ➤ salir.

el **salero** ■ **salt shaker**.

la **salida**
1. **exit: la salida está por ese pasillo a la derecha** the exit is down that corridor on the right
2. **departure: la hora de salida del tren es a las tres** the train's departure time is three o'clock
3. **start: la salida de la carrera** the start of the race
➤ **nos vemos a la salida del colegio** I'll see you when school lets out
➤ **este problema no tiene salida** this problem has no solution.

salir *verbo*
1. **to leave: nunca salgo de mi casa sin un paraguas** I never leave home without an umbrella; **el avión sale a las siete** the plane leaves at seven
2. **to come out: salió demasiado rápido del garage** he came out of the garage too quickly; **la nueva edición sale el próximo mes** the new edition comes out next month
3. **to get out: ¡sal de mi casa!** get out of my house!
4. **to go out: como castigo no me dejaron salir por un mes** I'm not allowed out for a month as punishment
5. **to be on: salió hoy en las noticias** he was on the news today
➤ **el sol sale a las 5:30 de la mañana** the sun comes up at 5:30 in the morning
➤ **el viaje salió muy caro** the trip was very expensive
➤ **salir con alguien** to go out with somebody

salirse *verbo pronominal*
➤ **me salí en la mitad de la película** I left halfway through the movie
➤ **se me salen los zapatos** my shoes are slipping off
➤ **se salió la rueda del coche** the car's wheel came off.

la **saliva** ■ **saliva**.

el **salmón** *(plural* los salmones*)* ■ **salmon**.

la **salpicadera** ■ *Mexico* **fender**.

salpicar *verbo* ■ **to splash**.

la **salsa**
1. **sauce: la pasta venía en una salsa de vino blanco** the pasta came in a white wine sauce
2. *Mexico* **salsa: esta salsa está muy picante** this salsa is really hot
3. **salsa music: me encanta la salsa** I love salsa music.

saltar *verbo* ■ **to jump: no puedo saltar tan alto** I can't jump that high

saltarse *verbo pronominal* ■ **to skip: no deberías saltarte ninguna comida** you shouldn't skip meals
➤ **se saltó la cola** *Mexico* she cut in line.

el **salto**
1. **jump: dio un salto enorme** he made a huge jump
2. **dive: le gusta saltar al agua** she likes diving in the water
➤ **salto alto** high jump
➤ **salto con garrocha** pole vault
➤ **salto de agua** waterfall
➤ **salto largo** long jump
➤ **salto mortal** somersault.

salud *interjección*
1. *al brindar* **cheers!**
2. *después de estornudar* **bless you!**

la **salud** ■ **health: es malo para la salud** it's bad for your health.

saludable *adjetivo* ■ **healthy**.

saludar *verbo*.
1. **to say hello: ni siquiera me saludó** he didn't even say hello to me
2. **to wave: lo saludé desde lejos** I waved to him from a distance
➤ **Lo saluda atentamente** Sincerely yours.

el **saludo** ■ **regards: les mandó muchos saludos a todos** she sends her best regards to everyone
➤ **nos recibió con un cálido saludo** he greeted us warmly.

salvadoreño *adjetivo*

En inglés, los adjetivos que refieren a un país o a una región se escriben con mayúscula:

Salvadoran

el **salvadoreño**, la **salvadoreña**

En inglés, los gentilicios se escriben con mayúscula:

Salvadoran: los salvadoreños the Salvadorans.

salvaje *adjetivo* ■ **wild: un animal salvaje** a wild animal.

salvar *verbo* ■ **to save: le salvó la vida su hermano** he saved his brother's life
➤ **¡te salvaste!** you got out of that!

el **salvavidas** (*plural* los **salvavidas**)
1. **lifeguard: los salvavidas tienen que saber nadar muy bien** lifeguards have to be very good swimmers
2. **life preserver**.

salvo *preposición* ■ **except: todos vinieron salvo Eduardo** everyone came except Eduardo
➤ **salvo que** unless: **salvo que se especifique a lo contrario** unless otherwise specified.

San *adjetivo* ■ **Saint: San Mateo** Saint Matthew

San is a shortened form of **Santo** used before the names of certain saints.

sanar *verbo*
1. **to heal: la herida tardó mucho en sanar** the wound took a long time to heal
2. **to get well: sanará pronto porque su enfermedad no es grave** she'll get well soon since the disease isn't serious.

la **sandalia** ■ **sandal**.

la **sandía** ■ **watermelon**.

el **sándwich** (*plural* los **sándwiches**) ■ **sandwich**.

sangrar *verbo* ■ **to bleed: su herida sangraba mucho** her wound was bleeding profusely.

la **sangre** ■ **blood**.

sano *adjetivo* ■ **healthy: es un muchacho fuerte y sano** he's a strong and healthy boy; **nadar es una actividad sana** swimming is a healthy activity
➤ **sano y salvo** safe and sound.

santo *adjetivo* ■ **holy: el santo evangelio** the Holy Gospel el **santo** ■ **saint's day:** **mañana es mi santo** tomorrow is my saint's day

> Some Spanish speakers celebrate the feast day of the saint they share their first name with.

el **santo,** la **santa** ■ **saint:** **tu hermano es un santo** your brother is a saint.

el **sapo** ■ **toad**.

el **saque** ■ **serve:** **tiene un saque muy poderoso** he has a powerful serve.

el **sarampión** *(plural* los sarampiones*)* ■ **measles**.

sarcástico *adjetivo* ■ **sarcastic**.

la **sardina** ■ **sardine**.

el **sarro** ■ **plaque:** **el dentista me quitó el sarro de los dientes** the dentist removed the plaque from my teeth.

el/la **sartén** *(plural* los/las sartenes*)* ■ **frying pan**.

el **sastre** ■ **tailor**.

el **satélite** ■ **satellite**.

la **satisfacción** ■ **satisfaction:** **se notaba su satisfacción con el resultado** you could sense his satisfaction with the outcome.

satisfacer *verbo*

1. **to satisfy:** **esa respuesta no me satisface** that answer doesn't satisfy me
2. **to meet:** **no satisface los requisitos** it doesn't meet the requirements.

satisfactorio *adjetivo* ■ **satisfactory:** **su rendimiento en el examen oral fue satisfactorio** his performance on the oral exam was satisfactory.

satisfecho *adjetivo* ■ **pleased:** **la profesora está muy satisfecha con sus alumnos** the teacher is very pleased with her students.

el **sauna** ■ **sauna**.

el **saxofón** *(plural* los saxofones*)* ■ **saxophone**.

se *pronombre*

1.

> **Se** con sentido reflexivo se traduce por **himself, herself, itself, themselves, yourself** o **yourselves,** respectivamente:

se hizo daño con el martillo he hurt himself with the hammer; **el radio se apaga solo** the radio turns itself off; **se declararon ganadores** they declared themselves the winners; **si quiere, se puede ver en este espejo** you can look at yourself in this mirror if you like

2. **each other:** **se quieren mucho** they love each other very much

3.

> Cuando el verbo con **se** se refiere a partes del cuerpo o ropa, el inglés usa el artículo posesivo:

se lavó las manos he washed his hands; **se amarró los zapatos** he tied his shoelaces

4.

> Cuando **se** va junto a otro pronombre se traduce por **to him, to her, to them, to you,** respectivamente:

se los presté I lent them to him

> En estos casos no se traduce cuando el nombre al que se refiere se repite en la oración:

dáselo a tu hermano give it to your brother; **es una sorpresa, no se lo cuentes a Ana** it's a surprise so don't tell Ana

5.

> Cuando **se** tiene un sentido impersonal, generalmente se traduce por **you** o **it:**

se construyó en un año it was built in a year; **se puede comprar limones en el mercado** you can buy lemons at the market; **eso no se hace** you shouldn't do that

➤ **"se alquila"** "for rent"

➤ **se está rasurando** he's shaving

➤ **se quejó del mal servicio** he complained about the bad service.

sé *verbo* ➤ saber.

el **secador** ■ **blow dryer**.

la **secadora**
1. **dryer: pon tu ropa en la secadora** put your clothes in the dryer
2. *Mexico* **blow dryer**
➤ **siempre se seca el pelo con secadora** she always blow dries her hair.

secar *verbo* ■ **to dry: ayúdame a secar los platos** help me dry the dishes

secarse *verbo pronominal* ■ **to dry oneself: se secó con la toalla** he dried himself with the towel.

la **sección** *(plural* las secciones*)*
1. **section: la oficina está dividida en cinco secciones** the office is divided into five sections
2. **department: trabaja en la sección de muebles** he works in the furniture department.

seco *adjetivo*
1. **dry: el desierto es un lugar seco** the desert is a dry place
2. **dried: higos secos** dried figs.

el **secretario,** la **secretaria** ■ **secretary: trabaja de secretaria en una empresa** she works as a secretary in a company.

secreto *adjetivo* ■ **secret: el científico tenía una fórmula secreta** the scientist had a secret formula

el **secreto** ■ **secret: guardó el secreto por varios años** she kept the secret for a few years
➤ **se casaron en secreto** they got married in secret.

el **sector** ■ **sector**.

la **secuencia** ■ **sequence: hay que hacerlo en secuencia para que funcione** you have to do it in sequence for it to work.

secuestrar *verbo*
1. **to kidnap: secuestraron a la hija del presidente** the president's daughter was kidnapped
2. **to hijack: secuestraron el avión** they hijacked the plane.

el **secuestro**
1. *de persona* **kidnapping**
2. *de avión* **hijack**.

secundario *adjetivo* ■ **secondary**.

la **sed** ■ **thirst: saciar la sed** to quench one's thirst
➤ **tengo sed** I'm thirsty.

seguido *(adjetivo & adverbio)*
■ *adjetivo*
in a row: estornudé cinco veces seguidas I sneezed five times in a row
■ *adverbio*
often: voy bastante seguido I go there pretty often
➤ **lo haré en seguida** I'll do it right away
➤ **vaya todo seguido** keep going straight.

seguir *verbo*
1. **to follow: sígueme a mí** follow me
2. **to go along: siga por aquí y luego dé vuelta a la derecha** keep going along here then turn right
3. **to go on: ya no puedo seguir trabajando así** I can't go on working like this
➤ **¿sigues enfermo?** are you still sick?

según *(adverbio & preposición)*
■ *adverbio*
depending on : compraré dos o tres juegos según el dinero que tenga I'll buy two or three games depending on how much money I have
■ *preposición*
according to: según Juan, le fue bien en el examen according to Juan, he did well on the test.

segundo *adjetivo* ■ **second: llegó en el segundo tren** she arrived on the second train

el **segundo** ■ **second: 30 segundos** 30 seconds.

la **seguridad**
1. **safety: la seguridad personal** personal safety
2. **security: medidas de seguridad** security measures
➤ **le falta seguridad en sí mismo** he lacks self-confidence
➤ **lo hará con toda seguridad** he'll no doubt do it
➤ **la seguridad social** social security.

seguro *adjetivo*
1. **sure: ¿estás seguro?** are you sure?
2. **safe: es bastante seguro comprar en Internet** it's quite safe to buy on the Internet; **no es seguro andar sólo por la noche** it's not safe to walk around by yourself at night
3. **certain: no es seguro que pueda jugar en el partido** it's uncertain if he'll be able to play in the game

el **seguro**
1. **insurance: ¿tienes seguro de casa?** do you have home insurance?
2. *Mexico* **safety pin**.

seis *numeral* ■ **six: tiene seis hijos** she has six children
➤ **mi hermana tiene seis años** my sister is six years old
➤ **son las seis** it's six o'clock
➤ **el seis de abril** the sixth of April.

seiscientos *adjetivo* ■ **six hundred**.

la **selección** *(plural* las **selecciones***)*
1. **selection: hay una selección de colores enorme** there's a great selection of colors
2. **team: participan las selecciones nacionales de varios países** the national teams from several countries are participating.

seleccionar *verbo* ■ **to pick: Felisa seleccionó su vestido más nuevo para ir a la fiesta** Felisa picked her newest dress to go to the party.

sellar *verbo* ■ **to seal: sellaron el pozo para evitar accidentes** they sealed the well to avoid accidents.

el **sello**
1. **stamp: un sello de correos** a postage stamp
2. **label: un sello discográfico** a record label.

la **selva** ■ **forest**
➤ **selva tropical** tropical rain forest.

el **semáforo** ■ **traffic light**.

la **semana** ■ **week: me tardé dos semanas en terminarlo** it took me two weeks to finish it
➤ **fin de semana** weekend: **nos vemos los fines de semana** we see each other on weekends
➤ **Semana Santa** Holy Week

SEMANA SANTA

Semana Santa, or Holy Week, is the week leading up to Easter Sunday and most schools are off for this week. Thursday and Friday are holy days and many people participate in ceremonies and processions. Dried cod is a popular dish at this time.

la **semanada** ■ **weekly allowance**.

semanal *adjetivo* ■ **weekly: es un programa semanal de televisión** it's a weekly TV show.

sembrar *verbo* ■ **to sow: sembró las semillas hace unos meses** he sowed the seeds a few months ago.

semejante *adjetivo*
1. **similar: descubrieron un sistema solar semejante al nuestro** they discovered a solar system similar to ours
2. **such: no se puede justificar semejante barbaridad** you can't justify such an atrocity.

el **semestre** ■ **semester**.

la **semifinal** ■ **semifinal**.

la **semilla** ■ **seed**.

el **senado** ■ **senate**.

el **senador**, la **senadora** ■ **senator**.

sencillo *adjetivo* ■ **simple: la tarea es bastante sencilla** the homework is pretty simple

el **sencillo**
1. **single: el grupo tuvo éxito con ese sencillo** the band had a hit with that single
2. **change: ¿tienes sencillo?** do you have any change?

el **sendero** ■ **path**.

la **sensación** ■ **feeling: una sensación desagradable** an unpleasant feeling.

sensacional *adjetivo* ■ **sensational: te ves sensacional** you look sensational.

sensato *adjetivo* ■ **sensible: parece ser un chico muy sensato** he seems to be a very sensible boy.

sensible *adjetivo* ■ **sensitive: crema para piel sensible** cream for sensitive skin; **una persona muy sensible** a very sensitive person

⚠ The Spanish word **sensible** is a false cognate, it doesn't mean "sensible".

sentar *verbo*
1. **to suit: ese peinado le sienta muy bien** that haircut really suits her
2. **to do someone good: este té te sentará bien** this tea will do you good

sentarse *verbo pronominal* ■ **to sit down: siéntate ahí si quieres** sit down there if you want.

el **sentido** ■ **sense: los cinco sentidos** the five senses; **¿en que sentido?** in which sense?; **no tiene sentido del ritmo** he has no sense of rhythm
➤ **una calle de un solo sentido** a one-way street
➤ **ir en sentido contrario** to go the wrong way
➤ **perder el sentido** to lose consciousness
➤ **sentido común** common sense
➤ **sentido del humor** sense of humor.

sentimental *adjetivo* ■ **sentimental**.

el **sentimiento** ■ **feeling**.

sentir *verbo*
1. **to feel: siento un aire frío** I feel a cold breeze
2. **to hear: ¿sentiste ese ruido afuera?** did you hear that noise outside?
3. **to smell: siento un olor a gas** I can smell gas
4. **to be sorry: lo siento mucho** I'm really sorry
➤ **se siente mal** he doesn't feel well
➤ **se sintió por lo que dije** *Chile, Mexico* she was hurt by what I said.

la **seña** ■ **sign: te doy una seña cuando esté listo** I'll give you a sign when I'm ready
➤ **dame tus señas** give me your address

la **señal**
1. **sign: es una señal positiva** it's a positive sign
2. **signal: la señal es muy débil** the signal is very weak
➤ **señal de tráfico** traffic sign
➤ **señal de socorro** distress signal.

señalar *verbo* ■ **to point: ¿puedes señalar dónde está?** can you point out where it is?
➤ **no señales a la gente con el dedo** don't point at people.

el **señor**
1. **man: ese señor te está buscando** that man is looking for you
2. **Mr.: el señor García** Mr. García
➤ **¿se le ofrece algo, señor?** can I help you, sir?
➤ **Muy señor mío...** Dear Sir...

⚠ The Spanish word **señor** is a false cognate, it doesn't mean "senior".

la **señora**
1. **lady: esa señora es mi maestra** that lady is my teacher
2. **Mrs.: la señora García** Mrs. García
3. **wife: le presento a mi señora** I'd like you to meet my wife
➤ **¿se le ofrece algo, señora?** can I help you, ma'am?

la **señorita**
1. **young lady: ¡tu hermana ya es una señorita!** your sister's a young lady already!
2. **Miss: todavía me dicen señorita** they still call me Miss.

la **separación** (*plural* las separaciones)
1. **separation: una separación de dos años** a two-year separation
2. **gap: una separación de dos metros** a two-meter gap.

separado *adjetivo*
1. **separate: mantén los ingredientes separados** keep the ingredients separate
2. **separated: sus padres están separados** his parents are separated
➤ **por separado** separately.

separar *verbo* ■ **to separate: separa a los niños, por favor** separate the children, please

separarse *verbo pronominal* ■ **to separate: se separaron después de diez años** they separated after ten years.

el **separo** ■ *Mexico* **cell: lo pusieron en un separo por 24 horas** he was put in a cell for 24 hours.

septiembre *sustantivo masculino* ■ **September: en septiembre** in September; **el próximo septiembre** next September; **el pasado septiembre** last September

En inglés los nombres de los meses se escriben con mayúscula.

la **sequía** ■ **drought**.

ser *verbo* ■ **to be: Luis es muy inteligente** Luis is very intelligent; **mi cumpleaños fue ayer** my birthday was yesterday; **es abogado** he's a lawyer; **somos veinticinco en la clase** there are twenty-five of us in the class
➤ **el lápiz es para escribir** the pencil is for writing
➤ **es la una y media** it's half past one
➤ **esta bicicleta es de mi hermana** this is my sister's bicycle
➤ **Rodrigo es de Guadalajara** Rodrigo is from Guadalajara
➤ **las casas son de adobe** the houses are made from adobe
➤ **a no ser que** unless: **a no ser que estudies, te va a ir mal** you'll do badly unless you study
➤ **o sea** so: **o sea que mañana no vienes** so you're not coming tomorrow

el **ser** ■ **being**
➤ **un ser humano** a human being
➤ **los seres vivos** living things.

la **serie** ■ **series: fui a una serie de charlas** I went to a series of talks
➤ **una serie de televisión** a television series.

serio *adjetivo* ■ **serious: es una persona muy seria** he's a very serious person
➤ **en serio** seriously: **no lo puedo tomar en serio** I can't take it seriously.

la **serpiente** ■ **snake**.

el **serrucho** ■ **saw**.

el **servicio** ■ **service: ofrecen un servicio muy bueno** they offer very good service
➤ **servicio a domicilio** delivery service
➤ **servicio incluido** service is included
➤ **servicio militar** military service.

la **servilleta** ■ **napkin**.

servir *verbo*
1. **to serve: ya sirvieron la cena** they've already served dinner
2. **to work: la máquina todavía sirve** the machine still works
➤ **¿te sirve esta caja?** can you use this box?
➤ **esto no sirve para nada** this is useless
➤ **¿te sirvo más té?** can I get you some more tea?

sesenta *numeral* ■ **sixty**.

la **sesión** ■ **session: esta sesión termina a las tres** this session ends at three o'clock
➤ **la última sesión** the last showing.

el **seso** ■ **brain**.

la **seta** ■ **mushroom: algunas setas son venenosas** some mushrooms are poisonous.

severo *adjetivo*
1. **harsh: el castigo fue demasiado severo** the punishment was too harsh
2. **strict: esa profesora es muy severa** that teacher is very strict.

sexista *adjetivo* ■ **sexist**.

el **sexo** ■ **sex**.

sexto, sexta *adjetivo y pronombre* ■ **sixth**.

sexual *adjetivo* ■ **sexual**.

si *conjunción*
1. **if: si me lo devuelves, te perdono** if you give it back to me, I'll forgive you
2. **whether: pregúntale si va a venir o no** ask her whether she's coming or not
➤ **como si no hubiera pasado nada** as if nothing had happened

➤ **toma tu medicina porque si no seguirás enfermo** take your medicine or you won't get better.

sí *(adverbio & pronombre)*

■ *adverbio*

yes: sí, puedes salir a jugar yes, you can go out to play

➤ **a él no le gusta, pero a mí sí** he doesn't like it, but I do

➤ **parece que sí** so it seems

■ *pronombre*

1.

> **Sí** con sentido reflexivo se traduce por **himself, herself, itself, themselves, yourself** o **yourselves:**

sabe defenderse a sí misma she knows how to defend herself; **el cuerpo se repara a sí mismo** the body repairs itself; **debería tener más confianza en sí mismo** he should have more confidence in himself; **están hablando entre sí** they're talking among themselves

2.

> **Sí** con sentido impersonal se traduce por **yourself**:

tiene que ver por sí mismo you have to see for yourself

➤ **en sí** in itself: **el trabajo en sí no me gusta** I don't like work in itself.

siempre *adverbio* ■ **always: esa tienda siempre está cerrada** that store is always closed

➤ **como siempre, hace lo que quiere** as usual, he does what he wants

➤ **seremos amigos para siempre** we'll be friends forever

➤ **siempre y cuando** provided: **sí, siempre y cuando tus notas no bajen** yes, provided your grades don't slip.

la **sierra**

1. *herramienta* **saw**
2. *cordillera* **mountain range**.

la **siesta** ■ **nap**

➤ **se fue a dormir la siesta** he went to take a nap

➤ **la hora de la siesta** naptime.

siete *numeral* ■ **seven: tiene siete hijos** she has seven children

➤ **mi hermana tiene siete años** my sister is seven years old

➤ **son las siete** it's seven o'clock

➤ **el siete de abril** the seventh of April.

las **siglas** ■ **abbreviation**.

el **siglo** ■ **century: el siglo XXI** the 21st century

➤ **hace siglos que no escribe** he hasn't written in ages.

el **significado** ■ **meaning**.

significar *verbo* ■ **to mean: ¿qué significa esta palabra?** what does this word mean?

➤ **¿qué significa S.A.?** what does S.A. stand for?

➤ **su amistad significa mucho para mí** her friendship means a lot to me.

el **signo** ■ **sign: el signo de la victoria** the V-sign

➤ **¿de qué signo eres?** what sign are you?

➤ **los signos del zodíaco** the signs of the zodiac.

siguiente *adjetivo* ■ **next: deja todo preparado para el día siguiente** she leaves everything ready for the next day; **debe venir en el siguiente tren** he should be on the next train

➤ **los siguientes alumnos** the following students

el/la **siguiente**

➤ **¡que pase el siguiente!** next!

➤ **esta calle no, la siguiente** not this street, the next one.

la **sílaba** ■ **syllable**.

silbar *verbo* ■ **to whistle**.

el **silbato** ■ **whistle**.

el **silbido** ■ **whistle**

➤ **llamó al perro con un silbido** he called the dog with a whistle.

el **silencio** ■ **silence: necesito silencio para estudiar** I need silence when I study

➤ **¡silencio, por favor!** quiet, please!

➤ **guardaron silencio en señal de respeto** they remained silent as a sign of respect
➤ **en silencio** silently: **escuchamos en silencio** we listened silently.

silencioso *adjetivo* ■ **silent**.

la **silla** ■ **chair: se sentó en la silla** she sat in the chair
➤ **una silla de montar** a saddle
➤ **una silla de ruedas** a wheelchair.

el **sillón** (*plural* los sillones) ■ **armchair**.

silvestre *adjetivo* ■ **wild: moras silvestres** wild berries.

la **silueta** ■ **silhouette: al fondo vemos la silueta de la catedral** at the back we can see the silhouette of the cathedral
➤ **ejercicios para conservar la silueta** exercises for keeping in shape.

el **símbolo** ■ **symbol**.

simpático *adjetivo* ■ **nice: Ana es muy simpática** Ana is very nice
➤ **estuvo muy simpático con nosotros** he was very nice to us
➤ **me cae simpático** I like him

⚠ The Spanish word **simpático** is a false cognate, it doesn't mean "sympathetic".

simple *adjetivo* ■ **simple: es un ejercicio muy simple** it's a very simple exercise
➤ **no soy más que un simple principiante** I'm a mere beginner.

simplificar *verbo* ■ **to simplify**.

simultáneo *adjetivo* ■ **simultaneous**.

sin *preposición* ■ **without: salió sin paraguas** she went out without an umbrella; **se fue sin despedirse** he left without saying goodbye
➤ **sin querer** accidentally
➤ **estar sin trabajo** to be out of work
➤ **el edificio sigue sin terminar** the building remains unfinished
➤ **gente sin hogar** homeless people
➤ **pasó la noche sin dormir** she spent a sleepless night.

la **sinagoga** ■ **synagogue**.

la **sinceridad** ■ **sincerity**.

sincero *adjetivo* ■ **sincere**.

el **sindicato** ■ **union**.

el **síndrome** ■ **syndrome**.

singular *adjetivo* ■ **singular**

el **singular** ■ **singular**.

siniestro *adjetivo* ■ **sinister**.

sino *conjunción* ■ **but: no es actriz sino bailarina** she's not an actress but a dancer
➤ **no sólo habla inglés, sino también dos idiomas más** she not only speaks English, but also two other languages
➤ **no hace sino molestar** he doesn't do anything but annoy people
➤ **no fue amable, sino todo lo contrario** he wasn't nice, but just the opposite.

el **sinónimo** ■ **synonym**.

sintético *adjetivo* ■ **synthetic**.

el **sintetizador** ■ **synthesizer**.

el **síntoma** ■ **symptom**.

sinvergüenza *adjetivo* ■ **shameless: es muy sinvergüenza** he's utterly shameless

el/la **sinvergüenza** ■ **crook: son todos unos sinvergüenzas** they're all a bunch of crooks.

siquiera *adverbio*
➤ **ni siquiera** not even: **no tiene ni siquiera para sus alimentos** he doesn't even have money for food: **ni siquiera nos ha llamado** she hasn't even called.

la **sirena**
1. *alarma* **siren**
2. *ser mitológico* **mermaid**.

el **sirviente**, la **sirvienta** ■ **servant**.

el **sismo**
1. *temblor* **tremor**
2. *terremoto* **earthquake**.

el **sistema** ■ **system: un nuevo sistema para enseñar inglés** a new system for teaching English

➤ **el sistema respiratorio** the respiratory system

➤ **el sistema solar** the solar system

SISTEMA EDUCATIVO

The educational system in Latin America varies from country to country, but generally it breaks down into about six years of primary education and five or six years at the secondary level. The exception is Argentina, where there are nine years of primary education and three of secondary. Some countries, such as Mexico, Uruguay, and Venezuela, dedicate the last two or three years to preparing students for their future careers. This phase is known as **diversificada** or **preparatoria**. In other countries, such as Peru and Colombia, students who want to attend university take short preparatory courses after finishing their secondary education before taking college entrance exams.

el **sitio**

1. **place: déjalo en su sitio** leave it in its place; **está en un sitio seguro** it's in a safe place
2. **room: no hay suficiente sitio** there's not enough room; **esto ocupa mucho sitio** this takes up a lot of room

➤ **hicieron sitio para que me sentara** they made some room so I could sit down

➤ **cambiaron los muebles de sitio** they moved the furniture around

➤ **en algún sitio debe estar** it has to be around somewhere

➤ **deja sus cosas en cualquier sitio** he leaves his stuff everywhere

➤ **un sitio web** a web site

➤ **un sitio de taxi** *Mexico* a taxi stand.

la **situación** (*plural* **las situaciones**) ■ **situation**.

situar *verbo* ■ **to locate: ¿quién puede situarlo en el mapa?** who can locate it on the map?

➤ **se sitúa entre los cinco mejores tenistas del mundo** she ranks among the five best tennis players in the world.

el **smog** ■ **smog**.

sobra *sustantivo femenino* ■ **¿alguien tiene una entrada de sobra?** does anybody have a spare ticket?; **sabes de sobra que a tu papá eso le molesta** you know well and good that your dad hates that

➤ **de sobra** enough: **tenemos tiempo de sobra** we have enough of time

las **sobras** ■ **leftovers: le da las sobras al perro** he gives the leftovers to the dog.

sobrar *verbo* ■ **to be left over: no sobró nada de comida** there was no food left over

➤ **me sobró algo de dinero** I had some money left over

➤ **aquí sobra una silla** there's one chair too many here.

sobre *preposición*

1. **on: ponlo sobre la mesa** put it on the table
2. **over: volamos sobre la ciudad** we flew over the city
3. **about: no sabe nada sobre eso** he doesn't know anything about that; **una película sobre cuatro adolescentes** a movie about four teenagers

➤ **pon uno sobre otro** put them one on top of the other

➤ **sobre todo** above all: **sobre todo, recuerden apagar las luces** above all, remember to turn off the lights

➤ **sobre todo** specially: **una película interesante, sobre todo para los jóvenes** an interesting movie, specially for young people

el **sobre** ■ **envelope: un sobre aéreo** an airmail envelope.

sobrenatural *adjetivo* ■ **supernatural**.

sobrepasar *verbo* ■ **to exceed: su población sobrepasa los 17 millones** its population exceeds 17 million people

➤ **nadie lo sobrepasa en altura** no one is taller than him.

sobresaliente *adjetivo* ■ **outstanding: es un alumno sobresaliente** he's an outstanding student.

sobresalir *verbo*

1. **to stand out: sobresale entre sus compañeros por su inteligencia** he stands out among his classmates because of his intelligence

2. **to overhang: había un nido en la cornisa que sobresale de la pared** there was a nest on the cornice that overhangs the wall.

el/la **sobreviviente** ■ **survivor.**

sobrevivir *verbo*

1. **to survive**
2. **to outlive**

➤ **sobrevivir a algo** to survive something: **sobrevivieron al accidente** they survived the accident

➤ **sobrevivir a alguien** to outlive somebody: **sobrevivió a sus dos hijos** he outlived his two sons.

la **sobrina** ■ **niece.**

el **sobrino** ■ **nephew: tiene muchos sobrinos** he has many nieces and nephews.

sociable *adjetivo* ■ **sociable.**

social *adjetivo* ■ **social.**

la **sociedad**

1. **society** (*plural* **societies**): **vivimos en una sociedad multicultural** we live in a multicultural society
2. **company** (*plural* **companies**): **formaron una sociedad para vender libros por Internet** they formed a company to sell books on the Internet.

el **socio,** la **socia**

1. **partner: él y mi papá son socios de la empresa** he and my father are business partners
2. **member: soy socio de un club de deportes** I'm a member of a sports club

➤ **quiero hacerme socio de un club de tenis** I want to become a member of a tennis club.

la **sociología** ■ **sociology.**

el **socorro** ■ **help**

➤ **oímos unos gritos pidiendo socorro** we heard some cries for help

➤ **¡socorro!** help!

el **sofá** ■ **sofa: se sentó en el sofá** he sat down on the sofa

➤ **un sofá cama** a sofa bed.

el **software** ■ **software.**

el **sol** ■ **sun**

➤ **al sol** in the sun: **la ropa se secaba al sol** the clothes dried in the sun: **estaban sentados al sol** they were sitting in the sun

➤ **hace sol** it's sunny

➤ **vamos a tomar el sol** we're going to sunbathe

➤ **al salir el sol** at sunrise

➤ **al ponerse el sol** at sunset.

el/la **soldado** ■ **soldier.**

soleado *adjetivo* ■ **sunny.**

la **soledad** ■ **loneliness: sufren de pobreza y soledad** they suffer from poverty and loneliness

➤ **no me gusta la soledad** I don't like to be alone.

solicitar *verbo*

1. **to apply for: voy a solicitar una beca** I'm going to apply for a scholarship
2. **to request: escribí solicitando información** I wrote requesting information.

la **solicitud**

1. *de trabajo, de beca* **application: rechazaron mi solicitud** they rejected my application
2. *de información, ayuda* **request**

➤ **presentar una solicitud** to put in an application.

la **solidaridad** ■ **solidarity: lo hizo en solidaridad con sus compañeros** he did it out of solidarity with his companions.

sólido *adjetivo* ■ **solid.**

el/la **solista** ■ **soloist.**

solitario *adjetivo* ■ **solitary**

el **solitario,** la **solitaria** ■ **loner.**

el **solitario** ■ **solitaire**

➤ **le gusta hacer solitarios** he likes to play solitaire.

solo *adjetivo*

1. **alone: estaba sola** she was alone
2. **lonely: se siente solo** he feels lonely

➤ **quiere hablar a solas conmigo** he wants to speak to me alone

➤ **lo hizo él solo** he did it on his own

➤ **no tuve ni una sola falta** I didn't have a single error
➤ **se lo voy a decir una sola vez** I'm going to tell him only once
➤ **siempre habla solo** he always talks to himself

el **solo** ■ **solo: un solo de batería** a drum solo.

sólo *adverbio* ■ **only: sólo quería un vaso de agua** I only wanted a glass of water; **sólo faltan tres días para mi cumpleaños** there are only three days left until my birthday
➤ **con sólo pensarlo me da rabia** I get angry just thinking about it
➤ **no sólo canta sino que también compone** he not only sings but he also composes.

soltar *verbo*
1. **to let go of: no le sueltes la mano** don't let go of his hand; **¡suéltame!** let go of me!
2. **to release: soltaron a los sospechosos** they released the suspects
3. **to untie: no puedo soltar este nudo** I can't untie this knot
4. **to let out: soltó al perro** he let the dog out
➤ **soltó una carcajada** she burst out laughing
➤ **se soltó el pelo** she let her hair down
➤ **los tornillos se soltaron** the screws came loose.

la **soltera** ■ **bachelorette.**

soltero *adjetivo* ■ **single: es soltero** he's single
➤ **padres solteros** single parents

el **soltero** ■ **bachelor.**

la **solución** *(plural* **las soluciones***)* ■ **solution.**

solucionar *verbo* ■ **to solve: no solucionas nada con llorar** you don't solve anything by crying
➤ **al final todo se solucionó** in the end everything was resolved.

la **sombra**
1. **shade: sentémonos a la sombra** let's sit in the shade
2. **shadow: su sombra se proyectaba en la pared** her shadow was cast on the wall
➤ **sombra de ojos** eyeshadow.

el **sombrero** ■ **hat.**

la **sombrilla**
1. *de mano* **parasol**
2. *de playa, terraza* **sunshade.**

la **sonaja** ■ *Mexico* **rattle.**

el **sonajero** ■ **rattle.**

el **sonámbulo,** la **sonámbula** ■ **sleepwalker.**

sonar *verbo*
1. *timbre, campana* **to ring: el teléfono no ha parado de sonar** the telephone hasn't stopped ringing
2. *instrumento, voz* **to sound: suena a música de los ochenta** it sounds like eighties music
➤ **el despertador no sonó** the alarm clock didn't go off
➤ **esto me suena conocido** this sounds familiar
➤ **escríbela tal como suena** write it just the way it sounds
➤ **suénate la nariz** blow your nose.

el **sonido** ■ **sound.**

sonreír *verbo* ■ **to smile: me sonrió** he smiled at me.

la **sonrisa** ■ **smile.**

sonrojarse *verbo pronominal* ■ **to blush.**

soñar *verbo* ■ **to dream: soñé que ganábamos el partido** I dreamed that we were winning the game
➤ **soñar con alguien** to dream about somebody: **anoche soñé con él** last night I dreamt about him
➤ **soñar con algo** to dream of something: **sueña con ser famoso** he dreams of being famous.

la **sopa** ■ **soup: sopa de pollo** chicken soup.

soplar *verbo* ■ **to blow: está soplando un viento muy frío** a very cold wind is blowing
➤ **sopla las velas y pide un deseo** blow out the candles and make a wish
➤ **le soplaron la respuesta** they whispered the answer to her.

el **soplido** ■ **blow**
➤ **tienes que apagarlas de un soplido** you have to blow them out with one blow.

soportar *verbo*
1. **to support: esta columna soporta todo el peso** this column supports all the weight
2. **to stand: apenas puede soportar el dolor** he can barely stand the pain
➤ **la verdad es que no la soporto** the truth is that I can't stand her.

sorber *verbo* ■ **to sip**
➤ **no sorbas la sopa** don't slurp the soup.

el **sorbo** ■ **sip: apenas le dio un sorbo a la sopa** he barely had a sip of the soup
➤ **se lo tomó de un sorbo** he drank it in one gulp
➤ **hay que tomarlo a sorbos** you have to sip it.

sordo *adjetivo* ■ **deaf: es sordo** he's deaf
➤ **se quedó sordo** he went deaf.

sordomudo *adjetivo* ■ **deaf-mute**.

sorprendente *adjetivo* ■ **surprising**.

sorprender *verbo* ■ **to surprise: ya nada me sorprende** nothing suprises me these days; **no me sorprendería que lo volviera a hacer** it would not surprise me if he did it again
➤ **lo sorprendieron copiando** they caught him copying
➤ **se sorprendió de verme** he was surprised to see me.

la **sorpresa** ■ **surprise: quiero que sea una sorpresa** I want it to be a surprise
➤ **su pregunta me tomó de sorpresa** his question took me by surprise
➤ **le hicieron una fiesta de sorpresa** they gave him a surprise party.

sortear *verbo*
1. **to raffle: sortearon un premio estupendo** they raffled a fabulous prize
2. **to avoid: sortearon los obstáculos con gran habilidad** they avoided the obstacles very skillfully.

el **sorteo** ■ **raffle**.

la **sospecha** ■ **suspicion**.

sospechar *verbo* ■ **to suspect: sospecho que mis vecinos lo hicieron** I suspect that my neighbors did it
➤ **sospechar de alguien** to suspect somebody: **sospechan del jardinero** they suspect the gardener.

sospechoso *adjetivo* ■ **suspicious**

el **sospechoso**, la **sospechosa** ■ **suspect**.

el **sostén** *(plural* los sostenes*)* ■ **bra**.

sostener *verbo*
1. **to hold: sostenme la escalera, por favor** hold the ladder for me, please
2. **to support: estas dos vigas sostienen el techo** these two beams support the roof
3. **to maintain: siempre ha sostenido que él no lo hizo** she's always maintained that he didn't do it

sostenerse *verbo pronominal* ■ **to stand: el borracho apenas se sostenía en pie** the drunk could barely stand.

el **sótano** ■ **basement**.

el **spanglish** ■ **Spanglish**

SPANGLISH

Spanglish is the result of contact between English and Spanish. It contains a blend of both languages spoken by native or heritage Spanish-speakers living in the United States. **Brecas** instead of **frenos** (brakes) and **bloques** instead of **cuadras** (blocks) are some common examples.

su *adjetivo*
1. *de él* **his: vino con su novia** he came with his girlfriend

2. *de ella* **her: conozco a su marido** I know her husband
3. *de una cosa, un animal* **its: viene en su propia caja** it comes in its own box
4. *de ellos, ellas, varias cosas* **their: trajeron sus bicicletas** they brought their bicycles; **los jóvenes tienen su propio estilo** teens have their own style; **trae fotos de los pájaros y sus nombres** he has pictures of birds and their names
5. *de usted, ustedes* **your: su nombre, por favor** your name, please; **no dejen sus cosas tiradas** don't leave your things lying around.

suave *adjetivo*
1. **soft: tocaban una música muy suave** they were playing very soft music
2. **smooth: es suave al tacto** it's smooth to the touch; **un aterrizaje suave** a smooth landing
3. **mild: tiene un clima suave** it has a mild climate
4. **gentle: una champú suave** a gentle shampoo.

el **suavizante** ■ **fabric softener**.

el **subcampeón** (*plural* los subcampeones) ■ **runner-up**.

subdesarrollado *adjetivo* ■ **underdeveloped**.

el **subdirector,** la **subdirectora**
1. *de colegio* **assistant principal**
2. *de empresa* **assistant manager**.

el **subibaja** ■ **seesaw**.

la **subida**
1. **increase: una subida de la temperatura** a temperature increase
2. **climb: iniciaron la subida a la montaña** they started the climb up the mountain
3. **ascent: después de la bajada viene una subida empinada** after the descent comes a steep ascent.

subir *verbo*
1. **to go up: subimos a la colina** we went up the hill; **voy a subir por las escaleras** I'm going to go up the stairs
2. **to come up: sube que quiero decirte algo** come up, I want to tell you something; **ya subo** I'm coming up
3. **to take up: voy a subir la televisión a mi cuarto** I'm going to take the television up to my room
4. **to bring up: por favor, súbeme el suéter que dejé en la cocina** please bring me up the sweater that I left in the kitchen
5. **to rise: ha subido la temperatura** the temperature has risen; **le subió la fiebre** his fever rose
6. **to climb: subió la montaña** she climbed the mountain; **le cuesta subir las escaleras** it's hard for him to climb the stairs
7. **to turn up: sube el volumen, por favor** turn up the volume, please

➤ **no puedo subirme el cierre** I can't get my zipper up

subirse *verbo pronominal* ■
➤ **subirse a algo** *a un coche* to get into: **se subió a un taxi** he got into a taxi
➤ **subirse a algo** *un autobús, avión, bicicleta* to get on: **nos subimos juntos al tren** we got on the train together
➤ **subirse a algo** *a un árbol* to climb: **se subió al muro** he climbed the wall.

el **subjuntivo** ■ **subjunctive**.

el **submarino** ■ **submarine**.

subrayar *verbo* ■ **to underline**.

el **subsidio**
➤ **el subsidio de desempleo** unemployment compensation.

subterráneo *adjetivo* ■ **underground**.

el **subtítulo** ■ **subtitle**.

el **suburbio**
1. *barrio obrero* **working-class area**
2. *barrio de las afueras* **suburb**.

la **suciedad** ■ **dirt**.

sucio *adjetivo* ■ **dirty: tienes la cara sucia** your face is dirty.

la **sucursal** ■ **branch office**.

la **sudadera** ■ **sweatshirt**.

Sudamérica *sustantivo* *femenino*
■ **South America**.

sudamericano *adjetivo*

En inglés, los adjetivos que se refieren a un país o una región se escriben con mayúscula:

South American

el **sudamericano**, la **sudamericana**

En inglés, los gentilicios se escriben con mayúscula:

South American: un sudamericano a South American; **los sudamericanos** South Americans.

sudar *verbo* ■ **to sweat**.

el **sudor** ■ **sweat**.

la **suegra** ■ **mother-in-law** (*plural* **mothers-in-law**).

el **suegro** ■ **father-in-law** (*plural* **fathers-in-law**): **me acompañó mi suegro** my father-in-law came with me
➤ **invitó a sus suegros** she invited her in-laws.

la **suela** ■ **sole**.

el **sueldo**
1. *de un empleado* **salary** (*plural* **salaries**)
2. *de un obrero* **wages**.

el **suelo**
1. *en el exterior* **ground: al salir del cine me caí al suelo** upon leaving the theater I fell to the ground
2. *de una casa, edificio* **floor: un suelo de madera** a wood floor.

suelto *adjetivo* ■ **loose: este tornillo está suelto** this screw is loose; **tiene una hoja suelta** it has a sheet loose; **el perro anda suelto** the dog is loose
➤ **andaba con el pelo suelto** she was walking with her hair down
➤ **está prohibido vender cigarrillos sueltos** it's prohibited to sell individual cigarettes

el **suelto** ■ *Mexico* **change: ¿tienes suelto?** do you have any change?

sueno, suenas etc *verbo* ➤ sonar.

sueño, sueñas etc *verbo* ➤ soñar.

el **sueño**
1. **dream: tuve un sueño muy raro** I had a very strange dream
2. **sleep: es falta de sueño** it's lack of sleep; **necesito nueve horas de sueño** I need nine hours of sleep
➤ **tengo sueño** I'm sleepy
➤ **tiene el sueño muy pesado** he's a heavy sleeper
➤ **ya me caía de sueño** I was so sleepy I could hardly stand.

la **suerte** ■ **luck: deséame suerte** wish me luck; **¡buena suerte!** good luck!
➤ **tener suerte** to be lucky: **tienes mucha suerte** you're very lucky
➤ **tuvo mala suerte** he was unlucky
➤ **por suerte** luckily: **por suerte todo salió bien** luckily everything turned out fine.

el **suéter** ■ **sweater**.

suficiente *adjetivo* ■ **enough: no había suficiente comida** there wasn't enough food; **¿hay suficientes sillas?** are there enough seats?

el **sufrimiento** ■ **suffering**.

sufrir *verbo* ■ **to suffer: ha sufrido mucho** he has suffered a lot; **no hagas sufrir a tu mamá** don't make your mom suffer
➤ **sufre del corazón** he suffers from a heart condition
➤ **sufre de asma** he suffers from asthma.

la **sugerencia** ■ **suggestion**.

sugerir *verbo* ■ **to suggest: sugiero que nos vayamos** I suggest we leave.

sugiero, sugieres etc *verbo* ➤ sugerir.

suicidarse *verbo* ■ **to commit suicide**.

el **suicidio** ■ **suicide**.

sujetar *verbo*
1. **to hold: tienes que sujetarlo con las dos manos** you have to hold it with both hands; **sujétame la escalera** hold the ladder for me
2. **to fix: lo sujetó a la pared con tornillos** he fixed it to the wall with screws

➤ **sujetó los papeles con un clip** she fastened the papers with a clip
➤ **sujetaba al perro con una cuerda** they held on to the dog with a rope.

el **sujeto** ■ **subject**.

la **suma**
1. **addition: están haciendo sumas** they're doing addition
2. **sum: la suma de los votos emitidos** the sum of the votes cast
➤ **importantes sumas de dinero** significant sums of money.

sumar *verbo* ■ **to add: hay que sumar estas cantidades** you have to add these numbers
➤ **cuatro y cuatro suman ocho** four plus four equals eight.

supe *verbo* ➤ saber.

súper *adverbio* ■ **super: lo pasé súper bien** I had a super time.

superar *verbo*
1. **to overcome: tiene que superar su timidez** he has to overcome his shyness; **han superado muchos problemas** they have overcome many problems
2. **to surpass: los supera a todos en agilidad** she surpasses them all in agility; **eso supera todas las expectativas** that surpasses all expectations
➤ **superó la marca mundial** he broke the world record
➤ **estudia porque quiere superarse** she studies because she wants to excel.

superficial *adjetivo* ■ **superficial**.

la **superficie**
1. **surface: la superficie del lago está congelada** the lake's surface is frozen
2. **area: abarca una superficie de cuatro kilómetros cuadrados** it covers an area of four kilometers squared.

el **supermercado** ■ **supermarket**.

superior *adjetivo*
1. **upper: el incendio empezó en los pisos superiores** the fire started on the upper floors
2. **superior: es de calidad superior** it's of superior quality
➤ **superior a algo** better than something: **este modelo es muy superior al del año pasado** this model is better than last year's
➤ **dame un número superior a diez** give me a number higher than ten.

la **superstición** (*plural* las supersticiones) ■ **superstition**.

supervisar *verbo* ■ **to supervise**.

el/la **suplente**
1. **replacement: entró de suplente en el segundo tiempo** he came in as a replacement in the second half
2. **substitute: es el suplente del profesor de historia** he's the substitute for the history teacher.

suponer *verbo*
1. **to suppose: supongo que no has hecho la tarea** I suppose that you haven't done the homework; **supongo que tienes razón** I suppose you're right
2. **to think: supuse que iba a cambiar de idea** I thought that he was going to change his mind; **supusimos que era para mañana** we thought that it was for tomorrow
3. **to mean: eso supone tener que levantarme más temprano** that means I'll have to get up earlier
➤ **supongo que sí** I suppose so.

suprimir *verbo* ■ **to delete: suprimió varias frases** he deleted several sentences
➤ **van a suprimir parte de la materia del examen** they're going to cut part of the material from the test.

el **supuesto**
➤ **en el supuesto de que no lo supiera** on the assumption that he didn't know
➤ **por supuesto** of course
➤ **por supuesto que no** of course not
➤ **tú das por supuesto que te van a aceptar** you take for granted that they're going to accept you.

el **sur** ■ **south: el sur de la ciudad** the south part of the city
➤ **al sur** to the south: **está al sur de Lima** it's to the south of Lima
➤ **los estados del sur** the southern states.

el **surf** ■ **surfing**.

el **surfeador**, la **surfeadora** ■ **surfer**.

surfear *verbo* ■ **to surf.**

el **surfing** ■ **surfing.**

el/la **surfista** ■ **surfer.**

surgir *verbo* ■ **to come up: surgió un problema** a problem came up.

suscribirse *verbo* ■ **to subscribe: me suscribí a una revista** I subscribed to a magazine.

la **suscripción** *(plural* las suscripciones*)* ■ **subscription.**

suspender *verbo*
1. **to cancel: suspendieron la fiesta del sábado** they canceled Saturday's party; **suspendieron las clases por la nieve** they canceled classes because of the snow
2. **to stop: suspendieron la reunión para almorzar** they stopped the meeting to eat lunch
3. **to suspend: lo suspendieron por mala conducta** they suspended him for bad conduct

➤ **suspendieron el partido a causa de la lluvia** they postponed the game because of the rain.

el **suspenso** ■ **suspense: una historia llena de suspenso** a story filled with suspense

➤ **una película de suspenso** a thriller.

suspirar *verbo* ■ **to sigh.**

el **suspiro** ■ **sigh.**

la **sustancia** ■ **substance.**

el **sustantivo** ■ **noun.**

sustituir *verbo* ■ **to replace: va a sustituir al director cuando se jubile** she's going to replace the director when he retires; **Pino sustituyó al arquero en el segundo tiempo** Pino replaced the goalkeeper in the second half; **van a sustituir a la secretaria porque está enferma** they're going to temporarily replace the secretary because she's sick

➤ **sustituir algo por algo** to substitute something with something: **puedes sustituir el azúcar por sacarina** you can substitute the sugar with saccharine.

el **sustituto**, la **sustituta**
1. *permanente* **replacement**
2. *temporal* **substitute.**

el **susto** ■ **scare: me llevé un gran susto** I had a bad scare

➤ **¡qué susto me diste!** what a scare you gave me!

➤ **tener susto** to be afraid.

susurrar *verbo* ■ **to whisper: le susurró algo al oído** he whispered something to her.

sutil *adjetivo* ■ **subtle.**

suyo

■ *adjetivo & pronombre*
1. *de él* **his: fue idea suya** it was his idea; **no es asunto suyo** it's none of his business
2. *de ella* **her: no es asunto suyo** it's none of her business
3. *de usted, ustedes* **your: ¿son estas hijas suyas?** are these your daughters?
4. *de ellos, ellas* **their: ¿es ésta su calle? — no, la suya es la próxima** is this their street? — no, theirs is the next one

■ *pronombre*
1. *de él* **his: el suyo es blanco** his is white; **esta no es su hija, la suya es mucho menor** this is not his daughter, his is much younger
2. *de ella* **hers: el suyo es rojo** hers is red; **esta no es su hermana, la suya no vino** this is not her sister, hers didn't come
3. *de usted, de ustedes* **yours: el rojo es el suyo** the red one is yours; **éstos no son sus asientos, ésos son los suyos** these are not your seats, those are yours
4. *de ellos, ellas* **theirs**

➤ **llegaron con un amigo suyo** they arrived with a friend of theirs

➤ **estas fotos son suyas** these photos are theirs.

el **switch**
1. *Colombia, Mexico* **light switch: apaga el switch para cambiar el foco** turn off the light switch to change the light bulb
2. *Mexico* **ignition switch**

➤ **dale al switch** turn on the ignition.

el **tabaco** ■ **tobacco**.

la **tabla**
1. **board: con un par de tablas hizo una mesa** with a couple of boards he made a table
2. **table: las tablas de los verbos** the verb tables

➤ **las tablas de multiplicar** multiplication tables
➤ **una tabla de picar** a chopping board
➤ **la tabla de planchar** the ironing board.

el **tablero** ■ **board: un tablero de damas** a checkerboard
➤ **el tablero de anuncios** the bulletin board.

la **tableta** ■ **tablet**.

la **tablilla** ■ *Mexico* **bar: una tablilla de chocolate** a chocolate bar.

tacaño *adjetivo* ■ **stingy**

el **tacaño,** la **tacaña** ■ **skinflint**.

tachar *verbo* ■ **to cross: taché su nombre de la lista** I crossed her name from the list
➤ **los tachan de machistas** they accused them of being chauvinists.

el **taco**
1. *de tortilla* **taco: un taco de pollo** a chicken taco
2. *de zapato de fútbol* **stud**
3. *comida ligera* *Mexico* **snack: echémonos un taco** let's have a snack
4. *en el billar* **pool cue**.

el **tacón** *(plural* los tacones*)* ■ **heel: se le rompió el tacón** her heel broke
➤ **zapatos de tacón** high-heeled shoes.

la **táctica** ■ **tactics: van a tener que cambiar de táctica** they're going to have to change tactics.

el **tacto**
1. **touch: es suave al tacto** it's soft to the touch
2. **tact: le falta tacto** she's lacking tact

➤ **tiene mucho tacto** he's very tactful.

tal *(adjetivo & adverbio)*

■ *adjetivo*
such: lo dijo de tal manera que me ofendió he said it in such a manner as to offend me
➤ **nadie esperaba tal cantidad de público** nobody expected such a large crowd
➤ **un tal Mario preguntó por ti** some man named Mario asked for you

■ *adverbio*
➤ **¿qué tal?** how's it going?
➤ **¿qué tal estuvo la fiesta?** how was the party?
➤ **lo hice tal como me lo explicaste** I did it exactly like you explained
➤ **no todo es tal como lo vemos** not everything is just as we see it
➤ **te lo presto con tal que me lo devuelvas luego** I'll loan it to you provided that you return it to me later
➤ **tal vez** maybe.

el **taladro** ■ **drill**.

el **talento** ■ **talent: tiene talento para el dibujo** he has a talent for drawing.

la **talla** ■ **size: ¿qué talla usas?** what size do you wear?

tallar *verbo*
1. *la madera* **to carve**
2. *una joya, el cristal* **to cut**
3. *Mexico el suelo, una olla* **to scrub**

tallarse *verbo pronominal Mexico*
1. **to rub: se tallaba los ojos** she was rubbing her eyes
2. **to scrub: tállate bien las rodillas** scrub your knees well.

los **tallarines** ■ **noodles**.

el **taller**
1. *de mecánico* **garage**
2. *de artista* **studio**
3. *de carpintero, electricista* **workshop**
➤ **un taller de poesía** a poetry workshop.

el **tallo** ■ **stem**.

el **talón** *(plural* los talones*)*
1. *del pie, de un calcetín* **heel**
2. *de un cheque, recibo* **stub**.

el **tamal** ■ **tamale**.

el **tamaño** ■ **size: ¿qué tamaño tiene?** what size is he?; **son del mismo tamaño** they're the same size.

también *adverbio* ■ **also: a mí también me regalaron uno** they also gave one to me; **canta y también toca el piano** he sings and he also plays the piano
➤ **Pepe lo sabía — y yo también** Pepe knew it — and me too
➤ **quiero ir — nosotros también** I want to go — we do too.

el **tambor** ■ **drum**.

tampoco *adverbio*
1. **either: yo tampoco lo sé** I don't know either; **no estudió ni tampoco hizo la tarea** he didn't study and he didn't do his homework either
2. **neither: no quiero ir ni Pepe tampoco** I don't want to go and neither does Pepe; **no puedo hacerlo — yo tampoco** I can't do it — me neither; **no sabía que tenía un hermano — nosotros tampoco** she didn't know that he had a brother — neither did we.

el **tampón** *(plural* los tampones*)* ■ **tampon**.

tan *adverbio*
1. **so: no comas tan rápido** don't eat so quickly; **¡es tan divertido!** it's so entertaining!
2. **such: lo pasamos tan bien** we had such a good time; **nunca había visto un perro tan grande** I had never seen such a large dog
➤ **¡que película tan aburrida!** what a boring movie!
➤ **lo pusiste tan arriba que no lo puedo alcanzar** you put it so high up that I can't reach it
➤ **tan...como** as...as: **no es tan inteligente como su hermano** he's not as intelligent as his brother: **ven tan pronto como puedas** come as soon as you can.

el **tanque** ■ **tank**.

tanto *(adverbio, adjetivo & pronombre)*

■ *adverbio*
1. **so much: lo quiere tanto** she loves him so much; **comí tanto que no pude dormir** I ate so much that I couldn't sleep
2. **so often: ya no voy al cine tanto** I don't go to the movies so often anymore
➤ **no sé por qué se demoró tanto** I don't know why he was so late
➤ **no debería trabajar tanto** she shouldn't work so much
➤ **he estudiado tanto como tú** I've studied as much as you
➤ **tanto Ana como José reprobaron** both Ana and José failed

■ *adjetivo & pronombre*

> El adjetivo se traduce por **so much** o **so many** según el sustantivo en inglés sea singular o plural respectivamente:

1. **so much: había tanta comida** there was so much food
2. **so many: me hizo tantas preguntas** she asked me so many questions; **tengo tanto qué hacer** I have so much to do; **nunca había visto tanta gente aquí** I had never seen so many people here; **tengo tantos que no sé qué hacer con ellos** I have so many that I don't know what to do with them
➤ **he traído tanto dinero como tú** I've brought as much money as you
➤ **ya no tiene tantos amigos como antes** now he doesn't have as many friends as before
➤ **no tiene tanta importancia** it's not that important
➤ **tiene tanta suerte** he's so lucky
➤ **una mujer de unos veinte y tantos años** a woman of twenty-odd years
➤ **por lo tanto** therefore

el **tanto**
1. **goal: ganaron un tanto a cero** they won, one goal to zero

2. **amount: hay que pagar un tanto fijo cada mes** you have to pay a fixed amount each month
➤ **lo puse al tanto de todo** I caught him up on everything
➤ **te voy a mantener al tanto** I'll keep you informed
➤ **un tanto por ciento** a percentage.

la **tapa**
1. *de olla, caja* **lid**
2. *de libro, revista* **cover: su nombre estaba en la tapa del libro** his name was on the cover of the book
➤ **un libro de tapas blandas** a paperback book
➤ **un libro de tapas duras** a hardback book

The Spanish word **tapa** is a false cognate, it doesn't mean "tap".

la **tapadura** ■ *Chile, Mexico* **filling: se me salió una tapadura** one of my fillings came out.

tapar *verbo*
1. **to cover: lo tapó con papel de aluminio** she covered it with aluminum foil
2. **to put the lid on: tienes que tapar la olla** you have to put the lid on the pot
3. **to fill: están tapando los agujeros en la calle** they're filling the holes in the street
➤ **me taparon una muela** *Chile, Mexico* I had a tooth filled
➤ **tapa la botella** put the cap on the bottle
➤ **no me tapes el sol** don't block my sunlight

taparse *verbo pronominal*
1. **to cover: se tapó la boca con la mano** she covered her mouth with her hand.
2. **to get blocked: se tapó el desagüe** the drain got blocked; **se me tapa la nariz** my nose is blocked
➤ **tápate bien** wrap yourself up well.

el **tapete** ■ *Colombia, Mexico* **rug: un tapete persa** a Persian rug
➤ **el tapete del baño** the bath mat.

la **tapia** ■ **wall: la pelota se fue por encima de la tapia** the ball went over the wall.

el **tapón** (*plural* los tapones)
1. *del lavabo, fregadero* **stopper**
2. *de botella* **cork**
3. *para los oídos* **earplug**.

la **taquilla**
1. *de teatro, cine* **box office**
2. *en estación, estadio* **ticket office**.

tardar *verbo*
➤ **tardaron dos horas en llegar** they took two hours to arrive
➤ **por favor, no tardes** please, don't be late
➤ **¿cuánto tardaste en leerlo?** how long did you take to read it?
➤ **están tardando en darme los resultados** they're taking a while to give me the results
➤ **no tardó en darse cuenta** he didn't take long to realize
➤ **el tren se tarda media hora** the train takes half an hour.

tarde *adverbio* ■ **late: ya es demasiado tarde** it's too late now
➤ **¡apúrate!, que vamos a llegar tarde** hurry! we're going to arrive late
➤ **llegué muy tarde anoche** I arrived very late last night
➤ **más tarde** later
➤ **tarde o temprano** sooner or later

la **tarde**
1. **afternoon: a las cuatro de la tarde** at four o'clock in the afternoon; **buenas tardes** good afternoon; **mañana en la tarde** tomorrow afternoon
2. **evening: a las siete de la tarde** at seven o'clock in the evening; **buenas tardes** good evening; **hoy en la tarde** this evening.

la **tarea**
1. **task: tienen la tarea de cuidar los parques** they have the task of looking after the parks
2. **homework: no ha hecho las tareas** she hasn't done the homework
➤ **las tareas de la casa** the chores.

la **tarifa**
1. *de transporte* **fare: los escolares pagan tarifa reducida** the schoolchildren pay a reduced fare
2. *de la luz, del agua* **rate**.

la **tarima** ■ **platform**.

la **tarjeta** ■ **card: me mandó una tarjeta para mi cumpleaños** he sent me a card for my birthday
➤ **una tarjeta de crédito** a credit card
➤ **una tarjeta de embarque** a boarding pass
➤ **una tarjeta de Navidad** a Christmas card
➤ **una tarjeta postal** a postcard
➤ **una tarjeta telefónica** a telephone card.

el **tarro**
1. *de vidrio* **jar: un tarro de mermelada** a jar of jam
2. *Mexico, Venezuela para el café, té* **mug: un tarro de cerveza** a beer mug.

tartamudear *verbo* ■ **to stutter**.

tartamudo *adjetivo*
➤ **es tartamudo** he has a stutter.

la **tasa** ■ **rate: la tasa de mortalidad** the death rate; **la tasa de natalidad** the birth rate.

el **tatuaje** ■ **tattoo**.

el **taxi** ■ **taxi**.

el/la **taxista** ■ **taxi driver**.

la **taza**
1. **cup: me tomé una taza de café** I drank a cup of coffee
2. **cupful: agregar dos tazas de azúcar** add two cupfuls of sugar.

te *pronombre*
1. **you: te llamó ayer** she called you yesterday; **te lo dije** I told you
2. **yourself: sólo si te portas bien** only if you behave yourself
➤ **¡no te muevas!** don't move!
➤ **ponte los zapatos** put your shoes on.

el **té** *(plural* **los tés***)* ■ **tea: ¿quieres té?** do you want some tea?
➤ **un té con limón** a tea with lemon.

el **teatro** ■ **theater: fuimos al teatro** we went to the theater
➤ **no le paso nada, todo es puro teatro** *informal* nothing's wrong with him, it's all an act.

el **techo**
1. **ceiling: dos lámparas colgaban del techo** two light fixtures hung from the ceiling
2. **roof: había palomas encima del techo** there were pigeons on the roof.

la **tecla** ■ **key: las teclas del piano** the piano keys.

el **teclado** ■ **keyboard**.

la **técnica** ■ **technique**.

técnico *adjetivo* ■ **technical**

el **técnico**, la **técnica**
1. **technician: es técnico dental** he's a dental technician
2. **repairman** *(plural* **repairmen***)*: **el técnico vino a arreglar el televisor** the repairman came to fix the television.

la **tecnología** ■ **technology** *(plural* **technologies***)*.

tejer *verbo* ■ **to sew: esto me lo tejió mi mamá** my mom sewed this for me.

el **tejido**
1. *labor* **knitting**
2. *tela* **fabric**
3. *del cuerpo humano* **tissue**.

la **tela** ■ **cloth: necesitas un metro de tela** you need a meter of cloth
➤ **tela de araña** spiderweb.

la **telaraña**
1. *nueva* **spiderweb: había un insecto atrapado en la telaraña** there was an insect trapped in the spiderweb
2. *vieja, con polvo* **cobweb: el desván está lleno de telarañas** the attic is full of cobwebs.

la **tele** ■ *informal* **TV: lo dieron por la tele** it was on TV.

el **teleférico** ■ **cable car**.

el/la **telefonista** ■ **telephone operator**.

el **teléfono**
1. **telephone: no tiene teléfono** he doesn't have a telephone
2. **telephone number: ¿me das tu teléfono?** will you give me your telephone number?
➤ **está hablando por teléfono con un amigo** he's talking with a friend on the telephone
➤ **me llamó por teléfono** he called me on the telephone

➤ **un teléfono celular** a cellphone
➤ **un teléfono de tarjeta** a card phone.

el **telegrama** ■ **telegram**.

la **telenovela** ■ **soap opera**.

la **telera** ■ *Mexico* **white bread roll**.

el **telescopio** ■ **telescope**.

el **telespectador,** la **telespectadora** ■ **viewer**.

el **telesquí** (*plural* los telesquís) ■ **ski lift**.

la **televisión** ■ **television: lo vimos por la televisión** we saw it on television
➤ **la televisión digital** digital television.

el **televisor** ■ **television set**.

el **tema**
1. **subject: ¿qué opinas del tema?** what's your opinion on the subject?
2. **topic: el tema de la conferencia** the topic of the conference; **el tema de mi proyecto es el medioambiente** the topic of my project is the environment
3. **theme: un tema musical** a musical theme; **el tema de la exposición** the show's theme
➤ **estás cambiando de tema** you're changing the subject
➤ **los temas de actualidad** current affairs.

temblar *verbo* ■ **to tremble: le temblaban las manos** her hands were trembling
➤ **estaba temblando de frío** he was shivering with cold
➤ **temblaba de miedo** she was trembling with fear
➤ **la explosión hizo temblar el edificio** the explosion made the building tremble.

el **temblor** ■ **shaking: ¿sentiste el temblor?** did you feel the shaking?
➤ **un temblor de tierra** an earth tremor.

temer *verbo*
1. **to fear: todos le temen al director** everybody fears the director
2. **to be afraid: no temas, nada te va a pasar** don't be afraid, nothing's going to happen to you; **teme que no va ser posible** he's afraid that it's not going to be possible
➤ **me temo que no es tan simple como crees** I'm afraid it's not as simple as you think
➤ **temen por su vida** they fear for their lives.

el **temor** ■ **fear: el temor a lo desconocido** the fear of the unknown
➤ **por temor a** for fear of: **no salen de noche por temor a los asaltos** they don't go out at night for fear of assault.

el **temperamento** ■ **temperament**.

la **temperatura** ■ **temperature: ¿qué temperatura hace?** what's the temperature?; **le tomó la temperatura** she took his temperature.

la **tempestad** ■ **storm**.

templado *adjetivo*
1. **mild: regiones de clima templado** mild climate regions
2. **warm: un aparato que mantiene la comida templada** a device that keeps the food warm; **peces de agua templada** warm water fish.

el **templo** ■ **temple**.

la **temporada** ■ **season: la temporada de vacaciones** the vacation season
➤ **está pasando una temporada en Europa** he's spending some time in Europe
➤ **la temporada alta** the high season
➤ **la temporada baja** the low season.

temporal *adjetivo* ■ **temporary**

el **temporal** ■ **storm**.

temprano *adverbio* ■ **early: llegué temprano** I arrived early.

ten *verbo* ➤ tener.

tenaz (*plural* tenaces) *adjetivo* ■ **tough**.

las **tenazas**
1. *de cangrejo* **pincers**
2. *utensilio* **tongs**
➤ **recogió las brasas con unas tenazas** he picked up the hot coals with some tongs.

la **tendencia**
1. **tendency** (*plural* **tendencies**): **tiene tendencia a la gordura** he has a tendency toward being fat

2. **trend: las últimas tendencias en materia de rock** the latest trends in rock; **la actual tendencia hacia la globalización** the current trend toward globalization.

tender *verbo*

1. *la ropa* **to hang out: la tendió al sol** she hung it out in the sun
2. **to lay out: tendió la toalla en el suelo** he laid the towel out on the floor

➤ **tender a** to tend to: **tiende a exagerar** he tends to exaggerate

➤ **le tendieron una trampa** they set a trap for him

tenderse *verbo pronominal* ■ **to stretch out: se tendió en la arena** she stretched out in the sand.

el **tendero, la tendera** ■ **shopkeeper**.

el **tendón** *(plural* los tendones*)* ■ **tendon**

➤ **el tendón de Aquiles** Achilles' heel.

tendrá, tendré etc *verbo* ➤ tener.

el **tenedor** ■ **fork**.

tener *verbo*

1. **to have: tienen una casa en la playa** they have a house on the beach; **tengo muchos amigos** I have many friends; **tiene el pelo corto** she has short hair; **mañana no tenemos clases** we don't have class tomorrow
2.

> Cuando el verbo tener va seguido de un sustantivo que indica una sensación, el inglés usa **to be** seguido de un adjetivo:

to be: tenemos hambre we're hungry; **tengo sed** I'm thirsty; **no tengas miedo** don't be afraid

3. **to hold: tenme la escalera** hold the ladder for me; **¿me puedes tener esto un momento, por favor?** can you hold this for me for a moment, please?

➤ **tengo las manos sucias** my hands are dirty

➤ **¿cuántos años tienes?** how old are you?

➤ **tengo muchas cosas que hacer** I have a lot of things to do

➤ **tiene que ir al dentista** she has to go to the dentist

➤ **tengo que hacer más ejercicio** I have to exercise more

➤ **tengan mucho cuidado** be very careful.

tengo *verbo* ➤ tener.

el/la **teniente** ■ **lieutenant**.

el **tenis** ■ **tennis**.

el/la **tenista** ■ **tennis player**.

la **tensión** *(plural* las tensiones*)*

1. **tension: había mucha tensión en el ambiente** there was a lot of tension in the atmosphere
2. **stress: durante los exámenes pasamos por un periodo de mucha tensión** during the exams we went through a period of a lot of stress

➤ **siempre está en tensión** he's always stressed out.

tenso *adjetivo*

1. **tense: el ambiente estaba muy tenso** the atmosphere was very tense
2. **taut: la cuerda no está suficientemente tensa** the cord is not taut enough.

la **tentación** *(plural* las tentaciones*)* ■ **temptation**.

tentador *adjetivo* ■ **tempting**.

tentar *verbo* ■ **to tempt: no me tientes con eso** don't tempt me with that.

teñir *verbo* ■ **to dye: tiñó la camiseta de azul** she dyed the T-shirt blue; **se tiñe el pelo** she dyes her hair.

la **teoría** ■ **theory** *(plural* **theories***)*: **mi teoría es que copió en el examen** my theory is that he copied on the exam

➤ **en teoría** in theory: **eso es verdad en teoría pero no en la práctica** that is true in theory but not in practice.

teórico *adjetivo* ■ **theoretical**.

la **terapia** ■ **therapy** *(plural* **therapies***)*

➤ **terapia de grupo** group therapy

➤ **terapia intensiva** *Mexico, River Plate* intensive care.

tercer *numeral*

> Shortened form of **tercero** used before masculine singular nouns.

tercero *numeral*

Tercero becomes **tercer** when it comes before a singular masculine noun:

third: me resultó a la tercera vez I got it the third time around; **vive en el tercer piso** he lives on the third floor; **llegó tercero** he came in third; **soy el tercero de la lista** I'm the third on the list
➤ **una tercera parte de los estudiantes** a third of the students
➤ **el tercer mundo** the Third World
➤ **las personas de la tercera edad** senior citizens.

el **tercio** ■ **third: un tercio de la población** a third of the population.

el **terciopelo** ■ **velvet**.

terco *adjetivo* ■ **stubborn**.

el **terminal** ■ *informática* **computer terminal**

la **terminal** ■ **terminal: llega a la terminal dos** it arrives at terminal two
➤ **la terminal de camiones** *Mexico* bus station.

terminar *verbo*
1. **to finish: ya terminé las tareas** I've already finished my homework
2. **to end: la clase no ha terminado todavía** class hasn't ended yet; **¿a qué hora termina la película?** what time does the movie end?
3. **to end up: terminé aceptando la invitación** I ended up accepting the invitation; **todos terminamos rendidos** we all ended up exhausted
➤ **los zapatos terminan en punta** the shoes are pointy
➤ **terminó con su novio** she broke it off with her boyfriend
➤ **hay que terminar con la indisciplina** you have to stop the lack of discipline

terminarse *verbo pronominal*
➤ **se nos terminó el dinero** we ran out of money
➤ **se me terminaron las vacaciones** my vacations were over.

el **término** ■ **term: es un término técnico** it's a technical term
➤ **por término medio, duermo ocho horas cada noche** on average, I sleep eight hours a night
➤ **en términos generales el nivel es muy bajo** generally speaking the level is very low
➤ **¿qué término quiere la carne?** *Colombia, Mexico* how would you like your meat done?

el **termo** ■ **thermos**.

el **termómetro** ■ **thermometer**.

la **ternura** ■ **tenderness**.

el/la **terrateniente** ■ **landowner**.

la **terraza**
1. *balcón* **balcony** (*plural* **balconies**)
2. *patio de baldosas* **terrace**
➤ **un bar con terraza** a terrace bar.

el **terremoto** ■ **earthquake**.

el **terreno**
1. **land: la casa tiene mucho terreno** the house has a lot of land; **es un terreno muy fértil** it's very fertile land
2. **piece of land: se compraron un terreno en la costa** they bought a piece of land on the coast; **son dueños de varios terrenos** they're owners of several pieces of land
➤ **lo vamos a decidir sobre el terreno** we're going to decide it on the spot.

terrible *adjetivo* ■ **terrible: fue un accidente terrible** it was a terrible accident
➤ **tenía un calor terrible** I was terribly hot
➤ **tengo un sueño terrible** I'm awfully sleepy.

el **territorio** ■ **territory** (*plural* **territories**).

el **terrón** (*plural* **los terrones**)
➤ **un terrón de azúcar** a sugar lump.

el **terror** ■ **terror: el temblor causó terror en el pueblo** the tremor caused terror in the village
➤ **les tiene terror a las arañas** she's terrified of spiders
➤ **una película de terror** a horror movie.

el **terrorismo** ■ **terrorism**.

terrorista *adjetivo* ■ **terrorist: un atentado terrorista** a terrorist attack

el/la **terrorista** ■ **terrorist**.

la **tesis** (*plural* las tesis) ■ **thesis** (*plural* **theses**).

el **tesoro** ■ **treasure: un tesoro escondido** a hidden treasure
➤ **¿cómo estás tesoro?** how are you darling?
➤ **eres un tesoro** you're a real gem.

el **testamento** ■ **will**
➤ **hacer testamento** to make one's will.

testarudo *adjetivo* ■ **stubborn**.

el/la **testigo** ■ **witness**
➤ **fue testigo de la boda de mis papás** he was a witness at my parents' wedding
➤ **fuimos testigos del accidente** we witnessed the accident.

la **tetera**
1. *para servir té* **teapot**
2. *Andes, Mexico para hervir agua* **kettle**.

el **texto** ■ **text**
➤ **un libro de texto** a textbook.

ti *pronombre*
1. **you: lo compré para ti** I bought it for you; **he estado pensando en ti** I've been thinking about you
2. **yourself: guárdalo para ti** keep it for yourself; **tienes que pensar más en ti** you have to think more about yourself
➤ **¿qué te importa a ti?** what does it matter to you?

tibio *adjetivo* ■ **lukewarm**.

el **tiburón** (*plural* los tiburones) ■ **shark**.

el **tic** ■ **tic: es un tic nervioso** it's a nervous tic.

el **tiempo**
1. **time: ¿qué haces en tu tiempo libre?** what do you do in your free time?; **la mayor parte del tiempo** most of the time; **así ganamos tiempo** that way we'll save time
2. **weather: ¿cómo está el tiempo?** what's the weather like?; **hace buen tiempo** the weather is nice; **hace mal tiempo** the weather is bad
3. **tense: tiempo compuesto** compound tense
4. **half: marcaron el gol en el primer tiempo** they scored the goal in the first half
➤ **a tiempo** in time: **llegaste justo a tiempo para desayunar** you arrived just in time to eat breakfast
➤ **llegaron al mismo tiempo** they arrived at the same time
➤ **no pierdas el tiempo** don't waste time
➤ **¿cuánto tiempo hace que esperas?** how long have you been waiting?
➤ **hace tiempo que no viene** he hasn't come for a while
➤ **no me llevó mucho tiempo** it didn't take me much time
➤ **¡cuánto tiempo sin verte!** long time no see!
➤ **¿qué tiempo tiene la niña?** how old is the girl?
➤ **Ana llegó primero y al poco tiempo Pepe** Ana arrived first and Pepe soon after
➤ **en esos tiempos la vida era más barata** in those days life was less expensive
➤ **en los últimos tiempos** recently.

la **tienda** ■ **store: una tienda de ropa** a clothing store
➤ **fuimos de tiendas** we went shopping
➤ **una tienda de abarrotes** *Andes, Central America, Mexico* a grocery store
➤ **una tienda de campaña** a tent
➤ **una tienda de departamentos** *Mexico* a department store.

tiene etc *verbo* ➤ tener.

tierno *adjetivo* ■ **tender: la carne estaba muy tierna** the meat was very tender; **es una persona muy tierna** she's a very tender person.

la **tierra**
1. **land: cultivan la tierra** they cultivate the land; **un viaje por tierra** a journey by land; **finalmente llegaron a tierra** at last they reached land
2. **soil: aquí la tierra es muy fértil** the soil is very fertile here
➤ **extraña su tierra** she misses her homeland
➤ **la Tierra** Earth.

tieso *adjetivo* ■ **stiff**.

el **tigre** ■ **tiger**.

las **tijeras** ■ **scissors: córtalo con las tijeras** cut it with the scissors
➤ **necesito unas tijeras** I need a pair of scissors.

los **tiliches** ■ *Mexico informal* **junk: el cuarto de los tiliches** the junk room.

el **timbre**
1. **bell: sonó el timbre** the bell rang
2. *Mexico* **stamp: colecciona timbres** he collects stamps.

tímido *adjetivo* ■ **shy**.

la **tina** ■ **bathtub**.

la **tinta** ■ **ink: una mancha de tinta** an ink stain.

el **tinto** ■ **red wine: se tomó una copa de tinto** she had a glass of red wine.

la **tintorería** ■ **dry cleaner's**.

la **tía** ■ **aunt: la tía Marta** Aunt Marta.

el **tío** ■ **uncle: el tío Juan** Uncle Juan
➤ **un regalo de mis tíos** a present from my aunt and uncle.

típico *adjetivo* ■ **typical: el típico mexicano** the typical Mexican
➤ **eso es típico de él** that's typical of him
➤ **un baile típico del centro del país** a traditional dance from the center of the country.

el **tipo**
1. **type: el tipo de música preferida por los jóvenes** the type of music preferred by teens
2. *informal* **guy: ¿quién es ese tipo?** who's that guy?; **es un tipo muy divertido** he's a very fun guy
3. **figure: tiene muy buen tipo** she has a very good figure
➤ **va todo tipo de gente** all sorts of people go.

la **tira** ■ **slip: una tira de papel** a slip of paper
➤ **una tira cómica** a comic strip
➤ **la tira** *Mexico informal* the cops

el/la **tira** ■ *Chile, Mexico informal* **cop**.

la **tirada** ■ **throw: sacó dos seises a la primera tirada de los dados** he rolled two sixes with the first throw of the dice
➤ **de una tirada** in one stretch: **hicimos el viaje de una tirada** we made the trip in one stretch.

el **tiradero** ■ *Mexico* **dump: un tiradero de basura** a garbage dump.

el **tirano**, la **tirana** ■ **tyrant**.

tirante *adjetivo*
1. *cuerda, cable* **tight**
2. *ambiente, situación* **tense**

el **tirante** ■ **strap: un vestido con tirantes** a dress with straps.

los **tirantes** ■ *Mexico, Venezuela* **suspenders**.

tirar *verbo*
1. **to throw: tírame las llaves** throw me the keys; **les tiraban piedras a los policías** they were throwing rocks at the police
2. **to throw away: deberías tirar esto, ya no sirve** you should throw this away, it's no good anymore
3. **to knock down: van a tirar la pared** they're going to knock down the wall
4. **to waste: que manera de tirar el dinero** what a way to waste money
➤ **voy a tirar todo esto a la basura** I'm going to throw all this in the trash
➤ **me empujó y me tiró al suelo** he pushed me and knocked me to the ground
➤ **tiraron muchas bombas** they dropped many bombs
➤ **tiré el florero sin querer** I accidentally dropped the vase
➤ **tiraron con fuerza de la cuerda** they tugged hard at the rope
➤ **tiene trabajo y van tirando** he has work and so they manage

tirarse *verbo pronominal*
➤ **se tiró al agua** she dove into the water
➤ **se tiró de cabeza** he dove in headfirst
➤ **quería tirarse por la ventana** he wanted to throw himself out the window
➤ **se tiró en la cama** he lay down on the bed.

tiritar *verbo* ■ **to shiver: tiritaba de frío** he was shivering with cold.

el **tiro** ■ **shot: disparó un tiro** he fired a shot
➤ **lo mató de un tiro** she shot him to death
➤ **le salió el tiro por la culata** it backfired on him
➤ **tiro al blanco** target practice
➤ **un tiro libre** *en fútbol* a free kick
➤ **un tiro libre** *en básquetbol* a free throw.

el **tirón** (*plural* los tirones) ■ **tug**: **dale un buen tirón** give it a good tug
➤ **le dio un tirón de orejas** she reprimanded him
➤ **leí el libro de un tirón** I read the book straight through
➤ **dormí doce horas de un tirón** I slept twelve hours straight.

el **tiroteo** ■ **shoot-out: hubo un tiroteo entre la policía y los asaltantes** there was a shoot-out between the police and the assailants.

el **títere** ■ **puppet**.

el **titipuchal** ■ *Mexico informal*
➤ **un titipuchal** a ton: **tenemos un titipuchal de tareas** we have a ton of homework
➤ **hace un titipuchal de años** many years ago.

el **titular** ■ **headline: viene en todos los titulares** it's in all the headlines.

el/la **titular**
1. **holder: el titular de un pasaporte** the holder of a passport
2. **first-team player: juega de titular** he's a first-team player.

el **título**
1. **title: no me acuerdo del título de la canción** I don't remember the title of the song
2. **degree: acaba de recibir su título universitario** she just received her university degree
3. **diploma: tenía su título colgado en la pared** he had his diploma hanging on the wall
➤ **tiene título de abogado** he's a qualified lawyer.

la **tiza** ■ **chalk**
➤ **lo escribió con una tiza** she wrote it with a piece of chalk.

la **tlapalería** ■ *Mexico* **hardware store**.

la **toalla** ■ **towel**
➤ **una toalla de manos** a handtowel
➤ **una toalla femenina** *Mexico* a sanitary napkin
➤ **una toalla higénica** a sanitary napkin.

el **tobillo** ■ **ankle**
➤ **me torcí el tobillo** I twisted my ankle.

el **tobogán** (*plural* los toboganes) ■ **slide**.

el **tocadiscos** (*plural* los tocadiscos) ■ **record player**.

el **tocador** ■ **dressing table**.

tocar *verbo*
1. **to touch: no toques la computadora** don't touch the computer; **le tocó la mano** she touched his hand
2. **to play: ¿sabes tocar la guitarra?** do you know how to play the guitar?; **toca el piano muy bien** he plays the piano very well
3. **to ring: tocó el timbre** the bell rang
➤ **¿a quién le toca?** whose turn is it?
➤ **me toca a mí jugar** it's my turn to play
➤ **le tocó el más grande** he got the biggest one.

el **tocino** ■ **bacon**.

todavía *adverbio*
1.

> Todavía se traduce por **still** cuando se trata de oraciones afirmativas o interrogativas:

still: todavía la quiere he still loves her; **¿todavía vives en la misma casa?** do you still live in the same house?
2.

> Todavía se traduce por **yet** cuando se trata de oraciones negativas:

yet: no la he visto todavía I haven't seen her yet; **todavía no llega** she hasn't arrived yet
3. **even: ahí hace todavía más calor** it's even hotter there.

todo
■ *adjetivo & pronombre*
1. **all: todo el tiempo** all the time; **invitó a todas sus amigas** she invited all her friends; **gente de todo tipo** all sorts of people
2. **every: voy todas las semanas** I go every week
3. **whole: se tomó toda la botella** she drank the whole bottle; **vino toda su familia** his whole family came; **toda la verdad** the whole truth
➤ **ya es todo un hombre** now he's every inch a man

➤ **todo el mundo lo sabe** everybody knows
■ *pronombre*
1. **everything: se lo comieron todo** they ate everything; **el dinero no es todo** money is not everything
2. **everybody: todos vinieron** everybody came; **todos lo saben** everybody knows
3. **all: los vendieron todos** they sold them all; **eso es todo, por ahora** that's all, for now

➤ **en esa tienda venden de todo** they sell everything in that store.

el **toldo**
1. *de playa* **sunshade**
2. *en tienda, patio* **awning**.

tolerante *adjetivo* ■ **tolerant**.

tolerar *verbo* ■ **to tolerate: no voy a tolerar una cosa así** I'm not going to tolerate something like that
➤ **les toleran todo a sus hijos** they put up with everything from their children
➤ **no tolero a la gente mal educada** I can't stand rude people.

tomar *verbo*
1. **to drink: no hay que tomar de esa agua** you don't have to drink from that water; **¿qué van a tomar?** what are they going to drink?; **se tomaron toda la botella** they drank the whole bottle
2. **to take: tomamos un taxi** we took a taxi; **siempre tomo el mismo tren** I always take the same train; **me voy a tomar el día libre** I'm going to take the day off

➤ **me tomó la mano** he took my hand
➤ **la tomó del brazo** he took her by the arm
➤ **tomé apuntes en la clase** I took notes in class
➤ **tomó nota de todo lo que dijo** he took note of everything she said
➤ **toma la primera calle a la izquierda** take the first street on the left
➤ **toma, se te quedó esto en mi escritorio** here, you left this in my desk
➤ **le tomé cariño** I became fond of him
➤ **te están tomando el pelo** they're pulling your leg
➤ **estuvo tomando el sol** he was sunbathing
➤ **salió a tomar el aire** she went outside to get some fresh air
➤ **se tomó la molestia de venir hasta acá** he took the trouble to come all the way here
➤ **no te lo tomes a mal** don't take it badly
➤ **se lo toma todo en broma** he takes everything as a joke.

el **tomate** ■ **tomato** (*plural* **tomatoes**): **una ensalada de tomates** a tomato salad
➤ **un tomate verde** a green tomato.

el **tomo** ■ **volume**.

la **tonelada** ■ **ton**.

el **tono**
1. **tone: me di cuenta por el tono de su voz** I realized by the tone of his voice
2. **shade: siempre se viste con tonos claros** she always dresses in light shades

➤ **el teléfono no tiene tono** the telephone has no dial tone
➤ **el tono de marcar** the dial tone.

la **tontería**
➤ **estás diciendo tonterías** you're talking nonsense
➤ **¡no digas tonterías!** don't talk nonsense!
➤ **pelaron por una tontería** they fought over nothing
➤ **lo que hiciste fue una tontería** what you did was foolish.

tonto *adjetivo* ■ **silly: eres muy tonto** you're very silly
➤ **¡qué excusa más tonta!** what a stupid excuse!

toparse *verbo pronominal*
➤ **toparse con alguien** to run into somebody: **me topé con ella a la entrada** I ran into her at the entrance.

el **tope**
1. **limit: le pusieron un tope al número de llamadas que puede hacer** they put a limit on the number of calls she can make
2. *Mexico en la calle* **speed bump**

➤ **el estadio estaba lleno hasta los topes** the stadium was completely full.

el **toque** ■ **touch: sólo me falta darle los últimos toques** all I have left is to give it the finishing touches
➤ **un toque de queda** a curfew.

el **tórax** ■ **thorax**.

torcer *verbo*

1. **to twist: agarra al niño con cuidado, así le estás torciendo un brazo** hold the boy carefully, you're twisting his arm; **ayer me torcí un tobillo y hoy lo tengo hinchadísimo** yesterday I twisted my ankle and today it's very swollen
2. **to wring: antes de colgar la ropa para que se seque, hay que torcerla** before hanging the clothes to dry, you have to wring them.

la **tormenta** ■ **storm**.

el **tornillo** ■ **screw**.

el **toro** ■ **bull**.

la **toronja** ■ *Mexico* **grapefruit**.

torpe *adjetivo*

1. **clumsy: no le des ninguna tarea delicada, es muy torpe** don't give him a delicate task, he's very clumsy
2. **awkward: el bebé todavía tiene un andar torpe y se cae mucho** the baby still has an awkward walk and he falls down a lot.

la **torre** ■ **tower: el campanario está en la torre más alta de la iglesia** the belfry is in the church's highest tower.

el **torso** ■ **torso**.

la **torta**

1. **pie: la torta de jamón y queso es mi preferida** the ham and cheese pie is my favorite
2. *Southern Cone, Venezuela* **cake: al final de la fiesta, comimos torta de cumpleaños** at the end of the party, we ate birthday cake
3. *Mexico* **sandwich: no tuve tiempo de sentarme a almorzar, sólo comí una torta** I didn't have time to sit down and eat lunch, I only ate a sandwich.

la **tortilla**

1. **omelette: la tortilla española clásica se prepara con huevos, papas y cebolla** the classic Spanish omelette is prepared with eggs, potatoes and onion
2. **tortilla: en México, la tortilla forma parte de la alimentación básica** in Mexico, the tortilla forms part of the essential foods

TORTILLA ESPAÑOLA

A **tortilla española** is a type of thick omelette filled with fried onions and potatoes, then sliced into wedges. It is a dish inherited from Spain and in some Latin American countries it is commonly eaten as a "fast food".

la **tortuga** ■ **turtle**.

la **tos** ■ **cough: está resfriada y tiene mucha tos** she has a cold and a bad cough.

toser *verbo* ■ **to cough: estuvo tosiendo toda la noche** he was coughing all night.

la **tostada**

➤ **una tostada** a piece of toast
➤ **¿quieres tostadas?** would you like some toast?

la **tostadora** ■ **toaster**.

tostar *verbo* ■ **to toast: tostamos varias rebanadas de pan y las comimos con mermelada** we toasted several slices of bread and we ate them with jam

tostarse *verbo pronominal* ■ **to tan: el protector solar ayuda a tostarse sin peligros para la piel** sunscreen helps you to tan without danger to your skin.

total *(adjetivo & adverbio)*

■ *adjetivo*
complete: necesitamos silencio total we need complete silence

■ *adverbio*
after all: voy contigo al supermercado, total, no tengo nada que hacer I'm going with you to the supermarket, after all, I don't have anything to do.

el **total** ■ **total: el total de sumar 10 más 10 es 20** the total from adding 10 plus 10 is 20.

la **totalidad**

➤ **la totalidad de los estudiantes de mi grupo fueron al museo** all of the students in my group went to the museum.

tóxico *adjetivo* ■ **poisonous**.

el **trabajador**, la **trabajadora** ■ **worker**

DÍA DE LOS TRABAJADORES

May 1 is Labor Day in many Spanish-speaking countries. People have the day off from work, and workers often participate in rallies organized by labor unions.

trabajar *verbo* ■ **to work: trabajan para una editorial** they work for a publishing house
➤ **¿quién trabaja en esa película?** who's in that movie?

el **trabajo**
1. **job: tardó sólo un par de semanas en encontrar trabajo** he only took a couple of weeks to find a job
2. **work: si quieres hablar con ella ahora, puedes llamarla al trabajo** if you want to talk with her now, you can call her at work
3. **essay: ¿cuándo tenemos que entregar el trabajo de historia?** when do we have to turn in the history essay?

el **tractor** ■ **tractor**.

la **tradición** (*plural* las tradiciones) ■ **tradition**.

tradicional *adjetivo* ■ **traditional**.

la **traducción** (*plural* las traducciones) ■ **translation**.

traducir *verbo* ■ **to translate: hay que traducir estos ejemplos al inglés** you have to translate these examples into English.

el **traductor**, la **traductora** ■ **translator**.

traer *verbo*
1. **to bring: tengo frío, por favor tráeme una manta** I'm cold, please bring me a blanket
2. **to have: este diccionario trae muchos ejemplos** this dictionary has many examples
3. **to wear: mi madre trae las sandalias que le regalé** my mother is wearing the sandals I gave her.

el **tráfico** ■ **traffic: por la mala visibilidad, hubo varios accidentes de tráfico** because of the poor visibility, there were several traffic accidents.

tragar *verbo* ■ **to swallow**.

la **tragedia** ■ **tragedy** (*plural* **tragedies**).

trágico *adjetivo* ■ **tragic: en un trágico accidente perdió a toda su familia** he lost his whole family in a tragic accident.

el **trago**
1. **swallow: tenía mucha sed y se tomó toda el agua de un trago** she was very thirsty so she drank all the water in one swallow
2. **sip: quiero sólo un trago, para probar** I only want a sip, just to try it.

el **traje**
1. **suit: para la entrevista de trabajo, Juan se puso un traje azul** for the job interview, Juan put on a blue suit
2. **costume: mañana es el concurso de trajes típicos regionales** tomorrow is the show of typical regional costumes
➤ **un traje de baño** a bathing suit
➤ **un traje de gala** an evening dress
➤ **un traje de novia** a wedding dress.

la **trama** ■ **plot: ¿podrías contarme la trama de la película?** could you tell me the plot of that film?

el **trámite** ■ **procedure: los trámites se han complicado** procedures have become complicated.

el **tramo**
1. **section: trasladarse será más fácil cuando esté pronto este tramo de la carretera** traveling will be easier when this section of highway is done
2. **flight: la abuela no puede subir más de cuatro tramos de escalera** our grandmother can't go up more than four flights of stairs.

la **trampa** ■ **trap: los cazadores pusieron una trampa para el oso** the hunters laid a trap for the bear
➤ **hacer trampa** to cheat: **no me gusta jugar con ella, siempre gana porque hace trampa** I don't like to play with her, she always wins because she cheats.

el **trampolín** (*plural* los trampolines) ■ **diving board**.

el **tramposo** *adjetivo* ■ **cheat: eres un tramposo y por eso siempre ganas** you're a cheat and that's why you always win.

tranquilo *adjetivo*
1. **calm: tienes que estar tranquilo para la prueba** you have to be calm for the test
2. **peaceful: después de una fuerte tormenta nocturna, el día amaneció tranquilo** after a strong storm in the night, a peaceful day dawned.

transcurrir *verbo*
1. **to take place: la historia de Drácula transcurre en Transilvania** the story of Dracula takes place in Transylvania
2. **to pass: ya transcurrieron dos años desde que llegué a esta ciudad** two years have already passed since I arrived in this city.

el/la **transeúnte** ■ **passer-by**.

la **transformación** *(plural* las transformaciones*)* ■ **transformation: estudiamos la transformación de la oruga en mariposa** we're studying the transformation of the caterpillar into a butterfly.

transformar *verbo*
1. **to change: el mago transformó al conejo en una paloma** the wizard changed the rabbit into a dove
2. **to transform: la tecnología está transformando los métodos educativos** technology is transforming educational methods

transformarse *verbo pronominal*
1. **to be converted: en esta represa, la fuerza del agua se transforma en energía eléctrica** at this dam, the force of the water is converted into electric energy
2. **to change: desde la última vez que estuve aquí, este país se ha transformado** this country has changed since the last time I was here.

transgénico *adjetivo* ■ **genetically modified**.

el **tránsito** ■ **traffic**
➤ **accidente de tránsito** traffic accident
➤ **infracción de tránsito** traffic offense.

la **transmisión** *(plural* las transmisiones*)* ■ **broadcast: la transmisión del partido de fútbol se interrumpió por el apagón** the broadcast of the soccer game was interrupted by the blackout.

transmitir *verbo*
1. **to pass on: le transmitiré a mi familia tus saludos** I will pass your greetings on to my family
2. **to broadcast: la radio acaba de transmitir el alerta** the radio just broadcast the alert.

la **transparencia** ■ **transparency** *(plural* **transparencies***)*.

transparente *adjetivo* ■ **transparent**.

la **transpiración** ■ **perspiration**.

transpirar *verbo* ■ **to perspire**.

el **transportador** ■ **protractor: usé el transportador para dibujar este ángulo de 55 grados** I used the protractor to draw this 55 degree angle.

transportar *verbo* ■ **to transport: transportaremos la mercadería por barco** we'll transport the merchandise by boat.

el **transporte** ■ **transportation: el sistema de transporte aquí es bastante malo** the transportation system here is pretty bad
➤ **medio de transporte** means of transportation: **el tren es mi medio de transporte favorito** the train is my favorite means of transportation.

el **trapo** ■ **rag: ¿dónde hay un trapo para limpiar la mesa?** where is there a rag to clean the table?
➤ **un trapo de cocina** a dishcloth.

la **tráquea** ■ **windpipe**.

tras *preposición* ■ **after: tras los incidentes en el estadio, todos los partidos de la temporada se suspendieron** after the incidents in the stadium, all the season's games were canceled
➤ **día tras día** day after day: **regó las plantas día tras día, pero la sequía terminó matándolas** he watered the plants day after day, but the drought ended up killing them.

trasero *adjetivo* ■ **back: los niños deben viajar en el asiento trasero del auto** children must ride in the back seat of the car

el **trasero** ■ **backside**.

trasladar *verbo* ■ **to move: hay que trasladar el equipo de música al jardín** we have to move the music equipment to the garden; **las tortugas se trasladan muy lentamente** turtles move very slowly.

trasplantar *verbo* ■ **to transplant**.

el **trasplante** ■ **transplant**.

el **traste** ■ *Mexico* **pot: necesito un traste hondo para este guisado** I need a deep pot for this stew.

el **trasto** ■ **junk: el sótano está lleno de trastos** the basement is full of junk.

trastornar *verbo*

1. **to upset: el accidente lo trastornó** the accident upset him
2. **to disturb: su visita imprevista nos trastornó la rutina semanal** her unexpected visit disturbed our weekly routine.

el **tratado** ■ **treaty** *(plural* **treaties***)*.

el **tratamiento** ■ **treatment: está haciendo un tratamiento para adelgazar** she's doing a treatment to get thinner.

tratar *verbo*

1. **to treat: son excelentes anfitriones, nos trataron muy bien** they are excellent hosts, they treated us very well; **preciso un médico que me trate esta alergia** I need a doctor to treat this allergy for me
2. **to address: en algunas regiones de América, los amigos se tratan de "vos"** in some regions of America, friends address each other as "vos"
3. **to try: no trates de engañarme porque no tardaré en descubrir la verdad** don't try to deceive me because I won't take long to discover the truth.

el **trato** ■ **deal: José y Pedro hicieron un trato** José and Pedro made a deal.

el **trauma** ■ **trauma: el accidente le provocó un trauma tan enorme que desde entonces no ha vuelto a manejar** the accident was such a horrible trauma for him that he hasn't driven again since.

través *preposición*

➤ **a través de** through: **me enteré a través de una amiga** I found out through a friend.

la **travesura** ■ **prank**

➤ **hacer travesuras** to play pranks.

travieso *adjetivo* ■ **naughty**.

el **trayecto**

1. **journey: no paró de hablar en todo el trayecto** he didn't stop talking the whole journey
2. **route: dile al taxista que elija el trayecto más corto** tell the taxi driver to choose the shortest route.

la **trayectoria** ■ **path: la trayectoria del cometa Halley describe una parábola** the path of Halley's comet is a parabola.

trazar *verbo* ■ **to draw**.

el **trazo**

1. **stroke: está aprendiendo a escribir, sus trazos todavía son inseguros** he's learning to write, his strokes are still unsure
2. **mark: no me gustan los lápices de trazo demasiado fino** I don't like pencils with too fine a mark.

el **trébol** ■ **clover**.

tremendo *adjetivo* ■ **tremendous: aquí las diferencias entre los pobres y los ricos son tremendas** here the differences between the poor and the rich are tremendous.

el **tren** ■ **train**.

la **trenza** ■ **braid**.

trepar *verbo* ■ **to climb: algunos niños tienen miedo de trepar a los árboles** some children are afraid of climbing trees.

tres *numeral* ■ **three: tiene tres hijos** she has three children

➤ **mi hermana tiene tres años** my sister is three years old

➤ **son las tres** it's three o'clock

➤ **el tres de abril** the third of April.

el **triángulo** ■ **triangle**.

la **tribu** ■ **tribe**.

la **tribuna** ■ **stands: toda mi familia estaba en la tribuna** my whole family was in the stands.

el **tribunal**
1. **court: terminaron yendo a un tribunal para resolver el conflicto** they ended up going to court to resolve the conflict
2. **board of examiners: el tribunal premió el trabajo dedicado a la preservación ambiental** the board of examiners gave an award to the work dedicated to environmental preservation.

el **tributo** ■ **tax**.

el **triciclo** ■ **tricycle**.

el **trigo** ■ **wheat**.

trinar *verbo* ■ **to sing: cuando amaneció los pájaros empezaron a trinar** when the day dawned the birds began to sing.

el **trineo** ■ **sleigh**.

triple *adjetivo* ■ **triple**.

la **tripulación** *(plural* las tripulaciones*)* ■ **crew**.

triste *adjetivo* ■ **sad: está triste porque no lo dejaron ir al circo** he's sad because they didn't let him go to the circus; **me dijeron que esa película es muy triste** they told me that that movie is very sad.

la **tristeza** ■ **sadness**
➤ **me dio mucha tristeza la muerte de mi perro** the death of my dog made me very sad.

triunfar *verbo*
1. **to triumph: en la Segunda Guerra Mundial, los países aliados triunfaron** in World War II, the Allied countries triumphed
2. **to succeed: ¡espero que triunfes en la vida!** I hope that you succeed in life!

el **triunfo** ■ **victory** *(plural* **victories***)*: **el equipo ganador celebró el triunfo durante varios días** the winning team celebrated the victory for several days.

el **trofeo** ■ **trophy** *(plural* **trophies***)*.

la **trompa** ■ **trunk**.

la **trompada** ■ **punch**.

tronar *verbo* ■ **to thunder: estuvo tronando toda la noche** it was thundering all night.

el **tronco**
1. **trunk: una planta trepadora se ha enroscado en el tronco de este árbol** a climbing plant has wound itself around the trunk of this tree; **en tu dibujo, el tronco del niño ha quedado más largo que las piernas** in your drawing, the child's trunk is longer than his legs
2. **log: puse varios troncos en el hogar para avivar el fuego** I put several logs in the fireplace to revive the fire
➤ **dormir como un tronco** to sleep like a log: **estaba tan cansada que dormí como un tronco** I was so tired that I slept like a log.

tropezar *verbo* ■ **to stumble on: tropecé con el escalón** I stumbled on the stairs.

el **tropezón** *(plural* los tropezones*)*
➤ **dio un tropezón** he stumbled.

tropical *adjetivo* ■ **tropical**.

el **trópico** ■ **tropic**
➤ **el trópico de Cáncer** the Tropic of Cancer
➤ **el trópico de Capricornio** the Tropic of Capricorn.

el **tropiezo** ■ **setback: si no hay ningún tropiezo, entregaremos el trabajo mañana** if there's not a setback, we'll turn in the essay tomorrow
➤ **tuvo un tropiezo y se cayó** he slipped and fell.

trotar *verbo* ■ **to trot**.

el **trote** ■ **trot**
➤ **ir al trote** to trot: **mi caballo iba al trote** my horse was trotting.

el **trozo** ■ **piece: cuidado, no camines descalza porque puede haber trozos de vidrio en el suelo** careful, don't walk barefoot because there might be pieces of glass on the floor.

el **truco** ■ **trick: el mago hizo unos trucos excelentes** the magician did some excellent tricks.

el **trueno** ■ **thunder**.

tu *adjetivo* ■ **your: quiero que me presentes a tus amigas** I want you to introduce me to your friends.

tú *pronombre* ■ **you: haz lo que tú quieras** do what you want.

la **tuberculosis** ■ **tuberculosis**.

el **tubo**

1. **pipe: la iglesia compró un nuevo tubo de órgano** the church bought a new pipe organ
2. **tube: en el baño encontrarás un tubo de crema para las manos** in the bathroom you'll find a tube of hand cream.

la **tuerca** ■ **nut**.

tuerto *adjetivo* ■ **blind in one eye: el pirata era tuerto** the pirate was blind in one eye.

la **tumba**

1. **grave: la tumba de mi bisabuela está en Lima** my great-grandmother's grave is in Lima
2. **tomb: las tumbas de los faraones se encuentran en pirámides** the pharoahs' tombs are in pyramids.

tumbar *Andes, Caribbean, Central America, Mexico verbo* ■ **to knock down: los ladrones tumbaron la puerta de una patada** the thieves knocked down the door with one kick

tumbarse *verbo pronominal* ■ **to lie down: llegó cansadísima y se tumbó en el sofá** she arrived extremely tired and lay down on the sofa.

el **túnel** ■ **tunnel**.

tupido *adjetivo* ■ **dense: en la selva, la vegetación es muy tupida** in the jungle, the vegetation is very dense.

la **turbina** ■ **turbine**.

turbio *adjetivo* ■ **cloudy: el agua se ve muy turbia** the water looks very cloudy.

la **turbulencia** ■ **turbulence: si mantienes el cinturón ajustado, no correrás peligro cuando haya turbulencias** if you keep your seatbelt fastened, you won't be in danger when there's turbulence.

turbulento *adjetivo* ■ **turbulent**.

el **turismo** ■ **tourism: el turismo es la principal fuente de ingresos de la región** tourism is the main source of income for the region

➤ **hacer turismo** to travel: **vamos a dedicar todo el verano a hacer turismo** we're going to dedicate the whole summer to traveling.

el/la **turista** ■ **tourist**.

turnarse *verbo pronominal* ■ **to take turns: cuando la abuela estuvo enferma, nos turnábamos para acompañarla** when our grandmother was sick, we took turns keeping her company.

el **turno**

1. **turn: esperá un poquito, todavía no es tu turno** wait a little bit, it's still not your turn
2. **shift: el turno de la noche empieza a las diez** the night shift begins at ten o'clock.

la **tutela** ■ **guardianship: a la muerte de mis tíos, el juez le dio la tutela de mis primos a mis padres** upon the death of my aunt and uncle, the judge gave guardianship of my cousins to my parents.

el **tuteo** ■ *use of the familiar form "tú"*

> TUTEO
>
> In Spanish there are two words for the second person singular: one is the informal **tú**, the other is the formal **usted. Tuteo** refers to the use of **tú**, which varies greatly from country to country in Latin America. Generally, children and teenagers use **tú** for others their age and **usted** for adults. However, if there is a close relationship with an adult, such as a parent, grandparent, aunt, uncle, or teacher, it is common for the informal **tú** to be used.

el **tutor, la tutora** ■ **guardian: después de la muerte de mis tíos, mis padres pasaron a ser tutores de mis primos** after the death of my aunt and uncle, my parents became guardians of my cousins.

tuyo *(adjetivo & pronombre)*

■ *adjetivo*

yours: el libro rojo es mío y el azul es tuyo the red book is mine and the blue one is yours

■ *pronombre*

yours: este libro es mío, ¿dónde está el tuyo? this book is mine, where's yours?

u

u *conjunción* ■ **or: pídele a Miguel u Omar que te ayuden** ask Miguel or Omar to help you.

la **ubicación** (*plural* las ubicaciones)
1. **location: es una ubicación privilegiada** it's a wonderful location
2. **whereabouts: están trabajando en la ubicación del asesino** they're working on the whereabouts of the murderer.

ubicar *verbo*
1. **to put: ubicó a los niños en el asiento trasero** she put the children in the back seat
2. **to find: no logro ubicarlo** I can't find him

ubicarse *verbo pronominal* ■ **to be situated: las Américas se ubican entre el océano Pacífico y el Atlántico** the Americas are situated between the Pacific and the Atlantic Oceans.

la **úlcera** ■ **ulcer**.

último *adjetivo*
1. **last: es mi último año de estudios** it's my last year of studies
2. **top: viven en el último piso** they live on the top floor
3. **back: se sentó en la última fila** she sat down on the back row.

un, una (*articulo & numeral*)

■ *articulo*
1. **a, an: ¿podrías prestarme un paraguas?** could you loan me an umbrella?
2. **some: se fue a la playa con unos amigos** he went to the beach with some friends

■ *numeral*
one: tiene un hijo she has one son
➤ **mi hermana tiene un año** my sister is one year old
➤ **es la una** it's one o'clock.

el **ungüento** ■ **ointment**.

único *adjetivo*
1. **only: es el único par de zapatos que me gusta** it's the only pair of shoes that I like
2. **unique: este pintor es originalísimo, su obra es única** this painter is very original, his work is unique.

la **unidad**
1. **unit: la caja de 20 unidades cuesta el doble que la de 10** the box with 20 units costs twice as much as the one with 10
2. **unity: es importante que haya unidad entre los miembros de la familia** it's important that there be unity among family members
➤ **unidad de terapia intensiva** *Mexico* intensive care unit.

unificar *verbo* ■ **to unite: después de una larga guerra, el país se unificó** after a long war, the country united.

el **uniforme** ■ **uniform: el uniforme de mi escuela es azul** my school uniform is blue.

la **unión** (*plural* las uniones) ■ **unity: es importante que haya unión entre los hermanos** it's important that there be unity between the brothers
➤ **la Unión Europea** the European Union.

unir *verbo*
1. **to join: esta carretera une el pueblo con la capital** this highway joins the town with the capital; **si unimos estos dos tubos, obtendremos uno más largo** if we join these two tubes, we'll get a longer one
2. **to unite: las dificultades económicas unieron a la familia** the economic difficulties united the family; **ante las dificultades económicas, la familia se unió** confronted with economic difficulties, the family united.

universal *adjetivo* ■ **universal: los derechos humanos son universales** human rights are universal.

la **universidad** ■ **university** (*plural* **universities**).

universitario *adjetivo* ■ **university: un estudiante universitario** a university student

➤ **después de secundaria haré estudios universitarios** after high school I'm going to study at the university

el **universitario,** la **universitaria**

1. **university student: los universitarios estudian muchísimo** university students study a lot
2. **university graduate: un universitario accede a mejor salario que un obrero** a university graduate gains a better salary than a worker.

el **universo** ■ **universe**.

uno *(adjetivo & pronombre)*

■ *adjetivo*
one: sólo quiero una canasta, no me las des todas I only want one basket, don't give me all of them

■ *pronombre*
one: no quiero dos libros, sino sólo uno I don't want two books, only one.

untar *verbo* ■ **to spread: quiero pan untado con mermelada** I want bread spread with jam.

la **uña** ■ **fingernail**.

el **urbanismo** ■ **urban development: mi papá es arquitecto y se dedica al urbanismo** my dad is an architect and he does urban development.

urbano *adjetivo* ■ **urban**.

la **urbe** ■ **metropolis**.

la **urgencia** ■ **emergency** *(plural* **emergencies***)*: **los médicos siempre reciben llamadas de urgencia** doctors always receive emergency calls

➤ **tenía urgencia de ir al banco y salió volando** she was in a hurry to go to the bank so she left quickly.

urgente *adjetivo* ■ **urgent: recibí un llamado urgente, tengo que salir enseguida** I received an urgent call, I have to leave immediately.

Uruguay *sustantivo masculino* ■ **Uruguay**.

uruguayo *adjetivo*

> En inglés, los adjetivos que se refieren a un país o una región se escriben con mayúscula:

Uruguayan

el **uruguayo,** la **uruguaya**

> En inglés, los gentilicios se escriben con mayúscula:

Uruguayan.

usado *adjetivo*

1. **used: un auto usado es más barato que uno nuevo** a used car is cheaper than a new one
2. **worn: para estar en casa reservo la ropa más usada** I keep my most worn clothes for when I'm at home.

usar *verbo*

1. **to take: usa las escaleras porque el ascensor está descompuesto** take the stairs because the elevator is out of order
2. **to use: el auto está usando mucho aceite porque tiene una falla** the car is using a lot of oil because there's something wrong with it
3. **to wear: no me gusta usar ropa negra, me parece demasiado triste** I don't like to wear black clothes, they seem too gloomy to me

usarse *verbo pronominal* ■ **to be worn: actualmente el sombrero se usa poco** nowadays hats are worn infrequently.

el **uso**

1. **use: creo que este aparato tiene otros usos, además de abrir latas** I think this appliance has other uses, besides opening cans
2. **custom: se puede aprender mucho de los usos de otras culturas** you can learn a lot from the customs of other cultures
3. **wear: las suelas de estos zapatos están gastadas por el uso** the soles of these shoes are worn out from wear.

usted *pronombre* ■ **you: ¿cómo está usted?** how are you?

usual *adjetivo* ■ **normal: es usual que los adolescentes tengan problemas con sus padres** it's normal for teenagers to have problems with their parents.

el **usuario, la usuaria** ■ **user: los usuarios se quejaron por el aumento de tarifas** the users complained about the rate increase.

el **utensilio** ■ **utensil: las sartenes y las cacerolas son utensilios de cocina** frying pans and the pots are kitchen utensils.

útil *adjetivo* ■ **useful**

el **útil** ■ **tool**.

la **utilidad** ■ **usefulness: no le veo la utilidad a esa cacerola tan grande** I don't see the usefulness of this big pot.

la **utilización** ■ **use: la utilización de energía eléctrica trajo grandes progresos** the use of electric energy brought great progress.

utilizar *verbo* ■ **to use: para preparar el postre utilicé huevos, leche y azúcar** to make the dessert I used eggs, milk and sugar.

la **uva** ■ **grape**.

V

la **vaca**
1. **cow: las vacas comen pasto** cows eat grass
2. **beef**.

la **vacación** (*plural* las vacaciones) ■ **vacation: en las vacaciones de verano vamos a la playa** during summer vacation we go to the beach.

vaciar *verbo* ■ **to empty: hay que vaciar estos cajones para limpiarlos bien** you have to empty those boxes to clean them well.

vacilar *verbo*
1. **to waver: Gerardo vacila entre estudiar física o química** Gerardo wavers between studying physics and chemistry
2. *Caribbean, Central America, Mexico* **to party: los viernes sale con sus amigos a vacilar** Fridays he goes out with his friends to party.

vacío *adjetivo* ■ **empty: esta botella está vacía, ¿la tiramos?** this bottle is empty, should we throw it away?

el **vacío**
1. **space: en el video vi a los astronautas flotando en el vacío** on the video I saw the astronauts floating in space
2. **void: perdió el equilibrio y cayó al vacío** he lost his balance and fell into the void

➤ **envasado al vacío** vacuum-packed.

la **vacuna** ■ **vaccine: la vacuna antitetánica hay que dársela cada diez años** the vaccine against tetanus has to be given every ten years.

la **vacunación** (*plural* las vacunaciones) ■ **vaccination: mañana empieza la campaña de vacunación contra la gripe** tomorrow the flu vaccination campaign begins.

vacunar *verbo* ■ **to vaccinate: hay que vacunar a los perros contra la rabia** you have to vaccinate dogs for rabies

vacunarse *verbo pronominal* ■ **to get vaccinated: ¿los niños ya se vacunaron contra la poliomielitis?** did the children already get vaccinated for polio?

el **vagabundo, la vagabunda** ■ **vagrant: debajo de ese puente viven varios vagabundos** several vagrants live underneath that bridge.

vagar *verbo*
1. **to wander: vagando por ese barrio, encontré un museo muy interesante** wandering around that neighborhood, I found a very interesting museum

2. **to be lazy: ya terminé la tarea, voy a vagar un rato antes de cenar** I already finished my homework, I'm going to be lazy for a while before eating dinner.

vago *adjetivo*

1. **lazy: no seas vago** don't be lazy
2. **vague: las indicaciones para llegar a su casa eran muy vagas y me perdí** the directions to get to your house were very vague and I got lost.

el **vagón** *(plural* los vagones*)* ■ **wagon: los vagones transportaban maquinaria agrícola** the wagons carried farm machinery

➤ **el vagón restaurante** the dining car.

el **vaho**

1. **steam: el agua hirviendo despide mucho vaho** boiling water lets off a lot of steam
2. **breath**

➤ **eché vaho en la ventana y se empañó el vidrio** I breathed on the window and the glass fogged up.

la **vaina** ■ **pod: antes de preparar las arvejas, hay que sacarlas de las vainas** before preparing the peas, you have to take them out of the pods.

la **vainilla** ■ **vanilla**

➤ **helado de vainilla** vanilla ice cream.

la **vajilla**

1. **dishes: entre las tres podemos lavar la vajilla en 15 minutos** between the three of us we can wash the dishes in 15 minutes
2. **dinnerware set: podríamos regalarles una vajilla para el casamiento** we could give them a dinnerware set for their wedding.

la **valentía** ■ **bravery: la valentía del bombero le permitió rescatar a las víctimas** the bravery of the firefighter allowed him to rescue the victims.

valer *verbo*

1. **to cost: ¿cuánto vale un kilo de peras?** how much does a kilo of pears cost?
2. **to equal: en matemáticas, dos cuartos valen lo mismo que un medio** in mathematics, two fourths equal the same as one half
3. **to be valid: la prueba no valió porque muchos copiaron** the test wasn't valid because many people copied

➤ **valer la pena** to be worth it: **voy a comprar las manzanas, a ese precio, vale la pena** I'm going to buy the apples, at that price, it's worth it

➤ **más vale que te lleves el auto, está lloviendo mucho** it's worth taking the car, it's raining a lot.

valeroso *adjetivo* ■ **brave**.

valiente *adjetivo* ■ **brave**.

la **valija** ■ **suitcase: se iba de viaje por mucho tiempo, llevaba dos valijas llenas** he was going off on a trip for a long time, so he was taking two full suitcases.

valioso *adjetivo* ■ **valuable: le robaron a mamá un valioso anillo** they robbed a valuable ring from Mom.

el **valle** ■ **valley**.

el **valor**

1. **value: Julieta tiene muchos valores, entre ellos, la honestidad** Julieta has many values, among them, honesty
2. **importance: las palabras del abuelo fueron de gran valor para mí** the words of my grandfather were of great importance for me
3. **courage: Luis se lanzó con valor para salvar al niño** Luis rushed in with courage to save the child.

la **válvula** ■ **valve**.

la **vanidad** ■ **vanity: nunca reconoces tus errores, ¡cuánta vanidad!** you never acknowledge your mistakes, what vanity!

vanidoso *adjetivo* ■ **vain: es muy vanidosa** she's very vain.

vano *adjetivo* ■ **useless: los esfuerzos por salvarlo fueron vanos** the efforts to save him were useless

➤ **en vano** in vain: **los esfuerzos por salvarlo fueron en vano** the efforts to save him were in vain.

el **vapor** ■ **steam: el vapor del agua caliente empañó los vidrios** the steam from the hot water fogged the windows

➤ **plancha a vapor** steam iron.

la **vaquera** ■ **cowgirl**.

el **vaquero** ■ **cowboy**.

los **vaqueros** ■ jeans.

la **vara** ■ stick.

variable *adjetivo* ■ **changeable: el clima allí es muy variable** the climate there is very changeable.

variado *adjetivo* ■ **varied: Ana se compró una falda con colores variados** Ana bought a skirt with varied colors.

variar *verbo* ■ **to vary: en la media estación, las temperaturas varían entre 15 y 20 grados** during the middle season, the temperatures vary between 15 and 20 degrees.

la **varicela** ■ **chicken pox**.

la **variedad** ■ **variety** (*plural* **varieties**): **la variedad de tipos de sangre exige un análisis antes de la transfusión** the variety of blood types requires an analysis before the transfusion.

varios *adjetivo* ■ **several: ¿cuánto hace que no la ves? — varios meses** how long has it been since you saw her? — several months.

el **varón** (*plural* los varones) ■ **man** (*plural* **men**): **es un grupo mixto: hay varones y mujeres** it's a mixed group: there are men and women.

varonil *adjetivo* ■ **manly: tiene una voz varonil** he has a manly voice.

la **vasija** ■ **vessel: ese artesano hace y vende vasijas de barro** that artisan makes and sells clay vessels.

el **vaso**

1. **glass: quiero un vaso de agua, por favor** I want a glass of water, please
2. **cup: para los niños son más prácticos los vasos de plástico** plastic cups are more practical for children
3. **vessel: los vasos sanguíneos forman parte del sistema circulatorio** blood vessels form part of the circulatory system

⚠ The Spanish word **vaso** is a false cognate, it doesn't mean "vase".

el **vecindario** ■ **neighborhood: los habitantes del vecindario organizaron una fiesta** the residents of the neighborhood organized a party.

el **vecino**, la **vecina**

1. **neighbor: Susana es mi vecina** Susana is my neighbor
2. **resident: hace muchos años que Pedro es vecino de este pueblo** Pedro has been a resident of this town for many years.

la **vegetación** ■ **vegetation: la selva tiene una vegetación exuberante** the jungle has a lush vegetation.

vegetal *adjetivo* ■ **plant: estamos estudiando diferentes especies vegetales** we're studying different plant species.

el **vegetal** ■ **vegetable: los vegetales necesitan agua, luz y tierra para desarrollarse** vegetables need water, light and soil to develop.

vegetariano *adjetivo* ■ **vegetarian: no come carne, adoptó una dieta vegetariana** he doesn't eat meat, he adopted a vegetarian diet

el **vegetariano**, la **vegetariana** ■ **vegetarian: los vegetarianos no comen carne** vegetarians don't eat meat.

el **vehículo** ■ **vehicle: el avión, el tren y el automóvil son vehículos modernos** the airplane, the train and the automobile are modern vehicles.

la **vejez** ■ **old age: el cuidado de la salud es muy importante en la vejez** healthcare is very important in old age.

la **vejiga** ■ **bladder**.

la **vela**

1. **candle: están de moda las velas perfumadas y de colores** colored and scented candles are in fashion
2. **sail: cerca de la costa se veían las velas de colores** near the coast you could see colored sails

➤ **barco a vela** sailboat

➤ **pasar la noche en vela** to not sleep all night: **el niño tuvo fiebre y los padres pasaron la noche en vela** the boy had fever and the parents didn't sleep all night.

velar *verbo*
1. **to keep watch over: la abuelita falleció ayer y la velamos toda la noche** our grandmother died yesterday and we kept watch over her all night
2. **to go without sleep: se quedó velando anoche porque tenía un examen difícil hoy** he stayed without sleep last night because he had a difficult exam today

velarse *verbo pronominal* ■ **to blur: la cámara se abrió accidentalmente y la película se veló** the camera opened accidentally and the film blurred.

el **vello** ■ **hair**.

el **velo** ■ **veil**.

la **velocidad**
1. **speed: ¿cuál es el límite de velocidad en esta carretera?** what's the speed limit on this highway?
2. **gear: los autos automáticos son más fáciles de manejar que los que tienen velocidades** automatics are easier to drive than cars that have gears.

veloz *adjetivo* ■ **fast: la liebre es más veloz que la tortuga** the hare is faster than the turtle.

la **vena** ■ **vein**.

el **venado** ■ **deer** (*plural* **deer**).

el **vencedor,** la **vencedora** ■ **winner**.

vencer *verbo*
1. **to defeat: el ejército nacional venció a las fuerzas extranjeras** the national army defeated the foreign forces
2. **to beat: el nadador chino venció a los demás en la primera prueba** the Chinese swimmer beat the others in the first round
3. **to overcome: estaba muy cansada y finalmente la venció el sueño** she was very tired and finally sleep overcame her

vencerse *verbo pronominal*
➤ **mañana se vence el plazo para entregar este trabajo** tomorrow time's up to turn in this essay.

vencido *adjetivo*
1. **defeated: los jugadores vencidos se retiraron rápidamente** the defeated players withdrew quickly
2. **out of date: tu pasaporte está vencido, tienes que renovarlo** your passport is out of date, you have to renew it.

la **venda**
1. **bandage: llevaba una venda en el brazo lastimado** he was wearing a bandage on his injured arm
2. **blindfold: los secuestradores le pusieron una venda en los ojos** the kidnappers put a blindfold over his eyes.

vendar *verbo*
1. **to bandage: le vendaron el tobillo que se torció** they bandaged the ankle that he twisted
2. **to blindfold: los secuestradores le vendaron los ojos** the kidnappers blindfolded him.

el **vendedor** ■ **salesman** (*plural* **salesmen**)
➤ **vendedor ambulante** street seller.

la **vendedora** ■ **saleswoman** (*plural* **saleswomen**).

vender *verbo* ■ **to sell: los vecinos venden su casa** the neighbors are selling their house
➤ **"se vende"** "for sale": **"se vende esta casa"** "this house is for sale".

el **veneno**
1. **poison: con este veneno nos libraremos de las ratas** with this poison we'll be free of the rats
2. **venom: hay que inyectarte suero para combatir el veneno de la serpiente** we have to inject you with serum to fight the serpent's venom.

venenoso *adjetivo* ■ **poisonous**.

Venezuela *sustantivo femenino* ■ **Venezuela**.

venezolano, venezolana *adjetivo* ■

> En inglés, los adjetivos que se refieren a un país o una región se escriben con mayúscula:

Venezuelan

el **venezolano,** la **venezolana**

En inglés, los gentilicios se escriben con mayúscula:

Venezuelan.

la **venganza** ■ **vengeance: las víctimas del estafador prometieron venganza** the swindler's victims promised vengeance.

vengarse *verbo pronominal* ■ **to take revenge: las víctimas prometieron que se vengarían del estafador** the victims promised that they would take revenge on the swindler.

venir *verbo*

1. **to come: ¿vinieron en auto o en taxi?** did they come by car or by taxi?
2. **to be back: espérame un minutito, ya vengo** wait for me just a minute, I'll be back
3. **to be: la información viene en este manual** the information is in this manual

➤ **que viene** next: **la semana que viene** next week.

la **venta** ■ **sale: las ventas siempre aumentan en diciembre** sales always increase in December

➤ **"en venta"** "for sale".

la **ventaja** ■ **advantage: tiene la ventaja de saber inglés y francés** she has the advantage of knowing English and French.

la **ventana** ■ **window.**

la **ventilación** ■ **ventilation: ¡en este cuarto me ahogo! tiene muy poca ventilación** I suffocate in this room! It has very little ventilation.

el **ventilador** ■ **fan: ¡cuidado! no metas los dedos en el ventilador** careful! don't put your fingers in the fan.

ventilar *verbo* ■ **to ventilate: antes de limpiar, hay que ventilar bien el cuarto** before cleaning, you have to ventilate the room well.

ver *verbo*

1. **to see: no veo bien, necesito lentes** I don't see well, I need glasses
2. **to watch: no es bueno que pases todo el día viendo televisión** it's not good that you spend all day watching television

➤ **nos vamos a ver mañana de noche** we'll meet tomorrow night

➤ **lo que me contestaste no tiene nada que ver con lo que te pregunté** what you answered me doesn't have anything to do with what I asked you

verse *verbo pronominal* ■ **to be obvious: se ve que no sabe nada de inglés** it's obvious that he doesn't know any English.

el **verano** ■ **summer**

➤ **en verano** in summer

➤ **el próximo verano** next summer.

veras *adverbio*

➤ **de veras** really.

veraz *adjetivo* ■ **truthful: pocos diarios dan información veraz** few newspapers give truthful information.

verbal *adjetivo* ■ **verbal: el indicativo y el imperativo son modos verbales** the indicative and the imperative are verbal moods.

el **verbo** ■ **verb.**

la **verdad** ■ **truth: no me gustan las mentiras, quiero la verdad** I don't like lies, I want the truth

➤ **de verdad** real: **me regalaron un auto, pero no es de verdad, sino a control remoto** they gave me a car, but it's not real, it's remote control.

verdadero *adjetivo* ■ **real: le dicen María, pero su verdadero nombre es Mariana** they call her María, but her real name is Mariana.

verde *adjetivo*

1. **green: me puse la blusa blanca con el pantalón verde** I put on the white blouse with the green pants
2. **unripe: no es saludable comer fruta cuando todavía está verde** it's not healthy to eat fruit when it's still unripe.

el **verde** ■ **green: mi color preferido es el verde** my favorite color is green.

la **verdura** ■ **vegetable: las lechugas, las espinacas y las cebollas son verduras** lettuce, spinach and onions are vegetables.

la **vereda**
1. **path: por esa vereda puedes llegar al río** you can get to the river on that path
2. *Andes, Caribbean, River Plate* **sidewalk: los peatones caminan por la vereda** pedestrians walk on the sidewalk.

vergonzoso *adjetivo*
1. **shy: es muy vergonzosa, no se anima a hablar en público** she's very shy, she can't bring herself to speak in public
2. **disgraceful: es vergonzoso que haya niños que pasan hambre** it's disgraceful that there are children that go hungry.

la **vergüenza** ■ **disgrace: ¡cómo le van a pegar así a un niño! ¡es una vergüenza!** I can't believe they're going to hit a child like that! it's a disgrace!
➤ **volqué todo el café, me dio una vergüenza horrible** I tipped over the coffee, I was horribly embarrassed.

verídico *adjetivo* ■ **true: la película se basa en una historia verídica** the film is based on a true story.

verificar *verbo* ■ **to check: hay que verificar todo antes de entregar la prueba** you have to check everything before turning the test in.

verosímil *adjetivo* ■ **likely: no le creo ni una palabra, esa historia no tiene nada de verosímil** I don't believe one word of what he says, that story is not likely at all.

la **versión** *(plural* las versiones*)* ■ **version: el testigo dio su versión de los hechos** the witness gave her version of the facts.

el **verso** ■ **poem: sabe de memoria algunos versos de Neruda** he knows some of Neruda's poems by heart.

la **vértebra** ■ **vertebra** *(plural* **vertebrae***)*.

vertical *adjetivo* ■ **vertical: para formar un cuadrado hay que trazar dos líneas verticales y dos horizontales** to form a square you have to draw two vertical lines and two horizontal ones.

el **vértigo** ■ **vertigo: no puedo subir muy alto porque tengo vértigo** I can't go up very high because I have vertigo
➤ **dar vértigo** to make dizzy: **no puede subir porque la altura le da vértigo** he can't go up because heights make him dizzy.

vespertino *adjetivo* ■ **evening: va a clases en el turno vespertino, de 3 a 8 p.m.** he goes to evening classes, from 3 to 8 p.m.

el **vestido** ■ **dress: me compré un precioso vestido floreado** I bought a lovely flowered dress
➤ **vestido de novia** wedding dress.

la **vestimenta** ■ **clothing: la vestimenta ha cambiado mucho a lo largo de la historia** clothing has changed a lot throughout history.

vestir *verbo* ■ **to dress: Luisa y Juana se entretienen vistiendo a las muñecas** Luisa and Juana entertain themselves dressing their dolls

vestirse *verbo pronominal* ■ **to get dressed: ¿cuánto demoras en vestirte?** how long do you take to get dressed?

el **vestuario**
1. *en piscina* **locker room**
2. *en teatro* **dressing room**.

el **veterinario**, la **veterinaria** ■ **veterinarian**.

la **vez** *(plural* las veces*)* ■ **time: ya te pedí cien veces que te callaras** I already asked you a hundred times to be quiet
➤ **a la vez** at the same time: **escribía una carta a la vez que escuchaba música** she was writing a letter at the same time that she was listening to music
➤ **a veces** sometimes: **a veces pienso que no debería haber venido** sometimes I think that I shouldn't have come
➤ **dos veces** twice: **nos encontramos dos veces por semana para ir a nadar** we meet twice a week to go swimming

➤ **en vez de** instead of: **en vez de ir al parque, podríamos ir a la playa, ¿no?** instead of going to the park, we could go to the beach, don't you think?
➤ **otra vez** again: **no puedo creer que estés aquí otra vez** I can't believe that you're here again
➤ **tal vez** maybe: **tal vez no entiendan inglés** maybe they don't understand English
➤ **una vez** once: **nos encontramos para tomar el té una vez por semana** we meet once a week to have tea.

la **vía**
1. **track: las vías del tren son de hierro** the train tracks are made of iron
2. **route: en los países con muchos ríos, la vía fluvial es muy utilizada** in countries with many rivers, river routes are often used
➤ **vía aérea** airmail
➤ **vía marítima** sea route.

el **viaducto** ■ **viaduct**.

viajar *verbo* ■ **to travel: como no le gusta viajar en avión, usa el tren o el barco** since he doesn't like to travel by plane, he uses the train or the boat.

el **viaje**
1. **trip: vamos a hacer un viaje por América del Sur** we're going to take a trip through South America
2. **journey: está muy cansada después de tan largo viaje** she's very tired after such a long journey
➤ **viaje de negocios** business trip
➤ **viaje de placer** pleasure trip.

el **viajero, la viajera** ■ **traveler: los viajeros llegaron cansados, después de muchas horas de vuelo** the travelers arrived tired, after many hours aboard the plane.

la **víbora** ■ **viper**.

la **vibración** *(plural* las **vibraciones***)* ■ **vibration**.

vibrar *verbo* ■ **to vibrate: los vidrios de las ventanas vibran cuando estalla un trueno** the glass of the windows vibrates when thunder booms.

viceversa *adverbio* ■ **vice versa**.

el **vicio** ■ **vice: fumar es un vicio pernicioso para la salud** smoking is a vice that's bad for your health.

la **víctima** ■ **victim: la inundación produjo cien víctimas** there were a hundred victims from the flood.

la **victoria** ■ **victory** *(plural* **victories***)*: **la victoria fue para el equipo local** the victory went to the local team.

la **vid** ■ **vine**.

la **vida** ■ **life: toda su vida la pasó en un pequeño pueblo** she spent all her life in a small town
➤ **vida nocturna** night life.

el **video**
1. **video: podríamos alquilar un video para esta noche** we could rent a video for tonight
2. **video cassette player: se rompió el video, hay que llevarlo a arreglar** the video cassette player broke, we have to take it to get fixed.

la **vidriera** ■ **store window: quiero probarme los zapatos rojos que están en la vidriera** I want to try on the red shoes that are in the store window.

el **vidrio**
1. **glass: prefiero las botellas de vidrio a las de plástico** I prefer glass bottles to plastic ones
2. **windowpane: se rompió un vidrio de mi cuarto y entra frío** a windowpane in my room broke and the cold comes in.

viejo *adjetivo* ■ **old: estos zapatos están muy viejos, tengo que comprar otros** these shoes are very old, I have to buy some others.

la **vieja** ■ **old woman**.

el **viejo** ■ **old man: un viejo estaba cruzando la calle** an old man was crossing the road
➤ **aquí los viejos no reciben jubilaciones dignas, viven en la miseria** here the elderly don't get decent retirement pensions, they live in poverty.

el **viento** ■ **wind: no hace frío, pero hay mucho viento** it's not cold, but there's a lot of wind.

el **vientre** ■ **stomach: el fuerte dolor en el vientre resultó ser apendicitis** the strong stomach pain ended up being apendicitis.

el **viernes** *(plural* los viernes*)*

En inglés, los días de la semana se escriben con mayúscula:

Friday: hoy es viernes today is Friday; **el próximo viernes** next Friday; **el pasado viernes** last Friday; **el viernes** on Friday; **te veré el viernes** I'll see you on Friday; **los viernes** on Fridays; **los viernes vamos al parque** on Fridays we go to the park.

el/la **vigilante** ■ **security guard: contrataron tres vigilantes para la noche** they hired three security guards for the night.

vigilar *verbo*

1. **to guard: varios policías vigilaban a los presos** several police officers were guarding the prisoners
2. **to keep an eye on: hay que vigilar a los niños cuando están en la piscina** you have to keep an eye on the children when they're in the pool
3. **to watch: creo que nos vigilan, cuidado con lo que dices** I think they're watching us, careful with what you say.

el **vigor** ■ **vitality: los niños suelen tener mucho vigor** children often have a lot of vitality.

vigoroso *adjetivo* ■ **vigorous: los niños son muy vigorosos, saltan y corren todo el día** children are very vigorous, they jump and run all day.

vil *adjetivo* ■ **vile**.

la **vileza** ■ **vile act: golpear a la anciana para robarle fue una vileza** hitting the old woman in order to rob her was a vile act.

la **villa**

1. **villa: se compraron una preciosa villa, construída en un gran terreno** they bought a lovely villa, built on a large piece of land
2. **small town: pasamos el fin de semana en una villa minera, cerca de la capital** we spent the weekend in a small mining town, near the capital.

el **villancico** ■ **carol**.

el **villano**, la **villana** ■ **villain: no confíes en él, es un villano** don't trust him, he's a villain.

el **vinagre** ■ **vinegar**.

el **vínculo** ■ **bond: tiene un vínculo muy fuerte con su familia** he has a very strong bond with his family.

el **vino** ■ **wine**.

la **viña** ■ **vineyard**.

el **viñedo** ■ **vineyard**.

la **violencia** ■ **violence: la violencia no es la manera de resolver los conflictos** violence is not the way to resolve conflicts.

violento *adjetivo* ■ **violent: anoche oí una discusión muy violenta entre los vecinos** last night I heard a very violent argument between the neighbors.

violeta *adjetivo* ■ **violet: me voy a poner la blusa blanca con el pantalón violeta** I'm going to put on the white blouse with the violet pants

el **violeta** ■ **violet: el violeta es mi color favorito** violet is my favorite color.

la **violeta** ■ **violet**.

el **violín** *(plural* los violines*)* ■ **violin**.

el/la **violinista** ■ **violinist**.

el/la **violonchelista** ■ **cellist**.

el **violonchelo** ■ **cello**.

virgen *adjetivo* ■ **virgin: por el bien de todos, es importante preservar la selva virgen** for everybody's good, it's important to preserve the virgin jungle

➤ **pura lana virgen** pure new wool.

la **virgen** *(plural* las vírgenes*)* ■ **virgin: la virgen María es la madre de Jesús** the Virgin Mary is the mother of Jesus.

viril *adjetivo* ■ **manly: tiene una voz muy viril: grave y fuerte** he has a very manly voice: low and strong.

virtual *adjetivo* ■ **virtual**
➤ **realidad virtual** virtual reality.

la **virtud** ■ **virtue: la honestidad es una de sus virtudes** honesty is one of his virtues.

la **viruela** ■ **smallpox**.

el **virus** (*plural* los virus) ■ **virus: algunos virus provocan resfríos y gripes** some viruses cause colds and the flu.

la **víscera** ■ **entrail: el corazón y el estómago son vísceras** the heart and the stomach are entrails.

la **visera** ■ **visor: siempre lleva la visera de la gorra para atrás** he always wears the visor of his hat backwards.

la **visibilidad** ■ **visibility: la neblina afecta la visibilidad en la carretera** the fog affects visibility on the highway.

visible *adjetivo* ■ **visible: la cerradura tenía marcas visibles: habían tratado de forzarla** the lock had visible marks: they had tried to force it.

la **visión** (*plural* las visiones)
1. **eyesight: fue perdiendo la visión hasta quedar ciego** he gradually lost his eyesight until he went blind
2. **vision: no hay nadie ahí, ves visiones** there's not anybody there, you're seeing visions.

la **visita**
1. **visit: después de la visita de mis sobrinos, la casa es un caos** after my nieces' and nephews' visit, the house is chaos
2. **visitor: anoche las visitas se quedaron hasta tardísimo** last night the visitors stayed until very late
➤ **horario de visita** visiting hours.

el/la **visitante** ■ **visitor: a los visitantes les encantan las playas de nuestro país** visitors love our country's beaches.

visitar *verbo* ■ **to visit: vinieron a visitarnos nuestros parientes españoles** our Spanish relatives came to visit us.

el **visor** ■ **viewfinder: miró por el visor de la cámara y sacó la foto** he looked through the camera's viewfinder and took the picture.

la **víspera** ■ **eve: la víspera del viaje no pude dormir por la emoción** I couldn't sleep on the eve of the trip because of the excitement.

la **vista**
1. **sight: la vista es uno de los cinco sentidos** sight is one of the five senses
2. **view: compramos una preciosa casa con vista al mar** we bought a lovely house with a view of the sea.

vistoso *adjetivo* ■ **showy: tenía un vestido muy vistoso, rojo y amarillo** she had a very showy dress, red and yellow.

visual *adjetivo* ■ **visual: tiene muy buena memoria visual, siempre recuerda la cara de la gente** he has very good visual memory, he always remembers people's faces.

vital *adjetivo* ■ **full of vitality: aún a su edad, la abuela es muy vital, siempre está ocupada con trabajo voluntario** even at her age, my grandmother is full of vitality, she's always busy with volunteer work.

la **vitalidad** ■ **vitality: la abuela tiene una vitalidad increíble, se las arregla sola para todo** my grandmother has incredible vitality, she manages on her own.

la **vitamina** ■ **vitamin: la naranja es una buena fuente de vitamina C** oranges are a good source of vitamin C.

la **vitrina** ■ **store window: quiero probarme los zapatos rojos que están en la vitrina** I want to try on the red shoes that are in the store window.

la **viuda** ■ **widow: las viudas tienen derecho a una pensión** widows have a right to a pension.

viudo *adjetivo* ■ **widowed: se quedó viuda pocos meses después del casamiento** she became a widow only a few months after the wedding

el **viudo** ■ **widower**.

los **víveres** ■ **supplies: la lista de víveres para la excursión incluía frutas, carnes frías y agua** the list of supplies for the outing included fruits, cold meats and water.

el **vivero** ■ **nursery** (*plural* **nurseries**).

la **vivienda** ■ **dwelling: han construído muchas viviendas en los suburbios de la ciudad** they've built many dwellings in the city's suburbs.

vivir *verbo*

1. **to live: desde muy joven vive de su propio trabajo** from very young he's lived by his own labor; **vive en un apartamento muy grande, en el centro de la ciudad** she lives in a very big apartment, in the middle of the city
2. **to be alive: el perro quedó malherido, pero aún vive** the dog was badly wounded, but he's still alive.

vivo *adjetivo*

1. **alive: ¡no tires esa planta! está viva** don't throw that plant out! it's alive
2. **lively: me gusta decorar la casa con colores vivos** I like to decorate the house with lively colors.

el **vocablo** ■ **word**.

el **vocabulario** ■ **vocabulary: este libro es difícil porque tiene mucho vocabulario técnico** this book is difficult because it has a lot of technical vocabulary.

la **vocación** (*plural* las vocaciones) ■ **vocation: aún no tiene clara cuál es su vocación, no sabe qué va a estudiar** she still doesn't have clear what her vocation is, she doesn't know what she's going to study.

vocal *adjetivo* ■ **vocal: no pudo cantar porque tiene las cuerdas vocales inflamadas** he couldn't sing because his vocal cords are inflamed.

la **vocal** (*plural* las vocales) ■ **vowel: "a, e, i, o, u" son las vocales** "a, e, i, o, u" are vowels.

el **volante** ■ **steering wheel: gira un poco el volante a la derecha, para dar vuelta** turn the steering wheel a little to the right, in order to turn.

volar *verbo* ■ **to fly: los aviones vuelan a 10.000 metros de altura** airplanes fly at an altitude of 10,000 meters.

el **volcán** (*plural* los volcanes) ■ **volcano** (*plural* **volcanoes**).

volcánico *adjetivo* ■ **volcanic: las erupciones son producto de la actividad volcánica** eruptions are a product of volcanic activity.

volcar *verbo*

1. **to dump: el camión volcó su carga en el depósito** the truck dumped its load at the warehouse
2. **to tip over: el auto derrapó en la curva y volcó unos metros más adelante** the car skidded on the curve and tipped over a few meters further along
3. **to knock over: me distraje y volqué la taza de café arriba del mantel** I got distracted and knocked over the coffee on the tablecloth

volcarse *verbo pronominal* ■ **to tip over: no camines con el vaso lleno, que se te va a volcar el agua** don't walk with the glass full, your water will tip over.

voltear *verbo*

1. *Andes, Caribbean, Central America, Mexico* **to turn around: voltea para que pueda verte de espaldas** turn around so that I can see your back
2. *Andes, Caribbean, Central America, Mexico* **to turn over: voltea el vaso para que no le entre polvo** turn the glass over so that dirt won't get in
3. *Andes, Mexico, River Plate* **to knock over: cuidado por donde caminas, vas a voltear la mesita** careful where you walk, you're going to knock over the table.

la **voltereta**
1. *en el suelo* **forward roll**
2. *en el aire* **somersault**.

el **volumen** *(plural* los volúmenes*)* ■ **volume: la maestra pidió que calculáramos el volumen de un cubo** the teacher asked us to calculate the volume of a cube; **esa novela es muy larga, se publicó en tres volúmenes** that novel is very long, it was published in three volumes; **¿podrías bajar el volumen del radio, por favor?** could you lower the radio's volume, please?

voluminoso *adjetivo* ■ **massive: esa mesa es tan voluminosa que no pasa por la puerta** that table is so massive that it doesn't go through the door.

la **voluntad**
1. **will: con la fuerza de voluntad que tiene, puede conseguirlo todo** with the willpower that he has, he can do anything
2. **volition: hizo el viaje por su propia voluntad, nadie lo obligó** he made the trip of his own volition, nobody forced him.

voluntario *adjetivo* ■ **volunteer: ese médico hace trabajo voluntario: atiende a los pacientes y no les cobra** that doctor does volunteer work: he waits on patients and doesn't charge them

el **voluntario**, la **voluntaria** ■ **volunteer: después del terremoto, muchos voluntarios se ofrecieron para ayudar** after the earthquake, many volunteers offered to help.

volver *verbo*
1. **to come back: espérame un minuto que enseguida vuelvo** wait for me a minute, I'm coming right back
2. **to go back: ahora tengo que volver a la escuela, pero más tarde paso por tu casa** now I have to go back to school, but later I'll come by your house

volverse *verbo pronominal*
1. **to go back: me volví porque me olvidé de la llave** I went back because I forgot the key
2. **to get: algo le pasó y se ha vuelto muy irritable** something happened to him and he got very irritable.

vomitar *verbo* ■ **to vomit**.

el **vómito** ■ **vomit**.

la **voracidad** *(plural* las voracidades*)* ■ **voraciousness**.

voraz *adjetivo* ■ **voracious: mi primo adolescente tiene un apetito voraz** my teenage cousin has a voracious appetite.

vos *pronombre* ■ **you**.

el **voseo** ■ *use of the familiar form "vos"*

> VOSEO
>
> In some parts of Latin America, the word **vos** along with **tú** is used for the second person singular, in the informal sense. In some countries the two forms are used interchangeably while in others vos is considered somewhat less formal than **tú**. Some of the countries where **vos** is used are Argentina, Bolivia, Colombia, Costa Rica, and Uruguay.

votar *verbo* ■ **to vote: aquí se puede votar a partir de los 18 años** here you can vote starting at 18 years of age.

el **voto** ■ **vote: en algunos países, el voto es obligatorio** in some countries, voting is obligatory.

la **voz** *(plural* las voces*)* ■ **voice: en la adolescencia, los varones cambian la voz** during adolescence, men's voices change.

el **vuelo** ■ **flight: es entretenido observar el vuelo de los pájaros** it's entertaining to observe birds' flight.

la **vuelta**
1. **turn: este paso de baile incluye varias vueltas** this dance step includes several turns
2. **walk: ¿vamos a dar una vuelta por el parque?** are we going to go for a walk around the park?
3. **ride: salimos a dar una vuelta en el auto nuevo de mi tío** we went out for a ride in my uncle's new car

➤ **dar vuelta la página** to turn a page: **yo leo y tú das vuelta la página, ¿está bien?** I'll read and you turn the page, ok?

➤ **dar vuelta** to turn around: **la casa de Ana es allá atrás, ya nos pasamos, tenemos que dar vuelta** Ana's house is back there, we already passed it, we have to turn around
➤ **no comas nada antes de salir, a la vuelta preparamos algo** don't eat anything before leaving, we'll make something when we get back.

vuestro *adjetivo* ■ **your: vuestro padre os espera** your father is waiting for you.

vuestro *pronombre* ■ **yours: ¿estos jerséis son vuestros?** are these sweaters yours?

vulgar *adjetivo*
1. **common: ¿sabes el nombre vulgar de la cefalea?** do you know the common name for a migraine?
2. **coarse: siempre habla a los gritos, es una muchacha muy vulgar** she always shouts, she's a very coarse girl.

W

el **walkman®** (*plural* los walkmans) ■ **Walkman®**.

el **waterpolo** ■ **water polo**.

la **web** ■ **website**.

el **whisky** (*plural* los whiskys) ■ **whisky**.

el **windsurf** ■ **windsurfing: me gusta hacer windsurf** I like to windsurf.

X

la **xenofobia** ■ **xenophobia**.

el **xilófono** ■ **xylophone**.

Y

y *conjunción* ■ **and: acaban de llegar Andrés y su novia** Andrés and his girlfriend just arrived
➤ **¿y qué?** so what?: **el auto no funciona — ¿y qué? podemos ir en taxi** the car's not working — so what? we can go by taxi
➤ **son las ocho y veinte** it's eight twenty.

ya *adverbio*
1. **already: ya terminé los deberes** I already finished the assignments
2. **now: engordé y este vestido ya no me sirve** I got heavier and this dress isn't any use to me now
➤ **ya que** since: **ya que vas de compras, trae**

algo de fruta since you're going shopping, bring some fruit.

el **yacimiento** ■ **site: encontraron aquí un gran yacimiento con restos de dinosaurios** they found a huge site here with dinosaur remains.

yanqui *adjetivo* ■ **Yankee: a las playas de aquí vienen sobre todo turistas yanquis** all the Yankee tourists come to the beaches here.

el **yate** ■ **yacht**.

la **yegua** ■ **mare**.

la **yema**
1. **yolk: la yema de huevo tiene una alta concentración de colesterol** egg yolk has a high concentration of cholesterol
2. **tip: en las yemas de los dedos están las huellas dactilares** fingerprints are on the tips of the fingers.

la **yerba o yerba mate** ■ **maté**

YERBA MATE

Yerba mate is a plant native to the Southern Cone of South America. When it is prepared as an infusion with boiling water it is called **mate**. It can also be mixed with cold water and lemon leaves, and is then called **tereré**. **Yerba mate** is a stimulant and is thought to be helpful in the digestive process. It is currently exported to Europe and the United States, where it is appreciated for its medicinal effects.

el **yerno** ■ **son-in-law**.

yo *pronombre*
1. **I: Rosa y yo queremos ser bailarinas** Rosa and I want to be dancers
2. **me: ¿quién quiere ir al parque? — ¡yo!** who wants to go to the park? — me!; **soy yo** it's me

➤ **yo que tú** if I were you.

el **yogur** ■ **yogurt**.

Z

zafarse *verbo pronominal* ■ **to escape: el prisionero logró zafarse de las ataduras y huyó** the prisoner succeeded in escaping the bonds and fled.

el **zaguán** (*plural* los zaguanes) ■ **hallway: el zaguán está adornado con muchas plantas** the hallway is adorned with many plants.

la **zambullida** ■ **dive: su zambullida salpicó a todos los que estaban alrededor de la piscina** his dive splashed everybody that was around the pool.

zambullirse *verbo pronominal* ■ **to dive in: si el agua está fría, es mejor zambullirse que entrar de a poco** if the water is cold, it's better to dive in than to enter little by little.

la **zanahoria** ■ **carrot**.

la **zancadilla**

➤ **le hicieron una zancadilla y casi se cayó** they tripped him and he almost fell down.

el **zancudo** ■ **mosquito**.

la **zanja** ■ **ditch: como estaba oscuro, no vio la zanja y se cayó** since it was dark, he didn't see the ditch and he fell.

el **zapallo** ■ **pumpkin**.

la **zapatería**
1. **shoe store: necesito zapatos nuevos, ¿dónde hay una zapatería?** I need new shoes, where is a shoe store?
2. **shoe repair shop: en la zapatería pueden cambiarle la suela a estos zapatos** at the shoe repair shop they can change these shoes' soles.

la **zapatilla**
1. **slipper: la bailarina tenía zapatillas de varios colores** the ballerina has several colors of slippers
2. **sneakers: no puedo salir a correr hoy porque perdí mis zapatillas** I can't go running today because I lost my sneakers.

el **zapato** ■ **shoe**
➤ **zapato bajo** flat shoe
➤ **zapato de piso** *Mexico* flat shoe
➤ **zapato de taco** *River Plate* high-heeled shoe.

el **zapote** ■ **plum**.

la **zarpa** ■ **claw: si te acercas a los gatitos, la gata te mostrará sus zarpas** if you get close to the kittens, the mother cat will show you her claws.

zarpar *verbo* ■ **to set sail: el barco zarpa mañana y entonces empieza nuestro viaje** the boat sets sail tomorrow and then our trip begins.

el **zarpazo** ■ **scratch: me acerqué a los gatitos y la gata me dio un zarpazo** I got close to the kittens and the mother cat gave me a scratch.

la **zarzamora** ■ **blackberry** (*plural* **blackberries**).

el **zigzag** ■ **zigzag**.

la **zona** ■ **zone: la zona comercial de la ciudad está en el centro** the commercial zone of the city is downtown.

zonzo *adjetivo* ■ **silly: no seas zonzo, presta atención a lo que te digo** don't be silly, pay attention to what I'm telling you.

el **zoo** ■ **zoo**.

la **zoología** ■ **zoology**.

el **zoológico** ■ **zoo**.

el **zopilote** ■ *Central America, Mexico* **buzzard**.

el **zoquete** ■ *Southern Cone* **sock: para este pantalón azul, precisas zoquetes celestes** for these blue pants, you need sky blue socks.

el **zorrillo** ■ **skunk**.

el **zorro** ■ **fox**.

zumbar *verbo* ■ **to buzz: se oye a las abejas zumbando alrededor de las flores** you can hear the bees buzzing around the flowers.

el **zumbido** ■ **buzzing: se oye el zumbido de las abejas alrededor de las flores** you can hear the bees' buzzing around the flowers.

el **zurcido** ■ **patch: necesitas medias nuevas, las tuyas están llenas de zurcidos** you need new stockings, yours are full of patches.

zurcir *verbo* ■ **to mend: tus medias están llenas de agujeros, te las voy a zurcir** your stockings are full of holes, I'll mend them for you.

el **zurdo**, la **zurda** ■ **left-handed person** (*plural* **left-handed people**): **los zurdos escriben con la mano izquierda** left-handed people write with the left hand.

zurrar *verbo* ■ **to beat up: además de robarle, los ladrones lo zurraron** in addition to robbing him, the thieves beat him up.

Spanish Verbs

ir

A voy, va, vamos, etc
C fui, fue, fuimos, etc
F vaya, vayamos, etc
G fuera, fuéramos, etc
H ve, vaya, vayamos, id, vayan
I yendo

leer

C leyó, leímos, leyeron, etc
G leyera, leyéramos, etc
I leyendo

lucir

A luzco, luce, lucimos, etc
F luzca, luzcamos, etc
H luce, luzca, luzcamos, lucid, luzcan

mover

A muevo, mueve, movemos, etc
F mueva, movamos, etc
H mueve, mueva, movamos, moved, muevan

nacer

A nazco, nace, nacemos, etc
F nazca, nazcamos, etc
H nace, nazca, nazcamos, naced, nazcan

oír

A oigo, oye, oímos, etc
C oyó, oímos, oyeron, etc
F oiga, oigamos, etc
G oyera, oyéramos, etc
H oye, oiga, oigamos, oíd, oigan
I oyendo

oler

A huelo, huele, olemos, etc
F huela, olamos, etc
H huele, huela, olamos, oled, huelan

parecer

A parezco, parece, parecemos, etc
F parezca, parezcamos, etc
H parece, parezca, parezcamos, pareced, parezcan

PARTIR

A parto, partes, parte, partimos, partís, parten
B partía, partías, partía, partíamos, partíais, partían
C partí, partiste, partió, partimos, partisteis, partieron
D partiré, partirás, partirá, partiremos, partiréis, partirán
E partiría, partirías, partiría, partiríamos, partiríais, partirían
F parta, partas, parta, partamos, partáis, partan
G partiera, partieras, partiera, partiéramos, partierais, partieran
H parte, parta, partamos, partid, partan
I partiendo
J partido, -da

pedir

A pido, pide, pedimos, etc
C pidió, pedimos, pidieron, etc
F pida, pidamos, etc
G pidiera, pidiéramos, etc
H pide, pida, pidamos, pedid, pidan
I pidiendo

poder

A puedo, puede, podemos, etc

C pude, pudo, pudimos, etc
D podré, podrá, podremos, etc
E podría, podríamos, etc
F pueda, podamos, etc
G pudiera, pudiéramos, etc
H puede, pueda, podamos, poded, puedan
I pudiendo

poner

A pongo, pone, ponemos, etc
C puse, puso, pusimos, etc
D pondré, pondrá, pondremos, etc
E pondría, pondríamos, etc
F ponga, pongamos, etc
G pusiera, pusiéramos, etc
H pon, ponga, pongamos, poned, pongan
J puesto, -ta

querer

A quiero, quiere, queremos, etc
C quise, quiso, quisimos, etc
D querré, querrá, querremos, etc
E querría, querríamos, etc
F quiera, queramos, etc
G quisiera, quisiéramos, etc
H quiere, quiera, queramos, quered, quieran

reír

A río, ríe, reímos, etc
C rió, reímos, rieron, etc
F ría, riamos, etc
G riera, riéramos, etc
H ríe, ría, riamos, reíd, rían
I riendo

saber

A sé, sabe, sabemos, etc
C supe, supo, supimos, etc
D sabré, sabrá, sabremos, etc
E sabría, sabríamos, etc
F sepa, sepamos, etc
G supiera, supiéramos, etc
H sabe, sepa, sepamos, sabed, sepan

salir

A salgo, sale, salimos, etc
D saldré, saldrá, saldremos, etc
E saldría, saldríamos, etc
F salga, salgamos, etc
H sal, salga, salgamos, salid, salgan

sentir

A siento, siente, sentimos, etc
C sintió, sentimos, sintieron, etc
F sienta, sintamos, etc
G sintiera, sintiéramos, etc
H siente, sienta, sintamos, sentid, sientan
I sintiendo

ser

A soy, eres, es, somos, sois, son
B era, eras, era, éramos, erais, eran
C fui, fuiste, fue, fuimos, fuisteis, fueron
D seré, serás, será, seremos, seréis, serán
E sería, serías, sería, seríamos, seríais, serían
F sea, seas, sea, seamos, seáis, sean
G fuera, fueras, fuera, fuéramos, fuerais, fueran
H sé, sea, seamos, sed, sean
I siendo
J sido, -da

sonar

A sueno, suena, sonamos, etc
F suene, sonemos, etc
H suena, suene, sonemos, sonad, suenen

TEMER

A temo, temes, teme, tememos, teméis, temen
B temía, temías, temía, temíamos, temíais, temían
C temí, temiste, temió, temimos, temisteis, temieron
D temeré, temerás, temerá, temeremos, temeréis, temerán
E temería, temerías, temería, temeríamos, temeríais, temerían
F tema, temas, tema, temamos, temáis, teman
G temiera, temieras, temiera, temiéramos, temierais, temieran
H teme, tema, temamos, temed, teman
I temiendo
J temido, -da

tender

A tiendo, tiende, tendemos, etc
F tienda, tendamos, etc
H tiende, tienda, tendamos, tended, tiendan

tener

A tengo, tiene, tenemos, etc
C tuve, tuvo, tuvimos, etc
D tendré, tendrá, tendremos, etc
E tendría, tendríamos, etc
F tenga, tengamos, etc,
G tuviera, tuviéramos, etc
H ten, tenga, tengamos, tened, tengan

traer

A traigo, trae, traemos, etc
C traje, trajo, trajimos, etc
F traiga, traigamos, etc
G trajera, trajéramos, etc
H trae, traiga, traigamos, traed, traigan
I trayendo

valer

A valgo, vale, valemos, etc
D valdré, valdrá, valdremos, etc
F valga, valgamos, etc
H vale, valga, valgamos, valed, valgan

venir

A vengo, viene, venimos, etc
C vine, vino, vinimos, etc
D vendré, vendrá, vendremos, etc
E vendría, vendríamos, etc
F venga, vengamos, etc
G viniera, viniéramos, etc
H ven, venga, vengamos, venid, vengan
I viniendo

ver

A veo, ve, vemos, etc
C vi, vio, vimos, etc
G viera, viéramos, etc
H ve, vea, veamos, ved, vean
I viendo
J visto, -ta

Verbos irregulares del inglés

Verbos irregulares del inglés

Infinitivo	Pasado simple	Participio pasado
arise	arose	arisen
awake	awoke	awoken
be	was/were	been
bear	bore	born(e)
beat	beat	beaten
begin	began	begun
bend	bent	bent
bet	bet/betted	bet/betted
bid	bid	bid
bind	bound	bound
bite	bit	bitten
bleed	bled	bled
blow	blew	blown
break	broke	broken
breed	bred	bred
bring	brought	brought
build	built	built
burn	burnt/burned	burnt/burned
burst	burst	burst
buy	bought	bought
can	could	-
cast	cast	cast
catch	caught	caught
choose	chose	chosen
come	came	come
cost	cost	cost
creep	crept	crept
cut	cut	cut
deal	dealt	dealt
dig	dug	dug
do	did	done
draw	drew	drawn
dream	dreamed/dreamt	dreamed/dreamt
drink	drank	drunk
drive	drove	driven
eat	ate	eaten
fall	fell	fallen
feed	fed	fed
feel	felt	felt

Verbos irregulares del inglés

Infinitivo	Pasado simple	Participio pasado
fight	fought	fought
find	found	found
fling	flung	flung
fly	flew	flown
forget	forget	forgotten
freeze	froze	frozen
get	got	gotten
give	gave	given
go	went	gone
grind	ground	ground
grow	grew	grown
hang	hung/hanged	hung/hanged
have	had	had
hear	heard	heard
hide	hid	hidden
hit	hit	hit
hold	held	held
hurt	hurt	hurt
keep	kept	kept
kneel	knelt/kneeled	knelt/kneeled
know	knew	known
lay	laid	laid
lead	led	led
lean	leant/leaned	leant/leaned
leap	leapt/leaped	leapt/leaped
learn	learnt/learned	learnt/learned
leave	left	left
lend	lent	lent
let	let	let
lie	lay	lain
light	lit/lighted	lit/lighted
lose	lost	lost
make	made	made
may	might	-
mean	meant	meant
meet	met	met
mow	mowed	mown/mowed
pay	paid	paid
put	put	put

Verbos irregulares del inglés

Infinitivo	Pasado simple	Participio pasado
quit	quit/quitted	quit/quitted
read	read	read
rid	rid	rid
ride	rode	ridden
ring	rang	rung
rise	rose	risen
run	ran	run
saw	sawed	sawn
say	said	said
see	saw	seen
seek	sought	sought
sell	sold	sold
send	sent	sent
set	set	set
shake	shook	shaken
shall	should	-
shed	shed	shed
shine	shone	shone
shoot	shot	shot
show	showed	shown
shrink	shrank	shrunk
shut	shut	shut
sing	sang	sung
sink	sank	sunk
sit	sat	sat
sleep	slept	slept
slide	slid	slid
sling	slung	slung
smell	smelt/smelled	smelt/smelled
sow	sowed	sown/sowed
speak	spoke	spoken
speed	sped/speeded	sped/speeded
spell	spelt/spelled	spelt/spelled
spend	spent	spent
spill	spilt/spilled	spilt/spilled
spin	spun	spun
spit	spat	spat
split	split	split
spoil	spoiled/spoilt	spoiled/spoilt

Verbos irregulares del inglés

Infinitivo	Pasado simple	Participio pasado
spread	spread	spread
spring	sprang	sprung
stand	stood	stood
steal	stole	stolen
stick	stuck	stuck
sting	stung	stung
stink	stank	stunk
strike	struck	struck/stricken
swear	swore	sworn
sweep	swept	swept
swell	swelled	swollen/swelled
swim	swam	swum
swing	swung	swung
take	took	taken
teach	taught	taught
tear	tore	torn
tell	told	told
think	thought	thought
throw	threw	thrown
tread	trod	trodden
wake	woke/waked	woken/waked
wear	wore	worn
weave	wove/weaved	woven/weaved
weep	wept	wept
win	won	won
wind	wound	wound
wring	wrung	wrung
write	wrote	written

Spanish Verbs

Key: A = present, B = imperfect, C = preterit, D = future, E = conditional, F = present subjunctive, G = imperfect subjunctive, H = imperative, I = gerund, J = past participle

acertar

A acierto, acertamos, etc
F acierte, acertemos, etc
H acierta, acierte, acertemos, acertad, acierten

adquirir

A adquiero, adquiere, adquirimos, etc
F adquiera, adquiramos, etc
H adquiere, adquiera, adquiramos, adquirid, adquieran

AMAR

A amo, amas, ama, amamos, amáis, aman
B amaba, amabas, amaba, amábamos, amabais, amaban
C amé, amaste, amó, amamos, amasteis, amaron
D amaré, amarás, amará, amaremos, amaréis, amarán
E amaría, amarías, amaría, amaríamos, amaríais, amarían
F ame, ames, ame, amemos, améis, amen
G amara, amaras, amara, amáramos, amarais, amaran
H ama, ame, amemos, amad, amen
I amando
J amado, -da

andar

C anduve, anduvo, anduvimos, etc
G anduviera, anduviéramos, etc

avergonzar

A avergüenzo, avergüenza, avergonzamos, etc
C avergoncé, avergonzó, avergonzamos, etc
F avergüence, avergoncemos, etc
H avergüenza, avergüence, avergoncemos, avergonzad, avergüencen

caber

A quepo, cabe, cabemos, etc
C cupe, cupo, cupimos, etc
D cabré, cabrá, cabremos, etc
E cabría, cabríamos, etc
F quepa, quepamos, cabed, etc
G cupiera, cupiéramos, etc
H cabe, quepa, quepamos, cabed, quepan

caer

A caigo, cae, caemos, etc
C cayó, caímos, cayeron, etc
F caiga, caigamos, etc
G cayera, cayéramos, etc
H cae, caiga, caigamos, caed, caigan
I cayendo

conducir

A conduzco, conduce, conducimos, etc
C conduje, condujimos, etc
F conduzca, conduzcamos, etc
G condujera, condujéramos, etc
H conduce, conduzca, conduzcamos, conducid, conduzcan

conocer

A conozco, conoce, conocemos, etc
F conozca, conozcamos, etc
H conoce, conozca, conozcamos, conoced, conozcan

dar

A doy, da, damos, etc
C di, dio, dimos, etc
F dé, demos, etc
G diera, diéramos, etc
H da, dé, demos, dad, den

decir

A digo, dice, decimos, etc
C dije, dijo, dijimos, etc
D diré, dirá, diremos, etc
E diría, diríamos, etc
F diga, digamos, etc
G dijéra, dijéramos, etc
H di, diga, digamos, decid, digan
I diciendo
J dicho, -cha

dormir

A duermo, duerme, dormimos, etc
C durmió, dormimos, durmieron, etc
F duerma, durmamos, etc
G durmiera, durmiéramos, etc
H duerme, duerma, durmamos, dormid, duerman
I durmiendo

errar

A yerro, yerra, erramos, etc
F yerre, erremos, etc
H yerra, yerre, erremos, errad, yerren

estar

A estoy, está, estamos, etc
C estuve, estuvo, estuvimos, etc
F esté, estemos, etc
G estuviera, estuviéramos, etc
H está, esté, estemos, estad, estén

HABER

A he, has, ha, hemos, habéis, han
B había, habías, había, habíamos, habíais, habían
C hube, hubiste, hubo, hubimos, hubisteis, hubieron
D habré, habrás, habrá, habremos, habréis, habrán
E habría, habrías, habría, habríamos, habríais, habrían
F haya, hayas, haya, hayamos, hayáis, hayan
G hubiera, hubieras, hubiera, hubiéramos, hubierais, hubieran
H he, haya, hayamos, habed, hayan
I habiendo
J habido, -da

hacer

A hago, hace, hacemos, etc
C hice, hizo, hicimos, etc
D haré, haremos, etc
E haría, haríamos, etc
F haga, hagamos, etc
G hiciera, hiciéramos, etc
H haz, haga, hagamos, haced, hagan
J hecho, -cha

huir

A huyo, huye, huimos, etc
C huyó, huimos, huyeron
F huya, huyamos, etc
G huyera, huyéramos, etc
H huye, huya, huyamos, huid, huyan
I huyendo